GROSSWÖRTERBUCH

BUSINESS ENGLISH

Über 100.000 zuverlässige Angaben

Sonderausgabe

2002 Trautwein Wörterbuch-Edition
© Compact Verlag München
Alle Rechte vorbehalten. Nachdruck, auch auszugsweise, nur mit
ausdrücklicher Genehmigung des Verlages gestattet.

Autorenteam: J. L. Cottrell, S. Lewis-Schätz, D. Süchting
Chefredaktion: Ilse Hell
Redaktion: Julia Kotzschmar, Alexandra Pawelczak
Redaktionsassistenz: Stefanie Neuz, Nicole Weber

Produktionsleitung: Henning Liebke
Umschlaggestaltung: Inga Koch

ISBN 3-8174-5499-6
5154991

Mehr Infos im Internet unter www.compactverlag.de

Inhalt

Vorwort	4
Lautschrift	5
Abkürzungsverzeichnis	6
Wörterbuch	**7**
Englisch – Deutsch	7
Deutsch – Englisch	161
Begriffe und Wendungen	**319**
1. Unternehmen und Management	321
2. Personal und Verwaltung	339
3. Einkauf und Verkauf	352
4. Auftragsabwicklung	371
5. Rechnungswesen und Finanzen	388
6. Telefonieren	408
7. Geschäftskorrespondenz	412
8. Geschäftsreisen	469
9. Besprechungen	493

Vorwort

Im Zuge fortschreitender Globalisierung und internationaler Vernetzung wird die Verständigung über die Landesgrenzen hinweg immer wichtiger. Die englische Sprache hat sich dabei längst als Mittel für die internationale Kommunikation durchgesetzt. Im Gespräch mit ausländischen Geschäftspartnern bietet dieses Nachschlagewerk schnelle Hilfe und zuverlässige Unterstützung.

Darüber hinaus kann man sich mit Hilfe dieses Buches aber auch das Vokabular zu bestimmten Arbeitsbereichen und -situationen erarbeiten.

Der übersichtliche Wörterbuchteil ermöglicht mit rund 17.000 Stichwörtern einen schnellen Zugriff auf die wichtigsten Begriffe zu Wirtschaft, Handel und Börse. Die korrekte Aussprache wird in der internationalen Lautschrift angegeben.

Die häufigsten Begriffe und Wendungen werden anhand von Dialogen verdeutlicht, die alltägliche Situationen im Kontakt mit ausländischen Geschäftspartnern simulieren. Hierbei sind die Schlüsselbegriffe im Text deutlich hervorgehoben.

So wird dem Benutzer der wesentliche Wortschatz einprägsam vermittelt – von der Unternehmensstruktur über die Auftragsabwicklung bis zu Geschäftsreisen und Besprechungen.

Ein ausführliches Kapitel widmet sich der Korrespondenz und stellt Beispiele für Geschäftsbriefe, Faxe und E-Mails mit den jeweiligen Übersetzungen vor. Durch Infokästen wird auf sprachpraktische und kulturelle Besonderheiten hingewiesen.

Weicht die Schreibweise eines Wortes im Amerikanischen vom britischen Englisch ab, so ist diese mit US gekennzeichnet.

Lautschrift

Konsonanten

Baum	b	big		Post, ab	p		pass
mich	ç			Rand	r		road
denn	d	day		nass, besser	s		sun, cellar
fünf, vier	f	fish, photo		Schule, Sturm	ʃ		shot
gut	g	get		Tisch, Sand	t		tap
Hemd	h	hat			θ		think
ja, Million	j	yes			ð		that
Kind	k	keep, cat		Weg	v		vote
Lob	l	life			w		wish
mir	m	me		lachen	x		
nein	n	no, knit		sein	z		zoo, is
links, lang	ŋ	hang		Genie	ʒ		pleasure

Vokale

blass	a		
Bahn, Saal	aː		
	ɑː	jar, heart	
	æ	back	
egal	e		
weh, See	eː		
hätte, fett	ɛ	yes	
Säge	ɛː		
gefallen	ə	above	
	ɜː	turn, whirl	
ist	ɪ	if	
Diamant	i		
Liebe	iː	be, meet	
Moral	o		
Boot, To	oː		
von	ɔ	cost	
	ɔː	short, warm	
	ɒ	dog	
ökonomisch	ø		
Öl	øː		
völlig	œ		
Zunge	u	to	
Zug	uː	blue, mood	
	ʊ	put, hood, would	
	ʌ	run, shove	
Stück	y		
Typ	yː		

Diphthonge

heiß	aɪ		by, buy, lie
Maus	au		
	aʊ		round, now
	eɪ		late, day
	ɛə		chair, stare
	əʊ		mow, go
	ɪə		near, here
neu, Häuser	ɔy		
	ɔɪ		joy, boil
	ʊə		sure, pure

Nasale (nur bei Fremdwörtern)

Orange	ã	fiancée
Cousin	ɛ̃	
Saison	õ	bouillon

Abkürzungsverzeichnis

adj	Adjektiv
adv	Adverb
art	Artikel
dem	demonstrativ
etw	etwas
f	weiblich
fam	umgangssprachlich
fig	bildlich
interj	Interjektion
interr	interrogativ
irr	unregelmäßig
jdm	jemandem
jdn	jemanden
jds	jemandes
jmd	jemand
konj	Konjunktion
m	männlich
n	sächlich
num	Zahlwort
o.s.	oneself
pl	Plural
pref	Präfix
prep	Präposition
pron	Pronomen
rel	relativ
sb	Substantiv
s.o.	someone
sth	something
UK	britisches Englisch
US	amerikanisches Englisch
v	Verb

Englisch – Deutsch

A

abandon [əˈbændən] *v (a plan)* aufgeben
abandonment [əˈbændənmənt] *sb* 1. *(of a plan)* Aufgabe *f*; 2. *(of a claim)* Verzicht *m*; 3. *(a plant)* Stilllegung *f*, Abandon *m*
abatement [əˈbeɪtmənt] *sb* Erstattung *f*
ABC evaluation analysis [eɪ biː siː ɪvæljuˈeɪʃən əˈnæləsɪz] *sb* ABC-Analyse *f*
ability [əˈbɪlɪtɪ] *sb* Fähigkeit *f*, Befähigung *f*, Können *n*
ability to inherit [əˈbɪlɪtɪ tu ɪnˈhɛərɪt] *sb* Erbenfähigkeit *f*
able [ˈeɪbl] *adj* fähig; *to be ~ to do* sth etw können, imstande sein, etw zu tun; *(efficient)* tüchtig
abolition [æbəlˈlɪʃən] *sb* Abschaffung *f*; Aufhebung *f*
above-average [əˈbɒf ˈævərɪdʒ] *adv* überdurchschnittlich
abroad [əˈbrɔːd] *adv (in another country)* im Ausland; *(to another country)* ins Ausland
abrogate [ˈæbrəɡeɪt] *v* aufheben, abschaffen
absence [ˈæbsəns] *sb* Abwesenheit *f*, Fehlzeit *f*, Fehlzeiten *f/pl*
absence rate [ˈæbsəns reɪt] *sb* Fehlzeitenquote *f*
absenteeism [æbsənˈtiːɪzəm] *sb* Absentismus *m*
absolute monopoly [ˈæbsəluːt məˈnɒpəlɪ] *sb* absolutes Monopol *n*
absolute value [ˈæbsəluːt ˈvæljuː] *sb* Absolutwert *m*, absoluter Wert *m*
absorption [æbˈzɔːpʃən] *sb* Absorption *f*, Übernahme *f*, Vollkostenrechnung *f*
absorption system [æbˈzɔːpʃən ˈsɪstəm] *sb* Abschöpfungssystem *n*
absorptive capacity of the market [æbˈsɔːptɪv kəˈpæsəti əv ðə ˈmɑːkɪt] *sb* Aufnahmefähigkeit des Marktes *f*
abuse [əˈbjuːz] *v* 1. missbrauchen, misshandeln; *sb* 2. Missbrauch *m*
abuse of authority [əˈbjuːz əv ɔːˈθɒrɪti] *sb* Amtsmissbrauch *m*
acceleration of inflation [ækseləˈreɪʃən əv ɪnˈfleɪʃən] *sb* Inflationsbeschleunigung *f*
acceleration principle [ækseləˈreɪʃən ˈprɪnsɪpl] *sb* Akzelerationsprinzip *n*
accelerator [ækˈseləreɪtə] *sb* Akzelerator *m*, Beschleuniger *m*

accept [əkˈsept] *v* 1. annehmen, akzeptieren; *(responsibility)* übernehmen 2. Übernahme *f*
acceptability as collateral [əkseptəˈbɪlɪtɪ æz kəˈlætərəl] *sb* Lombardfähigkeit *f*
acceptable risk [əkˈseptəbl rɪsk] *sb* Restrisiko *n*
acceptance [əkˈseptæns] *sb (receipt)* Annahme *f*; *(of a bill of exchange)* Akzept *n*
acceptance banks [əkˈseptæns bæŋks] *sb* Akzepthäuser *n/pl*
acceptance bill [əkˈseptæns bɪl] *sb* Dokumententratte *f*
acceptance credit [əkˈseptæns ˈkredɪt] *sb* Akzeptkredit *m*, Wechselkredit *m*, Trassierungskredit *m*
acceptance for collection [əkˈseptæns fɔː kəˈlekʃən] *sb* Inkassoakzept *m*
acceptance in blank [əkˈseptæns ɪn blæŋk] *sb* Blanko-Akzept *m*
acceptance liability [əkˈseptæns laɪəˈbɪlɪtɪ] *sb* Akzeptverbindlichkeit *f*
acceptance of a bill [əkˈseptæns əv ə bɪl] *sb* Wechselakzept *m*
acceptance test [əkˈseptæns test] *sb* Markttest *m*
accepted bill [əkˈseptɪd bɪl] *sb* Akzept *n*
accepted finance bill [əkˈseptəd faɪˈnæns bɪl] *sb* Finanzakzept *m*
acceptor [əkˈseptə] *sb* Akzeptant(in) *m/f*
access [ˈækses] *sb* Zugang *m*, Zutritt *m*, Zugriff *m*
access code [ˈækses kəʊd] *sb* Zugangscode *m*, Zugriffscode *m*
accident-prevention rules [ˈæksɪdənt prɪˈvenʃən ruːlz] *sb* Unfallverhütungsvorschriften *f/pl*
accommodation [əkɒməˈdeɪʃən] *sb* Kulanz *f*, Entgegenkommen *n*
accommodation acceptance [əkɒməˈdeɪʃən əkˈseptəns] *sb* Gefälligkeitsakzept *m*
accommodation allowance [əkɒməˈdeɪʃən əˈlaʊəns] *sb* Wohngeld *n*
accommodation endorsement [əkɒməˈdeɪʃən enˈdɔːsmənt] *sb* Gefälligkeitsgiro *n*
accompanying documents [əˈkɒmpəniːɪŋ ˈdɒkjuːmənts] *pl* Begleitpapiere *n/pl*
account [əˈkaʊnt] *v* 1. ~ *for (substantiate)* belegen; ~ *for (explain)* erklären; 2. Konto *n*

accountable [əˈkaʊntəbl] *adj* verantwortlich, rechenschaftspflichtig
accountancy [əˈkaʊntənsɪ] *sb* Buchführung *f*, Buchhaltung *f*, Rechnungswesen *n*
account balance [əˈkaʊnt ˈbæləns] *sb* Kontostand *m*
account books and balance-sheets [əˈkaʊnt bʊks ənd ˈbælənsʃiːts] *pl* Geschäftsbücher *n/pl*
account costing [əˈkaʊnt ˈkɒstɪŋ] *sb* Kontenkalkulation *f*
account current [əˈkaʊnt ˈkʌrənt] für Konto, für Rechnung (a/c)
account day [əˈkaʊnt deɪ] *sb* Börsentag *m*
account executive [əˈkaʊnt ɪkˈzekjʊtɪv] *sb (in advertising)* Klientenbetreuer(in) *m/f*
account for reimbursements of expenses [əˈkaʊnt fɔː riːɪmˈbɜːsmənts əv ɪkˈspensəz] *sb* Aufwandsausgleichkonto *n*
account holder [əˈkaʊnt ˈhəʊldə] *sb* Kontoinhaber(in) *m/f*
account in foreign currency [əˈkaʊnt ɪn ˈfɒrən ˈkʌrənsɪ] *sb* Fremdwährungskonto *n*
account management [əˈkaʊnt ˈmænɪdʒmənt] *sb* Kontoführung *f*
account number [əˈkaʊnt ˈnʌmbə] *sb* Kontonummer *f*
account receivable [əˈkaʊnt rɪˈsiːvəbl] *sb* Buchforderung *f*
accountant [əˈkaʊntənt] *sb* Buchhalter(in) *m/f*, Rechnungsprüfer(in) *m/f*
accounting [əˈkaʊntɪŋ] *sb* Buchführung *f*, Buchhaltung *f* Rechnungslegung *f*
Accounting and Reporting Law [əˈkaʊntɪŋ ænd riːˈpɔːtɪŋ lɔː] *sb* Bilanzrichtliniengesetz *n*
accounting exchange on the asset side [əˈkaʊntɪŋ ɪksˈtʃeɪndʒ ɒn ðə ˈæset saɪd] *sb* Aktivtausch *m*
accounting exchange on the liabilities side [əˈkaʊntɪŋ ɪksˈtʃeɪndʒ ɒn ðə leɪəˈbɪlɪtiːz saɪd] *sb* Passivtausch *m*
accounting loss [əˈkaʊntɪŋ lɒs] *sb* Buchverlust *m*
accounting period [əˈkaʊntɪŋ ˈpɪːrɪəd] *sb* Abrechnungszeitraum *m*
accounting policy [əˈkaʊntɪŋ ˈpɒlɪsɪ] *sb* Bilanzpolitik *f*
accounting principles [əˈkaʊntɪŋ ˈprɪnsɪpəlz] *sb* Bilanzierungsgrundsätze *m/pl*
accounting profit [əˈkaʊntɪŋ ˈprɒfɪt] *sb* Buchgewinn *m*
accounting reference day [əˈkaʊntɪŋ ˈrefrəns deɪ] *sb* Bilanzstichtag *m*

accounting regulations [əˈkaʊntɪŋ regjuˈleɪʃənz] *sb* Bilanzierungsvorschriften *f/pl*
accounting rules [əˈkaʊntɪŋ ruːlz] *sb* Buchführungsrichtlinien *f/pl*
accounting system [əˈkaʊntɪŋ ˈsɪstəm] *sb* Rechnungswesen *n*, Buchführung *f*
accounting transparency [əˈkaʊntɪŋ trænzˈpærənsɪ] *sb* Bilanzklarheit *f*
accounting value [əˈkaʊntɪŋ ˈvæljuː] *sb* Buchwert *m*
accounting voucher [əˈkaʊntɪŋ ˈvaʊtʃə] *sb* Buchungsbeleg *m*
accounts collection method [əˈkaʊnts kəˈlekʃən ˈmeθəd] *sb* Rechnungseinzugsverfahren *n*
accounts payable [əˈkaʊnts ˈpeɪəbl] *pl* 1. Verbindlichkeiten *pl*; 2. Lieferkonto *n*
accounts payable department [əˈkaʊnts ˈpeɪəbəl dɪˈpɑːtmənt] *sb* Kreditorenbuchhaltung *f*
accounts receivable [əˈkaʊnts rɪˈsiːvəbl] *pl* Außenstände *m/pl*, Forderungen *f/pl*
accounts receivable accounting [əˈkaʊnts riːˈsiːvəbəl əˈkaʊntɪŋ] *sb* Debitorenbuchhaltung *f*
accounts receivable department [əˈkaʊnts riːˈsiːvəbəl dɪˈpɑːtmənt] *sb* Debitorenbuchhaltung *f*
accounts receivable risk [əˈkaʊnts riːˈsiːvəbəl rɪsk] *sb* Vertriebswagnis *n*
accredit [əˈkredɪt] *v (a representative)* akkreditieren, beglaubigen
accretion [əˈkriːʃən] *sb* 1. *(growth)* Zunahme *f*, Wachstum *n*; 2. *(growing together)* Verschmelzung *f*
accruals [əˈkruːəlz] *pl* Rückstellungen *f/pl*, Abgrenzungsposten *m/pl*, antizipative Posten *m/pl*
accruals and deferrals [əˈkruːəlz ænd dəˈfɜːrəlz] *sb* Rechnungsabgrenzungsposten *m/pl*
accrue [əˈkruː] *v* 1. anfallen, entstehen; 2. *(interest)* auflaufen
accrued expense [əˈkruːd ɪkˈspens] *sb* passive Rechnungsabgrenzung *f*
accumulation [əkjuːmjʊˈleɪʃən] *sb* Akkumulation *f*, Ansammlung *f*
accumulation of capital [əkjuːmjʊˈleɪʃən əv ˈkæpɪtl] *sb* Kapitalbildung *f*, Kapitalakkumulation *f*, Thesaurierung *f*, Kapitalansammlung *f*
accumulative investment fund [əˈkjuːmjuːlətɪv ɪnˈvestmənt fʌnd] *sb* Thesaurierungsfonds *m*

accusation [ækjuːˈzeɪʃən] *sb* Anklage *f*, Anschuldigung *f*, Beschuldigung *f*
acknowledgement of a debt [əkˈnɒlɪdʒmənt əv ə det] *sb* Schuldanerkenntnis *n*
acknowledgement of receipt [əkˈnɒlɪdʒmənt əv rɪˈsiːt] *sb* Empfangsbestätigung *f*
acquire [əˈkwaɪə] *v* 1. erwerben, erlangen, aneignen *(fam)*; 2. *(purchase)* ankaufen
acquirer model [əˈkweɪrə ˈmɒdl] *sb* Erwerbermodell *n*
acquisition [ækwɪˈzɪʃən] *sb* 1. Erwerb *m*, Anschaffung *f*, Akquisition *f*; 2. *(purchase)* Ankauf *m*, Kauf *m*
acquisition value [ækwɪˈzɪʃən ˈvæljuː] *sb* Anschaffungswert *m*
acquittal [əˈkwɪtl] *sb* Schulderlass *m*; *(in court)* Freispruch *m*
act [ækt] *v (function)* handeln, tätig sein; ~ upon sth, ~ on sth aufgrund von etw handeln; ~ for (~ on behalf of) vertreten
Act on Foreign Trade and Payments [ækt ɒn ˈfɔːrən treɪd ænd ˈpeɪmənts] *sb* Außenwirtschaftsgesetz *n*
acting [ˈæktɪŋ] *adj (president, director)* stellvertretend
action [ˈækʃən] *sb* Tat *f*, Handlung *f*, Aktion *f*; *(measure)* Maßnahme *f*
action for damages [ˈækʃən fɔː ˈdæmɪdʒɪz] *sb* Schadensersatzklage *f*
action parameters [ˈækʃən pəˈrɑːmɪtəz] *pl* Aktionsparameter *m/pl*
active balance [ˈæktɪv ˈbæləns] *sb* Aktivsaldo *n*
active partner [ˈæktɪv ˈpɑːtnə] *sb* aktiver Teilhaber *m*
activity base [ækˈtɪvɪtɪ beɪs] *sb* Planbeschäftigung *f*
activity rate [ækˈtɪvɪtɪ reɪt] *sb* Erwerbsquote *f*, Erwerbsrate *f*
actual accounting [ˈæktʃuəl əˈkaʊntɪŋ] *sb* Nachkalkulation *f*
actual amount [ˈæktʃuəl əˈmaʊnt] *sb* ausmachender Betrag *m*
actual costs [ˈæktʃuəl kɒsts] *pl* Istkosten *pl*, tatsächliche Kosten *pl*
actual cost system [ˈæktʃuəl kɒst ˈsɪstəm] *sb* Istkostenrechnung *f*
actual currency clause [ˈæktʃuəl ˈkɜrɪnsɪ klɔːz] *sb* Effektivvermerk *m*
actual profit [ˈæktʃuəl ˈprɒfɪt] *sb* bereinigter Gewinn *m*
actual transaction [ˈæktʃuəl trænzˈækʃən] *sb* Effektivgeschäft *n*
actual value comparison [ˈæktʃuəl ˈvæljuː kəmˈpærɪsən] *(production)* Soll-Ist-Vergleich *m*
actual wage [ˈæktʃuəl weɪdʒ] *sb* Effektivlohn *m*
actuarial [æktʃuˈɛərɪəl] *adj* versicherungsstatistisch, versicherungsmathematisch
actuary [ˈæktʃuərɪ] *sb* Versicherungsstatistiker *m*, Versicherungsmathematiker *m*
ad [æd] *sb (fam: advertisement)* Anzeige *f*, Annonce *f*, Inserat *n*
ad hoc cooperation [æd ˈhɒk kəʊɒpəˈreɪʃən] *sb* Ad-hoc-Kooperation *f*
ad hoc disclosure [æd ˈhɒk dɪsˈkləʊʒə] *sb* Ad-hoc-Publizität *f*
ad valorem [æd vælˈɔːrəm] *adj* dem Wert entsprechend, dem Wert nach
ad valorem duty [æd vælˈɔːrəm ˈdjuːtɪ] *sb* Wertzoll *m*
ad valorem tax [æd vælˈɔːrəm tæks] *sb* Wertzollsteuer *f*
adaptation [ædæpˈteɪʃən] *sb* Anpassung *f*, Umstellung *f*, Einstellung *f*
adaptive inflation [əˈdæptɪv ɪnˈfleɪʃən] *sb* Anpassungsinflation *f*
add [æd] *v* 1. hinzufügen, anfügen, anschließen; 2. *(contribute)* beitragen; 3. *(numbers)* addieren, summieren
added value [ˈædɪd ˈvæljuː] *sb* Wertschöpfung *f*
adding machine [ˈædɪŋ məˈʃiːn] *sb* Addiermaschine *f*
addition [əˈdɪʃən] *sb* 1. Addition *f*; 2. *(adding sth to sth)* Beigabe *f*, Zusatz *m*
addition of accrued interest [əˈdɪʃən əv əˈkruːd ˈɪntrɪst] *sb* Aufzinsung *f*
additional capital [əˈdɪʃənl ˈkæpɪtl] *sb* Zusatzkapital *n*, zusätzliches Kapital *n*
additional carriage [əˈdɪʃənl ˈkærɪdʒ] *sb* Frachtzuschlag *m*
additional contribution [əˈdɪʃənl kɒntrɪˈbjuːʃən] *sb* Zuzahlung *f*
additional cost [əˈdɪʃənl kɒst] *sb* Zusatzkosten *pl*
additional delivery [əˈdɪʃənl dɪˈlɪvərɪ] *sb* Mehrlieferung *f*, zusätzliche Lieferung *f*
additional expenses [əˈdɪʃənl ɪkˈspensɪz] *pl* Nebenkosten *pl*, Mehrkosten *pl*
additional payment of taxes [əˈdɪʃənl ˈpeɪmənt əv ˈtæksɪz] *sb* Steuernachzahlung *f*
additional period [əˈdɪʃənl ˈpɪərɪəd] *sb* Nachfrist *f*
additional risk premium [əˈdɪʃənl rɪsk ˈpriːmjəm] *sb* Risikozuschlag *m*

additional sale

additional sale [əˈdɪʃənl seɪl] *sb* Zusatzverkauf *m*

address [əˈdres] *v 1. (a letter)* adressieren; *(speak to)* ansprechen; *sb 2. (where one lives)* Adresse *f*, Anschrift *f*; *3. (speech)* Ansprache *f*

addressee [ədreˈsiː] *sb* Empfänger *m*, Adressat *m*

adequate and orderly accounting [ˈədɪkwət ənd ˈɔːdəlɪ əˈkaʊntɪŋ] *sb* ordnungsgemäße Buchführung *f*

adequate and orderly preparation of a balance sheet [ˈədɪkwɪt ænd ˈɔːdəlɪ prepəˈreɪʃən əv ə ˈbæləns ʃiːt] *sb* ordnungsmäßige Bilanzierung *f*

adjacent right [əˈdʒeɪsənt reɪt] *sb* Nachbarrecht *n*

adjourn [əˈdʒɜːn] *v 1. (stop for the time being)* vertagen; *2. (to another place)* sich begeben; *3. end for good) (US)* beenden

adjournment [əˈdʒɜːnmənt] *sb* Vertagung *f*; *(within a day)* Unterbrechung *f*

adjudicated bankrupt [əˈdʒuːdɪkeɪtɪd ˈbæŋkrʌpt] *sb* Gemeinschuldner *m*

adjunct [ˈædʒʌŋkt] *sb (person)* Mitarbeiter(in) *m/f*, Assistent(in) *m/f*

adjust [əˈdʒʌst] *v 1. (a device)* einstellen, regulieren, justieren; *2. (an account)* ausgleichen; *3. ~ to* sich einstellen auf, sich anpassen an; *4. (settle differences)* schlichten; *5. (coordinate)* abstimmen; *6. (parameter)* bereinigen, korrigieren

adjustment bond [əˈdʒʌstmənt bɑnd] *sb* Gewinnschuldverschreibung *f*

adjustment item [əˈdʒʌstmənt ˈaɪtəm] *sb* Ausgleichsposten *pl*

adjustment lag [əˈdʒʌstmənt læɡ] *sb* Anpassungsverzögerung *f*

adjustment of value [əˈdʒʌstmənt əv ˈvæljuː] *sb* Wertberichtigung *f*

adjustment project [əˈdʒʌstmənt ˈprɒdʒekt] *sb* Anpassungsinvestition *f*

administer [ədˈmɪnɪstə] *v (run a business)* verwalten; *~ an oath* vereidigen

administration [ədmɪnɪsˈtreɪʃən] *sb 1.* Verwaltung *f*; *2. (government under a certain leader)* Regierung *f*

administration of the finances [ədˈmɪnɪstreɪʃən əv ðə faɪˈnænsəz] *sb* Finanzverwaltung *f*

administrative [ədˈmɪnɪstrətɪv] *adj* Verwaltungs..., administrativ

administrator [ədˈmɪnɪstreɪtə] *sb* Verwalter(in) *m/f*, Verwaltungsbeamte(r)/Verwaltungsbeamtin *m/f*

administrator in bankruptcy (proceedings) [ədˈmɪnɪstreɪtə ɪn ˈbæŋkrʌpsɪ prəˈsiːdɪŋz] *sb* Konkursverwalter *m*

administrator of the deceased's estate [ədˈmɪnɪstreɪtə əv ðə dɪˈsiːsts ɪˈsteɪt] *sb* Nachlassverwalter *m*

admission [ədˈmɪʃən] *sb* Zulassung *f*; *(entry)* Zutritt *m*

admission of shares to official quotation [ədˈmɪʃən əv ʃeɪz tuː əˈfɪʃəl kwəʊˈteɪʃən] *sb* Kotierung *f*

admission to the stock exchange [ədˈmɪʃən tu ðə stɒk ɪksˈtʃeɪndʒ] *sb* Börsenzulassung *f*

advance [ədˈvɑːns] *v 1.* fortschreiten, vordringen, vorankommen; *2. (to be promoted)* aufsteigen; *3. (further sth)* fördern; *sb 4. (of money)* Vorschuss *m*

advance against securities [ədˈvɑːns əˈɡenst sɪˈkjʊərɪtiːz] *sb* Lombardkredit *m*

advance on receivables [ədˈvɑːns ɒn rɪˈziːvəbəlz] *sb* Zessionskredit *m*

advance payment [ədˈvɑːns ˈpeɪmənt] *sb* Vorauszahlung *f*

advanced vocational training [ədˈvɑːnst vəʊˈkeɪʃənəl ˈtreɪnɪŋ] *sb* berufliche Fortbildung *f*, Weiterbildung *f*

advancement [ədˈvɑːnsmənt] *sb 1. (progress)* Fortschritt *m*; *2. (promotion)* Beförderung *f*; *3. (career ~)* Aufstieg *m*

advances against securities [ədˈvɑːnsəz əˈɡenst seˈkjuːrɪtiːz] *sb* Effektenlombard *m*

advantage [ədˈvɑːntɪdʒ] *sb* Vorteil *m*, Vorzug *m*; *take ~ of sth* etw ausnutzen

adventure marketing [ədˈventʃə ˈmɑːketɪŋ] *sb* Erlebnis-Marketing *n*

adverse selection [ˈædvɜːs sɪˈlekʃən] *sb* Adverse Selektion *f*

advert [ˈædvɜːt] *sb (fam: advertisement)* Anzeige *f*, Annonce *f*, Inserat *f*

advertise [ˈædvətaɪz] *v 1.* Werbung machen für, anzeigen, ankündigen; *2. (place an advertisement)* annoncieren, inserieren; *3. ~ a vacancy* eine Stelle ausschreiben; *4. (promote)* werben für

advertisement [ədˈvɜːtɪsmənt] *sb 1.* Werbung *f*, Reklame *f*; *2. (in the newspaper)* Anzeige *f*, Annonce *f*, Inserat *f*; *3. (announcement)* Bekanntmachung *f*, Ankündigung *f*; *4. an ~ for sth (fig: a fine representative)* ein Aushängeschild für etw

advertisement of a vacancy [ədˈvɜːtɪsmənt əv əˈveɪkənsɪ] *sb* Stellenausschreibung *f*

advertiser ['ædvətaɪzə] *sb* Werbekunde/Werbekundin *m/f*
advertising ['ædvətaɪzɪŋ] *sb* Werbung *f*, Reklame *f*
advertising activity ['ædvətaɪzɪŋ æk'tɪvɪtɪ] *sb* Werbeaktion *f*
advertising agency ['ædvətaɪzɪŋ 'eɪdʒənsɪ] *sb* Werbeagentur *f*
advertising aids ['ædvətaɪzɪŋ eɪdz] *pl* Werbemittel *n/pl*
advertising budget ['ædvətaɪzɪŋ 'bʌdʒɪt] *sb* Werbebudget *n*, Werbeetat *m*
advertising campaign ['ædvətaɪzɪŋ kæm'peɪn] *sb* Werbekampagne *f*
advertising copy ['ædvətaɪzɪŋ 'kɔpɪ] *sb* Werbetext *m*
advertising expert ['ædvətaɪzɪŋ 'ekspət] *sb* Werbefachmann/Werbefachfrau *m/f*
advertising frequency ['ædvətaɪzɪŋ 'fri:kwənsɪ] *sb* Werbefrequenz *f*
advertising gift ['ædvətaɪzɪŋ gɪft] *sb* Werbegeschenk *n*
advertising spot ['ædvətaɪzɪŋ spɔt] *sb* Werbespot *m*
advice [əd'vaɪs] *sb (counsel)* Beratung *f*, Rat *m*
advice note [əd'vaɪs nəʊt] *sb* Benachrichtigung *f*, Avis *m/n*
advice of delivery [ad'vaɪs əv dɪ'lɪvərɪ] *sb* Rückschein *m*
advise [əd'vaɪz] *v (give advice)* raten, anraten, *(professionally)* beraten; ~ *against* abraten; *(inform)* verständigen, benachrichtigen
adviser [əd'vaɪzə] *sb* Berater(in) *m/f*
advisory board [əd'vaɪzərɪ bɔ:d] *sb* beratendes Gremium *n*, Beratungsgremium *n*
aeroplane ['ɛərəpleɪn] *sb (UK)* Flugzeug *n*
affidavit [æfɪ'dəvɪt] *sb* Affidavit
affiliated [ə'fɪlɪeɪtɪd] *adj* angegliedert, Tochter...
affiliated company [ə'fɪlɪətɪd 'kʌmpənɪ] *sb* Tochtergesellschaft *f*
affiliation [əfɪlɪ'eɪʃən] *sb* Affiliation *f*
affluent society ['æfluənt sə'saɪtɪ] *sb* Wohlstandsgesellschaft *f*
afford [ə'fɔ:d] *v 1.* sich leisten; *2. (provide)* bieten
affordable [ə'fɔ:dəbl] *adj* erschwinglich
after treatment ['ɑ:ftə 'tri:tmənt] *sb* Nachbereitung *f*
after-date bill ['ɑ:ftə deɪt bɪl] *sb* Datowechsel *m*
after-hours dealing ['ɑ:ftə 'aʊəz 'di:lɪŋ] *sb* Nachbörse *f*

after-sales service ['ɑ:ftə 'seɪlz 'səvɪs] *sb* Kundendienst *m*, After-Sales-Services *pl*
after-sight bill ['ɑ:ftə saɪt bɪl] *sb* Nachsichtwechsel *m*
against cash [ə'genst kæʃ] gegen Barzahlung
against letter of credit [ə'genst 'letə əv 'kredɪt] gegen Akkreditiv
age profile [eɪdʒ 'prəʊfaɪl] *sb* Altersprofil *n*
agency ['eɪdʒənsɪ] *sb 1.* Agentur *f*; *2. (government ~)* Amt *n*, Behörde *f*
agency abroad ['eɪdʒənsɪ ə'brɔ:d] *sb* Auslandsvertretung *f*
agency agreement ['eɪdʒənsɪ ə'gri:mənt] *sb* Geschäftsbesorgungsvertrag *m*
agency of equity financing transactions ['eɪdʒənsɪ əv 'ekwɪtɪ faɪ'nænsɪŋ træns'ækʃənz] *sb* Beteiligungsvermittlung *f*
agenda [ə'dʒendə] *sb* Tagesordnung *f*, Agenda *f*
agent ['eɪdʒənt] *sb 1.* Agent(in) *m/f*, Makler(in) *m/f*, Vermittler(in) *m/f*; *2. (representative)* Stellvertreter(in) *m/f*
agglomeration [əgləmə'reɪʃən] *sb* Agglomeration *f*, Anhäufung *f*
aggregate property ['ægrɪgət 'prɔpətɪ] *sb* Gesamtvermögen *n*
aggregation [ægrɪ'geɪʃən] *sb* Agglomeration *f*, Ansammlung *f*
agio [eɪdʒɒ] *sb* Aufgeld *n*, Agio *n*
agiotage ['eɪdʒi:ətədʒ] *sb* Agiotage *f*
agree [ə'gri:] *v 1.* übereinstimmen; *(express ~ment)* zustimmen; *2. (come to an ~ment)* sich einigen, vereinbaren, sich absprechen; *3.* ~ *to,* ~ *with (approve, consent to)* billigen, einwilligen, auf etw eingehen
agreed [ə'gri:d] *adj* vereinbart; *Agreed!* Abgemacht!
agreement [ə'gri:mənt] *sb 1.* Vereinbarung *f*, Übereinkunft *f*, Verständigung *f*; *2. come to an ~* übereinkommen, sich einigen; *3. (consent)* Einwilligung *f*, Zustimmung *f*; *4. (between different countries)* Abkommen *n*
agreement between interlocking companies [ə'gri:mənt bɪ'twi:n ɪntə'lɔkɪŋ 'kʌmpənɪ:z] *sb* Organschaftsvertrag *m*
agreement of purchase and sale [ə'gri:mənt əv 'pətʃəs ænd seɪl] *sb* Kaufvertrag *m*
agreement to cancel an obligatory relation [ə'gri:mənt tu 'kænsəl ən ə'blɪgətrɪ rɪ'leɪʃən] *sb* Aufhebungsvertrag *m*
agricultural [ægrɪ'kʌltʃərəl] *adj* landwirtschaftlich, Landwirtschafts..., Agrar...

agricultural crisis [ægrɪ'kʌltʃərəl 'kraɪsɪs] sb Agrarkrise f
agricultural economics [ægrɪ'kʌltʃərəl iːkəˈnɒmɪks] sb Agrarwissenschaften f/pl
agricultural enterprise [ægrɪ'kʌltʃərəl 'entəpraɪz] sb Agrarbetrieb m
agricultural goods [ægrɪ'kʌltʃərəl gʊdz] pl Agrargüter n/pl
agricultural loan [ægrɪ'kʌltʃərəl ləʊn] sb Landwirtschaftskredit m
agricultural market [ægrɪ'kʌltʃərəl 'mɑːkɪt] sb Agrarmarkt m
agricultural mortgage bond [ægrɪ'kʌltʃərəl 'mɔːgɪdʒ bɒnd] sb Landwirtschaftsbrief m
agricultural policy [ægrɪ'kʌltʃərəl 'pɒləsi] sb Agrarpolitik f
agricultural producer cooperative [ægrɪ'kʌltʃərəl prə'djuːsə kəʊ'ɒprətɪv] sb Landwirtschaftliche Produktionsgenossenschaft (LPG) f
agricultural protectionism [ægrɪ'kʌltʃərəl prə'tekʃənɪzm] sb Agrarprotektionismus m
agricultural state [ægrɪ'kʌltʃərəl steɪt] sb Agrarstaat m
agricultural subsidies [ægrɪ'kʌltʃərəl 'sʌbsɪdiːz] pl Agrarsubventionen f/pl
agricultural surpluses [ægrɪ'kʌltʃərəl 'sɜːplʌsɪz] pl Agrarüberschüsse m/pl
agriculture ['ægrɪkʌltʃə] sb Landwirtschaft f, Ackerbau m
aide [eɪd] sb Assistent(in) m/f, Helfer(in) m/f
air freight [ɛə 'freɪt] sb Luftfracht f
airline ['ɛəlaɪn] sb Fluggesellschaft f, Airline f
air mail [ɛə 'meɪl] sb Luftpost f
air route [ɛə ruːt] sb Luftweg m
airplane ['ɛəpleɪn] sb (US) Flugzeug n
airport ['ɛəpɔːt] sb Flughafen m
airwaybill ['ɛəweɪbɪl] sb Luftfrachtbrief m
allegiance [ə'liːdʒəns] sb Treuepflicht f
allocation [ælə'keɪʃən] sb Verteilung f, Zuteilung f, (of tasks) Vergabe f, Allokation f
allocation of capital [ælə'keɪʃən əv 'kæpɪtəl] sb Kapitalallokation f
allocation policy [ælə'keɪʃən 'pɒləsi] sb Allokationspolitik f
allonge [ə'lɒŋ] sb Allonge f
allot [ə'lɒt] v verteilen, zuweisen
allotment [ə'lɒtmənt] sb Verteilung f, Zuteilung f, Zuweisung f
allotment right [ə'lɒtmənt raɪt] sb Zuteilungsrechte n/pl

allowance [ə'laʊəns] sb 1. Zuschuss m; 2. (supplement to salary) Gehaltszulage f, Zuschuss m; 3. (paid by the state) Beihilfe f; 4. (pocket money) Taschengeld n, Bewilligung f
allowance for expenses [ə'laʊəns fɔː ɪk'spensɪz] sb Spesenpauschale f
all-round bank ['ɔːlraʊnd bæŋk] sb Universalbank f
all-share certificate [ɔːl ʃeə sə'tɪfɪkət] sb Global-Anleihe f
alteration of a balance sheet [ɔːltə'reɪʃən əv ə 'bæləns ʃiːt] sb Bilanzänderung f
alternating current ['ɔːltəneɪtɪŋ 'kʌrənt] sb (AC) Wechselstrom m
alternative [ɒl'tɜːnətɪv] sb 1. (choice) Alternative f, Wahl f; 2. I have no other ~. Ich habe keine andere Wahl. 3. (substitute) Ersatz m
amalgamate [ə'mælgəmeɪt] v (companies) verschmelzen, fusionieren
amalgamation [əmælgə'meɪʃən] sb Fusion f
amalgamation tax [əmælgə'meɪʃən tæks] sb Fusionssteuer f
amendment [ə'mendmənt] sb (to a bill) Abänderung f, Änderung f
amendment of a contract [ə'mendmənt əv ə 'kɒntrækt] sb Vertragsänderung f
amendment of the statutes [ə'mendmənt əv ðə 'stætjuːts] sb Satzungsänderung f
amends [ə'mendz] pl Wiedergutmachung f; make ~ for sth etw wiedergutmachen
American accounting system [ə'merɪkən ə'kaʊntɪŋ 'sɪstəm] sb amerikanisches Rechnungswesen n
American Bankers Association [ə'merɪkən 'bæŋkəs əsəʊsɪ'eɪʃən] sb American Bankers Association f
amnesty ['æmnəstɪ] sb Amnestie f
amortizable mortgage loan [ə'mɔːtɪzəbəl 'mɔːgɪdʒ ləʊn] sb Tilgungshypothek f
amortization [əmɔːtɪ'zeɪʃən] sb Amortisierung f, Tilgung f
amortization instal(l)ment [əmɔːtaɪ'zeɪʃən ɪn'stɔːlmənt] sb Tilgungsrate f
amount [ə'maʊnt] sb 1. (of money) Betrag m, Summe f, Geldbetrag m; 2. (quantity) Menge f, Quantität f; v 3. ~ to sich belaufen auf
analyse ['ænəlaɪz] v analysieren, auswerten
analysis [ə'nælɪsɪs] sb Analyse f
analysis of actual performance [ə'nælɪsɪs əv 'æktʃuəl pə'fɔːməns] sb Istanalyse f
analysis of competitors [ə'nælɪsɪs əv kəm'petɪtəs] sb Konkurrenzanalyse f

analysis of fixed-cost allocation [əˈnælɪsɪs əv fɪkstkɔst æləˈkeɪʃən] *sb* Fixkostendeckungsrechnung *f*
analysis of purchasing power [əˈnælɪsɪs əv ˈpɜːtʃəsɪŋ ˈpaʊə] *sb* Kaufkraftanalyse *f*
analysis of requirements [ənˈælɪsɪs əv rɪˈkwaɪəmənts] *sb* Bedarfsanalyse *f*
analysis of shares [əˈnælɪsɪs əv ʃɛəs] *sb* Aktienanalyse *f*
anchorage [ˈæŋkərɪdʒ] *sb* 1. *(place for anchoring)* Ankerplatz *m*, Liegeplatz *m*; 2. *(fees)* Liegegebühren *f/pl*
ancillary costs [ænˈsɪləri kɔsts] *pl* Nebenkosten *pl*
ancillary wage costs [ænˈsɪləri weɪdʒ kɔsts] *pl* Lohnnebenkosten *pl*
angible fixed assets [ˈændʒɪbəl fɪkst ˈæsets] Realkapital *n*
anniversary sales [ænɪˈvɜːsəri seɪlz] *sb* Jubiläumsverkauf *m*
announcement effect of price [əˈnaʊnsmənt ɪˈfekt əv praɪs] *sb* Signalfunktion des Preises *f*
annual [ˈænjʊəl] *adj* jährlich, alljährlich, jährlich, Jahres...
annual accounts [ˈænjʊəl əˈkaʊnts] *sb* Jahresabschluss *m*
annual audit [ˈænjʊəl ˈɔːdɪt] *sb* Jahresabschlussprüfung *f*
annual balance sheet [ˈænjʊəl ˈbæləns ʃiːt] *sb* Jahresbilanz *f*
annual economic report [ˈænjʊəl ɪkəˈnɔmɪk rɪˈpɔːt] *sb* Jahreswirtschaftsbericht *m*
annual general meeting [ˈænjʊəl ˈdʒenərəl ˈmiːtɪŋ] *sb* Jahreshauptversammlung *f*
annual holiday [ˈænjʊəl ˈhɔlɪdeɪ] *sb* Betriebsferien *pl*
annual income [ˈænjʊəl ɪnkʌm] *sb* Jahreseinkommen *n*
annual need [ˈænjʊəl niːd] *sb* Jahresbedarf *m*
annual profits [ˈænjʊəl prɔfɪts] *sb* Jahresgewinn *m*
annual report [ˈænjʊəl rɪˈpɔːt] *sb* Geschäftsbericht *m*, Jahresgutachten *n*, Lagebericht *m*
annual statement of accounts [ˈænjʊəl ˈsteɪtmənt əv əˈkaʊnts] *sb* Jahresabschluss *m*
annual surplus [ˈænjʊəl sɜːplʌs] *sb* Jahresüberschuss *m*
annuity [əˈnjuːɪti] *sb* Rente *f*, Jahreszahlung *f*, Annuität *f*
annuity bond [əˈnjuːɪti bɔnd] *sb* Annuitätenanleihe *f*

annuity certificate [əˈnjuːɪti sɜːˈtɪfɪkət] *sb* Rentenbrief *m*
annuity department [əˈnjuːɪti dɪˈpɑːtmənt] *sb* Rentenabteilung *f*
annuity loan [əˈnjuːɪti ləʊn] *sb* Annuitätendarlehen *n*
annul [əˈnʌl] *v* annullieren; *(a will)* umstoßen
annulment [əˈnʌlmənt] *sb* Annullierung *f*, Aufhebung *f*
anonymous savings accounts [əˈnɔnɪməs ˈseɪvɪŋz əˈkaʊnts] *sb* anonyme Sparkonten *n/pl*
answering machine [ˈɑːnsərɪŋ məˈʃiːn] *sb* Anrufbeantworter *m*
answering service [ˈɑːnsərɪŋ ˈsɜːvɪs] *sb* Telefonauftragsdienst *m*
antedated cheque [ˈæntɪdeɪtɪd tʃek] *sb* zurückdatierter Scheck *m*
anticipation term [æntɪsɪˈpeɪʃən tɜːm] *sb* Erwartungswert *m*
anticyclical reserve [æntɪˈsaɪklɪkəl rɪˈsɜːv] *sb* Konjunkturausgleichsrücklage *f*
anti-dumping duty [æntɪˈdʌmpɪŋ ˈdjuːtɪ] *sb* Antidumpingzoll *m*
antitrust [æntɪˈtrʌst] *adj (US)* Antitrust..., kartellfeindlich
appeal [əˈpiːl] *sb* Berufung *f*, Rechtsbeschwerde *f*; *(actual trial)* Revision *f*
applicant [ˈæplɪkənt] *sb* Bewerber(in) *m/f*, Antragsteller(in) *m/f*, Akkreditivsteller *m*
application [æplɪˈkeɪʃən] *sb* 1. Antrag *m*, Bewerbung *f*, Gesuch *n*; letter of ~ Bewerbungsschreiben *n*; 2. *(use)* Verwendung *f*, Anwendung *f*; *(software ~)* Anwendungsprogramm *n*
application documents [æplɪˈkeɪʃən ˈdɔkjumənts] *pl* Bewerbungsunterlagen *pl*
application form [æplɪˈkeɪʃən fɔːm] *sb* Anmeldeformular *n*, Antragsformular *n*
application service provider [æplɪˈkeɪʃən ˈsɜːvɪs prəˈvaɪdə] *sb* Application Service Provider (ASP) *m*
appointment [əˈpɔɪntmənt] *sb* 1. *(arranged meeting)* Termin *m*, Verabredung *f*; 2. *(to office)* Ernennung *f*, Berufung *f*, Bestellung *f*
appointment book [əˈpɔɪntmənt bʊk] *sb* Terminkalender *m*
appointment for a meeting [əˈpɔɪntmənt fɔːr ə ˈmiːtɪŋ] *sb* Gesprächstermin *m*
apportionment [əˈpɔːʃənmənt] *sb* 1. Verteilung *f*, Einteilung *f*; 2. Erteilung *f*
apportionment between accounting periods [əˈpɔːʃənmənt bɪˈtwiːn əˈkaʊntɪŋ ˈpɪərɪədz] *sb* Rechnungsabgrenzung *f*

appraisal 16

appraisal [əˈpreɪzəl] *sb* Bewertung *f*, Schätzung *f*, Taxierung *f*
appraise [əˈpreɪz] *v* abschätzen, einschätzen, beurteilen
appreciation [əpriːʃɪˈeɪʃən] *sb 1.* Wertzuwachs *m; 2. (esteem)* Wertschätzung *f*
apprentice [əˈprentɪs] *sb* Lehrling *m*, Auszubildende(r) *m/f*
apprenticeship [əˈprentɪsʃɪp] *sb* Lehre *f*, Lehrstelle *f*, Ausbildung *f; (period)* Lehrzeit *f*
aptitude test [ˈæptɪtjuːd test] *sb* Eignungstest *m*, Eignungsprüfung *f*
arbitrage [ˈɑːbɪtrɪdʒ] *sb* Arbitrage *f*
arbitrage clause [ˈɑːbɪtrɪdʒ klɔːz] *sb* Arbitrageklausel *f*
arbitrage dealings [ˈɑːbɪtrɪdʒ ˈdiːlɪŋz] *sb* Arbitragegeschäft *n*
arbitrage in bullion [ˈɑːbɪtrɪdʒ ɪn ˈbʊljən] *sb* Goldarbitrage *f*
arbitrage in securities [ˈɑːbɪtrɪdʒ ɪn sɪˈkjuːrɪtiːz] *sb* Wertpapierarbitrage *f*
arbitrager [ˈɑːbɪtreɪdʒə] *sb* Arbitrageur *m*
arbitrageur [ɑːbɪtreɪˈʒʊə] *sb* Arbitrageur *m*, Arbitragehändler
arbitrage value [ˈɑːbɪtrɪdʒ ˈvæljuː] *sb* Arbitragewert *m*
arbitrage voucher [ˈɑːbɪtrɪdʒ ˈvaʊtʃə] *sb* Arbitragerechnung *f*
arbitrate [ˈɑːbɪtreɪt] *v* schlichten
arbitration [ɑːbɪˈtreɪʃən] *sb* Schlichtung *f*
arbitration in foreign exchange [ˈɑːbɪtreɪʃən ɪn ˈfɔːrən ɪksˈtʃeɪndʒ] *sb* Devisenarbitrage *f*
arbitrator [ˈɑːbɪtreɪtə] *sb* Vermittler(in) *m/f*, Schlichter(in) *m/f*
archive [ˈɑːkaɪv] *sb* Archiv *n*
archives [ˈɑːkaɪvz] *sb* Aktenablage *f*
area code [ˈɛərɪə kəʊd] *sb (US)* Vorwahl *f*
argue [ˈɑːgjuː] *v 1.* streiten; *2. (with one another)* sich streiten; *3. (a case)* diskutieren
argument [ˈɑːgjʊmənt] *sb 1.* Wortstreit *m*, Streit *m*, Auseinandersetzung *f; 2. (reason)* Argument *n; 3. (line of reasoning)* Beweisführung *f; 4. (discussion)* Diskussion *f*
argumentation [ɑːgjʊmənˈteɪʃən] *sb* Argumentation *f*
arithmetical average [ærɪθˈmetɪkəl ˈævərɪdʒ] *sb* arithmetisches Mittel *n*
arraign [əˈreɪn] *v to be ~ed* angeklagt werden, beschuldigt werden
arrangement [əˈreɪndʒmənt] *sb* Disposition *f*
arranging for a credit [əˈreɪndʒɪŋ fɔːr ə ˈkredɪt] *sb* Kreditvermittlung *f*

arrear on interests [əˈrɪə ɔn ˈɪntrɪsts] *sb* Zinsrückstand *m*
arrears [əˈrɪəz] *pl* Rückstand *m*, Rückstände *pl*
arrival of goods [əˈraɪvəl əv gʊdz] *sb* Wareneingang *m*
article [ˈɑːtɪkl] *sb 1. (item)* Gegenstand *m; 2. ~ of clothing* Kleidungsstück *n; 3. (in a contract)* Paragraf *m; 4. ~s of incorporation* Satzung *f; 5. (goods)* Ware *f*, Artikel *m*
article coding system [ˈɑːtɪkəl ˈkəʊdɪŋ ˈsɪstəm] *sb* Artikelnummernsystem *n*
articulated lorry [ɑːˈtɪkjʊleɪtɪd ˈlɔrɪ] *sb (UK)* Sattelschlepper *m*
as agreed [æz əˈgriːd] *adv* vereinbarungsgemäß, wie vereinbart
as guarantor of payment [æz gærənˈtə əv ˈpeɪmənt] *sb* per aval
ASAP [eɪseˈp] *(fam: as soon as possible)* so bald wie möglich
Asian Dollar market [ˈeɪʒən ˈdɔlə ˈmɑːkɪt] *sb* Asiendollarmarkt *m*
ask [ɑːsk] *v* fragen; *~ a question* eine Frage stellen; *If you ~ me...* Wenn Sie mich fragen... *~ after s.o.* nach jdm fragen; *(require, demand)* verlangen, fordern
ask drawn by lot [ɑːsk drɔːn baɪ lɔːt] Brief verlost (BV)
ask(ed) price [ɑːsk(d) praɪs] *sb* Briefkurs *m*
asking price [ˈɑːskɪŋ praɪs] *sb* offizieller Verkaufspreis *m*
assemble [əˈsembl] *v (come together, convene)* sich versammeln, sich ansammeln, zusammentreten; *(an object)* zusammenbauen, montieren
assembler [əˈsemblə] *sb* Monteur *m*
assembly [əˈsemblɪ] *sb* Versammlung *f*, Zusammenkunft *f; (of an object)* Zusammenbau *m*, Montage *f*
assembly line [əˈsemblɪ laɪn] *sb* Fließband *n*, Montageband *n*
assess [əˈses] *v* bewerten, einschätzen
assessment [əˈsesmənt] *sb* Beurteilung *f*, Bewertung *f*
assessment basis [əˈsesmənt ˈbeɪsɪs] *sb* Bemessungsgrundlage *f*
assessment center [əˈsesmənt ˈsentə] *sb* Assessment Center *n*
assessor [əˈsesə] *sb 1.* Beisitzer(in) *m/f; 2.* Steuereinschätzer(in) *m/f*
asset [ˈæset] *sb 1.* Vermögenswert *m; 2. (fig)* Vorzug *m*, Plus *n*, Vorteil *m*
asset and liability statement [ˈæset ænd leɪəˈbɪlɪtɪ ˈsteɪtmənt] *sb* Vermögensbilanz *f*

asset erosion ['æset ɪ'rəʊʒən] *sb* substanzielle Abnutzung *f*
asset management ['æset 'mænɪdʒmənt] *sb* Asset Management *n*
asset market ['æset 'mɑːkɪt] *sb* Asset Market *m*
assets ['æsets] *pl* Vermögen *n,* Guthaben *n,* Güter *pl; (on a balance sheet)* Aktiva *pl*
assign [ə'saɪn] *v 1. (a task)* anweisen, zuweisen; *2. (someone to a task)* beauftragen, aufgeben; *3. (sth to a purpose)* bestimmen; *4. (classify)* zuordnen; *5. (transfer rights or titles)* übereignen, übertragen
assignee [æsaɪ'niː] *sb* Zessionar *m,* Assignat(in) *m/f*
assigner [ə'saɪnə] *sb* Zedent *m*
assignment [ə'saɪnmənt] *sb 1. (instruction)* Anweisung *f; 2. (assigned task)* Aufgabe *f,* Auftrag *m; 3. (legally)* Übertragung *f,* Abtretung *f*
assignment by way of security [ə'seɪnmənt baɪ weɪ əv sɪ'kjuːrɪtɪ] *sb* Sicherungsabtretung *f*
assistant [ə'sɪstənt] *sb* Assistent(in) *m/f,* Gehilfe/Gehilfin *m/f*
associate [ə'səʊʃɪət] *sb1.* Kollege/Kollegin *m/f,* Mitarbeiter(in) *m/f; 2. (partner in a firm)* Gesellschafter(in) *m/f*
associated companies [ə'səʊsɪeɪtəd 'kʌmpəniːz] *sb* verbundene Unternehmen *n/pl*
association [əsəʊsɪ'eɪʃən] *sb* Verein *m,* Verband *m,* Vereinigung *f,* Gemeinschaft *f,* Gesellschaft *f; articles of ~* Gesellschaftsvertrag *m*
Association of German Chambers of Industry and Commerce [əsəʊsɪ'eɪʃən əv dʒɜːmən tʃeɪmbəəz əv 'ɪndəstrɪ ænd 'kɒməs] *sb* Deutscher Industrie- und Handelstag (DIHT) *m*
association on which the law confers the attributes of a merchant, regardless of the object of its business [əsəʊsɪ'eɪʃən ɒn wɪtʃ ðə lɔː kɒn'fɜːz ðə 'ætrɪbjuːts əv ə 'mɜːtʃənt rɪ'gɑːdlɪs əv ðə 'ɔːbdʒekt əv ɪts 'bɪznɪs] *sb* Formkaufmann *m*
associations of shareholders [əsəʊsɪ'eɪʃənz əv 'ʃɛəhəʊldəz] *sb* Aktionärsvereinigungen *f/pl*
assort [ə'sɔːt] *v* sortieren, ordnen, assortieren
assorted [ə'sɔːtɪd] *adj* gemischt, assortiert
assortment [ə'sɔːtmənt] *sb* Sortiment *n,* Mischung *f*

assortment policy [ə'sɔːtmənt 'pɒlɪsɪ] *sb* Sortimentspolitik *f*
assumption of an obligation [ə'sʌmpʃən əv ən ɔːblɪ'geɪʃən] *sb* Schuldübernahme *f*
assurance [ə'ʃʊərəns] *sb* Assekuranz *f,* Versicherung *f*
asynchronous data transfer [eɪsɪŋ'krɒnəs 'deɪtə 'trænsfɜː] *sb* asynchrone Datenübertragung *f*
asynchronous transmission [eɪsɪŋ'krɒnəs træns'mɪʃən] *sb* asynchrone Datenübertragung *f*
at best [æt best] bestens
at lowest [æt 'ləʊəst] billigst
atomic energy [ə'tɒmɪk 'enədʒɪ] *sb* Atomenergie *f*
attach [ə'tætʃ] *v* beschlagnahmen, pfänden
attaché case [ə'tæʃeɪ keɪs] *sb* Aktenkoffer *m,* Aktentasche *f*
attached [ə'tætʃt] *adj 1.* verbunden; *2. Please find ~ ...* In der Anlage erhalten Sie ...
attachment [ə'tætʃmənt] *sb 1.* Beschlagnahme *f,* Pfändung *f 2. (accessory)* Zubehörteil *n,* Zusatzteil *n*
attachment of earnings [ə'tætʃmənt əv 'ɜːnɪŋz] *sb* Lohnpfändung *f*
attendance stock exchange [ə'tendəns stɒk ɪks'tʃeɪndʒ] *sb* Präsenzbörse *f*
attend to [ə'tend tu] *v 1. (see to)* sich kümmern um, erledigen, sorgen für; *2. (serve)* bedienen, betreuen, abfertigen
attest [ə'test] *v* beglaubigen, bescheinigen; *~ to* bezeugen
attestation [ætes'teɪʃən] *sb (document)* Bescheinigung *f,* Attest *n*
attorney [ə'tɜːnɪ] *sb* Anwalt/Anwältin *m/f,* Rechtsanwalt/Rechtsanwältin *m/f; power of ~* Vollmacht *f;* Bevollmächtigte(r) *m/f*
auction ['ɔːkʃən] *sb* Auktion *f,* Versteigerung *f*
audio conference ['ɔːdɪəʊ 'kɒnfərəns] *sb* Audiokonferenz *f*
audit ['ɔːdɪt] *v 1.* prüfen; *2. sb* Buchprüfung *f; 3. (final ~)* Abschlussprüfung *f,* Revision *f*
audit department ['ɔːdɪt dɪ'pɑːtmənt] *sb* Revisionsabteilung *f*
auditing ['ɔːdɪtɪŋ] *sb* Wirtschaftsprüfung *f,* Rechnungsprüfung *f,* Auditing, Buchprüfung *f*
auditing association ['ɔːdɪtɪŋ əsəʊsɪ'eɪʃən] *sb* Prüfungsverband *m*
auditing requirements ['ɔːdɪtɪŋ rɪ'kwaɪəmənts] *sb* Revisionspflicht *f*
audit of prospectus ['ɔːdɪt əv 'prɒspektəs] *sb* Prospektprüfung *f*

audit opinion ['ɔːdɪt ə'pɪnjən] *sb* Testat *n*
auditor ['ɔːdɪtə] *sb* Wirtschaftsprüfer *m*, Rechnungsprüfer *m*
audit report ['ɔːdɪt rɪ'pɔːt] *sb* Prüfungsbericht *m*
autarky ['ɔːtəkiː] *sb* Autarkie *f*
authenticate [ɔː'θentɪkeɪt] *v* beglaubigen, authentifizieren
authentication [ɔːθentɪ'keɪʃən] *sb* Beglaubigung *f*
authorisation [ɔːθərai'zeɪʃən] *(UK) see „authorization"*
authoritative style of leadership [ɔːθ'ɔːrɪteɪtɪv steɪl əv 'liːdəʃɪp] *sb* autoritärer Führungsstil *m*
authority [ɔː'θɒrɪtɪ] *sb 1. (power)* Autorität *f; 2. (of a ruler)* Staatsgewalt *f; 3.* authorities *pl* Obrigkeit *f; 4. (entitlement)* Befugnis *f; 5. specifically dedicated)* Vollmacht *f; 6. (government, government department)* Amt *n*, Behörde *f; 7. (an expert)* Sachverständige(r) *m/f*, Fachmann *m*
authorization [ɔːθərai'zeɪʃən] *sb 1.* Ermächtigung *f*, Genehmigung *f*, Berechtigung *f; 2. (delegation of authority)* Bevollmächtigung *f*, Mandat *n*
authorization to sign [ɔːθərai'zeɪʃən tʊ saɪn] *sb* Zeichnungsberechtigung *f*
authorize ['ɔːθəraɪz] *v* ermächtigen, genehmigen, berechtigen; *(delegate authority)* bevollmächtigen
authorized ['ɔːθəraɪzd] *adj* berechtigt, befugt
authorized balance sheet ['ɔːθəraɪzd 'bælans ʃiːt] *sb* genehmigte Bilanz *f*
authorized capital ['ɔːθəraɪzd 'kæpɪtəl] *sb* autorisiertes Kapital *n*, genehmigtes Kapital *n*
authorized clerk ['ɔːθəraɪzd klɑːk] *sb* Prokurist *m*
authorized deposit ['ɔːθəraɪzd dɪ'pɒzɪt] *sb* Ermächtigungsdepot *n*
authorized person ['ɔːθəraɪzd 'pɜːsən] *sb* Bevollmächtigter *m*
authorized representative ['ɔːθəraɪzd reprɪ'zentətɪv] *sb* Prokurist *m*
authorized to undertake collection ['ɔːθəraɪzd tu ʌndə'teɪk kə'lekʃən] *adj* inkassoberechtigt
autocorrelation [ɔːtəʊkɒrə'leɪʃən] *sb* Autokorrelation *f*
automate ['ɔːtəmɪt] *v* automatisieren
automatic quotation [ɔːtə'mætɪk kwəʊ'teɪʃən] *sb* automatische Kursanzeige *f*

automated teller machine [ɔːtə'meɪtɪd 'telə mə'ʃiːn] *sb (US)* Geldautomat *m*
Automatic Transfer Service [ɔːtə'mætɪk 'trænsfɜː 'sɜːvɪs] *sb* Automatic Transfer Service (ATS) *m*
automation [ɔːtə'meɪʃən] *sb* Automation *f*, Automatisierung *f*
automation degree [ɔːtə'meɪʃən dɪ'griː] *sb* Automatisationsgrad *m*
automatism ['ɔːtɒmətɪzm] *sb* Automatismus *m*
automaton [ɔː'tɒmətən] *sb* Roboter *m*, Automat *m*
autonomous teams [ɔː'tɒnəməs tiːmz] *sb* autonome Arbeitsgruppen *f/pl*
autonomous variables [ɔː'tɒnəməs 'værɪəbəlz] *sb* autonome Größen *f/pl*
autonomous wage bargaining [ɔː'tɒnəməs weɪdʒ 'bɑːgənɪŋ] *sb* Tarifautonomie *f*
autonomy [ɔː'tɒnəmɪ] *sb* Autonomie *f*
autumn fair [ɔːtəm fɛə] *sb* Herbstmesse *f*, Herbstausstellung *f*
auxiliary [ɔːg'zɪljərɪ] *adj* mitwirkend, Hilfs..., Zusatz...
availability [əveɪlə'bɪlɪtɪ] *sb* Verfügbarkeit *f*, Vorhandensein *n*, Wertstellung *f*
available [ə'veɪləbl] *adj 1.* verfügbar, vorhanden, zu haben; *2. (not busy)* abkömmlich; *3. (to be bought)* erhältlich; *4. (from a supplier)* lieferbar; *5. (in stock)* vorrätig
available funds [ə'veɪləbəl fʌndz] *pl* Finanzdecke *f*
average ['ævərɪdʒ] *adj 1.* durchschnittlich; *sb 2.* Durchschnitt *m;* on the ~ durchschnittlich
average costs ['ævərɪdʒ kɒsts] *pl* Durchschnittskosten *pl*
averaging ['ævərɪdʒɪŋ] *sb* Averaging *n*
average price ['ævərɪdʒ praɪs] *sb* Durchschnittspreis *m*
average product ['ævərɪdʒ 'prɒdʌkt] *(ecomomics)* Durchschnittserlöse *m/pl*
average rate ['ævərɪdʒ reɪt] *sb* Durchschnittssatz *m*
average value ['ævərɪdʒ 'væljuː] *sb* Mittelwert *m*
average value date ['ævərɪdʒ 'væljuː deɪt] *sb* Durchschnittsvaluta *f*
average yield ['ævərɪdʒ 'jiːld] *sb* Durchschnittsertrag *m*
avoidance [ə'vɔɪdəns] *sb 1.* Vermeidung *f; 2.* tax ~ Steuerhinterziehung *f*
avoirdupois [ævwɒdjuː'pwɒ] *sb* ~ weight Handelsgewicht *n*

B

baby bonds ['beɪbi bɔndz] *sb* Baby-Bonds *pl*
back delegation [bæk delɪ'geɪʃən] *sb* Rückdelegation *f*
backpay ['bækpeɪ] *sb* Nachzahlung *f*
backlog ['bæklɔg] *sb* Rückstand *m*
back-to-back letter of credit [bæk tu bæk 'letə: əv 'kredɪt] *sb* Gegenakkreditiv *n*
backup ['bækʌp] *sb* Backup *n*, Sicherungskopie *f*
backwardation [bækwə:'deɪʃən] *1.* Rückdatierung *f*; *2.* Deport *m*, Kursabschlag *m*
bad debt loss [bæd det lɔ:s] *sb* Ausfallforderung *f*
bad-weather compensation [bæd 'weðə kɔmpən'seɪʃən] *sb* Schlechtwettergeld *n*
bail [beɪl] *sb* Kaution *f*
bail bond [beɪl bɔnd] *sb* Sicherheitsleistung *f*
bailiff ['beɪlɪf] *sb* Gerichtsvollzieher *m*
balance ['bæləns] *sb 1. (account ~)* Saldo *m*; ~ carried forward Übertrag *m*; *2. (remainder)* Rest *m*, Restbetrag *m*; *v 3. (to be ~d)* ausgeglichen sein; *4. (~ the accounts, ~ the budget)* ausgleichen
balance analysis ['bæləns ə'næləsɪs] *sb* Bilanzanalyse
balance of capital transactions ['bæləns əv 'kæpɪtl træn'zækʃənz] *sb* Kapitalbilanz *f*
balance of goods and services ['bæləns əv gʊdz ænd 'sɜ:vɪsɪz] *sb* Leistungsbilanz *f*
balance of payments ['bæləns əv 'peɪmənts] *sb* Zahlungsbilanz *f*
balance of payments deficit ['bæləns əv 'peɪmənts 'defəcɪt] *sb* Zahlungsbilanzdefizit *n*
balance of payments equilibrium ['bæləns əv 'peɪmənts i:kwə'lɪbriəm] *sb* Zahlungsbilanzgleichgewicht *n*
balance of payments surplus ['bæləns əv 'peɪmənts 'sɜ:plʌs] *sb* Zahlungsbilanzüberschuss *m*
balance of trade ['bæləns əv'treɪd] *sb* Handelsbilanz *f*
balance sheet ['bælənsʃi:t] *sb* Bilanz *f*, Handelsbilanz *f*
balance sheet account ['bæləns ʃi:t ə'kaʊnt] *sb* Bilanzkonto *n*
balance sheet analysis ['bæləns ʃi:t ə'næləsɪs] *sb* Bilanzanalyse *f*, Bilanzkritik *f*

balance sheet audit ['bæləns ʃi:t 'ɔ:dɪt] *sb* Bilanzprüfung *f*
balance sheet continuity ['bæləns ʃi:t kɔntɪ'nju:ɪtɪ] *sb* Bilanzkontinuität *f*
balance sheet equation ['bæləns ʃi:t ɪ'kweɪʒən] *sb* Bilanzgleichung *f*
balance sheet statistics ['bæləns ʃi:t stə'tɪstɪks] *sb* Bilanzstatistik *f*
balance sheet total ['bæləns ʃi:t 'təʊtəl] *sb* Bilanzsumme *f*
balance sheet valuation ['bæləns ʃi:t vælju:'eɪʃən] *sb* Bilanzbewertung *f*
balance sheet value ['bæləns ʃi:t 'vælju:] *sb* Bilanzwert *m*
balance transparency ['bæləns træns'pærənsɪ] *sb* Bilanzklarheit *f*
balance-sheet items ['bæləns ʃi:t 'aɪtɪmz] *sb* Bilanzpositionen *f/pl*
balancing item ['bælənsɪŋ 'aɪtɪm] *sb* Ausgleichsposten *m*
balancing of the budget ['bælənsɪŋ əv ðə 'bʌdʒɪt] *sb* Budgetausgleich *m*
ballot ['bælət] *sb* Stimmzettel *m*; ~ vote geheime Abstimmung *f*
ban on advertising [bæn ɔn 'ædvətaɪzɪŋ] *sb* Werbeverbot *n*
ban on new issues [bæn ɔ:n nju: 'ɪʃju:z] *sb* Emissionssperre *f*
bandwaggon effect ['bændwægən ɪ'fekt] *sb* Bandwaggon-Effekt *m*
bank [bæŋk] *sb (for financial affairs)* Bank *f*
bank acceptance [bæŋk ɪk'septəns] *sb* Bankakzept *n*
bank account [bæŋk ə'kaʊnt] *sb* Bankkonto *n*
bank audit [bæŋk 'ɔ:dɪt] *sb* Bankrevision *f*
bank automation [bæŋk ɔ:tə'meɪʃən] *sb* Bankautomation *f*
bank balance [bæŋk 'bæləns] *sb* Bankguthaben *n*
bank balance sheet [bæŋk 'bæləns ʃi:t] *sb* Bankbilanz
bank bonds [bæŋk bɔ:ndz] *sb* Bankanleihen *f/pl*, Bankobligation *f*, Bankschuldverschreibung *f*
bank branch numbering [bæŋk bræntʃ 'nʌmbɜ:rɪŋ] *sb* Bankennummerierung *f*
bank charges [bæŋk 'tʃɑ:dʒɪz] *sb* Kontogebühren *pl*, Bankspesen *pl*

bank clerk [bæŋk klɜːk] sb Bankangestellter m, Bankkaufmann m
bank conditions [bæŋk kənˈdɪʃənz] sb Bankkonditionen f/pl
bank credit [bæŋk ˈkredɪt] sb Bankkredit m
Bank Custody Act [bæŋk ˈkʌstɪdi ækt] sb Bankdepotgesetz n
bank customer [bæŋk ˈkʌstəmə] sb Bankkunde m
bank debts [bæŋk dets] sb Bankschulden f/pl
bank deposit [bæŋk dɪˈpɒzɪt] sb Bankeinlage f
bank deposit insurance [bæŋk dɪˈpɒzɪt ɪnˈʃʊərəns] sb Depositenversicherung f
bank endorsed bill [bæŋk ɪnˈdɔːst bɪl] sb bankgirierter Warenwechsel m
Bank for International Settlements (BIS) [bæŋk fɔː ɪntəˈnæʃənəl ˈsetəlmənts] sb Bank für Internationalen Zahlungsausgleich (BIZ) f
bank guarantee [bæŋk gærənˈtiː] sb Bankgarantie f, Bankaval m/n
bank holding securities on deposit [bæŋk ˈhɒldɪŋ sɪˈkjuːrɪtiːz ɔːn dɪˈpɒzɪt] sb Depotbank f
bank holiday [bæŋk ˈhɒlɪdeɪ] sb gesetzlicher Feiertag m
bank identification number [bæŋk aɪdentɪfɪˈkeɪʃən ˈnʌmbə] sb Bankleitzahl f
bank letter of credit [bæŋk ˈletə əv ˈkredɪt] sb Bankakkreditiv n
bank liquidity [bæŋk lɪˈkwɪdɪti] sb Bankliquidität f
bank manager [bæŋk ˈmænɪdʒə] sb Filialleiter(in) m/f
bank money order [bæŋk ˈmʌni ˈɔːdə] sb Bankanweisung f
bank note [bæŋk nəʊt] sb Banknote f
bank notification [bæŋk nəʊtɪfɪˈkeɪʃən] sb Bankavis m/n
bank of deposit [bæŋk əv dɪˈpɒzɪt] sb Depositenbank f
bank office network [bæŋk ˈɒfɪs ˈnetwɜːk] sb Bankstellennetz n
bank place [bæŋk pleɪs] sb Bankplatz m
bank rate [bæŋk reɪt] sb Diskontsatz m
bank rate for loans on securities [ˈbæŋk reɪt fɔː ləʊns ɒn sɪˈkjuːərɪtiz] sb Lombardsatz m
bank rate policy [bæŋk reɪt ˈpɒlɪsi] sb Diskontpolitik f
bank relations [bæŋk rɪˈleɪʃənz] sb Bankbeziehungen f/pl

bank return [bæŋk rɪˈtɜːn] sb Bankausweis m
bank shares [bæŋk ʃɛəz] sb Bankaktie f
bank statement [bæŋk ˈsteɪtmənt] sb Kontoauszug m, Bankauszug m
bank status [bæŋk ˈstætɪs] sb Bankstatus m
bank stock [bæŋk stɔːk] sb Bankkapital n
bank supervision [bæŋk suːpəˈvɪʒən] sb Bankkontrolle f
bank transfer [bæŋk ˈtrænsfə] sb Banküberweisung f
bank turnover [bæŋk ˈtɜːnəʊvə] sb Bankumsätze m/pl
bankbook [ˈbæŋkbʊk] sb Kontobuch n
banker [ˈbæŋkə] sb Bankier m, Banker m
banker's commission [ˈbæŋkəz kəˈmɪʃən] sb Bankprovision f
banker's duty of secrecy [ˈbæŋkəz ˈdjuːti ɒv ˈsiːkrɪsi] sb Bankgeheimnis n
banker's guarantee [ˈbæŋkəz gærənˈtiː] sb Bankgarantie f
banker's note [ˈbæŋkəz nəʊt] sb Dispositionsschein m
banker's order [ˈbæŋkəz ˈɔːdə] sb Dauerauftrag m
banker's reference [ˈbæŋkəz ˈrefərɪns] sb Bankauskunft f
banking [ˈbæŋkɪŋ] sb Bankwesen n, Bankgeschäft n
banking business [ˈbæŋkɪŋ ˈbɪznɪs] sb Bankgewerbe n
banking cover [ˈbæŋkɪŋ ˈkʌvə] sb Bankdeckung f
banking crisis [ˈbæŋkɪŋ ˈkraɪsɪs] sb Bankenkrise f
banking inquiry [ˈbæŋkɪŋ ˈɪnkwərɪ] sb Bankenquete f
banking interest [ˈbæŋkɪŋ ˈɪntrɪst] sb Bankzinsen m/pl
Banking Law [ˈbæŋkɪŋ lɔː] sb Kreditwesengesetz n
banking legislation [ˈbæŋkɪŋ ledʒɪsˈleɪʃən] sb Bankengesetzgebung f
banking organization [ˈbæŋkɪŋ ɔːgənaɪˈzeɪʃən] sb Bankorganisation f
banking secrecy [ˈbæŋkɪŋ siːkrəsi] sb Bankgeheimnis n
banking statistics [ˈbæŋkɪŋ stəˈtɪstɪks] sb Bankenstatistik f
banking syndicate [ˈbæŋkɪŋ ˈsɪndɪkət] sb Bankenkonsortium n
banking system [ˈbæŋkɪŋ ˈsɪstɪm] sb Bankensystem n

banking transactions ['bæŋkɪŋ træns'ækʃənz] *sb* Bankgeschäft *n*
banknote ['bæŋknəʊt] *sb* Banknote *f*, Geldschein *m*
bankrate for advances against collateral ['bæŋkreɪt fɔː æd'vɑːnsɪz ə'genst kə'lætərəl] *sb* Lombardsatz *m*
bankrupt ['bæŋkrʌpt] *adj* bankrott, nicht zahlungsfähig
bankruptcy ['bæŋkrʌptsɪ] *sb* Bankrott *m*, Konkurs *m*; ~ *proceedings* Konkursverfahren *n*
Bankruptcy Act ['bæŋkrʌpsɪ ækt] *sb* Konkursordnung *f*
bankruptcy court ['bæŋkrʌptsɪ kɔːt] *sb* Konkursgericht *n*
bankruptcy offence ['bæŋkrʌpsɪ ə'fens] *sb* Konkursdelikt *n*
bankruptcy petition ['bæŋkrʌptsɪ pə'tɪʃən] *sb* Konkursantrag *m*
bankruptcy proceedings [bæŋkrʌptsɪ prə'siːdɪŋz] *sb* Konkursverfahren *n*
bankrupt's creditor ['bæŋkrʌpts 'kredɪtə] *sb* Konkursgläubiger *m*
bankrupt's estate ['bæŋkrʌpts ɪ'steɪt] *sb* Konkursmasse *f*
bank's accounting [bæŋks ə'kaʊntɪŋ] *sb* Bankbuchhaltung *f*
bank's confirmation of a letter of credit [bæŋks kɒnfə'meɪʃən əv ə 'letə ʌv 'kredɪt] *sb* Bankavis *m/n*
banks' duty to publish [bæŋks 'djuːtɪ tu 'pʌblɪʃ] *sb* Bankpublizität *f*
bank's transaction dealing with cashless [bæŋks træns'ækʃən 'diːlɪŋ wɪθ 'kæʃləs] *sb* Girogeschäft *n*
banks' voting rights [bæŋks 'vəʊtɪŋ raɪts] *sb* Bankenstimmrecht *n*
bar chart ['bɑː ʃɑːt] *sb* Balkendiagramm *n*, Säulenschaubild *n*, Blockdiagramm *n*
bar code ['bɑː kəʊd] *sb* Strichkode *m*, Barcode *m*, Balkencode *m*
bargain ['bɒgɪn] *v 1.* feilschen, handeln; *2.* ~ *for* rechnen mit, erwarten; *sb 3. (transaction)* Handel *m*, Geschäft *n*, Abkommen *n*; *4. drive a hard* ~ hart feilschen; *5. strike a* ~ sich einigen; *6. (sth bought at a ~ price)* Gelegenheitskauf *m*; *7. (lower-than-usual price)* preiswertes Angebot *n*
bargaining ['bɑːgənɪŋ] *sb* Bargaining *n*
barrel ['bærəl] *sb* Fass *n*, Tonne *f*, Barrel *n*
barriers to entry ['bærɪːəːz tu 'entrɪ] *sb* Markteintrittsbarrieren *f/pl*
barrister ['bærɪstə] *sb* Rechtsanwalt/Rechtsanwältin *m/f*, Barrister *m*

barter ['bɑːtə] *v* tauschen; *sb* Tauschhandel *m*, Tausch *m*
barter transaction ['bɑːtə træn'zækʃən] *sb* Kompensationsgeschäft *n*, Tauschgeschäft *n*, Bartergeschäft *n*
base [beɪs] *sb* Basis *f*, Grundlage *f*
base rate ['beɪsreɪt] *sb* Leitzins *m*
base year [beɪs jɪə] *sb* Vergleichsjahr *n*, Basisjahr *n*
basic collective agreement ['beɪsɪk kə'lektɪv ə'griːmənt] *sb* Manteltarifvertrag *m*
basic income ['beɪsɪk 'ɪnkʌm] *sb* Grundgehalt *n*, Basiseinkommen *n*
basic knowledge ['beɪsɪk 'nɒlɪdʒ] *sb* Grundkenntnisse *pl*
basic price ['beɪsɪk praɪs] *sb* Basispreis *m*
basic rate ['beɪsɪk reɪt] *sb* Eingangssteuersatz *m*
basic rate of interest ['beɪsɪk reɪt əv 'ɪntrɪst] *sb* Eckzins *m*
basic salary ['beɪsɪk 'sælərɪ] *sb* Grundgehalt *n*, Basislohn *m*
basic savings ['beɪsɪk 'seɪvɪŋz] *sb* Spareckzins *m*
basic trend ['beɪsɪk trend] *sb* Basistrend *m*
basic wage ['beɪsɪk weɪdʒ] *sb* Grundgehalt *n*, Basislohn *m*
basis ['beɪsɪs] *sb* Basis *f*, Grundlage *f*, Fundament *n*
basket currency ['bæskɪt 'kɜrɪnsɪ] *sb* Korbwährung *f*
batch of commodities [bætʃ əv kə'mɒdɪtiːz] *sb* Warenkorb *m*
batch production [bætʃ prə'dʌkʃən] *sb* Chargenproduktion *f*
batch size [bætʃ saɪz] *(production)* Losgröße *f*, Seriengröße *f*
baud rate [bɔːd reɪt] *sb* Baudrate *f*
bear [beə] *sb* Baissespekulant *m*, Baissier *m*
bear clause [beə klɔːz] *sb* Baisseklausel *f*
bearer ['beərə] *sb 1. (of a message, of a cheque)* Überbringer(in) *m/f*; *2. (of a document)* Inhaber(in) *m/f*; *3. (carrier)* Träger(in) *m/f*
bearer bond ['beərə bɒnd] *sb* Inhaberschuldverschreibung *f*
bearer cheque ['beərə tʃek] *sb* Inhaberscheck *m*, Überbringerscheck *m*
bearer clause ['beərə klɔːz] *sb* Inhaberklausel *f*
bearer instrument ['beərə 'ɪnstrəmənt] *sb* Inhaberpapier *n*
bearer land charge ['beərə lænd tʃɑːdʒ] *sb* Inhabergrundschuld *f*

bearer share ['bɛərə ʃɛə] sb Inhaberaktie f
bearer-type mortgage ['bɛərə taıp 'mɔː-gıdʒ] sb Inhaberhypothek f
bearish ['bɛərıʃ] adj (market) bearish, auf Baisse gerichtet, flau
bear market [bɛə 'mɑːkıt] sb Baisse f
bear sale [bɛə seıl] sb Leerverkauf m
bear seller [bɛə 'selə] sb (Börse) Fixer m
bear selling [bɛə 'selıŋ] sb Leerverkauf m
bear selling position [bɛə 'selıŋ pə'zıʃən] sb Leerposition f
beat [biːt] v irr 1. (s.o. to sth) zuvorkommen; 2. (surpass) überbieten
beat down [biːt daʊn] v irr (prices) herunterdrücken, herunterhandeln
before hours dealing [biː'fɔːr 'aʊəz 'diː-lıŋ] sb Vorbörse f
belong [bı'lɒŋ] v gehören
belongings [bı'lɒŋıŋz] pl Habe f, Besitz m, Eigentum n
benchmark rate ['bentʃmɒk reıt] sb Ecklohn m
benchmarking ['bentʃmɒkıŋ] sb Benchmarking n
beneficial [benı'fıʃəl] adj nützlich, gut, von Vorteil
beneficiary [benı'fıʃəri] sb Nutznießer(in) m/f, Begünstigte(r) m/f
beneficiary of payment [benı'fıʃəri əv 'peımənt] sb Zahlungsberechtigte(r) m/f
benefit ['benıfıt] v 1. Nutzen ziehen, profitieren, gewinnen; sb 2. Vorteil m, Nutzen m, Gewinn m; 3. give s.o. the ~ of the doubt im Zweifelsfalle zu jds Gunsten entscheiden; (insurance ~) Leistung f, Unterstützung f
benefit analysis ['benıfıt ə'nælısıs] sb Nutzwertanalyse f
benefit in money's worth ['benıfıt ın 'mʌniːz wɜːθ] sb geldwerter Vorteil m
bequeath [bı'kwiːð] v vermachen, vererben
bequest [bı'kwest] sb Vermächtnis n; (to a museum) Stiftung f
bespoke [bı'spəʊk] adj (UK) nach Maß angefertigt, Maß...
best price [best praıs] billigst
bestow [bı'stəʊ] v schenken, erweisen
bestseller [best'selə] sb Bestseller m
bestselling ['bestselıŋ] adj Erfolgs..., bestverkauft
beta factor ['beıtə 'fæktə] sb Betafaktor m
beverage tax ['bevərıdʒ tæks] sb Getränkesteuer f
bid [bıd] v irr 1. bieten; sb 2. Angebot n; 3. (at an auction) Gebot n

bidder ['bıdə] sb Bieter(in) m/f; the highest ~ der/die Meistbietende m/f; the lowest ~ der/die Mindestbietende m/f
bidding ['bıdıŋ] sb Bieten n, Gebot n; do s.o.'s ~ wie geheißen tun
bid price [bıd praıs] sb Geldkurs m
big bank [bıg bæŋk] sb Großbank f
bilateral [baı'lætərəl] adj zweiseitig, bilateral, beiderseitig
bill [bıl] v 1. (charge) in Rechnung stellen; sb 2. Rechnung f, Abrechnung f; 3. (US: banknote) Banknote f, Geldschein m; 4. ~ of sale Verkaufsurkunde f
billboard ['bılbɔːd] sb Reklametafel f, Werbetafel f
bill business [bıl 'bıznıs] sb Wechselgeschäft n
bill drawn by the drawer himself [bıl drɔːn baı ðə 'drɔːə hım'self] sb trassiert-eigener Wechsel m
bill for collection [bıl fɔː kə'lekʃən] sb Inkassowechsel m
bill in foreign currency [bıl ın 'fɒrın 'kʌrınsı] sb Devisen-Wechsel m
billion ['bılıən] sb 1. (UK: a million millions) Billion f; 2. (US: a thousand millions) Milliarde f
bill jobbing [bıl 'dʒɔːbıŋ] sb Wechselreiterei f
bill of entry [bıl əv'entrı] sb Zolleinfuhrschein m
bill of exchange [bıl əvıks'tʃeındʒ] sb Wechsel m
bill of exchange drawn for third-party account [bıl əv ıks'tʃeındʒ drɔːn fɔː θɜːd 'pɒtı ə'kaʊnt] sb Kommissionstratte f
bill of lading [bıl əv 'leıdıŋ] sb Konnossement, Seefrachtbrief m
bill of receipts and expenditures [bıl əv rı'siːts ænd ık'spendıtʃəz] Einnahmen-Ausgabenrechnung f
bill on deposit [bıl ɔːn dı'pɔːzıt] sb Depotwechsel m
bill payable [bıl 'peıjəbəl] sb Schuldwechsel m
bill payable at sight [bıl peıəbl ət saıt] sb Sichtwechsel m
bill payable in instal(l)ments [bıl 'peıjəbəl ın ın'stɔlmənts] sb Ratenwechsel m
bills and checks returned unpaid [bılz ænd tʃeks rı'tɜːnd ʌn'peıd] (finance) Retouren f/pl
bills discounted [bılz 'dıskaʊntıd] sb Diskonten n/pl

bills discounted ledger [bɪlz 'dɪskaʊntɪd 'ledʒə] *sb* Obligobuch *n*
bills drawn on debtors [bɪlz drɔːn ɔːn 'detəz] *sb* Debitorenziehung *f*
bills receivable [bɪlz rɪ'siːvəbəl] *sb* Besitzwechsel *m*
bills rediscountable at the Federal Bank [bɪlz ridɪs'kaʊntɪbəl æt ðə 'fedərəl bæŋk] *sb* bundesbankfähige Wertpapiere *n/pl*
binding ['baɪndɪŋ] *adj* verbindlich, bindend, verpflichtend
biodegradable [baɪəʊdɪ'greɪdəbl] *adj* biologisch abbaubar
biotechnology [baɪəʊtek'nɔlədʒɪ] *sb* Biotechnologie *f*
birthday ['bɜːθdeɪ] *sb* Geburtstag *m*
birthplace ['bɜːθpleɪs] *sb* Geburtsort *m*
bit [bɪt] *sb 1.* Stückchen *n*, Stück *n; ~ by ~* stückweise, Stück für Stück; *every ~ as good as ...* genauso gut wie ... *2. (UK: coin)* Münze *f; 3. (computer)* Bit *n*
black bourse [blæk bɔːs] *sb* schwarze Liste *f*
black box model [blæk bɔks 'mɔːdəl] *sb* Black-Box-Modell *n*
black list [blæk lɪst] *sb* Black list *f*
black market [blæk 'mɑːkɪt] *sb* Schwarzmarkt *m*
black stock exchange [blæk stɔːk ɪks'tʃeɪndʒ] *sb* schwarze Börse *f*
blank [blæŋk] *adj* Blanko..., leer
blank bill [blæŋk bɪl] *sb* Blanko-Wechsel *m*
blank cheque [blæŋk tʃek] *sb* Blankoscheck *m*
blanket agreement ['blæŋkɪt ə'griːmənt] *sb* Rahmenvereinbarung *f*
blanket allowance for special expenses ['blæŋkɪt ə'laʊəns fɔː 'speʃəl ɪks'pensɪz] *sb* Sonderausgaben-Pauschbetrag *m*
blank form [blæŋk fɔːm] *sb* Blankoformular *n*
blank indorsement [blæŋk ɪn'dɔːsmənt] *sb* Blanko-Indossament *n*
blank signature [blæŋk 'sɪgnətʃə] *sb* Blankounterschrift *f*
block [blɔk] *v (credit)* sperren
blocked account ['blɔkt ə'kaʊnt] *sb* Sperrkonto *n*
blocked balance [blɔkt 'bæləns] *sb* Sperrguthaben *f*
blocked deposit [blɔkt dɪ'pɔːzɪt] *sb* gesperrtes Depot *n*
blocked safe-deposit [blɔkt seɪf dɪ'pɔːzɪt] *sb* Sperrdepot *n*

blocked shares [blɔkt ʃɛəz] *sb* gesperrte Stücke *n/pl*
block floating [blɔk fləʊtɪŋ] *sb* Blockfloating *n*
block grant [blɔk grænt] *sb* Pauschalsubvention *f*
block of shares [blɔk əv ʃɛəz] *sb* Aktienpaket *n*
blue chips [bluː tʃɪp] *sb* erstklassige Aktien *f*, Blue Chips *m/pl*
board [bɔːd] *sb 1. (of a computer)* Platine *f; 2. (~ of directors)* Vorstand *m*, Direktorium *n*, Verwaltungsrat *m*
board of directors [bɔːd əv dɪ'rektəz] *sb* Direktion *f*, Vorstand *m*
board of trustees [bɔːd əv trʌs'tiːz] *sb* Kuratorium *n*
boardroom ['bɔːdruːm] *sb* Sitzungssaal *m*
body ['bɔdɪ] *sb 1. (group of people)* Gruppe *f*, Gesellschaft *f; 2. (administrative)* Körperschaft *f*
bogus company ['bəʊgəs 'kʌmpənɪ] *sb* Briefkastenfirma *f*, Scheinfirma *f*
bond [bɔnd] *sb* Obligation *f*, festverzinsliches Wertpapier *n*
bond and share [bɔnd ænd ʃɛə] *sb* Manteltresor *m*
bond certificate [bɔnd sɜː'tɪfɪkɪt] *sb* Anleiheschein *m*
bonded ['bɔndɪd] *adj* unter Zollverschluss *m*
bonded warehouse ['bɔndɪd 'wɛəhaʊs] *sb* Zolllagerhaus *n*
bondholder ['bɔndhəʊldə] *sb* Pfandbriefinhaber *m*, Obligationär *m*
bond issue [bɔnd 'ɪʃjuː] *sb* Obligationsausgabe *f*
bond market [bɔnd 'mɒkɪt] *sb* Rentenmarkt *m*
bond option [bɔnd 'ɔpʃən] *sb* Bond-Option *f*
bonds [bɔndz] *sb* Rentenpapiere *pl*, Bonds *pl*, Obligation *f*
bond trading [bɔnd 'treɪdɪŋ] *sb* Rentenhandel *m*
bonus ['bəʊnəs] *sb (monetary)* Prämie *f*, Bonus *m*, Gratifikation *f*, Bonifikation *f*, Zulage *f*
bonus-aided saving ['bəʊnəs 'eɪdɪd 'seɪvɪŋ] *sb* Prämiensparen *n*
bonus savings contract ['bəʊnəs 'seɪvɪŋz 'kɔːntrækt] *sb* Prämiensparvertrag *m*
bonus share ['bəʊnəs ʃɛə] *sb* Berichtigungsaktie *f*, Gratisaktie *f*, Zusatzaktie *f*
book [bʊk] *v (reserve)* buchen, reservieren, vorbestellen; *to be ~ed up* ausgebucht sein

book credit [bʊk 'kredɪt] sb Buchkredit m
book debt [bʊk det] sb Buchschuld f
booking ['bʊkɪŋ] f Buchung f; Bestellung f
bookkeeper ['bʊkkiːpə] sb Buchhalter(in) m/f
bookkeeping ['bʊkkiːpɪŋ] sb Buchhaltung f, Buchführung f
bookkeeping error ['bʊkiːpɪŋ 'erə] sb Buchungsfehler m
book profit [bʊk 'prɒfɪt] sb Buchgewinn m
books [bʊks] pl Bücher n/pl, Geschäftsbücher n/pl; keep the ~s die Bücher führen
book value [bʊk 'væljuː] sb Bilanzkurs m, Buchbestände m/pl; Buchwert m
boom [buːm] v 1. (prosper) einen Aufschwung nehmen; Business is ~ing. Das Geschäft blüht. sb 2. (upswing) Aufschwung m, Boom m, Hochkonjunktur f
boot disk [buːt dɪsk] sb Bootdiskette f
borrow ['bɒrəʊ] v borgen, sich leihen, sich entleihen
borrowed funds ['bɒrəʊd fʌndz] sb aufgenommene Gelder n/pl, fremde Mittel n/pl
borrower ['bɒrəʊə] sb Entleiher(in) m/f; (with a bank) Kreditnehmer m
borrowing ['bɒrəʊɪŋ] sb Passivkredit m
borrowing customers' card index ['bɒrəʊɪŋ 'kʌstəməz kɑːd 'ɪndeks] sb Kreditkartei f
borrowing limit ['bɒrəʊɪŋ 'lɪmɪt] sb Kreditlimit n
borrowing line ['bɒrəʊɪŋ 'laɪn] sb Kreditlinie f
bottleneck ['bɒtlnek] sb (fig) Engpass m
bottle-neck factor ['bɒtəlnek 'fæktə] sb Engpassfaktor m
bottom ['bɒtəm] v auf dem Tiefpunkt sein, den tiefsten Stand erreicht haben; ~ out die Talsohle verlassen
bottom line ['bɒtəm laɪn] sb Saldo m
bottom-up planning system ['bɒtəmʌp 'plænɪŋ 'sɪstɪm] sb Gegenstromverfahren n
bottom-up principle ['bɒtəmʌp 'prɪnsɪpəl] sb Bottom-Up-Prinzip n
bottom wage groups ['bɒtəm weɪdʒ gruːps] sb Leichtlohngruppen f/pl
box [bɒks] v 1. (put in boxes) verpacken; 2. sb Kasten m, Kiste f; (made of thin cardboard) Schachtel f
boxboard ['bɒksbɔːd] sb Wellpappe f, Karton m
boxcar ['bɒkskɑː] sb geschlossener Güterwagon m
box number ['bɒks 'nʌmbə] sb Postfach n

boycott ['bɔɪkɒt] sb Boykott m; v boykottieren
brain drain ['breɪndreɪn] sb (fam) Braindrain m
brains trust [breɪnz trʌst] sb Expertenausschuss m, Braintrust m
brainstorming ['breɪnstɔːmɪŋ] sb Brainstorming m
branch [brɒntʃ] sb 1. (area) Zweig m, Sparte f, Branche f; 2. ~ office) Filiale f, Zweigstelle f; v 3. ~ out sich ausdehnen
branch abroad [brɒntʃ ə'brɔːd] sb Auslandsniederlassung f
branch manager [brɒntʃ 'mænɪdʒə] sb Filialleiter m
branch office [brɒntʃ 'ɒfɪs] sb Geschäftsstelle f, Zweigstelle f, Filiale f
branch operation [brɒntʃ ɒpə'reɪʃən] sb Zweigstelle f
brand [brænd] sb (name) Marke f, Schutzmarke f
brand family [brænd 'fæmɪlɪ] sb Markenfamilie f
brand leader [brænd 'liːdə] sb führende Marke f
brand marketing [brænd 'mɒkɪtɪŋ] sb Brandmarketing n
brand (name) loyalty [brænd neɪm 'lɔɪjəltɪ] sb Markentreue f
brand switching [brænd 'swɪtʃɪŋ] sb Markenwechsel m
brand trademark [brænd 'treɪdmɒk] sb Marke f
branding ['brændɪŋ] sb Branding n
brand name ['brændneɪm] sb Markenname m
brand name article ['brændneɪm ɒtɪkl] sb Markenartikel m
breach [briːtʃ] v 1. (a contract) brechen, verletzen; sb 2. Übertretung f, Verstoß m, Verletzung f; 3. ~ of contract Vertragsbruch m
break [breɪk] v irr 1. brechen; 2. ~ even Kosten decken; 3. ~ the news to s.o. jdm etw eröffnen; 4. (stop functioning) kaputtgehen; 5. (put out of working order) kaputtmachen; sb 5. (pause) Pause f; take a ~ eine Pause machen
breakage ['breɪkɪdʒ] sb Bruch m; (damage) Bruchschaden m
break down [breɪk daʊn] v irr (machine) versagen, stehen bleiben
breakdown ['breɪkdaʊn] sb 1. of a machine) Versagen n, Betriebsstörung f; 2. of a car) Panne f; 3. (analysis) Aufgliederung f

breakeven analysis [breɪk'iːvən ə'næli-sɪs] Break-Even-Analyse *f*, Gewinnschwellenanalyse *f*
break-even point [breɪk'iːvən pɔɪnt] *sb* Gewinnschwelle *f*, Rentabilitätsschwelle *f*, Break-Even-Point *m*
breakthrough ['breɪkθruː] *sb* Durchbruch *m*
bribe [braɪb] *v 1.* bestechen, schmieren; *2. sb (money)* Bestechung *f*, Bestechungsgeld *n*
bridging loan ['brɪdʒɪŋ ləʊn] *sb* Überbrückungskredit *m*
brief [briːf] *sb 1.* Instruktionen *f/pl; v 2.* ~ *s.o.* jdn einweisen, jdn instruieren
briefcase ['briːfkeɪs] *sb* Aktentasche *f*, Aktenmappe *f*
briefing ['briːfɪŋ] *sb* Briefing, vorbereitende Besprechung *f*
bring [brɪŋ] *v irr 1.* bringen; *2.* ~ *a charge against s.o.* gegen jdn Anklage erheben
bring forward [brɪŋ 'fɔːwəd] *v irr 1.* übertragen; *2. (a meeting)* vorverlegen
broadcast ['brɔːdkɑːst] *v irr 1.* senden, übertragen; *sb 2.* Übertragung *f*, Sendung *f*
brochure ['brəʊʃʊə] *sb* Broschüre *f*, Prospekt *m*
broken-period interest ['brəʊkən'pɪərɪəd 'ɪntrest] *sb* Stückzinsen *pl*
broker ['brəʊkə] *sb* Broker *m;* Makler(in) *m/f*
brokerage ['brəʊkərɪdʒ] *sb* Maklergeschäft *n*, Maklergebühr *f*, Provision *f*, Courtage *f*
brokerage bank ['brəʊkərɪdʒ bæŋk] *sb* Maklerbank *f*
brokerage business ['brəʊkərɪdʒ 'bɪznɪs] *sb* Vermittlungsgeschäft *n*
brokers' code of conduct ['brəʊkəz kəʊd əv 'kɒndʌkt] *sb* Maklerordnung *f*
broker's note ['brəʊkəz nəʊt] *sb* Schlussnote *f*
bubble company ['bʌbəl 'kʌmpəni] *sb* Briefkastenfirma *f*, Scheinfirma *f*
bucket shop ['bʌkɪt ʃɒp] *sb* Winkelbörse *f*
budget ['bʌdʒɪt] *v 1.* ~ *for sth* einplanen, einkalkulieren; *sb 2.* Etat *m*, Budget *n*, Haushalt *m*
budget adjustment ['bʌdʒɪt ə'dʒʌstmənt] *sb* Planrevision *f*
budgetary deficit ['bʌdʒɪtəri 'defəsɪt] *sb* Haushaltsdefizit *n*, Budgetdefizit *n*
budgetary planning ['bʌdʒɪtəri 'plænɪŋ] *sb* Budgetplanung *f*
budget control ['bʌdʒɪt kən'trəʊl] *sb* Budgetkontrolle *f*
budget credit ['bʌdʒɪt 'kredɪt] *sb* Haushaltskredit *m*

budget cut ['bʌdʒɪt kʌt] *sb* Etatkürzung *f*, Budgetkürzung *f*
budgeted balance sheet ['bʌdʒɪtɪd 'bæləns ʃiːt] *sb* Planbilanz *f*
budgeted costs ['bʌdʒɪtɪd kɒsts] *sb* Sollkosten *pl*
budget law ['bʌdʒɪt lɔː] *sb* Haushaltsgesetz *n*
budgeting ['bʌdʒɪtɪŋ] *sb* Budgetierung *f*, Finanzplanung *f*
buffer stock ['bʌfə stɒks] *sb* Buffer-Stocks *pl*
bug [bʌg] *v 1.* verwanzen, abhören; *sb 2. (programming error)* Defekt *m*
build [bɪld] *v irr 1.* bauen, erbauen, errichten; *2. (fig: business, career, relationship)* aufbauen; *3. (assemble)* bauen, konstruieren, herstellen
builder ['bɪldə] *sb 1. (contractor)* Bauunternehmer *m;* 2. Erbauer *m*, Bauträger *m*
building and contracting industry ['bɪldɪŋ ənd kən'træktɪŋ 'ɪndəstrɪ] *sb* Bauwirtschaft *f*
building financing ['bɪldɪŋ faɪ'nænsɪŋ] *sb* Baufinanzierung *f*
building loan ['bɪldɪŋ ləʊn] *sb* Baukredit *m*, Baudarlehen *n*
building site ['bɪldɪŋ saɪt] *sb* Bauland *n*
building society ['bɪldɪŋ sə'saɪɪtɪ] *sb (UK)* Bausparkasse *f*
build-up account ['bɪldʌp ə'kaʊnt] *sb* Aufbaukonto *f*
bulk [bʌlk] *sb 1. (size)* Größe *f*, Masse *f;* 2. *(large quantity)* Masse *f*
bulk buyer [bʌlk 'baɪə] *sb* Großabnehmer *m*
bulk buying [bʌlk 'baɪɪŋ] *sb* Großeinkauf *m*
bulk carrier [bʌlk 'kærɪə] *sb* Frachtschiff *n*, Frachter *m*
bulk goods [bʌlk gʊdz] *sb* Massengüter *pl*
bull [bʊl] *sb* Haussespekulant *m*, Haussier *m*
bull market [bʊl 'mɑːkɪt] *sb* Hausse *f*
bullion ['bʊljən] *sb* Bullion
bullion broker ['bʊljən 'brəʊkə] *sb* Bullionbroker *m*
bullish ['bʊlɪʃ] *sb* Bullish *m*
buoyant ['bɔɪjənt] *sb* freundlich *adj*
burden ['bɜːdn] *v 1.* belasten; ~ *s.o. with sth* jdm etw aufbürden; *sb 2.* Last *f; 3. (of taxes)* Belastung *f*
bureau ['bjʊərəʊ] *sb (of the government)* Amt *n*, Behörde *f*
bureaucracy [bjʊə'rɒkrəsɪ] *sb* Bürokratie *f*
bureaucrat ['bjʊərəkræt] *sb* Bürokrat *m*
bureaucratic [bjʊərə'krætɪk] *adj* bürokratisch

business ['bɪznɪs] *sb 1. (firm)* Geschäft *n*, Betrieb *m*, Unternehmen *n; 2. go out of ~* zumachen; *3. (trade)* Geschäft *n*, Gewerbe *n; (matter)* Sache *f*, Affäre *f*, Angelegenheit *f; 4. get down to ~* zur Sache kommen

business acquisition ['bɪznɪs ækwɪ'zɪʃən] *sb* Geschäftsübernahme *f*

business administration ['bɪznɪs ədmɪnɪ'streɪʃən] *sb* Betriebswirtschaftslehre *f*

business barometer ['bɪznɪs bə'rɒmɪtə] *sb* Konjunkturbarometer *m*

business card ['bɪznɪskɒd] *sb* Geschäftskarte *f*, Visitenkarte *f*

business category costing ['bɪznɪs 'kætəgərɪ 'kɒstɪŋ] *sb* Geschäftsspartenkalkulation *f*

business combination ['bɪznɪs kɒmbɪ'neɪʃən] *sb* Unternehmenszusammenschluss *m*

business concentration ['bɪznɪs kɒnsɪn'treɪʃən] *sb* Unternehmenskonzentration *f*

business connections ['bɪznɪs kə'nekʃəns] *sb* Geschäftsbeziehungen *f/pl*, Geschäftsverbindungen *f/pl*

business cycle ['bɪznɪs 'saɪkəl] *sb* Konjunktur, Konjunkturzyklus *m*

business data processing ['bɪznɪs 'deɪtə 'prəʊsesɪŋ] *sb* Wirtschaftsinformatik *f*

business economics ['bɪznɪs ɪkə'nɒːmɪks] *sb* Betriebswirtschaftslehre *f*

business engaged in the distributive trade ['bɪznɪs ɪn'geɪdʒd ɪn ðə dɪs'trɪbjutɪv treɪd] *sb* Handelsbetrieb *m*

business enterprise ['bɪznɪs 'entɜːpraɪz] *sb* Erwerbsbetrieb *m*, Unternehmung *f*

business environment risk index ['bɪznɪs en'vaɪərənmənt rɪsk 'ɪndeks] *sb* BERI-Index *m*

business friend ['bɪznɪs frend] *sb* Geschäftsfreund *m*

business hours ['bɪznɪs 'aʊəz] *sb* Geschäftszeit *f*

business in foreign countries ['bɪznɪs ɪn 'fɔːrɪn 'kʌntriːz] *sb* Auslandsgeschäft *n*

business income ['bɪznɪs 'ɪnkʌm] *sb* Erwerbseinkünfte *f/pl*

business letter ['bɪznɪs 'letə] *sb* Handelsbrief *m*

businessman ['bɪznɪsmæn] *sb* Geschäftsmann *m*, Kaufmann *m*

business over the counter ['bɪznɪs 'əʊvə ðə 'kaʊntə] *sb* Schaltergeschäft *n*

business papers ['bɪznɪs 'peɪpəz] *sb* Geschäftspapiere *n/pl*

business park ['bɪznɪs pɑːk] *sb* Gewerbegebiet *n*

business partner ['bɪznɪs 'pɑːtnə] *sb* Geschäftspartner(in) *m/f*

business practice ['bɪznɪs 'præktɪs] *sb* Handelsbrauch *m*

business relations ['bɪznɪs rɪ'leɪʃənz] *sb* Geschäftsverbindung *f*, Geschäftsbeziehung *f*

business report ['bɪznɪs rɪ'pɔːt] *sb* Geschäftsbericht *m*

business secret ['bɪznɪs 'siːkrət] *sb* Geschäftsgeheimnis *n*

business taxation ['bɪznɪs tæks'eɪʃən] *sb* Unternehmensbesteuerung *f*

business-to-business ['bɪznɪs tu 'bɪznɪs] *sb* Business-to-Business

businesswoman ['bɪznɪswʊmən] *sb* Geschäftsfrau *f*

business year ['bɪznɪs jɪə] *sb* Wirtschaftsjahr *n*

busy ['bɪzɪ] *adj 1.* beschäftigt, tätig, *2. (telephone line)* (US) besetzt

buy [baɪ] *v irr 1.* kaufen, einkaufen; *sb 2. (fam)* Kauf *m; a good ~* ein günstiger Kauf *m*

buy-back arrangements ['baɪbæk ə'reɪndʒmənts] *sb* Rückkaufgeschäfte *n/pl*

buyer ['baɪə] *sb* Käufer(in) *m/f*, Abnehmer(in) *m/f*

buyer's commission ['baɪəz kə'mɪʃən] *sb* Käuferprovision *f*

buyers ahead ['baɪəz ə'hed] *sb* bezahlt und Geld (bg)

buyer's market ['baɪəz 'mɑːkɪt] *sb* Käufermarkt *m*

buying or selling for customers ['baɪɪŋ ɔː 'selɪŋ fɔː 'kʌstəməz] *sb* Anschaffungsgeschäft *n*

bying rate ['baɪɪŋ reɪt] *sb* Geldkurs *m*

buying-up wholesale trade ['baɪɪŋʌp 'hɒlseɪl treɪd] *sb* Aufkaufgroßhandel *m*

buy off [baɪ ɒf] *v irr s.o.* jdn abfinden

buy out [baɪ aʊt] *v irr 1. (s.o.)* auszahlen; *2. (s.o.'s stock)* aufkaufen

by express [baɪ ɪk'spres] per Express

by lorry [baɪ 'lɒrɪ] per Lastkraftwagen

by order [baɪ 'ɔːdə] im Auftrag

by procuration [baɪ prə'kjʊəreɪʃən] per procura

by registered post [baɪ 'redʒɪstəd pəʊst] per Einschreiben

by return of post [baɪ rɪ'tɜːn əv 'pəʊst] postwendend

bylaws ['baɪlɔːz] *pl* Satzung *f*

by-product ['baɪprɒdʌkt] *sb* Nebenprodukt *n*, Abfallprodukt *n*

byte [baɪt] *sb* Byte *n*

C

cable transfer ['keɪbl 'trænsfə] *sb* Kabelüberweisung *f,* telegrafische Überweisung *f*
cabotage ['kæbətaʒ] *sb* Kabotage *f*
calculable ['kælkjʊləbl] *adj* berechenbar, kalkulierbar
calculate ['kælkjʊleɪt] *v* 1. rechnen; *(sth)* berechnen, errechnen; 2. *(estimate)* kalkulieren
calculation [kælkjʊ'leɪʃən] *sb* Berechnung *f,* Kalkulation *f,* Rechnung *f*
calculation of compound interest ['kælkjuːleɪʃən əv 'kɒmpaʊnd 'ɪntrɪst] *sb* Zinseszinsrechnung *f*
calculation of price of shares ['kælkjuːleɪʃən əv praɪs əv ʃɛəz] *sb* Effektenrechnung *f*
calculation of probabilities [kælkjʊ'leɪʃən əv prɒbə'bɪlɪtɪs] *sb* Wahrscheinlichkeitsrechnung *f*
calculation of the budget costs [kælkjʊ'leɪʃən əv ðə'bʌdʒɪt kɒsts] *sb* Plankostenrechnung *f*
calculation unit [kælkjʊ'leɪʃən 'juːnɪt] *sb* Recheneinheit *f*
calculator ['kælkjʊleɪtə] *sb (pocket ~)* Taschenrechner *m*
calendar year ['kæləndə jɪə] *sb* Kalenderjahr *n*
call [kɔːl] *v* 1. *(on the telephone)* anrufen; *(a meeting)* einberufen; 2. *(a bond)* aufrufen; 3. *(a loan)* abrufen; *sb* 4. *(telephone ~)* Anruf *m;* 5. make a ~ telefonieren; 6. *(summons)* Aufruf *m*
callable ['kɔːləbl] *adj* rückkaufbar, rückforderbar
callable forward transaction anticipato *m* ['kɔːləbəl 'fɔːwəd træns'ækʃən æntɪsɪ'patɒ] *sb* Wandelgeschäft *n*
callable bond ['kɔːləbəl 'bɒnd] *sb* Anleihe mit Emittentenkündigungsrecht, Schuldverschreibung mit Emittentenkündigungsrecht
called ['kɔːld] *adj* eingefordert
called in ['kɔːld ɪn] *adj* eingefordert
called in capital ['kɔːld ɪn 'kæpɪtl] *sb* eingefordertes Kapital
call off [kɔːl ɒf] *v (cancel)* absagen
call option [kɔːl 'ɒpʃən] *sb* Kaufoption *f*
call order [kɔːl 'ɔːdə] *sb* Abrufauftrag *m*
call transaction [kɔːl træns'ækʃən] *sb* Call-Geschäft *n*

call up [kɔːl ʌp] *v* 1. aufrufen; 2. *(telephone)* anrufen
call-box ['kɔːlbɒks] *sb (UK)* Telefonzelle *f,* Münzfernsprecher *m*
caller ['kɔːlə] *sb (on the telephone)* Anrufer *m; (visitor)* Besucher *m*
calling card ['kɔːlɪŋ kɑːd] *sb (fig)* Visitenkarte *f*
call-number ['kɔːlnʌmbə] *sb (UK)* Rufnummer *f*
camouflaged advertising ['kæməflaʒd 'ædvətaɪzɪŋ] *sb* Schleichwerbung *f*
canban system ['kænbæn 'sɪstɪm] *sb* Kanban-System *n*
cancel ['kænsəl] *v* 1. streichen, durchstreichen; 2. ~ each other out *(fig)* sich gegenseitig aufheben; 3. *(a command)* widerrufen, aufheben; 4. *(call off)* absagen; 5. *(an order for goods)* abbestellen, stornieren; 6. *(a contract)* annullieren, kündigen; 7. to be ~led ausfallen
cancellation [kænsə'leɪʃən] *sb* 1. Streichung *f,* Aufhebung *f,* Annullierung *f;* 2. *(of a contract)* Kündigung *f;* Abbestellung *f,* Stornierung *f,* Löschung *f*
candidate ['kændɪdeɪt] *sb* Kandidat(in) *m/f,* Anwärter(in) *m/f,* Bewerber(in) *m/f*
candidature ['kændɪdətʃə] *sb* Anwartschaft *f,* Kandidatur *f*
cap [kæp] *sb* Cap *n,* Obergrenze *f*
capable of acting in law ['kæpəbl əv 'æktɪŋ ɪn lɔː] *adv* rechtsfähig
capacity [kə'pæsɪtɪ] *sb* 1. *(ability)* Fähigkeit *f;* 2. *(role)* Eigenschaft *f;* 3. in an advisory ~ in beratender Funktion; 4. *(content)* Inhalt *m,* Umfang *m;* 5. Kapazität *f,* Leistung *f*
capacity to draw cheques [kə'pæsɪtɪ tu drɔː tʃeks] *sb* Scheckfähigkeit *f*
capital ['kæpɪtl] *sb* Kapital *n*
capital account ['kæpɪtl ə'kaʊnt] *sb* Vermögensrechnung *f*
capital aid ['kæpɪtl eɪd] *sb* Kapitalhilfe *f*
capital analysis ['kæpɪtl ə'nælɪsɪs] *sb* Kapitalanalyse *f*
capital assets ['kæpɪtl 'æsets] *sb* Kapitalvermögen *n*
capital base ['kæpɪtl beɪs] *sb* Kapitalbasis *f*
capital encouragement treaty capital *m* ['kæpɪtəl en'kʌrɪdʒmənt 'triːti 'kæpɪtəl] *sb* Kapitalförderungsvertrag *n*

capital export ['kæpɪtl 'ekspɔːt] *sb* Kapitalexport *m*

capital flow ['kæpɪtəl fləʊ] *sb* Capital flow, Kapitalfluss *m*

capital formation ['kæpɪtl fɔː'meɪʃən] *sb* Vermögensbildung *f*

capital forming payment ['kæpɪtəl 'fɔːmɪŋ 'peɪmənt] *sb* vermögenswirksame Leistungen *f/pl*

capital fund ['kæpɪtəl fʌnd] *sb* Kapitalfonds *m*

capital gains tax ['kæpɪtl geɪnz tæks] *sb* Kapitalertragssteuer *f*

capital goods ['kæpɪtl gʊdz] *sb* Investitionsgüter *pl*, Anlagegüter *pl*

capital import ['kæpɪtl 'ɪmpɔːt] *sb* Kapitalimport *m*

capital investment ['kæpɪtl ɪn'vestmənt] *sb* Kapitalanlage *f*

capital investment company ['kæpɪtəl ɪn'vestmənt 'kʌmpənɪ] *sb* Kapitalanlagegesellschaft *f*

capital investment law ['kæpɪtəl ɪn'vestmənt lɔː] *sb* Kapitalanlagegesetz *n*

capital levy ['kæpɪtəl 'levɪ] *sb* Vermögensabgabe *f*

capital majority ['kæpɪtəl mə'dʒɔːrɪtɪ] *sb* Kapitalmehrheit *f*

capital market ['kæpɪtəl 'mɑːkɪt] *sb* Kapitalmarkt *m*

Capital Market Encouragement Law ['kæpɪtəl 'mɑːkɪt ɪn'kʌrɪdʒmənt lɔː] *sb* Kapitalmarktförderungsgesetz *n*

capital market interest rate ['kæpɪtəl 'mɑːkɪt 'ɪntrɪst reɪt] *sb* Kapitalmarktzins *m*

capital market research ['kæpɪtəl 'mɑːkɪt rɪ'sɜːtʃ] *sb* Kapitalmarktforschung *f*

capital movements ['kæpɪtəl 'muːvmənts] *sb* Kapitalbewegungen *f*

capital outflows ['kæpɪtəl 'aʊtfləʊz] *sb* Kapitalabfluss *m*

capital productivity ['kæpɪtəl prɔdʌk'tɪvɪtɪ] *sb* Kapitalproduktivität *f*

capital protection ['kæpɪtəl prə'tekʃən] *sb* Kapitalschutz *m*

capital reduction ['kæpɪtəl rɪ'dʌkʃən] *sb* Kapitalherabsetzung *f*

capital requirement calculation ['kæpɪtəl rɪ'kwaɪmənt kælkjuː'leɪʃən] *sb* Kapitalbedarfsrechnung *f*

capital requirement(s) ['kæpɪtl rɪ'kwaɪəmənts] *sb* Kapitalbedarf *m*

capital reserves ['kæpɪtəl rɪ'sɜːvz] *sb* Kapitalrücklage *f*

capital resources ['kæpɪtl rɪ'sɔːsɪz] *pl* Kapitalausstattung *f*

capital serving as a guarantee ['kæpɪtəl 'sɜːvɪŋ æz ə gærən'tiː] *sb* Garantiekapital *n*

capital share ['kæpɪtl ʃɛə] *sb* Kapitalanteil *m*

capital stock ['kæpɪtl stɔk] *sb* Grundkapital *n*

capital sum required as cover ['kæpɪtəl sʌm rɪ'kwaɪd æz 'kʌvə] *sb* Deckungskapital *n*

capital tie-up ['kæpɪtəl 'taɪʌp] *sb* Kapitalbindung *f*

capital transaction tax ['kæpɪtəl træns-'ækʃən tæks] *sb* Kapitalverkehrssteuer *f*

capital transactions ['kæpɪtl træn'sæk-ʃənz] *sb* Kapitalverkehr *m*

capital transfer tax ['kæpɪtl 'trænsfə tæks] *sb (UK)* Erbschaftsteuer *f*

capital turnover ['kæpɪtl 'tɜːnəvə] *sb* Kapitalumschlag *m*

capital value ['kæpɪtl 'væljuː] *sb* Kapitalwert *m*

capital yield tax ['kæpɪtl 'jiːld tæks] *sb* Kapitalertragssteuer *f*

capitalism ['kæpɪtəlɪzm] *sb* Kapitalismus *m*

capitalist ['kæpɪtəlɪst] *sb* Kapitalist(in) *m/f*

capitalization [kæpɪtəlaɪ'zeɪʃən] *sb* Kapitalisierung *f*

capitalized value ['kæpɪtəlaɪzd 'væljuː] *sb* Ertragswert *m*

capitation [kæpɪ'teɪʃən] *sb* Kopfsteuer *f*

cap rate of interest [kæp reɪt əv ɪ'ntrɪst] *sb* Zinskappe *f*

car [kɑː] *sb* Auto *n*, Wagen *m*

cardboard ['kɑːdbɔːd] *sb* Karton *m*, Pappe *f*; ~ *box* Pappkarton *m*

cardphone ['kɑːdfəʊn] *sb* Kartentelefon *n*

card index [kɑːd 'ɪndeks] *sb* Kartei *f*

career [kə'rɪə] *sb* Karriere *f*, Laufbahn *f*

cargo ['kɑːgəʊ] *sb* Ladung *f*, Fracht *f*

carnet ['kɑːneɪ] *sb* Zollcarnet *n*, Carnet *n*

car phone ['kɑː fəʊn] *sb* Autotelefon *n*

carriage ['kærɪdʒ] *sb* Fracht

carriage charges ['kærɪdʒ tʃɒdʒɪz] *sb* Frachtkosten *pl*, Transportkosten *pl*

carriage of goods ['kærɪdʒ əv 'gʊdz] *sb* Güterbeförderung *f*, Gütertransport *m*

carriage paid ['kærɪdʒ peɪd] *sb* franko, portofrei

carrier ['kærɪə] *sb* 1. Träger *m*, Frachtführer *m*; 2. *(shipping firm)* Spediteur *m*

carry ['kærɪ] *v* 1. tragen; 2. *(the cost of sth)* bestreiten; 3. *(ship goods)* befördern

carry forward ['kærɪ 'fɔːwəd] *v* vortragen

carry-forward of the losses ['kærɪ 'fɔː-wəd əv ðə 'lɔːsɪz] *sb* Verlustvortrag *m*
carry over ['kærɪ 'əʊvə] *v* vortragen
carte blanche ['kɑːt 'blɒ̃ʃ] *sb* Blankovollmacht *f*, Carte blanche *f*
cartel [kɑː'tel] *sb* Kartell *n*
cartel act [kɑː'tel ækt] *sb* Kartellgesetz *n*
cartel authority [kɑː'tel ɔː'θɒrɪtɪ] *sb* Kartellbehörde *f*
cartel law [kɑː'tel lɔː] *sb* Kartellgesetz *n*
cartel to be registered [kɑː'tel tə biː 'redʒɪstəd] *sb* genehmigungspflichtige Kartelle *n/pl*
carton ['kɑːtən] *sb* Karton *m*, Pappschachtel *f*
cascade tax [kæs'keɪd tæks] *sb* Kaskadensteuer *f*
case [keɪs] *sb (packing ~)* Kiste *f; (display ~)* Vitrine *f*, Schaukasten *m*
cash [kæʃ] *sb* 1. Bargeld *n;* 2. ~ on delivery per Nachnahme; *adj* 3. bar; *v* 4. einlösen, einkassieren
cash accountancy [kæʃ ə'kaʊntənsɪ] *sb* Kassenhaltung *f*
cash against documents (c. a. d.) [kæʃ ə'genst 'dɔːkjuːmənts] *sb* Zahlung gegen Dokumente (c.a.d.)
cash and carry [kæʃ ænd kærɪ] *sb* Cash & Carry (C & C)
cash-and-carry clause [kæʃənd'kærɪ klɔːz] *sb* Cash-and-carry-Klausel *f*
cash assets [kæʃ 'æsets] *sb* Barvermögen *n*
cash-based ['kæʃbeɪst] *adj* pagatorisch
cash basis of accounting [kæʃ 'beɪsɪs əv ə'kaʊntɪŋ] *sb* Geldrechnung *f*
cash book ['kæʃbʊk] *sb* Kassenbuch *n*
cash card ['kæʃkɒd] *sb* Bankautomatenkarte *f*, Geldautomatenkarte *f*
cash cheque [kæʃ tʃek] *sb (UK)* Barscheck *m*
cash cover [kæʃ 'kʌvə] *sb* Bardeckung *f*
cash cow [kæʃ kaʊ] *sb* Cash cow *f*
cash credit [kæʃ 'kredɪt] *sb* Kassenkredit *m*, Barkredit *m*
cash deposit [kæʃ dɪ'pɔːzɪt] *sb* Bardepot, Bareinlage *f*
cash desk ['kæʃdesk] *sb* Kasse *f*
cash discount [kæʃ dɪs'kaʊnt] *sb* Barzahlungsrabatt *m*, Skonto *n*
cash dispenser [kæʃ dɪs'pensə] *sb* Geldautomat *m*
cash dividend [kæʃ 'dɪvɪdend] *sb* Bardividende *f*
cash flow [kæʃ fləʊ] *sb* Cash Flow *m*

cashier [kæ'ʃɪə] *sb* 1. Kassierer(in) *m/f;* 2. ~'s check *(US)* Bankscheck *m*
cash in [kæʃ 'ɪn] *v* ~ on sth aus etw Kapital schlagen
cash in advance (c. i. a.) [kæʃ ɪn æd'vɒns] *sb* Vorauszahlung (c.i.a.) *f*
cash in hand ['kæʃ ɪn hænd] *sb* Bargeldbestand *m*, Kassenbestand *m*
cashless checkout systems ['kæʃlɪs 'tʃekaʊt 'sɪstɪmz] *sb* bargeldlose Kassensysteme *n/pl*
cashless payments ['kæʃlɪs 'peɪmənts] *sb* bargeldloser Zahlungsverkehr *m*
cash letter of credit [kæʃ 'letə əv 'kredɪt] *sb* Bar-Akkreditiv *n*
cash loss payment [kæʃ lɔːs 'peɪmənt] *sb* Bareinschuss *m*
cash on delivery [kæʃ ɒn dɪ'lɪvərɪ] *sb* (Lieferung gegen) Nachnahme *f*, Zahlung per Nachnahme *f*, Cash on delivery
cash on shipment (c. o. s.) [kæʃ ɔːn 'ʃɪpmənt] *sb* Zahlbar bei Verschiffung (c.o.s.)
cash payment [kæʃ 'peɪmənt] *sb* Barzahlung *f*
cash point ['kæʃ pɔɪnt] *sb* Kasse *f*
cash purchase [kæʃ 'pɜːtʃɪs] *sb* Barkauf *m*
cash receipts and disbursement method [kæʃ rɪ'siːts ænd dɪs'bɜːsmənt 'meθɪd] *sb* Überschussrechnung *f*
cash sale [kæʃ seɪl] *sb* Barverkauf *m*
cash transactions [kæʃ træns'ækʃənz] *sb* Bargeschäft *n*, Kassageschäft *n*
cash with order (c. w. o.) [kæʃ wɪθ 'ɔːdə] *sb* Zahlung bei Auftragserteilung (c.w.o.)
casualty insurance ['kæʒjuːəltɪ ɪn'sʊərəns] *sb* Schadensversicherung *f*
catalogue-based purchase ['kætəlɔːg beɪst 'pɜːtʃɪs] *sb* Katalogkauf *m*
catalogue ['kætəlɒg] *v* 1. katalogisieren; *sb* 2. Katalog *m*, Verzeichnis *n*
catalytic converter [kætə'lɪtɪk kən'vɜːtə] *sb* Katalysator *m*
category of goods ['kætɪgərɪ əv'gʊdz] *sb* Gütergruppe *f*, Güterkategorie *f*
cause [kɔːz] *v* 1. verursachen, anstiften, bewirken; ~ s.o. to do sth jdn veranlassen, etw zu tun; *sb* 2. Ursache *f;* ~ and effect Ursache und Wirkung
caution ['kɔːʃən] *v* warnen; *(officially)* verwarnen
cautionary land charge ['kɔːʃənærɪ lænd tʃɒdʒ] *sb* Sicherungsgrundschuld *f*
cautionary mortgage ['kɔːʃənærɪ 'mɔːgɪdʒ] *sb* Sicherungshypothek *f*

CD-i [siːdiːˈaɪ] *sb* CD-i *f*
CD-ROM [siːdiːˈrɒm] *sb* CD-ROM *f*
cease [siːs] *v* 1. aufhören, enden; 2. *(payments)* einstellen
ceiling [ˈsiːlɪŋ] *sb* Plafond *m*
cellular phone [ˈseljʊlə fəʊn] *sb* Funktelefon *n*, Handy *n*
centigrade [ˈsentɪɡreɪd] *adj degrees* ~ Grad Celsius
centimetre [ˈsentɪmiːtə] *sb* Zentimeter *m*
central bank [ˈsentrəl bæŋk] *sb* Zentralbank *f*, Notenbank *f*
Central Bank Council [ˈsentrəl bæŋk ˈkaʊnsəl] *sb* Zentralbankrat *m*
central bank money [ˈsentrəl bæŋk ˈmʌni] *sb* Zentralbankgeld *n*
central credit institution [ˈsentrəl ˈkredɪt ɪnstɪˈtjuːʃən] *sb* Zentralkasse *f*
central depository for securities [ˈsentrəl dɪˈpɒzɪtəri fɔː səˈkjʊərɪtiz] *sb* Wertpapiersammelbank *f*
central giro institution [ˈsentrəl ˈdʒaɪrəʊ ɪnstɪˈtjuːʃən] *sb* Girozentrale *f*
central rate [ˈsentrəl reɪt] *sb* Leitkurs *m*
centralization [sentrəlaɪzˈeɪʃən] *sb* Zentralisierung *f*, Zentralisation *f*
centralize [ˈsentrəlaɪz] *v* zentralisieren
centralized purchasing [ˈsentrəlaɪzd ˈpɜːtʃəsɪŋ] *sb* Zentraleinkauf *m*
certificate [sɜːˈtɪfɪkət] *sb* Bescheinigung *f*, Attest *n*, Urkunde *f*, Zertifikat *n*
certificate of audit [sɜːˈtɪfɪkət əv ˈɔːdɪt] *sb* Prüfungsvermerk *m*
certificate of good delivery [sɜːˈtɪfɪkət əv ɡʊd dɪˈlɪvəri] *sb* Lieferbarkeitsbescheinigung *f*
certificate of indebtedness [sɜːˈtɪfɪkət əv ɪnˈdetɪdnəs] *sb* Schuldschein *m*, Schuldbrief *m*
certificate of inheritance [sɜːˈtɪfɪkət əv ɪnˈherɪtəns] *sb* Erbschein *m*
certificate of insurance (C/I) [sɜːˈtɪfɪkət əv ɪnˈʃʊərəns] *sb* Versicherungszertifikat (C/I) *n*
certificate of origin [sɜːˈtɪfɪkət əv ˈɒrɪdʒɪn] *sb* Ursprungszeugnis *n*, Ursprungszertifikat *n*
certificate of participation in an investment program [sɜːˈtɪfɪkət əv pɒtɪsɪˈpeɪʃən ɪn æn ɪnˈvestmənt ˈprəʊɡræm] *sb* Programmzertifikat *n*
certificate of pledge [sɜːˈtɪfɪkət əv pledʒ] *sb* Pfandschein *m*
certificate of warranty [sɜːˈtɪfɪkət əv ˈwɒrənti] *sb* Garantiekarte *f*

certificated land charge [sɜːˈtɪfɪkeɪtɪd lænd tʃɑːdʒ] *sb* Briefgrundschuld *f*
certificated mortgage [sɜːˈtɪfɪkeɪtɪd ˈmɔːɡɪdʒ] *sb* Briefhypothek *f*
certificates of deposit [sɜːˈtɪfɪkɪts əv dɪˈpɒzɪt] *sb* Einlagenzertifikat *n*
certification [sɜːtɪfɪˈkeɪʃən] *sb* Bescheinigung *f*, Beurkundung *f*, Beglaubigung *f*
certified [ˈsɜːtɪfaɪd] *adj* 1. bescheinigt, bestätigt, beglaubigt; *sb* 2. ~ *public accountant* amtlich zugelassener Bücherrevisor *m*
certified bonds [ˈsɜːtɪfaɪd bɒndz] *sb* zertifizierte Bonds *m/pl*
certified cheque [ˈsɜːtɪfaɪd tʃek] *sb* als gedeckt bestätigter Scheck *m*
certified copy [ˈsɜːtɪfaɪd ˈkɒpi] *sb* beglaubigte Abschrift *f*, beglaubigte Kopie *f*
certify [ˈsɜːtɪfaɪ] *v* bescheinigen, bestätigen, beglaubigen; *this is to* ~ hiermit wird bescheinigt
cessation [seˈseɪʃən] *sb* Einstellung *f*, Ende *n*
cessation of payments [seˈseɪʃən əv ˈpeɪmənts] *sb* Zahlungseinstellung *f*
cession [ˈseʃən] *sb* Abtretung *f*, Zession *f*
chain store [tʃeɪn stɔː] *sb* Filialbetrieb *m*, Filiale *f*
chair [tʃeə] *sb* 1. *(chairmanship)* Vorsitz *m*; *v* 2. ~ *a committee* den Vorsitz über ein Komitee haben
chairman [ˈtʃeəmən] *sb* Vorsitzende(r) *m/f*
chairman of the board [ˈtʃeəmən əv ðə bɔːd] *sb* Vorstandsvorsitzender *m*
chairman of the supervisory board [ˈtʃeəmən əv ðə suːpəˈvaɪzəri bɔːd] *sb* Aufsichtsratsvorsitzender *m*
chairmanship [ˈtʃeəmənʃɪp] *sb* Vorsitz *m*
challenge [ˈtʃælɪndʒ] *v* 1. anfechten; *sb* 2. Anfechtung *f*; 3. Ablehnung *f*; 4. Herausforderung *f*
chamber of commerce [ˈtʃeɪmbər əv ˈkɒmɜːs] *sb* Handelskammer *f*
chamber of foreign trade [ˈtʃeɪmbər əv ˈfɒrən treɪd] *sb* Außenhandelskammer *f*
chamber of handicrafts [ˈtʃeɪmbər əv ˈhændɪkrɑːfts] *sb* Handwerkskammer *f*
Chamber of Industry and Commerce [ˈtʃeɪmbər əv ˈɪndʌstri ænd ˈkʌmɜːs] *sb* Industrie- und Handelskammer *f*
Chancellor of the Exchequer [ˈtʃɒnsələr əv ðiː ɪksˈtʃekə] *sb (UK)* Finanzminister(in) *m/f*
chancery [ˈtʃɒnsəri] *sb* Amtsvormundschaft *f*, Vormundschaft *f*

change [tʃeɪndʒ] *sb* 1. *(money)* Wechselgeld *n;* (*small ~*) Kleingeld *n;* 2. *(money: into smaller denominations)* wechseln; 3. *(money: into another currency)* umtauschen

change in plant operation [tʃeɪndʒ ɪn plænt ɔpə'reɪʃən] *sb* Betriebsänderung *f*

change of shift [tʃeɪndʒ əv ʃɪft] *sb* Schichtwechsel *m*

channel ['tʃænl] *sb* 1. Kanal; 2. *official ~s pl* Dienstweg *m,* amtlicher Weg *m*

channel of distribution ['tʃænl əv dɪstrɪ-'bju:ʃən] *sb* Absatzweg *m,* Absatzkanal *m*

channel of information ['tʃænəl əv ɪnfɔ:-'meɪʃən] *sb* Informationsweg *m*

character ['kærɪktə] *sb (sign)* Zeichen *n*

character reference ['kærɪktə 'refərəns] *sb* Leumundszeugnis *n,* Referenz *f*

charge [tʃɑ:dʒ] *v* 1. *~ s.o. with a task* jdn mit einer Arbeit beauftragen; 2. *(ask in payment)* berechnen, anrechnen; 3. *(examine)* fordern; 4. *~ s.o. for sth* jdn mit etw belasten, jdm etw in Rechnung stellen; 5. *(arrange to be billed for)* in Rechnung stellen lassen, anschreiben lassen; *~ sth to s.o.* etw auf Rechnung eines anderen kaufen; 6. *(a battery)* laden, aufladen; *sb* 7. Belastung *f;* 8. *(official accusation)* Anklage *f, (in a civil case)* Klage *f; press ~s against s.o. pl* gegen jdn Anzeige erstatten; 9. *(fee)* Gebühr *f; free of ~* kostenlos; 10. *in ~* verantwortlich; *put s.o. in ~ of sth* jdm die Leitung übertragen; *Who's in ~ here?* Wer ist hier der Verantwortliche?

charge card [tʃɑ:dʒ kɑ:d] *sb* Kundenkreditkarte *f*

charge levied [tʃɑ:dʒ 'levɪd] *sb* Umlage *f*

charge material [tʃɑ:dʒ mə'tɪərɪəl] *sb* Fertigungslos *(manufacturing) n*

chargeable to ['tʃɑ:dʒəbl tu] *adv* zu Lasten von, auf Kosten von

chart [tʃɑ:t] *sb* 1. Tabelle *f; (diagram)* Schaubild *n*

chart analysis [tʃɑ:t ə'nælɪsɪs] *sb* Chartanalyse *f*

chart of accounts [tʃɑ:t əv ə'kaʊnts] *sb* Kontenplan *m*

charter ['tʃɑ:tə] *sb* 1. Charter *f v* 2. *(plane, bus, ship)* chartern, mieten

charter flight ['tʃɑ:tə flaɪt] *sb* Charterflug *m*

charter member ['tʃɑ:tə 'membə] *sb* Gründungsmitglied *n*

chartered accountant ['tʃɑ:təd ə'kaʊntənt] *sb* Wirtschaftsprüfer(in) *m/f,* Bilanzbuchhalter(in) *m/f*

cheap [tʃi:p] *adj* billig, preiswert

cheapen ['tʃi:pn] *v (price)* herabsetzen, senken, verbilligen

cheapening ['tʃi:pnɪŋ] *adj* Verbilligung *f,* Herabsetzung *f*

cheat [tʃi:t] *v (s.o.)* 1. betrügen; *sb* 2. Betrüger *m,* Schwindler *m*

check [tʃek] *v* 1. *(make sure)* nachprüfen; 2. *(~ figures)* nachrechnen; 3. *(examine)* prüfen, kontrollieren, nachsehen; *sb* 4. *(examination)* Kontrolle *f,* Überprüfung *f;* 5. *(US: cheque)* Scheck *m;* 6. *(US: bill)* Rechnung *f*

checker ['tʃekə] *sb* Kontrolleur(in) *m/f; (cashier)* Kassierer(in) *m/f*

check in [tʃek ɪn] *v* sich anmelden; *(at an airport)* einchecken

checking account ['tʃekɪŋ ə'kaʊnt] *sb (US)* Girokonto *n*

check list [tʃek lɪst] *sb* Checkliste *f*

checkout scanner ['tʃekaʊt 'skænə] *sb* Scannerkassen *f/pl*

check truncation procedure [tʃek trʌn-'keɪʃən prə'si:djʊə] *sb* belegloser Scheckeinzug *m*

cheque [tʃek] *sb (UK)* Scheck *m; pay by ~* mit Scheck bezahlen

cheque book ['tʃekbʊk] *sb* Scheckheft *n*

cheque card ['tʃekkɑ:d] *sb* Scheckkarte *f*

cheque clause [tʃek klɔ:z] *sb* Scheckklausel *f*

cheque clearance [tʃek 'klɪərəns] *sb* Scheckabrechnung *f*

cheque collection [tʃek kə'lekʃən] *sb* Scheckeinzug *m*

cheque department [tʃek dɪ'pɑ:tmənt] *sb* Scheckabteilung *f*

cheque drawn by the drawer himself [tʃek drɔ:n baɪ ðə 'drɔ:ə hɪm'self] *sb* trassiert-eigener Scheck *m*

cheque fraud [tʃek frɔ:d] *sb* Scheckbetrug *m*

cheque recourse [tʃek rɪ'kɔ:s] *sb* Scheckregress *m*

cheque to bearer [tʃek tu beərə] *sb* Inhaberscheck *m*

cheque transactions [tʃek træns'ækʃənz] *sb* Scheckverkehr *m*

chief accountancy [tʃi:f ə'kaʊntənsɪ] *sb* Hauptbuchhaltung *f*

chief executive officer [tʃi:f ɪg'zekjuːtɪv 'ɔfɪsə] *sb (US)* Generaldirektor(in) *m/f*

child allowance [tʃaɪld ə'laʊəns] *sb* Kinderfreibetrag *m*

child benefit [tʃaɪld 'benɪfɪt] *sb* Kindergeld *n*

child-rearing period [tʃaɪld 'riːrɪŋ 'pɪərɪəd] *sb* Erziehungszeit *f*

chip [tʃɪp] *sb* Chip *m*

choice [tʃɔɪs] *sb* 1. *(variety to choose from)* Auswahl *f*; 2. *(chance to choose, act of choosing)* Wahl *f*; 3. make a ~, take one's ~ wählen, eine Wahl treffen; 4. *(thing chosen)* Wahl *f*, Option *f*

choice of location [tʃɔɪs əv ləʊ'keɪʃən] *sb* Standortwahl *f*

circular ['sɜːkjʊlə] *sb (letter)* Rundschreiben *n*

circular letter from board to shareholders ['sɜːkjʊlə 'letə frəm bɔːd tu 'ʃeəhəʊldəz] *sb* Aktionärsbrief *m*

circulate ['sɜːkjʊleɪt] *v (blood, money)* fließen; *(news: get around)* in Umlauf sein, kursieren, sich verbreiten

circulation [sɜːkjʊ'leɪʃən] *sb* Kreislauf *m*, Zirkulation *f*; out of ~ außer Kurs; *(number of copies sold)* Auflagenziffer *f*

circulation of money [sɜːkjʊ'leɪʃən əv 'mʌnɪ] *sb* Geldumlauf *m*

circumstance ['sɜːkəmstæns] *sb* ~s *pl (financial state)* Vermögensverhältnisse *pl*

citizenship ['sɪtɪzənʃɪp] *sb* Staatsangehörigkeit *f*, Staatsbürgerschaft *f*

civic ['sɪvɪk] *adj* bürgerlich, Bürger...

civil ['sɪvəl] *adj* zivil, bürgerlich, Zivil...

civil code ['sɪvəl kəʊd] *sb* bürgerliches Gesetzbuch *n*

civil engineer ['sɪvəl endʒɪ'nɪə] *sb* Bauingenieur(in) *m/f*

civil engineering ['sɪvəl endʒɪ'nɪərɪŋ] *sb* Tiefbau *m*

civil law ['sɪvəl lɔː] *sb* Zivilrecht *n*

civil-law association ['sɪvəl lɔː ɒsəʊsiː'eɪʃən] *sb* Gesellschaft bürgerlichen Rechts (GbR) *f*

civil servant ['sɪvəl 'sɜːvənt] *sb* Beamte(r)/Beamtin *m/f*, Staatsbeamte(r)/Staatsbeamtin *m/f*

civil service ['sɪvəl 'sɜːvɪs] *sb* Staatsdienst *m*

claim [kleɪm] *v* 1. *(demand)* fordern, Anspruch erheben auf, beanspruchen; *sb* 2. *(demand)* Anspruch *m*, Forderung *f*; lay ~ to sth auf etw Anspruch erheben

claimable ['kleɪməbl] *adj* einforderbar, rückforderbar

claimant ['kleɪmənt] *sb (by application)* Antragsteller(in) *m/f*

claim for return [kleɪm fɔː rɪ'tɜːn] *sb* Herausgabeanspruch *m*

claim in default [kleɪm ɪn də'fɔːlt] *sb* Not leidende Forderung *f*

claim of damages [kleɪm əv 'damɪdgɪz] *sb* Schadenersatzansprüche *pl*, Schadensforderungen *pl*

class of goods ['klɒsəv gʊdz] *sb* Warenart *f*, Klasse

classified advertisements ['klæsɪfaɪd əd'vɜːtɪsmənts] *sb* Kleinanzeigen *pl*

classified directory ['klæsɪfaɪd daɪ'rektərɪ] *sb* Branchenverzeichnis *n*

classify ['klæsɪfaɪ] *v* klassifizieren, einteilen, einstufen

clause [klɔːz] *sb* Klausel *f*

clean bill of lading [kliːn bɪl əv 'leɪdɪŋ] *sb* reines Konossement *n*

clean factoring [kliːn 'fæktərɪŋ] *sb* echtes Factoring *n*

clear [klɪə] *v (approve)* abfertigen; ~ sth through customs etw zollamtlich abfertigen

clear off ['klɪər ɔf] *v* 1. *(debt)* zurückzahlen; 2. *(mortgage)* abzahlen

clear up ['klɪər ʌp] *v (a point, a situation)* klären, bereinigen, ausräumen

clearance ['klɪərəns] *sb* 1. *(go-ahead)* Freigabe *f*; 2. *(by customs)* Abfertigung *f*; 3. *(of a debt)* volle Bezahlung *f*

clearance sale ['klɪərəns seɪl] *sb* Ausverkauf *m*, Räumungsverkauf *m*; *(end-of-season ~)* Schlussverkauf *m*

clearing bank ['klɪərɪŋ bæŋk] *sb* Clearingbank *f*

clearing house ['klɪərɪŋ haʊs] *sb* Abrechnungsstelle *f*

clearing system ['klɪərɪŋ 'sɪstɪm] *sb* Abrechnungsverkehr *m*, Gironetz *n*

clearing unit ['klɪərɪŋ 'juːnɪt] *sb* Verrechnungseinheit *f*

clerical work ['klerɪkl wɜːk] *sb* Büroarbeit *f*

clerk [klɑːk] *sb* 1. *(office ~)* Büroangestellte(r) *m/f*, kaufmännischer Angestellter *m*; 2. *(US: shop assistant)* Verkäufer(in) *m/f*

client ['klaɪənt] *sb* Kunde/Kundin *m/f*, Auftraggeber(in) *m/f*; *(of a solicitor)* Klient(in) *m/f*; *(of a barrister)* Mandant(in) *m/f*

clientele [kliːɒn'tel] *sb* Kundschaft *f*, Kundenkreis *m*

climb [klaɪm] *v (prices)* steigen, klettern

clock off ['klɒk ɔf] *v* stempeln (wenn man die Arbeit verlässt)

clock on ['klɒk ɒn] *v* stempeln (wenn man zur Arbeit kommt)

close [kləʊz] *v* 1. *(sth)* zumachen, schließen, verschließen; 2. *(a deal)* abschließen; 3. *(bring to an end)* schließen, beendigen; *sb* 4. Ende *n*, Schluss *m*; bring to a ~ abschließen, beendigen

close down [kləʊz daʊn] v schließen, einstellen, beenden

closed-end real estate fund [kləʊzd end riəl ɪsˈteɪt fʌnd] sb geschlossener Immobilienfonds m

close of stock exchange business [kləʊz əv stɔ:k ɪksˈtʃeɪndʒ ˈbɪznɪs] sb Börsenschluss m

closed shop principle [kləʊzd ʃɔ:p ˈprɪnsɪpəl] sb Closed-Shop-Prinzip n

closing balance [ˈkləʊzɪŋ ˈbæləns] sb Schlussbilanz f

closing date [ˈkləʊzɪŋ deɪt] sb letzter Termin m, letzter Tag m

closing price [ˈkləʊzɪŋ praɪs] sb Schlusskurs m,

closing time [ˈkləʊzɪŋ taɪm] sb Geschäftsschluss m, Büroschluss m, Ladenschluss m

closure [ˈkləʊʒə] sb Schließung f, Schließen n, Stilllegung f, Schluss m

code [kəʊd] v 1. kodieren; sb Gesetzbuch n, Kodex m; 2. (of a computer) Code m

code number [kəʊd ˈnʌmbə] sb Kennzahl f

Code of Civil Procedure [kəʊd əv ˈsɪvəl prəˈsi:djʊə] sb Zivilprozessordnung (ZPO) f

codeword [ˈkəʊdwɜ:d] sb Kodewort n, Kennwort n

co-entrepreneur [ˈkɔ:ntrəprənyr] sb Mitunternehmer m

coin [kɔɪn] sb Münze f, Geldstück n

cold call [kəʊld kɔ:l] sb Telefonaktion zur Werbung von Neukunden f

cold storage lorry [kəʊld ˈstɔ:rɪdʒ ˈlɔrɪ] sb Kühlwagen m

collaborate [kəˈlæbəreɪt] v zusammenarbeiten, mitarbeiten

collaboration [kəlæbəˈreɪʃən] sb Zusammenarbeit f, Mitarbeit f

collaborator [kəˈlæbəreɪtə] sb (associate) Mitarbeiter(in) m/f

collapse [kəˈlæps] sb Deroute f

collapse of prices [kəˈlæps əv praɪsɪz] sb Kurszusammenbruch m

collateral credit [kəˈlætərəl ˈkredɪt] sb Lombardkredit m

collateral deposit [kəˈlætərəl dɪˈpɔzɪt] sb Lombarddepot n

collateral guarantee [kəˈlætərəl gærənˈti:] sb Nachbürgschaft f

collateral holdings [kəˈlætərəl ˈhɒldɪŋz] sb Lombard m

collateral loan based on a bill of exchange [kəˈlætərəl ləʊn beɪst ɔ:n ə bɪl əv ɪksˈtʃeɪndʒ] sb Wechsellombard m

collateral loan business [kəˈlætərəl ləʊn ˈbɪznɪs] sb Lombardgeschäft n

colleague [ˈkɔli:g] sb Kollege/Kollegin m/f, Mitarbeiter(in) m/f

collect [kəˈlekt] v 1. (accumulate) sich ansammeln, sich sammeln; 2. (get payment) kassieren, einkassieren; 3. (taxes) einnehmen, einziehen; 4. (debts) einziehen

collect call [kəˈlekt kɔ:l] sb (US) R-Gespräch n

collection [kəˈlekʃən] sb 1. (line of fashions) Kollektion f; 2. (assortment) Sortiment n, Ansammlung f; 3. (of taxes) Einziehen n; 4. (of debts) Eintreiben n, Inkasso n

collection business [kəˈlekʃən ˈbɪznɪs] sb Inkassogeschäft n, Einziehungsgeschäft n

collection commission [kəˈlekʃən kəˈmɪʃən] sb Inkassoprovision f

collection department [kəˈlekʃən dɪˈpa:tmənt] sb Inkasso-Abteilung f

collection fee [kəˈlekʃən fi:] sb Inkassogebühr f

collection of bills of exchange [kəˈlekʃən əv bɪlz əv ɪksˈtʃeɪndʒ] sb Wechselinkasso n

collection on delivery (c. o. d.) [kəˈlekʃən ɔ:n dəˈlɪvəri] sb Zahlung gegen Nachnahme (c.o.d.)

collection procedure [kəˈlekʃən prəˈsi:dʊə] sb Einzugsermächtigungsverfahren n

collection receipt [kəˈlekʃən rɪˈsi:t] sb Einzugsquittung f

collective [kəˈlektɪv] adj Kollektiv..., Gemeinschafts...

collective account [kəˈlektɪv əˈkaʊnt] sb Sammelkonto n

collective agreement [kəˈlektɪv əˈgri:mənt] sb Tarifvertrag m

collective bargaining [kəˈlektɪv ˈbɒgənɪŋ] sb Tarifverhandlungen pl

collective bill [kəˈlektɪv bɪl] sb Sammeltratte f

collective debt register claim [kəˈlektɪv det ˈredʒɪstə kleɪm] sb Sammelschuldbuchforderung f

collective deposit [kəˈlektɪv dɪˈpɔzɪt] sb Sammeldepot n

collective order [kəˈlektɪv ˈɔ:də] sb Sammelauftrag m

collective property [kəˈlektɪv ˈprɔpəti] sb Gemeinschaftseigentum n

collective saving [kəˈlektɪv ˈseɪvɪŋ] sb Kollektivsparen n

collective transport [kəˈlektɪv ˈtrænspɔ:t] sb Sammeltransport m

combat ['kɔmbæt] *v (sth)* bekämpfen, kämpfen gegen
combating rising costs ['kɔmbætɪŋ 'raɪsɪŋ kɔsts] *adv* Kostendämpfung *f*
combination bank [kɔmbɪ'neɪʃən bæŋk] *sb* Gemeinschaftsbank *f*
combine ['kɔmbaɪn] *sb* 1. Konzern *m*, *y* 2. kombinieren, verbinden, vereinigen
combined bank transfer [kəm'baɪnd bæŋk 'trænsfə] *sb* Sammelüberweisung *f*
come down [kʌm'daʊn] *v irr (prices)* sinken, heruntergehen
come off [kʌm'ɔf] *v irr* 1. *(take place)* stattfinden; 2. ~ *successfully* erfolgreich verlaufen; 3. ~ *well/badly* gut/schlecht abschneiden
come out [kʌm'aʊt] *v irr* ~ *on the market* erscheinen, herauskommen
commencement of bankruptcy proceedings [kə'mensmənt əv 'bæŋkrʌpsɪ prə'si:dɪŋz] *sb* Konkurseröffnung *f*
comment ['kɔment] *sb* ~ *on* Stellungnahme *f*, Kommentar
commerce ['kɔmɜ:s] *sb* Handel *m*, Handelsverkehr *m*
commercial [kə'mɜ:ʃəl] *adj* 1. kommerziell, kaufmännisch, geschäftlich; *sb* 2. *(advertisement)* Werbespot *m*
commercial agency [kə'mɜ:ʃəl 'eɪdʒənsɪ] *sb* Handelsvertretung *f*, Auskunftei *f*
commercial agent [kə'mɜ:ʃəl 'eɪdʒənt] *sb* Handelsvertreter *m*
commercial balance sheet [kə'mɜ:ʃəl 'bæləns ʃi:t] *sb* Handelsbilanz *f*
commercial bank [kə'mɜ:ʃəl bæŋk] *sb* Handelsbank *f*, Geschäftsbank *f*, Kreditbank *f*
commercial bill [kə'mɜ:ʃəl bɪl] *sb* Warenwechsel *m*, Handelswechsel *m*
commercial book [kə'mɜ:ʃəl bʊk] *sb* Handelsbuch *n*
commercial broker [kə'mɜ:ʃəl 'brəʊkə] *sb* Handelsmakler *m*
Commercial Code [kə'mɜ:ʃəl kəʊd] *sb* Handelsgesetzbuch *n*
commercial credit [kə'mɜ:ʃəl 'kredɪt] *sb* Handelskredit *m*, Warenkredit *m*
commercial employee [kə'mɜ:ʃəl ɪm'plɔɪ'i:] *sb* Handlungsgehilfe *m*
commercial enterprise [kə'mɜ:ʃəl 'entəpraɪz] *sb* Handelsgewerbe *n*
commercial instruments to order [kə'mɜ:ʃəl 'ɪnstrumənts tu 'ɔ:də] *sb* kaufmännische Orderpapiere *n/pl*
commercial invoice [kə'mɜ:ʃəl 'ɪnvɔɪs] *sb* Handelsfaktura *f*

commercial law [kə'mɜ:ʃəl lɔ:] *sb* Handelsrecht *n*
commercial letter of credit [kə'mɜ:ʃəl 'letər əv 'kredɪt] *sb* Handelskreditbrief *m*, Akkreditiv (L/C) *n*
commercial paper [kə'mɜ:ʃəl 'peɪpə] *sb* Commercial Paper *n*
commercial papers [kə'mɜ:ʃəl 'peɪpəz] *sb* Geschäftspapier *n*, Handelspapiere *n/pl*
commercial policy [kə'mɜ:ʃəl 'pɔlɪsɪ] *sb* Handelspolitik *f*
commercial power of attorney [kə'mɜ:ʃəl 'paʊə əv ə'tɜ:nɪ] *sb* Handlungsvollmacht *f*
commercial principle [kə'mɜ:ʃəl 'prɪnsɪpəl] *sb* erwerbswirtschaftliches Prinzip *n*
commercial register [kə'mɜ:ʃəl 'redʒɪstə] *sb* Handelsregister *n*
commercial sample [kə'mɜ:ʃəl 'sæmpəl] *sb* Warenmuster *n*
commercial transactions [kə'mɜ:ʃəl træns'ækʃənz] *sb* Handelsgeschäfte *n/pl*
commercialism [kə'mɜ:ʃəlɪzəm] *sb* Kommerz *m*, Kommerzialisierung *f*
commercialize [kə'mɜ:ʃəlaɪz] *v* kommerzialisieren, vermarkten
commission [kə'mɪʃən] *v* 1. *(a person)* beauftragen; *(a thing)* in Auftrag geben; 2. ~ *to do sth* jdn damit beauftragen, etw zu tun; *sb* 3. ~ *to do sth* Auftrag *m*; *(form of pay)* Provision *f*, Kommission *f*; 4. *out of* ~ außer Betrieb; 5. *(committee)* Kommission *f*, Ausschuss *m*
commission agent [kə'mɪʃən 'eɪdʒənt] *sb* Kommissionär *m*
commission business [kə'mɪʃən 'bɪznɪs] *sb* Kommissionsgeschäft *n*
commission for acceptance [kə'mɪʃən fɔ: ə'kseptəns] *sb* Akzeptprovision *f*
commission guarantee [kə'mɪʃən gærən'ti:] *sb* Provisionsgarantie *f*
Commission of the European Union [kə'mɪʃən əv ðə jʊərə'pi:ən 'ju:njən] *sb* EU-Kommission *f*
commission on bank guarantee [kə'mɪʃən ɔn bæŋk gærən'ti:] *sb* Aval-Provision *f*
commission on turnover [kə'mɪʃən ɔn 'tɜ:nəʊvə] *sb* Umsatzprovision *f*
commission payment [kə'mɪʃən 'peɪmənt] *sb* Provisionszahlung *f*
commission trade [kə'mɪʃən treɪd] *sb* Kommissionshandel *m*
commission-bearing account [kə'mɪʃən 'beərɪŋ ə'kaʊnt] *sb* provisionspflichtiges Konto *n*

commission-free account [kəˈmɪʃənfriː əˈkaʊnt] *sb* provisionsfreies Konto *n*
commitment [kəˈmɪtmənt] *sb* Engagement *n*
commitment fee [kəˈmɪtmən ˈfiː] *sb* Bereitstellungskosten *pl*
committee of inspection [kəˈmɪtiː əv ɪnˈspekʃən] *sb* Gläubigerausschuss *m*
commodities [kəˈmɔdɪtiz] *pl* 1. *manufactured* ~ Bedarfsartikel *m*; 2. *(on the stock exchange)* Rohstoffe *pl*, Commodities *f/pl*
commodities cartel [kəˈmɔːdɪtɪz kɑːˈtel] *sb* Rohstoffkartell *n*
commodity [kəˈmɔdɪtɪ] *sb* Ware *f*, Artikel *m*
commodity exchange [kəˈmɔdɪtɪ ɪksˈtʃeɪndʒ] *sb* Warenbörse *f*
commodity forward trading [kəˈmɔːdɪtɪ ˈfɔːwəd ˈtreɪdɪŋ] *sb* Warenterminhandel *m*
commodity forward transaction [kəˈmɔːdɪtɪ ˈfɔːwəd trænsˈækʃən] *sb* Rohstoffmarkt *m*
commodity future [kəˈmɔːdɪtɪ ˈfjuːtʃə] *sb* Commodity futures *n/pl*
commodity futures exchange [kəˈmɔdɪtɪ ˈfjuːtʃəz ɪksˈtʃeɪndʒ] *sb* Warenterminbörse *f*
commodity futures trading [kəˈmɔːdɪtɪ ˈfjuːtʃəz ˈtreɪdɪŋ] *sb* Warentermingeschäft *n*
commodity market [kəˈmɔːdɪtɪ ˈmɑːkɪt] *sb* Gütermarkt *m*
commodity money [kəˈmɔːdɪtɪ ˈmʌnɪ] *sb* Naturalgeld *n*
commodity restriction scheme [kəˈmɔːdɪtɪ rɪˈstrɪkʃən skiːm] *sb* Quotenkartell *n*
commodity securities [kəˈmɔːdɪtɪ sɪˈkjʊərɪtɪz] *sb* Warenwertpapiere *n/pl*
common business-oriented language [ˈkɔmən ˈbɪznɪs ˈɔːrɪəntɪd ˈlæŋgwɪdʒ] *sb* Programmiersprache *f*
common debtor [ˈkɔːmən ˈdetə] *sb* Gemeinschaftsschuldner *m*
common law [ˈkɔmən lɔː] *sb* Gewohnheitsrecht *n*
common market [ˈkɔmən ˈmɑːkɪt] *sb* gemeinsamer Markt *m*
communicate [kəˈmjuːnɪkeɪt] *v* 1. *(with one another)* kommunizieren, sich verständigen; 2. *(news, ideas)* vermitteln, übermitteln, mitteilen
communication facilities [kəmjuːnɪˈkeɪʃən fəˈsɪlɪtiːz] *sb* Kommunikationsmittel *n*
communism [ˈkɔmjʊnɪzm] *sb* Kommunismus *m*
community [kəˈmjuːnɪtɪ] *sb* Gemeinde *f*, Gemeinschaft *f*

community of heirs [kəˈmjuːnɪtɪəv ɛəz] *sb* Erbengemeinschaft *f*
community of interests [kəˈmjuːnɪtɪ əv ˈɪntrɪsts] *sb* Interessengemeinschaft (IG) *f*
community of property [kəˈmjuːnɪtɪ əv ˈprɔpətɪ] *sb* eheliche Gütergemeinschaft *f*
commute [kəˈmjuːt] *v* 1. *(travel back and forth)* pendeln; 2. *(a right)* umwandeln
commuter [kəˈmjuːtə] *sb* Pendler(in) *m/f*
compact [ˈkɔmpækt] *sb (agreement)* Vereinbarung *f*, Abmachung *f*
Companies Act [ˈkʌmpənɪz ækt] *sb* Aktiengesetz *n*
company [ˈkʌmpənɪ] *sb (firm)* Firma *f*, Unternehmen *n*, Gesellschaft *f*
company account [ˈkʌmpənɪ əˈkaʊnt] *sb* Firmenkonto *n*
company address [ˈkʌmpənɪ əˈdres] *sb* Firmenanschrift *f*
company assets [ˈkʌmpənɪ ˈæsets] *sb* Gesellschaftsvermögen *n*
company car [ˈkʌmpənɪ kɑː] *sb* Firmenwagen, Dienstwagen *m*
company exploiting third-party rights [ˈkʌmpənɪ ɪksˈplɔɪtɪŋ θɜːd ˈpɑːtɪ raɪts] *sb* Verwertungsgesellschaft *f*
company law [ˈkʌmpənɪ lɔː] *sb* Aktienrecht *n*, Firmenrecht *n*
company limited by shares [ˈkʌmpənɪ ˈlɪmɪtɪd baɪ ʃɛəz] *sb* Kapitalgesellschaft *f*
company name [ˈkʌmpənɪ neɪm] *sb* Firmenname *m*
company objective [ˈkʌmpənɪ əbˈdʒektɪv] *sb* Unternehmensziel *n*
company pension [ˈkʌmpənɪ ˈpenʃən] *sb* Betriebsrente *f*
company philosophy [ˈkʌmpənɪ fɪˈlɔsəfɪ] *sb* Unternehmensphilosophie *f*
company planning [ˈkʌmpənɪ ˈplænɪŋ] *sb* Unternehmensplanung *f*
company policy [ˈkʌmpənɪ ˈpɔːlɪsɪ] *sb* Unternehmenspolitik *f*
company profit [ˈkʌmpənɪ ˈprɔfɪt] *sb* Unternehmensgewinn *m*
company stability [ˈkʌmpənɪ stəˈbɪlɪtɪ] *sb* Firmenbeständigkeit *f*
company tax [ˈkʌmpənɪ tæks] *sb* Gesellschaftssteuer *f*
company-owned shares [ˈkʌmpənɪ əʊnd ʃɛəz] *sb* eigene Aktien *f/pl*
company's bank [ˈkʌmpənɪz bæŋk] *sb* Hausbank *f*
company's debts [ˈkʌmpənɪz dets] *sb* Gesellschaftsschulden *f/pl*

comparative balance sheet [kəm'pɛərɪtɪv 'bæləns ʃiːt] *sb* Vergleichsbilanz *f*
comparison [kəm'pærɪsən] *sb* Vergleich *m*; *in ~ with* im Vergleich zu; *by way of ~* vergleichsweise
comparison of prices [kəm'pærɪsən əv 'praɪsɪz] *sb* Kursvergleich *m*
compatibility [kəmpætə'bɪlɪtɪ] *sb* Kompatibilität *f*, Vereinbarkeit *f*
compensate ['kɔmpenseɪt] *v* 1. *(recompense)* entschädigen; 2. *(US: pay in wages)* bezahlen; 3. *~ for (in money, in goods)* ersetzen, vergüten, wettmachen; 4. *~ a loss* jdm einen Verlust ersetzen
compensating item ['kɔmpenseɪtɪŋ 'eɪtəm] *sb* Ausgleichsposten *m*
compensation [kɔmpen'seɪʃən] *sb* 1. *(damages)* Entschädigung *f*, Ersatz *m*, Schadenersatz *m*; 2. *in ~* als Entschädigung; 3. *(settlement)* Abfindung *f*, Kompensation *f*, Verrechnung *f*; 4. *(US: pay)* Vergütung *f*, Entgelt *n*
compensation for loss suffered [kɔmpen'seɪʃən fɔː lɔs 'sʌfəd] *sb* Schadensersatz *m*
compensation fund [kɔmpen'seɪʃən fʌnd] *sb* Ausgleichsfonds *m*
compensation offer [kɔmpen'seɪʃən ɔfə] *sb* Abfindungsangebot *n*
compensation payment [kɔmpen'seɪʃən 'peɪmənt] *sb* Ausgleichszahlung *f*
compensatory pricing [kɔm'pensətərɪ 'praɪsɪŋ] *sb* Mischkalkulation *f*
compete [kəm'piːt] *v* konkurrieren, in Wettstreit treten
competence ['kɔmpətəns] *sb* Fähigkeit *f*; *(authority, responsibility)* Kompetenz *f*, Zuständigkeit *f*
competence to decide ['kɔmpətəns tu dɪ'saɪd] *sb* Entscheidungskompetenz *f*
competent ['kɔmpɪtənt] *adj* 1. *(responsible)* zuständig; 2. *(witness)* zulässig
competing firm [kəm'piːtɪŋ fɜːm] *sb* Konkurrenzfirma *f*, konkurrierende Firma *f*
competition [kɔmpə'tɪʃən] *sb* 1. Konkurrenz *f*; 2. *to be in ~ with s.o.* mit jdm konkurrieren, mit jdm wetteifern; 3. *a ~* Wettbewerb *m*, Wettkampf *m*; 4. *(write-in contest)* Preisausschreiben *n*
competition supervisory office [kɔmpə'tɪʃən suːpəː'vaɪzərɪ 'ɔfɪs] *sb* Wettbewerbaufsicht *f*
competitive [kəm'petɪtɪv] *adj* 1. *(able to hold its own)* konkurrenzfähig, wettbewerbsfähig; 2. *(nature, person)* vom Konkurrenzdenken geprägt; 3. *(industry, market)* mit starker Konkurrenz
competitive advantage [kəm'petɪtɪv əd'væntɪdʒ] *sb* Wettbewerbsvorteil *m*
competitive policy [kəm'petətɪv 'pɔlɪsɪ] *sb* Wettbewerbspolitik *f*
competitiveness [kəm'petɪtɪvnəs] *sb* *(of a thing)* Wettbewerbsfähigkeit *f*, Konkurrenzfähigkeit *f*
competitor [kəm'petɪtə] *sb* Konkurrent(in) *m/f*, Gegner(in) *m/f*
complain [kəm'pleɪn] *v* sich beklagen, sich beschweren; *~ about* klagen über
complainant [kəm'pleɪnənt] *sb* Kläger(in) *m/f*
complaint [kəm'pleɪnt] *sb* 1. Reklamation *f*, Beanstandung *f*; 2. Strafanzeige *f*
complementary goods [kɔmplə'mentərɪ gʊdz] *pl* komplementäre Güter *pl*
complete [kəm'pliːt] *v (finish)* beenden, abschließen, absolvieren; *(a form)* ausfüllen; *adj (finished)* fertig
completion [kəm'pliːʃən] *sb* Fertigstellung *f*, Beenden *n*
compliance [kəm'plaɪəns] *sb* Einhalten *n*, Befolgung *f*
comply [kəm'plaɪ] *v* 1. *~ with (a rule)* befolgen; 2. *~ with (a request)* nachkommen, entsprechen
component [kəm'pəʊnənt] *sb* 1. Bestandteil *m*; Komponente *f*; 2. *(technical ~)* Bauelement *n*
composition proceedings [kɔmpə'zɪʃən prə'siːdɪŋz] *sb* Ausgleichsverfahren *n*, Vergleichsverfahren *n*
compound interest ['kɔmpaʊnd 'ɪntrəst] *sb* Zinseszins *m*
comprehensive insurance [kɔmprɪ'hensɪv ɪn'ʃʊərəns] *sb* Vollkaskoversicherung *f*
compromise ['kɔmprəmaɪz] *sb* 1. Kompromiss *m*; *v* 2. *(agree on a ~)* einen Kompromiss schließen; 3. *(put at risk)* kompromittieren, gefährden
compulsory [kəm'pʌlsərɪ] *adj* obligatorisch, Pflicht...
compulsory auction [kəm'pʌlsərɪ 'ɔːkʃən] *sb* Zwangsversteigerung *f*
compulsory contribution [kəm'pʌlsərɪ kɔntrɪ'bjuːʃən] *sb* Pflichteinlage *f*
compulsory disclosure [kəm'pʌlsərɪ dɪs'kləʊʒə] *sb* Publikationspflicht *f*
compulsory health insurance funds [kəm'pʌlsərɪ helθ ɪn'ʃʊərəns fʌndz] *sb* Pflichtkrankenkassen *f/pl*

compulsory loan [kəm'pʌlsəri lɔːn] *sb* Zwangsanleihe *f*
compulsory saving [kəm'pʌlsəri 'seɪvɪŋ] *sb* Zwangssparen *n*
compulsory settlement [kəm'pʌlsəri 'setlmənt] *sb* Zwangsvergleich *m*
computation [kɔmpjuˈteɪʃən] *sb* Berechnung *f*, Kalkulation *f*
compute [kəm'pjuːt] *v (make calculations)* rechnen; *(sth)* berechnen, errechnen
computer [kəm'pjuːtə] *sb* Computer *m*, Rechner *m*
computer aided engineering (CAE) [kəm'pjuːtə 'eɪdɪd endʒɪ'nɪərɪŋ] *sb* Computer Aided Engineering (CAE) *n*
computer aided manufacturing (CAM) [kəm'pjuːtə 'eɪdɪd mænjuːˈfæktʃʊərɪŋ] *sb* Computer Aided Manufacturing (CAM) *n*
computer aided quality assurance (CAQ) [kəm'pjuːtə 'eɪdɪd 'kwɔːlɪti ə'ʃʊərəns] *sb* Computer Aided Quality Assurance (CAQ) *f*
computer aided selling (CAS) [kəm'pjuːtə 'eɪdɪd 'selɪŋ] *sb* Computer Aided Selling (CAS) *n*
computer centre [kəm'pjuːtə 'sentə] *sb* Rechenzentrum *n*
computer graphics [kəm'pjuːtə 'græfɪks] *pl* Computergrafik *f*
computer integrated manufacturing (CIM) [kəm'pjuːtə ɪntə'greɪtɪd mænjuːˈfæktʃʊərɪŋ] *sb* Computer Integrated Manufacturing (CIM) *n*
computer network [kəm'pjuːtə 'netwɜːk] *sb* Computernetzwerk *n*
computer program [kəm'pjuːtə 'prəʊɡræm] *sb* Computerprogramm *n*
computer-aided design (CAD) [kəm'pjuːtə 'eɪdɪd dɪ'zaɪn] *sb* Computer Aided Design (CAD) *n*
computerise [kəm'pjuːtəraɪz] *v* computerisieren, auf Computer umstellen
concentration [kɔnsən'treɪʃən] *sb* Konzentration *f*
concentration of banks [kɔnsən'treɪʃən əv bæŋks] *sb* Bankenkonzentration *f*
concentration of capital [kɔnsən'treɪʃən əv 'kæpɪtəl] *sb* Kapitalkonzentration *f*
concept ['kɔnsept] *sb* Konzept *n*, Vorstellung *f*
conception [kən'sepʃən] *sb* Konzeption *f*, Vorstellung *f*
concern [kən'sɜːn] *v 1.* ~ *o.s. with sth* sich mit etw beschäftigen, sich für etw interessieren; *2. (worry)* beunruhigen; *3. to be* ~*ed about* sich kümmern um; *4. (to be about)* sich handeln um, gehen um
concerted [kən'sɜːtɪd] *adj* konzertiert, gemeinsam
concession [kən'seʃən] *sb* Zugeständnis *n*, Konzession *f*
concessionary [kən'seʃənəri] *adj* in Konzession, Konzessions...
conciliation board [kɔnsɪlɪ'eɪʃən bɔːd] *sb* Einigungsstelle *f*
conclusion [kən'kluːʒən] *sb* Abschluss *m*
conclusion of a contract [kən'kluːʒən əv ə 'kɔntrækt] *sb* Vertragsabschluss *m*
conclusion of a deal [kən'kluːʒən əv ə diːl] *sb* Geschäftsabschluss *m*
concordance of maturities [kɔnˈkɔːdəns əv məˈtʊərɪtɪz] *sb* Fristenkongruenz *f*
concretion [kən'kriːʃən] *sb* Konkretisierung *f*, Verwirklichung *f*
concurrent [kən'kʌrənt] *adj* Zug um Zug
condition [kən'dɪʃən] *sb 1. (stipulation)* Bedingung *f*, Voraussetzung *f*, Kondition *f*; *2. on* ~ *that* ... unter der Bedingung, dass ...
condition cartel [kən'dɪʃən kɑːˈtel] *sb* Konditionenkartell *n*
conditional capital increase [kən'dɪʃənəl 'kæpɪtəl 'ɪnkriːs] *sb* bedingte Kapitalerhöhung *f*
conditions [kən'dɪʃənz] *sb* Konditionen *f/pl*
conditions of a contract [kən'dɪʃənz əv ə 'kɔntrækt] *pl* Vertragsbedingungen *pl*
conditions of delivery [kən'dɪʃənz əv dɪ'lɪvəri] *pl* Lieferbedingungen *pl*
conduct [kən'dʌkt] *v 1. (direct)* führen, leiten, verwalten; *sb (management)* Führung *f*, Leitung *f*; *2. (document)* Geleitbrief *m*
confer [kən'fɜː] *v 1. (consult together)* sich beraten, sich besprechen; *2. (bestow)* verleihen, übertragen
conference ['kɔnfərəns] *sb* Konferenz *f*, Besprechung *f*, Sitzung *f*; Tagung *f*
conference call ['kɔnfərəns kɔːl] *sb* Konferenzgespräch *n*
conference date ['kɔnfərəns deɪt] *sb* Besprechungstermin *m*
confidence goods ['kɔnfɪdəns ɡʊdz] *sb* Vertrauensgüter *n/pl*
confidential [kɔnfɪ'denʃəl] *adj* vertraulich, geheim
confidential relationship [kɔnfɪ'denʃəl rɪ'leɪʃənʃɪp] *sb* Vertrauensverhältnis *n*
confidentiality [kɔnfɪdenʃɪ'ælɪti] *sb* Vertraulichkeit *f*, Schweigepflicht *f*

configuration [kənfɪgjʊ'reɪʃən] *sb* Konfiguration *f*
confirmation [kɒnfə'meɪʃən] *sb* Bestätigung *f*
confirmation of cover [kɒnfə'meɪʃən əv 'kʌvə] *sb* Deckungszusage *f*
confirmation of order [kɒnfə'meɪʃən əv 'ɔːdə] *sb* Auftragsbestätigung *f*
confiscate ['kɒnfɪskeɪt] *v* beschlagnahmen, einziehen, sicherstellen
confiscation [kɒnfɪs'keɪʃən] *sb* Beschlagnahme *f*, Einziehung *f*
conglomerate [kən'glɒmərɪt] *sb* Konglomerat *n*
congress ['kɒŋgres] *sb* Kongress *m*, Tagung *f*
congruent ['kɒŋgruənt] *adj* 1. deckungsgleich, kongruent; 2. *(in agreement, corresponding)* übereinstimmend, sich deckend
connection [kə'nekʃən] *sb* Verbindung *f*, Beziehung *f*
consent [kən'sent] *v* zustimmen, einwilligen, mit einverstanden sein; *sb* Zustimmung *f*, Einwilligung *f*, Genehmigung *f*; age of ~ Mündigkeit *f*
consequence ['kɒnsɪkwəns] *sb* 1. *(importance)* Bedeutung *f*, Wichtigkeit *f*; 2. *(effect)* Konsequenz *f*, Folge *f*, Wirkung *f*; take the ~s die Folgen tragen
consequential [kɒnsɪ'kwenʃəl] *adj* sich ergebend, folgend
conservation technology [kɒnsə'veɪʃən tek'nɒlədʒɪ] *sb* Umwelttechnik *f*
consign [kən'saɪn] *v* versenden, verschicken, schicken
consignee [kɒnsaɪ'niː] *sb* Adressat *m*, Empfänger *m*, Konsignatar *m*
consignment [kən'saɪnmənt] *sb* 1. Übersendung *f*; 2. on ~ in Kommission; *(overseas)* in Konsignation
consignment note [kən'saɪnmənt nəʊt] *sb* Frachtbrief *m*
consignment of goods [kən'saɪnmənt əv gʊdz] *sb* Warensendung *f*
consignment stock [kən'saɪnmənt stɒk] *sb* Konsignationslager *n*, Kommissionslager *n*
consignment with value declared [kən'saɪnmənt wɪð 'væljuː dɪ'kleəd] *sb* Wertsendung *f*
consistency [kən'sɪstənsɪ] *sb (of a substance)* Konsistenz *f*, Beschaffenheit *f*
consoles ['kɒnsəʊlz] *sb* Konsols *m/pl*
consolidate [kən'sɒlɪdeɪt] *sb* 1. Konsolidierung *f*, Zusammenlegung *f*, 2. *(combine)* zusammenlegen, vereinigen, zusammenschließen
consolidated balance sheet [kən'sɒlɪdeɪtɪd 'bæləns ʃiːt] *sb* konsolidierte Bilanz *f*
consolidated financial statement [kən'sɒlɪdeɪtɪd faɪ'nænʃəl 'steɪtmənt] *sb* Konzernabschluss *m*
consolidation [kənsɒlɪ'deɪʃən] *sb* 1. *(bringing together)* Zusammenlegung *f*, Vereinigung *f*, Zusammenschluss *m*, Unifizierung *f*
consolidation of shares [ən'sɒlɪdeɪʃən əv ʃeəz] *sb* Aktienzusammenlegung *f*
consortium [kən'sɔːtɪəm] *sb* Konsortium *n*, Zusammenschluss *m*
constant issuer ['kɒnstənt 'ɪʃjuːə] *sb* Dauerremittent *m*
Constitutional Court [kɒnstɪ'tjuːʃənəl kɔːt] *sb* Verfassungsgericht *n*
construction [kən'strʌkʃən] *sb (constructing)* Bau *m*, Konstruktion *f*, Errichtung *f*; under ~ im Bau
construction industry [kən'strʌkʃən 'ɪndəstrɪ] *sb* Bauindustrie *f*
consular invoice ['kɒnsjuːlə 'ɪnvɔɪs] *sb* Konsulatsfaktura *f*
consult [kən'sʌlt] *v* 1. konsultieren, befragen, um Rat fragen; 2. *(files)* einsehen
consultant [kən'sʌltənt] *sb* Berater(in) *m/f*
consultant on pensions [kən'sʌltənt ɔːn 'penʃənz] *sb* Rentenberater *m*
consultation [kɒnsəl'teɪʃən] *sb* Beratung *f*, Rücksprache *f*
consulting [kən'sʌltɪŋ] *adj* beratend
consumable [kən'sjuːməbl] *adj* Konsum...
consume [kən'sjuːm] *v (use up)* verbrauchen, verzehren
consumer [kən'sjuːmə] *sb* Verbraucher(in) *m/f*, Konsument(in) *m/f*
consumer advice [kən'suːmə æd'vaɪs] *sb* Kundenberatung *f*
consumer cooperative [kən'suːmə kəʊ'ɒpərətɪv] *sb* Konsumgenossenschaft *f*
consumer credit [kən'sjuːmə 'kredɪt] *sb* Konsumkredit *m*, Konsumentenkredit *m*
consumer credit act [kən'sjuːmə 'kredɪt ækt] *sb* Verbraucherkreditgesetz *n*
consumer goods [kən'sjuːmə gʊdz] *pl* Verbrauchsgüter *pl*, Konsumgüter *pl*
consumer market [kən'sjuːmə 'mɑːkɪt] *sb* Verbrauchermarkt *m*
consumer protection [kən'sjuːmə prə'tekʃən] *sb* Verbraucherschutz *m*
consumer society [kən'sjuːmə sə'saɪɪtɪ] *sb* Konsumgesellschaft *f*

Consumers' Central Offices [kən'suːməz 'sentrəl 'ɔfɪsɪz] *sb* Verbraucherzentralen *f/pl*
consumption [kən'sʌmpʃən] *sb* Verbrauch *m*, Konsum *m*, Verzehr *m*
consumption financing [kən'sʌmpʃən faɪ'nænsɪŋ] *sb* Konsumfinanzierung *f*
contact ['kɔntækt] *sb* 1. *(communication)* Verbindung *f*; to be in ~ with s.o. mit jdm in Verbindung stehen; lose ~ with s.o. die Verbindung zu jdm verlieren; *(person to ~)* Kontaktperson *f*, Ansprechpartner(in) *m/f*; 2. *(useful acquaintance)* Verbindung *f*; make ~s Verbindungen knüpfen; *v* 3. sich in Verbindung setzen mit, Kontakt aufnehmen zu
contain [kən'teɪn] *v (have room for)* fassen, umfassen
container [kən'teɪnə] *sb* Behälter *m*, Gefäß *n*, Container *m*
container transport [kən'teɪnə 'trænspɔːt] *sb* Behälterverkehr *m*
containerize [kən'teɪnəraɪz] *v* in Container verpacken
contamination [kɔntæmɪ'neɪʃən] *sb* Kontamination *f*, Verschmutzung *f*
contango [kən'tæŋɡəʊ] *sb* Report *m*
contango securities [kən'tæŋɡəʊ sɪ'kjuːrɪtɪz] *sb* Reporteffekten *f/pl*
contango transaction [kən'tæŋɡəʊ træns'ækʃən] *sb* Reportgeschäft *n*
content ['kɔntent] *sb* ~s *pl* Inhalt *m*
content norms ['kɔntent nɔːmz] *sb* Inhaltsnormen *f/pl*
contest [kən'test] *v* anfechten, *(dispute)* angreifen, bestreiten
contingency budget [kən'tɪndʒensɪ 'bʌdʒɪt] *sb* Eventualhaushalt *m*
contingency plan [kən'tɪndʒensɪ plæn] *sb* Ausweichplan *m*
contingent [kən'tɪndʒənt] *adj* ~ upon abhängig von
contingent liability [kən'tɪndʒent laɪə'bɪlɪtɪ] *sb* Eventualverbindlichkeit *f*
continued pay [kən'tɪndjuːd peɪ] *sb* Entgeltfortzahlung *f*
continuous flow production [kən'tɪnjuːəs fləʊ prə'dʌkʃən] *sb* Fließfertigung *f*
contract [kən'trækt] *sb* 1. Vertrag *m*; *(order)* Auftrag *m*; *v* 2. ~ sth out etw außer Haus machen lassen; ~ to do sth sich vertraglich verpflichten, etw zu tun;
contract goods ['kɔntrækt gʊdz] *sb* Kontraktgüter *n/pl*
contract of assignment ['kɔntrækt əv ə'saɪnmənt] *sb* Abtretungsvertrag *m*

contract of carriage ['kɔntrækt əv 'kærɪdʒ] *sb* Frachtvertrag *m*
contract of employment ['kɔntrækt əv ɪm'plɔɪmənt] *sb* Arbeitsvertrag *m*, Dienstvereinbarung *f*
contract of pledge ['kɔntrækt əv pledʒ] *sb* Pfandvertrag *m*
contract of sale ['kɔntrækt əv seɪl] *sb* Kaufvertrag *m*
contract of service ['kɔntrækt əv 'sɜvɪs] *sb* Dienstvertrag *m*
contract period ['kɔntrækt 'pɪərɪəd] *sb* Vertragsdauer *f*
contraction [kən'trækʃən] *sb* Kontrahierung *f*
contractor [kən'træktə] *sb* Auftragnehmer *m*
contractor work and services [kən'træktə 'wɜk ənd 'sɜvɪsɪz] *sb* Werkvertrag *m*
contracts on capital collecting ['kɔntrækts ɔːn 'kæpɪtəl kə'lektɪŋ] *sb* Kapitalsammlungsverträge *m/pl*
contractual [kən'træktʃʊəl] *adj* vertraglich, Vertrags...
contractual obligation [kən'trækʃjuəl ɔblɪ'geɪʃən] *sb* Vertragsbindung *f*
contractual penalty [kən'træktʃʊəl 'penəltɪ] *sb* Konventionalstrafe *f*, Vertrags-strafe *f*
contribute [kən'trɪbjuːt] *v* 1. beitragen; 2. ~ to charity spenden; 3. *(food, supplies)* beisteuern
contribution [kɔntrɪ'bjuːʃən] *sb* 1. Beitrag *m*; make a ~ to sth einen Beitrag zu etw leisten; 2. *(donation)* Spende *f*
contribution margin [kɔntrɪ'bjuːʃən 'mɔdʒɪn] *sb* Deckungsbeitrag *m*
contribution receipt [kɔntrɪ'bjuːʃən rɪ'siːt] *sb* Einschussquittung *f*
contribution refund [kɔntrɪ'bjuːʃən 'riːfʌnd] *sb* Beitragserstattung *f*
contributions [kɔntrɪ'bjuːʃənz] *sb* Beiträge *m/pl*
contributions paid to the building society [kɔntrɪ'bjuːʃənz peɪd tu ðə 'bɪldɪŋ sə'saɪətɪ] *sb* Bausparkassenbeiträge *m/pl*
control [kən'trəʊl] *v (sth)* Kontrolle haben über, kontrollieren; *(regulate)* kontrollieren; *(keep within limits)* in Schranken halten, in Rahmen halten, beschränken; ~ *sb* Kontrolle *f*; get under ~ unter Kontrolle bringen; get out of ~ außer Kontrolle geraten; *(authority)* Gewalt *f*, Macht *f*, Herrschaft *f*; have no ~ over sth keinen Einfluss auf etw haben; *(check)* Kontrolle *f*

control agreement

control agreement [kən'trəl ə'gri:mənt] *sb* Beherrschungsvertrag *m*
control board [kən'trəl bɔ:d] *sb* Aufsichtsamt *n*
control by foreign capital [kən'trəl baɪ 'fɔ:rən 'kæpɪtəl] *sb* Überfremdung *f*
control group [kən'trəʊl gru:p] *sb* Kontrollgruppe *f*
control key [kən'trəʊl ki:] *sb* INFORM Control-Taste *f*
controllable [kən'trəʊləbl] *adj* kontrollierbar
controlled company [kən'trəld 'kʌmpəni] *sb* Organgesellschaft *f*
controlled corporate group [kən'trəld 'kɔ:pərət gru:p] *sb* Beteiligungskonzern *m*
controlled economy [kən'trəʊld ɪ'kɔnəmɪ] *sb* Dirigismus *m*
controlling [kən'trəʊlɪŋ] *sb 1.* Controlling; *adj 2.* have a ~ interest in sth eine Mehrheitsbeteiligung an etw besitzen
controlling [kən'trɔlɪŋ] *sb* Controlling *n*
control of advertising effectiveness [kən'trɔl əv 'ædvətaɪzɪŋ ə'fektɪvnɪs] *sb* Werbeerfolgskontrolle *f*
control panel [kən'trəʊl pænl] *sb* Schalttafel *f*, Bedienungsfeld *n*
convene [kən'vi:n] *v (call together)* einberufen, versammeln
convenience goods [kən'vi:njəns gʊdz] *sb* Convenience goods *pl*
convenient [kən'vi:nɪənt] *adj 1.* günstig, passend, geeignet; *2. ~ly located (shop)* verkehrsgünstig; *3. (functional)* brauchbar, praktisch, zweckmäßig
convention [kən'venʃən] *sb 1. (conference)* Fachkongress *m*, Tagung *f*; *2. (agreement)* Abkommen *n*; *3. (social rule)* Konvention *f*
conversion [kən'vɜ:ʒən] *sb* Konvertierung *f*
conversion charge [kən'vɜ:ʒən tʃɔdʒ] *sb* Transaktionskosten *pl*
conversion table [kən'vɜ:ʃən teɪbl] *sb* Umrechnungstabelle *f*
convert [kən'vɜ:t] *v 1.* umwandeln, verwandeln; *2. (measures)* umrechnen; *3. (of currency)* konvertieren, umwandeln
convertibility [kən'vɜ:təbɪlɪtɪ] *sb* Konvertibilität *f*, Konvertierbarkeit *f*
convertibility for residents [kənvɜ:tɪ'bɪlɪtɪ fɔ: 'rezɪdənts] *sb* Inländerkonvertibilität *f*
convertible [kən'vɜ:tɪbl] *adj* konvertibel, austauschbar
convertible bonds [kən'vɜ:tɪbl bɔndz] *sb* Wandelschuldverschreibung *f*

40

convey [kən'veɪ] *v (rights, title)* übertragen
conveyance [kən'veɪəns] *sb* Übertragung *f*
conveyance by agreement [kən'veɪəns baɪ ə'gri:mənt] *sb* Auflassung *f*
conveyor [kən'veɪə] *sb* Fördergerät *n*
conveyor belt [kən'veɪə belt] *sb* Fließband *n*, Förderband *n*
cooperate [kəʊ'ɔpəreɪt] *v 1.* zusammenarbeiten; *2. (comply)* mitmachen
cooperation [kəʊɔpə'reɪʃən] *sb* Zusammenarbeit *f*, Kooperation *f*
cooperation loan [kəʊɔpə'reɪʃən lɔ:n] *sb* Kooperationsdarlehen *n*
cooperative [kəʊ'ɔpərətɪv] *adj 1. (prepared to comply)* kooperativ, kollegial; *sb 2.* Genossenschaft *f*
cooperative apartment [kəʊ'pərətɪv ə'pɒtmənt] *sb* Eigentumswohnung *f*
cooperative banking sector [kəʊ'pərətɪv 'bæŋkɪŋ 'sektə] *sb* genossenschaftlicher Bankensektor *m*
cooperative central banks [kəʊ'pərətɪv 'sentrəl bæŋks] *sb* genossenschaftliche Zentralbanken *f/pl*
coordination [kəʊɔ:dɪ'neɪʃən] *sb* Koordination *f*
co-owner [kəʊ'əʊnə] *sb* Mitinhaber(in) *m/f*, Mitbesitzer(in) *m/f*
co-ownership ['kəʊəʊnəʃɪp] *sb* Miteigentum *n*
co-partner [kəʊ'pɑ:tnə] *sb* Partner(in) *m/f*, Teilhaber(in) *m/f*, Mitunternehmer *m*
co-plaintiff ['kəʊpleɪntɪf] *sb* Nebenkläger *m*
copy ['kɔpɪ] *v 1. (reproduce)* kopieren, nachbilden; *2. (imitate)* nachmachen; *sb* Kopie *f*; *3. (written out separately)* Abschrift *f*; *4. (text of an advertisement or article)* Text *m*
copy machine ['kɔpɪ mə'ʃi:n] *sb (fam)* Kopierer *m*
copyright ['kɔpɪraɪt] *sb* Copyright *n*, Urheberrecht *n*
copy test ['kɔpɪ test] *sb* Copy-Test *m*
copywriter ['kɔpɪraɪtə] *sb* Werbetexter(in) *m/f*
core time [kɔ: taɪm] *sb* Kernarbeitszeit *f*
corner ['kɔ:nə] *v* aufschwänzen
corporate ['kɔ:pərɪt] *adj (of a corporation)* korporativ, Unternehmens...
corporate culture ['kɔ:pərɪt 'kʌltʃə] *sb* Unternehmenskultur *f*
corporate design ['kɔ:pərɪt dɪ'saɪn] *sb* Corporate Design *n*
corporate identity ['kɔ:pərɪt aɪ'dentɪtɪ] *sb* Corporate Identity *f*

corporate management ['kɔːpərɪt 'mænɪdʒmənt] *sb* Unternehmensleitung *f*
corporate profit ['kɔːpərɪt 'prɔfɪt] *sb* Unternehmergewinn *m*
corporate strategy ['kɔːpərɪt 'strætədʒɪ] *sb* Unternehmensstrategie *f*
corporate value ['kɔːpərɪt 'væljuː] *sb* Unternehmungswert *m*
corporation [kɔːpə'reɪʃən] *sb 1. (UK)* Handelsgesellschaft *f; 2. (US)* Aktiengesellschaft *f,* Unternehmen *n*
corporation tax [kɔːpə'reɪʃən tæks] *sb* Unternehmenssteuer *f,* Körperschaftssteuer *f*
corporative ['kɔːpərətɪv] *adj* Unternehmens..., Firmen...
correct [kə'rekt] *v* korrigieren, berichtigen
correction [kə'rektʃən] *sb* Berichtigung *f,* Korrektur *f*
correction of a balance sheet [kə'rekʃən əv ə 'bæləns ʃiːt] *sb* Bilanzberichtigung *f*
correlation [kɔrə'leɪʃən] *sb* Korrelation *f,* Wechselbeziehung *f*
correspond [kɔrɪs'pɔnd] *v (exchange letters)* korrespondieren, in Briefwechsel stehen
correspondence [kɔrɪs'pɔndəns] *sb (letter writing)* Korrespondenz *f,* Briefwechsel *m*
correspondent bank [kɔrəs'pɔndənt bæŋk] *sb* Korrespondenzbank *f*
cost [kɔst] *v irr 1.* kosten; *sb 2.* Kosten *pl; at no ~* kostenlos; *3. (fig)* Preis *m; at all ~s, at any ~* um jeden Preis
cost accounting centre [kɔst ə'kauntɪŋ 'sentə] *sb* Kostenstelle *f*
cost advantage [kɔst əd'vɔntɪdʒ] *sb* Kostenvorteil *m*
cost allocation [kɔst ælə'keɪʃən] *sb* Kostenverrechnung *f*
cost and freight (c. & f.) [kɔst ænd freɪt] *sb* Kosten und Fracht (c. & f.)
cost-benefit analysis [kɔst'benɪfɪt ə'nælɪsɪs] *sb* Kosten-Nutzen-Analyse *f*
cost centre [kɔst 'sentə] *sb* Kostenstelle
cost-effective [kɔstɪ'fektɪv] *adj* rentabel
cost escalation [kɔst eskə'leɪʃən] *sb* Kostenexplosion *f*
cost estimate [kɔst 'estɪmət] *sb* Kostenvoranschlag *m*
cost factor [kɔst 'fæktə] *sb* Kostenfaktor *m*
costing expenditures ['kɔstɪŋ ɪks'pendɪtʃuəz] *sb* Anderskosten *pl*
costing rate ['kɔstɪŋ reɪt] *sb* Zuschlagssatz *m*
cost, insurance (c. & i.) [kɔst ɪn'ʃuərəns] *sb* Kosten und Versicherung (c. & i.)

cost, insurance, freight (c. i. f.) [kɔst ɪn'ʃuərəns freɪt] *sb* Kosten, Versicherung, Fracht eingeschlossen (c.i.f.)
cost, insurance, freight, commission (c. i. f. & c.) [kɔst ɪn'ʃuərəns freɪt kə'mɪʃən] *sb* Kosten, Versicherung, Fracht und Kommission eingeschlossen (c.i.f.& c.)
cost, insurance, freight, commission, interest (c. i. f. c. & i.) [kɔst ɪn'ʃuərəns freɪt kə'mɪʃən 'ɪntrɪst] *sb* Kosten, Versicherung, Fracht, Kommission und Zinsen (c.i.f.c.& i.)
costly ['kɔstlɪ] *adj* teuer, kostspielig
cost of acquisition ['kɔst əv ækwɪ'zɪʃən] *sb* Anschaffungskosten *pl*
cost of capital [kɔst əv 'kæpɪtəl] *sb* Kapitalkosten *pl*
cost of credit [kɔst əv 'kredɪt] *sb* Kreditkosten *pl*
cost of services [kɔst əv 'səvɪsɪz] *sb* Dienstleistungskosten *pl*
costs [kɔsts] *sb* Kosten *pl*
cost schedule [kɔst 'ʃedjuːl] *sb* Kostenplan *m*
cost of wages ['kɔst əv 'weɪdʒɪz] *sb* Lohnkosten *pl*
cost per unit [kɔst pə 'juːnɪt] *sb* Stückkosten *pl*
cost pressure [kɔst 'preʃuə] *sb* Kostendruck *m*
cost price [kɔst praɪs] *sb* Selbstkostenpreis *m,* Einstandspreis *m*
cost recovery [kɔst rɪ'kʌvərɪ] *sb* Kostendeckung *f*
cost reduction [kɔst rɪ'dʌkʃən] *sb* Kostensenkung *f*
costs per unit [kɔsts pə 'juːnɪt] *sb* Stückkosten *pl*
cost-of-service principle [kɔst əv 'səvɪs 'prɪnsɪpəl] *sb* Äquivalenzprinzip *n*
cost types [kɔst taɪps] *sb* Kostenarten *pl*
cost unit [kɔst 'juːnɪt] *sb* Kostenträger *m*
cost variance analysis [kɔst 'vɛərɪəns ə'nælɪsɪs] *sb* Abweichungsanalyse *f*
Cotton Exchange ['kɔtən ɪks'tʃeɪndʒ] *sb* Baumwollbörse *f*
council tax ['kaunsl tæks] *sb (UK)* Gemeindesteuer *f*
counsel ['kaunsl] *sb* Anwalt/Anwältin *m/f*
counseling ['kaunsəlɪŋ] *sb* Beratung *f*
count [kaunt] *v 1.* zählen; *sb 2.* Zählung *f;*
count in [kaunt ɪn] *v* mitzählen, mitrechnen
counter ['kauntə] *sb* Ladentisch *m,* Tresen *m,* Theke *f*

counterclaim ['kaʊntəkleɪm] *sb* Gegenanspruch *m*, Gegenforderung *f*
countercyclical development [kaʊntə'sɪklɪkəl də'veləpmənt] *sb* antizyklisches Verhalten *n*
countercyclical fiscal policy [kaʊntə'sɪklɪkəl 'fɪskəl 'pɔlɪsɪ] *sb* antizyklische Finanzpolitik *f*
counter entry ['kaʊntə 'entrɪ] *sb* Storno *n*, Gegenbuchung *f*
counterfeit ['kaʊntəfɪt] *sb* 1. Fälschung *f; adj* 2. gefälscht; ~ *money* Falschgeld *n*
counterfeit money ['kaʊntəfɪt 'mʌnɪ] *sb* Falschgeld *n*
counterfeiting ['kaʊntəfɪtɪŋ] *1.* Produktpiraterie *f; 2.* Falschmünzerei *f*
counteroffer ['kaʊntərɔːfə] *sb* Gegenangebot *n*, Gegengebot *n*
countersign [kaʊntə'saɪn] *v* gegenzeichnen
counter stock ['kaʊntə stɔːk] *sb* Schalterstücke *n/pl*
countertrade ['kaʊntətreɪd] *sb* Gegengeschäft *n*
countervailing duty ['kaʊntəveɪlɪŋ 'djuːtɪ] *sb* Ausgleichsabgabe *f*
counting ['kaʊntɪŋ] *sb* Auszählung *f*
countries outside the customs frontier ['kʌntriːz aʊt'saɪd ðə 'kʌstəmz 'frʌntɪə] *sb* Zollausland *n*
country of origin ['kʌntrɪ əv 'ɔrɪdʒɪn] *sb* Herkunftsland *n*
country of purchase ['kʌntrɪ əv 'pətʃɪs] *sb* Einkaufsland *n*
country risk ['kʌntrɪ rɪsk] *sb* Länderrisiko *n*
coupon ['kuːpɔn] *sb (voucher)* Gutschein *m*, Kupon *m*, Zinsschein *m*
coupon collection department ['kuːpɔn kə'lekʃən də'paːtmənt] *sb* Kuponkasse *f*
coupon market ['kuːpɔn 'maːkɪt] *sb* Kuponmarkt *m*
coupon price ['kuːpɔn praɪs] *sb* Kuponkurs *m*
coupon sheet ['kuːpɔn ʃiːt] *sb* Kuponbogen *m*
coupon tax ['kuːpɔn tæks] *sb* Kuponsteuer *f*
courier ['kʊrɪə] *sb* Eilbote *m*, Kurier *m*
course of business [kɔːs əv 'bɪznɪs] *sb* Geschäftsprozess *m*
court [kɔːt] *sb* 1. *(~ of law)* Gericht *n;* 2. take *s.o. to ~* jdn verklagen
courtage ['kɔːtɪdʒ] *sb* Kurtage *f*
court fees ['kɔːtfiːz] *pl* Gerichtskosten *pl*, Prozesskosten *pl*

court of arbitration [kɔːtəv ɔbɪ'treɪʃən] *sb* Schiedsgericht *n*
Court of Auditors [kɔːt əv ə 'ɔːdɪtəːz] *sb* Rechnungshof *m*
Court of Justice of the European Communities [kɔːt əv 'dʒʌstɪs əv ðə jʊrə'piːən kə'mjuːnɪtɪz] *sb* Europäischer Gerichtshof (EuGH) *m*
court order [kɔːt'ɔːdə] *sb* Gerichtsbeschluss *m*
court proceedings for order to pay debt [kɔːt prə'siːdɪŋz fɔː ɔːdə tu peɪ det] *sb* gerichtliches Mahnverfahren *n*
courtroom ['kɔːtruːm] *sb* Gerichtssaal *m*
cover ['kʌvə] *sb* 1. Deckung; *under separate* ~ mit getrennter Post; *v* 2. *(a loan, a check)* decken; 3. *(costs)* bestreiten; 4. *(insure)* versichern; 5. *(include)* einschließen, umfassen, enthalten
cover clause ['kʌvə klɔːz] *sb* Deckungsklausel *f*
cover note ['kʌvə nəʊt] *sb (UK)* Deckungszusage *f*
cover of note circulation ['kʌvə əv nəʊt səkjuː'leɪʃən] *sb* Notendeckung *f*
coverage ['kʌvrɪdʒ] *sb (insurance ~)* Versicherung, Deckung *f*
coverage interest rate ['kʌvərɪdʒ 'ɪntrɪst reɪt] *sb* Deckungszinsen *m/pl*
coverage loan ['kʌvərɪdʒ lɔːn] *sb* Deckungsdarlehen *n*
covered cheque ['kʌvəd tʃek] *sb* gedeckter Scheck *m*
covered credit ['kʌvəd kredɪt] *sb* gedeckter Kredit *m*
covering claim ['kʌvərɪŋ kleɪm] *sb* Deckungsforderung *f*
covering letter ['kʌvərɪŋ 'letə] *sb* Begleitbrief *m*
covering operation ['kʌvərɪŋ ɔpə'reɪʃən] *sb* Deckungsgeschäft *n*
covin ['kʌvɪn] *sb* Komplott *n*
coworker ['kəʊwɜːkə] *sb* Mitarbeiter(in) *m/f*
craft [krɑːft] *sb (trade)* Handwerk *n*, Gewerbe *n*
craft trade [krɑːft treɪd] *sb* Handwerk *n*
craftsman ['krɑːftsmən] *sb* Handwerker *m*
crank [kræŋk] *v* ~ *up the economy* die Wirtschaft ankurbeln
crash [kræʃ] *v* 1. *(fam: computer)* abstürzen; *sb* 2. *(stock market ~)* Börsenkrach *m*
crate [kreɪt] *sb* Kiste *f*, Kasten *m*
creation of credit [kriː'eɪʃən əv 'kredɪt] *sb* Kreditschöpfung *f*

creation of deposit money [kriːˈeːʃən əv dɪˈpɔːzɪt ˈmʌnɪ] *sb* Giralgeldschöpfung *f*
creation of money [kriːˈeːʃən əv ˈmʌnɪ] *sb* Geldschöpfung *f*
credential [krɪˈdenʃəl] *sb 1.* Beglaubigungsschreiben *n; pl 2.* ~s *(papers)* Ausweispapiere *pl*
credible promise [ˈkredɪbəl ˈprɒmɪs] *sb* glaubhafte Zusicherung *f*
credit [ˈkredɪt] *sb 1.* Kredit *m; 2. (balance)* Guthaben *n,* Haben *n; v 3.* gutschreiben
credit account [ˈkredɪt əˈkaʊnt] *sb* Kreditkonto *n*
credit advice [ˈkredɪt ədˈvaɪs] *sb* Gutschriftsanzeige *f*
credit against securities [ˈkredɪt əˈgenst sɪˈkjʊrɪtɪːz] *sb* Lombardkredit *m*
credit agreement [ˈkredɪt əˈgriːmənt] *sb* Krediteröffnungsvertrag *m,* Kreditvertrag *m*
credit authorizing negotiation of bills [ˈkredɪt ˈɔːθəraɪzɪŋ nəˈgeɪʃən əv bɪlz] *sb* Negoziationskredit *m*
credit balance [ˈkredɪt ˈbæləns] *sb* Guthaben *n*
credit bank [ˈkredɪt bæŋk] *sb* Kreditbank *f*
credit based on collateral security [ˈkredɪt beɪst ɔːn kəˈlætərəl sɪˈkjʊrɪtɪ] *sb* Sachkredit *m*
credit business [ˈkredɪt ˈbɪznɪs] *sb* Kreditgeschäft *n*
credit by way of bank guarantee [ˈkredɪt baɪ weɪ əv bæŋk gærənˈtiː] *sb* Bürgschaftskredit *m,* Aval-Kredit *m*
credit by way of discount of bills [ˈkredɪt baɪ weɪ əv ˈdɪskaʊnt əv bɪlz] *sb* Wechseldiskontkredit *m*
credit by way of overdraft [ˈkredɪt baɪ weɪ əv ˈəʊvədrɒft] *sb* Überziehungskredit *m,* Dispositionskredit *m*
credit card [ˈkredɪtkɑːd] *sb* Kreditkarte *f*
credit ceiling [ˈkredɪt ˈsiːlɪŋ] *sb* Kreditplafond *m*
credit check [ˈkredɪt tʃek] *sb* Bonitätsprüfung *f*
credit checking sheets [ˈkredɪt ˈtʃekɪŋ ʃiːts] *sb* Kreditprüfungsblätter *n/pl*
credit commission [ˈkredɪt kəˈmɪʃən] *sb* Kreditprovision *f*
credit committee [ˈkredɪt kəˈmɪtiː] *sb* Kreditausschuss *m*
credit control [ˈkredɪt kənˈtrɒl] *sb* Kreditkontrolle *f*
credit cooperative [ˈkredɪt kəʊˈɒpərətɪv] *sb* Kreditgenossenschaft *f*

credit culture [ˈkredɪt ˈkʌltʃə] *sb* Kreditkultur *f*
credit demand [ˈkredɪt dəˈmænd] *sb* Kreditbedarf *m*
credit department [ˈkredɪt dəˈpɑːtmənt] *sb* Kreditabteilung *f*
credit facilities [ˈkredɪt fəˈsɪlɪtɪz] *sb* Kreditfazilität *f*
credit financing register [ˈkredɪt faɪˈnænsɪŋ ˈredʒɪstə] *sb* Teilzahlungsbuch *n*
credit folder [ˈkredɪt ˈfəʊldə] *sb* Kreditakte *f*
credit granted in kind [ˈkredɪt ˈgrɔːntɪd ɪn kaɪnd] *sb* Naturalkredit *m*
credit granted to a local authority [ˈkredɪt ˈgrɔːntɪd tu ə ˈləʊkəl əˈθɒrɪtɪ] *sb* Kommunalkredit *m*
credit granted to the issuer by the bank [ˈkredɪt ˈgrɔːntɪd tu ðə ˈɪsjuə baɪ ðə bæŋk] *sb* Emissionskredit *m*
credit guarantee [ˈkredɪt gærənˈtiː] *sb* Kreditgarantie *f*
credit inflation [ˈkredɪt ɪnˈfleɪʃən] *sb* Kreditinflation *f*
credit information [ˈkredɪt ɪnfɔːˈmeɪʃən] *sb* Kreditauskunft *f*
credit institution [ˈkredɪt ɪnstɪˈtjuːʃən] *sb* Kreditinstitut *n*
credit insurance [ˈkredɪt ɪnˈʃʊərəns] *sb* Kreditversicherung *f*
credit interest [ˈkredɪt ˈɪntrəst] *sb* Habenzinsen *pl*
credit item [ˈkredɪt ˈeɪtəm] *sb* Aktivposten *m*
credit limit [ˈkredɪt ˈlɪmɪt] *sb* Kreditlimit *n*
credit limitation [ˈkredɪt lɪmɪˈteɪʃən] *sb* Kreditplafondierung *f*
credit line [ˈkredɪt laɪn] *sb* Rahmenkredit *m,* Kreditlinie *f*
credit margin [ˈkredɪt ˈmɑːdʒɪn] *sb* Kreditrahmen *m*
credit money [ˈkredɪt ˈmʌnɪ] *sb* Kreditgeld *n*
credit on real estate [ˈkredɪt ɒn rɪəl ɪˈsteɪt] *sb* Realkredit *m*
creditor [ˈkredɪtə] *sb* Gläubiger *m,* Kreditor *m*
creditor paper [ˈkredɪtə ˈpeɪpə] *sb* Gläubigerpapier *n*
creditors' meeting [ˈkredɪtəz ˈmiːtɪŋ] *sb* Gläubigerversammlung *f*
credit period [ˈkredɪt ˈpɪərɪəd] *sb* Kreditfrist *f*
credit policy [ˈkredɪt ˈpɒlɪsɪ] *sb* Kreditpolitik *f*

credit purchase ['kredɪt 'pɜːtʃəs] *sb* Kreditkauf *m*
credit rating ['kredɪt 'reɪtɪŋ] *sb* Kreditwürdigkeit *f*
credit restriction ['kredɪt rɪs'trɪkʃən] *sb* Kreditrestriktion *f*
credit risk ['kredɪt rɪsk] *sb* Kreditrisiko *n*
credit share ['kredɪt ʃeə] *sb* Kreditaktie *f*
credit side ['kredɪt saɪd] *sb* Habenseite *f*, Haben *n*
credits extended to public authorities ['kredɪts ɪks'tendɪd tu 'pʌblɪk ə'θɔrɪtiːz] *sb* öffentliche Kredite *m/pl*
credit solvency risk ['kredɪt 'sɔlvənsɪ rɪsk] *sb* Bonitätsrisiko *n*
credit standing ['kredɪt 'stændɪŋ] *sb* Kreditwürdigkeit *f*, Kreditstatus *m*
credit status investigation ['kredɪt 'stætɪs ɪnvestɪ'geɪʃən] *sb* Kreditprüfung *f*
credit system ['kredɪt 'sɪstɪm] *sb* Kreditwesen *n*
credit tranche ['kredɪt trɑːnʃ] *sb* Kredittranche *n*
credit transaction ['kredɪt træns'ækʃən] *sb* Aktivgeschäft *n*
credit transfer ['kredɪt 'trænsfə] *sb* Kredittransfer *m*, Giro *n*
creditworthiness [kredɪt'wəðɪnəs] *sb* Kreditwürdigkeit *f*
creditworthy ['kredɪtwəðɪ] *adj* kreditwürdig
creeping inflation ['kriːpɪŋ ɪn'fleɪʃən] *sb* schleichende Inflation *f*
crisis ['kraɪsɪs] *sb* Krise *f*
crisis feeling ['kraɪsɪs 'fiːlɪŋ] *sb* Krisenstimmung *f*
crisis-proof ['kraɪsɪspruːf] *adj* krisenfest, krisensicher
criteria of decision [kraɪ'tiːrɪə əv də'sɪʒən] *sb* Entscheidungskriterien *n/pl*
critical factors of performance ['krɪtɪkəl 'fæktəz əv pə'fɔːməns] *sb* kritische Erfolgsfaktoren *m/pl*
cross [krɔs] *v (a cheque: UK)* zur Verrechnung ausstellen
cross rate [krɔːs reɪt] *sb* Kreuzparität *f*
crossed cheque [krɔːst tʃek] *sb* Verrechnungsscheck *m*, gekreuzter Scheck *m*
crowding-out competition ['kraʊdɪŋ aʊt kɔmpə'tɪʃən] *(finance)* Verdrängungswettbewerb *m*
crude oil [kruːd ɔɪl] *sb* Rohöl *n*
cubic measures ['kjuːbɪk 'mæʒəz] *sb* Raummaße *n/pl*

culpa in contrahendo ['kʌlpə ɪn kɔntrə'hendəʊ] *sb* Verschulden vor Vertragsabschluss (culpa in contrahendo) *n*
culpable ['kʌlpəbl] *adj* schuldig, schuldhaft
culprit ['kʌlprɪt] *sb* Täter(in) *m/f*, Schuldige(r) *m/f*
cum [kʌm] *adj* eingeschlossen
cumulate ['kjuːmjʊleɪt] *v* akkumulieren, anhäufen
cumulative dividend ['kjuːmjuːlətɪv 'dɪvɪdend] *sb* kumulative Dividende *f*
cure [kjʊə] *sb* Kur *f*
currency ['kʌrənsɪ] *sb* Währung *f*, Devisen *f/pl*
currency account ['kʌrənsɪ ə'kaʊnt] *sb* Währungskonto *n*
currency accounting ['kʌrənsɪ ə'kaʊntɪŋ] *sb* Devisenbuchhaltung *f*
currency agreement ['kʌrənsɪ ə'griːmənt] *sb* Währungsabkommen *n*
currency area ['kʌrənsɪ 'ɛərɪə] *sb* Währungsgebiet *n*
currency basket ['kʌrənsɪ 'bæskɪt] *sb* Währungskorb *m*
currency clause ['kʌrənsɪ klɔːz] *sb* Währungsklausel *f*, Kursklausel *f*
currency conversion ['kʌrənsɪ kən'vɜːʒən] *sb* Währungsumstellung *f*
currency conversion compensation ['kʌrənsɪ kən'vɜːʒən kɔmpen'seɪʃən] *sb* Währungsausgleich *m*
currency dumping ['kʌrənsɪ 'dʌmpɪŋ] *sb* Währungsdumping *n*
currency erosion ['kʌrənsɪ ɪ'rəʊʒən] *sb* Geldwertschwund *m*
currency exchange business ['kʌrənsɪ ɪks'tʃeɪndʒ 'bɪznəs] *sb* Geldwechselgeschäft *n*
currency future ['kʌrənsɪ 'fjuːtʃə] *sb* Currency future *n*
currency in circulation ['kʌrənsɪ ɪn səkjuː'leɪʃən] *sb* Bargeldumlauf *m*
currency of investment ['kʌrənsɪ ɔːv ɪn'vestmənt] *sb* Anlagewährung *f*
currency policy ['kʌrənsɪ 'pɔlɪsɪ] *sb* Valutapolitik *f*
currency pool ['kʌrənsɪ puːl] *sb* Währungspool *m*
currency risk ['kʌrənsɪ rɪsk] *sb* Währungsrisiko *n*
currency snake ['kʌrənsɪ sneɪk] *sb* Währungsschlange *f*
currency substitution ['kʌrənsɪ sʌbstɪ'tjuːʃən] *sb* Währungssubstitution *f*
currency swap ['kʌrənsɪ swɔːp] *sb* Währungsswap *m*

currency transactions ['kʌrənsɪ træns-'ækʃənz] *sb* Valutageschäft *n*
currency union ['kʌrənsɪ 'juːnjən] *sb* Währungsunion *f*
currency zone ['kʌrənsɪ zəʊn] *sb* Währungszone *f*
current ['kʌrənt] *sb* 1. *(of electricity)* Strom *m; adv* 2. gegenwärtig
current account ['kʌrənt ə'kaʊnt] *sb* Girokonto *n*, Kontokorrent *n*, laufende Rechnung *f*
current account credit ['kʌrənt ə'kaʊnt 'kredɪt] *sb* Kontokorrentkredit *m*
current account with a bank ['kʌrənt ə'kaʊnt wɪð ə bæŋk] *sb* Bankkontokorrent *n*
current assets ['kʌrənt 'æsets] *sb* Umlaufvermögen *n*
current market value ['kʌrənt 'mɑːkɪt 'væljuː] *sb* Zeitwert *m*, gegenwärtiger Marktwert *m*
current quotation ['kʌrənt kwəʊ'teɪʃən] *sb* Tageskurs *m*
current value ['kʌrənt 'væljuː] *sb* Tageswert *m*
curriculum vitae [kə'rɪkjʊləm 'viːtaɪ] *sb (UK)* Lebenslauf *m*
cursor ['kɜːsə] *sb* Cursor *m*
custody ['kʌstədɪ] *sb* Verwahrung *f*, Gewahrsam *m*
custody fee ['kʌstədɪ fiː] *sb* Verwahrungskosten *pl*
custody ledger ['kʌstədɪ 'ledʒə] *sb* Verwahrungsbuch *n*
custom ['kʌstəm] *adj* maßgefertigt, spezialgefertigt
customary law ['kʌstəmɛərɪ lɔː] *sb* Stammrecht *n*
custom of trade ['kʌstəm əv treɪd] *sb* Handelsusancen *f/pl*
customer ['kʌstəmə] *sb* Kunde/Kundin *m/f*
customer account ['kʌstəmə ə'kaʊnt] *sb* Debitorenkonto *n*
customer costing ['kʌstəmə 'kɔstɪŋ] *sb* Kundenkalkulation *f*
customer survey ['kʌstəmə 'sɜːveɪ] *sb* Kundenbefragung *f*, Kundenumfrage *f*
customers' credit ['kʌstəməz 'kredɪt] *sb* Kundschaftskredit *m*
customer's liability on bills ['kʌstəməz laɪə'bɪlɪtɪ ɔn bɪlz] *sb* Wechselobligo *n*
customer's order ['kʌstəməz 'ɔːdə] *sb* Kundenauftrag *m*
customer's reference number ['kʌstəməz 'refərəns 'nʌmbə] *sb* Kundennummer *f*

customer's security deposit ['kʌstəməz sɪ'kjuːrɪti də'pɔzɪt] *sb* Personendepot *n*
customize ['kʌstəmaɪz] *v* individuell herrichten, speziell anfertigen
customs ['kʌstəmz] *pl* Zoll *m*
customs application ['kʌstəmz æplɪ'keɪʃən] *sb* Zollantrag *m*
customs convention ['kʌstəmz kən'venʃən] *sb* Zollabkommen *n*
customs declaration ['kʌstəmz deklə'reɪʃən] *sb* Zollerklärung *f*
customs documents ['kʌstəmz 'dɔkjəmənts] *pl* Zollpapiere *pl*
customs drawback ['kʌstəmz 'drɔːbæk] *sb* Rückzoll *m*
customs duties ['kʌstəmz djuːtɪz] *pl* Zollgebühren *pl*
customs duty ['kʌstəmz 'djuːtɪ] *sb* Zoll *m*
customs frontier ['kʌstəmz frʌn'tɪə] *sb* Zollgrenze *f*
customs inspection ['kʌstəmz ɪn'spekʃən] *sb* Zollkontrolle *f*
customs invoice ['kʌstəmz 'ɪnvɔɪs] *sb* Zollfaktura *f*
customs official ['kʌstəmz ə'fɪʃəl] *sb* Zollbeamte(r)/Zollbeamtin *m/f*
customs procedure ['kʌstəmz prə'siːdʒə] *sb* Zollverkehr *m*
customs seal ['kʌstəmz siːl] *sb* Zollverschluss *m*
customs tariff ['kʌstəmz 'tærɪf] *sb* Zolltarif *m*
customs territory ['kʌstəmz 'terɪtərɪ] *sb* Zollgebiet *n*
customs union ['kʌstəmz 'juːnjən] *sb* Zollunion *f*
customs warehouse ['kʌstəmz 'wɛəhaʊs] *sb* Zolllager *n*
customs warehouse procedure ['kʌstəmz 'wɛəhaʊs prə'siːdʒə] *sb* Zolllagerung *f*
cut back [kʌt bæk] *v irr (reduce)* kürzen, verringern
cut down [kʌt daʊn] *v irr (reduce expenditures, ~ on cigarettes)* sich einschränken
cut in working time [kʌt ɪn 'wəkɪŋ taɪm] *sb* Arbeitszeitverkürzung *f*
cutback ['kʌtbæk] *sb* Verringerung *f*, Kürzung *f*
cybernetics [saɪbə'netɪks] *pl* Kybernetik *f*
cycle ['saɪkl] *sb* Zyklus *m*, Kreislauf *m*
cycle operations ['saɪkəl ɔpə'reɪʃənz] *sb* Taktproduktion *f*
cyclical unemployment ['sɪklɪkəl ʌnɪm'plɔɪmənt] *sb* konjunkturelle Arbeitslosigkeit *f*

D

daily statement ['deɪlɪ 'steɪtmənt] *sb* Tagesauszug *m*
daily trial balance sheet ['deɪlɪ 'traɪəl 'bæləns ʃiːt] *sb* Tagesbilanz *f*
damage ['dæmɪdʒ] *v 1.* schaden, beschädigen, schädigen; *sb 2.* Schaden *m*, Beschädigung *f*; ~s *pl 3. (compensation for* ~s*)* Schadenersatz *m*
damage by sea ['dæmɪdʒ baɪ siː] *sb* Havarie *f*
damage limitation ['dæmɪdʒ lɪmɪ'teɪʃən] *sb* Schadensbegrenzung *f*
damage report ['dæmɪdʒ rɪ'pɔːt] *sb* Schadensbericht *m*, Havariezertifikat *n*
damaged share certificates ['dæmɪdʒd ʃeə 'sɜːtɪfɪkɪts] *sb* beschädigte Aktie *f*
danger ['deɪndʒə] *sb* Gefahr *f*
danger money ['deɪndʒə 'mʌnɪ] *sb* Gefahrenzulage *f*
data ['deɪtə] *sb* Daten *pl*, Angaben *pl*
data access security ['deɪtə 'ækses sɪ'kjuːrɪtɪ] *sb* Datensicherheit *f*
data analysis ['deɪtə ə'nælɪsɪs] *sb* Datenanalyse *f*
data bank ['deɪtəbæŋk] *sb* Datenbank *f*
database ['deɪtəbeɪs] *sb* Datenbank *f*
data base access ['deɪtə beɪs 'ækses] *sb* Datenbankabfrage *f*
data collection ['deɪtə kə'lekʃən] *sb* Datenerfassung *f*
data entry ['deɪtə 'entrɪ] *sb* Datenerfassung *f*
data integration ['deɪtə ɪntə'greɪʃən] *sb* Datenintegration *f*
data medium ['deɪtə 'miːdɪəm] *sb* Datenträger *m*
data processing ['deɪtə 'prəʊsesɪŋ] *sb* Datenverarbeitung *f*
data protection ['deɪtə prə'tekʃən] *sb* Datenschutz *m*
Data Protection Act ['deɪtə prə'tekʃən ækt] *sb* Datenschutzgesetz *n*
data security ['deɪtə sɪkjʊərɪtɪ] *sb* Datensicherung *f*
data transmission ['deɪtə trænz'mɪʃən] *sb* Datenfernübertragung *f*
date [deɪt] *v* datieren; *sb* Datum *n*, Termin *m*
date of arrival ['deɪt əv ə'raɪvl] *sb* Ankunftsdatum *n*, Ankunftstermin *m*

date of delivery ['deɪt əv dɪ'lɪvərɪ] *sb* Liefertermin *m*
date of departure ['deɪt əv dɪ'pɑːtʃə] *sb* Abreisedatum *n*, Abreisetermin *m*
date of payment ['deɪt əv 'peɪmənt] *sb* Zahlungstermin *m*
date of the balance [deɪt əv ðə 'bæləns] *sb* Bilanzstichtag *m*
date stamp ['deɪt stæmp] *sb* Datumsstempel *m*
DAX-index [dæks 'ɪndeks] *sb* DAX-Index *m*
day bill [deɪ bɪl] *sb* Tageswechsel *m*
day of expiry [deɪ əv ɪks'paɪrɪ] *sb* Verfallstag *m*
day-to-day money [deɪ tu deɪ 'mʌnɪ] *sb* Tagesgeld *n*
de facto employer/employee relationship [dɪ 'fæktəʊ ɪm'plɔɪjə/ɪm'plɔɪjiː rɪ'leɪʃənʃɪp] *sb* faktisches Arbeitsverhältnis *n*
de facto group [dɪ 'fæktəʊ gruːp] *sb* faktischer Konzern *m*
de facto standard [dɪ 'fæktəʊ 'stændəd] *sb* De-facto-Standard *m*
dead capital [ded 'kæpɪtl] *sb* totes Kapital *n*, ungenutzte Mittel *n/pl*
dead freight (d. f.) [ded freɪt] *sb* Leerfracht (d.f.) *f*
deadline ['dedlaɪn] *sb* letzter Termin *m*, Frist *f*; *set a ~* eine Frist setzen; *meet the ~* die Frist einhalten
deal [diːl] *v irr 1. ~ in sth* mit etw handeln; *sb 2.* Geschäft *n*, Handel *m*, Abkommen *n*; *make a ~ with s.o.* mit jdm ein Geschäft machen
dealer ['diːlə] *sb 1.* Händler(in) *m/f*; *2. (wholesaler)* Großhändler(in) *m/f*; *3.* Eigenhändler *m*; *4.* Händlerfirma *f*
dealer in securities ['diːlə ɪn sɪ'kjuːrɪtɪz] *sb* Effektenhändler *m*
dealer transaction ['diːlə træns'ækʃən] *sb* Händlergeschäft *n*
dealer's brand ['diːləz brænd] *sb* Handelsmarke *f*
dealership ['diːləʃɪp] *sb* Händlerbetrieb *m*
dealing before official hours ['diːlɪŋ bɪ'fɔː ə'fɪʃəl 'aʊəz] *adv* Vorbörse *f*
dealing in foreign notes and coins ['diːlɪŋ ɪn 'fɔːrən nəʊts ænd kɔɪnz] *sb* Sortenhandel *m*

dealing in large lots [ˈdiːlɪŋ ɪn lɑːdʒ lɔts] *sb* Pakethandel *m*
debenture [dɪˈbentʃə] *sb* Schuldschein *m*
debenture bond [dɪˈbentʃə bɔnd] *sb* Schuldverschreibung *f*
debenture loan [dɪˈbentʃə ləʊn] *sb* Obligationsanleihe *f*
debenture stock [dɪˈbentʃə stɔːk] *sb* Schuldverschreibung *f*
debit [ˈdebɪt] *v 1.* debitieren, belasten; *sb 2.* Soll *n*, Belastung *f*, Debet *n*
debit card [ˈdebɪt kɑːd] *sb* Kundenkreditkarte *f*, Lastschriftkarte *f*
debit entry [ˈdebɪt ˈentrɪ] *sb* Lastschrift *f*
debit note [ˈdebɪt nəʊt] *sb* Lastschrift *f*, Debet Nota (D/N) *f*
debt [det] *sb 1.* Schuld *f*; *to be in ~* verschuldet sein; *repay a ~* eine Schuld begleichen
debt capital [det ˈkæpɪtəl] *sb* Fremdkapital *n*, Leihkapital *n*
debt deferral [det dɪˈfərəl] *sb* (money) Moratorium *n*
debt discount [det ˈdɪskaʊnt] *sb* Damnum *n*
debt financing [det faɪˈnænsɪŋ] *sb* Fremdfinanzierung *f*
debtor [ˈdetə] *sb* Schuldner(in) *m/f*, Debitor(in) *m/f*
debtor interest rates [ˈdetə ˈɪntrəst reɪts] *sb* Sollzinsen *m/pl*
debtor warrant [ˈdetə ˈwɔːrənt] *sb* Besserungsschein *m*
debt-register claim [det-ˈredʒɪstə kleɪm] *sb* Schuldbuchforderung *f*
debt rescheduling [det rɪˈskedjuːlɪŋ] *sb* Umschuldung *f*
debt service [det ˈsəvɪs] *sb* Schuldendienst *m*
debt to be discharged at the domicile of the debtor [det tu biː dɪsˈtʃɑːdʒd æt ðə ˈdɔmɪsaɪl əv ðə ˈdetə] *sb* Holschuld *f*
debts [dets] *sb* Schulden *pl*
debts profit levy [dets ˈprɔfɪt ˈlevɪ] *sb* Kreditgewinnabgabe *f*
debug [diːˈbʌg] *v* von Fehlern befreien
decease [dɪˈziːs] *v* sterben
deceit [dɪˈziːt] *sb* Betrug *m*, Täuschung *f*
deceitful [dɪˈziːtfʊl] *adj* betrügerisch, falsch, hinterlistig
deceive [dɪˈziːv] *v* täuschen, betrügen
decentralization [diːsentrəlaɪˈzeɪʃn] *sb* Dezentralisierung *f*
decentralize [diːˈsentrəlaɪz] *v* dezentralisieren

decimetre [ˈdesɪmiːtə] *sb* Dezimeter *m/n*
decision [dɪˈsɪʒən] *sb* Entscheidung *f*, Entschluss *m*, Beschluss *m*; *make a ~* eine Entscheidung treffen
decision-making [dɪˈsɪʒənmeɪkɪŋ] *sb* Entscheidungsfindung *f*
decision-making hierarchy [dɪˈsɪʒən ˈmeɪkɪŋ ˈhɪrɑrkɪ] *sb* Entscheidungshierarchie *f*
decision of accession [dɪˈsɪʒən əv əkˈseʃən] *sb* Beitrittsbeschluss *m*
decision rule [dɪˈsɪʒən ruːl] *sb* Entscheidungsregel *f*
decision to purchase [dɪˈsɪʒən tu ˈpɜːtʃɪs] *sb* Kaufentscheidung *f*
declarable [dɪˈklɛərəbl] *adj* zu verzollen
declaration of intention [dekləˈreɪʃən əv ɪnˈtenʃən] *sb* Willenserklärung *f*
declaration to exercise the subscription right [dekləˈreɪʃən tu ˈeksəsaɪz ðə sʌbˈskrɪpʃən raɪt] *sb* Bezugsrechterklärung *f*
declaratory protest [dɪˈklærətərɪ ˈprəʊtest] *sb* Deklarationsprotest *m*
declare [dɪˈklɛə] *v (to customs)* verzollen
decline [dɪˈklaɪn] *v 1. (business, prices)* zurückgehen; *2. (not accept)* ablehnen
declining balance depreciation [dɪˈklaɪnɪŋ ˈbæləns dəprɪʃɪˈeɪʃən] *sb* Buchwertabschreibung *f*
decline in prices [dɪˈklaɪn ɪn ˈpraɪsɪz] *sb* Preisverfall *m*, Preisrückgang *m*
decode [diːˈkəʊd] *v* dekodieren, entschlüsseln, dechiffrieren
decoration [dekəˈreɪʃən] *sb* Schmuck *m*, Dekoration *f*, Verzierung *f*
decrease [diːˈkriːz] *v 1.* abnehmen, sich vermindern, nachlassen; verringern, vermindern, reduzieren; *sb 2.* Abnahme *f*, Verminderung *f*, Verringerung *f*, Rückgang *m*
decrease in demand [ˈdiːkriːs ɪn dɪˈmɑːnd] *sb* Nachfragerückgang *m*, Verringerung der Nachfrage *f*
decrease in value [ˈdiːkriːs ɪn ˈvæljuː] *sb* Wertminderung *f*
decree [dɪˈkriː] *sb* Verordnung, Erlass *m/f*
deductible [dɪˈdʌktɪbl] *adj* abzugsfähig; *(tax ~)* absetzbar
deduction [dɪˈdʌkʃən] *sb 1. (from a price)* Nachlass *m*, Dekort *m*; *2. (from one's wage)* Abzug *m*
deduction of input tax [dəˈdʌkʃən əv ˈɪnput tæks] *sb* Vorsteuerabzug *m*
deduction of travelling expenses [dɪˈdʌkʃən əv ˈtrævəlɪŋ ɪksˈpensɪz] *sb* Reisekostenabrechnung *f*, Reisekostenabzug *m*

deed [di:d] *sb (document)* Urkunde *f*, Dokument *n*
deed of partnership ['di:d əv 'pɑ:tnəʃɪp] *sb* Gesellschaftsvertrag *m*
default [dɪ'fɔ:lt] *sb 1.* Versäumnis *n*, Nichterfüllung *f;* 2. *(failure to pay)* Nichtzahlung *f; v ~ on a debt* seine Schuld nicht bezahlen
default interest [dɪ'fɔ:lt 'ɪntrest] *sb* Verzugszinsen *pl*
default of delivery [dɪ'fɔ:lt əv dɪ'lɪvərɪ] *sb* Lieferverzug *m*
default risk [dɪ'fɔ:lt rɪsk] *sb* Ausfallrisiko *n*
defaulter [dɪ'fɔ:ltə] *sb* säumiger Schuldner *m*
defect ['di:fekt] *sb* Fehler *m*, Defekt *m*, Mangel *m*
defective [dɪ'fektɪv] *adj* fehlerhaft, mangelhaft, schadhaft, defekt
defects rate [dɪ'fekts reɪt] *sb* Ausschussquote *f*
defence of fraud [dɪ'fens əv frɔ:d] *sb* Einrede der Arglist *f*
deferment [dɪ'fɜ:mənt] *sb* Verschiebung *f*, Verlegung *f*
deferrals [dɪ'fɜ:rəlz] *sb* transitorische Posten *m/pl*
deferred payment [dɪ'fɜ:d 'peɪmənt] *sb* Ratenzahlung *f*
deferred taxes [dɪ'fɜ:d 'tæksɪz] *sb* latente Steuern *f/pl*
deficiency [dɪ'fɪʃənsɪ] *sb 1. (shortage)* Mangel *m*, Fehlen *n;* 2. *(defect)* Mangelhaftigkeit *f*, Schwäche *f*
deficiency guarantee [dɪ'fɪʃənsɪ gærən'ti:] *sb* Ausfallbürgschaft *f*
deficiency payment [dɪ'fɪʃənsɪ 'peɪmənt] *sb* Ausgleichszahlung *f*
deficient [dɪ'fɪʃənt] *adj* unzulänglich, mangelhaft
deficit ['defɪsɪt] *sb* Defizit *n*, Fehlbetrag *m*
deficit balance ['defɪsɪt 'bæləns] *sb* Unterbilanz *f*
deficit financing ['defɪsɪt 'faɪnænsɪŋ] *sb* Defizitfinanzierung *f*
deficit spending ['defɪsɪt 'spendɪŋ] *sb* Deficit Spending *n*
deflation [di:'fleɪʃən] *sb* Deflation *f*
defraud [dɪ'frɔ:d] *v* betrügen; *~ the revenue (UK)* Steuern hinterziehen
defrauder [dɪ'frɔ:də] *sb* Steuerhinterzieher *m*
defray [dɪ'freɪ] *v (costs)* tragen, übernehmen
defrayal [dɪ'freɪəl] *sb (of costs)* Übernahme *f*

degradable [dɪ'greɪdəbl] *adj* abbaubar
degree of unionization [dɪ'gri: əv ju:njənaɪ'zeɪʃən] *(employees)* Organisationsgrad *m*
degree of utilisation [dɪ'gri: əv ju:tɪlaɪ'zeɪʃən] *sb* Auslastungsgrad *m*
degression [dɪ'greʃən] *sb* Degression *f*
degressive costs [dɪ'gresɪv kɔsts] *sb* degressive Kosten *pl*
degressive depreciation [dɪ'gresɪv dɪ'pri:ʃɪ'eɪʃən] *sb* degressive Abschreibung *f*
del credere [del krə'dərə] *sb* Delkredere *n*
delay [dɪ'leɪ] *v 1. (sth, s.o.) (hold up)* aufhalten, hinhalten; 2. *(postpone)* verschieben, aufschieben, hinausschieben; 3. *to be ~ed* aufgehalten werden; *sb 4.* Verspätung *f*, Verzögerung *f*, Aufschub *m*, Verzug *m*
delay in delivery [dɪ'leɪ ɪn dɪ'lɪvərɪ] *sb* Lieferverzug *m*, Lieferungsverzögerung *f*
delay penalty ['dɪleɪ 'penəltɪ] *sb* Säumniszuschlag *m*
delegate ['delɪgeɪt] *v 1. (a task)* delegieren, übertragen; 2. *(a person)* abordnen, delegieren, bevollmächtigen; 3. *sb* Delegierte(r) *m/f*, bevollmächtigte(r) Vertreter *m*
delegated authority ['deləgeɪtɪd ə'θɔ:rɪtə] *sb* Untervollmacht *f*
delegation [delɪ'geɪʃən] *sb* Delegation *f*, Abordnung *f*
delete [dɪ'li:t] *v* streichen; *(data)* löschen
delete reservation [dɪ'li:t rezə'veɪʃən] *sb* Löschungsvormerkung *m*
deletion [dɪ'li:ʃən] *sb* Streichung *f*
deliver [dɪ'lɪvə] *v 1.* liefern, zustellen, überbringen; 2. *(by car)* ausfahren; *(on foot)* austragen; 3. *(a message)* überbringen; *(~ the post each day)* zustellen; *(~ up: hand over)* aushändigen, übergeben, überliefern; 4. *(an ultimatum)* stellen
deliverable [dɪ'lɪvərəbl] *adj* lieferbar
deliverable security [dɪ'lɪvərəbl sɪ'kju:rɪtɪ] *sb* lieferbares Wertpapier *n*
deliverer [dɪ'lɪvərə] *sb* Lieferant(in) *m/f*
delivery [dɪ'lɪvərɪ] *sb* Lieferung *f*, Auslieferung *f; (of the post)* Zustellung *f*, Erfüllungsgeschäft *n*
delivery capacity [dɪ'lɪvərɪ kə'pæsɪtɪ] *sb* Lieferkapazität *f*
delivery clause [dɪ'lɪvərɪ klɔ:z] *sb* Lieferklausel *f*
delivery costs [dɪ'lɪvərɪ kɔsts] *sb* Bezugskosten *pl*, Lieferkosten *pl*
delivery note [dɪ'lɪvərɪ nəʊt] *sb* Lieferschein *m*

delivery order [dɪˈlɪvərɪ ˈɔːdə] *sb* Auslieferungsschein (D.O.) *m*
delivery van [dɪˈlɪvərɪ væn] *sb* Lieferwagen *m*
demand [dɪˈmɑːnd] *v 1.* verlangen, fordern; *2. (task)* erfordern, verlangen; *sb 3.* Verlangen *n*, Forderung *f; 4. in ~* gefragt, begehrt; *5. (for goods)* Nachfrage *f*
demandable [dɪˈmɑːndəbl] *adj* einzufordernd
demand assessment [dɪˈmɑːnd əˈsesmənt] *sb* Bedarfsermittlung *f*
demand bill [dɪˈmɑːnd bɪl] *sb* Sichtwechsel *m*
demand for money [dɪˈmɑːnd fɔː ˈmʌnɪ] *sb* Geldnachfrage *f*
demand for payment [dɪˈmɑːnd fɔː ˈpeɪmənt] *sb* Mahnung *f*
demand price [dɪˈmɑːnd praɪs] *sb* Geldkurs *m*
demarcation [dɪmɑːˈkeɪʃən] *sb* Abgrenzung *f*, Begrenzung *f*
demurrage [dɪˈmʌrɪdʒ] *sb* Liegegeld *n*, Standgeld *n*, Lagergeld *n*
denationalization [diːnæʃənlaɪˈzeɪʃən] *sb* Privatisierung *f*
denomination [dɪnɔmɪˈneɪʃən] *sb (of money)* Nennwert *m*
density of population [ˈdensɪtɪ əv pɔpjuːˈleɪʃən] *sb* Bevölkerungsdichte *f*
department [dɪˈpɑːtmənt] *sb* Abteilung *f*; Ministerium *n*, Ressort *n*
department store [dɪˈpɑːtmənt stɔː] *sb* Kaufhaus *n*, Warenhaus *n*
departure [dɪˈpɑːtʃə] *sb (of a train, of a bus)* Abfahrt *f*; *(of a plane)* Abflug *m*
deposit [dɪˈpɔzɪt] *v 1. (money)* deponieren, einzahlen; *sb 2. (to a bank account)* Einzahlung, Depot *f; 3. (returnable security)* Kaution, Aufbewahrung *f; 4. (down payment)* Anzahlung *f*
depositary [dɪˈpɔzɪtərɪ] *sb* Treuhänder *m*
deposit account [dɪˈpɔzɪt əkaunt] *sb* Sparkonto *n*
deposit acknowledgement [dɪˈpɔzɪt əkˈnɔlɪdʒmənt] *sb* Depotanerkenntnis *f*
deposit at call [dɪˈpɔzɪt æt cɔːl] *sb* täglich fälliges Geld *n*
deposit at notice [dɪˈpɔzɪt æt ˈnəʊtɪs] *sb* Kündigungsgeld *n*
deposit banking [dɪˈpɔzɪt bæŋkɪŋ] *sb* Depotgeschäft *n*, Depositengeschäft *n*
deposit book [dɪˈpɔzɪt bʊk] *sb* Depotbuch *n*

deposit business [dɪˈpɔzɪt ˈbɪznɪs] *sb* Einlagengeschäft *n*
deposit clause [dɪˈpɔzɪt klɔːz] *sb* Depositenklausel *f*
deposit clearing bank [dɪˈpɔzɪt ˈklɪərɪŋ bæŋk] *sb* Girobank *f*
deposited share [dɪˈpɔzɪtɪd ʃɛə] *sb* Depotaktie *f*
deposit for insurance payments [dɪˈpɔzɪt fɔː ɪnˈʃuərəns ˈpeɪmənts] *sb* Prämiendepot *n*
deposit guarantee fund [dɪˈpɔzɪt gærənˈtiː fʌnd] *sb* Einlagensicherungsfonds *m*
deposit money [dɪˈpɔzɪt ˈmʌnɪ] *sb* Buchgeld *n*
deposit money creation multiplier [dɪˈpɔzɪt ˈmʌnɪ kriːˈeɪʃən ˈmʌlplaɪə] *sb* Buchgeldschöpfungsmultiplikator *m*
deposit of securities [dɪˈpɔzɪt əv sɪˈkjuːrɪtɪz] *sb* Effektendepot *n*
depositor [dɪˈpɔzɪtə] *sb* Einzahler *m*, Deponent *m*
depository [dɪˈpɔzɪtərɪ] *sb* Verwahrungsort *m*, Aufbewahrungsort *m*
deposit policy [dɪˈpɔzɪt ˈpɔlɪsɪ] *sb* Einlagenpolitik *f*
deposit receipt [dɪˈpɔzɪt rɪˈsiːt] *sb* Depotschein *m*
deposit transactions passive [dɪˈpɔzɪt trænˈzækʃəns ˈpæsɪv] *sb* Passivgeschäft *n*
deposits [dɪˈpɔzɪts] *sb* Depositen *f/pl*
deposits on a current account [dɪˈpɔzɪts ɔn ə ˈkʌrənt əˈkaʊnt] *sb* Giroeinlage *f*
depot [ˈdepəʊ] *sb* Depot *n*
depreciate [dɪˈpriːʃɪeɪt] *v 1. (fall in value)* an Kaufkraft verlieren; *2. (sth)* mindern
depreciation [dɪpriːʃɪˈeɪʃən] *sb 1.* Kaufkraftverlust *m, 2.* Abschreibung; *f 3.* Entwertung *f*
depreciation fund [dɪpriːʃɪˈeɪʃən fʌnd] *sb* Abschreibungsfonds *m*
depreciation per period [dɪpriːʃɪˈeɪʃən pɜː ˈpɪərɪəd] *sb* Zeitabschreibung *f*
depressed [dɪˈpresd] *adj (market)* schleppend
depression [dɪˈpreʃən] *sb* Wirtschaftskrise *f*, Depression *f*
depute [ˈdepjʊt] *v* deligieren
deputy [ˈdepjʊtɪ] *sb* Stellvertreter *m*
deregulate [diːˈregjʊleɪt] *v* freigeben
deregulation [diːregjʊˈleɪʃən] *sb* Deregulierung *f*
derelict [ˈderɪlɪkt] *adj (in one's duties)* pflichtvergessen, nachlässig

dereliction [derɪ'lɪkʃən] *sb* Vernachlässigung *f*, Versäumen *n*
derivative financial instruments [dɪ'rɪvɪtɪv faɪ'nænʃəl 'ɪnstrəmənts] *sb* Derivate *n/pl*
design [dɪ'zaɪn] *v 1.* entwerfen, zeichnen; *2. (machine, bridge)* konstruieren; *sb 3. (planning)* Entwurf *m*; *4. (of a machine, of a bridge)* Konstruktion *f*; *5. (as a subject)* Design *n*; *6. (pattern)* Muster *n*; *7. (intention)* Absicht *f*
designation [dezɪg'neɪʃən] *sb* Designation *f*
designer [dɪ'zaɪnə] *sb* Entwerfer(in) *m/f*, Designer(in) *m/f*
design patent [dɪ'zaɪn 'pætɪnt] *sb* Geschmacksmuster *n*
desk [desk] *sb 1.* Schreibtisch *m*, Pult *n*; *2. (in a store)* Kasse *f*
desktop ['desktɔp] *sb* Arbeitsfläche *f*
desktop publishing ['desktɔp 'pʌblɪʃɪŋ] *sb* Desktop-Publishing (DTP) *n*
despatch [dɪ'spætʃ] *v* versenden, verschicken
destroyed securities [dɪs'trɔɪd sɪ'ju:rɪtɪz] *sb* vernichtete Wertpapiere *n/pl*
destructive price cutting [dɪs'trʌktɪv praɪs 'kʌtɪŋ] *sb* Verdrängungswettbewerb *m*
details of order ['di:teɪlz əv 'ɔ:də] *sb* Bestelldaten *pl*, Bestellangaben *pl*
determination [dɪtɜ:mɪ'neɪʃən] *sb 1. (specifying)* Bestimmung *f*, Festsetzung *f*; *2. (decision)* Entschluss *m*, Beschluss *m*
determination of profits [dɪtɜ:mɪ'neɪʃən əv 'prɔfɪts] *sb* Gewinnermittlung *f*
determination of the value [dɪtɜ:mɪ'neɪʃən əv ðə 'vælju:] *sb* Wertermittlung *f*
determine [dɪ'tɜ:mɪn] *v 1. (resolve)* sich entschließen, beschließen; *2. (fix, set)* festsetzen, festlegen; *3. (be a decisive factor in)* bestimmen, determinieren; *4. (ascertain)* ermitteln
detriment ['detrɪmənt] *sb* Nachteil *m*, Schaden *m*; *to the ~ of sth* zum Nachteil einer Sache, zum Schaden von etw
Deutsche Bundesbank ['dɔɪtʃə 'bʌndɪsbæŋk] *sb* Deutsche Bundesbank *f*
devaluation [dɪvælju'eɪʃən] *sb* Abwertung *f*
devaluation race [dɪ:vælju:'eɪʃən reɪs] *sb* Abwertungswettlauf *m*
devalue [di:'vælju:] *v* abwerten
develop [dɪ'veləp] *v 1. (sth)* entwickeln; *2. (~ something already begun)* weiterentwickeln; *3. (a plot of land)* erschließen

developer [dɪ'veləpə] *sb (property ~)* Baulandentwickler *m*
developing [dɪ'veləpɪŋ] *adj ~ country* Entwicklungsland *n*
development [dɪ'veləpmənt] *sb 1.* Entwicklung *f*, Ausführung *f*, Entfaltung *f*, Erschließung *f*; *2. (economic)* Wachstum *n*, Aufbau *m*
development aid [dɪ'veləpmənt eɪd] *sb* Entwicklungshilfe *f*
development area [dɪ'veləpmənt 'eərɪə] *sb* Entwicklungsgebiet *n*
development bank [dɪ'veləpmənt bæŋk] *sb* Entwicklungsbank *f*
development costs [dɪ'veləpmənt kɔsts] *sb* Entwicklungskosten *pl*, Erschließungsbeiträge *m/pl*
development fund [dɪ'veləpmənt fʌnd] *sb* Entwicklungsfonds *m*
development phase [dɪ'veləpmənt feɪz] *sb* Aufbauphase *f*, Entwicklungsphase *f*
deviation [di:vɪ'eɪʃən] *sb* Abweichen *n*, Abweichung *f*
device [dɪ'vaɪs] *sb 1.* Gerät *n*, Vorrichtung *f*, Apparat *m*; *2. (scheme)* List *f*; *3. leave s.o. to his own ~s* jdn sich selbst überlassen
dexterity [deks'terɪtɪ] *sb* Geschicklichkeit *f*, Gewandtheit *f*, Fingerfertigkeit *f*
dexterous ['dekstərəs] *adj* gewandt, geschickt, behände
diagram ['daɪəgræm] *sb* Diagramm *n*, Schaubild *n*, Schema *n*
dial [daɪl] *v (telephone)* wählen
dialling code ['daɪlɪŋ kəʊd] *sb (UK)* Vorwahl *f*
diameter [daɪ'æmɪtə] *sb* Durchmesser *m*, Diameter *m*
diary ['daɪərɪ] *sb (appointment book)* Terminkalender *m*
dictaphone ['dɪktəfəʊn] *sb* Diktaphon *n*, Diktiergerät *n*
dictate [dɪk'teɪt] *v* diktieren
dictation [dɪk'teɪʃən] *sb* Diktat *n*; *take ~* ein Diktat aufnehmen
dictionary ['dɪkʃənrɪ] *sb* Wörterbuch *n*, Lexikon *n*
differ ['dɪfə] *v 1.* sich unterscheiden; *2. (hold a different opinion)* anderer Meinung sein
difference between purchase and hedging price ['dɪfrəns bɪ'twi:n 'pɜ:tʃəs ænd 'hedʒɪŋ praɪs] *sb* Kursspanne *f*
differential piece-rate system [dɪfə'rentʃəl pi:s reɪt 'sɪstɪm] *sb* Differenziallohnsystem *n*

differentiated tariffs [dɪfə'rentʃieɪtɪd 'tærɪfs] *sb* gespaltener Tarif *m*

differentiation [dɪfərenʃɪ'eɪʃən] *sb* Unterscheidung *f*, Differenzierung *f*

diffusion barriers [dɪ'fjuːʒən 'bɛəriəz] *sb* Diffusionsbarrieren *f/pl*

diffusion process [dɪ'fjuːʒən 'prɔses] *sb* Diffusion *f*

diffusion strategy [dɪ'fjuːʒən 'strætɪdʒɪ] *sb* Diffusionsstrategie *f*

digest ['daɪdʒest] *sb* Auslese *f*, Auswahl *f*

digit ['dɪdʒɪt] *sb* Ziffer *f*, Stelle *f*

digital ['dɪdʒɪtəl] *adj* digital, Digital

diminish [dɪ'mɪnɪʃ] *v (to be ~ed)* sich vermindern, abnehmen; *(sth)* verringern, vermindern, verkleinern

diminished [dɪ'mɪnɪʃt] *adj* verringert, reduziert

dip into [dɪp 'ɪntuː] *v* ~ *funds* Reserven angreifen

diploma [dɪp'ləʊmə] *sb* Diplom *n*

dipstick ['dɪpstɪk] *sb* Messtab *m*

direct [daɪ'rekt] *v 1. (aim, address)* richten; *2.* ~ *s.o.'s attention to sth* jds Aufmerksamkeit auf etw lenken; *3. (order)* anweisen, befehlen; *4. (supervise)* leiten, lenken, führen

direct access [daɪ'rekt 'ækses] *sb* Direktzugriff *m*

direct advertising [daɪ'rekt 'ædvɜːtaɪzɪŋ] *sb* Direktwerbung *f*

direct and indirect material [daɪ'rekt ænd 'ɪn daɪrekt mə'tɪrɪəl] *(cost accounting)* Fertigungslos *n*

direct bank [daɪ'rekt bæŋk] *sb* Direktbank *f*

direct cost [daɪ'rekt kɔst] *sb* Einzelkosten *pl*

direct costing [daɪ'rekt kɔstɪŋ] *sb* Direct Costing *n*

direct current [daɪ'rekt 'kʌrənt] *sb* Gleichstrom *m*

direct debit [daɪ'rekt 'debɪt] *sb (UK)* Einzugsermächtigung *f*

direct debit authorization [daɪ'rekt 'debɪt ɔːθəraɪ'zeɪʃən] *sb* Einziehungsermächtigung *f*

direct debit instruction [daɪ'rekt 'debɪt ɪn'strʌkʃən] *sb* Abbuchungsauftrag *m*, Einzugsermächtigung *f*

direct debit procedure [daɪ'rekt 'debɪt prə'siːdʒə] *sb* Abbuchungsverfahren *n*

direct debiting [daɪ'rekt 'debɪtɪŋ] *sb* Bankeinzugsverfahren *n*, Lastschrifteinzugsverfahren *n*

direct debiting transactions [daɪ'rekt 'debɪtɪŋ træns'ækʃənz] *sb* Lastschriftverkehr *m*

direct discount [daɪ'rekt 'dɪskaʊnt] *sb* Direktdiskont *m*

direct exchange [daɪ'rekt ɪks'tʃeɪndʒ] *sb* Mengenkurs *m*

direct export [daɪ'rekt ɪk'spɔːt] *sb* Direktausfuhr *f*

direct insurance [daɪ'rekt ɪn'ʃʊərəns] *sb* Direktversicherung *f*

direct investments [daɪ'rekt ɪn'vestmənts] *sb* Direktinvestitionen *pl*

direction [dɪ'rekʃən] *sb 1. (management)* Leitung *f*, Führung *f*; *2.* ~s *pl* Anweisungen *pl*; *3. (~s for use)* Gebrauchsanweisung *f*

directive [dɪ'rektɪv] *sb* Direktive *f*, Vorschrift *f*

direct marketing [daɪ'rekt 'mɑːkɪtɪŋ] *sb* Direct Marketing *n*

director [dɪ'rektə] *sb* Direktor(in) *m/f*, Leiter(in) *m/f*

direct ordering [daɪ'rekt 'ɔːdərɪŋ] *sb* Direktbestellung *f*

director general [dɪ'rektə 'dʒenərəl] *sb* Generaldirektor *m*

directorate [dɪ'rektərɪt] *sb (body of directors)* Direktorium *n*, Vorstand *m*

directors' fees tax [dɪ'rektəz fiːz tæks] *sb* Aufsichtsratsteuer *f*

directory enquiries [dɪ'rektərɪ ɪn'kwaɪərɪːz] *sb (UK)* Telefonauskunft *f*

direct selling [daɪ'rekt 'selɪŋ] *sb* Direktverkauf *m*, Direktvertrieb *m*, direkter Absatz *m*

direct taxes [daɪ'rekt 'tæksɪz] *sb* direkte Steuern *pl*

direct telex transfer system [daɪ'rekt 'teleks 'trænsfɜː 'sɪstɪm] *sb* Blitzgiro *n*

dirigisme [dɪrɪ'ʒɪzm] *sb* Dirigismus *m*

disability for work [dɪsə'bɪlɪtɪ fɔː wɜːk] *sb* Erwerbsunfähigkeit *f*, Arbeitsunfähigkeit *f*

disabled [dɪs'eɪbld] *adj 1.* behindert, arbeitsunfähig, erwerbsunfähig; *2. (machine)* unbrauchbar

disadvantage [dɪsəd'vɑːntɪdʒ] *sb* Nachteil *m*, Schaden *m*

disaffirm [dɪsə'fɜːm] *v* widerrufen

disagio [dɪs'eɪdʒəʊ] *sb* Disagio *n*

disapproval [dɪsə'pruːvl] *sb (of sth)* Missbilligung *f*

disapprove [dɪsə'pruːf] *v* dagegen sein; ~ *of sth* etw missbilligen

disarmament [dɪs'ɑːməmənt] *sb* Abrüstung *f*

disassemble [dɪsə'sembl] *v* auseinander nehmen, zerlegen

disburse [dɪs'bɜːs] *v* auszahlen, ausbezahlen

disbursement [dɪs'bɜːsmənt] *sb* Auszahlung *f*, Ausbezahlung *f*

discard [dɪs'kaːd] *v* ablegen, aufgeben, ausrangieren

discharge [dɪs'tʃaːdʒ] *v* 1. *(electricity)* entladen; 2. *(cargo)* löschen; 3. *(a debt)* begleichen; *sb* 4. *(of electricity)* Entladung *f*; 5. *(dismissal)* Entlassung *f*; 6. *(~ papers)* Entlassungspapier *n*; 7. Freispruch *m*, Entlastung *f*

discharging expenses [dɪs'tʃaːdʒɪŋ ɪks'pensɪz] *sb* Entladungskosten *pl*, Löschgebühren *pl*

disciplinary ['dɪsɪplɪnərɪ] *adj* Disziplinar..., disziplinarisch

discipline ['dɪsɪplɪn] *v* disziplinieren; *sb* Disziplin *f*

disclaim [dɪs'kleɪm] *v* ausschlagen, ablehnen

disclaimer [dɪs'kleɪmə] *sb* Dementi *n*, Widerruf *m*

disclose [dɪs'kləʊz] *v* bekannt geben, bekannt machen

disconnection [dɪskə'nekʃən] *sb* *(on the telephone)* Unterbrechung *f*

discontinue [dɪskən'tɪnjuː] *v* 1. *(a line of products)* auslaufen lassen; *(2. a subscription)* abbestellen

discount ['dɪskaʊnt] *sb* Preisnachlass *m*, Rabatt *m*, Abschlag *m*, Skonto *n*, Diskont *m*

discountable [dɪs'kaʊntəbl] *adj* abzugsfähig

discountable paper [dɪs'kaʊntəbl 'peɪpə] *sb* Diskontpapier *n*

discount bank ['dɪskaʊnt bæŋk] *sb* Diskontbank *f*

discount business ['dɪskaʊnt 'bɪznɪs] *sb* Diskontgeschäft *n*

discount calculation ['dɪskaʊnt kælkjuː'leɪʃən] *sb* Diskontrechnung *f*

discount commission ['dɪskaʊnt kə'mɪʃən] *sb* Diskontprovision *f*

discount credit ['dɪskaʊnt 'kredɪt] *sb* Diskontkredit *m*

discount deduction ['dɪskaʊnt dɪ'dʌkʃən] *sb* Skontoabzug *m*

discount factor ['dɪskaʊnt 'fæktə] *sb* Diskontierungsfaktor *m*

discount houses ['dɪskaʊnt 'haʊzɪz] *sb* Diskonthäuser *n/pl*

discounting ['dɪskaʊntɪŋ] *sb* Diskontierung *f*, Abzinsung *f*

discount market ['dɪskaʊnt 'maːkɪt] *sb* Diskontmarkt *m*

discount of bills ['dɪskaʊnt əv bɪls] *sb* Wechseldiskont *m*

discount on advance orders ['dɪskaʊnt ɒn ə'dvaːns ɔːdəz] *sb* Vorbestellrabatt *m*

discount on repurchase ['dɪskaʊnt ɒn rɪ'pɜːtʃəs] *sb* Rückkaufdisagio *n*

discount rate ['dɪskaʊnt reɪt] *sb* Diskontsatz *m*

discount store ['dɪskaʊnt stɔː] *sb* Discountgeschäft *n*, Discountladen *m*

discredit [dɪs'kredɪt] *v* in Misskredit bringen, in Verruf bringen; *sb* Misskredit *m*

discrepancy [dɪs'krepənsɪ] *sb* Diskrepanz *f*, Unstimmigkeit *f*

discretion [dɪs'krɪʃən] *sb* 1. *(tact)* Diskretion *f*; 2. *(prudence)* Besonnenheit *f*; 3. *(freedom to decide)* Gutdünken *n*, Ermessen *n*; *use your own ~* handle nach eigenem Ermessen; *at one's ~* nach Belieben

discretionary [dɪ'skriːʃənrɪ] *adj* Ermessens...

discriminate [dɪ'skrɪmɪneɪt] *v* ~ *against* s.o. jdn diskriminieren

discrimination [dɪskrɪmɪ'neɪʃən] *sb* *(differential treatment)* Diskriminierung *f*

discrimination of flags [dɪskrɪmɪ'neɪʃən əv flægz] *sb* Flaggendiskriminierung *f*

discussion [dɪs'kʌʃən] *sb* Diskussion *f*, Erörterung *f*; *(meeting)* Besprechung *f*

disencumberment [dɪsɪn'kʌmbəmənt] *sb* Entschuldung *f*

disinflation [dɪsɪn'fleɪʃən] *sb* Deflation *f*

disinvestment [dɪsɪn'vestmənt] *sb* Desinvestition *f*

disk [dɪsk] *sb* Platte *f*, Diskette *f*

disk crash [dɪsk kræʃ] *sb* Diskcrash *m*, Störung eines Laufwerkes *f*

disk drive [dɪskdraɪv] *sb* Laufwerk *n*

diskette [dɪs'ket] *sb* Diskette *f*

disloyalty [dɪs'lɔɪəltɪ] *sb* Untreue *f*

dismantlement [dɪs'mæntlmənt] *sb* Abbruch *m*, Demontage *f*

dismiss [dɪs'mɪs] *v* entlassen, gehen lassen

dismissal [dɪs'mɪsəl] *sb* Entlassung *f*

disparity [dɪs'pærɪtɪ] *sb* Disparität *f*

dispatch [dɪ'spætʃ] *v* 1. senden, schicken, absenden; *sb* 2. *(sending)* Versand *m*, Absendung *f*, Abfertigung *f*

dispatch case [dɪ'spætʃ keɪs] *sb* (UK) Aktenmappe *f*

dispatch department [dɪ'spætʃ dɪ'paːtmənt] *sb* Versandabteilung *f*

display [ˈdɪspleɪ] v 1. *(show)* zeigen, beweisen; 2. *(goods)* ausstellen, auslegen; sb 3. Zeigen n, Zurschaustellung f, Vorführung f; to be on ~ ausgestellt sein; 4. *(of goods)* Ausstellung f, Auslage f
displayer [ˈdɪsˌpleɪə] sb Aussteller m
disposable [dɪsˈpəʊzəbl] adj 1. *(to be thrown away)* wegwerfbar; 2. *(available)* verfügbar; ~ *income* verfügbares Einkommen n
disposable income [dɪsˈpəʊzəbl ˈɪnkʌm] sb verfügbares Einkommen n
disposable share [dɪsˈpəʊzəbl ʃɛə] sb Vorratsaktie f
disposal [dɪsˈpəʊzəl] sb 1. *(throwing away)* Wegwerfen n; 2. *(waste ~ unit)* Müllschlucker m; 3. *(removal)* Beseitigung f; 4. *(control)* Verfügungsrecht n; 5. *place sth at s.o.'s ~* jdm etw zur Verfügung stellen; *have sth at one's ~* über etw verfügen; 6. *(positioning)* Aufstellung f
dispose [dɪsˈpəʊz] v ~ *of (have at one's disposal)* verfügen über
disposition [dɪspəˈzɪʃən] sb Verfügung f
dispossess [dɪspəˈzes] v enteignen
disproportionate [dɪsprəˈpɔːʃənɪt] adj unverhältnismäßig
dispute [dɪsˈpjuːt] v 1. streiten; 2. *(a claim)* anfechten; sb 3. Streit m, Disput m;
dissaving [dɪsˈseɪvɪŋ] sb Entsparen n
dissociate [dɪˈsəʊʃɪeɪt] v ~ *o.s. from* sich distanzieren von
distribute [dɪˈstrɪbjuːt] v 1. *(goods)* vertreiben; 2. *(dividends)* ausschütten
distribution [dɪstrɪˈbjuːʃən] sb 1. *(of dividends)* Ausschüttung f; 2. *(of goods)* Vertrieb m, Verteilung f
distribution centre [dɪstrɪˈbjuːʃən ˈsentə] sb Auslieferungslager n
distribution channel [dɪstrɪˈbjuːʃən ˈtʃænl] sb Vertriebskanal m, Vertriebsweg m
distribution cost [dɪstrɪˈbjuːʃən kɔst] sb Distributionskosten pl
distribution of income [dɪstrɪˈbjuːʃən əv ˈɪnkʌm] sb Einkommensverteilung f
distribution of profit [dɪstrɪˈbjuːʃən əv ˈprɔfɪt] sb Gewinnausschüttung f
distribution organs [dɪstrɪˈbjuːʃən ˈɔːɡənz] sb Distributionsorgane n/pl
distribution policy [dɪstrɪˈbjuːʃən ˈpɔlɪsɪ] sb Distributionspolitik f
distribution store [dɪstrɪˈbjuːʃən stɔː] sb Auslieferungslager n
distributor [dɪˈstrɪbjʊtə] sb *(wholesaler)* Großhändler(in) m/f

diversification [daɪvɜːsɪfɪˈkeɪʃən] sb Diversifizierung f, Streuung der Aktivitäten f
diversified holdings [daɪˈvɜːsɪfaɪd ˈhəʊldɪŋz] sb Streubesitz m
diversify [daɪˈvɜːsɪfaɪ] v diversifizieren, streuen
dividend [ˈdɪvɪdənd] sb Dividende f; *pay ~s (fig)* sich bezahlt machen
dividend coupon [ˈdɪvɪdənd ˈkuːpɔn] sb Gewinnanteilschein m
dividend guarantee [ˈdɪvɪdənd ɡærənˈtiː] sb Dividendengarantie f
dividend in bankruptcy [ˈdɪvɪdənd ɪn ˈbæŋkrʌpsɪ] sb Konkursquote f
dividend on account [ˈdɪvɪdənd ɔn əˈkaʊnt] sb Abschlagsdividende f
dividend tax [ˈdɪvɪdənd tæks] sb Dividendenabgabe f
division [dɪˈvɪʒən] sb 1. Teilung f, Aufteilung f, Einteilung f; 2. *(of a firm)* Abteilung f; 3. Sparte f
divisional organization [dɪˈvɪʒənəl ɔːɡənaɪˈzeɪʃən] sb Geschäftsbereichsorganisation f
division of labour [dɪˈvɪʒən əv ˈleɪbə] sb Arbeitsteilung f
dock [dɔk] sb Dock n; *~s Hafen m*
dockage [ˈdɔkɪdʒ] sb Hafengebühren pl, Dockgebühren pl
dockyard [ˈdɔkjɑːd] sb Werft f
doctoring a balance sheet [ˈdɔktərɪŋ ə ˈbæləns ʃiːt] sb Bilanzverschleierung f
document [ˈdɔkjʊmənt] v beurkunden, dokumentieren; sb Dokument n, Urkunde f, Unterlage f
documentary [dɔkjʊˈmentərɪ] adj ~ *evidence* Urkundenbeweis m
documentary acceptance credit [dɔkjʊˈmentərɪ əkˈseptəns ˈkredɪt] sb Rembourskredit m
documentary letter of credit [dɔkjʊˈmentərɪ ˈletər əv ˈkredɪt] sb Dokumentakkreditiv n
document of title [ˈdɔkjʊmənt əv ˈtaɪtl] sb Warenpapier n
documents against acceptance (D/A) [ˈdɔkjʊmənts əˈɡenst əkˈseptəns (diːˈeɪ)] sb Dokumente gegen Akzept (d/a)
documents against payment (D/P) [ˈdɔkjʊmənts əˈɡenst ˈpeɪmənt (diːˈpiː)] sb Dokumente gegen Bezahlung (d/p)
dole [dəʊl] sb *(fam)* Stempelgeld n; *to be on the ~* stempeln gehen
dollar area [ˈdɔlə ˈɛərɪə] sb Dollarblock m

dollar bond ['dɔlə bɔnd] *sb* Dollaranleihe *f*
dollar clause ['dɔlə klɔːz] *sb* Dollarklausel *f*
dollar standard ['dɔlə 'stændəd] *sb* Dollar-Standard *m*
domestic [də'mestɪk] *adj* Innen..., Inland..., Binnen...
domestic capital [də'mestɪk 'kæpɪtəl] *sb* Inlandsvermögen *n*
domestic customs territory [də'mestɪk 'kʌstəmz 'terɪtəri] *sb* Zollinland *n*
domestic market [də'mestɪk 'mɑːkɪt] *sb* Binnenmarkt *m*
domestic trade [də'mestɪk treɪd] *sb* Binnenhandel *m*
donation [dəʊ'neɪʃən] *sb 1. (thing donated)* Spende *f*, Stiftung *f*, Gabe *f*, Schenkung *f*; *2. (the act of donating)* Spenden *n*, Stiften *n*
dormant deposit ['dɔːmənt dɪ'pɔzɪt] *sb* totes Depot *n*
dormant partnership ['dɔːmənt 'pɑːtnəʃɪp] *sb* stille Gesellschaft *f*
double currency ['dʌbl 'kʌrənsi] *sb* Doppelwährung *f*
double currency loan ['dʌbl 'kʌrənsi ləʊn] *sb* Doppelwährungsanleihe *f*
double entry bookkeeping ['dʌbl 'entrɪ 'bʊkiːpɪŋ] *sb* doppelte Buchführung *f*
double housekeeping ['dʌbl 'haʊskiːpɪŋ] *sb* doppelte Haushaltsführung *f*
double option operation ['dʌbl 'ɔpʃən ɔpə'reɪʃən] *sb* Stellagegeschäft *n*
double taxation ['dʌbl tæk'seɪʃən] *sb* Doppelbesteuerung *f*
double time ['dʌbl taɪm] *sb (payment)* hundert Prozent Überstundenzuschlag *m*
doubtful account [daʊtfəl ə'kaʊnt] *sb* zweifelhafte Forderung *f*
doubtful debts ['daʊtfəl dets] *sb* dubiose Forderung *f*
down payment [daʊn 'peɪmənt] *sb* Anzahlung *f*, Abschlagszahlung *f*
downfall ['daʊnfɔːl] *sb (fig)* Niedergang *m*, Untergang *m*
download ['daʊnləʊd] *v (a computer)* laden
down-ship [daʊn'ʃɪp] *sb* Abschwung *m*
downsizing ['daʊnsaɪzɪŋ] *sb* Abbau *m*, Verkleinerung *f*
downswing ['daʊnswɪŋ] *sb* Abwärtstrend *m*
downward trend ['daʊnwəd trend] *sb* Abwärtstrend *m*
draft [drɑːft] *v 1. (draw)* entwerfen, skizzieren; *2. (write)* aufsetzen, abfassen; *sb 3.* Entwurf *m*, Tratte *f*

draw [drɔː] *v irr 1. (money from a bank)* abheben; *2. (a salary)* beziehen
drawee [drɔː'iː] *sb* Bezogener *m*, Trassat *m*
drawer ['drɔːə] *sb* Trassant *m*
drawer of a bill ['drɔːə əv ə bɪl] *sb* Wechselaussteller *m*
drawing ['drɔːɪŋ] *sb* Trassierung *f*, Ziehung *f*
drawing rights [drɔːɪŋ raɪts] *sb* Ziehungsrechte *pl*
drawing up of a budget ['drɔːɪŋ ʌp əv ə 'bʌdʒɪt] *sb* Budgetierung *f*
drawn bill [drɔːn bɪl] *sb* gezogener Wechsel *m*
drive [draɪv] *sb (of a computer)* Laufwerk *n; (energy)* Schwung *m*
drop [drɔp] *sb (fall)* Sturz *m*, Fall *m; (decrease)* Rückgang *m*, Abfall *m*
drop in expenditure [drɔp ɪn ɪk'spendɪtʃə] *sb* Ausgabensenkung *f*
duality [djuː'ælɪtɪ] *sb* Dualität *f*
due [djuː] *adj 1. (owed)* fällig; *(expected)* fällig, erwartet; *2.* in ~ time zur rechten Zeit
due date ['djuː 'deɪt] *sb* Fälligkeitstag *m*, Fälligkeitstermin *m*
due payment reserved [djuː 'peɪmənt rɪ'zɜːvd] *adv* Eingang vorbehalten
dues [djuːz] *pl* Gebühren *pl*
dumping ['dʌmpɪŋ] *sb* Dumping *n*
duopoly [djuː'ɔpəlɪ] *sb* Dyopol *n*
duplicate ['djuːplɪkeɪt] *v 1.* kopieren, vervielfältigen; *sb 2.* Duplikat *n*, Kopie *f*, Doppel *n*; *in* ~ in zweifacher Ausfertigung
durability [djuːrə'bɪlɪtɪ] *sb (of goods)* Haltbarkeit *f*
durable ['djuːərəbl] *adj (material, goods)* haltbar
durable consumer goods ['djuərəbl kən'sjuːmə gʊdz] *pl* Gebrauchsgüter *pl*
duration [djʊ'reɪʃən] *sb* Länge *f*, Dauer *f*, Duration *f*
duration of capital tie-up [djuː'reɪʃən əv 'kæpɪtəl 'taɪ-ʌp] *sb* Kapitalbindungsdauer *f*
duration of credit [djʊ'reɪʃən əv 'kredɪt] *sb* Kreditlaufzeit *f*
dutiable ['djuːtɪəbl] *adj* zollpflichtig
duty ['djuːtɪ] *sb 1. (task)* Aufgabe *f*, Pflicht *f*; *2. (working hours)* Dienst *m; on* ~ Dienst haben; *3. to be off* ~ dienstfrei haben; *4. (tax)* Zoll *m*
duty based on weight ['djuːtɪ beɪst ɔn weɪt] *sb* Gewichtszoll *m*
duty unpaid ['djuːtɪ ʌn'peɪd] *adj* unverzollt
duty-free ['djuːtɪ-'friː] *adj* zollfrei, unverzollt
duty-paid [djuːtɪ-'peɪd] *adj* verzollt

E

early retirement ['ɜːlɪ rɪ'taɪəmənt] *sb* Vorruhestand *m*
earn [ɜːn] *v* verdienen; *(interest)* bringen
earned income [ɜːnd 'ɪnkʌm] *sb* Arbeitseinkommen *n*
earning power ['ɜːnɪŋ 'paʊə] *sb* Verdienstchancen *pl*
earnings ['ɜːnɪŋz] *sb* 1. Verdienst *m*, Bezüge *pl*; 2. *(of a business)* Einnahmen *pl*
earnings retention ['ɜːnɪŋz rɪ'tenʃən] *sb* Gewinnthesaurierung *f*
earnings statement ['ɜːnɪŋz 'steɪtmənt] *sb* Erfolgsrechnung *f*
ecological [iːkə'lɒdʒɪkəl] *adj* ökologisch
ecological balance [ɪkə'lɒdʒɪkəl 'bæləns] *sb* Öko-Bilanz *f*
ecological tax reform [ɪkə'lɒdʒɪkəl tæks rɪ'fɔːm] *sb* ökologische Steuerreform *f*
ecologist [ɪ'kɒlədʒɪst] *sb* Ökologe/Ökologin *m/f*, Umweltschützer(in) *m/f*
economic [ɪkə'nɒmɪk] *adj* wirtschaftlich, ökonomisch, Wirtschafts...
economical [ekə'nɒmɪkəl] *adj* wirtschaftlich, sparsam
economic circulation [ɪkə'nɒmɪk sɜːkjuː-'leɪʃən] *sb* Wirtschaftskreislauf *m*
economic cycle [ɪkə'nɒmɪk 'saɪkl] *sb* Konjunktur *f*
economic miracle [ɪkə'nɒmɪk 'miːrəkəl] *sb* Wirtschaftswunder *n*
economic order [ɪkə'nɒmɪk 'ɔːdɜː] *sb* Wirtschaftsordnung *f*
economic policy [ekə'nɒmɪk 'pɒlɪsɪ] *sb* Wirtschaftspolitik *f*, Konjunkturpolitik *f*
economic process [ekə'nɒmɪk 'prəʊses] *sb* Wirtschaftskreislauf *m*
economic purchasing quantity [ɪkə'nɒmɪk 'pɜːtʃəsɪŋ 'kwɔːntɪtɪ] *sb* optimale Bestellmenge *f*
economics [ekə'nɒmɪks] *sb (subject)* Volkswirtschaft *f*, Wirtschaftswissenschaften *pl*
economic union [ekə'nɒmɪk juːnjən] *sb* Wirtschaftsunion *f*
economic upturn [ekə'nɒmɪk 'ʌptɜːn] *sb* Konjunkturbelebung *f*
economies of scale [ɪkə'nɒmiːs əv skeɪl] *sb* Größenvorteile *m/pl*
economist [e'kɒnəmɪst] *sb* Volkswirtschaftler(in) *m/f*; Betriebswirt(in) *m/f*

economize [e'kɒnəmaɪz] *v* sparen, haushalten
economy [e'kɒnəmɪ] *sb* 1. *(system)* Wirtschaft *f*, Ökonomie *f*; 2. *(thrift)* Sparsamkeit *f*; 3. *(measure to save money)* Einsparung *f*, Sparmaßnahme *f*
ECU loan [iː siː juː ləʊn] *sb* ECU-Anleihe *f*
ECU option [iː siː juː ɒptʃn] *sb* ECU-Option *f*
education [edjʊ'keɪʃən] *sb* Erziehung *f*, Ausbildung *f*, Bildung *f*
educational policy [edjuː'keɪʃənəl 'pɒlɪsɪ] *sb* Bildungspolitik *f*
effective [ɪ'fektɪv] *adj* 1. *(getting results)* wirksam, erfolgreich, wirkungsvoll; 2. *(in effect)* gültig, in Kraft, rechtskräftig; 3. *(real)* effektiv, tatsächlich, wirklich
effective interest [ɪ'fektɪv 'ɪntrəst] *sb* Effektivzins *m*
effective interest yield [ɪ'fektɪv 'ɪntrəst jiːəld] *sb* Effektivverzinsung *f*
effectiveness [ɪ'fektɪvnɪs] *sb* Wirksamkeit *f*
effectivity [efek'tɪvɪtɪ] *sb* Effektivität *f*, Wirksamkeit *f*
efficiency [ɪ'fɪʃənsɪ] *sb* 1. *(of a person)* Tüchtigkeit *f*, Fähigkeit *f*; 2. *(of a method)* Effizienz *f*; 3. *(of a machine, of a firm)* Leistungsfähigkeit *f*
efficiency review [ɪ'fɪʃənsɪ rɪ'vjuː] *sb* Erfolgskontrolle *f*
efficient [ɪ'fɪʃənt] *adj (person)* tüchtig, fähig, effizient; *(method)* effizient; *(machine, firm)* leistungsfähig
elasticity of purchasing power [ɪlæs'tɪsɪtɪ əv 'pɜːtʃəsɪŋ 'paʊə] *sb* Kaufkraftelastizität *f*
electrical engineering [ɪ'lektrɪkəl endʒɪ-'nɪərɪŋ] *sb* Elektrotechnik *f*
electricity and fuels fonds [ɪlek'trɪsɪtɪ ænd 'fjuːəlz fʌndz] *sb* Energiefonds *m*
electronic [ɪlek'trɒnɪk] *adj* elektronisch
electronic commerce [ɪlek'trɒnɪk 'kɒməs] *sb* Electronic Commerce *m*
electronic fund transfer [ɪlek'trɒnɪk fʌnd 'trænsfəz] *sb* elektronischer Zahlungsverkehr *m*
electronics [ɪlek'trɒnɪks] *sb* Elektronik *f*
eligible paper [e'lɪdʒɪbəl peɪpə] *sb* discontfähiges Wechselmaterial *n*

e-mail ['i:meɪl] *sb (electronic mail)* elektronische Post *f*, E-Mail *n*
embargo [ɪm'bɑːgəʊ] *sb* Embargo *n*
embark [ɪm'bɑːk] *v* einschiffen; *(goods)* verladen
embarkation [embɑː'keɪʃən] *sb (of freight)* Verschiffung *f*, Verladung *f*
embezzlement [ɪm'bezlmənt] *sb* Veruntreuung *f*, Unterschlagung *f*
emblem ['embləm] *sb* Emblem *n*, Symbol *n*, Abzeichen *n*
emergency money [ɪ'mɜdʒənsɪ 'mʌnɪ] *sb* Notgeld *n*
empirical contents [ɪm'piːrəkəl 'kɒntents] *sb* empirischer Gehalt *m*
empirical economic research [ɪm'piːrəkəl ɪkə'nɒmɪk rɪ'sɜːtʃ] *sb* empirische Wirtschaftsforschung *f*
employ [ɪm'plɔɪ] *v* 1. beschäftigen; *(take on)* anstellen; 2. *(use)* anwenden, einsetzen, verwenden
employed [ɪm'plɔɪd] *adj* berufstätig, beschäftigt
employee [emplɔɪ'iː] *sb* Arbeitnehmer(in) *m/f*, Angestellte(r) *m/f*
employee leasing [ɪmplɔɪ'iː 'liːsɪŋ] *sb* Arbeitnehmerüberlassung *f*
employee meeting [ɪmplɔɪ'iː 'miːtɪŋ] *sb* Betriebsversammlung *f*
employee pension scheme [ɪmplɔɪ'iː 'penʃən skiːm] *sb* betriebliche Altersversorgung *f*
employee's contribution [ɪmplɔɪ'iːz kɒntrɪ'bjuːʃən] *sb* Arbeitnehmeranteil *m*
employee selection [ɪmplɔɪ'iː sɪ'lekʃən] *sb* Personalauswahl *f*
employee's allowable deduction [ɪmplɔɪ'iːz ə'laʊəbəl dɪ'dʌkʃən] *sb* Arbeitnehmer-Freibetrag *m*
employee's savings premium [ɪmplɔɪ'iːz 'seɪvɪŋz 'priːmɪəm] *sb* Arbeitnehmersparzulage *f*
employee's shares [ɪmplɔɪ'iːz ʃɛəz] *sb* Arbeitnehmeraktie *f*
employee suggestion system [ɪmplɔɪ'iː sʌɡ'dʒestʃən 'sɪstɪm] *sb* betriebliches Vorschlagswesen *n*
employee's zero bracket amount [ɪmplɔɪ'iːz 'zɪərəʊ 'brækɪt ə'maʊnt] *sb* Arbeitnehmer-Pauschbetrag *m*
employer [ɪm'plɔɪə] *sb* Arbeitgeber(in) *m/f*
employer's contribution [ɪm'plɔɪəz kɒntrɪ'bjuːʃən] *sb* Arbeitgeberanteil *m*, Arbeitgeberzuschüsse *m/pl*

employer's duty of care [ɪm'plɔɪəz 'djuːtɪ əv kɛə] *sb* Fürsorgepflicht des Arbeitgebers *f*
employer's pension commitment [ɪm'plɔɪəz 'penʃən kə'mɪtmənt] *sb* Pensionszusage *f*
employment [ɪm'plɔɪmənt] *sb* 1. Arbeit *f*, Stellung *f*, Beschäftigung *f*, Dienstverhältnis *n*; 2. *(employing)* Beschäftigung *f*, 3. *(taking on)* Anstellung *f*; 4. *(use)* Anwendung *f*, Verwendung *f*, Einsatz *m*
employment agency [ɪm'plɔɪmənt 'eɪdʒənsɪ] *sb* Stellenvermittlung *f*
employment costs [ɪm'plɔɪmənt kɒsts] *sb* Personalkosten *pl*
employment exchange [ɪm'plɔɪmənt ɪks'tʃeɪndʒ] *sb (UK)* Arbeitsamt *n*
employment policy [ɪm'plɔɪmənt 'pɒlɪsɪ] *sb* Beschäftigungspolitik *f*, Arbeitspolitik *f*
employment protection [ɪm'plɔɪmənt prə'tekʃən] *sb* Arbeitsplatzschutz *m*
employment relationship [ɪm'plɔɪmənt rɪ'leɪʃənʃɪp] *sb* Arbeitsverhältnis *n*
employment structure [ɪm'plɔɪmənt 'strʌkʃə] *sb* Beschäftigtenstruktur *f*
emporium [em'pɔːrɪəm] *sb* Warenhaus *n*
empower [ɪm'paʊə] *v* ermächtigen, bevollmächtigen
enclose [ɪn'kləʊz] *v (in a package)* beilegen, beifügen
enclosure [ɪn'kləʊʒə] *sb (in a package)* Anlage *f*
encode [ɪn'kəʊd] *v* verschlüsseln, chiffrieren, kodieren
end of the month ['end əv ðə mʌnθ] *sb* Ultimo *m*, Monatsende *n*
end of the quarter ['end əv ðə 'kwɔːtə] *sb* Quartalsende *n*
end-of-period inventory [end əv 'pɪːrɪəd 'ɪnventərɪ] *sb* Stichtagsinventur *f*
endogenous variable [ɪndə'dʒiːnəs 'vɛərɪəbəl] *sb* endogene Variable *f*
endorsable [ɪn'dɔːsəbl] *adj* indossabel
endorsable securities [ɪn'dɔːsəbl sɪ'kjuːrɪtɪz] *sb* indossable Wertpapiere *n/pl*
endorse [ɪn'dɔːs] *v* 1. *(approve of)* billigen, gutheißen; 2. *(a cheque)* auf der Rückseite unterzeichnen, indossieren
endorsee [ɪndɔː'siː] *sb* Indossatar(in) *m/f*
endorsement [ɪn'dɔːsmənt] *sb* 1. *(approval)* Billigung *f*; 2. *(on a cheque)* Indossament *n*, Giro *n*
endorsement for collection [ɪn'dɔːsmənt fɔː kə'lekʃən] *sb* Inkasso-Indossament *n*

endorsement liabilities [ɪnˈdɔːsmənt leɪəˈbɪlɪtɪz] *sb* Indossamentverbindlichkeiten *f/pl*

endorsement made out to bearer [ɪnˈdɔːsmənt meɪd aʊt tu ˈbɛərə] *sb* Inhaberindossament *n*

endorsement of an overdue bill of exchange [ɪnˈdɔːsmənt əv æn ˈəʊvədjuː bɪl əv ɪksˈtʃeɪndʒ] *sb* Nachindossament *n*

endorser [ɪnˈdɔːsə] *sb* Girant *m*, Indossant *m*

endow [ɪnˈdaʊ] *v* stiften; ~ s.o. with sth jdm etw schenken

endowment [ɪnˈdaʊmənt] *sb* Dotierung *f*

endowment funds [ɪnˈdaʊmənt fʌndz] *sb* Dotationskapital *n*

energizer [ˈenədʒaɪzə] *sb* Energiequelle *f*

energy [ˈenədʒɪ] *sb* Energie *f*

energy balance statement [ˈenədʒɪ ˈbæləns ˈsteɪtmənt] *sb* Energiebilanz *f*

energy policy [ˈenədʒɪ ˈpɒlɪsɪ] *sb* Energiepolitik *f*

energy tax [ˈenədʒɪ tæks] *sb* Energiesteuer *f*

energy taxation [ˈenədʒɪ tækˈseɪʃən] *sb* Energiebesteuerung *f*

enforce [ɪnˈfɔːs] *v* durchführen, Geltung verschaffen

enforcement [ɪnˈfɔːsmənt] *sb* Durchführung *f*; *(judicial)* Vollstreckung *f*

enforcement fine [ɪnˈfɔːsmənt faɪn] *sb* Zwangsgeld *n*

engage [ɪnˈgeɪdʒ] *v* 1. *(employ)* anstellen, einstellen; 2. ~ in sth sich an etw beteiligen, sich mit etw beschäftigen

engagement [ɪnˈgeɪdʒmənt] *sb* *(job)* Anstellung *f*, Stellung *f*; *(appointment)* Verabredung *f*

entailment [ɪnˈteɪlmənt] *sb* Fideikommiss *n*, unveräußerliches Erbe *n*

enterprise [ˈentəpraɪz] *sb* 1. *(an undertaking, a firm)* Unternehmen *n*, 2. *(in general)* Unternehmertum *n*; free ~ freies Unternehmertum *n*

enterprise commercial by its nature [ˈentəpraɪz kəˈmɜːʃəl baɪ ɪts ˈneɪtʃə] *sb* Musskaufmann *m*

entitle [ɪnˈtaɪtl] *v* ~ to *(authorize)* berechtigen zu, ein Anrecht geben auf

entitlement [ɪnˈtaɪtlmənt] *sb* Berechtigung *f*, Anspruch *m*

entrepôt [ˈɑːtrəpəʊ] *sb* *(warehouse)* Lagerhalle *f*; *(port)* Umschlaghafen *m*

entrepreneur [ɑːntrəprəˈnɜː] *sb* Unternehmer(in) *m/f*

entrepreneurial [ɑːntrəprəˈnɜːrɪəl] *adj* unternehmerisch

entrepreneurship [ɑːntrəprəˈnɜːʃɪp] *sb* Unternehmertum *n*

entry [ˈentrɪ] *sb* 1. *(notation)* Eintrag *m*; 2. *(act of entering)* Eintragung *f*, (Ver)Buchung *f*

entry form [ˈentrɪ fɔːm] *sb* Anmeldeformular *n*

entry formula [ˈentrɪ ˈfɔːmjuːlə] *sb* Buchungssatz *m*

entry strategies [ˈentrɪ ˈstrætədʒiːz] *sb* Eintrittsstrategien *f/pl*

envelope [ˈɑːvələʊp] *sb* Briefumschlag *m*, Kuvert *n*

environment [ɪnˈvaɪərənmənt] *sb* Umwelt *f*

environmental label [ɪnvaɪərənˈmentəl ˈleɪbəl] *sb* Umweltzeichen *n*

environmental levy [ɪnvaɪərənˈmentəl ˈlevɪ] *sb* Umweltabgabe *f*

environmental policy [ɪnvaɪərənˈmentəl ˈpɒlɪsɪ] *sb* Umweltpolitik *f*

environmental pollution [ɪnvaɪərənˈmentəl pəˈluːʃən] *sb* Umweltverschmutzung *f*

environmentalist [ɪnvaɪərəˈmentəlɪst] *sb* Umweltschützer(in) *m/f*

environmentally damaging activities [ɪnvaɪərənˈmentəlɪ ˈdæmɪdʒɪŋ ækˈtɪvɪtɪz] *sb* Umweltbelastungen *f/pl*

equalization and covering claim [ɪkwəlaɪˈzeɪʃən ænd ˈkʌvərɪŋ kleɪm] *sb* Ausgleichs- und Deckungsforderung *f*

equalization claim [ɪkwəlaɪˈzeɪʃən kleɪm] *sb* Ausgleichsforderung *f*

equalization of burdens [ɪkwəlaɪˈzeɪʃən əv ˈbɜːdənz] *sb* Lastenausgleich *m*

Equalization of Burdens Fund [ɪkwəlaɪˈzeɪʃən əv ˈbɜːdənz fʌnd] *sb* Lastenausgleichsfonds *m*

equal opportunity [ˈiːkwəl ɒpəˈtjuːnɪtɪ] *sb* Chancengleichheit *f*

equalization right [ɪkwəlaɪˈzeɪʃən raɪt] *sb* Ausgleichsrecht *n*

equilibrium interest rate [ɪkwɪˈlɪbrɪəm ˈɪntrɪst reɪt] *sb* Gleichgewichtszins *m*

equilibrium price [ɪkwɪˈlɪbrɪəm praɪs] *sb* Gleichgewichtspreis *m*

equip [ɪˈkwɪp] *v* ausrüsten, ausstatten, einrichten; to be ~ped with verfügen über, ausgestattet sein mit

equipment [ɪˈkwɪpmənt] *sb* Ausrüstung *f*; *(appliances)* Geräte *pl*, Anlagen *pl*, Apparatur *f*

equity [ˈekwɪtɪ] *sb* 1. Gerechtigkeit *f*; 2. Eigenkapital *n*

equity account ['ekwɪtɪ ə'kaʊnt] *sb* Eigenkapitalkonto *n*
equity capital ['ekwɪtɪ 'kæpɪtl] *sb* Eigenkapital *n*
equity financing ['ekwɪtɪ faɪ'nænsɪŋ] *sb* Beteiligungsfinanzierung *f*
equity financing transactions ['ekwɪtɪ faɪ'nænsɪŋ trænsˈækʃənz] *sb* Beteiligungshandel *m*
equity participation ['ekwɪtɪ pɑːtɪsɪ'peɪʃən] *sb* Kapitalbeteiligung *f*
equity ratio ['ekwɪtɪ 'reɪʃɪəʊ] *sb* Eigenkapitalquote *f*
equity return ['ekwɪtɪ rɪ'tɜːn] *sb* Eigenkapitalrentabilität *f*
equity security ['ekwɪtɪ sɪ'kjuːrɪtɪ] *sb* Anteilspapiere *n/pl*
equity yield rate ['ekwɪtɪ jiːld reɪt] *sb* Eigenkapitalzinsen *m/pl*
equivalence coefficient costing [ɪ'kwɪvələns kəʊɪ'fɪʃənt 'kɔstɪŋ] *sb* Äquivalenzzifferkalkulation *f*
error ['erə] *sb 1.* Irrtum *m*, Fehler *m*, Versehen *n*; *2.* ~ *of omission* Unterlassungssünde *f*
errors and omissions excepted (E. & O.E.) *adv* ['erəz ænd əʊ'mɪʃənz ɪk'septɪd] *sb* Irrtümer und Auslassungen vorbehalten (E. & O.E.)
escalation clause [eskə'leɪʃən klɔːz] *sb* Gleitklausel *f*
escalation parity [eskə'leɪʃən 'pærɪtɪ] *sb* Gleitparität *f*
escape clause [ɪ'skeɪp klɔːz] *sb* Rücktrittsklausel *f*
establish [ɪ'stæblɪʃ] *v 1. (found)* gründen; *2. (relations)* herstellen, aufnehmen; *3. (power, a reputation)* sich verschaffen
establishment [ɪ'stæblɪʃmənt] *sb (institution)* Institution *f*, Anstalt *f*; *(founding)* Gründung *f*
estate [ɪ'steɪt] *sb 1. (possessions)* Besitz *m*, Eigentum *n*; *2. (land)* Gut *n*; *3. (dead person's)* Nachlass *m*, Erbmasse *f*; *4. (rank)* Stand *m*; *5. the fourth* ~ *(fam)* die Presse *f*
estate agent [ɪ'steɪt 'eɪdʒənt] *sb (UK)* Immobilienmakler(in) *m/f*
estimate ['estɪmeɪt] *v* schätzen; *sb* Schätzung *f*; *rough* ~ grober Überschlag *m*; *(of cost)* Kostenvoranschlag *m*
estimated ['estɪmeɪtɪd] *adj* geschätzt
estimated quotation ['estɪmeɪtɪd kwəʊ'teɪʃən] *sb* Taxkurs *m*
estimated value ['estɪmeɪtɪd 'væljuː] *sb* Schätzwert, Taxwert *m*

estimation [estɪ'meɪʃən] *sb* Einschätzung *f*; *in my* ~ meiner Einschätzung nach
estimation of cost [estɪ'meɪʃən əv kɔst] *sb* Vorkalkulation *f*
euro ['jʊərəʊ] *sb* Euro *m*
Eurobank ['jʊərəʊbæŋk] *sb* Euro-Bank *f*
Eurobond ['jʊərəʊbɔnd] *sb* Eurobond *m*
Eurobond market ['jʊərəʊbɔnd 'mɑːkɪt] *sb* Euro-Bondmarkt *m*
Eurocapital market ['jʊərəʊ 'kæpɪtəl 'mɒkɪt] *sb* Euro-Kapitalmarkt *m*
Eurocheque ['jʊərəʊtʃek] *sb* Euroscheck *m*
Eurocheque card ['jʊərəʊtʃek kɑːd] *sb* Euroscheck-Karte *f*
eurocurrency ['jʊərəʊkʌrənsɪ] *sb* Eurowährung *f*
Eurocurrency loan market ['jʊərəʊkʌrənsɪ lɔːn 'mɑːkɪt] *sb* Euro-Anleihenmarkt *m*
Eurocurrency loans ['jʊərəʊkʌrənsɪ lɔːnz] *sb* Euro-Anleihe *f*
Eurocurrency market ['jʊərəʊkʌrənsɪ 'mɑːkɪt] *sb* Euro-Geldmarkt *m*
Eurodollar ['jʊərəʊdɒlə] *sb* Euro-Dollar *m*
Eurodollar market ['jʊərəʊdɒlə 'mɑːkɪt] *sb* Euro-Dollarmarkt *m*
euro mark ['jʊərəʊ mɑːk] Euro-DM *f*
Euromarket ['jʊərəʊmɑːkɪt] *sb* Euromarkt *m*
Euronotes ['jʊərəʊ nəʊts] *sb* Euronotes *pl*
European article number (EAN) [jʊərə'piːən 'ɑːtɪkəl 'nʌmbə] *sb* Einheitliche Europäische Artikelnummer (EAN) *f*
European Central Bank [jʊərə'piːən 'sentrəl bæŋk] *sb* Europäische Zentralbank (EZB) *f*
European Commission [jʊərə'piːən kɒ'mɪʃən] *sb* Europäische Kommission *f*
European Community ['jʊərəʊpiːən kɒ'mjuːnɪtɪ] *sb* Europäische Gemeinschaft *f*
European Council [jʊərə'piːən 'kaʊnsəl] *sb* Europäischer Rat *m*
European Court of Auditors [jʊərə'piːən kɔːt əv 'ɔːdɪtəz] *sb* Europäischer Rechnungshof (EuRH) *m*
European Currency Unit (ECU) [jʊərə'piːən 'kʌrənsɪ 'juːnɪt] *sb* Europäische Währungseinheit (ECU) *f*
European Development Fund (EDF) [jʊərə'piːən dɪ'veləpmənt fʌnd] *sb* Europäischer Entwicklungsfonds *m*
European Investment Bank [jʊərə'piːən ɪn'vestmənt bæŋk] *sb* Europäische Investitionsbank *f*
European Monetary Agreement [jʊərə'piːən 'mʌnɪtərɪ ə'griːmənt] *sb* Europäisches Währungsabkommen *n*

European Monetary Cooperation Fund (EMCF) [jʊərəˈpiːən ˈmʌnɪtərɪ kəʊpəˈreɪʃən fʌnd] *sb* Europäischer Fonds für Währungspolitische Zusammenarbeit (EFWZ) *m*

European Monetary System [ˈjʊərəʊpɪən ˈmʌnɪtərɪ ˈsɪstəm] *sb* Europäisches Währungssystem *n*

European monetary union (EMU) [jʊərəˈpiːən ˈmɒnɪtərɪ ˈjuːnjən] *sb* Europäische Währungsunion *f*

European Parliament [ˈjʊərəʊpiːən ˈpɑːləmənt] *sb* Europäisches Parlament *n*

European patent [ˈjʊərəʊpiːən ˈpeɪtənt] *sb* Europapatent *n*

European Patent Office [ˈjʊərəʊpiːən ˈpeɪtənt ˈɒfɪs] *sb* Europäisches Patentamt *n*

European Payments Union [ˈjʊərəʊpiːən ˈpeɪmənts ˈjuːnjən] *sb* Europäische Zahlungsunion *f*

European single market [jʊərəˈpiːən ˈsɪŋəl ˈmɑːkɪt] *sb* EG-Binnenmarkt *m*

European standard specification [jʊərəˈpiːən ˈstændəd spesɪfɪˈkeɪʃən] *sb* europäische Norm *f*

European stock exchange guide-lines [jʊərəˈpiːən stɒk ɪksˈtʃeɪndʒ ˈgaɪdlaɪnz] *sb* europäische Börsenrichtlinien *f/pl*

European trading company [jʊərəˈpiːən ˈtreɪdɪŋ ˈkʌmpənɪ] *sb* Europäische Handelsgesellschaft *f*

European Union [jʊərəˈpiːən ˈjuːnjən] *sb* Europäische Union *f*

Euro security issue [ˈjʊərəʊ sɪˈkjuːrɪtɪ ˈɪsjuː] *sb* Euro-Emission *f*

Euro share market [ˈjʊərəʊ ʃeə ˈmɑːkɪt] *sb* Euro-Aktienmarkt *m*

evade [ɪˈveɪd] *v* 1. *(taxes)* hinterziehen; 2. *(an obligation)* sich entziehen

evaluation [ɪvæljuˈeɪʃən] *sb* Bewertung *f*, Beurteilung *f*, Einschätzung *f*, Auswertung *f*

evasion of taxes [ɪˈveɪʒənəv taksɪz] *sb* Steuerhinterziehung *f*

evening stock exchange [ˈiːvnɪŋ stɒk ɪksˈtʃeɪndʒ] *sb* Abendbörse *f*

eviction notice [ɪˈvɪkʃən ˈnəʊtɪs] *sb* Räumungsbefehl *m*

evidence [ˈevɪdəns] *sb* Beweis(mittel) *m*

examination [ɪgzæmɪˈneɪʃən] *sb* Prüfung *f*

examining commission [ɪkˈsæmɪnɪŋ kəˈmɪʃən] *sb* Prüfungskommission *f*

exceed [ɪkˈsiːd] *v* überschreiten, übersteigen; *(expectations)* übertreffen

excess [ɪkˈses] *sb* Übermaß *n*; *(remainder)* Überschuss *m*; in ~ of mehr als

excessive indebtedness [ɪkˈsesɪf ɪnˈdetɪdnɪs] *sb* Überschuldung *f*

excessive supply of money [ɪkˈsesɪf səˈplaɪ əv ˈmʌnɪ] *sb* Geldüberhang *m*

exchange [ɪksˈtʃeɪndʒ] *v* 1. tauschen; 2. *(letters, glances, words)* wechseln; 3. *(currency)* wechseln, umtauschen; 4. *(ideas, stories)* austauschen; *sb* 5. (Um-)Tausch *m*; 6. *(act of exchanging)* Wechseln *n*, 7. bill of ~ Wechsel *m*; 8. *(place)* Wechselstube *f*; 9. *(Stock Exchange)* Börse *f*; 10. *(telephone ~)* Fernvermittlungsstelle *f*; *(switchboard)* Telefonzentrale *f*

exchange arbitrage [ɪksˈtʃeɪndʒ ˈɑːbɪtrɑːʒ] *sb* Devisenarbitrage *f*

exchange broker [ɪksˈtʃeɪndʒ ˈbrəʊkə] *sb* Devisenkursmakler *m*

exchange department [ɪksˈtʃeɪndʒ dəˈpɑːtmənt] *sb* Börsenabteilung *f*

exchange for forward delivery [ɪksˈtʃeɪndʒ fɔː ˈfɔːwəd dəˈlɪvərɪ] *sb* Termindevisen *f*

exchange market intervention [ɪksˈtʃeɪndʒ ˈmɑːkɪt ɪntəˈvenʃən] *sb* Devisenmarktinterventionen *f*

exchange of acceptances [ɪksˈtʃeɪndʒ əv ɪkˈseptənsɪz] *sb* Akzeptaustausch *m*

exchange of shares [ɪksˈtʃeɪndʒ əv ʃeəz] *sb* Aktienaustausch *m*

exchange office [ɪksˈtʃeɪndʒ ˈɒfɪs] *sb* Wechselstube *f*

exchange option [ɪksˈtʃeɪndʒ ˈɒpʃən] *sb* Devisenoption *f*

exchange price [ɪksˈtʃeɪndʒ praɪs] *sb* Börsenpreis *m*

exchange rate [ɪksˈtʃeɪndʒ reɪt] *sb* Umrechnungskurs *m*, (Wechsel-)Kurs *m*, Devisenkurs *m*

exchange rate formation [ɪksˈtʃeɪndʒ reɪt fɔːˈmeɪʃən] *sb* Devisenkursbildung *f*

exchange rate mechanism [ɪksˈtʃeɪndʒ reɪt ˈmekənɪzəm] *sb* Wechselkursmechanismus *m*

exchange risk [ɪksˈtʃeɪndʒ rɪsk] *sb* Valutarisiko *n*

exchequer [ɪksˈtʃekə] *sb (UK)* Schatzamt *n*, Fiskus *m*, Staatskasse *f*

exchequer bond [ɪksˈtʃekə bɒnd] *sb (UK)* Schatzanweisung *f*

excisable [ɪkˈsaɪzəbl] *adj* steuerpflichtig

excise tax [ˈeksaɪz tæks] *sb* Verbrauchssteuer *f*

exclusion principle [ɪksˈkluːʒən ˈprɪnsɪpl] *sb* Ausschlussprinzip *n*

exclusive service clause

exclusive service clause [ɪksˈkluːsɪv ˈsɜːvɪs klɔːz] sb Wettbewerbsklausel f
ex coupon [eks ˈkuːpɒ̃] sb ohne Kupon
ex dividend [eks ˈdɪvɪdənd] adj ohne Dividende
ex drawing [eks ˈdrɔːɪŋ] sb Ex Ziehung
execute [ˈeksɪkjuːt] v (a task) durchführen, ausführen, erfüllen
execution [eksɪˈkjuːʃən] sb (of a task) Durchführung f, Ausführung f, Erfüllung f
executive [ɪgˈzekjʊtɪv] adj 1. exekutiv, geschäftsführend; sb 2. Exekutive f, Verwaltung f; 3. (of a firm) leitende(r) Angestellte(r) m/f
executive employee [ɪgˈzekjʊtɪv ɪmˈplɔɪiː] sb leitende(r) Angestellte(r) m/f
executive level [ɪgˈzekjʊtɪv ˈlevl] sb Führungsebene f
exercise [ˈeksəsaɪz] v 1. (use) ausüben, geltend machen, anwenden; sb 2. (use) Ausübung f, Gebrauch m, Anwendung f
exhaust [ɪgˈzɔːst] sb Ermattung f
exhibit [ekˈzɪbɪt] v (merchandise) ausstellen, auslegen; sb
exhibition [eksɪˈbɪʃən] sb 1. Ausstellung f, Schau f; 2. (act of showing) Vorführung f
exhibitor [ekˈzɪbɪtə] sb Aussteller m
exodus of capital [ˈeksədəs əv ˈkæpɪtəl] sb Kapitalflucht f
expand [ɪkˈspænd] v 1. expandieren, sich ausweiten; 2. (production) zunehmen
expansion [ɪksˈpænʃən] sb Ausdehnung f, Expansion f, Ausweitung f
expansion investment [ɪkˈspænʃən ɪnˈvestmənt] sb Erweiterungsinvestition f
expansion of credit [ɪkˈspænʃən əv ˈkredɪt] sb Kreditausweitung f
expectancy cover procedure [ɪkˈspektənsɪ ˈkʌvə prɒˈsiːdʒə] sb Anwartschaftsdeckungsverfahren n
expected inflation [ɪkˈspektɪd ɪnˈfleɪʃən] sb Inflationserwartung f
expend [ɪkˈspend] v 1. (energy, time) aufwenden; 2. (money) ausgeben
expenditure [ɪksˈpendɪtʃə] sb 1. Ausgabe f; (money spent) Ausgaben pl; 3. (time, energy) Aufwand m
expenditure of material [ɪksˈpendɪtʃər əv məˈtɪrɪəl] sb Materialaufwand m
expenditure of time [ɪksˈpendɪtʃər əv taɪm] sb Zeitaufwand m
expense [ɪkˈspens] sb 1. Kosten pl; at great ~ mit großen Kosten; pl 2. ~s (business ~, travel ~) Spesen pl, Kosten pl; incur ~ Unkosten haben

expense account [ɪkˈspens əkaʊnt] sb Spesenkonto n, Aufwandskonto n
expenses [ɪkˈspensɪz] sb Ausgaben pl, Spesen pl
expenses incurred [ɪkˈspensɪz ɪnˈkɜːd] sb Aufwandskosten pl
expensive [ɪkˈspensɪv] adj teuer, kostspielig
experience curve [ɪkˈspɪːrɪəns kɜːv] sb Erfahrungskurve f
expert [ˈekspɜːt] sb Sachverständige(r) m/f, Experte/Expertin m/f, Fachmann/Fachfrau m/f
expert interview [ˈekspɜːt ˈɪntəvjuː] sb Expertenbefragung f
expert opinion [ˈekspɜːt əˈpɪnjən] sb Gutachten n
expert witness [ˈekspɜːt ˈwɪtnɪs] sb Sachverständige(r) m/f
expiration [ekspɪˈreɪʃən] sb Ablauf m, Verfall m
expiration date [ekspɪˈreɪʃən deɪt] sb (US) Verfallsdatum n
expire [ɪkˈspaɪə] v ablaufen, ungültig werden
expiry date [ɪksˈpaɪrɪ deɪt] sb (UK) Verfallsdatum n
explanation [ekspləˈneɪʃən] sb Erklärung f
exploit [eksˈplɔɪt] v ausbeuten, ausnutzen; (commercially) verwerten
exploitation [eksplɔɪˈteɪʃən] sb Ausbeutung f, Ausnutzung f; (commercial) Verwertung f
export [ˈekspɔːt] sb Export m, Ausfuhr f; [ɪksˈpɔːt] v exportieren, ausführen
export control [ˈekspɔːt kɒnˈtrəʊl] sb Ausfuhrkontrolle f, Exportkontrolle f
export coverage [ˈekspɔːt ˈkʌvərɪdʒ] sb Ausfuhrdeckung f
Export Credit Company [ˈekspɔːt ˈkredɪt ˈkʌmpənɪ] sb Ausfuhrkreditanstalt (AKA) f
export credit guarantee [ˈekspɔːt ˈkredɪt gærənˈtiː] sb Ausfuhrbürgschaften f/pl, Ausfuhrgarantie f
export credits [ˈekspɔːt ˈkredɪts] sb AKA-Kredite m/pl; Exportkredit m
export department [ˈekspɔːt dəˈpɑːtmənt] sb Außenhandelsabteilung f
export documents [ˈekspɔːt ˈdɒkjʊmənts] pl Ausfuhrpapiere pl, Exportpapiere pl
export duties [ˈekspɔːt ˈdjuːtɪːz] sb Ausfuhrabgaben f/pl
export duty [ˈekspɔːt ˈdjuːtɪ] sb Exportzoll m, Ausfuhrzoll m
export exchange [ˈekspɔːt ɪksˈtʃeɪndʒ] sb Exportdevisen f/pl

export financing ['ekspɔːt 'faɪnænsɪŋ] *sb* Ausfuhrfinanzierung *f*
export licence ['ekspɔːt 'laɪsəns] *sb* Ausfuhrgenehmigung *f*
export of capital ['ekspɔːt əv 'kæpɪtəl] *sb* Kapitalausfuhr *f*
export premium ['ekspɔːt 'priːmjəm] *sb* Exportprämie *f*
export promotion ['ekspɔːt prə'məʊʃən] *sb* Exportförderung *f*
export regulations ['ekspɔːt regjʊ'leɪʃənz] *pl* Exportbestimmungen *pl*, Ausfuhrbestimmungen *pl*
export restriction [ek'spɔːt rɪs'trɪkʃən] *sb* Exportbeschränkung *f*, Ausfuhrbeschränkung *f*
export subsidy ['ekspɔːt 'sʌbsɪdɪ] *sb* Exportsubvention *f*
export surplus ['ekspɔːt 'sɜːpləs] *sb* Exportüberschuss *m*, Ausfuhrüberschuss *m*
export trade ['ekspɔːt treɪd] *sb* Ausfuhrhandel *m*
express delivery [ɪk'spres dɪ'lɪvərɪ] *sb* Eilzustellung *f*
express goods [ɪk'spres gʊdz] *sb* Expressgut *n*
express letter [ɪk'spres 'letə] *sb* Eilbrief *m*
express messenger [ɪk'spres 'mesɪndʒə] *sb* Eilbote *m*
express parcel [ɪk'spres 'pɑːsl] *sb* Eilpaket *n*
express train [ɪks'pres treɪn] *sb* Schnellzug *m*
expropriate [ɪk'sprəʊprɪet] *v* enteignen
expropriation [ɪksprəʊprɪ'eɪʃən] *sb* Enteignung *f*
ex-rights markdown [eks'raɪts 'mɑːkdaʊn] *sb* Bezugsrechtabschlag *m*
extension [ɪks'tenʃən] *sb* 1. Verlängerung *f*, Prolongation *f*, 2. Nebenanschluss *m*, Apparat *m*; 3. *(individual number)* Durchwahl *f*
extension of credit [ɪks'tenʃən əv 'kredɪt] *sb* Zahlungsaufschub *m*
extension of time for payment [ɪks'tenʃən əv taɪm fɔː 'peɪmənt] *sb* Zahlungsaufschub *m*
extent [ɪks'tent] *sb* 1. *(degree)* Grad *m*, Maß *n*; *to some ~* einigermaßen; *to a certain ~* in gewissem Maße; *to what ~* inwieweit; 2. *(scope)* Umfang *m*, Ausmaß *n*; 3. *(size)* Ausdehnung *f*
external accounting [ɪks'tɜːnəl ə'kaʊntɪŋ] *sb* externes Rechnungswesen *n*
external analysis [ɪks'tɜːnəl ə'nælɪzɪs] *sb* Betriebsvergleich *m*

external balance [ɪks'tɜːnəl 'bæləns] *sb* außenwirtschaftliches Gleichgewicht *n*
external bonds validation [ɪks'tɜːnəl bɔːndz vælɪ'deɪʃən] *sb* Auslandsbondsbereinigung *f*
external effects [ɪks'tɜːnəl ɪ'fekts] *sb* externe Effekte *f/pl*
external financing [ɪks'tɜːnəl faɪ'nænsɪŋ] *sb* Außenfinanzierung *f*
external funds [ɪks'tɜːnəl fʌndz] *sb* Fremde Gelder *n/pl*
external income [ɪks'tɜːnəl 'ɪnkʌm] *sb* externe Erträge *m/pl*
external indebtedness [ɪks'tɜːnəl ɪn'detɪdnəs] *sb* Auslandsverschuldung *f*
external investment [ɪks'tɜːnəl ɪn'vestmənt] *sb* Fremdinvestition *f*
external market [ɪks'tɜːnəl 'mɑːkɪt] *sb* Außenmarkt *m*
external procurement [ɪks'tɜːnəl prə'kjʊəmənt] *sb* Fremdbezug *m*
external value of the currency [ɪks'tɜːnəl 'væljuː əv ðə 'kʌrənsɪ] *sb* Außenwert der Währung *m*
extort [ɪk'stɔːt] *v* erpressen
extortion [ɪks'tɔːʃən] *sb* Erpressung *f*
extra ['ekstrə] *adv (costing ~)* gesondert berechnet, extra berechnet; *sb* Zugabe *f*
extra charge ['ekstrə tʃɑːdʒ] *sb* Zuschlag *m*
extra dividend ['ekstrə 'dɪvɪdend] *sb* Bonus *m*, Sonderausschüttung *f*
extra pay ['ekstrə peɪ] *sb* Zulage *f*
extradite ['ekstrədaɪt] *v* ausliefern
extradition [ekstrə'dɪʃən] *sb* Auslieferung *f*
extrajudicial [ekstrədʒuː'dɪʃəl] *adj* außergerichtlich
extraordinary budget [ɪk'strɔːdənərɪ 'bʌdʒɪt] *sb* außerordentlicher Haushalt *m*
extraordinary depreciation [ɪk'strɔːdənərɪ dɪpriːʃɪ'eɪʃən] *sb* außerordentliche Abschreibung *f*
extraordinary expenditures [ɪk'strɔːdənərɪ ɪk'spendɪtʃəz] *sb* außerordentliche Aufwendungen *f/pl*, außerordentliche Ausgaben *f/pl*
extraordinary expenses [ɪk'strɔːdənərɪ ɪk'spensɪz] *sb* außergewöhnliche Belastung *f*
extraordinary income [ɪk'strɔːdənərɪ 'ɪnkʌm] *sb* außerordentliche Einkünfte *pl*, außerordentliche Einnahmen *f/pl*, außerordentliche Erträge *m/pl*
extraordinary trend [ɪk'strɔːdənərɪ trend] *sb* Sonderbewegung *f*
extrapolation [ɪkstrəpə'leɪʃən] *sb* Extrapolation *f*

F

face value [feɪs 'væljuː] *sb* Nennwert *m*, Nominalwert *m*

face-to-face communication ['feɪs tu feɪs kəmjuːnɪ'keɪʃən] *sb* Face-to-Face-Kommunikation *f*

facility [fə'sɪlɪtɪ] *sb (building)* Anlage *f*

factor costs ['fæktə kɒsts] *sb* Faktorkosten *pl*

factoring ['fæktərɪŋ] *sb* Finanzierung von Forderungen *f*, Factoring *n*

factory ['fæktərɪ] *sb* Fabrik *f*, Werk *n*, Betrieb *m*

factory outlet store ['fæktərɪ 'aʊtlət stɔː] *sb* Fabrikverkauf *m*

factory supplies ['fæktərɪ sə'plaɪz] *(manufacturing)* Betriebsstoffe *m/pl*

facultative money [fækʊl'teɪtɪv 'mʌnɪ] *sb* fakultatives Geld *n*

failure ['feɪljə] *sb 1. (unsuccessful thing)* Misserfolg *m*, Fehlschlag *m*, Scheitern *n*; Pleite *f*; 2. *(breakdown)* Ausfall *m*, Versagen *n*, Störung *f*; 3. *(to do sth)* Versäumnis *n*, Unterlassung *f*

failure to pay on due date ['feɪljə tu peɪ ɔːn djuː deɪt] *sb* Zahlungsverzug *m*

fair [fɛə] *sb (trade show)* Messe *f*, Ausstellung *f*

fair market value [fɛə 'mɑːkɪt 'væljuː] *sb* Marktwert *m*

fairness in trade ['fɛənɪs ɪn treɪd] *sb* Kulanz *f*

fake [feɪk] *v 1.* vortäuschen, fingieren; *2. (forge)* fälschen; *sb 3.* Fälschung *f*

fall [fɔːl] *v irr 1. (decrease)* fallen, sinken, abnehmen; *sb 2. (decrease)* Fallen *n*, Sinken *n*, Abnahme *f*

false factoring [fɑːls 'fæktərɪŋ] *sb* unechtes Factoring *n*

falsification [fɑːlsɪfɪ'keɪʃən] *sb* Falsifikat *n*

falsification of the balance sheet [fɑːlsɪfɪ'keɪʃən əv ðə 'bæləns ʃiːt] *sb* Bilanzfälschung *f*

family allowance ['fæmlɪ ə'laʊəns] *sb* Familienzulage *f*

family-owned companies ['fæmlɪ əʊnd 'kʌmpənɪːz] *sb* Familiengesellschaften *f/pl*

fare [fɛə] *sb 1. (bus ~, train ~) (charge)* Fahrpreis *m*; 2. *air ~* Flugpreis *m*; 3. *(money)* Fahrgeld *n*

farm product [fɑːm 'prɒdəkt] *sb* Agrarprodukt *n*, landwirtschaftliches Produkt *n*

farming ['fɑːmɪŋ] *sb* Agrarwirtschaft *f*, Landwirtschaft *f*

fashion ['fæʃən] *sb* Mode *f*

fashion article ['fæʃən 'ɑːtɪkl] *sb* Modeartikel *m*

fax [fæks] *sb 1. (facsimile transmission)* Fax *n*, Telefax *n*; *v 2.* faxen

fax machine ['fæks məʃiːn] *sb* Telefaxgerät *n*, Faxgerät *n*

fax number ['fæks nʌmbə] *sb* Telefaxnummer *f*, Faxnummer *f*

feasibility study [fiːzə'bɪlɪtɪ 'stʌdɪ] *sb* Durchführbarkeits-Studie *f*

Federal Administrative Court ['fedərəl ədmɪnɪ'steɪtɪv kɔːt] *sb* Bundesverwaltungsgericht (BVerwG) *f*

Federal Audit Office ['fedərəl 'ɔːdɪt 'ɒfɪs] *sb* Bundesrechnungshof *m*

Federal Bank assets ['fedərəl bæŋk 'æsets] *sb* Bundesbankguthaben *n*

Federal bonds ['fedərəl bɔːndz] *sb* Bundesobligation *f*

federal budget ['fedərəl 'bʌdʒɪt] *sb* Bundeshaushalt *m*

Federal Cartel Authority ['fedərəl kɒ'tel ə'θɒrɪtɪ] *sb* Bundeskartellamt *n*

Federal Cartel Register ['fedərəl kɒ'tel 'redʒɪstə] *sb* Kartellregister *n*

Federal Collective Agreement for Public Employees ['fedərəl kə'lektɪv ə'griːmənt fɔː 'pʌblɪk ɪmplɔɪ'iːz] *sb* Bundes-Angestellten-Tarifvertrag (BAT) *m*

Federal Constitutional Court ['fedərəl kɒnstɪ'tjuːʃənəl kɔːt] *sb* Bundesverfassungsgericht (BVerfG) *f*

Federal Court ['fedərəl kɔːt] *sb* Bundesgericht *n*

Federal Fiscal Court ['fedərəl 'fɪskəl kɔːt] *sb* Bundesfinanzhof (BFH) *m*

Federal guarantee ['fedərəl gærən'tiː] *sb* Bundesbürgschaft *f*

Federal Labor Court ['fedərəl 'leɪbə kɔːt] *sb* Bundesarbeitsgericht *n*

Federal Labor Office ['fedərəl 'leɪbə 'ɒfɪs] *sb* Bundesanstalt für Arbeit (BA) *f*

Federal loan ['fedərəl lɔːn] *sb* Bundesanleihe *f*

Federal Official Gazette ['fedərəl ə'fıʃəl gə'zet] *sb* Bundesanzeiger *m*
Federal revenue authorities ['fedərəl 'revɪnju: ə'θɔrıti:z] *sb* Bundesfinanzbehörden *f/pl*
Federal Statistical Office ['fedərəl stə-'tıstıkəl 'ɒfıs] *sb* Statistisches Bundesamt *n*
Federal Supervisory Office ['fedərəl su:pə-'vaızərı 'ɒfıs] *sb* Bundesaufsichtsamt *n*
Federal Supreme Court ['fedərəl sʌ-'pri:m kɔ:t] *sb* Bundesgerichtshof (BGH) *m*
federal tax ['fedərəl tæks] *sb* Bundessteuern *f/pl*
federal treasury bill ['fedərəl 'treʒərı bıl] *sb* Bundesschatzbrief *m*
fee [fi:] *sb* Gebühr *f*, Honorar *n*
feedback ['fi:dbæk] *sb* Rückkopplung *f*, Feedback *n*
Fibor ['fıbɔ:] *sb* Fibor *m*
fictitious bill [fɪk'tɪʃəs bıl] *sb* Kellerwechsel *m*
fictitious formation [fɪk'tɪʃəs fɔ:'meıʃən] *sb* Scheingründung *f*
fictitious independence [fɪk'tɪʃəs ındə-'pendəns] *sb* Scheinselbständigkeit *f*
fictitious invoice [fɪk'tɪʃəs 'ınvɔıs] *sb* fingierte Rechnung *f*
fictitious order [fɪk'tɪʃəs 'ɔ:də] *sb* fingierte Order *f*
fictitious overheads [fɪk'tɪʃəs 'əʊvəhedz] *sb* unechte Gemeinkosten *pl*
fictitious profit [fɪk'tɪʃəs 'prɒfıt] *sb* Scheingewinn *m*
fictitious quotation price [fɪk'tɪʃəs kwəʊ-'teıʃən praıs] *sb* Scheinkurs *m*
fictitious security price [fɪk'tɪʃəs sı-'kjʊ:rıtı praıs] *sb* Ausweichkurs *m*
fictitious transaction [fɪk'tɪʃəs trænz-'ækʃən] *sb* Scheingeschäft *n*
fiduciary account [fı'dju:ʃıərı ə'kaʊnt] *sb* Anderkonto *n*
fiduciary deposit [fı'dju:ʃıərı dı'pɒzıt] *sb* Anderdepot *n*, Fremddepot *n*
fiduciary funds [fı'dju:ʃıərı fʌndz] *sb* fiduziäres Geld *n*
field [fi:ld] *sb* 1. *(profession, ~ of study)* Gebiet *n*, Fach *n*, Bereich *m*; 2. *the ~ (for a salesman)* Außendienst *m*
field audit [fi:ld 'ɔ:dıt] *(accountancy)* Außenprüfung *f*
field of activity [fi:ld əv æk'tıvıtı] *sb* Tätigkeitsfeld *n*, Tätigkeitsbereich *m*
field of the economy [fi:ld əv ðı: e'kɒnəmı] *sb* Wirtschaftszweig *m*, Wirtschaftsbereich *m*

field research [fi:ld rı'sətʃ] *sb* Feldforschung *f*
field staff [fi:ld stɑ:f] *sb* Außendienstmitarbeiter *m*
field work ['fi:ldwɜ:k] *sb (for a salesman)* Außendienst *m*
figure ['fıgə] *sb* 1. *(number)* Zahl *f*; *(digit)* Ziffer *f*; 2. *(sum)* Summe *f*; 3. *facts and ~s* klare Information *f*
figure out ['fıgə aʊt] *v (calculate)* berechnen, ausrechnen
file [faıl] *v 1. (put in files)* ablegen, abheften, einordnen; 2. *(a petition, a claim)* einreichen, erheben; *sb* 3. Akte *f*; *on ~* bei den Akten; 4. *(holder)* Aktenordner *m*, Aktenhefter *m*, Sammelmappe *f*; 5. *(computer)* Datei *f*
file card ['faılkɑ:d] *sb* Karteikarte *f*
filename ['faılneım] *sb* Dateiname *m*
filing ['faılıŋ] *sb* Aktenablage *f*, Archivierung *f*
filing cabinet ['faılıŋkæbınet] *sb* Aktenschrank *m*
fill [fıl] *v 1. (a job opening)* besetzen; 2. *(take a job opening)* einnehmen
fill in [fıl ın] *v 1. ~ for s.o.* für jdn einspringen; 2. *(a form)* ausfüllen; *(information)* eintragen
final control ['faınl kən'trəʊl] *sb* Endkontrolle *f*, Schlusskontrolle *f*
final cost center ['faınəl kɒst 'sentə] *sb* Endkostenstelle *f*
final demand ['faınəl dı'mænd] *sb* Endnachfrage *f*
final dividend ['faınəl 'dıvıdend] *sb* Schlussdividende *f*
final order ['faınəl 'ɔ:də] *sb* Abschlussauftrag *m*
finance ['faınæns] *v 1.* finanzieren; *sb* Finanz *f*, Finanzwesen *n*; 2. *~s pl* Finanzen *pl*, Vermögenslage *f*, Finanzlage *f*
finance [faı'næns] *sb* Finanzwesen *n*
finance bill [faı'næns bıl] *sb* Finanzwechsel *m*, Leerwechsel *m*
finance deficit [faı'næns 'defısıt] *sb* Finanzierungsdefizit *n*
financial [faı'nænʃəl] *adj* finanziell, pagatorisch, Finanz..., Wirtschafts...
financial acceptance [faı'nænʃəl ık'septəns] *sb* Kreditakzept *n*
financial account [faı'nænʃəl ə'kaʊnt] *sb* Finanzkonto *n*
financial accounting [faı'nænʃəl ə'kaʊntıŋ] *sb* Finanzbuchhaltung *f*
financial aid [faı'nænʃəl eıd] *sb* Beihilfe *f*

financial analysis [faɪˈnænʃəl əˈnælɪsɪs] *sb* Finanzanalyse *f*
financial arrangement [faɪˈnænʃəl əˈreɪndʒmənt] *sb* Finanzdisposition *f*
financial assets [faɪˈnænʃəl ˈæsets] *sb* Geldvermögen *n*, Finanzanlagevermögen *n*, Finanzvermögen *n*
financial assistance [faɪˈnænʃəl əˈsɪstəns] *sb* finanzieller Beistand *m*
financial capital [faɪˈnænʃəl ˈkæpɪtəl] *sb* Finanzkapital *n*
financial credit [faɪˈnænʃəl ˈkredɪt] *sb* Finanzkredit *m*
financial difficulties [faɪˈnænʃəl dɪfɪkəltiːz] *sb* Zahlungsschwierigkeit *f*
financial equalization [faɪˈnænʃəl iːkwəlaɪˈzeɪʃən] *sb* Finanzausgleich *m*
financial equilibrium [faɪˈnænʃəl iːkwəˈlɪbriəm] *sb* finanzielles Gleichgewicht *n*
financial failure [faɪˈnænʃəl ˈfeɪljə] *sb* finanzieller Zusammenbruch *m*
financial futures contract [faɪˈnænʃəl ˈfjuːtʃəz ˈkɒntrækt] *sb* Finanzterminkontrakt *n*
financial hedging [faɪˈnænʃəl ˈhedʒɪŋ] *sb* Finanzhedging *n*
financial innovation [faɪˈnænʃəl ɪnəʊˈveɪʃən] *sb* Finanzinnovationen *f/pl*
financial institution [faɪˈnænʃəl ɪnstɪˈtjuːʃən] *sb* Geldinstitut *n*
financial investment [faɪˈnænʃəl ɪnˈvestmənt] *sb* Finanzanlage *f*
financial market [faɪˈnænʃəl ˈmɑːkɪt] *sb* Finanzmarkt *m*
financial mathematics [faɪˈnænʃəl mæθəˈmætɪks] *sb* Finanzmathematik *f*
financial obligation [faɪˈnænʃəl ɒblɪˈgeɪʃən] *sb* Obligo *n*
financial plan [faɪˈnænʃəl plæn] *sb* Finanzplan *m*
financial policy [faɪˈnænʃəl ˈpɒlɪsɪ] *sb* Geldpolitik *f*, Finanzpolitik *f*
financial press [faɪˈnænʃəl pres] *sb* Finanzpresse *f*
financial reform [faɪˈnænʃəl rɪˈfɔːm] *sb* Finanzreform *f*
financial report [faɪˈnænʃəl rɪˈpɔːt] *sb* Finanzbericht *m*
financial requirements [faɪˈnænʃəl rɪˈkwaɪəmənts] *sb* Finanzbedarf *m*
financial reserve [faɪˈnænʃəl rɪˈzɜːv] *sb* Finanzierungsreserve *f*
financial sector [faɪˈnænʃəl ˈsektə] *sb* Finanzsektor *m*

financial services [faɪˈnænʃəl ˈsɜːvɪsɪz] *sb* Finanzdienstleistungen *f*
financial soundness [faɪˈnænʃəl ˈsaʊndnɪs] *sb* Bonität *f*
financial sovereignty [faɪˈnænʃəl ˈsɒvrɪntɪ] *sb* Finanzhoheit *f*
financial standing [faɪˈnænʃəl ˈstændɪŋ] *sb* Kreditfähigkeit *f*
financial statement [faɪˈnænʃəl ˈsteɪtmənt] *sb* Bilanz *f*
financial strength [faɪˈnænʃəl streŋθ] *sb* Finanzkraft *f*
financial system [faɪˈnænʃəl ˈsɪstɪm] *sb* Finanzverfassung *f*
financial transaction [faɪˈnænʃəl trænsˈækʃən] *sb* Finanztransaktion *f*
financial year [fɪˈnænʃəl jɪə] *sb (UK)* Geschäftsjahr *n*, Rechnungsjahr *n*
financier [faɪˈnænsɪə] *sb* Finanzier *m*
financing [ˈfaɪnænsɪŋ] *sb* Finanzierung *f*
financing of building projects [faɪˈnænsɪŋ əv ˈbɪldɪŋ ˈprɒdʒekts] *sb* Baufinanzierung *f*
financing of exports [faɪˈnænsɪŋ əv ˈekspɔːts] *sb* Exportfinanzierung *f*
financing of investment in fixed assets [faɪˈnænsɪŋ əv ɪnˈvestmənt ɪn fɪkst ˈæsets] *sb* Anlagenfinanzierung *f*
financing principles [faɪˈnænsɪŋ ˈprɪnsɪpəlz] *sb* Finanzierungsgrundsätze *m/pl*
financing rules [faɪˈnænsɪŋ ruːlz] *sb* Finanzierungsregeln *f/pl*
financing theory [faɪˈnænsɪŋ ˈθɪərɪ] *sb* Finanzierungstheorie *f*
fine [faɪn] *v 1.* mit einer Geldstrafe belegen; *sb 2.* Geldstrafe *f*, Bußgeld *n*
fine print [faɪnˈprɪnt] *sb the ~* das Kleingedruckte *n*
finished product [ˈfɪnɪʃt ˈprɒdʌkt] *sb* Fertigprodukt *n*, Endprodukt *n*
finishing technique [ˈfɪnɪʃɪŋ tekˈniːk] *sb* Abschlusstechnik *f*
fire-fighting fund [faɪə ˈfaɪtɪŋ fʌnd] *sb* Feuerwehrfonds *m*
firm [fɜːm] *sb* Firma *f*, Unternehmen *n*
firm deal [fɜːm diːl] *sb* Festgeschäft *n*
firm name derived from the object of the enterprise [fɜːm neɪm dəˈraɪvd frʌm ðə ˈɒbdʒɪkt əv ðə ˈentəpraɪz] *sb* Sachfirma *f*
firm's bank [fɜːmz bæŋk] *sb* Hausbank *f*
first acquisition [fɜːst ækəˈzɪʃən] *sb* Ersterwerb *m*
first class [fɜːst klɒs] *adj 1.* erstklassig; *2. (train ticket)* erster Klasse

first class quality [fɜːst klɑːs 'kwɔːlɪtɪ] adj beste Qualität
first issue [fɜːst 'ɪʃuː] sb Erstemission f
first of exchange [fɜːst əv ɪks'tʃeɪndʒ] sb Prima Warenwechsel m
fiscal ['fɪskəl] adj fiskalisch, Finanz..., Steuer...
fiscal audit of operating results ['fɪskəl 'ɔːdɪt əv 'ɔpəreɪtɪŋ rɪ'zʌlts] sb Betriebsprüfung f
fiscal code ['fɪskəl kəʊd] sb Abgabenordnung f
fiscal fraud ['fɪskəl frɔːd] sb Steuerbetrug m
fiscal illusion ['fɪskəl ɪ'luːʒən] sb Fiskalillusion f
fiscal monopoly ['fɪskəl mə'nɔpəlɪ] sb Finanzmonopol n
fiscal policy ['fɪskəl 'pɔlɪsɪ] sb Steuerpolitik f, Finanzpolitik f; Fiskalpolitik f
fitter ['fɪtə] sb Monteur m; (for machines) Schlosser m
fixed annual salary [fɪkst 'ænjʊəl 'sælərɪ] sb Jahresfixum n
fixed assets [fɪkst 'æsets] pl feste Anlagen pl, Anlagevermögen n
fixed cost degression [fɪkst kɔst də'greʃən] sb Fixkostendegression f
fixed costs [fɪkst 'kɔsts] pl Festkosten pl, Fixkosten pl
fixed-date land charge [fɪkst deɪt lænd tʃɔdʒ] sb Fälligkeitsgrundschuld f
fixed-date land mortgage [fɪkst deɪt lænd 'mɔːgɪdʒ] sb Fälligkeitshypothek f
fixed department costs [fɪkst də'pɑːtmənt kɔsts] sb bereichsfixe Kosten pl
fixed deposit [fɪkst dɪ'pɔsɪt] sb Festgeld n, befristete Einlagen f/pl
fixed exchange rate [fɪkst ɪks'tʃeɪndʒ reɪt] sb Mengennotierung f, starrer Wechselkurs m
fixed income [fɪkst 'ɪnkʌm] sb Festeinkommen n
fixed-interest bearing account [fɪkst 'ɪntrəst 'beərɪŋ ə'kaʊnt] sb Festzinskonto n
fixed interest (rate) [fɪkst 'ɪntrəst reɪt] sb fester Zins m, Festzins m
fixed-interest securities [fɪkst 'ɪntrəst sɪ'kjuːrɪtiːz] sb festverzinsliche Wertpapiere n/pl
fixed interest securities fund [fɪkst 'ɪntrəst sɪ'kjuːrɪtiːz fʌnd] sb Rentenfonds m
fixed issue of notes [fɪkst 'ɪʃuː əv nəʊts] sb Notenkontingent n

fixed price [fɪkst praɪs] sb Festpreis m
fixed property [fɪkst 'prɔpərtɪ] sb Gebäude und Grundstücke pl
fixed-rate mortgage [fɪkst reɪt 'mɔːgɪdʒ] sb Festzinshypothek f
fixed sum [fɪkst sʌm] sb Fixum n
fixed value [fɪkst 'væljuː] sb Festwert m
fixing ['fɪksɪŋ] sb (fig) Festsetzen n, Fixing n
fixing of a quota ['fɪksɪŋəvə 'kwəʊtə] sb Kontingentierung f
fixing of exchange rate ['fɪksɪŋ əv ɪks'tʃeɪndʒ reɪt] sb Valutierung f
fixing of prices ['fɪksɪŋ əv 'praɪsɪz] sb Kursfestsetzung f
flat [flæt] adj (market) lau, lahm, lustlos; (rate, fee) Pauschal...
flat fee [flæt fiː] sb Pauschalgebühr f
flat rate [flæt reɪt] sb Pauschalbetrag m
flexibility [fleksɪ'bɪlɪtɪ] sb (fig) Flexibilität f
flexible ['fleksəbl] adj (fig) flexibel
flexible age limit ['fleksɪbəl eɪdʒ 'lɪmɪt] sb flexible Altersgrenze f
flexible budgeting ['fleksɪbəl 'bʌdʒɪtɪŋ] sb flexible Plankostenrechnung f
flexible currency rates ['fleksɪbəl 'kʌrənsɪ reɪts] sb flexible Wechselkurse m/pl
flexible discount rate ['fleksɪbəl 'dɪskaʊnt reɪt] sb flexibler Diskontsatz m
flexible exchange rate ['fleksəbl ɪks'tʃeɪndʒ reɪt] sb flexibler Wechselkurs m
flexible retirement ['fleksɪbəl rɪ'taɪəmənt] sb gleitender Ruhestand m
flexible working hours ['fleksɪbəl 'wɜːkɪŋ aʊəz] sb gleitende Arbeitszeit f
flexitime ['fleksɪtaɪm] sb Gleitzeit f
flight into real assets [flaɪt 'ɪntu riːl 'æsets] sb Flucht in die Sachwerte f
float [fləʊt] sb Float m
floater ['fləʊtə] sb Springer m/f
floating ['fləʊtɪŋ] sb Floating n
floating assets ['fləʊtɪŋ 'æsets] sb Umlaufvermögen n
floating debt [fləʊtɪŋ det] sb schwebende Schuld f
floating policy [fləʊtɪŋ 'pɔlɪsɪ] sb offene Police (O.P.) f
floating rate note [fləʊtɪŋ reɪt nəʊt] sb Floating Rate Note f
floor [flɔː] sb (stock market) Floor m, Parkett n
floor price [flɔː praɪs] sb Niedrigstkurs m
floor trader [flɔː 'treɪdə] sb freier Makler m
floppy disk [flɔpɪ'dɪsk] sb Diskette f, Floppy Disk f

flow shop production [fləʊ ʃɒp prəˈdʌkʃən] sb Reihenfertigung f

flow statement [fləʊ ˈsteɪtmənt] sb Bewegungsbilanz f

flow-of-funds analysis [fləʊ əv fʌndz əˈnælɪsɪs] sb Geldstromanalyse f

fluctuate [ˈflʌktjʊeɪt] v schwanken, fluktuieren

fluctuation [flʌktjʊˈeɪʃən] sb Schwankung f, Fluktuation f

folder [ˈfəʊldə] sb 1. Aktendeckel m, Mappe f, Schnellhefter m; 2. (brochure) Faltblatt n, Broschüre f

follow-up financing [ˈfɒləʊʌp ˈfaɪnænsɪŋ] sb Anschlussfinanzierung f

follow-up order [ˈfɒləʊʌp ˈɔːdə] sb Folgeauftrag m, Nachorder f

for account only [fɔː əˈkaʊnt ˈəʊnlɪ] sb Nur zur Verrechnung

for safekeeping [fɔː seɪfˈkiːpɪŋ] adv zu treuen Händen

for the monthly settlement [fɔː ðə ˈmʌnθlɪ ˈsetəlmənt] sb per Ultimo

force [fɔːs] v 1. ~ sth on s.o. jdm etw aufdrängen; 2. (conditions) jdm etw auferlegen

force down [fɔːs daʊn] v (prices) drücken

force majeure [fɔːs mɒˈʒɜː] sb höhere Gewalt f

forced sale [fɔːst seɪl] sb Zwangsverkauf m

forecast [ˈfɔːkɑːst] sb Voraussage f, Vorhersage f, Prognose f

foreign acceptance [ˈfɒrən əkˈseptəns] sb Auslandsakzept n

foreign account [ˈfɒrən əˈkaʊnt] sb Auslandskonto n

foreign assets [ˈfɒrən ˈæsets] sb Auslandsvermögen n

foreign bank [ˈfɒrən bæŋk] sb Auslandsbank f

foreign bill of exchange [ˈfɒrən bɪl əv ɪksˈtʃeɪndʒ] sb Auslandswechsel m

foreign bond [ˈfɒrən bɒnd] sb Auslandsanleihe f

foreign business [ˈfɒrən ˈbɪznɪs] sb Auslandsgeschäft n

foreign capital [ˈfɒrən ˈkæpɪtl] sb Auslandskapital n

foreign cheque [ˈfɒrən tʃek] sb Auslandsscheck m

foreign credit [ˈfɒrən ˈkredɪt] sb Auslandskredit m

foreign currencies eligible as cover [ˈfɒrən ˈkʌrənsiːz ˈelɪdʒɪbəl æz ˈkʌvə] sb deckungsfähige Devisen f/pl

foreign currency [ˈfɒrən ˈkʌrənsɪ] sb Devisen pl

foreign currency accept [ˈfɒrən ˈkʌrənsɪ əkˈsept] sb Valuta-Akzept n

foreign currency account [ˈfɒrən ˈkʌrənsɪ əˈkaʊnt] sb Währungskonto n

foreign currency bill [ˈfɒrən ˈkʌrənsɪ bɪl] sb Fremdwährungswechsel m

foreign currency bonds [ˈfɒrən ˈkʌrənsɪ bɒndz] sb Auslandsbonds m/pl

foreign currency clause [ˈfɒrən ˈkʌrənsɪ klɔːz] sb Valutaklausel f

foreign currency coupon [ˈfɒrən ˈkʌrənsɪ ˈkuːpɒn] sb Valutakupon m

foreign currency debt [ˈfɒrən ˈkʌrənsɪ det] sb Währungsschuld f

foreign currency loan [ˈfɒrən ˈkʌrənsɪ ləʊn] sb Valutakredit m

foreign currency rate [ˈfɒrən ˈkʌrənsɪ reɪt] sb Sortenkurs m

foreign customer [ˈfɒrən ˈkʌstəmə] sb Auslandskunde f

foreign debts [ˈfɒrən dets] sb Auslandsschulden pl

foreign demand [ˈfɒrən dɪˈmɒnd] sb Auslandsnachfrage f

foreigner [ˈfɒrɪnə] sb Ausländer(in) m/f

foreign exchange [ˈfɒrən ɪksˈtʃeɪndʒ] sb Devisen pl, Valuta f

foreign exchange account [ˈfɒrən ɪksˈtʃeɪndʒ əˈkaʊnt] sb Devisenkonto n

foreign exchange advisor [ˈfɒrən ɪksˈtʃeɪndʒ ədˈvaɪzə] sb Devisenberater m

foreign exchange balance [ˈfɒrən ɪksˈtʃeɪndʒ ˈbæləns] sb Devisenbilanz f

foreign exchange business [ˈfɒrən ɪksˈtʃeɪndʒ ˈbɪznɪs] sb Devisengeschäft n

foreign exchange control [ˈfɒrən ɪksˈtʃeɪndʒ kənˈtrəʊl] sb Devisenbewirtschaftung f, Devisenkontrolle f

foreign exchange dealer [ˈfɒrən ɪksˈtʃeɪndʒ ˈdiːlə] sb Devisenhändler m

foreign exchange dealings [ˈfɒrən ɪksˈtʃeɪndʒ ˈdiːlɪŋz] sb Devisenhandel m

foreign exchange market [ˈfɒrən ɪksˈtʃeɪndʒ ˈmɑːkɪt] sb Devisenmarkt m, Devisenbörse f

foreign exchange operations [ˈfɒrən ɪksˈtʃeɪndʒ ɒpəˈreɪʃənz] sb Devisenverkehr m

foreign exchange outflow [ˈfɒrən ɪksˈtʃeɪndʒ ˈaʊtfləʊ] sb Devisenabschluss m

foreign exchange quotas [ˈfɒrən ɪksˈtʃeɪndʒ ˈkwəʊtəz] sb Devisenquoten f/pl

foreign exchange quotations ['fɔːrən ɪks'tʃeɪndʒ kwəʊ'teɪʃənz] sb Devisennotierung f

foreign exchange rate ['fɔːrən ɪks'tʃeɪndʒ reɪt] sb Devisenkurs m

foreign exchange risk ['fɔːrən ɪks'tʃeɪndʒ rɪsk] sb Wechselkursrisiko n

foreign exchange spot dealings ['fɔːrən ɪks'tʃeɪndʒ spɒt 'diːlɪŋz] sb Devisenkassageschäft n

foreign exchange spot operations ['fɔːrən ɪks'tʃeɪndʒ spɒt ɒpə'reɪʃənz] sb Devisenkassakurs m

foreign exchange surplus ['fɔːrən ɪks'tʃeɪndʒ 'sɜːplʌs] sb Devisenüberschuss m

foreign exchange transactions for customers ['fɔːrən ɪks'tʃeɪndʒ træns'ækʃənz fɔː 'kʌstəməz] sb Devisenkommissionsgeschäft n

foreign investment ['fɔːrən ɪn'vestmənt] sb Auslandsinvestition f

foreign loan ['fɔːrən ləʊn] sb Auslandsanleihe f

foreign markets ['fɔːrən 'mɑːkɪts] sb Auslandsmärkte pl

foreign patents ['fɔːrən 'pætənts] sb Auslandspatente n/pl

foreign security ['fɔːrən sɪ'kjʊərɪtɪ] sb ausländisches Wertpapier n

foreign shareholder ['fɔːrən 'ʃeəhəʊldə] sb ausländischer Anteilseigner m

foreign trade ['fɔːrən treɪd] sb Außenhandel m, Außenwirtschaft f

foreign trade and payments transactions ['fɔːrən treɪd ænd 'peɪmənts træns'ækʃənz] sb Außenwirtschaftsverkehr m

foreign trade deficit ['fɔːrən treɪd 'defɪsɪt] sb Außenhandelsdefizit n

foreign trade monopoly ['fɔːrən treɪd mə'nɒpəlɪ] sb Außenhandelsmonopol n

foreign trade structure ['fɔːrən treɪd 'strʌkʃə] sb Außenhandelsrahmen m

foreign workers ['fɔːrən 'wɜːkəz] sb ausländische Arbeitnehmer pl

forfaiting ['fɔːfɪtɪŋ] sb Forfaitierung f

forfeit ['fɔːfɪt] v verwirken

forfeiture ['fɔːfɪtʃə] sb Verwirkung f, Verfall m

forfeiture of shares ['fɔːfɪtʃə əv ʃeəz] sb Kaduzierung f

forge [fɔːdʒ] v (counterfeit) fälschen

forged cheque [fɔːdʒd tʃek] sb gefälschter Scheck m

form [fɔːm] sb (document) Formular n, Vordruck m

form of address ['fɔːm əv ə'dres] sb Anrede f

formal identity [fɔːməl aɪ'dentɪtɪ] sb Bilanzkontinuität f

formal requirements ['fɔːməl rɪ'kwaɪəmənts] sb Formvorschriften f/pl

formality [fɔː'mælɪtɪ] sb (a ~) Formalität f; Let's dispense with the formalities. Lassen wir die Formalitäten beiseite.

format ['fɔːmæt] (a disk) v formatieren; sb Format n

format of the balance sheet ['fɔːmæt əv ðə 'bæləns ʃiːt] sb Bilanzgliederung f

formation [fɔː'meɪʃən] sb Gründung f

formation by founders' non-cash capital contributions [fɔː'meɪʃən baɪ 'faʊndəz 'nɒnkæʃ 'kæpɪtəl kɒntrɪ'bjuːʃənz] sb Illationsgründung f

formation involving subscription in kind [fɔː'meɪʃən ɪn'vɒlvɪŋ sʌb'skrɪpʃən ɪn kaɪnd] sb qualifizierte Gründung f

formation of capital [fɔː'meɪʃən əv 'kæpɪtəl] sb Kapitalbildung f

formation report [fɔː'meɪʃən rɪ'pɔːt] sb Gründungsbericht m

forward ['fɔːwəd] v 1. (send on) nachsenden; 2. (dispatch) befördern

forward contract ['fɔːwəd 'kɒntrækt] sb Terminkontrakt m

forwarder ['fɔːwədə] sb Absender m; (freight) Spediteur m

forward exchange dealings ['fɔːwəd ɪks'tʃeɪndʒ 'diːlɪŋz] sb Devisentermingeschäft n

forward exchange market ['fɔːwəd ɪks'tʃeɪndʒ 'mɑːkɪt] sb Devisenterminmarkt m

forward exchange rate ['fɔːwəd ɪks'tʃeɪndʒ reɪt] sb Devisenterminkurs m

forward exchange trading ['fɔːwəd ɪks'tʃeɪndʒ 'treɪdɪŋ] sb Devisenterminhandel m

forward merchandise dealings ['fɔːwəd 'mətʃəndaɪz 'diːlɪŋz] sb Warentermingeschäft n

forward price ['fɔːwəd praɪs] sb Terminkurs m

forward sale ['fɔːwəd seɪl] sb Terminverkauf m

forward securities ['fɔːwəd sɪ'kjʊərɪtiːz] sb Terminpapiere n/pl

forwarding ['fɔːwədɪŋ] sb Versand m

forwarding agent ['fɔːwədɪŋ 'eɪdʒənt] sb Spediteur m

forwarding goods ['fɔːwədɪŋ ɡʊdz] sb Speditionsgut n

forwarding merchandise ['fɔːwɜːdɪŋ 'mɜtʃəndaɪz] *sb* Speditionsgut *n*
found [faʊnd] *v* gründen, errichten
foundation [faʊn'deɪʃən] *sb* 1. *(founding)* Gründung *f*, Errichtung *f*; 2. *(institution)* Stiftung *f*; 3. *(fig: basis)* Grundlage *f*, Basis *f*
foundation in which founders take all shares [faʊn'deɪʃən ɪn wɪtʃ 'faʊndəz teɪk ɔːl ʃeəz] *sb* Übernahmegründung *f*
founder ['faʊndə] *sb* Gründer(in) *m/f*
fraction ['frækʃən] *sb* Bruchteil *m*
fractional amount ['frækʃənəl ə'maʊnt] *sb* Kleinstücke *n/pl*
fractional order ['frækʃənəl 'ɔːdə] *sb* Fraktion *f*
fragile ['frædʒaɪl] *adj* zerbrechlich; „~, handle with care" „Vorsicht, zerbrechlich"
fragmentation [frægmen'teɪʃən] *sb* Stückelung *f*
franchise ['fræntʃaɪz] *sb* Konzession *f*, Franchise *n*
franchisee [fræntʃaɪ'ziː] *sb* Franchisenehmer *m*
franchising [fræntʃaɪzɪŋ] *sb* Franchising *n*
fraud [frɔːd] *sb* Betrug *m*
fraud foundation [frɔːd faʊn'deɪʃən] *sb* Schwindelgründung *f*
fraudulent ['frɔːdjʊlənt] *adj* betrügerisch
fraudulent bankruptcy ['frɔːdjʊlənt 'bæŋkrʌptsɪ] *sb* betrügerischer Bankrott *m*
free [friː] *adv* (~ *of charge*) kostenlos, frei, gratis; *get sth* ~ etw umsonst bekommen
free access to the market [friː 'ækses tu ðə 'mɑːkɪt] *sb* freier Marktzutritt *m*
free alongside ship (f. a. s.) [friː ə'lɒŋsaɪd ʃɪp] *sb* frei Längsseite Schiff (f.a.s.)
free currency area [friː 'kʌrənsɪ 'ɛərɪə] *sb* freier Währungsraum *m*
free domicile [friː 'dɒmɪsaɪl] frei Haus
freedom of contract ['friːdəm əv 'kɒntrækt] *sb* Vertragsfreiheit *f*
freedom of occupation ['friːdəm əv ɒkjuː'peɪʃən] *sb* Berufsfreiheit *f*
freedom of trade ['friːdəm əv treɪd] *sb* Gewerbefreiheit *f*
free enterprise [friː 'entəpraɪz] *sb* freies Unternehmertum *n*
free ex station ['friːeks 'steɪʃən] frei Station
free ex warehouse ['friːeks 'wɛəhaʊs] frei Lager
free export [friː 'ekspɔːt] frei Hafen
free frontier [friː 'frʌntɪə] frei Grenze
free goods [friː gʊdz] *sb* freie Güter *n/pl*

free in and out (f. i. o.) [friː ɪn ænd aʊt] *sb* freie Ein- und Ausladung (f.i.o.)
freelance ['friːlæns] *v* freiberuflich tätig sein; *adv* freiberuflich, freischaffend
freelancer ['friːlɒnsə] *sb* 1. Freiberufler(in) *m/f*; 2. *(with a particular firm)* freie(r) Mitarbeiter(in) *m/f*
free liquid reserves [friː 'lɪkwɪd rɪ'zɜːvz] *sb* freie Liquiditätsreserven *f/pl*
freely convertible ['friːlɪ kən'vɜːtɪbəl] *sb* frei konvertierbar *adj*
freely convertible currency ['friːlɪ kən'vɜːtɪbəl 'kʌrənsɪ] *sb* freie Währung *f*
freely fluctuating exchange rate ['friːlɪ 'flʌkʃjuːeɪtɪŋ ɪks'tʃeɪndʒ reɪt] *sb* freier Wechselkurs *m*
free market economy [friː 'mɑːkɪt ɪ'kɒnəmɪ] *sb* freie Marktwirtschaft *f*
free movement of capital [friː 'muːvmənt əv 'kæpɪtl] *sb* freier Kapitalverkehr *m*
free of all average (f. a. a.) [friː əv ɔːl 'ævərɪdʒ] frei von jeder Beschädigung (f.a.a.)
free of charge (f. o. c.) [friː əv tʃɑdʒ] gratis, kostenfrei, kostenlos, unentgeltlich (f.o.c.)
free of damage (f. o. d.) [friː əv 'dæmɪdʒ] keine Beschädigung (f.o.d.)
free of defects ['friːəv 'dɪfekts] mangelfrei
free on board (f. o. b.) [friː ɒn bɔːd] frei an Bord (f.o.b.)
free on board harbour (f. b. h.) [friː ɒn bɔːd 'hɒbə] frei an Bord im Hafen (f.b.h.)
free on board railroad station (f. o. r.) [friː ɒn bɔːd 'reɪlrəʊd 'steɪʃən] frei Bahnhof (f.o.r.)
free on rail [friː ɒn reɪl] ab Bahnhof
free on ship [friː ɒn ʃɪp] frei Schiff
free on steamer (f. o. s.) [friː ɒn 'stiːmə] frei Schiff (f.o.s.)
free on truck (f. o. t.) [friː ɒn trʌk] frei Waggon (f.o.t.)
free port [friː pɔːt] *sb* Freihafen *m*
free rider principle [friː 'raɪdə 'prɪnsɪpəl] *sb* Trittbrettverfahren *n*
free station [friː 'steɪʃən] *sb* frei Station
free trade [friː treɪd] *sb* Freihandel *m*
free trade area [friː treɪd 'ɛərɪə] *sb* Freihandelszone *f*
free trade zone [friː treɪd zəʊn] *sb* Freihandelszone *f*
free warehouse [friː 'wɛəhaʊs] *sb* frei Lager
freeze [friːz] *v irr* 1. *(wages)* stoppen, einfrieren; 2. *(assets)* festlegen

freight [freɪt] sb (goods transported) Fracht f, Frachtgut n, Ladung f
freight basis [freɪt 'beɪsɪs] sb Frachtbasis f
freight bill (w/b) [freɪt bɪl] sb Frachtbrief m, Frachtzettel (w/b) m
freight charges [freɪt 'tʃɒdʒɪz] sb Frachtkosten pl, Frachtgebühren pl
freighter ['freɪtə] sb Frachter m, Frachtschiff n
freight forward (frt. fwd.) [freɪt 'fɔːwəd] sb Frachtnachnahme (frt. fwd) f
freight goods [freɪt gʊdz] sb Frachtgut n
freight paid [freɪt peɪd] Fracht bezahlt
freight per weight or measurement (w/m) [freɪt pə weɪt ɔː 'meʒəmənt] Fracht nach Gewicht oder Maß (w/m)
freight prepaid (frt. pp.) [freɪt priː'peɪd] Fracht vorausbezahlt (frt. pp.)
freight train ['freɪt treɪn] sb Güterzug m
frequency of contact ['friːkwɪnsɪ əv 'kɒntækt] sb Kontakthäufigkeit f
fringe benefits [frɪndʒ 'benəfɪts] pl zusätzliche Leistungen f/pl, freiwillige Sozialleistungen des Arbeitgebers f/pl
frozen ['frəʊzn] adj (wages) eingefroren
frustrate [frʌ'streɪt] v (plans) vereiteln, zunichte machen
frustration of contract [frʌ'steɪʃən əv 'kɒntrækt] sb Wegfall der Geschäftsgrundlage m
full cost [fʊl kɒst] sb Vollkosten pl
full employment [fʊl ɪm'plɔɪmənt] sb Vollbeschäftigung f
full power [fʊl 'paʊə] adj Vollmacht f
full power of attorney [fʊl 'paʊə əv ə'tɔːnɪ] sb Prokura f
Fullarton reflux principle ['fʊltən 'riːflʌks 'prɪnsɪpəl] sb Fullartonsches Rückströmungsprinzip n
full-time ['fʊltaɪm] adj ganztägig, Ganztags...; adv ganztags
full-time job [fʊltaɪm dʒɒb] sb Ganztagsstellung f, Full-time-Job m
function ['fʌŋkʃən] v 1. funktionieren; sb 2. Funktion f; 3. (duties) Aufgaben f/pl, Pflichten f/pl; 4. (official ceremony) Feier f
function key ['fʌŋkʃən kiː] sb (of a computer) Funktionstaste f
function of markets ['fʌŋkʃən əv 'mɑːkɪts] sb Funktionsweise von Märkten f
functional ['fʌŋkʃnl] adj (in working order) funktionsfähig
functional analysis ['fʌŋkʃənəl ə'nælɪsɪs] sb Aufgabenanalyse f

functional organization ['fʌŋkʃənəl ɔːgənaɪ'zeɪʃən] sb Funktionalorganisation f
functionary ['fʌŋkʃənərɪ] sb Funktionär m
functions of money ['fʌŋkʃənz əv 'mʌnɪ] sb Geldfunktionen f/pl
fund [fʌnd] v 1. (put up money for) das Kapital aufbringen für; sb 2. Fonds m; pl 3. ~s Mittel n/pl, Gelder n/pl
fund assets [fʌnd 'æsets] sb Fondsvermögen n
funded debts [fʌndɪd dets] sb fundierte Schulden f/pl
funding at commencement of a business enterprise ['fʌndɪŋ æt kə'mensmənt əv ə 'bɪznɪs 'entəpraɪz] sb Gründungsfinanzierung f
funding loan ['fʌndɪŋ ləʊn] sb Fundierungsanleihe f
funding paper ['fʌndɪŋ 'peɪpə] sb Finanzierungspapier n
fund-linked life insurance ['fʌndliːŋkt laɪf ɪn'ʃʊərəns] sb Fondsgebundene Lebensversicherung f
funds statement [fʌndz 'steɪtmənt] sb Kapitalflussrechnung f
fungibility [fʌndʒɪ'bɪlɪtɪ] sb Fungibilität f
fungible securities ['fʌndʒɪbəl sɪ'kjʊərɪtiːz] sb vertretbare Wertpapiere n/pl
fungible security deposit ['fʌndʒɪbəl sɪ'kjʊərɪtɪ də'pɒzɪt] sb Aberdepot n
further processing ['fɜːðə 'prəʊsesɪŋ] sb Weiterverarbeitung f
furtherance granted to set up new business ['fɜːðərəns 'grɑːntɪd tə set ʌp njuː 'bɪznɪs] sb Existenzgründungsförderung f
fuse [fjuːz] v (fig) verschmelzen, vereinigen
fusion ['fjuːʒən] sb Fusion f, Verschmelzung f
futile ['fjuːtaɪl] adj nutzlos, vergeblich
future bonds ['fjuːtʃə bɔːndz] sb Zukunftswert m
future prospects ['fjuːtʃə prɒspekts] pl Zukunftschancen pl, Zukunftsaussichten pl
futures ['fjuːtʃəz] pl Termingeschäfte pl, Futures pl
futures business ['fjuːtʃəz 'bɪznɪs] sb Termingeschäft n
futures market ['fjuːtʃəz 'mɒkɪt] sb Terminbörse f, Terminkontraktmarkt m, Futures-Markt m
futures trading in stocks and bonds ['fjuːtʃəz 'treɪdɪŋ ɪn stɔːks ænd bɔːndz] sb Effektenterminhandel m
fuzzy logic ['fʌzɪ 'lɒdʒɪk] sb Fuzzy-Logik f

G

gain [geɪn] *v* 1. gewinnen, erwerben, sich verschaffen; 2. *(profit)* profitieren; *sb* 3. *(increase)* Zunahme *f*, Zuwachs *m*, Gewinn *m*, Profit *m*

gainful ['geɪnfəl] *adj* Gewinn bringend, einträglich

gainfully ['geɪnfəlɪ] *adv* ~ employed erwerbstätig

gainfully employed person ['geɪnfəlɪ ɪm'plɔɪd 'pɜːsən] *sb* Erwerbstätige(r) *m/f*

gainings ['geɪnɪŋz] *pl* Gewinn *m*, Verdienst *m*, Einkünfte *n/pl*

gain of redemption [geɪn əv rɪ'dempʃən] *sb* Tilgungsgewinn *m*

gain on disposal [geɪn ɔn dɪs'pəʊzəl] *sb* Veräußerungsgewinn *m*

gains from trade [geɪnz frɔːm treɪd] *sb* Außenhandelsgewinn *m*

galloping inflation ['gæləpɪŋ ɪn'fleɪʃən] *sb* galoppierende Inflation *f*

gap analysis [gæp ə'nælɪsɪs] *sb* Gap-Analyse *f*, Lückenanalyse *f*

gap between interest rates [gæp bɪ-'twiːn ɪntrəst reɪts] *sb* Zinsgefälle *n*

garnish ['gɑːnɪʃ] *v (impound)* pfänden

general agent ['dʒenərəl 'eɪdʒənt] *sb* Generalvertreter *m*, Handelsbevollmächtigter *m*

General Arrangements to Borrow ['dʒenərəl ə'reɪndʒmənts tu 'bɔrəʊ] *sb* Allgemeine Kreditvereinbarung *f*

general assembly ['dʒenərəl ə'semblɪ] *sb* Generalversammlung *f*

general bad-debt provision ['dʒenərəl bæd det prə'vɪʒən] *sb* Pauschalwertberichtigung *f*

general charge ['dʒenərəl tʃɑdʒ] *sb* Arbeitnehmer-Pauschbetrag *m*

general contractor ['dʒenərəl 'kɔntræktə] *sb* Generalunternehmer *m*

general credit agreements ['dʒenərəl 'kredɪt ə'griːmənts] *sb* allgemeine Kreditvereinbarungen *pl*

General Insurance Conditions ['dʒenərəl ɪn'ʃʊərəns kɔn'dɪʃənz] *sb* Allgemeine Versicherungsbedingungen *f/pl*

general mortgage ['dʒenərəl 'mɔːgɪdʒ] *sb* Gesamthypothek *f*

general partner ['dʒenərəl 'pɔtnə] *sb* Komplementär *m*

general partnership ['dʒenərəl 'pɑːtnəʃɪp] *sb* offene Handelsgesellschaft *f*

general power of attorney ['dʒenərəl 'paʊərəv ə'tɔːnɪ] *sb* Generalvollmacht *f*

general public ['dʒenərəl 'pʌblɪk] *sb* Öffentlichkeit *f*, Allgemeinheit *f*

general-purpose ['dʒenərəl 'pɜːpəs] *adj* Mehrzweck..., Universal...

General Standard Terms and Conditions ['dʒenərəl' stændəd tɜːmz ænd kən'dɪʃənz] *sb* Allgemeine Geschäftsbedingungen (AGB) *f/pl*

general strike ['dʒenərəl straɪk] *sb* Generalstreik *m*

general tax on consumption ['dʒenərəl tæks ɔːn kən'sʌmpʃən] *sb* Verbrauchsteuern *f/pl*

generic product [dʒə'nerɪk 'prɔdʌkt] *sb* No-Name-Produkt *n*

German Council of Economic Experts ['dʒɜːmən 'kaʊnsəl əv ɪkə'nɔmɪk 'ekspɔːts] *sb* Sachverständigenrat *m*

German Salaried Employee Union ['dʒɜːmən 'sæləriːd ɪmplɔɪ'iː 'juːnjən] *sb* Deutsche Angestellten-Gewerkschaft (DAG) *f*

German Trade Union Federation ['dʒɜːmən treɪd 'juːnjən fedə'reɪʃən] *sb* Deutsche Gewerkschaftsbund (DGB) *m*

gift tax [gɪft tæks] *sb* Schenkungssteuer *f*

gilt-edged [gɪlt'edʒd] *adj* ~ securities mündelsichere Wertpapiere *pl*

giro ['dʒaɪrəʊ] *sb (UK)* Giro *n*

giro account ['dʒaɪrəʊ ə'kaʊnt] *sb (UK)* Girokonto *n*

Giro inpayment form ['dʒaɪrəʊ 'ɪnpeɪmənt fɔːm] *sb* Zahlkarte *f*

giveaway ['gɪvəweɪ] *sb* 1. *(gift)* Geschenk *n*; 2. *(of prizes)* Preisraten *n*

global ['gləʊbəl] *adj* global, Welt..., Global...

global control ['gləʊbəl kən'trəʊl] *sb* Globalsteuerung *f*

global delcredere ['gləʊbəl delkre'dɜːrɪ] *sb* Pauschaldelkredere *n*

globalization [gləʊbəlaɪ'zeɪʃən] *sb* Globalisierung *f*

global share ['gləʊbəl ʃeə] *sb* Sammelaktie *f*

global value adjustment ['gləʊbəl 'væljuː ə'dʒʌstmənt] *sb* Sammelwertberichtigung *f*

glut [glʌt] *v* überschwemmen; *sb* Schwemme *f*, Überangebot *n*

go about [gəʊ əˈbaʊt] *v irr (set to work at)* anpacken, in Angriff nehmen

goal [gəʊl] *sb (objective)* Ziel *n*

go down [gəʊˈdaʊn] *v irr (decrease)* zurückgehen, sinken, fallen

go into [gəʊˈɪntu] *v irr (a profession)* gehen in, einsteigen in

gold [gəʊld] *sb* Gold *n*

gold and foreign exchange balance [gəʊld ænd ˈfɔːrən ɪksˈtʃeɪndʒ ˈbæləns] *sb* Gold- und Devisenbilanz *f*

gold auction [gəʊld ˈɔːkʃən] *sb* Goldauktion *f*

gold bar [gəʊld ˈbaː] *sb* Goldbarren *m*

gold card [ˈgəʊld kaːd] *sb* goldene Kreditkarte *f*

gold certificate [gəʊld sɜːˈtɪfɪkɪt] *sb* Goldzertifikat *n*

gold characteristics [gəʊld kærəktɜːˈrɪstɪks] *sb* Goldeigenschaften *f/pl*

gold coin [gəʊld kɔɪn] *sb* Goldmünze *f*

gold content [gəʊld ˈkɒntent] *sb* Goldgehalt *m*

gold convertibility [gəʊld kənˈvɜːtəbɪlɪtɪ] *sb* Goldkonvertibilität *f*

gold currency [gəʊld ˈkʌrənsɪ] *sb* Goldwährung *f*

golden parachute [ˈgəʊldn ˈpærəʃuːt] *sb (fig)* reichliche Abfindung eines leitenden Angestellten

golden rule of financing [ˈgəʊldən ruːl əv faɪˈnænsɪŋ] *sb* goldene Finanzierungsregel *f*

gold exchange standard [gəʊld ɪksˈtʃeɪndʒ ˈstændəːd] *sb* Gold-Devisen-Standard *m*

gold in bars [gəʊld ɪn baːz] *sb* Barrengold *n*

gold market [gəʊld ˈmaːkɪt] *sb* Goldmarkt *m*

gold option [gəʊld ˈɒpʃən] *sb* Goldoption *f*

gold parity [gəʊld ˈpærɪtɪ] *sb* Goldparität *f*

gold point [gəʊld pɔɪnt] *sb* Goldpunkt *m*

gold pool [gəʊld puːl] *sb* Goldpool *m*

gold price [ˈgəʊldpraɪs] *sb* Goldpreis *m*

gold production [gəʊld prəˈdʌkʃən] *sb* Goldproduktion *f*

gold reserve [gəʊld rɪˈzɜːv] *sb* Goldreserven *f/pl*

gold reserves [gəʊld rəˈzɜːvz] *pl* Goldreserven *pl*

gold share [gəʊld ʃɛə] *sb* Goldaktie *f*

gold specie standard [gəʊld ˈspiːʃiːˈstændəd] *sb* Goldumlaufswährung *f*

gold standard [gəʊld ˈstændəd] *sb* Goldwährung *f*, Goldstandard *m*

gold swap [gəʊld swɔːp] *sb* Goldswap *m*

gold trade [gəʊld treɪd] *sb* Goldhandel *m*

gold transactions [gəʊld trænsˈækʃənz] *sb* Goldgeschäft *n*

good faith [gʊd feɪθ] *sb* guter Glauben, Treu und Glaube

goods [gʊdz] *pl* Güter *pl*, Waren *pl*

goods returned [gʊdz rɪˈtɜːnd] *sb* Rückwaren *f/pl*, Retouren *f/pl*

goods tariff [ˈgʊdztærɪf] *sb* Gütertarif *m*

goodwill [gʊdˈwɪl] *sb* Firmen- *m*, Geschäftswert *m*

go-slow [ˈgəʊsləʊ] *sb (UK)* Bummelstreik *m*

government [ˈgʌvəmənt] *sb* Regierung *f*

government audit [ˈgʌvənmənt ˈɔːdɪt] *(taxes)* Außenprüfung *f*

government expenditure rate [ˈgʌvəmənt ɪkˈspendɪtʃə reɪt] *sb* Staatsquote *f*

government grant [ˈgʌvənmənt graːnt] *sb* Staatszuschuss *m*, Regierungszuschuss *m*

government loan [ˈgʌvəmənt ləʊn] *sb* Staatsanleihen *pl*

government supervision of certain economic branches [ˈgʌvəmənt suːpəːˈvɪʒən əv ˈsɜːtən ɪkəˈnɒmɪk ˈbraːntʃɪz] *sb* Fachaufsicht *f*

government-inscribed debt [ˈgʌvəmənt ɪnˈskraɪbd det] *sb* Wertrechtanleihe *f*

governor [ˈgʌvənə] *sb (UK: of a bank or prison)* Direktor *m*

grace [greɪs] *sb (until payment is due)* Aufschub *m*, Zahlungsfrist *f*

grade [greɪd] *sb 1. (quality)* Qualität *f*, Handelsklasse *f*, Güteklasse *f v 2. (classify)* klassifizieren, sortieren

graduated [ˈgrædjueɪtɪd] *adj* gestaffelt

graduated price [ˈgrædjueɪtɪd praɪs] *sb* Staffelpreis *m*

graduated tariff [ˈgrædjueɪtɪd ˈtærɪf] *sb* Staffeltarif *m*

graduated-interest loan [ˈgrædjueɪtɪd ˈɪntrɪst ləʊn] *sb* Staffelanleihe *f*

grain exchange [greɪn ɪksˈtʃeɪndʒ] *sb* Getreidebörse *f*

gram [græm] *sb (US) see „gramme"*

gramme [græm] *sb* Gramm *n*

grant [graːnt] *v 1. (permission)* erteilen; 2. *(a request)* stattgeben; 3. *(land, pension)* zusprechen, bewilligen; *sb 4.* Subvention *f*

gratis [ˈgrætɪs] *adj* gratis, unentgeltlich, umsonst

gratuity [grəˈtjuːɪtɪ] *sb* Gratifikation *f*

green card ['griːnkɑːd] *sb 1. (US: for foreigners)* Arbeits- und Aufenthaltsgenehmigung *f; 2. (for motorists)* grüne Versicherungskarte *f*
grocery ['grəʊsərɪ] *sb 1. (~ store)* Lebensmittelgeschäft *n; pl 2.* **groceries** Lebensmittel *pl*
gross [grəʊs] *adj (total)* brutto, Brutto...
gross dividend [grəʊs 'dɪvɪdend] *sb* Brutto-Dividende *f*
gross domestic product [grəʊs dɔ'mestɪk 'prɔdʌkt] *sb* Bruttoinlandsprodukt *n*
gross earnings [grəʊs 'ɜːnɪŋz] *sb* Bruttoverdienst *m*
gross income [grəʊs 'ɪnkʌm] *sb* Bruttoeinkommen *n*
gross monetary reserve [grəʊs 'mɔnətərɪ rɪ'zɜːv] *sb* Bruttowährungsreserve *f*
gross national product [grəʊs 'næʃənl 'prɔdʌkt] *sb* Bruttosozialprodukt *n*
gross pay [grəʊs peɪ] *sb* Bruttolohn *m*
gross price [grəʊs praɪs] *sb* Bruttopreis *m*
gross proceeds [grəʊs 'prəʊsiːdz] *sb* Rohertrag *m*
gross profit [grəʊs 'prɔfɪt] *sb* Rohgewinn *m*, Bruttogewinn *m*
gross register(ed) ton [grəʊs 'redʒɪst(əd)tʌn] *sb* Bruttoregistertonne *f*
gross return [grəʊs rɪ'tɜːn] *sb* Bruttoertrag *m*
gross wage [grəʊs weɪdʒ] *sb* Bruttolohn *m*
gross weight [grəʊs weɪt] *sb* Bruttogewicht *n*
ground rent [graʊnd rent] *sb* Grundrente *f*
group [gruːp] *sb* Konzern *m*
group balance sheet [gruːp 'bæləns ʃiːt] *sb* Konzernbilanz *f*
group collection security [gruːp kə'lekʃən sɪ'kjuːrɪtɪ] *sb* Sammelinkassoversicherung *f*
group depreciation [gruːp dəpriːsɪ'eɪʃən] *sb* Pauschalabschreibung *f*
group interim benefits [gruːp 'ɪntərɪm 'benɪfɪts] *sb* Konzernzwischengewinn *m*
group manufacturing [gruːp mænjuː'fækʃərɪŋ] *sb* Fertigungsinsel *f*
group of Seventy-Seven [gruːp əv 'sevɪntɪ 'sevən] *sb* Gruppe der 77 *f*
group orders [gruːp 'ɔːdəz] *sb* Konzernaufträge *m/pl*
group piecework [gruːp 'piːswɜːk] *sb* Gruppenakkord *m*
group relationships [gruːp rɪ'leɪʃənʃɪps] *sb* Unternehmensvernetzung *f*
group valuation [gruːp væljuː'eɪʃən] *sb* Pauschalbewertung *f*

grow [grəʊ] *v irr 1.* wachsen, größer werden; *2. (number)* zunehmen
growing ['grəʊɪŋ] *adj 1.* wachsend; *2. (increasing)* zunehmend
growth [grəʊθ] *sb* Wachstum *n*, Zuwachs *m*
growth fund [grəʊθ fʌnd] *sb* Wachstumsfonds *m*
growth impulse [grəʊθ 'ɪmpʌls] *sb* Wachstumsimpuls *m*
growth industry [grəʊθ 'ɪndəstrɪ] *sb* Wachstumsindustrie *f*
growth policy [grəʊθ 'pɔlɪsɪ] *sb* Wachstumspolitik *f*
growth rate ['grəʊθreɪt] *sb* Wachstumsrate *f*
guarantee [gærən'tiː] *v 1.* garantieren, Gewähr leisten; *2. (a loan, a debt)* bürgen für; *sb 3.* Garantie *f; 4. (pledge of obligation)* Bürgschaft *f; 5. (deposit, money as a ~)* Kaution *f*, Haftsumme *f*
guarantee business [gærən'tiː 'bɪznɪs] *sb* Garantiegeschäft *n*
guarantee for proper execution [gærən'tiː fɔː 'prɔpə eksɪ'kjuːʃən] *sb* Gewährleistungsgarantie *f*
guarantee limit [gærən'tiː 'lɪmɪt] *sb* Bürgschaftsplafond *m*
guarantee obligation [gærən'tiː ɔblɪ'geɪʃən] *sb* Garantieverpflichtung *f*
guarantee of a bill [gærən'tiː əvə bɪl] *sb* Aval *m*
guarantee of delivery [gærən'tiː əv də'lɪvərɪ] *sb* Liefergarantie *f*
guarantee of deposit [gærən'tiː əv də'pɔzɪt] *sb* Einlagensicherung *f*
guarantee of foreign exchange transfer [gærən'tiː əv 'fɔːrən ɪks'tʃeɪndʒ 'trænsfə] *sb* Transfergarantie *f*
guarantee securities [gærən'tiː sɪ'kjuːrɪtiːz] *sb* Kautionseffekten *f/pl*
guaranteed interest [gærən'tiːd 'ɪntrɪst] *sb* Zinsgarantie *f*
guarantor ['gærəntɔː] *sb* Bürge *m*, Garant *m*, Garantiegeber *m*
guaranty ['gærəntɪ] *sb 1.* Garantie *f; 2. (pledge of obligation)* Bürgschaft *f*
guaranty fund ['gærəntɪ fʌnd] *sb* Garantiefonds *m/pl*
guide price [gaɪd praɪs] *sb* Orientierungspreis *m*
guideline ['gaɪdlaɪn] *sb (fig)* Richtlinie *f*
guild [gɪld] *sb* Gilde *f*, Zunft *f*, Innung *f*
guildsman ['gɪldzmən] *sb* Mitglied einer Innung *n*

H

hall [hɔːl] *sb (building)* Halle *f*
halt [hɔːlt] *v (come to a ~)* zum Stillstand kommen, anhalten, stehen bleiben
hand [hænd] *sb* 1. *cash in* ~ Kassenbestand *m*; 2. *(worker)* Arbeitskraft *f*, Arbeiter *m*
handfast ['hændfɑːst] *adj* durch Handschlag besiegeltes Geschäft *n*
handicraft ['hændɪkrɑːft] *sb* Kunsthandwerk *n*, Handwerk *n*
handle ['hændl] *v* 1. *(work with, deal with)* sich befassen mit, handhaben; 2. *(succeed in dealing with)* fertig werden mit, erledigen
handling ['hændlɪŋ] *sb* 1. Behandlung *f*, Handhabung *f*, Handling *n*; 2. Beförderung *f*
hand-made ['hænd'meɪd] *adj* handgearbeitet, von Hand gemacht
handwork ['hændwɜːk] *sb* Handarbeit *f*
handy ['hændɪ] *adj* 1. *(useful)* praktisch; 2. *come in* ~ gelegen kommen; *(skilled)* geschickt, gewandt
hang up [hæŋ'ʌp] *v irr (a telephone receiver)* auflegen, aufhängen
harbour ['hɑːbə] *sb* Hafen *m*
harbour dues ['hɑːbə djuːz] *sb* Hafengebühren *pl*
hard currency [hɑːd'kʌrənsɪ] *sb* harte Währung *f*
hard disk ['hɑːddɪsk] *sb* Festplatte *f*
hardware ['hɑːdweə] *sb* Hardware *f*
harmonization [hɑːmənaɪ'zeɪʃən] *sb* Harmonisierung *f*
haul [hɔːl] *v (transport by lorry)* befördern, transportieren
haulage ['hɔːlɪdʒ] *sb* Spedition *f*, Rollgeld *n*
have in stock [hæv ɪn stɒk] *v irr* auf Lager haben, vorrätig haben
having legal capacity [hævɪŋ 'liːgl kə'pæsɪtɪ] *adj* rechtsfähig
head [hed] *v* 1. *(lead)* anführen, führen, an der Spitze stehen von; *sb* 2. *(leader, boss)* Chef(in) *m/f*, Leiter(in) *m/f*, Führer(in) *m/f*
head of department ['hedəv də'pɑːtmənt] *sb* Abteilungsleiter(in) *m/f*
head office [hed'ɒfɪs] *sb* Zentrale *f*, Hauptbüro *n*, Hauptgeschäftsstelle *f*
headhunter ['hedhʌntə] *sb* Headhunter *m*
heading ['hedɪŋ] *sb (on a letter)* Briefkopf *m*
headquarters ['hedkwɔːtəz] *sb* Zentrale *f*, Hauptgeschäftsstelle *f*

health care ['helθkeə] *sb* Gesundheitsfürsorge *f*; ~ *reform* Gesundheitsreform *f*
health certificate ['helθsətɪfɪkət] *sb* Gesundheitszeugnis *n*
health insurance ['helθɪnʃuərəns] *sb* Krankenversicherung *f*
health insurance society [helθ ɪn'ʃuərəns sə'saɪətɪ] *sb* Ersatzkasse *f*
health protection [helθ prə'tekʃən] *sb* Gesundheitsschutz *m*
hearing ['hɪərɪŋ] *sb* Verhandlung *f*, Vernehmung *f*, Hearing *n*
heavy-duty [hevi'djuːtɪ] *adj* 1. Hochleistungs...; 2. strapazierfähig
heavyfreight [hevi'freɪt] *sb* Schwergut *n*
heavy-priced securities ['hevɪ praɪst sɪ'kjuːrɪtiːz] *sb* schwere Papiere *n/pl*
hectogram ['hektəgræm] *sb* Hektogramm *n*
hectolitre ['hektəliːtə] *sb* Hektoliter *m*
hedge operation [hedʒ ɒpə'reɪʃən] *sb* Hedgegeschäft *n*
height [haɪt] *sb* 1. Höhe *f*; 2. *(of a person)* Größe *f*
heir [ɛə] *sb* Erbe *m*
heirdom ['ɛədəm] *sb* Erbe *n*
heiress [ɛə'res] *sb* Erbin *f*
heritage ['herɪtɪdʒ] *sb* Erbe *n*, Erbschaft *f*
heterogeneous goods [hetərəʊ'dʒiːnɪəs gʊdz] *sb* heterogene Güter *n/pl*
hidden inflation ['hɪdən ɪn'fleɪʃən] *sb* versteckte Inflation *f*
hidden reserves ['hɪdn rɪ'zɜːvz] *sb* stille Reserve *f*
hidden unemployment ['hɪdən ʌnɪm'plɔɪmənt] *sb* versteckte Arbeitslosigkeit *f*
hierarchy ['haɪərɒkɪ] *sb* Hierarchie *f*, Rangordnung *f*
Hifo-procedure ['haɪfəʊ prə'siːdʒə] *sb* Hifo-Verfahren *n*
high [haɪ] *adj the* ~ *season* die Hochsaison *f*; *It's* ~ *time that...* Es wird höchste Zeit, dass ...; *adv aim* ~ *(fig)* sich hohe Ziele setzen
high-bay racking [haɪ beɪ 'rækɪŋ] *sb* Hochregallager *n*
Higher Administrative Court ['haɪə ædmɪnɪ'streɪtɪf kɔːt] *sb* Oberverwaltungsgericht (OVG) *n*
higher bid ['haɪə bɪd] *sb* Übergebot *n*
highest rate ['haɪɪst reɪt] *sb* Höchstkurs *m*

high interest rate policy [haɪ 'ɪntrɪst reɪt 'pɒlɪsɪ] *sb* Hochzinspolitik *f*
highly speculative securities ['haɪlɪ 'spekjʊlətɪv sɪ'kju:rɪti:z] *sb* Exoten *m/pl*
high point ['haɪpɔɪnt] *sb* Höhepunkt *m*
high voltage [haɪ 'vəʊltɪdʒ] *sb* Hochspannung *f*
hire [haɪə] *v* 1. *(give a job to)* anstellen, engagieren; 2. mieten; ~ out vermieten, verleihen
hired car ['haɪəd kɑː] *sb* Leihwagen *m*, Mietwagen *m*
hire-purchase ['haɪəpɜːtʃɪs] *sb (UK)* Ratenkauf *m*, Teilzahlungskauf *m*
historical costing [hɪ'stɒrɪkəl 'kɒstɪŋ] *sb* Nachkalkulation *f*
historical securities [hɪs'tɒrɪkəl sɪ'kju:rɪti:z] *sb* historische Wertpapiere *n/pl*
hold [həʊld] *v irr* 1. *(shares)* besitzen; 2. *(contain)* fassen; 3. *(truck, plane)* Platz haben für; 4. *(a meeting)* abhalten; 5. *(an office, a post)* innehaben, bekleiden; *sb* 6. Laderaum *m*
holder ['həʊldə] *sb (person)* Besitzer(in) *m/f*, Inhaber(in) *m/f*
holding company ['həʊldɪŋ 'kʌmpənɪ] *sb* Dachgesellschaft *f*, Holdinggesellschaft *f*
holding fund ['hɒldɪŋ fʌnd] *sb* Dachfonds *m*
holdings ['həʊldɪŋz] *pl* Besitz *m*; *(financial)* Anteile *pl*
hold-up ['həʊldʌp] *sb (delay)* Verzögerung *f*
holiday ['hɒlɪdeɪ] *v* 1. *(a cheque)* annehmen, einlösen; 2. *(a credit card)* anerkennen; 3. *(a debt)* begleichen; 4. *(a commitment)* stehen zu; 5. *(a contract)* erfüllen
holiday allowance ['hɒlɪdeɪ ə'laʊəns] *sb* Urlaubsgeld *n*
home banking [həʊm 'bæŋkɪŋ] *sb* Homebanking *n*
home demand [həʊm dɪ'mɑːnd] *sb* Inlandsnachfrage *f*
home market [həʊm 'mɑːkɪt] *sb* Binnenmarkt *m*
homepage ['həʊmpeɪdʒ] *sb* Homepage *f*
homework ['həʊmwɜːk] *sb* Heimarbeit *f*
homogeneous products [həʊməʊ'dʒiːnɪəs 'prɒdʌkts] *sb* homogene Güter *n/pl*
honorary ['ɒnərərɪ] *adj* Ehren-...
honorary degree ['ɒnərərɪ dɪ'griː] *sb* ehrenhalber verliehener akademischer Grad *m*
honour ['ɒnə] *v* 1. *(a cheque)* annehmen, einlösen; 2. *(a credit card)* anerkennen; 3. *(a debt)* begleichen; 4. *(a commitment)* stehen zu; 5. *(a contract)* erfüllen
horizontal corporate concentration [hɒrɪ'zɒntəl 'kɔrpərɪt kɒnsen'treɪʃən] *sb* horizontale Unternehmenskonzentration *f*

horizontal diversification [hɒrɪ'zɒntəl daɪvɜːsɪfɪ'keɪʃən] *sb* horizontale Diversifikation *f*
horizontal financing rules [hɒrɪ'zɒntəl faɪ'nænsɪŋ ruːlz] *sb* horizontale Finanzierungsregeln *f*
horizontal restraints of competition [hɒrɪ'zɒntəl rɪ'streɪnts əv kɒmpɪ'tɪʃən] *sb* horizontale Wettbewerbsbeschränkung *f*
hospitality [hɒspɪ'tælɪtɪ] *sb* Gastfreundschaft *f*, Bewirtung *f*
hot money [hɒt 'mʌnɪ] *sb* heißes Geld *n*
hotline ['hɒtlaɪn] *sb* Hotline *f*
hourly wage ['aʊəlɪ weɪdʒ] *sb* Stundenlohn *m*
house bill [haʊs bɪl] *sb* Spediteur-Konnossement *n*
house cheque [haʊs tʃek] *sb* Filialscheck *m*
housebreaking insurance ['haʊsbreɪkɪŋ ɪn'ʃʊərəns] *sb* Einbruchversicherung *f*
household ['haʊshəʊld] *sb* Haushalt *m*
housekeeping account ['haʊskiːpɪŋ ə'kaʊnt] *sb* Wirtschaftsstatistik *f*
housing construction ['haʊzɪŋ kən'strʌkʃən] *sb* Wohnungsbau *m*
huckster ['hʌkstə] *sb* 1. *(person preparing advertising)* Werbemensch *m*; 2. *(peddler)* Straßenhändler *m*, Trödler *m*
human assets ['hjuːmən 'æsets] *sb* Humanvermögen *n*
human capital ['hjuːmən 'kæpɪtəl] *sb* Humankapital *n*
human resources ['hjuːmən rə'sɔːsez] *sb* Humanvermögen *n*, Arbeitskraft *f*
hundredweight ['hʌndrɪdweɪt] *sb (UK: 50,8 kg) (US: 45,4 kg)* Zentner *m*
hybrid competitive strategies ['haɪbrɪd kɒm'petɪtɪv 'strætɪdʒiːz] *sb* hybride Wettbewerbsstrategien *f*
hybrid financing instruments ['haɪbrɪd faɪ'nænsɪŋ 'ɪnstrʊmənts] *sb* hybride Finanzierungs-instrumente *n/pl*
hybrid forms of organization ['haɪbrɪd fɔːmz əv ɔːgənaɪ'zeɪʃən] *sb* hybride Organisationsformen *f/pl*
hype [haɪp] *v* 1. *(promote, publicize)* aggressiv propagieren; *sb* 2. *(publicity)* Publizität *f*, aggressive Propaganda *f*
hyperinflation [haɪpərɪn'fleɪʃən] *sb* Hyperinflation *f*
hyperlink ['haɪpəlɪŋk] *sb* Hyperlink *n*
hypermarket ['haɪpəmɑːkɪt] *sb (UK)* Großmarkt *m*, Verbrauchermarkt *m*

I

idea [aɪˈdɪə] *sb 1.* Idee *f*, Einfall *m;* *2. (concept)* Vorstellung *f*, Ansicht *f*; *give s.o. an ~ of ...* jdm eine ungefähre Vorstellung von ... geben
identification [aɪdentɪfɪˈkeɪʃən] *sb (proof of identity)* Ausweis *m*, Legitimation *f*
idle [ˈaɪdl] *adj 1. (not working)* müßig, untätig; *2. (machine)* stillstehend, außer Betrieb; *3. (threat, words)* leer
illegal [ɪˈliːgəl] *adj* illegal, ungesetzlich, gesetzwidrig
illegible [ɪˈledʒɪbl] *adj* unleserlich
illicit [ɪˈlɪsɪt] *adj* verboten, illegal
illicit trade [ɪˈlɪsɪt treɪd] *sb* Schwarzhandel *m*
illicit work [ɪˈlɪsɪt wɜːk] *sb* Schwarzarbeit *f*
illiquidity [ɪlɪˈkwɪdɪtɪ] *sb* Illiquidität *f*
imaginary profit [ɪˈmædʒɪneərɪ ˈprɒfɪt] *sb* imaginärer Gewinn *m*
imitate [ˈɪmɪteɪt] *v* nachahmen, imitieren, nachmachen
imitation [ɪmɪˈteɪʃən] *sb 1.* Imitation *f*, Nachahmung *f*; *adj 2.* unecht, künstlich
immediate delivery [ɪˈmiːdɪət dɪˈlɪvərɪ] *sb* sofortige Lieferung *f*
immediately [ɪˈmiːdɪətlɪ] *adv* umgehend, sofort
immediate payment [ɪˈmiːdɪət ˈpeɪmənt] *sb* sofortige Zahlung *f*
immovable property [ɪˈmuːvəbəl ˈprɒpətɪ] *sb* Liegenschaft *f*, unbewegliches Vermögen *n*
immovables [ɪˈmuːvəbəlz] *sb* Immobilien *f/pl*
immunity [ɪˈmjuːnɪtɪ] *sb* Immunität *f*; Straffreiheit *f*
impairment in value [ɪmˈpeəmənt ɪn ˈwæljuː] *sb* Wertminderung *f*
imperfect market [ɪmˈpɜːfekt ˈmɑːket] *sb* unvollkommener Markt *m*
impersonal security deposit [ɪmˈpɜːsənəl sɪˈkjuːrɪtɪ dəˈpɒzɪt] *sb* Sachdepot *n*
impersonal taxes [ɪmˈpɜːsənəl ˈtæksɪz] *sb* Realsteuern *pl*
implement [ɪmplɪˈment] *v* durchführen, ausführen
implementation [ɪmplɪmenˈteɪʃən] *sb 1.* Ausführung *f*, Durchführung *f*, Handhabung *f*; *2. (EDV)* Implementierung *f*

implicit basis of a contract [ɪmˈplɪsɪt ˈbeɪsɪs əv ə ˈkɒntrækt] *sb* Geschäftsgrundlage *f*
implicit costs [ɪmˈplɪsɪt kɒsts] *sb* kalkulatorische Kosten *pl*
import [ɪmˈpɔːt] *v* einführen, importieren; *sb* Einfuhr *f*, Import *m* ; *~s pl (goods)* Einfuhrartikel *m*, Einfuhrwaren *pl*
import cartel [ˈɪmpɔːt kɑːˈtel] *sb* Importkartell *n*
import declaration [ˈɪmpɔːt dekləˈreɪʃən] *sb* Einfuhrerklärung *f*, Importerklärung *f*
import deposit [ˈɪmpɔːt dɪˈpɒzɪt] *sb* Importdepot *n*
import documents [ˈɪmpɔːt ˈdɒkjʊmənts] *pl* Einfuhrpapiere *n/pl*, Importdokumente *n/pl*
import duty [ˈɪmpɔːtdjuːtɪ] *sb* Einfuhrzoll *m*, Einfuhrabgabe *f*
import financing [ˈɪmpɔːt faɪˈnænsɪŋ] *sb* Importfinanzierung *f*
import licence [ˈɪmpɔːt ˈlaɪsəns] *sb* Einfuhrgenehmigung *f*, Importlizenz *f*
import of capital [ˈɪmpɔːt əv ˈkæpɪtəl] *sb* Kapitalimport *m*
import permit [ˈɪmpɔːt ˈpɜːmɪt] *sb* Einfuhrgenehmigung *f*, Importerlaubnis *f*
import quota [ˈɪmpɔːt ˈkwɔːtə] *sb* Importquote *f*, Importkontingent *n*
import restriction [ˈɪmpɔːt rɪˈstrɪkʃən] *sb* Einfuhrbeschränkung *f*, Importbeschränkung *f*
import restrictions [ˈɪmpɔːt rɪˈstrɪkʃənz] *sb* Importrestriktionen *f/pl*
import tariff [ˈɪmpɔːt ˈteərɪf] *sb* Importzoll *m*
import trade [ˈɪmpɔːt treɪd] *sb* Importhandel *m*
imported inflation [ˈɪmpɔːtɪd ɪnˈfleɪʃən] *sb* importierte Inflation *f*
importer [ɪmˈpɔːtə] *sb* Importeur(in) *m/f*
impose [ɪmˈpəʊz] *v 1. (a fine)* verhängen; *2. (a tax)* erheben
imposition [ɪmpəˈzɪʃən] *sb* Auferlegung *f*, Verhängung *f*, Erhebung *f*
impost [ˈɪmpəʊst] *sb 1. (tax, duty)* Ausgleichsabgabe *f*, Steuer *f*, *2.* Einfuhrzoll *m*
impound [ɪmˈpaʊnd] *v* beschlagnahmen, sicherstellen
imprest [ɪmˈprest] *sb* Vorschuss *m*, Spesenvorschuss *m*

improper [ɪmˈprɔpə] *adj* unsachgemäß, nicht sachgerecht
improve [ɪmˈpruːv] *v* 1. *(sth)* verbessern; 2. *(refine)* verfeinern; 3. *(sth's appearance)* verschönern
improvement [ɪmˈpruːvmənt] *sb* Verbesserung *f*, Besserung *f*, Verschönerung *f*
impulse purchase [ˈɪmpʌls ˈpɜːtʃɪs] *sb* Impulskauf *m*
in cash [ɪnˈkæʃ] in bar
in duplicate [ɪnˈdjuːplɪkət] in zweifacher Ausfertigung
in lieu of payment [ɪnˈljuː əv ˈpeɪmənt] zahlungsstatt
in liquidation [ɪn lɪkwɪˈdeɪʃən] in Liquidation
in prospect [ɪn ˈprɔspekt] Ex-ante
in rem [ɪnˈrem] dinglich
in retrospect [ɪn ˈretrəʊspekt] Expost
in stock [ɪnˈstɔk] auf Lager, vorrätig
in total [ɪn ˈtəʊtəl] unter dem Strich
inactive security [ɪnˈæktɪv sɪˈkjuːrɪtɪ] *sb* totes Papier *n*
inaugurate [ɪˈnɔːgjʊreɪt] *v (an official)* ins Amt einsetzen; *(a building)* einweihen
incapacitated [ɪnkəˈpæsɪteɪtɪd] *adj (unable to work)* erwerbsunfähig
incentive [ɪnˈsentɪv] *sb* Ansporn *m*, Anreiz *m*
incentive system [ɪnˈsentɪv ˈsɪstəm] *sb* Anreizsystem *n*
inch [ɪntʃ] *sb (measurement)* Zoll *m*; ~ by ~ Zentimeter um Zentimeter
incidental [ɪnsɪˈdentl] *adj* ~ *expenses* Nebenkosten *pl*
incidental labour costs [ɪnsɪˈdentl ˈleɪbə kɔsts] *sb* Lohnnebenkosten *pl*
include [ɪnˈkluːd] *v* einschließen, enthalten, umfassen; *tax* ~*d* einschließlich Steuer, inklusive Steuer
included [ɪnˈkluːdɪd] *adj* eingeschlossen, inbegriffen
included in the price [ɪnˈkluːdɪd ɪn ðə praɪs] *adv* im Preis inbegriffen, im Preis enthalten
including [ɪnˈkluːdɪŋ] *adv* einschließlich, inklusive
inclusion on the liabilities side [ɪnˈkluːʒən ɔːn ðə laɪəˈbɪlɪtiːz saɪd] *sb* Passivierung *f*
inclusive [ɪnˈkluːsɪv] *adj* ~ *of* einschließlich, inklusive
income [ˈɪnkʌm] *sb* Einkommen *n*, Einkünfte *pl*, Erfolgsrechnung *f*

income declaration [ˈɪnkʌm dekləˈreɪʃən] *sb* Einkommenserklärung *f*
income effect [ˈɪnkʌm ɪˈfekt] *sb* Einkommenseffekt *m*
income from capital [ˈɪnkʌm frɔm ˈkæpɪtəl] *sb* Kapitalertrag *m*
income from gainful employment [ˈɪnkʌm from ˈgeɪnfəl ɪmˈplɔɪmənt] *sb* Erwerbseinkommen *n*
income from interests [ˈɪnkʌm frɔm ˈɪntrɪsts] *sb* Zinsertrag *m*
income fund [ˈɪnkʌm fʌnd] *sb* Einkommensfond *m*
income generating effect [ˈɪnkʌm ˈdʒenəreɪtɪŋ ɪˈfekt] *sb* Einkommenseffekt *m*
income limit for the assessment of contributions [ˈɪnkʌm ˈlɪmɪt fɔː ðə əˈsesmənt əv kɔntrɪˈbjuːʃənz] *sb* Beitragsbemessungsgrenze *f*
income statement [ˈɪnkʌmˈsteɪtmənt] *sb* Erfolgsbilanz *f*
income tax [ˈɪnkʌm tæks] *sb* Einkommensteuer *f*; ~ *return* Einkommensteuererklärung *f*
income tax allowance [ˈɪnkʌm tæks əˈlaʊəns] *sb* Einkommensteuerfreibetrag *m*
incoming [ˈɪnkʌmɪŋ] *adj (post)* eingehend
incoming order [ˈɪnkʌmɪŋ ˈɔːdə] *sb* Auftragseingang *m*
incompetence [ɪnˈkɔmpɪtəns] *sb* Unfähigkeit *f*, Untauglichkeit *f*, Inkompetenz *f*, Unzuständigkeit *f*
incompetent [ɪnˈkɔmpɪtənt] *adj* unfähig; *(for sth)* untauglich, inkompetent; *(legally)* nicht zuständig
incomplete [ɪnkəmˈpliːt] *adj* unvollständig, unvollendet, unvollkommen
incorporate [ɪnˈkɔːpəreɪt] *v* 1. gesellschaftlich organisieren; 2. *(US)* als Aktiengesellschaft eintragen
incorporation [ɪnkɔːpəˈreɪʃən] *sb* Gründung *f*, Eintragung einer Gesellschaft *f*
increase [ɪnˈkriːs] *v* 1. zunehmen; 2. *(amount, number)* anwachsen; 3. *(sales, demand)* steigen; 4. *(sth)* vergrößern; 5. *(taxes, price, speed)* erhöhen; 6. *(performance)* steigern; *sb* 7. Zunahme *f*, Erhöhung *f*, Steigerung *f*
increase in efficiency [ˈɪnkriːs ɪn ɪfˈɪʃənsɪ] *sb* Leistungssteigerung *f*
increase in own capital [ˈɪnkriːs ɪn əʊn ˈkæpɪtəl] *sb* Eigenkapitalerhöhung *f*
increase in salary [ɪnkriːs ɪn ˈsæləri] *sb* Gehaltserhöhung *f*
increase in taxes [ˈɪnkriːs ɪn ˈtaksɪz] *sb* Steuererhöhung *f*

increase in total assets and liabilities ['ɪnkriːs ɪn 'təʊtəl 'æsets ænd laɪə'bɪlɪtiːz] *sb* Bilanzverlängerung *f*

increase in wages ['ɪnkriːs ɪn 'weɪdʒɪz] *sb* Lohnerhöhung *f*

increase of capital ['ɪnkriːsəv 'kæpɪtl] *sb* Kapitalerhöhung *f*

increase of the share capital ['ɪnkriːs əv ðə ʃeə 'kæpɪtl] *sb* Kapitalerhöhung *f*

increased valuation on previous balance-sheet figures ['ɪnkriːst 'væljuː ɔn 'priːvɪəs 'bælənsʃiːt 'fɪgəz] *(taxes)* Wertaufholung *f*

incriminate [ɪn'krɪmɪneɪt] *v* belasten

incrimination [ɪnkrɪmɪ'neɪʃən] *sb* Belastung *f*

indebtedness [ɪn'detɪdnɪs] *sb* Verschuldung *f*

indemnification [ɪndemnɪfɪ'keɪʃən] *sb* 1. Entschädigung *f*; 2. *(insurance)* Versicherung *f*

indemnify [ɪn'demnɪfaɪ] *v* 1. entschädigen; 2. *(insurance)* versichern

indemnity [ɪn'demnɪtɪ] *sb* Entschädigung *f*; *(insurance)* Versicherung *f*

independence [ɪndɪ'pendəns] *sb* Unabhängigkeit *f*, Selbstständigkeit *f*

independent [ɪndɪ'pendənt] *adj* unabhängig, selbstständig

index ['ɪndeks] *sb* 1. *(number showing ratio)* Index *m*; 2. *(card ~)* Kartei *f*

index card ['ɪndeks kɑːd] *sb* Karteikarte *f*

index clause ['ɪndeks klɔːz] *sb* Indexklausel *f*

index numbers ['ɪndeks 'nʌmbəz] *sb* Kennziffern *pl*

indexation [ɪndek'seɪʃən] *sb* Indexierung *f*

index-linked ['ɪndekslɪŋkd] *adj* sich nach der Inflationsrate richtend

index-linked currency ['ɪndeks liːŋkt 'kʌrənsɪ] *sb* Indexwährung *f*

index-linked loan ['ɪndeks liːŋkt lɔːn] *sb* Indexanleihe *f*

index-linked wage ['ɪndeks liːŋkt weɪdʒ] *sb* Indexlohn *m*

index-linking ['ɪndeks 'liːŋkɪŋ] *sb* Indexbindung *f*

indicator ['ɪdɪkeɪtə] *sb* Indikator *m*

indifferent goods [ɪn'dɪfərənt gʊdz] *sb* indifferente Güter *n/pl*

indirect center ['ɪndaɪrekt 'sentə] *sb* Nebenkostenstelle *f*

indirect method of depreciation ['ɪndaɪrekt 'meθəd əv dəpriːʃiː'eɪʃən] *sb* indirekte Abschreibung *f*

indirect selling ['ɪndaɪrekt 'selɪŋ] *sb* indirekter Absatz *m*

indirect taxes [ɪndɪ'rekt 'tæksɪz] *sb* indirekte Steuern *pl*

individual [ɪndɪ'vɪdjʊəl] *adj* einzeln, Einzel...

individual credit insurance [ɪndɪ'vɪdjʊəl 'kredɪt ɪn'ʃʊərəns] *sb* Einzelkreditversicherung *f*

individual deposit of securities [ɪndɪ'vɪdjʊəl də'pɔzɪt əv sɪ'kjuːrɪtiːz] *sb* Streifbanddepot *n*

individual employment contract [ɪndɪ'vɪdjʊəl ɪm'plɔɪmənt 'kɔntrækt] *sb* Einzelarbeitsvertrag *m*

individual income [ɪndɪ'vɪdjʊəl 'ɪnkʌm] *sb* Individualeinkommen *n*

individual labor law [ɪndɪ'vɪdjʊəl 'leɪbə lɔː] *sb* Individualarbeitsrecht *n*

individually [ɪndɪ'vɪdjʊəlɪ] *adv (separately)* einzeln

individual power of procuration [ɪndɪ'vɪdjʊəl 'paʊə əv prɔkjuː'reɪʃən] *sb* Einzelprokura *f*

individual power of representation [ɪndɪ'vɪdjʊəl 'paʊə əv reprɪːzən'teɪʃən] *sb* Einzelvollmacht *f*

individual production *sb* [ɪndɪ'vɪdjʊəl prə'dʌkʃən] *sb* Einzelfertigung *f*

indorsement [ɪn'dɔːsmənt] *sb* Indossament *n*

induce [ɪn'djuːs] *v* 1. *(a reaction)* herbeiführen; 2. ~ s.o. to do sth *(persuade)* jdn veranlassen, etw zu tun/jdn dazu bewegen, etw zu tun/jdn dazu bringen, etw zu tun

inducement [ɪn'djuːsmənt] *sb (incentive)* Anreiz *m*, Ansporn *m*

industrial [ɪn'dʌstrɪəl] *adj* industriell, Industrie..., Betriebs..., Arbeits...

industrial accident [ɪn'dʌstrɪəl 'æksɪdənt] *sb* Arbeitsunfall *m*

industrial area [ɪn'dʌstrɪəl 'ɛərɪə] *sb* Industriegebiet *n*

industrial bank [ɪn'dʌstrɪəl bæŋk] *sb* Gewerbebank *f*

industrial bond [ɪn'dʌstrɪəl bɔnd] *sb* Industrieobligation *f*

Industrial Constitution Law [ɪn'dʌstrɪəl kɔnstɪ'tjuːʃən lɔː] *sb* Betriebsverfassungsgesetz (BetrVerfG, BetrVG) *n*

industrial credit [ɪn'dʌstrɪəl 'kredɪt] *sb* Industriekredit *m*

industrial credit bank [ɪn'dʌstrɪəl 'kredɪt bæŋk] *sb* Industriekreditbank *f*

industrial design [ɪn'dʌstrɪəl dɪ'zaɪn] *sb* Industriedesign *n*
industrial enterprise [ɪn'dʌstrɪəl 'entəpraɪz] *sb* Industriebetrieb *m*
industrial espionage [ɪn'dʌstrɪəl 'espɪənɒʒ] *sb* Industriespionage *f*
industrial estate [ɪn'dʌstrɪəl ɪ'steɪt] *sb (UK)* Industriegebiet *n*
industrial injury [ɪn'dʌstrɪəl 'ɪndʒərɪ] *sb* Arbeitsunfall *m*, Betriebsunfall *m*
industrialism [ɪn'dʌstrɪəlɪzm] *sb* Industrialismus *m*
industrialist [ɪn'dʌstrɪəlɪst] *sb* Industrielle(r) *m/f*
industrialization [ɪndʌstrɪəlaɪ'zeɪʃən] *sb* Industrialisierung *f*
industrial loan [ɪn'dʌstrɪəl ləʊn] *sb* Industrieanleihe *f*, Industriekredit *m*
industrial plant [ɪn'dʌstrɪəl plɑːnt] *sb* Industrieanlage *f*
industrial production ['ɪndʌstrɪəl prɒdʌktʃn] *sb* Industrieproduktion *f*, industrielle Herstellung *f*
industrial robot [ɪn'dʌstrɪəl 'rəʊbɒt] *sb* Industrieroboter *m*
industrial shares [ɪn'dʌstrɪəl ʃɛəz] *sb* Industrieaktie *f*
industrial stock exchange [ɪn'dʌstrɪəl stɔːk ɪks'tʃeɪndʒ] *sb* Industriebörse *f*
industrial syndicate [ɪn'dʌstrɪəl 'sɪndɪkɪt] *sb* Industriekonsortium *n*
industrial undertaking [ɪn'dʌstrɪəl ʌndə'teɪkɪŋ] *sb* Industrieunternehmen *n*
industry ['ɪndəstrɪ] *sb* Industrie *f*, Branche *f*, Industriezweig *m*
industry ratio ['ɪndəstrɪ 'reɪʃɪəʊ] *sb* Branchenkennziffer *f*
industry standard ['ɪndəstrɪ 'stændəd] *sb* Industriestandard *m*
industry statistics ['ɪndəstrɪ stə'tɪstɪks] *sb* Branchenstatistik *f*
industry survey and appraisal ['ɪndəstrɪ 'səveɪ ænd ə'preɪzəl] *sb* Branchenbeobachtung *f*
industry-wide union ['ɪndəstrɪ waɪd 'juːnjən] *sb* Industriegewerkschaft (IG) *f*
inefficiency [ɪnɪ'fɪʃnsɪ] *sb* 1. *(of a method)* Unproduktivität *f*; 2. *(of a person)* Untüchtigkeit *f*; 3. *(a machine, of a company)* Leistungsunfähigkeit *f*
inefficient [ɪnɪ'fɪʃənt] *adj (method)* unproduktiv; *(person)* untüchtig; *(machine, company)* leistungsunfähig
inexpensive [ɪnɪk'spensɪv] *adj* nicht teuer, billig
inexperienced [ɪnɪks'pɪərɪənst] *adj* unerfahren
inexpert [ɪn'ekspɜːt] *adj* unfachmännisch, laienhaft
inferior [ɪn'fɪərɪə] *adj* 1. niedriger, geringer, geringwertiger; 2. *to be ~ to s.o.* jdm unterlegen sein; *(low-quality)* minderwertig
inferior goods [ɪn'fɪərɪə gʊdz] *sb* geringwertige Güter *pl*
inflate [ɪn'fleɪt] *v (prices)* hochtreiben, in die Höhe treiben
inflation [ɪn'fleɪʃən] *sb* Inflation *f*; *rate of ~* Inflationsrate *f*
inflation import [ɪn'fleɪʃən 'ɪmpɔːt] *sb* Inflationsimport *m*
inflationary [ɪn'fleɪʃənərɪ] *adj* inflationär
influence ['ɪnfluəns] *sb* Einfluss *m*
influence of demand ['ɪnfluːəns əv də'mænd] *sb* Bedarfsbeeinflussung *f*
influential [ɪnflu'enʃəl] *adj* einflussreich
influx ['ɪnflʌks] *sb* Zufuhr *f*, Zufluss *m*
infomercial [ɪnfəʊ'mɜːʃəl] *sb* Werbesendung *f*
informal [ɪn'fɔːməl] *adj* zwanglos, ungezwungen, inoffiziell
informal groups [ɪn'fɔːməl gruːps] *sb* informelle Gruppen *f/pl*
informal organization [ɪn'fɔːməl ɔːgənaɪ'zeɪʃən] *sb* informelle Organisation *f*
information [ɪnfə'meɪʃən] *sb* 1. Information *f*; 2. *(provided)* Auskunft *f*, Informationen *pl*
information and communications system [ɪnfɔː'meɪʃən ænd kəmjuːnɪ'keɪʃənz 'sɪstɪm] *sb* Informations- und Kommunikationssystem (IuK-System) *n*
information broker [ɪnfɔː'meɪʃən 'brəʊkə] *sb* Informationsbroker *m*
information bureau [ɪnfə'meɪʃən 'bjʊərəʊ] *sb* Auskunftei *f*, Informationsbüro *n*
information centre [ɪnfɔː'meɪʃən 'sentə] *sb* Evidenzzentrale *f*
information costs [ɪnfə'meɪʃən kɒsts] *sb* Informationskosten *pl*
information desk [ɪnfə'meɪʃən desk] *sb* Auskunft *f*, Information *f*, Informationsstand *m*
information file [ɪnfɔː'meɪʃən faɪl] *sb* Auskunftdatei *f*
information highway [ɪnfə'meɪʃən 'haɪweɪ] *sb* Datenautobahn *f*, Datenhighway *m*
information markets [ɪnfɔː'meɪʃən 'mɑːkɪts] *sb* Informationsmärkte *m/pl*
information resource management [ɪnfɔː'meɪʃən rɪ'sɜːz 'mænɪdʒmənt] *sb* Informationsmanagement *n*

information science [ɪnfəˈmeɪʃən ˈsaɪəns] *sb* Informatik *f*
information search [ɪnfɔːˈmeɪʃən sɜːtʃ] *sb* Informationsbeschaffung *f*
information services [ɪnfɔːˈmeɪʃən ˈsɜːvɪsɪz] *sb* Informationsdienste *m/pl*
information technology [ɪnfəˈmeɪʃən tekˈnɔlədʒɪ] *sb* Informationstechnologie *f*
information theory [ɪnfəˈmeɪʃən ˈθɪərɪ] *sb* Informationstheorie *f*
information value [ɪnfɔːˈmeɪʃən ˈvæljuː] *sb* Informationswert *m*
infrastructural credit [ɪnfrəˈstrʌkʃərəl ˈkredɪt] *sb* Infrastrukturkredit *m*
infrastructural measures [ˈɪnfrəstrʌktʃərl ˈmeʒəz] *sb* Infrastrukturmaßnahmen *pl*
infrastructure [ˈɪnfrəstrʌktʃə] *sb* Infrastruktur *f*
infrastructure policy [ɪnfrəˈstrʌkʃərəl ˈpɔlɪsɪ] *sb* Infrastrukturpolitik *f*
infringe [ɪnˈfrɪndʒ] *v* 1. ~ upon verstoßen gegen; 2. *(law, copyright)* verletzen; ~ upon s.o.'s rights in jds Rechte eingreifen
infringement [ɪnˈfrɪndʒmənt] *sb* Verletzung *f*, Verstoß *m*
inherit [ɪnˈherɪt] *v* erben
inheritable [ɪnˈherɪtəbl] *adj* vererbbar, erblich
inheritance [ɪnˈherɪtəns] *sb* Nachlass *m*, Erbschaft *f*
inheritance tax [ɪnˈherɪtəns tæks] *sb* Erbschaftssteuer *f*
in-house training [ˈɪnhaʊs ˈtreɪnɪŋ] *sb* betriebliche Ausbildung *f*
initial allowance set [ɪˈnɪʃəl əˈlaʊəns set] *sb* Erstausstattung *f*
initial contribution [ɪˈnɪʃəl kɔntrɪˈbjuːʃən] *sb* Stammeinlage *f*
initial period [ɪˈnɪʃəl ˈpɪərɪəd] *sb* Anlaufperiode *f*, Anlaufzeit *f*
initialize [ɪˈnɪʃəlaɪz] *v (a computer)* initialisieren
initiative right [ɪˈnɪʃətɪv raɪt] *sb* Initiativrecht *n*
injection of credit [ɪnˈjekʃən əv ˈkredɪt] *sb* Kreditspritze *f*
injunction [ɪnˈdʒʌŋkʃən] *sb* gerichtliche Verfügung *f*
ink pad [ˈɪŋkpæd] *sb* Stempelkissen *n*, Farbkissen *n*
inland [ˈɪnlənd] *adj* Inland... *adv* landeinwärts
Inland Revenue [ˈɪnlənd ˈrevənjuː] *sb (UK)* Finanzamt *n*

inland revenue office [ˈɪnlænd ˈrevənuː ˈɔfɪs] *sb* Finanzamt *n*
inner notice to terminate [ˈɪnə ˈnəʊtɪs tu ˈtɜːmɪneɪt] *sb* innere Kündigung *f*
innovate [ˈɪnəveɪt] *v* Neuerungen vornehmen
innovation [ɪnəˈveɪʃən] *sb* Neuerung *f*, Innovation *f*
innovation management [ɪnəʊˈveɪʃən ˈmænɪdʒmənt] *sb* Innovationsmanagement *n*
innovative [ˈɪnəvətɪv] *adj* auf Neuerungen aus, innovatorisch, innovativ
innovator [ˈɪnəveɪtə] *sb* Neuerer *m*
inoperative [ɪnˈɔpərətɪv] *adj (not working)* außer Betrieb, nicht einsatzfähig
inoperative account [ɪnˈɔpərətɪv əˈkaʊnt] *sb* totes Konto *n*
input [ˈɪnpʊt] *v* 1. eingeben; *sb* 2. Input *m*
input factor [ˈɪnpʊt ˈfæktə] *sb* Einsatzfaktor *m*
input tax [ˈɪnpʊt tæks] *sb* Vorsteuer *f*
input-output analysis [ˈɪnpʊt ˈaʊtpʊt əˈnælɪsɪs] *sb* Input-Output-Analyse *f*
inquest [ˈɪnkwest] *sb* gerichtliche Untersuchung *f*
inquiry [ɪnˈkwaɪrɪ] *sb* Anfrage *f*
insert [ɪnˈsɜːt] *v* 1. *(an advertisement)* setzen; [ˈɪnsɜːt] *sb* 2. *(in a magazine or newspaper)* Beilage *f*
inserted [ɪnˈsɜːtɪd] *adj* beigefügt, beigelegt, hineingesteckt
insertion of an advertisement [ɪnˈsɜːʃən əvən ədˈvɜːtɪsmənt] *sb* Anzeigenschaltung *f*
in-service training [ˈɪnsɜːvɪs ˈtreɪnɪŋ] *sb* innerbetriebliche Weiterbildung *f*
inside money [ˈɪnsaɪd ˈmʌnɪ] *sb* Innengeld *n*
insider information [ˈɪnsaɪdə ɪnfɔːˈmeɪʃən] *sb* Insiderinformation *f*
insider security [ˈɪnsaɪdə sɪˈkjuːrɪtɪ] *sb* Insiderpapier *n*
insider trading [ˈɪnsaɪdə ˈtreɪdɪŋ] *sb* Insiderhandel *m*
insolvency [ɪnˈsɔlvənsɪ] *sb* Zahlungsunfähigkeit *f*, Insolvenz *f*
insolvent [ɪnˈsɔlvənt] *adj* zahlungsunfähig
insourcing [ˈɪnsɔːsɪŋ] *sb* Insourcing *n*
inspect [ɪnˈspekt] *v* kontrollieren, prüfen
inspection [ɪnˈspekʃən] *sb* Kontrolle *f*, Prüfung *f*, Einsichtnahme *f*
inspection of records [ɪnˈspekʃən əv ˈrekɔːz] *sb* Akteneinsicht *f*
installation [ɪnstəˈleɪʃən] *sb* Installation *f*, Montage *f*, Aufbau *m*, Aufstellung *f*

installment *(US see „instalment")*
instalment [ɪn'stɑːːlmənt] *sb (payment)* Rate *f*
instalment contract [ɪn'stɑːlmənt 'kɔntrækt] *sb* Abzahlungskauf *m*
instalment credit [ɪn'stɑːlmənt 'kredɪt] *sb* Teilzahlungskredit *m*
instalment loans [ɪn'stɑːlmənt lɔːnz] *sb* Ratenanleihen *f/pl*
instalment mortgage [ɪn'stɑːlmənt 'mɔːgɪdʒ] *sb* Abzahlungshypothek *f*, Amortisationshypothek *f*
instalment plan [ɪn'stɑːːlmənt plæn] *sb (US)* Ratenzahlung *f*
instalment sale transaction [ɪn'stɑːlmənt seɪl trænsˈækʃən] *sb* Abzahlungsgeschäft *n*
instalment sales credit [ɪn'stɑːlmənt seɪlz 'kredɪt] *sb* Ratenkredit *m*
instalment sales financing institution [ɪn'stɑːlmənt seɪlz faɪ'nænsɪŋ ɪnstɪ'tjuːʃən] *sb* Teilzahlungsbank *f*
instance ['ɪnstəns] *(legal system)* Instanz *f*
institutional investor [ɪnstɪ'tjuːʃənəl ɪn'vestə] *sb* institutionelle Anleger *m*
institutional investors [ɪnstɪ'tjuːʃənəl ɪn'vestəz] *sb* Kapitalsammelstelle *f*
institutional trustee [ɪnstɪ'tjuːʃənəl trʌs'tiː] *sb* Treuhandanstalt *f*
instruct [ɪn'strʌkt] *v* 1. unterrichten; 2. *(tell, direct)* anweisen; 3. *(a jury)* instruieren
instruction [ɪn'strʌkʃən] *sb* 1. *(order)* Anweisung *f*, Instruktion *f*; ~s *pl* 2. *(for use)* Gebrauchsanweisung *f*
instrument made out to order ['ɪnstrəmənt meɪd aʊt tu 'ɔːdə] *sb* Orderpapier *n*
instruments conferring title ['ɪnstrəmənts kən'fɜːrɪŋ 'taɪtəl] *sb* Forderungspapiere *n/pl*
instruments of balance sheet policy ['ɪnstrəmənts əv 'bæləns fiːt 'pɔlɪsi] *sb* bilanzpolitische Instrumente *n/pl*
instruments to order by law ['ɪnstrəmənts tu 'ɔːdə baɪ lɔː] *sb* geborene Orderpapiere *n/pl*
instruments to order by option ['ɪnstrəmənts tu 'ɔːdə baɪ 'ɔpʃən] *sb* gewillkürte Orderpapiere *n/pl*
insubordination [ɪnsʌbɔːdɪ'neɪʃən] *sb* Ungehorsamkeit *f*, Insubordination *f*
insurance [ɪn'ʃʊərəns] *sb* Versicherung *f*
insurance agent [ɪn'ʃʊərəns 'eɪdʒənt] *sb* Versicherungsvertreter *m*

insurance company [ɪn'ʃʊərəns 'kʌmpəni] *sb* Versicherungsgesellschaft *f*
insurance company share [ɪn'ʃʊərəns 'kʌmpəni ʃeə] *sb* Versicherungsaktie *f*
insurance contract [ɪn'ʃʊərəns 'kɔntrækt] *sb* Versicherungsvertrag *m*
insurance coverage [ɪn'ʃʊərəns 'kʌvərɪdʒ] *sb* Versicherungsschutz *m*
insurance industry principle [ɪn'ʃʊərəns 'ɪndəstrɪ 'prɪnsɪpəl] *sb* Assekuranzprinzip *n*
insurance of persons [ɪn'ʃʊərəns əv 'pɜːsənz] *sb* Personenversicherung *f*
insurance policy [ɪn'ʃʊərəns 'pɔlɪsi] *sb* Versicherungspolice *f*, Versicherungssachen *m*
insurance premium [ɪn'ʃʊərəns 'priːmiəm] *sb* Versicherungsprämie *f*
insurance system [ɪn'ʃʊərəns] *sb* Assekuranz *f*
insure [ɪn'ʃʊə] *v* versichern
insured [ɪn'ʃʊəd] *adj* versichert
insured letter [ɪn'ʃʊəd 'letə] *sb* Wertbrief *m*
insured person [ɪn'ʃʊəd 'pɜːsən] *sb* Versicherungsnehmer(in) *m/f*, Versicherte(r) *m/f*
insured sum [ɪn'ʃʊəd sʌm] *sb* Versicherungssumme *f*
insurer [ɪn'ʃʊərə] *sb* Versicherer *m*, Versicherungsgesellschaft *f*
intangible assets [ɪn'tændʒɪbəl 'æsets] *sb* immaterielle Werte *m/pl*
intangible stocks and bonds [ɪn'tændʒɪbəl stɔks ænd bɔndz] *sb* intangible Effekte *f/pl*
integral part ['ɪntɪgrəl pɑːt] *sb* wesentlicher Bestandteil *m*
integration [ɪntɪ'greɪʃən] *sb* Integration *f*, Eingliederung *f*
interact [ɪntər'ækt] *v* aufeinander wirken, interagieren
interaction [ɪntər'ækʃən] *sb* Wechselwirkung *f*, Interaktion *f*
interactive [ɪntər'æktɪv] *adj* interaktiv
interbank rate ['ɪntəbæŋk reɪt] *sb* Interbankrate *f*, Interbankensatz *m*
intercom ['ɪntəkɔm] *sb* Gegensprechanlage *f*; *(in a building)* Lautsprecheranlage *f*
inter-company agreements [ɪntə'kʌmpəni] *sb* Unternehmensverträge *m/pl*
intercontinental [ɪntəkɔntɪ'nentl] *adj* interkontinental
interdependence [ɪntədɪ'pendəns] *sb* Interdependenz *f*
interest ['ɪntrest] *sb* 1. Zinsen *pl*; 2. *(share, stake)* Anteil *m*, Beteiligung *f*; 3. *taxation of* ~ Zinsbesteuerung *f*

interest account [ˈɪntrest əˈkaʊnt] *sb* Zinsmarge *f*

interested party [ˈɪntrestɪd ˈpɒtɪ] *sb* Interessent *m*

interest elasticity [ˈɪntrest ɪlæsˈtɪsɪtɪ] *sb* Zinselastizität *f*

interest-free [ɪntrestˈfriː] *adj* zinslos

interest group [ˈɪntrest gruːp] *sb* Interessenverband *m*

interest margin [ˈɪntrest ˈmɑːdʒɪn] *sb* Zinsmarge *f*, Zinsspanne *f*

interest on borrowed capital [ˈɪntrest ɔn ˈbɔrəʊd ˈkæpɪtəl] *sb* Fremdkapitalzins *m*

interest on capital [ˈɪntrest ɔn ˈkæpɪtl] *sb* Kapitalzins *m*

interest on debts [ˈɪntrest ɔn dets] *sb* Schuldzinsen *m*

interest on long-term debts [ˈɪntrest ɔn lɔŋ tɜːm dets] *sb* Dauerschuldzinsen *m/pl*

interest on money [ˈɪntrest ɔn ˈmʌnɪ] *sb* Geldzins *m*

interest parity [ˈɪntrest ˈperɪtɪ] *sb* Zinsparität *f*

interest payable [ˈɪntrest ˈpeɪjəbəl] *sb* Passivzins *m*

interest payment date [ˈɪntrest ˈpeɪmənt deɪt] *sb* Zinstermin *m*

interest rate [ˈɪntrest reɪt] *sb* Zinssatz *m*

interest rate arbitrage [ˈɪntrest reɪt ˈɒbɪtrɪdʒ] *sb* Zinsarbitrage *f*

interest rate control [ˈɪntrest reɪt kənˈtrəʊl] *sb* Zinsbindung *f*

interest rate customary in the market [ˈɪntrest reɪt ˈkʌstəmərɪ ɪn ðə ˈmɑːket] *sb* marktüblicher Zins *m/pl*

interest rate for accounting purposes [ˈɪntrest reɪt fɔː əˈkaʊntɪŋ ˈpɜːrpəsɪs] *sb* Rechnungszins *m*

interest rate future [ˈɪntrest reɪt ˈfjuːtʃə] *sb* Interest Rate Future *n*

interest rate level [ˈɪntrest reɪt ˈlevl] *sb* Zinsniveau *n*

interest rate on a loan [ˈɪntrest reɪt ɔn ə lɔːn] *sb* Leihzins *m*

interest rate policy [ˈɪntrest reɪt ˈpɒlɪsɪ] *sb* Zinspolitik *f*

interest rate structure [ˈɪntrest reɪt ˈstrʌktʃə] *sb* Zinsstruktur *f*

interest rate swap [ˈɪntrest reɪt swɒp] *sb* Zinsswap *m*

interest rate table [ˈɪntrest reɪt ˈteɪbəl] *sb* Zinsstaffel *f*

interest receivable [ˈɪntrest rɪˈsiːvəbəl] *sb* Aktivzins *m*

interest service [ˈɪntrest ˈsɜːvɪs] *sb* Zinsendienst *m*

interest surplus [ˈɪntrest ˈsɜːplʌs] *sb* Zinsüberschuss *m*

interest tender [ˈɪntrest ˈtendə] *sb* Zinstender *m*

interface [ˈɪntəfeɪs] *sb* Interface *n*, Schnittstelle *f*

inter-generation compact [ɪntɜːdʒenəˈreɪʃən ˈkɒmpækt] *sb* Generationenvertrag *m*

interim [ˈɪntərɪm] *adj 1.* vorläufig, Übergangs..., Interims... *sb 2.* Zwischenzeit *f*

interim account [ˈɪntərɪm əˈkaʊnt] *sb* Zwischenkonto *n*

interim balance sheet [ˈɪntərɪm ˈbæləns ʃiːt] *sb* Zwischenbilanz *f*

interim budget [ˈɪntərəm ˈbʌdʒɪt] *sb* Nachtragshaushalt *m*

interim financing [ˈɪntərəm faɪˈnænsɪŋ] *sb* Zwischenfinanzierung, Überbrückungsfinanzierung *f*

interim interest [ˈɪntərəm ˈɪntrest] *sb* Zwischenzinsen *m/pl*

interim loan [ˈɪntərəm lɔːn] *sb* Zwischenkredit *m*

interim retirement pension [ˈɪntərəm rɪˈtaɪəmənt ˈpenʃən] *sb* Überbrückungsrente *f*

interim shareholder [ˈɪntərəm ˈʃeəhɒldə] *sb* Zwischenaktionär *m*

interim solution [ˈɪntərɪm səˈluːʃən] *sb* Interimslösung *f*, Übergangslösung *f*

interior [ɪnˈtɪərɪə] *adj (domestic)* Binnen..., Innen...

interlocking [ˈɪntəlɒkɪŋ] *sb* Verschachtelung *f*

interlocking directorate [ˈɪntəlɒkɪŋ daɪˈrektərɪt] *sb* Überkreuzverflechtung *f*

intermediary [ɪntəˈmiːdɪərɪ] *sb 1.* Vermittler *m*, Mittelsmann *m*; *2. act as ~* vermitteln

intermediate broker [ɪntəˈmiːdjət ˈbrəʊkə] *sb* Untermakler *m*

intermediate company [ɪntəˈmiːdjət ˈkʌmpənɪ] *sb* Zwischengesellschaft *f*

Intermediate Court of Appeals [ɪntəˈmiːdjət kɔːt ɔv əˈpiːlz] *sb* Oberlandesgericht (OLG) *n*

intermediate inventory [ɪntəˈmiːdjət ˈɪnventərɪ] *sb* Zwischenlager *n*

intermediate products [ɪntəˈmiːdjət ˈprɒdʌkts] *sb* Vorprodukte *n/pl*

intermediate share certificate [ɪntəˈmiːdjət ʃeə sɜːˈtɪfɪkɪt] *sb* Anrechtscheine *m*

intermediation [ɪntəmiːdɪˈeɪʃən] *sb* Mitwirkung *f*

internal [ɪn'tənl] *adj 1. (within an organization)* intern; *2. (within a country)* Innen..., Binnen...
internal accounting [ɪn'tənəl ə'kaʊntɪŋ] *sb* internes Rechnungswesen *n*
internal audit [ɪn'tənəl 'ɔːdɪt] *sb* interne Revision *f*
internal financing [ɪn'tənəl faɪ'nænsɪŋ] *sb* Innenfinanzierung *f*
internal interest rate [ɪn'tənəl 'ɪntrest reɪt] *sb* interner Zinsfuß *m*
internalization of external effects [ɪntənəlaɪ'zeɪʃən əv 'ekstɜːnəl ə'fekts] *sb* Internalisierung externer Effekte *f*
Internal Market of the European Community [ɪn'tənl 'mɑːkɪt əv ðə 'jʊərəʊpɪən kə'mjuːnɪtɪ] *sb* Europäischer Binnenmarkt *m*
internal partnership [ɪn'tənəl 'pɑːtnəʃɪp] *sb* Innengesellschaft *f*
internal services [ɪn'tənəl 'sɜːvɪsɪz] *sb* innerbetriebliche Leistungen *f/pl*
internal supervision system [ɪn'tənəl səʊpə'vɪʒən 'sɪstɪm] *sb* internes Überwachungssystem *n*
internal syndicate [ɪn'tənəl 'sɪndɪkɪt] *sb* Innenkonsortium *n*
international [ɪntə'næʃnəl] *adj* international
international capital transactions [ɪntə'næʃənəl 'kæpɪtəl træns'ækʃənz] *sb* internationaler Kapitalverkehr *m*
international cash position [ɪntə'næʃənəl kæʃ pə'zɪʃən] *sb* internationale Liquidität *f*
International Commodity Agreements [ɪntə'næʃnəl kə'mɒdɪtɪ ə'griːmənts] *sb* Rohstoffabkommen *n*
international commodity exchange [ɪntə'næʃənəl kə'mɒdɪtɪ ɪks'tʃeɪndʒ] *sb* Internationale Warenbörsen *f/pl*
international consignment note [ɪntə'næʃənəl kən'saɪnmənt nəʊt] *sb* internationaler Frachtbrief *m*
international credit markets [ɪntə'næʃnəl 'kredɪt 'mɑːkɪts] *sb* internationale Kreditmärkte *m/pl*
international economic order [ɪntə'næʃnəl ekə'nɒmɪk 'ɔːdə] *sb* Weltwirtschaftsordnung *f*
international economic policy [ɪntə'næʃənəl ɪkə'nɒmɪk 'pɒlɪsɪ] *sb* Außenwirtschaftspolitik *f*
international economic system [ɪntə'næʃənəl ɪkə'nɒmɪk 'sɪstɪm] *sb* Weltwirtschaftsordnung *f*

International Federation of Stock Exchanges [ɪntə'næʃənəl fedə'reɪʃən əv stɔːk ɪks'tʃeɪndʒɪz] *sb* Internationale Vereinigung der Wertpapierbörsen *f/pl*
international foreign exchange markets [ɪntə'næʃənəl 'fɔːrən ɪks'tʃeɪndʒ 'mɑːkɪts] *sb* Internationale Devisenbörsen *f/pl*
internationalization strategy [ɪntə'næʃənəlaɪ'zeɪʃən 'strætɪdʒɪ] *sb* Internationalisierungsstrategie *f*
international law ['ɪntənæʃnəl lɔː] *sb* Völkerrecht *n*
international monetary system [ɪntə'næʃnəl 'mʌnɪtərɪ 'sɪstəm] *sb* Weltwährungssystem *n*, internationales Währungssystem *n*
international payments [ɪntə'næʃənəl 'peɪmənts] *sb* internationaler Zahlungsverkehr *m*
international price system [ɪntə'næʃənəl praɪs 'sɪstɪm] *sb* internationaler Preiszusammenhang *m*
international product liability [ɪntə'næʃənəl 'prɒdʌkt laɪə'bɪlɪtɪ] *sb* internationale Produkthaftung *f*
Internet ['ɪntənet] *sb* Internet *n*
Internet economy ['ɪntənet ɪ'kɒnəmɪ] *sb* Internet-Ökonomie *f*
internship [ɪn'tənʃɪp] *sb* Praktikum *n*, Volontariat *n*
interpolation [ɪntəpə'leɪʃən] *sb* Interpolation *f*
interprete [ɪn'tərprɪt] *v* dolmetschen, übersetzen
interpreter [ɪn'təprɪtə] *sb* Dolmetscher(in) *m/f*, Übersetzer(in) *m/f*
intertemporal trade [ɪntə'tempərəl treɪd] *sb* intertemporaler Handel *m*
intervene [ɪntə'viːn] *v* intervenieren, eingreifen
intervention [ɪntə'venʃən] *sb* Intervention *f*, Eingreifen *n*
intervention buying [ɪntə'venʃən 'baɪɪŋ] *sb* Interventionskäufe *pl*
intervention point [ɪntə'venʃən pɔɪnt] *sb* Interventionspunkte *m/pl*
interview ['ɪntəvjuː] *sb 1. (formal talk)* Gespräch *n*; *2. (job ~)* Vorstellungsgespräch *n*
interviewer ['ɪntəvjuːə] *sb (for a job)* Leiter eines Vorstellungsgesprächs *m*
intra-Community deliveries [ɪntrəkə'mjuːnɪtɪ də'lɪvərɪːz] *sb* innergemeinschaftliche Lieferungen *f/pl*
intra-Community trade [ɪntrəkə'mjuːnɪtɪ treɪd] *sb* innergemeinschaftlicher Verkehr *m*

Intranet ['ıntrənet] *sb* Intranet *n*
intra-trade statistics ['ıntrətreıd stə'tıstıks] *sb* Intrahandelsstatistik *f*
intrinsic motivation [ın'trınzık məʊtı-'veıʃən] *sb* intrinsische Motivation *f*
intrinsic value [ın'trınzık 'vælju:] *sb* innerer Wert *m*, Substanzwert *m*
introduce [ıntrə'dju:s] *v (s.o.)* vorstellen; *(to a subject)* einführen; ~ *o.s.* sich vorstellen; *(reforms, a method, a fashion)* einführen
introduction [ıntrə'dʌkʃən] *sb* 1. *(to a person)* Vorstellung *f*; 2. *letter of* ~ Empfehlungsschreiben *n*, Empfehlungsbrief *m*; 3. *(of a method)* Einführung *f*
introduction stage [ıntrə'dʌkʃən steıdʒ] *sb* Einführungsphase *f*
introductory discount [ıntrə'dʌktərı 'dıskaʊnt] *sb* Einführungsrabatt *m*
introductory price [ıntrə'dʌktərı praıs] *sb* Einführungskurs *m*
inure [ın'jʊə] *v* in Kraft treten
invent [ın'vent] *v* erfinden
invention [ın'venʃən] *sb* Erfindung *f*
inventor [ın'ventə] *sb* Erfinder(in) *m/f*
inventory [ın'ventərı] *sb* Inventar *n*, Bestandsaufnahme *f*; **take an** ~ **of sth** Inventar von etw aufnehmen
inventory accounting ['ınvəntərı ə'kaʊntıŋ] *sb* Lagerbuchführung *f*, Materialbuchhaltung *f*
inventory balance sheet ['ınvəntərı 'bæləns ʃi:t] *sb* Inventurbilanz *f*
inventory change ['ınvəntərı tʃeındʒ] *sb* Bestandsveränderung *f*
inventory-sales ratio ['ınvəntərı seılz 'reıʃıəʊ] *sb* Umschlagshäufigkeit eines Lagers *f*
inventory valuation at average prices ['ınvəntərı vælju:'eıʃən æt 'ævərıdʒ 'praısız] *sb* Durchschnittsbewertung *f*
inventory value ['ınvəntərı 'vælju:] *sb* Inventarwert *m*
inverse interest rate structure ['ınvɜ:s 'ıntrıst reıt 'strʌkʃə] *sb* inverse Zinsstruktur *f*
inverse method of cost estimating ['ınvɜ:s 'meθəd əv kɒst 'estımeıtıŋ] *sb* retrograde Kalkulation *f*
inverse method of determining income ['ınvɜ:s 'meθəd əv də'tɜ:mınıŋ 'ınkʌm] *sb* retrograde Erfolgsrechnung *f*
invested capital [ın'vestıd 'kæpıtəl] *sb* investiertes Kapital *n*
invested wages [ın'vestıd 'weıdʒız] *sb* Investivlohn *m*

investigation [ınvestı'geıʃən] *sb* Nachforschung *f*, Ermittlung
investigation by the tax authorities [ınvestı'geıʃən baı ðə tæks ə'θɔ:rıti:z] *sb* Betriebsprüfung *f*
investigation into tax evasion [ınvestı'geıʃən 'ıntu: 'tæksıveıʃən] *sb* Steuerfahndung *f*
investment [ın'vestmənt] *sb* Anlage *f*, Geldanlage *f*, Investition *f*, Vermögensanlage *f*
investment accounts [ın'vestmənt ə'kaʊnts] *sb* Anlagekonten *n/pl*
investment aid [ın'vestmənt eıd] *sb* Investitionshilfe *f*
investment advisor [ın'vestmənt əd'vaızə] *sb* Vermögensberater *m*, Anlageberater *m*, Wertpapierberater *m*
investment appraisal [ın'vestmənt ə'preızəl] *sb* Investitionsrechnung *f*
investment assistance [ın'vestmənt ə'sıstəns] *sb* Investitionshilfe *f*
investment bank [ın'vestmənt bæŋk] *sb* Investmentbank *f*, Investitionsbank *f*
investment banking [ın'vestmənt 'bæŋkıŋ] *sb* Effektenbankgeschäft *n*
investment boom [ın'vestmənt bu:m] *sb* Investmentboom *m*
investment business [ın'vestmənt 'bıznıs] *sb* Emissionsgeschäft *n*
investment capital [ın'vestmənt 'kæpıtl] *sb* Kapitalanlage *f*, Anlagekapital *n*
investment certificate [ın'vestmənt sə'tıfıkət] *sb* Investmentzertifikat *n*
investment committee [ın'vestmənt kə'mıti:] *sb* Anlageausschuss *m*
investment company [ın'vestmənt 'kʌmpənı] *sb* Investmentgesellschaft *f*
investment counseling [ın'vestmənt 'kaʊnsəlıŋ] *sb* Anlageberatung *f*, Vermögensberatung *f*, Wertpapierberatung *f*
investment credit [ın'vestmənt 'kredıt] *sb* Investitionskredit *m*, Anlagekredit *m*
investment credit insurance [ın'vestmənt 'kredıt ın'ʃʊərəns] *sb* Investitionskreditversicherung *f*
investment fund [ın'vestmənt fʌnd] *sb* Investmentfonds *m*
investment fund certificates [ın'vestmənt fʌnd sɜ:'tıfıkıts] *sb* Investmentzertifikate *n/pl*
investment grant [ın'vestmənt grɒnt] *sb* Investitionszulage *f*
investment in kind [ın'vestmənt ın kaınd] *sb* Sacheinlage *f*

investment in securities [ɪnˈvestmənt ɪn sɪˈkjuːrɪtiːz] *sb* Wertpapieranlage *f*
investment index [ɪnˈvestmənt ˈɪndeks] *sb* Investitionskennzahl *f*
investment loan [ɪnˈvestmənt ləʊn] *sb* Investitionskredit *m*
investment program [ɪnˈvestmənt ˈprəʊɡræm] *sb* Programmgesellschaft *f*
investment promotion [ɪnˈvestmənt prəˈməʊʃən] *sb* Investitionsförderung *f*
investment risk [ɪnˈvestmənt rɪsk] *sb* Anlagewagnis *n*
investment scheme [ɪnˈvestmənt skiːm] *sb* Investitionsplan *m*
investment securities [ɪnˈvestmənt sɪˈkjʊərɪtiz] *sb* Anlagepapiere *pl*
investment securities [ɪnˈvestmənt sɪˈkjuːrɪtiːz] *sb* Anlagepapiere *n/pl*
investment share [ɪnˈvestmənt ʃɛə] *sb* Investmentanteil *m*
investment tax [ɪnˈvestmənt tæks] *sb* Investitionssteuer *f*
investor [ɪnˈvestə] *sb* Kapitalanleger *m*, Investor *m*
invisible hand [ɪnˈvɪzɪbəl hænd] *sb* Ausgleichsfunktion des Preises *f*
invitation to tender [ɪnvɪˈteɪʃən tu ˈtendə] *sb* Ausschreibung *f*, Submission *f*
invoice [ˈɪnvɔɪs] *sb* Rechnung *f*, Faktura *f*
invoice amount [ˈɪnvɔɪs əˈmaʊnt] *sb* Rechnungssumme *f*
invoice number [ˈɪnvɔɪs ˈnʌmbə] *sb* Rechnungsnummer *f*
invoice total [ˈɪnvɔɪs ˈtəʊtl] *sb* Rechnungsbetrag *m*
invoicing [ˈɪnvɔɪsɪŋ] *sb* 1. Fakturierung *f*, Rechnungsstellung *f*; 2. Inrechnungstellung *f*, Berechnung *f*
iron and steel producing industry [ˈaɪən ænd stiːl prəˈdjuːsɪŋ ˈɪndəstrɪ] *sb* Eisen schaffende Industrie *f*
iron exchange [ˈaɪən ɪksˈtʃeɪndʒ] *sb* Eisenbörse *f*
irredeemable [ɪrɪˈdiːməbl] *adj* 1. *(bonds)* unkündbar; 2. *(currency)* nicht einlösbar; 3. *(debt, pawned object)* nicht ablösbar
irregularity [ɪreɡjʊˈlærɪtɪ] *sb* Unregelmäßigkeit *f*
ISO standards [aɪ es əʊ ˈstændədz] *sb* ISO-Normen *f/pl*
issue [ˈɪʃjuː] *v* 1. *(a command)* ausgeben, erteilen; 2. *(currency)* ausgeben, emittieren; 3. *(documents)* ausstellen; 4. *(stamps, a newspaper, a book)* herausgeben; *sb* 5. *(magazine, currency, stamps)* Ausgabe *f*; 6. *(of documents)* Ausstellung *f*; date of ~ Ausstellungsdatum *n*; 7. Emission *f*, Ausgabe *f*
issue [ˈɪʃuː] *sb* 1. *(Wertpapiere)* Emission *f*, Ausgabe *f*; 2. *(Scheck, Wechsel)* Ausgabe *f*; 3. *(Waren)* Abgang *m*
issue at par [ˈɪʃuː æt pɑː] *sb* Pariemission *f*
issue below par [ˈɪʃuː bəˈləʊ pɑː] *sb* Unter-Pari-Emission *f*
issue calendar [ˈɪʃuː ˈkæləndə] *sb* Emissionskalender *m*
issue commission [ˈɪʃuː kəˈmɪʃən] *sb* Emissionsvergütung *f*
issue department [ˈɪʃuː dəˈpɑːtmənt] *sb* Emissionsabteilung *f*
Issue Law [ˈɪʃuː lɔː] *sb* Emissionsgesetz *n*
issue market [ˈɪʃuː mɑːkət] *sb* Emissionsmarkt *m*, Primärmarkt *m*
issue of securities [ˈɪʃuː əv sɪˈkjuːrɪtiːz] *sb* Effektenemission *f*, Wertpapieremission *f*
issue of shares [ɪsjuːəvˈʃɛəz] *sb* Aktienemission *f*, Aktienausgabe *f*
issue permit [ˈɪʃuː ˈpəmɪt] *sb* Emissionsgenehmigung *f*
issue premium [ˈɪʃuː ˈpriːmɪəm] *sb* Emissionsagio *n*
issue price [ˈɪʃuː praɪs] *sb* Emissionskurs *m*
issuer [ˈɪʃuːər] *sb* Emittent *m*, emittierendes Unternehmen *n*
issue yield [ˈɪʃuː jiːld] *sb* Emissionsrendite *f*
issuing [ˈɪʃuːɪŋ] *sb* Emission *f*, Erscheinen *n*
issuing bank [ˈɪʃuːɪŋ bæŋk] *sb* Effektenbank *f*, Emissionsbank *f*
issuing house [ˈɪʃuːɪŋ haʊs] *sb* Emissionshaus *n*
issuing of shares [ˈɪʃuːɪŋ əv ʃɛəz] *sb* Aktienausgabe *f*
issuing price [ˈɪʃuːɪŋ praɪs] *sb* Ausgabepreis *m*, Begebungspreis *m*, Ausgabekurs *m*
issuing procedure [ˈɪʃuːɪŋ prəˈsiːʒə] *sb* Emissionsverfahren *n*
item [ˈaɪtəm] *sb* 1. *(object, thing)* Stück *n*, Ding *n*, Gegenstand *m*; 2. *(on an agenda)* Punkt *m*; 3. *(in an account book)* Posten *m*
item free of charge [ˈeɪtəm friː əv tʃɒdʒ] *sb* Frankoposten *m*
itemize [ˈaɪtəmaɪz] *v* einzeln aufführen, spezifizieren
item numbering system [ˈeɪtəm ˈnʌmbərɪŋ ˈsɪstɪm] *sb* Artikelnummernsystem *n*
item of real estate [ˈaɪtəməv ˈriːlsteɪt] *sb* Immobilie *f*
itinerant trade [aɪˈtɪnərənt treɪd] *sb* ambulantes Gewerbe *n*

J/K

jam [dʒæm] *sb 1. (blockage)* Stauung *f*; *2. traffic ~* (Verkehrs-)Stau *m*
janitor ['dʒænɪtə] *sb* Hausmeister(in) *m/f*
jargon ['dʒɑːɡən] *sb* Jargon *m*, Fachsprache *f*
jet [dʒet] *sb (~ plane)* Düsenflugzeug *n*, Jet *m*
job [dʒɔb] *sb 1. (employment)* Stelle *f*, Job *m*, Stellung *f*; *2. (piece of work)* Arbeit *f*; *3. to be paid by the ~* pro Auftrag bezahlt werden; *pl 4. odd ~s* Gelegenheitsarbeiten *pl*; *5. (responsibility, duty)* Aufgabe *f*; *That's not my ~.* Dafür bin ich nicht zuständig.
jobbing ['dʒɔbɪŋ] *sb* Jobben *n*
job centre ['dʒɔb sentə] *sb (UK)* Arbeitsamt *n*
job demand [dʒɔb dɪ'mɑːnd] *sb* Arbeitsnachfrage *f*
job description ['dʒɔb dɪskrɪpʃən] *sb* Tätigkeitsbeschreibung *f*
job engineering [dʒɔb endʒɪn'iːrɪŋ] *sb* Arbeitsplatzgestaltung *f*
job evaluation ['dʒɔb ɪvæljuˈeɪʃən] *sb* Arbeitsbewertung *f*
jobless ['dʒɔbləs] *adj* arbeitslos
job lot [dʒɔb'lɔt] *sb (of articles)* Posten *m*
job order costing [dʒɔb 'ɔːrdə 'kɔstɪŋ] *sb* Zuschlagskalkulation *f*
job preparation [dʒɔb 'prepəˈreɪʃən] *sb* Arbeitsvorbereitung *f*
job rotation ['dʒɔb rəʊteɪʃən] *sb* Jobrotation *f*, systematischer Arbeitsplatzwechsel *m*
job satisfaction ['dʒɔb sætɪsfækʃən] *sb* Arbeitszufriedenheit *f*
job search ['dʒɔb sətʃ] *sb* Stellensuche *f*
job sharing ['dʒɔbʃɛərɪŋ] *sb* Jobsharing *n*, Teilen einer Arbeitsstelle *n*
job shop operation ['dʒɔb 'ʃɔp ɔpəˈreɪʃn] *sb* Werkstattfertigung *f*
joining ['dʒɔɪnɪŋ] *sb* Beitritt *m*
joint [dʒɔɪnt] *adj* gemeinsam, gemeinschaftlich, Gemeinschafts...; *~ and several* solidarisch
joint account [dʒɔɪnt ə'kaʊnt] *sb* Gemeinschaftskonto *n*, Oder-Konto *n*
joint and several debtor ['dʒɔɪnt ænd 'sevərəl detə] *sb* Gesamtschuldner *m*
joint and several guaranty ['dʒɔɪnt ænd 'sevərəl gærən'tiː] *sb* gesamtschuldnerische Bürgschaft *f*
joint and several liability ['dʒɔɪnt ænd 'sevərəl laɪə'bɪlɪtɪ] *sb* Solidarhaftung *f*
joint debt [dʒɔɪnt 'det] *sb* Gesamthandschuld *f*
joint deposit [dʒɔɪnt dɪ'pɔsɪt] *sb* Oderdepot *n*
joint funds [dʒɔɪnt 'fʌnds] *sb* Gemeinschaftsfonds *m*
joint issue [dʒɔɪnt 'ɪʃjuː] *sb* Gemeinschaftsemission *f*
joint loan [dʒɔɪnt 'ləʊn] *sb* Gemeinschaftsanleihe *f*
joint loan issue [dʒɔɪnt 'ləʊn ɪʃjuː] *sb* Sammelanleihe *f*
joint owner [dʒɔɪnt 'əʊnə] *sb* Miteigentümer *m*, Mitbesitzer *m*
joint power of attorney [dʒɔɪnt 'paʊə ɔf ə'tɔnɪ] *sb* Gesamtvollmacht *f*
joint proxy [dʒɔɪnt 'prɔksɪ] *sb* Gesamtprokura *f*
joint property [dʒɔɪnt 'prɔpətɪ] *sb* gemeinschaftliches Eigentum *n*
joint publicity [dʒɔɪnt pʌ'blɪsɪtɪ] *sb* Gemeinschaftswerbung *f*
joint saving [dʒɔɪnt 'seɪvɪŋ] *sb* Gemeinschaftssparen *n*
joint security deposit [dʒɔɪnt sɪk'jʊrɪtɪ dɪ'pɔsɪt] *sb* Gemeinschaftsdepot *n*
joint stock bank [dʒɔɪnt 'stɔk bæŋk] *sb* Aktienbank *f*
joint stock company [dʒɔɪnt 'stɔk kʌmpənɪ] *sb* Aktiengesellschaft *f*
joint tenancy [dʒɔɪnt 'tenənsɪ] *sb* Gesamthandeigentum *n*
jointly owned claim ['dʒɔɪntlɪ əʊnd kleɪm] *sb* Gesamthandforderung *f*
joint-stock company ['dʒɔɪntstɔk kʌmpənɪ] *sb* Kapitalgesellschaft *f*, Aktiengesellschaft *f*
joint-venture company [dʒɔɪnt 'ventʃə 'kʌmpənɪ] *sb* Projektgesellschaft *f*
journal ['dʒɜnəl] *sb 1.* Journal *n*; *2. (Rechnungswesen)* Primanota *f*
journeyman ['dʒɜnɪmən] *sb* Geselle *m*
judge [dʒʌdʒ] *v 1.* urteilen; *2. (sth)* beurteilen; *3. (consider, deem)* halten für, erachten für; *4. (estimate)* einschätzen
judgement ['dʒʌdʒmənt] *sb 1.* Urteil *n*, Beurteilung *f*; *2. (estimation)* Einschätzung *f*

judicial [dʒuːˈdɪʃəl] *adj* gerichtlich, Justiz...
jump in prices [dʒʌmp ɪn ˈpraɪsɪz] *sb* Kurssprung *m*
junior financing [ˈdʒuːnjə ˈfaɪnænsɪŋ] *sb* nachrangige Finanzierung *f*
junior partner [ˈdʒuːnɪə ˈpɑːtnə] *sb* jüngere(r) Teilhaber(in) *m/f*, jüngere(r) Partner(in) *m/f*
junk bond [ˈdʒʌŋk bɔnd] *sb* niedrig eingestuftes Wertpapier *n*
junk mail [ˈdʒʌŋk meɪl] *sb* Postwurfsendungen *pl*, Reklame *f*
jurisdiction [dʒʊərɪsˈdɪkʃən] *sb* Zuständigkeitsbereich *m*, Zuständigkeit *f*
jurisdiction to tax [dʒʊərɪsˈdɪkʃen tu ˈtæks] *sb* Steuerhoheit *f*
justice [ˈdʒʌstɪs] *sb (system)* Gerichtsbarkeit *f*, Justiz *f*
just-in-time [dʒʌstɪnˈtaɪm] *adv* just-in-time, produziert zur sofortigen Auslieferung
keelage [ˈkiːlɪdʒ] *sb* Hafengebühr *f*
keep [kiːp] *v irr 1. (accounts, a diary)* führen; *2. (an appointment)* einhalten; *3. (a promise)* halten, einhalten, einlösen; *4. (run a shop, a hotel)* führen
keeping of an account [ˈkiːpɪŋ əv ən əˈkaʊnt] *sb* Kontoführung *f*
kerb market [ˈkɜːbmɑːkɪt] *sb* Nachbörse *f*, Freiverkehr *m*
key [kiː] *sb 1.* Schlüssel *m*; *2. (of a typewriter, of a keyboard)* Taste *f*
key account manager [kiː əˈkaʊnt ˈmænɪdʒə] *sb* Key-account-Manager *m*
key currency [kiː ˈkʌrensɪ] *sb* Leitwährung *f*

key industry [kiː ˈɪndəstrɪ] *sb* Schlüsselindustrie *f*
key money [ˈkiːmʌnɪ] *sb (UK)* Provision *f*
key qualification [kiː kwɔːlɪfɪkeɪʃn] *sb* Schlüsselqualifikation *f*
key rate [kiː reɪt] *sb* Leitzins *m*
key word [ˈkiːwɜːd] *sb* Schlüsselwort *n*
key workers [kiː ˈwɜːkəs] *sb* Stammbelegschaft *f*
keyboard [ˈkiːbɔːd] *sb* Tastatur *f*
Keynes Theory [kiːns ˈθɪərɪ] *sb* Keynes'sche Theorie *f*
keystroke [ˈkiːstrəʊk] *sb* Anschlag *m*
kill [kɪl] *v 1. (fam) (a proposal)* zu Fall bringen; *2. (an engine)* abschalten
kilobyte [ˈkɪləbaɪt] *sb* Kilobyte *n*
kilogramme [ˈkɪləgræm] *sb (UK)* Kilogramm *n*
kilohertz [ˈkɪləhɜːts] *sb* Kilohertz *n*
kilometre [kɪˈlɔmɪtə] *sb* Kilometer *m*; ~s per hour Stundenkilometer *pl*
kiloton [ˈkɪlətʌn] *sb* Kilotonne *f*
kilovolt [ˈkɪləvɔlt] *sb* Kilovolt *n*
kilowatt [ˈkɪləwɔt] *sb* Kilowatt *n*
king-sized [ˈkɪŋsaɪzd] *adj* Riesen..., sehr groß
kite flying [ˈkaɪtflaɪɪŋ] *sb* Wechselreiterei *f*
knock down [ˈnɔk daʊn] *v (Auktion)* zuschlagen
knockoff [ˈnɔkɔf] *sb* Imitation *f*
knock-on [ˈnɔkɔn] *adj* ~ effect Dominoeffekt *m*
knowhow [ˈnəʊhaʊ] *sb* Sachkenntnis *f*, Know-how *n*
knowledge management [ˈnʌlɪdʒ ˈmænɪdʒmənt] *sb* Wissensmanagement *n*

L

label ['leɪbl] *v* etikettieren, *sb* Etikett *n*, Schild *n*
labeling provisions ['leɪbəlɪŋ prɒ'vɪʃns] *sb* Kennzeichnungsverordnung *f*
labor market policy ['leɪbə 'mɑːkɪt 'pɒlɪsɪ] *sb* Arbeitsmarktpolitik *f*
Labor Promotion Law ['leɪbə prɒ'məʊʃn lɔː] *sb* Arbeitsförderungsgesetz (AFG) *n*
labor/employment cost ['leɪbə/ɪm'plɔɪmənt kɒst] *sb (Personal)* Arbeitskosten *f*
laboratory [lə'bɒrətrɪ] *sb* Laboratorium *n*, Labor *n*
labour ['leɪbə] *sb 1.* Arbeit *f*, Anstrengung *f*, Mühe *f*; *2. (workers)* Arbeiter *pl*, Arbeitskräfte *pl*
labour costs ['leɪbə kɔːsts] *sb* Lohnkosten *pl*
labour exchange ['leɪbər ɪkstʃeɪndʒ] *sb (UK)* Arbeitsamt *n*
labour law ['leɪbə lɔː] *sb* Arbeitsrecht *n*
labour market ['leɪbə mɑːkɪt] *sb* Arbeitsmarkt *m*
labour relations ['leɪbə rɪleɪʃənz] *pl* Arbeitsverhältnis, Arbeitsklima *n*
labourer ['leɪbərə] *sb* Arbeiter *m*, Arbeitskraft *f*
labour-intensive ['leɪbərɪntensɪv] *adj* arbeitsintensiv
lack [læk] *v 1.* Mangel haben an, nicht haben, nicht besitzen; *sb 2.* Mangel *m*
lack of liquidity [læk ɒf lɪ'kwɪdɪtɪ] *sb* Unterliquidität *f*
lading ['leɪdɪŋ] *sb* Ladung *f*
lagged adjustment of variable costs [lægd ə'dʒʌstmənt ɒf 'væriːəbl kɒsts] *sb* Kostenremanenz *f*
land central bank [lænd 'sentrəl bæŋk] *sb* Landeszentralbank (LZB) *f*
land charge ['lænd dʒɑːdʒ] *sb* Grundschuld *f*
land charge certificate ['lænd dʒɑːdʒ sə'tɪfɪkət] *sb* Grundschuldbrief *m*
land charge in favour of the owner ['lænd dʒɑːdʒ ɪn 'feɪvə ɒf ðiː 'əʊnə] *sb* Eigentümer-Grundschuld *f*
land charge not repayable until called ['lænd dʒɑːdʒ nɑːt rɪ'peɪəbl ʌn'tɪl kɔːld] *sb* Kündigungsgrundschuld *f*
land price [lænd praɪs] *sb* Bodenpreis *m*
land reform [lænd rɪ'fɔːm] *sb* Bodenreform *f*

landlord ['lændlɔːd] *sb* Vermieter *m*
lane [leɪn] *sb 1. (shipping route)* Schifffahrtsweg *m*; *2. (of an aircraft)* Route *f*
lapse [læps] *sb 1. (of time)* Zeitspanne *f*, Zeitraum *m*; *2. (expiration)* Ablauf *m*; *3. (of a claim)* Verfall *m*; *4. (mistake)* Fehler *m*, Versehen *n*
laptop ['læptɒp] *sb* Laptop *m*
large container [lɑdʒ kən'teɪnə] *sb* Großcontainer *m*
large-scale ['lɑːdʒskeɪl] *adj* Groß..., groß, umfangreich
large-scale chain operation ['lɑdʒ-skeɪl tʃeɪn ɒpə'reɪʃn] *sb* Massenfilialbetrieb *m*
large-scale lending ['lɑdʒ-skeɪl lendɪŋ] *sb* Großkredit *m*
large-scale operation ['lɑdʒskeɪl ɒpə'reɪʃən] *sb* Großbetrieb *m*, Großunternehmen *n*
large-scale order ['lɑdʒskeɪl 'ɔːdə] *sb* Großauftrag *m*
laser printer ['leɪzə 'prɪntə] *sb* Laserdrucker *m*
last will and testament ['lɑːst wɪl ænd 'testəmənt] *sb* Testament *n*
last-day business [lɑːst'deɪ 'bɪsnɪs] *sb* Ultimogeschäft *n*
last-day money [lɑːst'deɪ 'mʌnɪ] *sb* Ultimogeld *n*
lateness ['leɪtnɪs] *sb 1.* Zuspätkommen *n*; *2. (of payments, of a train)* Verspätung *f*
latent funds ['leɪtənt fʌndz] *sb* stille Rücklage *f*
launch [lɔːntʃ] *v 1. (a product)* auf den Markt bringen; *2. (with publicity)* lancieren; *3. (a company)* gründen
launch of a product [lɔːntʃ ɒf ə 'prɒdʌkt] *sb* Produkteinführung *f*
launching costs ['lɔːntʃɪŋ kɒsts] *sb* Anlaufkosten *f*
law [lɔː] *sb 1. (system)* Recht *n*; *under German ~* nach deutschem Recht
law of balancing organizational plans [lɔː ɒf 'bælænsɪŋ ɔːrɡənɑɪ'zelʃnl plænz] *sb* Ausgleichsgesetz der Planung *n*
law of non-proportional returns [lɔː ɒf nɒnprə'pɔːʃənl rɪ'tɜːns] *sb* Ertragsgesetz *n*
law of obligations [lɔː ɒf ɒblɪ'ɡeɪʃns] *sb* Schuldrecht *n*

law of real and personal property [lɔː ɔf 'rɪəl ænd 'pɜːsənl 'prɒpəti] *sb* Sachenrecht *n*
Law of Succession [lɔː ɔf sʌk'seʃn] *sb* Erbrecht *n*
law of taxation [lɔː əv tæk'seɪʃn] *sb* Steuerrecht *n*
law on competition [lɔːw ɔn kɒmpə'tɪʃən] *sb* Wettbewerbsrecht *n*
Law on Environmental Issues [lɔː ɔn ɪnvaɪrən'mentl 'ɪʃjuːs] *sb* Umwelthaftungsgesetz (UmweltHG) *n*
Law on food processing and distribution [lɔː ɔn fuːd prɒ'sesɪŋ ænd dɪstrɪ'bjuːʃn] *sb* Lebensmittelgesetz *n*
Law on old-age part-time employment [lɔː ɔn 'əʊld-eɪdʒ 'pɑːt-taɪm ɪmplɔɪmənt] *sb* Altersteilzeitgesetz *n*
lawful ['lɔːfəl] *adj* rechtmäßig
lawless ['lɔːləs] *adj* gesetzlos
lawsuit ['lɔːsuːt] *sb* Prozess *m*, Klage *f*
lawyer ['lɔːjə] *sb* Anwalt/Anwältin *m/f*, Rechtsanwalt/Rechtsanwältin *m/f*
lay off [leɪ'ɔf] *v irr (worker)* entlassen
layoff ['leɪɒf] *sb* Massenentlassung *f*
lay out ['leɪaʊt] *v irr* 1. *(money)* ausgeben; 2. *(invest)* investieren; 3. *(design)* anlegen, planen
layout ['leɪaʊt] *sb* 1. Anordnung *f*, Anlage *f*, Planung *f*; 2. *(of a publication)* Layout *n*
lead [liːd] *v irr* führen; ~ the way vorangehen
leader ['liːdə] *sb (of a project)* Leiter(in) *m/f*
leadership ['liːdəʃɪp] *sb* 1. Führung *f*, Leitung *f*; 2. *(quality)* Führungsqualitäten *pl*
lead time ['liːdtaɪm] *sb* 1. *(production)* Produktionszeit *f*; 2. *(delivery)* Lieferzeit *f*
leaflet ['liːflɪt] *sb* Prospekt *m*, Flugblatt *n*
learning curve ['lɜːnɪŋ kɜːf] *sb* Lernkurve *f*
lease [liːs] *v* 1. *(take)* pachten, in Pacht nehmen, mieten; 2. *(give)* verpachten, in Pacht geben, vermieten; *sb* 3. Pacht *f*, Miete *f*
leasehold ['liːshəʊld] *sb* Pacht *f*
leaseholder ['liːshəʊldə] *sb* Pächter *m*
lease renewal option [liːz rɪ'njuːəl 'ɒpʃn] *sb* Mietverlängerungsoption *f*
lease with option to purchase [liːz wɪθ 'ɒpʃn tʊ 'pɜːtʃɪs] *sb* Mietkauf *m*
leasing ['liːzɪŋ] *sb* Leasing *n*
leasing company ['liːsɪŋ 'kʌmpəni] *sb* Leasing-Gesellschaft *f*
leasing contract ['liːsɪŋ 'kɒntrækt] *sb* Leasing-Vertrag *m*
leasing payment ['liːsɪŋ 'peɪmənt] *sb* Leasing-Rate *f*
leasing rate ['liːzɪŋ reɪt] *sb* Leasingrate *f*

leave [liːv] *v irr* 1. weggehen; 2. *(car, bus, train)* abfahren; 3. *(plane)* abfliegen; ~ for fahren nach; 3. *(a message, a scar)* ~ behind hinterlassen; 4. *(entrust)* überlassen; *sb* 5. *(time off)* Urlaub *m*
ledger ['ledʒə] *sb* Hauptbuch *n*
legacy ['legəsi] *sb* Vermächtnis *n*
legal ['liːgl] *adj (lawful)* legal; *(tender, limit)* gesetzlich
legal action ['liːgl 'ækʃən] *sb* Klage *f*, Rechtsstreit *m*; take ~ against s.o. gegen jdn gerichtlich vorgehen
legal adviser ['liːgl əd'vaɪzə] *sb* Syndikus *m*, Rechtsbeistand *m*
legal aid ['liːgəl eɪd] *sb* Rechtsbeistand *m*, Rechtshilfe *f*
legal capacity ['liːgəl kə'pæsɪti] *sb* Rechtsfähigkeit *f*
legal competence ['liːgl 'kɒmpɪtəns] *sb* Geschäftsfähigkeit *f*
legal costs ['liːgl kɒsts] *sb* Gerichtskosten *pl*
legal entity ['liːgəl 'entɪti] *sb* juristische Person *f*
legal fees ['liːgl fiːz] *pl* Gerichtskosten *pl*
legal forms of commercial entities ['liːgəl fɔːms ɒf kɒ'mɜːʃl 'entɪtɪs] *sb* Gesellschaftsformen *f/pl*
legalize ['liːgəlaɪz] *v* legalisieren
legally restricted retained earnings ['liːgəli rɪ'strɪktɪd rɪ'teɪnd 'ɜːnɪŋs] *sb* gesetzliche Rücklage *f*
legal obligation to capitalize ['liːgəl ɒblɪ'geɪʃn tu 'kæpɪtəlaɪz] *sb* Aktivierungspflicht *f*
legal obligation to disclose one's results ['liːgl əblɪ'geʃən tu dɪs'kloz wʌns rɪz'ʌlts] *sb* Anzeigepflicht *f*
legal position ['liːgl pə'zɪʃən] *sb* Rechtslage *f*, rechtliche Lage *f*
legal prohibition to capitalize ['liːgəl prɒhɪ'bɪʃn tu 'kæpɪtəlaɪz] *sb* Aktivierungsverbot *f*
legal recourse for non-payment of a bill ['liːgəl rɪ'kɔːs fɔː nɒn'peɪmənt ɒf ə bɪl] *sb* Wechselregress *m*
legal relationship ['liːgl rɪ'leɪʃənʃɪp] *sb* Rechtsverhältnis *n*
legal remedy ['liːgəl 'remədi] *sb* Rechtsbehelf *m*
legal responsibility ['liːgl rɪspɒnsə'bɪlɪti] *sb* Rechtshaftung *f*
legal settlement in bankruptcy ['liːgl 'setlmənt ɪn 'bæŋkrʌpsi] *sb* Zwangsvergleich *m*

legal situation ['liːgl sɪtʃu'eɪʃən] *sb* Rechtslage *f*, rechtliche Lage *f*
legal structure ['liːgəl 'strʌkʃə] *sb* Rechtsform *f*
legal succession ['liːgəl sʌk'seʃn] *sb* Rechtsnachfolge *f*
legal supervision ['liːgəl suːpə'vɪʃn] *sb* Rechtsaufsicht *f*
legal system ['liːgəl 'sɪstəm] *sb* Rechtsordnung *f*
legal tender ['liːgəl 'tendə] *sb* gesetzliches Zahlungsmittel *n*
legal transaction ['liːgl træn'zækʃən] *sb* Rechtsgeschäft *n*
legal transaction in fulfillment of an obligation ['liːgəl trænz'ækʃn ɪn ful'fɪlmənt ɔf ən ɒblɪ'geɪʃn] *sb* Erfüllungsgeschäft *n*
legislation [ledʒɪ'sleɪʃən] *sb* Gesetzgebung *f*; *(laws)* Gesetze *pl*
legislative sovereignty ['ledʒɪslətɪv 'sɒvərɪntɪ] *sb* Gesetzgebungshoheit *f*
lend [lend] *v irr* leihen, verleihen
lender ['lendə] *sb* Darlehensgeber *m*
lending limit ['lendɪŋ 'lɪmɪt] *sb* Beleihungssatz *m*
lending on goods ['lendɪŋ ɔn gʊds] *sb* Warenbeleihung *f*
lending on securities ['lendɪŋ ɔn sɪ'kjʊrɪtiːz] *sb* Wertpapierleihe *f*
lending on securities ['lendɪŋ ɔn sɪ'kʊərɪtiːz] *sb* Lombardgeschäft *n*
lending rate ['lendɪŋ reɪt] *sb* Lombardzinsfuß *m*
lend-lease ['lend'liːs] *sb* ~ agreement Leih-Pacht-Abkommen *n*
less [les] *prep* abzüglich
lessee [le'siː] *sb* 1. Pächter *m*, 2. Mieter *m*, 3. Leasing-Nehmer *m*
lessor ['lesɔː] *sb* Verpächter(in) *m/f*, Vermieter(in) *m/f*
let [let] *v irr (UK: hire out)* vermieten
letter ['letə] *sb (written message)* Brief *m*, Schreiben *n*
letter-box ['letəbɒks] *sb* Briefkasten *m*
letterhead ['letəhed] *sb* Briefkopf *m*; *(paper with ~)* Kopfbogen *m*
letter of acceptance ['letər əv ək'septəns] *sb* Akzept *n*
letter of application ['letər əv æplɪ'keɪʃən] *sb* Bewerbungsschreiben *n*, Bewerbung *f*
letter of confirmation ['letə əv kɒnfə'meɪʃn] *sb* Bestätigungsschreiben *n*
letter of credit (L/C) ['letər əv 'kredɪt] *sb* Kreditbrief (L/C) *m*, Akkreditiv *n*

letter of recommendation ['letər əv rekəmen'deɪʃən] *sb* Empfehlungsschreiben *n*, Referenz *f*
letter of reference ['letər ɔf 'refərəns] *sb* Zeugnis *n*
letter of thanks ['letər əv θæŋks] *sb* Dankschreiben *n*
level ['levl] *sb (standard)* Niveau *n*, Ebene *f*
level of employment ['levl əv ɪm'plɔɪmənt] *sb* Beschäftigungsgrad *m*
level of internationalization ['levl əv ɪntənæʃənəlaɪ'zeɪʃn] *sb* Internationalisierungsgrad *m*
level of organization [levl əv ɔːrgənaɪ'zeɪʃn] *sb (Betrieb)* Organisationsgrad *m*
leverage effect ['levərɪdg 'ɪfekt] *sb* Leverage-Effekt *m*
leveraged buyout ['liːvərɪdʒd 'baɪaʊt] *sb* Management-Buyout *n*
levy ['levɪ] *sb* 1. *(tax)* Steuer *f*, Abgaben *pl*; 2. *(act of ~ing)* Erhebung *f*, Umlage *f*
levy on mortgage profits ['levɪ ɔn 'mɔːgɪdʒ 'prɒfɪts] *sb* Hypothekengewinnabgabe *f*
liabilities [laɪə'bɪlɪtiːz] *sb* Passiva *pl*
liability [laɪə'bɪlɪtɪ] *sb* 1. Obligo *n*, Verbindlichkeit *f*; 2. *assets and liabilities* Aktiva und Passiva *pl*; 3. *(responsibility)* Haftung *f*
liability for breach of warranty [laɪə'bɪlɪtɪ fɔː 'briːtʃəv 'wɔrəntɪ] *sb* Gewährleistungshaftung *f*, Garantiehaftung *f*
liability for damages [laɪə'bɪlɪtɪ fɔː 'dæmɪdʒɪz] *sb* Schadensersatzpflicht *f*
liability of heirs [laɪə'bɪlɪtɪ əv ɛəs] *sb* Erbenhaftung *f*
liability to insure [laɪə'bɪlɪtɪ tu ɪn'ʃʊə] *sb* Versicherungspflicht *f*
liable equity capital [laɪəbl 'ekwɪtɪ 'kæpɪtl] *sb* Haftungskapital *f*
liable funds [laɪəbl 'fʌnds] *sb* haftendes Eigenkapital *n*
liable to prosecution ['laɪəbl tu prɒsɪ'kjuːʃən] *adj* straffällig
liable to tax ['laɪəbl tu tæks] *adj* abgabenpflichtig, steuerpflichtig
liaison [liː'eɪzɔn] *sb* 1. Verbindung *f*, Zusammenarbeit *f*; 2. *(person)* Verbindungsmann *m*
liberal ['lɪbərəl] *adj (supply)* großzügig; *(politically)* liberal
liberal profession ['lɪbərl prɒ'feʃn] *sb* freier Beruf *m*
liberalism ['lɪbərəlɪsəm] *sb* Liberalismus *m*
liberalization of foreign trade [lɪbərəlaɪ'zeɪʃn ɔf fɔːrɪŋ 'treɪd] *sb* Liberalisierung *f*

liberation of capital [lɪbə'reɪʃn əv 'kæpɪtl] sb Kapitalfreisetzung f
Libor loan ['laɪbə ləʊn] sb Liboranleihe f
licence ['laɪsəns] sb Genehmigung f, Erlaubnis f, Lizenz f, Konzession f
licence agreement ['laɪsəns ə'griːmənt] sb Lizenzvertrag m
licence number ['laɪsəns nʌmbə] sb Kraftfahrzeugnummer f, Kraftfahrzeugkennzeichen n
license ['laɪsəns] v 1. eine Lizenz vergeben an; 2. (a product) lizensieren, konzessionieren; sb 3. (US: see „licence")
licence fee ['laɪsəns fiː] sb Lizenzgebühr f
licensee [laɪsən'siː] sb Konzessionsinhaber m, Lizenzinhaber m
licenser ['laɪsənsə] sb Lizenzgeber m
licensor ['laɪsənsə] sb (US: siehe „licenser")
lien ['liːn] sb Pfandrecht n
life annuity [laɪf ə'njuːɪtɪ] sb Leibrente f
life assurance [laɪf ə'ʃʊərəns] sb (UK) Lebensversicherung f
life cycle of a product [laɪf 'saɪkl ɔf ə 'prɔdʌkt] sb Lebenszyklus eines Produkts m
life insurance ['laɪf ɪnʃʊərəns] sb Lebensversicherung f
limit ['lɪmɪt] v 1. begrenzen, beschränken, einschränken; sb 2. Grenze f, Beschränkung f, Begrenzung f; „off ~s" pl „Zutritt verboten"
limitation [lɪmɪ'teɪʃən] sb Beschränkung f, Einschränkung f; (statutory period of ~) Verjährung f, Verjährungsfrist f
limitation of actions [lɪmɪ'teɪʃən əv 'ækʃənz] sb Verjährung f
limited ['lɪmɪtɪd] adj begrenzt, beschränkt
limited capacity to enter into legal transactions ['lɪmɪtɪd kə'pæsɪtɪ tu 'entə 'ɪntʊ 'liːgəl trænz'ækʃns] sb beschränkte Geschäftsfähigkeit f
limited commercial partnership ['lɪmɪtɪd kɒ'mɜːʃl 'pɑːtnəʃɪp] sb Kommanditgesellschaft (KG) f
limited company ['lɪmɪtɪd 'kʌmpənɪ] sb Aktiengesellschaft f
limited dividend ['lɪmɪtɪd 'dɪvɪdend] sb limitierte Dividende f
limited employment contract ['lɪmɪtɪd ɪm'plɔɪmənt 'kɒntrækt] sb befristetes Arbeitsverhältnis n
limited liability ['lɪmɪtɪd laɪə'bɪlɪtɪ] sb beschränkte Haftung f
limited liability company ['lɪmɪtɪd laɪə'bɪlɪtɪ 'kʌmpənɪ] sb Gesellschaft mit beschränkter Haftung (GmbH) f

limited liability shareholder ['lɪmɪtɪd laɪə'bɪlɪtɪ 'ʃɛəhəʊldə] sb Kommanditaktionär m
limited partner ['lɪmɪtɪd 'pɑːtnə] sb Kommanditist m
limited partnership ['lɪmɪtɪd 'pɑːtnərʃɪp] sb Kommanditgesellschaft f
limiting value ['lɪmɪtɪŋ 'væljuː] sb Grenzwert m
line [laɪn] sb 1. (of products) Produktlinie f; 2. (type of business) Branche f, Fach n; What's his ~? Was macht er beruflich? 3. (telephone ~) Leitung f, Hold the ~! Bleiben Sie am Apparat! 4. (of products) Posten m
linear depreciation ['lɪnɪə dɪpriːʃɪ'eɪʃən] sb lineare Abschreibung f
linear measures ['lɪniːə 'meʒəs] sb Längenmaße n/pl
line of acceptance [laɪn əv ək'septəns] sb Akzeptlinie f
line of business ['laɪn əv 'bɪznɪs] sb Branche f, Zweig m, Sparte f
line of resistance [laɪn ɔf rɪ'sɪstəns] sb Widerstandslinie f
line-staff organization structure ['laɪn-stɑːf ɔːgənaɪ'zeɪʃn 'strʌkʃə] sb Stab-Linien-Organisation f
linked currency [lɪŋkd 'kʌrənsɪ] sb gebundene Währung f
liquid assets ['lɪkwɪd 'æsɪts] sb flüssige Mittel n/pl
liquid money market ['lɪkwɪd 'mʌnɪ 'mɑːkɪt] sb flüssiger Geldmarkt m
liquid reserves ['lɪkwɪd rɪ'sɜːfs] sb Liquiditätsreserve f
liquidate ['lɪkwɪdeɪt] v (a company) liquidieren, auflösen; (a debt) tilgen
liquidating dividend ['lɪkwɪdeɪtɪŋ 'dɪvɪdənd] sb Liquidationsrate f
liquidation [lɪkwɪ'deɪʃən] sb Liquidation f, Realisierung f, Tilgung f
liquidation bond [lɪkwɪ'deɪʃn bʌnd] sb Liquidationsschuldverschreibung f
liquidation certificate [lɪkwɪ'deɪʃn sɜːtɪ'fɪkɪt] sb Liquidationsanteilsschein m
liquidation fee [lɪkwɪ'deɪʃn fiː] sb Liquidationsgebühr f
liquidation outpayment rate [lɪkwɪ'deɪʃn aʊt'peɪmənt reɪt] sb Liquidationsauszahlungskurs m
liquidation-type composition [lɪkwɪ'deɪʃn taɪp kʌmpɒ'sɪʃn] sb Liquidationsvergleich m
liquidator [lɪkwɪ'deɪtə] sb Liquidator m
liquidity [lɪ'kwɪdɪtɪ] sb (of assets) Liquidität f

liquidity crunch [lɪ'kwɪdɪtɪ krʌntʃ] *sb* Zahlungsstockung *f*
liquidity loan [lɪ'kwɪdɪtɪ ləʊn] *sb* Liquiditätsanleihe *f*
liquidity management [lɪ'kwɪdɪtɪ 'mænɪdʒmənt] *sb* Liquiditätsmanagement *n*, Liquiditätssteuerung *f*
liquidity of the banking system [lɪ'kwɪdɪtɪ ɔf ðə 'bæŋkɪŋ 'sɪstəm] *sb* Bankenliquidität *f*
liquidity papers [lɪ'kwɪdɪtɪ peɪpəs] *sb* Liquiditätspapier *n*
liquidity ratio [lɪ'kwɪdɪtɪ 'reɪʃɔ] *sb* Deckungsgrad *m*, Liquiditätsgrad *m*, Liquiditätsquote *f*
liquidity reserves [lɪ'kwɪdɪtɪ rɪ'zɜːrvz] *sb* Liquiditätsreserve *f*
liquidity risk [lɪ'kwɪdɪtɪ rɪsk] *sb* Liquiditätsrisiko *n*
liquidity squeeze [li'kwɪdɪtɪ skwiːz] *sb* Liquiditätsengpass *m*
liquidity status [lɪ'kwɪdɪtɪ 'steɪtəs] *sb* Liquiditätsstatus *m*
liquidity syndicate bank [lɪ'kwɪdɪtɪ 'sɪndɪkət bæŋk] *sb* Liquiditätskonsortialbank *f*
liquidity theory [lɪ'kwɪdɪtɪ 'θɪərɪ] *sb* Liquiditätstheorie *f*
list of balances [lɪst əv 'bælænsɪz] *sb* Saldenbilanz *f*
list of insolvent [lɪst əv ɪn'sɒlvənt] *sb* Schuldnerverzeichnis *n*
list of securities deposited [lɪst əv sɪ'kjʊrɪtiːz dɪ'pɒsɪtɪd] *sb* Depotaufstellung *f*
list of securities eligible as collateral [lɪst əv sɪ'kjʊrɪtiːz 'elɪdʒɪbl æs kɒ'lætərəl] *sb* Lombardverzeichnis *n*
list of serial numbers of securities purchases [lɪst əv 'siːrɪəl 'nʌmbəs ɔf sɪ'kjʊrɪtiːz pɜːdʒɪsɪs] *sb* Nummernverzeichnis *n*
list price [lɪst praɪs] *sb* Listenpreis *m*
liter [ˈliːtə] *sb (US: siehe „litre")*
litigant ['lɪtɪɡənt] *sb* Prozess führende Partei *f*
litre ['liːtə] *sb* Liter *m*
load [ləʊd] *v 1.* laden, beladen; ~ *up* aufladen; *sb 2. (cargo)* Ladung *f,* Fracht *f*
loading ['ləʊdɪŋ] *sb* Ladung *f,* Fracht *f*
loading charges ['ləʊdɪŋ 'tʃɑːdʒɪz] *sb* Verladekosten *pl*, Frachtkosten *pl*
loan [ləʊn] *v 1.* leihen; *sb 2.* Darlehen *n*, Anleihe *f,* Kredit *m*
loan at variable rates ['ləʊn æt 'væriəbl reɪts] *sb* zinsvariable Anleihe *f*
loan business ['ləʊn 'bɪsnɪs] *sb* Anleihegeschäft *n*

loan calculation [ləʊn kælkjʊ'leɪʃn] *sb* Anleiherechnung *f*
loan ceiling ['ləʊn siːlɪŋ] *sb* Kreditobergrenze *f,* Kredithöchstgrenze *f*
loan custodianship [ləʊn kʌs'təʊdɪənʃɪp] *sb* Anleihetreuhänderschaft *f*
loan financing [ləʊn 'faɪnænsɪŋ] *sb* Darlehensfinanzierung *f*
loan for special purposes ['ləʊn fɔː 'speʃl 'pɜːpəsɪz] *sb* Objektkredit *m*
loan granted by way of bank guarantee [ləʊn 'grɑːntɪd baɪ 'weɪ əv bæŋk gærən'tiː] *sb* Avalkredit *m*
loan granted for building purposes ['ləʊn 'grɑːntɪd fɔː 'bɪldɪŋ 'pɜːpəsɪz] *sb* Bauspardarlehen *n*
loan granted in form of a mortgage bond ['ləʊn 'grɑːntɪd ɪn fɔːm ɔf ə 'mɔːɡɪdʒ bʌnd] *sb* Naturadarlehen *n*
loan granted to a local authority ['ləʊn grɑːntɪd tʊ ə 'ləʊkl ɔː'θɔːrɪtɪ] *sb* Kommunaldarlehen *n*
loan in foreign currency ['ləʊn ɪn 'fɔːrɪŋ 'kʌrensɪ] *sb* Valuta-Anleihen *f/pl*
loan of credit ['ləʊn əv 'kredɪt] *sb* Kreditleihe *f*
loan on a gold basis ['ləʊn ɔn ə ɡəʊld beɪsɪz] *sb* Goldanleihe *f*
loan on a trust basis ['ləʊn ɔn ə trʌst 'beɪsɪz] *sb* Treuhandkredit *m*
loan on landed property ['ləʊn ɔn 'lændɪd 'prɒpərtɪ] *sb* Bodenkredit *m*
loan repayable in full at a due date ['ləʊn rɪ'peɪəbl ɪn 'fʊl æt ə djuː: 'deɪt] *sb* Zinsanleihe *f*
loan with profit participation ['ləʊn wɪθ 'prɒfɪt pɑːtɪsɪ'peɪʃn] *sb* Beteiligungsdarlehen *n*
loans granted to members of a managing board ['ləʊns 'grɑːntɪd tu 'membəs ɔf ə 'mænɪdʒɪŋ bɔːd] *sb* Organkredit *m*
lobby ['lɒbɪ] *v 1.* Einfluss nehmen; *sb 2. Lobby f; 3.* Vorzimmer *n*
lobbyist ['lɒbɪɪst] *sb* Lobbyist *m*
local ['ləʊkəl] *adj* örtlich, Orts...
local authorities bank ['ləʊkl ɔː'θɔːrɪtɪs bæŋk] *sb* Kommunalbank *f*
local authorities loan ['ləʊkl ɔː'θɔːrɪtɪs ləʊn] *sb* Kommunalanleihe *f*
local authority ['ləʊkəl ɔː'θɔːrɪtɪ] *sb (UK)* örtliche Behörde *f*
local authority loan ['ləʊkəl ɔː'θɔːrɪtɪs ləʊn] *sb* Kommunalanleihen *pl*
local bank ['ləʊkl bæŋk] *sb* Lokalbank *f*

local bill [ləʊkl 'bɪl] *sb* Platzwechsel *m*
local bond [ləʊkl 'bʌnd] *sb* Kommunalobligation *f*
local call ['ləʊkəl kɔːl] *sb* Ortsgespräch *n*
local expenses [ləʊkl ɪks'pensɪs] *sb* Platzspesen *pl*
local stock exchange ['ləʊkl stɒk ɪks'tʃeɪndʒ] *sb* Lokalbörse *f*
local time ['ləʊkəl taɪm] *sb* Ortszeit *f*
local transfer ['ləʊkl 'trænsfə] *sb* Platzübertragung *f*
location [ləʊ'keɪʃən] *sb* Standort *m*, Lage *f*
location factor [ləʊ'keɪʃn 'fæktə] *sb* Standortfaktor *m*
lock out [lɒk aʊt] *v* aussperren
lockage ['lɒkɪdʒ] *sb (fees)* Schleusengebühr *f*
locker ['lɒkə] *sb* Schließfach *n*
lockout ['lɒkaʊt] *sb (of workers)* Aussperrung *f*
log [lɒg] *v* ~ *in* einloggen
logistics [lɒ'dʒɪstɪks] *pl* Logistik *f*
logo ['ləʊgəʊ] *sb* Logo *n*, Emblem *n*
long-distance call [lɒŋ 'dɪstəns kɔːl] *sb* Ferngespräch *n*
long distance giro [lɒŋ 'dɪstæns 'dʒaɪrə] *sb* Ferngiro *n*
long distance traffic [lɒŋ 'dɪstəns 'træfɪk] *sb* Fernverkehr *m*
long run ['lɒŋ rʌn] *sb* lange Sicht *f*
long-term ['lɒŋtɜːm] *adj* langfristig, Langzeit...
long-term credit ['lɒŋtɜːm 'kredɪt] *sb* langfristiger Kredit *m*
long-term deposit ['lɒŋtɜːm dɪ'pɒsɪt] *sb* langfristige Einlage *f*
loose-leaf savings book ['luːzliːf 'seɪvɪŋs bʊk] *sb* Loseblattsparbuch *n*
loro account ['lɒrɒ ə'kaʊnt] *sb* Lorokonto *n*
loro balance ['lɒrɒ 'bæləns] *sb* Loroguthaben *n*
lorry ['lɒrɪ] *sb (UK)* Lastwagen *m*, Lastkraftwagen *m*
lorry-load ['lɒrɪləʊd] *sb* Wagenladung *f*, Lastwagenladung *f*
losing business ['luːzɪŋ 'bɪznɪs] *sb* Verlustgeschäft *n*
loss [lɒs] *sb* Damnum *n*, Verlust *m*
loss advice [lɒs əd'vaɪs] *sb* Schadensanzeige *f*
loss allocation [lɒs ələ'keɪʃn] *sb* Verlustzuweisung *f*
loss-compensation [lɒs kɒmpən'seɪʃn] *sb* Verlustausgleich *m*

loss in exchange [lɒs ɪn ɪks'tʃeɪndʒ] *sb* Produktionsausfall *m*
loss in value [lɒs ɪn 'væljuː] *sb* Wertverfall *m*, Wertverlust *m*
lossmaker ['lɒsmeɪkə] *sb (UK)* Verlustgeschäft *n*
loss-making business ['lɒsmeɪkɪŋ 'bɪznɪs] *sb* Verlustgeschäft *n*
loss of production ['lɒs əv prə'dʌkʃən] *sb* Produktionsausfall *m*
loss on goods in transit [lɒs ɒn gʊdz ɪn 'trænsɪt] *sb* Transportschaden *m*
loss on stock prices [lɒs ɒn stɒk 'praɪsɪz] *sb* Kursverlust *m*
loss on takeover [lɒs ɒn 'teɪkəʊvə] *sb* Übernahmeverlust *m*
lost shipment [lɒst 'ʃɪpmənt] *sb* verloren gegangene Sendung *f*
lot [lɒt] *sb* 1. *(property, plot)* Parzelle *f*, Gelände *n*; 2. *(quantity)* Posten *m*
lot size ['lɒt saɪz] *sb (Statistik)* Losgröße *f*
lottery bond ['lɒtərɪ bʌnd] *sb* Lotterieanleihe *f*, Auslosungsanleihe *f*
lottery loan ['lɒtərɪ ləʊn] *sb* Prämienanleihe *f*
lottery premium saving ['lɒtərɪ 'priːmjəm 'seɪvɪŋ] *sb* Gewinnsparen *n*
lottery quotation ['lɒtərɪ kwəʊ'teɪʃn] *sb* Loskurs *m*
low-denomination share for small savers ['ləʊdɪnɒmɪ'neɪʃn ʃeə fɔː smɔːl 'seɪvəs] *sb* Volksaktie *f*
lowest value principle ['ləʊɪst 'vælju: 'prɪnsɪpl] *sb* Niederstwertprinzip *n*
low-loader ['ləʊləʊdə] *sb* Tieflader *m*
low-paid employment ['ləʊpeɪd ɪm'plɔɪmənt] *sb* geringfügige Beschäftigung *f*
low-price store [ləʊ'praɪs stɔː] *sb* Kleinpreisgeschäft *n*
low-priced securities ['ləʊpraɪsd sɪ'kjʊərɪtiːz] *sb* leichte Papiere *n/pl*
low-value items [ləʊ'vælju: 'aɪtəms] *sb* geringwertige Wirtschaftsgüter *n/pl*
lump sum [lʌmp sʌm] *sb* 1. Pauschalsumme *f*, Pauschalbetrag *m*; 2. Arbeitnehmer-Pauschbetrag *m*
lump-sum payment ['lʌmpsʌm 'peɪmənt] *sb* Kapitalabfindung *f*
lunch break ['lʌntʃ breɪk] *sb* Mittagspause *f*
lunch hour ['lʌntʃ aʊə] *sb* Mittagspause *f*
luxury ['lʌkʃərɪ] *sb* Luxus *m*
luxury goods ['lʌkʃərɪ gʊdz] *sb* Luxusgüter *pl*, Luxusartikel *pl*
luxury tax ['lʌkʃərɪ tæks] *sb* Luxussteuer *f*

M

machine [məˈʃiːn] *sb* 1. Maschine *f*, Apparat *m*; 2. *(vending ~)* Automat *m*
machine insurance [məˈʃiːn ɪnˈʃʊərəns] *sb* Maschinenversicherung *f*
machinery [məˈʃiːnərɪ] *sb* Maschinen *pl*, Maschinenpark *m*
macroeconomics [ˈmækrəʊekəˈnɒmɪks] *sb* Makroökonomie *f*
magazine [ˈmægəziːn] *sb* Zeitschrift *f*, Magazin *n*
magnitude [ˈmægnɪtjuːd] *sb* 1. Größe *f*; 2. *(importance)* Bedeutung *f*
maiden name [ˈmeɪdn neɪm] *sb* Mädchenname *m*
mail [meɪl] *sb* 1. Post *f*; 2. by ~ mit der Post; *v* 3. *(US)* schicken, abschicken
mailbag [ˈmeɪlbæg] *sb* Postsack *m*
mailbox [ˈmeɪlbɒks] *sb (computer ~)* Mailbox *f*; *(US)* Briefkasten *m*
mailing list [ˈmeɪlɪŋ lɪst] *sb* Adressenliste *f*, Versandliste *f*
mailman [ˈmeɪlmæn] *sb (US)* Briefträger *m*, Postbote *m*
mail-order [ˈmeɪlɔːdə] *adj* Postversand...
mail-order business [ˈmeɪlɔːdə ˈbɪznɪs] *sb* Versandhandel *m*, Versandgeschäft *n*
mailshot [ˈmeɪlʃɒt] *sb* Direktwerbung *f*
main centers [meɪn ˈsentəs] *sb* Hauptplätze *m/pl*
mainframe [ˈmeɪnfreɪm] *sb* Großrechner *m*
main line [meɪn laɪn] *sb* Hauptstrecke *f*
maintain [meɪnˈteɪn] *v* 1. *(keep in good condition)* in Stand halten; 2. *(a machine)* warten
maintainer [meɪnˈteɪnə] *sb* Wärter(in) *m/f*, für die Wartung zuständige Person *f*
maintenance [ˈmeɪntənəns] *sb* 1. Aufrechterhaltung *f*, Beibehaltung *f*; 2. *(keeping in good condition)* Instandhaltung *f*, Wartung *f*
maintenance expenditure [ˈmeɪntənəns ɪksˈpendɪdʒə] *sb* Erhaltungsaufwand *m*
maintenance of capital [ˈmeɪntənəns əv ˈkæpɪtl] *sb* Kapitalerhaltung *f*
majority [məˈdʒɒrɪtɪ] *sb* Majorität *f*, Mehrheit *f*
majority of stock [məˈdʒɒrɪtɪ əv stɒk] *sb* Aktienmehrheit *f*
majority of votes [məˈdʒɒrɪtɪ əv vəʊts] *sb* Stimmenmehrheit *f*
majority-ownership [məˈdʒɒrɪtɪˈəʊnəʃɪp] *sb* Mehrheitsbesitz *m*
majority participation [məˈdʒɒrɪtɪ pɑːtɪsɪˈpeɪʃn] *sb* Mehrheitsbeteiligung *f*
make [meɪk] *v irr* 1. *(manufacture)* herstellen; 2. *(arrangements, a choice)* treffen; 3. *(earn)* verdienen; 4. *(a profit, a fortune)* machen; *sb* 5. Marke *f*, Fabrikat *n*
make out [meɪkˈaʊt] *v irr* 1. *(write out)* ausstellen; 2. *(a bill)* zusammenstellen
maker [ˈmeɪkə] *sb* Hersteller *m*, Produzent *m*
making [ˈmeɪkɪŋ] *sb* Herstellung *f*
making out an invoice [ˈmeɪkɪŋ aʊt ənˈɪnvɔɪs] *sb* Fakturierung *f*
making-up price [meɪkɪŋˈ ʌp praɪs] *sb* Kompensationskurs *m*, Liquidationskurs *m*
maladminister [mælədˈmɪnɪstə] *v* schlecht verwalten, Misswirtschaft betreiben
malfunction [mælˈfʌŋkʃən] *v* 1. versagen, schlecht funktionieren; *sb* 2. Versagen *n*, schlechtes Funktionieren *n*
mall [mɔːl] *sb* 1. Promenade *f*; 2. shopping ~ Einkaufszentrum *n*
manage [ˈmænɪdʒ] *v* 1. *(supervise)* führen, verwalten, leiten; 2. *(a team, a band)* managen
managed currency [ˈmænɪdʒd ˈkʌrənsɪ] *sb* manipulierte Währung *f*
management [ˈmænɪdʒmənt] *sb* 1. Management *n*, Führung *f*, Verwaltung *f*, Leitung *f*; 2. *(people)* Geschäftsleitung *f*, Geschäftsführung *f*; Direktion *f*, Betriebsleitung *f*
management consultant [ˈmænɪdʒmənt kənˈsʌltənt] *sb* Unternehmensberater *m*
management employee [ˈmænɪdʒmənt emplɔˈjiː] *sb* leitende(r) Angestellte(r) *m/f*
management games [ˈmænɪdʒmənt geɪmz] *sb* Planspiel *n*
management information system [ˈmænɪdʒmənt ɪnfɔːˈmeɪʃn ˈsɪstəm] *sb* Führungsinformationssystem *n*, Managementinformationssystem *n*
management techniques [ˈmænɪdʒmənt tekˈniːks] *sb* Führungstechniken *f/pl*
management unit (in organizations) [ˈmænɪdʒmənt ˈjuːnɪt] *sb* Instanz (in der Organisation) *f*
manager [ˈmænɪdʒə] *sb* Geschäftsführer *m*, Leiter *m*, Direktor *m*, Manager *m*
manageress [mænɪdʒəˈres] *sb* Managerin

managerial [mænə'dʒɪərɪəl] *adj* Führungs..., leitend
managerial hierarchy [mænə'dʒɪərɪəl 'hɪrəkiː] *sb* Führungshierarchie *f*
managerial principles [mænə'dʒɪərɪəl 'prɪnsɪpls] *sb* Führungsgrundsätze *m/pl*
managerial staff [mænə'dʒɪərɪəl 'stɑːf] *sb* Geschäftsleitung *f*
managers commission ['mænɪdʒəs kə-'mɪʃn] *sb* Führungsprovision *f*
managing ['mænɪdʒɪŋ] *adj* geschäftsführend, leitend, Betriebs...
managing director ['mænɪdʒɪŋ dɪ'rektə] *sb* Generaldirektor *m*, Hauptgeschäftsführer *m*
mandate to provide credit for a third party ['mændeɪt tu prə'vaɪd 'kredɪt fɔː ə θɜːd 'pɑːtɪ] *sb* Kreditauftrag *m*
mandatory ['mændətərɪ] *adj 1.* obligatorisch; *2. to be ~* Pflicht sein
man-hour ['mænaʊə] *sb* Arbeitsstunde *f*
manipulate [mə'nɪpjuleɪt] *v 1.* manipulieren; *2. (handle, operate)* handhaben; *3. (a machine)* bedienen
manipulation [mənɪpju'leɪʃən] *sb* Manipulation *f*
manner of delivery ['mænər əv dɪ'lɪvərɪ] *sb* Versandform *f*
manpower ['mænpaʊə] *sb* Arbeitskräfte *pl*, Arbeitspotenzial *n*
manpower policy ['mænpaʊə 'pɒlɪsɪ] *sb* Arbeitsmarktpolitik *f*
manual ['mænjʊəl] *adj 1.* mit der Hand, Hand..., manuell; *sb 2.* Handbuch *n*
manual labour ['mænjʊəl 'leɪbə] *sb* Handarbeit *f*
manual work ['mænjʊəl wɜːk] *sb* Handarbeit *f*
manufactory [mænju'fæktərɪ] *sb* Manufaktur *f*
manufacture [mænju'fæktʃə] *v 1.* herstellen; *sb 2.* Herstellung *f*; *3. (products)* Waren *pl*, Erzeugnisse *pl*
manufacture to customer's specifications [mænjʊ'fæktʃə tu 'kʌstəməz spesɪfɪ'keɪʃənz] *sb* Sonderanfertigung *f*
manufactured quantity [mænju'fæktʃəd 'kwɒntɪtɪ] *sb* Fertigungsmenge *f*
manufactured to measure [mænjʊ-'fæktʃəd tu 'meʒə] *adj* maßgefertigt
manufacturer [mænjʊ'fæktʃərə] *sb* Hersteller *m*, Erzeuger *m*
manufacturing [mænjʊ'fæktʃərɪŋ] *sb* Erzeugung *f*, Herstellung *f*
margin ['mɑːdʒɪn] *sb* Marge *f*, Spanne

marginal analysis ['mɑːdʒɪn ə'nælɪsɪz] *sb* Marginalanalyse *f*
marginal cost ['mɑːdʒɪnl 'kɒst] *sb* Grenzkosten *pl*
marginal cost accounting ['mɑːdʒɪnl 'kɒst ə'kaʊntɪŋ] *sb* Differenzkostenrechnung *f*
marginal costing ['mɑːdʒɪnəl 'kɒstɪŋ] *sb* Grenzkostenrechnung *f*, Grenzkostenkalkulation *f*
marginal earnings ['mɑːdʒɪnl 'ɜːnɪŋs] *sb* Grenzerlös *m*
marginal productivity ['mɑːdʒɪnl prɒdʌk'tɪvɪtɪ] *sb* Grenzproduktivität *f*
marginal utility ['mɑːdgɪnl juː'tɪlɪtɪ] *sb* Grenznutzen *m*
marginal value ['mɑːdʒɪnəl 'væljuː] *sb* Marginalwert *m*
margin of profit ['mɑːdʒɪn əv 'prɒfɪt] *sb* Gewinnspanne *f*
margin requirement ['mɑːdʒɪn rɪ'kwaɪəmənts] *sb* Einschuss *m*
mark [mɑːk] *v 1. (damage)* beschädigen; *2. (scratch)* zerkratzen; *sb 3.* Marke *f*
mark down [mɑːk 'daʊn] *v (prices)* herabsetzen, senken
markdown ['mɑːkdaʊn] *sb (amount lowered)* Preissenkung *f*, Preisabschlag *m*
market ['mɑːkɪt] *sb 1. (demand)* Absatzmarkt *m*, Markt *m*; *2. to be in the ~ for* Bedarf haben an; *3. (stock ~)* Börse *f*; *v 4.* vertreiben, vermarkten
marketable ['mɑːkɪtəbl] *adj* marktfähig, absatzfähig
market adjustment ['mɑːkɪt ə'dʒʌstmənt] *sb* Marktanpassung *f*
market analysis ['mɑːkɪt ə'næləsɪs] *sb* Marktanalyse *f*
market day ['mɑːkɪt deɪ] *sb* Börsentag *m*
market dominance ['mɑːkɪt dɒmɪnæns] *sb* Marktbeherrschung *f*
market economy ['mɑːkɪt ɪ'kɒnəmɪ] *sb* Marktwirtschaft *f*
market fluctuation ['mɑːkɪt flʌktjʊ'eɪʃn] *sb* Marktschwankung *f*
market forces ['mɑːkɪt 'fɔːsɪz] *sb* Marktkräfte *pl*
market form ['mɑːkɪt fɔːm] *sb* Marktform *f*
market gap ['mɑːkɪt gæp] *sb* Marktlücke *f*
marketing ['mɑːkɪtɪŋ] *sb* Marketing *n*, Vermarktung *f*, Absatzwirtschaft *f*
marketing consultant ['mɑːkɪtɪŋ kən'sʌltənt] *sb* Marketingberater *m*
marketing department ['mɑːkɪtɪŋ dɪ'pɑːtmənt] *sb* Marketingabteilung *f*

marketing logistics ['mɑːkɪtɪŋ lɒˈdʒɪstɪks] sb Distributionslogistik f
marketing mix ['mɑːkɪtɪŋ mɪks] sb Marketingmix m
marketing syndicates ['mɑːkɪtɪŋ 'sɪndɪkəts] sb Verwertungskonsortien
market matrix ['mɑːkɪt meɪtrɪks] sb Marktmatrix f
market organization ['mɑːkɪt ɔːgənaɪˈzeɪʃn] sb Marktordnung f
market penetration ['mɑːkɪt peneˈtreɪʃn] sb Marktdurchdringung f
market performance ['mɑːkɪt pəˈfɔːməns] sb Marktergebnis n
market position ['mɑːkɪt pəˈsɪʃən] sb Marktposition f
market potential ['mɑːkɪt pəʊˈtenʃəl] sb Marktpotential n, Marktvolumen n
market power ['mɑːkɪt paʊə] sb Marktmacht f
market price ['mɑːkɪt praɪs] sb Kurs m, Marktpreis m
market rate of interest [mɑːkɪt reɪt ɔf 'ɪntrest] sb Marktzins m
market research ['mɑːkɪt rɪˈsɜːtʃ] sb Marktforschung f
market research institute ['mɑːkɪt rɪˈsɜːtʃ 'ɪnstɪtjuːt] sb Marktforschungsinstitut n
market saturation ['mɑːkɪt sætʃəˈreɪʃn] sb Marktsättigung f
market segmentation ['mɑːkɪt segmənˈteɪʃn] sb Marktsegmentierung f
market share ['mɑːkɪt ʃeə] sb Marktanteil m
market sharing cartel ['mɑːkɪt 'ʃeərɪŋ kɑːˈtel] sb Gebietskartell n
market structure ['mɑːkɪt 'strʌktʃə] sb Marktstruktur f
market value ['mɑːkɪt væljuː] sb Marktwert m, gemeiner Wert m
market volume ['mɑːkɪt 'vɒljuːm] sb Marktvolumen m
mark of quality [mɑːk əv 'kwɒlɪtɪ] sb (Patente) Gütezeichen n
mark-up ['mɑːk ʌp] sb (amount added) Preis-Erhöhung f, Preisaufschlag m
mass communication ['mæs kəmjuːnɪˈkeɪʃn] sb Massenkommunikation f
mass-market ['mæsmɑːkɪt] adj Massenwaren...
mass media [mæs 'miːdɪə] pl Massenmedien pl
mass production [mæs prəˈdʌkʃən] sb Massenfertigung f, Massenproduktion f

master ['mɑːstə] sb (employer of an apprentice) Meister m
master planning ['mɑːstə 'plænɪŋ] sb Gesamtplanung f
material [məˈtɪərɪəl] sb 1. Material n; pl 2. ~s (files, notes) Unterlagen pl; adj 3. wesentlich, erheblich
material asset investment fund [məˈtiːrɪəl 'æset 'ɪnvestmənt fʌnd] sb Sachwert-Investmentfonds m
material assets [məˈtɪərɪəl 'æsets] sb Sachvermögen n
material costs [məˈtɪərɪəl kɔsts] sb Materialkosten pl
materialistic [mətɪərɪəˈlɪstɪk] adj materialistisch
material value loan [məˈtɪərɪəl 'væljuː ləʊn] sb Sachwertanleihe f
maternity allowance [məˈtɜːnɪtɪ əˈlaʊəns] sb Mutterschaftsgeld n
matrix organization ['meɪtrɪks ɔːgənaɪˈzeɪʃn] sb Matrix-Organisation f
maturity [məˈtjʊərɪtɪ] sb 1. Fälligkeit f; 2. date of ~ Fälligkeitsdatum n
maximisation of profits [mæksɪmaɪˈzeɪʃən əv 'prɔfits] sb Gewinnmaximierung f
maximize ['mæksɪmaɪz] v maximieren
maximum ['mæksɪməm] sb 1. Maximum n; 2. adj Höchst..., maximal
maximum price ['mæksɪməm praɪs] sb Höchstpreis m
maximum voting right ['mæksɪməm 'vəʊtɪŋ raɪt] sb Höchststimmrecht n
mean [miːn] adj 1. mittlere(r,s); sb 2. Mittel n, Mittelwert m; pl 3. ~s Mittel n
mean due date [miːn djuː deɪt] sb mittlere Verfallszeit f
means of advertising ['miːnz əv 'ædvətaɪzɪŋ] sb Werbemittel n
means of payment ['miːnz əv 'peɪmənt] sb Zahlungsmittel n
means of transport ['miːnz əv 'trænspɔːt] sb Transportmittel n, Beförderungsmittel n
means test ['miːnz test] sb Einkommensüberprüfung f
measurability [meʒərəˈbɪlɪtɪ] sb Messbarkeit f
measurable ['meʒərəbl] adj messbar
measure ['meʒə] v messen; sb 2. Maß n
measurements ['meʒəmənts] sb Messwerte pl
measures of investment assistance ['meʒəs əv ɪnˈvestmənt əˈsɪstəns] sb investitionsfördernde Maßnahmen f/pl

measures to encourage exports ['meʒəz tu ɪn'kʌrɪdʒ 'ekspɔːts] *sb* Ausfuhrförderung *f*, Exportförderung *f*
measures to spur the economy ['meʒəs tu spɜː ðiː ɪ'kɒnəmɪ] *sb* Wirtschaftsförderung *f*
mechanic [mɪ'kænɪk] *sb* Mechaniker *m*
mechanical [mɪ'kænɪkəl] *adj* mechanisch
mechanical engineering [mɪ'kænɪkəl endʒɪ'nɪərɪŋ] *sb* Maschinenbau *m*
mechanics [mɪ'kænɪks] *sb* Mechanik *f*
mechanize ['mekənaɪz] *v* mechanisieren
media ['miːdɪə] *pl* Medien *pl*
media event ['miːdɪə ɪ'vent] *sb* Medienereignis *n*
mediate ['miːdɪeɪt] *v* vermitteln
mediation [miːdɪ'eɪʃən] *sb* Vermittlung *f*
mediator ['miːdɪeɪtə] *sb* Vermittler *m*, Mittelsmann *m*
medium ['miːdɪəm] *adj 1.* mittlere(r,s); *sb 2. (mass ~) (TV, radio, press)* Medium *n*
medium price ['miːdɪəm praɪs] *sb* Mittelkurs *m*
medium-sized ['miːdɪəmsaɪzd] *adj* mittelgroß, medium
medium-term ['miːdɪəmtɜːm] *adj* mittelfristig
medium-term bonds ['miːdɪəmtɜːm bɒndz] *sb* Kassenobligationen *f/pl*
meeting ['miːtɪŋ] *sb 1.* Begegnung *f*, Zusammentreffen *n; 2. (arranged ~)* Treffen *n; 3. (business ~)* Besprechung *f; 4. (of a committee)* Sitzung *f*
meeting date ['miːtɪŋ deɪt] *sb* Besprechungstermin *m*
meeting of shareholders ['miːtɪŋ əv 'ʃɛəhəʊldəz] *sb* Gesellschafterversammlung *f*
megabyte ['megəbaɪt] *sb* Megabyte *n*
megahertz ['megəhɜːts] *sb* Megahertz *n*
member ['membə] *sb* Mitglied *n*
member of the board ['membər əv ðə bɔːd] *sb* Vorstandsmitglied *n*
memo ['meməʊ] *sb 1. (fam)* Mitteilung *f; 2. (to o.s.)* Notiz *f*
memorandum [memə'rændəm] *sb 1. (to s.o.)* Mitteilung *f; 2. (to o.s.)* Aktennotiz *f*
memorandum item [memə'rændəm 'aɪtəm] *sb* Merkposten *m*
memory ['meməri] *sb 1.* Speicher *m; 2. (capacity)* Speicherkapazität *f*
mend [mend] *v 1. (sth)* reparieren; *2. (clothes)* ausbessern; *sb 3. (in fabric)* ausgebesserte Stelle *f; 4. (in metal)* Reparatur *f*
mensal ['mensl] *adj* monatlich, Monats...

menu ['menjuː] *sb (of a computer)* Menü *n*
mercantile ['mɜːkəntaɪl] *adj* kaufmännisch, Handels...
mercantile system ['mɜːkəntaɪl 'sɪstəm] *sb* Merkantilismus *m*
mercantilism ['mɜːkəntɪlɪzəm] *sb* Merkantilismus *m*
merchandise ['mɜːtʃəndaɪz] *sb* Ware *f*
merchandising ['mɜːtʃəndaɪzɪŋ] *sb* Merchandising *n*, Verkaufsförderung *f*
merchant ['mɜːtʃənt] *sb 1.* Kaufmann *m; 2. (dealer)* Händler *m*
merchant bank ['mɜːtʃənt bæŋk] *sb* Handelsbank *f*
merchant by virtue of registration ['mɜːtʃənt baɪ vɜːtjʊ əv redʒɪs'treɪʃn] *sb* Sollkaufmann *m*
merchant entitled but not obliged to be entered on the Commercial Register ['mɜːtʃənt ɪn'taɪtld bʌt nɒt 'əblaɪdʒd tu biː 'entəd ɒn ðə kə'mɜːʃl 'redʒɪstə] *sb* Kannkaufmann *m*
merge ['mɜːdʒ] *v 1.* zusammenkommen; *2. (companies)* fusionieren
merger ['mɜːdʒə] *sb* Fusion *f*, Verschmelzung *f*
merger balance sheet ['mɜːdʒə 'bæləns ʃiːt] *sb* Fusionsbilanz *f*
merger control ['mɜːdʒə kən'trəʊl] *sb* Fusionskontrolle *f*
merit ['merɪt] *sb 1.* Leistung *f*, Verdienst *n; 2. (advantage, positive aspect)* Vorzug *m*
message ['mesɪdʒ] *sb 1.* Mitteilung *f*, Nachricht *f*, Botschaft *f; 2.* May I take a ~? Kann ich etwas ausrichten?
metal cover ['metəl kʌvə] *sb* Metalldeckung *f*
metallic currency [me'tælɪk 'kʌrənsɪ] *sb* Hartgeld *n*, Metallwährung *f*
meter ['miːtə] *sb 1. (measuring device)* Zähler *m*, Messgerät *n; 2. (unit of measurement) (UK: see „metre")*
method of cost allocation, [meθəd əv 'kɒst ælə'keɪʃn] *sb 1.* Kostenrechnung *f; 2. (Sozialversicherung)* Umlageverfahren *n*
metre ['miːtə] *sb (UK)* Meter *m/n*
metric ['metrɪk] *adj* metrisch
microbiology [maɪkrəʊbaɪ'ɒlədʒɪ] *sb* Mikrobiologie *f*
microchip ['maɪkrəʊtʃɪp] *sb* Mikrochip *m*
microcomputer [maɪkrəʊkəm'pjuːtə] *sb* Mikrocomputer *m*
microeconomics [maɪkrəʊekə'nɒmɪks] *pl* Mikroökonomie *f*

microelectronics [maɪkrəʊelek'trɔnɪks] pl Mikroelektronik f
microfiche ['maɪkrəʊfiːʃ] sb Mikrofiche m
microfilm ['maɪkrəʊfɪlm] sb Mikrofilm m
microprocessor [maɪkrə'prəʊsesə] sb Mikroprozessor m
middleman ['mɪdlmæn] sb Zwischenhändler m
migration of buyers [maɪ'greɪʃn əv 'baɪəs] sb Käuferwanderung f
mile [maɪl] sb Meile f
mileage ['maɪlɪdʒ] sb Meilenzahl f
mileage allowance ['maɪlɪdʒ ə'laʊəns] sb Kilometergeld n
milligramme ['mɪlɪgræm] sb (UK) Milligramm n
millilitre ['mɪlɪliːtə] sb Milliliter m/n
millimetre ['mɪlɪmiːtə] sb Millimeter m
million ['mɪljən] sb Million f
millionaire ['mɪljəneə] sb Millionär(in) m/f
mine [maɪn] v 1. Bergbau betreiben; 2. (sth) fördern, abbauen; sb 3. Bergwerk n, Mine f, Grube f
miner ['maɪnə] sb Bergarbeiter m, Kumpel m
mineral ['mɪnərəl] sb Mineral n
mineral oil ['mɪnərəl ɔɪl] sb Mineralöl n
mineral oil tax ['mɪnərəl ɔɪl tæks] sb Mineralölsteuer f
minicomputer [mɪnɪkəm'pjuːtə] sb Kleincomputer m
minimal damage ['mɪnɪməl 'dæmɪdʒ] sb Bagatellschaden m
minimisation of costs [mɪnɪmaɪ'zeɪʃən əv kɔsts] sb Kostenminimierung f
minimize ['mɪnɪmaɪz] v auf ein Minimum reduzieren, möglichst gering halten
minimum ['mɪnɪməm] sb 1. Minimum n; adj 2. minimal, Mindest...
minimum amount ['mɪnɪməm ə'maʊnt] sb Mindesthöhe f
minimum capital ['mɪnɪməm 'kæpɪtl] sb Mindestkapital n
minimum cost ['mɪnjɪməm 'kɔst] sb Minimalkosten pl
minimum import price ['mɪnɪməm 'ɪmpɔːt praɪs] sb Mindesteinfuhrpreise pl
minimum interest rate ['mɪnjɪməm 'ɪntrest reɪt] sb Mindestzins m
minimum inventory level ['mɪnɪməm ɪn'ventərɪ levəl] sb (Betriebswirtschaft) eiserner Bestand m
minimum investment ['mɪnjɪməm ɪn'vestmənt] sb Mindesteinlage f, Mindestbeteiligung f
minimum legal reserves ['mɪnjɪməm liːgəl rɪ'sɜːfs] sb Mindestreserve f
minimum lending rate ['mɪnɪməm 'lendɪŋ reɪt] sb (UK) Diskontsatz m
minimum nominal amount ['mɪnɪməm 'nɔmɪnəl ə'maʊnt] sb Mindestnennbetrag m
minimum price ['mɪnɪməm praɪs] sb Mindestpreis m
minimum purchase ['mɪnɪməm 'pɜːtʃɪs] sb Mindestabnahme f
minimum quantity order ['mɪnɪməm 'kwɔntɪtɪ 'ɔːdə] sb Mindestbestellmenge f
minimum reserve ['mɪnjɪməm rɪ'sɜːf] sb Mindestreserve f, Mindestreservesatz m, Pflichtreserve f
minimum turnover ['mɪnɪməm 'tɜːnəʊvə] sb Mindestumsatz m
minimum wage ['mɪnɪməm'weɪdʒ] sb Mindestlohn m
mining ['maɪnɪŋ] sb Bergbau m
mining company ['maɪnɪŋ kəmpənɪ] sb bergrechtliche Gewerkschaft f
mining industry ['maɪnɪŋ 'ɪndʌstrɪ] sb Montanindustrie f
mining share ['maɪnɪŋ 'ʃeə] sb Kux m
minor ['maɪnə] sb Jugendliche(r) m/f
minor prevention from duty [maɪnə prɪvenʃn frɔm 'djuːtɪ] sb geringfügige Dienstverhinderung f
minting ['mɪntɪŋ] sb Prägung f
minute ['mɪnɪt] sb ~s pl (of a meeting) Protokoll n
misapplication of deposit [mɪsæplɪ'keɪʃn əv dɪ'pɔsɪt] sb Depotunterschlagung f
misappropriation [mɪsəprəʊprɪ'eɪʃən] sb 1. Entwendung f; 2. (money) Veruntreuung f
miscalculate [mɪs'kælkjʊleɪt] v 1. sich verrechnen; 2. (sth) falsch berechnen, falsch einschätzen
miscalculation [mɪskælkjʊ'leɪʃən] sb Rechenfehler m, Fehlkalkulation f
misdirect [mɪsdɪ'rekt] v (letter) falsch adressieren
misfit analysis [mɪsfɪt ə'nælɪsɪz] sb Misfit-Analyse f
misguided investment ['mɪsgaɪdɪd ɪn'vestmənt] sb Kapitalfehlleitung f
mishandle [mɪs'hændl] v falsch behandeln, schlecht handhaben
mishandling [mɪs'hændlɪŋ] sb schlechte Handhabung f, Verpatzen n
misinform [mɪsɪn'fɔːm] v falsch informieren; You were ~ed. Man hat Sie falsch informiert.

misinterpretation [mɪsɪntɜːprɪ'teɪʃən] sb Fehldeutung f, Fehlinterpretation f
mismanage [mɪs'mænɪdʒ] v 1. schlecht verwalten; 2. *(a deal)* unrichtig handhaben
mismanagement [mɪs'mænɪdʒmənt] sb schlechte Verwaltung f, Misswirtschaft f
mistake [mɪs'teɪk] sb Fehler m
mistake of law [mɪs'teɪk əv'lɔː] sb Rechtsirrtum m
misuse [mɪs'juːs] sb Missbrauch m
mixed cargo [mɪkst 'kɑːgəʊ] sb Stückgut n
mixed company [mɪkst 'kɒmpəni] sb gemischte Firma f
mixed economy [mɪkst ɪ'kɒnəmi] sb gemischte Wirtschaftsform f
mixed financing [mɪkst 'faɪnænsɪŋ] sb Mischfinanzierung f
mixed fund [mɪkst 'fʌnd] sb gemischter Fonds m
mixed manufacturing [mɪkst mænjʊ'fæktʊərɪŋ] sb Gruppenfertigung f
mixed tariff [mɪkst 'tærɪf] sb Mischzoll m
mixed top-down [mɪkst 'tɒpdaʊn] sb Gegenstromverfahren n
mixture of marketing strategies ['mɪkstʃə əv 'mɑːkɪtɪŋ 'strætɪdʒɪz] sb Marketingmix m
mobbing ['mɒbɪŋ] sb Mobbing n
mobile ['məʊbaɪl] adj 1. beweglich; 2. *(object)* fahrbar
mobile phone ['məʊbaɪl fəʊn] sb Handy n, Mobiltelefon n, Funktelefon n
mobilization draft [məʊbɪlaɪ'zeɪʃn drɑːft] sb Mobilisierungstratte f
mobilization mortgage bond [məʊbɪlaɪ'zeɪʃn 'mɔːgɪdg bɒnd] sb Mobilisierungspfandbrief m
mobilization papers [məʊbɪlaɪ'zeɪʃn 'peɪpəs] sb Mobilisierungspapiere n/pl
modality [məʊ'dælɪti] sb Modalität f
model ['mɒdl] sb 1. Modell n; 2. *(perfect example)* Muster n; 3. *(role ~)* Vorbild n; adj 4. vorbildlich, musterhaft, Muster...
modem ['məʊdem] sb Modem n
modification [mɒdɪfɪ'keɪʃn] sb Formwechsel m
monetarism ['mʌnɪtərɪzəm] sb Monetarismus m
monetary ['mʌnɪtəri] adj 1. geldlich, Geld...; 2. *(politically)* Währungs..., monetär
monetary agreement ['mʌnɪtəri ə'griːmənt] sb Währungsabkommen n
monetary arrangement ['mʌnɪtæri ə'reɪnʒmənt] sb Gelddisposition f
monetary authority ['mʌnɪtəri ɔː'θɒrɪti] sb Währungsbehörde f
monetary base ['mʌnɪtæri 'beɪz] sb Geldbasis f, monetäre Basis f
monetary base principle ['mʌnɪtæri 'beɪz prɪnsɪpl] sb Geldbasiskonzept n
monetary block ['mʌnɪtæri 'blɒk] sb Währungsblock m
monetary capital ['mʌnɪtæri 'kæpɪtl] sb Geldkapital n
monetary crisis ['mʌnɪtæri 'kraɪsɪs] sb Währungskrise f
monetary devaluation ['mʌnɪtæri dɪvæljʊ'eɪʃn] sb Geldentwertung f
monetary factor ['mʌnɪtæri 'fæktə] sb Geldfaktor m
monetary fund ['mʌnɪtæri fʌnd] sb Währungsfonds m
monetary parity ['mʌnɪtæri 'pærɪti] sb Währungsparität f
monetary policy ['mʌnɪtæri 'pɒlɪsi] sb Geldpolitik f, Währungspolitik f
monetary reform ['mʌnɪtæri rɪ'fɔːm] sb Währungsreform f
monetary reserves ['mʌnɪtæri rɪ'sɜːfs] sb Währungsreserven f/pl
monetary restriction ['mʌnɪtəri rɪ'strɪkʃən] sb Geldknappung f
monetary sovereignty ['mʌnɪtæri sɒvərɪnti] sb Münzhoheit f
monetary stability ['mʌnɪtæri stə'bɪlɪti] sb Geldwertstabilität f
monetary structure ['mʌnɪtæri strʌkʃə] sb Geldverfassung f
monetary system ['mʌnɪtæri 'sɪstəm] 1. Geldwesen n; 2. Währungssystem n, Währungsordnung f
monetary union ['mʌnɪtəri 'juːnjən] sb Währungsunion f
monetary unit ['mʌnɪtəri 'juːnɪt] sb Währungseinheit f
monetization ['mʌnɪtaɪzeɪʃn] sb Monetisierung f
money ['mʌni] sb Geld n
money and capital market ['mʌni ænd 'cæpɪtl 'mɑːkɪt] sb Kreditmarkt m
money broker ['mʌni 'brəʊkə] sb Finanzmakler m, Kreditvermittler m
moneychanger ['mʌnɪtʃeɪndʒə] sb 1. Geldwechsler m; 2. *(machine)* Wechselautomat m
money counting machine ['mʌni kaʊntɪŋ mə'ʃiːn] sb Geldzählautomat m
money demand ['mʌni dɪ'mɑːnd] sb Geldnachfrage f

money deposited ['mʌnɪ dɪ'pɒzɪtɪd] *sb* Einlage *f*

money economy ['mʌnɪ ɪ'kɒnəmɪ] *sb* Geldwirtschaft *f*

money export ['mʌnɪ 'ɪkspɔt] *sb* Geldexport *m*

money guarantee clause ['mʌnɪ gərən-'tiː klɔz] *sb* Geldwertsicherungsklausel *f*

money illusion ['mʌnɪ ɪluːʃn] *sb* Geldillusion *f*

money import ['mʌnɪ 'ɪmpɔːt] *sb* Geldimport *m*

money in account ['mʌnɪ ɪn ə'kaʊnt] *sb* Buchgeld *n*, Giralgeld *n*

money laundering ['mʌnɪ lɒndərɪŋ] *sb* Geldwäsche *f*

moneylender ['mʌnɪlendə] *sb* Geldverleiher *m*

money-maker ['mʌnɪmeɪkə] *sb (product)* Renner *m (fam)*, Verkaufserfolg *m*

money management ['mʌnɪ 'mænædʒmənt] *sb* Geldhaltung *f*

money market ['mʌnɪ 'mɑːkɪt] *sb* Geldmarkt *m*, Geldbörse *f*

money market account ['mʌnɪ 'mɑːkɪt ə'kaʊnt] *sb* Geldmarktkonto *n*

money market credit ['mʌnɪ 'mɑːkɪt 'kredɪt] *sb* Geldmarktkredit *m*

money market funds ['mʌnɪ 'mɑːkɪt 'fʌnds] *sb* Geldmarktfonds *m*

money market policy ['mʌnɪ 'mɑːkɪt 'pɒlɪsɪ] *sb* Geldmarktpolitik *f*

money market rate ['mʌnɪ 'mɑːkɪt 'reɪt] *sb* Geldmarktsatz *m*

money market securities ['mʌnɪ 'mɑːkɪt 'sɪkjʊrɪtɪz] *sb* Geldmarktpapier *n*

money order ['mʌnɪɔːdə] *sb* Postanweisung *f*, Zahlungsanweisung *f*

money owed ['mʌnɪ əʊd] *sb* Guthaben *n*

money piece rate ['mʌnɪ 'piːs 'reɪt] *sb* Geldakkord *m*

money rate ['mʌnɪ 'reɪt] *sb* Geldsatz *m*

money sorting machine ['mʌnɪ 'sɔːtɪŋ mə'ʃiːn] *sb* Geldsortiermaschine *f*

money stock ['mʌnɪ 'stɒk] *sb* Geldmenge *f*

money substitute ['mʌnɪ 'sʌbstɪtjuːt] *sb* Geldsubstitut *n*

money supply ['mʌnɪ sə'plaɪ] *sb* Geldvolumen *n*

money supply target ['mʌnɪ sə'plaɪ 'tɑːgɪt] *sb* Geldmengenziel *n*

money transfer transactions ['mʌnɪ 'trænsfə træn'zækʃən] *sb* Überweisungsverkehr *m*

money wage ['mʌnɪ 'weɪdʒ] *sb* Geldlohn *m*

monitor ['mɒnɪtə] *v 1.* überwachen; 2. *(a phone conversation)* abhören; *sb 3. (screen)* Monitor *m*

monitoring ['mɒnɪtɔːrɪŋ] *sb* Monitoring *n*

monopolies commission [mə'nɒpəliːz kə'mɪʃən] *sb* Monopolkommission *f*

monopolize [mə'nɒpəlaɪz] *v* monopolisieren

monopoly [mə'nɒpəlɪ] *sb* Monopol *n*

monopoly price [mə'nɒpəlɪ 'praɪz] *sb* Monopolpreis *m*

montage [mɒn'tɑːʒ] *sb* Montage *f*, Zusammenbau *m*

monthly ['mʌnθlɪ] *adj* monatlich, Monats...

monthly balance sheet ['mʌnθlɪ 'bælænts 'ʃiːt] *sb* Monatsbilanz *f*

monthly income statement ['mʌnθlɪ 'ɪnkʌm 'steɪtmənt] *sb* monatliche Erfolgsrechnung *f*, kurzfristige Erfolgsrechnung *f*

monthly instalment ['mʌnθlɪ ɪn'stɔːlmənt] *sb* monatliche Teilzahlungsrate *f*, monatliche Rate *f*

monthly report of Deutsche Bundesbank ['mʌnθlɪ rɪ'pɔːt əv də 'dɔytʃə 'bʊndəsbaŋk] *sb* Monatsbericht der Deutschen Bundesbank *m*

monthly return ['mʌnθlɪ rɪ'tɜːn] *sb* Monatsausweis *m*

mortage bank ['mɔːgɪdʒ bæŋk] *sb* Grundkreditanstalt *f*, Bodenkreditinstitut *n*, Hypothekenbank *f*, Pfandbriefanstalt *f*

mortgage ['mɔːgɪdʒ] *sb 1.* Hypothek *f*; *v 2.* hypothekarisch belasten, eine Hypothek aufnehmen auf

mortgage as security for a loan ['mɔːgɪdʒ æs ə sɪ'kjʊrɪtɪ fɔː ə 'ləʊn] *sb* Darlehenshypothek *f*

mortgage bank ['mɔːgɪdʒ bæŋk] *sb* Hypothekenbank *f*

mortgage bank law ['mɔːgɪdʒ 'bæŋk lɔː] *sb* Hypothekenbankgesetz *n*

mortgage bond ['mɔːgɪdʒ bɒnd] *sb* (Hypotheken-)Pfandbrief *m*

mortgage bond serving a social purpose ['mɔːgɪdʒ bɒnd 'sɜːvɪŋ ə 'səʊʃəl 'pɜːpɪs] *sb* Sozialpfandbrief *m*

mortgage debenture ['mɔːgɪdʒ dɪ'bentʃə] *sb* Hypothekenpfandbrief *m*

mortgage deed ['mɔːgɪdʒ 'diːd] *sb* Hypothekenbrief *m*

mortgage for the benefit of the owner [mɔːgɪdʒ fɔː ðə 'benəfɪt əv ðɪ: 'əʊnə] *sb* Eigentümer-Hypothek *f*

mortgage insurance ['mɔ:gɪdʒ ɪn'ʃʊərənts] sb Hypothekenversicherung f
mortgage law ['mɔ:gɪdʒ lɔ:] sb Pfandbriefgesetz n
mortgage loan ['mɔ:gɪdʒ ləʊn] sb Hypothekarkredit m, Pfandbriefdarlehen n
mortgage loan repayable after having been duly called ['mɔ:gɪdʒ 'ləʊn rɪ'peɪəbl 'ɑ:ftə 'hævɪŋ bi:n 'dju:lɪ 'cɔ:ld] sb Kündigungshypothek f
mortgage rate ['mɔ:gɪdʒ reɪt] sb Hypothekenzins m
mortgage register ['mɔ:gɪdʒ 'redʒɪstər] sb Hypothekenregister n
most favourable offer [məʊst 'feɪvərəbl 'ɔfə] sb günstigstes Angebot n, bestes Angebot n
most-favoured nation clause [məʊst-'feɪvəd 'neɪʃən klɔ:z] sb Meistbegünstigungsklausel f
most-favoured nationtreatment [məʊst 'feɪvəd 'neɪʃəntri:tmənt] sb Meistbegünstigung f
motherboard ['mʌðəbɔ:d] sb Hauptplatine f, Motherboard n
motion ['məʊʃən] sb (proposal) Antrag m; propose a ~ einen Antrag stellen
motivation [məʊtɪ'veɪʃən] sb Motivation f
motive ['məʊtɪv] sb Motiv n, Beweggrund m
motor insurance ['məʊtərɪnsʊərəns] sb Kraftfahrzeugversicherung f
motor vehicle ['məʊtə 'vi:hɪkl] sb Kraftfahrzeug n
motor vehicle tax ['məʊtə 'vi:hɪkl tæks] sb Kraftfahrzeugsteuer f
mouse [maʊs] sb (computer) Maus f
movable goods [mu:vəbl 'gʊds] sb Mobilien pl
move [mu:v] v 1. (change residences) umziehen; 2. (transport) befördern; sb 3. (to a different job) Wechsel m; 4. (to a new residence) Umzug m
movement certificate ['mu:vmənt sə'tɪfɪkət] sb Warenverkehrsbescheinigung f
mover ['mu:və] sb (person who moves furniture) Umzugsspediteur m, Möbelpacker m
multi [mʌltɪ] adj ~... viel..., mehr..., Multi...
multilateral [mʌltɪ'lætərəl] adj multilateral
multilateral trade ['mʌltɪlætərəl treɪd] sb multilateraler Handel m
multilingual [mʌltɪ'lɪŋgwəl] adj mehrsprachig
multimedia [mʌltɪ'mi:dɪə] pl Multimediatechnik f

multimillionaire [mʌltɪ'mɪljənɛə] sb Multimillionär(in) m/f
multimillion credit [mʌltɪ'mɪlɪən 'kredɪt] sb Millionenkredit m
multinational [mʌltɪ'næʃənl] adj multinational
multinational company [mʌltɪ'næʃənəl 'kʌmpəni:] sb multinationales Unternehmen n
multinational group [mʌltɪ'næʃənl gru:p] sb multinationaler Konzern m
multiple exchange rates ['mʌltɪbl ɪks-'tseɪnʒ reɪts] sb gespaltener Wechselkurs m
multiple-line organisation ['mʌltɪbllaɪn ɔrgənaɪ'zeɪʃən] sb Mehrlinienorganisation f
multiple-process production ['mʌltɪbl-'prəʊsəs prɔ'dʌkʃən] sb Mehrfachfertigung f
multiple voting right ['mʌltɪbl 'vəʊtɪŋ raɪt] sb Mehrstimmrecht n
multiple voting share ['mʌltɪbl 'vəʊtɪŋ ʃɛə] sb Mehrstimmrechtsaktie f
multiplication ['mʌltɪplɪ'keɪʃən] sb 1. Multiplikation f; 2. (fig) Vermehrung f
multiply ['mʌltɪplaɪ] v 1. multiplizieren; 2. (sth) vermehren, vervielfachen
multi-product company ['mʌltɪ'prɔdʌkt 'kʌmpəni] sb Mehrproduktunternehmen n
multipurpose [mʌltɪ'pɜ:pəs] adj Mehrzweck...
multi-stage fixed-cost accounting ['mʌltɪsteɪdʒ fɪksd 'kɔst ə'kaʊntɪŋ] sb stufenweise Fixkostendeckungsrechnung f
multitasking [mʌltɪ'tɑ:skɪŋ] sb Multitasking n
municipal [mju:'nɪsɪpəl] adj städtisch, Stadt..., kommunal
municipal bonds [mju:'nɪsɪpəl bɔndz] pl Kommunalobligationen pl
municipal economy ['mju:nɪsɪpl ɪ'kʌnʌmɪ] sb Kommunalwirtschaft f
municipality [mju:nɪsɪ'pælɪtɪ] sb Kommune f, Gemeinde f
municipal measures to spur the economy ['mju:nɪsɪpl 'meʒəs tu spɜ: ðɪ: ɪ'kɔnəmɪ] sb kommunale Wirtschaftsförderung f
mutual ['mju:tʃʊəl] adj 1. (shared) gemeinsam; 2. (bilateral) beiderseitig
mutual fund ['mju:tʃʊəl fʌnd] sb (US) Investmentfonds m
mutual insurance ['mju:tʃʊəl ɪn'ʃʊərəns] sb Versicherung auf Gegenseitigkeit f
mutual life insurance company ['mju:tʊəl laɪf ɪn'ʃʊərəns 'kʌmpəni] sb Versicherungsverein auf Gegenseitigkeit (VVaG) m

N

name [neɪm] *v 1. (specify)* nennen; *2. (appoint)* ernennen; *sb 3.* Name *m; 4. (reputation)* Name *m,* Ruf *m;* 5. give s.o. a bad ~ jdn in Verruf bringen; 6. make a ~ for o.s. as sich einen Namen machen als

name-plate ['neɪmpleɪt] *sb 1.* Namensschild *n;* 2. *(on a door)* Türschild *n*

name tag ['neɪmtæg] *sb* Namensschild *m*

name transaction [neɪm trænsˈækʃən] *sb* Aufgabegeschäft *n*

national ['næʃənəl] *adj* national, öffentlich, Landes...

national accounting ['næʃənəl əˈkaʊntɪŋ] *sb* volkswirtschaftliche Gesamtrechnung *f*

national bankruptcy ['næʃənəl ˈbæŋkrʌpsɪ] *sb* Staatsbankrott *m*

national economy ['næʃənəl ɪˈkɔnəmɪ] *sb* Volkswirtschaft *f*

national income ['næʃənəl ˈɪnkʌm] *sb* Volkseinkommen *n*

national insurance ['næʃənəl ɪnˈʃʊərəns] *sb (UK)* Sozialversicherung *f*

nationality [næʃəˈnælɪtɪ] *sb* Staatsangehörigkeit *f,* Nationalität *f*

nationalization [næʃənəlaɪˈzeɪʃən] *sb* Verstaatlichung *f*

nationalize ['næʃənəlaɪz] *v (an industry)* verstaatlichen

national product ['næʃənəl ˈprɔdʌkt] *sb* Sozialprodukt *n*

national sovereignty rights ['næʃənəl ˈsɔvərɪntɪ raɪts] *sb* nationale Souveränitätsrechte *n/pl*

national wealth ['næʃənəl ˈwelθ] *sb* Volksvermögen *n*

nationwide [neɪʃənˈwaɪd] *adj* landesweit

natural person ['nætʃrəl ˈpɜːsən] *sb* natürliche Person *f*

naught [nɔːt] *sb* Null *f*

navigability [nævɪgəˈbɪlɪtɪ] *sb* Schiffbarkeit *f*

navigable ['nævɪgəbl] *adj* schiffbar

near banks ['nɪə bæŋks] *sb* Nearbanken *f/pl*

necessary business property ['nesɪsərɪ ˈbɪsnəs ˈprɔpətɪ] *sb* notwendiges Betriebsvermögen *n*

necessary private property ['nesɪsərɪ ˈpraɪvət ˈprɔpətɪ] *sb* notwendiges Privatvermögen *n*

necessity [nɪˈsesɪtɪ] *sb 1.* Notwendigkeit *f;* 2. of ~ notwendigerweise

need [niːd] *sb 1. (necessity)* Notwendigkeit *f;* 2. *(requirement)* Bedürfnis *n,* Bedarf *m;* 3. to be in ~ of sth etw dringend brauchen

negative advance interest ['negətɪf ədˈvæns ˈɪntrəst] *sb* Vorschusszinsen *pl*

negative clause ['negətɪf klɔz] *sb* Negativklausel *f*

negative declaration ['negətɪf dekləˈreɪʃn] *sb* Negativerklärung *f*

negative interest ['negətɪf ˈɪntrəst] *sb* Negativzins *m*

negligence ['neglɪdʒəns] *sb* Nachlässigkeit *f,* Unachtsamkeit *f;* Fahrlässigkeit *f*

negligent ['neglɪdʒənt] *adj* fahrlässig, nachlässig, unachtsam

negotiable [nɪˈgəʊʃiəbl] *adj* verkäuflich; It's ~. Darüber kann verhandelt werden.

negotiable document of title [nɪˈgəʊʃjəbl ˈdɔkjəmənt əv ˈtaɪtl] *sb* Traditionspapier *n*

negotiate [nɪˈgəʊʃieɪt] *v 1.* verhandeln; *2. (bring about)* aushandeln; *3. (sth)* handeln über

negotiation [nɪgəʊʃiˈeɪʃən] *sb 1.* Verhandlung *f;* 2. enter into ~s in Verhandlungen eintreten

negotiation skills [nɪgəʊʃiˈeɪʃən skɪlz] *sb* Verhandlungsgeschick *n*

negotiator [nɪˈgəʊʃieɪtə] *sb* Unterhändler(in) *m/f,* Verhandelnde(r) *m/f*

nepotism ['nepətɪzəm] *sb* Nepotismus *m,* Vetternwirtschaft *f*

net [net] *adj 1.* netto, Netto..., Rein...; *v 2.* netto einbringen; *3. (in wages)* netto verdienen

net assets [net ˈæsets] *sb* Reinvermögen, Nettovermögen *n*

net book value [net bʊk ˈvæljuː] *sb* Restwert *m*

net borrowing [net ˈbɔrəʊɪŋ] *sb* Nettokreditaufnahme *f*

net dividend [net ˈdɪvɪdənd] *sb* Netto-Dividende *f*

net earnings [net ˈɜːnɪŋz] *sb* Nettoertrag *m*

net export [net ˈɪkspɔt] *sb* Außenbeitrag *m*

net financial investment [net faɪˈnænʃl ɪnˈvestmənt] *sb* Finanzierungssaldo *n*

net foreign demand [net ˈfɔrɪŋ dɪˈmɑːnd] *sb* Außenbeitrag *m*

net income [net 'ɪnkʌm] *sb* Nettoeinkommen *n*
net income percentage of turnover [net 'ɪnkʌm pə'sentɪdʒəv 'tɜːnəvə] *sb* Umsatzrendite *f*
net indebtedness [net ɪn'detɪdnɪs] *sb* Nettoverschuldung *f*
net interest rate [net 'ɪntrəst reɪt] *sb* Nettozinssatz *m*
net investment [net ɪn'vestmənt] *sb* Nettoinvestition *f*
net loss [net 'lɔs] *sb* Bilanzverlust *m*
net loss for the year [net 'lɔs fɔː ðə jiə] *sb* Jahresfehlbetrag *m*
net movement of foreign exchange [net 'muːvmənt əv 'fɔrɪŋ ɪks'tʃeɪnʃ] *sb* Devisenbilanz *f*
net national product [net 'næʃənəl 'prɒdʌkt] *sb* Nettosozialprodukt *n*
net new indebtedness [net njuː ɪn'detətnəs] *sb* Nettoneuverschuldung *f*
net present value [net 'præsənt 'væljuː] *sb* Kapitalwert *m*
net price [net praɪs] *sb* Nettopreis *m*
net proceeds [net 'prəʊsiːdz] *sb* Nettoertrag *m*
net product [net 'prɒdʌkt] *sb* Wertschöpfung *f*
net profit [net 'prɒfɪt] *sb* Reingewinn *m*, Nettogewinn *m*
net profit for the year [net 'prɒfɪt fɔː θə jiə] *sb* Bilanzgewinn *m*
net profit ratio [net 'prɒfɪt reɪʃə] *sb* Umsatzrentabilität *f*
net turnover [net 'tɜːnəvə] *sb* Nettoumsatz *m*
net wages [net 'weɪdʒɪz] *sb* Nettolohn *m*
net weight [net weɪt] *sb* Nettogewicht *n*, Reingewicht *n*, Eigengewicht *n*
network ['netwɜːk] *sb* Netz *n*, Netzwerk *n*
networking ['netwɜːkɪŋ] *sb* Rechnerverbund *m*
neutral money ['njuːtrəl 'mʌnɪ] *sb* neutrales Geld *n*
new assessment [njuː ə'sesmənt] *sb* Neuveranlagung *f*
newcomer ['njuːkʌmə] *sb (beginner)* Neuling *m*
new endorsement [njuː ɪn'dɔːrzmənt] *sb* Neugiro *n*
new foundation [njuː faʊn'deɪʃən] *sb* Neugründung *f*
new indebtedness [njuː ɪn'detətnəs] *sb* Neuverschuldung *f*

new market [njuː 'mɑːkɪt] *sb* Neuer Markt *m*
news [njuːz] *pl* Nachricht *f*, Neuigkeiten *pl*
new shares [njuː ʃærs] *sb* junge Aktien *f/pl*
newsletter ['njuːzletə] *sb* Rundschreiben *n*, Rundbrief *m*
newspaper ['njuːzpeɪpə] *sb* Zeitung *f*
niche [niːʃ] *sb* Nische *f*
night safe ['naɪtseɪf] *sb* Nachtsafe *m*, Nachttresor *m*
night school ['naɪtskuːl] *sb* Abendschule *f*
night shift ['naɪtʃɪft] *sb* Nachtschicht *f*
night watchman [naɪt'wɒtʃmən] *sb* Nachtwächter *m*, Nachtportier *m*
nil tariff [nɪl 'tærɪf] *sb* Nulltarif *m*
nominal ['nɒmɪnəl] *adj* nominell, Nominal...
nominal amount ['nɒmɪnəl ə'maʊnt] *sb* Nominalbetrag *m*
nominal capital ['nɒmɪnəl 'cæpɪtl] *sb* Nominalkapital *n*
nominal capital borrowed ['nɒmɪnəl 'cæpɪtl 'bɒrəʊd] *sb* nominelles Eigenkapital *n*
nominal income ['nɒmɪnəl 'ɪnkʌm] *sb* Nominaleinkommen *n*
nominal rate of interest ['nɒmɪnəl reɪt əv 'ɪntrəst] *sb* Nominalzins *m*
nominal value ['nɒmɪnəl 'væljuː] *sb* Nennwert *m*, Nominalwert *m*, Ausgabewert *m*
non-assignable [nɒnə'saɪnəbl] *adj* nicht übertragbar
non-banks ['nɒnbæŋks] *sb* Nicht-Banken *f/pl*
nonbinding price recommendation ['nɒnbaɪndɪŋ praɪs rekəmn'deɪʃn] *sb* unverbindliche Preisempfehlung *f*
non-calling period [nɒnkɔːlɪŋ 'pɪriəd] *sb* Kündigungssperrfrist *f*
non cash ['nɒnkæʃ] *adj* unbar
non-compliance [nɒnkəm'plaɪəns] *sb (with rules)* Nichterfüllung *f*, Nichteinhaltung *f*
nonexistent [nɒnɪg'zɪstənt] *adj* nicht existierend, nicht vorhanden
non-forfeitability [nɒnfɔːr'fiːtəbl] *sb* Unverfallbarkeit *f*
non-liquidity [nɒnlɪ'kwɪdɪtɪ] *sb* Illiquidität *f*
non-negotiable [nɒnnɪ'gəʊʃɪəbl] *adj (ticket)* unübertragbar, nicht übertragbar
non-negotiable bill of exchange ['nɒnnɪ'gəʊʃɪəbl bɪl əv ɪks'tʃeɪnʒ] *sb* Rektawechsel *m*
nonoperating expense ['nɒnɒpəreɪtɪŋ ɪks'pens] *sb* betriebsfremder Aufwand *m*, neutraler Aufwand *m*

nonoperating income [ˈnɒnɒpəreɪtɪŋ ˈɪnkʌm] sb neutraler Ertrag m
nonoperating revenue [ˈnɒnɒpəreɪtɪŋ ˈrevənjuː] sb betriebsfremder Ertrag m
non-profit-making [nɒnˈprɒfɪtmeɪkɪŋ] adj (UK) gemeinnützig
nonprofit organization [ˈnɒnprɒfɪt ɔːgənaɪˈzeɪʃn] sb Nonprofit-Organisation f
non-quotation [ˈnɒn kwəʊˈteɪʃn] sb Kursstreichung f
non-real-estate fixed assets [ˈnɒnriːəlɪsteɪt fɪksd ˈæsəts] sb bewegliches Anlagevermögen n
non-recourse financing [nɒnrɪˈkɔːs ˈfaɪnænsɪŋ] sb Forfaitierung f
non-resident [ˈnɒnrɛzɪdənt] sb Devisenausländer m, Gebietsfremder m
non-returnable [nɒnrɪˈtɜːnəbl] adj Einweg...
nonstop [ˈnɒnstɒp] adj 1. ohne Halt, pausenlos; 2. (train) durchgehend
non-voting share [ˈnɒnvəʊtɪŋ ʃɛər] sb stimmrechtslose Vorzugsaktie f
norm [nɔːm] sb Norm f
normal [ˈnɔːməl] adj normal, üblich
normal cost [ˈnɔːml kɒst] sb Normalkosten pl
normal level of capacity utilization [ˈnɔːml ˈlevl əv kəˈpæsɪtɪ juːtɪlaɪˈzeɪʒn] sb Normalbeschäftigung f
normal transactions [ˈnɔːml trænsˈækʃns] sb Normalverkehr m
norm price [nɔːm praɪz] sb Zielpreis (Zoll) m
nostro account [ˈnɒstrəʊ əˈkaʊnt] sb Nostrokonto n
North American Freetrade Area (NAFTA) [ˈnɔːθ əˈmerɪkæn friːtreɪd ˈɛərɪə] sb Nordamerikanische Freihandelszone (NAFTA) f
nostro balance [ˈnɒstrəʊ ˈbæləns] sb Nostroguthaben n
nostro liability [ˈnɒstrəʊ laɪəˈbɪlɪtɪ] sb Nostroverbindlichkeit f
notarize [ˈnəʊtəraɪz] v notariell beglaubigen
notary [ˈnəʊtərɪ] sb Notar m
not binding [nɒt ˈbaɪndɪŋ] adj unverbindlich
note [nəʊt] sb Notiz f, Vermerk m, Schein m
note issue [nəʊt ɪʃjuː] sb Notenausgabe f
notes and coins in circulation [nəʊts ænd ˈkɔɪns ɪn sɜːkjʊˈleɪʃn] sb Zahlungsmittelumlauf m
notes appended to quotation [nəʊts əˈpændɪt tu kwəʊˈteɪʃn] sb Kurszusätze m/pl

notes in circulation [nəʊts ɪn sɜːkjʊˈleɪʃn] sb Notenumlauf m
notes to consolidated financial statements [nəʊts tu kənˈsʌlɪdeɪtɪd faɪˈnænʃl steɪtmənts] sb Konzernanhang m
notice [ˈnəʊtɪs] sb 1. (notification) Bescheid m, Benachrichtigung f; 2. (in writing) Mitteilung f; 3. until further ~ bis auf weiteres; 4. at short ~ kurzfristig; 5. (of quitting a job, of moving out) Kündigung f; give s.o. ~ (to an employee, to a tenant) jdm kündigen; (to an employer, to a landlord) bei jdm kündigen; 6. (public announcement) Bekanntmachung f
notice board [ˈnəʊtɪs bɔːd] sb Aushang m
notice of assessment [ˈnəʊtɪsəv əˈsesmənt] sb Steuerbescheid m
notice of defect [ˈnəʊtɪsəv ˈdiːfekt] sb Mängelanzeige f
notice of termination [ˈnəʊtɪsəv tɜːmɪˈneɪʃn] sb Kündigung f
notice to terminate for operational reasons [ˈnəʊtɪs tu ˈtɜːmɪneɪt fɔː ɒpəˈreɪʃənl ˈriːzns] sb betriebsbedingte Kündigung f
notifiable [nəʊtɪˈfaɪəbl] adj meldepflichtig
notifiable cartel [nəʊtɪˈfaɪəbl ˈkɑːtl] sb anmeldepflichtige Kartelle n
notification [nəʊtɪfɪˈkeɪʃn] sb Benachrichtigung f, Mitteilung f, Meldung f
notification of damage [nəʊtɪfɪˈkeɪʃn əv ˈdæmɪdʒ] sb Schadensmeldung f
novelty [ˈnɒvəltɪ] sb (newness) Neuheit f
nuclear energy [ˈnjuːklɪərənədʒɪ] sb Atomenergie f, Kernenergie f
nuclear power [ˈnjuːklɪə ˈpaʊə] sb Atomkraft f
nuclear power plant [ˈnjuːklɪə ˈpaʊə plɑːnt] sb Atomkraftwerk n, Kernkraftwerk n
null [nʌl] adj nichtig, ungültig
nullify [ˈnʌlɪfaɪ] v annullieren, für null und nichtig erklären, ungültig machen
number [ˈnʌmbə] sb 1. Zahl f; 2. (numeral) Ziffer f; 3. (phone ~, house ~) Nummer f; 4. (quantity) Anzahl f; on a ~ of occasions des Öfteren
numbered account [ˈnʌmbəd əˈkaʊnt] sb Nummernkonto n
numbering [ˈnʌmbrɪŋ] sb Nummerierung f
nursing allowance [ˈnɜːsɪŋ əˈlaʊəns] sb Pflegegeld n
nursing insurance fund [ˈnɜːsɪŋ ɪnˈʃʊrəns fʌnd] sb Pflegekrankenversicherung f
nursing pension insurance fund [ˈnɜːsɪŋ ˈpenʃn ɪnˈʃʊrənsfʌnd] sb Pflegerentenversicherung f

O

oath of disclosure [əʊθ əv dɪs'kləʊʃə] *sb* Offenbarungseid *m*
obedience [ə'biːdɪəns] *sb* Gehorsamkeit *f*
obey [ə'beɪ] *v 1.* gehorchen, folgen; *2. (an order)* Folge leisten, befolgen
objection [əb'dʒekʃən] *sb* Beanstandung *f*, Einwand *m*
objective [əb'dʒektɪv] *sb* Ziel *n*
objectivity [ɔbdʒek'tɪvɪtɪ] *sb* Objektivität *f*
object of discernment ['ɔbdʒɪkt əv dɪ'sɜːnmənt] *sb* Erkenntnisobjekt *n*
object principle ['ɔbdʒɪkt 'prɪnsɪpl] *sb* Objektprinzip *n*
obligation [ɔblɪ'geɪʃən] *sb 1.* Verpflichtung *f*, Pflicht *f*, Schuldverhältnis *n*; *2. without ~* unverbindlich
obligation to contract [ɔblɪ'geɪʃn tu kɔn'trækt] *sb* Kontrahierungszwang *m*
obligation to furnish information [ɔblɪ'geɪʃn tu 'fɜːnɪʃ ɪnfɔː'meɪʃn] *sb* Mitteilungspflicht *f*
obligation to give information [ɔblɪ'geɪʃn tu gɪf ɪnfɔː'meɪʃn] *sb* Auskunftspflicht *f*
obligation to intervene [ɔblɪ'geɪʃn tu ɪntə'viːn] *sb* Interventionspflicht *f*
obligation to lodge a complaint [ɔblɪ'geɪʃn tu 'lɔdʒ ə kəm'pleɪnt] *sb* Rügepflicht *f*
obligation to make an additional contribution [ɔblɪ'geɪʃn tu 'meɪk ən ə'dɪʃnl kɔntrɪ'bjuʃn] *sb* Nachschusspflicht *f*
obligation to pay subscription [ɔblɪ'geɪʃn tu peɪ sʌb'skrɪpʃn] *sb* Einzahlungspflicht *f*
obligation to preserve records [ɔblɪ'geɪʃən tu prɪ'zɜːv 'rekɔːdz] *sb* Aufbewahrungspflicht *f*
obligation to redeem [ɔblɪ'geɪʃən tu rɪ'diːm] *sb* Einlösungspflicht *f*
obligation to register [ɔblɪ'geɪʃn tu 'redʒɪstə] *sb* Meldepflicht *f*
obligation to take delivery [ɔblɪ'geɪʃən tu 'teɪk dɪ'lɪvərɪ] *sb* Abnahmepflicht *f*
obligatory [ɔ'blɪgətərɪ] *adj* obligatorisch; *It is* ~. Es ist Pflicht.
obligor ['ɔblɪgɔː] *sb* Schuldner *m*
observation [ɔbzə'veɪʃən] *sb* Beobachtung *f*

observation of markets [ɔbzə'veɪʃən əv 'mɑːkɪts] *sb* Marktbeobachtung *f*
obsolescence [ɔbsəʊ'lesns] *sb* Obsoleszenz *f*
obtainable [əb'teɪnəbl] *adj* erhältlich
occupation [ɔkjʊ'peɪʃən] *sb 1. (employment)* Beruf *m*, Tätigkeit *f*; *2. (pastime)* Beschäftigung *f*, Betätigung *f*, Tätigkeit *f*
occupational [ɔkjʊ'peɪʃənəl] *adj* beruflich, Berufs..., Arbeits...
occupational disability [ɔkjʊ'peɪʃnəl dɪsə'bɪlɪtɪ] *sb* Berufsunfähigkeit *f*
occupational hazard [ɔkjʊ'peɪʃənəl 'hæzəd] *sb* Berufsrisiko *n*
odd jobs [ɔd'dʒɔbz] *pl* Gelegenheitsarbeiten *pl*, Gelegenheitsjobs *pl*
odd lot [ɔd lɔt] *sb 1.* krummer Auftrag *m*; *2.* Sondermenge *f*, Restposten *m*
oddment ['ɔdmənt] *sb* Restposten *m*
off-duty [ɔf'djuːtɪ] *adj* dienstfrei
offence [ə'fens] *sb* Straftat *f*, Delikt *n*
offer ['ɔfə] *v 1.* anbieten; *2. ~ to do sth* anbieten, etw zu tun/sich bereit erklären, etw zu tun; *3. ~ one's hand* jdm die Hand reichen; *4. (a view, a price)* bieten; *sb 5.* Angebot *n*
offer of employment ['ɔfər əv ɪm'plɔɪmənt] *sb* Stellenangebot *n*
offical stock exchange list [ɔ'fɪʃl stɔk ɪks'dʒeɪnʃ lɪst] *sb* offizielles Kursblatt *n*
office ['ɔfɪs] *sb 1.* Büro *n*; *2. (lawyer's)* Kanzlei *f*; *3. (public position)* Amt *n*; *4. take ~* sein Amt antreten; *5. (department)* Abteilung *f*; *6. (department of the government)* Behörde *f*, Amt *n*; *7. (one location of a business)* Geschäftsstelle *f*
office automation ['ɔfɪs ɔːtə'meɪʃn] *sb* Büroautomation *f*
office block ['ɔfɪs blɔk] *sb* Bürogebäude *n*
office communication ['ɔfɪs kəm'jʊnɪkeɪʃn] *sb* Bürokommunikation *f*
officeholder ['ɔfɪshəʊldə] *sb* Amtsinhaber *m*
office hours ['ɔfɪs aʊəz] *pl 1.* Dienststunden *pl*, Geschäftszeit *f*; *2. (time available for consultation)* Sprechstunden *pl*
office junior ['ɔfɪs 'dʒuːnjə] *sb* Bürogehilfe/Bürogehilfin *m/f*
officer ['ɔfɪsə] *sb (official)* Beamte(r)/Beamtin *m/f*, Funktionär(in) *m/f*

office supplies [ˈɔfɪs səˈplaɪz] pl Bürobedarf m, Büromaterial n
official [əˈfɪʃəl] adj 1. offiziell, amtlich; sb 2. Beamte(r)/Beamtin m/f, Funktionär(in) m/f
official business [əˈfɪʃəl ˈbɪznɪs] sb (on a letter) Dienstsache f
officialdom [əˈfɪʃəldəm] sb Bürokratie f
official fees [əˈfɪʃl fiːz] sb Verwaltungsgebühr f
officially quoted security [əˈfɪʃəli ˈkwəʊtɪd sɪˈkjʊərɪti] sb Schrankenwert m
official market [əˈfɪʃl ˈmɑːkɪt] sb amtlicher Markt m
official market broker [əˈfɪʃl ˈmɑːkɪt ˈbrəʊkə] sb Parkettmakler m
official receiver [əˈfɪʃəl rɪˈsiːvə] sb Konkursverwalter m
official secret [əˈfɪʃəl ˈsiːkrɪt] sb Dienstgeheimnis n, Amtsgeheimnis n
official trading [əˈfɪʃl ˈtreɪdɪŋ] sb amtlicher Handel m
official trading hours [əˈfɪʃl ˈtreɪdɪŋ ˈaʊəs] sb Börsenzeit f
off-limits [ɔf ˈlɪmɪts] adj mit Zugangsbeschränkung
off-peak hours [ˈɔfpiːk ˈaʊəz] pl verkehrsschwache Stunden pl
offset [ˈɔfset] sb Ausgleich m
offset tax [ˈɔfset ˈtæks] sb Kompensationssteuer f
offsetting arbitrage [ˈɔfsetɪŋ ˈɑːrbɪˈtrɑːʒ] sb Ausgleichs-Arbitrage f
offsetting costs [ˈɔfsetɪŋ kɔsts] sb kompensatorische Kosten pl
offsetting of receivables and payables in the consolidated financial statements [ˈɔfsetɪŋ əv rɪˈsiːvəbls ænd ˈpeɪəbls ɪn ðə kənˈsɔlɪdeɪtəd faɪˈnænʃl ˈsteɪtmənts] sb Schuldenkonsolidierung f
offset transaction [ˈɔfset trænsˈækʃn] sb Kompensationsgeschäft n
offshore centres [ˈɔfʃɔː ˈsentəs] sb Offshore-Zentren n/pl
offshore dealings [ˈɔfʃɔː ˈdiːlɪŋs] sb Offshore-Geschäft n
offshore purchases [ˈɔfʃɔː ˈpɜːrtʃəsɪs] sb Offshore-Käufe m/pl
oil [ɔɪl] sb Öl n
oil futures dealings [ɔɪl ˈfjʊtəs ˈdiːlɪŋs] sb Ölterminhandel m
oil futures exchange [ɔɪl ˈfjʊtʃəs ɪksˈdʒeɪnʃ] sb Ölterminbörse f
old-age pension [ˈəʊld eɪdʒ ˈpenʃn] sb Altersruhegeld n
old-age pensioner [əʊld eɪdʒ ˈpenʃənə] sb Rentner m
old-age social security system sb [ˈəʊld eɪdʒ səʊʃl sɪkjʊərɪti sɪstəm] sb Altersvorsorge f
old-established [əʊldɪsˈtæblɪʃd] adj alteingesessen, alt
old-fashioned [əʊldˈfæʃənd] adj altmodisch
on a commission basis [ˈɔnə kəˈmɪʃən ˈbeɪsɪs] adv auf Provisionsbasis
on approval [ɔn əˈpruːvəl] adv zur Ansicht
on call [ɔnˈkɔːl] adv auf Abruf
one-item clause [ˈwʌnaɪtəm klɔːz] sb Einpunktklausel f
one-man corporation [ˈwʌnmæn kɔrpəˈreɪʃn] sb Einpersonengesellschaft f
one month money [wʌn mʌnθ ˈmʌni] sb Monatsgeld n
one's own capital [wʌns əʊn ˈkepɪtl] sb Eigenkapital n
one-stop [ˈwʌnstɔp] adj alles an einem Ort
one-to-one [wʌn tu wʌn] adj eins-zu-eins, sich genau entsprechend
one-way [ˈwʌnweɪ] adj 1. (traffic) Einbahn...; 2. (packaging, bottles) Einweg...
one-year contract of employment [ˈwʌnjiːə ˈkɔntrekt əv ɪmˈplɔɪmənt] sb Jahresarbeitsvertrag m
ongoing [ˈɔngəʊɪŋ] adj 1. laufend, im Gang befindlich; 2. (long-term) andauernd
online [ɔnˈlaɪn] adj online, Online...
online operation [ˈɔnlaɪn ɔpəˈreɪʃn] sb Online-Betrieb m
on receipt of the invoice [ɔn rɪˈsiːt əvðɪːˈɪnvɔɪs] adv nach Erhalt der Rechnung
on schedule [ɔnˈʃedjuːl] adv termingerecht
onshore business [ˈɔnʃɔː ˈbɪsnɪs] sb Onshore-Geschäft n
on time [ɔnˈtaɪm] adv fristgerecht
on trial [ɔnˈtraɪl] adv auf Probe
open [ˈəʊpən] v 1. (shop) aufmachen, öffnen; 2. (trial, exhibition, new business) eröffnen
open account [əʊpn əˈkaʊnt] sb offenes Konto n
open cheque [ˈəʊpən tʃek] sb Barscheck m
open credit [əʊpn ˈkredɪt] sb Blanko-Kredit m
open day [ˈəʊpəndeɪ] sb Tag der offenen Tür
open-end fund [əʊpnˈænd fʌnd] sb offener Fonds m
opening balance sheet [ˈəʊpənɪŋ ˈbæləns ʃiːt] sb Eröffnungsbilanz f

opening capital ['əʊpənɪŋ 'kæpɪtl] sb Anfangskapital n, Startkapital n
opening of a business ['əʊpənɪŋ əv ə 'bɪznɪs] sb Geschäftseröffnung f
opening of an account ['əʊpənɪŋ əv ən ə'kaʊnt] sb Kontoeröffnung f
opening of new markets ['əʊpənɪŋ əv njuː 'mɑːkɪts] sb Markterschließung f
opening price ['əʊpənɪŋ praɪs] sb Eröffnungskurs m
opening stock ['əʊpənɪŋ stɒk] sb Anfangsbestand m
opening time ['əʊpənɪŋ taɪm] sb (UK) Öffnungszeit f
open-item accounting [əʊpən'aɪtəm ə'kaʊntɪŋ] sb Offene-Posten-Buchhaltung f
open market ['əʊpən 'mɑːkɪt] sb offener Markt m
open position [əʊpən pə'sɪʃn] sb offene Position f
operate ['ɒpəreɪt] v 1. (machine) funktionieren, in Betrieb sein; 2. (system, organization) arbeiten; 3. (manage) betreiben, führen; 4. (a machine) bedienen, 5. (a brake, a lever) betätigen
operating ['ɒpəreɪtɪŋ] adj Betriebs...
operating assets ['ɒpəreɪtɪŋ 'esəts] sb Betriebsvermögen n
operating costs ['ɒpəreɪtɪŋ kɒsts] sb Betriebskosten pl
operating expenses ['ɒpəreɪtɪŋ ɪk'spensɪz] pl Betriebskosten pl, Geschäftskosten pl
operating fund ['ɒpəreɪtɪŋ fʌnd] sb Betriebsfonds m
operating instructions ['ɒpəreɪtɪŋ ɪn'strʌkʃənz] pl Betriebsanleitung f, Bedienungsvorschrift f
operating permit ['ɒpəreɪtɪŋ 'pɜːmɪt] sb Betriebserlaubnis f
operating system ['ɒpəreɪtɪŋ 'sɪstəm] sb Betriebssystem n
operation [ɒpə'reɪʃən] sb 1. (control) Bedienung f, Betätigung f; 2. (running) Betrieb m; put out of ~ außer Betrieb setzen; 3. (enterprise) Unternehmen n, 4. Unternehmung f, Operation f
operational [ɒpə'reɪʃənəl] adj 1. (in use) in Betrieb, im Gebrauch; 2. (ready for use) betriebsbereit, einsatzfähig
operational accountancy [ɒpər'eɪʃənl ə'kaʊntnsɪ] sb betriebliches Rechnungswesen n
operational analysis [ɒpər'eɪʃənl ə'nælɪsɪs] sb Betriebsanalyse f

operational profitability [ɒpər'eɪʃənl prɒfɪtə'bɪlɪtɪ] sb Betriebsrentabilität f
operations statistics [ɒpər'eɪʃns stə'tɪstɪcs] sb Betriebsstatistik f
operator ['ɒpəreɪtə] sb 1. (telephone) Vermittlung f, Dame/Herr von der Vermittlung m/f; 2. (company) Unternehmer m; 3. (of a machine) Bedienungsperson f, Arbeiter m; 4. (of a lift, of a vehicle) Führer m
opinion [ə'pɪnjən] sb (professional advice) Gutachten n
opinion leader [ə'pɪnjən 'liːdə] sb Meinungsführer m
opinion poll [ə'pɪnjən pəʊl] sb Meinungsumfrage f
opportunity costs [ɒpər'tjuːnɪtɪ kɒsts] sb Opportunitätskosten pl
opportunity for advancement [ɒpə'tjuːnɪtɪ fɔːr əd'vɑːnsmənt] sb Aufstiegsmöglichkeit f
opposition [ɒpə'sɪʃn] sb Opposition f
oppressive contract [ɒ'presɪv 'kɒntrækt] sb Knebelungsvertrag m
optimisation [ɒptɪmaɪz'eɪʃən] sb Optimierung f
optimism ['ɒptɪmɪzəm] sb Optimismus m
optimistic [ɒptɪ'mɪstɪk] adj optimistisch
optimize ['ɒptɪmaɪz] v optimieren
optimum ['ɒptɪməm] adj optimal
option ['ɒpʃən] sb Option f
optional ['ɒpʃənəl] adj 1. freiwillig; 2. (accessory) auf Wunsch erhältlich
optional loan ['ɒpʃnəl 'ləʊn] sb Optionsdarlehen n
option bond ['ɒpʃn bɒnd] sb Optionsanleihe f
option clause ['ɒpʃn klɔːz] sb Fakultativklausel f
option contract ['ɒpʃn 'kɒntrækt] sb Prämienbrief m
option dealing ['ɒpʃn 'diːlɪŋ] sb Optionsgeschäft n, Prämiengeschäft n
option price ['ɒpʃn praɪs] sb Optionspreis m
option right ['ɒpʃn raɪt] sb Optionsrecht n
option seller ['ɒpʃn selə] sb Stillhalter m
option to capitalize ['ɒpʃn tu 'cæpɪtəlaɪz] sb Aktivierungswahlrecht n
option to sell ['ɒpʃn tu sel] sb Verkaufsoption f
oral ['ɔːrəl] adj (verbal) mündlich
order ['ɔːdə] v 1. bestellen; 2. (place an ~ for) bestellen, 3. (~ to be manufactured) in Auftrag geben; 4. (command) befehlen, an-

ordnen; ~ *in* hereinkommen lassen; 5. *(arrange)* ordnen; *sb* 6. *(sequence)* Reihenfolge *f*, Folge *f*, Ordnung *f*; *in* ~ *of priority* je nach Dringlichkeit; 7. *(working condition)* Zustand *m*; *to be out of* ~ außer Betrieb sein; 8. *(command)* Befehl *m*, Anordnung *f*; *to be under* ~*s to do sth* Befehl haben, etw zu tun; *by* ~ *of* auf Befehl von, im Auftrag von; 9. *(for goods, in a restaurant)* Bestellung *f*; 10. *(to have sth made)* Auftrag *m*; *make to* ~ auf Bestellung anfertigen

order bill of lading ['ɔːdə bɪl əv 'leɪdɪŋ] *sb* Orderkonnossement *n*

order cheque ['ɔːdə tʃek] *sb* Orderscheck *m*

order clause ['ɔːdə klɔːz] *sb* Orderklausel *f*

ordered quantity ['ɔːdəd 'kwɒntɪtɪ] *sb* Bestellmenge *f*

order for payment ['ɔːdə fɔː 'peɪmənt] *sb* Zahlungsauftrag *m*, Zahlungsbefehl, Zahlungsanweisung *f*

order form ['ɔːdə fɔːm] *sb* Bestellschein *m*

ordering costs ['ɔːdərɪŋ kɒsts] *sb* Bestellkosten *pl*

order number ['ɔːdə 'nʌmbə] *sb* Auftragsnummer *f*

order processing ['ɔːdə 'prəʊsesɪŋ] *sb* Auftragsbearbeitung *f*

order scheduling ['ɔːdə 'ʃedjuːlɪŋ] *sb* Auftragsplanung *f*

order to pay ['ɔːdə tu 'peɪ] *sb* Zahlungsanweisung *f*

ordinary budget ['ɔːdɪnærɪ 'bʌdʒɪt] *sb* ordentlicher Haushalt *m*

ordinary expenditure ['ɔːdɪnærɪ ɪks'pændɪtʃʊə] *sb* ordentliche Ausgaben *f/pl*

ordinary increase in capital ['ɔːdɪnærɪ 'ɪnkriːz ɪn kæpɪtl] *sb* ordentliche Kapitalerhöhung *f*

ordinary revenue ['ɔːdɪnærɪ 'revənjuː] *sb* ordentliche Einnahmen *f/pl*

ordinary share ['ɔːdɪnærɪ ʃeə] *sb* Stammaktie *f*

organization [ɔːgənaɪ'zeɪʃən] *sb* Organisation *f*

organizational [ɔːgənaɪ'zeɪʃənəl] *adj* organisatorisch

organizational chart [ɔːgənaɪ'zeɪʃnl tʃɑːt] *sb* Organisationsdiagramm *n*, Organigramm *n*

organizational information system [ɔːgənaɪ'zeɪʃnl ɪnfɔː'meɪʃn sɪstəm] *sb* betriebliches Informationssystem *n*

organizational standards [ɔːgənaɪ'zeɪʃnl 'stændəts] *sb* Betriebsnormen *f/pl*

organizational structure [ɔːgənaɪ'zeɪʃnl 'strʌkʃə] *sb* Organisationsstruktur *f*

organization and methods department [ɔːgənaɪ'zeɪʃn ænd 'meθəds dɪ'pɑːtmənt] *sb* Organisationsabteilung *f*

organization expense [ɔːgənaɪ'zeɪʃn ɪks'pæns] *sb* Organisationskosten *pl*

organize ['ɔːgənaɪz] *v* organisieren

organizer ['ɔːgənaɪzə] *sb* 1. Organisator *m*; 2. *(of an event)* Veranstalter *m*

origin ['ɒrɪdʒɪn] *sb* Ursprung *m*, Herkunft *f*, Provenienz *f*

original [ə'rɪdʒɪnl] *adj (version)* original, Original...

original capital contribution [ɒr'ɪdʒɪnl 'kæpɪtl kɒntrɪ'bjuːʃn] *sb* Stammeinlage *f*

original investment [ɒr'ɪdʒɪnl ɪn'vestmənt] *sb* Stammeinlage *f*

ostensible company [ɒs'tensɪbl 'kɒmpənɪ] *sb* Scheingesellschaft *f*

ostensible merchant [ɒs'tensɪbl mɜːdʒnt] *sb* Scheinkaufmann *m*

ouster ['aʊstə] *sb* Enteignung *f*

outbid [aʊt'bɪd] *v irr* überbieten

outdated [aʊt'deɪtɪd] *adj* überholt, veraltet

outdoor advertising ['aʊtdɔːr'ædvətaɪzɪŋ] *sb* Außenwerbung *f*

outfit ['aʊtfɪt] *v* 1. ausrüsten, ausstatten; *sb* 2. *(equipment)* Ausrüstung *f*, Ausstattung *f*

outfitter ['aʊtfɪtə] *sb (UK)* Ausrüster *m*, Ausstatter *m*

outlaw ['aʊtlɔː] *v* für ungesetzlich erklären, verbieten

outlay ['aʊtleɪ] *sb* Geldauslage *f*

outlay tax ['aʊtleɪ tæks] *sb* Ausgabensteuer *f*

outlet ['aʊtlet] *sb* 1. *(electrical ~)* Steckdose *f*; 2. *(shop)* Verkaufsstelle *f*; 3. *(for goods)* Absatzmöglichkeit *f*

outlook ['aʊtlʊk] *sb (prospects)* Aussichten *pl*

outmoded [aʊt'məʊdɪd] *adj* unzeitgemäß

out-of-court settlement [aʊt əv 'kɔːt 'setlmənt] *sb* außergerichtlicher Vergleich *m*

out-of-date [aʊt əv 'deɪt] *adj* veraltet, altmodisch

out-of-town cheque [aʊt əv taʊn tʃek] *sb* Versandscheck *m*

output ['aʊtpʊt] *sb* Produktion *f*, Output *m*, Fördermenge *f*

outside financing ['aʊtsaɪd 'faɪnænsɪŋ] *sb* Fremdfinanzierung *f*

outside services ['aʊtsaɪd 'sɜːvɪsɪs] *sb* Fremdleistung *f*

outsource [aʊt'sɔːs] v an Fremdfirmen vergeben

outsourcing ['aʊtsɔːsɪŋ] sb Fremdvergabe f

outstanding [aʊt'stændɪŋ] adj (not yet paid) ausstehend

outstanding account [aʊt'stændɪŋ ə'kaʊnt] sb offene Rechnung f

outstanding accounts ['aʊtstændɪŋ ə'kaʊnts] sb Außenstände m/pl

outstanding contributions ['aʊtstændɪŋ kɒntrɪ'bjuːʃns] sb ausstehende Einlagen f/pl

outstanding debts [aʊt'stændɪŋ dets] sb Außenstände pl

overachieve [əʊvərə'tʃiːv] v besser abschneiden als erwartet

overall adjustment ['əʊvəɔːl ə'dʒʌstmənt] sb Globalwertberichtigung f

overall assignment ['əʊvəɔːl ə'saɪnmənt] sb Globalzession f

overall costs ['əʊvəɔːl 'kɒsts] sb Gesamtkosten pl

overcapitalization [əʊvəkæpɪtəlaɪ'zeɪʃn] sb Überkapitalisierung f

overcharge [əʊvə'tʃɑːdʒ] v zu viel berechnen

overdraft ['əʊvədrɑːft] sb Kontoüberziehung f

overdraft commission ['əʊvədrɑːft kə'mɪʃn] sb Überziehungsprovision f

overdraft credit ['əʊvədrɑːft 'kredɪt] sb Überziehungskredit m

overdraft of an account ['əʊvədrɑːft əvənə'kaʊnt] sb Kontoüberziehung f

overdraw [əʊvə'drɔː] v irr überziehen

overdue [əʊvə'djuː] adj überfällig

overestimate [əʊvər'estɪmeɪt] v überschätzen, überbewerten

overfinancing [əʊvə'faɪnənsɪŋ] sb Überfinanzierung f

overflow ['əʊvəfləʊ] sb Überschuss m

overhaul [əʊvə'hɔːl] v 1. (a machine) überholen; 2. (plans) gründlich überprüfen; sb 3. Überholung f, gründliche Überprüfung f

overhead allocation sheet ['əʊvəhæd ələ'keɪʃn ʃiːt] sb Betriebsabrechnungsbogen (BAB) m

overhead costs ['əʊvəhed kɒsts] sb Gemeinkosten pl, allgemeine Unkosten pl

overhead value analysis ['əʊvəhæd 'væljuː ə'næləsɪs] sb Gemeinkostenwertanalyse (GWA) f

overland [əʊvə'lænd] adv auf dem Landweg, über Land

overleaf [əʊvə'liːf] adv umseitig

overload [əʊvə'ləʊd] v 1. überladen, 2. (with electricity) überlasten; sb 3. Überbelastung f; 4. (electricity) Überlastung f

overqualified [əʊvə'kwɒlɪfaɪd] adj überqualifiziert

overrate [əʊvə'reɪt] v überschätzen, überbewerten

override [əʊvə'raɪd] v irr 1. (cancel out) umstoßen, aufheben; 2. (an objection) ablehnen

overseas [əʊvə'siːz] adv nach Übersee, in Übersee

oversell [əʊvə'sel] v irr überbuchen

over-subscription [əʊvəsʌb'skrɪpʃn] sb Überzeichnung f

over-the-counter business [əʊvə ðə 'kaʊntə 'bɪznɪs] sb Tafelgeschäft n

over-the-counter trade [əʊvə ðə 'kaʊntə 'treɪd] sb Freihandel m

over-the-counter trading [əʊvə ðə 'kaʊntə 'treɪdɪŋ] sb Effektenverkauf m

overtime ['əʊvətaɪm] sb Überstunden pl

owe [əʊ] v 1. schulden, schuldig sein; 2. (have s.o. to thank for sth) jdm etw verdanken; 3. (owing to) wegen, infolge, dank

own [əʊn] v 1. besitzen, haben; sb 2. come into one's ~ sein rechtmäßiges Eigentum erlangen

own capital withdrawal [əʊn 'kæpɪtl wɪθ'drɔːl] sb Eigenkapitalentzug m

own contributions ['əʊn kɒntrɪ'bjuːʃns] sb Eigenleistungen f/pl

owner ['əʊnə] sb 1. Besitzer(in) m/f; 2. (of a house, of a firm) Eigentümer(in) m/f

owner-occupied home premium ['əʊnə 'ɒkjʊpaɪd 'həʊm 'priːmjəm] sb Eigenheimzulage f

owner-operated municipal enterprise ['əʊnə'ɒpəreɪtəd 'entəpraɪs] sb Eigenbetrieb m

owner's risk ['əʊnəs rɪsk] sb Eigners Gefahr f, Unternehmerrisiko n

owner's salary ['əʊnəs sæləri] sb Unternehmerlohn m

ownership ['əʊnəʃɪp] sb 1. Besitz m; 2. under new ~ unter neuer Leitung

ownership in fractional shares ['əʊnəʃɪp ɪn 'frækʃnəl 'ʃæs] sb Bruchteilseigentum n

ozone-friendly [əʊzəʊn'frendli] adj umweltfreundlich

own security deposit [əʊn sɪ'kjʊrɪtɪ dɪ'pɒsɪt] sb Eigendepot n

own security holdings [əʊn sɪ'kjʊrɪtɪ 'həʊldɪŋ] sb eigene Effekten pl

P

pack [pæk] v 1. *(a container)* voll packen; 2. *(a case)* packen; 3. *(things into a case)* einpacken; sb 4. *(packet)* Paket n
package ['pækɪdʒ] sb 1. Paket n, Packung f; 2. ~s Frachtstücke pl
packaging ['pækɪdʒɪŋ] sb Verpackung f
packet ['pækɪt] sb Paket n, Päckchen n, Schachtel f
packing ['pækɪŋ] sb *(material)* Verpackungsmaterial n, Verpackung f
packing instructions ['pækɪŋ ɪn'strʌkʃənz] sb Verpackungsvorschriften pl
packing unit ['pækɪŋ 'juːnɪt] sb Verpackungseinheit f
packing waste ['pækɪŋ weɪst] sb Verpackungsmüll m, Verpackungsabfall m
padded ['pædɪd] adj gepolstert
paid [peɪd] adj bezahlt
paid-up capital [peɪd 'ʌp 'kæpɪtl] sb eingezahltes Kapital n
paid vacation [peɪd veɪ'keɪʃən] sb bezahlter Urlaub m
pair [pɛə] sb 1. Paar n; v 2. paarweise anordnen
pallet ['pælɪt] sb Palette f
pane [peɪn] sb 1. Glasscheibe f; 2. window ~ Fensterscheibe f
panel ['pænl] sb 1. *(of switches)* Schalttafel f, Kontrolltafel f; 2. *(of a car)* Armaturenbrett n; 3. *(of experts, of interviewers)* Gremium n
panel discussion ['pænl dɪs'kʌʃən] sb Podiumsdiskussion f
panellist ['pænəlɪst] sb Diskussionsteilnehmer(in) m/f
panel of experts ['pænl əv 'ekspəts] sb Sachverständigenrat m
panic buying ['pænɪk 'baɪɪŋ] sb Panikkauf m
paper ['peɪpə] sb 1. Papier n; 2. ~s pl *(writings, documents)* Papiere pl
paper money ['peɪpə 'mʌni] sb Papiergeld n
paperwork ['peɪpəwɜːk] sb 1. Schreibarbeit f; 2. *(in a negative sense)* Papierkram m
par [pɑː] adj pari
parallel currency ['pærələl 'kʌrənsɪ] sb Parallelwährung f
parallel loan ['pærələl 'ləʊn] sb Parallelanleihe f

parallel market ['pærələl 'mɑːkɪt] sb Parallelmarkt m
parcel ['pɑːsl] sb 1. Paket n; 2. *(land)* Parzelle f
parcenary ['pɑːsɪnərɪ] sb Mitbesitz m
par price ['pɑː praɪs] sb Parikurs m
par value share [pɑː 'væljʊ ʃæə] sb Nennwertaktie f
pardon ['pɑːdn] v 1. begnadigen; sb 2. Begnadigung f
parent company ['pɛərənt 'kʌmpənɪ] sb Muttergesellschaft f, Stammhaus n
paring down ['pɛərɪŋ daʊn] sb Gesundschrumpfung f
parity ['pærɪtɪ] sb *(of currency)* Parität f
parity codetermination ['pærɪtɪ kəʊdɪtəmɪ'neɪʃn] sb paritätische Mitbestimmung f
parity grid ['pærɪtɪ grɪd] sb Paritätengitter n
parity of rates ['pærɪtɪ əv 'reɪts] sb Kursparität f
parol ['pærəl] adj mündlich
part exchange [pɑːt ɪks'tʃeɪndʒ] sb 1. offer sth in ~ etw in Zahlung geben; 2. take sth in ~ etw in Zahlung nehmen
partial ['pɑːʃəl] adj Teil..., teilweise, partiell
partial acceptance ['pɑːʃl ək'sæptəns] sb Teilakzept n
partial balance sheet ['pɑːʃəl 'bælənsʃiːt] sb Teilbilanz f
partial bill of lading ['pɑːʃl bɪl əv 'leɪdɪŋ] sb Teilkonnossement n
partial claim ['pɑːʃl 'kleɪm] sb Teilforderung f
partial damage ['pɑːʃl 'dæmɪdʒ] sb Teilbeschädigung (P.A.) f
partial delivery ['pɑːʃəl dɪ'lɪvərɪ] sb Teillieferung f
partial edition ['pɑːʃəl ɪd'ɪʃən] sb Teilauflage f
partial endorsement ['pɑːʃl ɪn'dɔːsmənt] sb Teilindossament n
partial loss (p. l.) ['pɑːʃl 'lɒs] sb Teilverlust (P.L.) m
partial payment ['pɑːʃəl 'peɪmənt] sb Teilzahlung f
partial privatisation ['pɑːʃəl praɪvətaɪ'zeɪʃən] sb Teilprivatisierung f
partial rights ['pɑːʃl 'raɪts] sb Teilrechte n/pl
partial value ['pɑːʃəl 'væljuː] sb Teilwert m

partible ['pɑːtɪbl] *adj* teilbar, trennbar
participant [pɑːˈtɪsɪpənt] *sb* Teilnehmer(in) *m/f*
participate [pɑːˈtɪsɪpeɪt] *v* sich beteiligen, teilnehmen
participating bond [pɑːˈtɪsɪpeɪtɪŋ bʌnd] *sb* Gewinnschuldverschreibung *f*
participating certificate [pɑːˈtɪsɪpeɪtɪŋ səˈtɪfɪkət] *sb* Anteilscheine *m*, Genussschein *m*
participating debenture [pɑːˈtɪsɪpeɪtɪŋ dɪˈbentʃuə] *sb* Gewinnobligation *f*
participating in yield [pɑːˈtɪsɪpeɪtɪŋ ɪn ˈjiːld] *sb* Ergebnisbeteiligung *f*
participating receipt [pɑːˈtɪsɪpeɪtɪŋ rɪˈsiːt] *sb* Partizipationsschein *m*
participation [pɑːtɪsɪˈpeɪʃən] *sb* Beteiligung *f*, Teilnahme *f*
participation in profits [pɑːtɪsɪˈpeɪʃn ɪn ˈprɒfɪts] *sb* Gewinnbeteiligung *f*
participation rights [pɑːtɪsɪˈpeɪʃn raɪts] *sb* Genussrecht *n*
particularity [pətɪkjʊˈlærɪtɪ] *sb* Besonderheit *f*, besonderer Umstand *m*, Einzelheit *f*
particularize [pəˈtɪkjʊləraɪz] *v* einzeln angeben, detailliert aufführen
particulars [pəˈtɪkjʊləz] *pl* Einzelheiten *pl*
parties to a collective wage agreement [ˈpɑːtɪz tu ə kəˈlektɪv ˈweɪdʒ əgriːmənt] *sb* Tarifpartner *m*
part-load traffic [ˈpɑːt ləʊd ˈtræfɪk] *sb* Stückgutverkehr *m*
partly finished product [ˈpɑːtlɪ ˈfɪnɪʃd ˈprɒdʌkts] *sb* (Produktion) unfertiges Erzeugnis *n*
partner [ˈpɑːtnə] *sb* 1. Partner(in) *m/f*; 2. (in a limited company) Gesellschafter(in) *m/f*, Teilhaber(in) *m/f*, Sozius *m*
partnership [ˈpɑːtnəʃɪp] *sb* Partnerschaft *f*, Personengesellschaft *f*, Sozietät *f*
partnership assets [ˈpɑːtnəʃɪp ˈæsɪts] *sb* Gesellschaftsvermögen *n*
partnership limited by shares [ˈpɑːtnəʃɪp ˈlɪmɪtɪd baɪ ˈʃeəz] *sb* Kommanditgesellschaft auf Aktien *f*
part payment [pɑːt ˈpeɪmənt] *sb* Abschlagszahlung *f*, Teilzahlung *f*
part-time [pɑːtˈtaɪm] *adj* 1. Teilzeit...; 2. *adv* auf Teilzeit, stundenweise
part-time employment [ˈpɑːttaɪm ɪmˈplɔɪmənt] *sb* geringfügige Beschäftigung *f*
part-time job [pɑːt taɪm dʒɒb] *sb* Teilzeitstelle *f*
part-time work [pɑːt taɪm wɜːk] *sb* Teilzeitarbeit *f*

party [ˈpɑːtɪ] *sb* Partei *f*
party line [pɑːtɪˈlaɪn] *sb* 1. (of a telephone line) Gemeinschaftsanschluss *m*; 2. (of a political party) Parteilinie *f*
passage [ˈpæsɪdʒ] *sb* 1. (voyage) Überfahrt *f*, Reise *f*; 2. (fare) Überfahrt *f*
passage of risk [ˈpæsɪdʒ əv ˈrɪsk] *sb* Gefahrübergang *m*
passbook [ˈpɑːsbʊk] *sb* Sparbuch *n*
passing of a resolution [ˈpæsɪŋ əv ə rɪsɒˈluːʃn] *sb* Beschlussfassung *f*
passive deposit transactions [ˈpæsɪf dɪˈpɒsɪt trænsˈækʃns] *sb* Passivgeschäft *n*
passive reserves [ˈpæsɪf rɪˈsɜːfs] *sb* passive Rückstellungen *f*
passkey [ˈpɑːskiː] *sb* Hauptschlüssel *m*
passport [ˈpɑːspɔːt] *sb* Pass *m*, Reisepass *m*
pasteboard [ˈpeɪstbɔːd] *sb* Karton *m*, Pappe *f*
patent [ˈpeɪtənt] *v* 1. patentieren lassen; *sb* 2. Patent *n*
patentee [peɪtənˈtiː] *sb* Patentinhaber *m*
patent licence [ˈpeɪtənt ˈlaɪsəns] *sb* Patentlizenz *f*
Patent Office [ˈpeɪtənt ɒfɪs] *sb* Patentamt *n*
patentor [peɪtənˈtɔː] *sb* Patentgeber *m*
patron [ˈpeɪtrən] *sb* (customer) Kunde/Kundin *m/f*, Gast *m*
patronize [ˈpætrənaɪz] *v* (a business) besuchen (als Stammkunde)
pattern of organization [ˈpætən əv ɔːgənaɪˈzeɪʃən] *sb* Organisationsform *f*
pause [pɔːz] *sb* 1. Pause *f*; 2. give s.o. ~ jdm zu denken geben
pawn [pɔːn] *v* 1. verpfänden, versetzen; *sb* 2. (thing pawned) Pfand *n*
pawnbroker [ˈpɔːnbrəʊkə] *sb* Pfandleiher *m*
pawnbroking [ˈpɔːnbrəʊkɪŋ] *sb* Pfandleihe *f*
pawnshop [ˈpɔːnʃɒp] *sb* Pfandhaus *n*
pay [peɪ] *v irr* 1. bezahlen, 2. (a bill, interest) zahlen; ~ for bezahlen für; 3. (to be profitable) sich lohnen, sich auszahlen; *sb* 4. Lohn *m*; 5. (salary) Gehalt *n*
payable [ˈpeɪəbl] *adj* 1. zahlbar; 2. (due) fällig; 3. make a cheque ~ to s.o. einen Scheck auf jdn ausstellen
payable on delivery (p. o. d.) [ˈpeɪəbl ɒn dɪˈlɪvərɪ] *adj* zahlbar bei Ablieferung (p.o.d.)
pay back [ˈpeɪ bæk] *v irr* zurückzahlen
pay day [ˈpeɪ deɪ] *sb* account day Zahltag *m*, Abrechnungstag *m*
payee [peɪˈiː] *sb* Zahlungsempfänger *m*, Remittent *m*

payee of a bill of exchange [peɪ'iː əv ə bɪl ɪks'dʒeɪnʃ] *sb* Wechselnehmer *m*
payer ['peɪə] *sb* Zahler *m*
pay in [peɪ 'ɪn] *v irr* einzahlen
pay increase ['peɪ ɪnkriːs] *sb* Lohnerhöhung *f*, Gehaltserhöhung *f*
paying authority ['peɪɪŋ ɔː'θɔːrɪtɪ] *sb* Kostenträger *m*
paying off ['peɪɪŋ 'ɔf] *sb* Entlohnung *f*
paying out ['peɪɪŋ aʊt] *sb* Auszahlung *f*
pay interest on [peɪ 'ɪntrest ɔn] *v* verzinsen
payload ['peɪləʊd] *sb* Nutzlast *f*
payment ['peɪmənt] *sb 1.* Zahlung *f*, Einzahlung *f*; Bezahlung *f*; *2.* Besoldung *f*, Auszahlung *f*
payment by instal(l)ments ['peɪmənt baɪ ɪn'stɔːlmənts] *sb* Ratenzahlung *f*
payment guarantee ['peɪmənt gerən'tiː] *sb* Anzahlungsbürgschaft *f*
payment habit ['peɪmənt 'hæbɪt] *sb* Zahlungssitte *f*
payment in advance ['peɪmənt ɪnəd-'vɑːns] *sb* Vorauszahlung *f*
payment in arrears ['peɪmənt ɪn ə'rɪəs] *sb* Zahlungsrückstand *m*
payment in full ['peɪmənt ɪn 'fʊl] *sb* vollständige Bezahlung *f*
payment in kind ['peɪmənt ɪn 'kaɪnd] Zahlung in Sachwerten *f*
payment of interest ['peɪmənt əv 'ɪntrest] *sb* Verzinsung *f*
payment of net earnings for three months prior to start of bankruptcy proceedings ['peɪmənt əv net 'ɜːnɪŋs fɔː 'θriː mʌnθs 'praɪə tu 'stɑːt əv 'bæŋkrʌpsɪ prəʊ'ziːdɪŋs] *sb* Konkursausfallgeld *n*
payment of taxes ['peɪmənt əv 'tæksɪz] *sb* Steuerzahlung *f*
payment on account ['peɪmənt ɔn ə'kaʊnt] *sb* Akontozahlung *f*
payment order ['peɪmənt 'ɔːdə] *sb* Anweisung *f*
payment risk ['peɪmənt 'rɪsk] *sb* Zahlungsrisiko *n*
payment slip ['peɪmənt 'slɪp] *sb* Zahlschein *m*
payment supra protest ['peɪmənt 'suːprə 'prəʊtest] *sb* Zahlung unter Protest *f*
payment transaction ['peɪmənt træns-'ækʃən] *sb* Zahlungsverkehr *m*
payments office ['peɪmənts 'ɒfɪs] *sb* Zahlstelle *f*
payoff ['peɪɒf] *sb (bribe)* Bestechungsgeld *n*

pay off [peɪ 'ɔf] *v irr 1. (to be profitable) (fam)* sich lohnen; *2. (a debt)* abbezahlen; *3. (a mortgage)* ablösen; *4. (creditors)* befriedigen; *5. (workmen)* auszahlen
pay over duty [peɪ 'əʊvə 'djʊtɪ] *sb* Abführungspflicht *f*
pay phone ['peɪ fəʊn] *sb* Münzfernsprecher *m*
pay raise ['peɪ reɪz] *sb (US)* Lohnerhöhung *f*, Gehaltserhöhung *f*
pay rise ['peɪ raɪz] *sb* Lohnerhöhung *f*, Gehaltserhöhung *f*
payroll ['peɪ rəʊl] *sb 1.* Lohnliste *f*; *2. have s.o. on one's ~* jdn beschäftigen
pay round ['peɪ raʊnd] *sb* Lohnrunde *f*
paycheck ['peɪtʃek] *sb (US)* Lohnscheck *m*, Gehaltsscheck *m*
pay the postage ['peɪ ðə 'pɒstɪdʒ] *v* frankieren
peacekeeping duty ['piːzkiːpɪŋ 'djʊtɪ] *sb* Friedenspflicht *f*
peak [piːk] *adj* Höchst..., Spitzen...
peak hours [piːk 'aʊəz] *pl* Hauptverkehrszeit *f*, Stoßzeit *f*
peak quotation [piːk kwəʊ'teɪʃn] *sb* Extremkurs *m*
pecuniary [pɪ'kjuːnɪərɪ] *adj* Geld..., finanziell, pekuniär
pedlar ['pedlə] *sb* Hausierer *m*
penalize ['piːnəlaɪz] *v* bestrafen
penalty ['pænltɪ] *sb 1.* Strafe; *2. (punishment)* Bußgeld *n*
penalty interest ['pænltɪ 'ɪntrest] *sb* Strafzins *m*
pending ['pendɪŋ] *adj* anhängig, schwebend
pending transactions ['pendɪŋ træns-'ækʃns] *sb* schwebende Geschäfte *n/pl*
pension ['penʃən] *sb 1.* Rente *f*; *2. (from an employer)* Pension *f*
pensionary ['penʃənərɪ] *adj* Rentner...
pensioner ['penʃənə] *sb* Rentner *m*
pension expectancy ['penʃən ɪks'pektənsɪ] *sb* Pensionsanwartschaft *f*
pension for general disability ['penʃn fɔː 'dʒenərl dɪs'æbɪlɪtɪ] *sb* Erwerbsunfähigkeitsrente *f*
pension fund ['penʃən fʌnd] *sb* Rentenfonds *m*, Pensionsfonds *m*
pension reserve ['penʃən rɪ'sɜːf] *sb* Pensionsrückstellungen *f*
pent-up inflation ['pent-ʌp ɪn'fleɪʃn] *sb* zurückgestaute Inflation *f*
per annum [pɜː 'ænəm] *adv* pro Jahr
per capita [pɜː 'kæpɪtə] *adv* pro Kopf

per capita income ['pɜː 'kæpɪtə 'ɪnkʌm] sb Pro-Kopf-Einkommen n

per capita tax ['pɜː 'kæpɪtə 'tæks] sb Kopfsteuer f

per cent [pɜː 'sent] sb Prozent n

percentage [pə'sentɪdʒ] sb 1. Prozentsatz m; 2. (proportion) Teil m; 3. on a ~ basis prozentual, auf Prozentbasis

percentage of profits [pə'sentɪdʒ əv 'prɒfɪts] sb Tantieme f

per diem [pɜː 'daɪem] sb (money) Tagegeld n

perforated ['pɜːfəreɪtɪd] adj perforiert, gelocht

perform [pə'fɔːm] v 1. leisten; ~ well eine gute Leistung bringen; 2. (a task, a duty) erfüllen

performance [pə'fɔːməns] sb 1. (carrying out) Erfüllung f, Durchführung f; 2. (effectiveness) Leistung f

performance appraisal [pɜː'fɔːməns ə'preɪzl] sb Mitarbeiterbeurteilung f

performance depth [pɜː'fɔːməns 'depθ] sb Leistungstiefe f

performance guarantee [pɜː'fɔːməns gərən'tiː] sb Leistungsgarantie f

performance-oriented [pə'fɔːməns 'ɔːriəntɪd] adj leistungsorientiert

performance principle [pɜː'fɔːməns 'prɪnsɪpl] sb Erfüllungsprinzip n

performance regulations [pɜː'fɔːməns regjʊ'leɪʃns] sb Effizienzregeln f/pl

period ['pɪːrɪəd] sb Frist f, Zeitraum m

period for application ['pɪːrɪəd fɔː æplɪ'keɪʃən] sb Anmeldefrist f

period for payment ['pɪːrɪəd fɔː 'peɪmənt] sb Zahlungsziel n

period of grace ['pɪːrɪəd əv greɪs] sb Nachfrist f

period of notice ['pɪːrɪəd əv 'nəʊtɪs] sb Kündigungsfrist f

period of protest ['pɪːrɪəd əv 'prəʊtest] sb Protestzeit f

period under review ['pɪːrɪəd ʌndə 'riːvjuː] sb Berichtsperiode f

peripheral [pə'rɪfərəl] sb Peripheriegerät n

peripheral units [pə'rɪfərəl 'juːnɪts] sb Peripheriegeräte n/pl

perish ['perɪʃ] v (goods) verderben, schlecht werden

perishable ['perɪʃəbl] adj (goods) verderblich

perjure ['pɜːdʒə] v ~ oneself einen Meineid leisten

perjury ['pɜːdʒərɪ] sb Meineid m

permanent debts ['pɜːmənent 'dets] sb Dauerschuld f

permanent establishment abroad ['pɜːmənent ɪs'tæblɪʃmənt ə'brɔːd] sb ausländische Betriebsstätte f

permanent holding ['pɜːmənent 'həʊldɪŋ] sb Dauerbesitz m

permanent share-holder ['pɜːmənent 'ʃæəhəʊldə] sb Daueraktionär m

permission [pə'mɪʃən] sb Genehmigung f, Erlaubnis f

permit [pə'mɪt] v 1. erlauben, gestatten; sb 2. Genehmigung f, Erlaubnis f

perpetrator ['pɜːpɪtreɪtə] sb Täter m

perpetual annuity [pɜː'petjʊəl ən'juːɪtɪ] sb ewige Rente f

perpetual bonds [pɜː'petjʊəl bɒndz] sb Rentenanleihe f

perpetual debt [pɜː'petjʊəl det] sb ewige Schuld f

perpetual loan [pɜː'petjʊəl 'ləʊn] sb ewige Anleihe f

per procuration endorsement [pɜː prɒkjʊreɪʃn ɪn'dɔːzmənt] sb Prokuraindossament f

perquisite ['pɜːkwɪzɪt] sb Vergünstigung f

person in need of round-the-clock nursing care ['pɜːsən ɪn 'niːd əv 'raʊndðəklɒk 'nɜːsɪŋ kɛə] sb Pflegebedürftigkeit f

person opening a credit in favour of ['pɜːsn 'əʊpənɪŋ ə kredɪt ɪn 'feɪvə əv] sb Akkreditivsteller m

personal account ['pɜːsənl ə'kaʊnt] sb Privatkonto n

personal computer ['pɜːsənl kɒm'pjuːtə] sb Personalcomputer m, PC m

personal consumption ['pɜːsnl kɒn'sʌmpʃən] sb Eigenverbrauch m

personal consumption expenditure ['pɜːsnl kən'sʌmpʃn ɪks'pendɪtʃʊə] sb privater Verbrauch m

personal conversation ['pɜːsənl kɒnvə'seɪʃən] sb persönliches Gespräch n

personal identification number ['pɜːsnl aːɪdentɪfɪ'keɪʃn 'nʌmbə] sb persönliche Identifikationsnummer (PIN) f

personal loan ['pɜːsənl ləʊn] sb Personalkredit m

personal organizer ['pɜːsənl 'ɔːgənaɪzə] sb Terminplaner m, Zeitplaner m

personnel [pɜːsə'nel] sb Personal n, Belegschaft f

personnel department [pɜːsə'nel dɪ'paːtmənt] sb Personalabteilung f

personnel development [pɜːsɔːˈnæl dɪˈvelɒpmənt] sb Personalentwicklung f
personnel layoff [pɜːsɔːˈnæl ˈleɪɒf] sb Personalfreisetzung f
personnel leasing [pɜːsəˈnel ˈliːsɪŋ] sb Personal-Leasing n
personnel management [pɜːsɔːˈnæl ˈmænædʒmənt] sb Personalführung f, Personalmanagement n
personnel office [pɜːsəˈnel ˈɒfɪs] sb Personalbüro n
personnel strategy [pɜːsəˈnel ˈstrætədʒɪ] sb Personalstrategie f
pessimism [ˈpesɪmɪzəm] sb Pessimismus m
pessimistic [pesɪˈmɪstɪk] adj pessimistisch
petition [peˈtɪʃən] sb Gesuch n, Petition f
petitioner [peˈtɪʃənə] sb Antragssteller m
petrodollar [ˈpetrəʊdʌlə] sb Petrodollar m
petrol [ˈpetrəl] sb (UK) Benzin n
petrol station [ˈpetrəl steɪʃən] sb (UK) Tankstelle f
petty cash [peti ˈkæʃ] sb Portokasse f
phases of business cycles [ˈfeɪzɪz əv ˈbɪsnɪs ˈsaɪklz] sb Konjunkturphasen f/pl
phone [fəʊn] sb (see „telephone")
phonecard [ˈfəʊnkɑːd] sb Telefonkarte f
photo CD [ˈfəʊtəʊ siːdiː] sb Foto-CD f
photocopier [ˈfəʊtəʊkɒpɪ] sb Fotokopiergerät n, Kopierer m
photocopy [ˈfəʊtəʊkɒpɪ] v 1. fotokopieren, kopieren; sb 2. Fotokopie f, Kopie f
photograph [ˈfəʊtəʊɡrɑːf] v 1. fotografieren, aufnehmen; sb 2. Fotografie f, Aufnahme f, Lichtbild n
physical examination [ˈfɪzɪkəl ɪɡzæmɪˈneɪʃən] sb ärztliche Untersuchung f
physical handicap [ˈfɪzɪkəl ˈhændɪkæp] sb körperliche Behinderung f
piece [piːs] sb 1. Stück n; 2. (article) Artikel m; 3. (coin) Münze f
piece rate [piːs reɪt] sb Leistungslohn m
piece time [piːs taɪm] sb Stückzeit f
piecework [ˈpiːswɜːk] sb Akkordarbeit f
piecework wage [ˈpiːswɜːk weɪdʒ] sb Akkordlohn m
piecework pay [ˈpiːswɜːk peɪ] sb Stücklohn m
piggy bank [ˈpɪɡɪ bæŋk] sb Sparbüchse f
piggyback advertisement [ˈpɪɡɪbæk ədˈvɜːtɪsmənt] sb Huckepackwerbung f
pile [paɪl] v 1. stapeln; sb 2. Stapel m, Stoß m
pilot study [ˈpaɪlət stʌdɪ] sb Pilot-Studie f
piracy [ˈpaɪrəsɪ] sb (plagiarism) Plagiat n
pirate copy [ˈpaɪrɪt ˈkɒpɪ] sb Raubkopie f

pitchman [ˈpɪtʃmən] sb 1. (vendor) Straßenverkäufer m; 2. (advertising ~) Werbeträger m
place [pleɪs] v 1. ~ an order bestellen, einen Auftrag erteilen; 2. (an advertisement) platzieren
place of birth [ˈpleɪs əv bɜːθ] sb Geburtsort m
place of business [ˈpleɪs əv ˈbɪznɪs] sb Arbeitsstelle f, Arbeitsplatz m
place of destination [ˈpleɪs əv destɪˈneɪʃən] sb Bestimmungsort m
place of employment [pleɪs əv ɪmˈplɔɪmənt] sb Arbeitsplatz m, Arbeitsstelle f
place of jurisdiction [ˈpleɪs əv dʒʊərɪsˈdɪkʃən] sb Gerichtsstand m
place of payment [pleɪz əv ˈpeɪmənt] sb Zahlungsort m, Domizilstelle f
place of performance [pleɪz əv pəˈfɔːməns] sb Erfüllungsort m
placement of an advertisement [ˈpleɪsmənt əv ən ədˈvɜːtɪsmənt] ab Anzeigenschaltung f
place without a Federal Bank office [pleɪz wɪðˈaʊt ə ˈfedərl ˈbæŋk ɒfɪs] sb Nebenplatz m
placing [ˈpleɪsɪŋ] sb Platzierung f
placing commission [ˈpleɪsɪŋ kɒˈmɪʃn] sb Bankierbonifikation f
placing of an order [ˈpleɪsɪŋ əv ən ˈɔːdə] sb Auftragserteilung f
plagiarism [ˈpleɪdʒərɪzəm] sb Plagiat n
plagiarize [ˈpleɪdʒəraɪz] v plagiieren
plaintiff [ˈpleɪntɪf] sb Kläger(in) m/f
plan analyse [plæn ˈənəlaɪz] sb Plananalyse f
planned economy [plænd ɪˈkɒnəmɪ] sb Planwirtschaft f
planning [ˈplænɪŋ] sb Planung f
planning control [ˈplænɪŋ kənˈtrəʊl] sb Planungskontrolle f
planning figures [ˈplænɪŋ ˈfɪɡəz] sb Planwerte f/pl
planning game [ˈplænɪŋ ɡeɪm] sb Planspiel n
planning permission [ˈplænɪŋ pəˈmɪʃən] sb Baugenehmigung f
plan of expenditure [plæn əv ɪksˈpendɪdʒʊə] sb Ausgabenplan m
plant [plɑːnt] sb 1. (factory) Werk n; 2. (equipment) Anlagen f/pl
plant agreement [plɑːnt əˈɡriːmənt] sb Betriebsvereinbarung f
plant closing [plɑːnt ˈkləʊzɪŋ] sb Betriebsstilllegung f

plant engineering and construction [plɑːnt endʒəˈniːrɪŋ ænd kɒnstrʌkʃn] *sb* Anlagenbau *m*

plastic [ˈplæstɪk] *sb 1.* Kunststoff *m*, Plastik *n*; *adj 2. (made of plastic)* Plastik...

pledge [pledʒ] *v 1. (pawn, give as collateral)* verpfänden; *sb 2. (in a pawnshop)* Pfand *n*, Verpfändung *f*

pledged securities deposit [pledʒd sɪkˈjʊɑrɪtiːs dɪˈpɒsɪt] *sb* Pfanddepot *n*

pledgee [pledʒˈiː] *sb* Pfandgläubiger *m*

pledge endorsement [pledʒ ɪndɔːsmənt] *sb* Pfandindossament *n*

pledgor [pledʒˈɔː] *sb* Pfandschuldner *m*, Verpfänder *m*

plenipotentiary [plenɪpəˈtenʃəri] *sb* Generalbevollmächtigte(r) *m/f*

plough back [plaʊ ˈbæk] *v* reinvestieren, wieder anlegen

plug [plʌg] *sb 1. (electric)* Stecker *m*; *2. (bit of publicity)* Schleichwerbung *f*

plus [ˈplʌs] *sb* Plus *n*

P.O. box [piːˈəʊ bɒks] *(see „post office box")*

point of sale system POS [pɔɪnt əv seɪl ˈsɪstəm] *sb* bargeldloses Kassensystem *n*

policy [ˈpɒlɪsi] *sb 1. (principles of conduct)* Verfahrensweise *f*, Politik *f*, Taktik *f*; *2. (insurance ~)* Police *f*

policy holder [ˈpɒlɪsi həʊldə] *sb* Versicherungsnehmer *m*

policy of sterilization funds [ˈpɒlɪsi əv sterɪlaɪˈzeɪʃn fʌnds] *sb* Sterilisierungspolitik *f*

policy relating to capital formation [ˈpɒlɪsi rɪˈleɪtɪŋ tu ˈkæpɪtl fɔːˈmeɪʃn] *sb* Vermögenspolitik *f*

poll [pəʊl] *sb (opinion ~)* Umfrage *f*

pollster [ˈpəʊlstə] *sb (US)* Meinungsforscher *m*

pollutant [pəˈluːtənt] *sb* Schadstoff *m*

pollute [pəˈluːt] *v* verschmutzen, verunreinigen

polluter pays principle [pəˈluːtə peɪz ˈprɪnsɪpl] *sb* Verursacherprinzip *n*

pollution [pəˈluːʃən] *sb 1.* Verschmutzung *f*; *2. (of the environment)* Umweltverschmutzung *f*

polytechnic [pɒlɪˈteknɪk] *sb (UK)* Polytechnikum *n*, Fachhochschule *f*

pooling of interests [ˈpuːlɪŋ əv ˈɪntrəsts] *sb* Interessengemeinschaft *f*

poor quality [pɔː ˈkwɒlɪti] *sb* schlechte Qualität *f*

popular [ˈpɒpjʊlə] *adj 1. (with the public)* populär, beliebt; *2. (prevalent)* weit verbreitet

popular share [ˈpɒpjʊlə ʃæə] *sb* Publikumsaktie *f*

popularity [pɒpjʊˈlærɪti] *sb* Beliebtheit *f*, Popularität *f*

population [pɒpjʊˈleɪʃən] *sb* Bevölkerung *f*, Einwohnerschaft *f*

port [pɔːt] *sb* Hafen *m*

portable [ˈpɔːtəbl] *adj* tragbar

portage [ˈpɔːtɪdʒ] *sb* Transportkosten *pl*, Beförderungskosten *pl*

portfolio [pɔːtˈfəʊljəʊ] *sb 1.* Portfolio *n*; *2. (folder)* Mappe *f*

portfolio analysis [pɔːtˈfəʊljəʊ æˈnælɪsɪs] *sb* Portfolio-Analyse *f*, Fundamentalanalyse *f*

portfolio controlling [pɔːtˈfəʊljəʊ kɒnˈtrəʊlɪŋ] *sb* Portfeuillesteuerung *f*

portfolio investments [pɔːtˈfəʊljəʊ ɪnˈvestmənts] *sb* indirekte Investition *f*

portfolio selection [pɔːtˈfəʊljəʊ sɪˈlækʃn] *sb* Portfolio Selection *f*

portion of overall costs [ˈpɔːʃn əv ˈəʊvəɔːl kɒsts] *sb* Teilkosten *pl*

position [pəˈzɪʃən] *v 1.* aufstellen, platzieren; *sb 2.* Position *f*, Stellung *f*; *3. (job)* Stelle *f*; *4. (point of view)* Standpunkt *m*, Haltung *f*, Einstellung *f*

position offered [pəˈzɪʃən ˈɒfəd] *sb* Stellenanzeige *f*

possess [pəˈzes] *v* besitzen, haben

possession [pəˈzeʃən] *sb* Besitz *m*

possessor [pəˈzesə] *sb* Besitzer *m*

post [pəʊst] *sb 1. (mail)* Post *f*; *by return of ~* postwendend; *2. (job)* Stelle *f*, Posten *m*; *v 3. put in the ~ (UK)* aufgeben, mit der Post schicken

post office [ˈpəʊst ɒfɪs] *sb* Post *f*, Postamt *n*

post office box [ˈpəʊst ɒfɪs bɒks] *sb (P. O. box)* Postfach *n*

postage [ˈpəʊstɪdʒ] *sb* Porto *n*, Gebühr *f*

postage deduction [ˈpəʊstɪdʒ dɪˈdʌkʃən] *sb* Portoabzug *m*

postage due [ˈpəʊstɪdʒ djuː] *sb* Strafporto *n*, Nachporto *n*

postage-free [ˈpəʊstɪdʒ friː] *adj* portofrei, gebührenfrei

postage stamp [ˈpəʊstɪdʒ stæmp] *sb* Briefmarke *f*

postal [ˈpəʊstl] *adj* Post...

postal cheque [ˈpəʊstl tʃek] *sb* Postscheck *m*

postal code [ˈpəʊstəl kəʊd] *sb (UK)* Postleitzahl *f*

postal giro ['pəʊstl 'dʒaɪrəʊ] *sb 1.* Postgiro *n; 2. (cheque)* Postscheck *m*

postal giro account ['pəʊstl 'dʒaɪrəʊ ə'kaʊnt] *sb* Postscheckkonto *n*

postal giro centre ['pəʊstl dʒaɪrəʊ sentə] *sb* Postscheckamt *f*

postal money order ['pəʊstl 'mʌnɪ ɔːdə] *sb* Postanweisung *f*

postal order ['pəʊstl ɔːdə] *sb (UK)* Postanweisung *f*

Postal Savings Bank ['pəʊstl 'seɪvɪŋs bæŋk] *sb* Postbank *f*

postal service ['pəʊstl 'sɜːvɪs] *sb* Postdienst *m,* Post *f*

postal transfer ['pəʊstl 'trænsfə] *sb* Postüberweisung *f*

postal wrapper ['pəʊstl 'ræpə] *sb* Streifband *n*

postbox ['pəʊstbɒks] *sb (UK)* Briefkasten *m*

postcard ['pəʊstkɑːd] *sb* Postkarte *f*

postcode ['pəʊstkəʊd] *sb (UK)* Postleitzahl *f*

postdate [pəʊst'deɪt] *v (a document)* nachdatieren

post-dated [pəʊst'deɪtɪd] *adj* nachdatiert

poste restante [pəʊst res'tɑ̃ːt] *adv* postlagernd

post-formation acquisition [pəʊstfɔː-'meɪʃn əkwɪ'sɪʃn] *sb* Nachgründung *f*

postman ['pəʊstmən] *sb* Briefträger *m,* Postbote *m*

postmark ['pəʊstmɑːk] *sb* Poststempel *m*

post-paid [pəʊst'peɪd] *adj* freigemacht, frankiert

postpone [pəʊst'pəʊn] *v 1.* aufschieben; *2. (for a specified period)* verschieben

postponement [pəʊst'pəʊnmənt] *sb (act of postponing)* Verschiebung *f,* Vertagung *f,* Aufschub *m*

postseason [pəʊst'siːzn] *sb* Nachsaison *f*

potential [pɒ'tenʃl] *sb* Potenzial *n*

potential cash [pɒ'tenʃl kæʃ] *sb* potentielles Bargeld *n*

pound [paʊnd] *sb (unit of weight, money)* Pfund *n*

poundage ['paʊndɪdʒ] *sb 1. (weight)* Gewicht in Pfund *n; 2. (fee)* auf Gewichtsbasis errechnete Gebühr *f*

power ['paʊə] *sb 1.* Macht *f; I will do everything in my ~.* Ich werde tun, was in meiner Macht steht. *2. (of an engine, of loudspeakers)* Leistung *f*

power failure ['paʊə feɪljə] *sb* Stromausfall *m,* Netzausfall *m*

power lunch ['paʊə lʌntʃ] *sb (fam)* Geschäftsessen *n*

power of attorney ['paʊər əv ə'tɜːnɪ] *sb* Vollmacht *f,* Prokura *f*

power pack ['paʊə pæk] *sb* Netzteil *n*

power plant ['paʊə plɑːnt] *sb* Kraftwerk *n*

power to draw on an account ['paʊə tu drɔː ɒn ən ə'kaʊnt] *sb* Kontovollmacht *f*

PR *(see "public relations")*

practicable ['præktɪkəbl] *adj* durchführbar, machbar

practice ['præktɪs] *sb (business ~)* Verfahrensweise *f*

practice of payment ['præktɪs əv 'peɪmənt] *sb* Zahlungsgewohnheit *f*

practise ['præktɪs] *v (a profession, a religion)* ausüben, praktizieren

prearrange [priːə'reɪndʒ] *v* vorher abmachen, vorher bestimmen

precaution [prɪ'kɔːʃən] *sb 1.* Vorsichtsmaßnahme *f; 2.* take *~s* Vorsichtsmaßnahmen treffen; *3. as a ~* vorsichtshalber

precautionary holding [prɪ'kɔːʃənærɪ 'həʊldɪŋ] *sb* Vorsichtskasse *f*

precision [prɪ'sɪʒən] *sb* Genauigkeit *f,* Präzision *f*

precondition [priːkən'dɪʃən] *sb* Voraussetzung *f,* Bedingung *f*

predate [priː'deɪt] *v 1. (come before)* vorausgehen; *2. (a document)* zurückdatieren

predecessor ['priːdɪsesə] *sb* Vorgänger(in) *m/f*

preemption right [priː'empʃn raɪt] *sb* Vorkaufsrecht *n*

preemptive shares [priː'emtɪv ʃəəs] *sb* Bezugsaktien *f/pl*

pre-export financing [priː'ekspɔːt 'faɪnænsɪŋ] *sb* Präexport-Finanzierung *f*

preference ['prefərəns] *sb 1.* Präferenz *f; 2.* Vorkaufsrecht *n*

preference bond ['prefərens bɒnd] *sb* Vorzugsobligation *f*

preference share ['prefərens ʃəə] *sb* Vorzugsaktie *f,* Prioritätsaktie *f*

preferential creditor [prefə'renʃl 'kredɪtəs] *sb* bevorrechtigter Gläubiger *m*

preferential discount [prefə'renʃl 'dɪskaʊnt] *sb* Vorzugsrabatt *m*

preferential dividend [prefə'renʃl 'dɪvɪdənd] *sb* Vorzugsdividende *f*

preferential price [prefə'renʃl 'praɪs] *sb* Vorzugskurs *m*

preferential rate [prefə'renʃl 'reɪt] *sb* Ausnahmetarif *m*

preferment [prɪˈfɜːmənt] *sb (promotion)* Beförderung *f*
prefinancing [ˈpriːfaɪnənsɪŋ] *sb* Vorfinanzierung *f*
prejudice [ˈpredʒʊdɪs] *sb 1. Vorurteil n; 2. (detriment)* Schaden *m*
prejudicial [predʒʊˈdɪʃəl] *adj* schädlich
preliminaries [prɪˈlɪmɪnərɪz] *pl* vorbereitende Maßnahmen *f/pl*, Vorarbeit *f*
preliminary conditions [priːˈlɪmɪnərɪ kɒnˈdɪʃns] *sb* Vorschaltkonditionen *f/pl*
preliminary injunction [priːˈlɪmɪnərɪ ɪnˈdʒʌŋkʃn] *sb* Vorausklage *f*
premises [ˈpremɪsɪz] *sb 1.* Grundstück *n; 2. (of a factory)* Gelände *n; 3. (of a shop)* Räumlichkeiten *pl*
premium [ˈpriːmjʊm] *sb 1. (bonus)* Bonus *m*, Prämie *f; 2. (insurance ~)* Prämie *f; 3. (surcharge)* Zuschlag *m*
premium for double option [ˈpriːmjʊm fɔː ˈdʌbl ˈɒpʃn] *sb* Stellgeld *n*
premium payable on redemption [ˈpriːmjʊm ˈpeɪəbl ɒn riːˈdemʃn] *sb* Rückzahlungsagio *m*
premium-aided saving [ˈpriːmjʊmeɪdɪd ˈzeɪvɪŋ] *sb* prämienbegünstigtes Sparen *n*
prepaid [priːˈpeɪd] *adj* vorausbezahlt, im Voraus bezahlt
preparation [prepəˈreɪʃən] *sb* Vorbereitung *f*
prepay [priːˈpeɪ] *v irr* vorausbezahlen, im Voraus bezahlen
prepay the postage [priːˈpeɪ ðə ˈpəʊstɪdʒ] *v irr* frankieren
prepayable [priːˈpeɪəbl] *adj* im Voraus zu bezahlen
prepayment [priːˈpeɪmənt] *sb* Vorauszahlung *f*
preproduction cost [priːprɒˈdʌkʃn kɒst] *sb* Rüstkosten *pl*
prerequisite [priːˈrekwɪzɪt] *sb* Voraussetzung *f*, Vorbedingung *f*
prerogative [prɪˈrɒɡətɪv] *sb* Vorrecht *n*
presale [ˈpriːseɪl] *sb* Vorverkauf *m*
presentation [preznˈteɪʃən] *sb 1. (act of presenting)* Vorlage *f*, Präsentation *f; 2. (handing over)* Überreichung *f*, 3. *(of an award)* Verleihung *f*
presentation clause [preznˈteɪʃn klɔːz] *sb* Präsentationsklausel *f*
presentation period [preznˈteɪʃn ˈpiːrjəd] *sb* Präsentationsfrist *f*
present value [preznt ˈvæljʊ] *sb* Gegenwartswert *m*

preservation [prezəˈveɪʃən] *sb 1.* Erhaltung *f; 2. (keeping)* Aufbewahrung *f*
preservation of real-asset values [prezəˈveɪʃn əv rɪəlˈæsɪt ˈvæljʊs] *sb* Substanzerhaltung *f*
preservative [prɪˈzɜːvətɪv] *sb* Konservierungsmittel *n*
preserve [prɪˈzɜːv] *v 1. (maintain)* erhalten; 2. *(keep from harm)* bewahren
preside [prɪˈzaɪd] *v ~ over* den Vorsitz haben über
presidency [ˈprezɪdənsɪ] *sb (of a company)* Vorsitz *m*
president [ˈprezɪdənt] *sb (of a company)* Vorsitzende(r) *m/f*, Präsident(in) *m/f*
press [pres] *sb* Presse *f*
press conference [ˈpres kɒnfərəns] *sb* Pressekonferenz *f*
press release [ˈpres riːliːs] *sb* Presseverlautbarung *f*, Pressemitteilung *f*
press report [ˈpres rɪpɔːt] *sb* Pressenotiz *f*
prestige [presˈtiːʒ] *sb* Prestige *n*
presumption that securities deposited are fiduciary [prɪˈsʌmʃn ðæt sɪˈkjʊrɪtɪz dɪˈpɒzɪtɪd ɑː fɪˈduːʒərɪ] *sb* Fremdvermutung *f*
pre-tax [priːˈtæks] *adj* Brutto..., vor Abzug der Steuern
preventive [prɪˈventɪv] *sb ~ measure* Präventivmaßnahme *f*, Vorsichtsmaßnahme *f*
preview [ˈpriːvjuː] *sb* Vorschau *f*
price [praɪs] *sb 1.* Preis *m; v 2. (fix the ~ of sth)* den Preis von etw festsetzen
price advance [praɪs ədˈvɑːns] *sb* Kurssteigerung *f*
price ceiling [ˈpraɪs siːlɪŋ] *sb* Preisobergrenze *f*
price control [praɪs kɒnˈtrəʊl] *sb* Preiskontrolle *f*
price deduction [praɪs dɪˈdʌkʃən] *sb* Preisabzug *m*
price-demand function [praɪs dɪˈmɑːnd ˈfʌŋkʃn] *sb* Preisabsatzfunktion *f*
price differentiation [praɪs dɪfərentʃˈjeɪʃn] *sb* Preisdifferenzierung *f*
price-earnings ratio [praɪs ˈɜːnɪŋs ˈreɪʃəʊ] *sb* Kurs-Gewinn-Verhältnis *n*, Price-Earning Ratio *n*
price elasticity [praɪs eləsˈtɪsɪtɪ] *sb* Preiselastizität *f*
price expressed as a percentage of the nominal value [praɪs ɪksˈpresd æs ə pɜːˈsentɪdʒ əv ðə ˈnɒmɪnl ˈvæljʊ] *sb* Prozentkurs *m*

price-fixing ['praɪsfɪksɪŋ] *sb* Preisfestlegung *f*
price fixing cartel [praɪs 'fɪksɪŋ kɑː'tel] *sb* Preiskartell *n*
price floor ['praɪs flɔː] *sb* Preisuntergrenze *f*
price formation [praɪs fɔː'meɪʃn] *sb* Preisbildung *f*
price gain [praɪs 'geɪn] *sb* Kursgewinn *m*
price increase [praɪs 'ɪnkriːs] *sb* Preissteigerung *f*, Preiserhöhung *f*
price index [praɪs 'ɪndeks] *sb* Preisindex *m*
price intervention [praɪs ɪntə'venʃn] *sb* Kursintervention *f*
price level [praɪs 'levl] *sb* Preisniveau *n*
price limit [praɪs 'lɪmɪt] *sb* Kurslimit *n*
price list [praɪs lɪst] *sb* Preisliste *f*
price-marking ['praɪs mɑːkɪŋ] *sb* Preisauszeichnung *f*
price marking ordinance [praɪs 'mɑːkɪŋ 'ɔːdɪnəns] *sb* Preisangabeverordnung *f*
price nursing [praɪs 'nɜːsɪŋ] *sb* Kurspflege *f*
price of gold [praɪs əv 'gəʊld] *sb* Goldpreis *m*
price pegging [praɪs 'pegɪŋ] *sb* Kursstützung *f*
price per share [praɪs pɜː 'ʃɛə] *sb* Stückkurs *m*
price policy [praɪs 'pɒlɪsɪ] *sb* Preispolitik *f*
price quotation [praɪs kwəʊ'teɪʃən] *sb* Preisnotierung *f*
price recommendation [praɪs rekəmən'deɪʃən] *sb* Preisempfehlung *f*
price reduction [praɪs rɪ'dʌkʃən] *sb* Preissenkung *f*, Preisreduzierung *f*
price regulation [praɪs regjʊ'leɪʃn] *sb* Kursregulierung *f*
price risk ['praɪs rɪsk] *sb* Kursrisiko *n*
prices of farm products ['praɪsɪz əv 'fɑːm 'prɒdʌkts] *sb* Agrarpreis *m*
prices quoted [praɪsɪs 'kwəʊtɪd] *sb* Preisnotierung *f*
price-sensitive ['praɪs sensɪtɪv] *adj* preissensibel
price stop ['praɪs stɒp] *sb* Preisstopp *m*
price support [praɪs sə'pɔːt] *sb* Kursstützung *f*
price tag [praɪs tæg] *sb* Preisschild *n*
price war ['praɪs wɔː] *sb* Preiskrieg *m*
price watering [praɪs 'wɔːtərɪŋ] *sb* Kursverwässerung *f*
primary demand ['praɪmərɪ dɪ'mɑːnd] *sb* Primärbedarf *m*
primary energy ['praɪmərɪ 'enədʒɪ] *sb* Primärenergie *f*
primary expenses ['praɪmərɪ ɪk'spensɪz] *sb* Primäraufwand *m*
primary market ['praɪmərɪ 'mɑːkɪt] *sb* Emissionsmarkt *m*, Primärmarkt *m*
primary power ['praɪmərɪ 'paʊə] *sb* Hauptvollmacht *f*
primary sector of the economy ['praɪmərɪ 'sektə əv ði: ɪ'kɒnəmɪ] *sb* primärer Sektor *m*
prime [praɪm] *adj 1.* Haupt...; *2. (excellent)* erstklassig
prime acceptance ['praɪm ə'kseptəns] *sb* Privatdiskont *m*
prime cost [praɪm kɒst] *sb* Selbstkosten *pl*, Entstehungskosten *pl*
prime name ['praɪm 'neɪm] *sb* beste Adresse *f*
prime rate [praɪm reɪt] *sb* Prime Rate *f*, Kreditzinssatz der Geschäftsbanken in den USA für Großkunden *m*
principle of common burden ['prɪnsɪpl əv 'kɒmən 'bɜːdn] *sb* Gemeinlastprinzip *n*
principle of equivalence ['prɪnsɪpl əv ɪ'kwɪvələns] *sb* Äquivalenzprinzip *n*
principle of highest value ['prɪnsɪpl əv 'haɪəst 'væljʊ] *sb* Höchstwertprinzip *n*
principle of satisfaction of needs ['prɪnsɪpl əv sætɪs'fækʃn əv 'niːds] *sb* Bedarfsdeckungsprinzip *n*
principle of seniority ['prɪnsɪpl əv siːnɪ'ɒrɪtɪ] *sb* Senioritätsprinzip *n*
principle of subsidiarity ['prɪnsɪpl əv sʌbsɪdɪ'ærɪtɪ] *sb* Subsidiaritätsprinzip *n*
principles of capital resources and the banks' liquid assets ['prɪnsɪpls əv 'kæpɪtl rɪ'sɔːses ænd ðə 'bæŋks lɪkwɪd 'æsɪts] *sb* Grundsätze über das Eigenkapital und die Liquidität der Kreditinstitute *m/pl*
principles of orderly bookkeeping and balance-sheet makeup ['prɪnsɪpls əv 'ɔːdəlɪ 'bʊkiːpɪŋ ænd 'bælənsʃiːt 'meɪkʌp] *sb* Grundsätze ordnungsgemäßer Buchführung und Bilanzierung (GoB) *m/pl*
principles on own capital ['prɪnsɪpls ɒn 'əʊn 'kæpɪtl] *sb* Eigenkapitalgrundsätze *m/pl*
print [prɪnt] *v 1.* drucken; *2. (not write in cursive)* in Druckschrift schreiben
print advertising ['prɪnt 'ædvətaɪzɪŋ] *sb* Printwerbung *f*
printed matter ['prɪntɪd 'mætə] *sb* Drucksache *f*
printer ['prɪntə] *sb* Drucker *m*
printer's error ['prɪntəz 'erə] *sb* Druckfehler *m*

priority bonds ['praɪ'ɔːrɪti bʌnds] *sb* Prioritätsobligationen *f/pl*
private ['praɪvɪt] *adj 1.* privat, Privat...; *2. (confidential)* vertraulich
private automatic branch exchanges ['praɪvət ɔːtə'mætɪk 'brɑːnʃ ɪks'dʒeɪnʃəs] *sb* Nebenstellenanlagen *f/pl*
private bank ['praɪvət bæŋk] *sb* Privatbank *f*
private consumption ['praɪvət kɒn'sʌmʃn] *sb* privater Verbrauch *m*, Privatkonsum *m*
private contribution ['praɪvət kɒntrɪ'bjuːʃən] *sb* Privateinlagen *f/pl*
private goods ['praɪvət 'gʊds] *sb* private Güter *n/pl*
private household ['praɪvət 'haʊshəʊld] *sb* privater Haushalt *m*
private insurance ['praɪvət ɪn'ʃʊərəns] *sb* Privatversicherung *f*
private law ['praɪvət lɔː] *sb* Privatrecht *n*
private property ['praɪvət 'prɒpəti] *sb* Privateigentum *n*, Privatbesitz *m*
private purchase ['praɪvət 'pɜːtʃəs] *sb* bürgerlicher Kauf *m*
private sector ['praɪvət 'sektə] *sb* privater Sektor *m*
private sickness and accident insurance ['praɪvət 'sɪknəs ænd 'æksɪdənt ɪn'ʃʊəræns] *sb* private Kranken- und Unfallversicherung *f*
private transaction ['praɪvət træns'ækʃn] *sb* Privatgeschäft *n*
private transportation ['praɪvət trænspə'teɪʃn] *sb* Individualverkehr *m*
privatization [praɪvətaɪ'zeɪʃən] *sb* Privatisierung *f*
privatize ['praɪvətaɪz] *v* privatisieren
privilege ['prɪvɪlɪdʒ] *sb* Vorrecht *n*, Privileg *n*
prize-winning ['praɪzwɪnɪŋ] *adj* preisgekrönt
pro [prəʊ] *sb 1. (fam: professional)* Profi *m; 2. the ~s and cons pl* das Für und Wider *n*, das Pro und Kontra *n*
probation [prə'beɪʃən] *sb (~ period)* Probezeit *f*
probationary employment [prə'beɪʃənærɪ ɪm'plɔɪmənt] *sb* Probearbeitsverhältnis *n*, Probezeit *f*
problem analysis ['prɒbləm ə'nælɪsɪs] *sb* Problemanalyse *f*
procedure [prə'siːdʒə] *sb* Verfahren *n*, Prozedur *f*

procedure to draw up a balance sheet [prə'siːdʒʊə tu 'drɔː ʌp ə 'bæləns ʃiːt] *sb* Bilanzierung *f*
proceeding [prə'siːdɪŋ] *sb 1.* Vorgehen *n*, Verfahren *n; 2. (legal) ~s pl* (gerichtliches) Verfahren *n*
proceedings in bankruptcy [prə'siːdɪŋz ɪn 'bæŋkrʌptsi] *sb* Konkursverfahren *n*
proceeds ['prəʊsiːdz] *pl* Erlös *m*, Ertrag *m*
process ['prəʊses] *v 1. (an application)* bearbeiten; *sb 2.* Verfahren *n*, Prozess *m; 3. due ~ of law* rechtliches Gehör *n*
process of production ['prəʊses əv prə'dʌkʃən] *sb* Produktionsprozess *m*, Herstellungsprozess *m*
processing ['prəʊsesɪŋ] *sb 1.* Verarbeitung *f*, Bearbeitung *f; 2. (industrial)* Veredelung *f*
processing of an order [prəʊsesɪŋ əv ən 'ɔːdə] *sb* Auftragsabwicklung *f*, Auftragsbearbeitung *f*
processing time ['prɔːsesɪŋ 'taɪm] *sb* Durchlaufzeit *f*
process organization ['prɔːses ɔːgənaɪ'zeɪʃn] *sb* Prozessorganisation *f*
process system of accounting ['prɔːses 'sɪstəm əv ə'kaʊntɪŋ] *sb* Divisionskalkulation *f*
processor ['prəʊsesə] *sb* Prozessor *m*
procuration [prɒkjʊ'reɪʃən] *sb 1. (procurement)* Beschaffung *f; 2. (power)* Vollmacht *f*, Prokura *f*
procurement [prɒ'kjʊəmənt] *sb* Beschaffung *f*
procurement market [prɒ'kjʊəmənt 'mɑːkɪt] *sb* Beschaffungsmarkt *m*
procurement of capital [prɒ'kjʊəmənt əv 'kæpɪtl] *sb* Kapitalbeschaffung *f*
procurement planning [prɒ'kjʊəmənt 'plænɪŋ] *sb* Beschaffungsplanung *f*
procurement policy [prɒ'kjʊəmənt 'pɒlɪsi] *sb* Einkaufspolitik *f*
procuring [prɒ'kjʊərɪŋ] *sb* Kuppelei *f*
produce ['prɒdjuːs] *sb 1. (agriculture)* Produkte *n/pl*, Erzeugnis *n; v* [prə'djuːs] *2.* produzieren, herstellen; *3. (energy)* erzeugen
producer [prə'djuːsə] *sb* Hersteller(in) *m/f*, Erzeuger(in) *m/f*
producer price [prə'djuːsə praɪs] *sb* Erzeugerpreis *m*, Herstellerpreis *m*
producer's surplus [prə'djuːsəz 'sɜːpləs] *sb* Produzentenrente *f*
producers' co-operative [prə'djuːsəz kəʊ'ɒpərɪtɪv] *sb* Produktionsgenossenschaft *f*, Produktionsgemeinschaft *f*

produce exchange ['prɒdjuːs ɪks'dʒeɪnʃ] sb Produktenbörse f
produce trade ['prɒdjuːs 'treɪd] sb Produktenhandel m
product ['prɒdʌkt] sb Produkt n
product business ['prɒdʌkt 'bɪsnɪs] sb Produktgeschäft n
product design ['prɒdʌkt dɪ'zaɪn] sb Produktgestaltung f
product differentiation ['prɒdʌkt dɪfərentsɪ'eɪʃn] sb Produktdifferenzierung f
product diversification ['prɒdʌkt daɪvɜːsɪfɪ'keɪʃn] sb Produktdiversifikation f
product elimination ['prɒdʌkt ɪlɪmɪ'neɪʃn] sb Produktelimination f
product family ['prɒdʌkt 'fæmɪlɪ] sb Produktfamilie f
production [prə'dʌkʃən] sb Herstellung f, Produktion f
production capacity [prə'dʌkʃən kə'pæsɪtɪ] sb Produktionskapazität f
production control [prə'dʌkʃn kɒ'trɔːl] sb Fertigungssteuerung f
production cost centers [prə'dʌkʃn kɒst 'sentəs] sb Hauptkostenstellen f/pl
production costs [prə'dʌkʃən kɒsts] sb Herstellungskosten pl, Produktionskosten pl
production facilities [prə'dʌkʃən fə'sɪlɪtɪz] sb Produktionsanlagen f/pl
production factors [prə'dʌkʃən 'fæktəz] sb Produktionsfaktoren m/pl
production limit [prə'dʌkʃən 'lɪmɪt] sb Förderlimit n
production line [prə'dʌkʃən laɪn] sb Fließband n, Produktionslinie f
production planning [prə'dʌkʃən 'plænɪŋ] sb Produktionsplanung f, Fertigungsvorbereitung f
production plant [prə'dʌkʃən plɑːnt] sb Produktionsanlagen
production potential [prə'dʌkʃn pɒ'tenʃl] sb Produktionspotenzial n
production procedure [prə'dʌkʃən prə'siːdʒə] sb Fertigungsprozess m
production process [prə'dʌkʃən 'prəʊses] sb Fertigungsverfahren n
production program(me) [prə'dʌkʃn 'prɔːgræm] sb Produktionsprogramm n
production risk [prə'dʌkʃn 'rɪsk] sb Fabrikationsrisiko n, Fertigungswagnis n
production scheduling [prə'dʌkʃən 'ʃedjuːlɪŋ] sb Produktlinie f
production theory [prə'dʌkʃən 'θɪərɪ] sb Produktionstheorie f

production value [prə'dʌkʃən 'væljuː] sb Produktionswert m
productive [prə'dʌktɪv] adj 1. produktiv; 2. (mine, well) ergiebig
productive property [prə'dʌktɪv 'prɒpətɪ] sb Produktivvermögen n
productive wealth [prə'dʌktɪf 'welθ] sb Produktivvermögen n
productivity [prədʌk'tɪvɪtɪ] sb Produktivität f
productivity of labour [prədʌk'tɪvɪtɪ əv 'leɪbə] sb Arbeitsproduktivität f
product liability ['prɒdʌkt laɪə'bɪlɪtɪ] sb Produkthaftung f
product life cycle ['prɒdʌkt 'laɪfsaɪkl] sb Lebenszyklus eines Produktes m
product line ['prɒdʌkt laɪn] sb Produktpalette f
product matrix ['prɒdʌkt 'meɪtrɪks] sb Produktmatrix f
product placement ['prɒdʌkt 'pleɪsmənt] sb Produktplatzierung f, Productplacement n
product planning ['prɒdʌkt 'plænɪŋ] sb Produktplanung f
product standardization ['prɒdʌkt stændətaɪ'zeɪʃn] sb Produktstandardisierung f
profession [prə'feʃən] sb (occupation) Beruf m
professional [prə'feʃənl] adj 1. beruflich, Berufs...; 2. (competent, expert) fachmännisch; 3. (using good business practices) professionell; sb 4. Profi m
professional activity description [prə'feʃənl ək'tɪvɪtɪ dɪs'krɪpʃn] sb Berufsbild n
professional discretion [prə'feʃənl dɪs'kreʃən] sb Schweigepflicht f
professional knowledge [prə'feʃənl 'nɒlɪdʒ] sb Fachwissen n
professional promotion [prə'feʃənl prə'məʊʃn] sb Berufsförderung f
professional secret [prə'feʃənl 'siːkrɪt] sb Berufsgeheimnis n
professional trader [prə'feʃənl 'treɪdə] sb Berufshändler m
professional training [prə'feʃənl 'treɪnɪŋ] sb Berufsausbildung f
profit ['prɒfɪt] sb 1. Gewinn m, make a ~ on sth mit etw einen Gewinn machen; 2. (fig) Nutzen m, Vorteil m; v 3. profitieren
profitability [prɒfɪtə'bɪlɪtɪ] sb Rentabilität f
profitability rate [prɒfɪtə'bɪlɪtɪ reɪt] sb Ertragsrate f
profitable ['prɒfɪtəbl] adj 1. rentabel; 2. (advantageous) vorteilhaft

profit and loss ['prɒfɪt ænd lɒs] *sb* Gewinn und Verlust *m*

profit and loss account ['prɒfɪt ænd 'lɒs ə'kaʊnt] *sb* Aufwands- und Ertragsrechnung *f*, Gewinn- und Verlustrechnung *f*

profit and loss transfer agreement ['prɒfɪt ænd 'lɒs 'trænsfə ə'griːmənt] *sb* Ergebnisabführungsvertrag *m*

profit carried forward ['prɒfɪt 'kærɪd 'fɔːwəd] *sb* Gewinnvortrag *m*

profit centre ['prɒfɪt sentə] *sb* Profitcenter *n*

profiteer [prɒfɪ'tiːə] *v* wuchern, Wucher treiben

profiteering [prɒfɪ'tiːərɪŋ] *sb* Wucher *m*, Wucherei *f*

profit margin ['prɒfɪt 'mɑːdʒɪn] *sb* Gewinnspanne *f*

profit mark-up ['prɒfɪt 'mɑːkʌp] *sb* Gewinnaufschlag *m*

profit of the enterprise ['prɒfɪt əv ði 'entəpraɪz] *sb* Unternehmensgewinn *m*

profit pool ['prɒfɪt puːl] *sb* Gewinngemeinschaft *f*

profit rate ['prɒfɪt reɪt] *sb* Profitrate *f*

profits ['prɒfɪts] *sb* Ertrag *m*

profit-sharing [prɒfɪt'ʃeərɪŋ] *sb* Gewinnbeteiligung *f*, Erfolgsbeteiligung *f*

profit squeeze ['prɒfɪt 'skwiːz] *sb* Gewinndruck *m*

profit-taking [prɒfɪt'teɪkɪŋ] *sb* Gewinnmitnahme *f*

profit tax ['prɒfɪt 'tæks] *sb* Erwerbsteuer *f*

profit-pooling ['prɒfɪt'puːlɪŋ] *sb* Gewinnpoolung *f*

pro forma invoice [prəʊ 'fɔːmə 'ɪnvɔɪs] *sb* Proformarechnung *f*

prognosis [prɒg'nəʊsɪs] *sb* Prognose *f*

prognosticate [prəg'nɒstɪkeɪt] *v* (sth) prognostizieren

programmable [prəʊ'græməbl] *adj* programmierbar

programme ['prəʊgræm] *v 1.* programmieren; *sb 2.* Programm *n*

programmer ['prəʊgræmə] *sb* Programmierer *m*

programming language ['prəʊgræmɪŋ 'læŋgwɪdʒ] *sb* Programmiersprache *f*

progress ['prəʊgres] *sb 1.* Fortschritt *m*; in ~ im Gange; *make* ~ Fortschritte machen; *2. (movement forwards)* Fortschreiten *n*, Vorwärtskommen *n*

progression [prə'greʃən] *sb (taxation)* Progression *f*, Staffelung *f*

progressive depreciation [prə'ʊgresɪv dɪpriː'eɪʃən] *sb* progressive Abschreibung *f*

progress report ['prəʊgres rɪ'pɔːt] *sb* Zwischenbericht *m*

prohibited [prəʊ'hɪbɪtɪd] *adj* verboten

prohibited share issue [prəʊ'hɪbɪtɪd 'ʃeə 'ɪʃjuː] *sb* verbotene Aktienausgabe *f*

prohibition [prəʊhɪ'bɪʃn] *sb* Verbot *n*

prohibition of assignment [prəʊhɪ'bɪʃn əv ə'saɪnmənt] *sb* Abtretungsverbot *n*

prohibition of investment [prəʊhɪ'bɪʃn əv ɪn'vestmənt] *sb* Investitionsverbot *n*

prohibition of raising of credits [prəʊhɪ'bɪʃn əv 'reɪzɪŋ əv 'kredɪts] *sb* Kreditaufnahmeverbot *n*

prohibition to advertise [prəʊhɪ'bɪʃn tu 'ædvətaɪz] *sb* Werbeverbot *n*

prohibition to compete [prəʊhɪ'bɪʃn tu kɒm'piːt] *sb* Wettbewerbsverbot *n*

prohibitive duty [prəʊ'hɪbɪtɪv 'djuːtɪ] *sb* Prohibitivzoll *m*

prohibitive price [prəʊ'hɪbɪtɪf 'praɪs] *sb* Prohibitivpreis *m*

project ['prɒdʒekt] *sb* Projekt *n*; [prəʊ'dʒekt] *v (costs)* überschlagen

project financing ['prɒdʒekt 'faɪnænsɪŋ] *sb* Projektfinanzierung *f*

projection [prəʊ'dʒekʃən] *sb* Projektion *f*

project management ['prɒdʒekt 'mænɪdʒmənt] *sb* Projektmanagement *n*

project-type organization ['prɒdʒekttaɪp ɔːgənaɪ'zeɪʃn] *sb* Projektorganisation *f*

project write-off company ['prɒdʒekt 'raɪt əv 'kʌmpənɪ] *sb* Abschreibungsgesellschaft *f*

prolongation [prɒlɒŋ'eɪʃn] *sb* Prolongation *f*

prolongation business [prɒlɒŋ'eɪʃn 'bɪsnɪs] *sb* Prolongationsgeschäft *n*

prolongation charge [prɒlɒŋ'eɪʃn 'dʒɑːdʒ] *sb* Belassungsgebühr *f*

promise ['prɒmɪs] *sb* Zusage *f*

promise of credit ['prɒmɪs əv 'kredɪt] *sb* Kreditzusage *f*

promise of reward ['prɒmɪs əv rɪ'wɔːd] *sb* Auslobung *f*

promise to fulfil an obligation ['prɒmɪs tu fʊl'fɪl ən ɒblɪ'geɪʃn] *sb* Schuldversprechen *n*

promissory note (p. n.) [prəʊ'mɪsərɪ nəʊt] *sb* Schuldschein *m*, Eigenwechsel (p.n.) *m*, eigener Wechsel *m*, Promesse *f*, persönliches Schuldanerkenntnis *n*, vertragliches Schuldversprechen *n*, Solawechsel *m*

promissory note bond [prəʊˈmɪsəri ˈnəʊt bʌnd] *sb* Schuldscheindarlehen *f*
promote [prəˈməʊt] *v 1. (in rank)* befördern; *2. (advertise)* werben für
promoter [prəˈməʊtə] *sb 1.* Förderer *m; 2. (of an event)* Veranstalter *m*, Promoter *m*
promotion [prəˈməʊʃn] *sb 1. (to a better job)* Beförderung *f; 2. (advertising, marketing)* Werbung *f*, Promotion *f; 3. (of an event)* Veranstaltung *f*
promotional gift [prəˈməʊʃənl ɡɪft] *sb* Werbegeschenk *n*
promotion of housing construction [prəˈməʊʃn əv ˈhaʊzɪŋ kɒnˈstrʌkʃn] *sb* Wohnungsbauförderung *f*
promotion of original innovation [prəˈməʊʃn əv ɒˈrɪdʒɪnəl ɪnəˈveɪʃn] *sb* Innovationsförderung *f*
promotion of residential property [prəˈməʊʃn əv ˈrezɪdenʃl ˈprɒpəti] *sb* Wohneigentumsförderung *f*
promotion of saving through building societies [prəˈməʊʃn əv ˈseɪvɪŋ θruː ˈbɪldɪŋ səˈsaɪətiːs] *sb* Bausparförderung *f*
prompt (ppt.) [ˈprɒmt] *adj* sofort
prompt shipment [ˈprɒmt ˈʃɪpmənt] *sb* sofortiger Versand *m*
proof [pruːf] *sb* Beweis *m*, Nachweis *m*
proof of identity [ˈpruːf əv aɪˈdentɪti] *sb* Identitätsnachweis *m*, Legitimation *f*
propaganda [prɒpəˈɡændə] *sb* Propaganda *n*
propensity to consume [prɒˈpensɪti tu kɒnˈsjuːm] *sb* Konsumquote *f*
propensity to invest [prɒˈpensɪti tu ɪnˈvest] *sb* Investitionsquote *f*
property [ˈprɒpəti] *sb 1.* Eigentum *n;* Gut *n*, Vermögen *n; 2. (house, estate)* Besitz *m; 3. (characteristic)* Eigenschaft *f*
property acquisition tax [ˈprɒpəti əkwɪˈsɪʃn tæks] *sb* Grunderwerbssteuer *f*
property income [ˈprɒpəti ˈɪnkɒm] *sb* Besitzeinkommen *n*
property insurance [ˈprɒpəti ɪnˈʃʊərəns] *sb* Sachversicherung *f*
property law securities [ˈprɒpəti lɔː sɪˈkjʊərɪtiːz] *sb* sachenrechtliche Wertpapiere *n/pl*
property rights [ˈprɒpəti raɪts] *sb* Eigentumsrechte *n/pl*
property tax [ˈprɒpəti tæks] *sb* Grundsteuer *f*
proportion [prəˈpɔːʃn] *sb* Verhältnis *n*, Proportion *f*

proportional cost [prəˈpɔːʃənl ˈkɒst] *sb* proportionale Kosten *pl*
proposal [prəˈpəʊsl] *sb* Vorschlag *m*
proprietary [prəˈpraɪətəri] *adj* besitzend, Besitz...
proprietor [prəˈpraɪətə] *sb 1.* Besitzer(in) *m/f, 2.* Eigentümer(in) *m/f*
proprietor's capital holding [prəˈpraɪətəs ˈkæpɪtl ˈhəʊldɪŋ] *sb* Geschäftsguthaben *n*
proprietor's loan [prəˈpraɪətəs ˈləʊn] *sb* Gesellschafter-Darlehen *n*
pro rata [prəʊ ˈreɪtə] *adj* anteilmäßig
prosecute [ˈprɒsɪkjuːt] *v (s.o.)* strafrechtlich verfolgen, strafrechtlich belangen
prospect [ˈprɒspekt] *sb* Aussicht *f*
prospectus [prəʊˈspektəs] *sb* Prospekt *m*
prosperity [prɒˈsperɪti] *sb* Prosperität *f*, Wohlstand *m*
prosperous [ˈprɒspərəs] *adj* florierend, gut gehend, blühend
protection [prəˈtekʃn] *sb* Schutz *m*, Protektion *f*
protection against dismissal [prəˈtekʃn əˈɡenst dɪsˈmɪsəl] *sb* Kündigungsschutz *m*
protection for the investor [prəˈtekʃn fɔː ðiː ɪnˈvestə] *sb* Anlegerschutz *m*
protection of credit [prəˈtekʃn əv ˈkredɪt] *sb* Kreditschutz *m*
protection of creditors [prəˈtekʃən əv ˈkredɪtəz] *sb* Gläubigerschutz *m*
protection of investment [prəˈtekʃn əv ɪnˈvestmənt] *sb* Investitionsschutz *m*
protection of jobs [prəˈtekʃn əv ˈdʒɒbs] *sb* Arbeitsplatzschutz *m*
protection of mothers [prəˈtekʃn əv ˈmʌðəz] *sb* Mutterschutz *m*
protection of tenants [prəˈtekʃn əv ˈtenənts] *sb* Mieterschutz *m*
protectionism [prəˈtekʃənɪzm] *sb* Protektionismus *m*
protective clothing [prəʊˈtektɪf ˈkləʊθɪŋ] *sb* Schutzkleidung *f*
protective duty [prəʊˈtektɪv ˈdjuːtɪ] *sb* Schutzzoll *m*
protest [ˈprəʊtest] *sb* Protest *m*
protested bill [ˈprəʊtestɪd ˈbɪl] *sb* Protestwechsel *m*
protest for non-delivery [ˈprəʊtest fɔː ˈnɒndɪˈlɪvərɪ] *sb* Ausfolgungsprotest *m*
protocol [ˈprəʊtəkɒl] *sb* Protokoll *n*
provenance [ˈprɒvɪnəns] *sb* Provenienz *f*
provide [prəʊˈvaɪd] *v 1.* besorgen, beschaffen, liefern; *2. (an opportunity)* bieten; *3. (make available)* zur Verfügung stellen

providing of guarantee [prəʊ'vaɪdɪŋ əv gæræn'tiː] *sb* Garantieleistung *f*
provision [prə'vɪʒən] *sb 1. (supplying)* Bereitstellung *f*; *2. (for oneself)* Beschaffung *f*; ~s *pl 3. (supplies)* Vorräte *pl*; *4. (of a contract)* Bestimmung *f*; *5. (allowance)* Berücksichtigung *f*
provisional [prə'vɪʒənəl] *adj* provisorisch; *(measures, legislation)* vorläufig
provisional account [prə'vɪʒənəl ə'kaʊnt] *sb* vorläufiger Abschluss *m*
provisional filing of an objection [prə'vɪʃənl 'faɪlɪŋ əv ən ɒb'dʒekʃn] *sb* Widerspruchsvormerkung *f*
provisional receipt [prə'vɪʃənl rɪ'siːt] *sb* Zwischenschein *m*
provisionally inefficacy [prə'vɪʃənl ɪn'efɪkəsɪ] *sb* schwebende Unwirksamkeit *f*
proviso [prə'vaɪzəʊ] *sb 1.* Vorbehalt *m; 2. (clause)* Vorbehaltsklausel *f*
provisory [prə'vaɪzərɪ] *adj 1. (provisional)* provisorisch, vorläufig; *2. (conditional)* vorbehaltlich
proxy ['prɒksɪ] *sb 1. (power)* Vollmacht *f; 2. by* ~ in Vertretung; *3. (person)* Vertreter *m*
proxy for disposal ['prɒksɪ fɔː dɪs'pəʊsəl] *sb* Ermächtigung zur Verfügung *f*
prudence of a businessman ['pruːdəns əv ə 'bɪsnɪsmæn] *sb* kaufmännische Vorsicht *f*
public ['pʌblɪk] *adj 1.* öffentlich; *in the* ~ *eye* im Lichte der Öffentlichkeit; *make* ~ bekannt machen; *sb 2.* Öffentlichkeit *f*
public assistance ['pʌblɪk ə'sɪstəns] *sb* Spezialhilfe *f*
publication [pʌblɪ'keɪʃən] *sb 1.* Veröffentlichung *f; 2. (thing published)* Publikation *f*
public authentication [pʌblɪk ɔːθentɪ'keɪʃn] *sb* öffentliche Beurkundung *f*
public authorities ['pʌblɪk ɔː'θɒrɪtiːz] *sb* öffentliche Hand *f*
public bank [pʌblɪk 'bæŋk] *sb* öffentliche Bank *f*
public body [pʌblɪk 'bʌdɪ] *sb* öffentlichrechtliche Körperschaft *f*
public bonds [pʌblɪk 'bɒndz] *sb* Staatsanleihen *f/pl*
public budget [pʌblɪk 'bʌdʒɪt] *sb* öffentlicher Haushalt *m*
public certification [pʌblɪk sɜːtɪfɪ'keɪʃn] *sb* öffentliche Beglaubigung *f*
public company ['pʌblɪk 'kʌmpənɪ] *sb* Aktiengesellschaft *f*
public debt [pʌblɪk 'det] *sb* öffentliche Schuld *f*

public enterprise ['pʌblɪk 'entəpraɪz] *sb* öffentliches Unternehmen *n*
public finance [pʌblɪk 'faɪnæns] *sb* Finanzwissenschaft *f*
public fund [pʌblɪk 'fʌnd] *sb* Publikumsfonds *m*
public goods ['pʌblɪk gʊdz] *sb* öffentliche Güter *n/pl*
public health ['pʌblɪk helθ] *sb* Gesundheitswesen *n*
public holiday ['pʌblɪk 'hɒlɪdeɪ] *sb* gesetzlicher Feiertag *m*
public institution ['pʌblɪk ɪnstɪ'tjuːʃən] *sb* gemeinnütziges Unternehmen *n*, öffentliches Unternehmen *n*
publicity [pʌb'lɪsɪtɪ] *sb 1.* Publizität *f; 2.* Werbung *f*, Reklame *f*
publicity department [pʌb'lɪsɪtɪ dɪ'pɑːtmənt] *sb* Werbeabteilung *f*
publicity expenses [pʌb'lɪsɪtɪ ɪks'pensɪs] *sb* Werbungskosten *pl*
publicize ['pʌblɪsaɪz] *v (promote)* Reklame machen für
public law ['pʌblɪk lɔː] *sb* öffentliches Recht *n*
public limited company ['pʌblɪk 'lɪmɪtɪd 'kʌmpənɪ] *sb (UK)* Aktiengesellschaft *f*
publicly owned enterprise [pʌblɪklɪ 'əʊnd 'entəpraɪz] *sb* Regiebetrieb *m*
public mortgage bank [pʌblɪk 'mɔːgɪdʒ 'bæŋk] *sb* Grundkreditanstalt *f*
public opinion research [pʌblɪk ɒ'pɪnjən riː'sɜːdʒ] *sb* Meinungsforschung *f*
public ownership ['pʌblɪk 'əʊnəʃɪp] *sb* Staatseigentum *n*
public property ['pʌblɪk 'prɒpətɪ] *sb* Staatseigentum *n*
public relations (PR) ['pʌblɪk rɪ'leɪʃənz] *sb* Public Relations (PR) *pl*
public relations of the company [pʌblɪk rɪ'leɪʃns əv ðə 'kɒmpənɪ] *sb* Firmenöffentlichkeit *f*
public revenue ['pʌblɪk 'revənjuː] *sb* Staatseinnahmen *pl*
public sector ['pʌblɪk 'sektə] *sb* öffentlicher Sektor *m*
public securities [pʌblɪk sɪ'kjʊərɪtiːz] *sb* Staatspapiere *n/pl*
public servant ['pʌblɪk 'sɜːvənt] *sb* Angestellte(r) im öffentlichen Dienst *m/f*
public spending ['pʌblɪk 'spendɪŋ] *sb* Staatsausgaben *pl*, öffentliche Ausgaben *pl*
public supervision of banking ['pʌblɪk suːpə'vɪʃn əv 'bæŋkɪŋ] *sb* Bankenaufsicht *f*

public tender [pʌblɪk 'tendə] *sb* offene Ausschreibung *f*
public transportation [pʌblɪk trænspɔː-'teɪʃn] *sb* öffentliche Verkehrsmittel *n/pl*
publisher ['pʌblɪʃə] *sb* Verleger(in) *m/f*
publisher's mark ['pʌblɪʃəs 'mɑːk] *sb* Signet *n*
publishing house ['pʌblɪʃɪŋ haʊs] *sb* Verlag *m*
pull-down menu ['pʊldaʊn 'menjuː] *sb* Pull-down-Menü *n*
pulling strategy ['pʊlɪŋ strˈætədʒiː] *sb* Pull-Strategie *f*
punctual ['pʌŋktjʊəl] *adj* pünktlich
punctuality [pʌŋktjʊˈælɪtɪ] *sb* Pünktlichkeit *f*
punishable ['pʌnɪʃəbl] *adj* strafbar
punishment ['pʌnɪʃmənt] *sb* 1. *(penalty)* Strafe *f*; 2. *(punishing)* Bestrafung *f*
punter ['pʌntə] *sb (UK: average person)* Otto Normalverbraucher *m*
purchase ['pɜːtʃɪs] *v* 1. kaufen, erwerben; *sb* 2. Kauf *m*, Anschaffung *f*, Ankauf *m*
purchase against cash in advance ['pɜːdʒɪs əˈgenst kæʃ ɪn ədˈvɑːns] *sb* Kauf gegen Vorauszahlung *m*
purchase costs ['pɜːtʃɪs kɔsts] *sb* Anschaffungskosten *pl*
purchase-money loan [pɜːtʃɪsˈmʌnɪɪ ləʊn] *sb* Restdarlehen *n*
purchase of accounts receivable ['pɜːdʒɪs əv əˈkaʊnts rɪˈsiːvəbl] *sb* Forderungskauf *m*
purchase of foreign exchange for later sale ['pɜːdʒɪs əv ˈfɔrɪn ɪkˈdʒeɪnʃ fɔː ˈleɪtə ˈseɪl] *sb* Devisenpensionsgeschäft *n*
purchase of securities ['pɜːdʒɪs əv sɪˈkjʊərɪtɪːz] *sb* Effektenkauf *m*
purchase on credit ['pɜːtʃɪs ɔn ˈkredɪt] *sb* Zielkauf *m*
purchase on the spot ['pɜːdʒɪs ɔn ðə ˈspɔt] *sb* Platzkauf *m*
purchase pattern ['pɜːtʃɪs ˈpætən] *sb* Kaufverhalten *n*
purchase price ['pɜːtʃɪs praɪs] *sb* Kaufpreis *m*
purchase quantity ['pɜːtʃɪs ˈkwɔntɪtɪ] *sb* Abnahmemenge *f*
purchaser ['pɜːtʃɪsə] *sb* Käufer(in) *m/f*
purchase right ['pɜːdʒɪs raɪt] *sb* Ankaufsrecht *n*
purchase with delivery by instal(l)ments ['pɜːdʒɪs wɪθ dɪˈlɪvərɪ baɪ ɪnˈstɔːlmənts] *sb* Teillieferungskauf *m*

purchasing association ['pɜːdʒɪsɪŋ əˈsəʊsɪeɪʃn] *sb* Einkaufsgemeinschaft *f*
purchasing cheque ['pɜːdʒəsɪŋ ˈtʃek] *sb* Kaufscheck *m*
purchasing cooperative ['pɜːdʒəsɪŋ kəʊˈɔprətɪf] *sb* Einkaufsgenossenschaft *f*
purchasing costs ['pɜːtʃɪsɪŋ kɔsts] *sb* Bezugskosten *pl*
purchasing credit ['pɜːdʒəsɪŋ ˈkredɪt] *sb* Kaufkredit *m*
purchasing power ['pɜːtʃɪsɪŋ ˈpaʊə] *sb* Kaufkraft *f*
purchasing power parity ['pɜːdʒəsɪŋ paʊə ˈpærɪtɪ] *sb* Kaufkraftparität *f*
purchasing terms ['pɜːtʃɪsɪŋ tɜːmz] *sb* Einkaufsbedingungen *f/pl*
pure endowment insurance ['pjʊːr ɪnˈdaʊmənt ɪnˈsʊərəns] *sb* Erlebensfallversicherung *f*
purpose ['pɜːpəs] *adj* on ~ absichtlich, mit Absicht
purpose-built [pɜːpəsˈbɪlt] *adj* spezialgefertigt, Spezial...
pursuant [pəˈsjuːənt] *adj* ~ to gemäß, laut
purveyor [pəˈveɪə] *sb* Lieferant(in) *m/f*
push [pʊʃ] *v* 1. *(s.o.)* (put pressure on) drängen, antreiben; 2. *(promote)* propagieren
pushing strategy ['pʊʃɪŋ ˈstrætədʒiː] *sb* Push-Strategie *f*
put and call ['pʊt ænd ˈkɔːl] *sb* Stellgeschäft *n*
put and call price ['pʊt ænd ˈkɔːl praɪs] *sb* Stellkurs *m*
put down ['pʊt daʊn] *v irr* 1. *(a deposit)* machen; 2. *(write down)* aufschreiben, notieren; 3. *(on a form)* angeben
put in [pʊt ˈɪn] *v irr* 1. ~ for sth sich um etw bewerben; 2. *(a claim, an application)* einreichen; 3. *(time)* zubringen; 4. ~ an hour's work eine Stunde arbeiten
put off [pʊt ˈɔf] *v irr* 1. *(postpone)* verschieben; 2. *(a decision)* aufschieben; 3. put s.o. off *(by making excuses)* jdn hinhalten
put through [pʊt ˈθruː] *v irr (connect)* durchstellen
putting into the archives ['pʊtɪŋ ɪntu ðiː ˈɑːkaɪfs] *sb* Archivierung *f*
put together [pʊt tʊˈgeðə] *v irr* 1. *(assemble)* zusammensetzen, zusammenbauen; 2. *(a brochure)* zusammenstellen
put up [pʊt ˈʌp] *v irr* put sth up for sale etw zum Verkauf anbieten
pyramid selling ['pɪrəmɪd ˈselɪŋ] *sb* Schneeballsystem *n*, Lawinensystem *n*

Q/R

qualification [kwɔlıfı'keıʃən] *sb 1. (suitable skill, suitable quality)* Qualifikation *f*, Voraussetzung *f*; *2. (UK: document)* Zeugnis *n*
qualified ['kwɔlıfaıd] *adj 1. (person)* qualifiziert, geeignet; *2. (entitled)* berechtigt
qualifying period ['kwɔlıfaııŋ 'pıərıəd] *sb* Karenzzeit *f*
qualitative ['kwɔlıtətıv] *adj* qualitativ
qualitative growth ['kwɔːlıtətıf 'grəʊθ] *sb* qualitatives Wachstum *n*
quality ['kwɔlıtı] *sb* Qualität *f*
quality assurance ['kwɔlıtı ə'sʊərəns] *sb* Qualitätssicherung *f*
quality circle ['kwɔlıtı 'sɜːkl] *sb* Qualitätszirkel *m*
quality control ['kwɔlıtı kən'trəʊl] *sb* Qualitätskontrolle *f*
quality label ['kwɔlıtı 'leıbl] *sb* Gütezeichen (Marketing) *n*
quantify ['kwɒntıfaı] *v* in Zahlen ausdrücken
quantitative ['kwɒntıtətıv] *adj* quantitativ
quantitative tariff ['kwɔːntıtətıf 'tærıf] *sb* Mengenzoll *m*
quantity ['kwɒntıtı] *sb 1.* Quantität *f*; *2. (amount)* Menge *f*
quantity discount ['kwɒntıtı 'dıskaʊnt] *sb* Mengenrabatt *m*
quantity equation ['kwɔːntıtı ı'kweıʃn] *sb* Quantitätsgleichung *f*
quantity theory ['kwɔːntıtı θiːɔːriː] *sb* Quantitätstheorie *f*
quantity unit ['kwɒntıtı 'juːnıt] *sb* Mengeneinheit *f*
quart [kwɔːt] *sb (UK: 1.14 litres; US: 0.95 litres)* Quart *n*
quarter ['kwɔːtə] *sb 1. (of a year)* Quartal *n*, Vierteljahr *n*; *2. (US: 25 cents)* 25-Centstück *n*
quarter day ['kwɔːtə deı] *sb* vierteljährlicher Zahltag *m*
quarter days ['kwɔːtə 'deız] *sb* Zinstage *m/pl*
quarterly ['kwɔːtəlı] *adj* Quartals...
quarterly invoice ['kwɔːtəlı 'ınvɔıs] *sb* Quartalsrechnung *f*
quarterly report ['kwɔːtəlı rı'pɔːt] *sb* Quartalsbericht *m*
quarter wage ['kwɔːtər weıdʒ] *sb* Quartalsgehalt *n*, Vierteljahreszahlung *f*

quasi-equity capital ['kwɔːsıˈekwıtı 'kæpıtl] *sb* verdecktes Stammkapital *n*
quasi money ['kwɔːsı 'mʌnı] *sb* Quasigeld *n*, Beinahegeld *n*
quasi monopoly ['kwɔːsı mə'nɒpəlı] *sb* Quasimonopol *n*
quasi rent ['kwɔːsı 'rent] *sb* Quasirente *f*
quay [kiː] *sb* Kai *m*
quayage ['kiːıdʒ] *sb* Kaigebühren *f/pl*
questionnaire [kwestʃə'neə] *sb* Fragebogen *m*
queue up [kjuː'ʌp] *v* anstehen, Schlange stehen
quid [kwıd] *sb (fam)(UK)* Pfund *n*
quit [kwıt] *v irr (leave one's job)* kündigen
quittance ['kwıtəns] *sb* Schuldenerlass *m*
quorum ['kwɔːrəm] *sb* Quorum *n*
quota ['kwəʊtə] *sb 1.* Quote *f*; *2. (of goods)* Kontingent *n*
quota system ['kwəʊtə 'sıstəm] *sb* Quotensystem *n*
quotation [kwəʊ'teıʃən] *sb 1. (price ~)* Kostenvoranschlag *m*, Preisangabe *f*; *2. (stock ~)* Börsennotierung *f*, Kursanzeige *f*, Quotation *f*
quotation ex dividend [kwɔ'teıʃn eks 'dıvıdənd] *sb* Dividendenabschlag *m*
quotation of prices [kwəʊ'teıʃənəv 'praısız] *sb* Kursnotierung *f*
quotation on the stock exchange [kwəʊ'teıʃən ɒnðə 'stɒkıkstʃteındʒ] *sb* Börsenkurs *m*
quotation on the unofficial market [kwɔ'teıʃən ɒn ðiː 'ʌnɒfıʃl 'mʌkıt] *sb* Kulissenwert *m*
quota transactions ['kwəʊtə træns'ækʃns] *sb* Quotenhandel *m*
quota wage ['kwəʊtə 'weıdʒ] *sb* Pensumlohn *m*
quote [kwəʊt] *v 1. (a price)* nennen; *2. (at the stock exchange)* notieren
quoted securities ['kwəʊtıd sı'kjʊərıtiːz] *sb* börsengängige Wertpapiere *n/pl*
quotient ['kwəʊʃənt] *sb* Quotient *m*
rack jobbing ['ræk dʒɒbıŋ] *sb* Rack Jobbing *n*
radio advertising ['reıdıəʊ 'ædvətaızıŋ] *sb* Rundfunkwerbung *f*
rail freight [reıl freıt] *sb* Bahnfracht *f*

railroad ['reɪlrəʊd] *sb (US)* Eisenbahn *f*, Bahn *f*
railway ['reɪlweɪ] *sb* Eisenbahn *f*, Bahn *f*
railway tariff ['reɪlweɪ 'tærɪf] *sb* Eisenbahntarif *m*
raise [reɪz] *v 1. (salary, price)* erhöhen, anheben; *2. (gather money)* aufbringen, auftreiben; *3. (an objection)* erheben; ~ one's voice against sth seine Stimme gegen etw erheben; *sb 4. (in salary)* Gehaltserhöhung *f*; *(in wages)* Lohnerhöhung *f*
raising of credits ['reɪzɪŋ əv 'kredɪts] *sb* Kreditaufnahme *f*
RAM [ræm] *sb (random access memory)* RAM *n*
ramp [ræmp] *sb 1.* Rampe *f*; *2. (for loading)* Laderampe *f*
random test ['rændəm test] *sb* Stichprobe *f*
range [reɪndʒ] *sb 1. (distance)* Entfernung *f*; at close ~ auf kurze Entfernung; *2. (selection)* Reihe *f*, Auswahl *f*
range of products ['reɪndʒ əv 'prɒdʌkts] *sb* Produktpalette *f*
rank [ræŋk] *sb (status)* Stand *m*, Rang *m*
rapid money transfer ['ræpɪd 'mʌnɪ 'trænsfə] *sb* Eilüberweisung *f*
rate [reɪt] *v 1. (estimate the worth of)* schätzen, einschätzen; *sb 2.* Rate *f*, Ziffer *f*; *3.* at the ~ of im Verhältnis von; *4.* at any ~ jedenfalls; *5. (speed)* Tempo *n*; *6. (UK: local tax)* Gemeindesteuer *f*; *7. (stock exchange)* Satz *m*; *8. (fixed charge)* Tarif *m*
rateable ['reɪtəbl] *adj* steuerpflichtig, zu versteuern
rate for foreign notes and coins ['reɪt fɔː 'fɒrɪn 'nəʊts ænd 'kɔɪns] *sb* Sortenkurs *m*
rate of conversion ['reɪt əv kən'vɜːʃən] *sb* Umrechnungskurs *m*
rate of exchange ['reɪt əv ɪks'tʃeɪndʒ] *sb* Umrechnungskurs *m*
rate of flow ['reɪt əv 'fləʊ] *sb* Stromgröße *f*
rate of growth ['reɪt əv grəʊθ] *sb* Wachstumsrate *f*
rate of inflation ['reɪt əv ɪn'fleɪʃən] *sb* Inflationsrate *f*
rate of inventory turnover ['reɪt əv ɪn'ventərɪ 'tɜːnəʊvə] *sb* Umschlagshäufigkeit eines Lagers *f*
rate of issue ['reɪt əv 'ɪʃuː] *sb* Emissionskurs *m*
ratification [rætɪfɪ'keɪʃən] *sb* Ratifikation *f*
rating ['reɪtɪŋ] *sb 1. (assessment)* Schätzung *f*; *2. (category)* Klasse *f*

ratio ['reɪʃɪəʊ] *sb* Verhältnis *n*
rational buying ['ræʃənəl 'baɪŋ] *sb* Rationalkauf *m*
rationalisation [ræʃənəlaɪ'zeɪʃən] *sb* Rationalisierung *f*
rationalization investment [ræʃənəlaɪ'zeɪʃn ɪn'vestmənt] *sb* Rationalisierungsinvestition *f*
rationalization profit [ræʃənəlaɪ'zeɪʃən 'prɒfɪt] *sb* Rationalisierungsgewinn *m*
rationing ['ræʃənɪŋ] *sb* Rationierung *f*
raw material [rɔː mə'tɪərɪəl] *sb* Rohstoff *m*
raw material funds ['rɔː mə'tiːrɪəl fʌnds] *sb* Rohstoff-Fonds *m*
raw material shortage [rɔː mə'tɪərɪəl 'ʃɔːtɪdʒ] *sb* Rohstoffknappheit *f*
re [riː] *(on a letter)* betrifft
reach [riːtʃ] *v (a conclusion, an agreement)* kommen zu, gelangen zu
readily ['redɪlɪ] *adv 1.* bereitwillig; *2. (easily)* leicht
readiness to operate ['redɪnəs tu 'ɒpəreɪt] *sb (Produktion)* Leistungsbereitschaft *f*
readjust [riːə'dʒʌst] *v (~ sth)* anpassen, angleichen
readjustment [riːə'dʒʌstmənt] *sb* Anpassung *f*, Angleichung *f*
ready ['redɪ] *adj 1.* bereit, fertig; *2. (finished)* fertig
ready for collection ['redɪ fɔː kə'lekʃən] *adv* abholbereit
ready for dispatch ['redɪ fɔː 'dɪspætʃ] *adv* versandbereit
ready-made ['redɪ'meɪd] *adj* gebrauchsfertig, fertig
ready money ['redɪ 'mʌnɪ] *sb* Bargeld *n*, jederzeit verfügbares Geld *n*
ready-to-wear [redɪ tu 'weə] *adj* Konfektions...
real account [rɪəl ə'kaʊnt] *sb* Bestandskonto *n*
real balance effect [rɪəl 'bæləns ɪ'fækt] *sb* Vermögenseffekten *pl*, Vermögenseinkommen *n*
real capital [rɪəl 'kæpɪtl] *sb (Volkswirtschaft)* Realkapital *n*, Sachkapital *n*
real estate ['rɪəlɪsteɪt] *sb* Immobilien *pl*, Grundstück *n*
real estate agent ['rɪəlɪsteɪt 'eɪdʒənt] *sb* Immobilienmakler *m*
real estate credit ['rɪəl ɪ'steɪt 'kredɪt] *sb* Grundkredit *m*, Immobiliarkredit *m*
real estate credit institution ['rɪəl ɪ'steɪt 'kredɪt ɪnstɪ'tjuːʃn] *sb* Realkreditinstitut *n*

real estate fund ['rɪəlɪsteɪt fʌnd] sb Immobilienfonds m
real estate leasing ['rɪəl ɪ'steɪt li:zɪŋ] sb Immobilien-Leasing n
real estate property ['rɪəl ɪ'steɪt 'prɔpətɪ] sb Betongold n
realignment of parities [rɪ'əleɪnmənt əv 'pærɪti:z] sb Realignment n
real income [rɪəl 'ɪnkʌm] sb Realeinkommen n
real indebtedness [rɪəl ɪn'detɪdnɪs] sb effektive Verschuldung f
real interest [rɪəl 'ɪntrəst] sb Realzins m
real investment [rɪəl ɪnvestmənt] sb Realinvestition f
realization [rɪəlaɪ'zeɪʃən] sb (of assets) Realisation f, Flüssigmachen n
realization of pledge [rɪəlaɪ'zeɪsn əv 'pledʒ] sb Pfandverwertung f
realization profit [rɪəlaɪ'zeɪsn 'prɔfɪt] sb Liquidationsüberschuss m
realize ['rɪəlaɪz] v 1. (achieve) verwirklichen; 2. (assets) realisieren, verflüssigen
real property [rɪəl 'prɔpətɪ] sb Grundvermögen n
real rate of interest [rɪəl 'reɪt əv 'ɪntrest] sb Realzins m
real right [rɪəl raɪt] sb dingliches Recht n
real security [rɪəl sɪ'kjʊərɪtɪ] sb dingliche Sicherung f
realtor ['rɪəltə] sb Immobilienmakler m
realty ['rɪəltɪ] sb Immobilien pl
real value [rɪəl 'vælju:] sb Substanzwert, Sachwert m
real wages [rɪəl 'weɪdʒɪz] sb Reallohn m
real wealth [rɪəl welθ] sb Realvermögen n
reasonable ['ri:znəbəl] adj 1. (sensible) vernünftig; 2. (price) angemessen; 3. (in price) preiswert
reasoning ['ri:znɪŋ] sb Argumentation f
reassemble [rɪə'sembl] v (put back together) wieder zusammenbauen
reassign [rɪə'saɪn] v (s.o.) versetzen
rebate ['ri:beɪt] sb 1. (money back) Rückvergütung f, Rückzahlung f; 2. (discount) Rabatt m
rebuke [rɪ'bju:k] v rügen; sb Rüge f
receipt [rɪ'si:t] sb 1. Eingang m, Erhalt m, Qittung f, Beleg m; 2. ~s pl Einnahmen f/pl
receipt of money [rɪ'si:t əv 'mʌnɪ] sb Geldeingang m
receive [rɪ'si:v] v 1. bekommen, erhalten; 2. (take delivery of) empfangen; 3. (welcome) empfangen

receiver [rɪ'si:və] sb 1. Empfänger m; 2. (of the phone) Hörer m; 3. (in bankruptcy) Konkursverwalter m
receivership [rɪ'si:vəʃɪp] sb go into ~ in Konkurs gehen
reception [rɪ'sepʃən] sb Empfang m
receptionist [rɪ'sepʃənɪst] sb Empfangssekretär(in) m/f
reception room [rɪ'sepʃən ru:m] sb Empfangsraum m
recession [rɪ'seʃən] sb Rezession f, Konjunkturrückgang m
recessionary [rɪ'seʃənərɪ] adj Rezessions...
recessive [rɪ'sesɪv] adj rezessiv
recipient [rɪ'sɪpɪənt] sb Empfänger m
reciprocal [rɪ'sɪprəkəl] adj gegenseitig, wechselseitig, reziprok
reciprocal contract [rɪ'sɪprəkəl 'kɔntrækt] sb gegenseitiger Vertrag m
reciprocity [resɪ'prɔsɪtɪ] sb Gegenseitigkeit f, Wechselseitigkeit f, Reziprozität f
recision [rɪ'sɪʒən] sb Stornierung f, Streichung f, Entwertung f
reckon ['rekən] v 1. (calculate) rechnen; 2. (calculate sth) berechnen, errechnen; 3. (estimate) schätzen
reclaim [rɪ'kleɪm] v zurückfordern
reclamation [reklə'meɪʃən] sb (demanding back) Zurückforderung f, Rückforderung f
recognizance [rɪ'kɔgnɪzəns] sb schriftliche Verpflichtung f
recommend [rekə'mend] v 1. empfehlen; 2. She has much to ~ her. Es spricht sehr viel für sie.
recommendable [rekə'mendəbl] adj empfehlenswert
recommendation [rekəmen'deɪʃən] sb 1. Empfehlung f; 2. (letter of ~) Empfehlungsschreiben n
recompense ['rekəmpens] sb 1. (repayment) Entschädigung f; 2. (reward) Belohnung f
recondition [ri:kən'dɪʃən] v generalüberholen
reconsider [ri:kən'sɪdə] v nochmals überlegen; He has ~ed his decision. Er hat es sich anders überlegt.
reconsideration [ri:kənsɪdə'reɪʃən] sb erneute Betrachtung f, Überdenken n, Revision f
reconstruction [ri:kən'strʌkʃn] sb Sanierung f
record [rɪ'kɔ:d] v 1. (write down) aufzeichnen; (register) eintragen; 2. by ~ed delivery (UK) per Einschreiben; 3. (keep minutes of) protokollieren; ['rekɔ:d] sb 4. (account) Auf-

zeichnung *f*; 5. *(of a meeting)* Protokoll *n*; *on the ~* offiziell; *off the ~* nicht für die Öffentlichkeit bestimmt; 6. *(official document)* Unterlage *f*, Akte *f*
recourse [rɪˈkɔːs] *sb* Regress *m*, Rückgriff *m*
recoverable [rɪˈkʌvərəbl] *adj* 1. *(damages)* ersetzbar; 2. *(deposit)* rückzahlbar
recovery [rɪˈkʌvərɪ] *sb* 1. Aufschwung *m*, Erholung *f*; 2. *economic ~* Konjunkturaufschwung *m*
recovery of damages [rɪˈkʌvərɪ əv ˈdæmɪdʒɪz] *sb* Schadensersatz *m*
recruit [rɪˈkruːt] *v (members)* werben, anwerben, gewinnen
recruitment [rɪˈkruːtmənt] *sb* Anwerbung *f*, Werbung *f*
rectification defects [rektɪfɪˈkeɪʃn dɪˈfekts] *sb* Nachbesserung *f*
rectify [ˈrektɪfaɪ] *v* berichtigen, korrigieren
recyclable [rɪˈsaɪkləbl] *adj* wieder verwertbar, recycelbar
recycle [riːˈsaɪkl] *v* wieder verwerten, recyceln
recycling [riːˈsaɪklɪŋ] *sb* Recycling *n*, Wiederverwertung *f*
recycling exchange [riːˈsaɪklɪŋ ɪksˈtʃeɪndʒ] *sb* Abfallbörse *f*
red tape [red'teɪp] *sb* 1. *(fig)* Amtsschimmel *m*; 2. *(paperwork)* Papierkrieg *m*
redeem [rɪˈdiːm] *v* 1. *(a coupon)* einlösen; 2. *(a mortgage)* abzahlen; 3. *(a pawned object)* auslösen
redeemable [rɪˈdiːməbl] *adj* kündbar
redemption [rɪˈdempʃn] *sb* Tilgung *f*, Abzahlung *f*
redemption fund [rɪˈdempʃn ˈfʌnd] *sb* Tilgungsfonds *m*
redemption in arrears [rɪˈdempʃn ɪn əˈrɪəs] *sb* Tilgungsrückstände *m/pl*
redemption loan [rɪˈdempʃn ˈləʊn] *sb* Ablösungsanleihe *f*, Tilgungsanleihe *f*
redemption sum [rɪˈdemʃən sʌm] *sb* Ablösesumme *f*
redemption value [rɪˈdempʃn ˈvæljuː] *sb* Rückkaufswert *m*
redirect [riːdaɪˈrekt] *v (forward)* nachsenden, nachschicken
rediscount [ˈriːdɪskaʊnt] *sb* 1. Rediskont *m*, Rediskontierung *f*; 2. *v* rediskontieren
reduce [rɪˈdjuːs] *v* 1. *(a price, standards)* herabsetzen; 2. *(expenses)* kürzen
reduced tariffs [rɪˈdjuːstˈtærɪfs] *sb* ermäßigte Tarife *m/pl*

reduction [rɪˈdʌkʃən] *sb* 1. Verminderung *f*, Reduzierung *f*; 2. *(of prices)* Herabsetzung *f*
reduction of interest [rɪˈdʌkʃən əv ˈɪntrest] *sb* Zinssenkung *f*
reduction of staff [rɪˈdʌkʃən əv stɑːf] *sb* Personalabbau *m*
reduction of the interest rate [rɪˈdʌkʃn əv ðiː ˈɪntrest reɪt] *sb* Zinssenkung *f*
reduction of the share capital [rɪˈdʌkʃn əv ðə ˈʃeə ˈkæpɪtl] *sb* Herabsetzung des Grundkapitals *f*
reduction of working hours [rɪˈdʌkʃn əv ˈwɜːkɪŋ ˈaʊəs] *sb* Arbeitszeitverkürzung *f*
redundancy [rɪˈdʌndənsɪ] *sb* Redundanz *f*
redundant [rɪˈdʌndənt] *adj* 1. überflüssig; 2. *(UK: worker)* arbeitslos
re-export [riːˈɪkˈspɔːt] *v* reexportieren, wieder ausführen
reexportation [riːekspəˈteɪʃən] *sb* Wiederausfuhr *f*
refer [rɪˈfɜː] *v* 1. *~ s.o. to s.o.* jdn an jdn verweisen; 2. *(regard)* sich beziehen auf; 3. *(rule)* gelten für; 4. *(consult a book)* nachschauen in
referee [refəˈriː] *sb (UK: person giving a reference)* Referenzgeber *m*
reference [ˈrefrəns] *sb* 1. *(testimonial)* Referenz *f*, Zeugnis *n*; 2. *(US: person giving a ~)* Referenz *f*; 3. *with ~ to ...* was ... betrifft; 4. *(in a business letter)* bezüglich
reference book [ˈrefrəns bʊk] *sb* Nachschlagewerk *n*
referring to [rɪˈfɜːrɪŋ tuː] *adv* Bezug nehmend, mit Bezug auf
refinancing [rɪˈfaɪnænsɪŋ] *sb* Refinanzierung *f*, Umfinanzierung *f*
refinancing policy [rɪˈfaɪnænsɪŋ ˈpɒlɪsɪ] *sb* Refinanzierungspolitik *f*
refinery [rɪˈfaɪnərɪ] *sb* Raffinerie *f*
reflate [riːˈfleɪt] *v* ankurbeln
reflation [riːˈfleɪʃən] *sb* Reflation *f*, Ankurbelung der Konjunktur *f*
reflux [ˈriːflʌks] *sb* Rückfluss *m*
reform [rɪˈfɔːm] *v* 1. *(sth)* reformieren; *sb* 2. Reform *f*
refrain [rɪˈfreɪn] *v ~ from* Abstand nehmen von, absehen von, sich enthalten
refund [rɪˈfʌnd] *v* 1. zurückzahlen, zurückerstatten; 2. *(expenses)* erstatten; [ˈriːfʌnd] *sb* 3. Rückzahlung *f*, Rückerstattung *f*
refunding [riːˈfʌndɪŋ] *sb* 1. Umschuldung *f*, Refundierung *f*; 2. Rückerstattung *f*
refurbish [riːˈfɜːbɪʃ] *v* renovieren
refusal [rɪˈfjuːzəl] *sb* Ablehnung *f*; *have first ~ of sth* etw als Erster angeboten bekommen

refusal of delivery [rɪˈfjuːzələv dɪˈlɪvərɪ] *sb* Annahmeverweigerung
regional authority [ˈriːdʒənl ɔːˈθɔrɪtɪ] *sb* Gebietskörperschaft *f*
regional bank [ˈriːdʒənl ˈbæŋk] *sb* Landesbank *f*, Regionalbank *f*
regional planning [ˈriːdʒənəl ˈplænɪŋ] *sb* Raumplanung *f*
regional policy [ˈriːdʒənəl ˈpɔlɪsɪ] *sb* Raumordnung *f*
regional promotion [ˈriːdʒən prəˈməʊʃn] *sb* Regionalförderung *f*
regional stock exchange [ˈriːdʒənl ˈstɔk ɪksˈdʒeɪnʃ] *sb* Provinzbörse *f*
register [ˈredʒɪstə] *v 1.* sich anmelden; *2. (for classes)* sich einschreiben; *3. (sth)* registrieren; *4. (a trademark)* anmelden, eintragen lassen; *5. (a letter)* als Einschreiben aufgeben; *6. (in files)* eintragen; *7. (a statistic)* erfassen, *sb 8.* Register *n*
registered [ˈredʒɪstəd] *adj* eingetragen
registered association [ˈredʒɪstəd əˈsəʊsɪˈeɪʃn] *sb* eingetragener Verein (e.V.) *m*
registered letter [ˈredʒɪstəd ˈletə] *sb* Einschreibebrief *m*
registered post [ˈredʒɪstəd pəʊst] *sb 1.* eingeschriebene Sendung *f*; *2. by ~ per* Einschreiben
registered securities [ˈredʒɪstəd sɪˈkjʊərɪtiːz] *sb* Namenspapier *n*
registered share [ˈredʒɪstəd ʃeə] *sb* Namensaktie *f*
registered trader [ˈredʒɪstəd ˈtreɪdə] *sb* Vollkaufmann *m*
register of land titles [ˈredʒɪstə əv ˈlænd taɪtls] *sb* Grundbuch *n*
register of ships [ˈredʒɪstə əv ˈʃɪps] *sb* Schiffsregister *n*
registration [redʒɪˈstreɪʃən] *sb 1.* Anmeldung *f*; *2. (by authorities)* Registrierung *f*; *3. (of a trademark)* Einschreibung *f*; *4. vehicle ~* Kraftfahrzeugbrief *m*
registration document [redʒɪsˈtreɪʃən ˈdɔkjʊmənt] *sb* Kraftfahrzeugbrief *m*
registration in the Commercial Register [redʒɪˈstreɪʃn ɪn ðə kəˈmɜːʃl ˈredʒɪstə] *sb* Eintragung im Handelsregister *f*
registration number [redʒɪsˈtreɪʃən ˈnʌmbə] *sb (of a car)* Kennzeichen *n*
regress [rɪˈgres] *v* sich rückläufig entwickeln
regression [rɪˈgreʃn] *sb* Regression *f*
regressive [rɪˈgresɪv] *adj* regressiv, rückläufig

regular [ˈregjʊlə] *adj* ordnungsgemäß
regular customer [ˈregjʊlə ˈkʌstəmə] *sb* Stammkunde *m*
regularity [regjʊˈlærɪtɪ] *sb* Regelmäßigkeit *f*
regular meeting [ˈregjʊlə ˈmiːtɪŋ] *sb* ordentliche Versammlung *f*
regulate [ˈregjʊleɪt] *v* regulieren, regeln
regulation [regjʊˈleɪʃən] *sb 1.* Regulierung *f*; *2. (rule)* Vorschrift *f*; *adj 3.* vorschriftsmäßig, vorgeschrieben
rehabilitation [rɪhæbɪlɪˈteɪʃn] *sb* Rehabilitation *f*
reimburse [riːɪmˈbɜːs] *v 1. (s.o.)* entschädigen; *2. (costs)* zurückerstatten, ersetzen
reimbursement [riːɪmˈbɜːsmənt] *sb* Entschädigung *f*, Erstattung *f*, Rückerstattung *f*, Ersatz *m*
reimport [riːɪmˈpɔːt] *v* reimportieren, wieder einführen
reimportation [riːɪmpɔːˈteɪʃən] *sb* Reimport *m*
reinforce [riːɪnˈfɔːs] *v 1.* verstärken; *2. (a statement, an opinion)* bestätigen
reinstatement of original values [riːɪnˈsteɪtmənt əv ɔːˈrɪdʒɪnəl ˈvæljʊs] *sb* Wertaufholung *f*
reinsurance [riːɪnˈʃʊərəns] *sb* Rückversicherung *f*
reinsure [riːɪnˈʃʊə] *v* rückversichern
reinvestment [riːɪnˈvestmənt] *sb* Reinvestition *f*, Wiederanlage *f*
reject [rɪˈdʒekt] *v 1.* ablehnen; *2. (a possibility, a judgment)* verwerfen; *3. (by a machine)* zurückweisen, nicht annehmen
rejection [rɪˈdʒekʃən] *sb* Ablehnung *f*, Verwerfung *f*, Zurückweisung *f*
release [rɪˈliːs] *v 1. (a new product)* herausbringen; *2. (news, a statement)* veröffentlichen; *sb 3. (of a new product)* Neuerscheinung *f*; *4. (press ~)* Verlautbarung *f*
reliability [rɪlaɪəˈbɪlɪtɪ] *sb (of a company)* Vertrauenswürdigkeit *f*
reliable [rɪˈlaɪəbl] *adj 1.* zuverlässig; *2. (company)* vertrauenswürdig
relocate [riːləʊˈkeɪt] *v 1.* umziehen; *2. (sth)* verlegen
relocation [riːləʊˈkeɪʃən] *sb* Umzug *m*
relocation costs [riːləʊˈkeɪʃən kɔsts] *pl* Umzugskosten *pl*
remainder [rɪˈmeɪndə] *sb 1.* Rest *m*; *2. ~s pl* Restbestände *m/pl*
remaining life expectancy [rɪˈmeɪnɪŋ laɪf ɪksˈpektænsɪ] *sb* Restnutzungsdauer *f*
remaining stock [rɪˈmeɪnɪŋ stɔk] *sb* Restposten *m*

reminder [rɪˈmaɪndə] *sb (letter of ~)* Mahnung *f*, Mahnbrief *m*
remission [rɪˈmɪʃən] *sb (of a sentence)* Straferlass *m*
remittal [rɪˈmɪtl] *sb (money)* Überweisung *f*
remittance [rɪˈmɪtəns] *sb* Rimesse *f*, Überweisung *f*
remittance slip [rɪˈmɪtəns slɪp] *sb* Überweisungsträger *m*
remittent [rɪˈmɪtnt] *adj* remittierend
remote control [rɪˈməʊt kənˈtrəʊl] *sb* Fernsteuerung *f*
removal [rɪˈmuːvəl] *sb (UK: move from a house)* Umzug *m*
remunerable [rɪˈmjuːnərəbl] *adj* zu bezahlen, zu vergüten
remunerate [rɪˈmjuːnəreɪt] *v 1. (pay)* bezahlen; *2. (reward)* belohnen
remuneration [rɪˈmjʊməreɪʃn] *sb 1.* Arbeitsentgelt *n*, Entgeld *n*, Vergütung *f*; Bezahlung *f*; *2. (reward)* Belohnung *f*
remuneration in kind [rɪmjuːnəˈreɪʃn ɪn kaɪnd] *sb* Sachbezüge *m/pl*
rendering of account [ˈrendərɪŋ əv əˈkaʊnt] *sb* Rechenschaft *f*, Rechenschaftslegung *f*
renew [rɪˈnjuː] *v* erneuern
renewal coupon [rɪˈnjuːəl ˈkuːpɒn] *sb* Stichkupon *m*
renewal funds [rɪˈnjuːəl ˈfʌnds] *sb* Erneuerungsrücklagen *f/pl*
renewal rate [rɪˈnjuːəl ˈreɪt] *sb* Prolongationssatz *m*
renewal reserve [rɪˈnjuːəl rɪˈzɜːv] *sb* Erneuerungsfonds *m*
renovate [ˈrenəveɪt] *v* renovieren
renovation [renəˈveɪʃən] *sb* Renovierung *f*
rent [rent] *v 1.* mieten, *(a building)* pachten, *(a machine)* leihen; *2. (~ out)* vermieten, *(a building)* verpachten, *(a machine)* verleihen; *sb 3.* Miete *f*, Pacht *f*; *4. for ~ (US)* zu vermieten
rentability [rentəˈbɪlɪtɪ] *sb* Rentabilität *f*
rentable [ˈrentəbl] *adj* zu vermieten
rental [ˈrentəl] *sb 1.* Miete *f*; *2. (for a machine, for a car)* Leihgebühr *f*; *3. (for land)* Pacht *f*; *4. (rented item)* Leihgerät *n*
rental car [rentəlˈkɑː] *sb* Mietwagen *m*
rent control [ˈrentkəntrəʊl] *sb* Mietpreisbindung *f*
renter [ˈrentə] *sb* Mieter(in) *m/f*, Pächter(in) *m/f*
rent-free [rentˈfriː] *adj* mietfrei
reopen [riːˈəʊpən] *v 1. (sth)* wieder eröffnen; *2. (negotiations, a case)* wieder aufnehmen

reorganization [rɪɔːɡənaɪˈzeɪʃn] *sb* Reorganisation *f*, Umgründung *f*
reorganize [riːˈɔːɡənaɪz] *v* neu organisieren, umorganisieren
re-pack [riːˈpæk] *v* umpacken
repair [rɪˈpɛə] *v 1.* reparieren; *sb 2.* Reparatur *f*, Ausbesserung *f*; *3. damaged beyond ~* nicht mehr zu reparieren; *4. to be in good ~* in gutem Zustand sein
repairable [rɪˈpɛərəbl] *adj* zu reparieren, reparabel
repairman [rɪˈpɛəmæn] *sb* Handwerker *m*
reparable [ˈrepərəbl] *adj* reparabel, wieder gutzumachen
reparation [repəˈreɪʃn] *sb 1.* Reparation *f*, Wiedergutmachung *f*; *2. (for damage)* Entschädigung *f*
repay [riːˈpeɪ] *v irr 1. (a debt)* abzahlen; *2. (expenses)* erstatten; *3. (fig: a visit)* erwidern
repayable [rɪˈpeɪəbl] *adj* rückzahlbar
repayment [rɪˈpeɪmənt] *sb* Rückzahlung *f*, Abzahlung *f*, Rückerstattung *f*
repayment extension [rɪˈpeɪmənt ɪksˈtenʃn] *sb* Tilgungsstreckung *f*
repeat order [rɪˈpiːt ˈɔːdə] *sb* Nachbestellung *f*
replace [rɪˈpleɪs] *v 1. (substitute for)* ersetzen; *2. (put back)* zurücksetzen, zurückstellen; *3. ~ the receiver* den Hörer auflegen; *4. (parts)* austauschen, ersetzen
replaceable [rɪˈpleɪsəbl] *adj 1.* ersetzbar; *2. (part)* auswechselbar
replacement [rɪˈpleɪsmənt] *sb 1.* Ersatz *m*, Wiederbeschaffung *f*; *2. ~ part* Ersatzteil *n*; *3. (person: temporary)* Stellvertreter *m*
replacement delivery [rɪˈpleɪsmənt dɪˈlɪvərɪ] *sb* Ersatzlieferung *f*
replacement funds [rɪˈpleɪsmənt fʌnds] *sb* Erneuerungsrücklagen *f/pl*
replacement investment [rɪˈpleɪsmənt ɪnˈvestmənt] *sb* Erhaltungsinvestition *f*
replacement of capital assets [rɪˈpleɪsmənt əv ˈkæpɪtl ˈæsɪts] *sb* Ersatzinvestition *f*
replacement share certificate [rɪˈpleɪsmənt ˈʃɛə səˈtɪfɪkət] *sb* Ersatzaktie *f*
replacement value [rɪˈpleɪsmənt ˈvæljuː] *sb* Erneuerungswert *m*, Wiederbeschaffungswert *m*
replica [ˈreplɪkə] *sb* Kopie *f*
replicate [ˈreplɪkeɪt] *v (reproduce)* nachahmen, nachbilden
replication [replɪˈkeɪʃən] *sb (duplicate)* Kopie *f*, Nachbildung *f*
reply [rɪˈplaɪ] *sb* Antwort *f*

reply-paid (RP) [rɪˈplaɪpeɪd] *adj* Rückantwort bezahlt

report [rɪˈpɔːt] *v 1. (announce o.s.)* sich melden; *2.* ~ *for duty* sich zum Dienst melden; *3. (give a* ~*)* berichten; *4. (sth)* berichten über; *5. (inform authorities about)* melden; *sb 6.* Bericht *m*

reporting [rɪˈpɔːtɪŋ] *sb* Berichterstattung *f*

reporting date [rɪˈpɔːtɪŋ deɪt] *sb* Stichtag *m*

reposit [rɪˈpɒzɪt] *v (deposit)* hinterlegen

repository [rɪˈpɒzɪtərɪ] *sb (store)* Laden *m*, Magazin *n*

represent [reprɪˈzent] *v (act for, speak for)* vertreten

representation [reprɪzenˈteɪʃən] *sb (representatives)* Vertretung *f*

representative [reprɪˈzentətɪv] *adj 1. (acting for)* vertretend; *2. (typical)* repräsentativ; *3. (symbolic)* symbolisch; *sb 4. sb* Repräsentant *m*, Vertreter *m; 5. (deputy)* Stellvertreter *m; 6. (legal)* Bevollmächtigte(r) *m/f*

reprieve [rɪˈpriːv] *sb (temporary)* Aufschub *m*

reprise [rɪˈpraɪz] *sb* Reprise *f*

re-privatisation [riːpraɪvɪtaɪˈzeɪʃən] *sb* Reprivatisierung *f*

reproduction [riːprəˈdʌkʃən] *sb 1. (copy)* Reproduktion *f; 2. (photo)* Kopie *f*

reproduction cost [riːprəˈdʌkʃən kɒst] *sb* Reproduktionskosten *pl*

reproduction value [rɪprəˈdʌkʃən ˈvæljuː] *sb* Reproduktionswert *m*

repurchase [rɪˈpɜːdʒəs] *sb* Rückkauf *m*

reputation [repjʊˈteɪʃən] *sb* Ruf *m*

request [rɪˈkwest] *v 1.* bitten um, ersuchen um; *2.* ~ *s.o. to do sth* jdn bitten, etwas zu tun; *sb 3.* Bitte *f*, Wunsch *m; 4. (official* ~*)* Ersuchen *n*

require [rɪˈkwaɪə] *v 1. (need)* brauchen, benötigen; *2. I'll do whatever is* ~*d.* Ich werde alles Nötige tun. *3. (order)* verlangen, fordern

required [rɪˈkwaɪəd] *adj* erforderlich, notwendig

requirement [rɪˈkwaɪəmənt] *sb 1. (condition)* Erfordernis *n*, Anforderung *f*, Voraussetzung *f; 2. (need)* Bedürfnis *n*, Bedarf *m*

resale [ˈriːseɪl] *sb* Wiederverkauf *m*

resale price [ˈriːseɪl praɪs] *sb* Wiederverkaufspreis *m*

reschedule [riːˈʃedjuːl] *v 1.* verlegen; *2. (to an earlier time)* vorverlegen

rescission [rɪˈseʃn] *sb* Rücktritt *m*

research [rɪˈsɜːtʃ] *sb* Forschung *f*

research and development (R&D) [ˈrɪsɜːtʃ ænd dɪˈveləpmənt] *sb* Forschung & Entwicklung (F&E) *f*

research and development risk [ˈrɪsɜːtʃ ænd dɪˈveləpmənt rɪsk] *sb* Entwicklungswagnis *n*

reservation [rezəˈveɪʃn] *sb 1. (qualification of opinion)* Vorbehalt *m; 2. without* ~ ohne Vorbehalt; *3. (booking)* Reservierung *f*, Vorbestellung *f*

reservation of title [resəˈveɪʃn əv taɪtl] *sb* Eigentumsvorbehalt *m*

reserve [rɪˈzɜːv] *v 1. (book)* reservieren lassen; *2. (keep)* aufsparen, aufheben; *3.* ~ *the right to do sth* sich das Recht vorbehalten, etw zu tun; *all rights* ~*d* alle Rechte vorbehalten; *sb 4. (store)* Reserve *f*, Vorrat *m; in* ~ in Reserve

reserve bank [rɪˈsɜːv bæŋk] *sb* Reservebank *f*

reserve currency [rɪˈzɜːv ˈkʌrənsɪ] *sb* Reservewährung *f*

reserve for bad debts [rɪˈsɜːv fɔː bæd ˈdets] *sb* Delkredere *n*

reserve fund [rɪˈzɜːv fʌnd] *sb* Reservefonds *m*

reserves [rɪˈzɜːvz] *sb* Reserven *f/pl*, Rücklagen *f/pl*, Rückstellung *f*

reserve stock [rɪˈzɜːv stɒk] *sb* Reserve *f*

reset [riːˈset] *v* rücksetzen, zurücksetzen

residence permit [ˈrezɪdəns ˈpɜːmɪt] *sb* Aufenthaltsgenehmigung *f*, Aufenthaltserlaubnis *f*

resident [ˈrezɪdənt] *sb* Deviseninländer *m*, Gebietsansässiger *m*

residual debt insurance [rɪˈsɪdjʊəl ˈdet ɪnˈʃʊərəns] *sb* Restschuldversicherung *f*

residual quota [rɪˈsɪdjʊəl ˈkwəʊtə] *sb* Restquote *f*

residual securities of an issue [rɪˈsɪdjʊəl sɪˈkjʊrɪtɪːz əv ən ˈɪsjuː] *sb* Emissionsreste *f/pl*

residual value [rɪˈzɪdʒʊəl ˈvæljuː] *sb* Restwert *m*

residues [ˈrezɪdjuːz] *sb* Rückstände *m/pl*

resign [rɪˈzaɪn] *v 1.* kündigen; *2. (from public office, from a committee)* zurücktreten

resignation [rezɪgˈneɪʃən] *sb* Rücktritt *m*, Kündigung *f*

resistant [rɪˈzɪstənt] *adj (material)* widerstandsfähig, beständig

resources [rɪˈsɔːsɪz] *pl 1.* Ressourcen *pl; 2.* Geldmittel *pl*

respite [ˈrespaɪt] *sb* Stundung *f*

responsibility [rɪsponsə'bɪlɪtɪ] sb 1. Verantwortung f; 2. take ~ for die Verantwortung übernehmen für; 3. (sense of ~) Verantwortungsgefühl n

responsible [rɪs'ponsəbl] adj 1. verantwortlich; 2. hold s.o. ~ for sth jdn für etw verantwortlich machen; 3. (job) verantwortungsvoll

restraint of competition [rɪ'streɪnt əv kompə'tɪʃən] sb Wettbewerbsbeschränkung f

restraint of competition clause [rɪ'streɪnt əv kompɪ'tɪʃn klɔːz] sb Wettbewerbs-klausel f

restricted market [rɪ'strɪktɪd 'mɑːkɪt] sb enger Markt m

restriction [res'trɪkʃən] sb Restriktion f, Beschränkung f

restrictive endorsement [rɪ'strɪktɪv ɪn'dɔːzmənt] sb Rektaindossament n

restructuring [riː'strʌktʃərɪŋ] sb Umstrukturierung f

result [rɪ'zʌlt] v 1. sich ergeben, resultieren; ~ from sich ergeben aus; ~ in führen zu; sb 2. (consequence) Folge f; as a ~ folglich; 3. (outcome) Ergebnis n, Resultat n

results accounting [rɪ'sʌlts ə'kaʊntɪŋ] sb Erfolgsbilanz f

results from operations [rɪ'sʌlts frɔm ɒpə'reɪʃns] sb Betriebsergebnis n

résumé ['rezuːmeɪ] sb 1. (US: curriculum vitae) Lebenslauf m; 2. (summary) Zusammenfassung f

retail ['riːteɪl] v 1. im Einzelhandel verkaufen; *It ~s at $3.99*. Es wird im Einzelhandel für $3.99 verkauft. sb 2. (~ trade) Einzelhandel m

retailer ['riːteɪlə] sb Einzelhändler m

retail price ['riːteɪl praɪs] sb Einzelhandelspreis m, Ladenpreis m

retail price margin ['riːteɪlpraɪs 'mɑːdʒɪn] sb Einzelhandelsspanne f

retail trade ['riːteɪl treɪd] sb Einzelhandel m

retainer [rɪ'teɪnə] sb (fee) Honorar n

retaliatory duty [rɪ'tælɪətərɪ 'djuːtɪ] sb Kampfzoll m

retention [rɪ'tenʃn] sb Selbstbeteiligung f

retention period [rɪ'tenʃn piːrɪəd] sb Aufbewahrungsfrist f

retire [rɪ'taɪə] v 1. sich zurückziehen, in Pension gehen; 2. (s.o.) pensionieren

retired [rɪ'taɪəd] adj pensioniert

retirement [rɪ'taɪəmənt] sb 1. (state) Ruhestand m; 2. (act of retiring) Zurückziehen n, Ausscheiden n, Pensionierung f

retirement fund [rɪ'taɪəmənt fʌnd] sb Pensionsfonds m

retirement pension [rɪ'taɪəmənt 'penʃən] sb Altersruhegeld n, Rente f

retool [riː'tuːl] v (a machine) umrüsten

retraining [riː'treɪnɪŋ] sb Umschulung f

retrospective [retrə'spektɪv] adj rückblickend, retrospektiv

return [rɪ'tɜːn] v 1. (a letter) zurücksenden, zurückschicken; 2. (profit, interest) abwerfen; sb 3. (giving back) Rückgabe f; 4. (profit) Ertrag m

returnable [rɪ'tɜːnəbl] adj 1. (purchased item) umtauschbar; 2. (deposit) rückzahlbar

returned cheque [rɪ'tɜːnd tʃek] sb Rückscheck m

returner [rɪ'tɜːnə] sb (to the work force) Wiedereinsteiger(in) (ins Berufsleben) m/f

return on capital [rɪ'tɜːn ɒn 'kæpɪtl] sb Kapitalertrag m

return on investment [rɪ'tɜːn ɒn ɪn'vestmənt] sb Kapitalrendite f, Kapitalrentabilität f, Return on Investment (ROI) m

returns [rɪ'tɜːns] sb Returen f/pl

re-use [riː'juːz] v wieder verwenden, wieder benutzen

revaluation [riːvæljuː'eɪʃən] sb Aufwertung f

revalue [riː'væljuː] v neu bewerten

revenue accounting ['revenjuː ə'kaʊntɪŋ] sb Erlösrechnung f

revenue accounts ['revenjuː ə'kaʊnts] sb Erlöskonten m/pl

revenue correction ['revenjuː kə'rekʃn] sb Erlösberichtigung f

revenue planning ['revenjuː 'plænɪŋ] sb Erlösplanung f

revenue reduction ['revenjuː rɪ'dʌkʃn] sb Erlösminderung f

revenue reserves ['revenjuː rɪ'sɜːv] sb Gewinnrücklagen f/pl

reversal [rɪ'vɜːsəl] sb Storno n

reversing entry [rɪ'vɜːzɪŋ 'entrɪ] sb Stornobuchung f

reversion to private ownership [rɪ'vɜːʃn tu 'praɪvət 'əʊnəʃɪp] sb Reprivatisierung f

review [rɪ'vjuː] v 1. (a situation) überprüfen; (re-examine) erneut prüfen, nochmals prüfen; sb 2. (re-examination) Prüfung f, Nachprüfung f; 3. (summary) Überblick m

revival [rɪ'vaɪvəl] sb (coming back) Wiederaufleben n, Wiederaufblühen n

revive [rɪ'vaɪv] v 1. (a business) wieder aufleben; 2. (a product) wieder einführen

revocation [revə'keɪʃən] sb Aufhebung f, Widerruf m
revocation clause [revə'keɪʃən klɔːz] sb Widerrufsklausel f
revoke [rɪ'vəʊk] v 1. (licence) entziehen; 2. (a decision) widerrufen; 3. (a law) aufheben
revolving letter of credit [rɪ'vɔlvɪŋ 'letə əv 'kredɪt] sb revolvierendes Akkreditiv n
reward [rɪ'wɔːd] v 1. belohnen; sb 2. Belohnung f
rewarding [rɪ'wɔːdɪŋ] adj 1. (financially) lohnend; 2. (task) dankbar
rework [riː'wɜːk] v 1. überarbeiten, neu fassen; sb 2. Nachbesserung f
rhetoric ['retərɪk] sb Rhetorik f
rich [rɪtʃ] adj reich
rider ['raɪdə] sb Zusatzklausel f
right [raɪt] sb 1. (to sth) Anrecht n, Anspruch m, Recht n; have a ~ to sth einen Anspruch auf etw haben; 2. equal ~s pl Gleichberechtigung f
right issue ['raɪt ɪsjuː] sb Bezugsangebot n
right of disposal ['raɪt əv dɪs'pəʊsl] sb Verfügungsrecht n
right of pre-emption ['raɪt əv priː'empʃən] sb Vorkaufsrecht n
right of redemption ['raɪt əv rɪ'dempʃən] sb Rückgaberecht n
right of revocation ['raɪt əv rɪvəʊ'keɪʃən] sb Widerrufswert n
rights equivalent to real property ['raɪts ɪ'kwɪvələnt tu 'riːəl 'prɔpətɪ] sb grundstücksgleiche Rechte n/pl
right to a cumulative dividend ['raɪt tu ə 'kjuːmjʊlətɪf 'dɪvɪdənd] sb Nachbezugsrecht n
right to be given information ['raɪt tu biː 'gɪvən ɪnfɔː'meɪʃn] sb Informationsrecht n
right to cancel credit entry ['raɪt tu 'kænsl 'kredɪt 'entrɪ] sb Stornorecht n
right to claim ['raɪt tu 'kleɪm] sb Forderungsrecht n
right to rescind a contract ['raɪt tu rɪ'sɪnd ə 'kɔn'trækt] sb Rücktrittsrecht n
right to use ['raɪt tu juːz] sb Benutzungsrecht n
right to vote [raɪt tu vəʊt] sb Stimmrecht n
rise [raɪz] sb (in prices, in pay) Erhöhung f
rise in price [raɪz ɪn praɪs] sb Preisanstieg m, Preiserhöhung f
risk [rɪsk] v irr 1. riskieren; sb 2. Risiko n; calculated ~ kalkuliertes Risiko; put at ~ gefährden; run a ~ ein Risiko eingehen

risk-induced costs [rɪskɪndjuːzd 'kɔsts] sb Risikokosten pl
risk of payment ['rɪsk əv 'paɪmənt] sb Zahlungsrisiko n
risk of transfer ['rɪsk əv 'trænsfɜː] sb Transferrisiko n
risk premium [rɪsk 'priːmɪəm] sb Risikoprämie f
risky ['rɪskɪ] adj 1. riskant; 2. (dangerous) gefährlich
rival ['raɪvəl] sb Konkurrent(in) m/f
roll [rəʊl] sb (list) Liste f, Register n
roll-over credit ['rəʊləʊvə 'kredɪt] sb Roll-over-Kredit m
rotation [rəʊ'teɪʃən] sb (taking turns) turnusmäßiger Wechsel m
rough balance ['rʌf 'bælæns] sb Rohbilanz f
round table ['raʊnd 'teɪbl] sb runder Tisch m
route [ruːt] sb Route f, Strecke f
routine [ruː'tiːn] adj 1. (everyday) alltäglich, immer gleich bleibend, üblich; 2. (happening on a regular basis) laufend, regelmäßig, routinemäßig; sb 3. Routine f
royalty ['rɔɪəltɪ] sb Lizenzgebühr f
ruinous ['ruːɪnəs] adj (financially) ruinös
ruinous exploitation ['ruːɪnəs eksplɔɪ'teɪʃən] sb Raubbau m
rule [ruːl] v (give a decision) entscheiden
rule-bound policy ['ruːlbaʊnd 'pɔlɪsɪ] sb Regelbindung f
rules for investment of resources ['ruːls fɔː ɪn'vestmənt əv rɪ'sɔːsɪs] sb Anlagevorschriften f/pl
rummage sale ['rʌmɪdʒ seɪl] sb (clearance sale) Ramschverkauf m, Ausverkauf m
run [rʌn] v irr 1. (machine) laufen; 2. ~ low, ~ short knapp werden; 3. (fig: resources) ausgehen; 4. ~ a risk ein Risiko eingehen; 5. (US: for office) kandidieren; 6. ~ against s.o. jds Gegenkandidat(in) sein; 7. (manage) führen, leiten; 8. (operate a machine) betreiben; 9. (with a person as operator) bedienen; sb 10. Run m
run out [rʌn'aʊt] v irr 1. (period of time) ablaufen; We're running out of time. Wir haben nicht mehr viel Zeit. 2. (supplies, money) ausgehen; He ran out of money. Ihm ging das Geld aus.
rural economy ['rʊərəl ɪ'kɔnəmɪ] sb Agrarwirtschaft f
rush hour ['rʌʃ aʊə] sb Hauptverkehrszeit f, Stoßzeit f

S

sabbatical [sə'bætɪkəl] *sb* Bildungsurlaub *m*, Forschungsurlaub *m*
sabotage ['sæbətɑːʒ] *v 1.* sabotieren; *sb 2.* Sabotage *f*
sack [sæk] *sb* get the ~ gefeuert werden
safe [seɪf] *v 1.* sichern; *sb 2.* Safe *m*, Tresor *m*
safe custody account [seɪf 'kʌstədɪ ə'kaʊnt] *sb* offenes Depot *n*
safe custody charges [seɪf 'kʌstədɪ 'tʃɑːdʒəs] *sb* Depotgebühren *f/pl*
safe custody department [seɪf 'kʌstədɪ dɪ'pɑːtmənt] *sb* Depotabteilung *f*
safe deposit [seɪf dɪ'pɒsɪt] *sb* verschlossenes Depot *f*
safe deposit box [seɪf dɪ'pɒzɪt bɒks] *sb* Bankschließfach *n*
safeguarding of credit ['seɪfgɑːdɪŋ əv 'kredɪt] *sb* Kreditsicherung *f*
safeguarding of the currency ['seɪfgɑːdɪŋ əv ðə 'kʌrənsɪ] *sb* Währungsabsicherung *f*
safekeeping [seɪf'kiːpɪŋ] *sb* sichere Verwahrung *f*, Gewahrsam *m; for ~* zur sicheren Aufbewahrung
safety ['seɪftɪ] *sb* Sicherheit *f*
safety catch ['seɪftɪ kætʃ] *sb* Sicherung *f*
salaried ['sælərɪd] *adj* angestellt
salary ['sælərɪ] *sb* Gehalt *n*
salary account ['sælərɪ ə'kaʊnt] *sb* Gehaltskonto *n*
salary bracket ['sælərɪ 'brækɪt] *sb* Gehaltsgruppe *f*
salary increase ['sælərɪ ɪn'kriːs] *sb* Gehaltserhöhung *f*
sale [seɪl] *sb 1.* Verkauf *m; for ~* zu verkaufen; *not for ~* unverkäuflich; *2. (at reduced prices)* Ausverkauf *m; on ~* reduziert; *3. (a transaction)* Geschäft *n*, Abschluss *m; ~s pl 4. (department)* Verkaufsabteilung *f; ~s pl 5. (turnover)* Absatz *m;* Verkauf *m*, Veräußerung *f; 6.* I'm in ~s. *(fam)* Ich bin im Verkauf.
saleable ['seɪləbl] *adj* absatzfähig; *(in ~ condition)* verkäuflich
sale for quick delivery ['seɪl fɔː kwɪk dɪ'lɪvərɪ] *sb* Promptgeschäft *n*
sale of goods [seɪl əv 'gʊdz] *sb* Warenausgang *m*
sale on approval [seɪl ɒn ə'pruːvəl] *sb* Kauf auf Probe *m*

sale proceeds [seɪl 'prəʊsiːdz] *sb* Verkaufserlös *m*
sales analysis [seɪlz ə'nælɪsɪs] *sb* Absatzanalyse *f*
sales campaign [seɪlz kæm'peɪn] *sb* Verkaufskampagne *f*
sales chain ['seɪls 'tʃeɪn] *sb* Handelskette *f*
salesclerk ['seɪlzklɑːk] *sb (US)* Verkäufer *m*
sales commission [seɪlz kə'mɪʃən] *sb* Verkäuferprovision *f*, Umsatzprovision *f*
sales contract [seɪlz 'kɒntrækt] *sb* Verkaufsabschluss *m*
sales crisis [seɪlz 'kraɪsɪs] *sb* Absatzkrise *f*
sales financing [seɪlz 'faɪnænsɪŋ] *sb* Absatzfinanzierung *f*
salesman ['seɪlzmən] *sb* Verkäufer *m*
salesmanship ['seɪlzmənʃɪp] *sb* Verkaufskunst *f*
sales manager ['seɪlz mænɪdʒə] *sb* Verkaufsleiter *m*
sales note [seɪlz nəʊt] *sb* Schlussbrief *m*
sales pitch ['seɪlz pɪtʃ] *sb* Verkaufsjargon *m*
sales planning [seɪlz 'plænɪŋ] *sb* Absatzplanung *f*
sales possibilities [seɪlz pɒsɪ'bɪlɪtiːz] *pl* Verkaufschance *f*
sales promotion [seɪlz prə'məʊʃən] *sb* Absatzförderung *f*, Verkaufsförderung *f*
sales prospects ['seɪlz prɒspekts] *pl* Absatzchance *f*
sales report [seɪlz rɪpɔːt] *sb* Verkaufsbericht *m*
salesroom ['seɪlzruːm] *sb* Auktionsraum *m*
sales segment [seɪlz 'segmənt] *sb* Absatzsegment *n*
sales staff ['seɪlz stɑːf] *pl* Verkaufsstab *m*
sales statistics [seɪlz stə'tɪstɪks] *pl* Absatzstatistik *f*
sales strategy [seɪlz 'strætɪdʒɪ] *sb* Verkaufsmethoden *pl*
sales target [seɪlz 'tɑːgɪt] *sb* Absatzziel *n*
sales tax [seɪlz tæks] *sb (US)* Verkaufssteuer *f*
sales technique [seɪlz tek'niːk] *sb* Verkaufstechnik *f*
sales training [seɪlz 'treɪnɪŋ] *sb* Verkäuferschulung *f*
saleswoman ['seɪlzwʊmən] *sb* Verkäuferin *f*

sample ['sɑːmpl] v 1. probieren; (food, drink) kosten; sb 2. (of blood, of a mineral) Probe f, Muster n, Warenprobe f; 3. (for tasting) Kostprobe f; 4. (statistical) Sample n, Stichprobe f

sample bag ['sɑːmpl bæg] sb Mustermappe f

sample consignment ['sɑːmpl kən'sainmənt] sb Mustersendung f

samples fair ['sɑːmplz fɛə] sb Mustermesse f

sample with no commercial value ['sɑːmpl wɪð 'nəʊ kə'mɜːʃəl 'væljuː] sb Muster ohne Wert n

sampling procedure ['sɑːmplɪŋ prə'siːdʒə] sb Stichprobenverfahren n

sanction ['sæŋkʃən] v 1. sanktionieren; sb 2. (punishment) Sanktion f; 3. (permission) Zustimmung f

satisfaction [sætɪs'fækʃən] sb 1. (of conditions) Erfüllung f; 2. (state) Zufriedenheit f

satisfactory [sætɪs'fæktərɪ] adj ausreichend, akzeptabel, zufrieden stellend

satisfy ['sætɪsfaɪ] v 1. befriedigen; 2. (customers) zufrieden stellen; 3. (conditions, a contract) erfüllen

save [seɪv] v 1. (avoid using up) sparen; 2. (keep) aufheben, aufbewahren; 3. (money) sparen; 4. (computer) speichern

saver ['seɪvə] sb Sparer m

savers' tax-free amount ['seɪvəs 'tæks friː ə'maʊnt] sb Sparerfreibetrag m

saving ['seɪvɪŋ] sb 1. Sparen n; adj 2. (economical) sparend, einsparend

savings ['seɪvɪŋz] pl Ersparnisse pl

savings account ['seɪvɪŋz ə'kaʊnt] sb Sparguthaben n, Sparkonto n

savings agreement with the building society ['seɪvɪŋz ə'griːmənt wɪθ ðə 'bɪldɪŋ sə'saɪətɪ] sb Bausparvertrag m

savings bank ['seɪvɪŋz bæŋk] sb Sparkasse f

savings bond ['seɪvɪŋz 'bɒnd] sb Sparobligation f

savings bonus ['sevɪŋz 'bəʊnəs] sb Sparzulage f

savings book ['seɪvɪŋz bʊk] sb Sparbuch n

savings certificate ['seɪvɪŋz sə'tɪfɪkət] sb Sparbrief m

savings club ['seɪvɪŋz 'klʌb] sb Sparverein m

savings department ['seɪvɪŋz dɪ'pɑːtmənt] sb Sparabteilung f

savings deposit ['seɪvɪŋz dɪ'pɒsɪt] sb Spareinlage f

savings gift credit voucher ['seɪvɪŋz 'gɪft 'krɛdɪt 'vaʊtʃə] sb Spargeschenkgutschein m

savings plans ['seɪvɪŋz plæns] sb Sparpläne f

savings premium ['seɪvɪŋz 'priːmjʊm] sb Sparprämie f

savings promotion ['seɪvɪŋz prɒ'məʊʃn] sb Sparförderung f

savings ratio ['seɪvɪŋz 'reɪʃɒ] sb Sparquote f

savings stamp ['seɪvɪŋz 'stæmp] sb Sparmarke f

savings-bank book ['seɪvɪŋzbæŋk bʊk] sb Sparbuch n

saving through building societies ['seɪvɪŋ θruː 'bɪldɪŋ sɒ'saɪətiːz] sb Bausparen n

scalage ['skeɪlɪdʒ] sb Schwundgeld n

scale [skeɪl] sb 1. (indicating a reading) Skala f; 2. (measuring instrument) Messgerät n; 3. (table, list) Tabelle f; 4. (of a map) Maßstab m; 5. (fig) Umfang m, Ausmaß n

scan [skæn] v (an image) scannen

scanner ['skænə] sb Scanner m, Abtaster m

scant [skænt] adj (supply) spärlich

scarce [skɑːs] adj 1. (not plentiful) knapp; 2. (rare) selten

schedule ['ʃɛdjʊl] v 1. planen; (add to a timetable) ansetzen; sb 2. (list) Verzeichnis n; 3. (timetable) Plan m; ahead of ~ vor dem planmäßigen Zeitpunkt; to be behind ~ Verspätung haben; on ~ planmäßig, pünktlich

scheduled ['ʃɛdjʊld] adj 1. (planned) vorgesehen, geplant; 2. (time) planmäßig

scheduling ['ʃɛdjʊlɪŋ] sb Terminplanung f

scheme [skiːm] sb 1. (plan) Plan m, Programm n; 2. (dishonest plan) Intrige f; 3. (system) System n

science ['saɪəns] sb Wissenschaft f

science of banking ['saɪəns əv 'bæŋkɪŋ] sb Bankbetriebslehre f

science park ['saɪəns pɑːk] sb Forschungspark m

scientific [saɪən'tɪfɪk] adj wissenschaftlich

scientist ['saɪəntɪst] sb Wissenschaftler(in) m/f

scrap [skræp] v 1. (a vehicle, a machine) verschrotten; 2. (plans) fallen lassen

screen [skriːn] v 1. (applicants) überprüfen; 2. sb Bildschirm m

screen job [skriːn dʒɒb] sb Bildschirmarbeitsplatz m

screen work [skriːn wɜːk] sb Bildschirmarbeit f

sea bill ['si: 'bɪl] *sb* Seewechsel *m*
seal [si:l] *sb* Siegel *n*
seaproof packing ['si:pru:f 'pækɪŋ] *sb* seemäßige Verpackung *f*
sea route ['si: ru:t] *sb* Seeweg *m*
season ['si:zn] *sb (of the year)* Jahreszeit *f*
seasonal ['si:zənəl] *adj* Saison...
seasonal adjustment ['si:zənəl ə'dʒʌstmənt] *sb* Saisonbereinigung *f*
seasonal fluctuations ['si:zənəl flʌktjuˈeɪʃənz] *sb* Saisonschwankungen *pl*
seasonal loan ['si:zənəl 'ləʊn] *sb* Saisonkredit *m*
seasonally adjusted ['si:zənəlɪ æˈdʒʌstɪd] *adj* saisonbedingt, saisonbereinigt
seasonal reserves ['si:zənəl rɪ'sɜ:fs] *sb* Saison-Reserven *f/pl*
seasonal sale ['si:zənəl seɪl] *sb* Schlussverkauf *m*, Saisonausverkauf *m*
seasoned securities ['si:znd sɪ'kjʊrɪtiːz] *sb* Favoriten *f*
sea-tight packing ['si:taɪt 'pækɪŋ] *sb* seemäßige Verpackung *f*
secondary benefit ['sekəndærɪ 'benefɪt] *sb* Zweitnutzen *m*
secondary energy ['sekəndærɪ 'enədʒɪ] *sb* Sekundärenergie *f*
secondary liquidity ['sekəndærɪ lɪ'kwɪdɪtɪ] *sb* Sekundär-Liquidität *f*
secondary market ['sekəndærɪ 'mɑ:kɪt] *sb* Umlaufmarkt *m*, Sekundär-Markt *m*
secondary occupation ['sekəndærɪ ɒkju'peɪʃn] *sb* Nebentätigkeit *f*
secondary sector ['sekəndærɪ 'sektə] *sb* sekundärer Sektor *m*
second-class ['sekənd'klɑ:s] *adj 1.* zweitklassig, zweitrangig; *2. (compartment, mail)* zweiter Klasse
second-hand ['sekənd'hænd] *adj 1.* gebraucht; *2. (fig: information)* aus zweiter Hand
second of exchange ['sekənd əv ɪks'dʒeɪnʃ] *sb* Sekunda-Wechsel *m*
second-rate ['sekənd'reɪt] *adj* zweitklassig, zweitrangig
secretarial [sekrə'tærɪəl] *adj* Sekretariats...
secretariat [sekrə'tærɪət] *sb (UK)* Sekretariat *n*
secretary ['sekrətrɪ] *sb 1.* Sekretär(in) *m/f*; *2. (US: minister)* Minister(in) *m/f*
section ['sekʃn] *sb (of a law)* Paragraf *m*
secular inflation ['sekjʊlə ɪn'fleɪʃn] *sb* säkulare Inflation *f*
securities [sɪ'kjʊərɪti:z] *sb* Effekten *pl*, Valoren *f/pl*, Stücke *n/pl*

securities account [sɪ'kjʊərɪti:z ə'kaʊnt] *sb* Effektenkonto *n*
securities business [sɪ'kjʊrɪti:z 'bɪznɪs] *sb* Effektengeschäft *n*; Wertpapiergeschäft *n*
securities capitalism [sɪ'kjʊərɪti:z 'kæpɪtəlɪsm] *sb* Effektenkapitalismus *m*
securities commission agent [sɪ'kjʊərɪti:z kɒmɪʃn 'eɪdʒənt] *sb* Effektenkommissionär *m*
securities department [sɪ'kjʊərɪti:z dɪ'pɑ:tmənt] *sb* Wertpapierabteilung *f*, Effektenabteilung *f*
Securities Deposit Act [sɪ'kjʊərɪti:z dɪ'pɒsɪt 'ækt] *sb* Depotgesetz *n*
securities deposit audit [sɪ'kjʊərɪti:z dɪ'pɒsɪt 'ɔ:dɪt] *sb* Depotprüfung *f*
securities deposit contract [sɪ'kjʊərɪti:z dɪ'pɒsɪt 'kɒntrækt] *sb* Depotvertrag *m*
securities deposit reconciliation [sɪ'kjʊərɪti:z dɪ'pɒsɪt rɪkɒnsɪlɪ'eɪʃn] *sb* Depotabstimmung *f*
securities discount [sɪ'kjʊərɪti:z 'dɪskaʊnt] *sb* Effektendiskont *m*
securities eligible as cover [sɪ'kjʊərɪti:z ɪ'lɪdʒɪbl æs 'kʌvə] *sb* deckungsfähige Wertpapiere *n/pl*
securities fund [sɪ'kjʊrɪtɪz fʌnd] *sb* Wertpapierfonds *m*
securities held by a bank at another bank [sɪ'kjʊərɪti:z 'held beɪ ə bæŋk æt ə'nʌθə bæŋk] *sb* Nostroeffekten *pl*
securities-linked savings scheme [sɪ'kjʊərɪti:z-lɪŋkt 'seɪvɪŋs 'ski:m] *sb* Wertpapiersparvertrag *m*
securities market [sɪ'kjʊərɪti:z 'mɑ:kɪt] *sb* Wertpapierbörse *f*, Wertpapiermarkt *m*
securities placing [sɪ'kjʊərɪti:z 'pleɪsɪŋ] *sb* Effektenplatzierung *f*
securities price [sɪ'kjʊərɪti:z praɪs] *sb* Effektenkurs *m*
securities publicly notified as lost [sɪ'kjʊərɪti:z 'pʌblɪklɪ 'nəʊtɪfɔɪd æs 'lɒst] *sb* aufgerufene Wertpapiere *n/pl*
securities redeemable [sɪ'kjʊərɪti:z rɪ'di:məbl] *sb* Agiopapiere *n/pl*
securities research [sɪ'kjʊərɪti:z ri:'sɜ:tʃ] *sb* Wertpapieranalyse *f*
securities serving as collateral [sɪ'kjʊərɪti:z 'sɜ:vɪŋ æs kɒ'lætərəl] *sb* Lombardeffekten *pl*
securities statistics [sɪ'kjʊərɪti:z stə'tɪstɪks] *sb* Effektenstatistik *f*
securities substitution [sɪ'kjʊərɪti:z sʌbstɪ'tju:ʃn] *sb* Effektensubstitution *f*

securities transactions on commission [sɪ'kjʊərɪtɪːz trænsˈækʃns ɒn kɒˈmɪʃn] *sb* Effektenkommissionsgeschäft *n*

security [sɪ'kjʊrɪtɪ] *sb 1.* Wertpapier *n*, Papier *n; 2. (guarantee)* Bürgschaft *f; 3. (deposit)* Kaution *f*

security department counter [sɪ'kjʊərɪtɪ dɪ'pɑːtmənt 'kaʊntə] *sb* Effektenkasse *f*

security deposit [sɪ'kjʊərɪtɪ dɪ'pɒsɪt] *sb* Tauschdepot *n*

security deposit account [sɪ'kjʊərɪtɪ dɪ'pɒsɪt əˈkaʊnt] *sb* Depotbuchhaltung *f*, Depotkonto *n*

security financing [sɪ'kjʊərɪtɪ 'faɪnænsɪŋ] *sb* Effektenfinanzierung *f*

security held on giro-transferable deposit [sɪ'kjʊərɪtɪ held ɒn 'dʒaɪrɒ-trænsˈfɜːrəbl dɪ'pɒsɪt] *sb* Girosammelstück *n*, Girosammeldepotstück *n*

security issue for third account [sɪ'kjʊərɪtɪ 'ɪsjuː fɔː 'θɜːd əˈkaʊnt] *sb* Fremdemission *f*

security note [sɪ'kjʊərɪtɪ 'nəʊt] *sb* Sicherungsschein *m*

security of credit [sɪ'kjʊərɪtɪ əv 'kredɪt] *sb* Kreditsicherheit *f*

security-taking syndicate [sɪ'kjʊərɪtɪ-teɪkɪŋ 'sɪndɪkət] *sb* Übernahmekonsortium *n*

security only traded on a regional stock [sɪ'kjʊərɪtɪ 'əʊnlɪ 'treɪdɪd ɒn ə 'riːdʒənəl stɒk] *sb* Lokalpapier *n*

security trading for own account [sɪ'kjʊərɪtɪ 'treɪdɪŋ fɔː 'əʊn əˈkaʊnt] *sb* Effekteneigengeschäft *n*

security transaction [sɪ'kjʊərɪtɪ trænsˈækʃn] *sb* Sicherungsgeschäft *n*

securities transactions under repurchase [sɪ'kjʊərɪtɪ trænsˈækʃns ʌndə rɪ'pɜːtʃəs] *sb* Pensionsgeschäft *n*

segment ['segmənt] *sb 1.* Geschäftsbereich *m; 2.* Marktsegment *n*, Sparte *f*

seize [siːz] *v 1. (an opportunity)* ergreifen; *2. (power)* an sich reißen; *3. (confiscate)* beschlagnahmen

seizure ['siːʒə] *sb (confiscation)* Beschlagnahme *f*, Pfändung *f*

seizure of all the debtor's goods ['siːʃʊə əv ɔːl ðə 'detəs 'gʊds] *sb* Kahlpfändung *f*

select [sɪ'lekt] *v 1.* auswählen; *adj 2.* auserwählt, auserlesen; *3. (exclusive)* exklusiv

selection [sɪ'lekʃən] *sb 1.* Auswahl *f*, Auslese *f; 2.* Wahl *f*

selection procedure [sɪ'lekʃn prɒ'siːdʒʊə] *sb* Auswahlverfahren *n*

self-addressed ['selfə'dresd] *adj (envelope)* an die eigene Anschrift adressiert

self-balancing item ['self'bælænsɪŋ 'aɪtəm] *sb* durchlaufende Posten *m*

self-contained market ['selfkɒn'teɪnd 'mʌkɪt] *sb* geschlossener Markt *m*

self-defence [selfdɪ'fens] *sb* Notwehr *f*

self-employed [selfɪm'plɔɪd] *adj 1.* selbstständig erwerbstätig, freiberuflich; *sb 2. (person)* Selbstständige(r) *m/f*

self-financing [self'faɪnænsɪŋ] *sb* Eigenfinanzierung, Selbstfinanzierung *f*

self-service [self'sɜːvɪs] *sb* Selbstbedienung *f*

self-starter [self'stɑːtə] *sb (person)* Mensch mit Eigeninitiative *m*

sell [sel] *v irr 1. (have sales appeal)* sich verkaufen lassen; *2. (sth)* verkaufen

sell-by date ['selbaɪ deɪt] *sb* Haltbarkeitsdatum *n; pass one's ~ (fig)* seine besten Tage hinter sich haben

seller ['selə] *sb* Verkäufer *m*

sellers competition ['seləz kɒmpəˈtɪʃən] *sb* Verkäuferwettbewerb *m*

seller's market ['seləz 'mɑːkɪt] *sb* Verkäufermarkt *m*

selling commission ['selɪŋ kɒ'mɪʃn] *sb* Schalterprovision *f*

selling price [selɪŋ praɪs] *sb* Briefkurs *m*

selling value ['selɪŋ 'væljuː] *sb* Verkaufswert *m*

sell off [sel 'ɒf] *v irr 1.* verkaufen; *2. (quickly, cheaply)* abstoßen

sell out ['sel aʊt] *v irr 1.* alles verkaufen; *(sth)* ausverkaufen; *2. (one's share)* verkaufen; *3. sold out* ausverkauft

sell up [sel 'ʌp] *v irr* zu Geld machen, ausverkaufen

semi-annual [semɪ'ænjʊəl] *adj (US)* halbjährlich

semi-annual balance sheet ['semɪ-'ænjʊəl 'bælæns ʃiːt] *sb* Halbjahresbilanz *f*

semi-finished goods [semɪ'fɪnɪʃt gʊdz] *pl* Halberzeugnis *n*

semi-monthly [semɪ'mʌnθlɪ] *adj (US)* zweimal monatlich

semiskilled [semɪ'skɪld] *adj* angelernt

send [send] *v irr* schicken

send away [send əˈweɪ] *v irr ~ for sth* etw kommen lassen, etw anfordern

send back [send 'bæk] *v irr* zurückschicken; *(food in a restaurant)* zurückgehen lassen

sender ['sendə] *sb* Absender *m; return to ~* zurück an Absender

send for ['send fɔː] *v irr* kommen lassen, sich bestellen
send in [send 'ɪn] *v irr* einschicken
send off [send 'ɒf] *v irr (a letter)* abschicken
senior ['siːnɪə] *adj* älter, ältere(r); *(in time of service)* dienstälter; *(in rank)* vorgesetzt
senior citizen ['siːnɪə 'sɪtɪzən] *sb* 1. Senior *m*; 2. *(pensioner)* Rentner *m*
senior position ['siːnɪə pɒ'sɪʃn] *sb* leitende Position *f*
separate account ['sepərɪt ə'kaʊnt] *sb* Sonderkonto *n*
separate deposit ['sepərɪt dɪ'pɒsɪt] *sb* Sonderdepot *n*
separate item ['sepərɪt 'aɪtəm] *sb* Sonderposten *m*
sequence ['siːkwəns] *sb* Folge *f*; *(order)* Reihenfolge *f*
serial ['sɪərɪəl] *adj* Serien...
serial number ['sɪərɪəl nʌmbə] *sb* 1. laufende Nummer *f*; 2. *(on goods)* Fabrikationsnummer *f*, Seriennummer *f*
serial port ['sɪərɪəl pɔːt] *sb* serieller Anschluss *m*
series ['sɪəriːz] *sb* Serie *f*, Reihe *f*
series production ['sɪəriːz prə'dʌkʃən] *sb* Serienfertigung *f*
seriousness ['sɪərɪəsnəs] *sb* Seriosität *f*
serve [sɜːv] *v* 1. *(sth, s.o.)* dienen; 2. *(a summons)* zustellen; 3. ~ *notice on s.o.* jmd. kündigen; 4. *It ~s no purpose.* Es hat keinen Zweck. 5. *(in a restaurant, in a shop)* bedienen; *(food, drinks)* servieren
server ['sɜːvə] *sb* Server *m*
service ['sɜːvɪs] *sb* 1. Dienst *m*, Dienstleistung *f*; *I'm at your ~.* Ich stehe Ihnen zur Verfügung. 2. *to be of* ~ nützlich sein; *Can I be of ~?* Kann ich Ihnen behilflich sein? 3. *(to customers)* Service *m*; *(in a restaurant, in a shop)* Bedienung *f*; 4. *(regular transport, air ~)* Verkehr *m*; 5. *(operation)* Betrieb *m*; 6. *(upkeep of machines)* Wartung *f*
service business ['sɜːvɪs 'bɪsnɪs] *sb* Dienstleistungsunternehmen *n*
service charge ['sɜːvɪs tʃɑːdʒ] *sb* Bearbeitungsgebühr *f*
service company ['sɜːvɪs 'kɒmpəni] *sb* Dienstleistungsgesellschaft *f*
service contract ['sɜːvɪs 'kɒntrækt] *sb* Wartungsvertrag *m*, Servicevertrag *m*
service control ['sɜːvɪs kɒn'trəʊl] *sb* Dienstaufsicht *f*
service economy ['sɜːvɪs ɪ'kʌnɒmi] *sb* Dienstleistungsgesellschaft *f*

service industry ['sɜːvɪs 'ɪndʌstri] *sb* Dienstleistungsgewerbe *n*
service life ['sɜːvɪs laɪf] *sb* Nutzungsdauer *f*
service marketing ['sɜːvɪs 'mɑːkɪtɪŋ] *sb* Dienstleistungsmarketing *n*
service obligation ['sɜːvɪs ɒblɪ'geɪʃn] *sb* Dienstverpflichtung *f*
service of capital ['sɜːvɪs əv 'kæpɪtl] *sb* Kapitaldienst *m*
service organisation ['sɜːvɪs ɔːgənaɪ'zeɪʃən] *sb* Kundendienstorganisation *f*
service sector ['sɜːvɪs 'sektə] *sb* Dienstleistungssektor *m*
setback ['setbæk] *sb* Rückschlag *m*
set up [set 'ʌp] *v irr* 1. *(arrange)* arrangieren, vereinbaren; 2. *(establish)* gründen; 3. *(fit out)* einrichten
set-off [set 'ɒf] *sb* Aufrechnung *f*
setting day ['setɪŋ deɪ] *sb* Abrechnungstag *m*
setting procedure ['setɪŋ prə'siːdʒə] *sb* Abrechnungsverfahren *n*
settle ['setl] *v (a bill)* begleichen, bezahlen
settlement ['setlmənt] *sb* Abwicklung *f*
settlement ['setlmənt] *sb* 1. *(sorting out)* Erledigung *f*, Regelung *f*; 2. *(of a debt)* Begleichung *f*; 3. *(agreement)* Übereinkommen *n*, Abmachung *f*; 4. *an out-of court* ~ ein außergerichtlicher Vergleich *m*
settlement account ['setlmənt ə'kaʊnt] *sb* Abwicklungskonto *n*
settlement day ['setlmənt deɪ] *sb* Abrechnungstag *m*
settlement in cash ['setlmənt ɪn 'kæʃ] *sb* Barabfindung *f*
settlement of accounts ['setlmənt əv ə'kaʊnts] *sb* Abrechnung *f*
settlement of time bargains ['setlmənt əv 'taɪm 'bɑːgənz] *sb* Skontration *f*
settle on ['setlɒn] *v (agree on)* sich einigen auf
settle up [setl 'ʌp] *v* bezahlen
settling days ['setlɪŋ deɪz] *sb* Bankstichtage *f/pl*
shape [ʃeɪp] *sb* 1. *(figure)* Gestalt *f*; 2. *(state)* Zustand *m*; 3. *(physical condition)* Kondition *f*, Zustand *m*
share [ʃeə] *v* 1. teilen; 2. ~ *in sth* an etw teilnehmen; *sb* 3. (Geschäfts-)Anteil *m*; 4. *(in a public limited company)* Aktie *f*
share at a fixed amount ['ʃeə æt ə 'fɪksd ə'maʊnt] *sb* Summenaktie *f*
share capital ['ʃeə 'kæpɪtl] *sb* Aktienkapital *n*, Stammkapital *n*

share certificate ['ʃeə sə'tɪfɪkət] *sb* Aktienzertifikat *n*, Anteilscheine *m/pl*, Mantel *m*
share deposit [ʃeə dɪ'pɒsɪt] *sb* Aktiendepot *n*
share fund ['ʃeə fʌnd] *sb* Aktienfonds *m*
shareholder ['ʃeəhəʊldə] *sb* Aktionär *n*, Anteilseigner *m*
shareholder value [ʃeəhəʊldə 'vælju:] *sb* Shareholder Value *m*
shareholding ['ʃeəhəʊldɪŋ] *sb* Aktienbestand *m*
share in capital [ʃeə ɪn 'kæpɪtl] *sb* Kapitalanteil *m*
share index ['ʃeə ɪndeks] *sb* Aktienindex *m*
share in the loss [ʃeə ɪn ðə 'lɒs] *sb* Verlustanteil *m*
share in the profits [ʃeə ɪn ðə 'prɒfɪts] *sb* Gewinnanteil *m*
share issue [ʃeə 'ɪʃu:] *sb* Aktienausgabe *f*
share market ['ʃeə 'mɑ:kɪt] *sb* Aktienmarkt *m*
share of no par value [ʃeə əv nəʊ pɑ: 'vælju:] *sb* Quotenaktie *f*
share price ['ʃeə praɪs] *sb* Aktienkurs *m*
share purchase warrant ['ʃeə 'pɜ:tʃəs 'wɒrənt] *sb* Optionsschein *m*
share quorum ['ʃeə 'kwɔ:rəm] *sb* Aktienquorum *n*
share quotation [ʃeə kwəʊ'teɪʃən] *sb* Aktiennotierung *f*
share register [ʃeə 'redʒɪstə] *sb* Aktienbuch *n*, Aktienregister *n*
shares account ['ʃeəs ə'kaʊnt] *sb* Stückekonto *n*
share stock option [ʃeə stɒk 'ɒpʃn] *sb* Aktienoption *f*
shareware ['ʃeəweə] *sb* Shareware *f*
share with low par value [ʃeə wɪθ 'ləʊ 'pɑ: 'vælju:] *sb* Kleinaktie *f*
shelf [ʃelf] *sb* 1. Brett *n*, Bord *n*; 2. *(in a cupboard)* Fach *n*, *put sth on the* ~ *(fig)* etw an den Nagel hängen; *off the* ~ von der Stange
shelf life ['ʃelf laɪf] *sb* Lagerfähigkeit *f*, Haltbarkeit *f*
shell company ['ʃel kʌmpəni] *sb* Briefkastenfirma *f*
shelve [ʃelv] *v* 1. *(put on a shelf)* in ein Regal stellen; 2. *(fig: a plan)* beiseite legen, zu den Akten legen
shelving ['ʃelvɪŋ] *sb* Regale *pl*
shift [ʃɪft] *sb (work period)* Schicht *f*
shift work ['ʃɪft wɜ:k] *sb* Schichtarbeit *f*
ship [ʃɪp] *v* 1. *(send)* versenden, befördern; 2. *(grain, coal)* verfrachten

ship broker [ʃɪp 'brəʊkə] *sb* Schiffsmakler *m*
shipbuilding ['ʃɪpbɪldɪŋ] *sb* Schiffbau *m*
shipload ['ʃɪpləʊd] *sb* Schiffsladung *f*
shipment ['ʃɪpmənt] *sb* 1. Sendung *f*; *(by sea)* Verschiffung *f*; 2. *(batch of goods)* Lieferung *f*
ship mortgage ['ʃɪp 'mɔ:gɪdʒ] *sb* Schiffshypothek *f*
shipowner ['ʃɪpəʊnə] *sb* Schiffseigner *m*, Reeder *m*
shipper ['ʃɪpə] *sb* Spediteur *m*
shipping ['ʃɪpɪŋ] *sb* 1. Schifffahrt *f*; 2. *(transportation)* Versand *m*; 3. *(by sea)* Verschiffung *f*
shipping company ['ʃɪpɪŋ 'kʌmpəni] *sb* Reederei *f*
shipping document ['ʃɪpɪŋ 'dɒkjʊmənt] *sb* Versanddokument *n*
shipping exchange ['ʃɪpɪŋ ɪks'dʒeɪnʃ] *sb* Frachtbörse *f*, Schifffahrtsbörse *f*
shipping line ['ʃɪpɪŋ laɪn] *sb* Reederei *f*
shipyard ['ʃɪpjɑ:d] *sb* Werft *f*, Schiffswerft *f*
shockproof ['ʃɒkpru:f] *adj* stoßfest
shop [ʃɒp] *sb* 1. Laden *m*, Geschäft *n*; *set up* ~ einen Laden eröffnen, ein Geschäft eröffnen; 2. *talk* ~ fachsimpeln; 3. *closed* ~ Unternehmen mit Gewerkschaftszwang *n*; *v* 4. einkaufen; *go ~ping* einkaufen gehen
shop assistant [ʃɒp ə'sɪstənt] *sb* Verkäufer(in) *m/f*
Shop Closing Hours Law [ʃɒp 'kləʊzɪŋ 'aʊəs lɔ:] *sb* Ladenschlussgesetz *n*
shop hours ['ʃɒp aʊəs] *sb* Ladenöffnungszeiten *f/pl*
shopkeeper ['ʃɒpki:pə] *sb* Ladenbesitzer(in) *m/f*
shoplifter ['ʃɒplɪftə] *sb* Ladendieb(in) *m/f*
shoplifting ['ʃɒplɪftɪŋ] *sb* Ladendiebstahl *m*
shopper ['ʃɒpə] *sb* Einkäufer *m*
shopping ['ʃɒpɪŋ] *sb* Einkaufen *n*
shopping centre ['ʃɒpɪŋ 'sentə] *sb (US: ~ center)* Einkaufszentrum *n*, Shopping Center *n*
shopping list ['ʃɒpɪŋ lɪst] *sb* Einkaufsliste *f*
shopping mall ['ʃɒpɪŋ mɔ:l] *sb* Einkaufsgalerie *f*
shopping passage ['ʃɒpɪŋ 'pæsədʒ] *sb* Einkaufspassage *f*
shop window [ʃɒp 'wɪndəʊ] *sb* Schaufenster *n*
short [ʃɔ:t] *adj* 1. *to be* ~ *(not have enough)* zu wenig haben; ~ *of cash* knapp bei Kasse; 2. *(expectations) fall* ~ *of* nicht erreichen; nicht entsprechen

shortage ['ʃɔːtɪdʒ] *sb* 1. Knappheit *f*; 2. *(of people, of money)* Mangel *m*
shortage of goods ['ʃɔːtɪdʒ əv 'gʊdz] *sb* Warenknappheit *f*
shortage of staff ['ʃɔːtɪdʒ əv 'stɑːf] *sb* Personalmangel *m*
shortcoming ['ʃɔːtkʌmɪŋ] *sb* Unzulänglichkeit *f*, Mangel *m*
short delivery [ʃɔːt dɪ'lɪvərɪ] *sb* Minderlieferung *f*
shortfall ['ʃɔːfɔːl] *sb* Fehlbetrag *m*
shorthand ['ʃɔːthænd] *sb* Kurzschrift *f*, Stenografie *f*
short sale [ʃɔːt seɪl] *sb* Blankoverkauf *m*
short-term [ʃɔːt'tɜːm] *adj* kurzfristig
short-term credit [ʃɔːt'tɜːm 'kredɪt] *sb* kurzfristiger Kredit *m*
short-time work [ʃɔːt'taɪm wɜːk] *sb* Kurzarbeit *f*
show [ʃəʊ] *sb (display of goods)* Ausstellung *f*
showroom ['ʃəʊruːm] *sb (where goods are displayed)* Ausstellungsraum *m*
shredder ['ʃredə] *sb* 1. Zerkleinerungsmaschine *f*; 2. *(paper-~)* Reißwolf *m*
shutdown ['ʃʌtdaʊn] *sb* Stilllegung *f*
shut down [ʃʌt 'daʊn] *v irr* zumachen, schließen
shut off [ʃʌt ɒf] *v irr (sth)* abstellen, ausschalten, abschalten
shuttle ['ʃʌtl] *sb* Pendelverkehr *m*
sick-leave ['sɪkliːf] *sb to be on ~* krankgeschrieben sein
sick note ['sɪk nəʊt] *sb* Krankmeldung *f*
sick pay ['sɪk peɪ] *sb* Krankengeld *n*
sight deposits ['saɪt dɪ'pɒsɪts] *sb* Sichteinlagen *f/pl*
sight draft ['saɪt drɑːft] *sb* Sichtwechsel *m*
sight rate ['saɪt reɪt] *sb* Sichtkurs *m*
sign [saɪn] *v* unterschreiben
signature ['sɪgnətʃə] *sb* Unterschrift *f*
sign for ['saɪn fɔː] *v* den Empfang bestätigen
sign in [saɪn 'ɪn] *v* sich eintragen
sign off [saɪn 'ɒf] *v (letter)* Schluss machen
sign on [saɪn 'ɒn] *v (for unemployment benefits)* sich arbeitslos melden
sign up [saɪn 'ʌp] *v* 1. *(by signing a contract)* sich verpflichten; 2. *(s.o.)* verpflichten, anstellen
silent partner ['saɪlənt 'pɑːtnə] *sb* stiller Teilhaber *m*
simulate ['sɪmjʊleɪt] *v* simulieren
simulation [sɪmjʊ'leɪʃən] *sb* 1. Simulation *f*; 2. *(feigning)* Vortäuschung *f*

simulator ['sɪmjʊleɪtə] *sb* Simulator *m*
single ['sɪŋgl] *adj* 1. *(only one)* einzige(r,s); *not a ~ one* kein Einziger/keine Einzige/kein Einziges; 2. *(not double or triple)* einzeln
single-asset depreciation [sɪŋl'æsɪt dɪprɪʃɪeɪʃn] *sb* Einzelabschreibung *f*
single-item manufacturing ['sɪŋlaɪtəm mænjʊ'fæktʃʊərɪŋ] *sb* Einzelfertigung *f*
single operation ['sɪŋl ɒpə'reɪʃn] *sb* Sologeschäft *f*
single-price market ['sɪŋlpraɪs 'mɑːkɪt] *sb* Einheitsmarkt *m*
single-product firm [sɪŋl'prɒdʌkt fɜːm] *sb* Einproduktbetrieb *m*
single sourcing ['sɪŋl 'sɔːsɪŋ] *sb* Single Sourcing *n*
situation [sɪtjʊ'eɪʃən] *sb (job)* Stelle *f*
situations wanted [sɪtjʊ'eɪʃənz 'wɒntɪd] *pl* Stellengesuche *pl*
size [saɪz] *sb* 1. Größe *f*; *v* 2. *~ up* abschätzen
sizeable ['saɪzəbl] *adj (sum, difference)* beträchtlich
size of an order ['saɪz əv ən ɔːdə] *sb* Auftragsgröße *f*
skill [skɪl] *sb (acquired technique)* Fertigkeit *f*
skilled [skɪld] *adj* 1. geschickt; 2. *(trained)* ausgebildet
skim [skɪm] *v (fig: profits)* abschöpfen
slack ['slæk] *adj* geschäftslos, lustlos
slash [slæʃ] *v (fig: reduce)* stark herabsetzen
slow down [sləʊ daʊn] *v* 1. *(in an activity)* etw langsamer machen; 2. *(sth)* verlangsamen
slump-proof [slʌmp pruːf] *adj* krisenfest
small and medium-sized enterprises ['smɔːl and 'miːdɪəmsaɪzd 'entəpraɪzɪz] *sb* Klein- und Mittelbetrieb *m*, mittelständische Unternehmen *n/pl*
small business [smɔːl 'bɪsnɪs] *sb* Kleinbetrieb *m*
small change [smɔːl 'tʃeɪndʒ] *sb* Kleingeld *n*
small package [smɔːl 'pækɪdʒ] *sb* Päckchen *n*
small personal loan ['smɔːl pɜːsənl 'ləʊn] *sb* Kleinkredit *m*
small saver ['smɔːl 'seɪvə] *sb* Kleinsparer *m*
small shareholder [smɔːl 'ʃɛəhəʊldə] *sb* Kleinaktionär *m*
small trader [smɔːl 'treɪdə] *sb* Minderkaufmann *m*
smash hit [smæʃ hɪt] *sb* Bombenerfolg *m*

smog [smɒg] *sb* Smog *m*
smuggle ['smʌgl] *v* schmuggeln
smuggler ['smʌglə] *sb* Schmuggler *m*
smuggling ['smʌglɪŋ] *sb* Schmuggel *m*
snob effect [snɒb ɪ'fekt] *sb* Snob-Effekt *m*
snowball system ['snəʊbɔːl 'sɪstəm] *sb* Schneeballsystem *n*
soar [sɔː] *v (prices)* in die Höhe schnellen
sociable ['səʊʃəbl] *adj* gesellig, umgänglich
social ['səʊʃəl] *adj* gesellschaftlich, Gesellschafts..., sozial
social compensation plan [səʊʃl kɒmpən'zeɪʃn plæn] *sb* Sozialplan *m*
social fund [səʊʃl 'fʌnd] *sb* Sozialfonds *m*
social insurance ['səʊʃəl ɪn'sʊərəns] *sb* Sozialversicherung *f*
Social Insurance Office [səʊʃl ɪn'ʃʊəræns ɒfɪs] *sb* Versicherungsanstalt *f*
socialism ['səʊʃəlɪzm] *sb* Sozialismus *m*
social market economy ['səʊʃəl 'mɑːkɪt ɪ'kɒnəmɪ] *sb* soziale Marktwirtschaft *f*
social policy ['səʊʃəl 'pɒlɪsɪ] *sb* Sozialpolitik *f*
social security ['səʊʃəl sɪ'kjʊərɪtɪ] *sb* Sozialversicherung *f,* Sozialhilfe *f*
social services ['səʊʃəl 'sɜːvɪsɪz] *sb* Sozialleistung *f*
societal [sə'saɪətl] *adj* gesellschaftlich
society [sə'saɪətɪ] *sb* Gesellschaft *f*
soft currency [sɒft 'kʌrənsɪ] *sb* weiche Währung *f*
software ['sɒftwɛə] *sb* Software *f*
solar energy ['səʊlər 'enədʒɪ] *sb* Sonnenenergie *f*
solar power ['səʊlə 'paʊə] *sb* Sonnenenergie *f,* Solarenergie *f*
sole [səʊl] *adj 1.* einzig; *2. (exclusive)* alleinig
sole agency [səʊl 'eɪdʒənsɪ] *sb* Alleinvertretung *f*
sole heir [səʊl ɛə] *sb* Alleinerbe *m*
sole owner [səʊl 'əʊnə] *sb* Alleininhaber *m*
solicitor ['səlɪsɪtə] *sb (UK)* Rechtsanwalt/Rechtsanwältin *m/f*
solve [sɒlv] *v (a problem)* lösen
solvency ['sɒlvənsɪ] *sb* Zahlungsfähigkeit *f,* Solvenz *f*
solvent ['sɒlvənt] *adj* zahlungsfähig
sort [sɔːt] *v 1.* sortieren; *sb 2.* Art *f,* Sorte *f; all ~s of things* alles Mögliche; *that sort of thing* diese Sachen; *nothing of the ~* nichts dergleichen
sort out [sɔːt 'aʊt] *v (straighten out)* in Ordnung bringen, klären
sought-after ['sɔːtɑːftə] *adj* begehrt

sound [saʊnd] *adj (company, investment)* solide
source [sɔːs] *sb 1. (of information)* Quelle *f;* 2. *(origin)* Ursprung *m*
source of supply ['sɔːs əv sə'plaɪ] *sb* Bezugsquelle *f*
source principle [sɔːs 'prɪnsɪpl] *sb* Quellenprinzip *n*
span of control [spæn əv kɒn'trəʊl] *sb* Kontrollspanne *f*
spare [spɛə] *v 1. (do without)* entbehren, verzichten auf; *2. (use sparingly)* sparen mit; *adj* übrig, überschüssig; *(meagre)* dürftig
spare part [spɛə 'pɑːt] *sb* Ersatzteil *n*
spare time [spɛə 'taɪm] *sb* Freizeit *f*
sparingly ['spɛərɪŋlɪ] *adv use sth ~ mit etw* sparsam umgehen
spatial structure ['spaɪʃəl 'strʌktʃə] *sb* Raumstruktur *f*
special ['speʃəl] *adj 1.* besondere(r,s), Sonder...; *nothing ~* nichts Besonderes; *2. (specific)* bestimmt; *Were you looking for anything ~?* Suchten Sie etwas Bestimmtes? *sb 3. (reduced price)* Sonderangebot *n*
special action ['speʃəl 'ækʃən] *sb* Sonderaktion *f*
special agreements ['speʃəl ə'griːmənts] *sb* Sondervereinbarung *f*
special allowance ['speʃəl ə'laʊəns] *sb* Sondervergütung *f*
special business property [speʃəl 'bɪsnɪs prɒpətɪ] *sb* Sonderbetriebsvermögen *n*
special delivery ['speʃəl dɪ'lɪvərɪ] *sb (US)* Eilzustellung *f*
special depreciation [speʃəl dɪprɪʒɪ'eɪʃn] *sb* Sonderabschreibung *f*
special direct cost [speʃəl 'daɪrekt kɒst] *sb* Sondereinzelkosten *pl*
special discount ['speʃəl 'dɪskaʊnt] *sb* Sonderrabatt *m*
special drawing rights ['speʃəl 'drɔːɪŋ raɪts] *sb* Sonderziehungsrechte *pl*
special expenses ['speʃəl ɪk'spensɪz] *sb* Sonderausgaben *pl*
special fund [speʃl 'fʌnd] *sb* Sondervermögen *n*
special interests [speʃl 'ɪntrest] *sb* Sonderzinsen *pl*
special lombard facility [speʃl 'lʌmbəd fə'sɪlɪtɪ] *sb* Sonderlombard *m*
special meeting ['speʃəl 'miːtɪŋ] *sb* Sondersitzung *f*
special offer [speʃəl 'ɒfə] *sb* Sonderangebot *n*

special power [speʃl 'paʊə] sb Spezialvollmacht f

special remuneration ['speʃəl rɪmjuːnə'reɪʃən] sb Sondervergütung f

specialist ['speʃəlɪst] sb Fachmann/Fachfrau m/f, Spezialist(in) m/f

speciality goods ['speʃltɪ gʊds] sb Speciality goods f/pl

specialization [speʃəlaɪ'zeɪʃən] sb Spezialisierung f

specialize ['speʃəlaɪz] v ~ in sth sich auf etw spezialisieren

specialized commercial bank [speʃəlaɪzd kɒ'mɜːʃl bæŋk] sb Spezialbank f

specialized fund [speʃəlaɪzd 'fʌnd] sb Spezialfonds m

specialized lawyer [speʃəlaɪzd 'lɔːɪə] sb Fachanwalt m

special-purpose association [speʃəl-'pɜːpəs əsəʊsɪeɪʃn] sb Zweckgemeinschaft f

specialties ['speʃltiːz] sb Spezialwerte m/pl

specialty debt ['speʃəltɪ 'det] sb verbriefte Schuld f

specialty fund [speʃltɪ 'fʌnd] sb Spezialitätenfonds m

specialty store ['speʃltɪ stɔː] sb Fachgeschäft n

specie ['spiːʃiː] sb Hartgeld n, Münzgeld n

specific duty [spe'sɪfɪk 'djuːtɪ] sb Mengenzoll m

specification [spesɪfɪ'keɪʃən] sb Spezifikation; *(stipulation)* Bedingung f

specifications [spesɪfɪ'keɪʃənz] pl *(design)* technische Daten pl, technische Beschreibung f

specify ['spesɪfaɪ] v genau angeben

specimen ['spesɪmɪn] sb *(sample)* Muster n

speculate ['spekjʊleɪt] v spekulieren

speculation [spekjʊ'leɪʃən] sb Spekulation f

speculation bank [spekju'leɪʃn 'bæŋk] sb Spekulationsbank f

speculation in foreign currency [spekju'leɪʃn ɪn 'fɒrɪn kʌrənsɪ] sb Devisenspekulation f

speculative ['spekjʊlətɪv] adj Spekulations...

speculative operations ['spekjʊlətɪv ɒpə-'reɪʃənz] sb Spekulationsgeschäft n

speculative profit [spekjʊlətɪf 'prɒfɪt] sb Spekulationsgewinn m

speculative security [spekjʊlətɪf sɪ'kjʊərɪtɪ] sb Hoffnungswert m, Spekulationspapier n

speculative transaction ['spekjʊlətɪv trænz'ækʃən] sb Spekulationsgeschäft n

speculator ['spekjʊleɪtə] sb Spekulant m

spell-checker ['speltʃekə] sb *(computer programme)* Rechtschreibprüfung f

spell out [spel 'aʊt] v irr buchstabieren

spend [spend] v irr 1. *(money)* ausgeben; 2. *(energy, resources)* verbrauchen; 3. *(time: pass)* verbringen, 4. *(time: use)* brauchen

spending ['spendɪŋ] sb Ausgaben pl

spending costs ['spendɪŋ kɒsts] sb ausgabenwirksame Kosten pl

spiel [spiːl] sb *(salesman's)* Verkaufsmasche f

spinoff ['spɪnɒf] sb Spin off m

splitting method [splɪtɪŋ 'meθəd] sb Splitting-Verfahren n

sponsor ['spɒnsə] v 1. fördern; sb 2. Förderer/Förderin m/f

sponsored ['spɒnsəd] adj gesponsert, gefördert, unterstützt

sponsorship ['spɒnsəʃɪp] sb Sponsern n, Unterstützung f, Förderung f

spot [spɒt] sb *(commercial)* Werbespot m

spot exchange ['spɒt ɪks'dʒeɪnʃ] sb Kassadevisen pl

spot market ['spɒt 'mɑːkɪt] sb Kassamarkt m, Spotmarkt m

spot price ['spɒt praɪs] sb Kassakurs m

spot transaction ['spɒt trænz'ækʃn] sb Lokogeschäft n, Spotgeschäft n

spreadsheet ['spredʃiːt] sb Tabellenkalkulation f

squander ['skwɔːndə] v 1. *(money)* vergeuden; 2. *(opportunities)* vertun

square [skweə] adj 1. to be ~ *(debts)* in Ordnung sein; 2. to be all ~ *(not to owe)* quitt sein; v 3. *(debts)* begleichen

square measurement [skweə 'meʃʊəmənt] sb Flächenmaße n/pl

stability [stə'bɪlɪtɪ] sb Stabilität f

stability of prices [stə'bɪlɪtɪ əv 'praɪsɪz] sb Preisstabilität f

stability of the value of money [stə'bɪlɪtɪ əvðə 'væljuː əv'mʌnɪ] sb Geldwertstabilität f

stability policy [stə'bɪlɪtɪ 'pɒlɪsɪ] sb Stabilitätspolitik f

stabilization [stæbɪlaɪ'zeɪʃən] sb Stabilisierung f

stabilize ['stæbəlaɪz] v sich stabilisieren, *(sth)* stabilisieren

stable ['steɪbl] adj stabil, dauerhaft

stable exchange rates [steɪbl ɪks'dʒeɪnʃ reɪts] sb stabile Wechselkurse m/pl

staff [stɑːf] *sb (personnel)* Personal *n*, Belegschaft *f*; *to be on the ~ of* Mitarbeiter sein bei
staff changes [stɑːf 'tʃeɪndʒɪz] *sb* Personalwechsel *m*
staffer ['stæfə] *sb* feste(r) Mitarbeiter(in) *m/f*
staff pension fund [stɑːf 'penʃn fʌnd] *sb* Pensionskasse *f*
staff shares ['stɑːf ʃɛəs] *sb* Belegschaftsaktie *f*
stagflation [stæg'fleɪʃən] *sb* Stagflation *f*
stagnant ['stægnənt] *adj* stagnierend
stagnate ['stægneɪt] *v* stagnieren
stagnation [stæg'neɪʃən] *sb* 1. Stagnieren *n*; 2. *(of a market)* Stagnation *f*
stainless ['steɪnlɪs] *adj* rostfrei
stake [steɪk] *v* 1. *~ a claim to sth* sich ein Anrecht auf etw sichern; *sb* 2. *(financial interest)* Anteil *m*
stakeholder value [steɪkhəʊldə 'væljuː] *sb* Stakeholder Value *m*
stamp [stæmp] *v* 1. *(sth)* stempeln; 2. *(with a machine)* prägen; 3. *(put postage on)* frankieren; *sb* 4. *(postage ~)* Briefmarke *f*; 5. *(mark, instrument)* Stempel *m*
stamp duty ['stæmp djuːtɪ] *sb* Transfersteuer *f*, Stempelsteuer *f*
stamping ['stæmpɪŋ] *sb* Abstempelung *f*
stamping of bank notes [stæmpɪŋ əv 'bæŋk nəʊts] *sb* Notenabstempelung *f*
standard ['stændət] *adj* 1. handelsüblich, Standard..., Norm...; *sb* 2.*(monetary)* Standard *m*, Norm *f*; 3. Feingehalt *m*, Feingewicht *n*
standard bill ['stændət bɪl] *sb* Einheitswechsel *m*
standard cheque ['stændət tʃek] *sb* Einheitsscheck *m*
standard inventory ['stændət ɪn'ventərɪ] *sb* Durchschnittsbestand *m*
standardization ['stændətaɪzeɪʃn] *sb* Standardisierung *f*
standardize ['stændədaɪz] *v* vereinheitlichen, normen, normieren
standard price ['stændət praɪs] *sb* fester Verrechnungspreis *m*
standard value ['stændət væljuː] *sb* Einheitswert *m*
standard wages ['stændəd weɪdʒɪz] *sb* Tariflohn *m*
stand-by ['stændbaɪ] *sb on ~ in* Bereitschaft *f*
standby costs ['stændbaɪ kɒsts] *sb* Bereitschaftskosten *pl*
stand-by credit [stænd-'baɪ kredɪt] *sb* Stand-by-Kredit *m*

standby man ['stændbaɪ mæn] *sb* Springer *m*
stand in ['stænd ɪn] *v irr ~ for s.o.* jdn vertreten
stand-in ['stændɪn] *sb* Ersatz *m*
standing ['stændɪŋ] *sb* 1. *(position)* Rang *m*; *of long ~* langjährig, alt; *sb* 2. *(repute)* Ruf *m*
standing costs [stændɪŋ 'kɒsts] *sb* fixe Kosten *pl*
standing order [stændɪŋ 'ɔːdə] *sb* Dauerauftrag *m*
standstill agreement [stændstɪl ə'griːmənt] *sb* (Recht) Moratorium *n*
standstill credit [stændstɪl 'kredɪt] *sb* Stillhalte-Kredit *m*
staple goods ['steɪpl gʊdz] *pl* Stapelware *f*
stapler ['steɪplə] *sb* Heftmaschine *f*
start [stɑːt] *v* 1. *(engine)* anspringen; 2. *(found)* gründen; 3. *(career, argument)* anfangen, beginnen
starting salary ['stɑːtɪŋ 'sælərɪ] *sb* Anfangsgehalt *n*
start up ['stɑːt-ʌp] *sb* Start-Up *m*
startup costs [stɑːtʌp 'kɒsts] *sb* Ingangsetzungskosten *pl*
startup money [stɑːtʌp 'mʌnɪ] *sb* Startkapital *n*
state [steɪt] *sb* 1. Staat *m*; 2. *~ of affairs* Stand *m*, Lage *f*; 3. *(condition)* Zustand *m*; *adj* 4. staatlich
state bank [steɪt bæŋk] *sb* Staatsbank *f*
state bound by the rule of law ['steɪt baʊnd baɪ ðə ruːl əv 'lɔː] *sb* Rechtsstaat *m*
state indebtedness [steɪt ɪn'detɪdnɪs] *sb* Staatsverschuldung *f*
statement ['steɪtmənt] *sb* Ausweisung *f*, Kontoauszug *m*
statement of account ['steɪtmənt əv ə'kaʊnt] *sb* Kontoauszug *m*
statement of commission ['steɪtmənt əv kə'mɪʃən] *sb* Provisionsabrechnung *f*
statement of costs [steɪtmənt əv 'kɒsts] *sb* Kostenrechnung *f*, Erfolgskonto *n*
statement of damages [steɪtmənt əv 'dæmɪdʒɪz] *sb* Schadensrechnung *f*
statement of earnings [steɪtmənt əv 'ɜːnɪŋs] *sb* Ertragsbilanz *f*
statement of expenses [steɪtmənt əv ɪks'pensɪz] *sb* Spesenrechnung *f*
statement of operating results [steɪtmənt əv 'ɒpəreɪtɪŋ rɪ'sʌlts] *sb* Ergebnisrechnung *f*
stated ['steɪtɪd] *adj* angegeben, genannt, aufgeführt, aufgelistet

statement of overindebtedness [ˈsteɪtmənt əv əʊvəɪnˈdetɪdnəs] *sb* Überschuldungsbilanz *f*
statement of quantity [ˈsteɪtmənt əv ˈkwɔːntɪtɪ] *sb* Mengenangabe *f*
statement of securities [ˈsteɪtmənt əv sɪˈkjʊərɪtiːz] *sb* Depotauszug *m*
state of the market [ˈsteɪt əv ðə ˈmɑːkɪt] *sb* Marktlage *f*
state supervision of credit institutions [ˈsteɪt supəˈvɪʃn əv kredɪt ɪnstɪˈtjuːʃns] *sb* Kreditaufsicht *f*
state-of-the-art [ˈsteɪtəvðɪːˈɑːt] *adj* hochmodern
station of destination [ˈsteɪʃən əv destɪˈneɪʃən] *sb* Bestimmungsbahnhof *m*
statistical [stəˈtɪstɪkəl] *adj* statistisch
statistical cost accounting [stəˈtɪstɪkl ˈkɔst əˈkaʊntɪŋ] *sb* Nachkalkulation *f*
statistics [stəˈtɪstɪks] *sb* Statistik *f*
status [ˈsteɪtəs] *sb* 1. Status *m*; 2. marital ~ Familienstand *m*
status quo [steɪtəs ˈkweʊ] *sb* Status quo *m*
status report [ˈsteɪtəs rɪˈpɔːt] *sb* Lagebericht *m*
statute [ˈstætjuːt] *sb* *(of an organization)* Statut *n*
statutes [ˈstætjuːts] *pl* Satzung *f*
statutory accident insurance [ˈstetjətɔːrɪ ˈæksɪdənt ɪnˈʃʊəræns] *sb* gesetzliche Unfallversicherung *f*
statutory audit [ˈstetjətɔːrɪ ˈɔːdɪt] *sb* Prüfungspflicht *f*
statutory damage [ˈstætjətɔːrɪ ˈdæmɪdʒ] *sb* Konventionalstrafe *f*
statutory health insurance fund [ˈstætjətɔːrɪ ˈhelθ ɪnʃʊəræns fʌnd] *sb* gesetzliche Krankenversicherung *f*
statutory pension insurance fund [ˈstætjətɔːrɪ ˈpenʃn ɪnʃʊəræns fʌnd] *sb* gesetzliche Rentenversicherung *f*
statutory period of notice [ˈstætjətɔːrɪ piːrɪəd əv ˈnəʊtɪs] *sb* gesetzliche Kündigungsfrist *f*
steamboat [ˈstiːmbəʊt] *sb* Dampfer *m*, Dampfschiff *n*
steamship [ˈstiːmʃɪp] *sb* Dampfschiff *n*
stenographer [stəˈnɒɡrəfə] *sb* Stenograf(in) *m/f*
stenography [stəˈnɒɡrəfɪ] *sb* Kurzschrift *f*, Stenografie *f*
stenotypy [ˈstenətaɪpɪ] *sb* Kurzschrift *f*
stepped fixed cost [stepd fɪksd ˈkɒst] *sb* sprungfixe Kosten *pl*

sterilization funds [sterəlaɪˈzeɪʃn fʌnds] *sb* Sterilisierungsfonds *m*
sticker [ˈstɪkə] *sb* Aufkleber *m*
stimulus [ˈstɪmjʊləs] *sb* Stimulus *m*; *(incentive)* Anreiz *m*
stint [stɪnt] *sb* Schicht *f*
stipend [ˈstaɪpənd] *sb* Lohn *m*
stipulate [ˈstɪpjʊleɪt] *v* *(specify)* festsetzen; *(make a condition)* voraussetzen
stipulation [stɪpjʊˈleɪʃən] *sb* Bedingung *f*
stock [stɒk] *v* 1. *(a product)* führen; *sb* 2. *(supply)* Vorrat *m*, (Waren-) Bestand *m*; 3 .*(financial)* Aktien *pl*; in ~ vorrätig; take ~ of the situation die Lage abschätzen
stock committee [stɒk kɒˈmɪtiː] *sb* Börsenausschuss *m*
stock corporation [stɒk kɔːpəˈreɪʃn] *sb* Aktiengesellschaft (AG) *f*
stock dividend [stɒk ˈdɪvɪdənd] *sb* Stockdividende *f*
stock exchange [ˈstɒk ɪksdʒeɪnʃ] *sb* Börse *f*, Börsenumsätze *m/pl*, Effektenbörse *f*, Stock Exchange *f*
Stock Exchange Act [ˈstɒk ɪksdʒeɪnʃ ækt] *sb* Börsengesetz *n*
stock exchange centre [ˈstɒk ɪksdʒeɪnʃ ˈsentə] *sb* Börsenplatz *m*
stock exchange customs [ˈstɒk ɪksdʒeɪnʃ kʌstəms] *sb* Börsenusancen *f/pl*
stock exchange dealings [ˈstɒk ɪksdʒeɪnʃ ˈdiːlɪŋz] *sb* Börsenhandel *m*
stock exchange index [ˈstɒk ɪksdʒeɪnʃ ɪndeks] *sb* Börsenindex *m*, Kursindex *m*
stock exchange list [ˈstɒk ɪksdʒeɪnʃ lɪst] *sb* Kursblatt *n*, Kurszettel *m*
stock exchange operations [ˈstɒk ɪksdʒeɪnʃ ɒpəreɪʃns] *sb* Börsengeschäfte *n/pl*
stock exchange order [ˈstɒk ɪksdʒeɪnʃ ɔːdə] *sb* Börsenauftrag *m*
stock exchange price [ˈstɒk ɪksdʒeɪnʃ praɪs] *sb* Börsenkurs *m*
stock exchange quotation [ˈstɒk ɪksdʒeɪnʃ kwəˈteɪʃən] *sb* Börsennotierung *f*
stock exchange regulations [ˈstɒk ɪksdʒeɪnʃ reɡjʊleɪʃns] *sb* Börsenordnung *f*
stock exchange report [ˈstɒk ɪksdʒeɪnʃ rɪpɔːt] *sb* Börsenbericht *m*
stock exchange rules [ˈstɒk ɪksdʒeɪnʃ ruːlz] *sb* Börsenrecht *n*
stock exchange supervision [ˈstɒk ɪksdʒeɪnʃ supəvɪʃn] *sb* Börsenaufsicht *f*
stock market [ˈstɒk mɑːkɪt] *sb* Börse *f*
stock market crash [ˈstɒk mɑːkɪt kræʃ] *sb* Börsenkrach *m*

stock market information ['stɔk mɑːkɪt ɪnfɔːmeɪʃn] *sb* Börsenauskunft *f*

stock market notice board ['stɔk mɑːkɪt nəʊtɪs bɔːd] *sb* Börsenaushang *m*

stock market transactions ['stɔk mɑːkɪt trænˈzækʃənz] *sb* Börsengeschäfte *pl*

stockbook ['stɔkbʊk] *sb* Effektenbuch *n*

stockbroker ['stɔkbrəʊkə] *sb* Börsenmakler *m*, Effektenmakler *m*, Kursmakler *m*

stockholder ['stɔkhəʊldə] *sb (US)* Aktionär *m*

stockkeeping ['stɔkiːpɪŋ] *sb* Lagerhaltung *f*

stockpile ['stɔkpaɪl] *sb 1.* Vorrat *m*, Stapelbestand *m*; *v 2.* aufstapeln

stockpiling ['stɔkpaɪlɪŋ] *sb* Vorratshaltung *f*

stockroom ['stɔkruːm] *sb* Lager *n*

stocks ['stɔks] *sb* Bestand *m*

stock-taking ['stɔkteɪkɪŋ] *sb* Bestandsaufnahme *f*

stone [stəʊn] *sb (UK: unit of weight)* 6,35 kg

stop [stɔp] *v 1. (come to a halt)* anhalten; *2. Stop!* Halt! *3. (cease)* aufhören; ~ *at nothing* vor nichts zurückschrecken; *(an action)* aufhören mit; *4. (interrupt temporarily)* unterbrechen; *5. (a machine)* abstellen; *6. (payments, production)* einstellen; *7. (a cheque)* sperren; *sb 8.* Stillstand *m; come to a* ~ zum Stillstand kommen

stoppage ['stɔpɪdʒ] *sb 1. (interruption)* Unterbrechung *f; 2. (strike)* Streik *m*

stopping payment [stɔpɪŋ 'peɪmənt] *sb* Schecksperre *f*

stop price ['stɔpraɪs] *sb* Stoppkurs *m*

storage ['stɔːrɪdʒ] *sb* (Ein-)Lagerung *f*; *put into* ~ lagern

storage capacity ['stɔːrɪdʒ kəˈpæsɪti] *sb* Lagerkapazität *f*

store [stɔː] *v 1.* lagern; *(documents)* aufbewahren; *sb 2. (large shop)* Geschäft *n; (US: shop)* Laden *m; 3. (storage place)* Lager *n; (supply)* Vorrat *m; 4. (UK: computer)* Speicher *m*

storehouse ['stɔːhaʊs] *sb* Lagerhaus *n*

storekeeper ['stɔːkiːpə] *sb* Ladenbesitzer(in) *m/f*

storeroom ['stɔːruːm] *sb* Lagerraum *m*

stores [stɔːz] *pl* Vorräte *pl*, Bestände *pl*

stowage ['stəʊɪdʒ] *sb 1. (stowing)* Beladen *n*, Verstauen *n; 2. (charge)* Staugebühr *f*

stow away [stəʊ əˈweɪ] *v (sth)* verstauen

strategic [strəˈtiːdʒɪk] *adj* strategisch

strategic business area [strəˈtiːdʒɪk 'bɪsnɪs eriːə] *sb* strategisches Geschäftsfeld *n*

strategic management [strəˈtiːdʒɪk 'mænɪdʒmənt] *sb* strategische Führung *f*

strategic planning [strəˈtiːdʒɪk 'plænɪŋ] *sb* strategische Planung *f*

strategy ['strætɪdʒi] *sb* Strategie *f*

strictly confidential ['strɪktli kɒnfɪˈdenʃəl] *adj* streng vertraulich

strike [straɪk] *v irr 1. (employees)* streiken; *sb 2. (by workers)* Streik *m*, Ausstand *m*

strikebound ['straɪkbaʊnd] *adj* bestreikt, von Streik betroffen

strike-breaker ['straɪkbreɪkə] *sb* Streikbrecher *m*

strike pay ['straɪk peɪ] *sb* Streikgelder *n/pl*

striker ['straɪkə] *sb* Streikende(r) *m/f*, Ausständige(r) *m/f*

structural ['strʌktʃərəl] *adj* strukturell, Struktur...

structural change [strʌktʃʊərəl ˈdʒeɪnʃ] *sb* Strukturwandel *m*

structural loan [strʌktʃʊərəl ˈləʊn] *sb* Strukturkredit *m*

structural policy ['strʌktʃərəl 'pɒlɪsi] *sb* Strukturpolitik *f*

structural reform [strʌktʃʊərəl rɪˈfɔːm] *sb* Strukturreform *f*

structure ['strʌktʃə] *v 1.* strukturieren; *2. (an argument)* aufbauen, gliedern; *sb 3.* Struktur *f*

structure of distribution ['strʌktʃər əv dɪstrɪˈbjuːʃən] *sb* Vertriebsstruktur *f*

structure of the balance sheet [strʌktʃəe əv ðə ˈbæləns ʃiːt] *sb* Bilanzstruktur *f*

structuring of operations [strʌktʃʊərɪŋ əv ɒpəˈreɪʃns] *sb* Ablauforganisation *f*

suable ['sjuːəbl] *adj* einklagbar

subagent ['sʌbeɪdʒənt] *sb* Untervertreter *m*

subcontractor ['sʌbkɒntræktə] *sb* Subunternehmer *m*, Zulieferer *m*

subject to confirmation ['sʌbtʃekt tu kɒnfɜːˈmeɪʃn] *adj* freibleibend

sublease ['sʌbliːs] *sb* Untervermietung *f*, Unterverpachtung *f*

subordinate [səˈbɔːdnɪt] *sb* Untergebene(r) *m/f*, Mitarbeiter(in) *m/f*

subscribe [səbˈskraɪb] *v* ~ *to (a publication)* abonnieren

subscribed capital [sʌbskraɪbd 'kæpɪtl] *sb* gezeichnetes Kapital *n*

subscriber [səbˈskraɪbə] *sb* Abonnent *m*

subscription [səbˈskrɪpʃən] *sb* Abonnement *n*, Subskription *f*

subscription blank [səbˈskrɪpʃən blæŋk] *sb* Zeichnungsschein *m*

subscription conditions [sʌb'skrɪpʃn kɒn'dɪʃns] *sb* Bezugsbedingungen *f/pl*
subscription day [sʌb'skrɪpʃn deɪ] *sb* Bezugstag *m*
subscription for shares [sʌb'skrɪpʃn fɔː ʃɛəs] *sb* Aktienzeichnung *f*
subscription form [sʌb'skrɪpʃn fɔːm] *sb* Zeichnungsschein *m*
subscription period [sʌb'skrɪpʃn pɪːrɪəd] *sb* Bezugsfrist *f*, Zeichnungsfrist *f*
subscription price [sʌb'skrɪpʃn praɪs] *sb* Bezugskurs *m*, Bezugsrechtnotierung *f*, Bezugsrechtskurs *m*
subscription right [sʌb'skrɪpʃn raɪt] *sb* Bezugsrecht *n*
subscription rights parity [sʌb'skrɪpʃn raɪts 'pærɪtɪ] *sb* Bezugsrechtsparität *f*
subscription warrant [sʌb'skrɪpʃn wɔːrənt] *sb* Bezugsschein *m*
subsequent payment [sʌbsɪkwent 'peɪmənt] *sb* Nachschuss *m*
subsidiary [səb'sɪdɪərɪ] *adj 1.* Tochter..., Neben...; *sb 2.* Tochtergesellschaft *f*
subsidiary agreement [sʌbsɪdjərɪ ə'griːmənt] *sb* Nebenabreden *f/pl*
subsidize ['sʌbsɪdaɪz] *v* subventionieren
subsidy ['sʌbsɪdɪ] *sb* Subvention *f*, Zuschuss *m*
subsistence [sʌb'sɪstəns] *sb (means of ~)* Lebensunterhalt *m*
subsistence minimum [sʌb'sɪstəns 'mɪnɪməm] *sb* Existenzminimum *n*
substance ['sʌbstəns] *sb* Substanz *f*
substitute ['sʌbstɪtjuːt] *v 1. ~ for s.o.* jdn vertreten, als Ersatz für jdn dienen; *sb* Ersatz *m*; *2. (person)* Vertretung *f*; *adj* Ersatz...
substitute cheque [sʌbstɪtjuːt 'tʃek] *sb* Ersatzscheck *m*
substitute cover [sʌbstɪtjuːt 'kʌvə] *sb* Ersatzdeckung *f*
substitute delivery ['sʌbstɪtjuːt dɪ'lɪvərɪ] *sb* Ersatzlieferung *f*
substitute goods [sʌbstɪtjuːt 'gʊds] *sb* Substitutionsgüter *n/pl*
substitute purchase ['sʌbstɪtjuːt 'pɜːtʃɪs] *sb* Ersatzkauf *m*
substitute transfer [sʌbstɪtjuːt 'trænsfə] *sb* Ersatzüberweisung *f*
substitution [sʌbstɪ'tjuːʃən] *sb* Substitution *f*, Ersetzen *n*, Einsetzen *n*
subtract [sʌb'trækt] *v* abziehen, subtrahieren
succession [sək'seʃən] *sb (to a post)* Nachfolge *f*

successor [sʌk'sesə] *sb* Nachfolger(in) *m/f*
successor company [sʌksesə 'kʌmpənɪ] *sb* Betriebsnachfolge *f*
success-oriented [sʌkses'ɔːrɪəntɪd] *adj* erfolgsorientiert
sue [suː] *v* klagen, Klage erheben; *~ s.o.* gegen jdn gerichtlich vorgehen, jdn belangen; *~ s.o. for damages* jdn auf Schadenersatz verklagen
sufficient [sə'fɪʃənt] *adj* genügend, genug, ausreichend
suit [suːt] *sb* Prozess *m*, Verfahren *n*
suitability [suːtə'bɪlɪtɪ] *sb (of an applicant)* Eignung *f*
suitable ['suːtəbl] *adj* geeignet, passend
sum [sʌm] *sb 1.* Summe *f*; *2. (of money)* Betrag *m*, Summe *f*, Geldsumme *f*; *v 3.* summieren, zusammenzählen
sum total [sʌm 'təʊtəl] *sb* Gesamtbetrag *m*
summons ['sʌməns] *sb* gerichtliches Mahnverfahren *n*
sunday work ['sʌndeɪ wɜːk] *sb* Sonntagsarbeit *f*
sunk costs [sʌŋk 'kɒsts] *sb* Sunk costs *pl*
super-dividend ['sʊpədɪvɪdənd] *sb* Überdividende *f*
superficial [suːpə'fɪʃəl] *adj* oberflächlich
superfluous [sʊ'pəːflʊəs] *adj* überflüssig
superior [sʊ'pɪərɪə] *adj 1. (better)* besser; *(abilities)* überlegen; *(in rank)* höher; *sb 2. (in rank)* Vorgesetzte(r) *m/f*
superstore ['suːpəstɔː] *sb* Verbrauchermarkt *m*
supervise ['suːpəvaɪz] *v* beaufsichtigen, überwachen
supervision [suːpə'vɪʒən] *sb* Dienstaufsicht *f*, Aufsicht *f*, Beaufsichtigung *f*
supervisor ['suːpəvaɪzə] *sb* Aufseher(in) *m/f*
supervisory ['suːpəvaɪzərɪ] *adj* überwachend, Kontroll...
supervisory board ['suːpəvaɪzərɪ bɔːd] *sb* Aufsichtsrat *m*
supplement ['sʌplɪmənt] *v 1.* ergänzen; *sb 2.* Ergänzung *f*; *3. (in a newspaper)* Beilage *f*
supplementary [sʌplɪ'mentərɪ] *adj* zusätzlich, Zusatz...
supplementary payment [sʌplɪ'mentərɪ 'peɪmənt] *sb* Nachzahlung *f*
supplementary staff costs [sʌlɪmentərɪ 'stɑːf kɒsts] *sb* Personalnebenkosten *pl*
supplier [sə'plaɪə] *sb* Lieferant *m*
supplier's credit [sə'plaɪəz 'kredɪt] *sb* Lieferantenkredit *m*

supplies [sə'plaɪz] *sb* Betriebsstoffe *m/pl*, Hilfsstoffe *m/pl*
supply [sə'plaɪ] *v 1.* sorgen für; *2. (goods, public utilities)* liefern; *sb 3. (act of supplying)* Versorgung *f; 4. ~ and demand* Angebot und Nachfrage; *5. (thing supplied)* Lieferung *f; (delivery)* Lieferung *f; 6. (stock)* Vorrat *m*
supply contract [sə'plaɪ 'kɒntrækt] *sb* Liefervertrag *m*
supply control [səplaɪ kɒn'trəʊl] *sb* Angebotssteuerung *f*
supply of capital [səplaɪ əv 'kæpɪtl] *sb* Kapitalangebot *n*
supply of money [səplaɪ əv 'mʌni] *sb* Geldangebot *n*
supply-oriented economic policy [səplaɪ-ɒrɪentɪd ɪkʌnɒmɪk 'pɒlɪsi] *sb* angebotsorientierte Wirtschaftspolitik *f*
supply structure [səplaɪ 'strʌkʃə] *sb* Angebotsstruktur *f*
support [sə'pɔːt] *sb 1.* Unterstützung *f; 2.* Kursunterstützung *f*, Kurspflege *f*
support buying [sə'pɔːt 'baɪɪŋ] *sb* Stützungskauf *m*
support level [səpɔːt 'levəl] *sb* Unterstützunglinie *f*
supreme [sʊ'priːm] *adj the Supreme Court* das oberste Gericht *n*
surcharge ['sɜːtʃɑːdʒ] *sb* Zuschlag *m*
surf [sɜːf] *v ~ the Internet (fam)* im Internet surfen
surplus ['sɜːplʌs] *sb 1.* Überschuss *m; adj 2.* überschüssig
surplus reserve [sɜːplʌs rɪ'sɜːf] *sb* Überschussreserve *f*
surplus saving [sɜːplʌs 'seɪvɪŋ] *sb* Plus-Sparen *n*, Überschuss-Sparen *n*
surtax ['sɜːtæks] *sb* Steuerzuschlag *m*
survey [sɜː'veɪ] *v 1. (fam: poll)* befragen; ['sɜːveɪ] *sb 2. (poll)* Umfrage *f*
survey report ['sɜːveɪ rɪ'pɔːt] *sb* Haveriezertifikat *n*
suspension [sʌs'penʃn] *sb* Aussetzung *f*
suspension of payments [sʌs'penʃən əv 'peɪmənts] *sb* Zahlungseinstellung *f*
swap [swɔːp] *v 1.* tauschen; ~ *sth for sth* etw gegen etw austauschen; *sb 2.* Tausch *m*
swap agreement [swɔːp ə'griːmənt] *sb* Swapabkommen *n*
swap policy [swɔːp 'pɒlɪsi] *sb* Swappolitik *f*
swap rate ['swɔːp reɪt] *sb* Swapsatz *m*
swap transaction [swɔːp træns'ækʃn] *sb* Swapgeschäft *n*

swing [swɪŋ] *sb* Swing *m*, Kreditmarge *f*
swing shift [swɪŋ ʃɪft] *sb (US)* Spätschicht *f*
switch ['swɪtʃ] *sb* Switch-Geschäft *n*
switchboard ['swɪtʃbɔːd] *sb 1.* Telefonvermittlung *f; (in an office)* Telefonzentrale *f; 2. (panel)* Schalttafel *f*
switch off ['swɪtʃ ɒf] *v* ausschalten, abschalten
switch on ['swɪtʃ ɒn] *v* einschalten, anschalten
switch-type financing ['swɪtʃtaɪp 'faɪnænzɪŋ] *sb* Umfinanzierung *f*
sworn statement [swɔːn 'steɪtmənt] *sb* beeidigte Erklärung *f*
synchronization [sɪŋkrənaɪ'zeɪʃən] *sb* Abstimmung *f*
synchronize ['sɪŋkrənaɪz] *v 1.* abstimmen; *(two or more things)* aufeinander abstimmen; *2. (clocks)* gleichstellen; ~ *your watches* stimmen Sie Ihre Uhren aufeinander ab
synchronous production [sɪ'krəʊnəs prə'dʌkʃn] *sb* Synchronfertigung *f*
syndic ['sɪndɪk] *sb* Syndikus *m*
syndicate ['sɪndɪkət] *sb* Konsortium *n*
syndicate account ['sɪndɪkət ə'kaʊnt] *sb* Syndikatskonto *n*
syndicated credit ['sɪndɪkeɪtɪd 'kredɪt] *sb* Konsortialkredit *m*
syndicate department ['sɪndɪkət dɪ'pɑːtmənt] *sb* Konsortialabteilung *f*
syndicate transaction ['sɪndɪkət trænz'ækʃn] *sb* Konsortialgeschäft *n*
syndication [sɪndɪ'keɪʃən] *sb* Syndizierung *f*
synergy ['sɪnədʒi:] *sb* Synergieeffekte *m/pl*
synodal bond [sɪ'nəʊdl 'bʌnd] *sb* Synodalobligation *f*
synthetic [sɪn'θetɪk] *adj* synthetisch
system ['sɪstəm] *sb* System *n*
systematic [sɪstə'mætɪk] *adj* systematisch
system control ['sɪstəm kɒn'trəʊl] *sb* Systemsteuerung *f*
system of exchange rates ['sɪstəm əv ɪks'dʒeɪnʃ 'reɪts] *sb* Wechselkurssystem *n*
system of internal audits ['sɪstəm əv 'ɪntɜːnəl 'ɔːdɪts] *sb* internes Kontrollsystem (IKS) *n*
system of specialized banking ['sɪstəm əv 'speʃəlaɪzd 'bæŋkɪŋ] *sb* Trennbanksystem *n*
system of taxation ['sɪstəm əv tæk'seɪʃən] *sb* Steuersystem *n*
systems engineering [sɪstəms endʒə'nɪːrɪŋ] *sb* Anlagenbau *m*

T

tab [tæb] *sb (on a file card)* Reiter *m*
table [teɪbl] *sb* Tabelle *f*
tablet ['tæblɪt] *sb (US: note pad)* Notizblock *m*
tabular ['tæbjʊlə] *adj* tabellarisch
tabulate ['tæbjʊleɪt] *v* tabellarisch darstellen, tabellarisieren
tactics ['tæktɪks] *pl* Taktik *f*
tag [tæg] *sb (label)* Schild *n*; *(name ~)* Namensschild *n*; *(with manufacturer's name)* Etikett *n*
tailboard ['teɪlbɔːd] *sb* Ladeklappe *f*
tailor-made ['teɪlə'meɪd] *adj (fig)* genau zugeschnitten
take [teɪk] *v irr* 1. *(~ over)* übernehmen; 2. *(measure)* messen; 3. *(transport)* bringen; 4. *(a poll)* durchführen; 5. *(dictation)* aufnehmen
take in [teɪk 'ɪn] *v irr (money)* einnehmen
take off [teɪk 'ɔf] *v irr* 1. *(start to have success)* ankommen; 2. *(a day from work)* frei nehmen
take on [teɪk 'ɔn] *v irr* 1. *(undertake)* übernehmen; 2. *(an opponent)* antreten gegen; 3. *(give a job to)* einstellen, anstellen
take out [teɪk 'aʊt] *v irr (money from a bank)* abheben; ~ *an insurance policy* eine Versicherung abschließen
take over [teɪk 'əʊvə] *v irr* die Leitung übernehmen
takeover ['teɪkəʊvə] *sb* Übernahme *f*, Machtergreifung *f*
takeover of a business ['teɪkəʊvər əv ə 'bɪsnɪs] *sb* Geschäftsübernahme *f*
take-over profit [teɪk'əʊvə 'prɒfɪt] *sb* Übernahmegewinn *m*
take-over speculation [teɪk'əʊvə spekjʊ'leɪʃn] *sb* Aufkaufspekulation *f*
taker ['teɪkə] *sb* Käufer *m*
taking of the inventory ['teɪkɪŋ əv ðiː ɪn'ventərɪ] *sb* Inventur *f*
talk [tɔːk] *sb* Gespräch *n*; have a ~ with s.o. mit jdm reden
talk over [tɔːk 'əʊvə] *v* besprechen
talon for renewal of coupon sheet ['tælən fɔː rɪ'njuːəl əv 'kuːpən ʃiːt] *sb* Erneuerungsschein *m*
tangible fixed assets ['tænʒɪbl fɪksd 'æsɪts] *sb* Sachanlagevermögen *n*
tardy ['tɑːdɪ] *adj* spät; *(person)* säumig

tare [tɛə] *sb* Tara *f*
target calculation ['tɑːgɪt kælkjʊ'leɪʃən] *sb* Plankalkulation *f*
target cost accounting ['tɑːgɪt 'kɒst ə'kaʊntɪŋ] *sb* Zielkostenrechnung *f*
target figures ['tɑːgɪt 'fɪgjəz] *sb* Sollzahlen *pl*
target group ['tɑːgɪt gruːp] *sb* Zielgruppe *f*
target price ['tɑːgɪt praɪs] *sb* Zielpreis *m*
target saving [tɑːgɪt'seɪvɪŋ] *sb* Zwecksparen *n*
target-performance comparison ['tɑːgɪtpəfɔːməns kɒm'pærɪsn] *sb* Soll-Ist-Vergleich (Betriebswirtschaft) *m*
tariff ['tærɪf] *sb* 1. (Zoll-)Tarif *m*, Zollgebühr *f*; 2. *(price list)* Preisverzeichnis *n*
tariff barriers [tærɪf 'bærɪəz] *sb* tarifäre Handelshemmnisse *n/pl*
tariff value [tærɪf 'væljuː] *sb* Tarifwert *m*
task-oriented synthesis ['tɑːsk-ɔːrɪentɪd 'sɪnθɪsɪs] *sb* Aufgabensynthese *f*
taskwork ['tɑːskwɜːk] *sb* Akkordarbeit *f*
tax [tæks] *sb* Steuer *f*; *v (s.o., sth)* besteuern
taxable ['tæksəbl] *adj* steuerpflichtig
tax adviser ['tæks 'ədvaɪzə] *sb* Steuerberater(in) *m/f*
tax assessment ['tæks ə'sesmənt] *sb* Steuerveranlagung *f*, Veranlagung *f*
taxation [tækseɪʃən] *sb* Besteuerung *f*
taxation of specific property [tæks'eɪʃn əv spɪ'sɪfɪk 'prɒpətɪ] *sb* Objektbesteuerung *f*
taxation procedure [tækseɪʃn prə'ziːdʒə] *sb* Besteuerungsverfahren *n*
tax at source [tæks æt 'sɔːs] *sb* Quellensteuer *f*
tax balance sheet [tæks 'bæləns ʃiːt] *sb* Steuerbilanz *f*
tax basis ['tæks beɪsɪs] *sb* Besteuerungsgrundlage *f*
tax deduction [tæks dɪ'dʌkʃn] *sb* Steuerabzug *m*
tax deferral [tæks dɪ'fɜːrəl] *sb* Steuerstundung *f*
taxes deemed to be imposed on a person ['tæksɪs 'diːmd tu biː ɪm'pəʊzd ɒn ə 'pɜːsn] *sb* Personensteuern *f/pl*
taxes from income and property ['tæksɪs frɒm 'ɪnkʌm ænd 'prɒpətɪ] *sb* Besitzsteuern *f/pl*

taxes on transactions [tæksɪs ɒn trænz-'ækʃns] *sb* Verkehrsteuern *f/pl*
tax evasion ['tæks ɪveɪʒən] *sb* Steuerhinterziehung *f*
tax exemption [tæks ɪks'empʃn] *sb* Steuerbefreiung *f*
tax-free ['tæks'fri:] *adj* steuerfrei
tax-free amount ['tæksfri: ə'maʊnt] *sb* Freibetrag *m*
tax haven ['tæks heɪvn] *sb* Steueroase *f*
tax increase ['tæks ɪnkri:s] *sb* Steuererhöhung *f*
taxless ['tækslɪs] *adj* unbesteuert
tax loss carryback ['tæks lɒs 'kerɪbæk] *sb* Verlustrücktrag *m*
tax on earnings [tæks ɒn 'ɜ:nɪŋz] *sb* Ertragsteuer *f*
tax on income [tæks ɒn 'ɪnkʌm] *sb* Ertragssteuer *f*
tax on investment income [tæks ɒn 'ɪnvestmənt 'ɪnkʌm] *sb* Kapitalertragsteuer *f*
tax on real estate [tæks ɒn 'rɪəlɪsteɪt] *sb* Realsteuern *pl*
tax on speculative gains [tæks ɒn 'spekjʊlətɪf 'geɪnz] *sb* Spekulationssteuer *f*
taxpayer ['tækspeɪə] *sb* Steuerzahler(in) *m/f*
tax-privileged saving ['tæksprɪvɪlɪdʒd 'seɪvɪŋ] *sb* steuerbegünstigtes Sparen *n*
tax-privileged securities ['tæksprɪvɪlɪdʒd sɪ'kjʊrɪti:z] *sb* steuerbegünstigte Wertpapiere *n/pl*
tax reform ['tæks rɪ'fɔ:m] *sb* Steuerreform *f*
tax return ['tæks 'rɪtɜ:n] *sb* Steuererklärung *f*, Deklaration *f*
tax treatment of yield ['tæks 'tri:tmənt əv 'ji:ld] *sb* Ertragsbesteuerung *f*
team [ti:m] *sb* Mannschaft *f*, Team *n*
team work ['ti:m wɜ:k] *sb* Teamarbeit *f*, Gruppenarbeit
technical ['teknɪkl] *adj* technisch, Fach...
technical analysis [teknɪkl ə'nælɪzɪs] *sb* technische Aktienanalyse *f*
technical book ['teknɪkl bʊk] *sb* Fachbuch *n*
Technical Control Board [teknɪkl cɒn'trəʊl bɔ:d] *sb* Technische Überwachungsverein (TÜV) *m*
technical journal ['teknɪkl 'dʒɜ:nəl] *sb* Fachzeitschrift *f*
technical term ['teknɪkl tɜ:m] *sb* Fachausdruck *m*, Fachterminus *m*
technicality [teknɪ'kælɪtɪ] *sb* (*petty detail*) Formsache *f*
technician [tek'nɪʃən] *sb* Techniker *m*

technique [tek'ni:k] *sb* (Arbeits-)Technik *f*
technological [teknə'lɒdʒɪkəl] *adj* technologisch
technology center [tek'nʌlədʒi sentə] *sb* Technologiezentrum *n*
technology payment order [tek'nʌlədʒi 'peɪmənt 'ɔ:də] *sb* telegrafische Anweisung *f*
technology push [tek'nʌlədʒi pʊʃ] *sb* Innovationsschub *m*
telebanking ['telɪ-bæŋkɪŋ] *sb* Tele-Banking *n*
telecommunications [telɪkʌmjʊnɪ'keɪʃns] *sb* Telekommunikation *f*
teleconference [telɪ'kʌnfərens] *sb* Telekonferenz *f*
telegram ['telɪgræm] *sb* Telegramm *n*; *send a ~* telegrafieren
telegraphic transfer ['telegræfɪk 'trænzfə] *sb* telegrafische Auszahlung *f*
telemarketing [telɪ'mɑ:kətɪŋ] *sb* Telefonmarketing *n*, Telemarketing *n*
telephone ['telɪfəʊn] *sb* 1. Telefon *n*, Fernsprecher *m*; *to be on the ~* am Telefon sein; *v* 2. (*s.o.*) anrufen; telefonieren
telephone call ['telɪfəʊn kɔ:l] *sb* Telefonanruf *m*
telephone conversation ['telɪfəʊn kɒnvə'seɪʃən] *sb* Telefongespräch *n*
telephone dealings ['telefəʊn 'di:lɪŋs] *sb* Telefonverkehr *m*
telephone directory ['telɪfəʊn dɪ'rektərɪ] *sb* Telefonbuch *n*, Telefonverzeichnis *n*
telephone marketing ['telefəʊn 'mɑ:kɪtɪŋ] *sb* Telefonmarketing *n*
teleprinter ['telɪprɪntə] *sb* Fernschreiber *m*
teleselling ['telɪselɪŋ] *sb* (*UK*) Telefonverkauf *m*
teleservice ['telɪsɜ:vɪs] *sb* Teleservice *m*
teleshopping ['telɪʃɒpɪŋ] *sb* Teleshopping *n*
telework ['telɪwɜ:k] *sb* Telearbeit *f*
telex ['teleks] *sb* (*message*) Telex *n*; (*machine*) Fernschreiber *m*
teller ['telə] *sb* (*in a bank*) Kassierer(in) *m/f*
temp [temp] *sb* (*fam*) Aushilfe *f*, Aushilfskraft *f*
temporality [tempə'rælɪtɪ] *sb* zeitliche Befristung *f*
temporary ['tempərərɪ] *adj* 1. (*provisional*) vorläufig, provisorisch; *sb* 2. (*~ employee*) Aushilfe *f*, Aushilfskraft *f*
temporary assistance [tempəræri ə'sɪstæns] *sb* Überbrückungsgeld *n*
temporary help ['tempərəri help] *sb* Aushilfe *f*, Aushilfskraft *f*

temporary injunction ['tempərəri ɪ'dʒʌnkʃən] *sb* einstweilige Verfügung *f*
temporary joint venture [tempəræri dʒɔɪnt 'ventʃə] *sb* Gelegenheitsgesellschaft *f*
temporary restraining order [tempəræri rɪ'streɪnɪŋ ɔːdə] *sb* einstweilige Verfügung *f*
tenancy ['tenənsɪ] *sb* Mietverhältnis *n*, Pachtverhältnis *n*
tenant ['tenənt] *sb* Mieter(in) *m/f*
tenant's contribution to the construction costs [tenənts kɒntrɪ'bjuːʃn tu ðə kɒn'strʌkʃn kɒsts] *sb* Baukostenzuschuss *m*
tenant's credit [tenənts 'kredɪt] *sb* Pächterkredit *m*
tend [tend] *v (a machine)* bedienen
tender ['tendə] *sb* 1. Angebot *n*, Offerte *f*; Tender *m*; 2. *legal* ~ gesetzliches Zahlungsmittel *n*
tender guarantee ['tendə gærən'tiː] *sb* Bietungsgarantie *f*
tender procedure [tendə prɒ'ziːdʒə] *sb* Tenderverfahren *n*
term [tɜːm] *sb (period)* Zeit *f*, Dauer *f*, Laufzeit *f*; *(limit)* Frist *f*
term fund ['tɜːm fʌnd] *sb* Laufzeitfonds *m*
terminable ['tɜːmɪnəbl] *adj* befristet, begrenzt
terminate ['tɜːmɪneɪt] *v* 1. *(contract)* ablaufen; 2. *(sth)* beenden, beschließen; 3. *(a contract)* kündigen
termination [tɜːmɪ'neɪʃn] *sb* Kündigung *f*
termination of business [tɜːmɪ'neɪʃn əv 'bɪsnɪs] *sb* Betriebsaufgabe *f*
term of a contract [tɜːm əv ə 'kɒntrækt] *sb* Vertragsdauer *f*
term of delivery [tɜːm əv dɪ'lɪvəri] *sb* Lieferfrist *f*
term of protection [tɜːm əv prə'tekʃən] *sb* Schutzfrist *f*
terms and conditions of business [tɜːms ænd kɒn'dɪʃns əv 'bɪsnɪs] *sb* Geschäftsbedingungen *pl*
terms and conditions of employment [tɜːms ænd kɒn'dɪʃns əv ɪm'plɔɪmənt] *sb* Arbeitsbedingungen *pl*
terms and conditions of issue [tɜːms ænd kɒn'dɪʃns əv 'ɪʃjuː] *sb* Emissionsbedingungen *pl*
terms of delivery [tɜːmz əv dɪ'lɪvəri] *sb* Lieferbedingung *f*
terms of payment [tɜːmz əv 'peɪmənt] *sb* Zahlungsbedingung *f*, Zahlungsfrist *f*
territory ['terɪtəri] *sb (sales* ~) Bezirk *m*, Bereich *m*

tertiary demand [tɜːʃəri dɪ'mɑːnd] *sb* Tertiärbedarf *m*
tertiary sector [tɜːʃəri 'sektə] *sb* tertiärer Sektor *m*
test [test] *v* 1. testen, prüfen; *sb* 2. Test *m*, Prüfung *f*, Probe *f*; *put sth to the* ~ etw auf die Probe stellen; *stand the* ~ *of time* die Zeit überdauern; *(check)* Kontrolle *f*
test case ['test keɪs] *sb* Musterfall *m*
test market ['test mɑːkɪt] *sb* Testmarkt *m*
testate ['testeɪt] *adj* ein Testament hinterlassend
testify ['testɪfaɪ] *v (in a courtroom, at the police)* aussagen
testimonial [testɪ'məʊnjəl] *sb* 1. Zeugnis *n*; 2. *(character recommendation)* Empfehlungsschreiben *n*
testimony ['testɪmənɪ] *sb* Aussage *f*
text configuration [tekst kɒnfɪgjə'reɪʃən] *sb* Textgestaltung *f*
theory ['θiːərɪ] *sb* Theorie *f*
theory of income determination ['θiːərɪ əv 'ɪnkʌm dɪtɜːmɪ'neɪʃn] *sb* Einkommenstheorie *f*
theory of interaction ['θiːərɪ əv ɪntə'ækʃn] *sb* Interaktionstheorie *f*
theory of interest ['θiːərɪ əv 'ɪntrəst] *sb* Zinstheorie *f*
think tank ['θɪŋk tæŋk] *sb* Denkfabrik *f*
third countries [θɜːd 'kʌntriːz] *pl* Drittländer *pl*
third-party debtor [θɜːd'pɑːtɪ 'detə] *sb* Drittschuldner *m*
third-party information [θɜːd'pɑːtɪ ɪnfɔː'meɪʃn] *sb* Drittauskunft *f*
third party liability insurance [θɜːd'pɑːtɪ laɪə'bɪlɪtɪ ɪn'ʃʊərəns] *sb* Haftpflichtversicherung *f*
third-party mortgagetiers f [θɜːd-'pɑːtɪ mɔːgɑdʒ'tɪəz] *sb* Fremdhypothek *f*
third-rate ['θɜːd reɪt] *adj* drittklassig, drittrangig
three months' money ['θriː mʌnθs 'mʌnɪ] *sb* Dreimonatsgeld *n*
three months' papers [θriː'mʌnθs 'peɪpəz] *sb* Dreimonatspapier *n*
three-mile zone [θriː'maɪl zəʊn] *sb (nautical)* Dreimeilenzone *f*
thriftiness ['θrɪftɪnɪs] *sb* Sparsamkeit *f*, Wirtschaftlichkeit *f*
thrifty ['θrɪftɪ] *adj* sparsam
thrive [θraɪv] *v irr (fig: do well)* blühen, Erfolg haben
throw away [θrəʊ ə'weɪ] *v irr* wegwerfen; *(fam: money)* verschwenden

throw in [θrəʊ 'ɪn] *v irr 1. (with a purchase)* mit in den Kauf geben, dazugeben, dreingeben; *sb 2. (extra)* Zugabe *f*

ticker ['tɪkə] *sb* Börsentelegraf *m*

ticker tape ['tɪkə teɪp] *sb* Lochstreifen *m*

ticket day ['tɪkɪt deɪ] *sb* Tag vor dem Abrechnungstag *m*

tied production [taɪd prə'dʌkʃən] *sb* Koppelproduktion *f*

tight [taɪt] *adj 1. (fig: money)* knapp; *(schedule)* knapp bemessen; *2. (control)* streng

till [tɪl] *sb* Ladenkasse *f*

time ['taɪm] *sb* ~ *and a half* fünfzig Prozent Zuschlag

time bargain ['taɪm bɑːgən] *sb* Termingeschäft *n*

timecard ['taɪmkɑːd] *sb* Stempelkarte *f*

time clock [taɪm klɒk] *sb* Stechuhr *f*

time deposit [taɪm dɪ'pɒzɪt] *sb* Termineinlagen *f/pl*, Termingeld *n*, Festgeld *n*

time for delivery [taɪm fɔː dɪ'lɪvərɪ] *sb* Lieferfrist *f*

time-lag ['taɪm-læg] *sb* Zeitverschiebung *f*

time limit ['taɪm lɪmɪt] *sb* Befristung *f*, Ablauffrist *f*

time loan [taɪm ləʊn] *sb* Ratenkredit *m*

timely ['taɪmlɪ] *adj* fristgerecht

time of expiration [taɪm əv ekspɪ'reɪʃn] *sb* Verfallzeit *f*

time off [taɪm 'ɔf] *sb* Fehlzeiten *f/pl*

timescale ['taɪmskeɪl] *sb* zeitlicher Rahmen *m*

time-share ['taɪmʃeə] *adj* Timesharing...

time study [taɪm 'stʌdɪ] *sb* Zeitstudie *f*

timetable ['taɪmteɪbl] *sb* Zeittabelle *f*, Fahrplan *m (fam)*

time wages [taɪm 'weɪdʒɪz] *sb* Zeitlohn *m*

time wasted [taɪm 'weɪstɪd] *sb* Leerlauf *m*

time-weighted life insurance ['taɪmweɪtɪd 'laɪf ɪn'ʃʊərəns] *sb* dynamische Lebensversicherung *f*

time work ['taɪm wɜːk] *sb* nach Zeit bezahlte Arbeit *f*, Zeitarbeit *f*

time zone ['taɪm zəʊn] *sb* Zeitzone *f*

tip [tɪp] *sb (for rubbish)* Abladeplatz *m*; *(for coal)* Halde *f*

tipper ['tɪpə] *sb (lorry)* Kipplaster *m*

title ['taɪtl] *sb 1.* Rechtsanspruch *m*; *2. (to property)* Eigentumsrecht *n*; *3. (document)* Eigentumsurkunde *f*

title-evidencing instrument ['taɪtlevɪdensɪŋ 'ɪnstrəmənt] *sb* Legitimationspapiere *n/pl*

titre [tiːtrə] *sb* Feingehalt *m*

tobacco exchange [tə'bækəʊ ɪksd'dʒeɪnʃ] *sb* Tabakbörse *f*

token ['təʊkən] *sb (voucher)* Gutschein *m*; *(sign)* Zeichen *n*

token payment ['təʊkən 'peɪmənt] *sb* symbolische Bezahlung *f*

toll [tɔːl] *sb 1.* Zoll *m*, Gebühr *f*; *2. (for a road)* Straßengebühr *f*, Maut *f*

toll road ['tɔːl rəʊd] *sb* gebührenpflichtige Straße *f*, Mautstraße *f*

tonnage ['tʌnɪdʒ] *sb* Tonnage *f*

tonne [tʌn] *sb* Tonne *f*

tool [tuːl] *sb* Werkzeug *n*, Gerät *n*, Instrument *n*

top [tɒp] *adj 1.* oberste(r,s), höchste(r,s); *2. (first-rate)* erstklassig, Top... *(fam)*, Spitzen...

top-down principle [tɒp-daʊn 'prɪnsɪpl] *sb* Top-Down-Prinzip *n*

topical ['tɒpɪkəl] *adj* aktuell

top-level [tɒp-'levl] *adj* Spitzen...

top management [tɒp 'mænɪdʒmənt] *sb* Top-Management *n*

top price [tɒp 'praɪs] *sb* Höchstpreis *m*

top wage [tɒp 'weɪdʒ] *sb* Spitzenlohn *m*

total ['təʊtl] *v 1. (add)* zusammenzählen, zusammenrechnen; *2. (amount to)* sich belaufen auf; *sb 3.* Gesamtsumme *f*, Gesamtbetrag *m*

total amount ['təʊtl ə'maʊnt] *sb* Gesamtsumme *f*, Gesamtbetrag *m*

total capital profitability [təʊtl 'kæpɪtl prɒfɪtə'bɪlɪtɪ] *sb* Gesamtkapitalrentabilität *f*

total claim [təʊtl 'kleɪm] *sb* Gesamtforderung *f*

total costs [təʊtl 'kɒsts] *sb* Gesamtkosten *pl*

total credit outstanding [təʊtl 'kredɪt 'aʊtstændɪŋ] *sb* Kreditvolumen *n*

total debt [təʊtl 'det] *sb* Gesamtschuld *f*

total delivery [təʊtl dɪ'lɪvərɪ] *sb* Gesamtlieferung *f*

total loss ['təʊtl lɒs] *sb* Totalschaden *m*

total loss only (t. l. o.) ['təʊtl lɒs əʊnlɪ] *adv* nur gegen Totalverlust versichert (t.l.o.)

total market value ['təʊtl 'mɑːkɪt vælju:] *sb* Gesamtkurs *m*

total proceeds [təʊtl 'prəʊziːds] *sb* Gesamtertrag *m*

total result [təʊtl rɪ'sʌlt] *sb* Totalerfolg *m*

tour schedule ['tɔː ʃedjuːl] *sb* Tourenplan *m*

toxic ['tɒksɪk] *adj* giftig

toxic waste [tɒksɪk 'weɪst] *sb* Giftmüll *m*

toxin ['tɒksɪn] *sb* Giftstoff *m*

tracer note ['treɪsə nəʊt] *sb* Kontrollmitteilung *f*

trade [treɪd] v 1. handeln, Handel treiben; ~ in sth mit etw handeln; ~ sth for sth etw gegen etw tauschen; ~ in one's car sein Auto in Zahlung geben; sb 2. (commerce) Handel m, Gewerbe n; 3. (exchange) Tausch m; 4. (line of work) Branche f; know all the tricks of the ~ alle Kniffe kennen; by ~ von Beruf

trade analysis [treɪd əˈnælɪsɪs] sb Branchenanalyse f

trade association [treɪd əsəʊsɪˈeɪʃən] sb Wirtschaftsverband m

trade balance [ˈtreɪd bæləns] sb Handelsbilanz f

trade centre [ˈtreɪd sentə] sb Handelsplatz m, Handelszentrum n

trade clause [ˈtreɪd klɔːz] sb Handelsklausel f

trade comparison [treɪd kəmˈpærɪsən] sb Branchenvergleich m

trade credit [treɪd ˈkredɪt] sb Warenkredit m

trade discount [ˈtreɪd dɪskaʊnt] sb Händlerrabatt m

trade-earnings tax [treɪdˈɜːnɪŋs tæks] sb Gewerbeertragssteuer f

trade embargo [ˈtreɪd ɪmbɑːɡəʊ] sb Handelsembargo n

trade fair [ˈtreɪd feə] sb Handelsmesse f

trade-in [ˈtreɪdɪn] sb In-Zahlung-Gegebenes n

trademark [ˈtreɪdmɑːk] v 1. gesetzlich schützen lassen; sb 2. Markenzeichen n, Warenzeichen n

trade mission [treɪd ˈmɪʃən] sb Handelsmission f

trade name [ˈtreɪd neɪm] sb Handelsname m

trade practice [treɪd ˈpræktɪs] sb Handelsbrauch m, Handelsusancen pl

trader [ˈtreɪdə] sb 1. (person) Händler m; (ship) 2. Handelsschiff n

trade-registered article [treɪd-ˈredʒɪstəd ˈɑːtɪkəl] sb Markenartikel m

Trade Regulation Act [treɪd reɡjʊˈleɪʃn ækt] sb Gewerbeordnung (GewO) f

trade relations [treɪd rɪˈleɪʃənz] pl Handelsbeziehungen pl

trade restrictions [treɪd rɪˈstrɪkʃənz] pl Handelsbeschränkungen pl

trade school [ˈtreɪd skuːl] sb Berufsschule f

trade secret [ˈtreɪd siːkrɪt] sb Betriebsgeheimnis n

tradesman [ˈtreɪdzmən] sb 1. Händler m; 2. (craftsman) Handwerker m

trade structure [treɪd ˈstrʌktʃə] sb Branchenstruktur f

trade supervisory authority [treɪd suːpəˈvaɪsəri ɔːˈθɒrɪti] sb Gewerbeaufsichtsamt n

trade surplus [treɪd ˈsɜːpləs] sb Handelsüberschuss m

trade tariff [treɪd ˈtærɪf] sb Gütertarif m

trade tax [ˈtreɪd tæks] sb Gewerbesteuer f

trade tax on capital [ˈtreɪd tæks ɒn ˈkæpɪtl] sb Gewerbekapitalsteuer f

trade union [treɪd ˈjuːnɪən] sb Gewerkschaft f

trade union bank [ˈtreɪd juːnjən ˈbæŋk] sb Gewerkschaftsbank f

trade war [treɪd wɔː] sb Handelskrieg m

trading [ˈtreɪdɪŋ] sb Handel m, Handeln n

trading account [ˈtreɪdɪŋ əˈkaʊnt] sb Verkaufskonto n

trading estate [ˈtreɪdɪŋ ɪsteɪt] sb Gewerbegebiet n

trading in foreign exchange [ˈtreɪdɪŋ ɪn ˈfɒrɪn ɪksˈdʒeɪnʃ] sb Usancenhandel m

trading in futures on a stock exchange [ˈtreɪdɪŋ ɪn ˈfjuːtʃəs ɒn ə ˈstɒk ɪksˈdʒeɪnʃ] sb Börsentermingeschäfte n/pl

trading in security futures [ˈtreɪdɪŋ ɪn sɪˈkjʊərɪti ˈfjuːtʃəs] sb Wertpapier-Terminhandel m

trading margin [ˈtreɪdɪŋ ˈmɑːdʒɪn] sb Handelsspanne f

trading on own account [ˈtreɪdɪŋ ɒn ˈəʊn əˈkaʊnt] sb Eigenhandel m

trading partner [ˈtreɪdɪŋ ˈpɑːtnə] sb Handelspartner m

traffic [ˈtræfɪk] sb 1. Verkehr m; 2. (trade) Handel m

train [treɪn] v (s.o.) ausbilden

trainee [treɪˈniː] sb Auszubildende(r) m/f, Lehrling m, Praktikant(in) m/f

trainer [ˈtreɪnə] sb (instructor) Ausbilder m

training [ˈtreɪnɪŋ] sb Ausbildung f, Schulung f

training relationship [treɪnɪŋ rɪˈleɪʃnʃɪp] sb Ausbildungsverhältnis n

training staff [ˈtreɪnɪŋ stɑːf] sb Schulungspersonal n

tranche [trɑːnʃ] sb Tranche f

transact [trænˈzækt] v führen, abschließen

transaction [trænˈzækʃən] sb Geschäft n, Transaktion f

transaction balance [trænzˈækʃn ˈbæləns] sb Transaktionskasse f

transaction number [trænzˈækʃn ˈnʌmbə] sb Transaktionsnummer (TAN) f

transactions for third account [trænz-'ækʃns fɔː 'θɜːd ə'kaʊnt] *sb* Kundengeschäft *n*

transactions on own account [trænz-'ækʃns ɒn 'əʊn ə'kaʊnt] *sb* Eigengeschäft *n*

transcript ['trænskrɪpt] *sb* Kopie *f*; *(of a tape)* Niederschrift *f*

transcription error [træn'skrɪpʃən 'erə] *sb* Übertragungsfehler *m*

transfer [træns'fɜː] *v 1. (money between accounts)* überweisen; *2. (an employee)* versetzen; ['trænsfə] *sb 3. (handing over)* Transfer *m*, Übertragung *f*; *(of funds)* Überweisung *f*; *4. (of an employee)* Versetzung *f*

transferable [træns'fɜːrəbl] *adj* übertragbar

transfer agreement [trænsfə ə'griːmənt] *sb* Transferabkommen *n*

transfer cheque ['trænsfə tʃek] *sb* Überweisungsscheck *m*

transfer expenditure ['trænsfə ɪks'pendɪdʒʊə] *sb* Transferausgaben *f/pl*

transfer in blank ['trænsfə ɪn 'blæŋk] *sb* Blankozession *f*

transfer of an entry [trænfə əv ən 'entrɪ] *sb* Umbuchung *f*

transfer of money by means of a clearing ['trænfə əv 'mʌnɪ beɪ 'miːns əv ə 'klɪərɪŋ] *sb* Giroverkehr *m*

transfer of ownership ['trænsfə əv 'əʊnəʃɪp] *sb* Eigentumsübertragung *f*

transfer of profit ['trænsfə əv 'prɒfɪt] *sb* Gewinnabführung *f*

transfer of resources ['trænsfə əv rɪ'sːɔsɪs] *sb* Ressourcentransfer *m*

transfer of technology ['trænsfə əv tek'nɒlɒdʒɪ] *sb* Technologietransfer *m*

transfer payments ['trænsfə 'peɪmənts] *sb* Transferleistungen *f/pl*

transfer prices ['trænsfə praɪsɪz] *sb* Verrechnungspreise *m/pl*

transit ['trænzɪt] *sb* Durchreise *f*, Transit *m*

transit certificate ['trænzɪt sə'tɪfɪkət] *sb* Durchgangsschein *m*

transit duty ['trænzɪt 'djuːtɪ] *sb* Transitzoll *m*

transition [træn'zɪʃən] *sb* Übergang *m*

transitional arrangement [træn'zɪʃənəl ə'reɪndʒmənt] *sb* Übergangsregelung *f*

transitional pay [træn'sɪʃənəl peɪ] *sb* Übergangsgeld *n*

transit trade ['trænzɪt treɪd] *sb* Transithandel *m*

transmission [trænz'mɪʃən] *sb* Übertragung *f*; *(of news)* Übermittlung *f*

transmitted accounts [træns'mɪtɪd ə'kaʊnts] *sb* durchlaufende Gelder *n/pl*

transmitted loans [træns'mɪtɪd 'ləʊn] *sb* durchlaufende Kredite *m/pl*

transnational corporations [træns'næʃənl kɔrpɒ'reɪʃnz] *sb* transnationale Unternehmung *f*

transparency [træn'spærənsɪ] *sb* Transparenz *f*

transparency of the market [træns'pærənsɪ əv ðə 'mɑːkɪt] *sb* Markttransparenz *f*

transport [træn'spɔːt] *v 1.* transportieren, befördern; ['trænspɔːt] *sb 2.* Transport *m*, Beförderung *f*

transportation [trænspɔː'teɪʃən] *sb 1.* Transport *m*, Beförderung *f*; *2. (means of ~)* Beförderungsmittel *n*

transportation insurance against all risks (a. a. r.) [trænspɔː'teɪʃn ɪn'ʃʊərəns ə'gænst ɔːl rɪsks] *sb* Transportversicherung gegen alle Risiken (a.a.r.) *f*

transport chain ['trænspɔːt dʒeɪn] *sb* Transportkette *f*

transport documents [træn'spɔːt 'dɒkjʊmənts] *sb* Transportpapiere *pl*

transport insurance [træn'spɔːt ɪn'sʊərəns] *sb* Transportversicherung *f*

transship [træns'ʃɪp] *v* umladen, umschlagen

transshipment [træns'ʃɪpmənt] *sb* Umschlag *m*

travel accident [trævəl 'æksɪdənt] *sb* Wegeunfall *m*

traveling salesman [trævəlɪŋ 'seɪlzmən] *sb* Handlungsreisender *m*

traveller's letter of credit ['trævələz letə əv 'kredɪt] *sb* Reisekreditbrief *m*

travelling expenses ['trævəlɪŋ ɪk'spensɪz] *sb* Reisespesen *pl*

tray [treɪ] *sb (for papers)* Ablagekorb *m*

treasury ['treʒərɪ] *sb the Treasury (UK)* Finanzministerium *n*; Fiskus

Treasury bill ['treʒərɪ bɪl] *sb* Schatzwechsel *m*, Treasury Bill *m*

treasury bond ['treʒərɪ bɒnd] *sb* Schatzanweisung *f*, Treasury Bond *m*

treasury note ['treʒərɪ nəʊt] *sb* Treasury Note *f*

treasury stock ['treʒərɪ stɒk] *sb* Verwaltungsaktien *f/pl*

trend analysis [trend ə'nælɪsɪs] *sb* Trendanalyse *f*

trend in prices [trend ɪn 'praɪsɪz] *sb* Preisentwicklung *f*

trespass ['trespæs] *v* unbefugt betreten; *"no ~ing"* „Betreten verboten"
trespasser ['trespæsə] *sb* Unbefugte(r) *m/f*
triable ['traɪəbl] *adj* verhandelbar, verhandlungsfähig
triad ['traɪəd] *sb* Triade *f*
trial ['traɪəl] *sb* 1. Prozess *m*, Verfahren *n*; 2. *(test)* Probe *f*; *on a ~ basis* probeweise
trial package ['traɪəl 'pækɪdʒ] *sb* Probepackung *f*
trial period ['traɪəl 'piːrɪəd] *sb* Probezeit *f*
trial run ['traɪəl rʌn] *sb* Versuchslauf *m*
trial shipment ['traɪəl 'ʃɪpmənt] *sb* Probelieferung *f*
triangular arbitrage [traɪ'æŋjʊlə 'ɑːbɪtrɪdʒ] *sb* Dreiecksarbitrage *f*
triangular transaction [traɪ'æŋgjʊlə trænz'ækʃən] *sb* Dreiecksgeschäft *n*
trillion ['trɪljən] *sb (UK)* Trillion *f*; *(US)* Billion *f*
trim [trɪm] *v (fig: a budget)* kürzen
trivial damage ['trɪvɪəl 'dæmɪdʒ] *sb* Bagatellschaden *m*
troy ounce ['trɔɪ aʊns] *sb* Feinunze *f*
truck [trʌk] *sb (US)* Lastwagen *m*, Laster *m*
truckage ['trʌkɪdʒ] *sb* 1. *(transport)* Transport *m*; 2. *(charge)* Transportkosten *pl*, Rollgeld *n*
trucking ['trʌkɪŋ] *sb* 1. Transport *m*; 2. *(bartering)* Tauschgeschäfte *pl*
truckload ['trʌkləʊd] *sb* Lkw-Ladung *f*
trunk call [trʌŋk kɔːl] *sb (UK)* Ferngespräch *n*
trust ['trʌst] *sb* 1. Treuhand *f*; 2. Stiftung *f*; 3. Investmentfonds *m*
trust assets ['trʌst ə'sæts] *sb* Treuhandvermögen *n*
trust banks ['trʌst bæŋks] *sb* Treuhandbanken *f/pl*
trust business ['trʌst bɪsnɪs] *sb* Treuhandwesen *n*
trust company [trʌst 'kɒmpəni] *sb* Treuhandgesellschaft *f*, Verwaltungsgesellschaft *f*
trust deposits ['trʌst dɪpɒsɪts] *sb* Treuhanddepots *pl*
trust funds ['trʌst fʌnds] *sb* Treuhandfonds *m*
trust investment [trʌst ɪn'vestmənt] *sb* Fondsanlagen *f/pl*
trustee [trʌs'tiː] *sb* Treuhänder *m*; *(of an institution)* Verwalter *m*

trustee securities [trʌs'tiː sɪ'kjʊrɪtiːz] *sb* mündelsichere Papiere *pl*
trusteeship [trʌ'stiːʃɪp] *sb* Treuhandschaft *f*, Mandat *n*
try [traɪ] *v (a case)* verhandeln
turn out ['tɜːn aʊt] *v (produce)* hervorbringen
turnaround ['tɜːnəraʊnd] *sb* Turnaround *n*
turnkey projects [tɜːnkiː 'prɒdʒekts] *sb* Turnkey-Projekte *pl*
turnout ['tɜːnaʊt] *sb* Beteiligung *f*, Teilnahme *f*
turnover ['tɜːnəʊvə] *sb* Umsatz *m*
turnover balance [tɜːnəʊvə 'bæləns] *sb* Summenbilanz *f*
turnover forecast ['tɜːnəʊvə 'fɔːkɑːst] *sb* Umsatzprognose *f*
turnover increase ['tɜːnəʊvə 'ɪnkriːs] *sb* Umsatzanstieg *m*
turnover of money [tɜːnəʊvə əv 'mʌni] *sb* Geldumsatz *m*
turnover plan ['tɜːnəʊvə plæn] *sb* Umsatzplan *m*
turnover tax ['tɜːnəʊvə tæks] *sb* Umsatzsteuer *f*
turnover trend ['tɜːnəʊvə trend] *sb* Umsatzentwicklung *f*
tutorial [tjuː'tɔːrɪəl] *sb* Benutzerhandbuch *n*
two-tier exchange rate [tuː'tiːər ɪks'tʃeɪndʒreɪt] *sb* gespaltene Wechselkurse *pl*
two-tier foreign exchange market ['tuːtɪər fɒrɪn ɪks'tʃeɪnʃ mɑːkɪt] *sb* gespaltener Devisenmarkt *m*
two-way package ['tuːweɪ 'pækɪdʒ] *sb* Mehrwegverpackung *f*
type [taɪp] *v (use a typewriter)* Maschine schreiben, tippen *(fam)*; *(sth)* tippen, mit der Maschine schreiben
type purchase ['taɪp pɜːdʒɪs] *sb* Typenkauf *m*
types of deposit ['taɪps əv dɪ'pɒsɪt] *sb* Depotarten *pl*
types of issuing ['taɪps əv ɪʃjuːɪŋ] *sb* Emissionsarten *pl*
types of property ['taɪps əv 'prɒpəti] *sb* Vermögensarten *pl*
typification [taɪpɪfɪ'keɪʃn] *sb* Typisierung
typist ['taɪpɪst] *sb* Schreibkraft *f*
typographical error [taɪpə'græfɪkəl 'erə] *sb* Tippfehler *m*; *(printing error)* Druckfehler *m*

U

ultimate ['ʌltɪmɪt] *adj* 1. *(last)* letzte(r,s), endgültig; 2. *(greatest possible)* äußerste(r,s)
ultimate buyer ['ʌltɪmɪt 'baɪə] *sb* Endabnehmer *m*
ultimate consumer ['ʌltɪmɪt kən'sjuːmə] *sb* Endverbraucher *m*, Endkonsument *m*
ultimatum [ʌltɪ'meɪtəm] *sb* Ultimatum *n*
ultimo ['ʌltɪməʊ] *adv* letzten Monats
umbrella effect [ʌm'brelə ɪ'fekt] *sb* Umbrella-Effekt *m*
unacceptability of continued employment [ʌnəkseptə'bɪlɪtɪ əv kɒn'tɪnjuːd ɪm'plɔɪmənt] *sb* Unzumutbarkeit der Weiterbeschäftigung *f*
unacceptable [ʌnək'septəbl] *adj* nicht akzeptabel, unannehmbar
unaddressed printed matter posted in bulk [ʌnə'drest 'prɪntɪd mætə 'pəʊstɪd ɪn 'bʌlk] *sb* Postwurfsendung *f*
unanimous [juː'nænɪməs] *adj* einstimmig
unannounced [ʌnə'naʊnst] *adj* unangemeldet
unauthorized [ʌn'ɔːθəraɪzd] *adj* unbefugt
unconditional [ʌnkən'dɪʃənl] *adj* bedingungslos; *(offer, agreement)* vorbehaltlos
uncovered cheque ['ʌnkʌvəd 'tʃek] *sb* ungedeckter Scheck *m*
uncovered credit ['ʌnkʌvəd 'kredɪt] *sb* ungedeckter Kredit *m*
under separate cover ['ʌndə 'sepərɪt 'kʌvə] *sb* mit getrennter Post
undercharge [ʌndə'tʃɑːdʒ] *v* zu wenig berechnen
undercut [ʌndə'kʌt] *v irr (prices)* unterbieten
underemployment [ʌndərɪm'plɔɪmənt] *sb* Unterbeschäftigung *f*
underestimate [ʌndər'estɪmeɪt] *v* unterschätzen
underpaid [ʌndə'peɪd] *adj* unterbezahlt
underprice [ʌndə'praɪs] *v* unter Preis anbieten
underquote [ʌndə'kwəʊt] *v* unterbieten
understaffed [ʌndə'stɑːfd] *adj* unterbesetzt
understanding [ʌndə'stændɪŋ] *sb (agreement)* Vereinbarung *f*, Abmachung *f*; come to an ~ with s.o. zu einer Einigung mit jdm kommen; on the ~ that ... unter der Voraussetzung, dass ...

understood [ʌndə'stʊd] *adj (agreed)* vereinbart, festgesetzt
undertake [ʌndə'teɪk] *v irr* unternehmen; *(a task)* übernehmen; *(a risk)* eingehen
undertaking ['ʌndəteɪkɪŋ] *sb* 1. Unternehmen *n*; 2. *(task)* Aufgabe *f*; 3. *(risky ~, bold ~)* Unterfangen *n*
undervaluation [ʌndəvæljuː'eɪʃən] *sb* Unterbewertung *f*
undervalue [ʌndə'væljuː] *v* unterschätzen, unterbewerten
underwriter ['ʌndəraɪtə] *sb* Versicherer *m*
underwriting business [ʌndəraɪtɪŋ 'bɪsnɪs] *sb* Versicherungsgeschäft *n*
unearned income [ʌn'ɜːnd 'ɪnkʌm] *sb* Kapitaleinkommen *n*, Besitzeinkommen *n*
uneconomical [ʌnekə'nɒmɪkl] *adj* unwirtschaftlich, unökonomisch
unemployed [ʌnɪm'plɔɪd] *adj* arbeitslos
unemployed person ['ʌnɪmlɔɪd 'pɜːsn] *sb* Erwerbslose(r) *m/f*
unemployment [ʌnɪm'plɔɪmənt] *sb* Arbeitslosigkeit *f*
unemployment benefit ['ʌnɪmplɔɪd 'benɪfɪt] *sb* Arbeitslosengeld *n*
unemployment insurance [ʌnɪm'plɔɪmənt ɪn'ʃʊərəns] *sb* Arbeitslosenversicherung *f*
unemployment rate [ʌnɪm'plɔɪmənt reɪt] *sb* Arbeitslosenrate *f*
unfair advertising ['ʌnfɛə 'ædvətaɪzɪŋ] *sb* unlautere Werbung *f*
unfair competition ['ʌnfɛə kɒmpɪ'tɪʃn] *sb* unlauterer Wettbewerb *m*
unfitness for work ['ʌnfɪtnɪs fɔː 'wɜːk] *sb* Arbeitsunfähigkeit *f*
unified balance sheet [juːnɪfaɪd 'bæləns ʃiːt] *sb* Einheitsbilanz *f*
unified company [juːnɪfaɪd 'kɒmpənɪ] *sb* Einheitsgesellschaft *f*
unified currency ['juːnɪfaɪd 'kʌrənsɪ] *sb* Einheitswährung *f*
uniform ['juːnɪfɔːm] *adj* einheitlich, gleich
uniform classification of accounts for industrial enterprises ['juːnɪfɔːm klæsɪfɪ'keɪʃn əv ə'kaʊnts fɔː ɪn'dʌstrɪəl 'entəpraɪzɪz] *sb* Industriekontenrahmen (IKR) *m*
uniform duty ['juːnɪfɔːm 'djuːtɪ] *sb* Einheitszoll *m*

uniformity [juːnɪˈfɔːmɪtɪ] *sb* Einförmigkeit *f*, Gleichförmigkeit *f*, Eintönigkeit *f*
uniform price [ˈjuːnɪfɔːm praɪs] *sb* Einheitskurs *m*
uniform system of accounts for the wholesale trade [juːnɪfɔːm ˈsɪstəm əv əˈkaʊnts fɔː ðə ˈhəʊlseɪl treɪd] *sb* Großhandelskontenrahmen *m*
unilateral transfer [juːnɪˈlætərəl trænsfə] *sb* einseitige Übertragung *f*
union [ˈjuːnjən] *sb* 1. *(group)* Vereinigung *f*, Verband *m*, Verein *m*; 2. *(labor ~, trade ~)* Gewerkschaft *f*
unionism [ˈjuːnjənɪzəm] *sb* Gewerkschaftswesen *n*
unionist [ˈjuːnjənɪst] *sb* Gewerkschaftler(in) *m/f*
unit [ˈjuːnɪt] *sb* Einheit *f*
unit certificate [juːnɪt səˈtɪfɪkət] *sb* Anteilscheine *m/pl*
unit of account [ˈjuːnɪt əv əˈkaʊnt] *sb* Rechnungseinheit *f*
unit of organization [juːnɪt əv ɔːɡənaɪˈzeɪʃn] *sb* Unternehmenseinheit *f*
unit trust fund [ˈjuːnɪt trʌst fʌnd] *sb* Investmentfonds *m*
United Nations Conferences on Trade and Development [jʊnaɪtɪd ˈneɪʃns ˈkɒnfərensɪs ɒn ˈtreɪd ænd dɪˈveləpmənt] *sb* Welthandelskonferenzen *f/pl*
universal [juːnɪˈvɜːsəl] *adj* 1. universal, Universal..., Welt...; 2. *(general)* allgemein
unlawful [ʌnˈlɔːfʊl] *adj* rechtswidrig, gesetzwidrig, ungesetzlich
unlimited power [ˈʌnlɪmɪtɪd paʊə] *sb* Generalvollmacht *f*
unlimited tax liability [ˈʌnlɪmɪtɪd tæks laɪəˈbɪlɪtɪ] *sb* unbeschränkte Steuerpflicht *f*
unlisted securities [ˈʌnlɪstɪd sɪˈkjʊrɪtiːz] *sb* unnotierte Werte *m/pl*
unload [ʌnˈləʊd] *v (freight)* ausladen
unofficial [ʌnəˈfɪʃəl] *adj* inoffiziell
unofficial dealings [ʌnəfɪʃl ˈdiːlɪŋs] *sb* Freiverkehr *m*
unofficial dealings committee [ʌnəfɪʃl diːlɪŋs kɒˈmɪtiː] *sb* Freiverkehrsausschuss *m*
unofficial market [ʌnəfɪʃl ˈmɑːkɪt] *sb* geregelter Freiverkehr *m*
unofficial stock market [ʌnəfɪʃl ˈstɒk mɑːkɪt] *sb* Kulisse *f*
unpacked [ʌnˈpækt] *adj* unverpackt
unpaid [ʌnˈpeɪd] *adj* unbezahlt
unpaid bill of exchange [ˈʌnpeɪd bɪl əv ɪksˈdʒeɪnʃ] *sb* Rückwechsel *m*

unpaid vacation [ʌnˈpeɪd veɪˈkeɪʃən] *sb* unbezahlter Urlaub *m*
unproductive [ʌnprəˈdʌktɪv] *adj* unproduktiv, unergiebig
unprofitable [ʌnˈprɒfɪtəbl] *adj* wenig einträglich, unrentabel
unqualified [ʌnˈkwɒlɪfaɪd] *adj (applicant)* unqualifiziert, nicht qualifiziert
unquoted securities [ˈʌnkwəʊtɪd sɪˈkjʊrɪtiːz] *sb* amtlich nicht notierte Werte *pl*
unquoted share [ˈʌnkwəʊtɪd ʃeə] *sb* nichtnotierte Aktie *f*
unredeemable bond [ʌnrɪˈdiːməbl bɒnd] *sb* Dauerschuldverschreibung *f*
unreserved [ʌnrɪˈzɜːvd] *adj* uneingeschränkt
unrestricted retained earnings [ˈʌnrɪstrɪktɪd rɪˈteɪnd ˈɜːnɪŋs] *sb* freie Rücklage *f*
unsailable [ʌnˈseɪləbl] *adj* unverkäuflich
unsecured credit [ʌnsɪˈkjʊəd ˈkredɪt] *sb* Blankokredit *m*
unsettled account [ʌnˈsetld əˈkaʊnt] *sb* offene Rechnung *f*
unused [ʌnˈjuːzd] *adj* ungenutzt
update [ʌpˈdeɪt] *v* auf den neuesten Stand bringen
upkeep [ˈʌpkiːp] *sb* 1. Instandhaltung *f*; 2. *(costs)* Instandhaltungskosten *pl*
upward trend [ˈʌpwəd trend] *sb* Aufwärtstrend *m*
usage [ˈjuːsɪdʒ] *sb* Usancen *pl*
usance [ˈjuːəns] *sb* Uso *m*, Usance *f*, Handelsbrauch *m*
use [juːz] *sb* Nutzung *f*
user friendliness [juːzə ˈfrendlɪnes] *sb* Benutzerfreundlichkeit *f*
user-friendly [ˈjuːzəˈfrendlɪ] *adj* benutzerfreundlich, anwenderfreundlich
usual conditions (u. c.) [juːʒəl kɒnˈdɪʃns] *sb* übliche Bedingungen (u.c., u.t.) *f/pl*
usual terms (u. t.) [juːʒəl ˈtɜːms] *sb* übliche Bedingungen (u.c., u.t.) *f/pl*
usufruct [ˈjuːsjuːfrʌkt] *sb* Nießbrauch *m*
usufructury right [juːsjuːˈfrʌktərɪ raɪt] *sb* Nutzungsrecht *n*
usury [ˈjuːʒərɪ] *sb* Wucher *m*, Zinswucher *m*
utilisation of capacity [juːtɪlaɪˈzeɪʃən əv kəˈpæsɪtɪ] *sb* Kapazitätsauslastung *f*
utility [juːˈtɪlɪtɪ] 1. Nutzen; *m* 2. *public utilities pl (services)* Leistungen der öffentlichen Versorgungsbetriebe *f/pl*
utility costs [juːˈtɪlɪtɪ kɒsts] *sb* Nutzkosten *pl*
utility-model patent [juːˈtɪlɪtɪmɒdəl ˈpeɪtənt] *sb* Gebrauchsmuster *n*

V

vacancy ['veɪkənsɪ] sb (job) freie Stelle f
vacant ['veɪkənt] adj 1. frei, leer, unbesetzt, vakant; 2. (building) unbewohnt, unvermietet
vacate [veɪ'keɪt] v (a job) aufgeben
vacation [veɪ'keɪʃən] sb (US) Ferien pl, Urlaub m
valid ['vælɪd] adj gültig; (argument) stichhaltig
valid contract ['vælɪd 'kɒntrækt] sb rechtsgültiger Vertrag m
valid today ['vælɪd tʊ'deɪ] heute gültig
validate ['vælɪdeɪt] v gültig machen; (claim) bestätigen
validity [və'lɪdɪtɪ] sb 1. Gültigkeit f; 2. (of an argument) Stichhaltigkeit f
valorization [vælərɑɪ'zeɪʃn] sb Valorisation f
valorize ['vælərɑɪz] v valorisieren, aufwerten
valuable ['væljʊəbl] adj wertvoll; sb Wertgegenstand m
valuation [væljʊ'eɪʃən] sb (process) Schätzung f, Bewertung f, Wertansatz m; (estimated value) Schätzwert m
valuation of assets based on standard values [væljʊ'eɪʃn əv 'æsɪts beɪzd ɒn 'stændət væljuːz] sb Festbewertung f
valuation of enterprises [væljʊ'eɪʃn əv 'entəprɑɪzɪz] sb Bewertung von Unternehmen f
valuation standards [væljʊ'eɪʃən 'stændards] sb Bewertungsmaßstäbe m/pl
valuator ['væljʊeɪtə] sb Schätzer m
value ['væljuː] v 1. (estimate the ~ of) schätzen, abschätzen; sb 2.Wert m, Preis m
value added ['væljuː 'ædɪd] sb Mehrwert m
value-added tax [væljuː'ædɪd tæks] sb (VAT) Mehrwertsteuer f
value compensated [væljuː 'kɒmpənseɪtɪd] sb kompensierte Valuta, Valuta kompensiert
value date ['væljuː deɪt] sb Wertstellung f
value guarantee ['væljuː gærən'tiː] sb Wertsicherung f
value in cash [væljuː ɪn 'kæʃ] sb Barwert m
value in use [væljuː ɪn 'juːz] sb Gebrauchswert m
value of collateral [væljuː əv kɒ'lætərəl] sb Beleihungswert m

value of custody [væljuː əv 'kʌstədɪ] sb Verwahrungsbetrag m
value of money [væljuː əv 'mʌnɪ] sb Geldwert
value of the subject matter at issue [væljuː əv ðə sʌbtʃekt 'mætə æt 'ɪʃjuː] sb Geschäftswert m
value to be attached [væljuː tu biː ə'tætʃd] sb beizulegender Wert m
valuer ['væljʊə] sb Schätzer m
van [væn] sb Lieferwagen m
variable ['værɪəbl] adj 1. veränderlich, wechselnd; 2. (adjustable) regelbar, verstellbar; sb 3. Variable f, veränderliche Größe f
variable cost ['værɪəbl kɒst] sb (Kostenrechnung) Arbeitskosten pl
variable costing ['værɪəbl 'kɒstɪŋ] sb Teilkostenrechnung f
variable costs ['vɛərɪəbl kɒsts] sb variable Kosten pl
variable market ['værɪəbl 'mɑːkɪt] sb variabler Markt m
variable price ['værɪəbl 'prɑɪs] sb variabler Kurs m
variable price quoting ['værɪəbl prɑɪs 'kwɜːʊtɪŋ] sb fortlaufende Notierung f
variable rate of interest ['værɪəbl reɪt əv 'ɪntrest] sb variabler Zins m
variable rate of interest ['værɪəbl reɪt əv 'ɪntrest] sb variabler Zins m
variable value ['værɪəbl 'væljuː] sb variabler Wert m
variance ['værɪæns] sb Varianz f
variant ['vɛərɪənt] sb Variante f
variety [və'rɑɪətɪ] sb (assortment) Vielfalt f; (selection) Auswahl f
vary ['værɪ] v (to be different) unterschiedlich sein; (fluctuate) schwanken; (give variety to) variieren
vault [vɔːlt] sb (of a bank) Tresorraum m
veil of money [veɪl əv 'mʌnɪ] sb Geldschleier m
velocity of circulation of money [ve'lɒsɪtɪ əv sɜːkjʊ'leɪʃn] sb Geldumlaufsgeschwindigkeit f
venal ['viːnl] adj käuflich, korrupt
vendible ['vendəbl] adj verkäuflich, gängig
vending machine ['vendɪŋ mə'ʃiːn] sb Verkaufsautomat m

vendition [ven'dɪʃən] *sb* Verkauf *m*
vendor ['vendə] *sb* 1. Verkäufer(in) *m/f*; 2. *(machine)* Automat *m*
venture ['ventʃə] *sb* Wagnis *n*
venture capital [ventʃə 'kæpɪtl] *sb* Venture Kapital *n*
verbal ['vɜːbəl] *adj (oral)* mündlich
verbatim [vɜː'bətɪm] *adv* wortwörtlich
verdict ['vɜːdɪkt] *sb* Urteil *n*
verification [verɪfɪ'keɪʃən] *sb* 1. *(check)* Überprüfung *f*, Kontrolle *f*; 2. *(confirmation)* Bestätigung *f*, Nachweis *m*
verify ['verɪfaɪ] *v (check)* prüfen, nachprüfen; *(confirm)* bestätigen
versatile ['vɜːsətaɪl] *adj* vielseitig
versatility [vɜːsə'tɪlɪtɪ] *sb* Vielseitigkeit *f*
version ['vɜːʃən] *sb* Modell *n*
versus ['vɜːsəs] *prep* kontra
vertical integration [vɜːtɪkl ɪntɪ'greɪʃn] *sb* vertikale Integration *f*, vertikale Konzentration *f*
vested interest stock [vestɪd 'ɪntrest stɒk] *sb* Interessenwert *m*
veto ['viːtəʊ] *sb* Veto *n*; *v* ~ *sth* ein Veto gegen etw einlegen
viable ['vaɪəbl] *adj (fig)* durchführbar
video conference ['vɪdɪəʊ 'kɒnfərəns] *sb* Videokonferenz *f*
videodisc ['vɪdɪəʊdɪsk] *sb* Video Disc *f*, Bildplatte *f*
videophone ['vɪdɪəʊfəʊn] *sb* Bildschirmtelefon *n*
videotape ['vɪdɪəʊteɪp] *sb* Videoband *n*
videotext ['vɪdɪəʊtekst] *sb* Videotext *m*
videotext account ['vɪdɪəʊtekst ə'kaʊnt] *sb* Tele-Konto *n*
violate ['vaɪəleɪt] *v* 1. *(a contract, a treaty, an oath)* verletzen; 2. *(a law)* übertreten
violation [vaɪə'leɪʃən] *sb (of a contract)* Verletzung *f*; *(of a law)* Gesetzübertretung *f*
violation of competition rule [vaɪə'leɪʃən əv kɒmpə'tɪʃən ruːl] *sb* Wettbewerbsverstoß *m*
virtual companies [vɜːtjʊəl 'kɒmpəniːz] *sb* virtuelle Unternehmen *n*
virtual reality ['vɜːtʃʊəl rɪ'ælɪtɪ] *sb* virtuelle Realität *f*
virtualization [vɜːtjʊəlaɪ'zeɪʃn] *sb* Virtualisierung *f*

virus ['vaɪrəs] *sb (computer)* Virus *n*
visa ['viːzə] *sb* Visum *n*
visiting card ['vɪzɪtɪŋ kɑːd] *sb (UK)* Visitenkarte *f*
visiting hours ['vɪzɪtɪŋ 'aʊəz] *pl* Besuchszeiten *pl*
visitor ['vɪzɪtə] *sb* Besucher(in) *m/f*, Gast *m*
vocation [vəʊ'keɪʃən] *sb (profession)* Beruf *m*
vocational [vəʊ'keɪʃənl] *adj* Berufs...
vocational retraining [vəʊ'keɪʃənl 'triːnɪŋ] *sb* berufliche Umschulung *f*
voice mail ['vɔɪsmeɪl] *sb* Voice Mail *f*
void [vɔɪd] *adj* ungültig, nichtig
void bill [vɔɪd 'bɪl] *sb* präjudizierter Wechsel *m*
voidable ['vɔɪdəbl] *adj* aufhebbar, anfechtbar
volatility [vɒlə'tɪlɪtɪ] *sb* Volatilität *n*
volt [vɒlt] *sb* Volt *n*
voltage ['vɒltɪdʒ] *sb* Spannung *f*
volume ['vʌljuːm] *sb (measure)* Volumen *n*; *(fig: of business, of traffic)* Umfang *m*
volume of business ['vʌljʊm əv 'bɪsnɪs] *sb* Geschäftsvolumen *n*
volume of foreign trade ['vʌljʊm əv fɒrɪŋ 'treɪd] *sb* Außenhandelsvolumen *n*
volume of money ['vɒljuːm əv 'mʌnɪ] *sb* Geldvolumen *n*
volume variance ['vʌljʊm və'raɪəns] *sb* Beschäftigungsabweichungen *f/pl*
voluntary ['vɒləntərɪ] *adj* freiwillig, ehrenamtlich
voluntary contributions ['vɒləntærɪ kɒntrɪ'bjuːʃns] *sb* Spenden *f/pl*
voluntary disclosure ['vɒləntərɪ dɪs'kləʊʒə] *sb* Selbstauskunft *f*
voluntary retirement ['vɒləntærɪ rɪ'taɪəmənt] *sb* Austritt *m*
vostro account ['vɒstrəʊ ə'kaʊnt] *sb* Vostrokonto *n*
voting rights of nominee shareholders ['vəʊtɪŋ raɪts əv 'nɒmɪniː 'ʃeəhəʊldəs] *sb* Depotstimmrecht *n*
voting share ['vəʊtɪŋ ʃeə] *sb* Stimmrechtsaktie *f*
voucher ['vaʊtʃə] *sb* 1. *(coupon)* Gutschein *m*, Bon *m*; 2. *(receipt)* Beleg *m*
vouchsafe [vaʊtʃ'seɪf] *v* gewähren

W/X/Y/Z

wage [weɪdʒ] *sb* (~s) Lohn *m*
wage agreement ['weɪdʒ əgriːmənt] *sb* Lohnvereinbarung *f*
wage claim [weɪdʒ kleɪm] *sb* Lohnforderung *f*
wage-earner ['weɪdʒɜːnə] *sb* Lohnempfänger(in) *m/f*
wage freeze ['weɪdʒfriːz] *sb* Lohnstopp *m*
wage in cash ['weɪdʒ ɪn 'kæʃ] *sb* Barlohn *m*
wage-intensive [weɪdʒɪn'tensɪf] *sb* lohnintensiv
wage-price spiral ['weɪdʒ'praɪs 'spaɪrəl] *sb* Lohn-Preis-Spirale *f*
wage scale ['weɪdʒ skeɪl] *sb* Lohntarif *m*
wages paid in kind ['weɪdʒɪz peɪd ɪn 'kaɪnd] *sb* Naturallohn *m*
wages policy ['weɪdʒɪs 'pɒlɪsi] *sb* Lohnpolitik *f*
wage tax ['weɪdʒ tæks] *sb* Lohnsteuer *f*
wage tax class ['weɪdʒ tæks klæs] *sb* Lohnsteuerklasse *f*
wait-and-see attitude [weɪtænd'siː ætɪtjuːd] *sb* Attentismus *m*
waive [weɪv] *v* verzichten
waiver ['weɪvə] *sb* 1. Verzicht *m*; 2. *(form, written ~)* Verzichterklärung *f*
wallet ['wɒlɪt] *sb* Brieftasche *f*
want [wɒnt] *sb* 1. *(need)* Bedürfnis *n*; 2. *(lack)* Mangel *m*; for ~ of mangels; 3. *(poverty)* Not *f*
wanting ['wɒntɪŋ] *adj* fehlend, mangelnd; to be found ~ sich als mangelhaft erweisen
war loan ['wɔː ləʊn] *sb* Kriegsanleihe *f*
ware [weə] *sb* Ware *f*, Erzeugnis *n*
warehouse ['weəhaʊs] *sb* Lagerhaus *n*, (Waren-)Lager *n*
warehouse receipt ['weəhaʊs rɪsiːt] *sb* Lagerempfangsschein (D/W) *m*
warehouse rent ['weəhaʊs rent] *sb* Lagermiete *f*
warehouse warrant ['weəhaʊs 'wɒrənt] *sb* Lagerschein *m*
warehousing ['weəhaʊzɪŋ] *sb* Lagerung *f*
warning ['wɔːnɪŋ] *sb (notice)* Ankündigung *f*, Benachrichtigung *f*
warrant ['wɒrənt] *sb* Befehl *m*; *(search ~)* Durchsuchungsbefehl *m*; *(for arrest)* Haftbefehl *m*

warrantor ['wɒrəntə] *sb* Garantiegeber *m*
warrants ['wɒrənts] *sb* Warrants *pl*
warranty ['wɒrənti] *sb* Garantie *f*, Gewährleistung *f*
waste [weɪst] *v* 1. *(sth)* verschwenden, vergeuden; *(a chance)* vertun; *sb* 2. Verschwendung *f*; *(rubbish)* Abfall *m*; *(~ material)* Abfallstoffe *pl*
waste disposal ['weɪst dɪspəʊzəl] *sb* Abfallbeseitigung *f*
waste management ['weɪst mænɪdʒmənt] *sb* Abfallwirtschaft *f*
waterage ['wɔːtərɪdʒ] *sb* Transport auf dem Wasserweg *m*
watering of capital stock [wɔːtərɪŋ əv 'kæpɪtl stɒk] *sb* Kapitalverwässerung *f*
watt [wɒt] *sb* Watt *n*
wattage ['wɒtɪdʒ] *sb* Wattleistung *f*
waybill ['weɪbɪl] *sb* Frachtbrief *m*
wealth tax ['welθ tæks] *sb* Vermögenssteuer *f*
wear and tear ['weər ənd 'teə] *sb* Abnutzung und Verschleiß
wearproof ['weəpruːf] *adj* strapazierfähig
web [web] *sb* the Web das World Wide Web *n*, das Netz *n*
web browser ['web braʊzə] *sb* Webbrowser *m*
web page ['web peɪdʒ] *sb* Web-Seite *f*, Webpage *f*
web site ['websaɪt] *sb* Website *f*
weekday ['wiːkdeɪ] *sb* Wochentag *m*
weekend ['wiːkend] *sb* Wochenende *n*
weigh [weɪ] *v* 1. wiegen; *(sth)* wiegen; 2. *(fig: pros and cons)* abwägen; ~ one's words seine Worte abwägen
weight [weɪt] *sb* Gewicht *n*; lose ~/gain ~ *(person)* abnehmen/zunehmen
weight guaranteed (w.g.) [weɪt gærəntiːd] *sb* garantiertes Gewicht (w.g.) *n*
weighting ['weɪtɪŋ] *sb (UK: ~ allowance)* Zulage *f*
weight loaded [weɪt 'ləʊdɪd] *sb* Abladegewicht *n*
welfare ['welfeə] *sb* Wohlfahrt *f*, Sozialhilfe *f*
welfare state ['welfeə steɪt] *sb* Wohlfahrtsstaat *m*
well-connected [wel kə'nektɪd] *adj* be ~ gute Beziehungen haben

well-deserved ['weldɪ'zɜːvd] *adj* wohlverdient
well-informed [welɪn'fɔːmd] *adj (person)* gut informiert
well-intentioned ['welɪn'tenʃənd] *adj* wohl gemeint; *(person)* wohlmeinend
well-known ['welnəʊn] *adj* bekannt
wharf [wɔːf] *sb* Kai *m*
wharfage ['wɔːfɪdʒ] *sb* Kaigebühren *pl*
whispering campaign ['wɪspərɪŋ kæmpeɪn] *sb* Verleumdungskampagne *f*
white collar worker ['waɪt kəʊlə 'wɜːkə] *sb* Angestellte(r) *m/f*, Büroangestellte(r) *m/f*
white goods [waɪt ɡʊdz] *sb* weiße Ware *f*
white knight [waɪt naɪt] *sb* Investor, der eine Firma von einer Übernahme rettet *m*, Retter in der Not
white-collar crime [waɪt'kəʊlə kraɪm] *sb* White-Collar-Kriminalität *f*, Wirtschaftskriminalität *f*
white-collar union [waɪt'kəʊlə 'juːnjən] *sb* Angestelltengewerkschaft *f*
whiteout ['waɪtaʊt] *sb (fam)* Tipp-Ex *n*
whole-bank interest margin calculation ['wəʊl-bæŋk 'ɪntrest mɑːdʒɪn kælkjʊ'leɪʃn] *sb* Gesamtzinsspannenrechnung *f*
wholesale ['həʊlseɪl] *sb* Großhandel *m*; *adv* im Großhandel
wholesale banking ['həʊlzeɪl bæŋkɪŋ] *sb* Firmenkundengeschäft *n*
wholesale market ['həʊlseɪl 'mɑːkɪt] *sb* Großmarkt *m*
wholesale price ['həʊlseɪl praɪs] *sb* Großhandelspreis *m*
wholesale trade ['həʊlseɪl treɪd] *sb* Großhandel *m*
wholesaler ['həʊlseɪlə] *sb* Großhändler(in) *m/f*, Grossist(in) *m/f*
wholly-owned ['həʊlɪ'əʊnd] *adj* a ~ *subsidiary* eine hundertprozentige Tochtergesellschaft *f*
width [wɪdθ] *sb* Breite *f*
wield [wiːld] *v (power)* ausüben
wilful ['wɪlfʊl] *adj (deliberate)* vorsätzlich, mutwillig
willingness ['wɪlɪŋnɪs] *sb* Bereitwilligkeit *f*, Bereitschaft *f*
willingness to achieve ['wɪlɪŋnes tu ə'tʃiːf] *sb* Leistungsbereitschaft *f*
windbill ['wɪndbɪl] *sb* Reitwechsel *m*
window-dressing ['wɪndəʊdresɪŋ] *sb* Schaufenstergestaltung *f*
winter bonus ['wɪntə 'bəʊnəs] *sb* Winterausfallgeld *n*

wire [waɪə] *v (send a telegram to)* telegrafieren
with a fixed rate of interest [wɪθ ə 'fɪksd reɪt əv 'ɪntrest] *sb* festverzinslich
withdrawal [wɪθ'drɔːəl] *sb* Entnahme *f*
withdrawal of shares [wɪθ'drɔːəl əv 'ʃɛəs] *sb* Aktieneinziehung *f*
without competition [wɪθ'aʊt kɒmpə'tɪʃən] *adv* konkurrenzlos
without guarantee [wɪθ'aʊt gærən'tiː] *adv* ohne Gewähr
without obligation [wɪθ'aʊt ɒblɪ'geɪʃən] *adv* ohne Obligo
without prior notice [wɪθ'aʊt 'praɪə 'nəʊtɪs] *adv* fristlos
word processing [wɜːd 'prəʊsesɪŋ] *sb* Textverarbeitung *f*
work [wɜːk] *v* 1. arbeiten; ~ *on* arbeiten an; 2. *(a machine)* bedienen; 3. *(to be successful)* klappen; 4. *(function)* funktionieren; *sb* 5. Arbeit *f*; *to be at* ~ on sth an etw arbeiten; *out of* ~ arbeitslos; *make short* ~ *of sth (fam)* mit etw kurzen Prozess machen; *He's at* ~. Er ist in der Arbeit. *~s pl* 6. *(factory)* Betrieb *m*, Fabrik *f*
work ethic ['wɜːk eθɪk] *sb* Arbeitsmoral *f*
workaholic [wɜːk ə'hɒlɪk] *sb* Arbeitssüchtige(r) *m/f*, Workaholic *m*
workbench ['wɜːk bentʃ] *sb* Werkbank *f*
worker ['wɜːkə] *sb* Arbeiter(in) *m/f*
worker participation ['wɜːkə pɑːtɪsɪ'peɪʃən] *sb* Arbeitnehmerbeteiligung *f*
workforce ['wɜːkfɔːs] *sb* Belegschaft *f*, Arbeiterschaft *f*
working capital ['wɜːkɪŋ 'kæpɪtl] *sb* Betriebskapital *n*
working conditions and human relations ['wɜːkɪŋ kən'dɪʃənz ənd 'hjuːmən rɪ'leɪʃənz] *sb* Betriebsklima *n*
working funds ['wɜːkɪŋ 'fʌnds] *sb* Betriebsmittel *pl*
working hours ['wɜːkɪŋ 'aʊəz] *sb* Arbeitszeit *f*
working lunch ['wɜːkɪŋ lʌntʃ] *sb* Arbeitsessen *n*
working day ['wɜːkɪŋ deɪ] *sb* Arbeitstag *m*
working expenses ['wɜːkɪŋ ɪks'pensɪs] *sb* Betriebskosten *pl*
work in process [wɜːk ɪn 'prəʊses] *sb* unfertige Erzeugnisse *n/pl*
workmanship ['wɜːkmənʃɪp] *sb* Arbeitsqualität *f*
work out [wɜːk aʊt] *v (figures)* ausrechnen
work performed [wɜːk pə'fɔːmd] *sb* Arbeitsertrag *m*

work permit ['wɜːk pɜːrmɪt] *sb* Arbeitserlaubnis *f*
work together [wɜːk təˈgeθə] *v* zusammenarbeiten
workload ['wɜːkləʊd] *sb* Arbeitslast *f*
works protection force [wɜːks prəˈtekʃən fɔːs] *sb* Werkschutz *m*
workshop ['wɜːkʃɒp] *sb* Werkstatt *f*; *(fig: seminar)* Seminar *n*
workstation ['wɜːksteɪʃn] *sb* Arbeitsplatzrechner *m*
workweek ['wɜːkwiːk] *sb* Arbeitswoche *f*
World Bank ['wɜːld bæŋk] *sb* Weltbank *f*
world economic summit ['wɜːld ɪkɒˈnʌmɪk ˈsʌmɪt] *sb* Weltwirtschaftsgipfel *m*
world economy [wɜːld ɪkˈɒnəmɪ] *sb* Weltwirtschaft *f*
world market [wɜːld ˈmɑːkɪt] *sb* Weltmarkt *m*
world market price [wɜːld ˈmɑːkɪt praɪs] *sb* Weltmarktpreis *m*
world trade [wɜːld treɪd] *sb* Welthandel *m*
world-wide [wɜːld ˈwaɪd] *adj* weltweit
worldwide economic crisis ['wɜːldwaɪd ɪkɒˈnʌmɪk ˈkraɪsɪz] *sb* Weltwirtschaftskrise *f*
worldwide financial statements ['wɜːldwaɪd faɪnænʃl ˈsteɪtmənts] *sb* Weltbilanz *f*
worst-case ['wɜːstkeɪs] *adj* ~ scenario Annahme des ungünstigsten Falles *f*
worth [wɜːθ] *sb* Wert *m*
wrapping ['ræpɪŋ] *sb* Verpackung *f*
wrapping paper ['ræpɪŋpeɪpə] *sb* Packpapier *n*
write out [raɪt aʊt] *v irr (cheque)* ausstellen
write off ['raɪt ˈɔf] *v irr* abschreiben

write-off ['raɪtɔf] *sb (tax ~)* Abschreibung *f*
written ['rɪtn] *adj* schriftlich
XYZ analysis [ekswaɪzet əˈnælɪsɪz] *sb* XYZ-Analyse *f*
yard [jɑːd] *sb (0.914 metres)* Yard *n*
yearly ['jɪəlɪ] *adj* jährlich, Jahres...
Yellow Pages [jeləʊ ˈpeɪdʒɪz] *pl the* ~ die Gelben Seiten *pl*
yen [jen] *sb* Yen *m*
yield [jiːld] *v 1. (a crop, a result)* hervorbringen, ergeben; *(interest)* abwerfen; *sb 2.* Ertrag *m*, Rendite *f*
yield on bonds outstanding ['jiːld ɒn ˈbʌnds aʊtˈstændɪŋ] *sb* Umlaufrendite *f*
yield on shares [jiːld ɒn ˈʃɛəs] *sb* Aktienrendite *f*
young businessman [jʌŋ ˈbɪsnɪsmən] *sb* Jungunternehmer *m*
youth employment protection ['juːθ ɪmˈplɔɪmənt prɒˈtekʃn] *sb* Jugendarbeitsschutz *m*
youth representatives [juːθ rɪprɪˈzentətɪf] *sb* Jugendvertretung *f*
zealous ['zeləs] *adj* eifrig
zero ['zɪərəʊ] *sb* Null *f*; *(on a scale)* Nullpunkt *m*
zero bonds ['zɪərəʊ bʌnd] *sb* Zerobonds *pl*
zero growth ['zɪərəʊ grəʊθ] *sb* Nullwachstum *n*
zero-rated ['zɪərəʊreɪtɪd] *adj* mehrwertsteuerfrei
ZIP code ['zɪp kəʊd] *sb (US)* Postleitzahl *f*
zone [zəʊn] *sb* Zone *f*, Gebiet *f*; Bereich *m*
zonetime ['zəʊntaɪm] *sb* Zeitzonensystem *n*

Deutsch – Englisch

A

ab Bahnhof [ap 'ba:nho:f] free on rail
ab Kai [ap kaɪ] ex quay
ab Werk [ap vɛrk] ex works
Abandon [abã'dõ:] *m* abandonment
abarbeiten ['aparbaɪtən] *v* work off
Abbau ['apbau] *m 1.* reduction, *2. (im Bergbau)* mining, exploitation, exhaustion
abbaubar ['apbauba:r] *adj* degradable, decomposable
abbauen ['apbauən] *v 1. (verringern)* reduce; *2. (zerlegen)* dismantle, pull down, take to pieces; *3. (im Bergbau)* mine, work
abbestellen ['apbəʃtɛlən] *v* cancel
Abbestellung ['apbəʃtɛluŋ] *f* cancellation
abbezahlen ['apbətsa:lən] *v* pay off, repay
abbröckeln ['apbrœkəln] *v (Börsenkurse)* ease off, drop off
abbuchen ['apbu:xən] *v 1.* deduct, debit; *2. (abschreiben)* write off
Abbuchung ['apbu:xuŋ] *f* debiting
Abbuchungsauftrag ['apbu:xuŋsauftra:k] *m* direct debit instruction
Abbuchungsverfahren ['apbu:xuŋsfɛrfa:rən] *n* direct debit (procedure)
ABC-Analyse [abe'tse:analy:zə] *f* ABC evaluation analysis
Abendbörse [a:bəntbœrzə] *f* evening stock exchange
Aberdepot ['a:bərdepo:] *n* fungible security deposit
aberkennen ['apɛrkɛnən] *v irr* deprive, disallow, dispossess
Aberkennung ['apɛrkɛnuŋ] *f* deprivation, abjudication, disallowance
Abfahrtszeit ['apfa:rtstsaɪt] *f* time of departure
Abfall ['apfal] *m* waste
Abfallbeseitigung ['apfalbəsaɪtiguŋ] *f* waste disposal
Abfallbörse ['apfalbœrsə] *f* recycling exchange
Abfallprodukt ['apfalpro'dukt] *n* waste product
Abfallverwertung ['apfalfɛr've:rtuŋ] *f* recycling, waste utilization
Abfallwirtschaft ['apfalvɪrtʃaft] *f* utilization of waste products, waste management
abfeiern ['apfaɪərn] *v Überstunden* ~ take time off to make up for overtime

abfertigen ['apfɛrtɪgən] *v 1. (Zoll)* clear; *2. (Kunde)* attend to, serve
Abfertigung ['apfɛrtɪguŋ] *f* dispatch, *1. (Zoll)* clearance; *2. (Kunde)* service
abfinden ['apfɪndən] *v irr* settle with, indemnify, pay off; *(jdn ~)* pay off, *(Teilhaber ~)* buy out
Abfindung ['apfɪnduŋ] *f* settlement, indemnification; compensation
Abfindungsangebot ['apfɪnduŋsangəbo:t] *n* compensation offer
abflauen ['apflauən] *v* flag, slacken, slow down
Abfrage ['apfra:gə] *f* inquiry
abführen ['apfy:rən] *v (Gelder)* pay
Abführungspflicht ['apfy:ruŋspflɪçt] *f* pay over duty
Abfülldatum ['apfylda:tum] *n* filling date, bottling date
Abgabe ['apga:bə] *f (Steuer)* duty, levy, tax
Abgabemenge ['apga:bəmɛŋə] *f* quantity sold
abgabenfrei ['apga:bənfraɪ] *adj* duty-free, tax-free, tax-exempt
Abgabenordnung ['apga:bənɔrdnuŋ] *f* fiscal code
abgabenpflichtig ['apga:bənpflɪçtɪç] *adj* taxable, liable to tax
Abgabetermin ['apga:bətɛr'mi:n] *m* submission date
Abgang ['apgaŋ] *m (Waren)* outlet, sale, market
Abgrenzung ['apgrɛntsuŋ] *f* demarcation
abheben ['aphe:bən] *v irr (Geld)* withdraw, take out, draw
abholbereit ['apho:lbəraɪt] *adj* ready for collection
abkaufen ['apkaufən] *v* buy, purchase
Abkommen ['apkɔmən] *n* deal, agreement
Abladegewicht ['apla:dəgəvɪçt] *n* weight loaded
Ablage ['apla:gə] *f* file, filing
Ablauf ['aplauf] *m 1. (Frist)* expiry, expiration *(US); 2.* procedure, process
ablaufen ['aplaufən] *v irr (Frist)* run out
Ablauffrist ['aplauffrɪst] *f* time limit
ablegen ['aple:gən] *v 1. (Akten)* file; *2. (ein Geständnis)* confess
Ablehnung ['aple:nuŋ] *f* refusal

ablichten ['aplıçtən] *v* photocopy
Ablichtung ['aplıçtuŋ] *f* photocopy
abliefern ['apli:fərn] *v* deliver
Ablieferung ['apli:fəruŋ] *f* delivery, submission
Ablöse ['aplø:zə] *f* redemption
ablösen ['aplø:zən] *v* (tilgen) redeem, pay off
Ablösesumme ['aplø:zezumə] *f* redemption price, redemption sum
Ablösung ['aplø:zuŋ] *f* (Tilgung) redemption, repayment
Ablösungsanleihe ['aplø:zuŋsanlaıə] *f* redemption loan
abmahnen ['apma:nən] *v* caution
Abmahnung ['apma:nuŋ] *f* warning, reminder
ABM-Stelle [a:be:'ɛmʃtɛlə] *f* make-work job
Abnahme ['apna:mə] *f* 1. *(Verminderung)* decrease, decline, diminution; 2. *(amtliche ~)* official acceptance, inspection
Abnahmemenge ['apna:məmɛŋə] *f* purchased quantity
Abnahmepflicht ['apna:məpflıçt] *f* obligation to take delivery
abnehmen ['apne:mən] *v irr* 1. *(entgegennehmen)* take; 2. *(abkaufen)* buy; *jdm etw ~* relieve s.o. of sth; 3. inspect
Abnehmer ['apne:mər] *m* buyer, purchaser
Abnehmerland ['apne:mərlant] *n* buyer country
Abnutzung ['apnutsuŋ] *f* wear, wearing out
Abonnement [abɔnə'mãː] *n* subscription
Abordnung ['apɔrdnuŋ] *f* delegation
abrechnen ['apreçnən] *v* 1. settle; 2. *(etw abziehen)* deduct
Abrechnung ['apreçnuŋ] *f* 1. *(Abzug)* deduction; 2. *(Aufstellung)* statement; 3. *(Schlussrechnung)* settlement (of accounts), bill
Abrechnungsstelle ['apreçnuŋsʃtɛlə] *f* clearing house
Abrechnungstag ['apreçnuŋsta:k] *m* settling day
Abrechnungstermin ['apreçnuŋstermi:n] *m* accounting date
Abrechnungsverfahren ['apreçnuŋsferfa:rən] *n* settling procedure
Abrechnungsverkehr ['apreçnuŋsferke:r] *m* clearing system
Abrechnungszeitraum ['apreçnuŋstsaıtraum] *m* accounting period
Abruf ['apru:f] *m* retrieval
Abrufauftrag ['apru:fauftra:k] *m* call order
abrufbereit ['apru:fbərait] *adj* ready on call; retrievable
abrufen ['apru:fən] *v irr* request delivery of; retrieve
Absage ['apza:gə] *f* refusal
Absatz ['apzats] *m* sales
Absatzanalyse ['apzatsanaly:zə] *f* sales analysis
Absatzbeschränkung ['apzatsbəʃrɛŋkuŋ] *f* restriction on the sale of sth
Absatzchance ['apzatsʃɑsə] *f* sales prospects
absatzfähig ['apzatsfɛ:ıç] *adj* marketable, saleable
Absatzfinanzierung ['apzatsfınantsi:ruŋ] *f* sales financing
Absatzflaute ['apzatsflautə] *f* slump in sales
Absatzgebiet ['apzatsgəbi:t] *n* marketing area
Absatzkanal ['apzatskana:l] *m* channel of distribution
Absatzkrise ['apzatskri:zə] *f* sales crisis
Absatzmarkt ['apzatsmarkt] *m* market
Absatzorganisation ['apzatsɔrganizatsjo:n] *f* sales organization
Absatzplanung ['apzatspla:nuŋ] *f* sales planning
Absatzpolitik ['apzatspoliti:k] *f* sales policy, marketing policy
Absatzstatistik ['apzatsʃtatıstık] *f* sales statistics
Absatzweg ['apzatsve:k] *m* channel of distribution
Absatzwirtschaft ['apzatsvırtʃaft] *f* marketing
Absatzziel ['apzatstsi:l] *n* sales target
Abschlag ['apʃla:k] *m* 1. *(Rate)* part payment; 2. *(Preissenkung)* markdown; discount; 3. *(Kursabschlag)* marking down
Abschlagsdividende ['apʃla:gsdividɛndə] *f* dividend on account
Abschlagssumme ['apʃla:gszumə] *f* lump sum
Abschlagszahlung ['apʃla:kstsa:luŋ] *f* down payment, part payment, instal(l)ment rate
abschließen ['apʃli:sən] *v irr* 1. *(beenden: Sitzung)* conclude, bring to a close, end; 2. *(Geschäft)* transact, conclude
Abschluss ['apʃlus] *m* 1. *(Beendigung)* end; *zum ~ bringen* bring to a conclusion; *zum ~ kommen* come to an end; 2. *(Vertragsschluss)* signing of an agreement, conclusion of a contract; 3. *(Geschäftsabschluss)* (business)

transaction, (business) deal; zum ~ kommen finalize; 4. (Bilanz) financial statement, annual accounts

Abschlussauftrag ['apʃlusauftraːk] m final order

Abschlussbilanz ['apʃlusbɪlants] m final annual balance sheet

Abschlusskurs ['apʃluskurs] m closing rate

Abschlussprovision ['apʃlusprovizjoːn] f sales commission, acquisition commission

Abschlussprüfer ['apʃluspryːfər] m auditor

Abschlussprüfung ['apʃluspryːfuŋ] f audit

Abschlussstichtag ['apʃlusʃtɪçtaːk] m closing date of accounts

Abschlusstechnik ['apʃlustɛçnɪk] f finishing technique

abschöpfen ['apʃœpfən] v skim off

Abschöpfung ['apʃœpfuŋ] f skimming off (of profits), siphoning off

Abschöpfungs-Preispolitik ['apʃœpfuŋspraɪspolitiːk] f skimming-the-market pricing policy

Abschöpfungssystem ['apʃœpfuŋsysteːm] n absorption system

abschreiben ['apʃraɪbən] v irr write off

Abschreibung ['apʃraɪbuŋ] f (Wertverminderung) depreciation, writing off

Abschreibungsfonds ['apʃraɪbuŋsfɔː] m depriciation fund

Abschreibungsgesellschaft ['apʃraɪbuŋsgəzɛlʃaft] f project write-off company

Abschreibungsobjekt ['apʃraɪbuŋsɔpjɛkt] n object of depreciation

Abschrift ['apʃrɪft] f copy

Abschwung ['apʃvuŋ] m recession

Absendung ['apzɛnduŋ] f 1. (Verschickung) dispatch, sending, sending off; 2. (Abordnung) delegation

Absendungsvermerk ['apzɛnduŋsfɛrmɛrk] m note confirming dispatch

Absentismus [apzɛn'tɪsmus] m absenteeism

absetzbar ['apzɛtsbaːr] adj 1. (verkäuflich) marketable, saleable; 2. (steuerlich ~) deductible

absetzen ['apzɛtsən] v 1. (verkaufen) sell; 2. (abschreiben) deduct

Absetzung ['apzɛtsuŋ] f (Abschreibung) deduction, depreciation, allowance

Absorption [apzɔrp'tsjoːn] f absorption

abspeichern ['apʃpaɪçərn] v save, store

Abspeicherung ['apʃpaɪçəruŋ] f saving, storing

Absprache ['apʃpraːxə] f agreement, arrangement

absprachegemäß ['apʃpraːxəgəmɛːs] adj as agreed, as per arrangement

absprechen ['apʃprɛçən] v irr 1. (vereinbaren) agree; arrange, settle; 2. (aberkennen) disallow, deny

Abstand ['apʃtant] m 1. distance; 2. (Zahlung) indemnity payment

Abstandszahlung ['apʃtantstsaːluŋ] f indemnity

Abstempelung ['abʃtɛmpəluŋ] f stamping

abstoßen ['apʃtoːsən] v irr (verkaufen) get rid of, sell off, dispose of

Abstrich ['apʃtrɪç] m (Abzug) cut, curtailment

abtasten ['aptastən] v read, scan

Abteilung [ap'taɪluŋ] f department, section

Abteilungsleiter [ap'taɪluŋslaɪtər] m head of department, department manager

abtragen ['aptraːgən] v irr (Schulden) pay off

Abtragung ['aptraːguŋ] f (von Schulden) paying off, payment

Abtransport ['aptransporːt] m conveyance, transport

abtransportieren ['aptransportiːrən] v transport away, carry off

abtreten ['aptreːtən] v irr (überlassen) relinquish, transfer, cede

Abtretung ['aptreːtuŋ] f assignment, cession, transfer

Abtretungsverbot ['aptreːtuŋsfɛrboːt] n prohibition of assignment

Abtretungsvertrag ['aptreːtuŋsfɛrtraːk] m contract of assignment

Abwärtsentwicklung ['apvɛrtsɛntvɪkluŋ] f downward trend, downward tendency, downward movement

Abwärtstrend ['apvɛrtstrɛnt] m downward trend

Abweichung ['apvaɪçuŋ] f deviation

Abweichungsanalyse ['apvaɪçuŋsanalyːzə] f cost variance analysis

Abweisung ['apvaɪzuŋ] f dismissal

abwerben ['apvɛrbən] v irr entice away, contract away, hiring away, bidding away

Abwerbung ['apvɛrbuŋ] f enticement, wooing

abwerfen ['apvɛrfən] v irr (einbringen) yield, return

abwerten ['apveːrtən] v devaluate, depreciate, devalue

Abwertung ['apveːrtuŋ] f devaluation

Abwertungswettlauf ['apveːrtuŋsvɛtlauf] *m* devaluation race
Abwickler ['apvɪklər] *m* liquidator
Abwicklung ['apvɪkluŋ] *f* completion, settlement, handling, liquidation
Abwicklungskonto ['apvɪkluŋskɔnto] *n* settlement account
abwirtschaften ['apvɪrtʃaftən] *v* mismanage, ruin by mismanagement
Abwurf ['apvurf] *m* yield, profit, return
abzahlen ['aptsaːlən] *v (Raten)* pay off, repay, pay by instalments
Abzahlung ['aptsaːluŋ] *f (Raten)* payment by instalments, repayment
Abzahlungsgeschäft ['aptsaːluŋsɡəʃɛft] *n* instalment sale transaction
Abzahlungshypothek ['aptsaːluŋshypoteːk] *f* instalment mortgage
Abzahlungskauf ['aptsaːluŋskauf] *m* instal(l)ment contract
abzeichnen ['aptsaɪçnən] *v (unterschreiben)* initial, sign, tick off
abziehen ['aptsiːən] *v irr* subtract; take off; *(Rabatt)* deduct; *etwas vom Preis* ~ take sth off the price
Abzinsung ['aptsɪnzuŋ] *f* discounting
Abzug ['aptsuːk] *m* 1. *(Kopie)* copy, duplicate, print; 2. *(Rabatt)* discount, deduction, rebate
abzüglich ['aptsyːklɪç] *prep* less, minus, deducting
abzugsfähig ['aptsuːksfɛːɪç] *adj* deductible, allowable
Achtstundentag [axt'ʃtundəntaːk] *m* eight-hour day
Achtung ['axtuŋ] *f (Recht)* observance (of laws)
Ackerbau ['akərbau] *m* agriculture
a-conto-Zahlung [a'kɔnto 'tsaːluŋ] *f* payment on account
Addition [adɪ'tsjoːn] *f* addition
Ad-hoc-Kooperation [at'hɔk koːpəra'tsjoːn] *f* ad hoc cooperation
Ad-hoc-Publizität [at'hɔk publitsi'tɛːt] *f* ad hoc disclosure
Adjustable Peg [ə'dʒʌstəbl peɡ] *m* adjustable peg
Administration [atmɪnɪstra'tsjoːn] *f* administration
administrativ [atmɪnɪstra'tiːʃ] *adj* administrative
Adoption [adɔp'tsjoːn] *f* adoption
Adressant [adrɛ'sant] *m* sender, consignor
Adressat [adrɛ'saːt] *m* addressee, consignee

Adresse [a'drɛsə] *f* address
adressieren [adrɛ'siːrən] *v* address
Adverse Selection ['ædvrs sɪ'lekʃən] *f* adverse selection
Advokat [atvo'kaːt] *m* lawyer
Affidavit [afi'daːvɪt] *n* affidavit
Affiliation [afilja'tsjoːn] *f* affiliation
After-Sales-Services ['aftə seɪlz 'sɜːvɪsɪz] *f/pl* after-sales services
Agenda [a'ɡɛnda] *f* agenda
Agent [a'ɡɛnt] *m* agent, representative
Agentur [aɡɛn'tuːr] *f* agency, representation
Agglomeration [aɡlomera'tsjoːn] *f* agglomeration
Agio ['adʃo] *n* agio, premium
Agiopapiere ['aːdʒopapiːrə] *n/pl* securities redeemable
Agiotage [aːdʒo'taːʒə] *f* agiotage
Agrarbetrieb [a'ɡraːrbətriːp] *m* agricultural enterprise
Agrarerzeugnis [a'ɡraːrɛrtsɔyɡnɪs] *n* agricultural product, produce
Agrargüter [a'ɡraːrɡyːtər] *n/pl* agricultural goods
Agrarindustrie [a'ɡraːrɪndustriː] *f* agricultural industry
Agrarkrise [a'ɡraːrkriːzə] *f* agricultural crisis
Agrarmarkt [a'ɡraːrmarkt] *m* agricultural market
Agrarpolitik [a'ɡraːrpoliːtiːk] *f* agricultural policy
Agrarpreis [a'ɡraːrpraɪs] *m* prices of farm products
Agrarreform [a'ɡraːrəfɔrm] *f* agricultural reform
Agrarprotektionismus [a'ɡraːrprotɛktsjonɪsmus] *m* agricultural protectionism
Agrarstaat [a'ɡraːrʃtaːt] *m* agricultural state
Agrarsubventionen [a'ɡraːrzubvɛntsjoːnən] *f/pl* agricultural subsidies
Agrarüberschüsse [a'ɡraːryːbərʃysə] *m/pl* agricultural surpluses
Agrarwirtschaft [a'ɡraːrvɪrtʃaft] *f* rural economy
Agrarwissenschaften [a'ɡraːrvɪsənʃaftən] *f/pl* agricultural economics
Akademiker(in) [aka'deːmɪkər(ɪn)] *m/f* university graduate
AKA-Kredite ['aːkaˈaˈkrediːtə] *m/pl* export credits
Akkord [a'kɔrt] *m (Stücklohn)* piece-work
Akkordarbeit [a'kɔrtarbaɪt] *f* piecework

Akkordarbeiter [aˈkɔrtarbaıtər] *m* piece worker
Akkordlohn [aˈkɔrtloːn] *m* piece-rate, payment by the job, piece wages
Akkordzulage [aˈkɔrttsuːlaːgə] *f* piecerate bonus
akkreditieren [akrediˈtiːrən] *v* to open a credit, *jdn für etw* ~ credit sth to s.o.'s account
Akkreditierung [akrediˈtiːruŋ] *f* opening a credit
Akkreditiv [akrediˈtiːf] *n* (commercial) letter of credit
Akkreditiveröffnung [akrediˈtiːfɛrœfnuŋ] *f* opening of a letter of credit
Akkreditivstellung [akrediˈtiːfʃtɛluŋ] *f* opening a letter of credit
Akkumulation [akumulaˈtsjoːn] *f* accumulation
akkumulieren [akumuˈliːrən] *v* accumulate
Akquisition [akviziˈtsjoːn] *f* acquisition
Akt [akt] *m* act, deed
Akte [ˈaktə] *f* file
Aktenauszug [ˈaktənaustsuːk] *m* excerpt from the records
Akteneinsicht [ˈaktənaınzıçθ] *f* inspection of records
Aktenmappe [ˈaktənmapə] *f* portfolio, briefcase, folder
Aktennotiz [ˈaktənnotits] *f* memorandum
Aktenschrank [ˈaktənʃraŋk] *m* filing cabinet
Aktentasche [ˈaktəntaʃə] *f* briefcase, portfolio
Aktenzeichen [ˈaktəntsaıçən] *n* reference number, file number, case number
Aktie [ˈaktsjə] *f* share, stock *(US)*
Aktienanalyse [ˈaktsjənanalyːzə] *f* analysis of shares
Aktienausgabe [ˈaktsjənausgaːbə] *f* issuing of shares
Aktienaustausch [ˈaktsjənaustauʃ] *m* exchange of shares
Aktienbank [ˈaktsjənbaŋk] *f* joint-stock bank
Aktienbestand [ˈaktsjənbəʃtant] *m* shareholding
Aktienbezugsrecht [aktsjənbəˈtsuːksrɛçt] *n* subscription right
Aktienbörse [ˈaktsjənbœrzə] *f* stock exchange
Aktienbuch [ˈaktsjənbuːx] *n* share register, stock register
Aktiendepot [ˈaktsjəndepoː] *n* share deposit

Aktieneinziehung [ˈaktsjənaıntsiːuŋ] *f* withdrawal of shares
Aktienemission [ˈaktsjənemısjoːn] *f* issue of shares
Aktienfonds [ˈaktsjənf ɔː] *m* share fund
Aktiengesellschaft (AG) [ˈaktsjəngəzɛlʃaft] *f* joint stock company, stock corporation, public limited company *(PLC)*
Aktiengesetz [ˈaktsjəngəzɛts] *n* Companies Act, Company Law
Aktienindex [ˈaktsjənındɛks] *m* share index, stock market index
Aktienkapital [ˈaktsjənkapıtaːl] *n* share capital, capital stock
Aktienkurs [ˈaktsjənkurs] *m* share price
Aktienmarkt [ˈaktsjənmarkt] *m* stock market, share market
Aktienmehrheit [ˈaktsjənmeːrhaıt] *f* majority of stock
Aktiennotierung [ˈaktsjənnotiːruŋ] *f* share quotation, stock quotation
Aktienoption [ˈaktsjənɔptsjoːn] *f* share stock option
Aktienpaket [ˈaktsjənpakeːt] *n* block of shares
Aktienquorum [ˈaktsjənkvoːrum] *n* share quorum
Aktienrecht [ˈaktsjənrɛçt] *n* company law
Aktienregister [ˈaktsjənregıstər] *n* share register
Aktienrendite [ˈaktsjənrendiːtə] *f* earning per share, yield on stocks, yield on shares
Aktienumtausch [ˈaktsjənumtauʃ] *m* exchange of share certificates for new
Aktienzeichnung [ˈaktsjəntsaıçnuŋ] *f* subscription for shares
Aktienzertifikat [ˈaktsjəntsɛrtifikaːt] *n* share certificate, stock certificate
Aktienzusammenlegung [ˈaktsjəntsuzamənleːguŋ] *f* consolidation of shares
Aktionär [aktsjoˈnɛːr] *m* shareholder, stockholder *(US)*
Aktionärsbrief [aktsjoˈnɛːrsbriːf] *m* circular letter from board to shareholders
Aktionärsvereinigungen [aktsjoˈnɛːrsfɛraınıguŋən] *f/pl* associations of shareholders
Aktionärsversammlung [aktsjoˈnɛːrsfɛrzamluŋ] *f* shareholders' meeting, stockholders' meeting
Aktion [akˈtsjoːn] *f* campaign, action
Aktionsparameter [akˈtsjoːnsparaːmetər] *m* action parameters
Aktionsplakat [akˈtsjoːnsplakaːt] *n* advertising bill

Aktionspreis [ak'tsjo:nsprais] *m* special campaign price
aktiv [ak'ti:f] *adj (Bilanz)* favourable
Aktiva [ak'ti:va] *pl* assets
Aktivbestand [ak'ti:fbəʃtant] *m* assets
aktiver Teilhaber [ak'ti:fər 'tailha:bər] *m* active partner
Aktivgeschäft [ak'ti:fgə'ʃɛft] *n* credit transaction
aktivieren [akti'vi:rən] *f* enter on the assets side
Aktivierung [akti'vi:ruŋ] *f* entering on the assets side
Aktivierungspflicht [akti'vi:ruŋspflıçt] *f* legal obligation to capitalize
Aktivierungsverbot [akti'vi:ruŋsfɛrbo:t] *n* legal prohibition to capitalize
Aktivierungswahlrecht [akti'vi:ruŋsva:lrɛçt] *n* option to capitalize
Aktivposten [ak'ti:fpɔstən] *m* assets, credit item
Aktivsaldo [ak'ti:fzaldo] *n* credit balance, active balance
Aktivtausch [ak'ti:ftauʃ] *m* accounting exchange on the asset side
Aktivzins [ak'ti:ftsıns] *m* interest receivable
Akzelerationsprinzip [aktselera'tsjo:nsprıntsi:p] *n* acceleration principle
Akzelerator [aktsele'ra:to:r] *m* accelerator
Akzept [ak'tsɛpt] *n* acceptance
akzeptabel [aktsɛp'ta:bəl] *adj* acceptable
Akzeptaustausch ['aktsɛptaustauʃ] *m* exchange of acceptances
akzeptieren [aktsɛp'ti:rən] *v (Rechnung)* honour
Akzeptkredit ['aktsɛptkredi:t] *m* acceptance credit
Akzeptlinie ['aktsɛptli:njə] *f* line of acceptance
Akzeptprovision ['aktsɛptprovizjo:n] *f* commission for acceptance
Akzeptverbindlichkeit ['aktsɛptfɛrbıntlıçkait] *f* acceptance liability
Akzisen [ak'tsi:zən] *f/pl* excise taxes
A-Länder ['a lɛndər] *n/pl* A countries
Alimente [ali'mɛntə] *pl* maintenance, support
Aliud ['a:liut] *n* delivery of goods other than those ordered
Alleinerbe [a'lainɛrbə] *m* sole heir
Alleininhaber [a'laininha:bər] *m* sole owner, sole holder
Alleinverkaufsrecht [a'lainfɛrkaufsrɛçt] *n* exclusive right to sell (sth)

Alleinvertreter [a'lainfɛrtre:tər] *m* sole representative, sole agent
Alleinvertretung [a'lainfɛrtre:tuŋ] *f* sole agency
Alleinvertrieb [a'lainfɛrtri:p] *m* sole distribution rights *pl*, exclusive distribution rights pl
allgemeine Geschäftsbedingungen [algə'mainə gə'ʃɛftsbədıŋuŋən] *f/pl* general terms of contract, general standard terms and conditions
allgemeine Kreditvereinbarungen [algə'mainə kre'di:tfɛrainba:ruŋən] *f/pl* general credit agreements
allgemeine Versicherungsbedingungen [algə'mainə fɛr'zıçəruŋsbədıŋuŋən] *f/pl* general insurance conditions
Allianz [al'jants] *f* alliance
Allokation [aloka'tsjo:n] *f* allocation
Allokationspolitik [aloka'tsjo:nspoliti:k] *f* allocation policy
Allonge [a'lɔ:ʒə] *f* allonge
Altersgrenze ['altərsgrɛntsə] *f* age limit
Altersprofil ['altərsprofi:l] *n* age profile
Altersrente ['altərsrɛntə] *f* old-age pension
Altersruhegeld ['altərsru:əgɛlt] *n* Rente
Altersteilzeitgesetz ['altərstailtsaitgəzɛts] *n* retirement pension, old-age pension
Altersversorgung ['altərsfɛrzɔrguŋ] *f* old-age pension
Altersvorsorge ['altərsfo:rzɔrgə] *f* old age social security system
Altlast ['altlast] *f* old hazardous waste
ambulantes Gewerbe [ambu'lantəs gə'vɛrbə] *n* itinerant trade
American Bankers Association (ABA) [ə'mɛrıkən 'bæŋkəz əsəusı'eıʃən] *f* American Bankers Association
American National Standards Institute (ANSI) [ə'mɛrıkən 'næʃənl 'stændədz 'ınstıtju:t] *n* American National Standards Institute
amerikanisches Rechnungswesen [ameri'ka:nıʃəs 'rɛçnuŋsve:zən] *n* American accounting system
Amortisation [amɔrtiza'tsjo:n] *f* amortisation, amortization *(US)*
Amortisationshypothek [amɔrtiza'tsjo:nshypote:k] *f* instal(l)ment mortgage
amortisieren [amɔrti'zi:rən] *v* write off, amortise
Amt [amt] *n* office, agency
amtlich nicht notierte Werte ['amtlıç nıçt no'ti:rtə 've:rtə] *m/pl* unquoted securities

amtlicher Handel ['amtlıçər 'handəl] *m* official trading
amtlicher Markt ['amtlıçər markt] *m* official market
Amtsanmaßung ['amtsanma:suŋ] *f* usurpation of authority, assumption of authority
Amtsgericht ['amtsɡərıçt] *n* local court, County Court *(UK)*, Municipal Court *(US)*
Amtsinhaber(in) ['amtsınha:bər(ın)] *m/f* officeholder
Amtsmiene ['amtsmi:nə] *f* bureaucrat's impassive look, official air
Amtsrichter(in) ['amtsrıçtər(ın)] *m/f* judge of the local court
Amtsschimmel ['amtsʃıməl] *m (fam)* red tape, bureaucracy
an Zahlungs Statt [an 'tsa:luŋs ʃtat] in lieu of payment
analog [ana'lo:k] *adj* analog
Analogrechner [ana'lo:krɛçnər] *m* analog computer
Analogtechnik [ana'lo:ktɛçnık] *f* analog technology
Analyse [ana'ly:zə] *f* analysis
Analyst [ana'lyst] *m* analyst
anbieten ['anbi:tən] *v* offer
Anbieter ['anbi:tər] *m* 1. *(einer Dienstleistung)* service provider; 2. *(einer Ware)* supplier
Anderdepot ['andərdepo:] *n* fiduciary deposit
Anderkonto ['andərkɔnto] *n* fiduciary account
Anderskosten ['andərskɔstən] *pl* costing expenditures
Änderungskündigung ['ɛndəruŋskyndıɡuŋ] *f* notice of dismissal with offer for reemployment at less favorable terms
Anfangsbestand ['anfaŋsbəʃtant] *m* opening stock
Anfangsgehalt ['anfaŋsɡəhalt] *n* starting salary
Anfangskapital ['anfaŋskapita:l] *n* opening capital
anfechtbar ['anfɛçtba:r] *adj* contestable
anfechten ['anfɛçtən] *v irr* challenge, appeal
Anfechtung ['anfɛçtuŋ] *f* appeal, contestation, challenge
Anforderung ['anfɔrdəruŋ] *f* 1. demand; 2. *(Bestellung)* request
Anfrage ['anfra:ɡə] *f* inquiry
anfragen ['anfra:ɡən] *v* inquire, enquire, ask
Angaben ['anɡa:bən] *f/pl* details; statement

Angebot ['anɡəbo:t] *n* offer; quotation
Angebotsmenge ['anɡəbo:tsmɛŋə] *f* supply volume
angebotsorientierte Wirtschaftspolitik ['anɡəbo:tsɔrjɛnti:rtə 'vırtʃaftspoliti:k] *f* supply-oriented economic policy
Angebotspreis ['anɡəbo:tsprais] *m* asking price, price quoted in an offer
Angebotssteuerung ['anɡəbo:tsʃtɔyəruŋ] *f* supply control
Angebotsstruktur ['anɡəbo:tsʃtruktu:r] *f* supply structure
angestellt ['anɡəʃtɛlt] *adj* employed
Angestellte(r) ['anɡəʃtɛltə(r)] *m/f* employee
Angestelltengewerkschaft ['anɡəʃtɛltəŋɡəvɛrkʃaft] *f* employees' union
Angestelltenrentenversicherung ['anɡəʃtɛltənfɛrzıçəruŋ] *f* salary earners' pension insurance
Angestelltenverhältnis ['anɡəʃtɛltənfərhɛ:ltnıs] *n* non-tenured employment
angliedern ['anɡli:dərn] *v (Betrieb)* affiliate
Angliederung ['anɡli:dəruŋ] *f* affiliation, incorporation
Anhang (einer Bilanz) ['anhaŋ] *m* notes (to the financial statement)
anhängig ['anhɛŋıç] *adj* pending
Anhörung ['anhø:ruŋ] *f* hearing
Ankauf ['ankauf] *m* purchase
ankaufen ['ankaufən] *v* purchase, acquire
Ankaufskurs ['ankaufskurs] *m* buying price, buying rate
Ankaufspreis ['ankaufsprais] *m* purchase price, buying-in price
Ankaufsrecht ['ankaufsrɛçt] *n* purchase right, right to acquire
Anklage ['ankla:ɡə] *f* charge, accusation, indictment
anklicken ['anklıkən] *v etw* ~ click on sth
Ankunftsdatum ['ankunftsda:tum] *n* date of arrival
Ankunftsort ['ankunftsɔrt] *m* place of arrival, destination
Ankunftszeit ['ankunftstsait] *f* time of arrival, arrival time
Anlage ['anla:ɡə] *f* 1. *(Fabrik)* plant, works, factory; 2. *(Geldanlage)* investment; 3. *(Briefanlage)* enclosure
Anlageausschuss ['anla:ɡəausʃus] *m* investment committee
Anlageberater ['anla:ɡəbəra:tər] *m* investment consultant
Anlageberatung ['anla:ɡəbəra:tuŋ] *f* investment counseling

Anlagegüter ['anla:gəgy:tər] *n/pl* capital goods, capital assets
Anlagekapital ['anla:gəkapita:l] *n* investment capital
Anlagekonten ['anla:gəkɔntən] *n/pl* investment accounts
Anlagenbau ['anla:gənbau] *m* plant engineering and construction, systems engineering
Anlagendeckung ['anla:gəndɛkuŋ] *f* ratio of equity capital to fixed assets
Anlagenfinanzierung ['anla:gənfınantsi:ruŋ] *f* financing of investment in fixed assets
Anlagepapiere ['anla:gəpapi:rə] *pl* investment securities
Anlagevermögen ['anla:gəfɛrmø:gən] *n* fixed assets
Anlagevorschriften ['anla:gəfo:rʃrıftən] *f/pl* rules for investment of resources
Anlagewagnis ['anla:gəva:knıs] *n* investment risk
Anlagewährung ['anla:gəvɛ:ruŋ] *f* currency of investment
Anlaufkosten ['anlaufkɔstən] *pl* launching costs
Anlaufperiode ['anlaufpɛrjo:də] *f* initial period
anlegen ['anle:gən] *v 1. (Geld)* invest; *2. eine Akte ~* start a file
Anleger ['anle:gər] *m* investor
Anlegerschutz ['anle:gərʃuts] *m* protection for the investor
Anleihe ['anlaıə] *f* loan, loan stock, debenture
Anleihegeschäft ['anlaıəgəʃɛft] *n* loan business
Anleiherechnung ['anlaıərɛçnuŋ] *f* loan calculation
Anleiheschuld ['anlaıəʃuld] *f* bonded debt, loan debt
Anleihetreuhänderschaft ['anlaıətrɔyhɛndərgəʃɛft] *f* loan custodianship
Anlernberuf ['anlɛrnbəru:f] *m* semi-skilled occupation
anlernen ['anlɛrnən] *v* train
Anlernzeit ['anlɛrntsait] *f* training period
anliefern ['anli:fərn] *v* supply, deliver
Anlieferung ['anli:fəruŋ] *f* supply, delivery
Anmeldefrist ['anmɛldəfrıst] *f* period for application
anmeldepflichtige Kartelle ['anmɛldəpflıçtıçə kar'tɛlə] *n/pl* notifiable cartels
Anmeldung ['anmɛlduŋ] *f* registration

Annahme ['anna:mə] *f 1. (Lieferung)* receipt, acceptance; *2. (Zustimmung)* acceptance, approval
Annahmeverweigerung ['anna:məfɛrvaıgəruŋ] *f* refusal of delivery
Annonce [a'nɔ̃:sə] *f* advertisement
Annuität [anui'tɛ:t] *f* annuity
Annuitätenanleihe [anui'tɛ:tənanlaıə] *f* annuity bond, perpetual bond
Annuitätendarlehen [anui'tɛ:təndaːrle:ən] *n* annuity loan
annullieren [anu'li:rən] *v* cancel, annul
anonyme Sparkonten [ano'ny:mə 'ʃpa:rkɔntən] *n/pl* anonymous savings accounts
Anordnung ['anɔrdnuŋ] *f* order
Anpassungsinflation ['anpasuŋsınflatsjo:n] *f* adaptive inflation
Anpassungsinvestition ['anpasuŋsınvestitsjo:n] *f* adjustment project
Anpassungskosten ['anpasuŋskɔstən] *pl* adjustment costs
anrechnen ['anrɛçnən] *v 1. (berechnen)* charge for; *2. (gutschreiben)* take into account
Anrechtscheine ['anrɛçtʃainə] *m/pl* intermediate share certificate
Anrede ['anre:də] *f* form of address, salutation
Anreiz ['anraıts] *m* incentives, inducement, spur
Anreizsystem ['anraıtszyste:m] *n* incentive system
Anruf ['anru:f] *m* call
Anrufbeantworter ['anru:fbəantvɔrtər] *m* answering machine, automatic answering set
anrufen ['anru:fən] *v irr (telefonieren)* telephone, call *(US)*, ring up, to give a ring *(fam)*
Anrufer ['anru:fər] *m* caller
anschaffen ['anʃafən] *v* buy, acquire, purchase
Anschaffung ['anʃafuŋ] *f* acquisition
Anschaffungsgeschäft ['anʃafuŋsgəʃɛft] *n* buying or selling for customers
Anschaffungskosten ['anʃafuŋskɔstən] *pl* acquisition cost
Anschaffungspreis ['anʃafuŋsprais] *m* purchase price, initial cost
Anschaffungswert ['anʃafuŋsve:rt] *f* acquisition value
Anschlussfinanzierung ['anʃlusfınantsi:ruŋ] *f* follow-up financing
Anschrift ['anʃrıft] *f* address
Ansprechpartner ['anʃprɛçpartnər] *m* contact person
Anspruch ['anʃprux] *m* claim

anstellen ['anʃtɛlən] *v* employ
Anstellung ['anʃtɛluŋ] *f 1. (Einstellung)* employment, engagement, hiring; *2. (Stellung)* job, position, post
Anstellungsvertrag ['anʃtɛluŋsfɛrtra:k] *m* employment contract
Anteil ['antaɪl] *m* interest, share *(US)*, unit *(UK)*
Anteilscheine ['antaɪlʃaɪnə] *m/pl* share/unit/participating certificate
Anteilseigner ['antaɪlsaɪgnər] *m* shareholder, equity holder
Anteilspapiere ['antaɪlspapi:rə] *n/pl* equity security
Antidumpingzoll [anti'dʌmpɪŋtsɔl] *m* anti-dumping duty
Anti-Trust... [anti'trʌst] *adj* antitrust
antizipative Posten [antitsipa'ti:fə 'pɔstən] *m/pl* accruals
antizyklische Finanzpolitik [anti'tsy:klɪʃə fɪ'nantspoliti:k] *f* countercyclical fiscal policy
antizyklisches Verhalten [anti'tsy:klɪʃəs fɛr'haltən] *n* countercyclical development
Antrag ['antra:k] *m* application ~ *stellen* make an application; ~ *ablehnen* reject a request
Antragsformular ['antra:ksfɔrmula:r] *n* application form
Antragsteller(in) ['antra:kʃtɛlər(ɪŋ)] *m/f* applicant, proposer, claimant
Antwort ['antvɔrt] *f* reply
Antwortschreiben ['antvɔrtʃraɪbən] *n* reply, answer
Anwalt ['anvalt] *m* lawyer, solicitor, attorney
Anwältin ['anvɛltɪn] *f* female lawyer
Anwärter(in) ['anvɛrtər(ɪŋ)] *m/f (Amtsanwärter)* candidate
Anwartschaft ['anvartʃaft] *f* beneficial estate, right in course of acquisition
Anwartsschaftsdeckungsverfahren ['anvartʃaftsdɛkuŋsfɛrfa:rən] *n* expectancy cover procedure
anweisen ['anvaɪzən] *v irr* remit, assign, transfer
Anweisung ['anvaɪzuŋ] *f* transfer, remittance, payment order
Anwender(in) ['anvɛndər] *m/f* user
anwenderfreundlich ['anvɛndərfrɔyntlɪç] *adj* user-friendly
Anwenderprogramm ['anvɛndərprɔgram] *n* user programme
anwerben ['anvɛrbən] *v irr* recruit
Anwerbung ['anvɛrbuŋ] *f* recruitment
Anzahlung ['antsa:luŋ] *f* down payment, deposit

Anzahlungsbürgschaft ['antsa:luŋsbyrkʃaft] *f* payment guarantee
Anzeige ['antsaɪgə] *f 1. (Werbung)* advertisement; *2. (Recht)* report
Anzeigenformat ['antsaɪgənfɔrma:t] *n* size of an advertisement
Anzeigenschaltung ['antsaɪgənʃaltuŋ] *f* placement of an advertisement
Anzeigenteil ['antsaɪgəntaɪl] *m* advertising section
Anzeigepflicht ['antsaɪgəpflɪçt] *f* legal obligation to disclose one's results
Application Service Provider (ASP) [æplɪ'keɪʃən 'sɜ:vɪs prə'vaɪdə] *m* application service provider
Äquivalenzprinzip [ɛkviva'lɛntsprɪntsi:p] *n* cost-of-service principle, principle of equivalence
Äquivalenzzifferkalkulation [ɛkviva'lɛntstsɪfərkalkulatsjo:n] *f* equivalence coefficient costing
Arbeit ['arbaɪt] *f 1.* labour, work; *2. (Berufstätigkeit)* employment
arbeiten ['arbaɪtən] *v* work, labour
Arbeiter(in) ['arbaɪtər(ɪŋ)] *m* worker, employee, labourer
Arbeiterschaft ['arbaɪtərʃaft] *f* labour force
Arbeitgeber(in) ['arbaɪt'ge:bər(ɪŋ)] *m/f* employer
Arbeitgeberanteil [arbaɪt'ge:bərantaɪl] *m* employer's contribution
Arbeitgeberverband [arbaɪt'ge:bərfɛrbant] *m* employers' association
Arbeitgeberzuschüsse [arbaɪt'ge:bərtsu:ʃysə] *m/pl* employer's contributions
Arbeitnehmer(in) ['arbaɪtne:mər(ɪŋ)] *m/f* employee
Arbeitnehmeraktie [arbaɪt'ne:məraktsjə] *f* employees' shares
Arbeitnehmeranteil [arbaɪt'ne:mər'antaɪl] *m* employee's contribution
Arbeitnehmerbeteiligung [arbaɪt'ne:mərbətaɪlɪguŋ] *f* worker participation
Arbeitnehmer-Erfindungen [arbaɪt'ne:mərɛrfɪnduŋən] *f/pl* employee inventions
Arbeitnehmer-Freibetrag [arbaɪt'ne:mərfraɪbətra:k] *m* employee's allowable deduction
Arbeitnehmer-Pauschbetrag [arbaɪt'ne:mərpauʃbətra:k] *m* employee's zero bracket amount; general charge; lump sum
Arbeitnehmersparzulage [arbaɪt'ne:mərʃpa:rtsu:la:gə] *f* employees' savings premium

Arbeitnehmerüberlassung [arbaɪt'neːməryːbərlasʊŋ] f employee leasing

Arbeitsamt ['arbaɪtsamt] n employment office, labour exchange, employment exchange, local labour office

Arbeitsanfall ['arbaɪts'anfal] m volume of work

Arbeitsbedingungen ['arbaɪtsbədɪŋʊŋən] f/pl terms and conditions of employment

Arbeitsbeschaffung ['arbaɪtsbəʃafʊŋ] f job creation

Arbeitsbeschaffungsmaßnahme [arbaɪtsbəˈʃafʊŋsmaːsnaːmə] f job-creating measure

Arbeitsbewertung ['arbaɪtsbəvɛrtʊŋ] f job evaluation

Arbeitseinkommen ['arbaɪtsaɪnkɔmən] n earned income

Arbeitsentgelt ['arbaɪtsɛntgɛlt] n remuneration

Arbeitserlaubnis ['arbaɪtsɛrlaupnɪs] f work permit

Arbeitsertrag ['arbaɪtsɛrtraːk] m work performed

Arbeitsessen ['arbaɪtsɛsən] n working lunch

Arbeitsförderungsgesetz (AFG) ['arbaɪtsfœrdərʊŋsɡəzɛts (aˈɛfˈgeː)] n Labor Promotion Law

Arbeitsgang ['arbaɪtsɡaŋ] m operation, routine

Arbeitsgemeinschaft ['arbaɪtsɡəmaɪnʃaft] f working group, team

Arbeitsgericht ['arbaɪtsɡərɪçt] n industrial tribunal

Arbeitskosten ['arbaɪtskɔstən] pl 1. *(Personal)* labor/employment cost; 2. *(Kostenrechnung)* variable cost

Arbeitskraft ['arbaɪtskraft] f 1. *(Person)* worker; 2. *(Fähigkeit)* working capacity

Arbeitsleistung ['arbaɪtslaɪstʊŋ] f productivity

arbeitslos ['arbaɪtsloːs] adj unemployed, jobless, out of work

Arbeitslose(r) ['arbaɪtsloːzə(r)] m/f unemployed person

Arbeitslosengeld ['arbaɪtsloːzənɡɛlt] n unemployment benefit

Arbeitslosenhilfe ['arbaɪtsloːzənhɪlfə] f unemployment benefit

Arbeitslosenrate ['arbaɪtsloːzənraːtə] f unemployment rate

Arbeitslosenversicherung ['arbaɪtsloːzənfɛrzɪçərʊŋ] f unemployment insurance

Arbeitslosigkeit ['arbaɪtsloːzɪçkaɪt] f unemployment

Arbeitsmarkt ['arbaɪtsmarkt] m labour market

Arbeitsmarktpolitik ['arbaɪtsmarktpolitiːk] f labor market policy, manpower policy

Arbeitsnachfrage ['arbaɪtsnaːxfraːgə] f job demand

Arbeitsplatz ['arbaɪtsplats] m place of employment

Arbeitsplatzgestaltung ['arbaɪtsplatsɡəʃtaltʊŋ] f job engineering

Arbeitsplatzrechner ['arbaɪtsplatsrɛçnər] m workstation

Arbeitsplatzschutz ['arbaɪtsplatsʃʊts] m protection of jobs, employment protection

Arbeitsproduktivität ['arbaɪtsproduktiviːtɛːt] f productivity of labour

Arbeitspsychologie ['arbaɪtspsyçologiː] f industrial psychology

Arbeitsrecht ['arbaɪtsrɛçt] n labour law

Arbeitsschutz ['arbaɪtsʃʊts] m industrial safety

Arbeitssicherheit ['arbaɪtszɪçərhaɪt] f safety at work

Arbeitsspeicher ['arbaɪtsʃpaɪçər] m main memory

Arbeitsstelle ['arbaɪtsʃtɛlə] f 1. place of work; 2. *(Stellung)* job

Arbeitssuche ['arbaɪtszuːxə] f looking for work, job search

Arbeitstag ['arbaɪtstaːk] m workday, working day

Arbeitsteilung ['arbaɪtstaɪlʊŋ] f division of labour

arbeitsunfähig ['arbaɪtsʊnfɛːɪç] adj unable to work, disabled, unfit for work

Arbeitsunfähigkeit ['arbaɪtsʊnfɛːɪçkaɪt] f unfitness for work, disability

Arbeitsunfall ['arbaɪtsʊnfal] m industrial accident

Arbeitsverhältnis ['arbaɪtsfɛrhɛltnɪs] n employment relationship

Arbeitsvermittlung ['arbaɪtsfɛrmɪtlʊŋ] f employment agency

Arbeitsvertrag ['arbaɪtsfɛrtraːk] m contract of employment

Arbeitsvorbereitung ['arbaɪtsfoːrbəraɪtʊŋ] f job preparation

Arbeitszeit ['arbaɪtstsaɪt] f working hours

Arbeitszeitverkürzung ['arbaɪtstsaɪtfɛrkyrtsʊŋ] f cut in working time, reduction of working hours

Arbeitszufriedenheit ['arbaɪtstsufriːdənhaɪt] f job satisfaction

Arbitrage [arbiˈtraːʒ(ə)] f arbitrage

Arbitragegeschäft [arbiˈtraːʒəgəʃɛft] *n* arbitrage dealings
Arbitrageklausel [arbiˈtraːʒəklauzəl] *f* arbitrage clause
Arbitragerechnung [arbiˈtraːʒərɛçnuŋ] *f* arbitrage voucher
Arbitrageur [arbiˈtraːʒøːr] *m* arbitrager
Arbitragewert [arbiˈtraːʒəveːrt] *m* arbitrage value, arbitrage stocks
Archiv [arˈçiːf] *n* archives
Archivierung [arçiˈviːrəuŋ] *f* filing, putting into the archives
Argumentation [argumɛntaˈtsjoːn] *f* argumentation
arithmetisches Mittel [arɪtˈmeːtɪʃəs ˈmɪtəl] *n* arithmetical average
arrondieren [arɔnˈdiːrən] *v* to round off
Artikel [arˈtɪkəl] *m* product, commodity, good
Artikelnummernsystem [arˈtɪkəlnumərzysteːm] *n* article coding system, item numbering system
Artvollmacht [aːrtˈfɔlmaxt] *f* specialized power of attorney
Asiendollarmarkt [ˈazjəndɔlarmarkt] *m* Asian Dollar market
Assekuranz [asekuˈrants] *f* assurance
Assekuranzprinzip [asekuˈrantsprɪntsiːp] *n* insurance industry principle
Assessment Center [əˈsɛsmənt ˈsɛntə] *n* assessment center
Asset Management [ˈæsət ˈmɛnədʃmənt] *n* asset management
Asset Markt [ˈæset ˈmaːkɪt] *m* asset market
Asset-Swap [ˈæsetswɔp] *n* asset swap
Assistent(in) [asɪsˈtɛnt(ɪn)] *m/f* assistant
Assoziation [asotsjaˈtsjoːn] *f* association
asynchrone Datenübertragung [ˈazynkroːnə ˈdaːtənyːbərtraːguŋ] *f* asynchronous data transfer/transmission
Atomwirtschaft [aˈtoːmvɪrtʃaft] *f* nuclear economy
Attentismus [atɛnˈtɪsmus] *m* wait-and-see attitude
Audiokonferenz [audjokɔnfeˈrɛnts] *f* audioconference
Auditing [ˈɔːdɪtɪŋ] *n* auditing
auf Abruf [auf ˈapruːf] on call
Aufbaukonto [ˈaufbaukɔnto] *n* build-up account
Aufbauorganisation [ˈaufbauɔrganizatsjoːn] *f* company organization structure
Aufbauphase [ˈaufbaufaːzə] *f* development phase

aufbereiten [ˈaufbəraɪtən] *v* process, prepare, treat; *wieder ~* reprocess
Aufbereitung [ˈaufbəraɪtuŋ] *f (Vorbereitung)* processing
Aufbewahrung [ˈaufbəvaːruŋ] *f* deposit
Aufbewahrungsfrist [ˈaufbəvaːruŋsfrɪst] *f* retention period
Aufbewahrungspflicht [ˈaufbəvaːruŋspflɪçt] *f* obligation to preserve records
Aufenthaltserlaubnis [ˈaufɛnthaltsɛrlaupnɪs] *f* residence permit
Auffanggesellschaft [ˈauffaŋgəzɛlʃaft] *f* recipient company
Aufgabe [ˈaufgaːbə] *f (Arbeit)* task, assignment, responsibility; *mit einer ~ betraut sein* to be charged with a task
Aufgabegeschäft [ˈaufgaːbəgəʃɛft] *n* name transaction
Aufgabenanalyse [ˈaufgaːbənanalyːzə] *f* functional analysis
Aufgabengebiet [ˈaufgaːbəngəbiːt] *n* area of responsibility
Aufgabensynthese [ˈaufgaːbənzyntʰeːzə] *f* task-oriented synthesis
Aufgeld [ˈaufgɛlt] *n* premium, extra charge, agio
aufgenommene Gelder [ˈaufgənɔmənə ˈgɛldər] *pl* borrowed funds, creditors' account
aufgerufene Wertpapiere [ˈaufgərufənə ˈveːrtpapiːrə] *n/pl* securities publicly notified as lost
Aufhebung [ˈaufheːbuŋ] *f* cancellation, elimination
Aufhebungsvertrag [ˈaufheːbuŋsfɛrtraːk] *m* agreement to cancel an obligatory relation
Aufholung [ˈaufhoːluŋ] *f* catching up, gaining ground
aufkaufen [ˈaufkaufən] *v* buy up, take over, acquire
Aufkaufgroßhandel [ˈaufkaufgroːshandəl] *m* buying-up wholesale trade
Aufkaufspekulation [ˈaufkaufʃpekulatsjoːn] *f* take-over speculation
Aufkleber [ˈaufkleːbər] *m* sticker
Aufkommen [ˈaufkɔmən] *n* yield, revenue
auf Kommissionsbasis [auf kɔmɪˈsjoːnsbaːzɪs] on a commission basis
auf Lager [auf ˈlaːgər] in stock
Auflassung [ˈauflasuŋ] *f* conveyance by agreement
auflösen [ˈaufløːzən] *v* 1. *(Geschäft)* liquidate, dissolve; 2. *(Vertrag)* cancel
Auflösung [ˈaufløːzuŋ] *f (Geschäft)* dissolution, liquidation

Aufnahmefähigkeit (des Marktes) ['aufna:məfɛːɪçkaɪt (dɛs 'marktəs)] *f* absorptive capacity (of the market)

Aufpreis ['aufpraɪs] *m* additional charge

auf Probe [auf 'proːbə] on trial

auf Provisionsbasis [auf proviˈzjoːnsbaːzɪs] on a commission basis

Aufrechnung ['aufrɛçnuŋ] *f* set-off

aufrufen ['aufruːfən] *v irr* call up, retrieve

Aufschiebung ['aufʃiːbuŋ] *f* deferment, delay, postponement

Aufschlag ['aufʃlaːk] *m (Preisaufschlag)* surcharge, extra charge

Aufschwung ['aufʃvuŋ] *m* recovery, boom, upswing

auf Sicht [auf sɪçt] at sight, on demand

Aufsicht ['aufzɪçt] *f* supervision

Aufsichtsamt ['aufzɪçtsamt] *n* control board

Aufsichtsbehörde ['aufzɪçtsbəhœrdə] *f* supervisory authority

Aufsichtspflicht ['aufzɪçtspflɪçt] *f* duty of supervision

Aufsichtsrat ['aufzɪçtsraːt] *m* supervisory board

Aufsichtsratsvorsitzender ['aufzɪçtsraːtsfoːrzɪtsəndər] *m* chairman of the supervisory board

Aufstiegsmöglichkeit ['aufʃtiːksmøːklɪçkaɪt] *f* opportunity for advancement

Auftrag ['auftraːk] *m (Aufgabe)* assignment, instruction, job, contract, orders *pl*

Auftraggeber ['auftraːkgeːbər] *m* client, customer

Auftragnehmer ['auftraːkneːmər] *m* contractor, company accepting an order

Auftragsabwicklung ['auftraːksapvɪkluŋ] *f* processing of an order

Auftragsbearbeitung ['auftraːksbəarbaɪtuŋ] *f* order processing

Auftragsbestätigung ['auftraːksbəʃtɛtɪguŋ] *f* confirmation of an order

Auftragseingang ['auftraːksaɪŋgaŋ] *m* incoming order

Auftragserteilung ['auftraːksɛrtaɪluŋ] *f* placing of an order

Auftragsgröße ['auftraːksgrøːsə] *f* lot size

Auftragsnummer ['auftraːksnumər] *f* order number, trade number

Auftragsplanung ['auftraːksplaːnuŋ] *f* order scheduling

Aufwand ['aufvant] *m* 1. *(Einsatz)* effort; 2. *(Kosten)* expense(s), cost, expenditure

Aufwands- und Ertragsrechnung ['aufvants unt ɛrˈtraːksrɛçnuŋ] *f* profit and loss account

Aufwandsausgleichkonto ['aufvantsausglaɪçkɔnto] *n* account for reimbursements of expenses

Aufwandsentschädigung ['aufvantsɛntʃɛːdɪguŋ] *f* expense allowance

Aufwandsfaktor ['aufvantsfaktɔr] *m* expenditure factor

Aufwandskonto ['aufvantskɔnto] *n* expense account

Aufwandskosten ['aufvantskɔstən] *pl* expenses incurred

Aufwärtskompatibilität ['aufvɛrtskɔmpatibilɛːt] *f* upward compatibility

Aufwärtstrend ['aufvɛrtstrɛnt] *m* upward trend, upside trend

Aufwendungen ['aufvɛnduŋ] *f/pl (Kosten)* expenses, charges

aufwerten ['aufvɛrtən] *v* upvalue, appreciate

Aufwertung ['aufveːrtuŋ] *f (Währung)* upvaluation, appreciation

Aufzinsung ['auftsɪnzuŋ] *f* accumulation addition of accrued interest

Auktion [aukˈtsjoːn] *f* auction

Auktionator [auktsjoˈnaːtɔr] *m* auctioneer

ausarbeiten ['ausarbaɪtən] *v* work out, develop

Ausbilder ['ausbɪldər] *m* trainer, instructor

Ausbildung ['ausbɪlduŋ] *f* apprenticeship, schooling, education

Ausbildungsverhältnis ['ausbɪlduŋsfɛrhɛltnɪs] *n*

Ausbrechen des Kurses ['ausbrɛçən dɛs 'kurzəs] *n* erratic price movements

Ausbringung ['ausbrɪŋuŋ] *f* out-put

Ausfall ['ausfal] *m* 1. financial loss; 2. breakdown

Ausfallbürgschaft ['ausfalbyrkʃaft] *f* deficiency guarantee

ausfallen ['ausfalən] *v irr (Maschine)* fail, break down

Ausfallforderung ['ausfalfɔrdəruŋ] *f* bad debt loss

Ausfallrisiko ['ausfalriːziko] *f* default risk

Ausfallzeit ['ausfaltsaɪt] *f* downtime, outage time

ausfließen ['ausfliːsən] *v* flow out

Ausfolgungsprotest ['ausfɔlguŋsprotɛst] *m* protest for non-delivery

Ausfuhr ['ausfuːr] *f* export, exportation

Ausfuhrabfertigung ['ausfuːrapfɛrtɪguŋ] *f* customs clearance of exports

Ausfuhrabgaben [ˈausfuːrapgaːbən] *f/pl* export duties
Ausfuhrbescheinigung [ˈausfuːrbəʃaɪnɪɡʊŋ] *f* export certificate
Ausfuhrbeschränkung [ˈausfuːrbəʃrɛŋkʊŋ] *f* export restriction
Ausfuhrbestimmungen [ˈausfuːrbəʃtɪmʊŋən] *pl* export regulations
Ausfuhrbürgschaften [ˈausfuːrbyrkʃaftən] *f/pl* export credit guarantee
Ausfuhrdeckung [ˈausfuːrdɛkʊŋ] *f* export coverage
ausführen [ˈausfyːrən] *v* export
Ausfuhrfinanzierung [ˈausfuːrfɪnantsiːrʊŋ] *f* export financing
Ausfuhrförderung [ˈausfuːrfœrdərʊŋ] *f* measures to encourage exports
Ausfuhrgarantie [ˈausfuːrɡarantiː] *f* export credit guarantee
Ausfuhrgenehmigung [ˈausfuːrɡəneːmɪɡʊŋ] *f* export permit, export licence
Ausfuhrhandel [ˈausfuːrhandəl] *m* export trade
Ausfuhrkontrolle [ˈausfuːrkɔntrɔlə] *f* export control
Ausfuhrkreditanstalt (AKA) [ˈausfuːrkrediːtanʃtalt(aˈkaˈa)] *f* Export Credit Company
Ausfuhrpapiere [ˈausfuːrpapiːrə] *n/pl* export documents
Ausfuhrüberschuss [ˈausfuːryːbərʃus] *m* export surplus
Ausfuhrverbot [ˈausfuːrfɛrboːt] *n* export ban, export prohibition
Ausfuhrzoll [ˈausfuːrtsɔl] *m* export duty
Ausgaben [ˈausɡaːbən] *f/pl* expenses
Ausgabenkontrolle [ˈausɡaːbənkɔntrɔlə] *f* expenditure control
Ausgabenplan [ˈausɡaːbənplaːn] *m* plan of expenditure
Ausgabensteuer [ˈausɡaːbənʃtɔyər] *f* outlay tax
ausgabenwirksame Kosten [ˈausɡaːbənvɪrkzaːmə ˈkɔstən] *pl* spending costs
Ausgabepreis [ˈausɡaːbəpraɪs] *m* issuing price
Ausgabewert [ˈausɡaːbəveːrt] *m* nominal value
ausgeben [ˈausɡeːbən] *v irr (Geld)* spend; *(Aktien)* issue
ausgleichen [ˈausɡlaɪçən] *v irr* equalize, compensate, settle
Ausgleichs- und Deckungsforderung [ˈausɡlaɪçs ʊnt ˈdɛkʊŋsfɔrdərʊŋ] *f* equalization and covering claim

Ausgleichsabgabe [ˈausɡlaɪçsapɡaːbə] *f* countervailing duty
Ausgleichs-Arbitrage [ˈausɡlaɪçsarbitraːʒə] *f* offsetting arbitrage
Ausgleichsfonds [ˈausɡlaɪçsfɔ̃ː] *m* compensation fund
Ausgleichsforderung [ˈausɡlaɪçsfɔrdərʊŋ] *f* equalization claim
Ausgleichsfunktion des Preises [ˈausɡlaɪçsfʊŋktsjoːn] *f* invisible hand
Ausgleichsposten [ˈausɡlaɪçspɔstən] *m* balancing/adjustment/compensating item
Ausgleichsrecht [ˈausɡlaɪçsrɛçt] *n* equalization right
Ausgleichsverfahren [ˈausɡlaɪçsfɛrfaːrən] *n* composition proceedings
Ausgleichszahlung [ˈausɡlaɪçstsaːlʊŋ] *f* deficiency payment, compensation payment
aushandeln [ˈaushandəln] *v* negotiate
Aushängeschild [ˈaushɛŋəʃɪlt] *n (Reklame)* advertisement
Aushilfe [ˈaushɪlfə] *f* temporary help
Aushilfsarbeit [ˈaushɪlfsarbaɪt] *f* temporary work
Aushilfskraft [ˈaushɪlfskraft] *f* temporary worker, casual worker
Auskunft [ˈauskʊnft] *f 1.* information; *2. (in einem Büro)* information desk; *3. (am Telefon)* Directory Enquiries *(UK)*, directory assistance *(US)*
Auskunftdatei [ˈauskʊnftdataɪ] *f* information file
Auskunftei [auskʊnfˈtaɪ] *f* commercial agency, mercantile agency, credit reporting agency *(UK)*
Auskunftspflicht [ˈauskʊnftspflɪçt] *f* obligation to give information
Auslage [ˈauslaːɡə] *f (Geld)* expenditure, disbursement, outlay
auslagern [ˈauslaːɡərn] dislocate
Ausländer(in) [ˈauslɛndər(ɪn)] *m/f* foreigner, nonresistent
ausländische Arbeitnehmer [ˈauslɛndɪʃə ˈarbaɪtneːmər] *m/pl* foreign workers
ausländische Betriebsstätte [ˈauslɛndɪʃə ˈbətriːpsʃtɛtə] *f* permanent establishment abroad
ausländischer Anteilseigner [ˈauslɛndɪʃər ˈantaɪlsaɪɡnər] *m* foreign shareholder
ausländisches Wertpapier [ˈauslɛndɪʃəs ˈveːrtpapiːr] *n* foreign security
Auslandsakzept [ˈauslantsaktsɛpt] *n* foreign acceptance
Auslandsanleihe [ˈauslantsanlaɪə] *f* foreign loan, foreign bond, external loan

Auslandsbank ['auslantsbaŋk] *f* foreign bank

Auslandsbonds ['auslantsbɔnds] *m/pl* foreign currency bonds

Auslandsbondsbereinigung ['auslantsbɔndsbərαınıguŋ] *f* external bonds validation

Auslandsgeschäft ['auslantsgəʃɛft] *n* business in foreign countries, foreign business

Auslandsinvestitionen ['auslantsınvestitsjo:nən] *pl* capital invested abroad, foreign investments

Auslandskapital ['auslantskapita:l] *n* foreign capital

Auslandskonto ['auslantskɔnto] *n* foreign account, rest-of-the-world account

Auslandskredit ['auslantskredi:t] *m* foreign credit, foreign lending

Auslandskunde ['auslantskundə] *m* foreign customer

Auslandsmärkte ['auslantsmɛrktə] *m/pl* foreign markets

Auslandsnachfrage ['auslantsna:xfra:gə] *f* foreign demand

Auslandsniederlassung ['auslantsni:dərlasuŋ] *f* branch abroad

Auslandspatente ['auslantspatɛntə] *n/pl* foreign patents

Auslandsscheck ['auslantsʃɛk] *m* foreign cheque

Auslandsschulden ['auslantsʃuldən] *f/pl* foreign debts

Auslandsstatus ['auslantsʃta:tus] *m* foreign assets and liabilities

Auslandsvermögen ['auslantsfɛrmø:gən] *f* foreign assets

Auslandsverschuldung ['auslantsfɛrʃulduŋ] *f* foreign debt

Auslandsvertretung ['auslantsfɛrtre:tuŋ] *f* agency abroad

Auslandswechsel ['auslantsvɛksəl] *m* foreign bill of exchange

auslasten ['auslastən] *v 1.* utilize fully, make full use of; *2. (Maschine)* use to capacity

Auslastung ['auslastuŋ] *f* utilization to capacity

Auslastungsgrad ['auslastuŋsgra:t] *m* degree of utilisation

ausliefern ['ausli:fərn] *v* deliver, hand over

Auslieferung ['ausli:fəruŋ] *f* delivery, handing over

Auslieferungslager ['ausli:fəruŋsla:gər] *n* distribution store

Auslobung ['auslo:buŋ] *f* promise of reward, public ... offer

Auslosungsanleihe ['auslo:zuŋsanlαıə] *f* lottery bond

ausmachender Betrag ['ausmaxəndər bə'tra:k] *m* actual amount

Ausnahmeregelung ['ausna:məre:gəluŋ] *f* provision

Ausnahmetarif ['ausna:mətari:f] *m* preferential rate

Ausnutzungsgrad ['ausnutsuŋsgra:t] *m* utilization rate

Ausprägung ['ausprɛ:guŋ] *f* coinage, minting; attribute

ausrechnen ['ausreçnən] *v* calculate, compute

Ausrüster ['ausrystər] *m* fitter

Aussage ['ausza:gə] *f* testimony, statement, evidence

aussagen ['ausza:gən] *v* testify

ausschließlich Berechtigungsaktie (exBA) [ʒausʃli:sliç bəɛrıçtıguŋsaktsjə] ex capitalization issue

ausschließlich Bezugsrecht (exBR) ['ausʃli:sliç bəɛtsu:ksrɛçt] ex cap (italization)

ausschließlich Dividende (exD) ['ausʃli:sliç dıvıədɛndə] ex d(ividend), coupon detached; dividend off

Ausschließlichkeitserklärung ['ausʃli:slıçkαıtsɛrklɛ:ruŋ] *f* undertaking to deal exclusively with one bank or firm

Ausschlussprinzip ['ausʃluspnntsi:p] *n* exclusion principle

ausschreiben ['ausʃrαıbən] *v irr (Scheck)* issue, write out, make out

Ausschreibung ['ausʃrαıbuŋ] *f* call for tenders, invitation to tender

Ausschussquote ['ausʃuskvo:tə] *f* defects rate

ausschütten ['ausʃytən] *v (Dividenden)* distribute, pay

Ausschüttung ['ausʃytuŋ] *f* distribution, payout

Außenbeitrag ['ausənbαıtra:k] *m* net export, net foreign demand

Außendienst ['ausəndi:nst] *m* field work

Außendienstmitarbeiter ['ausəndi:nstmıtarbαıtər] *m* field staff

Außenfinanzierung ['ausənfınantsi:ruŋ] *f* external financing

Außenhandel ['ausənhandəl] *m* foreign trade, external trade

Außenhandelmultiplikator ['ausənhandəlmultiplika:to:r] *m* foreign trade multiplier

Außenhandelsabteilung ['ausənhandəlsaptαıluŋ] *f* export department

Außenhandelsbilanz ['ausənhandəlsbɪlants] *f* foreign trade balance
Außenhandelsdefizit ['ausənhandəlsdeːfɪtsɪt] *n* foreign trade deficit
Außenhandelsfinanzierung ['ausənhandəlsfɪnantsiːruŋ] *f* foreign trade financing
Außenhandelsfreiheit ['ausənhandəlsfraɪhaɪt] *f* free trade
Außenhandelsgewinn ['ausənhandəlsgəvɪn] *m* gains from trade
Außenhandelskammer ['ausənhandəlskamər] *f* chamber of foreign trade
Außenhandelsmonopol ['ausənhandəlsmonopoːl] *n* foreign trade monopoly
Außenhandelsquote ['ausənhandəlskvoːtə] *f* ratio of total trade turnover to national income
Außenhandelsrahmen ['ausənhandəlsraːmən] *m* foreign trade structure
Außenhandelsstatistik ['ausənhandəlsʃtatɪstɪk] *f* foreign trade statistics
Außenhandelsvolumen ['ausənhandəlsvoluːmən] *n* volume of foreign trade
Außenmarkt ['ausənmarkt] *m* external market
Außenprüfung ['ausənpryːfuŋ] *f 1. (Rechnungswesen)* field audit,*2. (Steuern)* government audit
Außenstände ['ausənʃtɛndə] *pl* outstanding accounts, accounts receivable
Außenwerbung ['ausənvɛrbuŋ] *f* outdoor advertising
Außenwert der Währung ['ausənveːrt deːr 'vɛːruŋ] *m* external value of the currency
Außenwirtschaft ['ausənvɪrtʃaft] *f* external economic relations, foreign trade
außenwirtschaftliches Gleichgewicht ['ausənvɪrtʃaftlɪçəs 'glaɪçgəvɪçθ] *n* external balance
Außenwirtschaftsgesetz ['ausənvɪrtʃaftsgəzɛts] *n* Act on Foreign Trade and Payments, Foreign Trade Law
Außenwirtschaftspolitik ['ausənvɪrtʃaftspolitiːk] *f* international economic policy
Außenwirtschaftsverkehr ['ausənvɪrtʃaftsfɛrkeːr] *m* foreign trade and payments transactions
außergerichtlich ['ausərgərɪçtlɪç] *adj* extrajudicial, out-of-court
außergerichtlicher Vergleich ['ausərgərɪçtlɪçər fɛr'glaɪç] *m* out-of-court settlement
außergewöhnliche Belastungen ['ausərgəvøːnlɪçə bə'lastuŋən] *f/pl* extraordinary expenses, extraordinary financial burden
außerordentliche Abschreibung ['ausərɔrdəntlɪçə 'apʃraɪbuŋ] *f* extraordinary depreciation
außerordentliche Aufwendungen ['ausərɔrdəntlɪçə 'aufvɛnduŋən] *f/pl* extraordinary expenditures, non recurrent expenditures
außerordentliche Ausgaben ['ausərɔrdəntlɪçə 'ausgaːbən] *f/pl* extraordinary expenditures
außerordentliche Einkünfte ['ausərɔrdəntlɪçə 'aɪnkynftə] *pl* extraordinary income
außerordentliche Einnahmen ['ausərɔrdəntlɪçə 'aɪnnaːmən] *f/pl* extraordinary income
außerordentliche Erträge ['ausərɔrdəntlɪçə ɛr'trɛːgə] *m/pl* extraordinary income
außerordentliche Hauptversammlung ['ausərɔrdəntlɪçə 'hauptfɛrzamluŋ] *f* special meeting of stockholders
außerordentliche Kündigung ['ausərɔrdəntlɪçə 'kyndɪguŋ] *f* notice to quit for cause
außerordentlicher Haushalt ['ausərɔrdəntlɪçər 'haushalt] *m* extraordinary budget
Aussetzung ['auszɛtsuŋ] *f* suspension
Aussonderung ['auszɔndəruŋ] *f* separation of property belonging to a bankrupt's estate
aussperren ['ausʃpɛrən] *v (Streik)* lock out
Aussperrung ['ausʃpɛruŋ] *f* lock-out
Ausstand ['ausʃtant] *m (Streik)* strike
ausstehende Einlagen ['ausʃteːəndə 'aɪnlaːgen] *f/pl* outstanding contributions
ausstellen ['ausʃtɛlən] *v (Waren)* display, lay out, exhibit
Aussteller ['ausʃtɛlər] *m* exhibitor
Ausstellung ['ausʃtɛluŋ] *f* exhibition
Austritt ['austrɪt] *m* voluntary retirement (of a partner)
Ausverkauf ['ausfɛrkauf] *m* clearance sale
Ausverkaufspreise ['ausfɛrkaufspraɪzə] *pl* sale prices, clearance prices
ausverkauft ['ausfɛrkauft] *adj* sold out
Auswahlverfahren ['ausvaːlfɛrfaːrən] *n* selection procedure
Ausweichkurs ['ausvaɪçkurs] *m* fictitious security price
Ausweis der Kapitalherabsetzung ['ausvaɪs deːr 'kapitaːlhɛrapzɛtsuŋ] *m* return of capital reduction
Ausweisung ['ausvaɪzuŋ] *f* statement
Auswertung ['ausveːrtuŋ] *f* evaluation
auszahlen ['austsaːlən] *v* pay; *sich* ~ pay off, to be worthwhile
Auszahlung ['austsaːluŋ] *f* payment

Auszählung ['austsɛ:luŋ] *f* counting
auszeichnen ['austsaıçnən] *v (Waren)* mark
Auszubildende(r) ['austsubıldəndə(r)] *m/f* trainee, apprentice
Auszug ['austsu:k] *m (Kontoauszug)* statement (of account)
autark [au'tark] *adj* self-supporting
Autarkie [autar'ki:] *f* autarky
Autokorrelation [autokɔrela'tsjo:n] *f* autocorrelation
Automatic Transfer Service (ATS) [ɔ:tə-'mætık træns'fɜ: 'sɜ:vıs ('æı'tı:'ɛs)] *m* Automatic Transfer Service
Automation [automa'tsjo:n] *f* automation
Automatisationsgrad [automatiza'tsjo:nsgra:t] *m* automation degree
automatische Kursanzeige [auto'ma:tıʃə 'kursantsaıgə] *f* automatic quotation
Automatisierung [automati'zi:ruŋ] *f* automation
Automatismus [automa'tısmus] *m* automatism

Automobilindustrie [automo'bi:lındustri:] *f* automobile industry
autonome Arbeitsgruppen [auto'no:mə 'arbaıtsgrupən] *f/pl* autonomous teams
autonome Größen [auto'no:mə 'grø:sən] *f/pl* autonomous variables
Autonomie [autono'mi:] *f* autonomy
autorisiertes Kapital [autori'zi:rtəs kapi-'ta:l] *n* authorized capital
autoritär [autori'tɛ:r] *adj* authoritarian
autoritärer Führungsstil [autori'tɛ:rər 'fy:ruŋsʃti:l] *m* authoritative style of leadership
Aval [a'val] *m* guarantee of a bill
Avalkredit [a'valkredi:t] *m* loan granted by way of bank guarantee, credit by way of bank guarantee
Aval-Provision [a'valprovizjo:n] *f* commission on bank guarantee
Averaging ['ævərıdʒıŋ] *n* averaging
Avis [a'vi:] *m/n* advice
Azubi [a'tsu:bi] *m/f (Auszubildende(r))* trainee, apprentice

B

Baby-Bonds [ˈbeːbibɔnds] *pl* baby bonds
Backwardation [ˈbækwədeɪʃən] *f* backwardation
Bagatellbetrag [bagaˈtɛlbətraːk] *m* trifle, trifling amount petty amount
Bagatellsache [bagaˈtɛlzaxə] *f* petty case
Bagatellschaden [bagaˈtɛlʃaːdən] *m* petty damage, trivial damage, minimal damage
Bahn [baːn] *f (Eisenbahn)* railway, railroad *(US)*
bahnbrechend [ˈbaːnbrɛçənt] *adj (fam)* pioneering, trailblazing
Bahnfracht [ˈbaːnfraxt] *f* rail freight
Bahntransport [ˈbaːntransport] *m* railway transportation
Baisse [ˈbɛːsə] *f* bear market, slump
Baisseklausel [ˈbɛːsklauzəl] *f* bear clause
Baisser [ˈbɛːse] *f* bear
Balkencode [ˈbalkənkoʊd] *m* bar code
Balkendiagramm [ˈbalkəndiagram] *n* bar chart ; bar graph
Balkenwaage [ˈbalkənvaːgə] *f* balance, beam and scales
Ballen [ˈbalən] *m* bale
Ballungsgebiet [ˈbaluŋsgəbiːt] *n* agglomeration area, area of industrial concentration
Band [bant] *n* 1. *(EDV)* tape; 2. *(Fließband)* assembly line
Bandbreite [ˈbantbraɪtə] *f* margin
Bandenwerbung [ˈbandənvɛrbuŋ] *f* sideline advertising
Bandwaggon-Effekt [ˈbantwagɔ̃ˈefɛkt] *m* bandwaggon effect
Bank [baŋk] *f* bank
Bank für Internationalen Zahlungsausgleich (BIZ) [ˈbaŋk fyːr ˈintərnatsjonaːlen ˈtsaːluŋsausglaɪç] *f* Bank for International Settlements (BIS)
Bankakademie [ˈbaŋkakadeˈmiː] *f* banking academy
Bankakkreditiv [ˈbaŋkakrediˈtiːf] *n* bank letter of credit
Bankaktie [ˈbaŋkaktsjə] *f* bank shares
Bankakzept [ˈbaŋkakˈtsɛpt] *n* bank acceptance
Bankangestellte(r) [ˈbaŋkaŋəʃtɛltə(r)] *m/f* bank employee, bank clerk
Bankanleihen [ˈbaŋkanlaɪhən] *pl* bank bonds

Bankanweisung [ˈbaŋkanvaɪzuŋ] *f* bank transfer, bank money order
Bankauftrag [ˈbaŋkauftraːk] *m* bank order, instruction to a bank
Bankauskunft [ˈbaŋkauskunft] *f* banker's reference
Bankausweis [ˈbaŋkauswaɪs] *m* bank return
Bankauszug [ˈbaŋkaustsuːk] *m* bank statement
Bankautomat [ˈbaŋkautomaːt] *m* automatic cash dispenser
Bankautomation [ˈbaŋkautomaˈtsjoːn] *f* bank automation
Bankaval [ˈbaŋkavaːl] *n* bank guarantee
Bankavis [ˈbaŋkaviː(s)] *m/n* bank notification (of a letter of credit)
Bankbetriebslehre [ˈbaŋkbətriːpleːrə] *f* science of banking
Bankbeziehungen [ˈbaŋkbətsiːuŋən] *f/pl* bank relations
Bankbilanz [ˈbaŋkbilants] *f* bank balance sheet
Bankbuchhaltung [ˈbaŋkbuxhaltuŋ] *f* bank's accounting department; bank accounting system
Bankdarlehen [ˈbaŋkdaːrleːən] *n* bank loan, bank credit
Bankdeckung [ˈbaŋkdɛkuŋ] *f* banking cover
Bankdepositen [ˈbaŋkdəpositən] *pl* bank deposits
Bankdepotgesetz [ˈbaŋkdepoːgezɛts] *n* Bank Custody Act
Bankdirektor [ˈbaŋkdirɛktɔr] *m* bank manager, bank director
Bankeinlage [ˈbaŋkaɪnlaːgə] *f* bank deposit
Bankeinzugsverfahren [ˈbaŋkaɪntsuksfərˈfaːrən] *n* direct debiting
Bankenaufsicht [ˈbaŋkənaufsiçt] *f* public supervision of banking
Bankenerlass [ˈbaŋkənɛrlas] *m* banking decree
Bankengesetzgebung [ˈbaŋkəngezɛtsgebuŋ] *f* banking legislation
Bankenkonsortium [ˈbaŋkənkɔnzɔrtsjum] *n* banking syndicate
Bankenkonzentration [ˈbaŋkkɔntsəntraˈtsjon] *f* concentration of banks

Bankenkrise ['baŋkənkri:zə] f banking crisis
Bankennummerierung ['baŋkənnuməri:ruŋ] f bank branch numbering
Bankenquete ['baŋk'ãkɛt] f banking inquiry
Bankenstatistik ['baŋkənʃtatıstık] f banking statistics
Bankenstimmrecht ['baŋkənʃtımrɛxt] n banks' voting rights
Bankensystem ['baŋkənsyste:m] n banking system
Bankenverband ['baŋkənfɛrband] m banking association
Bankfeiertage ['baŋkfaıərta:gə] pl bank holidays
Bankfiliale ['baŋkfılja:lə] f branch bank
Bankgarantie ['baŋkgaranti:] f bank guarantee
Bankgeheimnis ['baŋkgəhaımnıs] n confidentiality in banking, banking secrecy
Bankgeschäft ['baŋkgəʃɛft] n banking; banking transactions
Bankgewerbe ['baŋkgəwɛrbə] n banking business
bankgirierter Warenwechsel ['baŋkʒıri:rtər wa:rənwɛksəl] m bank endorsed bill
Bankguthaben ['baŋkgu:tha:bən] n bank credit balance
Bankhaus ['baŋkhaus] n bank, banking house
Bankier [baŋk'je:] m banker
Bankierbonifikation [baŋk'je:bonifikatsjon] f placing commission
Bankkalkulation ['baŋkkalkulatsjon] f bank's cost and revenue accounting
Bankkapital ['baŋkkapita:l] n bank stock
Bankkauffrau ['baŋkkauffrau] f trained bank clerk, trained band employee
Bankkaufmann ['baŋkkaufman] m trained bank clerk, trained bank employee
Bankkonditionen ['baŋkkɔnditsjonən] pl bank conditions
Bankkonto ['baŋkkɔnto] n bank account
Bankkontokorrent ['baŋkkɔntokɔrɛnt] n current account with a bank
Bankkontrolle ['baŋkkɔntrɔlə] f bank supervision
Bankkredit ['baŋkkredi:t] m bank credit
Bankkunde ['baŋkkundə] m bank client, bank customer
Bankleitzahl ['baŋklaıttsa:l] f bank code number, sort code (UK), bank identification number (US)

Bankliquidität ['baŋklikvidite:t] f bank liquidity
Banknote ['baŋkno:tə] f banknote, bill (US)
Bankobligation ['baŋkɔbli:gatsjon] f bank bond
Bankorganisation ['baŋkɔrganisatjon] f bank's organization system
Bankplatz ['baŋkplats] m bank place
Bankprovision ['baŋkprovizjon] f banker's commission
Bankprüfung ['baŋkpry:fuŋ] f audit of the bank balance sheet
Bankpublizität ['baŋkpublitsite:t] f banks' duty to publish
Bankregel ['baŋkre:gəl] f Golden Bank Rule
Bankrevision ['baŋkrevizjon] f bank audit
bankrott [baŋk'rɔt] adj bankrupt
Bankrott [baŋk'rɔt] m bankruptcy, insolvency
Banksafe ['baŋkseıf] m bank safe
Bankscheck ['baŋkʃɛk] m cheque
Bankschließfach ['baŋkʃli:sfax] n safe-deposit box, safety-deposit box
Bankschulden ['baŋkʃuldən] pl bank debts
Bankschuldverschreibung ['baŋkʃuldfɛrʃraıbuŋ] f bank bond
Bankspesen ['baŋkʃpe:zən] f/pl bank charges
Bankstatistik ['baŋkʃtatistik] f banking statistics
Bankstatus ['baŋkʃta:tus] m bank status
Bankstellennetz ['baŋkʃtɛlənnɛts] n bank office network
Bankstichtage ['baŋkʃtiçta:gə] pl settling days
Banküberweisung ['baŋky:bərvaızuŋ] f bank transfer
Bankumsätze ['baŋkumzɛtsə] pl bank turnover
Bankverbindung ['baŋkfɛrbinduŋ] f 1. banking details pl; 2. (Konto) bank account
Bankwesen ['baŋkve:zən] n banking
Bankzinsen ['baŋktsinzən] pl banking interest
bar [ba:r] adj cash; ~ bezahlen pay cash down
Barabfindung ['ba:rapfinduŋ] f settlement in cash
Barakkreditiv ['ba:rakrediti:f] n cash in letter of credit
Barcode ['ba:rkəud] m bar code
Bardeckung ['ba:rdɛkuŋ] f cash cover
Bardepot [ba:rde'po:] n cash deposit

Bardividende ['ba:rdividɛndə] *f* cash dividend

Bareinlage ['ba:raınlagə] *f* cash deposit

Bareinschuss ['ba:raınʃus] *m* cash loss payment

Bargaining ['ba:gınıŋ] *n* bargaining

Bargeld ['ba:rgɛlt] *n* cash, ready money

Bargeldbestand ['ba:rgɛltbəʃtant] *m* cash in hand

bargeldlos ['ba:rgɛltlo:s] *adj* non-cash, cashless

bargeldlose Kassensysteme ['ba:rgɛltlo:sə 'kasənzystemə] *pl* cashless checkout systems

bargeldloser Zahlungsverkehr ['ba:rgɛltlo:sər 'tsa:luŋsferkɛr] *m* cashless payments; bank giro credit system

Bargeldumlauf ['ba:rgɛltumlauf] *m* currency in circulation

Bargeldverkehr ['ba:rgɛltferke:r] *m* cash transactions *pl*

Bargeschäft ['ba:rgəʃɛft] *n* cash transactions

Bargründung ['ba:rgryndʊŋ] *f* formation of stock corporation by cash subscriptions

Barkauf ['ba:rkauf] *m* cash purchase

Barkredit ['ba:rkredi:t] *m* cash credit

Barlohn ['ba:rlo:n] *m* wage in cash

Barrel ['bærəl] *n* barrel

Barren ['barən] *m* (gold)bar, bullion

Barrengold ['barəngɔlt] *n* gold bullion

Barrensilber ['barənsılbər] *n* silver bullion

Barschaft ['ba:rʃaft] *f* cash stock, ready money

Barscheck ['ba:rʃɛk] *m* cash cheque, open cheque, uncrossed cheque

Bartergeschäft ['bartərgəʃɛft] *n* analysis of requirements

Barverkauf ['ba:rferkauf] cash sale

Barvermögen ['ba:rfɛrmø:gən] *n* cash assets *pl*, liquid assets *pl*

Barwert ['ba:rwɛrt] value in cash

Barzahlung ['ba:rtsa:luŋ] *f* cash payment, payment in cash

Barzahlungsrabatt ['ba:rtsa:luŋsra'bat] *m* cash discount

Basis ['ba:zıs] *f* basis, base

Basiseinkommen ['ba:zıs'aınkɔmən] *n* basic income

Basisjahr ['ba:zısja:] *n* base year

Basislohn ['ba:zıslo:n] *m* basic wage

Basispreis ['ba:zıspraız] basic price

Basistrend ['ba:zıstrɛnt] basic trend

Batterie [batə'ri:] *f* battery

Bau ['bau] *m* construction

Bauabschnitt ['bauapʃnıt] *m* 1. *(Gebiet)* building section; 2. *(Stand der Bauarbeiten)* stage of construction

Bauantrag ['bauan'tra:k] *m* application for building license

Bauarbeiter ['bauarbaıtər] *m* construction worker

Bauboom ['baubu:m] *m* building boom

Baudarlehen ['baudarle:n] building loan

Bauelement ['bauelemɛnt] *n* component part, guzzinta

Baufinanzierung ['baufinantsi:ruŋ] *f* financing of building projects

Baufirma ['baufırma] *f* construction firm

Baugenehmigung ['baugəne:mıgʊŋ] *f* building permission, planning permission, building permit

Baugewerbe ['baugəvɛrbə] *n* construction industry, building trade

Bauindustrie ['bauındustri:] *f* construction industry

Baukastensystem ['baukastənsyste:m] building block concept

Baukosten ['baukɔstən] *pl* building costs *pl*, construction costs *pl*

Baukostenzuschuss ['baukɔstəntsuʃuz] tenant's contribution to the construction costs

Baukredit ['baukredıt] *m* building loan

Bauland ['baulant] *n* building site

Bauplan ['baupla:n] *m* architect's plan

Bauspardarlehen ['bausparda:rle:nən] loan granted for building purposes

bausparen ['bauspa:rən] *v* saving through building societies

Bausparfinanzierung ['bausparfinantsi:ruŋ] *f* building society funding

Bausparförderung ['bausparførderuŋ] *f* promotion of saving through building societies

Bausparkasse ['bauʃparkasə] *f* home savings bank, building society *(UK)*

Bausparvertrag ['bauʃpa:rfɛrtra:k] *m* building loan agreement, savings agreement with the building society

Baustelle ['bauʃtɛlə] *f* construction site, building site

Bauträger ['baute:gər] *m* property developer

Bauwirtschaft ['bau] *f* building and contracting industry

Bauzinsen ['bau] fixed-interest coupons

Beamte(r)/Beamtin [bə'amtə(r)/bə'amtın] *m/f* civil servant, public servant, official

beanstanden [bə'anʃtandən] *v* object, complain, challenge

Beanstandung [bə'anʃtanduŋ] f objection
beantragen [bə'antraːgən] v apply for; *(vorschlagen)* propose
bearbeiten [bə'arbaɪtən] v *(erledigen)* deal with, handle, manage; work, process
Bearbeitung [bə'arbaɪtuŋ] f treatment, processing; *in* ~ in preparation
Bearbeitungsgebühr [bə'arbaɪtuŋsgəby:r] f handling fee, service charge, processing fee
beaufsichtigen [bə'aufzɪçtɪgən] v supervise, control, oversee
beauftragen [bə'auftraːgən] v charge, commission, instruct
Beauftragte(r) [bə'auftraːktə(r)] m/f representative
Bebauungsplan [bə'bauuŋsplan] m development plan, building scheme
Bedarf [bə'darf] m demand, need, requirements
Bedarfsanalyse [bə'darfsanalyːzə] f analysis of requirements
Bedarfsartikel [bə'darfsartɪkəl] pl necessities
Bedarfsbeeinflussung ['bedarfzbeaɪnflusuŋ] f influence of demand
Bedarfsdeckungsprinzip ['bedarfzdɛkuŋsprinziːp] n principle of satisfaction of needs
Bedarfsermittlung ['bedarfzɛrmɪtluŋ] f demand assessment
bedarfsformende Faktoren [bedarfsfɔrməndə 'faktoːrən] pl demand-forming factors
Bedarfsschwankung ['bedarfsʃvaŋkuŋ] f fluctuations in requirements
bedenken [bə'dɛŋkən] v irr *(erwägen)* consider, take into consideration, think over
Bedenkzeit [bə'dɛŋktsaɪt] f time to think about sth, time to think sth over
bedienen [bə'diːnən] v 1. *(Kunde)* attend; 2. *(Gerät)* operate
Bedienung [bə'diːnuŋ] f *(Gerät)* operation, control
Bedienungsanleitung [bə'diːnuŋsanlaɪtuŋ] f operating instructions pl, working instructions pl
Bedienungsfehler [bə'diːnuŋsfeːlər] m operating error
Bedienungsgeld ['bediːnuŋgɛlt] n service charge
bedingt [bə'dɪŋkt] adj 1. conditional; ~ *durch* contingent on; 2. *(beschränkt)* limited; *nur* ~ *richtig* partially right
bedingte Kapitalerhöhung ['bedɪŋtə 'kapitaːlɛrhøːuŋ] f conditional capital increase

Bedingung [bə'dɪŋuŋ] f condition, provision, term; *unter der* ~, *dass ...* on condition that ...
Bedürfnis ['bədyrfnɪs] n need
Bedürfnisbefriedigung ['bədyrfnɪsbəfriːdɪguŋ] f satisfaction of needs
Bedürfnishierarchie ['bədyrfnɪshɪrarxiː] f hierarchy of needs
beeidigte Erklärung ['bəaɪdɪgtə 'ɛrklæruŋ] f sworn statement
Befähigung [bə'fɛːɪguŋ] f 1. capacity, competence, aptitude; 2. *(Voraussetzung)* qualifications pl
befolgen [bə'fɔlgən] v 1. *(Vorschriften)* observe; 2. *(Befehl)* obey
Beförderer [bə'fœrdərər] m carrier
befördern [bə'fœrdərn] v 1. *(transportieren)* transport, convey, carry; 2. *(dienstlich aufrücken lassen)* promote, advance
Beförderung [bə'fœrdəruŋ] f 1. *(Waren)* transport, conveying, shipping, 2. *(eines Angestellten, eines Offiziers)* promotion, advancement
Beförderungsgebühr [bə'fœrdəruŋsgəbyːr] f 1. *(Portokosten)* postage charges pl; 2. *(Transportkosten)* transport charges pl
Beförderungsmittel [bə'fœrdəruŋsmɪtəl] n means of transport pl
Befragung [bə'fraːguŋ] f personal interview, questioning, poll
befreien [bə'fraɪən] v acquit, discharge, *(von Steuern)* exempt
Befreiung [bə'fraɪuŋ] f exemption
befristen [bə'frɪstən] v limit
befristet [bə'frɪstət] adj limited
befristete Einlagen [bə'frɪstətə 'aɪnlaːgən] pl fixed deposits
befristetes Arbeitsverhältnis [bə'frɪstətəs 'arbaɪtsfɛrhæltnɪs] n limited employment contract
Befristung [be'frɪstuŋ] f time limit, setting a deadline
Befugnis [bə'fuːknɪs] f jurisdiction, autority, authorization
befugt [bə'fuːkt] adj authorized, entitled, competent
Befürworter(in) [bə'fyːrvɔrtər(ɪn)] m/f supporter, advocate
Begebung [bə'geːbuŋ] f issue
beglaubigen [bə'glaubɪgən] v attest, certify, authenticate
Beglaubigung [bə'glaubɪguŋ] f authentication, certification, attestation
begleichen [bə'glaɪçən] v irr pay, settle

Begleichung [bə'glaıçʊŋ] *f (von Schulden)* payment, settlement

Begleitpapiere [be'glaıtpapi:rə] *pl* accompanying documents

Begleitschreiben [bə'glaıtʃraıbən] *n* accompanying letter

Begründer [bə'gryndər] *m* founder

Begrüßung [bə'gry:sʊŋ] *f* salutation

Begünstigter [bə'gynstıgtər] *m* beneficiary

begutachten [bə'gu:taxtən] *v* examine, give a professional opinion on

Behälterverkehr [bə'hɛltərfɛrke:r] *m* container transport

Beherrschungsvertrag [bə'hɛrʃʊŋsfɛrtra:g] *m* control agreement

behilflich [bə'hılflıç] *adj jdm ~ sein* to be of assistance, to be helpful, to be of service; *Kann ich Ihnen ~ sein?* May I help you?

Behinderte(r) [bə'hındərtə(r)] *m/f* handicapped person, disabled person

Behörde [bə'hø:rdə] *f* public authority, administrative agency

behördlich [bə'hø:rtlıç] *adj* official

Beihilfe ['baıhılfə] *f* financial aid

Beilage ['baıla:gə] *f* supplement

beilegen ['baıle:gən] *v* 1. *(hinzufügen)* insert, enclose; 2. *(Streit)* settle

Beirat ['baırat] *m* advisory council; advisory board

Beistandskredit ['baıʃtantskredi:t] standby credit

Beistandspakt ['baıʃtantspakt] *m* mutual assistance treaty

beisteuern ['baıʃtɔyərn] *v* contribute, pitch in (fam)

Beiträge ['baıtrɛgə] *m/pl* contributions

Beitragsbemessungsgrenze ['baıtra:ksbəmesʊŋsgrɛntsə] *f* income threshold analysis of requirements

Beitragserstattung ['baıtra:ksɛrʃtatʊŋ] *f* contribution refund

Beitragssatz ['baıtra:kszats] *m* rate of contribution

Beitragszahlung ['baıtra:kstsa:lʊŋ] *f* contribution payment

Beitritt ['baıtrıt] *m* joining

Beitrittsbeschluss ['baıtrıtsbəʃlʊs] *f* decision of accession

beizulegender Wert ['baıtsuleːgəndər 'vɛrt] *m* value to be attached

Bekanntmachung [bə'kantmaxʊŋ] *f* notification

Beklagte(r) [bə'kla:ktə(r)] *m/f* defendant

Bekleidungsindustrie [bə'klaıdʊŋsındustri:] *f* clothing industry

beladen [bə'la:dən] *v irr* load

belangen [bə'laŋən] *v* prosecute, take legal action

Belassungsgebühr [bə'lasʊŋsgəby:r] *f* prolongation charge

belasten [bə'lastən] *v* 1. *(laden)* load; 2. *(beanspruchen)* burden, strain; 3. *(Haus)* mortgage, encumber; 4. *(Konto)* debit, charge to; charge, incriminate

Belastung [bə'lastʊŋ] *f* 1. *(Hypothek)* mortgage; 2. *(Steuer)* burden; 3. *(Konto)* debit; incrimination, charge

Belastungsprobe [bə'lastʊŋspro:bə] *f* loading test, test

belaufen [bə'laufən] *v irr sich ~ auf* amount to, come to, add up to; *sich auf hundert Dollar ~* amount to one hundred dollars

Beleg [bə'le:k] *m* 1. *(Beweis)* proof, evidence; 2. document, slip, record, receipt, voucher

belegen [bə'le:gən] *v* account for; *(beweisen)* prove, substantiate, furnish proof of

belegloser Datenträgeraustausch (DTA) ['bele:glo:sər 'da:təntrɛgəraustauʃ ('de'te'a)] *m* paperless exchange of data media

belegloser Scheckeinzug ['bele:glo:sər 'ʃɛkaıntsuk] *m* check truncation procedure

Belegschaft [bə'le:kʃaft] *f* staff

Belegschaftsaktie [bə'le:kʃaftsaktsjə] *f* staff shares

beleihen [bə'laıhən] *v* to lend money on something

Beleihungssatz [bə'laıhʊŋssats] *m* lending limit

Beleihungswert [bə'laıʊŋsvɛrt] *m* value of collateral

bemessen [bə'mɛsən] *v irr* proportion, allocate; *(einteilen)* calculate

Bemessungsgrundlage [bə'mesʊŋsgrundla:gə] *f* assessment basis

Benachrichtigung [bə'na:xrıçtıgʊŋ] *f* notification, notice

Benachrichtigungspflicht [bə'naxrıçtıgʊŋspflıçt] *f* duty of notification

Benchmarking ['bentʃma:kıŋ] *n* benchmarking

benutzen [bə'nutsən] *v* use, make use of

Benutzer [bə'nutsər] *m* user

benutzerfreundlich [bə'nutsərfrɔyntlıç] *adj* user-friendly

Benutzerfreundlichkeit [bə'nutsərfrɔyndlıçkaıt] *f* user friendliness

Benutzungsgebühr [bə'nutsuŋsgəby:r] *f* user fee

Benutzungsrecht [bə'nutsuŋsreçt] *n* right to use

Benzin ['bɛntsi:n] *n* petrol, gasoline

Benzingutscheine ['bɛntsi:ngutʃaɪnə] *m/pl* petrol voucher

Benzinpreis [bɛn'tsi:npraɪs] *m* petrol price, gasoline price *(US)*

Benzinverbrauch [bɛn'tsi:nfɛrbraux] *m* petrol consumption, gasoline consumption *(US)*

Berater(in) [bə'ra:tər(ɪn)] *m/f* adviser, consultant, counsellor

beratschlagen [bə'ra:tʃla:gən] *v irr* confer

Beratung [bə'ra:tuŋ] *f* consultation, advice, counseling

Beratungsgespräch [bə'ra:tuŋsgəʃprɛ:ç] *n* consultation

berechenbar [bə'rɛçənba:r] *adj (abschätzbar)* calculable, computable; calculable

berechnen [bə'rɛçnən] *v* calculate, work out, compute; *jdm etw* ~ charge s.o. for sth

Berechnung [bə'rɛçnuŋ] *f* calculation, computation; *meiner* ~ *nach* according to my calculations

berechtigen [bə'rɛçtɪgən] *v* entitle to, give a right to, authorize

berechtigt [bə'rɛçtɪçt] *adj (befugt)* authorized, entitled; ~ *zu* entitled to

Berechtigte(r) [bə'rɛçtɪçtə(r)] *m/f* party entitled

Berechtigung [bə'rɛçtɪguŋ] *f (Befugnis)* authorization, entitlement

Bereich [bə'raɪç] *m (Fachbereich)* field, sphere, area

bereichsfixe Kosten [bə'raɪçsfiksə 'kɔstən] *pl* fixed department costs

bereinigter Gewinn [bə'raɪnɪgtər 'gɛvɪn] *m* actual profit

bereithalten [bə'raɪthaltən] *v irr* have ready

Bereitschaftskosten ['bəraɪtʃaftskɔstən] *pl* standby costs

bereitstellen [bə'raɪtʃtɛlən] *v* make available, provide

Bereitstellungskosten ['bəraɪtʃtɛluŋskɔstən] *f* commitment fee

Bereitstellungsplanung ['bəraɪtʃtɛluŋspla:nuŋ] *f* procurement budgeting

Bergarbeiter ['bɛrkarbaɪtər] *m* miner

Bergbau ['bɛrkbau] *m* mining

Bergbaugesellschaft ['bɛrkbaugəzɛlʃaft] *f* mining company

Bergwerk ['bɛrkvɛrk] *n* mine

Bericht [bə'rɪçt] *m* report, account, statement

Berichterstattung [bə'rɪçtɛrʃtatuŋ] *f* reporting

berichtigen [bə'rɪçtɪgən] *v* correct, rectify, set right

Berichtigung [bə'rɪçtɪguŋ] *f* correction

Berichtigungsaktie [bə'rɪçtɪguŋsaktsjə] *f* bonus share

Berichtsperiode [bə'rɪçtsperiodə] *f* period under review

Berichtspflicht [bə'rɪçtspflɪçt] *f* obligation to report

BERI-Index ['bɛrɪ ɪndɛks] *m* business environment risk index

berücksichtigen [bə'rykzɪçtɪgən] *v* consider, bear in mind, take into account

Berücksichtigung [bə'rykzɪçtɪguŋ] *f* consideration

Beruf [bə'ru:f] *m* profession

beruflich [bə'ru:flɪç] *adj* professional, occupational

berufliche Fortbildung [bə'ru:flɪçə 'fɔrtbɪlduŋ] *f* advanced vocational training

berufliche Umschulung [bə'ru:flɪçə 'umʃu:luŋ] *f* vocational retraining

berufliche Weiterbildung [bə'ru:flɪçə 'vaɪtərbɪlduŋ] *f* advanced vocational training

Berufsanfänger [bə'ru:fsanfɛŋər] *m* person starting a career

Berufsausbildung [bə'ru:fsausbɪlduŋ] *f* vocational training, professional training, job training

berufsbedingt [bə'ru:fsbədɪŋkt] *adj* professional, occupational, due to one's occupation

berufsbegleitend [bə'ru:fsbəglaɪtənt] *adj* in addition to one's job

Berufsbild [bə'ru:fsbɪld] *n* professional activity description

Berufserfahrung [bə'ru:fsɛrfa:ruŋ] *f* professional experience

Berufsförderung [bə'ru:fsfø:rdəruŋ] *f* professional promotion

Berufsfreiheit [bə'ru:fsfraɪhaɪt] *f* freedom of occupation

Berufsgeheimnis [bə'ru:fsgəhaɪmnɪs] *n* professional secret

Berufsgenossenschaften [bə'ru:fsgənɔsənʃaftən] *f/pl* social insurance against occupational accidents

Berufshandel [bə'ru:fshandəl] *m* professional trading, professional dealing

Berufskleidung [bə'ru:fsklaɪduŋ] *f* working clothes *pl*

Berufskrankheit [bəˈruːfskraŋkhaɪt] *f* occupational disease
Berufsleben [bəˈruːfsleːbən] *n* professional life, working life
Berufsrisiko [bəˈruːfsrɪzɪko] *n* occupational hazard
Berufsschule [bəˈruːfsʃuːlə] *f* vocational school
berufstätig [bəˈruːfstɛːtɪç] *adj* working, (gainfully) employed
Berufstätigkeit [bəˈruːfstɛːtɪçkaɪt] *f* employment, work, occupation, professional activity
Berufsunfähigkeit [bəˈruːfsunfɛhɪçkaɪt] *f* occupational disability
Berufsunfall [bəˈruːfsunfal] *m* occupational accident
Berufsverbot [bəˈruːfsfɛrboːt] *n jdm ~ erteilen* ban s.o. from a profession
Berufsverkehr [bəˈruːfsfɛrkeːr] *m* rush-hour traffic, commuter traffic
Berufswechsel [bəˈruːfsvɛksəl] *m* career change
Berufung [bəˈruːfuŋ] *f (Ernennung)* nomination, appointment
Berufungsinstanz [bəˈruːfuŋsɪnstants] *f* higher court, court of appeal
Berufungsverfahren [bəˈruːfuŋsfɛrfaːrən] *n* appellate procedure
beschädigen [bəˈʃɛːdɪɡən] *v* damage, harm, injure
beschädigte Aktie [bəˈʃɛdɪɡtə ˈaktsjə] *f* damaged share certificates
Beschädigung [bəˈʃɛːdɪɡuŋ] *f* damage, harm
beschaffen [bəˈʃafən] *v* procure, obtain, get
Beschaffung [bəˈʃafuŋ] *f* procurement
Beschaffungsmarkt [bəˈʃafuŋsmarkt] *m* procurement market
Beschaffungsplanung [bəˈʃafuŋsplanuŋ] *f* procurement planning
beschäftigen [bəˈʃɛftɪɡən] *v* 1. *(jdn ~)* occupy, engage, employ; 2. *sich mit etw ~* concern o.s. with sth, occupy o.s. with sth, engage in sth; *damit beschäftigt sein, etw zu tun* to be busy doing sth
Beschäftigtenstruktur [bəˈʃɛftɪɡtənʃtrukturː] *f* employment structure
Beschäftigung [bəˈʃɛftɪɡuŋ] *f* employment
Beschäftigungsabbau [bəˈʃɛftɪɡuŋsapbau] *m* reduction in employment
Beschäftigungsabweichungen [bəˈʃɛftɪɡuŋsapvaɪçuŋən] *f/pl* volume variance
Beschäftigungsgrad [bəˈʃɛftɪɡuŋsɡrat] *m* level of employment
Beschäftigungspolitik [bəˈʃɛftɪɡuŋspolitiːk] *f* employment policy
Bescheid [bəˈʃaɪt] *m* reply, notification
Bescheinigung [bəˈʃaɪnɪɡuŋ] *f* 1. *(Dokument)* certificate; 2. *(das Bescheinigen)* certification
Beschlagnahme [bəˈʃlaɡnaːmə] *f* confiscation
beschlagnahmen [bəˈʃlaːknaːmən] *v* confiscate, seize
beschließen [bəˈʃliːsən] *v irr* 1. *(entscheiden)* decide, resolve; 2. *(beenden)* terminate, end, conclude
Beschluss [bəˈʃlus] *m* decision
beschlussfähig [bəˈʃlusfɛːɪç] *adj* ~ *sein* to be a quorum, have a quorum
Beschlussfassung [bəˈʃlusfasuŋ] *f* passing of a resolution
beschränkte Geschäftsfähigkeit [bəˈʃrɛŋktə ɡəˈʃɛftsfɛɪɡkaɪt] *f* limited capacity to enter into legal transactions
Beschuldigung [bəˈʃuldɪɡuŋ] *f* accusation, charge
Beschwerde [bəˈʃveːrdə] *f* appeal, complaint
beschweren [bəˈʃveːrən] *v sich ~* complain; *sich ~ über* complain about
besetzt [bəˈzɛtst] *adj* engaged, busy *(US)*
Besicherungswert [bəˈsɪçtɪɡuŋszvert] *m* collateral value
Besitz [bəˈzɪts] *m* possession, *(Immobilien)* property, estate
Besitzanspruch [bəˈzɪtsanʃprux] *m* possessory claim
Besitzeinkommen [bəˈzɪtsaɪnkɔmən] *n* property income
besitzen [bəˈzɪtsən] *v irr* possess, own, hold
Besitzer(in) [bəˈzɪtsər(ɪn)] *m/f* owner
Besitznachweis [bəˈzɪtsnaːxvaɪs] *m* proof of ownership
Besitzsteuern [bəˈzɪtsʃtɔyərn] *f/pl* taxes from income and property
Besitzwechsel [bəˈzɪtsvɛksəl] *m* bills receivable
Besoldung [bəˈzolduŋ] *f* salary, pay
besprechen [bəˈʃprɛçən] *v irr* discuss, talk over
Besprechung [bəˈʃprɛçuŋ] *f* discussion
Besprechungsraum [bəˈʃprɛçuŋsraum] *m* conference room, meeting room
Besprechungstermin [bəˈʃprɛçuŋstɛrmɪn] *m* conference date, meeting date
Besserungsschein [ˈbɛsəruŋsʃaɪn] *m* debtor warrant, income adjustment bond

Besserverdienende(r) ['bɛsərfɛrdi:nəndə(r)] *m/f* person in a higher income bracket
Bestand [bə'ʃtant] *m 1. (Kassenbestand)* cash assets *pl*; *2. (Vorrat)* stock, stores *pl*, supply
Bestandsaufnahme [bə'ʃtantsaufna:mə] *f* inventory, stock-taking
Bestandsgröße [bə'ʃtantsgrø:sə] *f* stock variable
Bestandskonto [bə'ʃtantskɔnto] *n* real account
Bestandsveränderung [bə'ʃtantsfɛrɛndəruŋ] *f* inventory change
Bestätigung [bə'ʃtɛ:tɪguŋ] *f* confirmation
Bestätigungsschreiben [bə'ʃtɛ:tɪguŋsʃraibən] *n* letter of confirmation
bestechen [bə'ʃtɛçən] *v irr* bribe, corrupt
bestechlich [bə'ʃtɛçlɪç] *adj* bribable, corruptible
Bestechlichkeit [bə'ʃtɛçlɪçkait] *f* corruptibility
Bestechung [bə'ʃtɛçuŋ] *f* bribery, corruption
Bestechungsgeld [bə'ʃtɛçuŋsgɛlt] *n* bribe money
Bestelldaten [bə'ʃtɛlda:tən] *f* details of order
Bestelleingang [bə'ʃtɛlaingaŋ] *m* incoming orders, new orders, intake of new orders
bestellen [bə'ʃtɛlən] *v (in Auftrag geben)* order, place an order, commission
Besteller [bə'ʃtɛlər] *m* customer
Bestellformular [bə'ʃtɛlfɔrmula:r] *n* order form
Bestellkosten [bə'ʃtɛlkɔstən] *f/pl* ordering costs
Bestellliste [bə'ʃtɛllɪstə] *f* list of orders
Bestellmenge [bə'ʃtɛlmɛŋə] *f* ordered quantity
Bestellnummer [bə'ʃtɛlnumər] *f* order number
Bestellschein [bə'ʃtɛlʃain] *m* order form
Bestellung [bə'ʃtɛluŋ] *f 1. (Waren)* order, *2. (auf einen Posten, für eine Aufgabe)* appointment (for specific tasks or posts)
bestens [bɛstənz] *adv* at best
besteuern [bə'ʃtɔyərn] *v* tax, impose a tax
Besteuerung [bə'ʃtɔyəruŋ] *f* taxation
Besteuerungsgrundlage [bə'ʃtɔyəruŋsgruŋdla:gə] *f* tax basis
Besteuerungsverfahren [bə'ʃtɔyəruŋsfɛrfa:rən] *n* taxation procedure
bestimmen [bə'ʃtɪmən] *v 1. (festlegen)* determine, decide; *2. (zuweisen)* appoint, assign, appropriate

Bestimmtheitsmaß [bə'ʃtɪmthaitsma:s] *n* determination coefficient
Bestimmung [bə'ʃtɪmuŋ] *f 1. (Vorschrift)* provision, decree, regulations *pl*; *2. (Zweck)* purpose
Bestimmungsbahnhof [bə'ʃtɪmuŋsba:nho:f] *m* station of destination
Bestimmungskauf [bə'ʃtɪmuŋskauf] *m* sale subject to buyer's specifications
Bestimmungsort [bə'ʃtɪmuŋsɔrt] *m* (place of) destination
Bestleistung ['bɛstlaistuŋ] *f* record
bestrafen [bə'ʃtra:fən] *v* punish, penalize
Bestrafung [bə'ʃtra:fuŋ] *f* punishment, penalty
bestreiken [bə'ʃtraikən] *v* strike against
Bestseller ['bɛstsɛlər] *m* bestseller
Besuch [bə'zu:x] *m* visit
besuchen [bə'zu:xən] *v (besichtigen)* visit
Besuchserlaubnis [bə'zu:xsɛrlaupnɪs] *f* visitor's pass
Betafaktor ['betafaktɔr] *m* beta factor
Betätigung [bə'tɛ:tɪguŋ] *f 1.* operation; *2. (Tätigkeit)* activity
Betätigungsfeld [bə'tɛ:tɪguŋsfɛlt] *n* range of activities, field of activity
beteiligen [bə'tailɪgən] *v sich* ~ participate, take part, join; *jdn an etw* ~ give a person a share, make a person a partner, let s.o. take part
Beteiligte(r) [bə'tailɪçtə(r)] *m/f* participant
Beteiligung [bə'tailɪguŋ] *f* participation
Beteiligungsdarlehen [bə'tailɪguŋsdarle:ən] *n* loan with profit participation
Beteiligungsfinanzierung [bə'tailɪguŋ] *f* equity financing
Beteiligungshandel [bə'tailɪguŋshandəl] *m* equity financing transactions
Beteiligungskonzern [bə'tailɪguŋskɔntsɛrn] *m* controlled corporate group
Beteiligungsvermittlung [bə'tailɪguŋsfɛrmɪtluŋ] *f* agency of equity financing transactions
Betongold [bə'tɔŋgɔlt] *n* real estate property
Betrag [bə'trak] *m* amount
betragen [bə'tra:gən] *v irr (sich belaufen auf)* amount to, add up to, come to
Betreff [bə'trɛf] *m* subject, subject matter; *in* ~ *einer Sache* with regard to sth
betreffen [bə'trɛfən] *v irr (angehen)* affect, concern, regard
betreffend [bə'trɛfənt] *prep* regarding, concerning
betreffs [bə'trɛfs] *prep* regarding

betreiben [bə'traɪbən] *v irr 1. (leiten)* operate, manage, run; *2. (ausüben)* do, pursue
Betreiber [bə'traɪbər] *m* operator
betreuen [bə'trɔyən] *v 1. (Sachgebiet)* be in charge of; *2. (Kunden)* serve
Betreuung [bə'trɔyʊŋ] *f (der Kunden)* service
Betrieb [bə'triːp] *m 1. (Firma)* business, enterprise, firm, undertaking; *2. (Werk)* factory, works, plant, operation; *3.* etw in ~ nehmen start using sth, put sth into operation; außer ~ out of order
betrieblich [bə'triːplɪç] *adj* operational, operating, internal
betriebliche Altersversorgung [bə'triːplɪçə 'altərsfɛrzɔrgʊŋ] *f* employee pension scheme
betriebliche Ausbildung [bə'triːplɪçə 'ausbɪldʊŋ] *f* in-house training
betriebliches Informationssystem [bə'triːplɪçəs ɪnfɔrmatsjonzsysteːm] *n* organizational information system
betriebliches Rechnungswesen [bə'triːplɪçəs 'rɛçnʊŋsveːzən] *n* operational accountancy
betriebliches Vorschlagswesen [bə'triːplɪçə 'fɔrʃlaɡsveːzən] *n* employee suggestion system; company suggestion system
Betriebsabrechnungsbogen (BAB) [bə'triːpsʔapˌrɛçnʊŋsboːɡən] *m* overhead allocation sheet
Betriebsanalyse [bə'triːpsʔanalyːzə] *f* operational analysis
Betriebsänderung [bə'triːpsʔɛndərʊŋ] *f* change in plant operation
Betriebsangehörige(r) [bə'triːpsʔanɡəhøːrɪɡə(r)] *m/f* employee
Betriebsanleitung [bə'triːpsʔanlaɪtʊŋ] *f* operating instructions *pl*
Betriebsarzt [bə'triːpsʔartst] *m* company doctor
Betriebsaufgabe [bə'triːpsʔaʊfɡaːbə] *f* termination of business
Betriebsausflug [bə'triːpsʔaʊsfluːk] *m* company outing
Betriebsausgaben [bə'triːpsʔaʊsɡaːbən] *f/pl* operating expenses
betriebsbedingte Kündigung [bə'triːpsbədɪŋtə 'kyndɪɡʊŋ] *f* notice to terminate for operational reasons
betriebsbereit [bə'triːpsbəraɪt] *adj* operational, ready for use, operative
betriebsblind [bə'triːpsblɪnt] *adj* blind to organizational deficiencies, blunted by habit

Betriebsdauer [bə'triːpsdaʊər] *f* operating period, service life
Betriebsergebnis [bə'triːpsʔɛrɡɛbnɪs] *n* results from operations
Betriebserlaubnis [bə'triːpsʔɛrlaʊbnɪs] *f* operating license
Betriebseröffnung [bə'triːpsʔɛrʔœfnʊŋ] *f* opening of a business
Betriebsferien [bə'triːpsfɛːrjən] *f* annual holiday, plant holidays
Betriebsfest [bə'triːpsfɛst] *n* staff party
Betriebsfonds [bə'triːpsfɔ̃ː] *m* operating fund
betriebsfremder Aufwand [bə'triːpsfrɛmdər 'aʊfvant] *m* non-operating expense
betriebsfremder Ertrag [bə'triːpsfrɛmdər 'ɛrtraːk] *m* non-operating revenue
Betriebsführung [bə'triːpsfyːrʊŋ] *f* plant management
Betriebsgeheimnis [bə'triːpsɡəhaɪmnɪs] *n* trade secret, industrial secret
Betriebsgröße [bə'triːpsɡrøːsə] *f* size of the company
betriebsintern [bə'triːpsʔɪntɛrn] *adj* internal; *adv* within the company
Betriebskapital [bə'triːpskapitaːl] *n* working capital
Betriebsklima [bə'triːpskliːma] *n* working conditions and human relations
Betriebskosten [bə'triːpskɔstən] *pl* operating costs *pl*, working expenses *pl*
Betriebsmittel [bə'triːpsmɪtəl] *n/pl* working funds
Betriebsnachfolge [bə'triːpsnaxfɔlɡə] *f* successor company; successor
Betriebsnormen [bə'triːpsnɔrmən] *f/pl* organizational standards
betriebsnotwendiges Kapital [bə'triːpsnɔtvɛndɪɡəs 'kapitaːl] *n* necessary operating capital
betriebsnotwendiges Vermögen [bə'triːpsnɔtvɛndɪɡəs 'fɛrmøːɡən] *n* necessary business assets
Betriebsprüfer [bə'triːpspryːfər] *m* auditor
Betriebsprüfung [bə'triːpspryːfʊŋ] *f* fiscal audit of operating results, investigation by the tax authorities
Betriebsrat [bə'triːpsraːt] *m* works council
Betriebsrentabilität [bə'triːpsrɛntabiliˌtɛːt] *f* operational profitability
Betriebsrente [bə'triːpsrɛntə] *f* company pension
Betriebsspaltung [bə'triːpsʃpaltʊŋ] *f* split of a unitary enterprise

Betriebsstatistik [bə'tri:psʃtatıstık] f operations statistics

Betriebsstilllegung [bə'tri:psʃtılle:guŋ] f plant closing

Betriebsstoffe [bə'tri:psʃtɔfə] m/pl 1. *(Rechnungswesen)* supplies; 2. *(Fertigung)* factory supplies

Betriebssystem [bə'tri:pszyste:m] n 1. *(EDV)* operating system; 2. production system

Betriebsunfall [bə'tri:psunfal] m industrial accident, accident at work

Betriebsunterbrechungsversicherung [bə'tri:psuntərbrɛçuŋsfɛrsıçəruŋ] f business interruption insurance

Betriebsvereinbarung [bə'tri:psfɛraınba:ruŋ] f plant agreement

Betriebsverfassungsgesetz (BetrVerfG, BetrVG) [bə'tri:psfɛrfasuŋsgəsɛts] n Industrial Constitution Law

Betriebsvergleich [bə'tri:psfɛrglaıç] m external analysis

Betriebsvermögen [bə'tri:psfɛrmø:gən] n operating assets

Betriebsversammlung [bə'tri:psfɛrsamluŋ] f employee meeting

Betriebswirt(in) [bə'tri:psvırt(ın)] m/f business economist, management expert

Betriebswirtschaft [bə'tri:psvırtʃaft] f business economics

Betriebswirtschaftslehre (BWL) [bə'tri:psvırtʃaftsle:rə ('be've'el)] f business management, business administration

Betrug [bə'tru:k] m fraud

betrügerischer Bankrott [bə'try:gərıʃər baŋk'rɔt] m fraudulent bankruptcy

beurkunden [bə'u:rkundən] v *(bezeugen)* prove (by documentary evidence); record (in an official document), document

Beurkundung [bə'u:rkunduŋ] f *(Bezeugung)* documentary evidence; recording, certification, documentation

beurlauben [bə'u:rlaubən] v 1. grant leave, give leave; 2. *(suspendieren)* suspend

Beurlaubung [bə'u:rlaubuŋ] f granting of leave

Beurteilung [bə'urtaıluŋ] f assessment, judgement, judgment *(US)*, opinion

Bevölkerung [bə'fœlkəruŋ] f population

Bevölkerungsdichte [bə'fœlkəruŋsdıçtə] f density of population

Bevölkerungsschicht [bə'fœlkəruŋsʃıçt] f demographic stratum

bevollmächtigen [bə'fɔlmɛçtıgən] v authorize, empower, give power of attorney

Bevollmächtigte(r) [bə'fɔlmɛçtıçtə(r)] m/f authorized person, person holding power of attorney, proxy (for votes), representative

Bevollmächtigung [bə'fɔlmɛçtıguŋ] f power of attorney, authorization

bevorrechtigte Gläubiger [bə'fɔrrɛçtıgtə 'glɔybıgər] m/pl preferential creditors

bewegliche Güter [bə've:glıçə 'gy:tər] n/pl movable goods

bewegliches Anlagevermögen [bə've:glıçəs 'anla:gəfɛrmø:gən] n non-real-estate fixed assets

Bewegungsbilanz [bə've:guŋsbılants] f flow statement

Bewegungsdaten [bə've:guŋsda:tən] pl transaction data

Beweis [bə'vaıs] m proof

Beweismittel [bə'vaısmıtəl] n evidence

bewerben [bə'vɛrbən] v irr sich ~ um apply for

Bewerber(in) [bə'vɛrbər(ın)] m/f applicant

Bewerbung [bə'vɛrbuŋ] f application

Bewerbungsschreiben [bə'vɛrbuŋsʃraıbən] n letter of application

Bewerbungsunterlagen [bə'vɛrbuŋsuntərla:gən] f/pl application documents

Bewertung [bə'vɛrtuŋ] f 1. evaluation, assessment; 2. *(Feststellung des Werts)* valuation, appraisal

Bewertung von Unternehmen und Kapitalkosten [bə'vɛrtuŋ fɔn 'untərne:mən unt 'kapıta:lkɔstən] f valuation of enterprises

bewilligen [bə'vılıgən] v permit, grant, agree to

Bewilligung [bə'vılıguŋ] f allowance, granting, permission, grant

Bewirtung [bə'vırtuŋ] f hospitality

bezahlen [bə'tsa:lən] v pay, pay for

bezahlt [bə'tsa:lt] adj paid; gut ~ well-paid; schlecht ~ low-paid

bezahlt Brief (bB) [bə'tsa:lt bri:f] more sellers than buyers, sellers ahead

bezahlt Geld (bG) [bə'tsa:lt gɛlt] more buyers than sellers, buyers ahead

bezahlter Urlaub [bə'tsa:ltər 'urlaup] m paid vacation, paid holidays

Bezahlung [bə'tsa:luŋ] f 1. payment; 2. *(Lohn)* pay

bezeugen [bə'tsɔygən] v testify to, bear witness to

beziehen [bə'tsi:ən] v irr *(Gehalt)* receive, draw

Bezieher [bə'tsiːər] *m* subscriber, buyer
Bezogener [bə'tsoːgənər] *m* drawee
Bezug [bə'tsuːk] *m* reference
Bezüge [bə'tsyːgə] *f* earnings
Bezug nehmend [bə'tsuːk neːment] referring to
Bezugsaktien [bə'tsuːksaktsjən] *f/pl* pre-emptive shares
Bezugsangebot [bə'tsuːksangəboːt] *n* right issue
Bezugsbedingungen [bə'tsuːksbədɪŋuŋən] *f/pl* subscription conditions
Bezugsfrist [bə'tsuːksfrɪst] *f* subscription period
Bezugskosten [bə'tsuːkskɔstən] *pl* delivery costs, purchasing costs
Bezugskurs [bə'tsuːkskurs] *m* subscription price
Bezugsquelle [bə'tsuːkskvɛlə] *f* source of supply
Bezugsrecht [bə'tsuːksrɛçt] *n* subscription right, stock option, pre-emptive right
Bezugsrechtabschlag [bə'tsuːksrɛçtapʃlak] *m* ex-rights markdown
Bezugsrechterklärung [bə'tsuːksrɛçtsɛrkleruŋ] *f* declaration to exercise the subscription right
Bezugsrechthandel [bə'tsuːksrɛçthandəl] *m* trading in suscription rights
Bezugsrechtnotierung [bə'tsuːksrɛçtnotiːruŋ] *f* subscription price
Bezugsrechtsbewertung [bə'tsuːksrɛçtsbəvɛrtuŋ] *f* subscription rights evaluation
Bezugsrechtsdisposition [bə'tsuːksrɛçtsdɪspɔsɪtsjoːn] *f* subscription rights disposition
Bezugsrechtskurs [bə'tsuːksrɛçtskurs] *m* subscription price
Bezugsrechtsparität [bə'tsuːksrɛçtspaːriːtɛːt] *f* subscription rights parity
Bezugsschein [bə'tsuːksʃaɪn] *m* purchasing permit, subscription warrant
Bezugstag [bə'tsuːkstaːk] *m* subscription day
bezuschussen [bə'tsuːʃusən] *v* subsidize
Bezuschussung [bə'tsuːʃusuŋ] *f* subsidy
Bietungsgarantie ['biːtuŋsgaranti:] *f* tender guarantee
Bilanz [bi'lants] *f* balance-sheet, financial statement, balance
Bilanzanalyse [bi'lantsanalyːzə] *f* balance analysis
Bilanzänderung [bi'lantsɛndəruŋ] *f* alteration of a balance sheet

Bilanzberichtigung [bi'lantsbərɪçtɪguŋ] *f* correction of a balance sheet
Bilanzbewertung [bi'lantsbəvɛrtuŋ] *f* balance sheet valuation
Bilanzfälschung [bi'lantsfɛlʃuŋ] *f* falsification of the balance sheet
Bilanzgewinn [bi'lantsgəvɪn] *m* net profit for the year
Bilanzgleichung [bi'lantsglaɪçuŋ] *f* balance sheet equation
Bilanzgliederung [bi'lantsgliːdəruŋ] *f* format of the balance sheet
Bilanzidentität [bi'lantsiːdɛntɪtɛːt] *f* balance sheet continuity
bilanzieren [bilan'tsiːrən] *v* balance (accounts)
Bilanzierung [bi'lantsiːruŋ] *f* procedure to draw up a balance sheet
Bilanzierungsgrundsätze [bi'lantsiːruŋsgrundsɛtsə] *m/pl* accounting principles
Bilanzierungsvorschriften [bi'lantsiːruŋsfɔrʃrɪftən] *f/pl* accounting regulations
Bilanzklarheit [bi'lantsklarhaɪt] *f* balance transparency, accounting transparency
Bilanzkontinuität [bi'lantskɔntinuitɛːt] *f* balance sheet continuity
Bilanzkonto [bi'lantskɔnto] *n* balance sheet account
Bilanzkritik [bi'lantskriːtiːk] *f* balance sheet analysis
Bilanzkurs [bi'lantskurs] *m* book value, balance sheet rate
Bilanzpolitik [bi'lantspolitiːk] *f* accounting policy
bilanzpolitische Instrumente [bi'lantspɔlɪtɪʃə 'ɪnstrumɛntə] *n/pl* instruments of balance sheet policy
Bilanzpositionen [bi'lantspɔsɪtsjoːnən] *f/pl* balance-sheet items
Bilanzprüfung [bi'lantspryːfuŋ] *f* balance sheet audit
Bilanzrichtliniengesetz [bi'lantsrɪçtlɪnjəŋəsɛts] *n* Accounting and Reporting Law
Bilanzstatistik [bi'lantsʃtatɪstɪk] *f* balance sheet statistics
Bilanzstichtag [bi'lantsʃtɪçtaːk] *m* date of the balance
Bilanzstruktur [bi'lantsʃtruktuːr] *f* structure of the balance sheet
Bilanzsumme [bi'lantssumə] *f* balance sheet total
Bilanzverlängerung [bi'lantsfɛrlɛɛŋəruŋ] *f* increase in total assets and liabilities
Bilanzverlust [bi'lantsfɛrlust] *m* net loss

Bilanzverschleierung [biˈlantsfɛrʃlaɪərʊŋ] f doctoring a balance sheet
Bilanzwert [biˈlantsvɛrt] m balance sheet value
bilateral [ˈbɪlatəraːl] adj bilateral
Bildschirm [ˈbɪltʃɪrm] m screen
Bildschirmarbeit [ˈbɪltʃɪrmarbaɪt] f work at a computer terminal
Bildschirmarbeitsplatz [bɪltʃɪrmarbaɪtsplats] m job working at a computer, screen job
Bildschirmtext [ˈbɪltʃɪrmtɛkst] m viewdata
Bildtelefon [ˈbɪlttelefoːn] n videophone, picturephone
Bildungspolitik [ˈbɪldʊŋspolitiːk] f educational policy
Bildungsurlaub [ˈbɪldʊŋsuːrlaup] m sabbatical, paid educational leave
billig [ˈbɪlɪç] adj (preiswert) cheap, inexpensive
Billigflaggen [ˈbɪlɪçflagən] f/pl flags of convenience
billigst [ˈbɪlɪçst] adv at best price, at lowest price
Billigware [ˈbɪlɪçvaːrə] f marked-down product
binär [biˈnɛːr] adj binary
Binärzahl [biˈnɛːrtsaːl] f binary number
Binnenhandel [ˈbɪnənhandəl] m domestic trade, inland trade
Binnenmarkt [ˈbɪnənmarkt] m common market, domestic market, home market
Binnenwirtschaft [ˈbɪnənvɪrtʃaft] f domestic trade and payments
Binnenzoll [ˈbɪnəntsɔl] m internal customs duty, internal tariff
Bit [bɪt] n bit
B-Länder [ˈbeː lɛndər] n/pl B countries
Black List [blæk ˈlɪst] f black list
Black-Box-Modell [ˈblækbɔksmɔdɛl] n black box model
Blankett [blaŋˈkɛt] n blank form
blanko [ˈblaŋko] adj blank
Blanko-Akzept [ˈblaŋkoaktsɛpt] n acceptance in blank
Blankoformular [ˈblaŋkofɔrmulaːr] n blank form
Blanko-Indossament [ˈblaŋkoɪndɔsamɛnt] n blank indorsement
Blankokredit [ˈblaŋkokrediːt] m unsecured credit, open credit
Blankoscheck [ˈblaŋkoʃɛk] m blank cheque, blank check (US)
Blankounterschrift [ˈblaŋkountərʃrɪft] f blank signature

Blankoverkauf [ˈblaŋkofɛrkauf] m short sale
Blankovollmacht [ˈblaŋkofɔlmaxt] f carte blanche, full power (of attorney)
Blanko-Wechsel [ˈblaŋkoveçsəl] m blank bill
Blankozession [ˈblaŋkotsɛsjoːn] f transfer in blank
Blitzgiro [ˈblɪtsʒiːroː] n direct telex transfer system
Blockdiagramm [ˈblɔkdɪagram] n bar chart
Blockfloating [ˈblɔkfləʊtɪŋ] n block floating
Blockverkauf [ˈblɔkfɛrkauf] m block sale
Blue Chips [ˈbluːtʃɪp] pl blue chips
Bodenkredit [ˈboːdənkrediːt] m loan on landed property
Bodenkreditinstitut [ˈboːdənkrediːtɪnstituːt] n mortgage bank
Bodenpreis [ˈboːdənpraɪs] m land price
Bodenreform [ˈboːdənrəfɔrm] f land reform
Bodensatz [ˈboːdənsats] m deposit base, undeclared securities
Bon [bɔŋ] m cash register slip, voucher
Bond [bɔnt] m bond
Bond-Option [bɔntɔptsjoːn] f bond option
Bonifikation [ˈbɔniːfikatsjoːn] f bonus
Bonität [boˈniːtɛːt] f solvency, credit standing, credit worthiness, financial standing
Bonitätsprüfung [ˈboːniːtɛːtspryːfʊŋ] f credit check
Bonitätsrisiko [ˈboːniːtɛːtsriːsiːko] n credit solvency risk
Bonus [ˈboːnʊs] m bonus, extra dividend
Boom [buːm] m boom
Börse [ˈbœrzə] f stock exchange, market
Börsenabteilung [ˈbœrzənaptaɪlʊŋ] f exchange department
Börsenaufsicht [ˈbœrzənaufsɪçt] f stock exchange supervision
Börsenauftrag [ˈbœrzənauftrak] m stock exchange order
Börsenaushang [ˈbœrzənaushaŋ] m stock market notice board
Börsenauskunft [ˈbœrzənauskʊnft] f stock market information
Börsenausschuss [ˈbœrzənausʃʊs] m stock committee
Börsenbehörde [ˈbœrzənbəhœːrdə] f stock exchange authority
Börsenbericht [ˈbœrzənbərɪçt] m stock exchange news, stock exchange report
börsengängige Wertpapiere [ˈbœrzəngɛŋgɪgə ˈvɛrtpapiːrə] n/pl quoted securities

Börsengeschäfte ['bœrzəngəʃɛftə] *n/pl* stock market transactions, stock exchange operations
Börsengesetz ['bœrzəngəsɛts] *n* Stock Exchange Act, German Stock Exchange Law
Börsenhandel ['bœrzənhandəl] *m* stock market trading, stock market transactions, stock market dealing
Börsenindex ['bœrzənɪndɛks] *m* stock exchange index
Börsenkrach ['bœrzənkrax] *m* stock market crash
Börsenkurs ['bœrzənkurs] *m* market price, market rate, stock exchange price, quotation on the stock exchange
Börsenkurszusätze ['bœrzənkurstsu:sɛtsə] *m/pl* stock exchange price additions
Börsenmakler ['bœrzənma:klər] *m* stockbroker, exchange broker
Börsennotierung ['bœrzənnoti:ruŋ] *f* market exchange quotation
Börsenordnung ['bœrzənɔrdnuŋ] *f* stock exchange regulations
Börsenorganisation ['bœrzənɔrganɪsatsjo:n] *f* stock exchange organization
Börsenpapier ['bœrzənpapi:r] *n* listed security, stocks and shares *pl*
Börsenplatz ['bœrzənplats] *m* stock exchange centre
Börsenpreis ['bœrzənprais] *m* exchange price
Börsenrecht ['bœrzənrɛçt] *n* stock exchange rules
Börsenreform ['bœrzənrəfɔrm] *f* reorganization of the stock exchange
Börsenschluss ['bœrzənʃlus] *m* closing of the exchange
Börsensegmente ['bœrzənsɛgmɛntə] *n/pl* sectors of the stock exchange
Börsenspekulant ['bœrzənʃpekulant] *m* speculator on the stock market
Börsentage ['bœrzənta:gə] *m/f* market days, trading days
Börsentendenz ['bœrzəntɛndɛnts] *f* stock market trend
Börsentermingeschäfte ['bœrzəntɛrmi:ngəʃɛftə] *n/pl* trading in futures on a stock exchange, futures dealings
Börsenumsätze ['bœrzənumsɛtsə] *m/pl* stock exchange turnover
Börsenumsatzsteuer ['bœrzənumsatsʃtɔyər] *f* stock exchange turnover tax
Börsenusancen ['bœrzənusuãzən] *f/pl* stock exchange customs
Börsenzeit ['bœrzəntsait] *f* official trading hours
Börsenzulassung ['bœrzəntsu:lasuŋ] *f* admission to the stock exchange
Bottom-Up-Prinzip ['bɔtəmʌpprɪntsi:p] *n* bottom-up principle
Boykott ['bɔɪkɔt] *n* boycott
boykottieren [bɔykɔ'ti:rən] *v* boycott
Brainstorming ['breɪnstɔ:mɪŋ] *n* brainstorming
Branche ['brãʃə] *f* branch, line of business, business, industry, industrial segment
Branchenanalyse ['brãʃənanaly:zə] *f* trade analysis
Branchenbeobachtung ['brãʃənbəo:baxtuŋ] *f* industry survey and appraisal
Branchenerfahrung ['brãʃənɛrfa:ruŋ] *f* experience in the field
Branchenkenntnis ['brãʃənkɛntnɪs] *f* knowledge of the field
Branchenkennziffer ['brãʃənkɛntsɪfər] *f* industry ratio
Branchensoftware ['brãʃənsɔftvɛ:r] *f* industry software
Branchenstatistik ['brãʃənʃtatɪstɪk] *f* industry statistics
Branchenstruktur ['brãsənʃtruktu:r] *f* trade structure
Branchenvergleich ['brãʃənfɛrglaiç] *m* trade comparison
Branchenverzeichnis ['brãʃənfɛrtsaiçnɪs] *n* classified directory, yellow pages *pl*
Brand-Image [brɛndimedʃ] *n* brand image
Brandmarketing [brɛndmarkətɪŋ] *n* brand marketing
Brandversicherung [brantfɛrsɪçəruŋ] *f* fire insurance
Brauchwasser ['brauxvasər] *n* water for industrial use, water that is not for drinking
Brauindustrie ['brauindustri:] *f* brewing industry
Break-Even-Analyse ['breɪk'i:vən analy:zə] *f* break-even analysis
Break-Even-Point ['breɪk'i:vən 'pɔɪnt] *m* break-even point
Brief ['bri:f] *m* letter
Brief verlost (BV) ['bri:f fɛrlo:zt] *adj* ask drawn by lot
Briefbogen ['bri:fbo:gən] *m* sheet of stationery
Briefgrundschuld ['bri:fgrundʃult] *f* certificated land charge
Briefhypothek ['bri:fhypote:k] *f* certificated mortgage

Briefing ['bri:fɪŋ] *n* briefing
Briefkasten ['bri:fkastən] *m* letter-box
Briefkastenfirma ['bri:fkastənfɪrma] *f* dummy corporation, bogus company
Briefkopf ['bri:fkɔpf] *m* letterhead
Briefkurs ['bri:fkurz] *m* selling price
Briefmarke ['bri:fmarkə] *f* stamp
Briefqualität ['bri:fkvalitɛ:t] *f* letter-quality print
Briefträger ['bri:ftrɛgər] *m* postman
Briefumschlag ['bri:fumʃla:k] *m* envelope
Briefwechsel ['bri:fvɛksəl] *m* correspondence, exchange of letters
Bringschuld ['brɪŋʃult] *f* debt by speciality
Broker ['bro:kər] *m* broker
Broschüre [bro'ʃyrə] *f* brochure
Broterwerb ['bro:tɛrvɛrp] *m* (earning one's) living, (earning one's) livelihood
brotlos ['bro:tlo:s] *adj* (fig: nicht einträglich) unprofitable
Bruch [brux] *m* 1. (*Vertragsbruch*) breach of contract, 2. (*Mathematik*) fraction
Bruchschaden ['bruxʃa:dən] *m* breakage
Bruchteil ['bruxtaɪl] *m* fraction
Bruchteilseigentum ['bruxtaɪlsaɪgəntu:m] *n* ownership in fractional shares
Bruchteilseigentümer ['bruxtaɪlsaɪgəntymər] *m* co-owner
brutto ['bruto] *adj* gross
Brutto-Dividende ['brutodividɛndə] *f* gross dividend
Bruttoeinkommen ['brutoaɪnkɔmən] *n* gross income
Bruttoeinnahme ['brutoaɪnna:mə] *f* gross earnings *pl*
Bruttoertrag ['brutoɛrtra:k] *m* gross proceeds *pl*, gross return
Bruttogewicht ['brutogəvɪçt] *n* gross weight
Bruttogewinn ['brutogəvɪn] *m* gross profit, gross profits *pl*
Bruttoinlandsprodukt [bruto'ɪnlantsprodukt] *n* gross domestic product
Bruttolohn ['brutolo:n] *m* gross salary, gross pay, gross wage
Bruttopreis ['brutopraɪs] *m* gross price
Bruttoregistertonne ['brutore'gɪstərtonə] *f* gross register(ed) ton
Bruttosozialprodukt ['brutozo'tsja:lprodukt] *n* gross national product
Bruttoverdienst ['brutoferdi:nst] *m* gross earnings *pl*
Bruttowährungsreserve ['bruto'vɛruŋsrəsɛrvə] *f* gross monetary reserve

Buchbestände ['bu:xbəʃtɛndə] *m/pl* book value
Bücher ['by:çər] *f/pl* (*in der Buchhaltung*) books and records (in accounts departments)
Buchforderung ['bu:x] *f* account receivable
buchführen ['bu:xfy:rən] *v* keep accounts
Buchführung ['bu:xfy:ruŋ] *f* bookkeeping, accounting
Buchführungspflicht ['bu:xfy:ruŋspflɪçt] *f* duty to keep books of account
Buchführungsrichtlinien ['bu:xfy:ruŋsrɪçtlinien] *f/pl* accounting rules
Buchgeld ['bu:x] *n* deposit money, money in account
Buchgeldschöpfungsmultiplikator ['bu:xgɛltʃœpfuŋsmulti:plikator] *m* deposit money creation multiplier
Buchgewinn ['bu:xgəvɪn] *m* book profit
Buchgrundschuld ['bu:xgruntʃult] *f* uncertificated land charge
Buchhalter(in) ['bu:xhaltər(ɪn)] *m/f* bookkeeper
Buchhaltung ['bu:xhaltuŋ] *f* accounting
Buchhypothek ['bu:xhy:pote:k] *f* uncertificated mortgage
Buchkredit ['bu:xkredi:t] *m* book credit
Buchprüfung ['bu:xpry:fuŋ] *f* audit, auditing
Buchschuld ['bu:xʃult] *f* book debt
Buchung ['bu:xuŋ] *f* entry
Buchungsbeleg ['bu:xuŋsbəle:k] *m* accounting voucher
Buchungsfehler ['bu:xuŋsfe:lər] *m* bookkeeping error
Buchungssatz ['bu:xuŋssats] *m* entry formula
Buchwert ['bu:xvɛrt] *m* book value, accounting value
Buchwertabschreibung ['bu:xvɛrtapʃraɪbuŋ] *f* declining balance depreciation
Budget [by'dʒe:] *n* budget
Budgetausgleich [by'dʒe:ausglaɪç] *m* balancing of the budget
Budgetierung [by'dʒe:ti:ruŋ] *f* budgeting, drawing up of a budget
Budgetkontrolle [by'dʒe:kɔntrɔlə] *f* budget control
Buffer-Stocks ['bʌfərstɔks] *pl* buffer stock
Bullion ['buljən] *m* bullion
Bullionbroker ['buljənbrəukə] *m* bullion broker
Bundes-Angestellten-Tarifvertrag (BAT) ['bundəsangəʃtɛltəntari:ffertra:k] *m* Federal Collective Agreement for Public Employees

Bundesanleihe ['bundəsanlaıhə] *f* federal loan
Bundesanleihekonsortium ['bundəsanlaıhəkɔnsɔrtsıjum] *n* federal loan syndicate
Bundesanleihen ['bundəsanlaıhə] *f/pl* federal loan
Bundesanstalt für Arbeit (BA) ['bundəsanʃtalt fy:r 'arbaıt] *f* Federal Labor Office
Bundesanzeiger ['bundəsantsaıgər] *m* Federal Official Gazette
Bundesarbeitsgericht ['bundəsarbaıtsgərıçt] *n* Federal Labor Court
Bundesaufsichtsamt ['bundəsaufsıçtsamt] *n* Federal Supervisory Office
Bundesbank ['bundəsbaŋk] *f* Bundesbank, German Federal Bank
bundesbankfähige Wertpapiere ['bundəsbaŋkfɛ:ıçə 'vɛrtpapi:rə] *n/pl* bills rediscountable at the Federal Bank
Bundesbankgewinn ['bundəsbaŋkgəvın] *m* Bundesbank profit
Bundesbankguthaben ['bundəsbaŋkgu:thabən] *n* Federal Bank assets
Bundesbürgschaft ['bundəsbyrgʃaft] *f* Federal guarantee
Bundesfinanzbehörden ['bundəsfinantsbəhœ:rdən] *f/pl* federal revenue authorities
Bundesfinanzhof (BFH) ['bundəsfinantsho:f] *m* Federal Fiscal Court
Bundesgericht ['bundəsgə'rıçt] *n* Federal Court
Bundesgerichtshof (BGH) ['bundəsgə'rıçtsho:f] *m* Federal Supreme Court
Bundesgesetzblatt (BGBl) ['bundəsgə'zɛtsblat] *n* Official Federal Gazette
Bundeshaushalt ['bundəshaushalt] *m* federal budget
Bundeskartellamt ['bundəskartɛlamt] *n* Federal Cartel Authority
Bundesobligation ['bundəsopligatsjo:n] *f* Federal bonds
Bundesrechnungshof ['bundəsrɛçnuŋsho:f] *m* Federal Audit Office
Bundesschatzbrief ['bundəs'ʃatsbri:f] *m* federal treasury bill
Bundesschuldbuch ['bundəsʃultbux] *n* Federal Debt Register
Bundessozialgericht ['bundəssotsja:lgərıçt] *n* Federal Court for Social Security and Related Matters
Bundessteuer ['bundəsʃtɔyər] *f* federal tax
Bundesverfassungsgericht (BverfG) ['bundəsfɛrfasuŋsgə'rıçt] *n* Federal Constitutional Court
Bundesverwaltungsgericht (BverwG) ['bundəsfɛrvaltuŋsgərıçt] *n* Federal Administrative Court
Bürge [by:rgə] *m* guarantor
bürgen ['byrgən] *v* guarantee, vouch for; *jdm für etw* ~ to be answerable to s.o. for sth
bürgerlicher Kauf ['by:rgərlıçər kauf] *m* private purchase
Bürgschaft ['by:rgʃaft] *f* guarantee
Bürgschaftskredit ['by:rgʃaftskredi:t] *m* credit by way of bank guarantee
Bürgschaftsplafond ['by:rgʃaftsplafɔ̃] *f* guarantee limit
Büro [by'ro:] *n* office
Büroangestellte(r) [by'ro:angəʃtɛltə(r)] *m/f* office clerk, white collar worker *(US)*, office employee
Büroarbeit [by'ro:arbaıt] *f* office work, clerical work
Büroautomation [by'ro:automatsjo:n] *f* office automation
Bürobedarf [by'ro:bədarf] *m* office supplies *pl*
Büroflächen [by'ro:flɛxən] *f/pl* office spaces, office premises
Bürohaus [by'ro:haus] *n* office building
Bürokaufmann/Bürokauffrau [by'ro:kaufman/by'ro:kauffrau] *m/f* office administrator (man/woman)
Bürokommunikation ['by:ro:kɔmunikatsjo:n] *f* office communication
Bürokrat [byro'kra:t] *m* bureaucrat
Bürokratie [byrokra'ti:] *f* bureaucracy
bürokratisch [byro'kra:tıʃ] *adj* bureaucratic
Bürokratisierung [byrokrati'zi:ruŋ] *f* bureaucratization
Büromaschine [by'ro:maʃi:nə] *f* office appliance, office machine
Büromaterial [by'ro:materja:l] *n* office supplies *pl*
Büromöbel [by'ro:mø:bəl] *pl* office furniture
Büroraum [by'ro:raum] *m* office
Büroschluss [by'ro:ʃlus] *m* closing time
Bürozeit [by'ro:tsaıt] *f* office hours
Bußgeld ['bu:sgɛlt] *n n* penalty
Bußgeldbescheid ['bu:sgɛltbəʃaıt] *m* notification of a fine
Busunternehmen ['busuntərne:mən] *n* bus company
Buying-Center ['baıŋsɛntə] *n* buying center
Byte [baıt] *n* byte

C

Call [kɔːl] *n* option to buy
Call Center ['kɔːlsentə] *n* call center
Call-Geld ['kɔːlgɛlt] *n* call money
Call-Geschäft ['kɔːlgəʃɛft] *n* call transaction
Camcorder ['kɛmkɔːdə] *m* camcorder
Cap [kæp] *n* cap
Capital flow ['kæpɪtəl fləu] *m* capital flow
Capped Warrants ['kæpt 'wɔrəntz] *pl* capped warrants
Cash & Carry (c & c) ['kæʃændkerɪ] cash and carry (c & c)
Cash Flow ['kæʃfləu] *m* cash flow
Cash-and-carry-Klausel ['kæʃændkerɪklauzəl] *f* cash-and-carry clause
Cash on delivery (c. o. d.) [kæʃɔndəlɪvəriː] cash on delivery (c. o. d.)
CD-ROM [tseːdeːˈrɔm] *f* CD-ROM
Chance [ʃãsə] *f* chance, opportunity
Chancengleichheit ['ʃãsənglaıçhaɪt] *f* equal opportunity
Change-Agent ['tʃaɪnʃaɪdʒənt] *m* change agent
Chargenproduktion [ʃaːrʒənprodukt͡sjoːn] *f* batch production
Chartanalyse ['tʃaːrtanalyːzə] *f* chart analysis
Charter [tʃaːrtər] *m* charter
Charterflug ['tʃaːrtərfluːk] *m* charter flight
Charterflugzeug ['tʃaːrtərfluːktsɔyk] *n* charter plane, chartered aircraft
Chartergesellschaft ['tʃaːrtərgəzɛlʃaft] *f* charter carrier, charter airline
Chartermaschine ['tʃaːrtərmaʃiːnə] *f* chartered aircraft
chartern ['tʃaːrtərn] *v* charter
Chauffeur [ʃɔˈføːr] *m* chauffeur, driver
checken ['tʃɛkən] *v* test, check
Checkliste ['tʃɛklɪstə] *f* checklist
Chef(in) [ʃɛf(ɪn)] *m/f* head, boss *(fam)*
Chefetage ['ʃɛfetaːʒə] *f* executive floor
Chefingenieur ['ʃɛfɪnʒɛnjøːr] *m* chief engineer
Chefredakteur(in) ['ʃɛfredaktøːr(ɪn)] *m/f* editor-in-chief
Chefsekretärin ['ʃɛfzekrɛtɛːrɪn] *f* executive secretary
Chemiearbeiter(in) [çeˈmiːarbaɪtər(ɪn)] *m/f* worker in the chemical industry

Chemiefaser [çeˈmiːfaːzər] *f* chemical fibre, man-made fibre
Chemieindustrie [çeˈmiːɪndustriː] *f* chemical industry
Chemikalie [çɛmɪˈkaːljə] *f* chemical
Chemiker(in) [ˈçeːmɪkər(ɪn)] *m/f* chemist
Chip [tʃɪp] *m* chip
Chipkarte ['tʃɪpkartə] *f* chip card
Cliquenwirtschaft ['klɪkənvɪrtʃaft] *f* cliquism
Closed-Shop-Prinzip ['kləuzdʃɔpprɪntsiːp] *n* closed shop principle
Cluster [klastər] *m* cluster
Code [koːd] *m* code
codieren ['kpdiːrən] *v* code
Commercial Paper ['kɔmərʃəl peɪpə] *n* commercial paper
Commoditites ['kɔmɔdɪtiːz] *pl* commodities
Commodity futures ['kɔmɔdɪtɪ fjuːtʃəz] *pl* commodity futures
Computer [kɔmˈpjuːtər] *m* computer
Computer Aided Design (CAD) [kɔmˈpjuːtər eɪdəd dɪzaɪn] *n* computer-aided design *(CAD)*
Computer Aided Engineering (CAE) [kɔmˈpjuːtər eɪdəd enʒɪˈniːrɪŋ] *n* computer aided engineering *(CAE)*
Computer Aided Manufacturing (CAM) [kɔmˈpjuːtər eɪdəd menjuˈfɛktʃərɪŋ] *n* computer aided manufacturing *(CAM)*
Computer Aided Quality Assurance (CAQ) [kɔmˈpjuːtər eɪdəd ˈkwɔlɪti əʃurənts] *f* computer aided quality assurance *(CAQ)*
Computer Aided Selling (CAS) [kɔmˈpjuːtər eɪdəd ˈselɪŋ] *n* computer aided selling *(CAS)*
Computer Assisted Instruction (CAI) [kɔmˈpjuːtər ɛsɪstəd ɪnstraktʃən] *f* computer assisted instruction *(CAI)*
Computer Integrated Manufacturing (CIM) [kɔmˈpjuːtər ɪntəgreɪtəd menjuˈfɛktʃərɪŋ] *n* computer integrated manufacturing *(CIM)*
Computereinsatz [kɔmˈpjuːtəraɪnsats] *m* use of computers
computergesteuert [kɔmˈpjuːtərgəʃtɔyərt] *adj* computer-controlled

computergestützt [kɔmˈpjuːtərgəʃtytst] *adj* computer-aided

computergestütztes Informationssystem (CIS) [kɔmˈpjuːtərgəʃtytstəs ɪnfɔrmaˈtsjoːnszysteːm] *n* computer-aided information system *(CIS)*

Computergrafik [kɔmˈpjuːtərgraːfɪk] *f* computer graphics

Computerindustrie [kɔmˈpjuːtərɪndustriː] *f* computer industry

Computerkriminalität [kɔmˈpjuːtərkrɪmɪnaːlitɛːt] *f* computer criminality

Computerprogramm [kɔmˈpjuːtərprɔgram] *n* computer program

Computerverbundsystem [kɔmˈpjuːtərfɛrbuntzysteːm] *n* computer network

Container [kɔnˈteɪnər] *m* container

Containernbahnhof [kɔnˈteɪnərbaːnhoːf] *m* container depot

Controlling [ˈkɔntrəʊlɪŋ] *n* controlling *(US)*, controllership

Convenience goods [ˈkɔnviːnɪəns guːdz] *pl* convenience goods

Copyright [ˈkɔpɪraɪt] *n* copyright

Copy-Test [ˈkɔpɪtest] *m* copy test

Corporate Design [ˈkɔːpərɪt dɪsaɪn] *n* corporate design

Corporate Identity (CI) [ˈkɔːpɪrɪt aɪdentitiː] *f* corporate identity *(CI)*

Cost Center [kɔst sentə] *n* cost center

Cote [kəʊt] share list

Coupon [kuˈpõn] *m* coupon

Courtage [kurˈtaːʒə] *f* brokerage

Crawling peg [ˈkrɔːlɪŋpɛg] *n* crawling peg

Currency future [ˈkʊrənsɪ fjuːtʃə] *f* currency future

Cursor [ˈkøːrsər] *m* cursor

Cyberspace [ˈsaɪbəspeɪs] *m* cyberspace

D

Dachfonds ['daxfɔ̃] *m* pyramiding fund, holding fund
Dachgesellschaft ['daxɡəzɛlʃaft] *f* holding company, parent company
Dachorganisation ['daxɔrɡanizatsjoːn] *f* roof organization
Dachverband ['daxfɛrbant] *m* umbrella organization
Damnum [damnum] *n* loss, loan discount
Dankschreiben ['daŋkʃraɪbən] *n* letter of thanks
Darbietung ['daːrbiːtuŋ] *f* presentation
Darlehen ['daːrleːən] *n* loan
Darlehensfinanzierung ['daːrleːənsfinantsiːruŋ] *f* loan financing
Darlehenshypothek ['daːrleːənshyːpoːteːk] *f* mortgage as security for a loan
Datei [da'taɪ] *f* file
Dateienpflege [da'taɪənpfleːɡə] *f* maintenance of a database
Daten ['daːtən] *pl* data, facts and figures
Datenanalyse ['daːtənanalyːzə] *f* data analysis
Datenautobahn ['daːtənautobaːn] *f* information highway
Datenbank ['daːtənbaŋk] *f* data bank
Datenbankabfrage ['daːtənbaŋkapfraːɡə] *f* data base access
Datenbanksystem ['daːtənbaŋkzysteːm] *n* data base system
Datenerfassung ['daːtənerfasuŋ] *f* data collection, data acquisition, data logging
Datenfernübertragung [daːtən'fɛrnyːbərtraːɡuŋ] *f* data transmission
Datenintegration ['daːtənintegraːtsjoːn] *f* data integration
Datenmissbrauch ['daːtənmɪsbraux] *m* data abuse
Datennetz ['daːtənnɛts] *n* data network
Datenschutz ['daːtənʃuts] *m* data protection
Datenschutzgesetz ['daːtənʃutsɡəzɛts] *n* Data Protection Act
Datensicherheit ['daːtənzɪçərhaɪt] *f* data security; data access security
Datensicherung ['daːtənzɪçəruŋ] *f* data security
Datenträger ['daːtəntrɛːɡər] *m* data medium, data carrier

Datentypistin ['daːtəntyːpɪstɪn] *f* terminal operator
Datenübertragung ['daːtənyːbərtraːɡuŋ] *f* data transmission
Datenverarbeitung ['daːtənfɛrarbaɪtuŋ] *f* data processing
Datenzentrale ['daːtəntsɛntraːlə] *f* data centre
datieren [da'tiːrən] *v* date
Datierung [da'tiːruŋ] *f* dating
Datowechsel ['daːtoːvɛçsəl] *m* after-date bill
Datum [daːtum] *n* date
Datumsgrenze ['daːtumsɡrɛntsə] *f* international date line
Datumsstempel ['daːtumsʃtɛmpəl] *m* date stamp, dater
Daueraktionär ['dauəraktsjoːnɛːr] *m* permanent share-holder
dauerarbeitslos ['dauərarbaɪtsloːs] *adj* long-term unemployed
Dauerarbeitslose(r) ['dauərarbaɪtsloːzə(r)] *m/f* chronically unemployed person
Dauerarbeitslosigkeit ['dauərarbaɪtsloːzɪçkaɪt] *f* chronic unemployment
Dauerauftrag ['dauərauftraːk] *m* standing order, banker's order
Dauerbeschäftigung ['dauərbəʃɛftɪɡuŋ] *f* constant employment
Dauerbesitz ['dauərbəzɪts] *m* permanent holding
Dauerremittent ['dauərrɛmɪtənt] *m* constant issuer
Dauerschulden ['dauərʃuldən] *f/pl* permanent debts
Dauerschuldverschreibung ['dauərʃultfɛrʃraɪbuŋ] *f* unredeemable bond
Dauerschuldzinsen ['dauərʃulttsɪnsən] *pl* interest on long-term debts
DAX-Index ['daksɪndɛks] *m* DAX-index
dazurechnen [da'tsuːrɛçnən] *v* add in; *(fig)* factor in
dazuverdienen [da'tsuːfɛrdiːnən] *v* earn additionally, earn on the side
Debatte [de'batə] *f* debate
debattieren [deba'tiːrən] *v* debate
Debet [deːbɛt] *n* debit
Debet nota (D/N) [deːbɛt nota] *f* debit note
Debitor ['deːbitoːr] *m* debtor

Debitorenbuchhaltung ['de:bito:rənbux-haltuŋ] *f* accounts receivable department; accounts receivable accounting
Debitorenkonto ['de:bito:rənkɔnto] *n* customer account
Debitorenziehung ['de:bito:rəntsi:uŋ] *f* bills drawn on debtors
Debüt [de'by:] *n* debut
dechiffrieren [deʃɪ'fri:rən] *v* decode, decipher
Deckadresse ['dɛkadrɛsə] *f* address of convenience, cover address
Deckblatt ['dɛkblat] *n* cover
decken ['dɛkən] *v 1. (Bedarf)* meet, cover; *2. (Scheck)* cover
Deckung ['dɛkuŋ] *f* cover, coverage
Deckungsbeitrag ['dɛkuŋsbaıtrak] *m* contribution margin
Deckungsbeitragsrechnung ['dɛkuŋsbaıtraksrɛçnuŋ] *f* confirmation of cover
Deckungsbetrag ['dɛkuŋsbətra:k] *m* amount covered, insured sum
Deckungsdarlehen ['dɛkuŋsda:rle:ən] *n* coverage loan
deckungsfähige Devisen ['dɛkuŋsfɛ:içə 'devi:sən] *f/pl* foreign currencies eligible as cover
deckungsfähige Wertpapiere ['dɛkuŋsfɛ:içə 'vɛrtpapi:rə] *n/pl* securities eligible as cover
Deckungsforderung ['dɛkuŋsfɔrdəruŋ] *f* covering claim
Deckungsgeschäft ['dɛkuŋsgəʃɛft] *n* covering operation
deckungsgleich ['dɛkuŋsglaıç] *adj* identical
Deckungsgrad ['dɛkuŋsgrat] *m* liquidity ratio, cover ratio
Deckungskapital ['dɛkuŋskapıta:l] *n* capital sum required as cover
Deckungsklausel ['dɛkuŋsklausəl] *f* cover clause
Deckungszinsen ['dɛkuŋstsınzən] *pl* coverage interest rate
Deckungszusage ['dɛkuŋstsu:sa:gə] *f* confirmation of cover
De-facto-Standard ['de:faktoʃtandart] *m* de facto standard
defekt [de'fɛkt] *adj* defective, faulty
Defekt [de'fɛkt] *m* defect, fault
Defensive [defɛn'zivə] *f* defensive
Deficit Spending ['defɪsɪt spɛndɪŋ] *n* deficit spending
Defizit [de:fɪtsɪt] *n* deficit

defizitär [de:fɪtsɪ'tɛ:r] *adj* in the deficit
Defizitfinanzierung ['de:fɪtsɪtfınantsi:ruŋ] *f* deficit financing
Deflation [defla'tsjo:n] *f* deflation
Degenerationsphase ['degənəratsjo:nsfa:zə] *f* degeneration phase
Degression ['degrɛsjo:n] *f* degression
degressive Abschreibung [degrɛ'si:və 'apʃraıbuŋ] *f* degressive depreciation
degressive Kosten [degrɛ'si:və 'kɔstən] *pl* degressive costs
Deklaration ['deklaratsjo:n] *f* customs declaration (Zoll), tax return (Steuer)
Deklarationsprotest ['deklaratsjo:nsprotest] *m* declaratory protest
deklarieren [dekla'ri:rən] *v* declare
Dekort [de'kɔrt] *n* deduction
Dekret [de'kre:t] *n* decree
Delegation [delega'tsjo:n] *f* delegation
Delegationsleiter(in) [delega'tsjo:nslaıtər(ın)] *m/f* head of the delegation
delegieren [dele'gi:rən] *v* delegate
Delikt [de'lıkt] *n* offence, crime, civil wrong
Delkredere [dɛl'kredərə] *n* del credere, reserve for bad debts
Dementi [de'mɛnti] *n* official denial
dementieren [demɛn'ti:rən] *v* deny officially
Demografie [demɔgrafi:] *f* demography
Demonetisierung [demonetisi:ruŋ] *f* demonetization
Demonstration [demɔnstra'tsjo:n] *f* demonstration
demonstrieren [demɔn'stri:rən] *v (darlegen)* demonstrate, illustrate, show
Demontage [demɔn'ta:ʒə] *f* disassembly, dismantling
demontieren [demɔn'ti:rən] *v* dismantle, disassemble
Demoskopie [demɔsko'pi:] *f* public opinion research
demoskopisch [demɔs'ko:pıʃ] *adj* demoscopic
Denkanstoß ['dɛŋkanʃto:s] *m* food for thought
Denkart ['dɛŋka:rt] *f* mentality, way of thinking
Denkschrift ['dɛŋkʃrıft] *f* memorandum, written statement
Deponent [depo'nənt] *m* depositor
Deponie [depo'ni:] *f* dump, disposal site
deponieren [de'po:ni:rən] *v* to deposit
Deport [de'pɔrt] *m* discount
Depositen [de'po:zi:tən] *pl* deposits

Depositenbank

Depositenbank [de'po:zi:tənbaŋk] *f* bank of deposit
Depositengeschäft [de'po:zi:tənɡəʃɛft] *n* deposit banking
Depositenklausel [de'po:zi:tənklauzəl] *f* deposit clause
Depositenversicherung [de'po:zi:tənfɛrziçəruŋ] *f* bank deposit insurance
Depot [de'po:] *n* 1. deposit; 2. storehouse, warehouse, call station
Depotabstimmung [de'po:apʃtimuŋ] *f* securities deposit reconciliation
Depotabteilung [de'po:aptailuŋ] *f* safe custody department
Depotaktie [de'po:aktsjə] *f* deposited share
Depotanerkenntnis [de'po:anɛrkɛntnis] *f* deposit acknowledgement
Depotarten [de'po:artən] *f/pl* types of deposit
Depotaufstellung [de'po:aufʃtɛluŋ] *f* list of securities deposited
Depotauszug [de'po:austsu:k] *m* statement of securities
Depotbank [de'po:baŋ] *f* bank holding securities on deposit
Depotbuch [de'po:bu:x] *n* deposit book, deposit ledger
Depotbuchhaltung [de'po:bu:xhaltuŋ] *f* security deposit account
Depotgebühren [de'po:ɡəby:rən] *f/pl* safe custody charges
Depotgeschäft [de'po:ɡəʃɛft] *n* deposit banking
Depotgesetz [de'po:ɡəʃɛft] *n* Securities Deposit Act
Depotkonto [de'po:kɔnto] *n* security deposit account
Depotprüfung [de'po:pry:fuŋ] *f* securities deposit auditpositaires de titres m
Depotschein [de'po:ʃain] *m* deposit receipt
Depotstimmrecht [de'po:ʃtimrɛçt] *n* voting rights of nominee shareholders
Depotunterschlagung [de'po:untərʃlaɡuŋ] *f* misapplication of deposit
Depotvertrag [de'po:fɛrtrak] *m* securities deposit contract
Depotverwaltung [de'po:fɛrvaltuŋ] *f* portfolio management
Depotwechsel [de'po:vɛçsəl] *m* bill on deposit
Depotzwang [de'po:tsvaŋ] *m* compulsory safe custody
Depression [deprɛ'sjo:n] *f* depression
Deputat ['depu:ta:t] *n* payment in kind
Deregulierung [de:'reɡuli:ruŋ] *f* deregulation
Derivate [de:'riva:tə] *f/pl* derivative financial instruments
Deroute [de:'ru:t] *f* collapse
Design [di'zain] *n* design
Designation [de'ziɡnatsjo:n] *f* designation
Designer [di'zainər] *m* designer
Desinformation [dɛsinfɔrma'tsjo:n] *f* misinformation, disinformation
Desinteresse ['dɛsintərɛsə] *n* disinterest, indifference
desinteressiert ['dɛsintərɛsi:rt] *adj* disinterested, indifferent
Desinvestition ['dezinvɛstitsjo:n] *f* disinvestment
desolat [deso'la:t] *adj* desolate
detailgetreu [de:'taigətrɔy] *adj* accurate
Deutsche Angestellten-Gewerkschaft (DAG) [dɔytʃə 'anɡəʃtɛltənɡəvɛrkʃaft] *f* German Salaried Employee Union
Deutsche Bundesbank [dɔytʃə 'bundəsbaŋk] *f* Deutsche Bundesbank
Deutscher Gewerkschaftsbund (DGB) [dɔytʃər 'ɡəvɛrkʃaftsbund] *m* German Trade Union Federation
Deutscher Industrie- und Handelstag (DIHT) [dɔytʃər 'industri: unt 'handəlsta:k] *m* Association of German Chambers of Industry and Commerce
Devinkulierung [de:'viŋkuli:ruŋ] *f* unrestricted transferability
Devisen [de'vi:zən] *pl* foreign currency, foreign exchange
Devisenabfluss [de'vi:zənapflus] *m* foreign exchange outflow
Devisenabteilung [de'vi:zənaptailuŋ] *f* foreign exchange department
Devisenankauf [de'vi:zənankauf] *m* purchase of foreign currencies
Devisenarbitrage [de'vi:zənarbitra:ʒə] *f* exchange arbitrage, arbitration in foreign exchange
Devisenausgleichsabkommen [de'vi:zənausɡlaiçsapkɔmən] *n* foreign exchange offset agreement
Devisenausländer [de'vi:zənauslɛndər] *m* non-resident
Devisenberater [de'vi:zənbəra:tər] *m* foreign exchange advisor
Devisenbeschränkung [de'vi:zənbəʃrɛŋkuŋ] *f* exchange restrictions
Devisenbewirtschaftung [de'vi:zənbəvirtʃaftuŋ] *f* foreign exchange control

Devisenbilanz [de'vi:zənbilants] *f* foreign exchange balance, foreign exchange account
Devisenbörse [de'vi:zənbø:rzə] *f* foreign exchange market, currency market
Devisenbringer [de'vi:zənbrɪŋər] *m* foreign-exchange earner
Devisenbuchhaltung [de'vi:zənbu:xhaltʊŋ] *f* currency accounting
Devisengeschäft [de'vi:zəngəʃɛft] *n* foreign exchange business, foreign exchange transactions, foreign exchange trading
Devisenhandel [de'vi:zənhandəl] *m* currency trading, foreign exchange dealings
Devisenhändler [de'vi:zənhɛndlər] *m* foreign exchange dealer
Deviseninländer [de'vi:zənɪnlɛndər] *m* resident
Devisenkassageschäft [de'vi:zənkasagəʃɛft] *n* foreign exchange spot dealings
Devisenkassakurs [de'vi:zənkasakurs] *m* foreign exchange spot operations
Devisenkassamarkt [de'vi:zənkasamarkt] *m* foreign exchange spot market
Devisenkommissionsgeschäft [de'vi:zənkɔmɪsjo:nsgəʃɛft] *n* foreign exchange transactions for customers
Devisenkonto [de'vi:zənkɔnto] *n* foreign exchange account
Devisenkontrolle [de'vi:zənkɔntrɔlə] *f* foreign exchange control
Devisenkredit [de'vi:zənkrɛ'dɪt] *m* foreign exchange loan
Devisenkurs [de'vi:zənkurs] *m* foreign exchange rate
Devisenkursbildung [de'vi:zənkursbɪldʊŋ] *f* exchange rate formation
Devisenkursmakler [de'vi:zənkursma:klər] *m* exchange broker, currency broker
Devisenmarkt [de'vi:zənmarkt] *m* foreign exchange market
Devisenmarktinterventionen [de'vi:zənmarktɪntərvɛntsjo:nən] *f/pl* exchange market intervention
Devisennotierung [de'vi:zənno:ti:rʊŋ] *f* foreign exchange quotations
Devisenoption [de'vi:zənɔptsjo:n] *f* exchange option
Devisenpensionsgeschäft [de'vi:zənpɛnzjo:nsgəʃɛft] *n* purchase of foreign exchange for later sale
Devisenportefeuille [de'vi:zənpɔrtfœi] *n* foreign exchange holdings
Devisenposition [de'vi:zənpozɪtsjo:n] *f* foreign exchange position
Devisenquoten [de'vi:zənkvo:tən] *f/pl* foreign exchange quotas
Devisenrechnung [de'vi:zənrɛçnʊŋ] *f* foreign exchange calculation
Devisenreserve [de'vi:zənrezɛrvə] *f* foreign exchange reserves
Devisenspekulation [de'vi:zənʃpeku:latsjo:n] *f* speculation in foreign currency
Devisentermingeschäft [de'vi:zəntɛrmi:ngəʃɛft] *n* forward exchange dealings
Devisenterminhandel [de'vi:zəntɛrmi:nhandəl] *m* forward exchange trading
Devisenterminkurs [de'vi:zəntɛrmi:nkurs] *m* forward exchange rate
Devisenterminmarkt [de'vi:zəntɛrmi:nmarkt] *m* forward exchange market
Devisenüberschuss [de'vi:zəny:bərʃus] *m* foreign exchange surplus
Devisenverkehr [de'vi:zənfɛrke:r] *m* currency transactions, foreign exchange operations
Devisen-Wechsel [de'v i:zənvɛçsəl] *m* bill in foreign currency
dezentralisieren [detsɛntrali'zi:rən] *v* decentralize
Dezentralisierung [detsɛntrali'zi:rʊŋ] *f* decentralisation
Dia ['di:a] *n* slide
Diagramm [dia'gram] *n* diagram
Dialog [dia'lo:k] *m* dialogue
Dialogbereitschaft [dia'lo:kbəraitʃaft] *f* readiness to talk
dialogfähig [dia'lo:kfɛ:ɪç] *adj* capable of two-way communication
Diebstahlversicherung ['di:pʃta:lfɛrzɪçərʊŋ] *f* theft insurance
Dienstaufsicht ['di:nstaufsɪçt] *f* service control; supervision
dienstfrei ['di:nstfrai] *adj* ~er Tag day off; ~ sein to be off duty
Dienstgeheimnis ['di:nstgəhaɪmnɪs] *n* official secret
Dienstleistung ['di:nstlaɪstʊŋ] *f* service, business service
Dienstleistungsbilanz ['di:nstlaɪstʊŋsbilants] *f* balance of service transactions
Dienstleistungsgesellschaft ['di:nstlaɪstʊŋgəsɛlʃaft] *f* 1. (Volkswirtschaft) service economy; 2. (Recht) non-trading partnership; 3. (Betriebswirtschaft) service company
Dienstleistungskosten ['di:nstlaɪstʊŋskɔstən] *pl* cost of services
Dienstleistungsmarketing ['di:nstlaɪstʊŋsma:rkətɪŋ] *n* service marketing

Dienstleistungssektor ['di:nstlaɪstuŋszɛktor] *m* service sector

Dienstleistungsunternehmen ['di:nstlaɪstuŋsuntərne:mən] *n* service business

dienstlich ['di:nstlɪç] *adj* official; *adv* officially, on official business, on business

Dienstreise ['di:nstraɪzə] *f* business trip, business travel

Dienstschluss ['di:nstʃlus] *m* closing time

Dienststelle ['di:nstʃtɛlə] *f* office, department, agency

Dienstunfähigkeit ['di:nstunfɛ:ɪçkaɪt] *f* incapacity to work

Dienstvereinbarung ['di:nstfɛraɪnba:ruŋ] *f* 1. *(Recht)* contract of service; 2. *(Personal)* contract of employment

Dienstverhältnis ['di:nstfɛrhɛltnɪs] *n* employment

Dienstverpflichtung ['di:nstfɛrpflɪçtuŋ] *f* service obligation

Dienstvertrag ['di:nstfɛrtra:k] *m* 1. *(Recht)* contract of service; 2. *(Personal)* contract of employment

Dienstwagen ['di:nstva:gən] *m* company car

Dienstweg ['di:nstve:k] *m* official channels, authorized channels

Dienstwohnung ['di:nstvo:nuŋ] *f* official residence

Differenz [dɪfə'rɛnts] *f (Streit)* dispute, difference of opinion

Differenziallohnsystem ['dɪfərɛntsja:llo:nzyste:m] *n* differential piece-rate system

Differenzkostenrechnung ['dɪfərɛntskɔstənrɛçnuŋ] *f* marginal cost accounting

Diffusion [dɪfusjo:n] *f* diffusion process

Diffusionsbarrieren ['difusjo:nsbarijɛ:rən] *f/pl* diffusion barriers

Diffusionsphasen ['difusjo:nsfa:sən] *f/pl* diffusion phases

Diffusionsstrategie ['difusjo:nsʃtrategi:] *f* diffusion strategy

digital [dɪgɪ'ta:l] *adj* digital

digitalisieren [dɪgitali'zi:rən] *v* digitalize

Digitalrechner [dɪgɪ'ta:lrɛçnər] *m* digital computer

Diktafon [dɪkta'fo:n] *n* dictaphone

Diktat [dɪk'ta:t] *n* dictation

Diktatzeichen [dɪk'tattsaɪçən] *f* reference

diktieren [dɪk'ti:rən] *v* dictate

Diktiergerät [dɪk'ti:rɡərɛt] *n* dictaphone

dinglich ['dɪŋlɪç] *adj* in rem

dingliche Sicherung [dɪŋlɪçə 'zɪçəruŋ] *f* real security

dingliches Recht [dɪŋlɪçəs 'rɛçt] *n* real right

Diplomarbeit [di'plo:marbaɪt] *f* dissertation, thesis

Diplomingenieur [di'plo:mɪnʒɛnjøːr] *m* academically trained engineer

Diplomkauffrau [di'plo:mkauffrau] *f* Bachelor of Commerce

Diplomkaufmann [di'plo:mkaufman] *m* Bachelor of Commerce

Diplomökonom [di'plo:møkonom] *m* master's degree in business economics

Diplomphysiker(in) [di'plo:mfy:zɪkər(ɪn)] *m/f* Bachelor of Science (in Physics)

Diplomvolkswirt(in) [di'plo:mfolkswɪrt(ɪn)] *m/f* master's degree in economics

Direct Costing ['daɪrɛkt çɔstɪŋ] *n* direct costing

Direct Marketing ['daɪrɛkt 'ma:rkətɪŋ] *n* direct marketing

Direktausfuhr [di'rɛktausfu:r] *f* direct export

Direktbank [di'rɛktbaŋk] *f* direct bank

Direktbestellung [di'rɛktbəʃtɛluŋ] *f* direct ordering

Direktdiskont [di'rɛktdɪskɔnt] *m* direct discount

direkter Absatz [di'rɛktər 'apsats] *m* direct selling

direkter Vertrieb [di'rɛktər fɛr'tri:p] *m* direct selling

direkte Steuer [di'rɛktə 'ʃtɔyər] *f* direct taxes

Direktinvestitionen [di'rɛktɪnvɛstitsjo:nən] *f/pl* direct investments

Direktion [dirɛk'tsjo:n] *f* board of directors

Direktive [dirɛk'ti:və] *f* directive, general instruction

Direktor(in) [di'rɛktɔr/dirɛk'tɔ:rɪn] *m/f* director

Direktorium [dirɛk'to:rjum] *n* directorate, board of directors

Direktübertragung [di'rɛktybərtra:guŋ] *f* live transmission

Direktverkauf [di'rɛktfɛrkauf] *m* direct selling

Direktversicherung [di'rɛktfɛrzɪçəruŋ] *f* direct insurance

Direktvertrieb [di'rɛktφɛrtri:p] *m* direct selling

Direktwerbung [di'rɛktvɛrbuŋ] *f* direct advertising

Dirigismus [diri'gɪsmus] *m* controlled economy

Disagio [diz'za:dʒo] *n* disagio
Discount [dɪs'kaunt] *m* discount
Discounter ['dɪskauntəər] *m* discounter
Diskette [dɪs'kɛtə] *f* disk
Diskettenlaufwerk [dis'kɛtənlaufvɛrk] *n* disk drive
Diskont [dɪs'kɔnt] *m* discount
Diskontbank [dɪs'kɔntbaŋk] *f* discount bank
Diskonten [dɪs'kɔntən] *m/pl* bills discounted
Diskontgeschäft [dɪs'kɔntgəʃɛft] *n* discount business
Diskonthäuser [dɪs'kɔnthɔysər] *n/pl* discount houses
diskontieren [dɪskɔn'ti:rən] *v* discount
Diskontierung [dɪs'kɔnti:ruŋ] *f* discounting
Diskontierungsfaktor [dɪs'kɔnti:ruŋsfaktɔr] *m* discount factor
Diskontkredit [dɪs'kɔntkre'di:t] *m* discount credit
Diskontmarkt [dɪs'kɔntmarkt] *m* discount market
Diskontpapier [dɪs'kɔntpapi:r] *n* discountable paper
Diskontpolitik [dɪs'kɔntpoli'tɪk] *f* bank rate policy, discount policy
Diskontprovision [dɪs'kɔntprovɪzjo:n] *f* discount commission
Diskontrechnung [dɪs'kɔntrɛçnuŋ] *f* discount calculation
Diskontsatz [dɪs'kɔntzats] *m* discount rate
Diskretion [dɪskre'tsjo:n] *f* discretion; *(vertrauliche Behandlung)* confidentiality
diskriminieren [dɪskrɪmɪ'ni:rən] *v* discriminate against
Diskussion [dɪskus'jo:n] *f* discussion, debate, argument
Diskussionsleiter(in) [dɪskus'jo:nslaɪtər(ɪn)] *m/f* moderator
Diskussionsrunde [dɪskus'jo:nsrundə] *f* round of discussions
Diskussionsteilnehmer(in) [dɪskus'jo:nstaɪlne:mər(ɪn)] *m/f* participant in a discussion
Diskussionsthema [dɪskus'jo:nste:ma:] *n* topic of discussion
diskutieren [dɪsku'ti:rən] *v* discuss, debate
Disparität [dɪsparite:t] *f* disparity
Display ['dɪsple:] *n* display
disponieren [dɪspɔ'ni:rən] *v* make arrangements for; *über etw ~* have sth at one's disposal
Disposition [dɪspɔzi'tsjo:n] *f* 1. *(Vorbereitung)* preparations, arrangements; 2. *(Verfügung) jdm zur ~ stehen* to be at s.o.'s disposal; *jdn zur ~ stellen* send s.o. into temporary retirement; 3. *(Gliederung)* layout, plan
Dispositionsfonds [dɪspɔzi'tsjo:nsfɔ̃] *m* reserve funds
Dispositionskredit [dɪspɔzi'tsjo:nskredi:t] *m* drawing credit, overdraft facility
Dispositionsschein [dɪspɔzɪ'tsjo:nsʃaɪn] *m* banker's note
Disput [dɪs'pu:t] *m* dispute
distanzieren [dɪstan'tsi:rən] *v sich ~* distance o.s.
distinguiert [dɪstɪŋ'gi:rt] *adj* distinguished
Distribution ['dɪstrɪbutsjo:n] *f* distribution
Distributionskosten ['dɪstrɪbutsjo:nskɔstən] *f* distribution cost
Distributionslogistik ['dɪstrɪbutsjo:nlo'gɪstɪk] *f* marketing logistics
Distributionsorgane ['dɪstrɪbutsjo:nor'ga:nə] *n/pl* distribution organs
Distributionspolitik ['dɪstrɪbutsjo:ns'pɔlitɪk] *f* distribution policy
Disziplin [dɪstsi'pli:n] *f* discipline
disziplinarisch [dɪstsipli'na:rɪʃ] *adj* disciplinary
Disziplinarverfahren [dɪstsi'plina:rfɛrfa:rən] *n* disciplinary action
disziplinieren [dɪstsipli'ni:rən] *v* discipline
diszipliniert [dɪstsipli'ni:rt] *adj* disciplined
divergieren [dɪver'gi:rən] *v* diverge
Diversifikation [dɪverzɪfika'tsjo:n] *f* diversification
Dividende [divi'dɛndə] *f* dividend
Dividendenabgabe [divi'dɛndən'apga:bə] *m* dividend tax
Dividendenabschlag [divi'dɛndən'apʃla:g] *m* quotation ex dividend
Dividendenausschüttung [divi'dɛndənausʃy:tuŋ] *f* dividend distribution, dividend payout
Dividendengarantie [divi'dɛndəngaran'ti:] *f* dividend guarantee
dividieren [divi'di:rən] *v* divide
Divisionskalkulation [divi'zjo:nskalkula'tsjo:n] *f* process system of accounting
D-Mark ['de:mark] *f* German mark
Dock [dɔk] *n* dock
Doktorarbeit ['dɔktɔrarbaɪt] *f* doctoral thesis
Dokumenakkreditiv [doku'mɛntən'akre:diti:f] *n* documentary letter of credit
Dokument [doku'mɛnt] *n* document
Dokumentation [dokumɛnta'tsjo:n] *f* documentary report

Dokumente gegen Akzept (d/a) [doku-'mɛntə gɛgən ak'tsɛpt] *n* documents against acceptance *(D/A)*
Dokumente gegen Bezahlung (d/p) [doku'mɛntə gɛgən bə'tsa:luŋ] *n* documents against payment *(D/P)*
Dokumentenakkreditiv [doku'mɛntən|akrediti:f] *f* documentary credit, letter of credit
Dokumententratte [doku'mɛntəntratə] *f* acceptance bill
dokumentieren [dokumɛn'ti:rən] *v* document; *(fig)* demonstrate, reveal, show
Dollar ['dɔlar] *m* dollar
Dollaranleihe ['dɔlar|anlaɪə] *f* dollar bond
Dollarblock ['dɔlarblɔk] *m* dollar area
Dollarklausel ['dɔlar'klauzəl] *f* dollar clause
Dollarkurs ['dɔlarkurs] *m* dollar rate
Dollar-Standard ['dɔlarʃtandart] *m* dollar standard
Dollarzeichen ['dɔlartsaɪçən] *n* dollar sign
dolmetschen ['dɔlmɛtʃən] *v* interpret
Dolmetscher(in) ['dɔlmɛtʃər(ɪn)] *m/f* interpreter
Dolmetscherbüro ['dɔlmɛtʃərbyro:] *n* translation bureau, interpreter agency
Dominanz [domɪ'nants] *f* dominance
Doppelbesteuerung ['dɔpəlbəʃtɔɪɛruŋ] *f* double taxation of corporate profits
doppelte Buchführung ['dɔpəltə bu:xfy:ruŋ] *f* double entry bookkeeping
doppelte Haushaltsführung [dɔpɛltə 'haushaltsfy:ruŋ] *f* double housekeeping
Doppelverdiener ['dɔpəlfɛrdi:nər] *m* double wage-earner
Doppelwährung ['dɔpəlvɛ:ruŋ] *f* double currency
Doppelwährungsanleihe ['dɔpəlvɛ:ruŋsanlaɪə] *f* double currency loan
Doppelzentner ['dɔpəltsɛntnər] *m* one hundred kilogrammes *pl*, quintal
Dotation [dota'tsjo:n] *f* endowment
Dotationskapital [dotatsjo:nskapita:l] *n* endowment funds
dotieren [do'ti:rən] *v* endow, fund
Dotierung [do'ti:ruŋ] *f* 1. donation, grant, endowment; 2. *(von Posten)* remuneration
Dow Jones-Index ['daʊdʒəʊnzɪndɛks] *m* Dow Jones-Index
Dozent [do'tsɛnt] *m* lecturer, assistant professor *(US)*
dozieren [do'tsi:rən] *v (fig: belehrend vorbringen)* hold forth; give lectures
drahtlos ['dra:tlo:s] *adj* wireless

Drahtseilakt ['dra:tzaɪlakt] *m (fig)* tightrope act
drängen ['drɛŋən] *v (fig)* press, urge; press, push, force
drastisch ['drastɪʃ] *adj* drastic
Draufgabe ['draufga:bə] *f* bargain money, earnest money
Drehachse ['dre:aksə] *f* rotary axis, pivot
Drehstrom ['dre:ʃtro:m] *m* three-phase current
Dreiecksarbitrage ['draɪɛksarbitra:ʒə] *f* triangular arbitrage, three-point arbitrage
Dreiecksgeschäft ['draɪɛksɡəʃɛft] *n* triangular transaction
Dreimonatsgeld ['draɪmonatsɡɛlt] *n* three months' money
Dreimonatspapier ['draɪmonatspapi:r] *n* three months' papers
Dreiviertelmehrheit [draɪ'fɪrtəlme:rhaɪt] *f* three-fourths majority
dringend ['drɪŋənt] *adj* urgent, pressing, imperative; *(Gründe)* compelling
Dringlichkeit ['drɪŋlɪçkaɪt] *f* urgency
Drittauskunft ['drɪtauskunft] *f* third-party information
Drittel ['drɪtəl] *n* third
Drittpfändung ['drɪtpfɛnduŋ] *f* garnishee proceedings
Drittschuldner ['drɪtʃuldnər] *m* third-party debtor
drohen ['dro:ən] *v* threaten
Drohung ['dro:uŋ] *f* threat
Drosselung ['drɔsəluŋ] *f (fig: Abschwächung)* curbing, restraint
Druck [druk] *m* pressure; *(Belastung)* burden, load; *unter ~ stehen* to be under pressure; *jdn unter ~ setzen* put pressure on s.o.
Druckbuchstabe ['drukbuxʃta:bə] *m* block letter
drucken ['drukən] *v* print
drücken ['drykən] *v (Preise)* force down
Drucker ['drukər] *m (Gerät)* printer
Druckfehler ['drukfe:lər] *m* misprint
Druckmittel ['drukmɪtəl] *n* means of exercising pressure, lever
druckreif ['drukraɪf] *adj* ready for printing
Drucksache ['drukzaxə] *f* printed matter
Druckschrift ['drukʃrɪft] *f* block letters
Dualismus [dua'lɪsmus] *m* dualism
Dualität [duali'tɛt] *f* duality
dubiose Forderung ['dubio:zə 'fɔrdəruŋ] *f* doubtful debts
dulden ['duldən] *v* 1. *(hinnehmen)* tolerate, put up with, permit; 2. *(ertragen)* bear, endure

Dumping ['dʊmpɪŋ] *n* dumping
Dunkelziffer ['dʊŋkəltsɪfər] *f* estimated number of unreported cases
Duplikat [dupli'ka:t] *n* duplicate
Duration ['du:ratsjo:n] *f* duration
durcharbeiten ['dʊrçarbaɪtən] *v 1.* work without stopping; *2. etw ~* work through sth
durchblicken ['dʊrçblɪkən] *v etw ~ lassen* hint at sth
Durchbruch ['dʊrçbrʊx] *m (fig)* breakthrough
Durchfuhr ['dʊrçfu:r] *f* transit
Durchführbarkeits-Studie ['dʊrçfy:rbarkaɪtsʃtu:djə] *f* feasibility study
durchführen ['dʊrçfy:rən] *v (ausführen)* carry out, implement, execute
Durchführung ['dʊrçfy:rʊŋ] *f* carrying out, execution, implementation
Durchgangsschein ['dʊrçgaŋsʃaɪn] *m* transit certificate
durchgreifen ['dʊrçgraɪfən] *v irr (fig)* take drastic measures
durchkreuzen [dʊrç'krɔytsən] *v (fig: Pläne)* frustrate
durchlaufende Gelder ['dʊrçlaufəndə 'gɛldər] *n/pl* transmitted accounts
durchlaufende Kredite ['dʊrçlaufəndə 'kredi:tə] *m/pl* transmitted loans
durchlaufende Posten ['dʊrçlaufəndə 'pɔstən] *m/pl* self-balancing items
Durchlaufzeit ['dʊrçlauftsaɪt] *f* processing time, throughput time
Durchsage ['dʊrçza:gə] *f* announcement
Durchschlag ['dʊrçʃla:k] *m* (carbon) copy
Durchschlagpapier ['dʊrçʃla:kpapi:r] *n* carbon paper
Durchschnitt ['dʊrçʃnɪt] *m* average
durchschnittlich ['dʊrçʃnɪtlɪç] *adj* average, ordinary; *adv* on average
Durchschnittsbestand ['dʊrçʃnɪtsbəʃtant] *m* standard inventory
Durchschnittsbewertung ['dʊrçʃnɪtsbəvɛrtʊŋ] *f* inventory valuation at average prices
Durchschnittsbürger ['dʊrçʃnɪtsbyrgər] *m* average citizen, man in the street
Durchschnittseinkommen ['dʊrçʃnɪtsaɪnkɔmən] *n* average income
Durchschnittserlöse ['dʊrçʃnɪtsɛrlø:zə] *m/pl 1. (Volkswirtschaft)* average product, *2. (Geld)* average yield
Durchschnittsertrag ['dʊrçʃnɪtsɛrtra:k] *m* average yield
Durchschnittskosten ['dʊrçʃnɪtskɔstən] *pl* average costs
Durchschnittspreis ['dʊrçʃnɪtspraɪs] *m* average price
Durchschnittssatz ['dʊrçʃnɪtssats] *m* average rate
Durchschnittsvaluta ['dʊrçʃnɪtsvalu:ta] *n* average value date
Durchschnittswert ['dʊrçʃnɪtsve:rt] *m* average value, mean value
Durchschrift ['dʊrçʃrɪft] *f* carbon copy
durchsetzen ['dʊrçzɛtsən] *v 1. sich ~* prevail, assert o.s. *2. sich ~ (Erzeugnis)* prove its worth
Durchsetzungsvermögen ['dʊrçzɛtsʊŋsfɛrmø:gən] *n* ability to get things done, drive
Durchsicht ['dʊrçzɪçt] *f* looking through, examination, inspection
durchstellen ['dʊrçʃtɛlən] *v (fig: telefonisch)* put through
durchstreichen ['dʊrçʃtraɪçən] *v irr* cross out, delete
Durchsuchungsbefehl [dʊrç'zu:xʊŋsbəfe:l] *m* search warrant
Durchwahl ['dʊrçva:l] *f* extension
Dutzend ['dʊtsənt] *n* dozen
dutzendweise ['dʊtsəntvaɪzə] *adv* by the dozen, in dozens
DVD-ROM [de: fau de: 'rɔm] *f* DVD-ROM
Dynamik [dy'na:mɪk] *f* dynamics
dynamisch [dy'na:mɪʃ] *adj* dynamic
Dynamisierung [dy'na:mɪzi:rʊŋ] *f* dynamization
Dyopol [dyo'po:l] duopoly

E

Ebenmaß [ˈeːbənmaːs] *n* symmetry, beautiful proportions *pl*, evenness
echt [ɛçt] *adj* real, genuine, authentic
echtes Factoring [ɛçtəs ˈfæktɔrɪŋ] *n* clean factoring, old-line factoring
Echtheit [ˈɛçthaɪt] *f* genuineness, authenticity
Eckdaten [ˈɛkdaːtən] *pl* basic data, key data
Ecklohn [ɛkloːn] *m* benchmark rate
Eckzins [ɛktsɪns] *m* basic rate of interest
ECU (European Currency Unit) [eːkyː] *m* ECU
ECU-Anleihe [eːˈkyːanlaɪə] *f* ECU loan
Edelmetallgeschäft [ˈedəlmetalgəʃɛft] *n* precious metals business, bullion trade
Edelstahl [ˈeːdəlʃtaːl] *m* high-grade steel
EDV [eːdeːˈfaʊ] *f (elektronische Datenverarbeitung)* electronic data processing; ~-... computer ...
EDV-Anlage [eːdeːˈfaʊanlaːɡə] *f* computer equipment, electronic data processing equipment
Effekt [eˈfɛkt] *m* effect
Effekten [eˈfɛktən] *f/pl* securities *pl,* stocks and shares *pl*
Effektenabteilung [eˈfɛktənaptaɪluŋ] *f* securities department, investment department
Effektenbank [eˈfɛktənbaŋk] *f* issuing bank, investment bank
Effektenbörse [eˈfɛktənbœrzə] *f* stock exchange, stock market
Effektenbuch [eˈfɛktənbuːx] *n* stockbook
Effektendepot [eˈfɛktəndeːpoː] *n* deposit of securities
Effektendiskont [eˈfɛktəndɪskɔnt] *m* securities discount
Effekteneigengeschäft [eˈfɛktənaɪɡənɡəʃɛft] *n* security trading for own account
Effektenemission [eˈfɛktənemɪsjoːn] *f* issue of securities
Effektenfinanzierung [eˈfɛktənfɪnantsiːruŋ] *f* security financing
Effektengeschäft [eˈfɛktənɡəʃɛft] *n* securities business
Effektenhandel [eˈfɛktənhandəl] *m* stockbroking, securities trading
Effektenhändler [eˈfɛktənhɛndlər] *m* dealer in securities, securities trader, stock dealer
Effektenkapitalismus [eˈfɛktənkapɪtaːlɪsmus] *m* securities capitalism
Effektenkasse [eˈfɛktənkasə] *f* security department counter
Effektenkauf [eˈfɛktənkaʊf] *m* purchase of securities
Effektenkommissionär [eˈfɛktənkɔmɪsjoːnɛr] *m* securities commission agent
Effektenkommissionsgeschäft [eˈfɛktənkɔmɪsjoːnsɡəʃɛft] *n* securities transactions on commission
Effektenkonto [eˈfɛktənkɔnto] *n* securities account, stock account
Effektenkurs [eˈfɛktənkurs] *m* stock exchange quotation, securities price
Effektenlombard [eˈfɛktənlɔmbaːrd] *m* advances against securities
Effektenmakler [eˈfɛktənmaːklər] *m* stock broker
Effektenpensionierung [eˈfɛktənpɛnsjoːniːruŋ] *f* raising money on securities by cash sale coupled with sequent repurchase
Effektenpensionsgeschäft [eˈfɛktənpɛnsjoːnsɡəʃɛft] *n* security transactions under repurchase agreement
Effektenplatzierung [eˈfɛktənplatsiːruŋ] *f* securities placing
Effektenrechnung [eˈfɛktənrɛçnuŋ] *f* calculation of effective interest rate
Effektenstatistik [eˈfɛktənʃtatɪstɪk] *f* securities statistics
Effektensubstitution [eˈfɛktənsupstitutsjoːn] *f* securities substitution
Effektenterminhandel [eˈfɛktənhandəl] *m* futures trading in stocks and bonds
Effektenverkauf [eˈfɛktənfɛrkaʊf] *m* sale of securities, over-the-counter trading
Effektenverwaltung [eˈfɛktənfɛrvaltuŋ] *f* portfolio management, *(Bank)* security deposit department
effektiv [ɛfɛkˈtiːf] *adj* effective
Effektivgeschäft [ɛfɛkˈtiːfɡəʃɛft] *n* actual transaction
Effektivität [ɛfɛktiviˈtɛːt] *f* effectivity
Effektivlohn [ɛfɛkˈtiːfloːn] *m* actual wage
Effektivvermerk [ɛfɛkˈtiːffɛrmɛrk] *m* actual currency clause
Effektivverzinsung [ɛfɛkˈtiːffɛrtsɪnzuŋ] *f* effective interest yield, true yield

Effektivzins [ɛfɛk'tiːftsɪns] *m* effective interest

effizient [ɛfi'tsjɛnt] *adj* efficient

Effizienz [ɛfi'tsjɛnts] *f* efficiency

Effizienzregeln [ɛfi'tsjɛntsrɛgəln] *f/pl* performance regulations

EG (Europäische Gemeinschaft) [eːgeː] *f* European Community *(EC)*

EG-Binnenmarkt ['eːgeːbɪnənmarkt] *m* European single market

ehemalig ['eːəmaːlɪç] *adj* former, ex-...

ehrenamtlich ['eːrənamtlɪç] *adj* unpaid, honorary; *adv* without payment, in an honorary capacity

Ehrenerklärung ['eːrənɛrklɛːruŋ] *f* public apology

Ehrengast ['eːrəngast] *m* guest of honour

Ehrenkodex ['eːrənkoːdɛks] *m* code of honour

Ehrenmitglied ['eːrənmɪtgliːt] *n* honorary member

Ehrgeiz ['eːrgaɪts] *m* ambition

ehrgeizig ['eːrgaɪtsɪç] *adj* ambitious

Ehrung ['eːruŋ] *f* honour, tribute, homage

eichen ['aɪçən] *v* calibrate, gauge

Eichung ['aɪçuŋ] *f* adjusting, calibration

eidesstattlich ['aɪdəsʃtatlɪç] *adj* in lieu of an oath

Eidesstattliche Erklärung ['aɪdəsʃtatlɪçə 'ɛrkleːruŋ] *f* declaration in lieu of an oath

eifrig ['aɪfrɪç] *adj* eager, zealous, avid; *adv* eagerly, zealously, avidly

Eigenbeteiligung ['aɪgənbətaɪlguŋ] *f* self-participation

Eigenbetrieb ['aɪgənbətriːp] *m* owner-operated municipal enterprise

Eigendepot ['aɪgəndeːpoː] *n* own security deposit

eigene Aktien ['aɪgənə 'aktsjən] *f/pl* company-owned shares

eigene Effekten ['aɪgənə ɛ'fɛktən] *pl* own security holdings

eigener Wechsel ['aɪgənər 'vɛçsəl] *m* promissory note

Eigenfinanzierung ['aɪgənfinantsiːruŋ] *f* self-financing, financing from own resources, equity financing

Eigengeschäft ['aɪgəngəʃɛft] *n* transactions on own account

Eigengewicht ['aɪgəngəvɪçt] *n* net weight

Eigenhandel ['aɪgənhandəl] *m* trading on own account

eigenhändig ['aɪgənhɛndɪç] *adj* with one's own hands, *(Brief)* "hand to addressee only"

Eigenheimzulage ['aɪgənhaɪmtsuːlaːgə] *f* owner-occupied home premium

Eigeninitiative ['aɪgəninitsjatiːvə] *f* own initiative

Eigenkapital ['aɪgənkapitaːl] *n* equity capital, one's own capital

Eigenkapitalentzug ['aɪgənkapitaːlɛntsuːk] *m* own capital withdrawal

Eigenkapitalerhöhung ['aɪgənkapitaːlɛrhøːuŋ] *f* increase in own capital

Eigenkapitalgrundsätze ['aɪgənkapitaːlgruntsɛtsə] *m/pl* principles on own capital

Eigenkapitalkonto ['aɪgənkapitaːlkɔnto] *n* equity account

Eigenkapitalquote ['aɪgənkapitaːlkvoːtə] *f* equity ratio

Eigenkapitalrentabilität ['aɪgənkapitaːlrɛntabilitɛːt] *f* equity return, income-to-equity ratio

Eigenkapitalzinsen ['aɪgənkapitaːltsɪnsən] *pl* equity yield rate

Eigenleistungen ['aɪgənlaɪstuŋən] *f/pl* own contributions, own funding

eigenmächtig ['aɪgənmɛçtɪç] *adj* arbitrary, high-handed, done on one's own authority

Eigenmächtigkeit ['aɪgənmɛçtɪçkaɪt] *f* arbitrary action

Eigennutzung ['aɪgənnutsuŋ] *f* internal use, own use

eigenständig ['aɪgənʃtɛndɪç] *adj* independent

Eigenständigkeit ['aɪgənʃtɛndɪçkaɪt] *f* independence

Eigentum ['aɪgəntuːm] *n* property

Eigentümer ['aɪgəntyːmər] *m* owner, proprietor

Eigentümer-Grundschuld ['aɪgəntyːmərgruntʃult] *f* land charge in favour of the owner

Eigentümer-Hypothek ['aɪgəntyːmərhyːpoteːk] *f* mortgage for the benefit of the owner, owner's mortgage

Eigentümerversammlung ['aɪgəntyːmərfɛrsamluŋ] *f* general meeting of condo owners

Eigentumsrechte ['aɪgəntuːmsrɛçtə] *n/pl* property rights

Eigentumsübertragung ['aɪgəntuːmsyːbərtraːguŋ] *f* transfer of ownership, transfer of property

Eigentumsvorbehalt ['aɪgəntuːmsvɔrbəhalt] *m* reservation of title

Eigentumswohnung ['aɪgənsvoːnuŋ] *f* condominium; cooperative apartment

eigenverantwortlich ['aɪgənfɛrantvɔrtlɪç] *adj* responsible

Eigenverantwortung ['aɪgənfɛrantvɔrtuŋ] *f* responsibility

Eigenverbrauch ['aɪgənfɛrbraux] *m* personal consumption

eigenwillig ['aɪgənvɪlɪç] *adj* with a mind of one's own, highly individual

Eigner ['aɪgnər] *m (Eigentümer)* owner, proprietor

Eigners Gefahr (o.r.) ['aɪgnərz gə'faːr] *f* owner's risk

Eignung ['aɪgnuŋ] *f* suitability; *(Befähigung)* aptitude

Eignungstest ['aɪgnuŋstɛst] *m* 1. *(Personal)* aptitude test 2. *(Betriebswirtschaft)* acceptance test

Eilbote ['aɪlboːtə] *m* express messenger, courier

Eilbrief ['aɪlbriːf] *m* express letter

Eilgut ['aɪlguːt] *n* goods sent by express

eilig ['aɪlɪç] *adj* hurried, rushed, hasty; *es ~ haben* to be in a hurry

Eilpaket ['aɪlpakeːt] *m* express parcel

Eilschrift ['aɪlʃrɪft] *f* high-speed shorthand, abbreviated shorthand

Eilüberweisung ['aɪlyːbərvaɪsuŋ] *f* rapid money transfer

Eilzug ['aɪltsuːk] *m* semi-fast train

Eilzustellung ['aɪltsuːʃtɛluŋ] *f* express delivery

Einarbeitung ['aɪnarbaɪtuŋ] *f* getting used to one's work, training, vocational adjustment

einbehalten ['aɪnbəhaltən] *v irr* keep back, retain

einberechnen ['aɪnbərɛçnən] *v etw mit ~* factor sth in

einberufen ['aɪnbəruːfən] *v irr (Versammlung)* convene, call, summon

Einberufung ['aɪnbəruːfuŋ] *f (einer Versammlung)* convening, calling, convocation

einbinden ['aɪnbɪndən] *v irr (fig)* include, integrate, involve

Einblick ['aɪnblɪk] *m* insight

einbringen ['aɪnbrɪŋən] *v* earn, yield, bring in; *(Verlust)* make up for

Einbruchversicherung ['aɪnbruxfɛrzɪçəruŋ] *f* housebreaking insurance

Einbuße ['aɪnbuːsə] *f* loss, damage

einbüßen ['aɪnbyːsən] *v* 1. *(Geld)* lose; 2. *(Recht)* forfeit

eindecken ['aɪndɛkən] *v sich mit etw ~* stock up on sth, lay in a supply of sth; *jdn mit etw ~* provide s.o. with sth

eindeutig ['aɪndɔytɪç] *adj* clear, unmistakable; *adv* clearly, unmistakably

eineinhalb [aɪnaɪn'halp] *num* one and a half

Einflussgrößenrechnung ['aɪnflusɡrøːzənrɛçnuŋ] *f* factor impacting calculation

einfordern ['aɪnfɔrdərn] *v* call in, claim

Einfuhr ['aɪnfuːr] *f* import(ation)

Einfuhrbeschränkung ['aɪnfuːrbəʃrɛnkuŋ] *f* import restriction

Einfuhrerklärung ['aɪnfuːrɛrkleːruŋ] *f* import declaration

Einfuhrgenehmigung ['aɪnfuːrɡəneːmɪɡuŋ] *f* import permit, import licence

Einfuhrhandel ['aɪnfuːr'handəl] *f* import trade

Einfuhrlizenz ['aɪnfuːrli'tsɛnts] *f* import licence

Einfuhrpapiere ['aɪnfuːrpa'piːrə] *f* import documents

Einführung ['aɪnfyːruŋ] *f* 1. *(Import)* import, importation, 2. *(von etw Neuem)* introduction, launch

Einführungsphase ['aɪnfyːruŋs'faːzə] *f* introduction stage

Einführungspreis ['aɪnfyːruŋspraɪs] *m* introductory offer, initial price

Einführungsrabatt ['aɪnfyːruŋsra'bat] *m* introductory discount

Einfuhrverbot ['aɪnfuːrfɛrboːt] *n* import prohibition, ban on imports

Einfuhrzoll ['aɪnfuːrtsɔl] *m* import duty, import levy

Eingabe ['aɪnɡaːbə] *f* 1. *(Daten)* input, entry, 2. *(Antrag)* petition, application, request

Eingang ['aɪnɡaŋ] *m* 1. *(Wareneingang)* arrival receipt of goods; 2. *(Geldeingang)* receipt

Eingang vorbehalten ['aɪnɡaŋ 'foːrbəhaltən] *v* due payment reserved

Eingangsstempel ['aɪnɡaŋsʃtɛmpəl] *m* receipt stamp

eingeben ['aɪnɡeːbən] *v irr* 1. *(Daten)* input, enter, feed; 2. *(einreichen)* submit, hand in

eingehen ['aɪnɡeːən] *v irr* 1. *(auf einen Vorschlag)* agree to, consent to; 2. *(Verpflichtung)* enter into, embark on

eingeschlossen [aɪnɡəʃlɔsən] *adj* included, cum

eingespielt ['aɪnɡəʃpiːlt] *adj* used to working together

Eingeständnis ['aɪnɡəʃtɛntnɪs] *n* admission, confession

eingestehen ['aɪnɡəʃteːən] *v irr* admit, confess, avow

eingetragen ['aɪngətraːgən] *adj* registered, entered; *nicht ~* unregistered
eingetragener Verein (e.V.) [aɪngətraːgɛnər fɛraɪn] *m* registered association
eingezahltes Kapital ['aɪngətsaːltəs kapiˈtaːl] *n* paid-up capital
eingreifen ['aɪngraɪfən] *v irr (einschreiten)* intervene, step in
Eingriff ['aɪngrɪf] *m (Einschreiten)* intervention, interference
Einhalt ['aɪnhalt] *m* check; *~ gebieten* stop, put a stop to, halt
einhalten ['aɪnhaltən] *v* 1. *(befolgen)* observe, stick to, adhere to; 2. *(Versprechen)* keep; 3. *(beibehalten)* follow, keep to
Einhaltung ['aɪnhaltʊŋ] *f* 1. *(Befolgung)* observance of, compliance to; 2. *(Beibehaltung)* holding to, adherence to
einheften ['aɪnhɛftən] *v (Akten)* file
Einheit ['aɪnhaɪt] *f* unity; *(eine ~)* unit
Einheitliche Europäische Artikelnummer (EAN) [aɪnhaɪtlɪçə ɔyroˈpɛːɪʃə arˈtɪkəlˈnumər] *f* European article number *(EAN)*
Einheitsbilanz ['aɪnhaɪtsbilants] *f* unified balance sheet
Einheitsgesellschaft ['aɪnhaɪtsgəˈzɛlʃaft] *f* unified company
Einheitskurs ['aɪnhaɪtsˈkurs] *m* uniform price, spot price
Einheitsmarkt ['aɪnhaɪtsˈmarkt] *m* single-price market
Einheitsscheck ['aɪnhaɪtsˈʃɛk] *m* standard cheque
Einheitswährung ['aɪnhaɪtsˈwɛrʊŋ] *f* unified currency
Einheitswechsel ['aɪnhaɪtsˈwɛksəl] *m* standard bill
Einheitswert ['aɪnhaɪtsˈweːrt] *m* standard value, rateable value
Einheitszoll ['aɪnhaɪtsˈtsɔl] *m* uniform duty
einhellig ['aɪnhɛlɪç] *adj* unanimous
einig ['aɪnɪç] *adj* 1. *sich über etw ~ werden* come to an agreement on sth; *wir sind uns ~, dass ...* we agree that ..., we are in agreement that ...; 2. *(geeint)* united
einigen ['aɪnɪgən] *v* 1. *sich ~* come to an agreement, agree, come to terms; 2. *sich ~ über* agree on
Einigkeit ['aɪnɪçkaɪt] *f* unity, harmony, unanimity
Einigung ['aɪnɪgʊŋ] *f* agreement, understanding, settlement
Einigungsstelle ['aɪnɪgʊŋsˈʃtɛlə] *f* conciliation board

einkalkulieren ['aɪnkalkuliːrən] *v* take into account
Einkauf ['aɪnkauf] *m* purchasing, purchase
einkaufen ['aɪnkaufən] *v* buy, purchase, shop (for)
Einkäufer ['aɪnkɔyfər] *m* buyer
Einkaufsagent ['aɪnkaufsagɛnt] *m* purchasing agent
Einkaufsbedingungen ['aɪnkaufsbəˈdɪŋʊŋən] *f/pl* purchasing terms
Einkaufsgemeinschaft ['aɪnkaufsgəˈmaɪnʃaft] *f* purchasing association
Einkaufsgenossenschaft ['aɪnkaufsgəˈnɔsənʃaft] *f* purchasing cooperative
Einkaufsland ['aɪnkaufslant] *n* country of purchase
Einkaufspassage ['aɪnkaufspaˈsaːʒə] shopping mall *(US)*, shopping passage
Einkaufspolitik ['aɪnkaufspɔliˈtɪk] *f* procurement policy
Einkaufspreis ['aɪnkaufspraɪs] *m* wholesale price, cost price, purchase price
Einkaufszentrum ['aɪnkaufsˈtsɛntrum] *n* shopping centre, shopping mall *(US)*
einklagen ['aɪnklaːgən] *v* sue for
Einkommen ['aɪnkɔmən] *n* income, earnings; revenue; *festes ~* fixed income; regular income; *verfügbares ~* disposable income; *Jahres~* annual income/earnings
Einkommenseffekt ['aɪnkɔmənsefɛkt] *m* income effect; income generating effect
Einkommenserklärung ['aɪnkɔmənsɛrklɛrʊŋ] *f* income declaration
Einkommensfonds ['aɪnkɔmənsfɔ̃] *m* income fund
einkommensschwach ['aɪnkɔmənsʃvax] *adj* of low wage
Einkommensteuer ['aɪnkɔmənsʃtɔyər] *f* income tax
Einkommensteuererklärung ['aɪnkɔmənsʃtɔyərɛrklɛːrʊŋ] *f* income tax return, declaration of income tax
Einkommenstheorie ['aɪnkɔmənsteːoriː] *f* theory of income determination
Einkommensumverteilung ['aɪnkɔmənsumfɛrtaɪlʊŋ] *f* redistribution of income
Einkommensverteilung ['aɪnkɔmənfɛrtaɪlʊŋ] *f* distribution of income
Einkünfte ['aɪnkʏnftə] *pl* income, earnings *pl, (des Staates)* revenue
Einladung ['aɪnlaːdʊŋ] *f* invitation
Einlage ['aɪnlaːgə] *f* stake, investment, money deposited
Einlagen ['aɪnlaːgən] *f/pl* deposit

Einlagengeschäft ['aɪnlaːgəngəʃɛft] n deposit business
Einlagenpolitik ['aɪnlaːgənpoliːtik] f deposit policy
Einlagensicherung ['aɪnlaːgənzɪçəruŋ] f guarantee of deposit
Einlagensicherungsfonds ['aɪnlaːgənzɪçəruŋsfõ] m deposit guarantee fund
Einlagenzertifikat ['aɪnlaːgəntsɛrtifikaːt] n certificate of deposit
einlagern ['aɪnlaːgərn] v store
Einlagerung ['aɪnlaːgəruŋ] f storage
einlegen ['aɪnleːgən] v 1. put in; 2. Protest ~ lodge a protest; 3. (Geld) deposit
einlesen ['aɪnleːzən] v irr read in
Einlinienorganisation ['aɪnlinjənɔrganizatsjoːn] f straight-line organization
einloggen ['aɪnlɔgən] v sich ~ log in, log on
einlösen ['aɪnløːzən] v (Scheck) cash
Einlösung ['aɪnløːzuŋ] f payment, encashment
Einlösungspflicht ['aɪnløːzuŋspflɪçt] f obligation to redeem
Einnahmen ['aɪnnaːmən] f/pl receipts
Einnahmen-Ausgabenrechnung ['aɪnnaːmənausgaːbənrɛçnuŋ] f bill of receipts and expenditures
einnehmen ['aɪnneːmən] v irr (verdienen) earn
Einpersonengesellschaft ['aɪnpɛrsoːnəngəzɛlʃaft] f one-man corporation
einplanen ['aɪnplaːnən] v include in the plan, plan on
Einproduktbetrieb ['aɪnprɔduktbətriːp] m single-product firm
Einpunktklausel ['aɪnpunktklauzəl] f one-item clause
Einrede ['aɪnredə] f defence, plea
Einrede der Arglist ['aɪnredə deːr 'arglist] f defence of fraud
Einrede der Vorausklage ['aɪnredə deːr fɔrausklaːgə] f defence of lack of prosecution
Einsatz ['aɪnzats] m 1. (Kapitaleinsatz) investment; 2. (Anwendung) employment, use, application; 3. (Hingabe) effort, commitment, dedication
einsatzbereit ['aɪnzatsbərait] adj ready for use
Einsatzfaktor ['aɪnzatsfaktɔr] m input factor
Einschreibebrief ['aɪnʃraɪbəbriːf] m registered letter
Einschreiben ['aɪnʃraɪbən] n per ~ by registered post, by registered mail (US)

Einschreibung ['aɪnʃraɪbuŋ] f registration
Einschuss ['aɪnʃus] m margin requirement
Einschussquittung ['aɪnʃuskvituŋ] f contribution receipt
einseitige Übertragung ['aɪnsaɪtɪgə 'yːbərtraːguŋ] f unilateral transfer
einsenden ['aɪnzɛndən] v irr send in
Einsender ['aɪnzɛndər] m sender
Einsendung ['aɪnzɛnduŋ] f letter, contribution
Einsichtnahme ['aɪnzɪçtnaːmə] f inspection
einsortieren ['aɪnzɔrtiːrən] v sort in
einsparen ['aɪnʃpaːrən] v economize, save money
Einsparung ['aɪnʃpaːruŋ] f saving, economization
Einspruch ['aɪnʃprux] m objection, protest
Einspruchsfrist ['aɪnʃpruxsfrɪst] f period for objection
einstampfen ['aɪnʃtampfən] v pulp, crush
Einstandspreis ['aɪnʃtantsprais] m cost price
einstellen ['aɪnʃtɛlən] v 1. (Arbeitskräfte) employ, engage; 2. (beenden) stop, cease, leave off; 3. (regulieren) adjust, regulate
Einstellung ['aɪnʃtɛluŋ] f 1. (Arbeitskräfte) employment; 2. (Beendigung) cessation, suspension; 3. (Regulierung) setting, adjustment
Einstimmigkeitsregel ['aɪnʃtɪmɪçkaɪtsreːgəl] f unanimity rule
einstufen ['aɪnʃtuːfən] v grade, classify, rate
Einstufung ['aɪnʃtuːfuŋ] f classification
einstweilig ['aɪnstvaɪlɪç] adj in the interim, temporary, ~e Verfügung temporary injunction, temporary restraining order
Eintragung ['aɪntraːguŋ] f registration, entering; amtliche ~ incorporation
Eintragung im Handelsregister ['aɪntraːguŋ ɪm 'handəlsrəgɪstər] f registration in the Commercial Register
Eintrittsstrategien ['aɪntrɪtsʃtrategiːən] f/pl entry strategies
Einvernehmen ['aɪnfɛrneːmən] n agreement, understanding
einvernehmlich ['aɪnfɛrneːmlɪç] adj in mutual agreement
einverstanden ['aɪnfɛrʃtandən] v mit etw ~ sein agree with sth, consent to sth, be agreeable to sth; Einverstanden! Agreed!
Einverständnis ['aɪnfɛrʃtɛntnɪs] n agreement, consent, approval
Einwand ['aɪnvant] m objection

einwandfrei ['aɪnvantfraɪ] *adj* faultless, impeccable, irreproachable
Einwegflasche ['aɪnveːkflaʃə] *f* non-returnable bottle
Einwegverpackung ['aɪnveːkfɛrpakuŋ] *f* non-returnable packaging
einweihen ['aɪnvaɪən] *v* inaugurate
Einweihung ['aɪnvaɪuŋ] *f* inauguration, ceremonial opening
einweisen ['aɪnvaɪzən] *v irr (anleiten)* introduce, instruct
Einweisung ['aɪnvaɪzuŋ] *f* induction; *(Instruktionen)* instructions *pl*
einwilligen ['aɪnvɪlɪgən] *v* agree, consent, approve
Einwilligung ['aɪnvɪlɪguŋ] *v* approval, consent, agreement
einzahlen ['aɪntsaːlən] *v* pay in, deposit
Einzahlung ['aɪntsaːluŋ] *f* payment, deposit
Einzahlungsbeleg ['aɪntsaːluŋsbəleːk] *m* paying-in slip, deposit slip
Einzahlungspflicht ['aɪntsaːluŋspflɪçt] *f* obligation to pay subscription
Einzelabschreibung ['aɪntsəlapʃraɪbuŋ] *f* single-asset depreciation
Einzelarbeitsvertrag ['aɪntsəlarbaɪtsfɛrtraːk] *m* individual employment contract
Einzelfall ['aɪntsəlfal] *m* individual case, particular case
Einzelfertigung ['aɪntsəlfɛrtiguŋ] *f* individual production; single-item manufacturing
Einzelhandel ['aɪntsəlhandəl] *m* retail trade
Einzelhandelsspanne ['aɪntsəlhandəlsʃpanə] *f* retail price margin
Einzelhändler ['aɪntsəlhɛndlər] *m* retailer
Einzelkosten ['aɪntsəlkɔstən] *pl* direct cost
Einzelkreditversicherung ['aɪntsəlkrediːtfɛrzɪçəruŋ] *f* individual credit insurance
einzeln ['aɪntsəln] *adj* individual, single, particular; *im Einzelnen* in detail; *adv* individually, separately, one by one
Einzelprokura ['aɪntsəlprokuːra] *n* individual power of procuration
Einzelstück ['aɪntsəlʃtyk] *n* unique piece
Einzelvollmacht ['aɪntsəlfɔlmaxt] *f* individual power of representation
einziehen ['aɪntsiːən] *v* 1. *(beschlagnahmen)* confiscate, impound, withdraw; 2. *Auskünfte über etw ~* gather information about sth, 3. *(kassieren)* collect, call in; 4. *(aus dem Verkehr ziehen)* call in
Einziehungsauftrag ['aɪntsiːuŋsauftraːk] *m* direct debit order, collection order, direct debit instruction
Einziehungsermächtigung ['aɪntsiːuŋsɛrmɛçtɪguŋ] *f* direct debit authorization
Einziehungsgeschäft ['aɪntsiːuŋsgəʃɛft] *n* collection business
Einzug ['aɪntsuːk] *m* 1. *(Beschlagnahme)* confiscation, seizure, impounding, 2. *(von Geld, Steuern)* collection, cashing
Einzugsermächtigung ['aɪntsuːksɛrmɛçtɪguŋ] *f* direct debit instruction
Einzugsermächtigungsverfahren ['aɪntsuːksɛrmɛçtɪguŋsfɛrfaːrən] *n* collection procedure
Einzugsgebiet ['aɪntsuːksgəbiːt] *n* area of supply, catchment area, trading area
Einzugsquittung ['aɪntsuːkskvɪtuŋ] *f* collection receipt
Eisenschaffende Industrie ['aɪzənʃafəndə 'ɪndustriː] *f* iron and steel producing industry
Eisenbahn ['aɪzənbaːn] *f* railway
Eisenbahnnetz ['aɪzənbaːnnɛts] *n* railway network
Eisenbahntarif ['aɪzənbaːntariːf] *m* railway tarif
Eisenbahnwagen ['aɪzənbaːnvaːgən] *n* railway carriage, railroad car *(US)*
Eisenbörse ['aɪzənbœrzə] *f* iron exchange
Eisenindustrie ['aɪzənɪndustriː] *f* iron industry
eisenverarbeitend ['aɪzənfɛrarbaɪtənt] *adj* iron-processing
eiserner Bestand ['aɪzərnər bə'ʃtant] *m (Betriebswirtschaft)* minimum inventory level, *(Geld)* reserve fund
Electronic Banking [ɪlek'trɔnɪk 'bæŋkɪŋ] *n* electronic banking
Electronic Business [ɪlek'trɔnɪk 'bɪznɪs] *n* electronic business
Electronic cash [ɪlek'trɔnɪk kæʃ] *n* electronic cash
Electronic Commerce [ɪlek'trɔnɪk 'kɔmɔs] *m* electronic commerce
Elefanten-Hochzeit [ele'fantənhoçtsaɪt] *f (fig)* jumbo merger, giant merger, megadollar merger *(US)*
Elektrik [e'lɛktrɪk] *f* 1. electrical equipment; 2. *(Elektrotechnik)* electrical engineering
Elektriker(in) [e'lɛktrɪkər(ɪn)] *m/f* electrician
elektrisch [e'lɛktrɪʃ] *adj* electric, electrical
Elektrizität [elɛktritsi'tɛːt] *f* electricity, electric current
Elektrizitätswerk [elɛktritsi'tɛːtsvɛrk] *n* power station, generating plant

Elektroindustrie [e'lɛktroɪndʊstri:] f electrical engineering industry
Elektronik [elɛk'tro:nɪk] f electronics
elektronisch [elɛk'tro:nɪʃ] adj electronic
Elektrotechnik [e'lɛktroteçnɪk] f electrical engineering
Elektrotechniker [e'lɛktroteçnɪkər] m electrician
E-Mail ['i:meɪl] n e-mail
Embargo [ɛm'bargo] n embargo, *ein ~ aufheben* to lift an embargo
Emission [emɪs'jo:n] f issue, issuing
Emissionsabteilung [emɪs'jo:nsaptaɪlʊŋ] f issue department
Emissionsagio [emɪs'jo:nsa:gjo:] n issue premium
Emissionsarten [emɪs'jo:nsartən] f/pl types of issuing
Emissionsbank [emɪs'jo:nsbaŋk] f issuing bank, issuing house
Emissionsbedingungen [emɪs'jo:nsbədɪŋʊŋən] f/pl terms and conditions of issue
Emissionsgenehmigung [emɪs'jo:nsgəne:mɪgʊŋ] f issue permit
Emissionsgeschäft [emɪs'jo:nsgəʃɛft] n investment business, underwriting business
Emissionsgesetz [emɪs'jo:nsgəsɛts] n Issue Law
Emissionshaus [emɪs'jo:nshaʊs] n issuing house
Emissionskalender [emɪs'jo:nskalɛndər] m issue calendar
Emissionskonsortium [emɪs'jo:nskɔnsɔrtsjʊm] n underwriting syndicate
Emissionskontrolle [emɪs'jo:nskɔntrɔlə] f security issue control
Emissionskosten [emɪs'jo:nskɔstən] pl underwriting costs
Emissionskredit [emɪs'jo:nskredi:t] m credit granted to the issuer by the bank
Emissionskurs [emɪs'jo:nskʊrs] m rate of issue, issue price
Emissionsmarkt [emɪs'jo:nsmarkt] m primary market
Emissionsrendite [emɪs'jo:nsrɛndi:tə] f issue yield
Emissionsreste [emɪs'jo:nsrɛstə] m/pl residual securities of an issue
Emissionssperre [emɪs'jo:nsʃpɛrə] f ban on new issues
Emissionsstatistik [emɪs'jo:nsʃtatɪstɪk] f new issue statistics
Emissionssyndikat [emɪs'jo:nssyndika:t] n underwriting syndicate
Emissionsverfahren [emɪs'jo:nsfɛrfa:rən] n issuing procedure
Emissionsvergütung [emɪs'jo:nsfɛrgy:tʊŋ] f issue commission
Empfang [ɛm'pfaŋ] m 1. *(Erhalt)* receipt; 2. *(Begrüßung)* reception, welcome; 3. *(Veranstaltung)* reception; 4. *(Rezeption)* reception area; 5. *(TV)* reception
empfangen [ɛm'pfaŋən] v irr 1. receive; 2. *(begrüßen)* welcome, greet, meet
Empfänger [ɛm'pfɛŋər] m 1. recipient, 2. *(Gerät)* receiver
empfangsberechtigt [ɛm'pfaŋsbəreçtɪçt] adj authorized to receive
Empfangsbescheinigung (rect.) [ɛm'pfaŋsbəʃaɪnɪgʊŋ] f receipt, acknowledgment of receipt
Empfangsbestätigung [ɛm'pfaŋsbəʃtɛ:tɪgʊŋ] f receipt, acknowledgment of receipt
Empfangsdame [ɛm'pfaŋsda:mə] f receptionist
empfehlen [ɛm'pfe:lən] v irr recommend; *es empfiehlt sich, etw zu tun* it is a good idea to do sth
empfehlenswert [ɛm'pfe:lənsve:rt] adj to be recommended, *(ratsam)* advisable
Empfehlung [ɛm'pfe:lʊŋ] f recommendation
Empfehlungsschreiben [ɛm'pfe:lʊŋsʃraɪbən] n letter of recommendation, reference *(UK)*, letter of introduction
empirisch [ɛm'pi:rɪʃ] adj empirical
empirische Marktforschung [ɛm'pi:rɪʃə 'marktfɔrʃʊŋ] f empirical market research
empirische Wirtschaftsforschung [ɛm'pi:rɪʃə 'vɪrtʃaftsfɔrʃʊŋ] f empirical economic research
empirischer Gehalt [ɛm'pi:rɪʃər gə'halt] m empirical contents
Endabnehmer ['ɛntapne:mər] m ultimate buyer
Endabrechnung ['ɛntapreçnʊŋ] f final account
Endbetrag ['ɛntbətra:k] m final amount
Endergebnis ['ɛndɛrgɛpnɪs] n final result
Endkontrolle ['ɛntkɔntrɔlə] f final control
Endkostenstelle ['ɛntkɔstənʃtɛlə] f final cost center
endlagern ['ɛntla:gərn] v permanently dump, permanently dispose of
Endlagerung ['ɛntla:gərʊŋ] f permanent storage (of radioactive waste)
Endnachfrage ['ɛntna:xfra:gə] f final demand

endogene Variable ['ɛndɔgeːnə vari'aː-blə] *f* endogenous variable

Endprodukt ['ɛntprɔdukt] *n* finished product, final product

Endverbraucher ['ɛntfɛrbrauxər] *m* (ultimate) consumer, end user

Energie [enɛr'giː] *f* energy

energiearm [enɛr'giːarm] *adj* low-energy

Energiebedarf [enɛr'giːbədarf] *m* energy requirements *pl*

Energiebesteuerung [enɛr'giː] *f* energy taxation

energiebewusst [enɛr'giːbəvust] *adj* energy-conscious

Energiebilanz [enɛr'giːbilants] *f* energy balance statement

Energieersparnis [enɛr'giːɛrʃpaːrnɪs] *f* energy savings *pl*

Energiefonds [enɛr'giːfɔ̃] *m* electricity and fuels funds

Energiekrise [enɛr'giːkriːzə] *f* energy crisis

Energiepolitik [enɛr'giːpolitiːk] *f* energy policy

Energiequelle [enɛr'giːkvɛlə] *f* energy source

Energiesteuer [enɛr'giːʃtɔyər] *f* energy tax

Energieverbrauch [enɛr'giːfɛrbraux] *m* energy consumption

Energieversorgung [enɛr'giːfɛrzɔrguŋ] *f* energy supply

Energiewirtschaft [enɛr'giːvɪrtʃaft] *f* power-producing industry

Engagement [ɔ̃ŋgaʒ'mɔ̃] *n* 1. *(Einsatz)* commitment, involvement; 2. *(Anstellung)* engagement

enger Markt [ɛŋər markt] *m* restricted market

Engineering [endʒɪ'nɪərɪŋ] *n* engineering

Engpass ['ɛŋpas] *m* bottleneck, shortage

Engpassfaktor ['ɛŋpasfaktɔr] *m* bottleneck factor

Engpassplanung ['ɛŋpaspla:nuŋ] *f* overall planning with special attention to bottleneck areas

en gros [ɔ̃ groː] *adj* in bulk

Entdeckung [ɛnt'dɛkuŋ] *f* discovery, detection, finding

enteignen [ɛnt'aıgnən] *v* expropriate

Enteignung [ɛnt'aıgnuŋ] *f* expropriation, dispossession

Entgelt [ɛnt'gɛlt] *n* compensation, payment, remuneration

Entgeltfortzahlung [ɛnt'gɛltfɔrttsa:luŋ] *f* continued pay

entheben [ɛnt'heːbən] *v irr* 1. *(der Verantwortung)* dispense, exempt, release; 2. *(eines Amtes)* remove, dismiss

entladen [ɛnt'laːdən] *v irr (abladen)* unload

Entladung [ɛnt'laːduŋ] *f* 1. *(im Transportwesen)* unloading; 2. *(elektrisch)* discharge

Entladungskosten [ɛnt'laːduŋskɔstən] *f* discharging expenses

entlassen [ɛnt'lasən] *v irr* discharge; *(Arbeitskraft)* dismiss, fire *(fam)*, sack *(fam)*

Entlassung [ɛnt'lasuŋ] *f (einer Arbeitskraft)* dismissal

entlasten [ɛnt'lastən] *v* reduce the pressure on, relieve the strain on

entlastend [ɛnt'lastənt] *adj* exonerating

Entlastung [ɛnt'lastuŋ] *f* relief; *Wir schicken Ihnen Ihre Unterlagen zu unserer ~ zurück.* We are returning your documents to you for your files.

Entlastungsmaterial [ɛnt'lastuŋsmateria:l] *n* exonerating evidence

Entlastungszeuge [ɛnt'lastuŋstsɔygə] *m* witness for the defence

entlohnen [ɛnt'loːnən] *v* pay off, remunerate

Entlohnung [ɛnt'loːnuŋ] *f* remuneration, paying, paying off

entmündigen [ɛnt'myndɪgən] *v* declare incapable of managing his/her own affairs

Entmündigung [ɛnt'myndɪguŋ] *f* legal incapacitation

Entnahme [ɛnt'naːmə] *f* withdrawal

entrichten [ɛnt'rɪçtən] *v* pay

entschädigen [ɛnt'ʃɛːdɪgən] *v* compensate, repay, reimburse

Entschädigung [ɛnt'ʃɛːdɪguŋ] *f* compensation, indemnification, reimbursement

entscheiden [ɛnt'ʃaɪdən] *v irr* decide, determine, settle; *sich gegen etw ~* decide against sth

Entscheidung [ɛnt'ʃaɪduŋ] *f* decision; *eine ~ treffen* make a decision

Entscheidungsbefugnis [ɛnt'ʃaɪduŋsbəfuːknɪs] *f* competence, jurisdiction

Entscheidungsfindung [ɛnt'ʃaɪduŋsfɪnduŋ] *f* decision-making

Entscheidungshierarchie [ɛnt'ʃaɪduŋshiːerarçiː] *f* decision-making hierarchy

Entscheidungskompetenz [ɛnt'ʃaɪduŋskɔmpetɛnts] *f* competence to decide

Entscheidungskriterien [ɛnt'ʃaɪduŋskriːteriːən] *pl* criteria of decision

Entscheidungsregel [ɛnt'ʃaɪduŋsreːgəl] *f* decision rule

entschieden [ɛntˈʃiːdən] *adj* decided, definite, settled; *adv* decidedly, definitely, positively

Entschiedenheit [ɛntˈʃiːdənhaɪt] *f* determination, resoluteness, decisiveness

entschlackte Produktion [ɛntˈʃlaktə produkˈtsjoːn] *f* lean production

entschließen [ɛntˈʃliːsən] *v irr sich ~* decide, make up one's mind, determine

entschlossen [ɛntˈʃlɔsən] *adj* determined, resolved, resolute; *adv* with determination, resolutely

Entschlossenheit [ɛntˈʃlɔsənhaɪt] *f* determination

Entschluss [ɛntˈʃlus] *m* resolution, decision

entschuldigen [ɛntˈʃuldɪgən] *v sich ~* apologize; *sich ~ (sich abmelden)* excuse o.s., ask to be excused

Entschuldigung [ɛntˈʃuldɪgʊŋ] *f (Abbitte)* apology; ~! Excuse me! Sorry! *(Ausrede)* excuse

Entschuldung [ɛntˈʃuldʊŋ] *f* disencumberment

entsenden [ɛntˈzɛndən] *v irr* dispatch, send out

entsorgen [ɛntˈzɔrgən] *v Abfall ~* dispose of waste

Entsorgung [ɛntˈzɔrgʊŋ] *f* waste management

Entsparen [ɛntˈʃpaːrən] *n* dissaving

entwerten [ɛntˈvɛrtən] *v (Geld)* devalue; *(fig)* devalue, depreciate

Entwertung [ɛntˈvɛrtʊŋ] *f* depreciation, devaluation, demonetization

entwickeln [ɛntˈvɪkəln] *v* develop, evolve

Entwicklung [ɛntˈvɪklʊŋ] *f* development

Entwicklungsbank [ɛntˈvɪklʊŋsbaŋk] *f* development bank

entwicklungsfähig [ɛntˈvɪklʊŋsfɛːɪç] *adj Es ist ~.* It has potential.

Entwicklungsfonds [ɛntˈvɪklʊŋsfõ] *m* development fund

Entwicklungshilfe [ɛntˈvɪklʊŋshɪlfə] *f* development aid, aid to developing countries

Entwicklungskosten [ɛntˈvɪklʊŋskɔstən] *pl* development costs

Entwicklungsland [ɛntˈvɪklʊŋslant] *n* developing country

Entwicklungsstufe [ɛntˈvɪklʊŋsʃtuːfə] *f* developmental stage

Entwicklungswagnis [ɛntˈvɪklʊŋsvaːgnɪs] *n* research and development risk

Entwurf [ɛntˈvurf] *m* design, plan, draft, rough copy, outline

Equity-Methode [ˈɛkvɪtiːmetoːdə] *f* equity accounting

Erachten [ɛrˈaxtən] *n meines ~s* in my opinion

Erbbaurecht [ˈɛrbbaureçt] *n* hereditary building right

Erben [ˈɛrbən] *m/pl* heirs

Erbenfähigkeit [ˈɛrbənfɛːɪçkaɪt] *f* ability to inherit; heritability

Erbengemeinschaft [ˈɛrbəngəmaɪnʃaft] *f* community of heirs

Erbenhaftung [ˈɛrbənhaftʊŋ] *f* liability of heirs

Erbrecht [ˈɛrbreçt] *n* Law of Succession

Erbschaft [ˈɛrbʃaft] *f* inheritance

Erbschaftssteuer [ˈɛrbʃaftʃtɔyər] *f* inheritance tax

Erbschein [ˈɛrbʃaɪn] *m* certificate of inheritance

Erdöl [ˈeːrtøːl] *n* crude oil, petroleum; *~ exportierend* oil exporting

Erdölförderung [ˈeːrtøːlfœrdərʊŋ] *f* oil production

Erdölproduktion [ˈeːrtøːlprodʊktsjoːn] *f* oil production

Erdölvorkommen [ˈeːrtøːlfoːrkɔmən] *f* oil field, source of oil

Erdung [ˈeːrdʊŋ] *f* earthing

Erdwärme [ˈeːrtvɛrmə] *f* the Earth's natural heat

erfahren [ɛrˈfaːrən] *adj* experienced, skilled, expert

Erfahrung [ɛrˈfaːrʊŋ] *f* experience; *in ~ bringen* find out

Erfahrungsaustausch [ɛrˈfaːrʊŋsaustauʃ] *m* exchange of experiences, exchange of information

erfahrungsgemäß [ɛrˈfaːrʊŋsgəmɛːs] *adv* according to experience

Erfahrungskurve [ɛrˈfaːrʊŋskurfə] *f* experience curve

erfinden [ɛrˈfɪndən] *v irr* invent, devise

Erfinder [ɛrˈfɪndər] *m* inventor

erfinderisch [ɛrˈfɪndərɪʃ] *adj* inventive, imaginative

Erfolg [ɛrˈfɔlk] *m* success; *~ haben* succeed, *~ versprechend* promising

erfolglos [ɛrˈfɔlkloːs] *adj* unsuccessful, fruitless

Erfolglosigkeit [ɛrˈfɔlkloːzɪçkaɪt] *f* ineffectiveness, lack of success

erfolgreich [ɛrˈfɔlkraɪç] *adj* successful

Erfolgsaussicht [ɛrˈfɔlksauszɪçt] *f* chances of success

Erfolgsbeteiligung [ɛr'fɔlksbətaılıguŋ] *f* profit-sharing
Erfolgsbilanz [ɛr'fɔlksbilants] *f* results accounting; income statement
Erfolgskonto [ɛr'fɔlkskɔnto] *n* statement of costs
Erfolgskontrolle [ɛr'fɔlkskɔntrɔlə] *f* efficiency review
erfolgsorientiert [ɛr'fɔlksori:jɛnti:rt] *adj* success-oriented
Erfolgsrechnung [ɛr'fɔlksrɛçnuŋ] *f* income; earnings statement
erforderlich [ɛr'fɔrdərlıç] *adj* necessary, required
Erfordernis [ɛr'fɔrdərnıs] *n* requirement, necessity
erforschen [ɛr'fɔrʃən] *v 1.* explore; *2. (prüfen)* examine, investigate
erfreulich [ɛr'frɔylıç] *adj* pleasant, welcome
erfreulicherweise [ɛr'frɔylıçərvaızə] *adj* fortunately, happily
erfüllbar [ɛr'fylba:r] *adj* satisfiable
erfüllen [ɛr'fylən] *v 1. (Pflicht)* fulfil, carry out; *2. (Wunsch)* fulfil
Erfüllung [ɛr'fyluŋ] *f* execution, compliance, performance
Erfüllungsgeschäft [ɛr'fyluŋgəʃɛft] *n* delivery; legal transaction in fulfillment of an obligation
Erfüllungsort [ɛr'fyluŋsɔrt] *m 1. (bei einem Scheck)* place of payment *2. (bei einem Vertrag)* place where a contract is to be fulfilled, place of performance
Erfüllungsprinzip [ɛr'fyluŋsprıntsi:p] *n* performance principle
Erfüllungstag [ɛr'fyluŋsta:k] *m* duedate
Ergänzung [ɛr'gɛntsuŋ] *f* supplementing; *(Vervollständigung)* completion
Ergänzungsabgabe [ɛr'gɛntsuŋsapga:bə] *f* supplementary levy
Ergänzungshaushalt [ɛr'gɛntsuŋshaushalt] *m* supplementary budget
Ergebnis [ɛr'ge:pnıs] *n 1.* result, outcome; *2. (Folgen)* consequences *pl; 3. (Wirkung)* effect: *4. (einer Untersuchung)* findings *pl*
Ergebnisabführungsvertrag [ɛr'ge:bnısapfy:ruŋsfɛrtra:k] *m* profit and loss transfer agreement
Ergebnisbeteiligung [ɛr'ge:bnısbətaılıguŋ] *f* participating in yield
ergebnislos [ɛr'ge:pnıslo:s] *adj* fruitless, ineffective, without success
Ergebnisrechnung [ɛr'ge:bnısrɛçnuŋ] *f* statement of operating results

ergiebig [ɛr'gi:bıç] *adj* productive, lucrative, rich
Ergiebigkeit [ɛr'gi:bıçkaıt] *f* productiveness
Ergonomie [ɛrgɔnɔ'mi:] *f* ergonomics
ergreifen [ɛr'graıfən] *v irr Maßnahmen* ~ take measures
erhältlich [ɛr'hɛltlıç] *adj* obtainable
Erhaltungsaufwand [ɛr'haltuŋsaufvant] *m* maintenance expenditure
Erhaltungsinvestition [ɛr'haltuŋsınvestitsjo:n] *f* replacement investment
erheben [ɛr'he:bən] *v irr 1. (Steuern)* levy, impose; *2. (Klage)* file (a complaint), bring an action against
Erhebung [ɛr'he:buŋ] *f 1. (Steuer)* imposition, levy; investigation, inquiry, *2. (Statistik)* survey, census
Erhebungszeitraum [ɛr'he:buŋstsaıtraum] *m* period under survey
erhöhen [ɛr'hø:ən] *v* increase, raise, elevate
Erhöhung [ɛr'hø:uŋ] *f* increase, raising, heightening
Erholung [ɛr'ho:luŋ] *f* recuperation, recreation, relaxation, recovery
Erholungsurlaub [ɛr'ho:luŋsurlaup] *m* holiday, vacation *(US); (aus gesundheitlichen Gründen)* convalescent leave
erkennen [ɛr'kɛnən] *v* recognize
erkenntlich [ɛr'kɛntlıç] *adj* grateful, thankful
Erkenntnisobjekt [ɛr'kɛntnısɔbjɛkt] *n* object of discernment
Erklärung [ɛr'klɛruŋ] *f* explanation
erkundigen [ɛr'kundıgən] *v sich* ~ inquire
Erlass [ɛr'las] *m* decree
erlassen [ɛr'lasən] *v irr 1. (Strafe)* remit; *2. (Gebühren)* waive; *3. (Verpflichtung)* exempt, release
Erlaubnis [ɛr'laupnıs] *f* permission; *(Schriftstück)* permit
erläutern [ɛr'lɔytərn] *v* explain, clarify
Erläuterung [ɛr'lɔytəruŋ] *f* explanation, clarification
Erlebensfallversicherung [ɛr'le:bənsfalfɛrzıçəruŋ] *f* pure endowment insurance
Erlebnis-Marketing [ɛr'le:bnıs-markətıŋ] *n* adventure marketing
erledigen [ɛr'le:dıgən] *v* handle, deal with, take care of; finish
erledigt [ɛr'le:dıçt] *adj 1. (abgeschlossen)* completed; *2. (ruiniert)* finished, through with
Erledigung [ɛr'le:dıguŋ] *f* handling, dealing with, carrying out

Erlös

Erlös [ɛr'løːs] *m* proceeds *pl*, revenue, profit
Erlösberichtigung [ɛr'løːsbərɪçtɪgʊŋ] *f* revenue correction
Erlöskonten [ɛr'løːskɔntən] *n/pl* revenue accounts
Erlösminderung [ɛr'løːsmɪndərʊŋ] *f* revenue reduction
Erlösplanung [ɛr'løːsplaːnʊŋ] *f* revenue planning
Erlösrechnung [ɛr'løːsrɛçnʊŋ] *f* revenue accounting
ermächtigen [ɛr'mɛçtɪgən] *v* authorize, empower
Ermächtigung [ɛr'mɛçtɪgʊŋ] *f* 1. authorization, power; 2. *(Urkunde)* warrant, licence
Ermächtigung zur Verfügung [ɛr'mɛçtɪgʊŋ tsuːr fɛr'fyːgʊŋ] *f* proxy for disposal
Ermächtigungsdepot [ɛr'mɛçtɪgʊŋsdeːpoː] *n* authorized deposit
Ermahnung [ɛr'maːnʊŋ] *f* admonition
ermäßigte Tarife [ɛr'mɛːzɪçtə taˈriːfə] *m/pl* reduced tariffs
Ermäßigung [ɛr'mɛːsɪgʊŋ] *f* reduction, discount
Ermattung [ɛr'matʊŋ] *f* exhaust
Ermessen [ɛr'mɛsən] *n (Einschätzung)* estimation; *nach menschlichem* ~ as far as it is possible to tell; *(Gutdünken)* discretion
ermitteln [ɛr'mɪtəln] *v* investigate, inquire into
Ermittlungsverfahren [ɛr'mɪtlʊŋsfɛrfaːrən] *n* preliminary investigation
Ermüdung [ɛr'myːdʊŋ] *f (Material)* fatigue
ernennen [ɛr'nɛnən] *v irr* nominate, appoint, designate
Ernennung [ɛr'nɛnʊŋ] *f* nomination, appointment, designation
Ernennungsurkunde [ɛr'nɛnʊŋsuːrkundə] *f* letter of appointment, deed of appointment
Erneuerungsfonds [ɛr'nɔyərʊŋsfɔ̃] *m* renewal reserve
Erneuerungsrücklagen [ɛr'nɔyərʊŋsrykˈlaːgən] *f/pl* renewal funds; replacement funds
Erneuerungsschein [ɛr'nɔyərʊŋsʃaɪn] *m* talon for renewal of coupon sheet
Erneuerungswert [ɛr'nɔyərʊŋsvɛrt] *m* replacement value
Erniedrigung [ɛr'niːdrɪgʊŋ] *f* reduction
ernst [ɛrnst] *adj* 1. serious; ~ *gemeint* serious, genuine; ~ *zu nehmend* serious, to be taken seriously; 2. *(streng)* severe; 3. *(bedenklich)* grave; *adv* seriously
ernstzunehmend ['ɛrnsttsuneːmənt] *adj* serious, to be taken seriously

Ernte ['ɛrntə] *f* 1. *(Tätigkeit)* harvest; 2. *(Ertrag)* crop
Ernteausfälle ['ɛrntəausfɛlə] *pl* crop failures *pl*
eröffnen [ɛr'œfnən] *v* open; set up
Eröffnung [ɛr'œfnʊŋ] *f* 1. opening; 2. *(Einweihung)* inauguration; 3. *(Mitteilung)* revelation, notification, disclosure
Eröffnungsbilanz [ɛr'œfnʊŋsbilants] *f* opening balance sheet
Eröffnungskurs [ɛr'œfnʊŋskurs] *m* opening price
Eröffnungsrede [ɛr'œfnʊŋsreːdə] *f* opening address
erörtern [ɛr'œrtərn] *v* discuss, argue, debate
Erörterung [ɛr'œrtərʊŋ] *f* discussion, debate
erpressen [ɛr'prɛsən] *v jdn* ~ blackmail s.o.
Erpressung [ɛr'prɛsʊŋ] *f* blackmail
erproben [ɛr'proːbən] *v* test, put to the test
erprobt [ɛr'proːpt] *adj* tested, reliable
Erprobung [ɛr'proːbʊŋ] *f* test, testing
errechnen [ɛr'rɛçnən] *v* calculate, work out, compute
erreichbar [ɛr'raɪçbaːr] *adj* 1. achievable, reachable attainable, within reach; 2. *(verfügbar)* available
Erreichbarkeit [ɛr'raɪçbaːrkaɪt] *f* 1. attainability; 2. *(Verfügbarkeit)* availability
erreichen [ɛr'raɪçən] *v* reach; *(fig)* reach, attain, achieve; *(fig: erlangen)* obtain
errichten [ɛr'rɪçtən] *v* 1. build, construct, erect; 2. *(gründen)* open, set up, establish
errichtende Umwandlung [ɛr'rɪçtɛndə 'umvandlʊŋ] *f* setting up conversion
Errichtung [ɛr'rɪçtʊŋ] *f* 1. construction, erection, building; 2. *(Gründung)* establishment, foundation
Ersatz [ɛr'zats] *m* 1. *(Vergütung)* compensation; 2. *(Austauschstoff)* substitute, ersatz; 3. *(Ersetzendes)* replacement, alternative; 4. *(Entschädigung)* indemnification
Ersatzaktie [ɛr'zatsaktsjə] *f* replacement share certificate
Ersatzanspruch [ɛr'zatsanʃprux] *m* claim for damages
Ersatzbeschaffung [ɛr'zatsbəʃafʊŋ] *f* replacement
Ersatzdeckung [ɛr'zatsdɛkʊŋ] *f* substitute cover
Ersatzinvestition [ɛr'zatsɪnvɛstitsjoːn] *f* replacement of capital assets
Ersatzkasse [ɛr'zatskasə] *f* (private) health insurance society

Ersatzkauf [ɛr'zatskauf] *m* substitute purchase
Ersatzlieferung [ɛr'zatsli:fərʊŋ] *f* replacement delivery, substitute delivery
Ersatzscheck [ɛr'zatsʃɛk] *m* substitute cheque
Ersatzteil [ɛr'zatstaɪl] *n* spare part, replacement part
Ersatzüberweisung [ɛr'zatsy:bərvaɪsʊŋ] *f* substitute transfer
Erscheinen [ɛr'ʃaɪnən] *n* (einer Aktie) issuing
erschließbar [ɛr'ʃli:sba:r] *adj* (Rohstoffe) exploitable
erschließen [ɛr'ʃli:sən] *v irr* 1. (Märkte) open up, 2. (Baugelände) develop
Erschließung [ɛr'ʃli:sʊŋ] *f* 1. (Märkte) opening up, 2. (eines Baugeländes) development
Erschließungsbeiträge [ɛr'ʃli:sʊŋsbaɪtrɛɡə] *m/pl* development costs
erschöpfen [ɛr'ʃœpfən] *v* exhaust; *sich in etw ~* be limited to sth
erschöpft [ɛr'ʃœpft] *adj* exhausted
erschweren [ɛr'ʃve:rən] *v* make difficult, complicate; *(hemmen)* hinder
Erschwernis [ɛr'ʃve:rnɪs] *f* difficulty, additional burden
Erschwerniszulage [ɛr'ʃve:rnɪstsu:la:ɡə] *f* allowance for aggravating circumstances
erschwinglich [ɛr'ʃvɪŋlɪç] *adj* attainable, affordable, within one's means
ersetzbar [ɛr'zɛtsba:r] *adj* replaceable
Ersetzbarkeit [ɛr'zɛtsba:rkaɪt] *f* replaceability
ersetzen [ɛr'zɛtsən] *v* 1. *(austauschen)* replace; 2. *(entschädigen)* compensate for; 3. *(Unkosten)* reimburse for
ersichtlich [ɛr'zɪçtlɪç] *adj* obvious, clear, evident
Ersparnis [ɛr'ʃpa:rnɪs] *f* savings
erstatten [ɛr'ʃtatən] *v* 1. *(Kosten)* reimburse; 2. *Anzeige ~* file charges; 3. *Bericht ~* report
Erstattung [ɛr'ʃtatʊŋ] *f* (Kosten) repayment, refund, reimbursement
Erstausgabe ['e:rstausɡa:bə] *f* first edition
Erstausstattung ['e:rstausʃtatʊŋ] *f* initial allowance set
ersteigern [ɛr'ʃtaɪɡərn] *v* buy at an auction
erstellen [ɛr'ʃtɛlən] *v (Rechnung, Übersicht)* draw up
Erstemission ['e:rstemɪsjo:n] *f* first issue
Ersterwerb ['e:rstɛrvɛrp] *m* first acquisition
erstklassig ['e:rstklasɪç] *adj* first-class, first-rate, prime

erstrebenswert [ɛr'ʃtre:bənsvert] *adj* desirable
Erstzulassung ['e:rsttsu:lasʊŋ] *f* initial registration
Ersuchen [ɛr'zu:xən] *n* request, petition
ersuchen [ɛr'zu:xən] *v* request
Ertrag [ɛr'tra:k] *m* return, profit, income, proceeds *pl*, revenue
Ertragfähigkeit [ɛr'tra:kfɛ:ɪçkaɪt] *f* productivity, earning capacity
ertragreich [ɛr'tra:kraɪç] *adj* productive, profitable, lucrative
ertragsabhängig [ɛr'tra:ksaphɛŋɪç] *adj* depending on profits
Ertragsbesteuerung [ɛr'tra:ksbəʃtɔyərʊŋ] *f* tax treatment of yield
Ertragsbeteiligung [ɛr'tra:ksbətaɪlɪɡʊŋ] *f* profit sharing
Ertragsbilanz [ɛr'tra:ksbilants] *f* statement of earnings
Ertragseinbruch [ɛr'tra:ksaɪnbrux] *m* profit shrinkage
Ertragsgesetz [ɛr'tra:ksɡəsɛts] *n* law of non-proportional returns
Ertragslage [ɛr'tra:ksla:ɡə] *f* profit situation, profitability
Ertragsrate [ɛr'tra:ksra:tə] *f* profitability rate
Ertragsrechnung [ɛr'tra:ksrɛçnʊŋ] *f* profit and loss account
Ertragsteuer [ɛr'tra:ksʃtɔyər] *f* tax on earnings
Ertragswert [ɛr'tra:ksvert] *m* capitalized value
erwägen [ɛr'vɛ:ɡən] *v irr* consider, think about, ponder
Erwägung [ɛr'vɛ:ɡʊŋ] *f* consideration; *in ~ ziehen* take into consideration
erwarten [ɛr'vartən] *v* expect, anticipate
Erwartung [ɛr'vartʊŋ] *f* expectation, anticipation
Erwartungswert [ɛr'va:rtʊŋsvert] *m* anticipation term
Erweiterung [ɛr'vaɪtərʊŋ] *f* extension, expansion, distension
erweiterungsfähig [ɛr'vaɪtərʊŋsfɛ:ɪç] *adj* expandable
Erweiterungsinvestition [ɛr'vaɪtərʊŋsɪnvɛstɪtsjo:n] *f* expansion investment
Erwerb [ɛr'vɛrp] *m (Kauf)* purchase, acquisition
erwerben [ɛr'vɛrbən] *v* 1. *irr* acquire, obtain; 2. *(durch Arbeit)* earn; 3. *(kaufen)* purchase, buy

Erwerbermodell [ɛr'vɛrbərmɔdɛl] *n* acquirer model
Erwerbsbetrieb [ɛr'vɛrbsbətri:p] *m* business enterprise
Erwerbseinkommen [ɛr'vɛrbsaınkɔmən] *n* income from gainful employment
Erwerbseinkünfte [ɛr'vɛrbsaınkynftə] *f/pl* business income
erwerbsfähig [ɛr'vɛrpsfɛ:ıç] *adj* able to work, capable of gainful employment, capable of earning a living
Erwerbsfähigkeit [ɛr'vɛrpsfɛ:ıçkaıt] *f* earning capacity
erwerbslos [ɛr'vɛrpslo:s] *adj* unemployed
Erwerbslose(r) [ɛr'vɛrbslosə(r)] *m/f* unemployed person
Erwerbsperson [ɛr'vɛrbspersoːn] *f* gainfully employed person
Erwerbsquote [ɛr'vɛrbskvo:tə] *f* activity rate
erwerbstätig [ɛr'vɛrpstɛ:tıç] *adj* gainfully employed
Erwerbstätige(r) [ɛr'vɛrpstɛ:tıgə(r)] *m/f* gainfully employed person
Erwerbsteuer [ɛr'vɛrbsʃtɔyər] *f* profit tax
erwerbsunfähig [ɛr'vɛrpsunfɛ:ıç] *adj* incapable of gainful employment, incapacitated
Erwerbsunfähigkeit [ɛr'vɛrpsunfɛ:ıçkaıt] *f* physical disability, incapacity to work, disability to earn a living
Erwerbsunfähigkeitsrente [ɛr'vɛrbsunfɛ:ıçkaıtsrɛntə] *f* pension for general disability
erwerbswirtschaftliches Prinzip [ɛr'vɛrbsvırtʃaftlıçəs prın'tsi:p] *n* commercial principle
erwirtschaften [ɛr'vırtʃaftən] *v* make a profit, earn
Erwirtschaftung [ɛr'vırtʃaftuŋ] *f* profit making, earning
erzeugen [ɛr'tsɔygən] *v 1. (herstellen)* produce, manufacture, make; *2. (hervorrufen)* evoke, bring about, give rise to
Erzeuger [ɛr'tsɔygər] *m* manufacturer
Erzeugerland [ɛr'tsɔygərlant] *n* country of origin
Erzeugerpreis [ɛr'tsɔygərpraıs] *m* producer price
Erzeugnis [ɛr'tsɔygnıs] *n* product
Erziehungsgeld [ɛr'tsi:uŋsgɛlt] *n* benefit for a child-raising parent
Erziehungsurlaub [ɛr'tsi:uŋsuːrlaup] *f (der Mutter)* maternity leave; *(des Vaters)* paternity leave
Erziehungszeiten [ɛr'tsi:uŋstsaıtən] *f/pl* child-rearing periods
erzielen [ɛr'tsi:lən] *v* achieve, realize, reach
eskomptieren ['ɛskɔmpti:rən] *v* discount
etablieren [eta'bli:rən] *v 1. sich ~* establish o.s., settle down, *2. (geschäftlich)* set up
Etage [e'ta:ʒə] *f* floor, storey
Etat [e'ta:t] *m* budget
Etatkürzung [e'ta:kyrtsuŋ] *f* budget cut
etatmäßig [e'ta:mɛ:sıç] *adj* budgeted
Ethik ['e:tık] *f* ethics, morality
Etikett [eti'kɛt] *n* label, tag
etikettieren [etikɛ'ti:rən] *v* label, tag
Etikettierung [etikɛ'ti:ruŋ] *f* labelling
etwas bezahlt und Brief (ebB) [ætwaz bə'tsa:lt unt 'bri:f] only some limited sell orders were filled at the current published quotation
etwas bezahlt und Geld (ebG) [ætwaz bə'tsa:lt unt 'gɛlt] only some limited buy orders were filled at the current published quotation
EU-Kommission [e:u:-kɔmı'sjo:n] *f* Commission of the European Union
Euro ['ɔyro] *m* euro
Euro-Aktienmarkt ['ɔyroaktsjənmarkt] *m* Euro share market
Euro-Anleihe ['ɔyroanlaı:ə] *f* Eurocurrency loans
Euro-Anleihenmarkt ['ɔyroanlaı:ənmarkt] *m* Eurocurrency loan market
Euro-Bank ['ɔyrobaŋk] *f* Eurobank
Eurobond ['ɔyrobɔnd] *m* Eurobond
Eurobondmarkt ['ɔyrobɔndmarkt] *m* Eurobond market
Eurocheque ['ɔyroʃɛk] *m* Eurocheque
Euro-Devisen ['ɔyro'dəvı:zən] *f/pl* Euro currencies
Euro-DM-Markt ['ɔyrode:mmarkt] *m* Euro mark market
Euro-Dollar ['ɔyrodɔlar] *m* Eurodollar
Euro-Dollarmarkt ['ɔyrodɔlarmarkt] *m* Eurodollar market
Euro-Emission ['ɔyroemısjo:n] *f* Euro security issue
Eurogeld ['ɔyrogɛlt] *n* Eurocurrency
Euro-Geldmarkt ['ɔyrogɛltmarkt] *m* Eurocurrency market
Euro-Kapitalmarkt ['ɔyrokapita:lmarkt] *m* Eurocapital market
Euro-Markenzeichen ['ɔyromarkəntsaıçən] *n* Eurobrand
Euromarkt ['ɔyromarkt] *m* Euromarket
Euronorm ['ɔyronɔrm] *f* Eurostandard

europäische Börsenrichtlinien [ɔyro-
ˈpɛːɪʃə ˈbœrzənrɪçtlinjən] f/pl European
stock exchange guide-lines
Europäische Gemeinschaft [ɔyroˈpɛːɪʃə
gəˈmaɪnʃaft] f European Community
Europäische Handelsgesellschaft [ɔyroˈpɛːɪʃə ˈhandəlsgəsɛlʃaft] f European
trading company
Europäische Investitionsbank [ɔyroˈpɛːɪʃə ɪnvɛstitsjoːnsbaŋk] f European Investment Bank
Europäische Kommission [ɔyroˈpɛːɪʃə
kɔmɪˈsjoːn] f European Commission
europäische Norm [ɔyroˈpɛːɪʃə nɔrm] f
European standard specification
Europäische Union [ɔyroˈpɛːɪʃə unˈjoːn]
f European Union (EU)
Europäische Währungseinheit (ECU)
[ɔyroˈpɛːɪʃə ˈvɛːruŋsaɪnhaɪt] f European
Currency Unit (ECU)
Europäische Währungsunion [ɔyroˈpɛːɪʃə ˈvɛːruŋsunjoːn] f European monetary
union (EMU)
Europäische Zahlungsunion [ɔyroˈpɛːɪʃə
tsaːluŋsunjoːn] f European Payments Union
Europäische Zentralbank (EZB) [ɔyroˈpɛːɪʃə ˈtsɛntraːlbaŋk] f European Central
Bank
Europäischer Binnenmarkt [ɔyroˈpɛːɪʃər
ˈbɪnənmarkt] m Internal Market of the European Community
Europäischer Entwicklungsfonds [ɔyroˈpɛːɪʃər ɛntˈvɪkluŋsfɔ̃] m European Development Fund (EDF)
Europäischer Fonds für Währungspolitische Zusammenarbeit (EFWZ) [ɔyroˈpɛːɪʃər fɔ̃ fyːr ˈvɛːruŋspolitiʃə ˈtsuːsamənarbaɪt] m European Monetary Cooperation
Fund (EMCF)
Europäischer Gerichtshof (EuGH) [ɔyroˈpɛːɪʃər gəˈrɪçtshoːf] m Court of Justice of
the European Communities
Europäischer Rat [ɔyroˈpɛːɪʃər raːt] m
European Council
Europäischer Rechnungshof (EuRH)
[ɔyroˈpɛːɪʃər ˈrɛçnuŋshoːf] m European
Court of Auditors
Europäisches Parlament [ɔyroˈpɛːɪʃəs
ˈparlamɛnt] n European Parliament
Europäisches Patentamt [ɔyroˈpɛːɪʃəs
ˈpatɛntamt] n European Patent Office
Europäisches Währungsabkommen [ɔyroˈpɛːɪʃəs ˈvɛːruŋsapkɔmən] n European
Monetary Agreement

Europäisches Währungssystem (EWS)
[ɔyroˈpɛːɪʃəs ˈvɛːruŋszysteːm] n European
Monetary System (EMS)
Europapatent [ɔyˈroːpapatɛnt] n European
patent
Europarat [ɔyˈroːparaːt] m European Council
Euroscheck [ˈɔyroʃɛk] m eurocheque
Euroscheckkarte [ˈɔyroʃɛkkartə] f eurocheque card
Eurotunnel [ˈɔyrotunəl] m Eurotunnel,
Channel tunnel, Chunnel *(fam)*
Eventualhaushalt [eˈvɛntuaːlhaushalt] m
contingency budget
Eventualität [evɛntualiˈtɛːt] f eventuality
Eventualverbindlichkeit [eˈvɛntuaːlfɛrbɪndlɪçkaɪt] f contingent liability
Evidenzzentrale [eviˈdɛntstsɛntraːlə] f information centre
ewige Anleihe [ˈeviçə anlaɪːə] f perpetual
loan
ewige Rente [ˈeviçə rɛntə] f perpetual annuity
ewige Schuld [ˈeviçə ʃult] f perpetual debt
Examen [ɛˈksaːmən] n examination
ex-ante [ɛksantə] adj in prospect
Existenzaufbaudarlehen [ɛksɪsˈtɛntsaufbaudarˈleːən] n business set-up loan
Existenzgründungsförderung [ɛksɪsˈtɛntsgryndunŋsfœrdəruŋ] f furtherance granted to set up new business
Existenzminimum [ɛksɪsˈtɛntsmɪnɪmum]
n subsistence minimum
exklusiv [ɛkskluˈziːf] adj exclusive; select;
adv exclusively
Exklusivrechte [ɛkskluˈziːfrɛçtə] pl exclusive rights pl
Exklusivvertrag [ɛkskluˈziːffɛrtrak] m
exclusive distribution contract, exclusive licensing agreement
exogene Variable [eksogenə ˈvariaːblə] f
exogenous variable
exogenes Geld [eksogenəs gɛlt] n exogenous money base
Exoten [eˈksoːtən] m/pl highly speculative
securities
Exotenfonds [eˈksoːtənfɔ̃] m securities offered by issuers from exotic countries
expandieren [ɛkspanˈdiːrən] v expand
Expansion [ɛkspansˈjoːn] m expansion
expansiv [ɛkspanˈziːf] adj expansive
Experiment [ɛkspɛrɪˈmɛnt] n experiment
experimentell [ɛkspɛrɪmɛnˈtɛl] adj experimental

experimentieren [ɛkspɛrɪmɛn'tiːrən] v experiment; *mit etw* ~ experiment with sth; *an etw* ~ experiment on sth
Experte [ɛks'pɛrtə] m expert
Expertenbefragung [ɛks'pɛrtənbəfraː-gʊŋ] f expert interview
Expertensystem [ɛks'pɛrtənzysteːm] n expert system
Expertise [ɛkspɛr'tiːzə] f expert assessment, survey
Exponat [ɛkspo'naːt] n exhibit
Export [ɛks'pɔrt] m export, exportation
Exportartikel [ɛks'pɔrtartɪkəl] m export article
Exportauftrag [ɛks'pɔrtaʊftraːk] m export order
Exportbeschränkung [ɛks'pɔrtbəʃrɛŋkʊŋ] f export restriction
Exportdevisen [ɛks'pɔrtdəviːsən] f/pl export exchange
Exporteur [ɛkspɔr'tøːr] m exporter
Export-Factoring [ɛks'pɔrtfæktɔrɪŋ] f export factoring
Exportfinanzierung [ɛks'pɔrtfɪnantsiː-rʊŋ] f financing of exports
Exportförderung [ɛks'pɔrtfœrdərʊŋ] f export promotion
Exportgeschäft [ɛks'pɔrtɡəʃɛft] n export business
Exporthandel [ɛks'pɔrthandəl] m export trade
Exporthilfe [ɛks'pɔrthɪlfə] f export subsidy
exportieren [ɛkspɔr'tiːrən] v export
Exportkontrolle [ɛks'pɔrtkɔntrɔlə] f export control
Exportkredit [ɛks'pɔrtkrediːt] m export credits
Exportprämie [ɛks'pɔrtprɛmjə] f export premium
Exportquote [ɛks'pɔrtkvoːtə] f export quota
Exportsubvention [ɛks'pɔrtsʊbvɛntsjoːn] f export subsidy
Exportüberschuss [ɛks'pɔrtyːbərʃʊs] m export surplus
Exportware [ɛks'pɔrtwaːrə] f exported articles
Exportwirtschaft [ɛks'pɔrtvɪrtʃaft] f export trade, export-oriented economy
Expressgut [ɛks'prɛsɡuːt] n express goods
extern [ɛks'tɛrn] adj external
externe Effekte [ɛks'tɛrnə e'fɛktə] m/pl external effects
externe Erträge [ɛks'tɛrnə ɛr'trɛɡə] m/pl external income
externes Rechnungswesen [ɛks'tɛrnəs 'rɛçnʊŋsveːzən] n external accounting
Extrapolation ['ɛkstrapola'tsjoːn] f extrapolation
Extremkurs [ɛks'treːmkʊrs] m peak quotation
ex Ziehung [ɛks'tsiːʊŋ] f ex drawing

F

Fabrik [fa'briːk] *f* factory, works, plant
Fabrikant [fabri'kant] *m* factory owner, manufacturer
Fabrikarbeit [fab'riːkarbaɪt] *f 1.* factory work; *2. (Erzeugnis)* factory-made goods *pl*
Fabrikarbeiter(in) [fa'briːkarbaɪtər(ɪn)] *m/f* factory worker
Fabrikat [fabri'kaːt] *n* manufactured article, product, make
Fabrikation [fabrika'tsjoːn] *f* manufacture
Fabrikationsfehler [fabrika'tsjoːnsfeːlər] *m* manufacturing defect
Fabrikationsrisiko [fabrika'tsjoːnsrisikoː] *n* production risk
Fabrikgelände [fa'briːkgəlɛndə] *n* factory site, factory premises, plant premises
Fabrikhalle [fa'briːkhalə] *f* factory building
fabrikmäßig [fa'briːkmɛːsɪç] *adj* industrial
Fabrikpreis [fa'briːkpraɪs] *m* factory price, manufacturer's price
Fabrikverkauf [fabrikfɛr'kauf] *m* factory outlet store
Fachakademie ['faxakade'miː] *f* specialist college
Fach ['fax] *n* subject, special area
Fachanwalt ['faxanwalt] *m* specialized lawyer
Facharbeiter(in) ['faxarbaɪtər(ɪn)] *m/f* skilled worker, craftsman
Fachaufsicht ['faxaufsɪçt] *f* government supervision of certain economic branches
Fachausbildung ['faxausbɪlduŋ] *f* professional education, specialized training, technical training
Fachbereich ['faxbəraɪç] *m* special field, speciality
Fachbuch ['faxbuːx] *n* technical book
Fachgebiet ['faxgəbiːt] *n* special field; *sein ~* his area of expertise
Fachgeschäft ['faxgə'ʃɛft] *n* specialty store
Fachhandel ['faxhandəl] *m* specialty shops *pl*, specialized trade
Fachhochschule (FH) ['faxhoːxʃuːlə] *f* technical college
Fachkenntnis ['faxkɛntnɪs] *f* specialized knowledge
Fachliteratur ['faxlitəratuːr] *f* specialized literature, technical literature
Fachmann ['faxman] *m* expert, specialist

fachmännisch ['faxmɛnɪʃ] *adj* expert
Fachoberschule ['fax'obərʃuːlə] *f* Fachoberschule (specialized upper high school)
Fachsprache ['faxʃpraːxə] *f* technical language, technical terminology
Fachwirt ['faxwɪrt] *m* Fachwirt (operational specialist)
Fachzeitschrift ['faxtsaɪtʃrɪft] *f* professional journal, technical journal
Factoring ['fɛktəriŋ] *n* factoring
Fahrgelderstattung [fa:rgəltərʃtatuŋ] *f* reimbursement of travel expenses
Fahrkarte [fa:rkartə] *f* ticket; *einfache ~* one-way-ticket
Fahrkosten ['fa:rkɔstən] *pl* travelling expenses
fahrlässig ['fa:rlɛsɪç] *adj* negligent
Fahrlässigkeit ['fa:rlɛsɪçkaɪt] *f* negligence, carelessness, recklessness
Fahrplan ['fa:rplaːn] *m* schedule, timetable
fahrplanmäßig ['fa:rplaːnmɛːsɪç] *adj* scheduled; *adv* on schedule, on time
Fahrstuhl ['fa:rʃtuːl] *m* lift, elevator *(US)*
Fahrt [fa:rt] *f* drive, ride
Fahrtenbuch ['fa:rtənbuːx] *n (Auto)* log book
Fahrtenschreiber ['fa:rtənʃraɪbər] *m* recording speedometer, tachograph
Fahrverbot ['fa:rfɛrboːt] *n (Durchfahrverbot)* no thoroughfare, no entry
Fahrzeug ['fa:rtsɔyk] *n* vehicle
Fahrzeugbau ['fa:rtsɔykbau] *m* vehicle construction, vehicle production
Fahrzeugbrief ['fa:rtsɔykbriːf] *m* vehicle registration (document)
Fahrzeughalter ['fa:rtsɔykhaltər] *m* vehicle owner
Fahrzeugschein ['fa:rtsɔykʃaɪn] *m* motor vehicle certificate
faktischer Konzern ['faktɪʃər kon'tsɛrn] *m* de facto group
faktisches Arbeitsverhältnis ['faktɪʃəs 'arbaɪtsfərhɛltnɪs] *n* de facto employer/employee relationship
Faktor ['faktɔr] *m* factor
Faktur [fak'tuːr] *f* invoice
Fall [fal] *m* case, matter
fällen ['fɛlən] *v (eine Entscheidung ~)* take a decision, make a decision *(US)*

fällig ['fɛlıç] *adj* due, matured, payable; ~ werden become due
Fälligkeit ['fɛlıçkaıt] *f* maturity
Fälligkeitsdatum ['fɛlıçkaıtsda:tum] *n* due date, maturity date
fälschen ['fɛlʃən] *v* falsify, fake, forge
Falschgeld ['falʃgɛlt] *n* counterfeit money
Falschmeldung ['falʃmɛlduŋ] *f* false report
Fälschung ['fɛlʃuŋ] *f* fake, falsification, forgery
fälschungssicher ['fɛlʃuŋszıçər] *adj* forge-proof
Faltblatt ['faltblat] *n* leaflet
Faltschachtel ['faltʃaxtəl] *f* folding carton
Falz [falts] *f* fold
falzen ['faltsən] *v* fold
Familienbetrieb [fa'mi:ljənbətri:p] *m* family-run company
Familiengesellschaft [fa'mi:ljəngəsɛlʃaft] *f* family-owned company
Familienname [fa'mi:ljənna:mə] *m* surname, last name *(US)*
Familienpackung [fa'mi:ljənpakuŋ] *f* family-size package
Familienstand [fa'mi:ljənʃtant] *m* marital status
Familienzulage [fa'mi:ljən'tsulagə] *f* family allowance
Farbabstufung ['farpapʃtu:fuŋ] *f* colour gradation, colour graduation, shade
Farbband ['farpbant] *n* ink ribbon
farbecht ['farpɛçt] *adj* colourfast
Farbfoto ['farpfo:to:] *n* colour photo
farbig ['farbıç] *adj* coloured
Farbkopierer ['farpkopi:rər] *m* colour copier
Farbstoff ['farpʃtof] *m* colouring, pigment, dye
Fass [fas] *n* barrel, cask, *(kleines)* keg
Fax [faks] *n* fax, facsimile transmission
faxen ['faksən] *v* fax
Faxgerät ['faksgəre:t] *n* fax machine
Fazilität ['fatsılıtæt] *f* credit facility, facility
Fazit ['fa:tsıt] *n* net result; *das ~ aus etw ziehen* sum sth up
federführend ['fe:dərfy:rənt] *adj* leading, handling a contract
Federung ['fe:dəruŋ] *f* springs, springiness, elasticity
Fehlbetrag ['fe:lbətra:k] *m* deficit, shortfall, shortage
Fehlentscheidung ['fe:lɛntʃaıduŋ] *f* wrong decision

Fehler ['fe:lər] *m* 1. mistake, error; 2. *(Defekt)* defect, fault, imperfection
fehlerhaft ['fe:lərhaft] *adj* faulty, defective, unsound
fehlerlos ['fe:lərlo:s] *adj* faultless, flawless
Fehlinvestition ['fe:lınvɛstıtsjo:n] *f* unprofitable investment
Fehlkonstruktion ['fe:lkɔnstruktsjo:n] *f* misconstruction
Fehlschlag ['fe:lʃla:k] *m (fig: Misserfolg)* failure
fehlschlagen ['fe:lʃla:gən] *v irr (fig)* fail, go wrong
Fehlverhalten ['fe:lfɛrhaltən] *n* inappropriate behaviour, lapse
Fehlzeiten ['fe:ltsaıtən] *f/pl* time off; absence
Fehlzeitenquote ['fe:ltsaıtənkwo:tə] *f* absence rate
Feierabend ['faıəra:bənt] *m* finishing time, quitting time; ~ *machen* finish work, stop working
Feiertag ['faıərta:k] *m* holiday
feilschen ['faılʃən] *v* bargain, haggle, dicker *(US)*
Feinmechanik ['faınmeça:nık] *f* high-precision engineering
Feldforschung ['feltforʃuŋ] *f* field research
Ferien ['fe:rjən] *pl* holidays, vacation *(US)*
Ferienjob ['fe:rjəndʒɔp] *m* holiday job, vacation job *(US)*
Fernamt ['fɛrnamt] *n* telephone exchange, trunk exchange, long-distance exchange
Fernbedienung ['fɛrnbədi:nuŋ] *f* remote control
Fernfahrer ['fɛrnfa:rər] *m* long-distance lorry driver, long-haul truck driver
Ferngespräch ['fɛrngəʃprɛ:ç] *n* long-distance call, trunk call
ferngesteuert ['fɛrngəʃtɔyərt] *adj* remote-controlled
Fernmeldeamt ['fɛrnmɛldəamt] *n* telephone exchange
fernmündlich ['fɛrnmyntlıç] *adj* by telephone
Fernschreiber ['fɛrnʃraıbər] *m* telex, teleprinter
Fernsehen ['fɛrnze:ən] *n* television
Fernsprecher ['fɛrnʃprɛçər] *m* telephone
Fernsteuerung ['fɛrnʃtɔyəruŋ] *f* remote control
Fernverkehr ['fɛrnfɛrke:r] *m* long distance traffic
Fernwärme ['fɛrnvɛrmə] *f* district heating

Fertigerzeugnis ['fɛrtɪçɛrtsɔygnɪs] *n* finished product
Fertigprodukt ['fɛrtɪçprɔdukt] *n* finished product
Fertigung ['fɛrtɪguŋ] *f* manufacture, production, manufacturing
Fertigungsinsel ['fɛrtɪguŋs'ɪnsəl] *f* group manufacturing
Fertigungskosten ['fɛrtɪguŋskɔstən] *pl* production costs
Fertigungslos ['fɛrtɪguŋslo:z] *n 1. (Kostenrechnung)* direct and indirect material; *2. (Fertigung)* charge material
Fertigungssteuerung ['fɛrtɪguŋs'ʃtɔyəruŋ] *f* production control
Fertigungsvorbereitung ['fɛrtɪguŋs'forbəraituŋ] *f* production planning
Fertigungswagnis ['fɛrtɪguŋswa:gnɪs] *n* production risk
Fertigware ['fɛrtɪçwa:rə] *f* finished product
Festakt ['fɛstakt] *m* ceremonial act
Festangestellte(r) ['fɛstangəʃtɛltə(r)] *m/f* permanent employee
Festbetrag ['fɛstbətra:k] *m* fixed amount
Festbewertung ['fɛstbəwe:rtuŋ] *f* valuation of assets based on standard values
festhalten ['fɛsthaltən] *v irr* detain
festlegen ['fɛstle:gən] *v 1.* set, fix, specify; *2. (verpflichten)* commit; *sich ~* commit o.s.
Festplatte ['fɛstplatə] *f (EDV)* hard disk
Festpreis ['fɛstprais] *m* fixed price
festsetzen ['fɛstzɛtsən] *v* lay down, fix, determine
Festsetzung ['fɛstzɛtsuŋ] *f* setting, determination
feststehen ['fɛstʃte:ən] *v (Termin)* to be set
festverzinslich ['fɛstfɛrtsɪnslɪç] *adj* fixed-interest bearing
festverzinsliche Wertpapiere ['fɛstfɛrtsɪnslɪçə 'wertpapi:rə] *n/pl* fixed-interest securities
feuerbeständig ['fɔyərbəʃtɛndɪç] *adj* fire-resistant, fireproof
feuergefährlich ['fɔyərgəfɛ:rlɪç] *adj* flammable, combustible, inflammable
Feuerwehrfonds ['fɔyərwe:rfɔ̃] *m* fire-fighting fund
Fiasko ['fjasko] *n* fiasco
Filialbetrieb [fil'ja:lbətri:p] *m* branch operation; chain store
Filiale [fil'ja:lə] *f* branch, branch office
Filialleiter(in) [fil'ja:llaitər(ɪn)] *m/f* branch manager
Filter ['fɪltər] *m/n* filter

Filzstift ['fɪltsʃtɪft] *m* felt-tipped pen
Finanzanlage [fɪ'nantsanla:gə] *f* financial investment
Finanzausgleich [fɪ'nantsausglaɪç] *m* tax revenue sharing
Finanzbeamte/Finanzbeamtin [fɪ'nantsbəamtə] *m/f* revenue official
Finanzbuchhaltung [fɪ'nantsbu:xhaltuŋ] *f* financial accounting
Finanzdienstleistungen [fɪ'nantsdinstlaɪstuŋən] *f/pl* financial services
Finanzexperte [fɪ'nantsɛkspɛrtə] *m* financial expert
Finanzhoheit [fɪ'nantsho:hait] *f* financial autonomy
finanziell [fɪnan'tsjɛl] *adj* financial
finanzielle Mittel [fɪnan'tsjɛlə 'mɪtəl] *pl* financial resources, funds
finanzielles Gleichgewicht [fɪnan'tsjɛləs glaɪçgəwɪçt] *n* financial equilibrium
Finanzier [fɪnan'tsje:] *m* financier
finanzieren [fɪnan'tsi:rən] *v* finance
Finanzierungshilfe [fɪnan'tsi:ruŋshɪlfə] *f* financing aid
finanzkräftig [fɪ'nantskrɛftɪç] *adj* financially strong, financially sound
Finanzkrise [fɪ'nantskri:zə] *f* financial crisis
Finanzlage [fɪ'nantsla:gə] *f* financial state, financial situation
Finanzmärkte [fɪ'nantsmɛrktə] *pl* financial markets
Finanzminister [fɪ'nantsministər] *m* Finance Minister, Chancellor of the Exchequer *(UK),* Secretary of the Treasury *(US)*
Finanzplatz [fɪ'nantsplats] *m* financial center
finanzpolitisch [fɪ'nantspoli:tɪʃ] *adj* of fiscal policy
Finanzverwaltung [fɪ'nantsfɛrvaltuŋ] *f* finance administration
Finanzwesen [fɪ'nantsve:zən] *n* finance
Finanzzoll [fɪ'nantstsɔl] *m* revenue tariff
Firma ['fɪrma] *f* firm, company; *die ~ Coors* the Coors company
Firmenbeständigkeit ['fɪrmənbəʃtɛndɪçkait] *f* company stability
Firmenchef(in) ['fɪrmənʃɛf(ɪn)] *m/f* head of the firm, head of the company
Firmeninhaber(in) ['fɪrməninha:bər(ɪn)] *m/f* owner of the firm, owner of the company
Firmenkundengeschäft ['fɪrmənkundəngəʃɛft] *n* wholesale banking
Firmenname ['fɪrmənna:mə] *m* firm name, company name

Firmenöffentlichkeit ['fɪrmənøfəntlɪçkaɪt] f public relations of the company
Firmenregister ['fɪrmənregɪstər] n register of companies
Firmenschild ['fɪrmənʃɪlt] n company nameplate
Firmenstempel ['fɪrmənʃtɛmpəl] m company stamp
Firmenwagen ['fɪrmənvaːgən] m company car
Firmenwahrheit ['fɪrmənvaːrhaɪt] f company truth
Firmenwert ['fɪrmənveːrt] m goodwill
Fischerei [fɪʃəˈraɪ] f fishing
fiskalisch [fɪsˈkaːlɪʃ] adj fiscal
Fiskus ['fɪskʊs] m treasury, fiscal authorities, Exchequer (UK)
Fixer(in) ['fɪksər(ɪn)] m/f bear seller
Fixkosten ['fɪkskɔstən]pl fixed costs
Fixkostendeckungsrechnung ['fɪkskɔstəndɛkuŋsrɛçnuŋ] pl analysis of fixed-cost allocation
Fixkostendegression ['fɪkskɔstəndegreˌzjoːn] pl fixed cost degression
Fixpreis ['fɪkspraɪs] m fixed price
Flächenmaße ['flɛçənˈmaːsə] f square measurement
Flaggendiskriminierung ['flagəndɪskrɪmiˌniːruŋ] f discrimination of flags
Flaute ['flaʊtə] f slump, recession, slackness
Fleiß [flaɪs] m diligence, industry, assiduousness
fleißig ['flaɪsɪç] adj diligent, hard-working, industrious
flexibel [flɛkˈsiːbəl] adj flexible
Flexibilität [flɛksibɪliˈtɛːt] f flexibility, versatility
flexible Altersgrenze [flɛkˈsiːblə 'altərsgrɛntsə] f flexible age limit
flexible Plankostenrechnung [flɛkˈsiːblə 'plaːnkɔstənrɛçnuŋ] f flexible budgeting
flexible Wechselkurse [flɛkˈsiːblə 'vɛksəlkʊrsə] m/pl flexible currency rates
Fließband ['fliːsbant] n conveyor belt; (als Einrichtung) assembly line
Fließbandarbeiter(in) ['fliːsbantarbaɪtər(ɪn)] m/f assembly line worker
Fließfertigung ['fliːsfɛrtɪguŋ] f continuous flow production
Floor [flɔə] m floor
Floppy disk ['flɔpɪ dɪsk] f floppy disk
Flugblatt ['fluːkblat] n leaflet, handbill
Flugdauer ['fluːkdaʊər] f duration of the flight, flight duration

Fluggesellschaft ['fluːkɡəzɛlʃaft] f airline
Flughafen ['fluːkhaːfən] m airport
Fluglinie ['fluːkliːnjə] f 1. (Strecke) air route; 2. (Fluggesellschaft) airline
Flugplan ['fluːkplaːn] m flight schedule, timetable
Flugverkehr ['fluːkvɛrkeːr] m air traffic
Flugzeug ['fluːktsɔyk] n airplane, plane, aircraft
Flugzeugbau ['fluːktsɔykbaʊ] m aircraft construction
Fluktuation [fluktuaˈtsjoːn] f fluctuation
fluktuieren [flukturˈiːrən] v fluctuate
Flussbild ['flusbɪlt] n flow chart
Folgekosten ['fɔlgəkɔstən] pl consequential costs
Folie ['foːljə] f foil
folienverpackt ['foːljənfɛrpakt] adj in foil packaging
Fonds [fɔ̃] m fund
forcieren [fɔrˈsiːrən] v force
Förderanlage ['fœrdəranlaːgə] f transporting plant, transporting equipment, transporter
Förderband ['fœrdərbant] n conveyor belt
Fördermenge ['fœrdərmɛŋə] f output, transporting capacity, conveying capacity, hauling capacity
Forderung ['fɔrdəruŋ] f (Geldforderung) claim, debt
Form [fɔrm] f 1. form, shape; zu großer ~ auflaufen to be in great shape; 2. (Gussform) mould, casting mould, mould (US)
Formalität [fɔrmaliˈtɛːt] f formality
Format [fɔrˈmaːt] n (Maß) format, shape, size
formatieren [fɔrmaˈtiːrən] v format
Formatierung [fɔrmaˈtiːruŋ] f formatting
formbeständig ['fɔrmbəʃtɛndɪç] adj shape-retaining
Formblatt ['fɔrmblat] n form
Formel ['fɔrməl] f formula
Formfehler ['fɔrmfeːlər] m irregularity
Formkaufmann ['fɔrmˈkaʊfman] m association on which the law confers the attributes of a merchant, regardless of the object of its business
formlos ['fɔrmloːs] adj (fig) informal, unconventional, unceremonious; adv (fig) informally
Formsache ['fɔrmzaxə] f mere formality
Formvorschriften ['fɔrmfoːrʃrɪftən] f/pl formal requirements
Formwechsel ['fɔrmˈvɛksəl] f modification
forschen ['fɔrʃən] v (wissenschaftlich) research

Forscher ['fɔrʃər] *m (wissenschaftlicher ~)* researcher, research scientist

Forschung & Entwicklung (F & E) ['fɔrʃuŋ unt ɛnt'vɪkluŋ] *f* research and development (R & D)

Forschung ['fɔrʃuŋ] *f* research, study, investigation

Forschungsauftrag ['fɔrʃuŋsauftra:k] *m* research assignment

Forschungsinstitut ['fɔrʃuŋsɪnstitu:t] *n* research institute

Forschungslabor ['fɔrʃuŋslabo:r] *n* research laboratory

Forschungszentrum ['fɔrʃuŋstsɛntrum] *n* research centre

Fortbildung ['fɔrtbɪlduŋ] *f* further education, advanced training

Fortschritt ['fɔrtʃrɪt] *m* progress, advancement

fortschrittlich ['fɔrtʃrɪtlɪç] *adj* progressive

Foto ['fo:to] *n* photograph, picture, photo

Foto CD ['fo:totse:de:] *f* photo CD

Fotografie ['fo:tografi:] *f* photography

fotografieren [fo:tografi:rən] *v* photograph

Fotokopie [fo:toko'pi:] *f* photocopy

fotokopieren [fo:toko'pi:rən] *v* photocopy, make a photocopy

Fotokopierer [fo:toko'pi:rər] *m* copier, photocopier, copying machine

Fracht [fraxt] *f* 1. *(Preis)* freight; 2. *(Ware)* cargo, freight

Fracht nach Gewicht oder Maß (w/m) ['fraxt na:ç gəwɪçt o:dər ma:s] freight per weight or measurement (w/m)

Fracht vorausbezahlt (frt. pp.) ['fraxt fo'rausbəza:lt] freight prepaid (frt. pp.)

Frachtbasis ['fraxtba:zɪs] *m* freight basis

Frachtbrief ['fraxtbri:f] *m* consignment note, bill of lading

Frachtbuchung ['fraxtbu:xuŋ] *f* freight booking

Frachter ['fraxtər] *m* cargo ship, freighter

frachtfrei ['fraxtfraɪ] *adj* freight paid, carriage paid

Frachtführer ['fraxtfy:rər] *m* carrier, bailor

Frachtgut ['fraxtgu:t] *n* freight, freight goods

Frachtkosten ['fraxtkɔstən] *pl* freightage, freight charges, carrying charges

Frachtnachnahme (frt. fwd) ['fraxtna:xna:mə] *f* freight forward (frt. fwd.)

Frachtraum ['fraxtraum] *m* cargo compartment

Frachtschiff ['fraxtʃɪf] *n* freighter

Frachtzettel (w/b) ['fraxt'tsɛtəl] *m* freight bill (w/b)

Fragebogen ['fra:gəbo:gən] *m* questionnaire

frei [fraɪ] *adj (kostenlos)* free, complimentary

frei an Bord (f.o.b.) ['fraɪ an bɔrt] *adj* free on board (f. o. b.)

frei an Bord im Hafen (f.b.h.) ['fraɪ an 'bɔrt ɪm 'ha:fən] *adj* free on board harbor (f. b. h.)

frei Bahnhof (f.o.r.) ['fraɪ 'ba:nho:f] *adj* free on board railroad station (f. o. r.)

frei Längsseite Schiff (f.a.s.) ['fraɪ 'lɛŋs-'zaɪtə 'ʃɪf] *adj* free alongside ship (f. a. s.)

frei Schiff (f.o.s.) ['fraɪ 'ʃɪf] *adj* free on steamer (f. o. s.)

frei von jeder Beschädigung (f.a.a.) ['fraɪ fɔn 'je:dər bə'ʃɛdɪguŋ] *adj* free of all average (f. a. a.)

frei von Teilbeschädigung (f.p.a.) ['fraɪ fɔn taɪlbəʃɛdɪguŋ] *adj* free of particular average (f. p. a.)

frei Waggon (f.o.t.) ['fraɪ va'gɔŋ] *adj* free on truck (f. o. t.)

freiberuflich ['fraɪbəru:flɪç] *adj* self-employed, freelance; *adv* freelance

Freibetrag ['fraɪbətra:k] *m* tax allowance, tax-exempt amount

freibleibend ['fraɪblaɪbənt] *adj* subject to confirmation, not binding, subject to change without notice

freie Ein- und Ausladung (f.i.o.) ['fraɪə 'aɪn unt 'auzla:duŋ] *f* free in and out (f. i. o.)

freie Güter ['fraɪə gy:tər] *n/pl* free goods

freie Marktwirtschaft ['fraɪ an bɔrt] *f* free market economy

freie(r) Mitarbeiter(in) ['fraɪə 'mɪtar'baɪ-tər(ɪn)] *m/f* freelance

freier Beruf ['fraɪər bəru:f] *m* liberal profession

Freihandel ['fraɪhandəl] *m* free trade, over-the-counter trade

Freihandelszone ['fraɪhandəlstso:nə] *f* free trade zone

freihändig ['fraɪhɛndɪç] *adv (Verkauf)* directly, in the open market, over the counter (US)

freimachen ['fraɪmaxən] *v (frankieren)* stamp

Freizeit ['fraɪtsaɪt] *f* free time, spare time, leisure time

Freizone ['fraɪtsɔ:nə] *f* free zone

Fremdfinanzierung ['frɛmtfɪnantsi:ruŋ] *f* outside financing, debt financing

Fremdkapital ['frɛmtkapita:l] *n* borrowed capital, debt capital

Fremdleistung ['frɛmtlaɪstʊŋ] *f* outside services

Fremdsprache ['frɛmtʃpra:xə] *f* foreign language

fremdsprachig ['frɛmtʃpra:xɪç] *adj* in a foreign language, foreign-language

Fremdverschulden ['frɛmtfɛrʃuldən] *n* third-party fault

Fremdwährungswechsel ['frɛmtvɛ:rʊŋs-'vɛksəl] *m* foreign currency bill

Friedenspflicht ['fri:dənspflɪçt] *n* peace-keeping duty

Frist [frɪst] *f* period, *(äußerste ~)* deadline, time span, time limit

Frühinvalide ['fry:ɪnvali:də] *m* person disabled before retirement age

Frührentner ['fry:rɛntnər] *m* person taking early retirement

Frühschicht ['fry:ʃɪçt] *f* early shift

Frühstückskartelle ['fry:ʃtykskar'tɛlə] *n* gentlemen's agreements

führen ['fy:rən] *v 1.* lead, direct, guide; *2. (leiten)* manage, lead, run; *3. (Ware)* carry; Verhandlungen ~ negotiate; eine Liste ~ keep a list

Fuhrpark ['fu:rpark] *m* fleet

Führung ['fy:rʊŋ] *f1. (Leitung)* control, management, leadership; *2. (Benehmen)* behaviour, conduct

Führungshierarchie ['fy:rʊŋshɪrarçi:] *f* managerial hierarchy

Führungsinformationssystem ['fy:rʊŋs-ɪnfɔrmatsjo:nssyste:m] *n* management information system

Führungskraft ['fy:rʊŋskraft] *f* manager, executive

Führungsposition ['fy:rʊŋspozitsjo:n] *f* management position

Führungsstil ['fy:rʊŋsʃti:l] *m* management style, leadership style

Führungstechniken ['fy:rʊŋs'tɛçnikən] *f/pl* management techniques

Führungswechsel ['fy:rʊŋsvɛksəl] *m* change in leadership

Führungszeugnis ['fy:rʊŋstsɔyknɪs] *n* certificate of conduct

Fuhrunternehmen ['fu:runtərne:mən] *n* haulage company, trucking company *(US)*

Fuhrunternehmer ['fu:runtərne:mər] *m* haulage contractor, carrier

Füllmaterial ['fylmaterja:l] *n* filler

fungieren [fʊŋ'gi:rən] *v* ~ als function as, act as

Funkanlage ['fʊŋkanla:gə] *f* radio equipment, radio set

Funkstörung ['fʊŋkʃtø:rʊŋ] *f* radio interference

Funktion [fʊŋk'tsjo:n] *f* function

funktional [fʊŋktsjo'na:l] *adj* functional

Funktionalorganisation ['fʊŋktjo'na:lɔrganisa'tsjo:n] *f* functional organization

Funktionär [fʊŋktsjo'nɛ:r] *m* functionary

funktionell [fʊŋktsjo'nɛl] *adj* functional

funktionieren [fʊŋktjo'ni:rən] *v* function, work, operate; *Dieses Gerät funktioniert nicht.* This device doesn't work.

funktionstüchtig [fʊŋk'tsjo:nstyçtɪç] *adj* efficient, functional

Funktionsmanager [fʊŋk'tsjo:nsmænædʒər] *m* functional manager

für Konto (a/c) ['fy:r 'kɔnto:] *f* account current

Fürsorgepflicht des Arbeitgebers ['fy:rsɔrgəpflɪçt dɛs arbaɪtsge:bərs] *f* employer's duty of care

Fürsprache ['fy:rʃpra:xə] *f* ~ für jdn einlegen put in a good word for s.o.

Fürsprecher ['fy:rʃprɛçər] *m* advocate

Fusion [fu'zjo:n] *f* merger

fusionieren [fuzjo'ni:rən] *v* merge, consolidate

Fusionsbilanz [fuz'jo:nsbilants] *f* merger balance sheet

Fusionsvertrag [fuz'jo:nsfɛrtr:k] *m* merger agreement

Futures ['fju:tʃərs] *pl* futures

G

Gage ['gaːʒə] *f* salary
galoppierende Inflation [galo'piːrendə infla'tsjoːn] *f* galloping inflation
Gap-Analyse ['ʒæpanalyːzə] *f* gap analysis
Garantie [ga'rantiː] *f 1.* guaranty, guarantee; *2.* warranty
Garantiefonds [ga:ran'tiːfɔ̃] *m* guaranty fund
Garantiegeschäft [gaːaran'tiːgəʃɛft] *n* guaranty business
Garantiehaftung [ga:ran'tiːhaftuŋ] *f* liability for breach of warranty
Garantiekapital [ga:ran'tiːkapitaːl] *n* capital serving as a guarantee
Garantiekarte [ga:ran'tiːkartə] *f* certificate of warranty
Garantiekonsortium [ga:ran'tiːkɔnzɔrtsium] *n* underwriting syndicate
Garantieleistung [ga:ran'tiːlaistuŋ] *f* providing of guarantee
Garantiertes Gewicht (w.g.) [ga:ran'tirtəs gə'vixt] *n* weight guaranteed (w.g.)
Garantieverpflichtung [ga:ran'tiːfərpfliçtuŋ] *f* guarantee obligation
Gattungskauf ['gatuŋskauf] *m* sale by description
Gattungsvollmacht ['gatuŋsfɔlmaxt] *f* generic power
Gebietsansässiger [gə'biːtsaːnzɛsigər] *m* resident
Gebietsfremder [gə'biːtsfrɛmdər] *m* non-resident
Gebietskartell [gə'biːtskartɛl] *n* market sharing cartel
Gebietskörperschaft [gə'biːtskørpərʃaft] *f* regional authority
Gebietsvertreter [gə'biːtsfərtreːtər] *m* area representative
geborene Orderpapiere [gə'boːrənə 'ɔrdnərpaːpiːrə] *n/pl* original order papers; instruments to order by law
Gebrauchsgüter [gə'brauxsgyːtər] *n/pl* durable consumer goods
Gebrauchsmuster [gə'brauxsmustər] *n* utility-model patent
Gebrauchswert [gə'brauxsvɛrt] *m* value in use
Gebrauchtwagen [gə'brauxtvaːgən] *m* used car

gebrochene Preise [gə'brɔxənə 'praizə] *m/pl* odd prices
gebrochener Schluss [gə'brɔxənər ʃlus] *m* odd lot
Gebühr [gə'byːr] *f* fee
gebundene Währung [gə'bundənə 'vɛːruŋ] *f* linked currency
Geburtsdatum [gə'burtsdaːtum] *n* date of birth
Geburtsort [gə'burtsɔrt] *m* place of birth
Geburtstag [gə'burtstaːg] *m* birthday
gedeckter Kredit [gə'dɛktər krə'diːt] *m* covered credit
gedeckter Scheck [gə'dɛktər ʃɛk] *m* covered cheque
Gefahr [gə'faːr] *f* risk, peril, danger
Gefahrenzulage [gə'faːrəntsuːlaːgə] *f* danger money
Gefahrübergang [gə'faːryːbərgaŋ] *m* passage of risk
Gefälligkeitsakzept [gə'fɛliçkaitsaktsəpt] *n* accommodation acceptance
Gefälligkeitsgiro [gə'fɛliçkaitsʃiːro] *n* accommodation endorsement
gefälschter Scheck [gə'fɛlʃtər ʃɛk] *m* forged cheque
gegen Akkreditiv [geːgən akredɪ'tiːf] *n* against letter of credit
gegen Barzahlung [geːgən 'baːrtsaːluŋ] *f* against cash
gegen Nachnahme [geːgən 'naːxnaːmə] *f* cash on delivery
Gegenakkreditiv ['geːgənakrediti:f] *n* back-to-back letter of credit
Gegenbuchung ['geːgənbuːxuŋ] *f* counter entry
Gegenforderung ['geːgənfɔrdəruŋ] *f* counterclaim
Gegengeschäft ['geːgəngəʃɛft] *n* countertrade, counterdeal, back-to-back transaction
gegenseitiger Vertrag ['geːgənsaitɪgər] *m* reciprocal contract
Gegenstromverfahren ['geːgənʃtroːmfərfaːrən] *n* mixed top-down/bottom-up planning system
Gegenwartswert ['geːgənvartsvɛrt] *m* present value
Gehaltskonto [gə'haltskɔnto:] *n* salary account

gekreuzter Scheck [gə'krɔytstər ʃɛk] *m* crossed cheque
Geld [gɛlt] *n* money
Geldakkord ['gɛltakɔrt] *m* money piece rate
Geldangebot ['gɛltangəboːt] *n* supply of money
Geldbasis ['gɛltbaːzɪs] *f* monetary base
Geldbasiskonzept ['gɛltbaːzɪskɔntsɛpt] *n* monetary base principle
Geldbetrag ['gɛltbətraːg] *m* amount of money
Geldbörse ['gɛltbœrzə] *f* money market
Gelddeckung ['gɛltdɛkuŋ] *f* sum total of liquid funds
Gelddisposition ['gɛltdɪspozɪtsjoːn] *f* money operations; cash management
Geldeingang ['gɛltaɪngaŋ] *m* receipt of money
Geldexport ['gɛltɛkspɔrt] *m* money export
Geldfaktor ['gɛltfaktɔr] *m* monetary factor
Geldfunktionen ['gɛltfuŋktsjoːnən] *f/pl* functions of money
Geldhaltung ['gɛlthaltuŋ] *f* money management
Geldimport ['gɛltɪmpɔrt] *m* money import
Geldkapital ['gɛltkapitaːl] *n* monetary capital
Geldkurs ['gɛltkurs] *m* buying rate, bid price, demand price, money rate
Geldlohn ['gɛltloːn] *m* money wage
Geldmarktfonds ['gɛltmarktfɔ] *m* money market funds
Geldmarktkonto ['gɛltmarktkɔnto] *n* money market account
Geldmarktkredit ['gɛltmarktkrediːt] *m* money market credit
Geldmarktpapier ['gɛltmarktpapiːr] *n* money market securities
Geldmarktpolitik ['gɛltmarktpolitik] *f* money market policy
Geldmarktsatz ['gɛltmarktzats] *m* money market rate
Geldmengenziel ['gɛltmɛŋəntsiːl] *n* money supply target
Geldnachfrage ['gɛltnaːxfraːgə] *f* demand for money
Geldnutzen ['gɛltnutsən] *m* utility of funds
Geldpolitik ['gɛltpolitik] *f* monetary policy
Geldrechnung ['gɛltrɛçnuŋ] *f* cash basis of accounting
Geldsatz ['gɛltzats] *m* money rate
Geldschleier ['gɛltʃlaɪər] *m* veil of money
Geldschöpfung ['gɛltʃœpfuŋ] *f* creation of money

Geldschöpfungsmultiplikator ['gɛltʃœpfuŋsmultiplikaːtɔr] *m* money creation ratio
Geldsortiermaschine ['gɛltsɔrtiːrmaʃiːnə] *f* money sorting machine
Geldstrafe ['gɛltʃtraːfə] *f* fine
Geldstromanalyse ['gɛltʃtroːmanalyːzə] *f* flow-of-funds analysis
Geldsubstitut ['gɛltzubstituːt] *n* money substitute
Geldsurrogate ['gɛltzurogaːtə] *n/pl* substitute money
Geldüberhang ['gɛltyːbərhaŋ] *m* excessive supply of money
Geldumlaufsgeschwindigkeit ['gɛltumlaufsgəʃvɪndɪçkaɪt] *f* velocity of circulation of money
Geldumsatz ['gɛltumzats] *m* turnover of money
Geldverfassung ['gɛltfɛrfasuŋ] *f* monetary structure
Geldverknappung ['gɛltfɛrknapuŋ] *f* monetary restriction, contraction of money supply
Geldvermögen ['gɛltfɛrmøːgən] *n* financial assets
Geldvernichtung ['gɛltfɛrnɪçtuŋ] *f* reduction of the volume of money
Geldvolumen ['gɛltvoluːmən] *n* volume of money
Geldwäsche ['gɛltvɛʃə] *f* money laundering
Geldwechselgeschäft ['gɛltvɛksəlgəʃɛft] *n* currency exchange business
Geldwert ['gɛltveːrt] *m* value of money
geldwerter Vorteil ['gɛltveːrtər 'foːrtaɪl] *m* benefit in money's worth
Geldwertschwund ['gɛltveːrtʃvunt] *m* currency erosion
Geldwertsicherungsklausel ['gɛltveːrtzɪçəruŋsklauzəl] *f* money guarantee clause
Geldwertstabilität ['gɛltveːrtʃtabiliːtɛːt] *f* stability of the value of money, monetary stability
Geldwesen ['gɛltveːzən] *n* monetary system
Geldwirtschaft ['gɛltvɪrtʃaft] *f* money economy
Geldzählautomat ['gɛlttsɛːlautomaːt] *m* money counting machine
Geldzins ['gɛlttsɪns] *m* interest on money
Gelegenheitsgesellschaft [gə'leːgənhaɪtsgəzɛlʃaft] *f* temporary joint venture
Gemeinde [gə'maɪndə] *f* community
Gemeineigentum [gə'maɪnaɪgəntuːm] *n* public property

gemeiner Wert [gə'maɪnər veːrt] *m* market value

Gemeinkostenwertanalyse (GWA) [gə'maɪnkɔstənveːrtanalyːzə] *f* overhead value analysis

Gemeinlastprinzip [gə'maɪnlastprɪntsiːp] *n* principle of common burden

gemeinnütziges Unternehmen [gə'maɪnnytsɪɡəs untər'neːmən] *n* public institution

gemeinsamer Markt [gə'maɪnsaːmər markt] *m* common market

Gemeinschaftsanleihe [gə'maɪnʃaftsanlaɪhə] *f* joint loan, community loan

Gemeinschaftsbank [gə'maɪnʃaftsbank] *f* combination bank

Gemeinschaftsdepot [gə'maɪnʃaftsdepoː] *n* joint security deposit

Gemeinschaftseigentum [gə'maɪnʃaftsaɪɡəntuːm] *n* collective property

Gemeinschaftsemission [gə'maɪnʃaftsemisjoːn] *f* joint issue

Gemeinschaftsfonds [gə'maɪnʃaftsfɔ̃] *m* joint funds

Gemeinschaftskonto [gə'maɪnʃaftskɔntoː] *n* joint account

Gemeinschaftsschuldner [gə'maɪnʃaftsʃuldnər] *m* common debtor

Gemeinschaftssparen [gə'maɪnʃaftsʃpaːrən] *n* joint saving

Gemeinschaftswerbung [gə'maɪnʃaftsvɛrbʊŋ] *f* joint publicity

Gemeinschuldner [gə'maɪnʃuldər] *m* adjudicated bankrupt

Gemeinwirtschaft [gə'maɪnvɪrtʃaft] *f* social economy

gemischte Firma [gə'mɪʃtə 'fɪrma] *f* mixed company

gemischter Fonds [gə'mɪʃtər fɔ̃] *m* mixed fund

genannt [gə'nant] *adj* indicated

genehmigte Bilanz [gə'neːmɪçtə 'biːlants] *f* authorized balance sheet

genehmigtes Kapital [gə'neːmɪçtəs kapi'taːl] *n* authorized capital

Genehmigungspflicht [gə'neːmɪɡʊŋspflɪçt] *f* duty to obtain a permit

genehmigungspflichtige Kartelle [gə'neːmɪɡʊŋspflɪçtɪɡə kar'tɛlə] *n/pl* cartel to be registered

General Agreement on Tariffs and Trade (GATT) General Agreement on Tariffs and Trade

Generalausnahmeklausel [genə'raːlausnaːməklauzəl] *f* general exception clause

Generaldirektor [genə'raːldirɛktɔr] *m* director general

Generalpolice [genə'raːlpoliːsə] *f* floating policy

Generalstreik [genə'raːlʃtraɪk] *m* general strike

Generalunternehmer [genə'raːlʊnterneːmər] *m* general contractor

Generalvertreter [genə'raːlfertreːtər] *m* general agent

Generationenvertrag [genəra'tsjoːnənfɛrtraːɡ] *m* inter-generation compact

genormt [gə'nɔrmt] *adj* standardized

genossenschaftliche Zentralbanken [gə'nɔsənʃaftlɪçə tsən'traːlbank] *f* cooperative central banks

genossenschaftlicher Bankensektor [gə'nɔsənʃaftlɪçər 'bankənsɛktɔr] *m* cooperative banking sector

Genussrecht [gə'nʊsrɛçt] *n* participation rights

Genussrechtskapital [gə'nʊsrɛçtskapitaːl] *n* participating rights capital

Genussschein [gə'nʊsʃaɪn] *m* participating certificate

gerechtfertigt [gə'rɛçtfɛrtɪçt] *adj* justified

geregelter Freiverkehr [gə'reːɡelt] *adj* unofficial market

gerichtliches Mahnverfahren [gə'rɪçtlɪçəs 'maːnfɛrfaːrən] *n* court proceedings for order to pay debt, summons

Gerichtsstand [gə'rɪçtsʃtant] *m* place of jurisdiction

Gerichtsvollzieher [gə'rɪçtsfɔltsiːər] *m* bailiff

geringfügige Beschäftigung [gə'rɪŋfyːɡɪçə bə'ʃɛftɪɡʊŋ] *f* low-paid employment, part-time employment

geringfügige Dienstverhinderung [gə'rɪŋfyːɡɪçə 'diːnstfɛrhɪndərʊŋ] *f* minor prevention from duty

geringwertige Wirtschaftsgüter [gə'rɪŋveːrtɪçə vɪrtʃaftsɡyːtər] *n/pl* depreciable movable fixed assets of low value

Gesamtbetriebsrat [gə'zamtbətriːbsraːt] *m* central works council

Gesamtertrag [gə'zamtɛrtraːk] *m* total proceeds

Gesamtforderung [gə'zamtfɔrdərʊŋ] *f* total claim

Gesamthandeigentum [gə'zamthandaɪɡəntuːm] *n* joint tenancy

Gesamthandforderung [gə'zamthandfɔrdərʊŋ] *f* jointly owned claim

Gesamthandschuld [gə'zamthandʃuld] *f* joint debt
Gesamthypothek [gə'zamthypoteːk] *f* general mortgage
Gesamtkapitalrentabilität [gə'zamtkapitaːlrɛntabiliteːt] *f* total capital profitability
Gesamtkosten [gə'zamtkɔstən] *f* total costs, overall costs
Gesamtkurs [gə'zamtkurs] *m* total market value
Gesamtlieferung [gə'zamtliːfəruŋ] *f* total delivery
Gesamtplanung [gə'zamtplaːnuŋ] *f* master planning, general planning
Gesamtprokura [gə'zamtprokuraː] *f* joint proxy
Gesamtschuld [gə'zamtʃuld] *f* total debt
Gesamtschuldner [gə'zamtʃuldnər] *m* joint and several debtor
gesamtschuldnerische Bürgschaft [gə'zamtʃuldnərɪʃə 'byrgʃaft] *f* joint and several guaranty
Gesamtsumme [gə'zamtzumə] *f* total amount, grand total
Gesamtvermögen [gə'zamtfɛrmøːgən] *n* aggregate property; total assets
Gesamtvollmacht [gə'zamtfɔlmaçt] *f* joint power of attorney
Gesamtzinsspannenrechnung [gə'zamttsɪnsʃpanənrɛçnuŋ] *f* whole-bank interest margin calculation
Geschäftsbank [gə'ʃɛftsbank] *f* commercial bank
Geschäftsbedingungen [gə'ʃɛftsbədɪŋuŋən] *f/pl* terms and conditions of business
Geschäftsbereichsorganisation [gə'ʃɛftsbəraɪçsɔrganizatsjoːn] *f* divisional organization
Geschäftsbesorgung [gə'ʃɛftsbəsɔrguŋ] *f* business errand
Geschäftsbesorgungsvertrag [gə'ʃɛftsbəsɔrguŋsfɛrtraːk] *m* agency agreement
Geschäftsbeziehung [gə'ʃɛftsbətsiːuŋ] *f* business connections
Geschäftsbücher [gə'ʃɛfts] *n/pl* account books and balance-sheets
Geschäftsfreund [gə'ʃɛftsfrɔynd] *m* business friend
Geschäftsführer(in) [gə'ʃɛftsfyːrər(ɪn)] *m/f* manager, chief executive
Geschäftsgeheimnis [gə'ʃɛftsgəhaɪmnɪs] *n* business secret
Geschäftsgrundlage [gə'ʃɛftsgrundlaːgə] *f* implicit basis of a contract

Geschäftsguthaben [gə'ʃɛftsguːthaːbən] *n* proprietor's capital holding
Geschäftsjahr [gə'ʃɛftsjaːr] *n* financial year
Geschäftsjubiläum [gə'ʃɛftsjuːbilɛːum] *n* jubily
Geschäftspapier [gə'ʃɛftspapiːr] *n* commercial papers
Geschäftspapiere [gə'ʃɛftspapiːrə] *n/pl* business papers
Geschäftsprozess [gə'ʃɛftsprotsɛs] *m* course of business
Geschäftsspartenkalkulation [gə'ʃɛftspartənkalkulatsjoːn] *n* business category costing
Geschäftsübernahme [gə'ʃɛftsyːbərnaːmə] *f* takeover of a business
Geschäftsvolumen [gə'ʃɛftsvoluːmən] *n* volume of business
Geschäftswert [gə'ʃɛftsveːrt] *m* value of the subject matter at issue
Geschäftszeit [gə'ʃɛftstsaɪt] *f* business hours, opening hours
Geschenksparbuch [gə'ʃɛŋkʃpaːrbuːç] *n* gift savings book
geschlossener Immobilienfonds [gə'ʃlɔsənər ɪmoˈbiːljənfɔ̃] *m* closed-end real estate fund
geschlossener Markt [gə'ʃlɔsənər markt] *m* self-contained market
Geschmacksmuster [gə'ʃmaksmustər] *n* design patent
Gesellschaft bürgerlichen Rechts (GbR) [gə'zɛlʃaft 'byrgərlɪçən rɛçts] *f* civil-law association
Gesellschaft mit beschränkter Haftung [gə'zɛlʃaft mɪt bə'ʃrɛŋktər 'haftuŋ] *f* limited liability company
Gesellschafter-Darlehen [gə'zɛlʃaftər'daːrleːhən] *n* proprietor's loan
Gesellschafterversammlung [gə'zɛlʃaftərfɛrsamluŋ] *f* meeting of shareholders
Gesellschaftsformen [gə'zɛlʃaftsfɔrmən] *f/pl* legal forms of commercial entities
Gesellschaftsschulden [gə'zɛlʃaftsʃuldən] *f/pl* company's debts
Gesellschaftssteuer [gə'zɛlʃaftsʃtɔyər] *f* company tax
Gesellschaftsvermögen [gə'zɛlʃaftsfɛmøːgən] *n* company assets, partnership assets
Gesetz [gə'zɛts] *n* law
Gesetzesänderung [gə'zɛtsəsɛndəruŋ] *f* amendment of a law
Gesetzgebungshoheit [gə'zɛtsgeːbuŋshoːhaɪt] *f* legislative sovereignty

gesetzliche Krankenversicherung [gə-ˈzɛtslıçə ˈkraŋkənfɛrzıçəruŋ] *f* statutory health insurance fund
gesetzliche Kündigungsfrist [gəˈzɛtslıçə ˈkyndıguŋsfrıst] *f* statutory period of notice
gesetzliche Rentenversicherung [gəˈzɛtslıçə ˈrɛntənfɛrzıçəruŋ] *f* statutory pension insurance fund
gesetzliche Rücklage [gəˈzɛtslıçə ˈrykla:gə] *f* legally restricted retained earnings
gesetzliche Unfallversicherung [gəˈzɛtslıçə ˈunfalfɛrzıçəruŋ] *f* statutory accident insurance
gesetzliches Zahlungsmittel [gəˈzɛtslıçes ˈtsa:luŋsmıtəl] *n* legal tender
gesetzlich geschützt [gəˈʃɛftslıç gəˈʃytst] *adj* patented; proprietary
gespaltene Wechselkurse [gəˈʃpaltənə ˈvɛksəlkurzə] *m/pl* two-tier exchange rate
gespaltener Devisenmarkt [gəˈʃpaltənər dəˈvi:zənmarkt] *m* two-tier foreign exchange market
gespaltener Tarif [gəˈʃpaltənər taˈri:f] *m* differentiated tariffs
gespaltener Wechselkurs [gəˈʃpaltənər ˈvɛksəlkurs] *m* multiple exchange rates
gesperrtes Depot [gəˈʃpɛrtəs dəˈpo:] *n* blocked deposit
gesperrtes Konto [gəˈʃpɛrtəs ˈkɔnto] *n* blocked account
Gesprächstermin [gəˈʃprɛ:çztɛrmi:n] *m* appointment for a meeting
gestaffelt [gəˈʃtafəlt] *adj* graduated
gestrichen Geld (-G) [gəˈʃtrıçən gɛlt] *n* quotation cancelled-money
gestrichen Taxe (-T) [gəˈʃtrıçən ˈtaksə] *f* quotation cancelled-government-fixed price
Gesundheitsschutz [gəˈzunthaıtsʃuts] *m* health protection
Gesundheitswesen [gəˈzunthaıtsve:zən] *n* public health
Gesundheitszeugnis [gəˈzunthaıtstsɔygnıs] *n* health certificate
Gesundschrumpfung [gəˈzuntʃrumpfuŋ] *f* paring down
Getränkesteuer [gəˈtrɛŋkəʃtɔyer] *f* beverage tax
Getreidebörse [gəˈtraıdəbœrzə] *f* grain exchange
Gewährleistung [gəˈvɛ:rlaıstuŋ] *f* warranty
Gewährleistungsgarantie [gəˈvɛ:rlaıstuŋsgaranti:] *f* guarantee for proper execution

Gewährleistungsvermögen [gəˈvɛ:rlaıstuŋsfɛrmø:gən] *n* capability to warrant
Gewerbeaufsichtsamt [gəˈvɛrbəaufzıçtsamt] *n* trade supervisory authority, the factory inspectorate
Gewerbebank [gəˈvɛrbəbaŋk] *f* industrial bank
Gewerbeertragssteuer [gəˈvɛrbaɛrtraksʃtɔyər] *f* trade earnings tax
Gewerbefreiheit [gəˈvɛrbəfraıhaıt] *f* freedom of trade
Gewerbekapitalsteuer [gəˈvɛrbəkapita:lʃtɔyər] *f* trade tax on capital
Gewerbeordnung (GewO) [gəˈvɛrbəɔrdnuŋ] *f* Trade Regulation Act
gewerblicher Betrieb [gəˈvɛrblıçər bəˈtri:b] *m* industrial undertaking
Gewerkschaft [gəˈvɛrkʃaft] *f* trade union, labor union
Gewerkschaftsbank [gəˈvɛrkʃaftsbaŋk] *f* trade union bank
Gewichtszoll [gəˈvıçtstsɔl] *m* duty based on weight sb
gewillkürte Orderpapiere [gəˈvılkyrtə ˈɔrdərpapi:rə] *n/pl* instruments to order by option
Gewinn [gəˈvın] *m* profit; gain; return
Gewinn- und Verlustrechnung [geˈvın und fɛrlustrɛçnuŋ] *f* profit and loss account
Gewinnabführung [gəˈvınabfy:ruŋ] *f* transfer of profit
Gewinnanteil [gəˈvınantaıl] *m* share in the profits
Gewinnanteilsschein [gəˈvınantaılsʃaın] *m* dividend coupon; profit sharing certificate
Gewinnaufschlag [gəˈvınaufʃla:k] *m* profit mark-up
Gewinndruck [gəˈvındruk] *m* profit squeeze
Gewinnermittlung [gəvınərmıtluŋ] *f* determination of profits
Gewinngemeinschaft [gəˈvıngəmaınʃaft] *f* profit pool
Gewinnmarge [gəˈvınmarʒə] *f* profit margin
Gewinnmaximierung [gəˈvınmaksimi:ruŋ] *f* maximisation of profits
Gewinnobligation [gəˈvınɔbligatsjo:n] *f* participating debenture, income bond
Gewinnpoolung [gəˈvınpu:luŋ] *f* profit-pooling
Gewinnrücklagen [gəˈvınrykla:gən] *f/pl* revenue reserves

Gewinnschuldverschreibung [gə'vɪnʃultfərʃraɪbuŋ] f participating bond
Gewinnschwelle [gə'vɪnʃvɛlə] f break-even point
Gewinnschwellenanalyse [gə'vɪnʃvɛlənanaly:zə] f breakeven analysis
Gewinnsparen [gə'vɪnʃpa:rən] n lottery premium saving
Gewinnthesaurierung [gə'vɪnte:zauri:ruŋ] f earnings retention
Gewinnvortrag [gə'vɪnfɔrtra:k] f profit carried forward
gezeichnetes Kapital [gə'tsaɪçnətəs kapi'ta:l] n subscribed capital
gezogener Wechsel [gə'tso:gənər 'vɛçzəl] m drawn bill
Giralgeld ['ʒi:ra:lgɛlt] n book money, money in account
Giralgeldschöpfung ['ʒi:ra:lgɛltʃøpfuŋ] f creation of deposit money
Girant ['ʒi:rant] m endorser
Giroabteilung ['ʒi:roaptaɪluŋ] f clearing department, giro department
Girobank ['ʒi:robaŋk] f deposit clearing bank
Giroeinlage ['ʒi:roaɪnla:gə] f deposit on a current account
Girogeschäft ['ʒi:rogəʃɛft] n bank's transaction dealing with cashless payment
Girosammeldepotstück ['ʒi:rozaməlʃtɛlə] f security held on giro-transferable deposit
Girosammelstück ['ʒi:rozaməlʃtyk] n security held on giro-transferable deposit
Girosammelverkehr ['ʒi:rozaməlfɛrke:r] m collective securities deposit operations
Giroverkehr ['ʒi:rofɛrke:r] m giro transaction, transfer of money by means of a clearing
glaubhafte Zusicherung ['glauphaftə 'tsu:zɪçəruŋ] f credible promise
Gläubigerausschuss ['glɔybɪgərausʃus] m committee of inspection
Gläubigerpapier ['glɔybɪgərpapi:r] n creditor paper
Gläubigerschutz ['glɔybɪgərʃuts] m protection of creditors
Gläubigerversammlung ['glɔybɪgərfɛrzamluŋ] f creditors' meeting
Gleichgewicht ['glaɪçgəvɪçt] n balance
Gleichgewichtspreis ['glaɪçgəvɪçtspraɪs] m equilibrium price
gleitende Arbeitszeit ['glaɪtəndə 'arbaɪtstsaɪt] f flexible working hours, flexitime

gleitende Paritätsanpassung ['glaɪtəndə paritɛ:tsanpasuŋ] f crawling exchange rate adjustment
gleitender Ruhestand ['glaɪtəndər 'ru:haʃtant] m flexible retirement
Gleitklausel ['glaɪtklauzəl] f escalator clause
Gleitparität ['glaɪtpa:ritɛ:t] f escalator parity, crawling peg
Global-Anleihe [glo'ba:lanlaɪhə] f all-share certificate, blanket loan
Globalsteuerung [glo'ba:lʃtɔyəruŋ] f global control
Globalwertberichtigung [glo'ba:lvɛ:rtbərɪçtiguŋ] f overall adjustment
Globalzession [glo'ba:ltsesjo:n] f overall assignment
GmbH & Co. KG ['ge:əmbe:ha: unt 'ko:ka:ge:] f limited commercial partnership with a limited liability company as general partner and members of the GmbH or others as limited partners
Gold [gɔlt] n gold
Gold- und Devisenbilanz [gɔlt unt de'vi:zənbilants] f gold and foreign exchange balance
Goldaktie ['gɔltaktsi:ə] f gold share
Goldanleihe ['gɔltanlaɪhə] f loan on a gold basis
Goldarbitrage ['gɔltarbitra:ʒ] f arbitrage in bullion
Goldauktion ['gɔltauktsjo:n] f gold auction
Goldbarren ['gɔltbarən] m gold bar
Golddeckung ['gɔltapdɛkuŋ] f gold cover
Gold-Devisen-Standard [gɔlt de'vi:zen ʃtandart] m gold exchange standard
goldene Finanzierungsregel ['gɔldənə fɪ'nantsre:gəl] f golden rule of financing
Goldfeingehalt [gɔlt'faɪngəhalt] m fine gold content
Goldgehalt ['gɔltgəhalt] m gold content
Goldgeschäft ['gɔltgəʃɛft] n gold transactions
Goldgewichte [gɔltgəvɪçtə] n/pl troy weights
Goldhandel ['gɔlthandəl] m gold trade
Goldkonvertibilität ['gɔltkɔnvɛrtibilitɛ:t] f gold convertibility
Goldmarkt ['gɔltmarkt] m gold market
Goldmünze ['gɔltmyntsə] f gold coin
Goldoption ['gɔltɔptsjo:n] f gold option
Goldparität ['gɔltparitɛ:t] f gold parity
Goldpreis ['gɔltpraɪs] m gold price, price of gold

Goldpreisbildung ['gɔltpraɪzbɪldʊŋ] *f* gold pricing
Goldproduktion ['gɔltprɔduktsjoːn] *f* gold production
Goldpunkt ['gɔltpʊŋkt] *m* gold point
Goldreserve ['gɔltrəzɛrvə] *f* gold reserves
Goldstandard ['gɔltʃtandart] *m* gold standard
Goldswap ['gɔltsvɔp] *m* gold swap
Goldzertifikat ['gɔlttsɛrtɪfikaːt] *n* gold certificate
Gratisaktie ['graːtɪsaktsiːə] *f* bonus share
Grenzerlös ['grɛntsɛrløːz] *m* marginal earnings, marginal revenue
Grenzkosten ['grɛntskɔstən] *pl* marginal cost
Grenzkostenkalkulation ['grɛntskɔstənkalkulatsjoːn] *f* marginal costing
Grenzkostenrechnung ['grɛntskɔstənrɛçnʊŋ] *f* marginal costing
Grenzleistungsfähigkeit des Kapitals ['grɛntslaɪstʊŋsfɛːhɪçkaɪt dɛs kapitaːls] *f* marginal efficiency of capital
Grenznutzen ['grɛntsnʊtsən] *m* marginal utility
Grenzproduktivität ['grɛntsprɔduktiviteːt] *f* marginal productivity
Grenzwert ['grɛntsveːrt] *m* limiting value
Großabnehmer ['groːzapneːmər] *m* bulk buyer
Großcontainer ['groːzkɔnteɪnər] *m* large container
Größenvorteile ['grøːsənvortaɪl] *m* economies of scale
Großhandel ['groːzhandəl] *m* wholesale
Großhandelskontenrahmen ['groːzhandəlskɔntənraːmən] *m* uniform system of accounts for the wholesale trade
Großhandelspreis ['groːzhandəlspraɪz] *m* wholesale price, trade price
Grossist ['grɔsɪst] *m* wholesaler
Großkredit ['groːskredit] *m* large-scale lending
Großmarkt ['groːsmarkt] *m* wholesale market
Grundbuch ['gruntbuːç] *n* register of land titles
Grunderwerbssteuer ['gruntɛrvɛrbsʃtɔyər] *f* property acquisition tax
Grundgehalt ['gruntgəhalt] *n* basic salary
Grundkapital ['gruntkapitaːl] *n* capital stock
Grundkenntnisse ['gruntkɛntnɪsə] *f/pl* basic knowledge
Grundkosten ['gruntkɔstən] *pl* organisation costs
Grundkredit ['gruntkredit] *m* real estate credit
Grundkreditanstalt ['gruntkreditanʃtalt] *f* mortage bank
Grundkreditanstalten ['gruntkreditanʃtaltən] *f/pl* public mortgage banks
Grundrente ['gruntrɛntə] *f* ground rent
Grundsätze ordnungsgemäßer Buchführung und Bilanzierung (GoB) ['gruntzɛtsə 'ɔrdnʊŋsgəmɛːzər 'bʊçfyːrʊŋ ʊnt bilan'tsiːrʊŋ] *m/pl* principles of orderly bookkeeping and balance-sheet makeup
Grundschuld ['gruntʃʊlt] *f* mortgage, land charge
Grundschuldbrief ['gruntʃʊltbriːf] *m* mortgage certificate, land charge certificate
grundstücksgleiche Rechte ['gruntʃtyksglaɪçə 'rɛçtə] *n/pl* rights equivalent to real property
Gründungsbericht ['gryndʊŋsbərɪçt] *m* formation report
Gründungsbilanz ['gryndʊŋsbilants] *f* commencement balance sheet
Gründungsfinanzierung ['gryndʊŋsfinantsiːrʊŋ] *f* funding at commencement of a business enterprise
Grundvermögen ['gruntfɛrmøːgən] *n* real property
Gruppenakkord ['grupənakɔrt] *m* group piecework
Gruppenarbeit ['grupənarbaɪt] *f* team work
Gruppenfertigung ['grupənfɛrtɪgʊŋ] *f* mixed manufacturing
günstigstes Angebot ['gynztɪgstəs 'angəboːt] *n* most favourable offer
Güteklasse ['gyːtəklasə] *f* grade, class
Güter ['gyːtər] *n/pl* goods
guter Glaube ['guːtər 'glaʊbə] *m* good faith
Güterbeförderung ['gyːtərbəfœrdərʊŋ] *f* carriage of goods
Gütergruppe ['gyːtərupə] *f* category of goods
Gütermarkt ['gyːtərmarkt] *m* commodity market
Gütertarif ['gyːtərtariːf] *m* goods tariff
Gütezeichen ['gyːtətsaɪçən] *n (Marketing)* quality label, *(Patente)* mark of quality
Gutschrift ['guːtʃrɪft] *f* credit entry
Gutschriftsanzeige ['guːtʃrɪftsantsaɪgə] *f* credit advice

H

Habenzinsen ['ha:bəntsınzən] *m/pl* credit interest
Hafen [ha:fən] *m* port
Hafengebühren ['ha:fəngəby:rən] *f/pl* harbour dues
haftendes Eigenkapital ['haftəndəs eɪgənkapita:l] *n* liable funds
Haftsumme ['haftsumə] *f* guarantee
Haftungskapital ['haftuŋskapita:l] *n* liable equity capital
Halberzeugnis ['halpɛrtsɔyknıs] *n* semi-finished good
Halbjahresbilanz ['halpja:rəsbilants] *f* semi-annual balance sheet
halbjährlich ['halpjɛ:rlıç] *adj* half-yearly
Handelsbank ['handəlsbaŋk] *f* merchant bank
Handelsbeschränkungen ['handəlsbəʃrɛ:ŋkuŋən] *f/pl* trade restrictions
Handelsbetrieb ['handəlsbətri:p] *m* business engaged in the distributive trade
Handelsbevollmächtigter ['handəlsbəfɔlmɛ:çtiçtər] *m* general agent
Handelsbeziehungen ['handəlsbətsi:uŋən] *f/pl* trade relations
Handelsbrauch ['handəlsbraux] *m* trade practice, commercial usage
Handelsbrief ['handəlsbri:f] *m* business letter, commercial letter
Handelsbuch ['handəlsbu:x] *n* commercial book of account
Handelsembargo ['handəlsɛmbargo:] *n* trade embargo
Handelsfaktura ['handəlsfaktu:ra] *f* commercial invoice
Handelsgeschäfte ['handəlsgəʃɛftə] *n/pl* commercial transactions
Handelsgesetzbuch ['handəlsgəsɛtsbu:x] *n* Commercial Code
Handelsgewerbe ['handəlsgəwɛrbə] *n* commercial enterprise
Handelskette ['handəlskɛtə] *f* sales chain
Handelsklasse ['handəlsklasə] *f* grade
Handelsklausel ['handəlsklausəl] *f* trade clause
Handelskreditbrief ['handəlskreditbri:f] *m* commercial letter of credit
Handelskredite ['handəlskreditə] *m/pl* commercial credits

Handelsmakler ['handəlsma:klər] *m* commercial broker
Handelsmarke ['handəlsmarkə] *f* dealer's brand
Handelsmesse ['handəlsmɛsə] *f* trade fair
Handelsmission ['handəlsmısjo:n] *f* trade mission
Handelspapiere ['handəlspapi:rə] *n/pl* commercial papers
Handelspartner ['handəlspa:rtnər] *m* trading partner
Handelsrecht ['handəlsrɛçt] *n* commercial law
Handelsregister ['handəlsregıstər] *n* commercial register
Handelsusancen ['handəlsysm̩zən] *f/pl* trade practice, custom of trade
Handelsverkehr ['handəlsfɛrke:r] *m* commercial intercourse
Handelsvertretung ['handəlsfɛrtre:tuŋ] *f* commercial agency
Händlergeschäft ['hɛndlərgəʃɛft] *n* dealer transaction
Handlungsgehilfe ['handluŋsgəhılfə] *m* commercial employee, commercial clerk
Handlungsreisender ['handluŋsraɪzəndər] *m* traveling salesman
Handlungsvollmacht ['handluŋsfɔlmaxt] *f* commercial power of attorney
Harmonisierung [harmonı'zi:ruŋ] *f* harmonization
harte Währung ['hartə 'vɛ:ruŋ] *f* hard currency
Hartgeld ['hartgɛlt] *n* metallic currency
Hauptbuchhaltung ['hauptbu:xhaltuŋ] *f* chief accountancy
Hauptkostenstellen ['hauptkɔsənʃtɛlə] *f* production cost centers
Hauptplatz ['hauptplats] *m* main center
Hauptvollmacht ['hauptfɔlmaxt] *f* primary power
Hausbank ['hausbaŋk] *f* company's bank, firm's bank
Haushaltsdefizit ['haushaltsde:fitsıt] *n* budgetary deficit
Haushaltsgesetz ['haushaltsgəsɛts] *n* budget law
Haushaltskredit ['haushaltskredi:t] *f* budget credit

Haushaltsplan ['haushaltsplaːn] *m* budget
Haussier [(h)oˈsjeː] *m* bull
Havarie [havaˈriː] *f* damage by sea
Havariezertifikat [havaˈriːtsɛrtifikaːt] *n* damage report
Head-Hunter [ˈhɛd-ˈhantər] *m* head hunter
Hedgegeschäft [ˈhɛdʃgəʃɛft] *m* hedge operation
Hedging [ˈhɛdʃɪŋ] *n* hedging
heißes Geld [ˈhaɪsəs ˈgɛlt] *n* hot money
Herabsetzung des Grundkapitals [hɛˈrapsɛtsuŋ dɛs ˈgruntkapitaːls] *f* reduction of the share capital
Herausgabeanspruch [hɛˈrausgaːbəanʃprux] *m* claim for return
Herbstmesse [ˈhɛrpstmɛsə] *f* autumn fair
Herkunftsland [ˈheːrkunftsland] *n* country of origin
herstellen [ˈherstɛlən] *v* manufacture, produce, fabricate
Hersteller [ˈherstɛlər] *m* manufacturer
Herstellkosten [ˈherstɛlkɔstən] *pl* product cost, cost of production
heterogene Güter [ˈheterogeːnə ˈgyːtər] *n/pl* heterogeneous goods
Hifo (highest in – first out) [ˈhiːfo] *adj* highest in – first out (hifo)
Hifo-Verfahren [ˈhiːfo-fɛrˈfaːrən] *n* Hifo-procedure
Hilfskostenstellen [ˈhɪlfskɔstənʃtɛlə] *f* service cost centers
Hilfsstoffe [ˈhɪlfsʃtɔfə] *m/pl* supplies
Hinterlegung [ˈhɪntərleːguŋ] *f* deposit
Hinterziehung [ˈhɪntərtsiːuŋ] *f* evasion of taxes
historische Wertpapiere [hɪstoːrɪʃə ˈveːrtpapiːrə] *n/pl* historical securities
Hochregallager [ˈhoːxregaːl] *n* high-bay racking
Höchstkurs [ˈhøːçstkurs] *m* highest rate
Höchstpreis [ˈhøːçstpraɪs] *m* top price, maximum price
Höchststimmrecht [ˈhøːçstʃtɪmrɛçt] *n* maximum voting right
Höchstwertprinzip [ˈhøːçstweːrtprɪntsiːp] *n* principle of highest value
Hochzinspolitik [ˈhoːxtsɪnspolitiːk] *f* high interest rate policy
Hoffnungswert [ˈhɔfnuŋsweːrt] *m* speculative security
Höherversicherung [ˈhøːərfɛrsɪxəruŋ] *f* upgraded insurance
Holding Gesellschaft [ˈhoːldɪŋgəsɛlʃaft] *f* holding company

Holschuld [ˈhoːlʃult] *f* debt to be discharged at the domicile of the debtor
Home Banking [ˈhoːm ˈbɛŋkɪŋ] *n* home banking
homogene Güter [hoˈmoːgeːnə ˈgyːtər] *n/pl* homogeneous products
Honorar [ˈhonoraːr] *n* fee
horizontale Diversifikation [horitsɔnˈtaːlə ˈdiverzifikatsjoːn] *f* horizontal diversification
horizontale Finanzierungsregeln [horitsɔnˈtaːlə finatsiːruŋsreːgəln] *f/pl* horizontal financing rules
horizontale Unternehmenskonzentration [horitsɔnˈtaːlə untərˈneːmənskɔntsentratsjoːn] *f* horizontal corporate concentration
horizontale Wettbewerbsbeschränkung [horitsɔnˈtaːlə ˈvɛtbəwərpsbəʃrɛŋkuŋən] *f/pl* horizontal restraints of competition
Human Relations [ˈjuːmɛn riːˈleːʃəns] *f/pl* human relations
Human Resources [ˈjuːmɛn riːˈzɔrsəs] *f/pl* human resources
Humanvermögen [huˈmaːnfərmøːgən] *n* human assets
hybride Finanzierungsinstrumente [hyˈbriːdə finanˈtsiːruŋsɪnstrumɛntə] *n/pl* hybrid financing instruments
hybride Organisationsformen [hyˈbriːdə organizatsjoːnsfɔrmən] *f/pl* hybrid forms of organization
hybride Wettbewerbsstrategien [hyˈbriːdə ˈvɛtbəwɛrbsʃtrategiːən] *f/pl* hybrid competitive strategies
Hyperinflation [ˈhyːpərɪnflatsjoːn] *f* hyperinflation
Hypothek [hypoˈteːk] *f* mortgage
Hypothekarkredit [hypoteˈkaːrkreːdit] *m* mortgage loan
Hypothekenbank [hypoˈteːkənbaŋk] *f* mortgage bank
Hypothekenbankgesetz [hypoˈteːkənbaŋkgəsets] *n* mortgage bank law
Hypothekenbrief [hypoˈteːkənbriːf] *m* mortgage deed
Hypothekengewinnabgabe [hypoˈteːkəngəvɪnapgaːbə] *f* levy on mortgage profits
Hypothekenpfandbrief [hypoˈteːkənpfandbriːf] *m* mortgage debenture
Hypothekenregister [hypoˈteːkənreːgɪstər] *n* mortgage register
Hypothekenversicherung [hypoˈteːkənfɛrzɪçəruŋ] *f* mortgage insurance

I/J

Identifikationsnummer (PIN, PIN-Code) [idɛntifikats'jo:n] *f* personal identity number
Identitätsnachweis [idɛnti'tɛ:tsnaxvaɪz] *m* proof of identity
Illationsgründung ['ɪlatsjo:nsgryndʊŋ] *f* formation by founders' non-cash capital contributions
Illiquidität [ɪlikvidi'tɛ:t] *f* non-liquidity, liquidity
im Auftrag [ɪm 'auftra:k] *adj* by order
im Aufwind [ɪm 'aufvɪnt] *adj* under upward pressure
im Ausland [ɪm 'auslant] *adj* abroad
im Markt sein [ɪm 'markt saɪn] *v* to be in the market
im Preis inbegriffen [ɪm praɪz 'ɪnbəgrɪfən saɪn] *adj* included in the price
imaginärer Gewinn ['ɪma:ginɛ:rər gə'vin] *m* imaginary profit
immaterielle Werte ['ɪmaterjɛlə 've:rtə] *m/pl* intangible assets
Immobiliarkredit [ɪmobil'ja:rkredi:t] *m* real estate credit
Immobilie [ɪmo'bi:ljə] *f* item of real estate
Immobilien [ɪmo'bi:ljən] *f/pl* immovables
Immobilienfonds [ɪmo'bi:ljənfɔ] *m* real estate fund
Immobilien-Leasing [ɪmo'bi:ljən-'li:sɪŋ] *n* real estate leasing
Immunität [ɪmuni'tɛ:t] *f* immunity
Implementierung [ɪmpləmən'ti:rʊŋ] *f* implementation
Import [ɪm'pɔrt] *m* import
Importdepot [ɪm'pɔrtdepo:] *n* import deposit
Importfinanzierung [ɪm'pɔrtfinantsi:rʊŋ] *f* import financing
Importhandel [ɪm'pɔrthandəl] *m* import trade
importierte Inflation [ɪmpɔr'ti:rtə ɪnfla-'tsjo:n] *f* imported inflation
Importkartell [ɪm'pɔrtkartɛl] *n* import cartel
Importkontingent [ɪm'pɔrtkɔntiŋɛnt] *n* import quota
Importquote [ɪm'pɔrtkvo:tə] *f* import quota, propensity of import
Importrestriktionen [ɪm'pɔrtre:strɪktsjo:nən] *f/pl* import restrictions

Importzoll [ɪm'pɔrttsɔl] *m* import tariff
Impulskauf [ɪm'pulzkauf] *m* impulse purchase
in bar [ɪn 'ba:r] *adj* in cash
in Kraft [ɪn 'kraft] *adj* effective/in force
in Liquidation [ɪn likvidat'sjo:n] *adj* in liquidation
in zweifacher Ausfertigung [ɪn 'tsvaɪfaxər 'auzfɛrtigʊŋ] *adj* in duplicate
Incentives [ɪn'zɛntifs] *f/pl* incentives
Incoterms (International Commercial Terms) ['ɪŋkotœrms (ɪntər'nɛʃɔnəl kɔ-'mərʃəl 'tœrms)] *m/pl* Incoterms
Index ['ɪndɛks] *m* index
Indexanleihe ['ɪndɛksanlaɪjə] *f* index-linked loan
Indexbindung ['ɪndɛksbɪndʊŋ] *f* index-linking
Indexierung [ɪndɛks'i:rʊŋ] *f* indexation
Indexklausel ['ɪndɛksklauzəl] *f* index clause
Indexlohn ['ɪndɛkslo:n] *n* index-linked wage
Indexwährung ['ɪndɛksvɛ:rʊŋ] *f* index-linked currency
indifferente Güter ['ɪndɪfərɛntə 'gy:tər] *n/pl* indifferent goods
Indikator [ɪndi'ka:tor] *m* indicator
indirekte Abschreibung ['ɪndirɛktə 'apʃraibʊŋ] *f* indirect method of depreciation
indirekte Investition ['ɪndirɛktə 'ɪnvɛstitsjo:n] *f* portfolio investments
indirekte Steuern ['ɪndirɛktə 'ʃtɔyərn] *f/pl* indirect taxes
indirekter Absatz ['ɪndirɛktər 'apzats] *m* indirect selling
Individualarbeitsrecht [ɪndividu'a:lrɛçt] *n* individual labor law
Individualbedürfnis [ɪndividu'a:lrbədyrfnɪs] *n* individual need
Individualeinkommen [ɪndividu'a:laɪnkɔmən] *n* individual income
Individualverkehr [ɪndividu'a:lfɛrke:r] *m* private transportation
individuelles Sparen [ɪndividu'ɛlɛs 'ʃpa:rən] *n* saving by private households
indossable Wertpapiere [ɪndp'sa:blə 've:rtpapi:rə] *n/pl* endorsable securities
Indossament [ɪndɔsa'mɛnt] *n* endorsement

Indossamentverbindlichkeiten [ɪndɔsa-'mɛntsfɐrbɪndlɪçkaɪtən] f/pl endorsement liabilities
Indossant [ɪndɔ'sant] m endorser
Indossatar [ɪndɔsa'taːr] m endorsee
Industrial Design [ɪn'dastrɪəl 'dɪsaɪn] n industrial design
Industrieaktie [ɪndus'triːaktsjə] f industrial shares
Industrieanleihe [ɪndus'triːanlaɪjə] f industrial loan, corporate loan
Industriebetrieb [ɪndus'triːbətriːp] m industrial enterprise
Industriebörse [ɪndus'triːbœrzə] f industrial stock exchange
Industriegebiet [ɪndus'triːgəbiːt] n industrial area, industrial region
Industriegewerkschaft (IG) [ɪndus'triːgəvɐrkʃaft] f industry-wide union
Industriekonsortium [ɪndus'triːkɔnzɔrtsjum] n industrial syndicate
Industriekontenrahmen (IKR) [ɪndus'triːkɔntənraːmən] m uniform classification of accounts for industrial enterprises
Industriekredit [ɪndus'triːkrediːt] m industrial loan
Industriekreditbank [ɪndus'triːkrediːtbaŋk] f industrial credit bank
Industrieobligation [ɪndus'triːɔpligatsjoːn] f industrial bond
Industrieroboter [ɪndus'triːroːbɔtər] m industrial robot
Industriespionage [ɪndus'triːʃpionaːʒə] f industrial espionage
Industriestandard [ɪndus'triːʃtandart] m industry standard
inferiore Güter [ɪnfər'joːrə 'gyːtər] n/pl inferior goods
Inflation [ɪnflats'joːn] f inflation
Inflationsbekämpfung ['ɪnflats'joːnsbəkɛmpfuŋ] f struggle against inflation
Inflationsbeschleunigung [ɪnflats'joːnsbəʃlɔyniguŋ] f acceleration of inflation
Inflationserwartung [ɪnflats'joːnsɛrvartuŋ] f expected inflation
Inflationsimport [ɪnflats'joːnsɪmpɔrt] m inflation import
Inflationsrate [ɪnflats'joːnsraːtə] f rate of inflation
Informatik [ɪnfɔr'maːtɪk] f data processing
Information [ɪnfɔrma'tsjoːn] f information
Informations- und Kommunikationssystem (IuK-System) [ɪnfɔrma'tsjoːnsunt 'kɔmunikatsjoːnszysteːm (iːuːkaː-zysteːm)] n information and communications system
Informationsbedarf [ɪnfɔrma'tsjoːnsbədarf] m requirement of information
Informationsbeschaffung [ɪnfɔrma'tsjoːnsbəʃafuŋ] f information search
Informationsbroker [ɪnfɔrma'tsjoːnsbroːkər] m information broker
Informationsdienste [ɪnfɔrma'tsjoːnsdiːnstə] m/pl information services
Informationsmanagement [ɪnfɔrma'tsjoːnsmɛnɛtʃmɛnt] n information resource management
Informationsmärkte [ɪnfɔrma'tsjoːnsmɛrktə] m/pl information markets
Informationsrecht [ɪnfɔrma'tsjoːnsrɛçt] n right to be given information
Informationssystem [ɪnfɔrma'tsjoːnszysteːm] n information system
Informationstechnologie [ɪnfɔrma'tsjoːnstɛçnologiː] f information technology
Informationstheorie [ɪnfɔrma'tsjoːnsteːori:] f information theory
Informationsweg [ɪnfɔrma'tsjoːnsveːk] m channel of information
Informationswert [ɪnfɔrma'tsjoːnsveːrt] m information value
informelle Gruppen ['ɪnfɔrmɛlə 'grupən] f/pl informal groups
informelle Organisation ['ɪnfɔrmɛlə ɔrganiːzatsjoːn] f informal organization
Infrastruktur ['ɪnfraʃtruktuːr] f infrastructure
Infrastrukturkredit ['ɪnfraʃtruktuːrkrediːt] m infrastructural credit
Infrastrukturmaßnahmen ['ɪnfraʃtruktuːrmaznaːmən] f/pl infrastructural measures
Infrastrukturpolitik ['ɪnfraʃtruktuːrpolitiːk] f infrastructure policy
Ingangsetzung [ɪn'gaŋsɛtsuŋ] f start-up
Ingangsetzungskosten [ɪn'gaŋsɛtsuŋskɔstən] pl startup costs
Inhaber(in) ['ɪnhaːbər(ɪn)] m/f proprietor, occupant, holder
Inhaberaktie ['ɪnhaːbəraktsjeː] f bearer share
Inhabergrundschuld ['ɪnhaːbərgruntʃult] f bearer land charge
Inhaberhypothek ['ɪnhaːbərhypoteːk] f bearer-type mortgage
Inhaberindossament ['ɪnhaːbərɪndɔsamɛnt] n endorsement made out to bearer
Inhaberklausel ['ɪnhaːbərklauzəl] f bearer clause

Inhaberpapier ['ɪnhaːbərpapiːr] *n* bearer instrument, bearer securities
Inhaberscheck ['ɪnhaːbərʃɛk] *m* bearer cheque
Inhaberschuldverschreibung ['ɪnhaːbərʃultfərʃraɪbuŋ] *f* bearer bond
Inhaltsnormen ['ɪnhaltsnɔrmən] *f/pl* content norms
Inhouse-Banking ['ɪnhauz-'bɛŋkɪŋ] *n* in-house banking
Initiativrecht [ɪnitsjaˈtiːfsrɛçt] *n* initiative right
Inkasso [ɪnˈkaso] *n* 1. collection, collection procedure; 2. cash against documents
Inkasso-Abteilung [ɪnˈkaso-apˈtaɪluŋ] *f* collection department
Inkassoakzept [ɪnˈkasoaktsɛpt] *n* acceptance for collection
inkassoberechtigt [ɪnˈkasobərɛçtiçt] *adj* authorised to undertake collection
Inkassogebühr [ɪnˈkasogəbyːr] *f* collection fee
Inkassogeschäft [ɪnˈkasogəʃɛft] *n* collection business
Inkasso-Indossament [ɪnˈkasoˈɪndɔsamɛnt] *n* endorsement for collection
Inkassoprovision [ɪnˈkasoprovizjoːn] *f* collection commission
Inkassowechsel [ɪnˈkasovɛksəl] *m* bill for collection, collection draft
inkulant ['ɪnkulant] *adv* unaccomodating, petty
Inländer ['ɪnlɛndər] *m* national resident
Inländerkonvertibilität ['ɪnlɛndərkɔnvertibilitɛːt] *f* convertibility for residents
Inlandsnachfrage ['ɪnlantsnaːxfraːgə] *f* home demand
Inlandsvermögen ['ɪnlantsfərmøːgən] *n* domestic capital
Innenfinanzierung ['ɪnənfinantsiːruŋ] *f* internal financing
Innenfinanzierungskennzahl ['ɪnənfinantsiːruŋskɛntsaːl] *f* self-generated financing ratio
Innengeld ['ɪnəngɛlt] *n* inside money
Innengesellschaft ['ɪnəngəzɛlʃaft] *f* internal partnership
Innenkonsortium ['ɪnənkɔnzɔrtsjum] *n* internal syndicate
innerbetriebliche Leistungen ['ɪnərbətriːplɪçə 'laɪstuŋən] *f/pl* internal services
innerbetriebliche Weiterbildung ['ɪnərbətriːplɪçə 'vaɪtərbɪlduŋ] *f* in-service training

innere Kündigung ['ɪnərə 'kyndiguŋ] *f* inner notice to terminate
innerer Wert ['ɪnərər 'veːrt] *m* intrinsic value
innergemeinschaftliche Lieferungen ['ɪnərgəmaɪnʃaftlɪçə 'liːfəruŋən] *f/pl* intra-community deliveries
innergemeinschaftlicher Verkehr ['ɪnərgəmaɪnʃaftlɪçər fərˈkeːr] *m* intra-community trade
Innovation [ɪnovaˈtsjoːn] *f* innovation
Innovationsförderung [ɪnovaˈtsjoːnsfœrdəruŋ] *f* promotion of original innovation
Innovationsmanagement [ɪnovaˈtsjoːnmɛnɛtʃmɛnt] *n* innovation management
Innovationspotenzial [ɪnovaˈtsjoːnspɔtɛntsjaːl] *n* innovative capabilities, innovative potential
Innovationsschub [ɪnovaˈtsjoːnsʃup] *m* technology push
Input ['ɪnput] *n* input
Input-Output-Analyse ['ɪnputˈautputanaˈlyːzə] *f* input-output analysis
Insichgeschäft ['ɪnsɪçgəʃɛft] *n* self-dealing, self contracting
Insiderhandel ['ɪnzaɪdərhandəl] *m* insider trading
Insiderinformation ['ɪnzaɪdərɪnfɔrmatsjoːn] *f* insider information
Insiderpapier ['ɪnzaɪdərpapiːr] *n* insider security
Insolvenz [ɪnzɔlvɛnts] *f* insolvency, inability to pay
Instanz [ɪnˈstants] *f* 1. *(Rechtswesen)* instance, 2. *(Organisation)* management unit
institutionelle Anleger [ɪnstitutsjoˈnɛlə 'anleːgər] *m/pl* institutional investor
intangible Effekte [ɪntanˈgiːblə eˈfɛktə] *m/pl* intangible stocks and bonds
Interaktionstheorie [ɪntərakˈtsjoːnsteːoriː] *f* theory of interaction
Interbankensätze ['ɪntərbaŋkənsɛtsə] *m/pl* interbank rates
Interbankrate ['ɪntərbaŋkraːtə] *f* interbank rate
Interdependenz [ɪntərdeˈpɛnˈdɛts] *f* interdependence
Interesse [ɪntəˈrɛsə] *n* interest
Interessenausgleich [ɪntəˈrɛsənausglaɪç] *m* accomodation of conflicting interests
Interessengemeinschaft [ɪntəˈrɛsəngəmaɪnʃaft] *f* pooling of interests, community of interests
Interessent [ɪntərɛˈsɛnt] *m* interested party

Interessenverband [intəˈrɛsənfɛrbant] *m* interest group

Interessenwert [ɪntəˈrɛsənveːrt] *m* vested interest stock

Interimslösung [ˈɪntərɪmsløːzʊŋ] *f* interim solution

Internalisierung externer Effekte [ɪntɛrnaliˈziːrʊŋ ɛksˈtɛrnər eˈfɛktə] *f* internalization of external effects

International Commercial Terms (Incoterms) [ɪntərˈnɛʃənəl kɔˈmœrʃəl ˈtœrms (ˈɪnkɔtœrms)] *pl* International Commercial Terms (Incoterms)

Internationale Devisenbörsen [ˈɪntɛrnatsjonaːlə dəˈviːzənbœrzən] *f/pl* international foreign exchange markets

Internationale Entwicklungsorganisation [ˈɪntɛrnatsjonaːlə ɛntˈvɪklʊŋsɔrganiːzatsjoːn] *f* International Development Association *(IDA)*

Internationale Finanzierungsgesellschaft [ˈɪntɛrnatsjonaːlə fiˈnantsiːrʊŋgəsɛlʃaft] *f* International Finance Corporation *(IFC)*

internationale Kreditmärkte [ˈɪntɛrnatsjonaːlə kreˈdiːtmɛrktə] *m/pl* international credit markets

internationale Liquidität [ˈɪntɛrnatsjonaːlə likviditɛːt] *f* international cash position

internationale Produkthaftung [ˈɪntɛrnatsjonaːlə proˈdʊkthaftʊŋ] *f* international product liability

Internationale Vereinigung der Wertpapierbörsen [ˈɪntɛrnatsjonaːlə fərˈaɪnigʊŋ deːr ˈveːrtpapiːrbœrzən] *f* International Federation of Stock Exchanges

internationale Verschuldung [ˈɪntɛrnatsjonaːlə fərˈʃʊldʊŋ] *f* international indeptedness

Internationale Warenbörsen [ˈɪntɛrnatsjonaːlə ˈvaːrənbœrzən] *f/pl* international commodity exchange

internationaler Frachtbrief [ˈɪntɛrnatsjonaːlər ˈfraxtbriːf] *f* international consignment note

internationaler Kapitalverkehr [ˈɪntɛrnatsjonaːlər kapiˈtaːlfɛrkeːr] *m* international capital transactions, international capital movements

internationaler Preiszusammenhang [ˈɪntɛrnatsjonaːlər ˈpraɪtszuzamənhaŋ] *m* international price system

internationaler Zahlungsverkehr [ˈɪntɛrnatsjonaːlər ˈtsaːlʊŋsfɛrkeːr] *m* international payments

internationales Währungssystem [ˈɪntɛrnatsjonaːləs ˈvɛːrʊŋszysteːm] *n* international monetary system

Internationalisierungsgrad [ˈɪntɛrnatsjonalizıːrʊŋsgraːt] *m* level of internationalization

Internationalisierungsstrategie [ˈɪntɛrnatsjonalizıːrʊŋsʃtrategiː] *f* internationalization strategy

interne Revision [ɪnˈtɛrnə reːviˈzjoːn] *f* internal audit

interner Zinsfuß [ɪnˈtɛrnər ˈtsɪnsfuːz] *m* internal interest rate

internes Kontrollsystem (IKS) [ɪnˈtɛrnəs kɔnˈtrɔlzysteːm] *n* system of internal audits

internes Rechnungswesen [ɪnˈtɛrnəs ˈrɛçnʊŋsveːzən] *n* internal accounting

internes Überwachungssystem [ɪnˈtɛrnəs ybərˈvaxʊŋszysteːm] *n* internal supervision system

Internet-Ökonomie [ˈɪntɛrnɛt-œkonomiː] *f* Internet economy

Interpolation [ɪntɛrpolarizaˈtsjoːn] *f* interpolation

intertemporaler Handel [ɪntɛrtɛmpoˈraːlər ˈhandəl] *f* intertemporal trade

intervenieren [ɪntɛrvɛnˈiːrən] *v* interfere

Intervention [ɪntɛrvɛnˈtsjoːn] *f* intervention

Interventionskäufe [ɪntɛrvɛnˈtsjoːnskɔʏfə] *m /pl* intervention buying

Interventionspflicht [ɪntɛrvɛnˈtsjoːnspflɪçt] *f* obligation to intervene

Interventionspunkte [ɪntɛrvɛnˈtsjoːnspʊŋktə] *m/pl* intervention point

Intrahandelsstatistik [ˈɪntrahandəlsʃtatɪstɪk] *f* intra-trade statistics

Intranet [ˈɪntranɛt] *n* Intranet

intrinsische Motivation [ɪnˈtrɪnzɪʃə motivaˈtsjoːn] *f* intrinsic motivation

Inventar [ɪnvɛnˈtaːr] *n* inventory

Inventarwert [ɪnvɛnˈtaːrveːrt] *m* inventory value

Inventur [ɪnvɛnˈtuːr] *f* stocktaking, inventory

Inventurbilanz [ɪnvɛnˈtuːrbiːlants] *f* inventory balance sheet

inverse Zinsstruktur [ɪnˈvɛrzə ˈtsɪnsʃtruktuːr] *f* inverse interest rate structure

investiertes Kapital [ɪnvɛsˈtiːrtəs kapiˈtaːl] *n* invested capital

Investition [ɪnvɛstiˈtsjoːn] *f* investment

Investitionsbank [ɪnvɛstiˈtsjoːnsbaŋk] *f* investment bank

investitionsfördernde Maßnahmen [ɪnvɛsti'tsjo:nsfœrdərndə 'ma:znaːmən] *f/pl* measures of investment assistance

Investitionsförderung [ɪnvɛsti'tsjo:nsfœrdəruŋ] *f* investment promotion

Investitionsgüter [ɪnvɛsti'tsjo:nsgy:tər] *n /pl* capital goods

Investitionskennzahl [ɪnvɛsti'tsjo:nskɛntsa:l] *f* investment index

Investitionskredit [ɪnvɛsti'tsjo:nskredi:t] *m* investment loan

Investitionskreditversicherung [ɪnvɛsti'tsjo:nskredi:tfɛrzɪçəruŋ] *f* investment credit insurance

Investitionsobjekt [ɪnvɛsti'tsjo:nsɔpjɛkt] *n* object of capital expenditure

Investitionsplan [ɪnvɛsti'tsjo:nspla:n] *m* investment scheme

Investitionsquote [ɪnvɛsti'tsjo:nskvotə] *f* propensity to invest

Investitionsrechnung [ɪnvɛsti'tsjo:nsrɛçnuŋ] *f* investment appraisal

Investitionsrisiko [ɪnvɛsti'tsjo:nsrisiko] *n* business risk

Investitionsschutz [ɪnvɛsti'tsjo:nsʃuts] *m* protection of investment

Investitionssteuer [ɪnvɛsti'tsjo:nsʃtɔyər] *f* investment tax

Investitionsverbot [ɪnvɛsti'tsjo:nsfɛrbo:t] *n* prohibition of investment

Investitionszulage [ɪnvɛsti'tsjo:nstsu:la:gə] *f* investment grant

Investmentanteil [ɪn'vɛstmɛntantaɪl] *m* investment share

Investmentbank [ɪn'vɛstmɛntbaŋk] *f* investment bank

Investmentgesellschaft [ɪnvɛstmɛntgəzɛlʃaft] *f* investment company

Investmentzertifikat [ɪn'vɛstmɛnttsɛrtifika:t] *n* investment certificate

Irrtum vorbehalten ['ɪrtu:m fɔrbəhaltən] *adj* errors excepted

Irrtümer und Auslassungen vorbehalten (E. & O.E.) ['ɪrty:mər unt 'auslasuŋən 'vɔrbəhaltən] *adj* errors and omissions excepted (E. & O.E.)

ISO-Normen ['i:zo-nɔrmən] *f/pl* ISO standards

Istanalyse ['ɪstanalyzə] *f* analysis of actual performance

Istkosten ['ɪstkɔstən] *pl* actual costs

Istkostenrechnung ['ɪstkɔstənrɛçnuŋ] *f* actual cost system

Istzahlen ['ɪsttsa:lən] *f/pl* actual figures

Jahresabschluss ['ja:rəsapʃlus] *m* annual accounts, year-end results

Jahresabschlussprüfung ['ja:rəsapʃluspry:fuŋ] *f* annual audit

Jahresarbeitsvertrag ['ja:rəsarbaɪtsvərtra:g] *m* one-year contract of employment

Jahresbedarf ['ja:rəsbədarf] *m* annual need

Jahresbilanz ['ja:rəsbi:lants] *f* annual balance sheet

Jahreseinkommen ['ja:rəsaɪnkɔmən] *n* annual income

Jahresfehlbetrag [ja:rəs'fe:lbətra:g] *m* net loss for the year

Jahresfixum ['ja:rəsfɪksum] *n* fixed annual salary

Jahresgewinn ['ja:rəsgəvɪn] *m* annual profits

Jahresgutachten ['ja:rəsgu:taxtən] *n* annual report

Jahreshauptversammlung [ja:rəs'hauptfərzamluŋ] *f* annual general meeting

Jahresüberschuss ['ja:rəsy:bərʃus] *m* annual surplus

Jahreswirtschafterlcht [ja:rəs'vɪrtʃaftsbərɪçt] *m* Annual Economic Report

jährlich ['jɛ:rlɪç] *adj* annual

Job Enlargement ['tʃɔp ɪn'lartʃmɛnt] *n* job enlargement

Job Enrichment ['tʃɔp ɪn'rɪtʃmɛnt] *n* job enrichment

Job Evaluation ['tʃɔp ivɛljueɪʃən] *f* job evaluation

Job Killer ['tʃɔp 'kɪlər] *m* job killer

Job Rotation ['tʃɔp rota'tsjo:n/ro'teɪʃən] *f* job rotation

Job Sharing ['tʃɔp 'ʃe:rɪŋ] *n* job sharing

Jobber ['tʃɔbər] *m* jobber

Joint Venture ['tʃɔynt 'vɛntʃər] *n* joint venture

Journal [ʒurna:l] *n* journal

Jubiläumsverkauf [ju:bi'lɛ:umsfərkauf] *m* anniversary sales

Jugendarbeitsschutz [jugənd'arbaɪtsʃuts] *m* youth employment protection

Jugendvertretung ['ju:gəndfɛrtre:tuŋ] *f* youth representatives

junge Aktien [jŋgə 'aktsi:ən] *f/pl* new shares

Jungscheinverkehr ['juŋʃaɪnfərke:r] *m* new issue giro transfer system

juristische Person [ju'rɪstɪʃə pɛr'so:n] *f* legal person, legal entity

Just in time [tʃast ɪn taɪm] *adj* just in time

K

Kabotage [kabɔ'ta:ʒ(ə)] *f* cabotage
Kaduzierung [kadu'tsi:ruŋ] *f* forfeiture of shares, exclusion of defaulting shareholders
Kahlpfändung ['ka:lpfɛnduŋ] *f* seizure of all the debtor's goods
Kaizen [kaɪ'tsɛn] *n* kaizen
Kalenderjahr [ka'lɛndərja:r] *n* calendar year
Kalkulationszinssatz [kalkula'tsjo:nstsɪnszats] *m* calculation interest rate
kalkulatorische Kosten [kalkula'to:rɪʃə 'kɔstən] *pl* implicit costs
Kammer ['ka:mər] *f 1. (Handels~)* chamber; *2. (Gericht)* court division
Kampfpreis ['kampfpraɪs] *m* cut rate price
Kanban-System [kan'ba:n-zyste:m] *n* canban system
Kannkaufmann ['kankaufman] *m* merchant, undertaking entitled, but not obliged, to be entered on the Commercial Register
Kapitalabfindung [kapi'ta:lapfɪnduŋ] *f* lump sum settlement
Kapitalabfluss [kapi'ta:lapflus] *m* capital outflows
Kapitalakkumulation [kapi'ta:lakumula'tsjo:n] *f* accumulation of capital
Kapitalallokation [kapi'ta:lalokatsjo:n] *f* allocation of capital
Kapitalanalyse [kapi'ta:lanalyzə] *f* capital analysis
Kapitalangebot [kapi'ta:langəbo:t] *n* supply of capital
Kapitalanlagegesellschaft [kapita:l'anle:gəgəsɛlʃaft] *f* capital investment company
Kapitalanlagegesetz [kapi'ta:lanla:gəgəsɛts] *n* capital investment law
Kapitalanlegearten [kapi'ta:lanle:gəartən] *f/pl* types of capital investment
Kapitalanteil [kapi'ta:lantaɪl] *m* capital share
Kapitalausfuhr [kapi'ta:lausfu:r] *f* export of capital
Kapitalausstattung [kapi'ta:lauzstatuŋ] *f* capital resources
Kapitalbasis [kapi'ta:lba:zis] *f* capital base
Kapitalbedarf [kapi'ta:lbədarf] *m* capital requirements, funding needs
Kapitalbedarfsrechnung [kapi'ta:lbedarfsrɛçnuŋ] *f* capital requirement calculation

Kapitalbeschaffung [kapi'ta:lbəʃafuŋ] *f* procurement of capital
Kapitalbestand [kapi'ta:lbəʃtant] *m* total capital stock
Kapitalbeteiligung [kapi'ta:lbətaɪligun] *f* equity participation
Kapitalbewegungen [kapi'ta:lbəve:guŋ] *f/pl* capital movements
Kapitalbilanz [kapi'lbi:lants] *f* balance of capital transactions
Kapitalbildung [kapi'ta:lbɪlduŋ] *f* formation of capital
Kapitalbindung [kapi'ta:lbɪnduŋ] *f* capital tie-up
Kapitalbindungsdauer [kapi'ta:lbɪnduŋsdauər] *f* duration of capital tie-up
Kapitaldienst [kapi'ta:ldi:nst] *m* service of capital, debt service
Kapitaleinkommen [kapi'ta:laɪnkɔmən] *n* unearned income
Kapitalerhaltung [kapi'ta:lɛrhaltuŋ] *f* maintenance of capital
Kapitalerhöhung [kapi'ta:lɛrhø:juŋ] *f* increase of capital
Kapitalertrag [kapi'ta:lɛrtra:g] *m* return on capital, capital yield
Kapitalexport [kapi'ta:lɛkspɔrt] *m* capital export, export of capital
Kapitalfehlleitung [kapi'ta:lfe:laɪtuŋ] *f* misguided investment
Kapitalfluss [kapi'ta:lflus] *m* capital flow, flow of funds
Kapitalflussrechnung [kapi'ta:lflusrɛçnuŋ] *f* funds statement
Kapitalfonds [kapi'ta:lfɔ̃] *m* capital fund
Kapitalförderungsvertrag [kapi'ta:lfœrdəruŋsvɛrtra:k] *m* capital encouragement treaty
Kapitalfreisetzung [kapi'ta:lfraɪzɛtsuŋ] *f* liberation of capital
Kapitalherabsetzung [kapi'ta:lhərapzɛtsuŋ] *f* capital reduction
Kapitalhilfe [kapi'ta:lhɪlfə] *f* capital aid
Kapitalimport [kapi'ta:lɪmpɔrt] *m* capital import
Kapitalisierung [kapi'ta:lizi:ruŋ] *f* capitalization
Kapitalkonto [kapi'ta:lkɔnto] *n* capital account

Kapitalkonzentration [kapi'ta:lkɔntsəntratsjo:n] *f* concentration of capital
Kapitalkosten [kapi'ta:lkɔstən] *pl* cost of capital, cost of borrowed funds
Kapitalmarkt [kapi'ta:lmarkt] *m* capital market
Kapitalmarkteffizienz [kapi'ta:lmarktɛfitsjɛnts] *f* capital market efficiency
Kapitalmarktförderungsgesetz [kapi'ta:lmarktsfœrdəruŋsgəsɛts] *n* Capital Market Encouragement Law
Kapitalmarktforschung [kapi'ta:lmarktfɔrʃuŋ] *f* capital market research
Kapitalmarktkommission [kapi'ta:lmarktkɔmisjo:n] *f* capital market committee
Kapitalmarktzins [kapi'ta:lmarktsins] *m* capital market interest rate
Kapitalmehrheit [kapi'ta:lme:rhaɪt] *f* capital majority
Kapitalproduktivität [kapi'ta:lproduktivitɛ:t] *f* productivity of capital
Kapitalrendite [kapi'ta:lrɛndi:tə] *f* return on investment
Kapitalrentabilität [kapi'ta:lrɛntabilitɛ:t] *f* return on investment, return on capital employed, earning power of capital employed
Kapitalrücklage [kapi'ta:lrykla:gə] *f* capital reserves
Kapitalsammelstelle [kapi'ta:lzaməlʃtɛlə] *f* institutional investors
Kapitalsammlungsverträge [kapi'ta:lzamluŋsfɛrtrɛ:gə] *m/pl* contracts on capital collecting
Kapitalschutz [kapi'ta:lʃuts] *m* capital protection
Kapitalschutzvertrag [kapi'ta:lʃutsfɛrtra:g] *m* capital protection agreement
Kapitalumschlag [kapi'ta:lumʃla:k] *m* capital turnover
Kapitalverkehrssteuer [kapi'ta:lfɛrhe:rsʃtɔyər] *f* capital transaction tax
Kapitalvermögen [kapi'ta:lfɛrmø:gən] *n* capital assets
Kapitalverwässerung [kapi'ta:lfɛrwɛsəruŋ] *f* watering of capital stock
Kapitalwert [kapi'ta:lve:rt] *m* capital value, net present value
Kapitalzins [kapi'ta:ltsins] *m* interest on capital
Karenzentschädigung [ka'rɛntsɛntʃɛ:diguŋ] *f* compensation paid for the period of prohibition of competition
Karenzzeit [ka'rɛntstsaɪt] *f* cooling period, qualifying period

Kartellgesetz [kar'tɛlgəsɛts] *n* Cartel Act, Cartel Law
Kartellregister [kar'tɛlrəgɪstər] *n* Federal Cartel Register
Kaskadensteuer [kas'ka:dənʃtɔyər] *f* cascade tax
Kassadevisen ['kasadevi:zən] *f/pl* spot exchange
Kassageschäft ['kasagəʃɛft] *n* cash transactions, cash bargain
Kassakurs ['kasakurs] *m* spot price
Kassamarkt ['kasamarkt] *m* spot market
Kassenbuch ['kasənbu:x] *n* cash book
Kassenhaltung ['kasənhaltuŋ] *f* cash accountancy
Kassenkredite ['kasənkredi:tə] *m/pl* cash credit, cash advance
Kassenkurs ['kasənkurs] *m* spot price
Kassenobligationen ['kasənɔbligatsjo:n] *f* medium-term bonds
Kassenverstärkungskredit [kasənfɛrʃtɛrkuŋskredi:t] *m* cash lending
Kassenzettel ['kasəntsɛtəl] *m* receipt
Katalogkauf [kata'lo:gkauf] *m* catalog-based purchase
Kataster [ka'tastər] *m* cadastre
Kauf auf Probe [kauf auf 'pro:bə] *m* sale on approval
Kauf gegen Vorauszahlung [kauf gegən fɔr'austsa:luŋ] *m* purchase against cash in advance
Kaufentscheidung ['kaufɛntʃaɪduŋ] *f* decision to purchase
Käufermarkt [kɔyfərmarkt] *m* buyer's market, loose market
Käuferprovision ['kɔyfərprovizjo:n] *f* buyer's commission
Käuferwanderung ['kɔyfərvandəruŋ] *f* migration of buyers
Kaufkraftanalyse ['kaufkraftanaly:zə] *f* analysis of purchasing power
Kaufkraftelastizität ['kaufkraftɛlastitsitɛ:t] *f* elasticity of purchasing power
Kaufkraftparität ['kaufkraftpa:ritɛ:t] *f* purchasing power parity
Kaufkredit ['kaufkredi:t] *m* purchasing credit, loan to finance purchases
kaufmännische Orderpapiere ['kaufmɛnɪʃə 'ɔrdərpapi:rə] *n/pl* commercial instruments to order
kaufmännische Vorsicht ['kaufmɛnɪʃə 'fɔrzɪçt] *f* prudence of a businessman
kaufmännischer Angestellter ['kaufmɛnɪʃər 'angəʃtɛltər] *m* clerk

Kaufoption ['kaufɔptsjoːn] *f* call option
Kaufvertrag ['kaufvɛr'traːk] *m* sales contract, purchase contract
Kaufverhalten ['kaufførhaltən] *n* purchase pattern
Kautionseffekten [kau'tsjoːnsefɛktən] *f/pl* guarantee securities
keine Beschädigung (f.o.d.) ['kainə bə-'ʃɛːdiguŋ] *adj* free of damage (f. o. d.)
Kellerwechsel ['kɛlərvɛksəl] *m* fictitious bill, windmill
Kennzahl ['kɛntsaːl] *f* code number
Kennzeichnungsverordnung ['kɛntsaiçnuŋsførɔrdnuŋ] *f* labeling provisions
Kernarbeitszeit ['kɛrnarbaitststsait] *f* core time
Key-Account-Manager ['kiː-əkaunt-'mɛnɛtʃər] *m* key account manager
Kiste ['kistə] *f* crate
Klage ['klaːgə] *f (Recht)* action, lawsuit, process in law
Klageschrift ['klaːgəʃpift] *f* statement of claim
Kleinaktie ['klainaktsjə] *f* share with low par value
Kleinaktionär ['klainaktsjonɛːr] *m* small shareholder
Kleinbetrieb ['klainbətriːp] *m* small business
Kleincontainer ['klainkɔntɛːnər] *m* small container
Kleinkredit ['klainkrediːt] *m* small personal loan, loan for personal use
Kleinpreisgeschäft ['klainpraizgəʃɛft] *n* low-price store
Kleinsparer ['klainʃpaːrər] *m* small saver
Kleinstücke ['klainʃtykə] *n/pl* fractional amount
Knappschaftsversicherung ['knapʃaftsførziçəruŋ] *f* miners' social insurance system
Knebelungsvertrag ['kneːbəluŋsførtraːk] *m* oppressive contract, adhesion contract
Know-how [noː-'hau] *n* know-how
Kolchose [kɔl'ço:zə] *f* kolchose, collective farm
Kollektion [kɔlɛk'tsjon] *f* collection
Kollektivarbeitsrecht [kɔlɛk'tiːfaːrbaitsreçt] *n* collective labor law
Kollektivgüter [kɔlɛk'tiːfgyːtər] *n/pl* collective goods
Kollektivsparen [kɔlɛk'tiːfʃpaːrən] *n* collective saving
Kommanditaktionär [kɔman'ditaktsjoːnɛːr] *m* limited liability shareholder

Kommanditgesellschaft (KG) [kɔman-'ditgəzɛlʃaft(ka'geː)] *f* limited commercial partnership
Kommanditgesellschaft auf Aktien (KgaA) [kɔman'ditgəzɛlʃaft auf 'aktsjən] *f* partnership limited by shares
Kommanditist [kɔmandi'tist] *m* limited partner
Kommissionär [kɔmkɔmisjo'nɛːr] *m* commission agent
Kommissionsgeschäft [kpmis'joːnsgəʃɛft] *n* commission business
Kommissionshandel [kɔmis'joːnshandəl] *m* commission trade
Kommissionslager [kɔmis'joːnslaːgər] *n* consignment stock
Kommissionstratte [kɔmis'joːnstratə] *f* bill of exchange drawn for third-party account
Kommunalanleihen [kɔmu'naːlənlaihən] *f/pl* local authority loan
Kommunalbank [kɔmu'naːlbaŋk] *f* local authorities bank
Kommunaldarlehen [kɔmu'naːldarleːən] *n* loan granted to a local authority
kommunale Wirtschaftsförderung ['kɔmunaːle 'virtʃaftsfœrdəruŋ] *f* municipal measures to spur the economy
Kommunalkredit [kɔmu'naːlkrediːt] *m* credit granted to a local authority
Kommunalobligation [ipmu'naːlɔbligatsjoːn] *f* local bond
Kommunalwirtschaft [kɔmu'naːlvirtʃaft] *f* municipal economy
Kommunikationsmittel [kɔmunika'tsjoːnsmitəl] *n* communication facilities
Kommunikationspolitik [kɔmunika'tsjoːnspolitiːk] *f* communications policy
Kompensation [kɔmpɛnza'tsjoːn] *f* compensation
Kompensationsgeschäft [kɔmpɛnza'tsjoːnsgəʃɛft] *n* barter transaction, offset transaction
Kompensationskurs [kɔənza'tsjoːnskurs] *m* making-up price
Kompensationssteuer [kɔmpɛnza'tsjoːnsʃtoyər] *f* offset tax
kompensatorische Kosten [kɔmpɛnza-'toːriʃə 'kɔstən] *pl* offsetting costs
kompensierte Valuta [kɔmpən'ziːrtə va-'luːta] *f* value compensated
Komplementär [kɔmpləmɛntɛːr] *m* general partner
komplementäre Güter [kɔmpləmɛn'tɛːrə 'gyːtər] *n/pl* complementary goods, joint goods

Konditionenkartell [kɔndi'tsjoːnskartɛl] n condition cartel
Konferenz [kɔnfər'ɛnts] f conference
Konglomerat [kɔnglɔməˈraːt] n conglomerate group
Konjunktur [kɔnjuŋk'tuːr] f economic cycle, business cycle
Konjunkturanalyse [kɔnjuŋk'tuːranalyːzə] f economic analysis
Konjunkturausgleichsrücklage [kɔnjuŋk-tuːr'ausglaiçsryklaːgə] f anticyclical reserve
Konjunkturbarometer [kɔnjuŋk'tuːrbarɔ-meːtər] n business barometer
Konjunkturbelebung [kɔnjuŋk'tuːrbəleː-buŋ] f economic upturn
konjunkturelle Arbeitslosigkeit ['kɔn-juŋkturɛlə 'arbaɪtsloːzɪçkaɪt] f cyclical unemployment
Konjunkturentwicklung [kɔnjuŋk'tuːr-ɛntvɪkluŋ] f economic trend
Konjunkturphasen [kɔnjuŋk'tuːrfaːsən] f/pl phases of business cycles
Konjunkturpolitik [kɔnjuŋk'tuːrpolitiːk] f economic policy
Konjunkturzyklus [kɔnjuŋk'tuːrtsyːklus] m business cycle
Konkurrenz [kɔnku'rɛnts] f competition
Konkurrenzanalyse [kpnku'rɛntsanalyː-zə] f analysis of competitors
Konkurrenzfirma [kɔnku'rɛntsfɪrma] f competing firm
Konkurrenzunternehmen [kɔnku'rɛnts-untərneːmən] n competitor
Konkursantrag [kɔn'kursantraːk] m bankruptcy petition
Konkursausfallgeld [kɔnkurs'ausfalgɛlt] n payment of net earnings for three months prior to start of bankruptcy proceedings
Konkurilanz [kɔn'kurilants] f statement of bankrupt's assets and liabilities
Konkursdelikt [kɔn'kursdelɪkt] m bankruptcy offence
Konkursgericht [kɔn'kursgərɪçt] n bankruptcy court
Konkursgläubiger [kɔn'kursglɔybɪgər] m bankrupt's creditor
Konkursordnung [ıɔn'kursɔrdnuŋ] f Bankruptcy Act
Konkursquote [kɔn'kurskvoːtə] f dividend in bankruptcy
Konnossement (B/L) [kɔnɔsəˈmɛnt] n bill of lading (B/L)
Konsignatar [kɔnzɪgnaˈtaːr] m consignee
Konsignationslager [kɔnzɪgnaˈtsjoːns-laːgər] n consignment stock
konsolidierte Bilanz [kɔnzoliˈdiːrtə bi-ˈlants] f consolidated balance sheet
Konsortialabteilung [kɔnzɔr'tsjaːlaptaɪ-luŋ] f syndicate department
Konsortialgeschäft [kɔnzɔr'tsjaːlgəʃɛft] n syndicate transaction
Konsortialkredit [kɔnsɔr'tsjaːlkrediːt] m syndicated credit
Konsulatsfaktura [kɔnzuˈlaːtsfaktuːra] f consular invoice
Konsumentenkredit [kɔnzuˈmɛntənkre-diːt] m consumer credit
Konsumerismus [kɔnzuməˈrismus] m consumerism
Konsumfinanzierung [kɔn'zuːmfinantsiː-ruŋ] f consumption financing
Konsumgenossenschaft [kɔn'zuːmgə-nɔsənʃaft] f consumer cooperative
Konsumkredit [kɔn'zuːmkrediːt] m consumer credit
Konsumquote [kɔn'zuːmkvoːtə] f propensity to consume
Kontakthäufigkeit [kɔn'taktˌhɔyfɪçkaɪt] f frequency of contact
Kontenkalkulation ['kɔntənkalkulatsjoːn] f account costing
Kontennummerierung ['kɔntənuməriː-ruŋ] f account numbering
Kontenplan ['kɔntənplaːn] m chart of accounts
Kontenrahmen ['kɔntənraːmən] m standard form of accounts
Kontingent [kɔntɪŋˈgɛnt] n quota
Kontingentierung [kɔntɪŋgɛn'tiːruŋ] f fixing of a quota
Konto ['kɔnto] n account
Kontoauszug ['kɔntoaustsuːk] m statement of account
Kontoeröffnung ['kɔntoɛrœfnuŋ] f opening of an account
Kontoführung ['kɔntofyːruŋ] f keeping of an account
Kontogebühren ['kɔntogəbyːrən] f/pl bank charges
Kontokorrent [kɔntokɔ'rɛnt] n current account
Kontokorrentkonto [kɔntokɔ'rɛntkɔnto] n current account
Kontokorrentkredit [kɔntokɔ'rɛntkrediːt] m current account credit
Kontoüberziehung ['kɔntoyːbərtsiːuŋ] f overdraft of an account

Kontovollmacht ['kɔntofɔlmaxt] *f* power to draw on an account
Kontrahierung [kɔntra'hi:ruŋ] *f* contraction
Kontrahierungszwang [kɔntra'hi:ruŋstsvaŋ] *m* obligation to contract
Kontraktgüter [kɔn'traktgy:tər] *n/pl* contract goods
Kontrollmitteilung [kɔn'trɔlmɪtaɪluŋ] *f* tracer note
Kontrollspanne [kɔn'trɔlʃpanə] *f* span of control
Konvertibilität [kɔnvɛrtibili'tɛ:t] *f* convertibility
Konvertierung [kɔnvɛr'ti:ruŋ] *f* conversion
Konzentration [kɔntsɛntra'tsjo:n] *f* concentration
Konzernabschluss [kɔn'tsɛrnapʃlus] *m* consolidated financial statement
Konzernanhang [kɔn'tsɛrnanhaŋ] *m* notes to consolidated financial statements
Konzernaufträge [kɔn'tsɛrnauftra:g] *m/pl* group orders
Konzernbilanz [kɔn'tsɛrnbilants] *f* group balance sheet
konzernintern [kɔn'tsɛrnintɛrn] *adj* intercompany, intragroup
Konzernzwischengewinn [kɔn'tsɛrn'tsvɪʃəngəvɪn] *m* group interim benefits
konzertierte Aktion [kɔntsɛr'ti:rtə ak'tsjo:n] *f* „concerted action"
Konzertzeichnung [kɔn'tsɛrttsaɪçnuŋ] *f* stagging
Kooperationsdarlehen [koopəra'tsjo:nsda:rle:ən] *n* cooperation loan
Kopfsteuer ['kɔpfʃtɔyər] *f* per capita tax
Koppelproduktion ['kɔpəlprodukʦjo:n] *f* lied production
Korbwährung ['kɔrpvɛ:ruŋ] *f* basket currency
Körperschaftsteuer ['kœrpərʃaftsʃtɔyər] *f* corporation tax
Korrelation [korəla'tsjo:n] *f* correlation
Korrespondenzbank [kɔrəspɔn'dɛntsbaŋk] *f* correspondent bank
korrigieren [kɔri'gi:rən] *v* correct, rectify, remedy
Kosten und Fracht (c. & f.) ['kɔstən unt 'fraxt] cost and freight (c. & f.)
Kosten und Versicherung (c. & i.) ['kɔstən unt fɛr'zɪçəruŋ] cost, insurance (c. & i.)
Kosten, Versicherung, Fracht eingeschlossen (c.i.f.) ['kɔsən, fɛr'zɪçəruŋ, fraxt 'aɪngəʃlɔsən] cost, insurance, freight (c. i. f.)

Kosten, Versicherung, Fracht und Kommission eingeschlossen (c.i.f. & c.) ['kɔsən, fɛr'zɪçəruŋ, fraxt unt kɔmɪ'sjo:n 'aɪngəʃlɔsən] cost, insurance, freight, commission (c. i. f. & c.)
Kosten, Versicherung, Fracht, Kommission und Zinsen (c.i.f.c.& i.) ['kɔstən, fɛr'zɪçəruŋ, fraxt, kɔmɪ'sjo:n unt 'tsɪnzən] cost, insurance, freight, commission, interest (c. i. f. c. & i.)
Kostenart ['kɔstəna:rt] *f* cost type
Kostendämpfung ['kɔstəndɛmpfuŋ] *f* combating rising costs
Kostendeckung ['kɔstəndɛkuŋ] *f* cost recovery
Kostendruck ['kɔstəndruk] *f* cost pressure
Kostenexplosion ['kɔstənɛksplozjo:n] *f* cost escalation
Kostenfaktor ['kɔstənfakto:r] *m* cost factor
kostenfrei (f.o.c.) ['kɔstənfraɪ] *adj* free of charge (f. o. c.)
Kostenminimierung ['kɔstənmɪnimi:ruŋ] *f* minimisation of costs
Kosten-Nutzen-Analyse ['kɔstən'nutsənanaly:zə] *f* cost-benefit analysis
Kostenplan ['kɔstənpla:n] *m* cost schedule
Kostenrechnung ['kɔstənrɛçnuŋ] *f* statement of costs
Kostenremanenz ['kɔstənrəmanɛnts] *f* lagged adjustment of variable costs
Kostensenkung ['kɔstənzɛŋkuŋ] *f* cost reduction
Kostenstelle ['kɔstənʃtɛlə] *f* cost (accounting) centre
Kostenträger ['kɔstəntrɛ:gər] *m* paying authority, cost unit
Kostenverrechnung ['kɔstənfɛrɛçnuŋ] *f* cost allocation
Kotierung ['koti:ruŋ] *f* admission of shares to official quotation
Kraftfahrzeug ['kraftfa:rtsɔyk] *n* motor vehicle
Kreditabteilung [kre'di:taptaɪluŋ] *f* credit department
Kreditaktie [kre'di:taktsjə] *f* credit share
Kreditakzept [kre'di:taktsɛpt] *n* financial acceptance
Kreditaufnahmeverbot [kre'di:taufna:məfɛrbo:t] *n* prohibition of raising of credits
Kreditaufsicht [kre'di:taufzɪçt] *f* state supervision of credit institutions
Kreditauftrag [kre'di:tauftra:k] *m* credit-extending instruction

Kreditauskunft [kreˈdiːtauskunft] *f* credit information, banker's reference *(UK)*
Kreditausschuss [kreˈdiːtausʃus] *m* credit committee
Kreditausweitung [kreˈdiːtausvaɪtuŋ] *f* expansion of credit
Kreditbedarf [kreˈdiːtbədarf] *m* credit demand
Kreditbrief (L/C) [kreˈdiːtbriːf] *m* letter of credit *(L/C)*
Krediteröffnungsvertrag [kreˈdiːtɛrœfnuŋsvɛrtraːk] *m* credit agreement
Kreditfähigkeit [kreˈdiːtfɛːɪçkaɪt] *f* financial standing
Kreditfazilität [kreˈdiːtfatsiliːtɛːt] *f* credit facilities
Kreditfinanzierung [kreˈdiːtfinantsiːruŋ] *f* financing by way of credit
Kreditfrist [kreˈdiːtfrɪst] *f* credit period
Kreditgarantie [kreˈdiːtgaranti:] *f* credit guarantee
Kreditgefährdung [kreˈdiːtgəfɛːrduŋ] *f* endangering the credit of a person or a firm
Kreditgeld [kreˈdiːtgɛlt] *n* credit money
Kreditgenossenschaft [kreˈdiːtgənɔsənʃaft] *f* credit cooperative
Kreditgeschäft [kreˈdiːtgəʃɛft] *n* credit business
Kreditgewinnabgabe [kreˈdiːtgəˈvɪnapgaːbə] *f* debts profit levy
Kreditinflation [kreˈdiːtɪnflatsjoːn] *f* credit inflation
Kreditkarte [kreˈdiːtkartə] *f* credit card
Kreditkartei [kreˈdiːtkartaɪ] *f* borrowing customers' card index
Kreditkauf [kreˈdiːtkauf] *m* credit purchase
Kreditkontrolle [kreˈdiːtkɔntrɔlə] *f* credit control
Kreditkosten [kreˈdiːtkɔstən] *pl* cost of credit
Kreditkultur [kreˈdiːtkultuːr] *f* credit culture
Kreditlaufzeit [kreˈdiːtlauftsaɪt] *f* duration of credit
Kreditleihe [kreˈdiːtlaɪə] *f* loan of credit
Kreditlimit [kreˈdiːtlɪmɪt] *n* borrowing limit, credit limit
Kreditlinie [kreˈdiːtliːnjə] *f* credit line
Kreditmarkt [kreˈdiːtmarkt] *m* money and capital market
Kreditnehmer [kreˈdiːtneːmər] *m* borrower
Kreditoren [krediˈtoːrən] *m/pl* creditors
Kreditorenbuchhaltung [krediˈtoːrənbuːxhaltuŋ] *f* accounts payable department

Kreditplafond [kreˈdiːtplafɔ̃] *m* credit ceiling
Kreditplafondierung [kreˈdiːtplafɔ̃diːruŋ] *f* credit limitation
Kreditpolitik [kreˈdiːtpolitiːk] *f* credit policy
Kreditprovision [kreˈdiːtprovizjoːn] *f* credit commission
Kreditprüfung [kreˈdiːtpryːfuŋ] *f* credit status investigation
Kreditprüfungsblätter [kreˈdiːtpryːfuŋsblɛtər] *n/pl* credit checking sheets
Kreditrahmen [kreˈdiːtraːmən] *m* credit margin, credit facilities
Kreditrestriktion [kreˈdiːtrɛstrɪktsjoːn] *f* credit restriction
Kreditrisiko [kreˈdiːtriziko:] *n* credit risk
Kreditschöpfung [kreˈdiːtʃœpfuŋ] *f* creation of credit
Kreditschutz [kreˈdiːtʃuts] *m* protection of credit
Kreditsicherheit [kreˈdiːtzɪçərhaɪt] *f* security of credit
Kreditsicherung [kreˈdiːtzɪçəruŋ] *f* safeguarding of credit
Kreditspritze [kreˈdiːtʃprɪtsə] *f* injection of credit
Kreditstatus [kreˈdiːtʃtaːtus] *m* credit standing
Kredittranche [kreˈdiːttrm̃ʃ(ə)] *f* credit tranche
Kreditvermittler [kreˈdiːtfərmɪtlər] *m* money broker
Kreditvermittlung [kreˈdiːtfərmɪtluŋ] *f* arranging for a credit
Kreditversicherung [kreˈdiːtfɛrzɪçəruŋ] *f* credit insurance
Kreditvertrag [kreˈdiːtfərtraːk] *m* credit agreement
Kreditvolumen [kreˈdiːtvoːluːmən] *n* total credit outstanding
Kreditwesen [kreˈdiːtveːzən] *n* credit system
Kreditwesengesetz [kreˈdiːtveːzəngəzɛts] *n* Banking Law
Kreditwürdigkeit [kreˈdiːtvyrdiçkaɪt] *f* creditworthiness
Kreditzinsen [kreˈdiːttsɪnsən] *pl* interest on borrowings, loan interest
Kreditzusage [kreˈdiːttsuzaːgə] *f* promise of credit
Kreuzparität [ˈkrɔytsparitɛːt] *f* cross rate
Kriegsanleihe [ˈkriːksanlaɪhə] *f* war loan
krisenfest [ˈkriːzənfɛst] *adj* crisis-proof

Krisenstimmung ['kri:zənʃtimuŋ] f crisis feeling

kritische Erfolgsfaktoren ['kritɪʃə ɛr-'fɔlksfakto:rən] m/pl critical factors of performance

krummer Auftrag ['krumər 'auftra:k] m uneven order

Kulisse [ku'lɪsə] f unofficial stock market

Kulissenwert [ku'lɪsənve:rt] m quotation on the unofficial market

kumulative Dividende ['kumulativə divi-'dɛndə] f cumulative dividend

Kumulierungsverbot [kumu'li:ruŋsfərbo:t] n rule against accumulation

kündbar ['kʏntba:r] adj redeemable

Kundenauftrag ['kundənauftra:k] m customer's order

Kundenberatung ['kundənbera:tuŋ] f consumer advice

Kundengeschäft ['kundəngəʃɛft] n transactions for third account

Kundenkalkulation ['kundənkalkula-'tsjo:n] f customer costing

Kundennummer ['kundənumər] f customer's reference number

Kundenstamm ['kundənʃtam] m regular customers

Kündigungsgeld ['kʏndɪguŋsgɛlt] n deposit at notice

Kündigungsgrundschuld ['kʏndɪguŋsgruntʃult] n land charge not repayable until called

Kündigungshypothek ['kʏndɪgungshypo:te:k] f mortgage loan repayable after having been duly called

Kündigungssperrfrist ['kʏndɪguŋsʃpɛrfrɪst] f non-calling period

Kundschaft ['kuntʃaft] f clientele

Kundschaftskredit ['kuntʃaftskredi:t] m customers' credit

Kuponbogen [ku'pɔ̃bo:gən] m coupon sheet

Kuponkasse [ku'pɔ̃kasə] f coupon collection department

Kuponkurs [ku'pɔ̃kurs] m coupon price

Kuponmarkt [ku'pɔ̃markt] m coupon market

Kuponsteuer [ku'pɔ̃ʃtɔyər] f coupon tax

Kuppelprodukte ['kupəlproduktə] n/pl complementary products

Kur [ku:r] f cure

Kurantmünze [ku'rantmyntsə] f specie

Kuratorium [kura'to:rjum] n board of trustees

Kursanzeige ['kursantsaigə] f quotation

Kurlatt ['kurlat] n stock exchange list

Kursfestsetzung ['kursfɛstzɛtsuŋ] f fixing of prices

Kursgewinn ['kursgəwin] m stock price gain, exchange profit, market profit

Kurs-Gewinn-Verhältnis [kursgə'vɪnfɛrhɛltnɪs] n price-earnings ratio

Kursindex ['kursɪndɛks] m stock exchange index

Kursintervention ['kursɪntɛrvɛntsjo:n] f price intervention

Kurslimit ['kurslɪmɪt] n price limit

Kursmakler ['kursma:klər] m stock broker

Kursnotierung ['kursnɔti:ruŋ] f quotation of prices

Kursparität ['kursparitɛ:t] f parity of rates

Kurspflege ['kurspfle:gə] f price nursing

Kursregulierung ['kursreguli:ruŋ] f price regulation

Kursrisiko ['kursri:ziko] n price risk

Kursspanne ['kursʃpanə] f difference between purchase and hedging price

Kurssprung ['kursʃpruŋ] m jump in prices

Kurssteigerung ['kursʃtaigəruŋ] f price advance

Kursstreichung ['kursʃtraiçuŋ] f non-quotation

Kursstützung ['kursʃtytsuŋ] f price pegging

Kursvergleich ['kursfərglaiç] m comparison of prices

Kursverlust ['kursfərlust] m loss on stock prices

Kursverwässerung ['kursfərvɛsəruŋ] f price watering

Kurszettel ['kurstsɛtəl] m stock exchange list

Kurszusammenbruch ['kurstsuzamənbrux] m collapse of prices

Kurszusätze ['kurstsu:zɛtsə] m/pl notes appended to quotation

Kurtage [kur'ta:ʒ(ə)] f courtage

kurzfristige Erfolgsrechnung ['kurtsfrɪstɪçə ɛr'fɔlksrɛçnuŋ] f monthly income statement

kurzfristiger Kredit ['kutsfrɪstɪçər kre-'di:t] m short-term credit

Kurzindossament ['kurtsɪndɔsamɛnt] n short-form endorsement

Küstengewässer ['kʏstəngəvɛsər] n/pl coastal waters

Kux ['kuks] m mining share

Kybernetik [kybər'ne:tɪk] f cybernetics

L

Labor [laˈboːr] *n* laboratory
Lack [lak] *m* varnish, lacquer
Ladebühne [ˈlaːdəbyːnə] *f* loading platform, elevating platform
Ladefläche [ˈlaːdəflɛçə] *f* loading surface
Ladegebühren [ˈlaːdəgəbyːrən] *f/pl* loading charges
laden [ˈlaːdən] *v irr* 1. *(LKW, Schiff)* load; 2. *(Batterie)* charge; 3. *(vor Gericht)* summon, cite
Laden [ˈlaːdən] *m* shop
Ladenöffnungszeiten [ˈlaːdənœfnuŋstsaɪtən] *f/pl* shop hours
Ladenpreis [ˈlaːdənpraɪs] *m* retail price
Ladenschluss [ˈlaːdənʃlus] *m* closing time
Ladenschlussgesetz [ˈlaːdənʃlusgəzɛts] *n* Shop Closing Hours Law
Ladeplatz [ˈlaːdəplats] *m* loading area
Laderaum [ˈlaːdəraum] *m* loading space
Ladeschein [ˈlaːdəʃaɪn] *m* bill of lading
Ladung [ˈlaːduŋ] *f* 1. load, cargo, freight; 2. *(elektrische ~)* charge, amount of electricity; 3. *(am Gericht)* summons
Lagebericht [ˈlaːgəbərɪçt] *m* status report; annual report
Lager [ˈlaːgər] *n (Warenlager)* store, stock, inventory, warehouse; *auf ~ haben* have in store
Lagerbestand [ˈlaːgərbəʃtant] *m* stock, goods in stock, stock on hand
Lagerbuchführung [ˈlaːgərbuːxfyːruŋ] *f* inventory accounting
Lagerempfangsschein (D/W) [ˈlaːgərɛmˈpfaŋsʃaɪn] *m* warehouse receipt
Lagerhalle [ˈlaːgərhalə] *f* warehouse
Lagerhaltung [ˈlaːgərhaltuŋ] *f* stockkeeping, warehousing
Lagerhaus [ˈlaːgərhaus] *n* warehouse
Lagerkosten [ˈlaːgərkɔstən] *pl* storage cost
Lagerkapazität [ˈlaːgərkapatsitɛːt] *f* storage capacity
Lagerist [ˈlaːgərɪst] *m* stockkeeper, stockroom clerk, storekeeper
Lagermiete [ˈlaːgərmiːtə] *f* warehouse rent
lagern [ˈlaːgərn] *v* store, stock, put in storage
Lagerplatz [ˈlaːgərplats] *m* depot
Lagerraum [ˈlaːgərraum] *m* storage space
Lagerschein [ˈlaːgərʃaɪn] *m* warehouse warrant
Lagerung [ˈlaːgəruŋ] *f* storage, storing, warehousing
Lagerverwaltung [ˈlaːgərfɛrvaltuŋ] *f* stock kipping
lancieren [lɑ̃ˈsiːrən] *v* launch (a product)
Länderrisiko [ˈlɛndərriːziko] *n* country risk
Landesbank [ˈlandəsbaŋk] *f* regional bank
Landesgrenze [ˈlandəsgrɛntsə] *f* national border, frontier
landesüblich [ˈlandəsyːplɪç] *adj* common in the country, normal for the country
Landeswährung [ˈlandəsvɛːruŋ] *f* national currency
Landeszentralbank (LZB) [landəstsɛnˈtraːlbaŋk] *f* land central bank
Landweg [ˈlantveːk] *m auf dem ~* overland
Landwirtschaft [ˈlantvɪrtʃaft] *f* agriculture, farming
landwirtschaftlich [ˈlantvɪrtʃaftlɪç] *adj* agricultural, farming
Landwirtschaftsbrief [ˈlantvɪrtʃaftsbriːf] *m* agricultural mortgage bond
Landwirtschaftskredit [ˈlantvɪrtʃaftskreˌdiːt] *m* agricultural loan
lange Sicht [ˈlaŋə ˈzɪçt] *f* long run
Längenmaße [ˈlɛŋənmaːsə] *n/pl* linear measures
langfristig [ˈlaŋfrɪstɪç] *adj* long-term
langfristige Einlagen [ˈlaŋfrɪstɪgə ˈaɪnlaːgən] *f/pl* long-term deposits
langfristiger Kredit [ˈlaŋfrɪstɪgər kreˈdiːt] *m* long-term credit
Langzeitarbeitslose(r) [ˈlaŋtsaɪtarbaɪtsloːzə(r)] *m/f* long-term unemployed person
Laptop [ˈlæpˈtɔp] *m* laptop
Lärmbekämpfung [ˈlɛrmbəkɛmpfuŋ] *f* noise control, sound-level control
Lärmbelästigung [ˈlɛrmbəlɛstɪguŋ] *f* noise pollution
Lärmpegel [ˈlɛrmpeːgəl] *m* noise level
Lärmschutz [ˈlɛrmʃuts] *m* noise protection
Laserdrucker [ˈleɪzərdrukər] *m* laser printer
Lasertechnik [ˈleɪzərtɛçnɪk] *f* laser technology
Lasten [ˈlast] *pl (finanzielle Belastungen)* expense, costs
Lastenaufzug [ˈlastənauftsuːk] *m* goods lift, freight elevator *(US)*

Lastenausgleich ['lastənausglaɪç] *m* equalization of burdens
Lastenausgleichsbank ['lastənausglaɪçsbaŋk] *f* equalization of burdens bank
Lastenausgleichsfonds ['lastənausglaɪçsfɔ̃:] *m* Equalization of Burdens Fund
Lastkraftwagen ['lastkraftva:gən] *m (LKW)* lorry *(UK)*, truck *(US)*
Lastschrift ['lastʃrɪft] *f* debit entry
Lastschrifteinzugsverfahren [lastʃrɪft'aɪntsu:ksfɛrfa:rən] *n* direct debiting
Lastschriftkarte ['lastʃrɪftkartə] *f* debit card
Lastschriftverkehr ['lastʃrɪftfɛrke:r] *m* direct debiting transactions
Lastwagen ['lastva:gən] *m* lorry *(UK)*, truck *(US)*
Lastzug ['lasttsu:k] *m* pulley
latente Steuern [la'tɛntə 'ʃtɔyərn] *f/pl* deferred taxes
Laufbahn ['laufba:n] *f (fig)* career
laufende Rechnung ['laufəndə 'rɛçnuŋ] *f* current account
Laufkundschaft ['laufkuntʃaft] *f* walk-in business
Laufwerk ['laufvɛrk] *n* drive
Laufzeit ['lauftsaɪt] *f* term, duration, life
Laufzeitfonds ['lauftsaitfɔ̃:s] *m/pl* term funds
Lean Management ['li:n 'mænɪdʒmənt] *n* lean management
leasen ['li:zən] *v* lease
Leasing ['li:zɪŋ] *n* leasing
Leasing-Geber [li:zɪŋ'ge:bər] *m* lessor
Leasing-Nehmer [li:zɪŋ'ne:mər] *m* lessee
Leasing-Rate ['li:zɪŋra:tə] *f* leasing payment
Leasing-Vertrag ['li:zɪŋfɛrtra:k] *m* leasing contract
Lebensbedingungen ['le:bənsbədɪŋuŋən] *pl* living conditions, standard of living
Lebensdauer [le:bənsdauər] *f* life
Lebenshaltungskosten ['le:bənshaltuŋskɔstən] *pl* cost of living
Lebenslauf [le:bənslauf] *m* curriculum vitae
Lebensmittel ['le:bənsmɪtəl] *n (als Kaufware)* groceries
Lebensmittelgesetz ['le:bənsmɪtəlgəzɛts] *n* Law on food processing and distribution
Lebensqualität ['le:bənskvali'tɛ:t] *f* quality of life
Lebensstandard ['le:bənsʃtandart] *m* standard of living

Lebensversicherung ['le:bənsfɛrzɪçəruŋ] *f* life assurance
Lebenszyklus eines Produkts ['le:bənstsy:klus 'aɪnəs pro'dukts] *m* life cycle of a product
Leeraktie ['le:raktsjə] *f* corporate share not fully paid up
Leerfracht (d.f.) ['le:rfraxt] *f* dead freight *(d.f.)*
Leergewicht ['le:rgəvɪçt] *n* unloaded weight, tare weight
Leerlauf ['le:rlauf] *m (Motor, Maschine)* neutral, idle running
Leerpackung ['le:rpakuŋ] *f* empty package
Leerposition ['le:rpozitsjo:n] *f* bear selling position
Leerstelle ['le:rʃtɛlə] *f* space
Leerverkauf ['le:rfɛrkauf] *m* forward sale, bear selling
Leerwechsel ['le:rvɛksəl] *m* finance bill
legal [le'ga:l] *adj* legal, legitimate
Legat [le'ga:t] *n (Vermächtnis)* legacy
Legitimation [legitima'tsjo:n] *f* proof of identity
Legitimationspapiere [legitimatsjo:ns'papi:rə] *pl* title-evidencing instrument
Lehre ['le:rə] *f (Ausbildung)* apprenticeship
Lehrgang ['le:rgaŋ] *m* course, class, training course
Lehrling ['le:rlɪŋ] *m* apprentice
Lehrstelle ['le:rʃtɛlə] *f* apprenticeship place
leichte Papiere ['laɪçtə 'papi:rə] *n/pl* low-priced securities
Leichtlohngruppen ['laɪçtlo:ngrupən] *f/pl* bottom wage groups
Leihanstalt ['laɪanʃtalt] *f* pawnshop
Leiharbeit ['laɪarbaɪt] *f* casual labour
Leihkapital ['laɪkapita:l] *n* debt capital
Leihwagen ['laɪva:gən] *m* hired car
Leihzins ['laɪtsɪns] *m* interest rate on a loan
Leistung ['laɪstuŋ] *f 1.* performance, achievement; *2. (technisch)* power, capacity, output
Leistungsbereitschaft ['laɪstuŋsbəraɪtʃaft] *f 1. (Produktion)* readiness to operate *2. (Personal)* willingness to achieve
Leistungsbilanz ['laɪstuŋsbilants] *f* balance of goods and services
leistungsfähig ['laɪstuŋsfɛ:ɪç] *adj* efficient, capable, productive
Leistungsfähigkeit ['laɪstuŋsfɛ:ɪçkaɪt] *f* efficiency
Leistungsgarantie ['laɪstuŋsgaranti:] *f* performance guarantee
Leistungslohn ['laɪstuŋslo:n] *m* piece rate

leistungsorientiert ['laɪstʊŋsɔrjɛntiːrt] *adj* performance-oriented

Leistungsorientierung ['laɪstʊŋsɔrjɛntiːrʊŋ] *f* performance-orientation

Leistungssteigerung increase in efficiency

Leistungssteigerung ['laɪstʊŋsʃtaɪgərʊŋ] *f* increase in efficiency

Leistungstiefe ['laɪstʊŋstiːfə] *f* performance depth

leiten ['laɪtən] *v 1. (führen)* lead; *2. (lenken)* guide, direct, conduct; *3. (technisch)* conduct, transmit

leitend ['laɪtənt] *adj* managing; *~e Angestellte* executive

leitende(r) Angestellte(r) ['laɪtəndə(r) 'angəʃtɛltə(r)] *m/f* executive employee; management employee

Leiter(in) ['laɪtər(ɪn)] *m/f 1. (Vorgesetzte(r))* head, director, manager; *2. (technisch)* conductor

Leitkurs ['laɪtkʊrs] *m* central rate

Leitung ['laɪtʊŋ] *f 1. (Geschäftsleitung)* management; *2. (Rohrleitung)* pipeline; *3. (Kabel)* wire, line

Leitwährung ['laɪtvɛrʊŋ] *f* key currency

Leitzins ['laɪttsɪns] *m* base rate, key rate

Lernkurve ['lɛrnkʊrvə] *f* learning curve

Letter of intent ['lɛtə əv ɪn'tɛnt] *m* letter of intent

Leumund ['lɔymʊnt] *m* reputation

Leumundszeugnis ['lɔymʊntstsɔyknɪs] *n* certificate of good character, character reference

Leveraged Buyout (LBO) ['liːvərɪdʒt 'baɪaʊt] *m* leveraged buyout

Leverage-Effekt ['liːvərɪdʒ 'ɛfɛkt] *m* leverage effect

liberalisieren [liberaːliˈziːrən] *v* liberalize foreign trade, decontrol

Liberalisierung [liberaliˈziːrʊŋ] *f* liberalization of foreign trade

Libor-Anleihen ['liːbɔrˈanlaɪən] *f/pl* Libor loans

Lieferant [lifəˈrant] *m* supplier

Lieferantenkredit [lifəˈrantənkrediːt] *m* supplier's credit

lieferbar ['liːfərbaːr] *adj* available

lieferbares Wertpapier ['liːfərbaːrəs 'veːrtpapiːr] *n* deliverable security

Lieferbarkeitsbescheinigung ['liːfərbaːrkaɪtsbəʃaɪnɪgʊŋ] *f* certificate of good delivery

Lieferbedingung ['liːfərbədɪŋʊŋ] *f* terms of delivery, terms and conditions of sale

Lieferfirma ['liːfərfɪrma] *f* supplier

Lieferfrist ['liːfərfrɪst] *f* time for delivery, deadline for delivery

Liefergarantie ['liːfərgaranˈtiː] *f* guarantee of delivery

Lieferklausel ['liːfərklaʊzəl] *f* delivery clause, commercial term

Lieferkonto ['liːfərkɔnto] *n* accounts payable

liefern ['liːfərn] *v* supply, deliver, provide

Lieferschein ['liːfərʃaɪn] *m* delivery note

Liefertermin ['liːfərtɛrmiːn] *m* date of delivery

Lieferung ['liːfərʊŋ] *f* delivery, supply

Lieferung gegen Nachnahme ['liːfərʊŋ 'geːgən 'naːxnaːmə] *f* cash on delivery

Lieferungsverzögerung ['liːfərʊŋsfɛrtsœːgərʊŋ] *f* delay in delivery

Liefervertrag ['liːfərfɛrtraːk] *m* supply contract

Lieferverzug ['liːfərfɛrtsuːk] *m* default of delivery

Lieferwagen ['liːfərvaːgən] *m* van

Lieferzeit ['liːfərtsaɪt] *f 1. (Zeitraum)* delivery period; *2. (Termin)* delivery deadline

Liegenschaften ['liːgənʃaftən] *pl* real estate, property

Lifo (last in – first out) ['liːfoː] last in – first out (lifo)

Limit ['lɪmɪt] *n (Beschränkung)* limit, ceiling

limitieren [lɪmɪˈtiːrən] *v (beschränken)* put a limit on

limitierte Dividende [limiˈtiːrtə diviˈdɛndə] *f* limited dividend

lineare Abschreibung [lineˈarə 'apʃraɪbʊŋ] *f* linear depreciation

lineares Wachstum [lineˈarəs 'vakstuːm] *n* linear growth

Linienflug ['liːnjənfluːk] *m* scheduled flight

Linienverkehr ['liːnjənferkeːr] *m* scheduled service, regular traffic

Liquidation [lɪkvɪdaˈtsjoːn] *f* liquidation, winding-up *(UK)*

Liquidationsauszahlungskurs [likvidaˈtsjoːnsaʊstsaːlʊŋskʊrs] *m* liquidation outpayment rate

Liquidationsbilanz [likvidaˈtsjoːnsbilants] *f* liquidation balance sheet, winding-up balance sheet

Liquidationserlös [likvidaˈtsjoːnsɛrløːs] *m* remaining assets after liquidation

Liquidationsgebühr [likvidaˈtsjoːnsgəbyːr] *f* liquidation fee

Liquidationskurs [likvidaˈtsjoːnskʊrs] *m* making-up price

Liquidationsrate [likvida'tsjo:nsra:tə] *f* liquidating dividend
Liquidationstermin [likvida'tsjo:nstɛrmi:n] *m* pay day
Liquidationsüberschuss [likvida'tsjo:nsy:bərʃus] *m* realization profit
Liquidationsvergleich [likvida'tsjo:nsfɛrglaıç] *m* liquidation-type composition
Liquidator [likvi'da:to:r] *m* liquidator
liquide [li'kvi:də] *adj* liquid, solvent, flush with cash
liquidieren [lıkvı'di:rən] *v* liquidate, wind up *(UK)*
Liquidität [lıkvıdi'tɛ:t] *f* 1. *(Zahlungsfähigkeit)* liquidity, solvency; 2. *(Zahlungsmittel)* liquid assets
Liquiditätsanleihe [likvidi'tɛ:tsanlaıə] *f* liquidity loan
Liquiditätsengpass [likvidi'tɛ:tsɛŋpas] *m* liquidity squeeze
Liquiditätsgrad [likvidi'tɛ:tsgra:t] *m* liquidity ratio
Liquiditätskonsortialbank [likvidi'tɛ:tskonzorts'ja:lbaŋk] *f* liquidity syndicate bank
Liquiditätspapier [likvidi'tɛ:tspapi:r] *n* liquidity papers *pl*
Liquiditätsquote [likvidi'tɛ:tskvo:tə] *f* liquidity ratio
Liquiditätsreserve [likvidi'tɛ:tsrezɛrvə] *f* liquidity reserves
Liquiditätsrisiko [likvidi'tɛ:tsri:ziko] *n* liquidity risk
Liquiditätsstatus [likvidi'tɛ:tsʃta:tus] *m* liquidity status
Liquiditätstheorie [likvidi'tɛ:tsteori:] *f* liquidity theory
Listenpreis ['lıstənpraıs] *m* list price
Liter ['li:tər] *m* litre *(UK)*, liter *(US)*
Lizenz [li'tsɛnts] *f* licence, license *(US)*
Lizenzgeber [li'tsɛntsge:bər] *m* licencer
Lizenzgebühr [li'tsɛntsgəby:r] *f* royalty, licence fee
Lizenznehmer [li'tsɛntsne:mər] *m* licencee
Lizenzvertrag [li'tsɛntsfɛrtra:k] *m* licence agreement
Lobby ['lɔbi] *f* lobby, pressure group
Logistik [lo'gıstık] *f* logistics *pl*
logistisch [lo'gıstıʃ] *adj* logistic, logistical
Logo ['lo:go] *n* logo, logograph
Lohn [lo:n] *m (Bezahlung)* wage(s), pay, earnings
Lohnausgleich ['lo:nausglaıç] *m* levelling of wages, cost of living adjustment, wage adjustment

Lohnbuchhaltung ['lo:nbu:xhaltuŋ] *f (Lohnbuchführung)* payroll accounting; *(Betriebsabteilung)* payroll department
Lohnempfänger ['lo:nɛmpfɛŋər] *m* wage earner
Lohnerhöhung ['lo:nɛrhø:uŋ] *f* pay increase, wage increase, pay raise *(US)*
Lohnforderung ['lo:nfɔrdəruŋ] *f* wage claim, pay claim
Lohnfortzahlung ['lo:nfɔrttsa:luŋ] *f (im Krankheitsfall)* sick pay, continuing payment of wages
lohnintensiv ['lo:nıntɛnzi:f] *adj* wageintensive, main power intensive
Lohnkosten ['lo:nkɔstən] *pl* labour costs, payload, costs incurred in wages
Lohnkürzung ['lo:nkyrtsuŋ] *f* pay cut
Lohnnebenkosten ['lo:nne:bənkɔstən] *pl* incidental labour costs, nonwage labour costs
Lohnniveau ['lo:nnivo:] *n* average wage, going rate of pay
Lohnpolitik ['lo:npoliti:k] *f* wages policy
Lohn-Preis-Spirale [lo:n'praısʃpira:lə] *f* wage-price spiral
Lohnrunde ['lo:nrundə] *f* pay round
Lohnsteuer ['lo:nʃtɔyər] *f* wage tax, withholding tax
Lohnsteuerkarte ['lo:nʃtɔyərkartə] *f* tax card
Lohnsteuerklasse ['lo:nʃtɔyərklasə] *f* wage tax class
Lohnstopp ['lo:nʃtɔp] *m* wage freeze
Lohnstreifen ['lo:nʃtraıfən] *m* payroll
Lohnvereinbarung ['lo:nfɛraınba:ruŋ] *f* wage agreement
Lokalbörse [lo'ka:lbœrzə] *f* local stock exchange
Lokalpapier [lo'ka:lpapi:r] *n* security only traded on a regional stock
Lokalmarkt [lo'ka:lmarkt] *m (Börse)* local stocks
Lokaltermin [lo'ka:ltɛrmi:n] *m* hearing at the locus in quo, on-the-spot investigation
Lokogeschäft [lo:'kogəʃɛft] *n* spot transaction
Lombard ['lɔmbart] *m/n* collateral holdings
Lombarddepot ['lɔmbartdepo:] *n* collateral deposit
Lombardeffekten ['lɔmbartɛfɛktən] *pl* securities serving as collateral
Lombardfähigkeit ['lɔmbartfɛ:içkaıt] *f* acceptability as collateral
Lombardgeschäft ['lɔmbartgəʃɛft] *n* collateral loan business

Lombardkredit ['lɔmbartkredi:t] *m* advance against securities, collateral credit

Lombardsatz ['lɔmbartzats] *m* lombard rate, bank rate ofr loans on securities

Lombardverzeichnis ['lɔmbartfɛrtsaıçnıs] *n* list of securities eligible as collateral

Lombardzinsfuß ['lɔmbarttsınsfu:s] *m* lending rate

Loroguthaben ['lo:rogu:tha:bən] *n* loro balance

Lorokonto ['lo:rokɔnto] *n* loro account

löschen ['lœʃən] *v 1. (Fracht)* unload; *2. (Daten)* delete, erase

Löschgebühren ['lœʃgəby:r] *f/pl* discharging expenses

Löschtaste ['lœʃtastə] *f* delete key

Löschung ['lœʃuŋ] *f* cancellation

Löschungsvormerkung ['lœʃuŋsvo:rmɛrkuŋ] *f* delete reservation

Loseblattausgabe [lo:zə'blat'ausga:bə] *f* loose-leaf edition

Losgröße ['lo:sgrø:sə] *f (Statistik)* lot size, *(Produktion)* batch size

Loskurs ['lo:skurs] *m* lottery quotation

Losnummer ['lo:snumər] *f (Produktion)* lot number

Lotterieanleihen [lɔtə'ri:anlaıən] *f* lottery bonds

loyal [lo'ja:l] *adj* loyal, staunch

Loyalität [loja:lı'tɛ:t] *f* loyalty

Lückenanalyse ['lykənanaly:zə] *f* gap analysis

Luftfracht ['luftfraxt] *f* air freight

Luftfrachtbrief ['luftfraxtbri:f] *m* airwaybill

Luftpost ['luftpɔst] *f* air mail

Luftverschmutzung ['luftfɛrʃmutsuŋ] *f* air pollution

lukrativ [lukra'ti:f] *adj* lucrative, profitable

Luxusgüter ['luksusgy:tər] *n/pl* luxury goods, luxuries

Luxussteuer ['luksusʃtɔyər] *f* luxury tax

M

Magazin [maga'tsi:n] *n (Lager)* warehouse, storehouse, stacker
magisches Vieleck ['ma:gɪʃəs 'fi:lɛk] *n* magic polygon
Mahnbescheid ['ma:nbəʃaɪt] *m* court notice to pay a debt
Mahnbrief ['ma:nbri:f] *m* reminder
mahnen ['ma:nən] *v 1. (warnen)* admonish, warn; *2. (auffordern)* urge
Mahngebühr ['ma:ngəby:r] *f* dunning charge, reminder fee
Mahnschreiben ['ma:nʃraɪbən] *n* reminder, letter demanding payment
Mahnung ['ma:nʊŋ] *f* demand for payment, reminder
Mahnverfahren ['ma:nfɛrfa:rən] *n* summary proceedings for debt recovery
Mailbox ['meɪlbɔks] *f* mailbox
Majorisierung [majori'zi:rʊŋ] *f* holding of the majority
Majoritätskäufe [majori'tɛ:tskɔyfə] *m/pl* buying of shares to secure the controlling interest in a company
Makler ['ma:klər] *m* broker
Maklerbank ['ma:klərbaŋk] *f* brokerage bank
Maklerbuch ['ma:klərbu:x] *n* broker's journal
Maklergebühr ['ma:klərgəby:r] *f* broker's commission
Maklerordnung ['ma:klərɔrdnʊŋ] *f* brokers' code of conduct
Makroökonomie [makroøkonomi:] *f* macroeconomics
Management [mɛnɛdʒmənt] *n* management
Managementinformationssystem ['mænɪdʒməntɪnfɔrma'tsjo:nszyste:m] *n* management information system
Manager [mɛnɪdʒər] *m* manager
Mandant [man'dant] *m* client
Mandat [man'da:t] *n* authorization, brief, retainer
Mangel ['maŋəl] *m 1. (Fehlen)* lack, deficiency, want; *2. (Fehler)* defect, shortcoming, fault
Mängelanzeige ['mɛŋlantsaɪgə] *f* notice of defect
mangelfrei ['maŋlfraɪ] *adj* free of defects

mangelhaft ['maŋəlhaft] *adj 1. (unvollständig)* lacking, deficient, imperfect; *2. (fehlerhaft)* defective, faulty
Mängelrüge ['mɛŋgəlry:gə] *f* complaint letter, notification of a defective product
Mangelware ['maŋəlva:rə] *f* product in short supply
manipulierte Währung [manipu'li:rtə 'vɛ:rʊŋ] *f* managed currency
Manko ['maŋko] *n (Fehlbetrag)* deficit
Mantel ['mantl] *m (zur einer Aktie)* share certificate
Manteltarif ['mantəltari:f] *m* industry-wide collective agreement
Manteltarifvertrag [mantlta'ri:ffɛrtra:k] *m* basic collective agreement
Manteltresor ['mantltrɛzo:r] *m* bond and share
manuell [manu'ɛ:l] *adj* manual; *adv* manually
Manufaktur [manufak'tu:r] *f* manufactory
Marge ['marʒə] *f* margin
Marginalwert [margi'na:lvɛrt] *m* marginal value
Marke ['markə] *f* brand, mark, trademark
Markenartikel ['markənartɪkəl] *m* name brand, trade-registered article
Markenfamilie ['markənfami:ljə] *f* brand family
Markenname ['markənna:mə] *m* brand name, proprietary label
Markenschutz ['markənʃuts] *m* trademark protection, protection of proprietary rights
Markentreue ['markəntrɔyə] *f* brand name loyalty, brand insistence
Markenwechsel ['markənvɛksəl] *m* brand switching
Markenzeichen ['markntsaɪçən] *n* trademark, brand figure
Marketing ['markətɪŋ] *n* marketing
Marketingabteilung ['markətɪŋaptaɪlʊŋ] *f* marketing department
Marketingberater(in) ['markətɪŋbəra:tər(ɪn)] *m/f* marketing consultant
Marketingkonzept ['markətɪŋkɔntsɛpt] *n* marketing concept
Marketing-Mix ['markətɪŋmiks] *m* mixture of marketing strategies
Markt ['markt] *m* market, marketplace

Marktanalyse ['marktanaly:zə] *f* market analysis
Marktanpassung ['marktanpasuŋ] *f* market adjustment
Marktanteil ['marktantaɪl] *m* share of the market, market share
Marktbeherrschung ['marktbəhɛrʃuŋ] *f* market dominance
Marktbeobachtung [marktbə'o:baxtuŋ] *f* observation of markets
Marktdurchdringung [marktdurç'drɪŋuŋ] *f* market penetration
Markteintrittsbarrieren ['marktaɪntrɪtsbarje:rən] *f/pl* barriers to entry
Marktergebnis ['marktɛrge:pnɪs] *n* market performance
Markterschließung ['marktɛrʃli:suŋ] *f* opening of new
marktfähig ['marktfɛ:ɪç] *adj* marketable
Marktform ['marktfɔrm] *f* market form
Marktforschung ['marktfɔrʃuŋ] *f* market research
Marktforschungsinstitut ['marktfɔrʃuŋsinstitu:t] *n* market research institute
Marktführer ['marktfy:rər] *m* market leader
Marktlage ['marktla:gə] *f* state of the market, market situation
Marktlücke ['marktlykə] *f* market niche, market gap
Marktmacht ['marktmaxt] *f* market power
Marktordnung ['marktɔrdnuŋ] *f* market organization
Marktposition ['marktpozitsjo:n] *f* market position
Marktpotenzial ['marktpotɛntsja:l] *n* market potential
Marktpreis ['marktpraɪs] *m* market price
marktreif ['marktraɪf] *adj* ready for the market, fully developed, market ripe
Marktsättigung ['marktzɛtɪguŋ] *f* market saturation
Marktschwankung ['marktʃvaŋkuŋ] *f* market fluctuation
Marktsegmentierung ['marktzɛgmɛnti:ruŋ] *f* market segmentation
Marktstruktur ['marktʃtruktu:r] *f* market structure
Markttest ['markttɛst] *m* acceptance test
Markttransparenz ['markttransparɛnts] *f* transparency of the market
marktüblicher Zins ['markty:plɪçər 'tsɪns] *m* interest rate customary in the market
Marktuntersuchung ['marktuntərzu:xuŋ] *f* market survey

Marktvolumen ['marktvolu:mən] *n* market volume
Marktwert ['marktve:rt] *m* fair market value, commercial value
Marktwirtschaft ['marktvɪrtʃaft] *f* free market economy, free enterprise economy
Marktzins ['markttsɪns] *m* market rate of interest
Maschine [ma'ʃi:nə] *f* machine
maschinell [maʃi'nɛl] *adj* mechanical; *adv* mechanically
Maschinenbau [ma'ʃi:nənbau] *m* mechanical engineering
maschinenlesbar [ma'ʃi:nənle:sba:r] *adj* machine-readable
Maschinenschaden [ma'ʃi:nənʃa:dən] *m* engine trouble, engine failure
Maschinenschlosser [ma'ʃi:nənʃlɔsər] *m* mechanic, fitter
Maschinenversicherung [ma'ʃi:nənfɛrzɪçəruŋ] *f* machine insurance
Maß [ma:s] *n* measure
Maßarbeit ['ma:sarbaɪt] *f* work made to measure
Mass-Customization ['mæs kastəmaɪ'zeɪʃən] *f* mass customization
Massegläubiger ['masəglɔybigər] *m* preferential creditor
Maßeinheit ['ma:saɪnhaɪt] *f* unit of measurement
Massenarbeitslosigkeit ['masənarbaɪtslo:zɪçkaɪt] *f* mass unemployment
Massenartikel ['masənartɪkəl] *m* high-volume product, mass-produced article
Massenentlassung ['masənɛntlasuŋ] *f* mass dismissal, layoff
Massenfabrikation ['masənfabrikatsjo:n] *f* mass production
Massenfertigung ['masnfɛrtɪguŋ] *f* mass production
Massenfilialbetrieb [masn'filia:lbətri:p] *m* large-scale chain operation
Massengüter ['masngy:tər] *n/pl* bulk goods, commodities
Massenkommunikation ['masnkɔmunikatsjo:n] *f* mass communication
maßgefertigt ['ma:sgəfertɪçt] *adj* manufactured to measure
Maßstab ['ma:sʃta:p] *m* 1. criterion; 2. yardstick
Master of Business Administration (MBA) ['ma:stər əv 'bɪznəs ədminə'streɪʃən] *m* Master of Business Administration *(MBA)*

Material [mateˈrjaːl] *n* material
Materialaufwand [mateˈrjaːlaufvant] *m* expenditure for material
Materialbuchhaltung [mateˈrjaːlbuːxhaltuŋ] *f* inventory accounting
Materialfehler [mateˈrjaːlfeːlər] *m* defect in the material
Materialkosten [mateˈrjaːlkɔstən] *pl* material costs
Matrix [ˈmaːtrɪks] *f* matrix
Matrix-Organisation [ˈmaːtɪksɔrganizaˌtsjoːn] *f* matrix organization
Maus [ˈmaus] *f (EDV)* mouse
Mautgebühr [ˈmautgəbyːr] *f* toll
Maximalgewicht [maksiˈmaːlgəvɪçt] *n* maximum weight
Maximierung [ˈmaksimiːruŋ] *f* maximization
Maximum [ˈmaksimum] *n* maximum
Mechaniker [meˈçaːnɪkər] *m* mechanic
mechanisch [meˈçaːnɪʃ] *adj* mechanical
mechanisieren [meçaniˈziːrən] *v* mechanize
Mechanisierung [meçaniˈziːruŋ] *f* mechanization
Mediaplanung [ˈmeːdjaplaːnuŋ] *f* media planning
Megabyte [ˈmegabaɪt] *n* megabyte
Megatonne [ˈmegatɔnə] *f* megaton
Mehrarbeit [ˈmeːrarbaɪt] *f* additional work, overtime
Mehraufwand [ˈmeːraufvant] *m* additional expenditure, additional expenses
Mehreinnahme [ˈmeːraɪnnaːmə] *f* additional receipt, additional income
Mehrfachfertigung [ˈmeːrfaxfɛrtɪguŋ] *f* multiple-process production
Mehrheitsbeschluss [ˈmeːrhaɪtsbəʃlus] *m* majority decision
Mehrheitsbeteiligung [ˈmeːrhaɪtsbətaɪlɪguŋ] *f* majority interest
Mehrkosten [ˈmeːrkɔstən] *pl* additional costs
Mehrlieferung [ˈmeːrliːfəruŋ] *f* additional delivery
Mehrlinienorganisation [ˈmeːrliːnjənɔrganisatjoːn] *f* multiple-line organization
Mehrproduktunternehmen [ˈmeːrproduktuntərneːmən] *n* multi-product company
mehrstellig [ˈmeːrʃtɛlɪç] *adj (Zahlen)* multi-digit
Mehrstimmrecht [ˈmeːrʃtɪmənrɛxt] *n* multiple voting right
Mehrstimmrechtsaktie [ˈmeːrʃtɪmɛxtsaktsjə] *f* multiple voting share

Mehrwegverpackung [ˈmeːrveːkfɛrpakuŋ] *f* two-way package
Mehrwert [ˈmeːrveːrt] *m* value added
Mehrwertsteuer [ˈmeːrvɛrtʃtɔyər] *f* value-added tax
Meineid [ˈmaɪnaɪt] *m* perjury
Meinung [ˈmaɪnuŋ] *f* opinion
Meinungsforschung [ˈmaɪnuŋsfɔrʃuŋ] *f* public opinion research
Meinungsführer [ˈmaɪnuŋsfyːrər] *m* opinion leader
Meinungskäufe [ˈmaɪnuŋskɔyfə] *m/pl* speculative buying
Meistbegünstigung [ˈmaɪstbəgynstɪguŋ] *f* most-favoured nation treatment
Meistbegünstigungsklausel [ˈmaɪstbəgynstɪguŋsklauzl] *f* most-favoured nation clause
meistbietend [ˈmaɪstbiːtənt] *adj* highest-bidding
Meister [ˈmaɪstər] *m (Handwerker)* master craftsman, foreman
Meisterbetrieb [ˈmaɪstərbətriːp] *m* master craftsman's business
Meisterbrief [ˈmaɪstərbriːf] *m* master craftsman's diploma
Meisterprüfung [ˈmaɪstərpryːfuŋ] *f* master craftsman qualifying examination
Meldebehörde [ˈmɛldəbəhœrdə] *f* registration office
Meldebestand [ˈmɛldəbəʃtant] *m* reordering quantity, reorder point
Meldefrist [ˈmɛldəfrɪst] *f* registration deadline
melden [ˈmɛldən] *v 1. (mitteilen)* report; *2. (ankündigen)* announce; *3. (anmelden)* register; *4. (am Telefon) sich ~* answer
Meldepflicht [ˈmɛldəpflɪçt] *f* obligation to register, compulsory registration, duty to report
meldepflichtig [ˈmɛldəpflɪçtɪç] *adj* required to register
Menge [ˈmɛŋə] *f (bestimmte Anzahl)* amount, quantity
Mengenabschreibung [ˈmɛŋənapʃraɪbuŋ] *f* production-method of depreciation
Mengenangabe [ˈmɛŋənangaːbə] *f* statement of quantity
Mengenkontingent [ˈmɛŋənkɔntɪŋɛnt] *n* quantity quota
Mengenkurs [ˈmɛŋənkurs] *m* direct exchange
Mengennotierung [ˈmɛŋənnotiːruŋ] *f* indirect quotation, indirect method of quoting foreign exchange

Mengenrabatt ['mɛŋənrabat] *m* quantity discount, bulk discount, volume discount

Mengenzoll ['mɛŋəntsɔl] *m* quantitative tariff

Menschenführung ['mɛnʃənfy:ruŋ] *f* leadership, management

Mergers & Acquisitions (M & A) ['mɛ:dʒərs ən ækvɪ'zɪʃəns] *pl* mergers & acquisitions

Merkantilismus [mɛrkanti'lɪsmʊs] *m* mercantile system

Merkposten ['mɛrkpɔstn] *m* memorandum item

messbar ['mɛsba:r] *adj* measurable

Messdaten ['mɛsda:tən] *pl* measurements

Messe ['mɛsə] *f (Ausstellung)* fair, trade show

Messebesucher ['mɛsəbəzu:xər] *m* visitor to the fair, visitor to the trade show

Messegelände ['mɛsəgəlɛndə] *n* exhibition grounds

Messestand ['mɛsəʃtant] *m* booth at a trade show

Messtechnik ['mɛstɛçnɪk] *f* measuring technology

Messung ['mɛsʊŋ] *f* measuring

Messwert ['mɛsvɛ:rt] *m* measured value, reading

Metallarbeiter [me'talarbaɪtər] *m* metalworker

Metallbörse [me'talbœrzə] *f* Metal Exchange

Metalldeckung [me'taldekʊŋ] *f* metal cover

Metallgeld [me'talgɛlt] *n* metallic money

Metallindustrie [me'talɪndʊstri:] *f* metalworking industry

Metallwährung [me'talvɛ:rʊŋ] *f* metallic currency

Meter ['me:tər] *m* metre *(UK)*, meter *(US)*

Miete ['mi:tə] *f* rent, lease, tenancy

mieten ['mi:tən] *v* rent, hire

Mieter(in) ['mi:tər(ɪn)] *m/f* tenant

Mietkauf ['mi:tkauf] *m* lease with option to purchase

Mietpreis ['mi:tpraɪs] *m* rent

Mietpreisbindung ['mi:tpreɪsbɪndʊŋ] *f* rent control

Mietspiegel ['mi:tʃpi:gəl] *m* representative list of rents

Mietverlängerungsoption ['mi:tfɛrlɛŋərʊŋsɔptsjo:n] *f* lease renewal option

Mietvertrag ['mi:tfɛrtra:k] *m* tenancy agreement, lease

Mietwagen ['mi:tva:gən] *m* hire car, rented car

Mietwucher ['mi:tvu:xər] *m* exorbitant rent

Mietzins ['mi:ttsɪns] *m* rent

Mikrochip ['mi:krotʃɪp] *m* microchip

Mikrocomputer ['mikrokɔmpju:tər] *m* microcomputer

Mikroelektronik [mi:kroelɛk'tro:nɪk] *f* microelectronics

Mikrofiche ['mi:krofɪʃ] *m/n* microfiche

Mikrofilm ['mi:krofɪlm] *m* microfilm

Mikroökonomie ['mikroøkonomi:] *f* microeconomics

Mikroprozessor [mi:kropro'tsɛsɔr] *m* microprocessor

Milliarde [mɪl'jardə] *f* thousand millions *(UK)*, billion *(US)*

Milligramm ['mɪligram] *n* milligramme, milligram

Milliliter ['mɪlili:tər] *m* millilitre *(UK)*, milliliter *(US)*

Millimeter [mili'me:tər] *m* millimetre

Million [mɪl'jo:n] *f* million

Minderkaufmann ['mɪndərkaufman] *m* small trader

Minderlieferung ['mɪndərli:fərʊŋ] *f* short delivery, short shipment

mindern ['mɪndərn] *v (verringern)* diminish, lessen, reduce

Minderung ['mɪndərʊŋ] *f* reduction, diminishing

minderwertig ['mɪndərvɛ:rtɪç] *adj* inferior, substandard

Mindestabnahme ['mɪndəstapna:mə] *f* minimum purchase quantity

Mindestbestellmenge ['mɪndəstbəʃtɛlmɛŋə] *f* minimum quantity order

Mindestbetrag ['mɪndəstbətra:k] *m* minimum amount

Mindesteinfuhrpreise ['mɪndəstaɪnfu:rpraɪzə] *m/pl* minimum import price

Mindesteinlage ['mɪndəstaɪnla:gə] *f* minimum investment

Mindestfracht ['mɪndəstfra:xt] *f* minimum freight rate

Mindestgebot ['mɪndəstgəbo:t] *n* minimum bid

Mindesthöhe ['mɪndəsthø:ə] *f* minimum amount

Mindestkapital ['mɪndəstkapita:l] *n* minimum capital

Mindestlohn ['mɪndəstlo:n] *m* minimum wage

Mindestpreis ['mɪndəstpraɪs] *m* minimum price

Mindestreserve ['mɪndəstrezɛrvə] *m* minimum (legal) reserves
Mindestzins ['mɪndəsttsɪns] minimum interest rate
Mineralöl [mine'raːløːl] *n* mineral oil
Mineralölkonzern [mine'raːløːlkɔntsɛrn] *m* oil company
Mineralölsteuer [mine'raːløːlʃtɔyər] *f* mineral oil tax
Minimalkosten [mini'malkɔstən] *pl* minimum cost
Minimum ['mɪnimum] *n* minimum
Minus ['miːnus] *n* deficit
Mischfinanzierung ['mɪʃfinantsiːruŋ] *f* mixed financing
Mischkalkulation ['mɪʃkalkulatsjoːn] *f* compensatory pricing
Mischzoll ['mɪʃtsɔl] *m* mixed tariff
Misfit-Analyse ['mɪsfɪt anaˈlyːzə] *f* misfit analysis
Missbrauch ['mɪsbraux] *m* improper use
missbrauchen [mɪs'brauxən] *v* abuse; *(falsch gebrauchen)* misuse
Misswirtschaft ['mɪsvɪrtʃaft] *f* mismanagement
mit getrennter Post [mɪt gə'trɛntər 'pɔst] under separate cover
Mitarbeit ['mɪtarbaɪt] *f* collaboration
Mitarbeiter(in) ['mɪtarbaɪtər(ɪn)] *m/f* 1. co-worker; 2. *(Angestellte(r))* employee; 3. *(an Projekt)* collaborator; 4. *freie(r)* ~ freelancer
Mitarbeiterbeurteilung ['mɪtarbaɪtərbəurtaɪluŋ] *f* performance appraisal
Mitarbeitergespräch ['mɪtarbaɪtgəʃprɛːç] *n* employee interview
Mitbegründer ['mɪtbəgryndər] *m* co-founder
mitbestimmen ['mɪtbəʃtɪmən] *v* share in a decision
Mitbestimmung ['mɪtbəʃtɪmuŋ] *f* codetermination, workers' participation
Mitbewerber(in) ['mɪtbəvɛrbər(ɪn)] *m/f* other applicant, competitor
Miteigentum co-ownership
Miteigentum ['mɪtaɪgəntuːm] *n* co-ownership
Mitglied ['mɪtgliːt] *n* member
Mitinhaber(in) ['mɪtinhaːbər(ɪn)] *m/f* co-owner
Mitläufereffekt ['mɪtlɔyfərɛfɛkt] *m* bandwagon effect
Mitteilungspflicht ['mɪtaɪluŋspflɪçt] *f* obligation to furnish information
Mittel ['mɪtəl] *pl (Geld)* means, funds, money

mittelfristig ['mɪtəlfrɪstɪç] *adj* medium-term, medium-range
Mittelkurs ['mɪtəlkurs] *m* medium price
Mittelstand ['mɪtəlʃtant] *m* middle class
mittelständisch ['mɪtəlʃtɛndɪʃ] *adj* middle-class
Mittelwert ['mɪtlveːrt] *m* average value
mittlere Verfallszeit ['mɪtlərə fɛr'falstsaɪt] *f* mean due date
Mitunternehmer ['mɪtunternɛːmər] *m* co-partner; co-entrepreneur
Mitwirkung ['mɪtvɪrkuŋ] *f* intermediation
Mobbing ['mɔbɪŋ] *n* mobbing
mobil [mo'biːl] *adj* movable
Mobilfunk [mo'biːlfuŋk] *m* mobile communication, mobile telephone service
Mobilien [mo'biːljən] *pl* movable goods
Mobilisierungspapiere [mobili'ziːruŋspapiːrə] *n/pl* mobilization papers
Mobilisierungspfandbriefe [mobili'ziːruŋspfantbriːfə] *m/pl* mobilization mortgage bond
Mobilisierungstratte [mobili'ziːruŋstratə] *f* mobilization draft
Mobilität [mobili'tɛːt] *f* mobility
Mobiltelefon [mo'biːltelefoːn] *n* mobile phone, cellular phone
Mode ['moːdə] *f* fashion
Modeartikel ['moːdəartɪkəl] *m* fashionable article
Modell [mo'dɛl] *n* model
Modellreihe [mo'dɛlraɪə] *f* model range
Modellversuch [mo'dɛlfɛrzuːx] *m* test
Modem ['moːdəm] *m/n* modem
modern [mo'dɛrn] *adj* modern; *(modisch)* fashionable
modifizieren [modifi'tsiːrən] *v* modify
monatlich ['moːnatlɪç] *adj* monthly
monatliche Erfolgsrechnung ['moːnatlıçə ɛr'fɔlgsreçnuŋ] *f* monthly income statement
Monatsberichte der Deutschen Bundesbank ['moːnatsbərıçtə deːr 'dɔytʃən 'bundəsbaŋk] *m/pl* monthly reports of the Deutsche Bundesbank
Monatsbilanz ['moːnatsbilants] *f* monthly balance sheet
Monatsgeld ['moːnatsgɛlt] *n* one month money
Mondpreis ['moːntpraɪs] *m* unreal (high or low) price
monetär [mone'tɛːr] *adj* monetary
Monetary Fund (IMF) ['manɪtəri 'fant] *m* Monetary Fund

Monetisierung ['moneti'ziːruŋ] *f* monetization
Monitor ['moːnɪtoːr] *m* monitor
Monitoring ['monɪtorɪŋ] *n* monitoring
Monokultur ['moːnokultuːr] *f* monoculture
Monopol [mono'poːl] *n* monopoly
Monopolkommission [mono'poːlkɔmɪsjoːn] *f* monopolies commission
Monopolpreis [mono'poːlprais] *m* monopoly price
Montage [mɔn'taːʒə] *f (Einrichten)* installation
Montagehalle [mɔn'taːʒəhalə] *f* assembly shop, assembly building
Montanindustrie [mɔn'taːnɪndustriː] *f* coal and steel industry
Monteur [mɔn'tøːr] *m* fitter, assembler
montieren [mɔn'tiːrən] *v* mount, fit; *(zusammenbauen)* assemble
Moratorium [mora'toːrjum] *n 1. (Recht)* standstill agreement; *2. (Geld)* debt deferral
Motor ['moːtɔr] *m* engine, motor
Müll [myl] *m* waste, rubbish, refuse
Mülldeponie ['myldeponiː] *f* rubbish dump, waste disposal site
Müllverbrennung ['mylfɛrbrɛnuŋ] *f* refuse incineration
Müllvermeidung ['mylfɛrmaɪduŋ] *f* avoidance of excess rubbish
multifunktional [multifuŋktsjoˈnaːl] *adj* multifunctional
multilateral [multilate'raːl] *adj* multilateral
multilateraler Handel ['multilateraːlər 'handəl] *m* multilateral trade
Multimedia [multi'meːdja] *n* multimedia
multimedial [multi'meːdjal] *adj* multimedia
multinationales Unternehmen ['multinatsjonaːlə untər'neːmən] *n* multinational company
Multiplikation [multiplika'tsjoːn] *f* multiplication
multiplizieren [multipli'tsiːərn] *v* multiply

Multitasking ['maltitaːskɪŋ] *n (Computer)* multitasking
Mündelgeld ['myndəlgɛlt] *n* money held in trust for a ward
mündelsichere Papiere ['myndəlzɪçəre pa'piːrə] *n/pl* trustee securities
Mündigkeit ['myndɪçkaɪt] *f* majority
mündlich ['myndlɪç] *adj* oral, vebal; *adv* orally, verbally
Münze ['myntsə] *f* coin
Münzfernsprecher ['myntsfɛrnʃprɛçər] *m* call-box *(UK)*, pay phone *(US)*
Münzgeld ['myntsgɛlt] *n* species
Münzgewinn ['myntsgəvɪn] *m* seignorage
Münzhandel ['myntshandəl] *m* dealings in gold and silver coins
Münzhoheit ['myntshohaɪt] *f* monetary sovereignty
Münzregal ['myntsregaːl] *n* exclusive right of coinage
Musskaufmann ['muskaufman] *m* enterprise commercial by its nature
Muster ['mustər] *n 1. (Vorlage)* pattern; *2. (Probe)* sample, specimen; *3. (Design)* pattern, design
Muster ohne Wert ['mustr 'oːnə 'veːrt] *n* sample with no commercial value
Musterkoffer ['mustərkɔfər] *m* samples case
Mustermappe ['mustərmapə] *f* sample bag
Mustermesse ['mustərmɛsə] *f* samples fair
Mustersendung ['mustərzɛnduŋ] *f* sample consignment
Muttergesellschaft ['mutərɡəzɛlʃaft] *f* parent company
Mutterschaftsgeld [mutərʃaftsgɛlt] *n* maternity allowance
Mutterschaftsurlaub ['mutərʃaftsurlaup] *m* maternity leave
Mutterschutz ['mutərʃuts] *m* protective legislation for working mothers
Muttersprache ['mutərʃpraːxə] *f* native language, mother tongue

N

Nachbarschaftsrecht ['naxba:rʃaftsrɛçt] *n* adjacent right

Nachbehandlung ['na:xbəhandluŋ] *f* follow-up treatment

nachberechnen ['na:xbərɛçnən] *v* make a supplementary charge

Nachbereitung ['na:xbəraituŋ] *f* after treatment

nachbessern ['na:xbɛsərn] *v* touch up, apply finishing touches to

Nachbesserung ['na:xbɛsəruŋ] *f* rectification defects; rework

nachbestellen ['na:xbəʃtɛlən] *v* reorder, repeat an order, place a repeat order

Nachbestellung ['na:xbəʃtɛluŋ] *f* repeat order, reorder, additional order

Nachbezugsrecht ['na:xbətsu:ksrɛçt] *n* right to a cumulative dividend

Nachbörse ['na:xbœrzə] *f* after-hours dealing

Nachbürgschaft ['na:xbyrkʃaft] *f* collateral guarantee

nachdatiert ['na:xdati:rt] *adj* post-dated

nach Diktat verreist ['na:x dıktat fɛrraıst] dictated by ... signed in his absence

Nachdividende ['na:xdividɛndə] *f* dividend payable for previous years

nach Erhalt der Rechnung [na:x ɛr'halt de:r 'rɛçnuŋ] on receipt of the invoice

Nachfolger(in) ['na:xfɔlgər(ın)] *m/f* successor

Nachfrage ['na:xfra:gə] *f (Bedarf)* demand

Nachfragerückgang ['na:xfra:gərykgaŋ] *m* decrease in demand

Nachfrist ['na:xfrıst] *f* period of grace, extension of time

Nachgebühr ['na:xgəby:r] *f* surcharge, additional postage

Nachgründung ['na:xgryndoŋ] *f* post-formation acquisition

Nachindossament ['na:xındɔsamɛnt] *n* endorsement of an overdue bill of ex-change

Nachkalkulation ['na:xkalkulatsjo:n] *f* statistical cost accounting, actual costing

Nachlass ['na:xlas] *m* inheritance

Nachlassgericht ['na:xlasgərıçt] *n* probate court

Nachlassverwalter ['na:xlasfɛrvaltər] *m* executor (of the estate)

nachliefern ['na:xli:fərn] *v* furnish an additional supply, deliver subsequently

Nachlieferung ['na:xli:fəruŋ] *f* additional supply, subsequent delivery

Nachnahme ['na:xna:mə] *f* cash on delivery, collect on delivery *(US)*

Nachname ['na:xna:mə] *m* last name, surname, family name

Nachorder ['na:xɔrdər] *f* follow-up order

Nachporto ['na:xpɔrto] *n* postage due

nachprüfen ['na:xpry:fən] *v* check, make sure, verify

Nachprüfung ['na:xpry:fuŋ] *f* re-examination

nachrangige Finanzierung ['na:xraŋıgə finan'tsi:ruŋ] *f* junior financing

nachrechnen ['na:xrɛçnən] *v* recalculate check a calculation, examine

Nachricht ['na:xrıçt] *f* news

Nachrichtentechnik ['na:xrıçtəntɛçnık] *f* telecommunications

nachrüsten ['na:xrystən] *v (Gerät)* upgrade, modernize, refit

Nachsaison ['na:xzɛzɔŋ] *f* postseason

Nachschuss ['na:xʃus] *m (an der Börse)* margin

Nachschusspflicht ['na:xʃuspflıçt] *f* obligation to make an additional contribution

Nachsendeauftrag ['na:xzɛndəauftra:k] *m* application to have mail forwarded

nachsenden ['na:xzɛndən] *v irr* forward, redirect

Nachsichtwechsel ['na:xzıçtvɛksəl] *m* after-sight bill

Nachtarbeit ['naxtarbait] *f* night work

Nachtdienst ['naxtdi:nst] *m* night duty, night service

Nachteil ['na:xtail] *m* disadvantage, drawback

nachteilig [na:xtailıç] *adj* disadvantageous, detrimental, harmful

Nachtragshaushalt ['na:xtra:kshaushalt] *m* interim budget, supplementary budget

Nachtschicht ['naxtʃıçt] *f* night shift

Nachttarif ['naxttari:f] *m* off-peak rate, night rate

Nachttresor ['naxttrezo:r] *m* night safe

nachzahlen ['na:xtsa:lən] *v* pay afterwards, make a back payment

Nachzahlung ['naːxtsaːluŋ] *f* supplementary payment
Nadeldrucker ['naːdəldrukər] *m* matrix printer, wire printer
Nahverkehr ['naːfɛrkeːr] *m* local traffic
Nahverkehrszug ['naːfɛrkeːrstsuːk] *m* commuter train
Namensaktie ['naːmənsaktsjə] *f* registered share
Namenspapier ['naːmənspapiːr] *n* registered security
Namensschild ['naːmənsʃɪlt] *n* nameplate
nasse Stücke ['nasə 'ʃtykə] *n/pl* unissued mortgage bonds still in trustee's hands
national [natsjo'naːl] *adj* national
nationale Souveränitätsrechte [natsjo-'naːlə zuvəreni'tɛːtsrɛçtə] *n/pl* national sovereignty rights
Nationalfeiertag [natsjo'naːlfaɪərtaːk] *m* national holiday
Nationalökonomie [natsjo'naːløkonomiː] *f* economics
Naturadarlehen [natu'raːldaːrleːən] *n* loan granted in form of a mortgage bond
Naturalgeld [natu'raːlgɛlt] *n* commodity money
Naturalkredit [natu'raːlkrediːt] *m* credit granted in kind
Naturallohn [natu'raːlloːn] *m* wages paid in kind
Naturaltilgung [natu'raːltɪlguŋ] *f* redemption in kind
natürliche Person [na'tyːrlɪçə 'pɛrzoːn] *f* natural person
Naturwissenschaft [na'tuːrvɪsənʃaft] *f* natural science
Nearbanken ['niːrbaŋkən] *f/pl* near banks
Nebenabreden ['neːbənapreːdən] *f/pl* subsidiary agreement
Nebenanschluss ['neːbənanʃlus] *m* extension
Nebenausgabe ['neːbənausgaːbə] *f* incidental expense
Nebenberuf ['neːbənbəruːf] *m* secondary occupation, second job, sideline
nebenberuflich ['neːbənbəruːflɪç] *adj* part-time
Nebenbeschäftigung ['neːbənbəʃɛftɪguŋ] *f* second occupation, spare time work, additional occupation
Nebeneinkünfte ['neːbənaɪnkynftə] *pl* additional income, side income
Nebenklage ['neːbənklaːgə] *f* civil action incidental to criminal proceedings

Nebenkläger ['neːbənklɛːgər] *m* co-plaintiff
Nebenkosten ['neːbənkɔstən] *pl* incidental expenses, additional expenses, ancillary costs
Nebenkostenstelle ['neːbənkɔstənʃtɛlə] *f* indirect center
Nebenplatz ['neːbənplats] *m* place without a Federal Bank office
Nebenprodukt ['neːbənprodukt] *n* by-product
Nebenstellenanlagen ['neːbənʃtɛlənanlaːgən] *f/pl* private automatic branch exchanges
Nebentätigkeit ['neːbəntɛːtɪçkaɪt] *f* secondary occupation
Negativerklärung ['negatiːfɛrklɛːruŋ] *f* negative declaration
Negativhypothek ['negatiːfhypoteːk] *f* borrower's undertaking to create no new
Negativimage ['neːgatiːfɪmɪdʒ] *n* negative image
Negativklausel ['negatiːfklauzl] *f* negative clause
Negativzins ['negatiːftsɪns] *m* negative interest
Negotiation [negotsja'tsjoːn] *f* negotiation
Negotiationskredit [negotsja'tsjoːnskrediːt] *m* credit authorizing negotiation of bills
Nennwert ['nɛnveːrt] *m* nominal value, face-value
Nennwertaktie ['nɛnveːrtaktsjə] *f* par value share
nennwertlose Aktie ['nɛnveːrtloːzə 'aktsjə] *f* no par value share
netto ['nɛto] *adv* net
Netto-Anlagevermögen ['nɛtoanlaːgəfɛrmøːgən] *n* net fixed assets
Netto-Dividende [nɛtodividɛndə] *f* net dividend
Nettoeinkommen ['nɛtoaɪnkɔmən] *n* net income
Nettoertrag ['nɛtoɛrtraːk] *m* net earnings *pl*, net proceeds *pl*, net return, net yield
Nettogeschäft ['nɛtogəʃɛft] *n* net-price transaction f
Nettogewicht ['nɛtogəvɪçt] *n* net weight
Nettogewinn ['nɛtogəvɪn] *m* net profit, net earnings
Nettoinvestition ['nɛtoɪnvɛstitsjoːn] *f* net investment
Nettokreditaufnahme ['nɛtokrediːtaufnaːme] *f* net (government) borrowing; net credit intake
Nettokurs ['nɛtokurs] *m* net price

Nettolohn [ˈnɛtoloːn] *m* net wages
Nettoneuverschuldung [nɛtoˈnɔyfɛrʃuldun] *f* net new indebtedness
Nettopreis [ˈnɛtoprais] *m* net price
Nettosozialprodukt [nɛtosoˈtsjaːlprodukt] *n* net national product
Nettoumsatz [ˈnɛtoumzats] *m* net turnover
Nettoverdienst [ˈnɛtofɛrdiːnst] *m* net earnings *pl*
Nettovermögen [ˈnɛtofɛrmøːgən] *n* net assets
Nettoverschuldung [ˈnɛtofɛrʃuldun] *f* net indebtedness
Nettozinssatz [ˈnɛtotsɪnssats] *m* net interest rate
Netzanschluss [ˈnɛtsanʃlus] *m (Stromnetz)* mains connection, power supply line
Netzgerät [ˈnɛtsgərɛːt] *n* power pack
Netzplan [ˈnɛtsplaːn] *m* network planning
Netzplantechnik (NPT) [ˈnɛtsplaːntɛçnik] *f* network planning technique
Netzstecker [ˈnɛtsʃtɛkər] *m (Stromanschluss)* plug
Netzwerk [ˈnɛtsvɛrk] *n* network
Neuanschaffung [ˈnɔyanʃafun] *f* new acquisition
neuartig [ˈnɔyaːrtiç] *adj* novel, original
Neubauhypothek [ˈnɔybauhypoteːk] *f* mortgage loan to finance building of new dwelling-house
Neuentwicklung [ˈnɔyɛntvɪklun] *f* innovation, recent development, new development
Neuer Markt [ˈnɔyər ˈmarkt] *m* new market
Neueröffnung [ˈnɔyɛrœfnun] *f* opening; *(Wiedereröffnung)* reopening
Neugestaltung [ˈnɔygəʃtaltun] *f* rearrangement, redesign
Neugiro [ˈnɔyʒiːro] *n* new endorsement
Neugründung [ˈnɔygryndun] *f* new foundation
Neuheit [ˈnɔyhait] *f* novelty
Neupreis [ˈnɔyprais] *m* new price
Neuregelung [ˈnɔyreːgəlun] *f* new regulations
neutraler Aufwand [nɔyˈtraːlər ˈaufvant] *m* nonoperating expense
neutraler Ertrag [nɔyˈtraːlər ɛrˈtraːk] *m* nonoperating income
neutrales Geld [nɔyˈtraːləs gɛlt] *n* neutral money
Neuveranlagung [ˈnɔyfɛranlaːgun] *f* new assessment
Neuverschuldung [ˈnɔyfɛrʃuldun] *f* incurring new debt

Neuwert [ˈnɔyveːrt] *m* value when new; *(eines versicherten Gegenstandes)* replacement value
nicht an Order [nɪçt an ˈoːrdər] *f* not to order
nicht übertragbar [nɪçt yːbərˈtraːkbaːr] *adj* non-negotiable
Nicht-Bank [ˈnɪçtbaŋk] *f* non-bank
nichtig [ˈnɪçtɪç] *adj* void
nichtnotierte Aktie [ˈnɪçtnotiːrtə ˈaktsjən] *f* unquoted share
nichttarifäre Handelshemmnisse [nɪçttariˈfɛːrə ˈhandəlshɛmnɪsə] *n/pl* non-tariff trade barriers
Niederlassung [ˈniːdərlasun] *f* site, location, place of business, branch office
Niederlegung [ˈniːdərleːgun] *f (der Arbeit)* stoppage
Niederstwertprinzip [ˈniːdərstveːrtprɪntsiːp] *n* lowest value principle
Niedrigstkurs [ˈniːdrɪçstkurs] *m* floor price
Nießbrauch [ˈniːsbraux] *m* usufruct, lifelong right of use
Nischenstrategie [ˈniːʃənʃtrategiː] *f* concentration strategy
Niveau [niˈvoː] *n* level; *~ haben (fig)* to be of a high standard
Nominalbetrag [nomiˈnaːlbətraːk] *m* nominal amount
Nominaleinkommen [nomiˈnaːlainkɔmən] *n* nominal income
Nominalkapital [nomiˈnaːlkapitaːl] *n* nominal capital
Nominallohn [nomiˈnaːlloːn] *m* nominal wage
Nominalwert [nomiˈnaːlveːrt] *m* face value
Nominalzins [nomiˈnaːltsɪns] *m* nominal rate of interest
nominelles Eigenkapital [nomiˈnɛləs ˈaigənkapitaːl] *n* nominal capital borrowed
No-Name-Produkt [nouneimproˈdukt] *n* generic product
Nonprofit-Organisation [nɔnprofɪtɔrganizaˈtsjoːn] *f* nonprofit organization
Nordamerikanische Freihandelszone (NAFTA) [ˈnɔrtamɛrikaːnɪʃə fraiˈhandəlstsoːnə (ˈnafta)] *f* North American Freetrade Area *(NAFTA)*
Norm [nɔrm] *f* norm, standard; *(Regel)* rule
normal [nɔrˈmaːl] *adj* normal, regular, standard
Normalbeschäftigung [nɔrmaːlbəʃɛftɪgun] *f* normal level of capacity utilization; standard capacity

Normalgewinn [nɔr'maːlgəvɪn] *m* normal profit

Normalkosten [nɔr'maːlkɔstən] *pl* normal cost

Normalverbraucher(in) [nɔr'maːlfɛrbrauxər(ɪn)] *m/f* average consumer; *Otto ~ Joe Bloggs (UK), John Doe (US)*

Normalverkehr [nɔr'maːlfɛrkeːr] *m* normal transactions

Normung ['nɔrmuŋ] *f* standardization

Nostroeffekten ['nɔstroɛfɛktən] *pl* securities held by a bank at another bank

Nostroguthaben ['nɔstroguːthaːbən] *n* nostro balance

Nostrokonto ['nɔstrokɔnto] *n* nostro account

Nostronotadresse [nɔstro'noːtadrɛsə] *f* nostro address in case of need

Nostroverbindlichkeit ['nɔstrofɛrbɪntlɪçkaɪtən] *f* nostro liability

Notanzeige ['noːtantsaɪgə] *f* notice of dishonour

Notar [no'taːr] *m* notary

notariell [notar'jɛl] *adj* notarial; *adv ~ beglaubigt* notarized

Note ['noːtə] *f (Banknote)* bank-note, bill

Notebook ['nəʊtbʊk] *n* notebook

Noten ['noːtən] *pl* bank notes

Notenabstempelung ['noːtənapʃtɛmpəluŋ] *f* stamping of bank notes

Notenausgabe ['noːtənausgaːbə] *f* note issue

Notenbank ['noːtənbaŋk] *f* central bank

Notendeckung ['noːtəndɛkuŋ] *f* cover of note circulation

Noteneinlösungspflicht ['noːtənaɪnløːzuŋspflɪçt] *f* obligation to redeem notes

Notenkontingent ['noːtənkɔntɪŋgɛnt] *n* fixed issue of notes

Notenumlauf ['noːtənumlauf] *m* notes in circulation

Notfall ['noːtfal] *m* emergency

Notgeld ['noːtgɛlt] *n* emergency money

notieren [no'tiːrən] *v* quote, list

Notierung [no'tiːruŋ] *f* quotation

Notifikation [notifika'tsjoːn] *f* notification

Notiz [no'tiːts] *f* note

Notizbuch [no'tiːtsbuːx] *n* notebook

Notleidende Forderung ['noːtlaɪdəndə 'fɔrdəruŋ] *f* claim in default

notwendiges Betriebsvermögen ['noːtvɛndɪgəs bə'triːpsfɛrmøːgn] *n* necessary business property

notwendiges Privatvermögen ['noːtvɛndɪgəs privaːtfɛrmøːgn] *n* necessary private property

Nullrunde ['nulrundə] *f* wage freeze

Nulltarif [nultariːf] *m* nil tariff

Nullwachstum ['nulvakstuːm] *n* zero growth

Nummerierung [numə'riːruŋ] *f* numbering

Nummernkonto ['numərnkɔnto] *n* number account, numbered account

Nummernverzeichnis [numərnfɛrtsaɪçnɪs] *n* list of serial numbers of securities purchased

nur gegen Totalverlust versichert (t.l.o.) [nuːr 'geːgn to'taːlfɛrlust fɛr'zɪçərt] total loss only *(t.l.o.)*

nur zur Verrechnung [nuːr tsuːr fɛrɛçnuŋ] for account only

Nutzen ['nutsən] *m* use; *von ~ sein* to be of use; *(Vorteil)* advantage, benefit

Nutzfahrzeug ['nutsfaːrtsɔyk] *n (Lastkraftwagen)* lorry *(UK)*, truck *(US)*

Nutzkosten ['nutskɔstən] *pl* utility costs

nutzlos [nutsloːs] *adj* useless, futile, pointless

Nutznießer ['nutsniːsər] *m* beneficiary

Nutzung ['nutsuŋ] *f* use

Nutzungsdauer ['nutsuŋsdauər] *f* service life, operating life, working life

Nutzungsrecht ['nutsuŋsrɛçt] *n* usufructury right

Nutzwertanalyse ['nutsveːrtanalyːzə] *f* benefit analysis

O

Obergesellschaft [o:bər'gəselʃaft] f common parent company, umbrella company
Oberlandesgericht (OLG) [o:bər'landəsgərɪçt] n Intermediate Court of Appeals
Oberverwaltungsgericht (OVG) [o:bərfɛr'valtuŋsgərɪçt] n Higher Administrative Court
Objektbesteuerung [ɔp'jɛktbəʃtɔyəruŋ] f taxation of specific property
Objektkredit [ɔp'jɛktkredi:t] m loan for special purposes
Objektprinzip [ɔp'jɛktprɪntsi:p] n object principle
Obligation [ɔbliga'tsjo:n] f bond, debenture, debenture bond
Obligationär [obligatsjo'nɛr] m bondholder, debenture holder
Obligationsanleihe [obliga'tsjo:nsanlaɪə] f debenture loan
Obligationsausgabe [obliga'tsjo:nsausga:bə] f bond issue
obligatorisch [ɔbliga'to:rɪʃ] adj obligatory, compulsory, mandatory
Obligo ['ɔbligo] n financial obligation, liability
Obligobuch ['ɔbligobux] n bills discounted ledger
Obsoleszenz [ɔpzolɛs'tsɛnts] f obsolescence
Oderdepot [o:bərdepo:] n joint deposit
Oderkonten ['o:dərkɔntən] n/pl joint account
offen ['ɔfən] adj 1. (geöffnet) open; ~ bleiben stay open; ~ halten (geöffnet lassen) leave open; 2. (fig: nicht besetzt) vacant; 3. (Rechnung) outstanding
Offenbarungseid [ɔfən'ba:ruŋsaɪt] m oath of disclosure, oath of manifestation
offene Ausschreibung ['ɔfənə 'ausʃraɪbuŋ] f public tender
Offene Handelsgesellschaft (OHG) ['ɔfənə 'handəlsgəzɛlʃaft (oha:'ge:)] f general partnership
Offene Police (O.P.) ['ɔfənə po'li:sə] f floating policy
offene Position ['ɔfənə pozi'tsjo:n] f open position
Offene-Posten-Buchhaltung ['ɔfənə'pɔstənbuxhaltuŋ] f open-item accounting

offene Rechnung ['ɔfənə 'rɛçnuŋ] f outstanding account, unsettled account
offener Fonds ['ɔfənər 'fõ:s] m open-end fund
offener Immobilienfonds ['ɔfənər ɪmo-'bi:ljənfõ:s] m open-end real estate fund
offenes Depot ['ɔfənəs de'po:] n safe custody account
offenes Konto ['ɔfənəs 'kɔnto] n open account
Offenlegung ['ɔfənle:guŋ] f disclosure
Offenlegungspflicht ['ɔfənle:guŋspflɪçt] f duty to disclose one's financial conditions
Offenmarktpolitik ['ɔfənmarktpoliti:k] f open market policy
öffentlich ['œfəntlɪç] adj public; adv publicly
öffentliche Ausgaben ['œfəntlɪçə 'ausga:bən] pl public spending
öffentliche Bank ['œfəntlɪçə baŋk] f public bank
öffentliche Beglaubigung ['œfəntlɪçə bə-'glaubɪguŋ] f public certification
öffentliche Beurkundung ['œfəntlɪçə bə-'u:rkunduŋ] f public authentication
öffentliche Güter ['œfəntlɪçə 'gy:tər] pl public goods
öffentliche Kredite ['œfəntlɪçə kre'di:tə] m/pl credits extended to public authorities
öffentliche Schuld ['œfəntlɪçə ʃult] f public debt
öffentliche Verkehrsmittel ['œfəntlɪçə fɛr'ke:rsmɪtəl] n public transport(ation)
öffentlicher Haushalt ['œfəntlɪçər 'haushalt] m public budget
öffentliches Recht ['œfəntlɪçəs rɛçt] n public law
Öffentlichkeit ['œfəntlɪçkaɪt] f public
Öffentlichkeitsarbeit ['œfəntlɪçkaɪtsarbaɪt] f public relations work, PR activities
Öffentlich-rechtliche Körperschaft ['œfəntlɪçrɛçtlɪçə 'kœrpərʃaft] f public body
offerieren [ɔfə'ri:rən] v offer
Offerte [ɔ'fɛrtə] f offer
offiziell [ɔfi'tsjɛl] adj official; adv officially
offizielles Kursblatt [ɔfi'tsjɛləs 'kursblat] n offical stock exchange list
Öffnungszeiten ['œfnuŋstsaɪtən] pl opening hours, hours of business

Offshore-Auftrag ['ɔfʃoːrauftraːk] *m* offshore purchase order
Offshore-Steuergesetz ['ɔfʃoːr'ʃtɔyərgəsɛts] *n* Offshore Tax Agreement
Offshore-Zentrum ['ɔfʃoːr'tsɛntrum] *n* offshore centre
ohne Dividende ['oːnə dɪvɪ'dɛndə] *f* ex dividend
ohne Gewähr ['oːnə ge'vɛːr] *f* without guarantee
ohne Kupon ['oːnə ku'pɔ oː] *m* ex coupon
ohne Obligo ['oːnə 'ɔbligo] *n* without obligation
Öko-Bilanz ['økobilants] *f* ecological balance
Ökologie [økolo'giː] *f* ecology
ökologisch [øko'loːgɪʃ] *adj* ecological
ökologische Steuerreform [øko'loːgɪʃə 'ʃtɔyərefɔrm] *f* ecological tax reform
Ökonomie [øːkono'miː] *f* economy
ökonomisch [øːko'noːmɪʃ] *adj* economic
Ökosystem ['øːkozysteːm] *n* ecological system
Ölförderung ['øːlfœrdəruŋ] *f* oil extraction, oil production
Oligopol [oligo'poːl] *n* oligopoly
Ölkrise ['øːlkriːzə] *f* oil crisis
Ölpreis ['øːlpraɪs] *m* price of oil
Ölraffinerie ['øːlrafinəriː] *f* oil refinery
Ölterminbörse ['øːltɛrmiːnbœrzə] *f* oil futures exchange
Ölterminhandel ['øːltɛrmiːnhandl] *m* oil futures dealings
One-Stop-Banking [wanstɔp'bæŋkɪŋ] *n* one-stop banking
One-Stop-Shopping [wanstɔp'ʃɔpɪŋ] *n* one-stop shopping
online ['ɔnlaɪn] *adj* online
Online-Betrieb ['ɔnlaɪnəbə'triːp] *m* online operation
Online-Dienst ['ɔnlaɪndiːnst] *m* online service
Onshore-Geschäft ['ɔnʃɔːrgə'ʃɛft] *n* onshore business
OPEC (Organisation Erdöl exportierender Länder) [opec (organiza'tsjoːn 'erdøːl ɛkspɔr'tiːrəndər 'lɛndə)] *f* OPEC (Organization of Petroleum Exporting Countries)
Operations Research (OR) [ɔpə'reɪʃəns riː'sɛːtʃ] *n* operations research
operative Planung [opəra'tiːvə 'plaːnuŋ] *f* operational planning
Operator [opə'raːtɔr] *m* operator, computer operator
Opportunitätskosten [ɔpɔr'tuniteːtskɔstən] *pl* opportunity costs
Opposition [ɔposi'tsjoːn] *f* opposition
optimal [ɔpti'maːl] *adj* ideal, optimal; *adv* to an optimum, optimally
optimale Bestellmenge [ɔpti'maːlə bə'ʃtɛlmɛŋə] *f* economic purchasing quantity
optimieren [ɔpti'miːrən] *v* optimize, optimalize
Optimierung [ɔpti'miːruŋ] *f* optimization
optimistisch [ɔpti'mɪstɪʃ] *adj* optimistic; *adv* optimistically
Optimum ['ɔptimum] *n* optimum
Option [ɔp'tsjoːn] *f* option, choice
Optionsanleihe [ɔp'tsjoːnsanlaɪə] *f* option bond
Optionsdarlehen [ɔp'tsjoːnsdaːrleːən] *n* optional loan
Optionsgeschäft [ɔp'tsjoːnsgəʃɛft] *n* options tradings/dealings; option bargain
Optionspreis [ɔp'tsjoːnspraɪs] *m* option price
Optionsrecht [ɔp'tsjoːnsrɛçt] *n* option right
Optionsschein [ɔp'tsjoːnsʃaɪn] *m* share purchase warrant
ordentliche Ausgaben ['ɔrdəntlɪçə 'ausgaːbən] *pl* ordinary expenditure
ordentliche Einnahmen ['ɔrdəntlɪçə 'aɪnaːmən] *pl* ordinary revenue
ordentliche Kapitalerhöhung ['ɔrdəntlɪçə kapi'taːlɛrhøːuŋ] *f* ordinary increase in capital
ordentlicher Haushalt ['ɔrdəntlɪçər 'haushalt] *m* ordinary budget
Order ['ɔrdər] *f* order
Orderklausel ['ɔrdərklauzl] *f* order clause
Orderkonnossement ['ɔrdərkɔnɔsəmɛnt] *n* order bill of lading
Orderpapier ['ɔrdərpapiːr] *n* order paper, order instrument
Orderscheck ['ɔrdərʃɛk] *m* order cheque
Ordner ['ɔrdnər] *m* (*Hefter*) folder, standing file
Ordnungsamt ['ɔrdnuŋsamt] *n* town clerk's office
ordnungsgemäß ['ɔrdnuŋsgəmeːs] *adj* correct, proper; *adv* correctly, according to the regulations, properly
ordnungsmäßige Bilanzierung ['ɔrdnuŋsmeːsɪgə bilan'tsiːruŋ] *f* adequate and orderly preparation of a balance sheet
Ordnungsstrafe ['ɔrdnuŋsʃtraːfə] *f* administrative fine, disciplinary penalty

ordnungswidrig [ˈɔrdnuŋsviːdrɪç] *adj* irregular, illegal; *adv* contrary to regulations, illegally
Organgesellschaft [ɔrˈgaːngəzɛlʃaft] *f* controlled company
Organhaftung [ɔrˈgaːnhaftuŋ] *f* liability of a legal person for its executive organs
Organigramm [ɔrgaːnɪˈgram] *n* organizational chart
Organisation [ɔrganizaˈtsjoːn] *f* organization
Organisation für wirtschaftliche Zusammenarbeit und Entwicklung (OECD) [ɔrganizaˈtsjoːn fyːr ˈvɪrtʃaftlɪçə tsuˈzamənarbaɪt ʊnt ɛntˈvɪkluŋ (oetseˈdeː)] *f* Organization for Economic Cooperation and Development *(OECD)*
Organisationsabteilung [ɔrganizaˈtsjoːnsaptaɪluŋ] *f* organization and methods department
Organisationsdiagramm [ɔrganizaˈtjoːnsdiagram] *n* organizational chart
Organisationsgrad [ɔrganizaˈtsjoːnsgraːt] *m* 1. *(Betrieb)* level of organization; 2. *(Personal)* degree of unionization
Organisationskosten [ɔrganizaˈtsjoːnskɔstən] *pl* organization expense
Organisationsplanung [ɔrganizaˈtsjoːnsplaːnuŋ] *f* organizational planning
Organisationsstruktur [ɔrganizaˈtsjoːnsʃtruktuːr] *f* organizational structure
organisatorisch [ɔrganizaˈtoːrɪʃ] *adj* organizational

organisieren [ɔrganiˈziːrən] *v* organize
Organkredit [ɔrgaːnkreˈdiːt] *m* loans granted to members of a managing board
Organschaftsvertrag [ɔrˈgaːnʃaftsfɛrtraːk] *m* agreement between interlocking companies
Orientierungspreis [ɔrjɛnˈtiːruŋspraɪs] *m* guide price
Original [origiˈnaːl] *n (Dokument, Brief etc.)* original
örtlich [ˈœːrtlɪç] *adj* local; *adv* locally
ortsansässig [ˈɔrtsanzɛsɪç] *adj* resident, local
Ortsgespräch [ˈɔrtsgəʃprɛːç] *n* local call
Ortsnetz [ˈɔrtsnɛts] *n* local telephone exchange network
Ortsverkehr [ˈɔrtsfɛrkeːr] *m* local calls *pl*
Ortszeit [ˈɔrtstsaɪt] *f* local time
Österreichische Nationalbank [ˈøːstəraɪçɪʃə natsjoˈnaːlbaŋk] *f* National Bank of Austria
Outplacement [ˈaʊtpleɪsmənt] *n* outplacement
Output [ˈaʊtput] *m* output
Output-Analyse [ˈaʊtputanalyːzə] *f* output analysis
Outright-Termingeschäft [ˈaʊtraɪttɛrmiːngəʃɛft] *n* outright futures transactions
Outsourcing [ˈaʊtsɔːsɪŋ] *n* outsourcing
Overheadprojektor [ˈoːvərhɛdprojektɔr] *m* overhead projector
Over-the-counter-Markt [əʊvərʊəˈkaʊntər markt] *m* over-the-counter market

P

Paar [paːr] *n* pair
paarweise ['paːrvaɪzə] *adv* in pairs, two by two
Pacht [paxt] *f* 1. *(Überlassung)* lease; 2. *(Entgelt)* rent
pachten ['paxtən] *v* lease, take on lease, rent
Pächterkredit ['pɛçtərkrediːt] *m* tenant's credit
Pachtvertrag ['paxtfɛrtraːk] *m* lease, lease agreement, concession
Pachtzins ['paxttsɪns] *m* rent
Päckchen ['pɛkçən] *n* small package, small parcel
Packpapier ['pakpapiːr] *n* wrapping paper, packing paper
Packung ['pakʊŋ] *f* packet, pack
pagatorisch [paga'toːrɪʃ] *adj* cash-based; financial
Paket [pa'keːt] *n* package, packet, parcel
Pakethandel [pa'keːthandl] *m* dealing in large lots
Paketzustellung [pa'keːtsuːʃtɛlʊŋ] *f* parcel delivery
Palette [pa'lɛtə] *f* 1. *(Auswahl)* selection, choice, range; 2. *(Transporteinheit)* pallet
Panel ['pɛnl] *n* panel
Papier [pa'piːr] *n* 1. *(Wertpapier)* security, share, 2. *(Dokument)* document, paper
Papiergeld [pa'piːrgɛlt] *n* paper money
Papierindustrie [pa'piːrɪndustriː] *f* paper industry
Pappe ['papə] *f* cardboard
Parallelanleihe [para'leːlanlaɪə] *f* parallel loan
Parallelmarkt [para'leːlmarkt] *m* parallel market
Parallelwährung [para'leːlvɛːrʊŋ] *f* parallel currency
pari ['paːri] *adj* par
Pariemission ['paːriemɪsjoːn] *f* issue at par
Parikurs ['paːrikurs] *m* par price
Pariplätze ['paːriplɛtsə] *m/pl* places where cheques are collected by banks free of charge
Parität [pari'tɛːt] *f* parity, equality
Paritätengitter [pari'tɛːtəŋgɪtər] *n* parity grid
paritätisch [pari'tɛːtɪʃ] *adj* on an equal footing, in equal numbers

paritätische Mitbestimmung [pari'tɛːtɪʃə 'mɪtbəʃtɪmʊŋ] *f* parity codetermination
Parkett [par'kɛt] *n (Börse)* floor
Parkettmakler [par'kɛtmaːklər] *m* official market broker
Partizipationsschein [partitsipa'tsjoːnsʃaɪn] *m* participating receipt
Partner ['partnər] *m* 1. *(Geschäftspartner)* business partner, associate; 2. *(Vertragspartner)* party (to a contract)
Partnerschaft ['partnərʃaft] *f* partnership
Parzelle [par'tsɛlə] *f* parcel (of land)
Passierschein [pa'siːrʃaɪn] *m* pass, permit
passiv ['pasiːf] *adj* passive; *adv* passively
Passiva [pa'siːva] *pl* liabilities
passive Rechnungsabgrenzung ['pasiːvə 'rɛçnʊŋsapgrɛntsʊŋ] *f* accrued expense
passive Rückstellungen ['pasiːvə 'rykʃtɛlʊŋən] *f/pl* passive reserves
Passivgeschäft ['pasiːfgəʃɛft] *n* passive deposit transactions
Passivhandel ['pasiːfhandəl] *m* passive trade
Passivierung [pasi'viːrʊŋ] *f* inclusion on the liabilities side
Passivierungspflicht [pasi'viːrʊŋspflɪçt] *f* requirement to accrue in full
Passivkredit ['pasiːfkrediːt] *m* passive borrowing
Passivtausch ['pasiːftaʊʃ] *m* accounting exchange on the liabilities side
Passivzins ['pasiːftsɪns] *m* interest payable
Passkontrolle ['paskɔntrɔlə] *f* passport control, examination of passports
Passus ['pasʊs] *m* passage
Patent [pa'tɛnt] *n* patent
Patentamt [pa'tɛntamt] *n* Patent Office
Patentanwalt [pa'tɛntanvalt] *m* patent attorney
patentieren [patɛn'tiːrən] *v* patent
Patentlizenz [pa'tɛntlitsɛnts] *f* patent licence
Patentverschluss [pa'tɛntfɛrʃlʊs] *m (bei Chemikalien, Medikamenten etc.)* childproof cap
pauschal [paʊ'ʃaːl] *adj* lump-sum, overall; *adv* on a flat-rate basis
Pauschalabschreibung [paʊ'ʃaːlapʃraɪbʊŋ] *f* group depreciation

Pauschalbetrag [pau'ʃa:bətra:k] *m* flat rate
Pauschalbewertung [pau'ʃa:lbəveːrtuŋ] *f* group valuation
Pauschaldeckung [pau'ʃaldɛkuŋ] *f* blanket coverage
Pauschaldelkredere [pau'ʃa:ldɛlkre:dərə] *n* global delcredere
Pauschale [pau'ʃa:lə] *f* lump sum payment, flat charge
Pauschalgebühr [pau'ʃa:lgəby:r] *f* flat fee, flat charge
Pauschalpreis [pau'ʃa:lprais] *m* flat rate, lump-sum price
Pauschalsumme [pau'ʃa:lzumə] *f* lump sum
Pauschalwertberichtigung [pau'ʃa:lvɛrtbərıçtıguŋ] *f* general bad-debt provision
Pause ['pauzə] *f* break, interval, interruption
pausieren [pau'zi:rən] *v* pause, take a break
pekuniär [pɛku'njɛ:r] *adj* pecuniary
Pendelverkehr ['pɛndəlfɛrke:r] *m* commuter traffic, shuttle service (flights)
Pendler ['pɛndlər] *m* commuter
Pension [pɛ̃n'zjo:n] *f* (Ruhestand) retirement; (Rente) retirement pension
pensionieren [pɛ̃nzjo'ni:rən] *v* pension off, retire; *sich ~ lassen* retire
Pensionsalter [pɛ̃n'zjo:nsaltər] *n* retirement age
Pensionsanwartschaft [pɛ̃n'zjo:nsanvartʃaft] *f* pension expectancy
Pensionsfonds [pɛ̃n'zjo:nsfɔ̃:s] *m* (Finanzwesen) retirement fund, (Personal) pension fund
Pensionsgeschäft [pɛ̃n'zjo:nsgəʃɛft] *n* security transactions under repurchase
Pensionskasse [pɛ̃n'zjo:nskasə] *f* staff pension fund
Pensionsrückstellungen [pɛ̃n'zjo:nsrykʃtɛluŋən] *f/pl* pension reserve
Pensionszusage [pɛ̃n'zjo:nstsu:sa:gə] *f* employer's pension commitment
Pensum ['pɛnzum] *n* workload
Pensumlohn ['pɛnzumlo:n] *m* quota wage
per aval [pɛr a'val] *adv* as guarantor of payment
per Einschreiben [pɛr 'ainʃraibn] *adv* by registered post
per Express [pɛr ɛkspres] by express
per Lastkraftwagen [pɛr lastkraftwa:gən] by lorry
per procura [pɛr pro'ku:ra] *adv* by procuration

per Ultimo [pɛr 'ultimo] *adv* for the monthly settlement
perfekt [pɛr'fɛkt] *adj* perfect; *adv* perfectly
Perfektion [pɛrfɛk'tsjo:n] *f* perfection
Peripheriegeräte [pɛrife'ri:gərɛtə] *n/pl* peripheral units
permanent [pɛrma'nɛnt] *adj* permanent; *adv* permanently
Personal [pɛrzo'na:l] *n* staff, personnel, employees
Personal Computer (PC) ['pɜ:sənəl kɔm'pju:tər (pe:'tse:)] *m* personal computer
Personalabbau [pɛrzo'na:lapbau] *m* reduction of staff, reduction of personnel
Personalabteilung [pɛrzo'na:laptailuŋ] *f* personnel department
Personalakte [pɛrzo'na:laktə] *f* personnel file, personnel dossier
Personalauswahl [pɛrzo'na:lausva:l] *f* employee selection
Personalbüro [pɛrzo'na:lbyro:] *n* personnel office
Personalchef(in) [pɛrzo'na:lʃɛf(ɪn)] *m/f* personnel manager
Personalentwicklung [pɛrzo'na:lɛntvɪkluŋ] *f* personnel development
Personalfreisetzung [pɛrzo'na:lfraizetsuŋ] *f* personnel layoff
Personalführung [pɛrzo'na:lfy:ruŋ] *f* personnel management
Personalkosten [pɛrzo'na:lkɔstən] *pl* employment costs
Personalkredit [pɛrzo'na:lkredi:t] *m* personal loan
Personal-Leasing ['pɛ:sənəl'li:zɪŋ] *n* personnel leasing
Personalleiter(in) [pɛrzo'na:llaitər(ɪn)] *m/f* staff manager
Personalmanagement [pɛ:r'zona:lmænɪdʒmənt] *n* personnel management
Personalmangel [pɛrzo'na:lmaŋl] *m* shortage of staff
Personalnebenkosten [pɛrzo'na:lne:bənkɔstən] *pl* supplementary staff costs
Personalplanung [pɛrzo'na:lpla:nuŋ] *f* personnel planning, manpower planning, human resources planning, forecasting of labour requirements
Personalrat [pɛrzo'na:lra:t] *m* personnel committee
Personalstrategie [pɛrzo'na:lʃtrategi:] *f* personnel strategy
Personalwechsel [pɛrzo'na:lvɛksl] *m* staff changes

Personalwesen [pɛrzo'naːlveːzən] *n* personnel management
Personendepot [pɛr'zoːnəndepoː] *n* customer's security deposit
Personengesellschaft [pɛr'zoːnəngəzɛlʃaft] *f* partnership
Personenkonten [pɛr'zoːnənkɔntən] *pl* personal accounts
Personenkraftwagen [pɛr'zoːnənkraftvaːgən] *m* motor car, automobile
Personensteuern [pɛr'zoːnənʃtɔyərn] *pl* taxes deemed to be imposed on a person
persönlich [pɛr'zøːnlɪç] *adj* personal, private; *adv* personally
persönliche Identifikations-Nummer (PIN) [pɛr'zøːnlɪçə identifika'tsjoːnsnumr] *f* personal identification number *(PIN)*
pessimistisch [pɛsi'mɪstɪʃ] *adj* pessimistic
Petrochemie ['petrokemiː] *f* petrochemistry
Petrodollar ['petrodɔlar] *m* petrodollar
Pfand [pfant] *n* pledge
Pfandbrief ['pfantbriːf] *m* mortgage bond, mortgage debenture
Pfandbriefanstalt ['pfantbriːfanʃtalt] *f* mortgage bank
Pfandbriefdarlehen ['pfantbriːfdaːrleːn] *n* mortgage loan
Pfandbriefgesetz ['pfantbriːfgəzɛts] *n* mortgage law
Pfanddepot ['pfantdepoː] *n* pledged securities deposit
pfänden ['pfɛndən] *v* impound, seize
Pfandindossament ['pfantɪndɔsamɛnt] *n* pledge endorsement
Pfandleihe ['pfantlaɪə] *f* pawnbroking
Pfandrecht ['pfantrɛçt] *n* pledge, lien
Pfandschein ['pfantʃaɪn] *m* certificate of pledge
Pfändung ['pfɛnduŋ] *f* attachment of property, levy of attachment, seizure
Pfandvertrag ['pfantfɛrtraːk] *m* contract of pledge
Pfandverwertung ['pfantfɛrveːrtuŋ] *f* realization of pledge
Pflegegeld ['pfleːgəgɛlt] *n* nursing allowance
Pflegekasse ['pfleːgəkasə] *f* nursing insurance scheme
Pflegekrankenversicherung ['pfleːgəkraŋkənfɛrzɪçəruŋ] *f* nursing insurance fund
Pflegerentenversicherung ['pfleːgərɛntənfɛrzɪçəruŋ] *f* nursing pension insurance fund

Pflegeversicherung ['pfleːgəfɛrzɪçəruŋ] *f* long-term-care insurance
Pflicht [pflɪçt] *f* duty, obligation
pflichtbewusst ['pflɪçtbəvust] *adj* responsible, conscious of one's duties, dutiful; *adv* responsibly, dutifully, conscientiously
Pflichtbewusstsein ['pflɪçtbəvustzaɪn] *n* sense of duty
Pflichteinlage ['pflɪçtaɪnlaːgə] *f* compulsory contribution
Pflichtkrankenkassen ['pflɪçtkraŋkənkasə] *f* compulsory health insurance funds
Pflichtreserve ['pflɪçtrezɛrvə] *f* minimum reserve
Pflichtteil ['pflɪçttaɪl] *m* compulsory portion, obligatory share
pflichtvergessen ['pflɪçtfɛrgɛsən] *adj* irresponsible, derelict in one's duty
Pflichtversicherung ['pflɪçtfɛrzɪçəruŋ] *f* compulsory insurance
Pfund [pfunt] *n* 1. *(Maßeinheit)* pound; 2. *(Währungseinheit)* pound sterling
Pharmaindustrie ['farmaɪndustriː] *f* pharmaceutical industry
pharmazeutisch [farma'tsɔytɪʃ] *adj* pharmaceutical
Pilot-Studie [pi'loːtʃtuːdjə] *f* pilot study
plädieren [plɛ'diːrən] *v* plead
Plädoyer [plɛdo'jeː] *n* address to the jury, closing argument, summation *(US)*
Plafond [pla'fɔː] *m* ceiling
Plagiat [plag'jaːt] *n* plagiarism
Plakatwand [pla'kaːtvant] *f* billboard
Plakatwerbung [pla'kaːtvɛrbuŋ] *f* poster advertising, outdoor advertising
Planbeschäftigung ['plaːnbəʃɛftɪguŋ] *f* activity base
Planbilanz ['plaːnbilants] *f* budgeted balance sheet
Plankalkulation ['plaːnkalkulatsjoːn] *f* target calculation
Plankostenrechnung ['plaːnkɔstənrɛçnuŋ] *f* calculation of the budget costs
Planrevision ['plaːnrevizjoːn] *f* budget adjustment
Planspiel ['plaːnʃpiːl] *n* planning game
Planung ['plaːnuŋ] *f* planning, layout, policy-making
Planungsbüro ['plaːnuŋsbyroː] *n* planning office
Planungskontrolle ['plaːnuŋskɔntrɔlə] *f* planning control
Planungsstadium ['plaːnuŋsʃtaːdjum] *n* planning stage

Planwerte ['pla:nvɛːrtə] *pl* planning figures
Planwirtschaft ['pla:nvɪrtʃaft] *f* planned economy
Planziel ['pla:ntsiːl] *n* planned target, operational target
Plastik ['plastɪk] *n (Kunststoff)* plastics
Platine [pla'tiːnə] *f* board
Platzanweisung ['platsanvaɪzʊŋ] *f* cheques and orders payable at a certain place
Platzbedarf ['platsbədarf] *m* space requirements *pl*
platzieren [pla'tsiːrən] *v* place, locate, position
Platzierung [pla'tsiːrʊŋ] *f* placing
Platzkauf ['platskauf] *m* purchase on the spot
Platzspesen ['platsʃpeːzən] *pl* local expenses
Platzübertragung ['platsybərtra:gʊŋ] *f* local transfer
Platzwechsel ['platsvɛksəl] *m* local bill
pleite ['plaɪtə] *adj* broke, bankrupt; ~ *sein* not have a bean; ~ *gehen* go bust, go broke
Pleite ['plaɪtə] *f* bankruptcy; ~ *machen* go bankrupt
Plotter ['plɔtər] *m (EDV)* plotter
Plus [plus] *n (Überschuss)* surplus; *(fig)* advantage, asset, plus *(fam)*
Point of Information (POI) [pɔɪnt əv ɪnfɔ'meɪʃən] *m (Ort der Information)* point of information
Point of Sale (POS) [pɔɪnt əv 'seɪl] *m (Ort des Verkaufs)* point of sale
Point of Sale Banking [pɔɪnt əv 'seɪl 'bæŋkɪŋ] *n* point of sale banking
Police [po'liː(ə)] *f* policy
Polier [po'liːr] *m* site foreman
Politik [poli'tiːk] *f* politics, *pl; policy*
Polypol [poly'poːl] *n* polypoly
populär [popu'lɛːr] *adj* popular
Popularität [populari'tɛːt] *f* popularity
POP-Werbung ['pop-vɛrbʊŋ] *f* point of purchase promotion
Portfeuillesteuerung [pɔrt'føːjʃtɔyərʊŋ] *f* portfolio controlling
Portfolio [pɔrt'foːljo] *n* portfolio
Portfolio Selection [pɔrt'foːljosəlekʃən] *f* portfolio selection
Portfolio-Analyse [pɔrt'foːljo-analyːzə] *f* portfolio analysis
Portfolio-Management [pɔrt'foːljomænɪdʒmənt] *n* portfolio management
Porto ['pɔrto] *n* postage
Portoabzug ['pɔrto] *m* postage deduction

portofrei ['pɔrtofraɪ] *adj/adv* post-paid, pre-paid, postage-free
portopflichtig ['pɔrtopflɪçtɪç] *adj* subject to postage
Post [pɔst] *f* post, mail; *(~amt)* post office; *(~dienst)* postal service
postalisch [pɔs'taːlɪʃ] *adj* postal; *auf ~em Weg* by mail
Postamt ['pɔstamt] *n* post office
Postanweisung ['pɔstanvaɪzʊŋ] *f* postal order, money order
Postbank ['pɔstbaŋk] *f* post office bank
Posten ['pɔstən] *m* 1. *(Anstellung)* position, post, job; 2. *(Warenmenge)* quantity, lot; 3. *(Einzelziffer)* item, entry
Postfach ['pɔstfax] *n* post office box, P.O. box
Postgiro ['pɔstʒiːro] *n* postal giro
Postkarte ['pɔstkartə] *f* postcard
postlagernd ['pɔstlaːgərnt] *adj* poste restante, left till called for
Postleitzahl ['pɔstlaɪttsaːl] *f* postal code, postcode, ZIP code *(US)*
Postscheck ['pɔstʃɛk] *m* girocheque *(UK)*, postal cheque
Postscheckamt ['pɔstʃɛkamt] *n* postal giro centre
Postscheckkonto ['pɔstʃɛkkɔnto] *n* postal giro account
Postsparbuch ['pɔstʃpaːrbux] *n* post office savings book
Poststempel ['pɔstʃtɛmpəl] *m* postmark
Postüberweisung ['pɔstybərvaɪzʊŋ] *f* postal transfer
postwendend ['pɔstvɛndənt] *adv* by return of post, by return mail *(US)*
Postwurfsendung ['pɔstvurfzɛndʊŋ] *f* direct mail advertising, unaddressed mailing, bulk mail
potentielles Bargeld [pɔtɛn'tsjɛləs 'baːrgɛlt] *n* potential cash
Potenzial [pɔtɛn'tsjaːl] *n* potential
PR-Abteilung [peː'ɛraptaɪlʊŋ] *f* PR department
Prädikat [prɛdi'kaːt] *n (Bewertung)* rating, grade, mark
Präexport-Finanzierung ['prɛː-ɛkspɔrtfinantsiːrʊŋ] *f* pre-export financing
Präferenz [prɛfə'rɛnts] *f* preference
Prägung ['prɛːgʊŋ] *f* minting
präjudizierter Wechsel ['prɛːjudɪtsiːrtər 'vɛksl] *m* void bill
Praktikant(in) [praktɪ'kant(ɪn)] *m/f* trainee, intern

Praktiker ['praktɪkər] *m* practician
Praktikum ['praktɪkum] *n* practical course, internship
praktisch ['praktɪʃ] *adj 1.* practical, useful; *adv 2.* practically, to all practical purposes *(UK)*, for all practical purposes *(US)*
Prämie ['prɛːmjə] *f* premium, bonus
Prämienanleihe ['prɛːmjənanlaɪə] *f* lottery loan
prämienbegünstigtes Sparen ['prɛːmjənbəɡynstɪɡtəs 'ʃpaːrən] *n* premium-aided saving
Prämienbrief ['prɛːmjənbriːf] *m* option contract
Prämiendepot ['prɛːmjəndepoː] *n* deposit for insurance payments
Prämiengeschäft ['prɛːmjənɡəʃɛft] *n* option dealing
Prämienlohn ['prɛːmjənloːn] *m* time rate plus premium wage
Prämiensparen ['prɛːmjənʃpaːrən] *n* bonus-aided saving
Prämiensparvertrag ['prɛːmjənʃpaːrfɛrtraːk] *m* bonus savings contract
Prämisse [prɛˈmɪsə] *f* premise
Präsentation [prezəntaˈtsjoːn] *f* presentation
Präsentationsfrist [prezɛntaˈtsjoːnsfrɪst] *f* presentation period
Präsentationsklausel [prezɛntaˈtsjoːnsklauzəl] *f* presentation clause
präsentieren [prezənˈtiːrən] *v* present
Präsenzbörse [prɛˈzɛntsbœrzə] *f* attendance stock exchange
Präsident(in) [preziˈdɛnt(ɪn)] *m/f* president
präsidieren [preziˈdiːrən] *v* preside; *etw ~* preside over sth
Präsidium [prɛˈziːdjum] *n (Vorsitz)* presidency, chairmanship
Präzisionsarbeit [prɛtsiˈzjoːnsarbaɪt] *f* precision work
Preis [praɪs] *m* price
Preis frei bleibend [praɪs ˈfraɪ blaɪbənt] *adv* open price, price subject to change
Preisabsatzfunktion [ˈpraɪsapˈzatsfunktsjoːn] *f* price-demand function
Preisabsprache [ˈpraɪsapʃpraːxə] *f* price fixing, price rigging, price cartel
Preisabweichung [ˈpraɪsapvaɪçuŋ] *f* price variance
Preisabzug [ˈpraɪsaptsuːk] *m* price deduction
Preisangabeverordnung [ˈpraɪsanɡaːbəfɛrɔrdnuŋ] *f* price marking ordinance

Preisanstieg [ˈpraɪsanʃtiːk] *m* price increase, rise in prices
Preisausschreiben [ˈpraɪsausʃraɪbən] *n* competition
Preisauszeichnung [ˈpraɪsaustsaɪçnuŋ] *f* price-marking
Preisbildung [ˈpraɪsbɪlduŋ] *f* price formation
Preisbindung [ˈpraɪsbɪnduŋ] *f* price fixing
Preisdifferenzierung [ˈpraɪsdɪfərɛntsiːruŋ] *f* price differentiation
Preiselastizität [ˈpraɪselastitsiːtɛːt] *f* price elasticity
Preisempfehlung [ˈpraɪsɛmpfeːluŋ] *f* price recommendation; *unverbindliche ~* suggested retail price
Preisentwicklung [ˈpraɪsɛntvɪkluŋ] *f* price trend
Preiserhöhung [ˈpraɪsɛrhøːuŋ] *f* price increase
preisgünstig [ˈpraɪsɡynstɪç] *adj* reasonably priced, worth the money, favourably priced
Preisindex [ˈpraɪsɪndɛks] *m* price index
Preiskartell [ˈpraɪskartɛl] *n* price fixing cartel
Preiskontrolle [ˈpraɪskɔntrɔlə] *f* price control
Preislage [ˈpraɪslaːɡə] *f* price, price range
Preisliste [ˈpraɪslɪstə] *f* price list, list of prices
Preis-Lohn-Spirale [praɪsloːnʃpiˈraːlə] *f* wage-price spiral
Preisnachlass [ˈpraɪsnaːxlas] *m* price reduction
Preisniveau [ˈpraɪsnivoː] *n* price level
Preisnotierung [ˈpraɪsnotiːruŋ] *f* price quotation
Preisobergrenze [praɪsˈoːbərɡrɛntsə] *f* price ceiling
Preispolitik [ˈpraɪspolitiːk] *f* price policy
Preisrückgang [ˈpraɪsrykɡaŋ] *m* drop in prices, fall in prices, price recession
Preisschere [ˈpraɪsʃeːrə] *f* price gap
Preisschild [ˈpraɪsʃɪlt] *n* price tag, price label
Preisschwankung [ˈpraɪsʃvaŋkuŋ] *f* price fluctuation
Preissenkung [ˈpraɪszɛnkuŋ] *f* price reduction
Preisstabilität [ˈpraɪsʃtabiliːtɛːt] *f* stability of prices
Preissteigerung [ˈpraɪsʃtaɪɡəruŋ] *f* price increase
Preisstopp [ˈpraɪsʃtɔp] *m* price stop

Preisuntergrenze [praɪs'untərgrɛntsə] *f* price floor

Preisverfall ['praɪsfɛrfal] *m* decline in prices, collapse of prices, large-scale slide of prices, crumbling of prices

preiswert ['praɪsveːrt] *adj* reasonably priced, worth the money

Premium ['preːmjum] *n* premium

Pre-Sales-Services ['priː'seɪlz'srvɪsəs] *pl* pre-sales services

Presse ['prɛsə] *f* press

Presseaktion ['prɛsəaktsjoːn] *f* press campaign

Presseerklärung ['prɛsəɛrkleːruŋ] *f* 1. *(mündlich)* statement to the press; 2. *(schriftlich)* press release

Pressekonferenz ['prɛsəkɔnfərɛnts] *f* press conference

Pressemitteilung ['prɛsəmɪtailuŋ] *f* press release

Pressesprecher ['prɛsəʃprɛçər] *m* spokesman

Pressezentrum ['prɛsətsɛntrum] *n* press office, press centre

Prestige [prɛsˈtiːʒ] *n* prestige

Prestigeverlust [prɛsˈtiːʒfɛrlust] *m* loss of prestige

Pretest ['priːtɛst] *m* pretest

Price Earnings Ratio [praɪz ɜːnɪŋs reɪʃɔ] *f* *(Kurs-Gewinn-Verhältnis)* price earnings ratio

Primawechsel ['priːmavɛksəl] *m* first of exchange

Primanota [primaˈnoːta] *n* journal

Primapapiere ['primapapiːrə] *pl* prime papers

Primäraufwand [priˈmɛːraufvant] *m* primary expenses

Primärbedarf [priˈmɛːrbədarf] *m* primary demand

Primärenergie [priˈmɛːrenɛrgiː] *f* primary energy

primärer Sektor [priˈmɛːrər 'zɛktɔr] *m* primary sector of the economy

Primärmarkt [priˈmɛːrmarkt] *m* primary market

Prime Rate ['praɪm 'reɪt] *f* prime rate

Printmedien ['prɪntmeːdjən] *pl* print media

Printwerbung ['prɪntvɛrbuŋ] *f* print advertising

Prioritätsaktien [prioriˈtɛːtsaktsjən] *f/pl* preference shares

Prioritätsobligationen [prioriˈtɛːtsɔbligaːtsjoːnən] *pl* priority bonds

privat [priˈvaːt] *adj* private; *adv* privately; ~ *versichert* privately insured

Privatadresse [priˈvaːtadrɛsə] *f* home address, private adress

Privatbank [priˈvaːtbaŋk] *f* private bank

Privatdiskont [priˈvaːtdɪskɔnt] *m* prime acceptance

Private Banking ['praɪvət 'bæŋkɪŋ] *n* private banking

private Güter [priˈvaːtə 'gyːtər] *pl* private goods

private Kranken- und Unfallversicherung [priˈvaːtə 'kraŋkən unt 'unfalfɛrzɪçəruŋ] *f* private medical/health and accident insurance

Privateigentum [priˈvaːtaɪgəntum] *n* private property

Privateinlagen [priˈvaːtaɪnlaːgən] *f/pl* private contribution

Privatentnahme [priˈvaːtɛntnaːmə] *f* personal travings

privater Verbrauch [priˈvaːtər fɛrˈbraux] *m* private consumption; personal consumption expenditure

Privatgeschäft [priˈvaːtgəʃɛft] *n* private transaction

Privathaushalt [priˈvaːthaushalt] *m* private household

Privatinitiative [priˈvaːtɪnɪtsjatiːvə] *f* one's own initiative, personal initiative

privatisieren [privatiˈziːrən] *v* privatize, transfer to private ownership, denationalize *(UK)*

Privatisierung [privatiˈziːruŋ] *f* privatization

Privatkonto [priˈvaːtkɔnto] *n* private account, personal account

Privatmittel [priˈvaːtmɪtəl] *n* private means *pl*

Privatrecht [priˈvaːtrɛçt] *n* private law

Privatversicherung [priˈvaːtfɛrzɪçəruŋ] *f* private insurance

Privatwirtschaft [priˈvaːtvɪrtʃaft] *f* private industry, private enterprise *(US)*

privatwirtschaftlich [priˈvaːtvɪrtʃaftlɪç] *adj* private-enterprise

pro Kopf [proː kɔpf] *adv* per capita

Probe ['proːbə] *f* 1. *(Versuch)* experiment, test, trial; 2. *(Muster)* sample, specimen, pattern

Probearbeitsverhältnis ['proːbəarbaɪtsfɛrhɛltnɪs] *n* probationary employment

Probeauftrag ['proːbəauftraːk] *m* trial order

Probeexemplar ['proːbɛksəmplaːr] *n* sample copy

Probefahrt ['proːbəfaːrt] *f* trial run

Probelieferung ['proːbəliːfəruŋ] *f* trial shipment

Probepackung ['proːbəpakuŋ] *f* trial package

probeweise ['proːbəvaɪzə] *adv* on a trial basis, as a test

Probezeit ['proːbətsaɪt] *f* probationary period, trial period

Problemanalyse [proˈbleːmanalyːzə] *f* problem analysis

Product-Management ['prɔdakt 'mænɪdʒmənt] *n* product management

Product-Placement ['prɔdakt 'pleɪsmənt] *n* product placement

Produkt [proˈdukt] *n* product

Produkt/Markt-Matrix [proˈdukt'markt'maːtrɪks] *f* product/market matrix

Produktdifferenzierung [proˈduktdɪfərɛntsiːruŋ] *f* product differentiation

Produktdiversifikation [proˈduktdivɛrzifikatsjoːn] *f* product diversification

Produkteinführung [proˈduktaɪnfyːruŋ] *f* launch of a product, product launch

Produktelimination [proˈduktelimiːnatsjoːn] *f* product elimination

Produktenbörse [proˈduktənbœrzə] *f* merchantile exchange, produce exchange

Produktenhandel [proˈduktənhandl] *m* produce trade

Produktfamilie [proˈduktfamiːljə] *f* product family

Produktgeschäft [proˈduktɡəʃɛft] *n* product business

Produktgestaltung [proˈduktɡəʃtaltuŋ] *f* product design

Produkthaftung [proˈdukthaftuŋ] *f* product liability

Produktion [produkˈtsjoːn] *f* production, output

Produktionsanlagen [produkˈtsjoːnsanlaːɡən] *f/pl* production plant

Produktionsausfall [produkˈtsjoːnsausfal] *m* loss of production

Produktionsfaktoren [produkˈtsjoːnsfaktoːrən] *m/pl* production factors

Produktionsgenossenschaft [produkˈtsjoːnsɡənɔsənʃaft] *f* producers' co-operative

Produktionsgüter [produkˈtsjoːnsɡyːtər] *pl* producer goods, producers' capital goods

Produktionskapazität [produkˈtsjoːnskapatsiːtɛːt] *f* production capacity

Produktionskosten [produkˈtsjoːnskɔstən] *pl* production costs

Produktionsplanung [produkˈtsjoːnsplaːnuŋ] *f* production planning

Produktionspotenzial [produkˈtsjoːnspotɛntsjaːl] *n* production potential

Produktionsprogramm [produkˈtsjoːnsproɡram] *n* production programme

Produktionsschwankung [produkˈtsjoːnsʃvaŋkuŋ] *f* fluctuations in production

Produktionstheorie [produkˈtsjoːnsteori:] *f* production theory

Produktionswert [produkˈtsjoːnsveːrt] *m* production value

produktiv [produkˈtiːf] *adj* productive; *adv* productively

Produktivität [produktiviˈtɛːt] *f* productivity, productiveness, productive efficiency

Produktivvermögen [produkˈtiːffɛrmøːɡən] *n* productive wealth

Produktlinie [proˈduktliːnjə] *f* production scheduling

Produktpalette [proˈduktpalɛtə] *f* range of products

Produktpiraterie [proˈduktpiratəriː] *f* counterfeiting

Produktplanung [proˈduktplaːnuŋ] *f* product planning

Produktplatzierung [proˈduktplatsiːruŋ] *f* product placement

Produktstandardisierung [proˈduktʃtandardiziːruŋ] *f* product standardization

Produzent [produˈtsɛnt] *m (Hersteller)* producer

Produzentenhaftung [produˈtsɛntənhaftuŋ] *f* product liability

Produzentenrente [produˈtsɛntənrɛntə] *f* producer's surplus

produzieren [produˈtsiːrən] *v* produce, manufacture

professionell [profɛsjoˈnɛl] *adj* professional; *adv* professionally

profilieren [profiˈliːrən] *v sich ~* distinguish oneself

Profit [proˈfiːt] *m* profit

profitabel [profiˈtaːbəl] *adj* profitable, lucrative

Profit-Center [proˈfiːtsɛntər] *n* profit center

profitieren [profiˈtiːrən] *v* profit, benefit, take advantage of

Profitrate [proˈfiːtraːtə] *f* profit rate

Profitstreben [proˈfiːtʃtreːbən] *n* profit-seeking

Proformarechnung [pro'fɔrmareçnuŋ] *f* pro forma invoice
Prognose [prog'noːzə] *f* prognosis, prediction, forecast
Programm [pro'gram] *n* programme
Programmgesellschaft [pro'gramgəzɛlʃaft] *f* investment program(me)
programmgesteuert [pro'gramgəʃtɔyərt] *adj* programme-controlled
programmieren [progra'miːrən] *v* programme, program
Programmierer [progra'miːrər] *m* programmer
Programmiersprache [progra'miːrʃpraːxə] *f* programming language
Programmierung [progra'miːruŋ] *f* programming
Programmzertifikat [pro'gramtsɛrtifikaːt] *n* certificate of participation (in an investment program)
Progression [progrɛ'sjoːn] *f* progression
progressiv [progrɛ'siːf] *adj* progressive
progressive Abschreibung [progrɛ'siːvə 'apʃraibuŋ] *f* progressive depreciation
Prohibitivpreis [prohibi'tiːfprais] *m* prohibitive price
Prohibitivzoll [prohibi'tiːftsɔl] *m* prohibitive duty
Projekt [pro'jɛkt] *n* project, plan, scheme
Projektfinanzierung [pro'jɛktfinantsiːruŋ] *f* project financing
Projektgesellschaft [pro'jɛktgəzɛlʃaft] *f* joint-venture company
Projektleiter(in) [pro'jɛktlaitər(in)] *m/f* project manager
Projektmanagement [pro'jɛktmænidʒmənt] *n* project management
Projektorganisation [pro'jɛktɔrganizatsjoːn] *f* project-type organization
Pro-Kopf-Einkommen [proː'kɔpfainkɔmən] *n* per capita income
Prokura [pro'kuːra] *f* full power of attorney
Prokuraindossament [pro'kuːraindɔsamɛnt] *n* per procuration endorsement
Prokurist [proku'rist] *m* holder of special statutory, company secretary, authorised representative
Prolongation [prolɔŋa'tsjoːn] *f* extension, prolongation
Prolongationsgeschäft [prolɔŋa'tsjoːnsgəʃɛft] *n* prolongation business
Prolongationssatz [prolɔŋa'tsjoːnssats] *m* renewal rate
Promesse [pro'mɛsə] *f* promissory note

Promotion [promo'tsjoːn] *f (Verkaufsförderung)* (sales) promotion
Promptgeschäft ['prɔmptgəʃɛft] *n* sale for quick delivery
Promptklausel ['prɔmptklauzəl] *f* prompt clause
Propaganda [propa'ganda] *f* propaganda
proportionale Kosten [propɔrtsjo'naːlə 'kɔstən] *pl* proportional cost
Prospekt [pro'spɛkt] *m* prospectus, brochure, catalogue, catalog *(US)*; broadside *(US)*
Prospekt bei Emissionen [pro'spɛkt bai emi'sjoːnən] *m* underwriting prospectus
Prospektprüfung [pro'spɛktpryːfuŋ] *f* audit of prospectus
Prosperität [prosperi'tɛːt] *f* prosperity
Protektion [protɛk'tsjoːn] *f (Begünstigung)* patronage, protection
Protektionismus [protɛktsjoː'nismus] *m* protectionism
Protest [pro'tɛst] *m* protest
Protestliste [pro'tɛstlistə] *f* list of firms whose bills and notes have been protested
Protestverzicht [pro'tɛstfɛrtsiçt] *m* waiver of protest
Protestwechsel [pro'tɛstvɛksəl] *m* protested bill
Protokoll [proto'kɔl] *n* record, minutes *pl*
Protokollführer [proto'kɔlfyːrər] *m* clerk of the court, secretary
protokollieren [protokɔ'liːrən] *v 1.* record, keep a record of; *2. (bei einer Sitzung)* take the minutes
Prototyp [proto'tyːp] *m* prototype
Provenienz [prove'njɛnts] *f* provenance; origin
Provinzbank [pro'vintsbaŋk] *f* country bank
Provinzbörse [pro'vintsbœrzə] *f* regional stock exchange
Provision [provi'zjoːn] *f* commission
Provisionsabrechnung [provi'zjoːnsapreçnuŋ] *f* statement of commission
Provisionsbasis [provi'zjoːnsbaːzis] *f* auf ~ on commission
provisionsfrei [provi'zjoːnsfrai] *adj* free of commission
provisionsfreies Konto [provi'zjoːnsfraiəs 'kɔnto] *n* commission-free account
Provisionsgarantie [provi'zjoːnsgaranti:] *f* commission guarantee
provisionspflichtiges Konto [provi'zjoːnspfliçtigəs 'kɔnto] *n* commission-bearing account

Provisionszahlung [proviˈzjoːnstsaːluŋ] *f* commission payment
Prozent [proˈtsɛnt] *n* per cent, percentage
Prozentkurs [proˈtsɛntkurs] *m* percentage quotation
Prozentrechnung [proˈtsɛntrɛçnuŋ] *f* percentage arithmetic
Prozentsatz [proˈtsɛntzats] *m* percentage
Prozess [proˈtsɛs] *m* 1. *(Entwicklung)* action, proceedings; 2. *(Strafverfahren)* trial, lawsuit
Prozessakte [proˈtsɛsaktə] *f* case file, court record
Prozessbevollmächtigte(r) [proˈtsɛsbəfɔlmɛçtıçtə(r)] *m/f* counsel, attorney of record
Prozessgegner [proˈtsɛsgeːgnər] *m* opposing party
prozessieren [protsɛˈsiːrən] *v* go to court, carry on a lawsuit, litigate
Prozesskosten [proˈtsɛskɔstən] *pl* legal costs, costs of the proceedings, costs of litigation
Prozessor [proˈtsɛsor] *m (EDV)* processor
Prozessorganisation [proˈtsɛsɔrganizaˌtsjoːn] *f* process organization
Prüfer [ˈpryːfər] *m* inspector; *(Rechnungsprüfer)* auditor
Prüfung [ˈpryːfuŋ] *f* inspection, examination

Prüfungsbericht [ˈpryːfuŋsbərıçt] *m* audit report
Prüfungskommission [ˈpryːfuŋskɔmısˌjoːn] *f* examining commission
Prüfungspflicht [ˈpryːfuŋspflıçt] *f* statutory audit
Prüfungsverband [ˈpryːfuŋsfɛrbant] *m* auditing association
Prüfungsvermerk [ˈpryːfuŋsfɛrmɛrk] *m* certificate of audit
Public Management [ˈpablık ˈmænıdʒmənt] *n* public management
Public Relations (PR) [ˈpablık rıˈleıʃənz] *pl* public relations *(PR)*
Publikationspflicht [publikaˈtsjoːnspflıçt] *f* compulsory disclosure
Publikumsaktie [ˈpuːblikumsaktsjə] *f* popular share
Publikumsfonds [ˈpuːbɪkumsfɔ̃ːs] *m* public fund
Publizität [publitsiˈtɛːt] *f* publicity
Pull-Strategie [ˈpulʃtrategiː] *f* pulling strategy
pünktlich [ˈpyŋktlıç] *adv* punctually, on time
Pünktlichkeit [ˈpyŋktlıçkaıt] *f* punctuality
Push-Strategie [ˈpuʃʃtrategiː] *f* pushing strategy

Q/R

Quadratkilometer [kvaˈdraːtkiˌloːmeːtər] *m* square kilometre

Quadratmeter [kvaˈdraːtmeːtər] *m* square metre

Quadratzentimeter [kvaˈdraːtˌtsɛntimeːtər] *m* square centimetre

Qualifikation [kvalifikaˈtsjoːn] *f* qualification, capacity, ability

qualifiziert [kvalifiˈtsiːrt] *adj* qualified

qualifizierte Gründung [kvalifiˈtsiːrtə ˈgryndʊŋ] *f* formation involving subscription in kind

qualifizierte Legitimationspapiere [kvalifiˈtsiːrtə legitimatsjoːnspapiːrə] *n/pl* eligible title-evidencing instrument

qualifizierte Mehrheit [kvalifiˈtsiːrtə ˈmeːrhaɪt] *f* qualified majority

qualifizierte Minderheit [kvalifiˈtsiːrtə ˈmɪndərhaɪt] *f* right-conferring minority

Qualität [kvaliˈtɛːt] *f* quality; *erstklassige* ~ high quality, top quality

qualitativ [kvalitaˈtiːf] *adj* qualitative

qualitatives Wachstum [kvalitaˈtiːvəs ˈvakstum] *n* qualitative growth

Qualitätsabweichung [kvaliˈtɛːtsapvaɪçʊŋ] *f* deviation from quality

Qualitätsarbeit [kvaliˈtɛːtsarbaɪt] *f* quality work

Qualitätsbezeichnung [kvaliˈtɛːtsbətsaɪçnʊŋ] *f* designation of quality, grade

Qualitätskontrolle [kvaliˈtɛːtskɔntrɔlə] *f* quality control

Qualitätssicherung [kvaliˈtɛːtsziçərʊŋ] *f* quality assurance

Qualitätszirkel [kvaliˈtɛːtstsɪrkl] *m* quality circle

Quantität [kvantiˈtɛːt] *f* quantity, amount

quantitativ [kvantitaˈtiːf] *adj* quantitative

Quantitätsgleichung [kvantiˈtɛːtsglaɪçʊŋ] *f* quantity equation

Quantitätsnotierung [kvantiˈtɛːtsnotiːrʊŋ] *f* fixed exchange

Quantitätstheorie [kvantiˈtɛːtsteori:] *f* quantity theory

Quantum [ˈkvantum] *n* quantum, quantity, ration

Quartal [kvarˈtaːl] *n* quarter

Quartalsbericht [kvarˈtaːlsbəriçt] *m* quarterly report

Quartalsende [kvarˈtaːlsɛndə] *n* end of the quarter

Quartalsrechnung [kvartaːlsrɛçnʊŋ] *f* quarterly invoice

Quasigeld [ˈkvaːzigɛlt] *n* quasi money

Quasimonopol [ˈkvaːzimonopoːl] *n* quasi monopoly

Quasirente [ˈkvaːzirɛntə] *f* quasi rent

Quasipapiere [ˈkvaːzipapiːrə] *n/pl* quasi-paper

Quellenprinzip [ˈkvɛlənprɪntsiːp] *n* source principle

Quellensteuer [ˈkvɛlənʃtɔyər] *f* tax collected at the source, withholding tax

Quick Ratio [ˈkvɪk ˈreɪʃiəʊ] *f (Liquidität ersten Grades)* quick ratio

quitt [kvɪt] *adj* quits *(UK)*, square, even

quittieren [kvɪˈtiːrən] *v (bestätigen)* receipt, give a receipt, acknowledge receipt

Quittung [ˈkvɪtʊŋ] *f* receipt, voucher

Quittungsblock [ˈkvɪtʊŋsblɔk] *m* receipt pad

Quittungseinzugsverfahren [ˈkvɪtʊŋsaɪntsuːksfɛrfaːrən] *n* receipt collection procedure

Quorum [ˈkvoːrum] *n* quorum

Quotation [kvotaˈtsjoːn] *f* quotation

Quote [ˈkvoːtə] *f* quota; *(Verhältnisziffer)* rate; *(Anteil)* proportional share

Quotenaktie [ˈkvoːtənaktsjə] *f* share of no par value

Quotenhandel [ˈkvoːtənhandl] *m* quota transactions

Quotenkartell [ˈkvoːtənkartɛl] *n* commodity restriction scheme

Quotensystem [ˈkvoːtənzysteːm] *n* quota system

Rabatt [raˈbat] *m* discount, rebate, allowance

Rabattvereinbarung [raˈbatfɛraɪnbaːrʊŋ] *f* rebate agreement

Rack Jobbing [ˈræk ˈdʒɔbɪŋ] *n* rack jobbing

Rahmenbedingungen [ˈraːmənbədɪŋʊŋən] *pl* general conditions

Rahmenkredit [ˈraːmənkrediːt] *m* credit line, loan facility

Rahmentarif [ˈraːməntariːf] *m* collective agreement

Rahmenvereinbarung [ˈraːmənfɛraɪnbaːrʊŋ] *f* blanket agreement

Rahmenvertrag ['ra:mənfɛrtra:k] *m* basic agreement, skeleton agreement, framework contract
Ramschkauf ['ramʃkauf] *m* rummage sale, jumble sale
Random-Walk-Theorie [rændəm'wɔ:k'teori:] *f* random-walk theory
Rang [raŋ] *m* 1. rank; 2. *(Qualität)* quality, grade, rate
Rangfolge ['raŋfɔlgə] *f* order of rank
Rangierbahnhof [raŋ'ʒi:rba:nho:f] *m* shunting yard *(UK)*, switchyard *(US)*
rangieren [raŋ'ʒi:rən] *v* 1. *(Eisenbahn)* shunt, switch *(US)*; 2. *(Rang einnehmen)* rank; *an erster Stelle* ~ rank first, to be in first place
Ranking ['ræŋkɪŋ] *n* ranking
Rat [ra:t] *m* advice
Rat für gegenseitige Wirtschaftshilfe (RGW) [ra:t fy:r 'ge:gənzaitigə 'vɪrtʃaftshɪlfə] *m* Council for Mutual Economic Aid (COMECON)
Rate ['ra:tə] *f* instalment *(UK);* installment *(US)*
Ratenanleihen ['ra:tənanlaiən] *f* instal(l)ment loans
Ratenkauf ['ra:tənkauf] *m* instal(l)ment purchase, hire purchase
Ratenkredit ['ra:tənkredi:t] *m* instal(l)ment sales credit
Ratensparvertrag ['ra:tənʃpa:rfɛrtra:k] *m* saving-by-instal(l)ments contract
Ratenwechsel ['ra:tənvɛksəl] *m* bill payable in instal(l)ments
ratenweise ['ra:tənvaizə] *adj* in instal(l)ments
Ratenzahlung ['ra:təntsa:luŋ] *f* payment by instal(l)ments, deferred payment
Ratifikation [ratifika'tsjo:n] *f* ratification
rationalisieren [ratsjonali'zi:rən] *v* rationalize
Rationalisierung [ratsjonali'zi:ruŋ] *f* rationalisation
Rationalisierungsgewinn [ratsjonali'zi:ruŋsgəvɪn] *m* rationalization profit
Rationalisierungsinvestition [ratsjonali'zi:ruŋsɪnvɛstitsjo:n] *f* rationalization investment
Rationalisierungsmaßnahme [ratsjonali'zi:ruŋsmasna:mə] *f* efficiency measure
Rationalität [ratsjonali'tɛ:t] *f* efficiency
Rationalkauf [ratsjo'na:lfɛrkauf] *m* rational buying
Rationalverhalten [ratsjo'na:lfɛrhaltən] *n* rational behaviour

rationell [ratsjo'nɛl] *adj* efficient; *(wirtschaftlich)* economical
Rationierung [ratsjo'ni:ruŋ] *f* rationing
Raubbau ['raupbau] *m* ruinous exploitation
Raubkopie ['raupkopi:] *f* pirate copy
Raummaße ['raumma:sə] *n/pl* cubic measures
Räumungsklage ['rɔymuŋskla:gə] *f* action for eviction
Räumungsverkauf ['rɔymuŋsfɛrkauf] *m* clearance sale, closing-down sale, liquidation sale
Rausschmiss ['rausʃmɪs] *m (fam: Entlassung)* ouster
Reaktor [re'aktɔr] *m* reactor
real [re'al] *adj* real, in real terms, in terms of real value
Realeinkommen [re'a:lainkɔmən] *n* real income
Realignment [ri:ə'lainmənt] *n* realignment of parities
Realinvestition [re'a:lɪnvɛstitsjo:n] *f* real investment
Realisation [realiza'tsjo:n] *f* realization
realisierbar [reali'zi:rba:r] *adj* practicable, feasible, achievable
Realisierbarkeit [reali'zi:rba:rkait] *f* feasibility, viability
realisieren [reali'zi:rən] *v* realize, convert into money, *(Pläne)* carry out
Realisierung [reali'zi:ruŋ] *f* 1. realization, liquidation, conversion into money; 2. carrying out, implementation
realistisch [rea'lɪstɪʃ] *adj* realistic; *adv* realistically
Realkapital [re'a:lkapita:l] *n* 1. *(Volkswirtschaft)* real capital; 2. *(Betriebswirtschaft)* tangible fixed assets
Realkauf [re'a:lkauf] *m* cash sale
Realkredit [re'a:lkredi:t] *m* credit on real estate
Realkreditinstitut [re'a:lkredi:tinstitu:t] *n* real-estate credit institution
Reallohn [re'a:llo:n] *m* real wages
Realsteuern [re'a:lʃtɔyərn] *f/pl* tax on real estate
Realvermögen [re'a:lfɛrmø:gən] *n* real wealth
Realzins [re'a:ltsɪns] *m* real rate of interest, interest rate in real terms
Recheneinheit ['reçənainhait] *f* calculation unit
Rechenkapazität ['reçənkapatsitɛt] *f* computing capacity

Rechenprüfung ['rɛçənpry:fuŋ] *f* arithmetic check
Rechenschaft ['rɛçənʃaft] *f* account; *jdn zur ~ ziehen* hold s.o. responsible; *über etw ~ ablegen* account for sth
Rechenschaftsbericht ['rɛçənʃaftsbəriçt] *m* report, status report, accounting
Rechenschaftslegung ['rɛçənʃaftsle:guŋ] *f* rendering of account
Rechenzentrum ['rɛçəntsɛntrum] *n* computer centre
Recherche [re'ʃɛrʃə] *f* investigation, enquiry
recherchieren [reʃɛr'ʃi:rən] *v* investigate
rechnen ['rɛçnən] *v* calculate, compute; *auf etw ~* count on sth; *mit etw ~* expect sth; *(zählen)* count
Rechner ['rɛçnər] *m (Elektronenrechner)* computer; *(Taschenrechner)* calculator
rechnergesteuert ['rɛçnergəʃtɔyərt] *adj* computer controlled
Rechnung ['rɛçnuŋ] *f* 1. invoice, bill; 2. *auf eigene ~* on one's own account; *jdm etw in ~ stellen* bill s.o. for sth; 3. calculation, arithmetic
Rechnungsabgrenzung ['rɛçnuŋsapgrɛntsuŋ] *f* apportionment between accounting periods
Rechnungsabgrenzungsposten ['rɛçnuŋsapgrɛntsuŋspɔstən] *m/pl* accruals and deferrals
Rechnungsbetrag ['rɛçnuŋsbətra:k] *m* invoice total
Rechnungseinheit ['rɛçnuŋsaınhaıt] *f* unit of account
Rechnungseinzugsverfahren ['rɛçnuŋsaıntsu:ksfɛrfa:rən] *n* accounts collection method, direct debit
Rechnungshof ['rɛçnuŋsho:f] *m* Court of Auditors
Rechnungsjahr ['rɛçnuŋsja:r] *n* financial year, fiscal year
Rechnungslegung ['rɛçnuŋsle:guŋ] *f* accounting
Rechnungsnummer ['rɛçnuŋsnumər] *f* invoice number
Rechnungsprüfer ['rɛçnuŋspry:fər] *m* auditor
Rechnungsstellung ['rɛçnuŋsʃtɛluŋ] *f* invoicing, rendering in account
Rechnungssumme ['rɛçnuŋszumə] *f* invoice amount
Rechnungswesen ['rɛçnuŋsve:zən] *n* accountancy, accounting, bookkeeping
Rechnungszins ['rɛçnuŋstsıns] *m* interest rate for accounting purposes
Recht [rɛçt] *n* 1. law; *~ sprechen* administer justice; 2. *(Anspruch)* right; *sein ~ fordern* demand sth as a right; *zu ~* rightly; *~ haben* to be right; *~ bekommen* have been right; *~ behalten* turn out to be right
rechtlich ['rɛçtlıç] *adj* legal, lawful; *adv* legally, lawfully
rechtmäßig ['rɛçtmɛ:sıç] *adj* lawful; *adv* in a lawful manner
rechts ['rɛçts] *adv* on the right
Rechtsanspruch ['rɛçtsanʃprux] *m* legal claim
Rechtsanwalt ['rɛçtsanvalt] *m* lawyer, solicitor *(UK)*, attorney *(US)*
Rechtsanwaltsbüro ['rɛçtsanvaltsbyro:] *n* law office
Rechtsaufsicht ['rɛçtsaufzıçt] *f* legal supervision
Rechtsbehelf ['rɛçtsbəhɛlf] *m* legal remedy
Rechtsbeistand ['rɛçtsbaıʃtant] *m* legal aid
Rechtsberater ['rɛçtsbəra:tər] *m* legal counsel
rechtsfähig ['rɛçtsfɛ:ıç] *adj* having legal capacity
Rechtsfähigkeit ['rɛçtsfɛ:ıçkaıt] *f* legal capacity
Rechtsfall ['rɛçtsfal] *m* case
Rechtsform ['rɛçtsfɔrm] *f* legal structure
Rechtsgeschäft ['rɛçtsgəʃɛft] *n* legal transaction
rechtsgültig ['rɛçtsgyltıç] *adj* legally valid, legal
Rechtshaftung ['rɛçtshaftuŋ] *f* legal responsibility
rechtskräftig ['rɛçtskrɛ:ftıç] *adj* legally binding; *(Urteil)* final
Rechtslage ['rɛçtsla:gə] *f* legal situation, legal position
Rechtsmittel ['rɛçtsmıtəl] *n* legal remedy, appeal
Rechtsnachfolge ['rɛçtsna:çfɔlgə] *f* legal succession
Rechtsnorm ['rɛçtsnɔrm] *f* legal norm
Rechtsordnung ['rɛçtsɔrdnuŋ] *f* legal system
Rechtsprechung ['rɛçtʃprɛçuŋ] *f* administration of justice, judicial decision, court rulings
Rechtsschutz ['rɛçtsʃuts] *m* legal protection

Rechtsstaat ['rɛçtsʃtaːt] *m* state bound by the rule of law
Rechtsstreit ['rɛçtsʃtraɪt] *m* legal action, lawsuit, litigation
Rechtsverhältnis ['rɛçtsfɛrhɛltnɪs] *n* legal relationship
Rechtsweg ['rɛçtsveːk] *m* legal recourse; *der ~ ist ausgeschlossen* the judges' decision is final
Rechtswesen ['rɛçtsveːzən] *n* legal system
rechtswidrig ['rɛçtsviːdrɪç] *adj* unlawful, illegal; *adv* unlawfully, illegally
recyceln [ri'saɪkəln] *v* recycle
Recycling [ri'saɪklɪŋ] *n* recycling
Recyclingverfahren [ri'zaɪklɪŋfɛrfaːrən] *n* recycling process
Redegewandtheit ['reːdəgəvanthaɪt] *f* eloquence
Rediskont [redɪs'kɔnt] *m* rediscount
rediskontieren [redɪskɔn'tiːrən] *v* rediscount
Rediskontierung [redɪskɔn'tiːruŋ] *f* rediscount
Rediskontkontingent [redɪs'kɔntkɔntɪŋgɛnt] *n* rediscount quota
Reduktion [reduk'tsjoːn] *f* reduction
Redundanz [redun'dants] *f* redundancy
reduzieren [redu'tsiːrən] *v* reduce, cut
Reeder ['reːdər] *m* shipowner
Reederei [reːdə'raɪ] *f* shipping company, shipping line
Referent [refe'rɛnt] *m* 1. *(Redner)* speaker, orator, reader of a paper; 2. *(Sachbearbeiter)* consultant, expert
Referenz [refe'rɛnts] *f* reference
referieren [refe'riːrən] *v* report
Refinanzierung [refinan'tsiːruŋ] *f* refinancing, refunding
Refinanzierungspolitik [refinan'tsiːruŋspoliˌtiːk] *f* refinancing policy
Reform [re'fɔrm] *f* reform
reformbedürftig [re'fɔrmbədyrftɪç] *adj* in need of reform
reformieren [refɔr'miːrən] *v* reform
Regelbindung ['reːgəlbɪnduŋ] *f* rule-bound policy
Regelmäßigkeit ['reːəlmɛːsɪçkaɪt] *f* regularity
Regelung ['reːgəluŋ] *f* regulation, settlement
Regiebetrieb [re'ʒiːbətriːp] *m* publicly owned enterprise, municipal enterprise operated by an administrative agency
Regierung [re'giːruŋ] *f* government

Regionalbank [regjo'naːlbaŋk] *f* regional bank
Regionalförderung [regjo'naːlfœrdəruŋ] *f* regional promotion
Register [re'gɪstər] *n* register, index
Registratur [regɪstra'tuːr] *f (Abteilung)* records office; *(Aktenschrank)* filing cabinet
registrieren [regɪs'triːrən] *v* register, record
reglementieren [reglemɛn'tiːrən] *v* regulate
Regress [re'grɛs] *m* recourse
Regression [regrɛ'sjoːn] *f* regression
regresspflichtig [re'grɛsp̩flɪçtɪç] *adj* liable to recourse
Regulierung [regu'liːruŋ] *f* regulation
Rehabilitation [rehabilita'tsjoːn] *f* rehabilitation
reich [raɪç] *adj* rich
Reifezeugnis ['raɪfətsɔyknɪs] *n (Abitur)* school-leaving certificate, certificate of maturity
Reihenfertigung ['raɪənfɛrtɪguŋ] *f* flow shop production
Reihenuntersuchung ['raɪənuntərzuːxuŋ] *f* mass screening
Re-Import ['reɪmpɔrt] *m* reimportation
Reinerlös ['raɪnɛrløːs] *m* net proceeds
Reinertrag ['raɪnɛrtraːk] *m* net proceeds *pl*, net profit
reines Konossement ['raɪnəs kɔnɔsə'mɛnt] *n* clean bill of lading
Reingewicht ['raɪngəvɪçt] *n* net weight
Reingewinn ['raɪngəvɪn] *m* net profit, net earnings
Reinvermögen ['raɪnfɛrmøːgən] *n* net assets
Reinvestition ['reɪnvɛstitsjoːn] *f* reinvestment
Reisekosten ['raɪzəkɔstən] *pl* travel expenses *pl*
Reisekostenabrechnung ['raɪzəkɔstənapˌrɛçnuŋ] *f* deduction of travelling expenses
Reisekreditbrief ['raɪzəkrediːtbriːf] *m* traveller's letter of credit
Reisescheck ['raɪzəʃɛk] *m* traveller's cheque
Reisespesen ['raɪzəʃpeːzən] *pl* travelling expenses
Reiseversicherung ['raɪzəfɛrzɪçəruŋ] *f* travel insurance, tourist policy
Reitwechsel ['raɪtvɛksl] *m* windmill, kite
Reklamation [reklama'tsjoːn] *f* complaint
Reklame [re'klaːmə] *f* advertising, publicity; *(Einzelwerbung)* advertisement

reklamieren [rekla'miːrən] *v (beanstanden)* complain about, object to
Rektaindossament ['rɛktaɪndɔsamɛnt] *n* restrictive endorsement
Rektapapiere ['rɛktapapiːrə] *pl* non-negotiable instruments
Rektawechsel ['rɛktavɛksl] *m* non-negotiable bill of exchange
Relaunch ['rɪlɔːntʃ] *m* relaunch
Rembourskredit ['rãbuːrskrediːt] *m* documentary acceptance credit
Remittent [remɪ'tɛnt] *m* payee
Rendite [rɛn'diːtə] *f* yield, return
Renommee [renɔ'meː] *n* reputation
renommiert [renɔ'miːrt] *adj* renowned, famous
rentabel [rɛn'taːbəl] *adj* profitable, lucrative, profit-earning
Rentabilität [rɛntabili'tɛːt] *f* profitability, earning power
Rentabilitätsschwelle [rɛntabili'tɛːtsʃvɛlə] *f* break-even point
Rente ['rɛntə] *f* 1. *(Altersrente)* pension; 2. *(aus einer Versicherung)* annuity
Rentenabteilung ['rɛntənaptaɪluŋ] *f* annuity department
Rentenalter ['rɛntənaltər] *n* retirement age
Rentenanleihe ['rɛntənanlaɪə] *f* perpetual bonds, annuity bond
Rentenberater ['rɛntənbəraːtər] *m* consultant on pensions, pension consultant
Rentenbrief ['rɛntənbriːf] *m* annuity certificate
Rentenfonds ['rɛntənfɔ̃ː] *m* pension fund, fixed interest securities fund
Rentenhandel ['rɛntənhandl] *m* bond trading
Rentenmarkt ['rɛntənmarkt] *m* bond market, fixed interest market
Rentenpapiere ['rɛntənpapiːrə] *n/pl* bonds
Rentenreform ['rɛntənrefɔrm] *f* reform of the national pension system, social security reform *(US)*
Rentenversicherung ['rɛntənfɛrzɪçəruŋ] *f* annuity insurance, social security pension insurance
Rentenwert ['rɛntənveːrt] *m* fixed-interest security
rentieren [rɛn'tiːrən] *v sich ~ to* be worthwhile, to be profitable, yield a profit
Rentner(in) ['rɛntnər(ɪn)] *m/f* pensioner, recipient of a pension
Reorganisation ['reɔrganizatsjoːn] *f* reorganization
reorganisieren ['reɔrganizɪːrən] *v* reorganize, reconstruct, regroup, revamp
Reparatur [repara'tuːr] *f* repair
reparaturanfällig [repara'tuːranfɛlɪç] *adj* breakdown-prone
reparieren [repa'riːrən] *v* repair, mend, fix
Repartierung [reparti'ːruŋ] *f* apportionment
Report [re'pɔrt] *m* contango
Reporteffekten [re'pɔrtɛfɛktə] *pl* contango securities
Reportgeschäft [re'pɔrtgəʃɛft] *n* contango transaction
Repräsentant(in) [reprɛzɛn'tant(ɪn)] *m/f* representative
repräsentieren [reprɛzɛn'tiːrən] *v* represent, act as representative for
Repressalie [reprɛ'saːljə] *f* reprisals
Reprise [re'priːzə] *f* reprise
Reprivatisierung [reprivati'ziːruŋ] *f* reprivatisation, reversion to private ownership
Reproduktion [reproduk'tsjoːn] *f* reproduction, copy
Reproduktionskosten [reproduk'tsjoːnskɔstən] *pl* reproduction cost
Reproduktionswert [reproduk'tsjoːnsveːrt] *m* reproduction value
Reserve [re'zɛrvə] *f* reserve; *stille ~n* secret reserves
Reservebank [re'zɛrvəbaŋk] *f* reserve bank
Reservefonds [re'zɛrvəfɔ̃ː] *m* reserve fund
Reservehaltung [re'zɛrvəhaltuŋ] *f* reserve management
Reserven [re'zɛrvən] *f/pl* reserves
Reservewährung [re'zɛrvəvɛːruŋ] *f* reserve currency
reservieren [re'zɛrvɪːrən] *v* reserve
Reservierung [rezɛr'viːruŋ] *f* reservation
Ressort [rɛ'soːr] *n* department; decision unit, organizational unit
Ressource [rɛ'sursə] *f* resources
Ressourcenknappung [rɛ'sursəknapuŋ] *f* scarcity of resources
Ressourcennutzung [rɛ'sursənnutsuŋ] *f* use of resources
Ressourcentransfer [rɛ'sursəntransfeːr] *m* transfer of resources
Restbestand ['rɛstbəʃtant] *m* remaining stock
Restbetrag ['rɛstbətraːk] *m* remainder, balance, residual amount
Restdarlehen ['rɛstdaːrleːən] *n* purchase-money loan

Restlaufzeit ['rɛstlauftsaɪt] f remaining time to maturity
Restnutzungsdauer ['rɛstnutsuŋsdauər] f remaining life expectancy
Restposten ['rɛstpɔstən] m remaining stock, remnant
Restquote ['rɛstkvoːtə] f residual quota
Restriktion [rɛstrɪk'tsjoːn] f restriction
restriktiv [rɛstrɪk'tiːf] adj restrictive
Restrisiko ['rɛstriːziko] n remaining risk, acceptable risk
Restschuld ['rɛstʃult] f residual debt, unpaid balance in account, remaining debt
Restschuldversicherung ['rɛstʃultfɛrzɪçəruŋ] f residual debt insurance
Resturlaub ['rɛstuːrlaup] m paid holidays not yet taken *(UK)*, paid vacation days not yet taken *(US)*
Restwert ['rɛstveːrt] m net book value
Retention Marketing [rɪ'tɛnʃən 'markətɪŋ] n retention marketing
Retouren [re'tuːrən] pl goods returned (allg.); bills and checks returned unpaid (Finanzwesen)
retrograde Erfolgsrechnung [retro'graːdə ɛr'fɔlgsrɛçnuŋ] f inverse method of determining income
retrograde Kalkulation [retro'graːdə kalkula'tsjoːn] f inverse method of cost estimating
Return on Investment (ROI) [rɪ'tɛːn ɔn ɪn'vɛstmənt] m return on investment
revidieren [revi'diːrən] v *(prüfen)* examine, check; *(ändern)* revise
Revision [revi'zjoːn] f audit
Revisionsabteilung [revi'zjoːnsaptaɪluŋ] f audit department
Revisionspflicht [revi'zjoːnspflɪçt] f auditing requirements
revolvierendes Akkreditiv [revɔl'viːrəndəs akredi'tiːf] n revolving letter of credit
Revolving-Kredit [rɪ'vɔlvɪŋ kre'diːt] m revolving credit
Rezession [retsɛ'sjoːn] f recession
Reziprozität [retsiprotsi'tɛːt] f reciprocity
R-Gespräch ['ɛrgəʃprɛːç] n reversed-charge call, collect call *(US)*
Rhetorik rhetoric
Richter ['rɪçtər] m judge
Richtlinie ['rɪçtliːnjə] f guideline, standard directive
Richtpreis ['rɪçtpraɪs] m standard price, suggested price, recommended (retail) price
Richtwert ['rɪçtveːrt] m approximate value

Rimesse [ri'mɛsə] f remittance
Risiko ['riːziko] n risk; *Risiken abwägen* weigh the risks
Risikobereitschaft ['riːzikobəraɪtʃaft] f willingness to take risks
Risikodeckung ['riːzikodɛkuŋ] f risk cover
Risikokosten ['riːzikokɔstən] pl risk-induced costs
Risiko-Lebensversicherung ['riːzikoleːbənsfɛrzɪçəruŋ] f term life insurance
Risikoprämie ['riːzikoprɛːmjə] f risk premium
Risikozuschlag ['riːzikotsuːʃlaːk] m additional risk premium
Risk Management ['rɪskmænɪdʒmənt] n risk management
riskant [rɪs'kant] adj risky
riskieren [rɪs'kiːrən] v risk
Roboter ['rɔbɔtər] m robot
Rohbilanz ['roːbilants] f rough balance
Rohgewinn ['roːgəvɪn] m gross profit on sales
Rohmaterial ['roːmaterjaːl] n raw material
Rohöl ['roːœːl] n crude oil
Rohstoff ['roːʃtɔf] m raw material
Rohstoff-Fonds ['roːʃtɔffɔːs] m raw material funds
Rohstoffkartell ['roːʃtɔfkartɛl] n commodities cartel
Rohstoffknappheit f raw material shortage
Rohstoffmangel ['roːʃtɔfmaŋəl] m shortage of raw materials
Rohstoffmarkt ['roːʃtɔfmarkt] m commodity forward transaction
Rohstoffvermarktung ['roːʃtɔffɛrmarktuŋ] f raw materials
Rohzustand ['roːtsuːʃtant] m natural condition, unprocessed condition, unfinished condition
Roll on/Roll off-Verkehr (RoRo) [rəʊl 'ɔn rəʊl ɔf fɛr'keːr] m roll on/roll off transportation (roro)
Rollgeld ['rɔlgɛlt] n haulage
Roll-over-Kredit [rəʊl 'əʊvər kre'diːt] m roll-over credit
rote Zahlen ['roːtə 'tsaːlən] pl *(fig)* red figures, „the red"
Route ['ruːtə] f route
Routine [ru'tiːnə] f routine, experience, daily practice
Rubel ['ruːbəl] m rouble, rubel *(US)*
Rückantwort ['rykantvɔrt] f reply; *(frankierte Postkarte)* postage-paid reply card

Rückantwort bezahlt (RP) ['rykantvɔrt bə'tsaːlt] reply-paid *(RP)*
rückdatieren ['rykdatiːrən] *v* backdate, antedate
Rückdelegation ['rykdelegatsjoːn] *f* back delegation
rückerstatten ['rykɛrʃtatən] *v* refund, reimburse
Rückerstattung ['rykɛrʃtatuŋ] *f* reimbursement, repayment
Rückfahrkarte ['rykfaːrkartə] *f* return ticket
Rückfahrt ['rykfaːrt] *f* return journey
Rückfluss ['rykflus] *m* reflux
Rückflussstücke ['rykflusʃtykə] *n/pl* securities repurchased
Rückfrage ['rykfraːgə] *f* question, further inquiry
Rückgabe ['rykgaːbə] *f* return, restitution, restoration
Rückgaberecht ['rykgabərɛçt] *n* right of redemption, return privilege
Rückgang ['rykgaŋ] *m* decline, drop, decrease
rückgängig ['rykgɛŋıç] *adj* ~ machen cancel, undo
Rückgarantie ['rykgaranti:] *f* counter guarantee
Rückgriff ['rykgrıf] *m* recourse
Rückkauf ['rykkauf] *m* repurchase, buying back
Rückkaufdisagio ['rykkaufdıza:dʒo] *n* discount on repurchase
Rückkaufgeschäfte ['rykkaufgəʃɛftə] *n/pl* buy-back arrangements
Rückkaufswert ['rykkaufsveːrt] *m* redemption value
Rückkoppelung ['rykkɔpəluŋ] *f* feedback
Rücklage ['ryklaːgə] *f* 1. reserve; 2. *(Ersparnisse)* savings *pl*
rückläufig ['ryklɔyfıç] *adj* declining
Rücknahme ['ryknaːmə] *f* taking back
Rückporto ['rykpɔrto] *n* return postage
Rückscheck ['rykʃɛk] *m* returned cheque
Rückscheckprovision ['rykʃɛkprovizjoːn] *f* commission on returned cheque
Rückschein ['rykʃaın] *m* advice of delivery
Rückschlag ['rykʃlaːk] *m (fig)* setback
Rückseite ['rykzaıtə] *f* reverse, back
Rücksendung ['rykzɛnduŋ] *f* return
Rücksprache ['rykʃpraːxə] *f* consultation; *mit jdm ~ halten* consult with s.o.
Rückstand ['rykʃtant] *m* 1. *(Außenstände)* arrears *pl;* 2. *(Lieferrückstand, Arbeitsrückstand)* backlog; 3. *(Abfallprodukt)* residue; 4. *(Rest)* remains *pl*
rückständig ['rykʃtɛndıç] *adj* 1. *(Zahlung)* overdue, outstanding; 2. *(fig: überholt)* outdated
Rückstellung ['rykʃtɛluŋ] *f* reserves
Rücktransport ['ryktranspɔrt] *m* return transport
Rücktritt ['ryktrıt] *m (Amtsniederlegung)* resignation, retirement, rescission
Rücktrittsklausel ['ryktrıtsklauzl] *f* escape clause
Rücktrittsrecht ['ryktrıtsrɛçt] *n* right to rescind a contract
Rückvergütung ['rykfɛrgytuŋ] *f* refund
Rückversicherung ['rykfɛrzıçəruŋ] *f* reinsurance
Rückwaren ['rykvaːrən] *pl* goods returned
Rückwechsel ['rykvɛksəl] *m* unpaid bill of exchange
rückwirkend ['rykvırkənt] *adj* retroactive, retrospective
rückzahlbar ['ryktsaːlbaːr] *adj* repayable
Rückzahlung ['ryktsaːluŋ] *f* repayment, refund, reimbursement
Rückzahlungsagio ['ryltsa:luŋsa:dʒo] *n* premium payable on redemption
Rückzoll ['ryktsɔl] *m* customs drawback
Rufnummer ['ruːfnumər] *f* telephone number, dial sequence
rufschädigend ['ruːfʃɛːdıgənt] *adj* defamatory
Rüge ['ryːgə] *f* reprimand, reproof, rebuke
Rügepflicht ['ryːgəpflıçt] *f* obligation to lodge a complaint
Ruhestand ['ruːəʃtant] *m* retirement
Ruhestörung ['ruːəʃtøːruŋ] *f* disturbance of the peace
Ruhetag ['ruːətaːk] *m* day of rest; „Montags ~" closed Mondays
Rumpfwirtschaftsjahr ['rumpfvırtʃaftsjaːr] *n* short fiscal year
Run [ran] *m* run
runder Tisch ['rundər tıʃ] *m (fig)* round table
Rundfunkwerbung ['rundfuŋkvɛrbuŋ] *f* radio advertising
Rundschreiben ['runtʃraıbən] *n* circular
Rüstkosten ['rystkɔstən] *pl* preproduction cost
Rüstungsauftrag ['rystuŋsauftraːk] *m* defence contract, arms contract
Rüstungsunternehmen ['rystuŋsuntərnɛːmən] *n* armaments manufacturer

S

Sabbatical [sə'bætɪkəl] *n* Sabbatical
Sabotage [zabo'ta:ʒə] *f* sabotage
sabotieren [zabo'ti:rən] *v* sabotage
Sachanlagen ['zaxanla:gən] *f/pl* fixed assets, tangible assets, physical assets
Sachanlagevermögen ['zaxanla:gəfɛrmø:gən] *n* tangible fixed assets
Sachbearbeiter(in) ['zaxbəarbaɪtər(ɪn)] *m/f* official in charge, clerk in charge
Sachbeschädigung ['zaxbəʃɛ:dɪguŋ] *f* damage to property
Sachbezüge ['zaxbətsy:gə] *f/pl* remuneration in kind
Sachdepot ['zaxdepo:] *n* impersonal security deposit
Sache ['zaxə] *f* case, lawsuit, action
Sacheinlage ['zaxaɪnla:gə] *f* investment in kind, contribution in kind
Sachenrecht ['zaxənrɛçt] *n* law of real and personal property
Sachenrechtliche Wertpapiere ['zaxənrɛçtlɪçə 've:rtpapi:rə] *n/pl* property law securities
Sachfirma ['zaxfɪrma] *f* firm name derived from the object of the enterprise
Sachkapital ['zaxkapita:l] *n* real capital
Sachkapitalerhöhung ['zaxkapita:lɛrhø:uŋ] *f* capital increase through contribution in kind, increase in noncash capital
Sachkenntnis ['zaxkɛntnɪs] *f* expertise
Sachkredit ['zaxkredi:t] *m* credit based on collateral security
Sachleistung ['zaxlaɪstuŋ] *f* payment in kind, allowance
Sachschaden ['zaxʃa:dən] *m* damage to property, physical damage
Sachvermögen ['zaxfɛrmø:gən] *n* material assets, fixed capital
Sachverständige(r) ['zaxfɛrʃtɛndɪgə(r)] *m/f* expert (witness), authority, specialist
Sachverständigenrat ['zaxfɛrʃtɛndɪgənra:t] *m* panel of experts, German Council of Economic Experts
Sachwert ['zaxve:rt] *m* real value
Sachwertanleihen ['zaxve:rtanlaɪən] *f/pl* material value loans
Sachwert-Investmentfonds ['zaxve:rtɪnvɛstmɛntfɔ̃s] *m* material asset investment funds

Safe [seɪf] *m* safe
Saison [zɛ'zɔ̃] *f* season
saisonabhängig [zɛ'zɔ̃aphɛŋɪç] *adj* seasonal
Saisonarbeit [zɛ'zɔ̃arbaɪt] *f* seasonal work
Saisonarbeiter(in) [zɛ'zɔ̃arbaɪtər(ɪn)] *m/f* seasonal worker
saisonbedingt [zɛ'zɔ̃bədɪŋkt] *adj* seasonal
saisonbereinigt [zɛ'zɔ̃bəraɪnɪçt] *adj* seasonally adjusted
Saisonbereinigung [zɛ'zɔ̃bəraɪnɪguŋ] *f* seasonal adjustment
Saisongeschäft [zɛ'zɔ̃gəʃɛft] *n* seasonal business
Saisonkredit [zɛ'zɔ̃kredi:t] *m* seasonal loan
Saison-Reserven [zɛ'zɔ̃rezɛrvən] *f/pl* seasonal reserves
Saisonschwankungen [zɛ'zɔ̃ʃvaŋkuŋən] *f/pl* seasonal fluctuations
säkulare Inflation [zɛku'la:rə ɪnfla'tsjo:n] *f* secular inflation
Saldenbilanz ['zaldənbilants] *f* list of balances
saldieren [zal'di:rən] *v* balance
Saldo ['zaldo] *m* balance
Sales Promotion ['seɪlz prə'mo:ʃən] *f (Verkaufsförderung)* sales promotion
Sammelaktie ['zaməlaktsjə] *f* multiple share certificate, global share
Sammelanleihe ['zaməlanlaɪə] *f* joint loan issue
Sammelauftrag ['zaməlauftra:k] *m* collective (giro) order
Sammelbestellung ['zaməlbəʃtɛluŋ] *f* consolidated order, joint order
Sammeldepot ['zaməldepo:] *n* collective deposit
Sammelinkassoversicherung ['zaməlɪnkasofɛrzɪçəruŋ] *f* group collection security
Sammelkonto ['zaməlkɔnto] *n* collective account
Sammelschuldbuchforderung ['zaməlʃultbuxfɔrdəruŋ] *f* collective debt register claim
Sammeltransport ['zaməltransport] *m* collective transport
Sammeltratte ['zaməltratə] *f* collective bill
Sammelüberweisung ['zaməly:bərvaɪzuŋ] *f* combined bank transfer

Sammelwertberichtigung ['zamǝlvɛːrtbǝrɪçtɪguŋ] *f* global value adjustment
Sanierung [saˈniːruŋ] *f* reconstruction, urban renewal
Sanktion [zaŋkˈtsjoːn] *f* sanction, penalty
sanktionieren [zaŋktsjoˈniːrǝn] *v* sanction, put scanctions on
Sättigung ['zɛtɪguŋ] *f* saturation
Satz [zats] *m* 1. *(Menge)* set, batch; 2. *(fester Betrag)* rate
Satzung ['zatsuŋ] *f* statutes
satzungsgemäß ['zatsuŋsgǝmɛːs] *adv* according to the rules/statutes/bylaws
säumig ['zɔymɪç] *adj (Schuldner)* defaulting, dilatory
Säumniszuschlag ['zɔymnɪstsuːʃlaːk] *m* delay penalty
Scanner ['skænǝr] *m* scanner
Scannerkasse ['skænǝrkasǝn] *f* checkout scanner
Schaden ['ʃaːdǝn] *m* 1. damage, loss, harm; 2. *(Personenschaden)* injury
Schadenersatz ['ʃaːdǝnɛrtsats] *m* 1. compensation, indemnity, indemnification; 2. *(festgesetzte Geldsumme)* damages *pl*
Schadenersatzansprüche ['ʃaːdǝnɛrtsatsanʃpryçǝ] *m/pl* claim for damages
Schadenhöhe ['ʃaːdǝnhøɛ] *f* amount of loss
Schadensbegrenzung ['ʃaːdǝnsbǝgrɛntsuŋ] *f* damage control, damage limitation
Schadensersatz ['ʃaːdǝnsɛrtsats] *m* compensation for loss suffered, recovery of damages
Schadensersatzklage ['ʃaːdǝnsɛrtsatskla:gǝ] *f* action for damages
Schadensersatzpflicht ['ʃaːdǝnsɛrtsatspflɪçt] *f* liability for damages
Schadensfall ['ʃaːdǝnsfal] *m* case of damage
Schadensforderung ['ʃaːdǝnsfɔrdǝruŋ] *f* claim for damages
Schadensmeldung ['ʃaːdǝnsmɛlduŋ] *f* notification of damage
Schadensversicherung ['ʃaːdǝnsfɛrzɪçǝruŋ] *f* casualty insurance
schadhaft ['ʃaːthaft] *adj* damaged; *(mangelhaft)* defective, faulty
schädigen ['ʃɛːdɪgǝn] *v* damage; *(jdn ~)* harm
schädlich ['ʃɛːtlɪç] *adj* harmful, damaging, detrimental
Schädlichkeit ['ʃɛːtlɪçkaɪt] *f* harmfulness, noxiousness, injuriousness

Schadstoff ['ʃaːtʃtɔf] *m* harmful substance, harmful chemical
schadstoffarm ['ʃaːtʃtɔfarm] *adj* low in harmful chemicals
Schalldämmung ['ʃaldɛmuŋ] *f* soundproofing
Schaltbild ['ʃaltbɪlt] *n* connection diagram, wiring diagram
Schalter ['ʃaltǝr] *m* counter
Schaltergeschäft ['ʃaltǝrgǝʃɛft] *n* business over the counter
Schalterprovision ['ʃaltǝrprovizjoːn] *f* selling commission
Schaltkreis ['ʃaltkraɪs] *m* circuit
Schaltzentrale ['ʃalttsɛntraːlǝ] *f* central control station; *(fig)* central control, systems control, control centre
Schattenwirtschaft ['ʃatǝnvɪrtʃaft] *f* underground economy
Schatzanweisung ['ʃatsanvaɪzuŋ] *f* treasury bond
Schatzbrief ['ʃatsbriːf] *m* Treasury bond, Exchequer bond *(UK)*
Schätze ['ʃɛtsǝ] *pl* treasury bonds
schätzen ['ʃɛtsǝn] *v (ungefähr berechnen)* estimate; *(annehmen)* suppose, reckon
Schätzer ['ʃɛtsǝr] *m* appraiser, valuer, evaluator, assessor
Schätzung ['ʃɛtsuŋ] *f (ungefähre Berechnung)* estimate, valuation; *(Annahme)* estimation
Schatzwechsel ['ʃatsvɛksǝl] *m* Treasury bill
Schätzwert ['ʃɛtsveːrt] *m* estimated value, appraised value
Schaufenster ['ʃaufɛnstǝr] *n* shop window, store window *(US)*
Scheck [ʃɛk] *m* cheque, check *(US); einen ~ einlösen* cash a cheque
Scheckabrechnung ['ʃɛkapreçnuŋ] *f* cheque clearance
Scheckabteilung ['ʃɛkaptaɪluŋ] *f* cheque department
Scheckbetrug ['ʃɛkbǝtruːk] *m* cheque fraud
Scheckeinzug ['ʃɛkaɪntsuːk] *m* cheque collection
Scheckfähigkeit ['ʃɛkfɛːɪçkaɪt] *f* capacity to draw cheques
Scheckheft ['ʃɛkhɛft] *n* cheque book *(UK)*, checkbook *(US)*
Scheckkarte ['ʃɛkkartǝ] *f* cheque card
Scheckklausel ['ʃɛkklauzǝl] *f* cheque clause

Scheckrecht ['ʃɛkrɛçt] *n* negotiable instruments law concerning cheques
Scheckregress ['ʃɛkregres] *m* cheque recourse
Schecksperre ['ʃɛkʃpɛrə] *f* stopping payment order, cancellation of a check
Scheckverkehr ['ʃɛkfɛrkeːr] *m* cheque transactions
Scheckwiderruf ['ʃɛkviːdərruːf] *m* cheque stopping
Scheckzahlung ['ʃɛktsaːluŋ] *f* payment by check
Scheinfirma ['ʃaɪnfɪrma] *f* shell company, bogus firm
Scheingeschäft ['ʃaɪngəʃɛft] *n* fictitious transaction
Scheingesellschaft ['ʃaɪngəzɛlʃaft] *f* ostensible company
Scheingewinn ['ʃaɪngəvɪn] *m* fictitious profit
Scheingründung ['ʃaɪngryndun] *f* fictitious formation
Scheinkaufmann ['ʃaɪnkaufman] *m* ostensible merchant
Scheinkurs ['ʃaɪnkurs] *m* fictitious quotation price
Scheinselbstständigkeit ['ʃaɪnzɛlpʃtɛndıçkaɪt] *f* fictitious independence
scheitern ['ʃaɪtərn] *v (fig)* fail
Schenkung ['ʃɛŋkuŋ] *f* gift, donation
Schenkungssteuer ['ʃɛŋkuŋsʃtɔyər] *f* gift tax
Schenkungsurkunde ['ʃɛŋkuŋsuːrkundə] *f* deed of donation
Schicht [ʃıçt] *f 1.* layer; *2. (Arbeitsschicht)* shift
Schichtarbeit ['ʃıçtarbaɪt] *f* shift work
Schichtwechsel ['ʃıçtvɛksəl] *m* change of shift
Schieber ['ʃiːbər] *m (Betrüger)* profiteer, racketeer
Schiedsgericht ['ʃiːtsgərıçt] *n* court of arbitration, arbitral court
Schiff [ʃıf] *n* ship, vessel
schiffbar ['ʃıfbaːr] *adj* navigable
Schiffbau ['ʃıfbau] *m* shipbuilding
Schifffahrt ['ʃıffaːrt] *f* navigation, shipping
Schiffsregister ['ʃıfsregıstər] *n* register of ships
Schiffswerft ['ʃıfsvɛrft] *f* shipyard
schlechte Qualität ['ʃlɛçtə kvaliˈtɛːt] *f* poor quality
Schlechtwettergeld [ʃlɛçt'vɛtərgɛlt] *n* bad-weather compensation

schleichende Inflation ['ʃlaɪçəndə ınflaˈtsjoːn] *f* creeping inflation
Schleichwerbung ['ʃlaɪçvɛrbuŋ] *f* camouflaged advertising
Schleuderpreis ['ʃlɔydərpraɪs] *m* give-away price, rock-bottom price
Schlichtung ['ʃlıçtuŋ] *f* arbitration
Schließfach ['ʃliːsfax] *n 1. (Bankschließfach)* safe deposit box; *2. (Postschließfach)* post-office box
Schluss [ʃlus] *m* closure
Schlussbilanz ['ʃlusbilants] *f* closing balance
Schlussbrief ['ʃlusbriːf] *m* sales note
Schlussdividende ['ʃlusdividɛndə] *f* final dividend
Schlüsselindustrien ['ʃlysəlındustriːn] *f/pl* key industries
Schlüsselqualifikation ['ʃlysəlkvalifikaˌtsjoːn] *f/pl* key qualification
Schlüsseltechnologie ['ʃlysəltɛçnologiː] *f* key technology
Schlusskurs ['ʃluskurs] *m* closing price
Schlussnote ['ʃlusnoːtə] *f* broker's note
Schlussverkauf ['ʃlusfɛrkauf] *m* seasonal clearance sale, end-of-season clearance sale
Schmiergeld ['ʃmiːrgɛlt] *n* bribe money
Schmuggel ['ʃmugəl] *m* smuggling
schmuggeln ['ʃmugəln] *v* smuggle, bootleg
Schmuggelware ['ʃmugəlwaːrə] *pl* smuggled goods, contraband
Schmutzzulage ['ʃmutstsuːlaːgə] *f* dirty work bonus, dirty work pay
Schnellhefter ['ʃnɛlhɛftər] *m* binder
Schnellverfahren ['ʃnɛlfɛrfaːrən] *n (fig: rasche Abwicklung)* expeditious handling, rapid processing
Schnitt [ʃnıt] *m (Muster)* pattern
Schnittstelle ['ʃnıtʃtɛlə] *f* interface
Schrankenwert ['ʃraŋkənvɛːrt] *m* officially quoted security
Schreibkraft ['ʃraɪpkraft] *f* clerical staff; *(Stenotypist/Stenotypistin)* typist
Schreibmaschine ['ʃraɪpmaʃiːnə] *f* typewriter
Schreibtisch ['ʃraɪptıʃ] *m* desk
schriftlich ['ʃrıftlıç] *adj* written; *adv* in writing
Schriftstück ['ʃrıftʃtyk] *n* document, record, deed
Schriftverkehr ['ʃrıftfɛrkeːr] *m* correspondence
Schriftwechsel ['ʃrıftvɛksəl] *m* correspondence

Schulabschluss ['ʃuːlapʃlus] *m* school qualification *(UK)*, diploma *(US)*
Schuld [ʃult] *f (Geldschuld)* debt
Schuldanerkenntnis ['ʃultanɛrkɛntnɪs] *f* acknowledgement of a debt
Schuldbrief ['ʃultbriːf] *m* certificate of indebtedness
Schulden ['ʃuldən] *f/pl* debts, liabilities; *sich etw zu ~ kommen lassen* do sth wrong
schulden ['ʃuldən] *v* owe
Schuldendienst ['ʃuldəndiːst] *m* debt service
schuldenfrei ['ʃuldənfraɪ] *adj* free from debt
Schuldenkonsolidierung ['ʃuldənkɔnzoliːdiːruŋ] *f* 1. *(Recht)* offsetting of receivables and payables in the consolidated financial statements; 2. *(Finanzen)* consolidation of debt
Schuldenmasse ['ʃuldənmasə] *f* liabilities
schuldhaft ['ʃulthaft] *adj* culpable
schuldig ['ʃuldɪç] *adj (Geld)* due, owing; guilty
Schuldner ['ʃultnər] *m* debtor, party liable
Schuldrecht ['ʃultrɛçt] *n* law of obligations
Schuldschein (p.n.) ['ʃultʃaɪn] *m* promissory note (p. n.)
Schuldscheindarlehen ['ʃultʃaɪndaːrleːn] *n* promissory note bond
Schuldspruch ['ʃultʃprux] *m* conviction
Schuldübernahme ['ʃultyːbərnaːmə] *f* assumption of an obligation
Schuldverhältnis ['ʃultfɛrhɛltnɪs] *n* obligation
Schuldverschreibung ['ʃultfɛrʃraɪbuŋ] *f* debenture bond
Schuldversprechen ['ʃultfɛrʃprɛçən] *n* promise to fulfil an obligation
Schuldwechsel ['ʃultvɛksəl] *m* bill payable
Schuldzins ['ʃulttsɪns] *m* interest on debts, interest on borrowing
Schulung ['ʃuːluŋ] *f* schooling, training
Schulungspersonal ['ʃuːluŋspɛrzonaːl] *n* training staff
Schutzbrille ['ʃutsbrɪlə] *f* protective goggles
Schutzfrist ['ʃutsfrɪst] *f* term of protection
Schutzgemeinschaft für allgemeine Kreditsicherung (Schufa) ['ʃutsɡəmaɪnʃaft fyːr alɡəmaɪnə kreˈdiːtzɪçəruŋ (ʃuːfa)] *f* Schufa (group for general credit protection)
Schutzhelm ['ʃutshɛlm] *m* safety helmet, hard hat
Schutzkleidung ['ʃutsklaɪduŋ] *f* protective clothing
Schutzmarke ['ʃutsmarkə] *f* trademark

Schutzzoll ['ʃutstsɔl] *m* protective duty
schwach [ʃvax] *adj* slack
Schwangerschaftsurlaub ['ʃvaŋərʃaftsuːrlaup] *m* maternity leave
Schwankung ['ʃvaŋkuŋ] *f (Abweichung)* fluctuation, variation
Schwänze ['ʃvɛntsə] *pl* corners
Schwarzarbeit ['ʃvartsarbaɪt] *f* illicit work
schwarze Börse ['ʃvartsə 'bœrzə] *f* black stock exchange
schwarze Liste ['ʃvartsə 'lɪstə] *f* black bourse
schwarze Zahlen ['ʃvartsə 'tsaːlən] *f/pl (fig)* black figures, „the black"
Schwarzhandel ['ʃvartshandəl] *m* black market operations, black marketeering
schwebende Geschäfte ['ʃveːbəndə ɡəˈʃɛftə] *n/pl* pending transactions
schwebende Schuld ['ʃveːbəndə 'ʃult] *f* floating debt
schwebende Unwirksamkeit ['ʃveːbəndə 'unvɪrkzaːmkaɪt] *f* provisionally inefficacy
Schweigepflicht ['ʃvaɪɡəpflɪçt] *f* confidentiality
Schweizerische Nationalbank ['ʃvaɪtsərɪʃə natsjoˈnaːlbaŋk] *f* National Bank of Switzerland
Schwellenland ['ʃvɛlənlant] *n* country undergoing industrialization
Schwemme ['ʃvɛmə] *f (Überangebot)* glut
schwere Papiere ['ʃveːrə paˈpiːrə] *n/pl* heavy-priced securities
Schwergut ['ʃveːrɡuːt] *n* heavy freight
Schwestergesellschaft ['ʃvɛstərɡəzɛlʃaft] *f* affiliated company
schwimmend ['ʃvɪmənd] *adj* floating
Schwindel ['ʃvɪndəl] *m (Betrug)* swindle, fraud, cheat
Schwindelgründung ['ʃvɪndəlɡryndʊŋ] *f* fraud foundation
Schwund [ʃvunt] *m* dwindling, fading, decrease; *(Schrumpfen)* shrinkage
Schwundgeld ['ʃvuntɡɛlt] *n* scalage
Seefracht ['zeːfraçt] *f* sea freight, maritime freight
Seefrachtbrief ['zeːfraxtbriːf] *m* bill of lading
seemäßige Verpackung ['zeːmɛːsɪɡə fɛrˈpakuŋ] *f* sea-tight packing
Seewechsel ['zeːvɛksəl] *m* sea bill
Seeweg ['zeːveːk] *m* sea route
Sekretariat [zɛkretaˈrjaːt] *n* secretary's office, secretariat *(UK)*

Sekretärin [zekre'tɛːrɪn] f secretary
Sektor ['zɛktɔr] m sector, branch
Sektoren der Volkswirtschaft [zɛk'toːrdeːr 'fɔlksvɪrtʃaft] m/pl sectors of the economy
sekundärer Sektor [zekun'dɛːrər 'zɛktoːr] m secondary sector
Sekundär-Liquidität [zekun'dɛːrlikviditɛːt] f secondary liquidity
Sekundär-Markt [zekun'dɛːrmarkt] m secondary market
Sekunda-Wechsel [ze'kundavɛksəl] m second of exchange
Sekurization [zekuriza'tsjoːn] f securization
Selbstauskunft ['zɛlpstauskunft] f voluntary disclosure
Selbstbeteiligung ['zɛlpstbətailiguŋ] f retention
Selbstfinanzierung ['zɛlpstfinantsiːruŋ] f self-financing
Selbstkostenpreis ['zɛlpstkɔstənprais] m cost price
selbstständig ['zɛlpʃtɛndɪç] adj independent, *sich ~ machen* go into business for o.s.
Selbstständige(r) ['zɛlpʃtɛndɪgə(r)] m/f self-employed (person); independent (person)
Selbstständigkeit ['zɛlpʃtɛndɪçkait] f independence
Sendung ['zɛnduŋ] f *(Versand)* shipment, consignment
Senioritätsprinzip [zeːnjoriˈtɛːtsprɪntsiːp] n principle of seniority
Serie ['zeːrjə] f series
seriell [zeːˈrjɛl] adj serial
Serienanfertigung ['zeːrjənanfɛrtiguŋ] f serial production
Serienfertigung ['zeːrjənfɛrtiguŋ] f series production
Seriengröße ['zeːrjəngrøːsə] f batch size
serienmäßig ['zeːrjənmɛːsɪç] adj serial; adv in series
Serienproduktion ['zeːrjənprɔduktsjoːn] f mass production
serienreif ['zeːrjənraif] adj ready for series production, ready for multiple production
Seriosität [zerjoziˈtɛːt] f seriousness
Server ['sɜːvə] m *(EDV)* server
Service ['sœrvɪs] m *(Kundendienst)* service
Servicenetz ['zœrvɪsnɛts] n service network
Shareholder Value ['ʃeəhəuldər ˈvæljuː] m shareholder value
Shelf-Space-Competition ['ʃɛlfspeɪskɔmpəˈtɪʃən] f shelf space competition

Shop-in-the-Shop-Konzept ['ʃɔp ɪn ðə ʃɔp kɔnˈtsɛpt] n shop-in-the-shop conception
Shopping Center ['ʃɔpɪŋsentər] n shopping center
Sicherheit ['zɪçərhait] f *(Gewähr)* collateral, security
Sicherheitskopie ['zɪçərhaitskopiː] f back-up copy
Sicherheitsmaßnahmen ['zɪçərhaitsmaːsnaːmən] pl safety measures, security measures
Sicherungsabtretung ['zɪçəruŋsaptreːtuŋ] f assignment by way of security
Sicherungsgeschäft ['zɪçəruŋsɡəʃɛft] n security transaction
Sicherungsgrundschuld ['zɪçəruŋsɡruntʃult] f cautionary land charge
Sicherungshypothek ['zɪçəruŋshypoteːk] f cautionary mortgage
Sicherungsschein ['zɪçəruŋsʃain] m security note
Sicherungsübereignung ['zɪçəruŋsyːbəraignuŋ] f transfer of ownership by way of security
Sichteinlagen ['zɪçtainlaːgən] f/pl sight deposits
Sichtkurs ['zɪçtkurs] m sight rate
Sichtvermerk ['zɪçtfɛrmɛrk] m indication that one has looked over a document
Sichtwechsel ['zɪçtvɛksəl] m demand bill
Signet [ziˈgneːt] n publisher's mark
Silbermünze ['zɪlbərmyntsə] f silver coin
Silberwährung ['zɪlbərvɛːruŋ] f silver standard
Simulation [zimulaˈtsjoːn] f simulation
Simulator [zimuˈlaːtɔr] m simulator
Single Sourcing ['sɪŋəl ˈsɔːsɪŋ] n single sourcing
Sitz [zɪts] m *(Firmensitz)* headquarters
Sitzung ['zɪtsuŋ] f session, meeting
Skonto ['skɔnto] n/m discount
Skontoabzug ['skɔntoaptsuːk] m discount deduction
Skontration ['skɔntratsjoːn] f settlement of time bargains
sofort (ppt.) [zoˈfɔrt] adv prompt (ppt.)
sofortige Lieferung [zoˈfɔrtigə ˈliːfəruŋ] f immediate delivery
sofortige Regulierung [zoˈfɔrtigə reguˈliːruŋ] f settlement with immediate effect
Sofortiger Versand (i.t.) [zoˈfɔrtigər fɛrˈzant] m prompt shipment
sofortige Zahlung [zoˈfɔrtigə ˈtsaːlun] f immediate payment
Software ['sɔftveːr] f software

Solawechsel ['zo:lavɛksəl] *m* promissory note

Solidarhaftung [zoli'da:rhaftuŋ] *f* joint and several liability

Solidaritätszuschlag [zolidari'tɛ:tstsu:-ʃla:k] *m* tax benefitting economic recovery of the former East Germany

Soll [zɔl] *n* debit

Soll-Ist-Vergleich [zɔl'ɪstfɛrglaɪç] *m* 1. *(Betriebswirtschaft)* target-performance comparison actual; 2. *(Produktion)* value comparison

Sollkaufmann ['zɔlkaufman] *m* merchant by virtue of registration

Sollkosten ['zɔlkɔstən] *pl* budgeted costs

Sollzahlen ['zɔltsa:lən] *f/pl* target figures

Sollzinsen ['zɔltsɪnsən] *m/pl* debtor interest rates

Sologeschäft ['zo:logəʃɛft] *n* single operation

Solvenz [zɔl'vɛnts] *f* solvency

Sonderabgabe ['zɔndərapga:bə] *f* special tax, special levy

Sonderabschreibungen ['zɔndərapʃraɪbuŋ] *f/pl* special depreciation

Sonderaktion ['zɔndəraktsjo:n] *f* special action

Sonderanfertigung ['zɔndəranfɛrtɪguŋ] *f* manufacture to customer's specifications

Sonderangebot ['zɔndərangəbo:t] *n* special offer, special bargain

Sonderauftrag ['zɔndərauftra:k] *m* special order

Sonderausgaben ['zɔndərausga:bən] *f/pl* special expenses

Sonderausgaben-Pauschbetrag ['zɔndərausga:bən 'pauʃbətra:k] *m* blanket allowance for special expenses

Sonderausschüttung ['zɔndərausʃytuŋ] *f* extra dividend

Sonderbetriebsvermögen ['zɔndərbətri:psfɛrmø:gən] *n* special business property

Sonderbewegung ['zɔndərbəve:guŋ] *f* extraordinary trend

Sonderdepot ['zɔndərdepo:] *n* separate deposit

Sonderfall ['zɔndərfal] *m* special case

Sonderfazilitäten ['zɔndərfatsilitɛ:tən] *f/pl* special credit facilities

Sondergenehmigung ['zɔndərgəne:mɪguŋ] *f* special permission, special permit, waiver

Sonderkonto ['zɔndərkɔnto] *n* separate account

Sonderlombard ['zɔndərlɔmbart] *m* special lombard facility

Sondermüll ['zɔndərmyl] *m* special (toxic) waste

Sonderposten ['zɔndərpɔstən] *m* separate item

Sonderpreis ['zɔndərpraɪs] *m* special price, exceptional price

Sonderrabatt ['zɔndərrabat] *m* special discount

Sondervergütung ['zɔndərfɛrgy:tuŋ] *f* special allowance

Sondervermögen ['zɔndərfɛrmø:gən] *n* special fund

Sonderziehungsabteilung ['zɔndərtsi:uŋsaptaɪluŋ] *f* Special Drawing Rights Department

Sonderziehungsrechte ['zɔndərtsi:uŋsrɛçtə] *n/pl* special drawing rights

Sonderzinsen ['zɔndərtsɪnzən] *m/pl* special interests

sondieren [zɔn'di:rən] *v* study, probe

Sonntagsarbeit ['zɔnta:ksarbaɪt] *f* sunday work

sonstige Verbindlichkeiten ['zɔnstɪgə fɛr'bɪndlɪçkaɪtən] *f/pl* other liabilities

Sorte ['zɔrtə] *f (Marke)* brand, *(Sorte)* sort

Sorten ['zɔrtən] *pl* foreign notes and coins

Sortengeschäft ['zɔrtəngəʃɛft] *n* dealings in foreign notes and coins

Sortenhandel ['zɔrtənhandəl] *m* dealing in foreign notes and coins

Sortenkurs ['zɔrtənkurs] *m* rate for foreign notes and coins, foreign currency rate

sortieren [zɔr'ti:rən] *v (nach Qualität)* grade

Sortiment [zɔrti'mɛnt] *n* assortment, range, variety

Sozialabgaben [zo'tsja:lapga:bən] *pl* social welfare contributions

soziale Marktwirtschaft [zo'tsja:lə 'marktvɪrtʃaft] *f* social market economy

Sozialfonds [zo'tsja:lfɔ:s] *m* social fund

Sozialhilfe [zo'tsja:lhɪlfə] *f* social welfare assistance

Sozialisierung [zotsiali'zi:ruŋ] *f* socialization

Sozialismus [zo'tsja:lɪsmus] *m* socialism

Sozialist [zo'tsja:lɪst] *m* socialist

Sozialkosten [zo'tsja:lkɔstən] *pl* social incurrance costs

Sozialleistungen [zo'tsja:llaɪstuŋən] *pl* employers' social security contributions, social security benefits, social services

Sozialpfandbrief [zo'tsia:lpfantbri:f] *m* mortgage bond serving a social purpose
Sozialplan [zo'tsia:lpla:n] *m* social compensation plan
Sozialpolitik [zo'tsia:lpoliti:k] *f* social policy
Sozialprodukt [zo'tsja:lprɔdukt] *n* national product
Sozialstaat [zo'tsja:lʃta:t] *m* welfare state
Sozialversicherung [zo'tsja:lfɛrzıçərʊŋ] *f* social insurance, Social Security *(US)*
Sozietät [zotsje'tɛ:t] *f* partnership
Sozius ['zɔtsjus] *m* partner
Spanne ['ʃpanə] *f* (*Preisspanne*) range, margin
Sparbrief ['ʃpa:rbri:f] *m* savings certificate
Sparbuch ['ʃpa:rbu:x] *n* savings book
Spareinlage ['ʃpa:rainla:gə] *f* savings deposit
sparen ['ʃpa:rən] *v* save, economize
Sparer ['ʃpa:rər] *m* saver
Sparerfreibetrag ['ʃpa:rərfraibətra:k] *m* savers' tax-free amount
Sparguthaben ['ʃpa:rgu:tha:bən] *n* savings account
Sparkasse ['ʃpa:rkasə] *f* savings bank
Sparkonto ['ʃpa:rkɔnto] *n* savings account
Sparmaßnahme ['ʃpa:rma:sna:mə] *f* economy measure
Sparobligation ['ʃpa:robligatsjo:n] *f* savings bond
Sparpläne ['ʃpa:rplɛ:nə] *m/pl* savings plans
Sparpolitik ['ʃpa:rpoliti:k] *f* austerity policy, budgetary restraint
Sparprämie ['ʃpa:rprɛ:mjə] *f* savings premium
Sparte ['ʃpartə] *f* line of business, division
Sparzulage ['ʃpa:rtsu:lagə] *f* savings bonus
Spätschalter ['ʃpɛ:tʃaltər] *m* night safe deposit
Spätschicht ['ʃpɛ:tʃıçt] *f* late shift
Speciality Goods ['speʃəlti gʊdz] *pl* speciality goods
Spediteur [ʃpedi'tø:r] *m* forwarding agent, shipper
Spediteur-Konnossement [ʃpedi'tø:rkɔnɔsəmənt] *n* house bill
Spediteurübernahmebescheinigung [ʃpedi'tø:ry:bərna:məbəʃainıgʊŋ] *f* forwarder's receipt
Spedition [ʃpedi:tsjo:n] *f* (*Firma*) forwarding agency, shipping agency
Speditionsgut [ʃpedi'tsjo:nsgu:t] *n* forwarding goods

Speditionsunternehmen [ʃpedi'tsjo:nsʊntərne:mən] *n* shipping company
Speicher ['ʃpaiçər] *m* memory
Speicherkapazität ['ʃpaiçərkapatsitɛ:t] *f* memory, storage capacity
speichern ['ʃpaiçərn] *v* save, store
Speicherplatz ['ʃpaiçərplats] *m* memory location
Speicherung ['ʃpaiçərʊŋ] *f* storage, saving
Spekulant [ʃpɛku'lant] *m* speculator, speculative dealer
Spekulation [ʃpɛkula'tsjo:n] *f* speculation
Spekulationsgeschäft [ʃpɛkula'tsjo:nsgəʃɛ:ft] *n* speculative transaction, speculative operation
Spekulationsgewinn ['ʃpekulatsjo:nsgəvın] *m* speculative profit
Spekulationssteuer ['ʃpekulatsjo:nsʃtɔyər] *f* tax on speculative gains
spekulieren [ʃpɛku'li:rən] *v* speculate
Spenden ['ʃpɛndən] *f/pl* donations; voluntary contributions
Sperrdepot ['ʃpɛrdepo:] *n* blocked safe-deposit
sperren ['ʃpɛrən] *v* (*Konto*) block
Sperrgut ['ʃpɛrgu:t] *n* bulky goods *pl*
Sperrguthaben ['ʃpɛrgu:tha:bən] *n* blocked balance
Sperrkonto ['ʃpɛrkɔnto] *n* blocked account, frozen account
Spesen ['ʃpe:zən] *pl* expenses
Spesenabrechung ['ʃpe:zənaprɛçnʊŋ] *f* statement of expenses
Spesenpauschale ['ʃpe:zənpauʃa:lə] *f* allowance for expenses
Spesenrechnung ['ʃpe:zənrɛçnʊŋ] *f* expense report
Spezialbank [ʃpe'tsja:lbaŋk] *n* specialized commercial bank
Spezialfonds [ʃpe'tsja:lf ɔ:s] *m* specialized fund
Spezialgeschäft [ʃpe'tsja:lgəʃɛft] *n* specialty shop
spezialisieren [ʃpetsjali'zi:rən] *v* sich auf etw ~ specialize in sth
Spezialisierung [ʃpetsjali'zi:rʊŋ] *f* specialization
Spezialist [ʃpetsja'lıst] *m* specialist
Spezialitätenfonds [ʃpetsjali'tɛ:tənfɔ̃:] *m* speciality fund
Spezialvollmacht [ʃpe'tsja:lfɔlmaxt] *f* special power
Spezialwerte [ʃpe'tsja:lvɛ:rtə] *m/pl* specialties

Spezifikation [ʃpetsifika'tsjoːn] *f* specification

Spielraum ['ʃpiːlraum] *m* margen

Spin-off ['spɪnɔf] *n* (*Ausgliederung einer Tochtergesellschaft*) spin off (a subsidiary company)

Spitzenleistung ['ʃpɪtsənlaɪstuŋ] *f* top performance, best achievement; peak output

Spitzenlohn ['ʃpɪtsənloːn] *m* maximum pay, top wage

Splitting-Verfahren ['splɪtɪŋ fɛr'faːrən] *n* splitting method

sponsern ['ʃpɔnzərn] *v* sponsor

Sponsor ['ʃpɔnzoːr] *m* sponsor

Spotgeschäft ['spɔtɡəʃɛft] *n* spot transactions

Spotmarkt ['spɔtmarkt] *m* spot market

Staat [ʃtaːt] *m* state

staatlich ['ʃtaːtlɪç] *adj* state, public, governmental; *adv* by the state

Staatsangehörigkeit ['ʃtaːtsangəhøːrɪçkaɪt] *f* nationality, citizenship, national status

Staatsanleihen ['ʃtaːtsanlaɪən] *f/pl* government loan, public bonds

Staatsanwalt ['ʃtaːtsanvalt] *m* public prosecutor, Crown Prosecutor (*UK*), district attorney (*US*)

Staatsausgaben ['ʃtaːtsausɡaːbən] *f/pl* public spending

Staatsbank ['ʃtaːtsbaŋk] *f* state bank

Staatsbankrott ['ʃtaːtsbaŋkrɔt] *m* national bankruptcy

Staatsbetrieb ['ʃtaːtsbətriːp] *m* nationalized enterprise

Staatseigentum ['ʃtaːtsaɪɡəntum] *n* state property, public property

Staatseinnahmen ['ʃtaːtsaɪnaːmən] *f/pl* public revenue

Staatshaushalt ['ʃtaːtshaushalt] *m* state budget

Staatskasse ['ʃtaːtskasə] *f* treasury

Staatspapiere ['ʃtaːtspapiːrə] *n/pl* public securities

Staatsschulden ['ʃtaːtsʃuldən] *pl* national debt

Staatsverschuldung ['ʃtaːtsfɛrʃuldun] *f* state indebtedness

Staatszuschuss ['ʃtaːtstsuːʃus] *m* government grant

stabil [ʃta'biːl] *adj* 1. (*robust*) stable; 2. (*konstant*) steady

stabile Wechselkurse ['ʃtabiːlə 'vɛksəlkurzə] *m/pl* stable exchange rates

Stabilisierung [ʃtabili'ziːruŋ] *f* stabilization

Stabilität [ʃtabili'tɛːt] *f* stability

Stabilitätspolitik [ʃtabili'tɛːtspolitiːk] *f* stability policy

Stab-Linien-Organisation ['ʃtaːpliːnjənɔrɡanizatsjoːn] *f* line-staff organization structure

Städtebauförderung ['ʃtɛtəbaufœrdəruŋ] *f* city planning development

städtisch ['ʃtɛtɪʃ] *adj* municipal

Stadtwerke ['ʃtatvɛrkə] *pl* municipal utilities

Staffelanleihe ['ʃtafəlanlaɪə] *f* graduated-interest loan

Staffelpreis ['ʃtafəlpraɪs] *m* graduated price

Staffelung ['ʃtafəluŋ] *f* graduation, gradation, grading

Stagflation [ʃtakfla'tsjoːn] *f* stagflation

Stagnation [ʃtaɡna'tsjoːn] *f* stagnation

stagnieren [ʃtaɡ'niːrən] *v* stagnate

Stahl [ʃtaːl] *m* steel

Stahlindustrie ['ʃtaːlɪndustriː] *f* steel industry

Stakeholder Value ['steɪkhəʊldər 'væljuː] *m* stakeholder value

Stammaktie ['ʃtamaktsjə] *f* ordinary share

Stammbelegschaft ['ʃtambələkʃaft] *f* key workers

Stammeinlage ['ʃtamaɪnlaːɡə] *f* original capital contribution, original investment

Stammhaus ['ʃtamhaus] *n* parent company

Stammkapital ['ʃtamkapitaːl] *n* original stock, original capital, share capital

Stammkunde ['ʃtamkundə] *m* regular (customer), patron

Stammrecht ['ʃtamrɛçt] *n* customary law

Stand [ʃtant] *m* 1. (*Messestand*) booth, stand; 2. (*Situation*) position, situation; *auf dem neuesten ~ sein* to be up to date; *der ~ der Dinge* the situation; *im ~e sein, etw zu tun* to be capable of doing sth, to be able to do sth; *zu ~e kommen* come about, come off; 3. (*Rang*) rank, class, status

Standard ['ʃtandart] *m* standard

Standardabweichung ['ʃtandartapvaɪçuŋ] *f* standard deviation

Standardausrüstung ['ʃtandartausrystuŋ] *f* standard equipment

Standardbrief ['ʃtandartbriːf] *m* standard-size letter, standard letter

Standardformat ['ʃtandartfɔrmaːt] *n* standard size

Standardisierung [ʃtandardi'ziːruŋ] *f* standardization

Standardmodell ['ʃtandartmɔdɛl] *n* standard model

Standardwerte ['ʃtandartveːrtə] *m/pl* standard values
Stand-by-Kredit [stændbaɪkre'diːt] *m* stand-by credit
Standing ['stændɪŋ] *n* standing
Standort ['ʃtantɔrt] *m* location, station, stand
Standortfaktoren ['ʃtantɔrtfaktoːrən] *m/pl* location factors
Standortwahl ['ʃtantɔrtvaːl] *f* choice of location
stanzen ['ʃtantsən] *v* stamp, punch
Stapel ['ʃtaːpəl] *m* pile, heap, stack; *vom ~ laufen* to be launched
Stapelbestand ['ʃtaːpəlbəʃtant] *m* stockpile
Stapelplatz ['ʃtaːpəlplats] *m* store, depot
Stapelware ['ʃtaːpəlvaːrə] *f* staple goods
Starkstrom ['ʃtarkʃtroːm] *m* high voltage
starrer Wechselkurs ['ʃtarər 'vɛksəlkurs] *m* fixed exchange rate
Starthilfe ['ʃtarthɪlfə] *f (für ein Unternehmen)* launching aid, starting-up aid
Startkapital ['ʃtartkapitaːl] *n* startup money
Start-Up ['ʃtartap] *m* start up
Statistik [ʃta'tɪstɪk] *f* statistics
statistisch [ʃta'tɪstɪʃ] *adj* statistical; *adv* statistically
Statistisches Bundesamt [ʃta'tɪstɪʃəs 'bundəsamt] *n* Federal Statistical Office
Status ['ʃtaːtus] *m* status, state
Statussymbol ['ʃtaːtuszymboːl] *n* status symbol
Statut [ʃta'tuːt] *n* statute, regulation
Stecker ['ʃtɛkər] *m* plug, connector
steigend ['ʃtaɪɡənt] *adj* rising, ascending, mounting
steigern ['ʃtaɪɡərn] *v (erhöhen)* increase, raise, advance
Steigerung ['ʃtaɪɡəruŋ] *f (Erhöhung)* increase, raising
Steigerungsrate ['ʃtaɪɡəruŋsraːtə] *f* rate of escalation
Stellagegeschäft [ʃtɛ'laːʒəɡəʃɛft] *n* double option operation
Stelle ['ʃtɛlə] *f (Anstellung)* position, job; *(Dienststelle)* authority, office, agency
Stellenangebot ['ʃtɛlənanɡəboːt] *n* position offered, vacancy, offer of employment
Stellenanzeige ['ʃtɛlənantsaɪɡə] *f* position offered, employment ad
Stellenausschreibung ['ʃtɛlənausʃraɪbuŋ] *f* advertisement of a vacancy

Stellengesuch ['ʃtɛlənɡəzuːx] *n* situation wanted
Stellenmarkt ['ʃtɛlənmarkt] *m* job market
Stellensuche ['ʃtɛlənzuːxə] *f* job search
Stellenvermittlung ['ʃtɛlənfɛrmɪtluŋ] *f* job placement
Stellgeld ['ʃtɛlɡɛlt] *n* premium for double option
Stellgeschäft ['ʃtɛlɡəʃɛft] *n* put and call
Stellkurs ['ʃtɛlkurs] *m* put and call price
Stellung ['ʃtɛluŋ] *f (Anstellung)* position, post, job
Stellungnahme ['ʃtɛluŋnaːmə] *f* comment
stellvertretend ['ʃtɛlfɛrtreːtənt] *adj* representative, deputy, acting
Stellvertreter(in) ['ʃtɛlfɛrtreːtər(ɪn)] *m/f* representative, agent, deputy
Stellvertretung ['ʃtɛlfɛrtreːtuŋ] *f* representation, proxy
Stempel ['ʃtɛmpəl] *m* stamp, postmark; *jdm seinen ~ aufdrücken* leave one's mark on s.o. *den ~ von jdm tragen* bear the stamp of s.o.
Stempelgebühr ['ʃtɛmpəlɡəbyːr] *f* stamp duty
stempeln ['ʃtɛmpəln] *v* stamp, mark; *~ gehen* to be on the dole
Stempelsteuer ['ʃtɛmpəlʃtɔyər] *f* stamp duty
Stenografie [ʃtenoɡra'fiː] *f* shorthand, stenography
stenografieren [ʃtenoɡra'fiːrən] *v* stenograph, write shorthand, write in shorthand
Stenotypistin [ʃtenoty'pɪstɪn] *f* shorthand typist
Sterilisierungsfonds [ʃterili'ziːruŋsfɔ̃ːs] *m* sterilization funds
Sterilisierungspolitik [ʃterili'ziːrunspoliˌtiːk] *f* policy of sterilization funds
Steuer ['ʃtɔyər] *f* tax
Steuerabzug ['ʃtɔyəraptsuːk] *m* tax deduction
Steueraufkommen ['ʃtɔyəraufkɔmən] *n* tax yield, tax revenue, receipts from taxes
Steuerbefreiung ['ʃtɔyərbəfraıuŋ] *f* tax exemption
steuerbegünstigt ['ʃtɔyərbəɡynstɪçt] *adj* tax sheltered, eligible for tax relief
steuerbegünstigte Wertpapiere ['ʃtɔyərbəɡynstɪɡtə 'veːrtpapiːrə] *n/pl* tax-privileged securities
steuerbegünstigtes Sparen ['ʃtɔyərbəɡynstɪɡtəs 'ʃpaːrən] *f* tax-privileged saving
Steuerbehörde ['ʃtɔyərbəhøːrdə] *f* tax authority

Stock Exchange

Steuerberater(in) ['ʃtɔyərbəra:tər(ɪn)] *m/f* tax advisor, tax consultant

Steuerbescheid [ʃtɔyərbəʃaɪt] *m* notice of tax assessment

Steuerbetrug ['ʃtɔyərbetru:k] *m* fiscal fraud, tax fraud

Steuerbilanz ['ʃtɔyərbilants] *f* tax balance sheet

Steuererhöhung ['ʃtɔyərɛrhø:uŋ] *f* tax increase

Steuererklärung ['ʃtɔyərɛrklɛ:ruŋ] *f* tax return, tax declaration

Steuerermäßigung ['ʃtɔyərɛrmɛ:siguŋ] *f* tax relief

Steuerfahndung ['ʃtɔyərfa:nduŋ] *f* investigation into tax evasion

Steuerflucht ['ʃtɔyərfluxt] *f* tax evasion by leaving the country, becoming a tax exile

steuerfrei ['ʃtɔyərfraɪ] *adj* tax-free, exempt from taxation

Steuerfreibetrag ['ʃtɔyərfraɪbətra:k] *m* statutory tax exemption

Steuerhinterziehung ['ʃtɔyərhɪntərtsi:uŋ] *f* tax evasion

Steuerhoheit ['ʃtɔyərho:haɪt] *f* jurisdiction to tax

Steuerklasse ['ʃtɔyərklasə] *f* tax bracket

steuerlich ['ʃtɔyərliç] *adj* for tax purposes

steuern ['ʃtɔyərn] *v* control

Steuernachzahlung ['ʃtɔyərna:xtsa:luŋ] *f* additional payment of taxes

Steuernummer ['ʃtɔyərnumər] *f* taxpayer's reference number

Steueroase ['ʃtɔyəroa:zə] *f* tax haven

Steuerparadies ['ʃtɔyərparadi:s] *n* tax haven

steuerpflichtig ['ʃtɔyərpflɪçtɪç] *adj* taxable, subject to tax

Steuerpolitik ['ʃtɔyərpoliti:k] *f* fiscal policy

Steuerrecht ['ʃtɔyərrɛçt] *n* law of taxation; fiscal law

Steuerreform ['ʃtɔyərrefɔrm] *f* tax reform

Steuerstundung ['ʃtɔyərʃtunduŋ] *f* tax deferral

Steuerung ['ʃtɔyəruŋ] *f* control

Steuerveranlagung ['ʃtɔyərfɛranla:guŋ] *f* tax assessment

Steuerzahler ['ʃtɔyərtsa:lər] *m* taxpayer

Steuerzahlung ['ʃtɔyərtsa:luŋ] *f* payment of taxes

Steuerzeichen ['ʃtɔyərtsaɪçən] *n* control character

Stichkupon ['ʃtɪçkup ɔ:] *m* renewal coupon

Stichprobe ['ʃtɪçpro:bə] *f* spot check, random test

stichprobenartig ['ʃtɪçpro:bənartɪç] *adj* random; *adv* on a random basis

Stichtag ['ʃtɪçta:k] *m* effective date, key date

Stichtagsinventur ['ʃtɪçta:ksɪnvɛntu:r] *f* end-of-period inventory

Stichtagskurs ['ʃtɪçta:kskurs] *m* market price on reporting date

Stift [ʃtɪft] *m (Bleistift)* pencil; *(Filzstift)* pen, felt-tipped pen

Stiftung ['ʃtɪftuŋ] *f* 1. *(Schenkung)* donation, bequest; 2. *(Gründung)* establishment, foundation

stille Gesellschaft [ʃtɪlə ge'zɛlʃaft] *f* dormant partnership

stille Reserve ['ʃtɪlə re'zɛrvə] *f* hidden reserves

stille Rücklage ['ʃtɪlə 'rykla:gə] *f* latent funds

stille Zession ['ʃtɪlə tsɛ'sjo:n] *f* undisclosed assignment

stiller Teilhaber [ʃtɪlər taɪlha.bər] *m* silent partner, sleeping partner

Stillhalte-Kredit ['ʃtɪlhaltəkredi:t] *m* standstill credit

stillhalten ['ʃtɪlhaltən] *v* to sell an option

Stillhalter ['ʃtɪlhaltər] *m* option seller

Stilllegung ['ʃtɪlle:guŋ] *f* shutdown, closure

Stillstand ['ʃtɪlʃtant] *m* standstill, stop, stagnation

stillstehen ['ʃtɪlʃte:ən] *v (Maschine)* to be idle

Stimmabgabe ['ʃtɪmapga:bə] *f* vote

stimmberechtigt ['ʃtɪmbəreçtɪçt] *adj* entitled to vote

Stimme ['ʃtɪmə] *f (Wahlstimme)* vote

Stimmenmehrheit ['ʃtɪmənme:rhaɪt] *f* majority of votes

Stimmenthaltung ['ʃtɪmɛnthaltuŋ] *f* abstention

Stimmrecht ['ʃtɪmreçt] *n* right to vote, suffrage

Stimmrechtsaktie ['ʃtɪmreçtsaktsjə] *f* voting share

stimmrechtslose Vorzugsaktie ['ʃtɪmreçtslo:zə 'fo:rtsu:ksaktsjə] *f* non-voting share

Stimmzettel ['ʃtɪmtsɛtəl] *m* ballot, voting paper

Stipendium [ʃtɪ'pɛndjum] *n* scholarship

Stock Exchange ['stɔk ɪks'tʃeɪndʒ] *m* stock exchange

Stockdividende ['stɔkdivi'dɛndə] *f* stock dividend

stocken ['ʃtɔkən] *v 1. (zum Stillstand kommen)* come to a standstill, stop; *2. (Geschäfte)* drop off

Stoppkurs ['ʃtɔpkurs] *m* stop price

störanfällig ['ʃtøːranfɛlɪç] *adj* breakdown-prone

Störanfälligkeit ['ʃtøːranfɛlɪçkaɪt] *f* breakdown proneness

stören ['ʃtøːrən] *v* disturb, trouble, bother

Störfall ['ʃtøːrfal] *m* breakdown, accident, malfunction

stornieren [ʃtɔr'niːrən] *v* cancel

Stornierung [ʃtɔr'niːruŋ] *f* cancellation

Storno ['ʃtɔrno] *m* contra entry, reversal; *(Auftragsstorno)* cancellation

Stornobuchung ['ʃtɔrnobuxuŋ] *f* reversing entry

Stornorecht ['ʃtɔrnoreçt] *n* right to cancel credit entry

Störung ['ʃtøːruŋ] *f* disturbance, inconvenience, annoyance

Straddle ['strædl] *n* straddle

Strafanstalt ['ʃtraːfanʃtalt] *f* penal institution

Strafanzeige ['ʃtraːfantsaɪgə] *f* criminal charge; ~ *erstatten gegen* bring a criminal charge against

strafbar ['ʃtraːfbaːr] *adj* punishable, subject to prosecution

Strafe ['ʃtraːfə] *f* sentence, penalty

strafen ['ʃtraːfən] *v* punish

Strafzins ['straːftsins] *m* penalty interest

strapazierfähig [ʃtrapa'tsiːrfɛːɪç] *adj* sturdy, resilient, heavy-duty

Straßengebühr ['ʃtraːsəngəbyːr] *f* toll

Straßennetz ['ʃtraːsənnɛts] *n* road network, road system

Strategie [ʃtrate'giː] *f* strategy

strategisch [ʃtra'teːgɪʃ] *adj* strategic

strategische Allianz [ʃtra'teːgiʃə al'jants] *f* strategic alliance

strategische Führung [ʃtra'teːgiʃə 'fyːruŋ] *f* strategic management

strategische Planung [ʃtra'teːgiʃə 'plaːnuŋ] *f* strategic planning

strategisches Geschäftsfeld [ʃtra'teːgiʃəs gə'ʃɛftsfɛlt] *n* strategic business area

streichen ['ʃtraɪçən] *v irr 1. (durch~)* cross out, delete, strike out; *2. (Plan)* cancel; *(annullieren)* cancel

Streichung ['ʃtraɪçuŋ] *f* deletion

Streifband ['ʃtraɪfbant] *n* postal wrapper

Streifbanddepot ['ʃtraɪfbantdepoː] *n* individual deposit of securities

Streik [ʃtraɪk] *m* strike

Streikaufruf [ʃtraɪkaufruːf] *m* union strike call

Streikbrecher ['ʃtraɪkbrɛçər] *m* strike-breaker

streiken ['ʃtraɪkən] *v* strike

Streikgelder ['ʃtraɪkgɛldər] *n/pl* strike pay

Streikposten ['ʃtraɪkpɔstən] *m* picketer

Streit [ʃtraɪt] *m (Unstimmigkeit)* disagreement, difference; *(Wortgefecht)* argument, dispute, quarrel, debate, discussion

Streitwert ['ʃtraɪtvɛrt] *m* amount in dispute

streng [ʃtrɛŋ] *adj* strict, severe, exacting; *adv* strictly, severely; ~ *genommen* strictly speaking

streng vertraulich [ʃtrɛŋ fɛr'traulɪç] *adj* strictly confidential

Stress [ʃtrɛs] *m* stress

Stresssituation ['ʃtrɛsːzɪtuatsjoːn] *f* stressful situation

Streubesitz ['ʃtrɔybəzɪts] *m* diversified holdings

Strichkode ['ʃtrɪçkoːd] *m* bar code, UPC code *(US)*

strittig ['ʃtrɪtɪç] *adj* controversial, debatable

Strom [ʃtroːm] *m (elektrischer ~)* current

Stromabnehmer ['ʃtroːmapneːmər] *m* consumer of electricity, power user

Stromausfall ['ʃtroːmausfal] *m* power failure, power outage

Stromgröße ['ʃtroːmgrøːsə] *f* rate of flow

Stromkabel ['ʃtroːmkaːbəl] *n* electrical cable, power cable

Stromkreis ['ʃtroːmkraɪs] *m* circuit

Stromrechnung ['ʃtroːmrɛçnuŋ] *f* electricity bill

Stromverbrauch ['ʃtroːmfɛrbraux] *m* power consumption, electricity consumption

Stromzähler ['stroːmtseːlər] *m* current meter

Struktur [ʃtruk'tuːr] *f* structure

strukturell [ʃtruktu'rɛl] *adj* structural; *adv* structurally

strukturieren [ʃtruktu'riːrən] *v* structure

Strukturkredit ['ʃtruktuːrkrediːt] *m* structural loan

Strukturkrise [ʃtruk'tuːrkriːzə] *f* structural crisis

Strukturpolitik ['ʃtruktuːrpolitiːk] *f* structural policy

Strukturreform ['ʃtruktuːrrefɔrm] *f* structural reform

strukturschwach [ʃtruk'tu:rʃvax] *adj* lacking in infrastructure, underdeveloped, structurally imbalanced

Strukturwandel ['ʃtruktu:rvandəl] *m* structural change

Stück [ʃtyk] *n* 1. piece, bit; 2. *(Abschnitt)* part, portion, fragment; 3. *am ~ at a time*

Stückdeckungsbeitrag ['ʃtykdɛkuŋsbaitra:k] *m* unit contribution margin

Stücke ['ʃtykə] *pl* securities

Stückekonto ['ʃtykəkɔnto] *n* shares account

Stückelung ['ʃtykəluŋ] *f* fragmentation

Stückgut ['ʃtykgu:t] *n* mixed cargo

Stückgutverkehr ['ʃtykgu:tfɛrke:r] *m* part-load traffic

Stückkosten ['ʃtykkɔstən] *pl* unit cost, cost per unit

Stückkurs ['ʃtykkurs] *m* price per share

Stücklohn ['ʃtyklo:n] *m* piece-work wage, piece-work pay

stückweise ['ʃtykvaɪzə] *adv ~ verkauf* en sell individually

Stückzahl ['ʃtyktsa:l] *f* number of pieces, quantity

Stückzinsen ['ʃtyktsɪnzən] *m/pl* broken-period interest

Student(in) [ʃtu'dɛnt(ɪn)] *m/f* student

Studie ['ʃtu:djə] *f* study

Stufentarif ['ʃtu:fəntari:f] *m* graduated scale of taxes

stufenweise ['ʃtu:fənvaɪzə] *adv* by steps, gradually, progressively

stufenweise Fixkostendeckungsrechnung ['ʃtu:fənvaɪzə 'fɪkskɔstəndɛkuŋsrɛçnuŋ] *f* multi-stage fixed-cost accounting

stunden ['ʃtundən] *v jdm etw ~* give s.o. time to pay sth

Stundenlohn ['ʃtundənlo:n] *m* hourly wage

Stundung ['ʃtunduŋ] *f* extension, respite

Stützungskauf ['ʃtytsuŋskauf] *m* support buying

subjektiv [zupjɛk'ti:f] *adj* subjective; *adv* subjectively

Subsidiaritätsprinzip [zupzidjari'tɛ:tsprɪntsi:p] *n* principle of subsidiarity

Subskription [zupskrɪp'tsjo:n] *f* subscription

Substanzerhaltung [zup'stantsɛrhaltuŋ] *f* preservation of real-asset values

substanzielle Abnutzung [zupstan'tsjɛlə 'apnutsuŋ] *f* asset erosion

Substanzwert [zup'stantsve:rt] *m* real value

substituierbar [zupstitu'i:rba:r] *adj* replaceable

Substitution [zupstitu'tsjo:n] *f* substitution

Substitutionsgüter [zupstitu'tsjo:nsgy:tər] *n/pl* substitute goods

Subunternehmer ['zupuntərne:mər] *m* subcontractor

Subvention [zupvɛn'tsjo:n] *f* subsidy

subventionieren [zupvɛntsjo'ni:rən] *v* subsidize

Summe ['zumə] *f* sum, amount

Summenaktie ['zumənaktsjə] *f* share at a fixed amount

Summenbilanz ['zumənbilants] *f* turnover balance

summieren [zu'mi:rən] *v* sum up, add up

Sunk Costs ['saŋk 'kɔsts] *pl* sunk costs

superiore Güter [zuper'jo:rə gy:tər] *n/pl* superior goods

Supermarkt ['zu:pɛrmarkt] *m* supermarket

surfen ['zœ:rfən] *v (im Internet)* surf the Internet

suspendieren [zuspɛn'di:rən] *v* suspend

Swap [swɔp] *m* swap

Swapabkommen ['swɔpapkɔmən] *n* swap agreement

Swapgeschäft ['swɔpgəʃɛft] *n* swap transaction

Swaplinie ['swɔpli:njə] *f* swap line

Swappolitik ['swɔppoli:ti:k] *f* swap policy

Swapsatz ['swɔpzats] *m* swap rate

Swing [swɪŋ] *m (Kreditlinie)* swing

Switch-Geschäft ['swɪtʃ gə'ʃɛft] *n* switch

Symbol [zym'bo:l] *n* symbol

Synchronfertigung [zyn'kro:nfɛrtɪguŋ] *f* synchronous production

Syndikat [zyndi'ka:t] *n* syndicate

Syndikatskonto [zyndi'ka:tskɔnto] *n* syndicate account

Syndikus ['zyndikus] *m* syndic

Syndizierung [zyndi'tsi:ruŋ] *f* syndication

Synergie [zynɛr'gi:] *f* synergy

Synodalanleihe [zyno'da:lanlaɪə] *f* synodal loan

Synodalobligation [zyno'da:lobligatsjo:n] *f* synodal bond

System [zys'te:m] *n* system

Systemanalyse [zys'te:manaly:zə] *f* system analysis

systematisch [zyste'ma:tɪʃ] *adj* systematic

Systemberater [zyste'mbəra:tər] *m* system engineer

Systemsteuerung [zys'te:mʃtɔyəruŋ] *f* system control

T

tabellarisch [tabɛ'laːrɪʃ] *adj* tabular, arranged in tables

Tabelle [ta'bɛlə] *f* table, chart

Tagegeld ['taːgəgɛlt] *n* 1. *(Reisekosten)* daily allowance, per diem allowance; 2. *(Krankenversicherung)* daily benefit

Tagelöhner ['taːgəløːnər] *m* day labourer

Tagesablauf ['taːgəsaplauf] *m* daily routine

Tagesauszug ['taːgəsaustsuːk] *m* daily statement

Tagesbilanz ['taːgəsbilants] *f* daily trial balance sheet

Tageseinnahme ['taːgəsaɪnnaːmə] *f* day's receipts *pl*

Tageskurs ['taːgəskurs] *m (von Devisen)* current rate; *(von Effekten)* current price

Tagesordnung ['taːgəsɔrdnuŋ] *f* agenda; *an der ~ sein (fig)* to be the order of the day; *zur ~ übergehen* carry on as usual

Tageswechsel ['taːgəsvɛksəl] *m* day bill

Tageswert ['taːgəsvɛrt] *m* current value

täglich ['tɛːglɪç] *adj* daily, every day

täglich fälliges Geld ['tɛːglɪç 'fɛlɪgəs gɛlt] *n* deposit at call

Tagung ['taːguŋ] *f* meeting, conference, session

Tagungsort ['taːguŋsɔrt] *m* meeting place, conference site, venue

Take Over ['teɪk əuvər] *m* take over

Taktik ['taktɪk] *f* tactics

Taktproduktion ['taktprodukts̩joːn] *f* cycle operations

Tantieme [tan'tjeːmə] *f* percentage, share in profits *(Aufsichtsratstantieme)* directors' fee, percentage of profits

Tara ['tara] *f* tare

Tarif [ta'riːf] *m* tariff, rate, scale of charges

tarifäre Handelshemmnisse [tari'fɛːrə 'handəlshɛmnɪsə] *n/pl* tariff barriers

Tarifautonomie [ta'riːfautonomiː] *f* autonomous wage bargaining

tarifbesteuerte Wertpapiere [ta'riːfbəʃtɔyərtə 'veːrtpapiːrə] *n/pl* fully-taxed securities

Tarifgruppe [ta'riːfgrupə] *f* pay grade

Tarifkonflikt [ta'riːfkɔnflɪkt] *m* conflict over wages

Tariflohn [ta'riːfloːn] *m* standard wage, collectively negotiated wage

Tarifpartner [ta'riːfpartnər] *m/pl* both sides of industry, unions and management, parties to a collective pay deal/agreement, labour and management

Tarifrunde [ta'riːfrundə] *f* bargaining round, contract renegotiation round

Tarifverhandlung [ta'riːffɛrhandluŋ] *f* collective bargaining, collective negotiations

Tarifvertrag [ta'riːfɛrtraːk] *m* collective bargaining agreement

Tarifwert [ta'riːfveːrt] *m* tariff value

Taschenrechner ['taʃənrɛçnər] *m* pocket calculator

Tastatur [tasta'tuːr] *f* keyboard

tätigen ['tɛːtɪgən] *v* transact

Tätigkeit ['tɛːtɪçkaɪt] *f (Beruf)* occupation, job

Tätigkeitsbereich ['tɛːtɪçkaɪtsbəraɪç] *m* range of activities, sphere of action, field of action

Tätigkeitsfeld ['tɛːtɪçkaɪtsfɛlt] *n* field of activity

Tausch [tauʃ] *m* trade, exchange, swap

Tauschdepot ['tauʃdepoː] *n* security deposit

tauschen ['tauʃən] *v* trade, exchange, swap

Tauschhandel ['tauʃhandəl] *m* barter (trade)

Täuschung ['tɔyʃuŋ] *f* deceit

taxieren [ta'ksiːrən] *v* appraise, value; *(Wert)* estimate

Taxierung [ta'ksiːruŋ] *f* appraisal

Taxwert ['taksveːrt] *m* estimated value

Team [tiːm] *n* team

Teamarbeit ['tiːmarbaɪt] *f* teamwork

Teamfähigkeit ['tiːmfɛːɪçkaɪt] *f* ability to be part of a team

Teamgeist ['tiːmgaɪst] *m* team spirit

Technik ['tɛçnɪk] *f* technology; *(Aufbau)* mechanics *pl*; *(Verfahren)* technique

Techniker(in) ['tɛçnɪkər(ɪn)] *m/f* technician

technisch ['tɛçnɪʃ] *adj* technical; *adv* technically

technische Aktienanalyse ['tɛçnɪʃə 'aktsjənanalyːzə] *f* technical analysis

technische Normen ['tɛçnɪʃə 'nɔrmən] *f/pl* technical standards

Technischer Überwachungsverein (TÜV) ['tɛçnɪʃər yːbər'vaxuŋsfɛraɪn ('tyf)] *m* Technical Control Board

Technisierung [tɛçni'ziːruŋ] *f* mechanization

Technologie [tɛçnolo'giː] *f* technology

Technologietransfer [tɛçnolo'giːtransfɛːr] *m* transfer of technology

Technologiezentren [tɛçnolo'giːtsɛntrən] *n/pl* technology centers

technologisch [tɛçno'loːgɪʃ] *adj* technological

Teilakzept ['taɪlaktsɛpt] *n* partial acceptance

Teilauszahlung ['taɪlaustsaːluŋ] *f* partial payment

Teilbeschädigung (P.A.) ['taɪlbəʃɛːdɪguŋ] *f* partial average *(p. a.)*; partial damage

Teilbetrag ['taɪlbətraːk] *m* partial amount, instalment, fraction

Teilefertigung ['taɪləfɛrtɪguŋ] *f* production of parts and subassemblies

Teilerfolg ['taɪlɛrfɔlk] *m* partial success

Teilforderung ['taɪlfɔrdəruŋ] *f* partial claim

Teilhaber(in) ['taɪlhaːbər(ɪn)] *m/f* partner, associate

Teilindossament ['taɪlɪndɔsament] *n* partial endorsement

Teilkonnossement ['taɪlkɔnɔsəment] *n* partial bill of lading

Teilkosten ['taɪlkɔstən] *pl* portion of overall costs

Teillieferung ['taɪlliːfəruŋ] *f* partial delivery

Teilnehmer(in) ['taɪlneːmər(ɪn)] *m/f* subscriber, party

Teilprivatisierung ['taɪlprivatiziːruŋ] *f* partial privatisation

Teilrechte ['taɪlrɛçtə] *pl* partial rights

Teilverlust (P.L.) ['taɪlfɛrlust] *m* partial loss (p. l.)

Teilwert ['taɪlveːrt] *m* partial value

Teilzahlung ['taɪltsaːluŋ] *f* instalment payment, partial payment

Teilzahlungsbank ['taɪltsaːluŋsbaŋk] *f* installment sales financing institution

Teilzahlungskredit ['taɪltsaːluŋskrediːt] *m* instal(l)ment credit

Teilzahlungsrate ['taɪltsaːluŋsraːtə] *f* monthly instal(l)ment

Teilzeitarbeit ['taɪltsaɪtarbaɪt] *f* part-time work

Teilzeitbeschäftigung ['taɪltsaɪtbəʃɛftɪguŋ] *f* part-time employment

Telearbeit ['teːləarbaɪt] *f* telework

Tele-Banking ['teːləbæŋkɪŋ] *n* telebanking

Telefax ['telefaks] *n* fax, facsimile transmission

Telefaxgerät ['telefaksgərɛːt] *n* fax machine, facsimile machine

Telefaxnummer ['teːləfaksnumər] *f* fax number

Telefon [tele'foːn] *n* telephone, phone

Telefonat [telefo'naːt] *n* telephone call

telefonieren [telefo'niːrən] *v* phone, make a telephone call

Telefonkarte [tele'foːnkartə] *f* phonecard

Telefonmarketing [tele'foːnmarkətɪŋ] *n* telephone marketing

Telefonnummer [tele'foːnnumər] *f* telephone number

Telefonverkauf [tele'foːnfɛrkauf] *m* telephone selling

Telefonzelle [tele'foːntsɛlə] *f* call-box *(UK)*, pay phone, phone booth *(US)*

Telefonzentrale [tele'foːntsɛntraːlə] *f* exchange, switchboard

Telegraf telegraph

telegrafieren [telegra'fiːrən] *v* telegraph, wire, send a telegram

telegrafische Anweisung [tele'graːfɪʃə 'anvaɪzuŋ] *f* technology payment order

Telegramm [tele'gram] *n* telegram

Telekommunikation ['telekɔmunikatsjoːn] *f* telecommunications *pl*

Telekonferenz ['telekɔnferɛnts] *f* teleconference

Tele-Konto ['teːləkɔnto] *n* videotext account

Teleservice ['telezɛrvɪs] *m* teleservice

Teleshopping ['teleʃɔpɪŋ] *n* teleshopping

Tendenz [tɛn'dɛnts] *f* tendency

Tender ['tɛndər] *m* tender

Tenderverfahren ['tɛndərferfaːrən] *n* tender procedure

Termin [tɛr'miːn] *m* 1. *(Datum)* date; 2. *(Frist)* term, deadline; 3. *(Verabredung)* appointment; 4. *(Verhandlung)* hearing

Terminal ['tɜːrminəl] *m* terminal

Terminbörse [tɛr'miːnbørzə] *f* futures market

Termindevisen [tɛr'miːndeviːzən] *pl* exchange for forward delivery

Termindruck [tɛr'miːndruk] *m* deadline pressure

Termineinlagen [tɛr'miːnaɪnlaːgən] *f/pl* time deposit

Termingeld [tɛr'miːngɛlt] *n* time deposit

termingerecht [tɛr'miːngəreçt] *adj* on schedule, punctual; *adv* on schedule, at the right time, punctually

Termingeschäft [tɛr'miːngəʃɛft] *n* futures business

Terminkalender [tɛrˈmiːnkalɛndər] *m* appointment book, appointment calendar, docket
Terminkontrakt [tɛrˈmiːnkɔntrakt] *m* forward contract, futures contract
Terminkurs [tɛrˈmiːnkurs] *m* forward price
Terminpapiere [tɛrˈmiːnpapiːrə] *n/pl* forward securities
Terminplanung [tɛrˈmiːnplaːnuŋ] *f* scheduling
Terms of Payment [tɛːmz əv ˈpeɪmənt] *pl (Zahlungsbedingungen)* terms of payment
Terms of Trade [tɛːmz əv ˈtreɪd] *pl (Austauschverhältnis zwischen importierten und exportierten Gütern)* terms of trade
Tertiärbedarf [tɛrˈtsjɛːrbədarf] *m* tertiary demand
tertiärer Sektor [tɛrˈtsjɛːrər ˈzɛktoːr] *m* tertiary sector
Testat [tɛsˈtaːt] *n* audit opinion
Testmarkt [ˈtɛstmarkt] *m* test market
Testreihe [ˈtɛstraɪə] *f* battery of tests
Teuerung [ˈtɔyəruŋ] *f* inflation
Teuerungsrate [ˈtɔyəruŋsraːtə] *f* rate of price increase
texten [ˈtɛkstən] *v (Werbetext)* write copy
Texter [ˈtɛkstər] *m (Werbetexter)* copywriter
Textgestaltung [ˈtɛkstɡəʃtaltuŋ] *f* text configuration
Textilindustrie [tɛksˈtiːlɪndustriː] *f* textile industry
Textverarbeitung [ˈtɛkstfɛrarbaɪtuŋ] *f* word processing
Thesaurierung [tɛzauˈriːruŋ] *f* accumulation of capital
Thesaurierungsfonds [tɛzauˈriːruŋsfɔ̃ː] *m* accumulative investment fund
Tiefpunkt [ˈtiːfpuŋkt] *m* low
tilgen [ˈtɪlɡən] *v* redeem, repay, pay off
Tilgung [ˈtɪlɡuŋ] *f* repayment, redemption, amortization
Tilgungsanleihe [ˈtɪlɡuŋsanlaɪə] *f* redemption loan
Tilgungsaussetzung [ˈtɪlɡuŋsauszɛtsuŋ] *f* subspension of redemption payments
Tilgungsfonds [ˈtɪlɡuŋsfɔ̃ː] *m* redemption fund
Tilgungsgewinn [ˈtɪlɡuŋsɡəvɪn] *m* gain of redemption
Tilgungshypothek [ˈtɪlɡuŋshypoteːk] *f* amortizable mortgage loan
Tilgungsrate [ˈtɪlɡuŋsraːtə] *f* amortization instalment
Tilgungsrückstände [ˈtɪlɡuŋsrykʃtɛndə] *m/pl* redemption in arrears

Tilgungsstreckung [ˈtɪlɡuŋsʃtrɛkuŋ] *f* repayment extension
Time Sharing [ˈtaɪmʃɔrɪŋ] *n* time sharing
tippen [ˈtɪpən] *v (Maschine schreiben)* type
Tippfehler [ˈtɪpfeːlər] *m* typing error, typographical error
Tochtergesellschaft [ˈtɔxtərɡəzɛlʃaft] *f* subsidiary, affiliate
Top-Down-Prinzip [tɔpˈdaʊnprɪntsiːp] *n* top-down principle
Top-Management [tɔpˈmænɪdʒmənt] *n* top management
Total Quality Management (TQM) [təʊtl ˈkvɔlɪti mænɪdʒmənt] *n* total quality management (TQM)
Totalanalyse [toˈtaːlanalyːzə] *f* total analysis
Totalschaden [ˈtoːtalʃaːdən] *m* total loss
Totalschaden [toˈtaːlʃaːdən] *m* total loss
totes Depot [ˈtoːtəs deˈpoː] *n* dormant deposit
totes Kapital [ˈtoːtəs kapiˈtaːl] *n* dead capital
totes Konto [ˈtoːtəs ˈkɔnto] *n* inoperative account
totes Papier [ˈtoːtəs paˈpiːr] *n* inactive security
Trade Marts [ˈtreɪd maːrts] *pl* trade marts
Trade Terms [ˈtreɪd tɛːmz] *pl* trade terms
Trading-Down [ˈtreɪdɪŋdaʊn] *n* trading down
Trading-Up [ˈtreɪdɪŋap] *n* trading up
traditionell [traditsjoˈnɛl] *adj* traditional; *adv* traditionally
Traditionspapier [tradiˈtsjoːnspapiːr] *n* negotiable document of title
Trainee [trɛːˈiˈniː] *m/f* trainee
Training on the Job [treɪnɪŋ ɔn ʊə ˈdʒɔb] *n* training on the job
Tranche [ˈtrãʃ] *f* tranche
Transaktion [transakˈtsjoːn] *f* transaction
Transaktionsanalyse [transakˈtsjoːnsanalyːzə] *f* transactional analysis
Transaktionskasse [transakˈtsjoːnskasə] *f* transaction balance
Transaktionskosten [transakˈtsjoːnskɔstən] *pl* conversion charge
Transaktionsnummer (TAN) [transakˈtsjoːnsnumər] *f* transaction number
Transfer [transˈfeːr] *m* transfer
Transferabkommen [transˈfeːrapkɔmən] *n* transfer agreement
Transferausgaben [transˈfeːrausɡaːbən] *f/pl* transfer expenditure

Transfergarantie [trans'fe:rgaranti:] *f* guarantee of foreign exchange transfer
Transferleistungen [trans'fe:rlaistuŋən] *f/pl* transfer payments
Transferrisiko [trans'fe:rri:ziko] *n* risk of transfer
Transit ['tranzıt] *m* transit
Transithandel [tran'zıthandəl] *m* transit trade
Transitklausel [tran'zıtklauzəl] *f* transit clause
Transitzoll [tran'zıttsɔl] *m* transit duty
transnationale Unternehmung ['transnatsjona:lə untər'ne:muŋ] *f* transnational corporations
Transparenz [transpa'rɛnts] *f* transparency
Transport [trans'pɔrt] *m* transport(ation) *(US)*
transportabel [transpɔr'ta:bəl] *adj* transportable
Transportbehälter [trans'pɔrtbəhɛltər] *m* container
Transporter [trans'pɔrtər] *m* 1. *(Lastwagen)* van; 2. *(Flugzeug)* cargo plane
transportieren [transpɔr'ti:rən] *v* transport
Transportkette [trans'pɔrtketə] *f* transport chain
Transportkosten [trans'pɔrtkɔstən] *pl* transport costs, forwarding charges, shipping charges
Transportmittel [trans'pɔrtmıtəl] *n* means of transport, means of conveyance
Transportpapiere [trans'pɔrtpapi:rə] *n/pl* transport documents
Transportschaden [trans'pɔrtʃa:dən] *m* loss on goods in transit
Transportunternehmen [trans'pɔrtuntərne:mən] *n* haulage company
Transportversicherung [trans'pɔrtfɛrzıçəruŋ] *f* transport insurance
Transportversicherung gegen alle Risiken (a.a.r.) [trans'pɔrtfɛrzıçəruŋ 'ge:gən alə 'ri:zikɔn] *f* transportation insurance against all risks (a. a. r.)
Transportweg [trans'pɔrtve:k] *m* route of transportation
Trassant [tra'sant] *m* drawer
Trassat [tra'sa:t] *m* drawee
trassiert-eigener Scheck [tra'si:rt-aıgənər ʃɛk] *m* cheque drawn by the drawer himself
trassiert-eigener Wechsel [tra'si:rt-aıgənər 'vɛksəl] *m* bill drawn by the drawer himself
Trassierung [tra'si:ruŋ] *f* drawing

Trassierungskredit ['trasi:ruŋskredi:t] *m* acceptance credit
Tratte ['tratə] *f* draft
Treasury Bill ['trɛʒəri bıl] *f* treasury bill
Treasury Bond ['trɛʒəri bɔnd] *m* treasury bond
Treasury Note ['trɛʒəri nəʊtə] *f* treasury note
Trend [trɛnt] *m* trend
Trendanalyse ['trɛntanaly:zə] *f* trend analysis
Trendwende ['trɛntvɛndə] *f* reversal of a trend
Trennbanksystem ['trɛnbaŋkzyste:m] *n* system of specialized banking
Trennungsentschädigung ['trɛnuŋsɛntʃɛ:dıguŋ] *f* severance pay
Tresor [tre'zo:r] *m* safe
Treu und Glaube ['trɔy unt glaubə] good faith
Treuepflicht ['trɔyəpflıçt] *f* allegiance
Treuerabatt ['trɔyərabat] *m* fidelity rebate, patronage discount
Treuhand ['trɔyhant] *f* trust
Treuhandanstalt ['trɔyhantanʃtalt] *f* institutional trustee
Treuhandbank ['trɔyhantbaŋk] *f* trust bank
Treuhanddepots ['trɔyhantdepo:s] *n/pl* trust deposits
Treuhänder ['trɔyhɛndər] *m* fiduciary, trustee
Treuhandfonds ['trɔyhantfɔ̃:s] *m* trust funds
Treuhandgesellschaft ['trɔyhantgəzɛlʃaft] *f* trust company
Treuhandkredit ['trɔyhantkredi:t] *m* loan on a trust basis
Triade [tri'a:də] *f* company operating in Japan, USA and Europe; triad
Trittbrettverfahren ['trıtbrɛtfɛrfa:rən] *n* free rider principle
trockener Wechsel ['trɔkənər 'vɛksəl] *m* negotiable promissory note
Trust [trast] *m* trust
Trust Center ['trast sɛntər] *n* trust centre
Trust Fonds ['trast fɔ̃:] *m* Trust Fund
Turnaround [tə:nəraʊnd] *m (Trendwende)* turnaround
Turn-Key-Projekte ['tə:n-ki:pro'jɛktə] *n/pl* turnkey projects
TÜV [tyf] *m (technische Überprüfung von Fahrzeugen)* motor vehicle inspection
Typenkauf ['ty:pənkauf] *m* type purchase
Typisierung [typi'zi:ruŋ] *f* typification

U

überarbeiten [y:bər'aɪbaɪtən] v 1. (etw ~) revise; 2. sich ~ overwork o.s.
Überarbeitung [y:bər'aɪbaɪtʊŋ] f 1. revision; 2. (Überanstrengung) overwork
Überbelastung ['y:bərbəlastʊŋ] f overloading, overtaxing, overworking, strain
Überbeschäftigung ['y:bərbəʃɛftɪgʊŋ] f over-employment
Überbewertung ['y:bərbəve:rtʊŋ] f overvaluation
überbezahlt ['y:bərbətsa:lt] adj overpaid
überbieten [y:bər'bi:tən] v irr 1. (Preis) overbid, outbid; 2. (Leistung) outdo, beat, surpass
Überbringer [y:bər'brɪŋər] m earer
Überbringerscheck [y:bər'brɪŋərʃɛk] m bearer-cheque
Überbrückungsfinanzierung [y:ber'brykʊŋsfinantsi:rʊŋ] f interim financing
Überbrückungsgeld [y:bər'brykʊŋsgɛlt] n temporary assistance
Überbrückungskredit [y:bər'brykʊŋskrɛdi:t] m bridging loan, tide-over credit
Überbrückungsrente [y:bər'brykʊŋsrɛntə] f interim retirement pension
Überdividende ['y:bərdividɛndə] f super-dividend
übereignen [y:bər'aɪknən] v jdm etw ~ make sth over to s.o., transfer sth to s.o.
Übereignung [y:bər'aɪknʊŋ] f transfer of ownership, transfer of title
Übereinkommen [y:bər'aɪnkɔmən] n agreement, understanding
übereinkommen [y:bər'aɪnkɔmən] v irr agree, come to an agreement, come to an understanding
Übereinkunft [y:bər'aɪnkʊnft] f agreement
überfällig ['y:bərfɛlɪç] adj (zu spät) overdue; (abgelaufen) expired, overdue
Überfinanzierung ['y:bərfinantsi:rʊŋ] f overfinancing
überfordern [y:bər'fɔrdərn] v overtax, demand too much of
überfordert [y:bər'fɔrdərt] adj overtaxed, overstrained
überführen [y:bər'fy:rən] v (transportieren) transport, transfer
Überführung [y:bər'fy:rʊŋ] f (Transport) transport, transportation

Übergabe ['y:bərga:bə] f handing over, delivery
Übergangserscheinung ['y:bərgaŋsərʃaɪnʊŋ] f phenomenon of transition
Übergangsgeld ['y:bərgaŋsgɛlt] n transitional pay
Übergangskonten ['y:bərgaŋskɔntən] n/pl suspense accounts
Übergangslösung ['y:bərgaŋslø:zʊŋ] f temporary solution
Übergangsregelung ['y:bərgaŋsre:gəlʊŋ] f interim arrangement, transitional arrangement
Übergangszeit ['y:bərgaŋstsaɪt] f period of transition
übergeben [y:bər'ge:bən] v irr (etw ~) deliver, hand over; jdm etw ~ deliver sth over to s.o.
Übergebot ['y:bərgəbo:t] n higher bid
Übergewicht ['y:bərgəvɪçt] n overweight
überhöht [y:bər'hø:t] adj excessive
Überkapazität ['y:bərkapatsitɛ:t] f overcapacity
Überkapitalisierung ['y:berkapitalizi:rʊŋ] f overcapitalization
Überkreuzverflechtung [y:bər'krɔytsfɛrflɛçtʊŋ] f interlocking directorate
Überliquidität ['y:bərlikvidɪdɛ:t] f excess liquidity
übermitteln [y:bər'mɪtəln] v transmit, convey, deliver
Übermittlung [y:bər'mɪtlʊŋ] f conveyance, transmission
Übernahme ['y:bərna:mə] f takeover, taking-over, taking possession; (Amtsübernahme) entering
Übernahmegewinn ['y:bərna:məgəvɪn] m take-over profit
Übernahmegründung ['y:bərna:mə] f foundation in which founders take all shares
Übernahmekonsortium ['y:bərna:məkɔnzɔrtsjum] n security-taking syndicate
Übernahmekurs ['y:bərna:məkurs] m underwriting price
Übernahmeverlust ['y:bərna:məfɛrlust] m loss on takeover
übernehmen [y:bər'ne:mən] v irr 1. (entgegennehmen) accept; 2. (Amt) take over; sich ~ overstrain, overextend, undertake too much

überordnen ['y:bərɔrdnən] v give priority to; jmd ist jdm übergeordnet s.o. ranks above s.o.
Überproduktion ['y:bərprɔduktsjo:n] f overproduction, excess production
überprüfen [y:bər'pry:fən] v check, examine, inspect
Überprüfung [y:bər'pry:fuŋ] f inspection, overhaul, examination
übersättigt [y:bər'zɛtɪçt] adj (Markt) glutted
Übersättigung [y:bər'zɛtɪguŋ] f repletion, glutting
Überschlag ['y:bərʃla:k] m rough calculation, rough estimate
überschlagen [y:bər'ʃla:gən] v (ausrechnen) estimate, approximate; (Kosten) make a rough estimate of
überschreiben [y:bər'ʃraɪbən] v irr 1. transfer by deed, convey; 2. write over
Überschreibung [y:bər'ʃraɪbuŋ] f conveyance, transfer by deed, transfer in a register
Überschuldung [y:bər'ʃulduŋ] f overindebtedness, excessive indebtedness
Überschuldungsbilanz [y:bər'ʃulduŋsbilants] f statement of overindebtedness
Überschuss ['y:bərʃus] m surplus, excess
überschüssig ['y:bərʃysɪç] adj surplus, excess, left over
Überschussproduktion ['y:bərʃusproduktsjo:n] f surplus production
Überschussrechnung ['y:bərʃusrɛçnuŋ] f cash receipts and disbursement method
Überschussreserve ['y:bərʃusrezɛrvə] f surplus reserve
Überschuss-Sparen ['y:bərʃusʃpa:rən] n surplus saving
Übersee ['y:bərze:] f in ~ overseas; von ~ from overseas
Überseehandel ['y:bərze:handəl] m oversea(s) trade
übersenden [y:bər'zɛndən] v irr send, forward, transmit
Übersendung [y:bər'zɛnduŋ] f sending, conveyance, consignment
Übersicht ['y:bərzɪçt] f 1. (Überblick) general picture, overall view; 2. (Zusammenfassung) outline, summary, review
Überstunde ['y:bərʃtundə] f overtime; ~n machen work overtime, put in overtime
übertariflich ['y:bərtari:flɪç] adj merit
übertarifliche Bezahlung ['y:bərtari:flɪçə bə'tsa:luŋ] f payment in excess of collectively agreed scale

Überteuerung [y:bər'tɔyəruŋ] f overcharge, excessive prices pl
Übertrag ['y:bərtra:k] m sum carried over
übertragbar [y:bər'tra:kba:r] adj (Papiere) assignable, transferable, conveyable
übertragen [y:bər'tra:gən] v (Auftrag) transfer, transmit; (Papiere) assign, transfer
Übertragung [y:bər'tra:guŋ] f transfer, assignment
Übertragungsfehler [y:bər'tra:guŋsfe:lər] m transcription error
Überversicherung ['y:bərfɛrzɪçəruŋ] f overinsurance
überwachen [y:bər'vaxən] v supervise, monitor
Überwachung [y:bər'vaxuŋ] f supervision, surveillance, observation
überweisen [y:bər'vaɪzən] v irr transfer
Überweisung [y:bər'vaɪzuŋ] f (von Geld) transfer, remittance
Überweisungsauftrag [y:bər'vaɪzuŋsauftra:k] m transfer instruction
Überweisungsformular [y:bər'vaɪzuŋsfɔrmula:r] n credit transfer form
Überweisungsscheck [y:bər'vaɪzuŋsʃɛk] m transfer cheque
Überweisungsträger [y:bər'vaɪzuŋstrɛ:gər] m remittance slip
Überweisungsverkehr [y:bər'vaɪzuŋsfɛrke:r] m money transfer transactions
überzeichnen [y:bər'tsaɪçnən] v oversubscribe
Überzeichnung [y:bər'tsaɪçnuŋ] f oversubscription
überzeugen [y:bər'tsɔygən] v convince; (überreden) persuade; (juristisch) satisfy
Überzeugungskraft [y:bər'tsɔyguŋskraft] f powers of persuasion pl
überziehen [y:bər'tsi:ən] v irr (Konto) overdraw an account
Überziehen eines Kontos [y:bər'tsi:n 'aɪnəs 'kɔntos] n overdraft
Überziehungskredit [y:bər'tsi:uŋskredi:t] m overdraft provision, overdraft credit
Überziehungsprovision [y:bər'tsi:uŋsprovizjo:n] f overdraft commission
Überzug ['y:bərtsu:k] m (Beschichtung) coating
übliche Bedingungen (u.c., u.t.) ['y:blɪçə bə'dɪŋuŋən] pl usual conditions (u. c.); usual terms (u. t.)
Uhrzeit ['u:rtsaɪt] f time (of day)
Ultimatum [ulti'ma:tum] n ultimatum
ultimo ['ultimo] adv end of the month

Ultimogeld ['ultimogɛlt] *n* last-day money
Ultimogeschäft ['ultimogəʃɛft] *n* last-day business
Umbrella-Effekt [am'brelə ɛ'fɛkt] *m* umbrella effect
umbuchen ['umbu:xən] *v (Konto)* transfer to another account
Umbuchung ['umbu:xuŋ] *f (Kontoumbuchung)* transfer (of an entry)
umdisponieren ['umdɪsponi:rən] *v* make new arrangements
Umfang ['umfaŋ] *m (fig: Ausmaß)* scope, scale
Umfinanzierung ['umfinantsi:ruŋ] *f* switch-type financing; refinancing
Umfrage ['umfra:gə] *f* public opinion poll, opinion survey
umgehend ['umge:ənt] *adj/adv* immediate/immediately
umgestalten ['umgəʃtaltən] *v* reshape, reformat, redesign
Umgestaltung ['umgəʃtaltuŋ] *f* reshaping, reorganization, reformatting, reconfiguration
Umgründung ['umgryndun] *f* reorganization
umladen ['umla:dən] *v irr* reload; *(einer Schiffsladung)* transship
Umlage ['umla:gə] *f* levy contribution, allocation, charge, *eine ~ machen* split the costs
Umlageverfahren ['umla:gəfɛrfa:rən] *n* method of cost allocation (Kostenrechnung); social insurance on a pay-as-you-go basis (Sozialversicherung)
Umlaufmarkt ['umlaufmarkt] *m* secondary market
Umlaufrendite ['umlaufrɛndi:tə] *f* yield on bonds outstanding
Umlaufgeschwindigkeit ['umlaufgəʃwɪndigkaɪt] *f (des Geldes)* velocity of circulation
Umlaufvermögen ['umlauffɛrmø:gən] *n* floating assets, current assets
umlegen ['umle:gən] *v* allocate, distribute, apportion
umpacken ['umpakən] *v* repack
umprogrammieren ['umprogrami:rən] *v* reprogram
umrechnen ['umrɛçnən] *v* convert
Umrechnung ['umrɛçnuŋ] *f* conversion
Umrechnungskurs ['umrɛçnuŋskurs] *m* exchange rate, rate of conversion
Umrechnungstabelle ['umrɛçnuŋstabɛlə] *f* conversion table
umrüsten ['umrystən] *v (technisch)* retool, adapt, convert

umsatteln ['umzatəln] *v (fig: Beruf)* change one's profession
Umsatz ['umzats] *m* turnover, sales volume
Umsatzbeteiligung ['umzatsbətaɪlɪguŋ] *f (Provision)* commission
Umsatzentwicklung ['umzatsɛntvɪkluŋ] *f* turnover trend
Umsatzplan ['umzatspla:n] *m* turnover plan
Umsatzprognose ['umzatsprogno:zə] *f* turnover forecast
Umsatzprovision ['umzatsprovizjo:n] *f* sales commission, commission on turnover
Umsatzrendite ['umzatsrɛndi:tə] *f* net income percentage of turnover
Umsatzrentabilität ['umzatsrɛntabilitɛ:t] *f* net profit ratio
Umsatzsteuer ['umzatsʃtɔyər] *f* turnover tax
Umschlag ['umʃla:k] *m* 1. *(Kuvert)* envelope; 2. *(Umladung)* transshipment, reloading; 3. *(Schutzhülle)* cover, wrapping
umschlagen ['umʃla:gən] *v irr (umladen)* transfer, transship
Umschlagplatz ['umʃla:kplats] *m* reloading point; *(Handelsplatz)* trade centre
Umschlagshäufigkeit eines Lagers ['umʃla:kshɔyfɪçkaɪt 'aɪnəs 'la:gərs] *f* inventory-sales ratio; rate of inventory turnover
umschreiben ['umʃraɪbən] *v irr* transfer
Umschuldung ['umʃulduŋ] *f* debt restructuring
umschulen ['umʃu:lən] *v* retrain
Umschulung ['umʃu:luŋ] *f (für einen anderen Beruf)* retraining
umsetzbar ['umzɛtsba:r] *adj* marketable, salable, sellable
Umsetzbarkeit ['umzɛtsba:rkaɪt] *f* marketability, salability, sellability
umsetzen ['umzɛtsən] *v (verkaufen)* turn over, sell
umsonst [um'zɔnst] *adv* 1. *(vergeblich)* in vain, to no avail, uselessly; 2. *(unentgeltlich)* free, for nothing, gratis; 3. *(erfolglos)* without success
umstellen ['umʃtɛlən] *v (umorganisieren)* reorganize; *sich ~ (anpassen)* accommodate o.s., adapt, adjust
Umstellung ['umʃtɛluŋ] *f* 1. *(Umorganisierung)* reorganization; 2. *(Anpassung)* adaptation
Umstrukturierung ['umʃtrukturi:ruŋ] *f* restructuring, reorganization
Umtausch ['umtauʃ] *m* exchange; *(in eine andere Währung)* conversion

umtauschen ['umtauʃən] *v* exchange, convert
umverteilen ['umfɛrtaɪlən] *v* redistribute
umwechseln ['umvɛksəln] *v* change, exchange
Umwelt ['umvɛlt] *f* environment
Umweltabgabe ['umvɛltapgaːbə] *f* environmental levy
Umweltbelastungen ['umvɛltbəlastuŋən] *f/pl* environmentally damaging activities
umweltfreundlich ['umvɛltfrɔyndlıç] *adj* non-polluting, environment-friendly
Umwelthaftungsgesetz (UmweltHG) ['umvɛlthaftuŋsgəzɛts] *n* Law on Environmental Issues
Umweltpolitik ['umvɛltpolitiːk] *f* environmental policy
Umweltschutz ['umvɛltʃuts] *m* protection of the environment, pollution control, conservation
Umweltverschmutzung ['umvɛltfɛrʃmutsuŋ] *f* environmental pollution
Umweltverträglichkeit ['umvɛltfɛrtrɛːklıçkaıt] *f* environmental impact, effect on the environment
Umweltzeichen ['umvɛlttsaıçən] *n* environmental label
Unabhängigkeit ['unaphɛŋıgkaıt] *f* independence
unabkömmlich ['unapkœmlıç] *adj* indispensable
Unabkömmlichkeit ['unapkœmlıçkaıt] *f* indispensability
unaufgefordert ['unaufgəfɔrdərt] *adj* unasked, unsolicited; *adv* without being asked
unausgebildet ['unausgəbıldət] *adj* untrained, unskilled
unbar ['unbaːr] *adj/adv* non cash
unbeantwortet ['unbəantvɔrtət] *adj* unanswered
unbefristet ['unbəfrıstət] *adj* for an indefinite period, permanent
unbefugt ['unbəfuːkt] *adj* unauthorized
Unbefugte(r) ['unbəfuːktə(r)] *m/f* unauthorized person, trespasser
unberechenbar ['unbərɛçənbaːr] *adj* incalculable, unpredictable
unbeschränkte Steuerpflicht ['unbəʃrɛŋktə 'ʃtɔyərpflıçt] *f* unlimited tax liability
unbewegliche Vermögen ['unbəveːklıçə fɛr'møːgən] *n* immovable property
unbezahlbar [unbə'tsaːlbaːr] *adj* unaffordable, prohibitively expensive

unbezahlter Urlaub ['unbətsaːltər 'urlaup] *m* unpaid vacation
unbrauchbar ['unbrauxbaːr] *adj* useless, of no use
unbürokratisch ['unbyrɔkratıʃ] *adj* unbureaucratic
undurchführbar ['undurçfyːrbaːr] *adj* impracticable, infeasible
unechte Gemeinkosten ['unɛçtə gə'maınkɔstən] *pl* fictitious overheads
unechtes Factoring ['unɛçtəs 'fæktərıŋ] *n* false factoring
uneinbringliche Forderung ['unaınbrıŋlıçə 'fɔrdəruŋ] *f* uncollectible
uneingeschränkt ['unaıngəʃrɛŋkt] *adj* unrestricted, unlimited
unentgeltlich ['unɛntgɛltlıç] *adj* free of charge; *adv* free of charge, gratis
unerfahren ['unɛrfaːrən] *adj* inexperienced
unfähig ['unfɛːıç] *adj* incapable, unable
Unfähigkeit ['unfɛːıçkaıt] *f* incompetence, inability
Unfallverhütungsvorschriften ['unfalfɛrhyːtuŋsfoːrʃrıftən] *f/pl* accident-prevention rules
Unfallversicherung ['unfalfɛrzıçəruŋ] *f* accident insurance
unfertige Erzeugnisse ['unfɛrtıgə ɛr'tsɔyknısə] *n/pl* 1. *(Recht)* work in process; 2. *(Produktion)* partly finished products
unfrankiert ['unfraŋkiːrt] *adj* unpaid, not prepaid
Unfriendly Takeover ['anfrɛndli 'teıkəuvər] *n (feindliche Übernahme)* unfriendly take over
ungedeckter Kredit ['ungədɛktər kre'diːt] *m* uncovered credit
ungedeckter Scheck ['ungədɛktər ʃɛk] *m* uncovered cheque
ungenutzt ['ungənutst] *adj/adv* unused, unutilized
ungesetzlich ['ungəzɛtslıç] *adj* illegal, illicit, unlawful
ungültig ['ungyltıç] *adj* invalid, void
Ungültigkeit ['ungyltıçkaıt] *f* invalidity, nullity
ungünstig ['ungynstıç] *adj* unfavourable, inopportune; *adv* unfavourably
Unifizierung [unifi'tsiːruŋ] *f* consolidation
Union [un'joːn] *f* union
Universalbank [univɛr'zaːlbaŋk] *f* all-round bank
unkompensierte Bilanz ['unkɔmpɛnziːrtə bi'lants] *f* unoffset balance sheet

Unkosten ['unkɔstən] *pl* expenses, costs; *sich in ~ stürzen* go to a great deal of expense
Unkostenbeitrag ['unkɔstənbaıtra:k] *m* contribution towards expenses
unkündbar [un'kyntba:r] *adj* permanent, binding, not terminable
unlautere Werbung ['unlautərə 'vɛrbuŋ] *f* unfair advertising
unlauterer Wettbewerb ['unlautərər 'vɛtbəvɛrp] *m* unfair competition
Unmündigkeit ['unmyndıçkaıt] *f* minority
unnotierte Werte ['unnoti:rtə 'vɛ:rtə] *m/pl* unlisted securities
unnötig ['unnø:tıç] *adj* unnecessary, needless
unpraktisch ['unpraktıʃ] *adj* unpractical *(UK)*, impractical *(US)*
unrealistisch ['unrealıstıʃ] *adj* unrealistic
unrechtmäßig ['unrɛçtmɛ:sıç] *adj* illegal, unlawful
unregelmäßig ['unre:gəlmɛ:sıç] *adj* irregular; *adv* irregularly
Unregelmäßigkeit ['unre:gəlmɛ:sıçkaıt] *f* irregularity
unrentabel ['unrɛnta:bəl] *adj* unprofitable
unsachgemäß ['unzaxgəmɛ:s] *adj* improper, inexpert
unschlüssig ['unʃlysıç] *adj* uncertain, undetermined, irresolute
Unsicherheit ['unzıçərhaıt] *f* uncertainty
unter dem Strich [untərde:m'ʃtrıç] *adv* in total
Unterbeschäftigung ['untərbəʃɛftıguŋ] *f* underemployment
unterbesetzt ['untərbəzɛtst] *adj* understaffed
unterbewerten ['untərbəvɛrtən] *v* undervalue
Unterbewertung ['untərbəve:rtuŋ] *f* undervaluation
Unterbilanz ['untərbilants] *f* deficit balance
unterbreiten [untər'braıtən] *v* submit
Unterfinanzierung ['untərfinantsi:ruŋ] *f* underfinancing
unterfordern [untər'fɔrdərn] *v* demand too little of, ask too little of, expect too little of
Untergebener [untər'ge:bənər] *m (Mitarbeiter)* subordinate
untergeordnet ['untərgəɔrdnət] *adj* subordinate, secondary
Unterhalt ['untərhalt] *m* support, maintenance
Unterhändler ['untərhɛndlər] *m* negotiator, mediator

Unterkapitalisierung ['untərkapitalizi:ruŋ] *f* undercapitalization
Unterkonto ['untərkɔnto] *n* subsidiary account, adjunct account, subaccount, auxiliary account
Unterlagen ['untərla:gən] *f/pl (Dokumente)* documents *pl*, materials *pl*, papers *pl*
unterlassen ['untərlasən] *v irr* fail todo, refrain from doing
Unterliquidität ['unterlikvidide:t] *f* lack of liquidity
Untermakler ['untərma:klər] *m* intermediate broker
Unternehmen [untər'ne:mən] *n (Firma)* business, enterprise, business firm, business undertaking, firm, concern
Unternehmensberater [untər'ne:mənsbəra:tuŋ] *m* business consultant, management consultant
Unternehmensbesteuerung [untər'ne:mənbəʃtɔyəruŋ] *f* business taxation
Unternehmenseinheit [untər'ne:mənsaınhaıt] *f* unit company; unit of organization
Unternehmensführung [untər'ne:mənsfy:ruŋ] *f* business management, company management, corporation management; *(leitende Personen)* top management
Unternehmensfusion [untər'ne:mənfuzjo:n] *f* merger of companies
Unternehmensgewinn [untər'ne:mənsgəvın] *m* company profit, profit of the enterprise, business profit
Unternehmenskonzentration [untər'ne:mənskɔntsentratsjo:n] *f* business concentration
Unternehmenskultur [untər'ne:mənskultu:r] *f* corporate culture
Unternehmensleitung [untər'ne:mənslaıtuŋ] *f* corporate management, business management, company management
Unternehmensphilosophie [untər'ne:mənsfilozofi:] *f* company philosophy
Unternehmensplanung [untər'ne:mənspla:nuŋ] *f* company planning
Unternehmenspolitik [untər'ne:mənspoliti:k] *f* company policy
Unternehmensstrategie [untər'ne:mənsʃtrategi:] *f* corporate strategy
Unternehmensvernetzung [untər'ne:mənsfɛrnɛtsuŋ] *f* group relationships
Unternehmensverträge [untər'ne:mənsfɛrtrɛ:gə] *f* inter-company agreements
Unternehmensziel [untər'ne:mənstsi:l] *n* company objective

Unternehmenszusammenschluss [untərˈneːmənstsuzamənʃlus] *m* business combination
Unternehmer [untərˈneːmər] *m* entrepreneur, industrialist, contractor
Unternehmergewinn [untərˈneːmərgəvɪn] *m* corporate profit
unternehmerisch [untərˈneːmərɪʃ] *adj* entrepreneurial
Unternehmerlohn [untərˈneːmərloːn] *m* owner's salary
Unternehmung [untərˈneːmuŋ] *f* business enterprise
Unternehmungswert [untərˈneːmuŋsveːrt] *m* corporate value
Unter-Pari-Emission [untərˈpaːriemɪsjoːn] *f* issue below par
Unterredung [untərˈreːduŋ] *f* conference, interview, business talk
unterschlagen [untərˈʃlaːgən] *v irr* (Geld) embezzle
Unterschlagung [untərˈʃlaːguŋ] *f* embezzlement
unterschreiben [untərˈʃraɪbən] *v irr* sign
Unterschrift [ˈuntərʃrɪft] *f* signature
unterschriftsberechtigt [ˈuntərʃrɪftsbəreçtɪçt] *adj* authorized to sign
unterschriftsreif [ˈuntərʃrɪftsraɪf] *adj* ready for signing, ready to be signed, final
unterschwellige Werbung [ˈuntərʃvɛlɪgə ˈvɛrbuŋ] *f* subliminal advertising
Unterstützungslinie [untərˈʃtytsuŋsliːnjə] *f* support level
Untersuchung [untərˈzuːxuŋ] *f* examination
unterversichert [ˈuntərfɛrzɪçərt] *adj* underinsured
unterversorgt [ˈuntərfɛrzɔrgt] *adj* undersupplied
Unterversorgung [ˈuntərfɛrzɔrguŋ] *f* undersupply
Untervertreter [ˈuntərfɛrtreːtər] *m* subagent
Untervollmacht [ˈuntərfɔlmaxt] *f* delegated authority
unterweisen [untərˈvaɪzən] *v irr* instruct
unterzeichnen [untərˈtsaɪçnən] *v* sign, subscribe, affix one's signature
Unterzeichnete(r) [untərˈtsaɪçnətə(r)] *m/f* undersigned
untilgbar [unˈtɪlkbaːr] *adj* irredeemable
untragbar [ˈuntraːkbaːr] *adj* intolerable, unbearable, (Preise) prohibitive
Untreue [ˈuntrɔyə] *f* disloyalty

unverbindlich [ˈunfɛrbɪndlɪç] *adj/adv* not binding
unverbindliche Preisempfehlung [ˈunfɛrbɪndlɪçə ˈpraɪsɛmpfeːluŋ] *f* non-binding price recommendation
Unverfallbarkeit [ˈunfɛrfalbaːrkaɪt] *f* nonforfeitability
unverkäuflich [ˈunfɛrkɔyflɪç] *adj* unsaleable; (nicht feil) not for sale
unverpackt [ˈunfɛrpakt] *adj/adv* unpacked
unverzollt [ˈunfɛrtsɔlt] *adj/adv* duty-free
unvollkommener Markt [ˈunfɔlkɔmənər markt] *m* imperfect market
unvollständig [ˈunfɔlʃtɛndɪç] *adj* incomplete
Unvollständigkeit [ˈunfɔlʃtɛndɪçkaɪt] *f* incompleteness
unvorhergesehen [ˈunfoːrheːrgəzeːən] *adj* unforeseen, unanticipated
unwirksam [ˈunvɪrkzaːm] *adj* null and void
unwirtschaftlich [ˈunvɪrtʃaftlɪç] *adj* uneconomical, inefficient
Unwirtschaftlichkeit [ˈunvɪrtʃaftlɪçkaɪt] *f* inefficiency, wastefulness
Unzumutbarkeit der Weiterbeschäftigung [ˈuntsuːmuːtbaːrkaɪt deːr ˈvaɪtərbəʃɛftɪguŋ] *f* unacceptability of continued employment
Urabstimmung [ˈuːrapʃtɪmuŋ] *f* strike vote
Urheber(in) [ˈuːrheːbər(ɪn)] *m/f* author, originator
Urheberrecht [ˈuːrheːbərɛçt] *n* copyright
urheberrechtlich [ˈuːrheːbərɛçtlɪç] *adj* copyright
Urkunde [ˈuːrkundə] *f* certificate, document, deed
urkundlich [ˈuːrkuntlɪç] *adj* documentary; *adv* authentically; ~ belegt documented
Urlaub [ˈuːrlaup] *m* holidays *pl,* vacation (US); im ~ on holiday, on vacation (US)
Urlaubsgeld [ˈuːrlaupsgɛlt] *n* holiday allowance
Urlaubsvertretung [ˈuːrlaupsfɛrtreːtuŋ] *f* replacement (for s.o. who is on holiday/on vacation)
Ursprungsland [ˈuːrʃpruŋslant] *n* country of origin
Ursprungszeugnis [ˈuːrʃpruŋstsɔyknɪs] *n* certificate of origin
Usancen [yˈz aːsən] *pl* usage
Usancenhandel [yˈzaːsənhandəl] *m* trading in foreign exchange
U-Schätze [ˈuʃɛtsə] *pl* non-interest bearing Treasury bond

V

vakant [va'kant] *adj* vacant
Vakanz [va'kants] *f* vacancy
vakuumverpackt ['va:kuumfɛrpakt] *adj* vacuum-packed
Vakuumverpackung ['va:kuumfɛrpakuŋ] *f* vacuum packaging
Valoren [va'lo:rən] *pl* securities
Valorisation [valoriza'tsjo:n] *f* valorization
Valuta [va'lu:ta] *f* currency
Valuta-Akzept [va'luta-aktsɛpt] *n* foreign currency acceptance
Valuta-Anleihen [va'luta-anlaıən] *f/pl* foreign currency loan
Valutageschäft [va'lutagəʃɛft] *n* currency transactions
Valutaklausel [va'lutaklauzəl] *f* foreign currency clause
Valutakonto [va'lutakɔnto] *n* foreign currency account
Valutakredit [va'lutakredi:t] *m* foreign currency loan
Valutapolitik [va'lutapoliti:k] *f* currency policy
Valutarisiko [va'lutari:ziko] *n* exchange risk
Valutaschuldschein [va'lutaʃultʃain] *m* foreign currency certificate of indebtedness
Valutierung [valu'ti:ruŋ] *f* fixing of exchange rate
variabel [vari'a:bəl] *adj* variable
variable Kosten [va'rja:blə 'kɔstən] *pl* variable costs
variabler Kurs [va'rja:blər kurs] *m* variable price
variabler Markt [va'rja:blər markt] *m* variable market
variabler Wert [va'rja:blər ve:rt] *m* variable value
variabler Zins [va'rja:blər tsıns] *m* variable rate of interest
Varianz [va'rjants] *f* variance
verabschieden [fɛr'apʃi:dən] *v* dismiss, discharge, discard
Verabschiedung [fɛr'apʃi:duŋ] *f* dismissal, discharge
veraltet [fɛr'altət] *adj* obsolete, antiquated, out of date
veranlagt [fɛr'anla:kt] *adj (steuerlich ~)* assessed, rated

Veranlagung [fɛr'anla:guŋ] *f* tax assessment
veranlassen [fɛr'anlasən] *v* cause, bring about, arrange for
Veranlassung [fɛr'anlasuŋ] *f* cause, occasion, initiative
veranschlagen [fɛr'anʃla:gən] *v irr* estimate
verantworten [fɛr'antvɔrtən] *v* answer for, take responsibility for, to be accountable for; *sich für etw ~* answer for sth
verantwortlich [fɛr'antvɔrtlıç] *adj* responsible, answerable; *(juristisch)* liable
Verantwortlichkeit [fɛr'antvɔrtlıçkaıt] *f* responsibility, liability, accountability
Verantwortung [fɛr'antvɔrtuŋ] *f* responsibility; *jdn für etw zur ~ ziehen* call s.o. to account for sth
verarbeiten [fɛr'arbaıtən] *v (bearbeiten)* manufacture, process
Verarbeitung [fɛr'arbaıtuŋ] *f (Bearbeitung)* manufacturing, processing, working
veräußern [fɛr'ɔysərn] *v (verkaufen)* sell, dispose of; *(übereignen)* transfer
Veräußerung [fɛr'ɔysəruŋ] *f (von Rechten)* alienation; *v (Verkauf)* sale
Veräußerungsgewinn [fɛr'ɔysəruŋsgəvın] *m* gain on disposal
Verband [fɛr'bant] *m* association
verbessern [fɛr'bɛsərn] *v* improve, change for the better; *(korrigieren)* correct, revise
Verbesserung [fɛr'bɛsəruŋ] *f* improvement; *(Korrektur)* correction, amendment
verbesserungsbedürftig [fɛr'bɛsəruŋsbədyrftıç] *adj* in need of improvement, requiring improvement
Verbesserungsvorschlag [fɛr'bɛsəruŋsfo:rʃla:k] *m* suggested improvement, proposed improvement
verbilligen [fɛr'bılıgən] *v* lower the price of, *(Preis)* reduce
verbinden [fɛr'bındən] *v irr* connect
Verbindlichkeiten [fɛr'bıntlıçkaıtən] *f/pl* liabilities
Verbindung [fɛr'bınduŋ] *f* connection, line, combination
Verbot [fɛr'bo:t] *n* prohibition
verbotene Aktienausgabe [fɛr'bo:tənə 'aktsjənausga:bə] *f* prohibited share issue

Verbrauch [fɛr'braux] *m* consumption
verbrauchen [fɛr'brauxən] *v* consume, use up; *(ausgeben)* spend
Verbraucher [fɛr'brauxər] *m* consumer
Verbraucherkreditgesetz [fɛr'brauxərkredi:tgəzɛts] *n* consumer credit act
Verbrauchermarkt [fɛr'brauxərmarkt] *m* consumer market
Verbraucherschutz [fɛr'brauxərʃuts] *m* consumer protection
Verbraucherzentrale [fɛr'brauxərtsɛntra:lən] *f* Consumers' Central Office
Verbrauchsgüter [fɛr'brauxsgy:tər] *pl* consumer goods
Verbrauchsteuern [fɛr'brauxerʃtɔyərn] *f/pl* general tax on consumption
Verbuchung [fɛr'bu:xuŋ] *f* entry
Verbund [fɛr'bunt] *m* union
verbundene Unternehmen [fɛr'bundənə untər'ne:mən] *n/pl* associated companies
verderblich [fɛr'dɛrblɪç] *adj* perishable
verdienen [fɛr'di:nən] *v (Geld)* earn
Verdienst [fɛr'di:nst] *m* 1. earnings, income; 2. *(Gehalt)* salary; *n* 3. *(Anspruch auf Anerkennung)* merit
Verdienstausfall [fɛr'di:nstausfal] *m* loss of earnings, loss of salary
Verdienstmöglichkeit [fɛr'di:nstmø:klɪçkaɪt] *f* income opportunity
Verdienstspanne [fɛr'di:nstʃpanə] *f* profit margin
Verdrängungswettbewerb [fɛr'drɛŋuŋsvɛtbəvɛrp] *m (Kartell)* destructive price cutting; *(Finanzwesen)* crowding-out competition
Veredelung [fɛr'e:dəluŋ] *f* processing
Verein [fɛr'aɪn] *m* association
vereinbarungsgemäß [fɛr'aɪnba:ruŋsgəmɛ:s] *adj/adv* as agreed
Verfahren [fɛr'fa:rən] *n* 1. *(Vorgehen)* procedure, process; 2. *(Methode)* method, practice; 3. *(juristisch)* proceedings, procedure, suit
Verfahrensfehler [fɛr'fa:rənsfe:lər] *m* procedural error
Verfahrenstechnik [fɛr'fa:rənsteçnɪk] *f* process engineering; *chemische ~* chemical engineering
Verfall [fɛr'fal] *m (Fristablauf)* maturity, expiry, expiration
verfallen [fɛr'falən] *v irr (ungültig werden)* expire, lapse
Verfallsdatum [fɛr'falsda:tum] *n* expiry date, expiration date *(US)*
Verfallstag [fɛr'falsta:k] *m* expiration date, due date, day of expiry

Verfallzeit [fɛr'faltsaɪt] *f* time of expiration
verfrachten [fɛr'fraxtən] *v* ship
verfügbar [fɛr'fy:kba:r] *adj* available; *~ haben* have at one's disposal
verfügbares Einkommen [fɛr'fy:kba:rəs 'aɪnkɔmən] *n* disposable income
Verfügbarkeit [fɛr'fy:kba:rkaɪt] *f* availability
verfügen [fɛr'fy:gən] *v ~ über* have at one's disposal, have use of
Verfügung [fɛr'fy:guŋ] *f* disposal, order disposition
Verfügungsrecht [fɛr'fy:guŋsrɛçt] *n* right of disposal
Verfügungsrechte [fɛrfy:guŋsrɛçtə] *n/pl* property rights
Vergleich [fɛr'glaɪç] *m* comparison, settlement
vergleichen [fɛr'glaɪçən] *v irr* compare, *(sich ~)* settle
Vergleichsbilanz [fɛr'glaɪçsbilants] *f* comparative balance sheet
Vergleichsjahr [fɛr'glaɪçsja:r] *n* base year
Vergleichsverfahren [fɛr'glaɪçsferfa:rən] *n* composition proceedings
vergriffen [fɛr'grɪfən] *adj (nicht verfügbar)* unavailable
vergüten [fɛr'gy:tən] *v* reimburse, compensate
Vergütung [fɛr'gy:tuŋ] *f* reimbursement, compensation
Verhältnis [fɛr'hɛltnɪs] *n* proportion
verhandeln [fɛr'handəln] *v* negotiate
Verhandlung [fɛr'handluŋ] *f* negotiation
verhandlungsfähig [fɛr'handluŋsfɛ:ɪç] *adj* able to stand trial
Verhandlungsgeschick [fɛr'handluŋsgəʃɪk] *n* negotiation skills
Verhandlungspartner [fɛr'handluŋspartnər] *m* negotiating partner
verjähren [fɛr'jɛ:rən] *v* come under the statute of limitations, become barred by the statute of limitations
Verjährung [fɛr'jɛ:ruŋ] *f* statutory limitation, prescription
Verjährungsfrist [fɛr'jɛ:ruŋsfrɪst] *f* statutory period of limitation
verkalkulieren [fɛrkalku'li:rən] *v sich ~* miscalculate
Verkauf [fɛr'kauf] *m* sale, selling
verkaufen [fɛr'kaufən] *v* sell
Verkäufer(in) [fɛr'kɔyfər(ɪn)] *m/f* 1. seller, vendor; 2. *(in einem Geschäft)* salesman/saleswoman

Verkäufermarkt [fɛr'kɔyfərmarkt] *m* seller's market
Verkäuferprovision [fɛr'kɔyfərprovizjoːn] *f* sales commission
verkäuflich [fɛr'kɔyflıç] *adj* saleable
Verkaufsabschluss [fɛr'kaufsapʃlus] *m* sales contract
Verkaufsbericht [fɛr'kaufsbərıçt] *m* sales report
Verkaufschance [fɛr'kaufsʃãːsə] *f* sales possibilities
Verkaufserlös [fɛr'kaufsɛrløːs] *m* sale proceeds
Verkaufsfläche [fɛr'kaufsfleçə] *f* sales space, selling space
Verkaufsförderung [fɛr'kaufsfœrdəruŋ] *f* sales promotion
Verkaufsgespräch [fɛr'kaufsgəʃprɛːç] *n* sales talk
Verkaufsleiter(in) [fɛr'kaufslaıtər(ın)] *m/f* sales manager
Verkaufsmethoden [fɛr'kaufsmetoːdən] *f/pl* sales strategy
Verkaufsniederlassung [fɛr'kaufsniːdərlasuŋ] *f* sales office
Verkaufsoption [fɛr'kaufsɔptsjoːn] *f* option to sell
Verkaufspreis [fɛr'kaufspraıs] *m* selling price
Verkaufsstab [fɛr'kaufsʃtaːp] *m* sales staff
Verkaufstechnik [fɛr'kaufstɛçnık] *f* sales technique
Verkaufswert [fɛr'kaufsveːrt] *m* selling value
verkehrsgünstig [fɛr'keːrsgynstıç] *adj* conveniently located
Verkehrshypothek [fɛr'keːrshypoteːk] *f* ordinary mortgage
Verkehrsteuern [fɛr'keːrsʃtɔyərn] *f/pl* taxes on transactions
verklagen [fɛr'klaːgən] *v* sue, bring action against, take to court
Verladekosten [fɛr'laːdəkɔstən] *pl* loading charges
verladen [fɛr'laːdən] *v irr* load, ship, freight
Verladeplatz [fɛr'laːdəplats] *m* loading point, entraining point
Verladerampe [fɛr'laːdərampə] *f* loading platform
Verladung [fɛr'laːduŋ] *f* loading, shipment, shipping
Verlag [fɛr'laːk] *m* publishing house, publishers *pl,* publishing firm
Verlängerung [fɛr'lɛŋgəruŋ] *f* extension

Verleger [fɛr'leːgər] *m* publisher
verloren gegangene Sendung [fɛr'loːrəngəgaŋənə 'zɛnduŋ] *f* lost shipment
Verlust [fɛr'lust] *m* loss, damage
Verlustausgleich [fɛr'lustausglaıç] *m* loss-compensation
Verlustgeschäft [fɛr'lustgəʃɛft] *n* money-losing deal, loss maker, loss-making business
Verlustrücktrag [fɛr'lustryktraːk] *m* tax loss carryback
Verlustvortrag [fɛr'lustfoːrtraːk] *m* carry-forward of the losses
Verlustzuweisung [fɛr'lusttsuːvaızuŋ] *f* loss allocation
Vermächtnis [fɛr'mɛçtnıs] *n* legacy
vermarkten [fɛr'marktən] *v* market, place on the market; *(fig)* commercialize
Vermarktung [fɛr'marktuŋ] *f* marketing
Vermerk [fɛr'mɛrk] *m* note, entry, remark
Verminderung [fɛr'mındəruŋ] *f* reduction, decrease
vermitteln [fɛr'mıtəln] *v* mediate, act as intermediary, negotiate; *(beschaffen)* obtain
Vermittler(in) [fɛr'mıtlər(ın)] *m/f* mediator, intermediary, agent
Vermittlung [fɛr'mıtluŋ] *f* 1. mediation; 2. *(Vermitteln)* arrangement, negotiation; 3. *(Telefonvermittlung)* operator; 4. *(Telefonvermittlung in einer Firma)* switchboard; 5. *(Stellenvermittlung)* agency
Vermittlungsgebühr [fɛr'mıtluŋsgəbyːr] *f* commission
Vermittlungsgeschäft [fɛr'mıtluŋsgəʃɛft] *n* brokerage business
Vermittlungsstelle [fɛr'mıtluŋsʃtɛlə] *f* agency
Vermögen [fɛr'møːgən] *n (Besitz)* assets, wealth, fortune
Vermögensabgabe [fɛr'møːgənsapgaːbə] *f* capital levy
Vermögensanlage [fɛr'møːgənsanlaːgə] *f* investment
Vermögensarten [fɛr'møːgənsaːrtən] *f/pl* types of property
Vermögensberater(in) [fɛr'møːgənsbəraːtər(ın)] *m/f* investment consultant
Vermögensbilanz [fɛr'møːgənsbilants] *f* assets and liability statement
Vermögensbildung [fɛr'møːgənsbılduŋ] *f* wealth creation
Vermögenseffekten [fɛr'møːgənsɛfɛktən] *pl* real balance effect
Vermögenseinkommen [fɛr'møːgənsaınkɔmən] *n* real balance effect

Vermögenspolitik [fɛr'møːgənspoliti:k] *f* policy relating to capital formation
Vermögenssteuer [fɛr'møːgənsʃtɔyər] *f* wealth tax
vermögenswirksame Leistungen [fɛr'møːgənsvɪrkzaːmə 'laɪstuŋən] *f/pl* capital forming payment
vernetzen [fɛr'nɛtsən] *v* network
Vernetzung [fɛr'nɛtsuŋ] *f* networking
Veröffentlichung [fɛr'œfəntlɪçuŋ] *f* publication
Veröffentlichungspflicht [fɛr'œfəntlɪçuŋspflɪçt] *f* statutory public disclosure
Verordnung [fɛr'ɔrdnuŋ] *f* decree
verpacken [fɛr'pakən] *v* package, pack
Verpackung [fɛr'pakuŋ] *f* packaging, packing, wrapping
Verpackungsmaterial [fɛr'pakuŋsmatərjaːl] *n* packing material
Verpackungsmüll [fɛr'pakuŋsmyl] *m* packing waste
Verpackungstechnik [fɛr'pakuŋstɛçnɪk] *f* packaging technology
Verpackungsvorschriften [fɛr'pakuŋsfoːrʃrɪftən] *f/pl* packing instructions
verpfänden [fɛr'pfɛndən] *v (hypothekarisch)* mortgage
Verpfändung [fɛr'pfɛnduŋ] *f* pawning, hocking, pledge
verpflichten [fɛr'pflɪçtən] *v* oblige, engage; *(unterschriftlich)* sign on
verpflichtend [fɛr'pflɪçtənt] *adj* binding
Verpflichtung [fɛr'pflɪçtuŋ] *f* commitment, obligation, undertaking; *(finanziell)* liabilty
verrechnen [fɛr'rɛçnən] *v* 1. *etw* ~ set off against, charge against, settle up; 2. *sich* ~ miscalculate
Verrechnung [fɛr'rɛçnuŋ] *f* settlement, compensation; *nur zur* ~ not negotiable
Verrechnungseinheit [fɛr'rɛçnuŋsaɪnhaɪt] *f* clearing unit
Verrechnungspreise [fɛr'rɛçnuŋspraɪzə] *m/pl* transfer prices
Verrechnungsscheck [fɛr'rɛçnuŋsʃɛk] *m* crossed cheque *(UK)*, voucher check *(US)*
Verruf [fɛr'ruːf] *m* discredit; *in* ~ *kommen* fall into disrepute; *jdn in* ~ *bringen* ruin s.o.'s reputation
Versammlung [fɛr'zamluŋ] *f* meeting, gathering, assembly
Versand [fɛr'zant] *m* shipment, delivery, dispatch
Versandabteilung [fɛr'zantaptaɪluŋ] *f* dispatch department

versandbereit [fɛr'zantbəraɪt] *adj/adv* ready for dispatch
Versandform [fɛr'zantfɔrm] *f* manner of delivery
Versandhandel [fɛr'zanthandəl] *m* mail order business/firm
Versandhaus [fɛr'zanthaus] *n* mail-order house
Versandscheck [fɛr'zantʃɛk] *m* out-of-town cheque
verschieben [fɛr'ʃiːbən] *v irr (aufschieben)* postpone
Verschiebung [fɛr'ʃiːbuŋ] *f (eines Termins)* postponement
verschiffen [fɛr'ʃɪfən] *v* ship, transport
Verschiffung [fɛr'ʃɪfuŋ] *f* shipment
Verschleierung der Bilanz [fɛr'ʃlaɪərun deːr bi'lants] *f* doctoring a balance sheet
verschlossenes Depot [fɛr'ʃlɔsənəs de'poː] *n* safe deposit
Verschmelzung [fɛr'ʃmɛltsuŋ] *f* merger
verschrotten [fɛr'ʃrɔtən] *v* scrap
Verschrottung [fɛr'ʃrɔtuŋ] *f* scrapping, junking
verschulden [fɛr'ʃuldən] *v* get into debt
Verschulden vor Vertragsabschluss (culpa in contrahendo) [fɛr'ʃuldən foːr fɛr'traːksapʃlus (kulpa ɪn kɔntrahendo)] *n* culpa in contrahendo
Verschuldung [fɛr'ʃulduŋ] *f* indebtedness
Versehen [fɛr'zeːən] *n (Irrtum)* mistake, error; *aus* ~ inadvertently, by mistake
versehentlich [fɛr'zeːəntlɪç] *adv* inadvertently, by mistake
versenden [fɛr'zɛndən] *v irr* dispatch, send, forward
Versendung [fɛr'zɛnduŋ] *f* shipment, sending
versichern [fɛr'zɪçərn] *v (Versicherung abschließen)* assure *(UK)*, insure
Versicherung [fɛr'zɪçəruŋ] *f* 1. *(Eigentumsversicherung)* insurance; 2. *(Lebensversicherung)* assurance, life insurance *(US)*
Versicherung auf Gegenseitigkeit [fɛr'zɪçəruŋ auf 'geːgənzaɪtɪçkaɪt] *f* mutual insurance
Versicherungsagent [fɛr'zɪçəruŋsagent] *m* insurance agent
Versicherungsaktie [fɛr'zɪçəruŋsaktsjə] *f* insurance company share
Versicherungsanstalt [fɛr'zɪçəruŋsanʃtalt] *f* Social Insurance Office
Versicherungsbetrug [fɛr'zɪçəruŋsbətruːk] *m* insurance fraud

Versicherungsfall [fɛrˈzɪçərʊŋsfal] *m* occurrence of the event insured against

Versicherungskaufmann [fɛrˈzɪçərʊŋskaufman] *m* insurance broker

Versicherungsmakler [fɛrˈzɪçərʊŋsmaːklər] *m* insurance agent

Versicherungsnehmer [fɛrˈzɪçərʊŋsneːmər] *m* insured person, policy holder

Versicherungspflicht [fɛrˈzɪçərʊŋspflɪçt] *f* liability to insure

Versicherungspolice [fɛrˈzɪçərʊŋspoliːs(ə)] *f* insurance policy

Versicherungsprämie [fɛrˈzɪçərʊŋspreːmjə] *f* insurance premium

Versicherungsschutz [fɛrˈzɪçərʊŋsʃuts] *m* insurance coverage

Versicherungssumme [fɛrˈzɪçərʊŋszumə] *f* insured sum

Versicherungsverein auf Gegenseitigkeit (VVaG) [fɛrˈzɪçərʊŋsfɛraɪn auf ˈgeːgənzaɪtɪçkaɪt (faufauaːgeː)] *m* mutual life insurance company

Versicherungsvertrag [fɛrˈzɪçərʊŋsfertraːk] *m* insurance contract

Versicherungszertifikat (C/I) [fɛrˈzɪçərʊŋstsertifikaːt] *n* certificate of insurance *(C/I)*

Versorgung [fɛrˈzɔrgʊŋ] *f (Beschaffung)* provision, supply

verspäten [fɛrˈʃpɛːtən] *v sich ~* to be late; *sich ~ (aufgehalten werden)* to be delayed

Verspätung [fɛrˈʃpɛːtʊŋ] *f (Verzögerung)* delay

Verstaatlichung [fɛrˈʃtaːtlɪçʊŋ] *f* nationalization, transfer to state ownership

Verständigung [fɛrˈʃtɛndɪɡʊŋ] *f* notification; *(Einigung)* agreement

Verständigungsbereitschaft [fɛrˈʃtɛndɪgʊŋsbəraɪtʃaft] *f* willingness to negotiate, eagerness to reach an agreement, communicativeness

versteckte Arbeitslosigkeit [fɛrˈʃtɛktə ˈarbaɪtsloːzɪçkaɪt] *f* hidden unemployment

versteckte Inflation [fɛrˈʃtɛktə ɪnflaˈtsjoːn] *f* hidden inflation

Versteigerung [fɛrˈʃtaɪɡərʊŋ] *f* auction, public sale

Verstoß [fɛrˈʃtoːs] *m* offence, breach, infringement

verstoßen [fɛrˈʃtoːsən] *v irr gegen etw ~* infringe upon sth, violate sth

Vertagung [fɛrˈtaːɡʊŋ] *f* postponement

Verteilung [fɛrˈtaɪlʊŋ] *f* distribution

Verteuerung [fɛrˈtɔyərʊŋ] *f* rise in price, price increase

vertikale Integration [ˈvɛrtikaːlə ɪntegraˈtsjoːn] *f* vertical integration

vertikale Konzentration [ˈvɛrtikaːlə kɔntsɛntraˈtsjoːn] *f* vertical concentration

Vertrag [fɛrˈtraːk] *m* contract

vertraglich [fɛrˈtraːklɪç] *adj* contractual; *adv* according to contract

Vertragsabschluss [fɛrˈtraːksapʃlus] *m* conclusion of a contract

Vertragsänderung [fɛrˈtraːksɛndərʊŋ] *f* amendment of a contract

Vertragsbedingungen [fɛrˈtraːksbədɪŋʊŋən] *f/pl* conditions of a contract *pl*, terms of a contract *pl*, provisions of a contract *pl*

Vertragsbestimmung [fɛrˈtraːksbəʃtɪmʊŋ] *f* provisions of a contract *pl*, stipulations of a contract *pl*, terms of a contract *pl*

Vertragsbindung [fɛrˈtraːksbɪndʊŋ] *f* contractual obligation

Vertragsbruch [fɛrˈtraːksbrux] *m* breach of contract, violation of a treaty

Vertragsdauer [fɛrˈtraːksdauər] *f* term of a contract

Vertragsfreiheit [fɛrˈtraːksfraɪhaɪt] *f* freedom of contract

Vertragsgegenstand [fɛrˈtraːksgeːɡənʃtant] *m* subject matter of a contract, object of agreement

Vertragspartner [fɛrˈtraːkspartnər] *m* party to the contract, party to a contract

Vertragsstrafe [fɛrˈtraːksʃtraːfə] *f* penalty for breach of contract, contractual penalty

vertragswidrig [fɛrˈtraːksviːdrɪç] *adj* contrary to the contract

vertrauensbildend [fɛrˈtrauənsbɪldənt] *adj* trust-building, confidence-building

Vertrauensbruch [fɛrˈtrauənsbrux] *m* breach of s.o.'s trust

Vertrauensgüter [fɛrˈtrauənsɡyːtər] *n/pl* confidence goods

Vertrauensverhältnis [fɛrˈtrauənsfɛrhɛltnɪs] *n* confidential relationship

vertraulich [fɛrˈtraulɪç] *adj* confidential; *adv* in confidence, confidentially

vertreiben [fɛrˈtraɪbən] *v irr (verkaufen)* sell, market

Vertreter(in) [fɛrˈtreːtər(ɪn)] *m/f (Repräsentant(in))* representative, delegate; *(Stellvertreter(in))* deputy, proxy

Vertretung [fɛrˈtreːtʊŋ] *f (Repräsentanz)* agency, representation; *(Stellvertretung)* replacement; *(Vertreten)* representation

Vertrieb [fɛrˈtriːp] *m* marketing, sale, distribution

Vertriebsabteilung [fɛr'triːpsaptaɪluŋ] *f* sales department
Vertriebsfirma [fɛr'triːpsfɪrma] *f* distributor, marketing company
Vertriebsgesellschaft [fɛr'triːpsgəzɛlʃaft] *f* distribution company
Vertriebswagnis [fɛr'triːbsvaːgnɪs] *n* accounts receivable risk
Vertriebsweg [fɛr'triːpsveːk] *m* distribution channel
veruntreuen [fɛr'untrɔyən] *v* embezzle, misappropriate
Veruntreuung [fɛr'untrɔyuŋ] *f* embezzlement, misappropriation
Verursacherprinzip [fɛr'urzaxərprɪntsiːp] *n* polluter pays principle
Vervielfältigung [fɛr'fiːlfɛltɪguŋ] *f* reproduction
Verwahrung [fɛr'vaːruŋ] *f* custody
Verwahrungsbetrag [fɛr'vaːruŋbetraːk] *m* value of custody
Verwahrungsbuch [fɛr'vaːruŋbuːx] *n* custody ledger
Verwahrungskosten [fɛr'vaːruŋkɔstən] *pl* custody fee
verwalten [fɛr'valtən] *v* administer, manage, supervise
Verwalter(in) [fɛr'valtər(ɪn)] *m/f* administrator, manager
Verwaltung [fɛr'valtuŋ] *f* administration, management
Verwaltungsaktien [fɛr'valtuŋsaktsjən] *f/pl* treasury stock
Verwaltungsgebühr [fɛr'valtuŋsgəbyːr] *f* official fees
verwendbar [fɛr'vɛntbaːr] *adj* usable, serviceable
verwenden [fɛr'vɛndən] *v irr* use, utilize, employ; *wieder* ~ reuse
Verwendung [fɛr'vɛnduŋ] *f* use, application, utilization; *für etw* ~ *finden* find a purpose for sth
Verwertungsgesellschaft [fɛr'veːrtuŋsgəzɛlʃaft] *f* company or partnership exploiting third-party rights
verzinsen [fɛr'tsɪnzən] *v* pay interest on
Verzinsung [fɛr'tsɪnzuŋ] *f* payment of interest, interest yield
verzollen [fɛr'tsɔlən] *v* pay duty on, declare
verzollt [fɛr'tsɔlt] *adj/adv* duty-paid
Verzollung [fɛr'tsɔluŋ] *f* payment of duty
Verzug [fɛr'tsuːk] *m* delay, default; *mit etw in* ~ *geraten* fall behind with sth; *mit etw in* ~ *sein* to be behind in sth, to be in arrears with sth

Verzugszinsen [fɛr'tsuːkstsɪnzən] *m/pl* default interest
Videokonferenz ['videokɔnfərɛnts] *f* video conference
Videotext ['viːdeotɛkst] *m* videotex
vierteljährlich ['fɪrtəljɛːrlɪç] *adj/adv* quarterly
Vinkulieren [vɪŋku'liːrən] *n* restriction of transferability
vinkulierte Aktie [vɪŋku'liːrtə 'aktsjə] *f* restricted share
Virtualisierung [vɪrtuali'ziːruŋ] *f* virtualization
virtuelle Realität [vɪrtu'ɛlə reali'tɛːt] *f* virtual reality
virtuelles Unternehmen [vɪr'tuɛləs untər'neːmən] *n* virtual company
Virus ['viːrus] *m (EDV)* virus
Visitenkarte [vi'ziːtənkartə] *f* visiting card *(UK)*, business card
Visum ['viːzum] *n* visa
Voice Mail ['vɔɪsmeɪl] *f* voice mail
Volatilität [volatili'tɛːt] *f* volatility
Volkseinkommen ['fɔlksaɪnkɔmən] *n* national income
Volksvermögen ['fɔlksfɛrmøːgən] *n* national wealth
Volkswirt ['fɔlksvɪrt] *m* economist
Volkswirtschaft ['fɔlksvɪrtʃaft] *f* national economy, political economy
volkswirtschaftlich ['fɔlksvɪrtʃaftlɪç] *adj* national economic, national economy, economic
Volkswirtschaftliche Gesamtrechnung ['fɔlksvɪrtʃaftlɪçə gə'zamtrɛçnuŋ] *f* national accounting
Volkswirtschaftslehre ['fɔlksvɪrtʃaftsleːrə] *f* economics
Volkszählung ['fɔlkstsɛːluŋ] *f* census
Vollbeschäftigung ['fɔlbəʃɛftɪguŋ] *f* full employment
Vollkaskoversicherung ['fɔlkaskofɛrzɪçəruŋ] *f* fully comprehensive insurance
Vollkaufmann ['fɔlkaufman] *m* registered trader
Vollkosten ['fɔlkɔstən] *pl* full cost
Vollmacht ['fɔlmaxt] *f* authority; *(juristisch)* power of attorney
vollstrecken [fɔl'ʃtrɛkən] *v* execute, enforce
Volumen [vo'luːmən] *n* volume
Vorankündigung ['foːrankyndɪguŋ] *f* initial announcement, preliminary announcement
Voranschlag ['foːranʃlaːk] *m* estimate

Vorarbeiter ['foːrarbaɪtər] *m* foreman, subforeman

vorausbezahlt (ppd.) [fo'rausbətsaːlt] *adj/adv* prepaid (ppd.) adj

Vorausklage [fo'rauskla:gə] *f* preliminary injunction

Vorauszahlung [for'austsaːluŋ] *f* prepayment, payment in advance, advance payment, cash in advance (c. i. a.)

Vorbehalt ['foːrbəhalt] *m* reservation; *unter dem ~, dass* provided that

vorbehalten ['foːrbəhaltən] *v irr* reserve; *alle Rechte ~* all rights reserved; *jdm ~ bleiben* to be reserved for

Vorbesprechung ['foːrbəʃprɛçuŋ] *f* briefing

vorbestellen ['foːrbəʃtɛlən] *v* order in advance, reserve, make a reservation

Vorbestellrabatt ['foːrbəʃtɛlrabat] *m* discount on advance orders

Vorbestellung ['foːrbəʃtɛluŋ] *f* advance order, advance booking, reservation

Vorbörse ['foːrbœrzə] *f* dealing before official hours

vordatierter Scheck ['foːrdatiːrtər ʃɛk] *m* antedated cheque

Vordruck ['foːrdruk] *m* printed form

Vorentscheidung ['foːrɛntʃaɪduŋ] *f* precedent

vorfinanzieren ['foːrfɪnantsiːrən] *v* provide advance financing

Vorfinanzierung ['foːrfɪnantsiːruŋ] *f* advance financing

Vorführung ['foːrfyːruŋ] *f* *(Präsentation)* display, demonstration, presentation

Vorgang ['foːrgaŋ] *m (Akte)* file, record

Vorjahr ['foːrjaːr] *n das ~* the previous year, last year, the preceding year

Vorkalkulation ['foːrkalkulatsjoːn] *f* estimation of cost

Vorkaufsrecht ['foːrkaufsrɛçt] *n* right of first refusal, right of pre-emption

Vorleistung ['foːrlaɪstuŋ] *f* advance performance

Vormerkung ['foːrmɛrkuŋ] *f* order, advance order

Vormonat ['foːrmoːnat] *m* preceding month

Vorprodukte ['foːrprodukta] *n/pl* intermediate products

Vorrat ['foːrraːt] *m* store, stock, supply

vorrätig ['foːrrɛːtɪç] *adj* in stock, on hand, available

Vorratsaktie ['foːraːtsaktsjə] *f* disposable share

Vorrecht ['foːrrɛçt] *n* privilege, preferential right, prerogative

Vorruhestand ['foːruːəʃtant] *m* early retirement

vorsätzlich ['foːrzɛtslɪç] *adj* deliberate, intentional; *adv* deliberately, intentionally

Vorschaltkonditionen ['foːrʃaltkɔnditsjoː- nən] *f/pl* preliminary conditions

Vorschlag ['foːrʃlaːk] *m* suggestion, proposal

vorschlagen ['foːrʃlaːgən] *v irr* propose, suggest

Vorschrift ['foːrʃrɪft] *f* regulation, rule; *(Anweisung)* instruction

vorschriftsmäßig ['foːrʃrɪftsmɛːsɪç] *adj* correct, proper; *adv* in due form, according to regulations, as prescribed

Vorschuss ['foːrʃus] *m* advance

Vorschusszinsen ['foːrʃustsɪnzən] *m/pl* negative advance interest

Vorsichtskasse ['foːrzɪçtskasə] *f* precautionary holding

Vorsitz ['foːrzɪts] *m* chairmanshi

Vorstand ['foːrʃtant] *m* 1. board, board of directors, management board; 2. *(~smitglied)* member of the board, director; *(erster ~)* managing director

Vorstandsvorsitzende(r) ['foːrʃtantsfoːr- zɪtsəndə(r)] *m/f* chairman of the board

Vorstellungstermin ['foːrʃtɛluŋstɛrmiːn] *m* interview

Vorsteuer ['foːrʃtɔyər] *f* input tax

Vorsteuerabzug ['foːrʃtɔyəraptsuːk] *m* deduction of input tax

Vorteil ['foːrtaɪl] *m* advantage

Vorverkauf ['foːrfɛrkauf] *m* advance sale

Vorvertrag ['foːrfɛrtraːk] *m* preliminary contract, provisional contract

Vorwahl ['foːrvaːl] *f* dialling code, area code

Vorwoche ['foːrvɔxə] *f* preceding week

Vorzimmer ['foːrtsɪmər] *n (eines Büros)* outer office

Vorzugsaktie ['foːrtsuːksaktsjə] *f* preference share, preference stock

Vorzugsdividende ['foːrtsuːksdividɛndə] *f* preferential dividend

Vorzugskurs ['foːrtsuːkskurs] *m* preferential price

Vorzugsobligation ['foːrtsuːksɔbligatsjoːn] *f* preference bond

Vorzugsrabatt ['foːrtsuːksrabat] *m* preferential discount

Vostrokonto ['vɔstrokɔnto] *n* vostro account

W

Waage ['vaːgə] *f* scales *pl*, balance
wachsen ['vaksən] *v irr (zunehmen)* increase, mount; grow
Wachstum ['vakstuːm] *n* growth; *m (Zunahme)* increase
Wachstumsfonds ['vakstuːmsfɔ̃ːs] *m* growth fund
Wachstumsrate ['vakstuːmsraːtə] *f* growth rate
Wachstumsziel ['vakstuːmstsiːl] *n* growth target
Wagenladung ['vaːgənlaːduŋ] *f* lorry-load
Waggon [vaˈgɔ̃ː] *m* goods wagon, freight car *(US)*, carriage
Wagnis ['vaːgnɪs] *n* venture
Wahl [vaːl] *f* 1. *(Auswahl)* choice; erste ~ top quality; 2. *(Abstimmung)* election
wählen ['vɛːlən] *v* 1. *(auswählen)* choose, select; 2. *(eine Telefonnummer)* dial; 3. *(stimmen für)* vote for; 4. *(durch Wahl ermitteln)* elect
Wahlgeheimnis ['vaːlgəhaɪmnɪs] *n* secrecy of the ballot
Wahrheitsfindung ['vaːrhaɪtsfɪnduŋ] *f* ascertaining the truth
Wahrscheinlichkeitsrechnung [varˈʃaɪnlɪçkaɪtsrɛçnuŋ] *f* calculation of probabilities
Währung ['vɛːruŋ] *f* currency
Währungsabkommen ['vɛːruŋsapkɔmən] *n* currency agreement, monetary agreement
Währungsabsicherung ['vɛːruŋsapzɪçəruŋ] *f* safeguarding of the currency
Währungsausgleich ['vɛːruŋsauglaɪç] *m* currency conversion compensation
Währungseinheit ['vɛːruŋsaɪnhaɪt] *f* currency unit, monetary unit
Währungsfonds ['vɛːruŋsfɔ̃ː] *m* monetary fund
Währungsgebiet ['vɛːruŋsgəbiːt] *n* currency area
Währungsklausel ['vɛːruŋsklauzəl] *f* currency clause
Währungskonto ['vɛːruŋskɔnto] *n* currency account
Währungskorb ['vɛːruŋskɔrp] *m* currency basket
Währungskrise ['vɛːruŋskriːzə] *f* monetary crisis
Währungsordnung ['vɛːruŋsɔrdnuŋ] *f* monetary system

Währungsparität ['vɛːruŋspariteːt] *f* monetary parity
Währungspolitik ['vɛːruŋspolitiːk] *f* currency policy, monetary policy
Währungspool ['vɛːruŋspuːl] *m* currency pool
Währungsreform ['vɛːruŋsrefɔrm] *f* currency reform, monetary reform
Währungsreserven ['vɛːruŋsrezɛrvən] *pl* monetary reserves
Währungsrisiko ['vɛːruŋsriːziko] *n* currency risk, monetary risk
Währungsschlange ['vɛːruŋsʃlaŋə] *f* currency snake
Währungsswap ['vɛːruŋsswɔp] *m* currency swap
Währungssystem ['vɛːruŋszysteːm] *n* monetary system, currency system
Währungsumstellung ['vɛːruŋsumʃtɛluŋ] *f* currency conversion
Währungsunion ['vɛːruŋsunjoːn] *f* monetary union
Währungszone ['vɛːruŋstsoːnə] *f* currency zone, currency area
Wahrzeichen ['vaːrtsaɪçən] *n* symbol, emblem
Wandelanleihen ['vandəlanlaɪən] *f/pl* convertible bonds
Wandelgeschäft ['vandəlgəʃɛft] *n* callable forward transaction
Wandelschuldverschreibung ['vandəlʃultfɛrʃraɪbuŋ] *f* convertible bonds, convertibles, convertible loan stock *(GB)*
Wandlung ['vandluŋ] *f* cancellation (of a sale)
Ware ['vaːrə] *f* merchandise, product, goods *pl*
Warenangebot ['vaːrənangəboːt] *n* range of merchandise
Warenannahme ['vaːrənanaːmə] *f* 1. *(Empfang)* receiving merchandise, receiving deliveries, 2. *(Betriebsabteilung)* receiving department
Warenausgang ['vaːrənausgaŋ] *m* sale of goods
Warenaustausch ['vaːrənaustauʃ] *m* exchange of goods
Warenbeleihung ['vaːrənbəlaɪuŋ] *f* lending on goods

Warenbestand ['va:rənbəʃtant] *m* stock in hand, stock on hand, inventory
Warenbörse ['va:rənbørzə] *f* commodity exchange
Wareneingang ['va:rənaɪŋaŋ] *m* arrival of goods
Warenhaus ['va:rənhaus] *n* department store, departmental store
Warenknappheit ['va:rənknaphaɪt] *f* shortage of goods
Warenkorb ['va:rənkɔrp] *m* batch of commodities
Warenkredit ['va:rənkredi:t] *m* trade credit
Warenlager ['va:rənla:gər] *n* warehouse, stockroom, storeroom
Warenmuster ['va:rənmustər] *n* commercial sample
Warenpapier ['va:rənpapi:r] *n* document of title
Warenprobe ['varənpro:bə] *f* sample
Warensendung ['va:rənzɛndʊŋ] *f* shipment of merchandise, consignment of goods
Warenterminbörse ['va:rəntɛrmi:nbørzə] *f* commodity futures exchange
Warenterminhandel ['va:rəntɛrmi:ngə-ʃɛft] *n* commodity futures trading, forward merchandise dealings
Warenterminhandel ['va:rəntɛrmi:nhan-dəl] *m* commodity forward trading
Warenverkehr ['va:rənfɛrke:r] *m* goods traffic
Warenverkehrsbescheinigung ['va:rən-fɛrke:rsbəʃaɪnɪgʊŋ] *f* movement certificate
Warenwechsel ['va:rənvɛksəl] *m* commercial bill
Warenwertpapiere ['va:rənve:rtpapi:rə] *n/pl* commodity securities
Warenzeichen ['va:rəntsaɪçən] *n* trademark
Wärmetechnik ['vɛrmətɛçnɪk] *f* heat technology, thermal engineering, thermodynamics
Warnstreik ['varnʃtraɪk] *m* token strike, warning strike
warten ['vartən] *v (instandhalten)* maintain, service
Wartung ['vartʊŋ] *f* service, maintenance, servicing
Wasserkraft ['vasərkraft] *f* hydraulic power
Wasserwerk ['vasərvɛrk] *n* waterworks *pl*
Watt [vat] *n (Maßeinheit)* watt
Web-Seite ['webzaɪtə] *f* web page
Wechsel ['vɛksəl] *m (Geldwechsel)* exchange; *(Zahlungsmittel)* promissory note, bill of exchange, bill

Wechselakzept ['vɛksəlaktsɛpt] *n* acceptance of a bill
Wechselaussteller ['vɛksəlausʃtɛlər] *m* drawer of a bill
Wechseldiskont ['vɛksəldɪskɔnt] *m* discount of bills
Wechseldiskontkredit [vɛksəldɪs'kɔnt-kredi:t] *m* credit by way of discount of bills
Wechselgeschäft ['vɛksəlgəʃɛft] *n* bill business
Wechselinkasso ['vɛksəlɪnkaso] *n* collection of bills of exchange
Wechselkredit ['vɛksəlkredi:t] *m* acceptance credit
Wechselkurs ['vɛksəlkurs] *m* exchange rate
Wechselkursmechanismus ['vɛksəlkurs-meçanɪsmus] *m* exchange rate mechanism
Wechselkursrisiko ['vɛksəlkursri:ziko] *n* foreign exchange risk
Wechselkurssystem ['vɛksəlkurszyste:m] *n* system of exchange rates
Wechsellombard ['vɛksəllɔmbart] *m* collateral loan based on a bill of exchange, lending on bills
Wechselnehmer ['vɛksəlne:mər] *m* payee of a bill of exchange
Wechselobligo ['vɛksəlɔbligo] *n* customer's liability on bills
Wechselprolongation ['vɛksəlprolɔŋga-tsjo:n] *f* renewal of a bill of exchange
Wechselprotest ['vɛksəlprotɛst] *m* protest
Wechselregress ['vɛksəlregrɛs] *m* legal recourse for non-payment of a bill
Wechselreiterei ['vɛksəlraɪtəraɪ] *f* bill jobbing
Wechselsteuer ['vɛksəlʃtɔyər] *f* tax on drafts and bills of exchange
Wechselstrom ['vɛksəlʃtro:m] *m* alternating current (A.C.)
Wechselstube ['vɛksəlʃtu:bə] *f* exchange bureau
Wegeunfall ['ve:gəunfal] *m* travel accident
Wegfall der Geschäftsgrundlage ['vɛg-fal de:r gə'ʃɛftsgrundla:gə] *m* frustration of contract
wegwerfen ['vɛkvɛrfən] *v irr* throw away
Wegwerfgesellschaft ['vɛkvɛrfgəzɛlʃaft] *f* throw-away society
weiche Währung ['vaɪçə 'vɛ:rʊŋ] *f* soft currency
weiße Ware ['vaɪsə 'va:rə] *f* white goods
Weisungsbefugnis ['vaɪzʊŋsbəfu:knɪs] *f* right to issue instructions to employees

weiterentwickeln ['vaɪtərɛntvɪkəln] *v* continue to develop

Weiterentwicklung ['vaɪtərɛntvɪkluŋ] *f* further development

Weltbank ['vɛltbaŋk] *f* World Bank

Welthandel ['vɛlthandəl] *m* world trade, international trade

Welthandelskonferenzen [vɛlt'handəlskɔnfɛrɛntsən] *f/pl* United Nations Conferences on Trade and Development

Welthandelsorganisation ['vɛlthandəlsɔrganɪzatsjoːn] *f* World Trade Organization *(WTO)*

Weltmarkt ['vɛltmarkt] *m* international market, world market

Weltmarktpreis ['vɛltmarktpraɪs] *m* world market price

Weltwährungssystem [vɛlt'vɛːruŋszysteːm] *n* international monetary system

Weltwirtschaft ['vɛltvɪrtʃaft] *f* world economy

Weltwirtschaftsgipfel [vɛlt'vɪrtʃaftsgɪpfəl] *m* world economic summit

Weltwirtschaftskrise [vɛlt'vɪrtʃaftskriːzə] *f* worldwide economic crisis

Weltwirtschaftsordnung [vɛlt'vɪrtʃaftsɔrdnuŋ] *f* international economic system

Werbeabteilung ['vɛrbəaptaɪluŋ] *f* publicity department

Werbeagentur ['vɛrbəagɛntuːr] *f* advertising agency

Werbeaktion ['vɛrbəaktsjoːn] *f* advertising activity

Werbebudget ['vɛrbəbydʒeː] *n* advertising budget

Werbeerfolgskontrolle [vɛrbəɛr'fɔlkskɔntrɔlə] *f* control of advertising effectiveness

Werbefachmann ['vɛrbəfaxman] *m* advertising expert

Werbegeschenk ['vɛrbəgəʃɛŋk] *n* promotional gift

Werbekampagne ['vɛrbəkampanjə] *f* advertising campaign, promotion campaign

Werbemittel ['vɛrbəmɪtəl] *pl* means of advertising

werben ['vɛrbən] *v irr* advertise, promote

Werbeprospekt ['vɛrbəprɔspɛkt] *m* advertising prospectus

Werbespot ['vɛrbəspɔt] *m* commercial

Werbetext ['vɛrbətɛkst] *m* advertising copy

Werbeverbot ['vɛrbəfɛrboːt] *n* prohibition to advertise

werbewirksam ['vɛrbəvɪrkzaːm] *adj* effective; *ein ~er Auftritt* good advertising

Werbung ['vɛrbuŋ] *f* advertising, publicity, promotion; *(Fernsehwerbung)* commercial

Werbungskosten ['vɛrbuŋskɔstən] *pl* publicity expenses

Werk [vɛrk] *n (Fabrik)* plant, works, factory

Werksangehörige(r) ['vɛrksaŋəhøːrɪgə(r)] *m/f* employee, plant employee

Werkschutz ['vɛrkʃuts] *m* works protection force

Werkstatt ['vɛrkʃtat] *f* workshop

Werkstattfertigung ['vɛrkʃtatfɛrtɪguŋ] *f* job shop operation

Werkstoff ['vɛrkʃtɔf] *m* material

Werkvertrag ['vɛrkfɛrtraːk] *m* contract for work and services

Werkzeug ['vɛrktsɔyk] *n* tool

Wert [veːrt] *m* value, worth

Wertarbeit ['veːrtarbaɪt] *f* quality work, high-class workmanship

Wertaufholung ['veːrtaufhoːluŋ] *f* 1. *(Recht)* reinstatement of original values; 2. *(Steuer)* increased valuation on previous balance-sheet figures

Wertberichtigung ['veːrtbərɪçtɪguŋ] *f* adjustment of value

wertbeständig ['veːrtbəʃtɛndɪç] *adj* of stable value

Wertbrief ['veːrtbriːf] *m* insured letter

Wertermittlung ['veːrtɛrmɪtluŋ] *f* determination of the value

Wertgegenstand ['veːrtgeːgənʃtant] *m* article of value, valuable

Wertminderung ['veːrtmɪndəruŋ] *f* depreciation, decrease in value

Wertpapier ['veːrtpapiːr] *n* security

Wertpapieranalyse ['veːrtpapiːranalyːzə] *f* securities research

Wertpapieranlage ['veːrtpapiːranlaːgə] *f* investment in securities

Wertpapierarbitrage ['veːrtpapiːrarbitraːʒə] *f* arbitrage in securities

Wertpapierbörse ['veːrtpapiːrbœrzə] *f* stock exchange

Wertpapiere ['veːrtpapiːrə] *pl* securities

Wertpapieremission ['veːrtpapiːremɪsjoːn] *f* issue of securities

Wertpapierfonds ['veːrtpapiːrfɔ̃ː] *m* securities fund

Wertpapiergeschäft ['veːrtpapiːrgəʃɛft] *n* securities business

Wertpapierleihe ['veːrtpapiːrlaɪə] *f* lending on securities

Wertpapiermarkt ['veːrtpapiːrmarkt] *m* securities market

Wertpapierpensionsgeschäft [veːrtpapiːrpɛnˈzjoːnsɡəʃɛft] *n* repurchase agreement, repo

Wertpapiersammelbank [veːrtpapiːrˈzaməlbaŋk] *f* central depository for securities

Wertpapiersparvertrag [ˈveːrtpapiːrʃpɛrtraːk] *m* securities-linked savings scheme

Wertpapier-Terminhandel [veːrtpapiːrˈtɛrmiːnhandəl] *m* trading in security futures

Wertrechtanleihe [ˈveːrtrɛçtanlaɪə] *f* government-inscribed debt

Wertschöpfung [ˈveːrtʃøpfuŋ] *f* net product

Wertsendung [ˈveːrtzɛnduŋ] *f* consignment with value declared

Wertsicherung [ˈveːrtziçəruŋ] *f* value guarantee

Wertsteigerung [ˈveːrtʃtaɪɡəruŋ] *f* increase in value

Wertstellung [ˈveːrtʃtɛluŋ] *f* availability date

Wertstoff [ˈveːrtʃtɔf] *m* material worth recycling, recyclable material

Wertstoffsammlung [ˈveːrtʃtɔfzamluŋ] *f* collection of recyclables

Wertverfall [ˈveːrtfɛrfal] *m* loss of value

Wertzuwachs [ˈveːrtsuːvaks] *m* appreciation

Wettbewerb [ˈvɛtbəvɛrp] *m* competition; *unlauterer* ~ unfair competition

Wettbewerbaufsicht [ˈvɛtbəvɛrpaufzɪçt] *f* competition supervisory office

Wettbewerbsbeschränkung [ˈvɛtbəvɛrpsbəʃrɛŋkuŋ] *f* restraint of competition

wettbewerbsfähig [ˈvɛtbəvɛrpsfɛːɪç] *adj* competitive

Wettbewerbsfähigkeit [ˈvɛtbəvɛrpsfɛːɪçkaɪt] *f* competitiveness

Wettbewerbsklausel [ˈvɛtbəvɛrpsklauzəl] *f* restraint of competition clause; exclusive service clause

Wettbewerbspolitik [ˈvɛtbəvɛrpspolitiːk] *f* competitive policy

Wettbewerbsrecht [ˈvɛtbəvɛrpsrɛçt] *n* law on competition

Wettbewerbsverbot [ˈvɛtbəvɛrpsfɛrboːt] *n* prohibition to compete

Wettbewerbsverzerrung [ˈvɛtbəvɛrpsfɛrtsɛruŋ] *f* distortion of competition

Wettbewerbsvorteil [ˈvɛtbəvɛrpsfoːrtaɪl] *m* competitive advantage

White-Collar-Criminality [waɪtkɔlərkrɪmɪˈnælɪtɪ] *f* (*Wirtschaftskriminalität*) white-collar crime

Widerruf [ˈviːdərruːf] *m* revocation, cancellation

widerrufen [viːdərˈruːfən] *v* revoke

Widerrufsklausel [ˈviːdərruːfsklauzəl] *f* revocation clause

Widerrufsrecht [ˈviːdərruːfsrɛçt] *n* right of revocation

widersprechen [viːdərˈʃprɛçən] *v irr* contradict, oppose

Widerspruch [ˈviːdərʃprux] *m* contradiction, discrepancy

Widerspruchsvormerkung [ˈviːdərʃpruxsˈfoːrmɛrkuŋ] *f* provisional filing of an objection

Widerstandslinie [ˈviːdərʃtantsliːnjə] *f* line of resistance

wieder verwerten [ˈviːdər fɛrveːrtən] *v* recycle

Wiederanlage [ˈviːdəranlaːɡə] *f* reinvestment

Wiederaufbau [ˈviːdəraufbau] *m* reconstruction

Wiederaufbereitung [viːdərˈaufbəraɪtuŋ] *f* reprocessing

Wiederaufbereitungsanlage [viːdərˈaufbəraɪtuŋsanlaːɡə] *f* reprocessing plant

Wiederausfuhr [ˈviːdərausfuːr] *f* reexportation

Wiederbeschaffung [ˈviːdərbəʃafuŋ] *f* replacement

Wiederbeschaffungswert [ˈviːdərbəʃafuŋsveːrt] *m* replacement value

Wiedereröffnung [ˈviːdərɛrœfnuŋ] *f* reopening

Wiedererstattung [ˈviːdərɛrʃtatuŋ] *f* reimbursement, refunding

Wiedergutmachung [viːdərˈɡuːtmaxuŋ] *f* reparation

Wiederinstandsetzung [viːdərɪnˈʃtantzɛtsuŋ] *f* repair

Wiederverkaufspreis [ˈviːdərfɛrkaufspraɪs] *m* resale price

Wiederverwendung [ˈviːdərfɛrvɛnduŋ] *f* reuse

Wiederverwertung [ˈviːdərfɛrvɛrtuŋ] *f* reuse, recycling

wilder Streik [ˈvɪldər ʃtraɪk] *m* unauthorized strike

Willenserklärung [ˈvɪlənsɛrklɛːruŋ] *f* declaration of intention

Windenergie [ˈvɪntɛnɛrɡiː] *f* wind energy, wind power

Windhundverfahren [ˈvɪnthuntfɛrfaːrən] *n* first come-first served principle

Winterausfallgeld ['vɪntərausfalgɛlt] *n* winter bonus

Wirtschaft ['vɪrtʃaft] *f 1. (Volkswirtschaft)* economy; *2. (Handel)* industry, business

wirtschaftlich ['vɪrtʃaftlıç] *adj* economic; *(sparsam)* economical

wirtschaftliche Nutzung ['vɪrtʃaftlıçə 'nutsuŋ] *f* economic use

Wirtschaftlichkeit ['vɪrtʃaftlıçkaıt] *f* economic efficiency, profitability

Wirtschaftsanalyse ['vɪrtʃaftsanaly:zə] *f* economic analysis

Wirtschaftsaufschwung ['vɪrtʃaftsaufʃvuŋ] *m* economic recovery

Wirtschaftsembargo ['vɪrtʃaftsɛmbargo] *n* economic embargo

Wirtschaftsexperte ['vɪrtʃaftsɛkspɛrtə] *m* economic expert

Wirtschaftsförderung ['vɪrtʃaftsfœrdəruŋ] *f* measures to spur the economy

Wirtschaftsgemeinschaft ['vɪrtʃaftsgəmaınʃaft] *f* economic community

Wirtschaftsgut ['vɪrtʃaftsgu:t] *n* economic goods

Wirtschaftshilfe ['vɪrtʃaftshɪlfə] *f* economic aid, economic assistance

Wirtschaftsinformatik ['vɪrtʃaftsınfɔrma:tık] *f* business data processing

Wirtschaftsjahr ['vɪrtʃaftsja:r] *n* business year

Wirtschaftskreislauf ['vɪrtʃaftskraıslauf] *m* economic process

Wirtschaftskriminalität ['vɪrtʃaftskriminalitɛ:t] *f* white-collar crime

Wirtschaftskrise ['vɪrtʃaftskri:zə] *f* economic crisis

Wirtschaftsministerium ['vɪrtʃaftsminɪste:rjum] *n* Ministry of Economics

Wirtschaftsordnung ['vɪrtʃaftsɔrdnuŋ] *f* economic order

Wirtschaftsplan ['vɪrtʃaftspla:n] *m* economic plan

Wirtschaftspolitik ['vɪrtʃaftspoliti:k] *f* economic policy

Wirtschaftsprüfer ['vɪrtʃaftspry:fər] *m* auditor, chartered accountant

Wirtschaftsprüfung ['vɪrtʃaftspry:fuŋ] *f* auditing

Wirtschaftsrechnung ['vɪrtʃaftsrɛçnuŋ] *f* economic account

Wirtschaftsrecht ['vɪrtʃaftsrɛçt] *n* economic law

Wirtschaftssanktionen ['vɪrtʃaftszaŋktsjo:nən] *pl* economic sanctions

Wirtschaftsunion ['vɪrtʃaftsunjo:n] *f* economic union

Wirtschaftswachstum ['vɪrtʃaftsvakstu:m] *n* growth of the economy, economic growth, expansion of business activity

Wirtschaftswissenschaften ['vɪrtʃaftsvısənʃaftən] *f/pl* economics

Wirtschaftswunder ['vɪrtʃaftsvundər] *n* German economic miracle

Wirtschaftszweig ['vɪrtʃaftstsvaık] *m* field of the economy

wissenschaftlich ['vısənʃaftlıç] *adj* scientific; *adv* scientifically

Wissensmanagement ['vısənsmænıdʒmənt] *n* knowledge management

Wochenarbeitszeit ['vɔxənarbaıtstsaıt] *f* workweek

Wochenausweis ['vɔxənausvaıs] *m* weekly return

Wochenlohn ['vɔxənlo:n] *m* weekly wage, weekly pay

wöchentlich ['vœçəntlıç] *adj* weekly; *adv* weekly, every week

Wohlfahrt ['vo:lfa:rt] *f* welfare

Wohlfahrtsökonomie ['vo:lfa:rtøkonomi:] *f* welfare economics

Wohlfahrtsstaat ['vo:lfa:rtʃta:t] *m* welfare state

Wohlstand ['vo:lʃtant] *m* prosperity, wealth, affluence

Wohlstandsgesellschaft ['vo:lʃtantsgəzɛlʃaft] *f* affluent society

Wohneigentumsförderung ['vo:naıgəntumsfœrdəruŋ] *f* promotion of residential property

Wohngeld ['vo:ngɛlt] *n* accommodation allowance

Wohnungsbau ['vo:nuŋsbau] *m* housing construction

Wohnungsbauförderung ['vo:nuŋsbaufœrdəruŋ] *f* promotion of housing construction

Wohnungsbau-Prämiengesetz [vo:nuŋsbau'prɛ:mjəngəzɛts] *n* Law on the Payment of Premiums for Financing the Construction of Residential Properties

Workstation ['wɛ:rkʃtatsjo:n] *f* work station

World Wide Web (WWW) [wɛ:ld waıd'web] *n* world wide web (WWW)

Wucherpreis ['vu:xərpraıs] *m* exorbitant price

Wucherverbot ['vu:xərfɛrbo:t] *n* prohibition of usurious money-lending

Wuchsaktie ['vuksaktsjə] *f* growth share

X/Y/Z

XYZ-Analyse [ɪksypsilɔn'tsɛt ana'lyːzə] *f* XYZ analysis

Zahl [tsaːl] *f* 1. number; *rote ~en schreiben* to be in the red; *schwarze ~en schreiben* to be in the black; 2. *(Ziffer)* figure

zahlbar ['tsaːlbaːr] *adj* payable

zahlbar bei Ablieferung (p.o.d.) ['tsaːlbaːr baɪ 'apliːfərʊŋ] *adv* payable on delivery (p. o. d.)

zahlbar bei Verschiffung (c.o.s.) ['tsaːlbaːr baɪ fɛr'ʃɪfʊŋ] *adv* cash on shipment (c. o. s.)

zahlen ['tsaːlən] *v* 1. pay; *Zahlen!* The bill, please! The check, please! *(US)* 2. effect, make payment

zählen ['tsɛːlən] *v* count

Zähler ['tsɛːlər] *m (Messgerät)* meter, counter

Zahlkarte ['tsaːlkartə] *f* Giro inpayment form

Zahlschein ['tsaːlʃaɪn] *m* payment slip

Zahlstelle ['tsaːlʃtɛlə] *f* payments office

Zahltag ['tsaːltaːk] *m* payday

Zahlung ['tsaːlʊŋ] *f* payment

Zahlung bei Auftragserteilung (c.w.o.) ['tsaːlʊŋ baɪ 'auftraːksɛrtaɪlʊŋ] *f* cash with order (c. w. o.)

Zahlung gegen Dokumente (c.a.d.) ['tsaːlʊŋ 'geːgən dokuˈmɛntə] *f* cash against documents (c. a. d.)

Zahlung gegen Nachnahme (c.o.d.) ['tsaːlʊŋ 'geːgən 'naːxnaːmə] *f* collection on delivery (c. o. d.)

Zahlung per Nachnahme ['tsaːlʊŋ pɛr 'naːxnaːmə] *f* cash on delivery

Zahlungsanweisung ['tsaːlʊŋsanvaɪzʊŋ] *f* order for payment

Zahlungsaufforderung ['tsaːlʊŋsauffɔrdərʊŋ] *f* request for payment

Zahlungsaufschub ['tsaːlʊŋaufʃuːp] *m* extension of credit

Zahlungsauftrag ['tsaːlʊŋsauftraːk] *m* order for payment

Zahlungsbedingungen ['tsaːlʊŋsbədɪŋʊŋən] *pl* terms of payment

Zahlungsbefehl ['tsaːlʊŋsbəfeːl] *m* order for payment

Zahlungsbilanz ['tsaːlʊŋsbɪlants] *f* balance of payments

Zahlungsbilanzdefizit [tsaːlʊŋsbilantsˈdefitsɪt] *n* balance of payments deficit

Zahlungsbilanzgleichgewicht [tsaːlʊŋsbilantsˈglaɪçɡəvɪçt] *n* balance of payments equilibrium

Zahlungsbilanzstatistik [tsaːlʊŋsbilantsˈʃtatɪstɪk] *f* statistic on the balance of payments

Zahlungsbilanzüberschuss [tsaːlʊŋsbilantsˈyːbərʃʊs] *m* balance of payments surplus

Zahlungseinstellung ['tsaːlʊŋsaɪnʃtɛlʊŋ] *f* suspension of payments

Zahlungserinnerung ['tsaːlʊŋsɛrɪnərʊŋ] *f* prompt note

zahlungsfähig ['tsaːlʊŋsfɛːɪç] *adj* solvent, able to pay

Zahlungsfähigkeit ['tsaːlʊŋsfɛːɪçkaɪt] *f* solvency

Zahlungsform ['tsaːlʊŋsfɔrm] *f* payment system

Zahlungsfrist ['tsaːlʊŋsfrɪst] *f* time allowed for payment, term of payment

Zahlungsmittel ['tsaːlʊŋsmɪtəl] *n* means of payment

Zahlungsmittelumlauf ['tsaːlʊŋsmɪtlumlauf] *m* notes and coins in circulation

Zahlungsrisiko ['tsaːlʊŋsriːziko] *n* payment risk

Zahlungsrückstand ['tsaːlʊŋsrykʃtant] *m* payment in arrears

Zahlungsschwierigkeit ['tsaːlʊŋsʃviːrɪçkaɪt] *f* financial difficulties

Zahlungssitte ['tsaːlʊŋszɪtə] *f* payment habit

zahlungsstatt ['tsaːlʊŋsʃtat] *prep* in lieu of payment

Zahlungsstockung ['tsaːlʊŋsʃtɔkʊŋ] *f* liquidity crunch

Zahlungstermin ['tsaːlʊŋstɛrmiːn] *m* date of payment

zahlungsunfähig ['tsaːlʊŋsunfɛːɪç] *adj* insolvent, unable to pay

Zahlungsunfähigkeit ['tsaːlʊŋsunfɛːɪçkaɪt] *f* insolvency, inability to pay

Zahlungsverkehr ['tsaːlʊŋsfɛrkeːr] *m* payment transaction

Zahlungsverzug ['tsaːlʊŋsfɛrtsuːk] *m* failure to pay on due date

Zahlungsziel ['tsa:luŋstsi:l] *n* period for payment

Zahlung unter Protest ['tsa:luŋ 'untər pro'tɛst] *f* payment supra protest

Zedent [tse'dɛnt] *m* assignor

Zeichen ['tsaıçən] *n* character, symbol

zeichnen ['tsaıçnən] *v (unterschreiben)* sign; *(entwerfen)* design, *(fig)* subscribe

Zeichnung ['tsaıçnuŋ] *f* subscription

Zeichnungsberechtigung ['tsaıçnuŋsbəreçtıguŋ] *f* authorisation to sign

Zeichnungsfrist ['tsaıçnuŋsfrıst] *f* subscription period

Zeichnungsschein ['tsaıçnuŋsʃaın] *m* subscription form

Zeitabschreibung ['tsaıtapʃraıbuŋ] *f* depreciation per period

Zeitarbeit ['tsaıtarbaıt] *f* temporary work

Zeitaufwand ['tsaıtaufvant] *m* expenditure of time

Zeitdruck ['tsaıtdruk] *m* deadline pressure, time pressure

Zeitersparnis ['tsaıterʃpa:rnıs] *f* time saved

zeitgemäß ['tsaıtgəmɛ:s] *adj* timely, up to date, modern

Zeitkauf ['tsaıtkauf] *m* sale on credit terms

Zeitlohn ['tsaıtlo:n] *m* time wages

Zeitraum ['tsaıtraum] *m* space of time, period

Zeitstudie ['tsaıtʃtu:djə] *f* time study

Zeitungsinserat ['tsaıtuŋsınzəra:t] *n* newspaper advertisement

Zeitverschwendung ['tsaıtferʃvɛnduŋ] *f* waste of time

Zeitvertrag ['tsaıtfertra:k] *m* fixed-term contract, fixed-duration contract, short-term contract

Zeitwert ['tsaıtve:rt] *m* current market value

Zentiliter ['tsɛntili:tər] *m* centilitre

Zentimeter ['tsɛntime:tər] *m* centimetre, centimeter *(US)*

Zentner ['tsɛntnər] *m* hundredweight

Zentnergewicht ['tsɛntnərgəvıçt] *n* metric hundredweight

zentral [tsɛn'tra:l] *adj* central; *adv* centrally

Zentralbank [tsɛn'tra:lbaŋk] *f* central bank

Zentralbankgeld ['tsɛntra:lbaŋkgɛlt] *n* central bank money

Zentralbankrat ['tsɛntra:lbaŋkra:t] *m* Central Bank Council

Zentrale [tsɛn'tra:lə] *f* central office, head office, headquarters

Zentraleinkauf ['tsɛntra:laınkauf] *m* centralized purchasing

Zentralisation [tsɛntralisa'tsjo:n] *f* centralization

Zentralisierung [tsɛntrali'si:ruŋ] *f* centralization

Zentralkasse ['tsɛntra:lkasə] *f* central credit institution

Zentralverband [tsɛn'tra:lfɛrbant] *m* central federation, national federation, national association

Zerobond ['ze:robɔnt] *m* zero bond

Zertifikat [tsɛrtifi'ka:t] *n* certificate

zertifizierte Bonds [tsɛrtifi'tsi:rtə bɔnts] *m/pl* certified bonds

Zession [tsɛ'sjo:n] *f* assignment

Zessionar [tsɛsjo'na:r] *m* assignee

Zessionskredit [tsɛ'sjo:nskredi:t] *m* advance on receivables

Zeugenaussage ['tsɔygənausza:gə] *f* evidence, testimony

Zeugnis ['tsɔyknıs] *n* testimonial; letter of reference

Ziehung ['tsi:uŋ] *f* drawing

Ziehungsrechte ['tsi:uŋsrɛçtə] *n/pl* drawing rights

Ziel [tsi:l] *n (fig: Absicht)* aim, purpose, objective

Zielgruppe ['tsi:lgrupə] *f* target group

Zielhierarchie ['tsi:lhjerarçi:] *f* hierarchy of goals

Zielkauf ['tsi:lkauf] *m* purchase on credit

Zielkosten ['tsi:lkɔstən] *pl* target costs

Zielkostenrechnung ['tsi:lkɔstənreçnuŋ] *f* target cost accounting

Zielpreis ['tsi:lpraıs] *m* target price; norm price

Zinsänderungsrisiko ['tsınsɛndəruŋsri:ziko] *n* risk of change in interest rates

Zinsanleihe ['tsınsanlaıə] *f* loan repayable in full at a due date

Zinsarbitrage ['tsınsarbitra:ʒə] *f* interest rate arbitrage

Zinsbesteuerung ['tsınsbəʃtɔyəruŋ] *f* taxation of interest

Zinsbindung ['tsınsbınduŋ] *f* interest rate control

Zinselastizität ['tsınselastitsitɛ:t] *f* interest elasticity

Zinsen ['tsınzən] *pl* interest

Zinsendienst [tsınzəndi:nst] *m* interest service

Zinserhöhung ['tsınserhø:uŋ] *f* interest rate increase

Zinserleichterung ['tsɪnsɛrlaɪçtərʊŋ] f reduction of interest

Zinsertrag ['tsɪnsɛrtraːk] m income from interests

Zinseszins ['tsɪnzəstsɪns] m compound interest

Zinseszinsrechnung ['tsɪnzəstsɪnsrɛçnʊŋ] f calculation of compound interest

Zinsfuß ['tsɪnsfuːs] m interest rate

Zinsgarantie ['tsɪnsgaranti:] f guaranteed interest

Zinsgefälle ['tsɪnsgəfɛlə] n gap between interest rates, margin between interest rates

Zinskappe ['tsɪnskapə] f cap rate of interest

Zinskappenvereinbarung ['tsɪnskapənfɛraɪnbaːrʊŋ] f cap rate of interest agreement

zinslos ['tsɪnsloːs] adj interest-free, non-interest-bearing

Zinsmarge ['tsɪnsmarʒə] f interest margin

Zinsniveau ['tsɪnsnivoː] n interest rate level

Zinsparität ['tsɪnspariteːt] f interest parity

Zinspolitik ['tsɪnspolitiːk] f interest rate policy

Zinsrückstand ['tsɪnsrʏkʃtant] m arrear on interests

Zinssatz ['tsɪnszats] m interest rate, rate of interest

Zinsschein ['tsɪnsʃaɪn] m coupon

Zinssenkung ['tsɪnszɛŋkʊŋ] f interest rate decrease, reduction of interest

Zinsspanne ['tsɪnsʃpanə] f interest margin

Zinsstaffel ['tsɪnsʃtafəl] f interest rate table

Zinsstruktur ['tsɪnsʃtruktuːr] f interest rate structure

Zinsswap ['tsɪnsswɔp] m interest rate swap

Zinstage ['tsɪnstaːgə] pl quarter days

Zinstender ['tsɪnstɛndər] m interest tender

Zinstermin ['tsɪnstɛrmiːn] m interest payment date

Zinstheorie ['tsɪnsteori:] f theory of interest

Zinsüberschuss ['tsɪnsyːbərʃʊs] m interest surplus

zinsvariable Anleihe ['tsɪnsvarjaːblə 'anlaɪə] f loan at variable rates

Zinswucher ['tsɪnsvuːxər] m usury

Zirkulation [tsɪrkulaʦjoːn] f circulation

zitieren [tsiˈtiːrən] v summon

Zivilprozessordnung (ZPO) [tsiviˈlproˈtsɛsɔrdnʊŋ] f Code of Civil Procedure

Zivilrecht [tsiˈviːlrɛçt] n civil law

Zoll [tsɔl] m 1. (Behörde) customs; 2. (Maßeinheit) inch; 3. (Gebühr) customs duty, duty

Zollabfertigung ['tsɔlapfɛrtɪgʊŋ] f customs clearance

Zollabkommen ['tsɔlapkɔmən] n customs convention

Zollagerung ['tsɔllaːgərʊŋ] f customs warehouse procedure

Zollamt ['tsɔlamt] n customs office

Zollausland ['tsɔlauslant] n countries outside the customs frontier

Zollbeamte(r) ['tsɔlbəamtə(r)] m/f customs official, customs officer

Zolleinfuhrschein [tsɔlˈaɪnfuːrʃaɪn] m bill of entry

Zollerklärung ['tsɔlɛrklɛːrʊŋ] f customs declaration

Zollfaktura ['tsɔlfaktuːra] f customs invoice

zollfrei ['tsɔlfraɪ] adj duty-free

Zollgebiet ['tsɔlgəbiːt] n customs territory

Zollgebühren ['tsɔlgəbyːrən] f/pl customs duties

Zollgrenze ['tsɔlgrɛntsə] f customs frontier

Zollinland [tsɔlˈɪnlant] n domestic customs territory

Zollkontrolle ['tsɔlkɔntrɔlə] f customs control, customs inspection

Zolllager ['tsɔllaːgər] n customs warehouse

Zollpapiere ['tsɔlpapiːrə] pl customs documents

zollpflichtig ['tsɔlpflɪçtɪç] adj dutiable, subject to customs

Zollstation ['tsɔlʃtaʦjoːn] f customs post, customs office

Zolltarif ['tsɔltariːf] m customs tariff

Zollunion ['tsɔlunjoːn] f customs union

Zollverkehr ['tsɔlfɛrkeːr] m customs procedure

Zollverschluss ['tsɔlfɛrʃlʊs] m customs seal

Zone ['tsoːnə] f zone

Zug um [tsuːk ʊm] adv concurrent

Zugabe ['tsuːgaːbə] f extra, bonus

Zugang ['tsuːgaŋ] m (Warenzugang) supply, receipt

Zukunftswert ['tsuːkʊnftsveːrt] m future bonds

Zulage ['tsuːlaːgə] f additional pay, bonus; (Gehaltserhöhung) rise (UK), raise (US)

zulässig ['tsuːlɛsɪç] adj permissible, allowed, admissible

Zulassung ['tsuːlasʊŋ] f admission, (eines Autos) registration

Zulassungsstelle ['tsuːlasʊŋsʃtɛlə] f registration office

zu Lasten [tsu ˈlastən] adv chargeable to

Zulauf ['tsu:lauf] *m* popularity; *großen ~ haben* to be very popular, to be in great demand

Zulieferbetrieb ['tsu:li:fərbətri:p] *m* component producer

Zulieferer ['tsu:li:fərər] *m* supplier, component supplier, subcontractor

Zulieferung ['tsu:li:fəruŋ] *f* supply

Zunahme ['tsu:na:mə] *f* increase, growth, rise

Zuname ['tsu:na:mə] *m* family name, surname

zunehmen ['tsu:ne:mən] *v irr* increase, grow, rise

zur Ansicht [tsu:r 'anzıçt] *adv* on approval

zurückerstatten [tsu'rykɛrʃtatən] *v* refund, pay back, reimburse

zurückfordern [tsu'rykfɔrdərn] *v etw ~* ask for sth back, demand sth back

zurückgestaute Inflation ['tsurykgəʃtautə ınfla'tsjo:n] *f* pent-up inflation

zurückgewinnen [tsu'rykgəvınən] *v irr* win back, regain, recoup

zurückrufen [tsu'rykru:fən] *v irr (eine bereits ausgelieferte Ware)* call back

zurücktreten [tsu'ryktre:tən] *v irr (Rücktritt erklären)* resign, retire

zurückweisen [tsu'rykvaızən] *v irr* reject, refuse

zurückzahlen [tsu'ryktsa:lən] *v* pay back, repay

Zurückzahlung [tsu'ryktsa:luŋ] *f* repayment

Zusage ['tsu:za:gə] *f 1. (Verpflichtung)* commitment; *2. (Versprechen)* promise

zusagen ['tsu:za:gən] *v* confirm, *(versprechen)* promise

Zusammenarbeit [tsu'zamənarbaıt] *f* cooperation, collaboration

zusammenarbeiten [tsu'zamənarbaıtən] *v* work together, cooperate, collaborate, act in concert, team up

Zusammenbau [tsu'zamənbau] *m* assembly

zusammenbauen [tsu'zamənbauən] *v* assemble

zusammenfassen [tsu'zamənfasən] *v* sum up, summarize

zusammenschließen [tsu'zamənʃli:sən] *v irr sich ~* unite, join together, team up

Zusammenschluss [tsu'zamənʃlus] *m* union, alliance, merger

Zusammensetzung [tsu'zamənzɛtsuŋ] *f* composition, make-up, construction

zusammenstellen [tsu'zamənʃtɛlən] *v (fig)* make up, put together, combine; *(Daten)* compile

Zusatzaktie ['tsu:zatsaktsjə] *f* bonus share

Zusatzkapital ['tsu:zatskapita:l] *n* additional capital

Zusatzkosten ['tsu:zatskɔstən] *pl* additional cost

Zusatzverkauf ['tsu:zatsfɛrkauf] *m* additional sale

Zusatzversicherung ['tsu:zatsfɛrzıçəruŋ] *f* additional insurance

Zuschlag ['tsu:ʃla:k] *m* extra charge, surcharge; addition

Zuschlagskalkulation ['tsu:ʃla:kskalkula-tsjo:n] *f* job order costing

zuschlagspflichtig ['tsu:ʃla:kspflıçtıç] *adj* subject to a supplementary charge

Zuschlagssatz ['tsu:ʃla:kszats] *m* costing rate

Zuschrift ['tsu:ʃrıft] *f* letter

Zuschuss ['tsu:ʃus] *m* allowance, contribution, subsidy

zusetzen ['tsu:zɛtsən] *v Geld ~* lose money

Zusicherung ['tsu:zıçəruŋ] *f* assurance, guarantee

zustellen ['tsu:ʃtɛlən] *v (liefern)* deliver, hand over

Zusteller ['tsu:ʃtɛlər] *m* deliverer; *(Postbote)* letter carrier, postman, mailman

Zustellgebühr ['tsu:ʃtɛlgəby:r] *f* delivery fee, delivery charge

Zustellung ['tsu:ʃtɛluŋ] *f* delivery

Zustimmung ['tsu:ʃtımuŋ] *f* consent

Zuteilung ['tsu:taıluŋ] *f* allocation

Zuteilungsrechte ['tsu:taıluŋsrɛçtə] *n/pl* allotment right

zu treuen Händen [tsu 'trɔyən 'hɛndən] *adv* for safekeeping

zuverlässig ['tsu:fɛrlɛsıç] *adj/adv* reliable

Zuwachs ['tsu:vaks] *m* growth

Zuwachsrate ['tsu:vaksra:tə] *f* growth rate

zuweisen ['tsu:vaızən] *v irr* assign, allocate, allot

Zuweisung ['tsu:vaızuŋ] *f* assignment, transfer from profits

Zuwendung ['tsu:vɛnduŋ] *f (Geldbeitrag)* grant, contribution, donation

zuwiderhandeln [tsu'vi:dərhandəln] *v einer Sache ~* act contrary to sth, go against sth; *(einer Vorschrift)* violate

Zuzahlung ['tsu:tsa:luŋ] *f* additional contribution

zuzüglich ['tsutsy:klıç] *prep* plus

Zwangsabgabe ['tsvaŋsapgaːbə] *f* compulsory charge
Zwangsanleihe ['tsvaŋsanlaɪə] *f* compulsory loan
Zwangsgeld ['tsvaŋsgɛlt] *n* enforcement fine
Zwangsmittel ['tsvaŋsmɪtəl] *n/pl* enforcement measures
Zwangssparen ['tsvaŋsʃpaːrən] *n* compulsory saving
Zwangsvergleich ['tsvaŋsfɛrglaɪç] *m* legal settlement in bankruptcy
Zwangsverkauf ['tsvaŋsfɛrkauf] *m* forced sale
Zwangsversteigerung ['tsvaŋsfɛrʃtaɪgəruŋ] *f* compulsory auction
Zwangsvollstreckung ['tsvaŋsfɔlʃtrɛkuŋ] *f* enforcement, compulsory execution, levy upon property
zweckentfremden ['tsvɛkɛntfrɛmdən] *v* misappropriate, redesignate, misure
Zweckentfremdung ['tsvɛkɛntfrɛmduŋ] *f* use for a purpose other than the original designation
zweckgebunden ['tsvɛkgəbundən] *adj* earmarked, appropriated, bound to a specific purpose
Zweckgemeinschaft ['tsvɛkgemaɪnʃaft] *f* special-purpose association
zweckmäßig ['tsvɛkmɛːsɪç] *adj* expedient, practical, proper

Zwecksparen ['tsvɛkʃpaːrən] *n* target saving
Zweigniederlassung ['tsvaɪkniːdərlasuŋ] *f* branch
Zweigstelle ['tsvaɪkʃtɛlə] *f* branch office
Zweitnutzen ['tsvaɪtnutsən] *m* secondary benefit
Zwischenaktionär ['tsvɪʃənaktsjonɛːr] *m* interim shareholder
Zwischenbericht ['tsvɪʃənbərɪçt] *m* interim report
Zwischenbilanz ['tsvɪʃənbilants] *f* interim results, interim balance sheet
Zwischenfinanzierung ['tsvɪʃənfinantsiːruŋ] *f* interim financing
Zwischengesellschaft ['tsvɪʃəngəzɛlʃaft] *f* intermediate company
Zwischenhändler ['tsvɪʃənhɛndlər] *m* middleman, intermediate dealer
Zwischenkonto ['tsvɪʃənkɔnto] *n* interim account
Zwischenkredit ['tsvɪʃənkrediːt] *m* interim loan, intermediate loan
Zwischenlager ['tsvɪʃənlaːgər] *n* intermediate inventory
Zwischenschein ['tsvɪʃənʃaɪn] *m* provisional receipt
Zwischensumme ['tsvɪʃənzymə] *f* subtotal
Zwischenzinsen ['tsvɪʃəntsɪnzən] *m/pl* interim interest
Zyklus ['tsyːklus] *m* cycle

Begriffe und Wendungen

1. Unternehmen und Management

Lines and Forms of Business

Branchen und Unternehmensformen

We have invested heavily in the *mining industry* in South Africa.

Wir haben in großem Umfang in die *Montanindustrie* Südafrikas investiert.

Coal mines in Yorkshire provide much of Britain's coal.

Kohlenbergwerke in Yorkshire liefern einen großen Teil der britischen Kohle.

The *north sea oil industry* has raised oil prices.

Die *Nordseeölindustrie* hat die Ölpreise erhöht.

The majority of our electricity comes from the *coal-fired power station* you drove past on your way here.

Der Großteil unserer Elektrizität kommt von dem *Kohlekraftwerk,* an dem Sie auf Ihrem Weg hierher vorbeigefahren sind.

We are trying to close a deal for cheap electricity from the *nuclear power station* nearby.

Wir versuchen einen Handel mit dem nahegelegenen *Atomkraftwerk* abzuschließen, um billige Elektrizität zu bekommen.

We buy our barley direct from several different farmers in the area.

Wir kaufen unsere Gerste direkt bei einigen Bauern aus der Gegend.

The agricultural crisis is effecting the *brewing industry.*

Die Agrarkrise wirkt sich in der *Brauereiindustrie* aus.

Our *paper processing business* is dependent upon the *forestry industry.*

Unsere *Papier verarbeitende Industrie* hängt von der *Holzindustrie* ab.

Our factory *reprocesses* fish by-products to produce fertilizer.

Unsere Fabrik *verarbeitet* Fischabfälle zur Produktion von Düngemitteln.

In the seventies, Maurice Motors was one of the most notable *car manufacturers* in Europe.

In den siebziger Jahren war Maurice Motors einer der namhaftesten *Autohersteller* in Europa.

We have good business relations with the manufacturer of our *components.*

Wir haben gute Geschäftsbeziehungen mit dem Hersteller unserer *Einzelteile.*

Many of our *manufactured articles* are exported to other EU nations.

Viele unserer *Fabrikate* werden in andere EU- Staaten exportiert.

A: We have recently renewed the machinery of our *assembly line.*

A: Wir haben erst neulich die Maschinenausstattung unseres *Fließbandes* erneuert.

Unternehmen

B: Do you think it will pay off in the long run?
A: Definitely. Control has already recorded a drop in *manufacturing defects.*

B: Glauben Sie, dass sich das auf lange Sicht auszahlen wird?
A: Auf jeden Fall. Die Aufsicht hat jetzt schon ein Abnehmen der *Fabrikationsfehler* gemeldet.

We are a long-established *insurance company* with many years experience behind us.
I think that the JA Bank can offer us the best deal for our *company account.*

Wir sind eine alteingesessene *Versicherung* mit langjähriger Erfahrung.
Ich glaube, dass die JA Bank uns das beste Angebot für unser *Firmenkonto* machen kann.

Der Begriff „Unternehmer" ist ein typischer false friend. Das englische Wort "undertaker" bezeichnet im Deutschen den „Leichenbestatter". „Unternehmer" ist mit "employer" oder "businessman" zu übersetzen. "Entrepreneur" bezeichnet einen sehr erfolgreichen Unternehmer mit ausgezeichnetem Geschäftssinn. Die geläufigsten Übersetzungen für das „Unternehmen" sind "company", "business" oder "enterprise".

The most successful *mail order business* in Britain for 1998 was Warmers Catalogues.
We have got in touch with the *publishers* regarding our "Millennium Catalogue".

Das erfolgreichste *Versandhandelsunternehmen* in Großbritannien war 1998 Warmers Catalogues.
Wir haben mit dem *Verlag* wegen unseres „Millennium Katalogs" Kontakt aufgenommen.

In our *line of business,* one must be prepared to move with the times.
I need to get in contact with an *accounting firm.*
The *advertising company* that we use has always produced satisfactory results in the past.

In unserer *Branche* muss man darauf vorbereitet sein mit der Zeit zu gehen.
Ich muss mit einer *Buchhaltungsfirma* Kontakt aufnehmen.
Die *Werbefirma,* mit der wir arbeiten, hat in der Vergangenheit immer zufrieden stellende Ergebnisse geliefert.

My *firm of solicitors* was founded in 1987.
I will have to consult my *solicitor.*

Meine *Anwaltskanzlei* wurde 1987 gegründet.
Ich werde meinen *Anwalt* konsultieren müssen.

Unternehmen

> In den 80er und 90er Jahren ist die Wertschätzung von Dienstleistungen enorm gestiegen. Diese Entwicklung hat eine moderne Terminologie hervorgebracht, die deutsche Begriffe verdrängt hat.

As a *marketing company,* we feel that relations with our customers are important.

Wir glauben, dass für uns als *Marketingunternehmen* das Verhältnis zu unseren Kunden entscheidend ist.

Our firm of *management consultants* advises companies of ways to increase production through improved *management.* Part of our *service* as a *computer consultancy* is free follow-up advice to customers, via e-mail.

Unsere *Unternehmensberatungsfirma* berät Unternehmen, wie sie ihre Produktion durch verbessertes *Management* steigern können. Ein Teil unseres *Services* als *EDV-Berater* ist es, unseren Kunden anschließend umsonst per E-mail Ratschläge zu geben.

We are considering referring the problem to an I.T. *(Information Technology) consultancy firm.*

Wir erwägen hinsichtlich dieses Problems eine *EDV-Beratungsfirma* hinzuzuziehen.

A: We distribute *hand-made* jewellery made by trained gold- and silversmiths.

A: Wir vertreiben *handgearbeiteten* Schmuck, der von ausgebildeten Gold- und Silberschmieden gefertigt wird.

B: Are they all original designs?
A: Yes. We also produce designs to order from our customers.

B: Sind das alles Originalentwürfe?
A: Ja. Wir entwerfen auch nach den speziellen Wünschen unserer Kunden.

B: I think we could certainly be of assistance for your business. Marketing of genuine *handicrafts* is our speciality.

B: Ich glaube, dass wir sehr nützlich für ihr Unternehmen sein könnten. Das Marketing von echtem *Kunsthandwerk* ist unsere Spezialität.

Our *head office* is in Liverpool.
Our *headquarters* are located in Camberwell, London.

Unser *Hauptbüro* ist in Liverpool.
Unsere *Zentrale* ist in Camberwell in London.

> "Headquarters" ist das englische Wort für Zentrale. Man findet es oftmals abgekürzt als "H.Q."

Unternehmen

Our business began in the eighteenth century as a small group of *craft traders*.
Our family has been involved in this business for centuries. Our ancestors were *guildsmen* in the middle ages.
We are only a *small enterprise*.
Our *company name plate* until recently contained the family coat of arms.
As a *medium size enterprise*, we are proud of our friendly working atmosphere.

My father used to be the *sole owner* of our company.
Our *company name* is a combination of the names of our *co-founders*.
Could I please speak to the *proprietor?*
The *factory owner* is away on business.
The *parent company* of the TEHV group is today an extremely profitable enterprise.
Our *holding company* was founded in 1967.
Our company is *based* in Britain, but we have factories and outlets all over the world.

We have *branches* all over the world. Our most important *branches abroad* are in Brazil and Mexico.

They are one of the largest *multinationals* in the world.

Unser Unternehmen entstand im achtzehnten Jahrhundert aus einer kleinen Gruppe von *Handwerkern*.
Unsere Familie ist seit Jahrhunderten an diesem Unternehmen beteiligt. Unsere Vorfahren waren im Mittelalter *Mitglieder einer Zunft*.
Wir sind nur ein *Kleinbetrieb*.
Unser *Firmenschild* enthielt bis vor kurzem noch unser Familienwappen.
Als *mittelständischer Betrieb* sind wir stolz auf unsere freundliche Arbeitsatmosphäre.

Früher war mein Vater der *Alleineigentümer* unseres Unternehmens.
Unser *Firmenname* ist eine Kombination der Namen der *Mitbegründer.*
Könnte ich bitte den *Besitzer* sprechen?
Der *Fabrikeigentümer* ist geschäftlich unterwegs.
Die *Muttergesellschaft* der TEHV Gruppe ist heute ein enorm profitables Unternehmen.
Unsere *Dachgesellschaft* wurde 1967 gegründet.
Unser Unternehmen hat seinen *Unternehmenssitz* in Großbritannien, aber wir haben Fabriken und Absatzgebiete auf der ganzen Welt.

Wir haben *Filialen* auf der ganzen Welt. Unsere wichtigsten *Auslandsniederlassungen* sind in Brasilien und Mexiko.

Sie sind eines der größten *multinationalen Unternehmen* auf der ganzen Welt.

Our most notable *agency abroad* is based in Canada.
TEHV is a *multinational group*.

A: We were considering sending you to our *branch office* in Chile for six months, Mrs. Richards.
B: That sounds very challenging.

A: Are you aware of *business protocol* in South America?

B: I have some basic knowledge.

The *private sector* in the USA is much stronger than the *public sector*.

We have only *limited liability* in the event of bankruptcy.
SIDA is a *private limited liability company*.
We became a *limited company* in 1973 (US: *incorporated company*).
I have sent our *major shareholders* our *sales figures* for 1998.
The *shareholders meeting* is due to take place next week.
How many will attend the *annual general meeting (AGM)*
Our company is a *limited partnership*.
He is a *limited partner* in AHB.
May I introduce my *general partner*, Frank.
She is the youngest person ever to be made *junior partner* in the firm.

Unsere namhafteste *Auslandsvertretung* hat ihren Geschäftssitz in Kanada.
TEHV ist ein *multinationaler Konzern*.

A: Wir überlegen uns, Sie für sechs Monate in unsere *Geschäftsstelle* in Chile zu schicken, Frau Richards.
B: Das klingt nach einer interessanten Herausforderung.
A: Sind Sie sich über das südamerikanische *Geschäftsprotokoll* im Klaren?
B: Ich besitze ein paar grundlegende Kenntnisse.

Der *private Sektor* ist in den USA sehr viel stärker als der *öffentliche Sektor*.

Im Falle eines Bankrotts übernehmen wir nur *beschränkte Haftung*.
SIDA ist eine *Gesellschaft mit beschränkter Haftung*.
Wir wurden 1973 zu einer *Aktiengesellschaft* umgewandelt.

Ich habe unseren *Großaktionären* die *Verkaufszahlen* für 1998 geschickt.
Die *Aktionärsversammlung* ist für nächste Woche geplant.
Wie viele Teilnehmer wird die *Jahreshauptversammlung* haben?
Unser Unternehmen ist eine *Kommanditgesellschaft*.
Er ist ein *Kommanditist* bei AHB.
Darf ich Ihnen meinen *Komplementär* Frank vorstellen.
Sie ist die jüngste Person, die jemals *Juniorteilhaber* in unserem Unternehmen geworden ist.

Unternehmen

Mr. Taylor is a *silent partner* in our business.
We are considering going into *partnership* with ABC.
Our *trading partner* has not been in contact regarding our factories in Africa.

Mr. Taylor ist *stiller Teilhaber* an unserem Unternehmen.
Wir überlegen uns, eine *Partnerschaft* mit ABC einzugehen.
Unser *Handelspartner* hat uns bisher nicht wegen unserer Fabriken in Afrika kontaktiert.

In den USA nennt man eine Tochtergesellschaft "affiliate", in Großbritannien verwendet man dagegen das Wort "subsidiary". Das Wort "affiliate" bezeichnet im britischen Englisch keine Beziehung zwischen zwei Firmen, die rechtliche Gültigkeit hat, sondern nur eine etwas engere Zusammenarbeit.

One of our *subsidiaries* (US: affiliates) is based almost wholly in the Far East.
AMV is a subsidiary (US: affiliate) of the TEHV Group.

Eine unserer *Tochtergesellschaften* ist fast ausschließlich im Nahen Osten ansässig.
AMV ist eine Tochtergesellschaft der TEHV Gruppe.

A: One of our *affiliates* distributes and markets our products in Thailand. They receive our goods at a discounted price and can make a greater profit for themselves.

A: Ein mit uns *befreundetes Unternehmen* vertreibt und verkauft unsere Produkte in Thailand. Sie bekommen unsere Produkte zu einem ermäßigten Preis und können daher einen größeren Profit machen.

B: That's an ideal arrangement for you both – you must make large savings in distribution costs.

B: Das ist eine ideale Vereinbarung für Sie beide – Sie müssen große Einsparungen bei den Vertriebskosten haben.

A: Yes. It undoubtedly pays off for both our companies.

A: In der Tat. Es zahlt sich zweifellos für beide Unternehmen aus.

We are hoping to arrange a *video conference* in July with the managers of all our *subsidiaries*.

Wir hoffen, im Juli eine *Videokonferenz* mit den Leitern aller unserer *Tochtergesellschaften* abhalten zu können.

Business Organisation

The **board of directors** meets in the **boardroom** to discuss future strategies.
I will have to bring the matter up in front of the **supervisory board**.
Our **production department** employs thirty percent less people than in 1986.
Quality control is not satisfied with the standard of goods produced on the factory floor.

Administration has been ploughing through **red tape** all week.

Our **administration department** has arranged an interview for you on Friday 22nd January.
The **administration** of our company has been improved considerably over the last few years.
Our **administration department** is having some difficulty coping with new European **bureaucracy.**

A: Where's Francis?
B: She's in **admin (fam).**

Planning control is based at our headquarters in London. They have produced these **planning figures** regarding possible developments in East Asia.

A: What do you think of our **planning department's proposal** for possible future expansion?

Unternehmensorganisation

Die **Direktion** trifft sich im **Sitzungssaal**, um zukünftige Strategien zu besprechen.
Ich werde das Thema vor dem **Aufsichtsrat** ansprechen.

Unsere **Produktionsabteilung** beschäftigt dreißig Prozent weniger Leute als 1986.
Die **Qualitätskontrolle** ist mit dem Standard der Güter, die in der Fabrikhalle produziert werden, nicht zufrieden.
Die **Verwaltung** hat sich die ganze Woche lang durch den **Amtsschimmel** gegraben.

Die **Verwaltungsabteilung** hat ein Bewerbungsgespräch für Sie am Freitag, den 22. Januar arrangiert.
Die **Verwaltung** unseres Unternehmens hat sich in den letzten Jahren erheblich verbessert.
Unsere **Verwaltungsabteilung** hat einige Schwierigkeiten, mit der neuen europäischen **Bürokratie** zurechtzukommen.

A: Wo ist Francis?
B: Sie ist in der **Verwaltung.**

Die **Planungskontrolle** ist in unserer Zentrale in London stationiert. Sie haben diese **Planwerte** für mögliche Entwicklungen in Ostasien erstellt.

A: Was denken Sie über den **Vorschlag der Planungsabteilung** über eine mögliche zukünftige Expansion?

Unternehmen

B: Well, I think we need to bring it before the ***board.***

The ***accounts department*** will deal with your query – I'll fax your details to them now.

Could you please take these calculations to ***accounts.***

Our ***cost accounting centre*** is on the second floor.

Most of our ***budgetary planning*** is developed in our ***finance department.***

Only very large companies require a ***law department.***

Staff of the ***data processing division*** are taking part in a training course this morning.

Most of our ***data processing*** takes place in our other building.

Marketing is more important than ever in the highly competitive world of multinational business.

The ***marketing department*** wishes to employ more staff to cope with their increasing workload.

Our ***marketing division*** is on the fifth floor of our main office building.

Our ***advertising department*** has just completed our coming ***informercial;*** it will be screened on September the fifth.

Our ***publicity department*** is working on our new series of billboard advertisements.

B: Ich denke, wir müssen ihn der ***Direktion*** vorlegen.

Die ***Rechnungsabteilung*** wird sich um Ihre Anfrage kümmern – ich werde ihnen sofort die Einzelheiten Ihres Falles faxen.

Könnten Sie bitte diese Berechnungen in die ***Rechnungsabteilung*** bringen.

Unsere ***Kostenstelle*** ist im zweiten Stock.

Der Großteil unserer ***Budgetplanung*** wird in der ***Finanzabteilung*** entwickelt.

Nur sehr große Unternehmen benötigen eine ***Rechtsabteilung.***

Das Personal der ***EDV-Abteilung*** nimmt an dem Trainingskurs heute Morgen teil.

Ein Großteil der ***Datenverarbeitung*** findet in unserem anderen Gebäude statt.

Marketing ist in der enorm wettbewerbsorientierten Welt des multinationalen Geschäfts wichtiger denn je zuvor.

Die ***Marketingabteilung*** möchte gerne mehr Personal einstellen, um mit der wachsenden Arbeitslast fertig zu werden.

Unsere ***Marketingabteilung*** ist im fünften Stock in unserem Hauptgebäude.

Unsere ***Werbeabteilung*** hat gerade unsere neue ***Werbesendung*** fertig gestellt. Sie wird am fünften September ausgestrahlt.

Unsere ***Werbeabteilung*** arbeitet gerade an einer neuen Serie von Plakatwerbungen.

Our *public relations department* has suggested holding an *open day* to combat environmental objections from the public to our proposed expansion.

The *sales department* is on the second floor.
Our *salesroom* was understaffed due to illness in January.

A: Would you like a tour of our *premises,* Mr. Davies?
B: I think that would be very informative. As a *management consultant* I always try to investigate companies in depth.
A: Here is our *reception area,* where we have two *receptionists* on duty during busy periods.
B: And is the *switchboard* here?

A: Yes, it is. In the office over there. We have a multi-lingual *telefonist* working in the company.
B: Which languages does she speak?
A: English, of course, and French, Spanish and German.
B: Where are your *clerical staff* based?
A: The majority are on the ground floor of our main building. Shall we go to our *accounting and finance department*? Our business requires precise *budgeting* – that's why this division is so large.
B: Very interesting. Where is your *marketing department*?
A: On the third floor.

Unsere *Public-Relations-Abteilung* hat vorgeschlagen einen *Tag der offenen Tür* abzuhalten, um Befürchtungen der Öffentlichkeit hinsichtlich der Umwelt aufgrund unserer vorgeschlagenen Expansion entgegenzuwirken.

Die *Vertriebsabteilung* ist im zweiten Stock.
Unser *Verkaufslokal* war im Januar wegen Krankheit unterbesetzt.

A: Möchten Sie unser *Gelände* besichtigen, Mr. Davies?
B: Ich denke, das wäre sehr informativ. Als *Unternehmensberater* versuche ich immer die Unternehmen genau zu untersuchen.
A: Hier ist unser *Empfang,* an dem während betriebsamen Zeiten zwei *Empfangsdamen* arbeiten.
B: Ist die *Telefonvermittlung* auch hier?
A: Ja. In dem Büro dort drüben. Wir haben eine mehrsprachige *Telefonistin,* die für unsere Firma arbeitet.
B: Welche Sprachen spricht sie?
A: Natürlich Englisch, außerdem Französisch, Spanisch und Deutsch.
B: Wo haben Sie Ihre *Bürokräfte*?

A: Die Meisten sind im Erdgeschoss des Hauptgebäudes. Sollen wir zu unserer *Buchhaltungs- und Finanzabteilung* gehen? Unsere Geschäfte verlangen eine präzise *Budgetierung* – das ist der Grund, warum diese Abteilung so groß ist.
B: Sehr interessant. Wo ist Ihre *Marketingabteilung*?
A: Im dritten Stock.

Unternehmen

B: Your departments seem very self-contained. Perhaps you could consider changing your **management strategies**. The **spatial structure** of your main premises could be improved. I hope you would like to engage my services. I will leave you my **business card** (US: **calling card**) and you can contact me regarding our next steps.

A: Great. I will have to discuss the matter with the **board of directors**.

B: Ihre Abteilungen scheinen mir sehr abgeschottet. Vielleicht sollten Sie sich überlegen, Ihre **Leitungsstrategien** zu ändern. Die **Raumstruktur** Ihres Hauptgebäudes könnte verbessert werden. Ich hoffe, Sie wollen meine Dienste in Anspruch nehmen. Ich werde Ihnen meine **Geschäftskarte** dalassen und Sie können dann mit mir wegen unserer nächsten Schritte Kontakt aufnehmen.

A: Ausgezeichnet. Ich muss die Angelegenheit auch noch mit der **Direktion** besprechen.

Marketing ist heute schon in Hinblick auf den globalen Wettbewerb der 90er Jahre einer der wichstigsten Bereiche der großen Unternehmen geworden. Viele der Begriffe aus diesem Bereich sind im Deutschen einfach aus dem Englischen übernommen worden.

A: We are planning to design **joint publicity** with our business partners, Smith and Jones Ltd.
B: What **means of advertising** had you considered using?
A: We were considering sending out **mailshots** describing our new range of products.
B: Have you carried out any **market research**?
A: We have consulted a **market research institute** in Birmingham.
B: I don't know what they concluded, but I would suggest that you need a broader **marketing mix** to increase sales and reach a wider audience.

A: We were also hoping to make

A: Wir planen eine **Gemeinschaftswerbung** mit unseren Geschäftspartnern von Smith and Jones Ltd. zu entwerfen.
B: An welche **Werbemittel** hatten Sie gedacht?
A: Wir haben uns überlegt, **Direktwerbung** zu verschicken, die unser neues Sortiment beschreibt.
B: Haben Sie **Marktforschung** betrieben?
A: Wir haben ein **Marktforschungsinstitut** in Birmingham konsultiert.
B: Ich weiß nicht, was die herausgefunden haben, aber ich würde behaupten, dass Sie ein breiteres **Marketing Mix** brauchen, um die Verkäufe zu erhöhen und ein breiteres Publikum zu erreichen.

A: Außerdem hoffen wir, den Start

the launch of the range a ***media event.***
B: Offering ***discounts*** to your loyal ***patrons*** could be another possible strategy of promoting initial sales of your new products.

A: Our ***marketing team*** has produced a detailed survey based on ***observation of markets.***
B: What did they conclude?

A: We should ***schedule*** our advertisements to coincide with seasonal increases in demand.

The ***Board of Directors*** has been considering possibilities for expansion of our business into new areas.
Our ***chairman*** has had connections to our company for many years.
The ***chairman of the board*** has called a ***meeting*** for next week.
The ***chairman of the supervisory board*** is on holiday (US: vacation) at present.
I believe she was delighted to receive the ***chairmanship.***
Our ***managing director*** (US: ***chief executive officer)*** originally comes from Japan.
Our ***executives*** are currently in a meeting.
We need to make an ***executive*** decision as soon as possible.

The ***branch manager*** is currently away on business. Her ***deputy*** can

des Sortiments zu einem ***Medienereignis*** zu machen.
B: Wenn Sie Ihren ***Stammkunden*** einen ***Preisnachlass*** anbieten, könnte das eine weitere mögliche Strategie sein, um den Anfangsverkauf Ihrer neuen Produkte zu fördern.

A: Unser ***Marketingteam*** hat eine detaillierte Studie ausgearbeitet, die auf ***Marktbeobachtung*** beruht.
B: Zu welchem Schluss sind sie gekommen?

A: Wir sollten unsere Anzeigen so ***planen,*** dass sie mit der saisonbedingten Steigerung der Nachfrage zusammenfallen.

Die ***Direktion*** hat die Möglichkeiten einer Expansion unseres Unternehmens in neue Bereiche abgewägt.

Unser ***Vorsitzender*** hatte seit vielen Jahren Beziehungen zu unserer Firma.
Der ***Vorstandsvorsitzende*** hat ein ***Meeting*** für nächste Woche anberaumt.
Der ***Aufsichtratsvorsitzende*** ist im Moment auf Urlaub.

Ich glaube, sie war sehr erfreut den ***Vorsitz*** zu erhalten.
Unser ***Generaldirektor*** kommt ursprünglich aus Japan.

Unsere ***Verwaltung*** ist im Moment bei einem Meeting.
Wir müssen so bald wie möglich eine ***geschäftsführende*** Entscheidung treffen.

Die ***Filialleiterin*** ist im Moment geschäftlich unterwegs.

help you with any further enquiries.
I think it would be more fitting if you spoke to the *manageress* regarding this matter.
The *manager* is in a meeting at present. The scheduling of his appointments is organised by his *secretary* (US: *minister*).

A: I demand to speak to the *manager*!
B: I'm afraid he's in a meeting at the moment, sir. Could his *deputy* be of assistance?

Our *production manager* has been criticised for the inefficiency of production on the factory floor.
Our *purchasing manager* is abroad visiting one of our component manufacturers.
Good morning, my name is Allen, John Allen – I'm the *financial manager* of JMC.
The *accounts manager* is out of the office this afternoon.

Mrs. Adam is our *accounting division manager.*
Our *public relations department* has made several valid suggestions for the improvement of our *firm's image.*
I would like to introduce the *manager of our data processing division,* Ms. Meyer.

A: Would you like to discuss your marketing suggestions with our *sales manager*?

Ihr *Stellvertreter* kann Ihnen bei weiteren Fragen helfen.
Ich denke, es wäre angebrachter, wenn Sie diese Angelegenheit mit der *Managerin* besprechen würden.
Der *Geschäftsführer* ist im Moment in einem Meeting. Die Terminplanung organisiert sein *Sekretär.*

A: Ich verlange den *Geschäftsführer* zu sprechen!
B: Es tut mir Leid, aber er ist gerade in einem Meeting. Würde Ihnen sein *Stellvertreter* weiterhelfen?

Unser *Produktionsleiter* ist für die Ineffizienz in der Fabrikhalle kritisiert worden.
Unser *Einkaufsleiter* ist im Ausland, um einen unserer Zulieferer zu besuchen.
Guten Tag, mein Name ist Allen, John Allen – Ich bin der *Finanzdirektor* von JMC.
Der *Leiter des Rechnungswesens* ist heute Nachmittag nicht in seinem Büro.

Frau Adam ist die *Leiterin unserer Buchhaltung.*
Unsere *Öffentlichkeitsabteilung* hat einige sinnvolle Vorschläge zur Verbesserung unseres *Firmenimages* gemacht.
Ich würde Ihnen gerne die *Leiterin der EDV-Abteilung* vorstellen, Ms. Meyer.

A: Möchten Sie die Marketing-Vorschläge gerne mit unserem *Verkaufsleiter* besprechen?

Unternehmen

B: I think that would be the best option open to us.

Our *advertising manager* is not available at present.
Mr. Mann has been *marketing manager* of the company since 1979 and will retire next year.

A: I am telephoning to request a meeting with your *production manager.*
B: I'm afraid he's not available at the moment. Would it be possible for a *representative* from the department to help you?
A: I don't know. It was regarding methods of reducing production costs.
B: He's very busy at the moment. Perhaps you could discuss the matter with one of his *subordinates?*
A: I think for a preliminary meeting that would be fine.

The *human resources manager* has arranged a staff meeting for Friday. The *personnel manager* will take six months *maternity leave* in summer.

A: We have agreed to promote you to *distributions manager,* Miss Green.
B: Thank you. I'm delighted.
A: Well, as you're already familiar with our *structure of distribution,* I'm sure you'll prove to be a worthy *successor* to Mr. Dobson.

B: Ich denke, dass wäre die beste Option für uns.

Unser *Werbeleiter* ist momentan nicht erreichbar.
Mr. Mann ist seit 1979 unser *Marketingleiter* und wird nächstes Jahr in Rente gehen.

A: Ich rufe an mit der Bitte um ein Treffen mit dem *Leiter der Produktion.*
B: Es tut mir Leid, aber er ist im Moment nicht verfügbar. Wäre es möglich, dass Ihnen ein *Vertreter* der Abteilung helfen könnte?
A: Ich weiß es nicht. Es handelt sich um Methoden zur Produktionskostenreduzierung.
B: Er ist im Moment sehr beschäftigt. Vielleicht könnten Sie die Angelegenheit mit einem seiner *Mitarbeiter* besprechen?
A: Ich denke für ein Vorgespräch wäre das in Ordnung.

Der *Personalleiter* hat für Freitag ein Personalmeeting arrangiert.
Die *Personalmanagerin* wird im Sommer für sechs Monate in den *Mutterschaftsurlaub* gehen.

A: Wir haben uns darauf geeinigt, Sie zur *Vertriebsleiterin* zu befördern, Miss Green.
B: Danke. Ich bin sehr erfreut.
A: Nun, da Sie schon mit unserer *Vertriebsstruktur* vertraut sind, bin ich sicher, dass Sie sich als würdige *Nachfolgerin* von Mr. Dobson herausstellen werden.

Unternehmen

Our *research director* is in charge of all aspects of scientific research within our company.

We employ several *scientists* to research and develop new products for our firm.
Our *research laboratory* is not situated on our main site.

A: Our *project leader* has suggested several changes to previous plans.

B: On what reasons?
A: I think she just disagrees with our overall *project management* strategy.

My *personal assistant* can answer any further questions you might have.
I will have my *P.A.* prepare the necessary documentation.

A: Has your company been achieving its *sales targets* this year?
B: Not as yet. We were considering introducing *payment on a commission basis* for all our *sales staff.*
A: That might provide them with the necessary *incentive.*

Our *skilled* seamstresses prefer *shift work.*
Our firm employs over a hundred *semi-skilled workers* in our *production team.*
Our *foreign workers* are mainly from Southern Europe.

Unser *Forschungsdirektor* ist für alle Bereiche der wissenschaftlichen Forschung in unserem Unternehmen verantwortlich.

Wir beschäftigen einige *Wissenschaftler* um neue Produkte für unsere Firma zu erforschen und zu entwickeln.
Unser *Forschungslabor* ist nicht auf unserem Hauptgelände.

A: Unsere *Projektleiterin* hat einige Änderungen an unseren bisherigen Plänen vorgeschlagen.

B: Aus welchen Gründen?
A: Ich denke, sie stimmt unserer gesamten *Projektmanagement*-Strategie nicht zu.

Falls Sie noch Fragen haben sollten, steht Ihnen mein *persönlicher Assistent* zur Verfügung.
Ich werde meine *P.A.* (persönliche Assistentin) die notwendigen Dokumente vorbereiten lassen.

A: Hat Ihr Unternehmen das *Absatzziel* für dieses Jahr erreicht?
B: Noch nicht. Wir erwägen *Bezahlung auf Provisionsbasis* für unseren gesamten *Verkaufsstab* einzuführen.
A: Das könnte ihnen den notwendigen *Anreiz* geben.

Unsere *ausgebildeten* Näherinnen bevorzugen *Schichtarbeit.*
Unsere Firma beschäftigt über einhundert *angelernte Arbeiter* in unserem *Produktionsteam.*
Unsere *ausländischen Arbeitnehmer* kommen vor allem aus Südeuropa.

Our *factory workers* have been complaining regarding the lighting in the *factory building.*
Many of our *apprentices* are based here in our main factory.
An *apprenticeship* takes at least three years to complete within our firm.
Our *blue-collar workers* earn less than our *white-collar workers.*

A: Do you have many *unskilled workers* here in your factory?
B: Yes, although most of our workers undergo at least some training during their employ.

Our *office staff* are based in the *office block* on our other site.

We have two *office juniors* under our employ at present.
My *secretary* (US: *minister*) can deal with any further queries you might have.
Clerical work is vital to the smooth running of our firm.
At the moment, we have a *temp* secretary covering for Josephine's maternity leave.
Our *receptionist* will direct you to our conference room.
We have two *stenographers* working for us at the firm.
I think we are slightly *understaffed* in respect of *typists.*
We have called in a *marketing consultant* to help us in our decision making within the department.

Unsere *Fabrikarbeiter* haben sich über die Beleuchtung in unserer *Fabrikhalle* beschwert.
Viele unserer *Lehrlinge* arbeiten hier in unserer Hauptfabrik.
Eine *Lehre* dauert in unserem Unternehmen mindestens drei Jahre.

Unsere *Arbeiter* verdienen weniger als unsere *Büroangestellten.*

A: Haben Sie viele *ungelernte Arbeiter* in Ihrer Fabrik?
B: Ja, obwohl die meisten unserer Arbeiter während ihrer Beschäftigungszeit zumindest irgendeine Ausbildung bekommen.

Unsere *Bürokräfte* sind in dem *Bürogebäude* auf unserem anderen Gelände.

Wir haben im Moment zwei *Bürogehilfen* beschäftigt.
Bei weiteren Fragen wird Ihnen mein *Sekretär* zur Verfügung stehen.
Büroarbeit ist entscheidend für das gute Funktionieren einer Firma.
Im Moment haben wir eine *Aushilfe,* die während Josephines Mutterschaftsurlaub arbeitet.
Unsere *Empfangsdame* wird sie in den Konferenzraum bringen.
Wir haben zwei *Stenografen* in unserem Unternehmen beschäftigt.
Ich denke, wir sind leicht *unterbesetzt* mit *Schreibkräften.*
Wir haben einen *Marketingberater* eingeschaltet, um uns bei der Entscheidungsfindung in der Abteilung zu unterstützen.

Unternehmen

A: I was disappointed by the public response to our last ***advertising campaign.*** I feel our market share increased little as a result.
B: Why don't we try using a new ***advertising agency.***
A: That would certainly be a possibility – we need ***advertisers*** who ***canvass*** the public more thoroughly.

We do not have an accounts department – we have our own ***accountant*** with an ***accounting firm*** based in London.
The firm has its own personal ***banker,*** whom we can contact if we have any problems.
I would propose that we call in a ***management consultant.***
I have had my secretary contact the ***company solicitor*** (US: ***lawyer).***
Have you met our ***middleman*** in South America, Mr. Tetley?
One of our ***main distributors*** is due to meet the manager this afternoon.

I have contacted a ***subcontractor*** for our latest building project.
We need to contact a ***transatlantic shipping company*** to firm-up our transport costs.
Our ***sales team*** is trying to find suitable ***suppliers*** for the new components in the USA.
Our ***business structure*** has hardly changed at all over the past forty years.

A: Ich war enttäuscht von der öffentlichen Reaktion auf unsere ***Werbekampagne.*** Ich glaube, unser Marktanteil ist infolgedessen kaum gestiegen.
B: Warum versuchen wir es nicht mit einer neuen ***Werbeagentur.***
A: Das wäre sicherlich eine Möglichkeit – wir brauchen ein ***Werbeunternehmen,*** das die Öffentlichkeit gründlicher ***befragt.***

Wir haben keine Buchhaltungsabteilung, wir haben unseren eigenen Buchhalter bei einer ***Buchhaltungsagentur*** in London.
Die Firma hat einen persönlichen ***Bankier,*** den wir kontaktieren, wenn wir irgendwelche Probleme haben.
Ich würde vorschlagen, dass wir einen ***Unternehmensberater*** hinzuziehen.
Ich hatte meinem Sekretär aufgetragen, den ***Firmenanwalt*** zu kontaktieren.
Kennen Sie unseren ***Zwischenhändler*** in Südamerika, Mr. Tetley?
Einer unserer ***Großhändler*** soll heute Nachmittag unseren Geschäftsführer treffen.

Ich habe den ***Subunternehmer*** für unser neuestes Bauprojekt kontaktiert.
Wir müssen eine ***Übersee-Reederei*** kontaktieren, um unsere Transportkosten abzustützen.
Unser ***Vertriebsteam*** versucht, passende ***Lieferanten*** für die neuen Teile in den USA zu finden.
Unsere ***Betriebsstruktur*** hat sich in den letzten vierzig Jahren kaum verändert.

Many companies have been changing their ***pattern of organisation*** (US: ***organization***) to move with the times.
Old-fashioned strictly ***hierarchical*** business structures are often replaced by ***centre organisation*** (US: ***center organization***) ***structures.***
We have taken expert advice and decided against ***restructuring.***

A: Along what lines have you ***restructured*** your firm?
B: Our workers are now organised into ***production-oriented teams*** instead of divided into different departments.
A: What effect does that have upon the ***production process?***
B: Well, our workers are more ***motivated*** because they are able to follow the production process from beginning to end. It is far less monotonous as the permanent work on the ***production line.***

Management consultancy firms are booming due to widespread ***industrial reorganisation.***
A: We have allotted our ***teams*** different ***target groups*** within the population. For example, we have a very young, ***dynamic*** team to target ***teens and twens.***

B: Do you think this method has increased your appeal within this age group?

Viele Unternehmen haben ihre ***Organisationsform*** gewechselt, um mit der Zeit zu gehen.

Altmodische ***hierarchische*** Geschäftsstrukturen werden oftmals durch die ***Center-Organisationsform*** ersetzt.

Wir haben Expertenrat eingeholt und uns gegen die ***Umstrukturierung*** entschieden.

A: Nach welchen Richtlinien haben Sie Ihre Firma ***umstrukturiert***?
B: Unsere Arbeiter sind jetzt in ***produktionsorientierten Teams*** organisiert anstatt in verschiedenen Abteilungen.
A: Was für einen Effekt hat das auf das ***Fertigungsverfahren***?
B: Unsere Arbeiter sind höher ***motiviert***, weil sie in der Lage sind, den Herstellungsprozess von Anfang bis Ende zu verfolgen. Es ist sehr viel weniger monoton als die dauernde Arbeit am ***Fließband.***

Betriebsberatungsfirmen boomen wegen der weit verbreiteten ***Umorganisationen der Betriebe.***
A: Wir haben unseren ***Teams*** verschiedene ***Zielgruppen*** in der Bevölkerung zugewiesen. Beispielsweise haben wir ein sehr junges, ***dynamisches*** Team für den Zielbereich der ***Teenager und Twens.***

B: Glauben Sie, dass sich diese Altersgruppe durch diese Methode stärker angesprochen fühlt?

Unternehmen

A: Yes. The method allows us to maximise the potential of our employees and to target precisely **potential customers.**

The board has decided in favour of centre organisation (US: center organization) for our firm. Our **reorganisation** will divide the company into divisions, each targeting a particular geographical area.
My colleagues are very interested in introducing **matrix organisation** (US: **organization**) to our firm.

A: We experimented with **matrix organisation** in one of our subsidiaries last year.
B: Did you draw any conclusions?

A: It failed to live up to our expectations. The staff never knew which manager to contact, when they had a problem.

B: What do you mean?
A: Well, for example, if they had a problem regarding a faulty component, they could go to their **team leader** or to the **chief buyer.**

B: That does sound too confusing.

A: Ja. Die Methode erlaubt es uns, das Potenzial unserer Mitarbeiter optimal auszuschöpfen und unsere **potenziellen Kunden** präzise anzusprechen.

Die Direktion hat sich für die Centerorganisationsform in unserer Firma entschieden. Unsere **Neuorganisierung** wird das Unternehmen in Abteilungen gliedern, von denen jede für eine bestimmte geografische Gegend zuständig ist.
Meine Kollegen sind sehr interessiert daran, die **Matrixorganisation** in unserem Unternehmen einzuführen.

Wir haben letztes Jahr in einer unserer Tochtergesellschaften mit der **Matrixorganisation** experimentiert.
B: Sind Sie zu irgendwelchen Schlüssen gekommen?

A: Es hat nicht unsere Erwartungen erfüllt. Das Personal wusste nie, welchen Abteilungsleiter es kontaktieren sollte, wenn es ein Problem hatte.

B: Was meinen Sie?
A: Wenn sie, zum Beispiel, ein Problem mit einem fehlerhaften Teil hatten, konnten sie entweder zum **Teamleiter** oder zum **Beschaffungsleiter** gehen.

B: Das klingt sehr verwirrend.

2. Personal und Verwaltung

Staff retraining is necessary following modernisation of production methods.

We have informed all **members of staff** that a meeting will take place in the conference room. Can we have a copy of the **minutes** of the meeting posted in all departments, please? I have sent an e-mail to all our **office staff** informing them of the **power cut** on Tuesday.

A: I was not informed that the meeting was **scheduled** for Friday.
B: It was clearly an **administrative error.** We have **postponed** it until further notice.

Eine **Personalumschulung** ist seit der Modernisierung unserer Herstellungsmethoden notwendig geworden.

Wir haben alle **Mitglieder des Personals** informiert, dass ein Meeting im Konferenzraum stattfinden wird. Können wir eine Kopie des **Protokolls** des Meetings an alle Abteilungen verschickt bekommen, bitte? Ich habe unserem gesamten **Büropersonal** ein E-Mail geschickt, das sie über den **Stromausfall** am Dienstag informiert.

A: Ich war nicht informiert, dass das Meeting für Freitag **vorgesehen** war.
B: Das war ganz klar ein **Verwaltungsfehler.** Wir haben es bis auf weiteres **verschoben.**

Job Applications

During April, it became apparent that we had severe **staff shortages.**

We are hoping to **take on** two new members of staff with degrees in business administration.
We **advertised** our **vacancy** for deputy manager in the Herald.

I have informed the **job centre** (UK) of our vacancies.
We have designed our **advert** for the Financial Times.
The **personnel manager** has instructed his secretary to publish

Bewerbungen

Im April wurde es klar, dass wir einen ernsthaften **Personalmangel** hatten.

Wir hoffen, zwei neue Mitarbeiter mit Abschlüssen in Betriebswirtschaftslehre **einzustellen.**
Wir haben unsere **freie Stelle** für einen stellvertretenden Geschäftsführer im Herald **inseriert.**

Ich habe das **Arbeitsamt** über unsere offenen Stellen informiert.
Wir haben ein **Inserat** für die Financial Times entworfen.
Der **Personalleiter** hat seinen Sekretär angewiesen, die **Stelle** in einer

Personal und Verwaltung

the *position* in the national newspapers.

A: We have advertised our *graduate training scheme* in university magazines and national newspapers.

B: Are you anticipating a large *response*?
A: Last year, we had over four hundred *applicants.*

We have received hundreds of *applications* for the *post.*

A: Good morning. I wanted to ask a few questions regarding your advertisement for the position in your *computing department.*
B: The position would involve almost exclusively *work at a computer terminal.*
A: I have ten years experience as a *computer programmer.*
B: Then I would certainly recommend that you apply for the position. I will have my secretary send you the *application forms.*

I would like to *apply for the position of ...*
I think we should *interview* this *candidate* – her C.V. (*curriculum vitae*) looks very promising.

This applicant, if his résumé is anything to go by, has all the qualities we are looking for.

überregionalen Tageszeitung auszuschreiben.

A: Wir haben unser *Graduierten-Trainingsprogramm* in den Universitätszeitschriften und den überregionalen Zeitungen inseriert.
B: Erwarten Sie eine große *Reaktion*?

A: Letztes Jahr hatten wir über vierhundert *Bewerber.*

Wir haben hunderte *Bewerbungen* für die *Stelle* erhalten.

A: Guten Morgen. Ich habe nur ein paar Fragen bezüglich Ihres Inserates für die Stelle in Ihrer *EDV-Abteilung.*

B: Die Stelle ist fast ausschließlich *Bildschirmarbeit.*

A: Ich habe zehn Jahre Erfahrung als *Programmierer.*
B: Dann würde ich auf jeden Fall empfehlen, dass Sie sich auf die Stelle bewerben. Ich werde meine Sekretärin anweisen, Ihnen die *Antragsformulare* zuzuschicken.

Ich möchte mich *um die Stelle als ... bewerben.*
Ich denke, wir sollten mit dieser *Bewerberin ein Gespräch führen* – ihr *Lebenslauf* sieht sehr viel versprechend aus.
Dieser Bewerber hat alle Eigenschaften, nach denen wir gesucht haben, wenn man auf den Lebenslauf etwas geben kann.

Personal und Verwaltung

During the first stage of our *recruitment procedure*, reading application documents, we reject over fifty percent of applicants.

A: We expect the initial interviews to take place over two days.

B: What is the next stage in your *selection process*?
A: From all those interviewed we select the ten we feel could be most suitable for the position. Then we send them to an *assessment centre* (US: *center*) for a weekend.
During the weekend at the *assessment centre*, you will participate in a *planning game*.

We would like to offer you the position of *chief secretary* here at JMC.
We feel that you will make a valuable contribution to our finance division.
We will prepare a *contract of employment* for signing by the end of the week.
That is a definite *offer of employment*.
We offer a comprehensive package for our sales employees – a *company pension, company car* and an *expense account*.
The *recruitment* of new staff is particularly difficult this year.
Staff changes are necessary.

Während der ersten Phase des *Einstellungsverfahrens*, nach dem Lesen der Bewerbungsunterlagen, lehnen wir über fünfzig Prozent der Bewerber ab.

A: Wir erwarten, dass die Vorbewerbungsgespräche zwei Tage dauern werden.

B: Was ist der nächste Schritt in Ihrem *Auswahlverfahren*?
A: Von all denen, mit denen wir gesprochen haben, wählen wir zehn, von denen wir glauben, dass sie für die Position geeignet sind, aus. Dann schicken wir sie für ein Wochenende in ein *Assessment Center*.
Während des Wochenendes im *Assessment Center* werden Sie an *Planspielen* teilnehmen.

Wir möchten Ihnen gerne die Stelle als *Chefsekretärin* bei JMC anbieten.

Wir glauben, dass sie einen wertvollen Beitrag zu unserer Finanzabteilung leisten werden.
Wir werden einen *Arbeitsvertrag* unterschriftsreif für das Ende der Woche vorbereiten.
Dies ist ein verbindliches *Stellenangebot*.
Wir bieten ein umfassendes Paket für all unsere Verkaufsangestellten – *Pension, Firmenwagen* und *Spesenkonto*.
Die *Anwerbung* neuen Personals ist dieses Jahr besonders schwierig.
Ein *Personalwechsel* ist notwendig.

Personal und Verwaltung

Working Hours   **Arbeitszeiten**

> Arbeitszeiten sind im englischsprachigen Raum anders geregelt als in Deutschland. Der Tag fängt normalerweise um neun an und hört um halb sechs auf, mit einer halben Stunde Pause zum Mittagessen, normalerweise zwischen eins und zwei. Die Arbeitszeiten werden im Allgemeinen nicht ganz so flexibel gehandhabt wie in Deutschland.

What kind of ***working hours*** would the job entail?	Was für ***Arbeitszeiten*** würde der Job beinhalten?
As a ***secretary,*** we would employ you to work Monday to Friday, ***office hours.***	Als Sekretär würden wir Sie von Montag bis Freitag zu den normalen ***Dienststunden*** beschäftigen.
We cannot offer this position as anything other than a ***full-time job.***	Wir können Ihnen diese Stelle nur als ***Ganztagsstellung*** anbieten.
We have introduced a degree of ***flexitime*** in our office, but the majority nevertheless work ***nine to five.***	Wir haben ein gewisses Maß an ***Gleitzeit*** eingeführt, aber die meisten arbeiten trotzdem ***von neun bis fünf.***
Our employees have different ***working schedules*** according to their personal preferences and the nature of their work.	Unsere Angestellten haben verschiedene ***Arbeitszeitpläne***, die von ihren persönlichen Vorlieben und der Art ihrer Arbeit abhängen.
We could offer you a ***part-time position.***	Wir können Ihnen eine ***Teilzeitstelle*** anbieten.
A: I don't know if I would be interested in a full-time job. B: We also have flexitime positions available. A: That would be of interest to me in particular. My wife works part-time as a nurse, so we need to juggle our working hours to pick up our children from school.	A: Ich weiß nicht, ob ich an einer Ganztagsstellung interessiert wäre. B: Wir können Ihnen auch Gleitzeit anbieten. A: Das wäre für mich besonders interessant. Meine Frau arbeitet Teilzeit als Krankenschwester, sodass wir unsere Arbeitszeiten so koordinieren müssen, dass wir die Kinder von der Schule abholen können.
A: Would you be interested in job sharing? We could take that into	A: Wären Sie daran interessiert eine Arbeitsstelle zu teilen? Das könnten

account as another alternative.
B: Definitely.

All our factories base their production on ***shift work.***
The afternoon shift has been producing consistently less than the ***morning shift*** this week.
We are finding it difficult to find enough people to work the ***night shift.***
When you arrive in the morning, you must ***clock on.***
Don't forget to ***clock off*** for lunch and on your way out in the evening.

Pay

Your ***salary*** will be paid on the fifteenth of each month.
If your promotion is agreed within the department, you will receive a ***salary increase.***

Our managerial team are all in the same ***salary bracket.***
Staff in our distribution department are not all ***salaried.***
If you do go on the business trip with Mr. Allen, we will pay all your ***expenses.***
Have you received your ***travelling expenses*** for the trip to Britain?

A: I didn't pay for my hotel last week from the ***expenses account.***
B: Have you still got the ***receipt?***
A: Yes – I have it here.

wir als Alternative in Betracht ziehen.
B: Auf jeden Fall.

Alle unsere Fabriken verlassen sich bei der Produktion auf ***Schichtarbeit.***
Die Nachmittagsschicht hat diese Woche durchgehend weniger produziert als die ***Frühschicht.***
Es ist schwierig für uns, genügend Leute zu finden, die während der ***Nachtschicht*** arbeiten.
Wenn Sie morgens ankommen, müssen Sie ***einstempeln (an der Stechuhr).***
Vergessen Sie nicht ***auszustempeln,*** wenn Sie zum Mittagessen oder nach Hause gehen.

Lohn und Gehalt

Ihr ***Gehalt*** wird zum Fünfzehnten jeden Monats bezahlt.
Wenn Ihrer Beförderung in der Abteilung zugestimmt wird, dann werden Sie eine ***Gehaltserhöhung*** bekommen.
In unserem Direktionsteam sind alle in einer ***Gehaltsgruppe.***
Nicht das ganze Personal in unserer Vertriebsabteilung ist ***angestellt.***
Wenn Sie mit Mr. Allen auf Geschäftsreise gehen, werden wir die ***Spesen*** übernehmen.
Haben Sie Ihre ***Reisespesen*** für die Reise nach Großbritannien bekommen?

A: Ich habe das Hotel letzte Woche nicht vom ***Spesenkonto*** bezahlt.
B: Haben Sie die ***Quittung*** noch?
A: Ja – ich habe sie hier.

Personal und Verwaltung

B: Then we can *reimburse* you with your salary for this month.

A: This receipt here details the *special expenses* I incurred on the trip.
B: We can credit those to your account with your salary.

Does your secretary receive a *wage* or a *salary?*
Our workers can collect their *wages* on Friday afternoons.
Your wages will be paid *every second week.*

A: I don't seem to have received my *earnings* for last week.
B: Just a moment.....I can't find your name on the *payroll.*

We have awarded all our office staff a *pay rise* (US: *pay raise*) as from this week.
We have reached a *wage agreement* with our unskilled *labour force.*

A: The *wage-price spiral* is out of control in Britain at the moment.
A: Yes. The government is considering introducing a *wage freeze* to combat the problem.

Is Friday *pay-day*?
What is the *wage scale* within your company?
The *tax on earnings* for Miss Walker has been miscalculated.

B: Dann werden wir Ihnen das zusammen mit Ihrem Monatsgehalt *erstatten.*
A: Diese Quittung hier führt detailliert die *Sonderausgaben* auf, die ich während der Reise hatte.
B: Wir werden sie mit Ihrem Gehalt auf Ihr Konto überweisen.

Bekommt Ihre Sekretärin einen *Lohn* oder ein *Gehalt?*
Unsere Arbeiter können ihren *Lohn* freitags abholen.
Ihr Lohn wird *vierzehntägig* bezahlt.

A: Ich habe meinen *Verdienst* von letzter Woche noch nicht bekommen.
B: Einen Moment bitte.... Ich kann Ihren Namen nicht auf der *Lohnliste* finden.

Wir haben unserem gesamten Büropersonal von dieser Woche an den *Lohn erhöht.*
Wir haben eine *Lohnvereinbarung* mit unseren ungelernten *Arbeitskräften* getroffen.

A: Momentan ist die *Lohn-Preis-Spirale* in Großbritannien außer Kontrolle geraten.
A: Ja. Die Regierung erwägt einen *Lohnstopp* einzuführen, um das Problem zu bekämpfen.

Ist am Freitag *Zahltag*?
Welchen *Lohntarif* haben Sie in Ihrem Unternehmen?
Die *Ertragssteuer* von Frau Walker ist falsch berechnet worden.

Personal und Verwaltung

A: I think I paid too much *wage tax* last week – here is my *pay cheque* (US: *paycheck*).
B: Yes – you paid for the wrong *tax bracket* – we will reimburse you with next week's wages.

All our factory employees work *two weeks in hand.*

A: When will I receive my first *pay-cheque* (US: *check*)?
B: We require all our employees to *work a week in hand.* That means that you will have to wait until the Friday of your second week with us before you receive your first week's pay.

Did you work any *overtime* last week?
Overtime for your shift is paid *time and a half* before midnight. If you do want to work the night shift, you'll receive *double time* after midnight.

We pay our workers an *hourly wage.*
Although we obviously don't pay *wages in kind* our workers often take surplus produce home with them.

A: Ich glaube ich habe letzte Woche zu viel *Lohnsteuer* bezahlt. Hier ist mein *Lohnscheck.*
B: Ja – Sie haben für die falsche *Steuergruppe* bezahlt – wir werden Ihnen das zusammen mit Ihrem Lohn für nächste Woche zurückerstatten.

All unsere Fabrikarbeiter arbeiten *zwei Wochen im Voraus.*

A: Wann werde ich meinen ersten *Lohnscheck* bekommen?
B: Wir erwarten von all unseren Arbeitnehmern, dass sie *eine Woche im Voraus* arbeiten. Das bedeutet, dass Sie bis zum Freitag der zweiten Woche warten müssen, bevor Sie den Lohn für die erste Woche ausgezahlt bekommen.

Haben Sie letzte Woche *Überstunden* gemacht?
Überstunden werden bei Ihrer Schicht vor Mitternacht *mit 150 %* bezahlt. Wenn Sie die Nachtschicht arbeiten wollen, bekommen Sie *doppelten Lohn* nach Mitternacht.

Wir bezahlen unsere Arbeiter *nach Stunden.*
Obwohl wir natürlich keinen *Naturallohn* bezahlen, nehmen unsere Arbeiter doch oftmals überschüssige Produkte mit nach Hause.

Das dreizehnte Monatsgehalt/Weihnachtsgeld kommt im englischsprachigen Raum viel seltener vor als in Deutschland.

Personal und Verwaltung

A: We were considering introducing a ***bonus*** for factory workers with a higher than average output.	A: Wir überlegen uns, eine ***Sondervergütung*** für Fabrikarbeiter, die ein überdurchschnittliches Ergebnis haben, einzuführen.
B: It might provide an effective ***incentive*** to increase production.	B: Das könnte ein effektiver ***Anreiz*** sein, um die Produktivität zu erhöhen.
Have you received your ***bonus?***	Haben Sie Ihre ***Sondervergütung*** erhalten?
Many of our sales staff earn ***on commission basis*** only. We pay our sales staff a ***commission bonus*** for every sale they make, but we also pay them a basic salary.	Ein Großteil unseres Personals verdient nur ***auf Provisionsbasis.*** Wir bezahlen unserem Verkaufspersonal eine ***Provision*** für jeden Verkauf, aber wir zahlen ihnen auch ein Grundgehalt.
A: We are considering introducing a ***piece work wage*** for our ***production team,*** to make sure the order is completed on time. B: Will they also retain their basic wage? A: Yes – we anticipate it being a short-term measure only.	A: Wir erwägen es, ***Akkordlohn*** für unser ***Produktionsteam*** einzuführen, um sicherzustellen, dass der Auftrag rechtzeitig fertig wird. B: Werden Sie außerdem Ihren Grundlohn behalten? A: Ja – wir gehen davon aus, dass es nur eine kurzfristige Maßnahme sein wird.
Although ***piece work*** is becoming out-dated in Europe, our factory workers in India are paid a ***piece-work wage.***	Obwohl ***Akkordarbeit*** in Europa aus der Mode kommt, bekommen unsere Arbeiter in Indien einen ***Akkordlohn.***

Working Relations **Betriebsklima**

Ein höflicher Umgang ist essenziell für ein gutes Betriebsklima. Im Englischen wird noch sehr viel häufiger als im Deutschen aus Höflichkeit ein Befehl mit einer Frage umschrieben.

Personal und Verwaltung

A: The new *trainees* are in the waiting room. Can you contact the *training staff* for me to let them know?
B: Certainly. I'll call them right away.

Do you think we *could try* to work in the office with a little less noise?
Would it be possible to complete the project by Wednesday?
Could you *kindly refrain* from making such comments during working hours?
Would it be possible for us *to discuss this in my office?*

A: Die neuen *Auszubildenden* sind im Wartezimmer. Können Sie das *Schulungspersonal* für mich benachrichtigen?
B: Natürlich. Ich werde sie sofort anrufen.

Könnten wir nicht *versuchen*, die Arbeit im Büro etwas leiser zu gestalten?
Wäre es möglich, das Projekt bis Mittwoch fertig zu machen?
Könnten Sie es *bitte unterlassen* solche Kommentare während der Arbeitszeit zu machen?
Wäre es möglich, dass wir *das in meinem Büro besprechen?*

Im englischsprachigen Raum ist der Umgangston zwischen den Mitarbeitern oftmals weniger formal als in Deutschland. Es ist normal, dass man sich innerhalb einer Firma mit dem Vornamen anspricht.

Anthony, *could you make sure* that my correspondence is posted this afternoon?
I don't want to ask you again, Alan, to remain at your post at all times during the shift.

Might I have a word with you regarding this matter, John?
How are you enjoying your *internship* with us, Rachel?
We hope you'll find our company a suitable *place of employment*.

It is important to us that all members of staff obtain *job satisfaction* from their work.

Anthony, *könntest* du bitte *sicherstellen,* dass meine Korrespondenz heute Nachmittag rausgeht.
Alan, *ich möchte dich nicht nochmal darum bitten müssen,* während der Schicht immer auf deinem Posten zu bleiben.

John, *könnte* ich dich mal kurz in dieser Angelegenheit sprechen?
Wie gefällt dir dein *Praktikum* bei uns, Rachel?
Wir hoffen in unserer Firma einen geeigneten *Arbeitsplatz* für Sie zu finden.

Es ist sehr wichtig für uns, dass all unsere Angestellten mit ihrer *Arbeit zufrieden sind.*

Personal und Verwaltung

As *employers,* it is important for us that our workers develop a *team spirit*.

Personell have been doing all they can to encourage greater *worker participation*.
Many of our *employees* have been working with us for many years.
We must ensure that we maintain standards of *working conditions and human relations*.

A: We have considered introducing a *job rotation scheme* to encourage *teamwork*.

B: That's certainly one method of improving *working relationships*.
A: Another strategy we have seen implemented in other companies is *team oriented production*.
B: I think that can help increase worker *motivation,* particularly on the *production line*.
A: It's definitely a sound method of optimising *production potential*.

We have to consider managing our *manpower* in greater depth than previously.
JMC has always been a *performance-oriented company*.

A: I would like to discuss possible personell management strategies within the firm.

Als *Arbeitgeber* ist es sehr wichtig für uns, dass unsere Arbeiter *Teamgeist* entwickeln.

Die *Personalabteilung* hat alles getan, um eine stärkere *Arbeitnehmerbeteiligung* zu fördern.
Viele unserer *Arbeitnehmer* sind schon seit vielen Jahren bei uns beschäftigt.
Wir müssen sicherstellen, dass der Standard unseres *Betriebsklimas* erhalten bleibt.

A: Wir haben uns überlegt, einen *systematischen Arbeitsplatzwechsel* einzuführen, um *Teamarbeit* zu fördern.
B: Das ist sicherlich einen Möglichkeit um das *Betriebsklima* zu verbessern.
A: Eine andere Strategie, die wir bei anderen Unternehmen angewendet gesehen haben, ist *teamorientierte Produktion*.
B: Ich denke, dass das die *Motivation* bei den Arbeitern erhöhen kann, besonders am *Fließband*.
A: Es ist sicherlich eine vernünftige Methode, um das *Produktionspotenzial* zu optimieren.

Wir müssen erwägen, unser Potenzial an *Arbeitskraft* intensiver als bisher zu verwalten.
JMC waren schon immer ein *leistungsorientiertes Unternehmen*.

A: Ich würde gerne die möglichen Personalmanagement-Strategien innerhalb des Unternehmens besprechen.

Personal und Verwaltung

B: I will call a meeting of all department managers for this afternoon.
A: Thank you. Once we have clearly defined our objectives, we should have fewer problems with our labour force (US: labor force).

We like to be considered fair *employers.*
Labour relations (US: *labor*) are the worst they've been for several years.

I think that *mismanagement* has resulted in our present problems.
We are struggling to settle the present *trade dispute* in Asia; the workers are demanding that we introduce a higher *piece rate.*
The *reduction of staff* in October was unavoidable in the face of falling turnover.
Our workers have voiced strong objections to *piece work pay.*

He has threatened to *give his notice.*
There has not been a *general strike* for many years in the UK.
The workers of Maurice Motors have begun a *go-slow* to protest against *lay offs.*

There have been increasing demands for a fair *minimum wage* in the UK.
We have agreed to the demands of the *trade union* (US: *labor union*) with one *proviso* – that they return to work immediately.

B: Ich werde ein Meeting aller Abteilungsleiter für heute Nachmittag einberufen.
A: Danke. Sobald wir klar definierte Ziele haben, sollten wir weniger Probleme mit unserer Arbeiterschaft haben.

Wir möchten als faire *Arbeitgeber* eingeschätzt werden.
Die *Beziehungen zwischen Arbeitgeber und Arbeitnehmer in den Firmen* sind die schlechtesten seit einigen Jahren.

Ich denke, dass *Missmanagement* unsere jetzigen Probleme verursacht hat.
Wir tun uns schwer, den momentanen *Arbeitskampf* in Asien zu beenden.
Die Arbeiter verlangen, dass wir einen höheren *Leistungslohn* einführen.
Der *Personalabbau* im Oktober war angesichts des fallenden Umsatzes unvermeidbar.
Unsere Arbeiter haben großen Widerstand gegen den *Stücklohn* zum Ausdruck gebracht.

Er hat gedroht zu *kündigen.*
In Großbritannien gab es seit vielen Jahren keinen *Generalstreik* mehr.
Die Arbeiter von Maurice Motors haben einen *Bummelstreik* begonnen, um gegen die *Entlassungen* zu protestieren.

In Großbritannien hat es immer lautere Forderungen nach einem fairen *Mindestlohn* gegeben.
Wir sind übereingekommen, die Forderungen der *Gewerkschaft* zu erfüllen, unter dem *Vorbehalt,* dass sie sofort wieder zu arbeiten beginnen.

Personal und Verwaltung

> Genauso wie im Deutschen versucht man auch im Englischen, sensible Themen zu umschreiben. Muss man beispielsweise Leute entlassen, so versucht man, das zumindest mit Feingefühl zu tun.

I'm afraid that we're going to have to *let you go,* George.
Your work has simply not been *up to scratch* over the past months.

I'm afraid we find your consistent lateness and *absenteeism* to be *something of a problem.*

Your *absence rate* is consistently the highest in the department.
We have to consider *laying off* some staff.
I have given him his notice.
We have given your case deep consideration and we have no alternative than to *ask you to leave.*
Your reputation seems to indicate that you are something of a *floater.*
We have made fifty workers *redundant.*
We have recently *dismissed* our chief accountant, for fraudulent activities.

Es tut mir Leid, George, aber wir werden *Sie gehen lassen* müssen.
Ihre Arbeit hat in den letzten Monaten einfach nicht *unseren Erwartungen entsprochen.*
Ich bedauere, aber Ihr ständiges Zuspätkommen und Ihr *unentschuldigtes Fernbleiben* finden wir *etwas problematisch.*
Ihre *Fehlzeitenquote* ist dauernd die höchste der ganzen Abteilung.
Wir müssen erwägen, etwas Personal *zu entlassen.*
Ich habe ihm gekündigt.
Wir haben lange über Ihren Fall nachgedacht und es bleibt uns keine andere Wahl, als Sie zu *bitten uns zu verlassen.*
Ihr Ruf scheint anzudeuten, dass Sie etwas von einem *Springer* haben.
Wir haben fünfzig Arbeitsplätze abgebaut.
Wir haben neulich unseren Chefbuchhalter wegen betrügerischer Aktivitäten *entlassen.*

> Natürlich gibt es aber auch im Englischen deutlichere Ausdrücke!

That's it – you're *fired*!
We have *given her the sack.*
This time you've gone too far – *you're sacked*!

Sie sind *gefeuert*!
Wir haben sie *rausgeworfen.*
Dieses Mal sind Sie zu weit gegangen - *Sie sind raus*!

Personal und Verwaltung

We should have **given him the boot** years ago.
She has been **given her cards.**

Wir hätten ihn schon vor Jahren **vor die Tür setzen** sollen.
Sie hat ihre **Entlassungspapiere bekommen.**

> Außerdem ist da auch noch der Fall, dass man von sich aus seinen Arbeitsplatz verlassen möchte.

I **quit** my job because I didn't enjoy working in that kind of atmosphere.
I've given them **six weeks notice.**

I **resign** – I cannot work under such conditions.
I **tendered my resignation** this Monday.

Ich **kündigte** meinen Job, weil es mir keinen Spaß machte, in dieser Atmosphäre zu arbeiten.
Ich habe ihnen eine **sechswöchige Frist** gegeben.
Ich **höre auf.** Unter diesen Umständen kann ich nicht arbeiten.
Ich habe diesen Montag **meine Kündigung eingereicht.**

3. Einkauf und Verkauf

Enquiries

We visited your stand at the Frankfurt *fair* last week.
We saw your *advertisement* in the latest edition of ...
The British Chamber of Commerce was kind enough to *pass on the name and address* of your company.
We have previously bought material from your competitors, but they are presently having difficulties with their production.
We see a good opportunity to sell your products here in the German market.

We would be *interested* in pocket notebooks, do you stock such items?
At the show in New York you let us have some *samples;* we would now like to receive your *offer* for... Please send us a detailed offer based on ...

We would need an offer for shipments ex works including price and present lead time.
Please *quote* on basis of a regular monthly quantity of 500 kg.

Do you offer a *discount for large quantities?*
We would appreciate you letting us have a company brochure and some samples showing your *product range.*

Are you presently *represented* in the Japanese market?
Looking forward to receiving your offer.

Anfragen

Wir haben letzte Woche Ihren Stand auf der Frankfurter *Messe* besucht.
Wir haben Ihre *Anzeige* in der aktuellen Ausgabe von ... gesehen.
Die britische Handelskammer hat uns freundlicherweise *den Namen und die Adresse* Ihrer Firma *gegeben.*
Wir haben früher Material von Ihren Konkurrenten gekauft, aber sie haben zurzeit Produktionsschwierigkeiten.
Wir sehen gute Chancen, Ihre Produkte hier auf dem deutschen Markt zu vertreiben.

Wir sind an Taschennotizbüchern *interessiert*, führen Sie solche Artikel?
Auf der Messe in New York haben Sie uns einige *Muster* mitgegeben; wir würden jetzt gerne Ihr *Angebot* über ... erhalten. Bitte schicken Sie Ihr detailliertes Angebot auf der Basis von ...

Wir benötigen ein Angebot für Lieferungen ab Werk einschließlich Preisen und aktueller Lieferzeit.
Bitte *machen Sie Ihr Angebot* auf der Basis einer regelmäßigen monatlichen Menge von 500 kg.

Gewähren Sie *Mengenrabatte?*

Wir wären Ihnen sehr dankbar, wenn Sie uns eine Firmenbroschüre und einige Muster Ihrer *Produktpalette* zukommen lassen würden.

Werden Sie zurzeit im japanischen Markt *vertreten?*
In Erwartung Ihres Angebotes.

Einkauf und Verkauf

Do you have the following material in stock: ... ?	Haben Sie folgendes Material auf Lager: ... ?
We have received an *enquiry* for two bottles of item 4379, is this presently *available?*	Wir haben eine *Anfrage* für zwei Flaschen vom Artikel 4379 erhalten, ist er zurzeit *vorrätig?*
Yes, this could be dispatched immediately.	Ja, wir könnten ihn sofort verschicken.
No, I'm sorry, *we're completely out of this item* at the moment.	Nein, tut mir Leid, *wir haben diesen Artikel* im Moment *nicht mehr auf Lager.*
We will have this item ready for dispatch by the beginning of next week.	Dieser Artikel wird bis Anfang nächster Woche wieder lieferbar sein.
Do you supply item 776 in 50-kg packets?	Liefern Sie Artikel 776 in 50-kg-Packungen?
A: Would you be able to dispatch three *units* at the end of this week?	A: Könnten Sie Ende dieser Woche drei *Einheiten* zum Versand bringen?
B: Yes, of course, should I enter this for shipment?	B: Ja, natürlich, soll ich das jetzt zur Lieferung eintragen?
A: We would need three boxes this week and two more boxes at the end of next week. Is this possible?	A: Wir bräuchten diese Woche drei Kartons und Ende nächster Woche weitere zwei Kartons. Wäre das möglich?
B: The three boxes will be OK, but the two additional boxes won't be here until the week after next.	B: Die drei Kartons gehen in Ordnung, aber die zwei weiteren Kartons sind vor übernächster Woche nicht hier.

In Großbritannien und in den USA wird noch in englischen Maßen gerechnet, obwohl sich das metrische System mehr und mehr durchsetzt. Siehe auch die Umrechnungstabellen für Maße in Kapitel 10.

Could you let us have the following *samples?*	Könnten Sie uns bitte die folgenden *Muster* zukommen lassen?
Yes, I'll make sure they are put in the post this afternoon.	Ja, ich werde dafür sorgen, dass sie heute Nachmittag mit der Post weggeschickt werden.
I only have the samples in brown, would this be *acceptable?*	Ich habe die Muster nur in Braun, wäre das *akzeptabel?*

Einkauf und Verkauf

I'll have to check first whether we can accept this.
Do you have any *special items* that you would like to *clear*?
We would be very *interested* in *regularly receiving advertisements concerning special offers.*
Please leave your e-mail address and I will put you on our mailing list.

A: We received the name of your company from mutual business associates in the USA. We are wholesalers of chemical products and would be interested in selling your products in the Far East.
B: I'm sorry, but at the moment we are represented in this area by a company in Tokyo. They have *exclusive rights* for the whole area.

A: We saw your *advertisement* in the last issue of "Business Week". We have previously bought material from your competitors, but they are having difficulties with their production. Are you in a position to *deliver at short notice?*
B: Yes, which products are you interested in?
A: We would need twelve silver frames 36'x 24' by the end of next week.

B: We would have these ready by the middle of next week.
A: Could you fax me your detailed offer based on ex works prices? Please also quote on the basis of a regular monthly quantity of 12 units.

Ich muss zuerst überprüfen, ob wir das annehmen können.
Haben Sie irgendwelche *Sonderartikel,* die Sie *räumen* möchten?
Wir wären sehr daran *interessiert, regelmäßig Anzeigen über Sonderangebote zu erhalten.*
Bitte hinterlassen Sie Ihre E-Mail-Adresse und ich werde Sie auf unsere Mailingliste setzen.

A: Wir haben den Namen Ihrer Firma von gemeinsamen Geschäftspartnern in den USA erhalten. Wir sind Großhändler von chemischen Produkten und wären daran interessiert, Ihre Produkte im Fernen Osten zu vertreiben.
B: Es tut mir Leid, aber wir sind zurzeit in dieser Gegend von einer Firma in Tokio vertreten. Sie haben die *Alleinvertriebsrechte* für das ganze Gebiet.

A: Wir haben Ihre *Anzeige* in der letzten Ausgabe von „Business Week" gesehen. Wir haben früher Material von Ihren Konkurrenten gekauft, aber sie haben zurzeit Produktionsschwierigkeiten. Sind Sie in der Lage, *kurzfristig zu liefern?*
B: Ja, für welche Produkte interessieren Sie sich?
A: Wir bräuchten zwölf Silberrahmen im Format 36'x 24' bis Ende nächster Woche.

B: Wir würden sie bis Mitte nächster Woche fertig stellen.
A: Könnten Sie mir bitte Ihr detailliertes Angebot per Fax schicken, basierend auf Preisen ab Werk? Bitte offerieren Sie auch auf der Basis einer regelmäßigen monatlichen Menge von 12 Einheiten.

Einkauf und Verkauf

B: Certainly, we'll send it this afternoon. I am sure that we can make you a ***favourable offer***.

A: I saw on your homepage yesterday that you have article no. 669 also in colour green, now. We would be very interested. When would it be available?
B: According to the latest print-out, we could dispatch by next Tuesday. Would that be acceptable?
A: I will ring (US: call) my customer and get back to you this afternoon.

A: What is the present lead time for item 557 in green?
B: At the moment we have five in stock and four in preparation.
A: Would you be able to dispatch three units at the end of this week?
B: Yes, of course, should I enter this as a ***firm order***?
A: Yes, and please reserve two of the other four for dispatch at the end of the month.
A: Do you supply item 778 in 50-kg packets?
B: No, I'm sorry, the largest packet we supply is 30 kg.
A: OK, we'll have to order two 30-kg packets then.
B: Yes, that would be most helpful.
A: Do you have any samples of this item that you could send me?

B: Yes, certainly, but I only have them in brown. Would this be all right?

A: That will be OK for now, we would just like to see how the product looks.

B: Natürlich, wir schicken es heute Nachmittag ab. Ich bin sicher, dass wir Ihnen ein ***günstiges Angebot*** machen können.

A: Ich habe gestern auf Ihrer Homepage gesehen, dass es jetzt Artikel Nr. 669 auch in Grün gibt. Wir wären sehr interessiert. Wann wäre er lieferbar?
B: Nach dem aktuellsten Ausdruck könnten wir bis nächsten Dienstag liefern. Würde das gehen?
A: Ich werde meinen Kunden anrufen und mich heute Nachmittag wieder melden.

A: Wie ist die aktuelle Lieferzeit für Artikel 557 in Grün?
B: Zurzeit haben wir fünf Stück auf Lager und vier in Vorbereitung.
A: Könnten Sie Ende dieser Woche drei Einheiten zum Versand bringen?
B: Ja, natürlich, soll ich das als ***verbindlichen Auftrag*** buchen?
A: Ja, und bitte reservieren Sie zwei von den anderen vier für Versand Ende des Monats.
A: Liefern Sie Artikel 778 in 50-kg-Packungen?
B: Nein, es tut mir Leid, die größte lieferbare Packung hat 30 kg.
A: Gut, dann müssen wir zwei 30-kg-Packungen bestellen.
B: Ja, das wäre sehr hilfreich.
A: Hätten Sie irgendwelche Muster von diesem Artikel, die Sie mir zu schicken könnten?
B: Ja, selbstverständlich, aber ich habe sie nur in Braun. Wäre das in Ordnung?
A: Im Moment reicht es, wir wollen nur sehen, wie das Produkt aussieht.

Einkauf und Verkauf 356

B: I could also send you our catalogue, so that you can see our other materials.

A: We would be very interested in regularly receiving advertisements concerning *special offers.*
B: Of course, we can arrange this. Please leave your e-mail address with me and I will put you on our *mailing list.* Our offers are updated weekly.
A: Here's my address: tmistry@talcumind.de.
B: Thank you. You'll receive our advertisement regularly starting next week.
A: That would be wonderful. Thank you.

Offers

Last week you visited our stand at the Cologne fair and *expressed interest* in our products.

We noticed your advert (US: ad) in the latest edition of ...
Mr. Davis from Sundale mentioned that you had shown interest in our products.

You were advertising for partners in the European market.

Thank you for your interest.
We would first of all like to tell you something about our company.
We were pleased to hear of your interest in our products, but would like more information as to your *specific needs.*

B: Ich könnte Ihnen auch unseren Katalog schicken, damit Sie unsere anderen Materialien sehen können.

A: Wir wären sehr daran interessiert, regelmäßig Ankündigungen von *Sonderangeboten* zu erhalten.
B: Sicher, das können wir einrichten. Bitte geben Sie mir Ihre E-Mail-Adresse und ich setze Sie auf unsere *Mailingliste.* Die Angebote werden wöchentlich aktualisiert.
A: Hier ist meine Adresse: tmistry@talcumind.de.
B: Danke. Sie werden ab nächster Woche unsere Angebote regelmäßig erhalten.
A: Das wäre wunderbar. Danke.

Angebote

Letzte Woche haben Sie unseren Stand auf der Kölner Messe besucht und *Interesse* an unseren Produkten *bekundet.*

Wir haben Ihre Anzeige in der letzten Ausgabe von ... gesehen.
Herr Davis von der Firma Sundale hat erwähnt, dass Sie sich für unsere Produkte interessieren.

Sie haben für Partner im europäischen Markt inseriert.

Vielen Dank für Ihr Interesse.
Wir würden Ihnen zuerst gerne ein bisschen über unsere Firma erzählen.
Wir haben uns über Ihr Interesse an unseren Produkten gefreut, möchten aber genauere Informationen über Ihre *speziellen Anforderungen.*

Einkauf und Verkauf

We will then be in a position to make an offer **based on** the required application.	Wir werden dann in der Lage sein, Ihnen ein Angebot **basierend auf** der gewünschten Anwendung zu machen.
On what **terms** should we quote?	Zu welchen **Bedingungen** sollen wir anbieten?
Should we base our offer on **full shipments** or on **smaller quantities?**	Sollen wir auf der Basis von **vollen Sendungen** oder **kleineren Mengen** anbieten?
The present **lead time** is ex works three weeks after receipt of firm order.	Die aktuelle **Lieferzeit** ab Werk beträgt drei Wochen nach Erhalt des festen Auftrages.
At the moment there is a tremendous increase in raw material prices, but I'm sure that we can **agree on a price.**	Zurzeit steigen die Rohstoffpreise erheblich an, aber ich bin sicher, dass wir uns **preislich einigen** können.
We offer a quantity discount if the annual quantity exceeds 50 units.	Wir bieten einen Mengenrabatt an, falls mehr als 50 Einheiten pro Jahr gekauft werden.
All our prices are quoted in German marks.	Alle Preise sind in DM-Währung errechnet.
Our general payment term for overseas business is **Letter of Credit,** less 3% **discount,** or **cash in advance.**	Unsere allgemeinen Zahlungsbedingungen für Auslandsgeschäfte lauten gegen **Akkreditiv,** abzüglich 3% **Skonto,** oder **Vorauskasse.**
We would of course be delighted to send you our company brochure and some samples.	Wir würden Ihnen natürlich gerne eine Firmenbroschüre sowie einige Muster zusenden.
We will confirm this by fax.	Wir werden dies per Fax bestätigen.
We are pleased to offer as follows:	Wir bieten Ihnen frei bleibend an:
All our prices are to be understood **FOB** German port including packing.	Unsere Preise verstehen sich **FOB** deutscher Hafen einschließlich Verpackung.

FOB steht für „Free on Board". Transportkosten werden vom Auftraggeber übernommen bis die Ware an Bord des Schiffes ist. Die restlichen Frachtkosten werden vom Auftragnehmer übernommen.

These prices are based on a minimum quantity of 50 units per order.	Diese Preise basieren auf einer Mindestabnahmemenge von 50 Stück pro Auftrag.

Einkauf und Verkauf

For ***CIF (cost, insurance, freight) deliveries*** we would have to charge an extra 10% on list price.

We hope that we have made you a favourable offer and look forward to hearing from you.
Please visit our homepage. You can find our latest price lists there.

This offer is ***subject to availability.***

Please advise whether this offer is of interest to you.

A: Mr. Davis from Sundale mentioned that you had shown interest in our products.
B: Yes, I saw some of your locks when I visited his premises last week.

A: For what sort of application do you need the locks?
B: For attaché cases.
A: Then I will send you an offer. On what terms should we quote?

B: Please quote based on ***full lorry (US: truck) loads free German border.***

A: For a first order, we could only offer a payment term of Cash against Documents, less 2% discount. For further deliveries we could consider an ***open payment term.***

B: All right, I agree. Could you also let me have some catalogues and a few sample locks?
A: Of course. We will dispatch them today together with our offer.

Für ***CIF (Kosten, Versicherung, Fracht) Lieferungen*** müssen wir einen Aufschlag von 10% auf den Listenpreis berechnen.

Wir hoffen, Ihnen ein günstiges Angebot gemacht zu haben, und würden uns freuen, von Ihnen zu hören.
Bitte besuchen Sie auch unsere Homepage. Hier finden Sie unsere aktuellsten Preislisten.

Dieses Angebot gilt, ***solange der Vorrat reicht.***

Würden Sie uns bitte mitteilen, ob dieses Angebot für Sie von Interesse ist.

A: Herr Davis von der Firma Sundale hat erwähnt, dass Sie Interesse an unseren Produkten geäußert haben.
B: Ja, ich habe einige Ihrer Schlösser gesehen, als ich letzte Woche sein Werk besucht habe.

A: Für welche Art von Anwendung brauchen Sie die Schlösser?
B: Für Aktenkoffer.
A: Dann schicke ich Ihnen ein Angebot zu. Zu welchen Bedingungen sollen wir anbieten?

B: Bitte bieten Sie auf der Basis von ***vollen LKW-Ladungen frei deutsche Grenze an.***

A: Für einen ersten Auftrag können wir nur eine Zahlungskondition Kasse gegen Dokumente, abzüglich 2% Skonto anbieten. Für weitere Lieferungen können wir ein ***offenes Zahlungsziel*** berücksichtigen.

B: Einverstanden. Könnten Sie mir auch ein paar Kataloge und einige Musterschlösser zuschicken?
A: Natürlich. Wir schicken sie heute zusammen mit unserem Angebot los.

Einkauf und Verkauf

A: Thank you for your interest in our products. We would be pleased to send you an offer. Should we base this on full shipments or on smaller quantities?

B: Could you send us both?

A: Of course. We do offer a *quantity discount* if the annual quantity exceeds 50 units.

B: What is the present lead time?

A: Ex works three weeks *after receipt* of order. We will submit our offer in writing.

A: At the moment we have some items in stock which we would like to clear. We could offer these items at a discount of 15 – 20% depending on quality. Would this be of interest?

B: What kind of items are they?

A: This material is stock remaining from *discontinued lines.* Should we send you some samples?

B: Yes, that would be helpful.

A: The material has of course been offered to other customers and is subject to being unsold. Please advise whether this offer is of interest to you.

A: Vielen Dank für Ihr Interesse an unseren Produkten. Wir schicken Ihnen gerne ein Angebot zu. Sollen wir auf der Basis von vollen Sendungen oder kleineren Mengen anbieten?

B: Könnten Sie uns beides schicken?

A: Natürlich. Wir bieten einen *Mengenrabatt* an, falls mehr als 50 Einheiten pro Jahr gekauft werden.

B: Wie ist die aktuelle Lieferzeit?

A: Ab Werk drei Wochen *nach Auftragserhalt.* Wir werden unser Angebot schriftlich vorlegen.

A: Zurzeit haben wir einige Posten auf Lager, die wir gerne räumen möchten. Wir können diese Posten abhängig von der Qualität zu einem Rabatt von 15 – 20% anbieten. Wäre das interessant für Sie?

B: Was für Posten sind das?

A: Dieses Material ist ein Restvorrat an *Auslaufmodellen.* Sollen wir Ihnen einige Muster zuschicken?

B: Ja, das wäre sehr hilfreich.

A: Das Material ist natürlich auch anderen Kunden angeboten worden und Zwischenverkauf ist vorbehalten. Bitte sagen Sie mir Bescheid, ob dieses Angebot für Sie interessant wäre.

New developments

Neuheiten

We are pleased to announce that this item is now available in three different *new versions.*

We have developed a new series of machines for the cleaning industry.

We have *updated* our existing technology.

Wir freuen uns, Ihnen mitteilen zu können, dass dieser Artikel jetzt in drei *neuen Ausführungen* lieferbar ist.

Wir haben eine neue Reihe von Maschinen für die Reinigungsindustrie entwickelt.

Wir haben unsere jetzige Technologie *auf den neuesten Stand* gebracht.

Einkauf und Verkauf 360

We are in the process of developing a new cleaning system.
We have *adjusted* our machines to better suit the present market requirements.
Would you be interested in seeing some brochures about this material?

Should we send some with your next order?
We have now appointed a salesman to concentrate on your part of the country.
Could you send us some information on your new product, please?

Wir sind gerade dabei, ein neues Reinigungssystem zu entwickeln.
Wir haben unsere Maschinen *geändert*, um den aktuellen Anforderungen am Markt besser zu entsprechen.
Wären Sie daran interessiert, einige Broschüren über dieses Material zu sehen?

Sollen wir Ihnen einige mit Ihrem nächsten Auftrag schicken?
Wir haben jetzt einen Verkäufer für Ihre Region eingestellt.
Könnten Sie uns bitte Informationen zu Ihrem neuen Produkt zusenden?

Das englische Wort "information" wird nicht im Plural verwendet, z.B. "could you give me some information about ...".

This will enable you to benefit from *on-the-spot service.*
He can be contacted at the following telephone number: ...
We have just had our catalogues translated into English, we will let you have some with your next order.

We are pleased to inform you that Mr. H. Müller is now responsible for all *dealings* with your company.
We are pleased to announce that you can now place your orders directly per Internet. Just go to our homepage and click on "Orders".

A: We are pleased to announce that we have updated our technology and developed a new series of

Sie werden jetzt die Vorteile des *„Vor-Ort-Services"* genießen können.
Sie können ihn unter nachfolgender Telefonnummer erreichen: ...
Wir haben unsere Kataloge gerade ins Englische übersetzen lassen, wir schicken Ihnen einige mit Ihrem nächsten Auftrag zu.

Wir freuen uns, Ihnen mitteilen zu können, dass Herr H. Müller jetzt für *Geschäfte* mit Ihnen zuständig ist.
Wir freuen uns, Ihnen mitteilen zu können, dass Sie nun Ihre Bestellungen direkt über das Internet durchführen können. Gehen Sie einfach auf unsere Homepage und klicken Sie das Feld „Bestellungen" an.

A: Wir freuen uns, Ihnen mitteilen zu können, dass wir unsere Technologie auf den neuesten Stand gebracht

Einkauf und Verkauf

machines for the cleaning industry.

B: How do these differ from the previous ones?
A: They clean more thoroughly and are ***more economical.*** This is something that we have been working on for the last 12 months.

B: Do you know how much they will cost?
A: We will send you more information as soon as we have completed our testing.

A: We are proud to tell you that we have added five new colours (US: colors) to our ***range.***

B: What kind of colours?
A: Five new pastel colours. These were actually developed for the American market, but they were so successful that we have decided to extend them to other markets.

B: Please send me more details.

A: You can also go to our homepage. There we even have samples of all our colours.

A: ***We have extended*** our ***range*** to include accessories and belts.
B: That sounds interesting.
A: We have catalogues showing this new range and would be more than happy to send you one.
B: Yes, that would be great.
A: Samples of these new items will be available in a few days. Have a look

und eine neue Reihe von Maschinen für die Reinigungsindustrie entwickelt haben.
B: Wie unterscheiden sie sich von den vorherigen?
A: Sie reinigen gründlicher und sind ***wirtschaftlicher.*** Daran haben wir seit zwölf Monaten gearbeitet.

B: Wissen Sie, wie viel sie kosten werden?
A: Wir schicken Ihnen mehr Informationen zu, sobald wir unsere Tests beendet haben.

A: Wir sind stolz, Ihnen mitteilen zu können, dass wir fünf neue Farben in unsere ***Produktpalette*** aufgenommen haben.

B: Was für Farben?
A: Fünf neue Pastelltöne. Diese wurden eigentlich für den amerikanischen Markt entwickelt, aber sie waren so erfolgreich, dass wir uns entschieden haben, sie auch auf anderen Märkten zu vertreiben.
B: Bitte schicken Sie mir nähere Informationen zu.
A: Sie können auch unsere Homepage besuchen. Wir haben dort sogar Muster aller unserer Farben.

A: ***Wir haben unsere Palette*** jetzt um Accessoires und Gürtel ***erweitert.***
B: Das klingt interessant.
A: Wir haben Kataloge, die unsere neue Reihe zeigen und würden Ihnen sehr gerne einen zuschicken.
B: Ja, das wäre gut.
A: Muster dieser neuen Artikel werden in ein paar Tagen verfügbar sein.

Einkauf und Verkauf

through the catalogue and then we can forward some.	Sehen Sie sich den Katalog an, und dann können wir Ihnen welche zusenden.
A: We are now in a position to offer a more comprehensive service, as we have just opened a second office in Cologne. B: Where is this office situated? A: In the city centre (US: center), not far from the main post office.	A: Wir sind jetzt in der Lage, Ihnen einen umfassenderen Service anzubieten, da wir jetzt ein zweites Büro in Köln eröffnet haben. B: Wo befindet sich dieses Büro? A: In der Stadtmitte nicht weit vom Hauptpostamt.
A: We are pleased to inform you that we now have a representative in the United States. B: In which part of the country? A: On the East Coast, not far from Boston. B: How will this affect the present situation? A: You will order as you always do, but they will arrange for *customs clearance and domestic transport* from within the USA. B: This will be a great help for us, can you let us have their name and address?	A: Wir freuen uns, Ihnen mitteilen zu können, dass wir jetzt eine Vertretung in den Vereinigten Staaten haben. B: In welchem Teil des Landes? A: An der Ostküste, nicht weit von Boston. B: Wie wird sich das auf die aktuelle Situation auswirken? A: Sie bestellen wie üblich, aber *die Verzollung und der Inlandstransport* werden in den USA arrangiert. B: Das wird uns sehr helfen, können Sie uns bitte den Namen und die Adresse dieser Firma geben?

Prices

Preise

What is your *current list price* for item 472?

Wie ist der *aktuelle Listenpreis* für Artikel 472?

Besonders zu beachten sind die "false friends" (falsche Freunde) der englischen Sprache. „Aktuell" wird nicht mit "actual" übersetzt, sondern mit "current/present/latest" (actual = eigentlich/tatsächlich). Die aktuelle Preisliste heißt demnach the "latest price list", die aktuelle Marktsituation – "the present market situation". Die richtige Übersetzung für das Wort „eventuell" ist "possible" und nicht "eventually" (= schließlich). Eine eventuelle Preiserhöhung ist "a possible price increase".

Einkauf und Verkauf

Our *latest* price list is from January of last year.
Could you *guarantee* that you will take this quantity?
We would then have to *reduce the commission* from 5% to 4%.
Our prices include 5% *commission* which will be paid monthly as agreed.

Commission will be paid on all orders.

The prices are *subject* to change.
At the moment the *exchange rate* is very weak, could you grant a *currency rebate?*
Unfortunately we have no other choice than to *increase* our prices.
The increasing costs of raw materials make it impossible for us to hold our prices any longer.
The costs of the required environmental measures force us to *adjust our prices accordingly.*

We are, however, prepared to *guarantee* these prices until the end of this year.
After that time we would have to *reconsider the cost situation.*
Considering the near date of the European Currency Union in 1999 we also accept *payment* in euro.

Please keep exchange rates in mind when paying in euro.

A: Would you be able to accept an order for 400 at the 500-kg price?
B: Only if really necessary, we like to keep to the price list.
A: Could we then place a *larger order*

Unsere *aktuelle* Preisliste ist vom Januar letzten Jahres.
Können Sie *garantieren,* dass Sie diese Menge abnehmen?
Wir müssten die *Provision* dann von 5% auf 4 % *reduzieren.*
Unsere Preise verstehen sich einschließlich 5% *Provision,* die, wie vereinbart, monatlich bezahlt wird.

Eine Provision wird auf alle Aufträge bezahlt.

Die Preise sind *unverbindlich.*
Zurzeit ist der *Währungskurs* sehr schlecht, können Sie uns einen *Währungsrabatt* gewähren?
Leider bleibt uns nichts anderes übrig, als unsere Preise zu *erhöhen.*
Die zunehmenden Kosten für Rohstoffe lassen nicht zu, dass wir unsere Preise weiter halten können.
Die Kosten der erforderlichen Umweltmaßnahmen zwingen uns dazu, unsere *Preise entsprechend zu korrigieren.*

Wir sind jedoch in der Lage, diese Preise bis Jahresende zu *garantieren.*

Nach dieser Zeit müssen wir die *Kostensituation neu überdenken.*
In Anbetracht des nahen Datums der Europäischen Währungsunion im Jahr 1999 akzeptieren wir auch *Zahlungen* in Euro.

Bitte bedenken Sie die Wechselkurse, wenn Sie in Euro bezahlen.

A: Können Sie einen Auftrag über 400 kg zum 500-kg-Preis annehmen?
B: Nur wenn zwingend notwendig, wir halten uns lieber an die Preisliste.
A: Können wir dann einen *größeren*

with call off to achieve a cheaper price?
B: How big would the order be?
A: About 2,500 kg.

Auftrag auf Abruf erteilen, um einen billigeren Preis zu bekommen?
B: Wie groß wäre der Auftrag?
A: Ungefähr 2.500 kg.

Bei Zahlen werden im Englischen Komma und Punkt genau umgekehrt wie im Deutschen verwendet: so wird eintausendfünfhundertfünfzig Pfund und zwanzig Pence 1,550.20 geschrieben – wo im Deutschen ein Komma steht, steht hier ein Punkt und umgekehrt.

B: Could you *guarantee* that you will really take this quantity?
A: Yes, this is a large project.
B: OK, but we would have to draw up an agreement that the quantity will be *called off* within 9 months.

B: Können Sie *garantieren,* dass Sie diese Menge wirklich abnehmen?
A: Ja, es ist ein großes Projekt.
B: OK, aber wir müssten eine Vereinbarung aufsetzen, dass die Menge innerhalb von 9 Monaten *abgerufen* wird.

A: At the moment the *exchange rate* is very weak, could you grant us a *currency rebate?*
B: How much would you need?
A: We would need at least 5%. The peseta has lost 10% against the German mark. This means for us an *indirect price increase* of 10%.

A: Zurzeit ist der *Währungskurs* sehr schlecht, können Sie uns einen *Währungsrabatt* gewähren?
B: Wie viel würden Sie brauchen?
A: Wir würden mindestens 5% brauchen. Die Peseta hat gegenüber der Deutschen Mark 10% verloren. Das bedeutet für uns eine *indirekte Preiserhöhung* von 10%.

B: Let me talk it over with my boss and get back to you.

B: Lassen Sie mich mit meinem Chef reden, dann melde ich mich wieder.

A: Our price list has now been in effect for three years. It is time to bring our prices *up to date.*
B: This will *weaken our market position* considerably.
A: Unfortunately we have no other choice. The costs of the required environmental measures force us to *adjust* our *prices accordingly.*

A: Unsere Preisliste ist jetzt schon seit drei Jahren gültig. Es ist an der Zeit, unsere Preise wieder zu *aktualisieren.*
B: Dies wird unsere *Marktposition* erheblich *schwächen.*
A: Leider bleibt uns nichts anderes übrig. Die Kosten der erforderlichen Umweltmaßnahmen zwingen uns dazu, unsere *Preise entsprechend zu korrigieren.*

Einkauf und Verkauf

B: Will this be the only increase this year?
A: Yes, we are prepared to guarantee our prices until the end of March next year.
B: Would you also be willing to accept payments in euro?
A: Yes, considering the near date of the European Currency Union, we would. But please keep the exchange rates in mind when placing your order.

Orders

We would like to *place an order.*
Enclosed our *firm order* for ...

May we *confirm* the following order:

We are pleased to *order* as follows:
Please accept the following order: 5 cartons of item 4567 in colour navy blue. Price as per our current price list dated November 15th, 1998. Including 5% *discount* as usual.

Our *commission* for this order would be 4%.
Price *as per your offer* dated September 5th, 1999.
Delivery, as agreed on the telephone, on December 7th ex works.

B: Wird es die einzige Erhöhung in diesem Jahr sein?
A: Ja, wir sind bereit, unsere Preise bis Ende März nächsten Jahres zu garantieren.
B: Wären Sie auch bereit, Zahlungen in Euro zu akzeptieren?
A: Ja, in Anbetracht dessen, dass die Europäische Währungsunion kurz bevorsteht, wären wir dazu bereit. Aber bitte bedenken Sie bei Ihrer Bestellung die Wechselkurse.

Bestellungen

Wir möchten *einen Auftrag erteilen.*
Anbei unser *verbindlicher Auftrag* über ...

Hiermit *bestätigen* wir den folgenden Auftrag:

Wir freuen uns, wie folgt zu *bestellen:*
Bitte nehmen Sie folgenden Auftrag an: 5 Kartons von Artikel 4567 in Farbe Marineblau. Preis gemäß unserer aktuellen Preisliste vom 15. November 1998. Einschließlich 5% *Rabatt* wie üblich.

Unsere *Provision* für diesen Auftrag wäre 4%.
Preis *gemäß Ihrem Angebot* vom 5. September 1999.
Lieferung, wie telefonisch besprochen, am 7. Dezember ab Werk.

Bei Ordnungszahlen ist zu beachten, dass die ersten drei Nummern ihre eigene Form haben, z.B. Erste "first" oder "1st", Zweite "second" oder "2nd", Dritte "third" oder "3rd", ab vier wird die Zählform mit "th" geschrieben, "4th, 5th" etc. Bei höheren Nummern gilt die gleiche Regel: "21st, 22nd, 23rd" etc.

Einkauf und Verkauf

Please fly this order to New York and *bill us for the freight.*

Bitte schicken Sie den Auftrag nach New York und *stellen Sie uns die Fracht in Rechnung.*

Please *confirm in writing.*

Bitte *bestätigen Sie dies schriftlich.*

Please confirm *dispatch date* by return fax immediately.

Bitte bestätigen Sie den *Versandtermin* sofort per Fax.

Bestellungen und Anfragen per E-Mail funktionieren im Prinzip genauso wie andere schriftliche Bestellungen. Der Vorteil ist, dass der Informationsfluss erheblich schneller ist als bei der normalen Post, die deshalb im Englischen auch "snail mail" (snail = Schnecke) genannt wird. Direkte, kurze Anfragen bzw. Rückfragen sind ebenso möglich wie prompte Antworten. Auch hier müssen jedoch, wie beim normalen Briefwechsel, die Umgangsformen beachtet werden. Bei einer ersten Kontaktaufnahme sollten Sie deshalb immer erwähnen, woher Sie die E-Mail-Adresse des Empfängers haben.

Please be sure to supply this item as *per our previous order.*

Bitte achten Sie darauf, dass dieser Artikel *gemäß vorherigem Auftrag* geliefert wird.

We have an order from a new *customer.*
This is a *new account.*

Wir haben einen Auftrag von einem neuen *Kunden.*
Es handelt sich dabei um einen *Neukunden.*

Gibt man einer amerikanischen Firma beispielsweise den 4.2. als Liefertermin an, kann es passieren, dass man am 4. Februar vergebens auf die Ware wartet, weil die amerikanische Firma erst am 2. April liefert. Bei Angabe eines Datums in Kurzform ist zu beachten, dass in den USA das Kurzdatum „Monat/Tag/Jahr" geschrieben wird (durch Schrägstriche getrennt), in Großbritannien schreibt man wie im Deutschen Tag.Monat.Jahr, durch Punkte getrennt. Um Verwechslungen zu vermeiden, sind deshalb viele Firmen im internationalen Schriftverkehr dazu übergegangen, den Monatsnamen auszuschreiben, wie beispielsweise September 7th 1999 oder 7 September 1999.

Einkauf und Verkauf

A: We would like to *place an order.*
B: Yes, for which *item*?
A: For five cartons of item 4567.
B: In which colour?
A: Navy blue.
B: Price would be as *per our current price list* dated November 15th.
A: No, I spoke to Mr. Jones yesterday and we agreed on a price of DM 5.20 less the usual 5% *discount.*

B: I'll have to check with him.
A: Please fly this order to New York and *bill us for the freight.*

B: OK, fine.
A: Could you please *confirm dispatch date and price* by return fax?

B: Of course, after I have spoken to Mr. Jones.

A: Please note the following order for 300 yards of material with the pattern name "Jasmine". *Price as per your offer* dated September 5th, including *commission* of 4%.
B: Thank you, yes, I'll make a note of it. The usual *delivery term*?
A: Yes, FOB German port.
B: OK, I'll *confirm in writing*.
A: This is an important *new customer*, please send your best quality material.

B: I'll make a note on the order.
A: Could you please also add to this order a sample book and some samples of your material "Primrose"?
B: Of course.
A: Please mark the samples *F.A.O.* (*US: Attn.*) Mr. Matthews.

A: Wir möchten einen *Auftrag erteilen.*
B: Ja, für welchen *Artikel*?
A: Für fünf Kartons von Artikel 4567.
B: In welcher Farbe?
A: Marineblau.
B: Der Preis entspricht unserer *aktuellen Preisliste* vom 15. November.
A: Nein, ich habe gestern mit Herrn Jones gesprochen, und wir haben uns auf einen Preis von DM 5,20 geeinigt, abzüglich der üblichen 5% *Rabatt.*

B: Ich muss es mit ihm abklären.
A: Bitte fliegen Sie diesen Auftrag nach New York und *stellen Sie uns die Fracht in Rechnung.*

B: Gut, alles klar.
A: Bitte *bestätigen Sie uns den Versandtermin und den Preis* sofort per Fax.

B: Natürlich, sobald ich mit Herrn Jones gesprochen habe.

A: Bitte notieren Sie folgenden Auftrag über 300 Yards vom Stoff mit dem Musternamen „Jasmine". *Preis gemäß Ihrem Angebot* vom 5. September, einschließlich *Provision* von 4%.
B: Danke, ich werde es notieren. Die übliche *Lieferbedingung*?
A: Ja, FOB deutscher Hafen.
B: Gut, ich *bestätige schriftlich.*
A: Es handelt sich um einen wichtigen *Neukunden*, bitte schicken Sie Stoff von bester Qualität.

B: Ich notiere es auf dem Auftrag.
A: Können Sie bitte diesem Auftrag ein Musterbuch und einige Muster Ihres Stoffes „Primrose" beifügen?
B: Selbstverständlich.
A: Bitte senden Sie die Muster *zu Händen von* Herrn Matthews.

Einkauf und Verkauf

> F.A.O. ist die Abkürzung für "For attention of " und heißt „zu Händen von".

Order confirmation

We have just received your fax and can *confirm the order as stated.*
Confirm *price as per our offer* dated November 15th.
We received your e-mail concerning the order of article 289 in colour yellow this morning and would like to *confirm this order as stated.*
We confirm your e-mail order dated June 2nd.
We have attached our current price list.
A: We are pleased to *confirm the order as per your fax* dated May 15th.
B: How many chairs will the container hold?
A: The maximum load is 100 chairs.

B: What is your *present price*?
A: Confirm 100 chairs at a price of DM 30 each. The container will be loaded on June 1st for *shipment ex German port* on June 4th, *ETA* Washington on June 18th.

B: Thank you. Could you put this in writing for me?
A: Of course, could you also confirm the *forwarding agents* for us?
B: I'll fax this through.

Auftragsbestätigung

Wir haben gerade Ihr Fax erhalten und *können den Auftrag so bestätigen.*
Wir bestätigen den *Preis gemäß unserem Angebot* vom 15. November.
Wir haben Ihre E-Mail, die Bestellung über Artikel 289 in Gelb, heute Morgen erhalten und möchten *sie hiermit so bestätigen.*
Wir bestätigen Ihre Bestellung per E-Mail vom 2. Juni.
Unsere aktuelle Preisliste haben wir angehängt.
A: Wir freuen uns, den *Auftrag gemäß Ihrem Fax* vom 15. Mai zu bestätigen.
B: Wie viele Stühle passen in den Container?
A: Die maximale Auslastung ist 100 Stühle.

B: Wie sind Ihre *aktuellen Preise*?
A: Wir bestätigen 100 Stühle zu einem Preis von DM 30, – pro Stück. Der Container wird am 1. Juni für *Verschiffung ab deutschem Hafen* am 4. Juni geladen, *voraussichtliche Ankunft* Washington am 18. Juni.

B: Danke. Können Sie mir dies schriftlich geben?
A: Natürlich, können Sie uns bitte auch die *Spediteure* bestätigen?
B: Ich faxe es durch.

> ETA ist die Abkürzung für "Estimated Time of Arrival" = voraussichtlicher Ankunftstermin. ETD steht für "Estimated Time of Departure" = voraussichtlicher Auslieferungstermin.

Einkauf und Verkauf

Fairs and exhibitions

Next month there is an ***exhibition*** in Munich.
We would like to be presented at the "CEBIT Home" next year.
Last year our company had a ***stand*** on the first floor.
The main attractions of the fair will be found in hall no. 7.
We had to rent a ***booth*** at the "New York Spring Fair".
It would be good for our company if we could ***exhibit*** in hall 1.

Messen und Ausstellungen

Nächsten Monat ist eine ***Ausstellung*** in München.
Wir wären gerne nächstes Jahr auf der „CEBIT Home" vertreten.
Letztes Jahr hatte unsere Firma einen ***Stand*** im Erdgeschoss.
Die Hauptattraktionen der Messe werden in Halle Nr. 7 zu finden sein.
Wir mussten auf der „New Yorker Frühlingsmesse" einen ***Stand*** mieten.
Es wäre gut für unsere Firma, wenn wir in Halle 1 ***ausstellen*** könnten.

Stockwerke werden in Europa und Amerika anders gezählt: das amerikanische Erdgeschoss, "ground floor", ist gleichzeitig auch "first floor". Die Nummerierung beginnt mit dem Erdgeschoss. In Europa dagegen entspricht das Erdgeschoss dem „0." Stockwerk, die Zählung fängt erst mit dem darüber liegenden ersten Stock an, welcher bei den Amerikanern schon der "second floor", der zweite Stock ist.

A: We would like to ***exhibit*** at the "CEBIT Home" fair in April 2000.

Could you please send us an ***application form***?
B: Of course, in which ***hall*** were you thinking of exhibiting?
A: Would it be possible to exhibit in hall 4?
B: That hall is very popular, make a note on the form and I will see what I can do.
A: Thank you.
B: How large should the ***stand*** be?
A: Large enough to fit three coffee tables and twelve chairs.
B: Then tick (US: check) the box for size B.

A: Wir möchten gerne auf der „CEBIT Home" im April 2000 ***ausstellen.***

Könnten Sie uns bitte ein ***Anmeldeformular*** zusenden?
B: Natürlich, in welcher ***Halle*** möchten Sie ausstellen?
A: Wäre es möglich, in Halle 4 auszustellen?
B: Diese Halle ist sehr beliebt, notieren Sie es auf dem Formular und ich werde sehen, was sich machen lässt.
A: Vielen Dank.
B: Wie groß soll der ***Stand*** sein?
A: Groß genug, dass drei Bistrotische und zwölf Stühle Platz haben.
B: Dann kreuzen Sie das Kästchen für Größe B an.

Einkauf und Verkauf

A: Could you provide us with refreshments?
B: We will send all the details with the form.
A: Fine. And how about ***accommodation***?
B: We have three hotels on site, I will send the brochures as well. But be sure to book early!

A: We will be at the "Ideal Home Exhibition" next month. We are exhibiting there for the first time.
B: Where will you be?
A: We have a stand in hall 6 on the second floor (US: third floor). Will you be there, too?
B: Yes, but I'm not sure exactly when.
A: Come along and ***visit*** us. I will be at the stand on Wednesday and Thursday and my colleague Frank Marshall will be there on Friday and Saturday.

B: OK, I'll try and ***stop by*** on Wednesday or Thursday. I don't really know Frank very well.

A: Können Sie Erfrischungen für uns organisieren?
B: Wir werden alle Details mit dem Formular schicken.
A: In Ordnung. Und wie ist es mit der ***Unterkunft***?
B: Wir haben drei Hotels auf dem Gelände, ich schicke Ihnen dann auch die Broschüren mit. Aber reservieren Sie rechtzeitig!

A: Wir werden nächsten Monat auf der „Ideal Home Exhibition" sein. Wir stellen dort zum ersten Mal aus.
B: Wo werden Sie sein?
A: Wir haben einen Stand in Halle 6 im zweiten Stock. Werden Sie auch dort sein?
B: Ja, aber ich weiß nicht genau wann.
A: Kommen Sie uns einfach ***besuchen.*** Ich werde am Mittwoch und Donnerstag am Stand sein und mein Kollege Frank Marshall am Freitag und Samstag.

B: Gut, ich werde versuchen, am Mittwoch oder Donnerstag ***vorbeizuschauen.*** Ich kenne Frank nicht so gut.

4. Auftragsabwicklung

Transport and Forwarding

How should we *forward* this order?

Should we *ship* to Singapore as usual?

It is possible for us to *load* this order tomorrow, otherwise it will be next week.

We could *dispatch* this on Thursday for *shipment* in a 20' container. ETA Busan Port on May 15th.

The *lorry* (US: *truck*) arrived in London yesterday at 4 p.m., but there was no one there to accept the goods. We will be charged for the second *delivery.*
Is a specific *forwarding agent* named?

As we are delivering CIF (cost insurance, freight) Dublin, we reserve the right to choose the forwarder.

This forwarding agent has increased his rates, we are looking for another partner.
We will send a *trial shipment* with this forwarder next week, please keep us informed about the service.

The order was due to leave tomorrow, but the forwarders haven't got any lorries available.
The lorry has been held up at the border, as the *customs officers* are on strike.

Transport- und Versandwesen

Wie sollen wir diesen Auftrag *verschicken*?

Sollen wir wie üblich nach Singapur *verschiffen*?

Wir haben eine Möglichkeit, diesen Auftrag morgen zu *verladen*, ansonsten in der nächsten Woche.

Wir könnten es am Donnerstag *wegschicken,* für die *Verschiffung* in einem 20' Container. Voraussichtliche Ankunft Busan Hafen am 15. Mai.

Der *LKW* kam gestern um 16 Uhr in London an, aber es war niemand da, um die Ware entgegenzunehmen. Man wird uns die zweite *Zustellung* berechnen.
Wird ein bestimmter *Spediteur* genannt?

Da wir CIF (Verladekosten, Versicherung, Fracht inbegriffen) Dublin liefern, behalten wir uns das Recht vor, den Spediteur auszusuchen.

Dieser Spediteur hat die Raten erhöht, wir suchen nach einem anderen Partner.

Wir werden nächste Woche eine *Probelieferung* mit diesem Spediteur schicken, bitte halten Sie uns auf dem Laufenden über den Service.

Der Auftrag sollte morgen weggehen, aber die Spediteure haben keine LKWs verfügbar.
Der LKW ist an der Grenze aufgehalten worden, da die *Zollbeamten* zurzeit streiken.

Auftragsabwicklung

On Sundays and public holidays *HGVs* are banned from the motorways (US: highways), and so this will hold things up even longer.	An Sonn- und Feiertagen haben *LKWs* auf Autobahnen Fahrverbot, was alles noch weiter verzögern wird.
All HGVs have to pay *motorway* (US: *highway*) *tolls.*	Alle LKWs müssen *Autobahngebühren* bezahlen.

> "HGV" ist die britische Abkürzung für "Heavy Goods Vehicle" (Lastkraftwagen). Der britische "lorry" entspricht dem amerikanischen "truck".

The necessary repair work was not finished *on time.*	Die notwendigen Reparaturarbeiten wurden nicht *rechtzeitig* beendet.
We will now have to send this material on the ship next week.	Wir werden das Material jetzt mit dem Schiff nächste Woche schicken müssen.
This ship will only take nine days.	Dieses Schiff hat eine Laufzeit von nur neun Tagen.
Is there really no quicker alternative?	Gibt es wirklich keine schnellere Alternative?
We will forward the *bill of lading* as soon as possible to speed up the *customs clearance* at your end.	Wir werden das *Konnossement* (Seefrachtbrief) sofort weiterleiten, um bei Ihnen die *Verzollung* zu beschleunigen.

> Die Mehrzahl von "bill of lading" ist "bills of lading", obwohl es als "B/Ls" abgekürzt wird.

Could you send us a box by *air freight*?	Könnten Sie uns eventuell einen Karton per *Luftfracht* schicken?
They have quoted us DM 3.20 per kg. This *airline* has increased its prices, should we try another?	Sie haben uns DM 3,20 pro kg angeboten. Diese *Fluglinie* hat die Preise erhöht, sollen wir eine andere probieren?
We are still awaiting the *airway bill.*	Wir erwarten immer noch den *Luftfrachtbrief.*
As this is an *inner-community* purchase we would need your *VAT (value added tax) registration number.*	Da es sich um einen Kauf *innerhalb der EU* handelt, brauchen wir Ihre *Umsatzsteuernummer.*

Auftragsabwicklung

We have checked with the ***Federal Finance Office*** in Saarlouis, but they have no record of your company under this name and address.
The ***pallets*** were broken and the goods were ***damaged*** on arrival.

The ***boxes*** were not properly sealed.
The material was wet on opening.

The ***consignment*** was not ***insured*** at our end.
Please get in touch with ***this insurance broker.***
Please have the damage ***assessed.***
Then we can hand in the ***claim.***

A: It is possible for us to ***load*** this order tomorrow, otherwise it will be next week.
B: No, I can't wait that long, please go ahead with dispatch tomorrow.

A: This ***consignment*** was due to leave tomorrow, but the ***forwarders*** haven't got any lorries available.
B: When is the next possibility?
A: On Monday morning, this will cause a ***delay*** of three days.

B: That will be all right, I will inform my ***customer*** straight away.

A: This order has arrived in Hamburg, but we cannot ***clear it through customs,*** as we are missing the ***commercial invoice.***
B: We sent it threefold with the shipment, it must have got lost.

Wir haben beim ***Bundesamt für Finanzen*** in Saarlouis nachgefragt, aber Sie werden nicht unter diesem Namen und dieser Adresse geführt.
Die ***Paletten*** waren kaputt, und die Ware war bei der Ankunft bereits ***beschädigt.***

Die ***Kartons*** waren nicht richtig verschlossen. Das Material war beim Öffnen nass.

Die ***Sendung*** war bei uns nicht ***versichert.***
Bitte setzen Sie sich mit diesem ***Versicherungsmakler*** in Verbindung.
Bitte lassen Sie den Schaden ***schätzen.***
Dann können wir den ***Schadensanspruch*** einreichen.

A: Wir haben die Möglichkeit, diesen Auftrag morgen zu ***verladen,*** ansonsten erst in der nächsten Woche.
B: Nein, so lange kann ich nicht warten, bitte schicken Sie den Auftrag morgen weg.

A: Diese ***Sendung*** sollte morgen abgehen, aber die ***Spediteure*** haben keine LKWs verfügbar.
B: Wann ist die nächste Möglichkeit?
A: Am Montagmorgen, dies wird eine ***Verzögerung*** von drei Tagen verursachen.

B: Das wird in Ordnung sein, ich werde meinen ***Kunden*** sofort informieren.

A: Dieser Auftrag ist in Hamburg angekommen, aber wir können die Ware nicht ***verzollen,*** da die ***Handelsrechnung*** fehlt.
B: Wir haben sie der Sendung in dreifacher Ausführung beigelegt, sie muss verloren gegangen sein.

Auftragsabwicklung

A: Could you fax one through directly to our *customs broker*?
A: Please put this and the other two orders in a 20' Container.

B: This really isn't quite enough for a container.
A: We would be prepared to pay the difference between *consolidated and full shipment,* as this speeds up the customs clearance.
B: Fine. Could you give me the name and address of your forwarding agent?

A: We are sorry to inform you that the order was not loaded on the MS "Marie" as planned.
B: What happened?
A: The necessary repair work was not finished on time. We will now have to send this material on the ship next week, but this will only take nine days.

B: Is there really no quicker alternative?
A: No, I'm sorry. We will forward the *bill of lading* as soon as possible to speed up the *customs clearance* at your end.

A: Unfortunately the *goods* are still at Frankfurt airport. The *freight space* was double-booked.
B: When can they be flown now?

A: On Saturday, we can get a better rate for a weekend flight.

A: Können Sie bitte eine direkt an unseren *Zollagenten* durchfaxen?
A: Können Sie bitte diesen und die anderen zwei Aufträge in einen 20'- Container laden?

B: Es ist eigentlich nicht genug für einen Container.
A: Wir wären bereit, den Unterschied zwischen *Stückgut und Vollcontainer* zu bezahlen, da die Zollabwicklung damit beschleunigt wird.
B: In Ordnung. Könnten Sie mir bitte den Namen und die Adresse Ihres Spediteurs mitteilen?

A: Wir müssen Ihnen leider mitteilen, dass der Auftrag nicht wie geplant auf die MS „Marie" geladen wurde.
B: Was ist passiert?
A: Die notwendigen Reparaturarbeiten wurden nicht rechtzeitig fertig. Wir werden das Material jetzt mit dem Schiff nächste Woche schicken müssen, aber dieses hat eine Laufzeit von nur neun Tagen.

B: Gibt es wirklich keine schnellere Alternative?
A: Nein, es tut mir Leid. Wir werden das *Konnossement* (Seefrachtbrief) sofort weiterleiten, um bei Ihnen die *Verzollung* zu beschleunigen.

A: Die *Ware* ist leider noch am Frankfurter Flughafen. Der *Frachtraum* war doppelt gebucht.
B: Wann kann sie jetzt transportiert werden?

A: Am Samstag, wir bekommen bessere Preise für einen Wochenendflug.

B: What would this cost?
A: They have quoted us DM 3.20 per kg.

Terms of Payment

cash in advance
cash on delivery (COD)
cash against documents (CAD)
Sixty days after date of invoice, net.

The order will be shipped with *payment term* 30 days after date of invoice, net.
We need a *bank guarantee.*
The *pro forma invoice* will be faxed.
When the invoice is paid, we will arrange for the goods to be sent.
Payable immediately after *receipt* of the goods.
Please open the L/C as follows: Part shipments allowed. Tolerance of 5% for quantity and amount. Latest date of shipment: 31/07/1999.

Would it be possible to *issue* the *invoice* in US dollars?
It is our company policy only to *invoice* in German marks.
What is your *usual payment term*?

We could offer you *cash in advance* less 3% *discount.*

A: Would it be possible to *amend* the term of payment to 60 days after date of invoice, net?
B: In this case, we would have to apply for *credit insurance* and a *credit limit.*

B: Was würde es kosten?
A: Sie haben uns DM 3,20 pro kg angeboten.

Zahlungsbedingungen

Vorauskasse
per Nachnahme
Kasse gegen Dokumente
Sechzig Tage nach Rechnungsdatum, netto.

Der Versand des Auftrages erfolgt unter der *Zahlungsbedingung* 30 Tage nach Rechnungsdatum, netto.
Wir benötigen eine *Bankgarantie.*
Die *Proformarechnung* wird gefaxt.
Nachdem die Rechnung bezahlt ist, werden wir den Versand vornehmen.
Zahlbar sofort nach *Erhalt* der Ware.

Bitte eröffnen Sie das Akkreditiv wie folgt: Teillieferungen erlaubt, Toleranzbereich von 5% für Menge und Betrag. Verschiffung spätestens am: 31.07.1999.

Wäre es möglich, die *Rechnung* in US-Dollar *auszustellen*?
Es entspricht unserer Firmenpolitik, nur in D-Mark zu *fakturieren.*
Wie ist Ihre *übliche Zahlungsbedingung*?

Wir könnten Ihnen *Vorauskasse* abzüglich 3% *Skonto* anbieten.

A: Wäre es möglich, die Zahlungskondition auf 60 Tage nach Rechnungsdatum netto *abzuändern*?
B: In diesem Fall müssten wir eine *Kreditversicherung* und ein *Limit* anfordern.

Auftragsabwicklung

A: Could you apply and let me know what happens?

A: Könnten Sie ein Limit beantragen und mir Bescheid sagen, was passiert?

Reminders

Mahnungen

I'm ringing to enquire about .../I'm calling regarding ...
We are ***still waiting*** for ...
We have ***not yet received*** ...

Ich rufe an wegen ...

Wir ***warten immer noch auf*** ...
Wir haben ... ***immer noch nicht bekommen.***

This order was due to dispatch on ...

Dieser Auftrag sollte am ... zum Versand kommen.

When placing the order we were assured that it would be ***ready on time.***

Als wir den Auftrag erteilt haben, hat man uns versichert, dass er ***rechtzeitig fertig*** werden würde.

Can you tell me/give me any idea when ...?
I have this order entered in my ***schedule*** for dispatch on ...

Können Sie mir sagen, wann ...?

Ich habe diesen Auftrag in meiner ***Terminliste*** für den Versand am ... eingetragen.

We are now planning to dispatch this material on ...
At the moment we are experiencing production difficulties because of ...
We were not able to complete the order any earlier due to a ***lack*** of parts/raw materials/manpower.

Wir haben den Versand dieses Materials jetzt für den ... eingeplant.
Zur Zeit haben wir Produktionsprobleme wegen ...
Wir konnten diesen Auftrag wegen eines ***Mangels*** an Teilen/Rohstoffen/ Arbeitskräften leider nicht früher fertig stellen.

We're in ***urgent need*** of the goods.
This will cause us problems.

Wir ***brauchen*** die Ware ***ganz dringend.***
Das wird bei uns Probleme verursachen.

Is there any chance of ...?
Could you maybe dispatch part of the order?
This order is to be shipped to our customer in France next week.

Gibt es irgendeine Möglichkeit ...?
Könnten Sie eventuell eine Teillieferung vornehmen?
Dieser Auftrag soll nächste Woche an unseren Kunden in Frankreich geschickt werden.

Our schedules are very ***tight.***
Let me check again with ...

Unser Terminplan ist sehr eng.
Lassen Sie mich noch einmal mit ... reden.

Auftragsabwicklung

I'll get back to you.	Ich melde mich wieder bei Ihnen.
If we don't receive the material on time this will cause us ***contractual problems.***	Wenn wir das Material nicht pünktlich erhalten, wird dies zu ***vertragsrechtlichen Problemen*** führen.
We really must ***insist*** that the goods be dispatched tomorrow.	Wir müssen wirklich darauf ***bestehen,*** dass die Ware morgen zum Versand kommt.
This order has ***top priority*** now.	Dieser Auftrag hat jetzt ***erste Priorität.***
This invoice has actually been ***overdue*** for payment for ... days.	Diese Rechnung ist eigentlich seit ... Tagen ***überfällig.***
We seem to have ***overlooked*** this invoice.	Wir haben diese Rechnung anscheinend ***übersehen.***
We'll send you a cheque (US: check) this afternoon.	Wir schicken Ihnen heute Nachmittag einen Scheck.
The cheque must have ***got lost*** in the post (US: mail).	Der Scheck muss in der Post ***verloren gegangen*** sein.
Our records show that the ***invoice still has not been paid.***	Laut unseren Unterlagen ***ist die Rechnung noch offen.***
We actually paid the invoice last week, I will contact our bank and see why the payment has been delayed.	Wir haben die Rechnung eigentlich schon letzte Woche bezahlt. Ich werde mich mit unserer Bank in Verbindung setzen, um festzustellen, warum sich die Zahlung verzögert.

Bei Mahnungen drückt man sich im Englischen sehr viel verhaltener aus als im Deutschen, zum Beispiel "you seem to have overlooked it", und nicht nur "you have overlooked it", oder "it has actually been overdue" und nicht "it has been overdue". Die Benutzung von solchen Wörtern wie "actually", "really", "seem to be", "appear to be" ist bei einer ersten Mahnung üblich. Nur bei wiederholten Mahnungen verschärft sich der Ton. Eine telefonische Mahnung ist weniger streng, bei ernsteren Verzögerungen ist ein Brief/Fax üblich.

When we spoke last week, you ***assured*** me that the invoice would be paid.	Als wir letzte Woche miteinander gesprochen haben, haben Sie mir ***versichert,*** dass die Rechnung bezahlt wird.
We must receive ***at least*** a part payment.	Wir brauchen ***zumindest*** eine Teilzahlung.
We have many ***outstanding obligations.***	Wir haben viele ***Verpflichtungen*** zu begleichen.

Auftragsabwicklung

The ***book-keeping department*** will only release this order for shipment if we receive a copy of your cheque/transfer.

Die ***Buchhaltungsabteilung*** gibt diesen Auftrag nur zur Lieferung frei, wenn wir von Ihnen eine Kopie des Schecks/der Überweisung erhalten.

Auch wenn man eine Lieferung bzw. eine Zahlung anmahnt, bleibt man im Englischen höflich. Die üblichen Floskeln wie, "hello, how are you?" oder "hello, how are things?" gehören trotzdem zu einem solchen Gespräch. Auch die Formen, "I look forward to hearing from you" oder "thanks for your help" sind ebenfalls Bestandteil einer solchen Unterhaltung. Es ist durchaus üblich, sich zu entschuldigen, "sorry to bother you, but ..." bevor man sich über eine verspätete Lieferung beschwert.

A: I'm ringing (US: calling) to enquire about the status of our order no. 452 dated June 5th. On the order confirmation it states delivery ex works on September 5th. When placing the order, we were assured that it would be ready on time. However, today is September 7th and we ***still have not received any advice of dispatch.*** Do you know, by any chance, when the order will be dispatched?
B: I have this order entered in my schedule for dispatch on September 12th. Unfortunately we were not able to complete this order any earlier due to production ***delays*** caused by the late ***delivery*** of certain parts.
A: September 12th is rather late, this would cause us considerable problems, as the order is to be sent on to our depot in Manchester. Is there any chance of sending it a bit earlier than that?

A: Ich rufe wegen unseres Auftrages Nr. 452 vom 5. Juni an. In der Auftragsbestätigung steht als Liefertermin ab Werk der 5. September. Als wir den Auftrag erteilt haben, hat man uns versichert, dass der Auftrag rechtzeitig fertig werden würde. Heute ist aber bereits der 7. September, und wir haben ***immer noch keine Versandanzeige*** von Ihnen erhalten. Wissen Sie zufällig, wann wir mit der Lieferung dieses Auftrages rechnen können?
B: Dieser Auftrag ist jetzt in meinem Terminplan für den Versand am 12. September eingetragen. Wir konnten diesen Auftrag leider nicht früher fertig stellen, da die ***verspätete Lieferung*** von einigen Teilen zu ***Verzögerungen*** in der Produktion geführt hat.
A: Der 12. September ist ein bisschen spät, das würde uns beträchtliche Probleme bereiten, da der Auftrag an unser Lagerhaus in Manchester weiter verschickt wird. Gibt es irgendeine Möglichkeit, den Auftrag früher zu schicken?

Auftragsabwicklung

B: Let me check again with our production department and get back to you.
A: Could you get back to me this morning? My customer is waiting for an answer.
B: Of course, and I'm sorry for any *inconvenience* that this delay will cause.

A: I'm calling once again regarding our order no. 452. Last week you *promised* us delivery by Friday at the latest. This order has now been delayed by two weeks. If we don't receive the goods by the day after tomorrow, we'll have no other choice but to *cancel* the order and look for another *supplier.*

B: *I'm really sorry* about that, but the delay is due to *circumstances beyond our control.* At the moment there is a strike at the docks and our deliveries are all still waiting to be unloaded.
A: Please check if there is anything you can do, as this order is now *top priority.*

A: I'm calling regarding our invoice no. 5562 dated June 5th. It has actually now been *overdue* for payment for seven days.
B: Invoice no. 5562, let me see. Oh yes, it seems to have been *overlooked,* I'm sorry about that. We'll get a cheque in the post to you this afternoon, you should have it tomorrow morning.

B: Lassen Sie mich noch einmal mit der Produktionsabteilung reden, dann melde ich mich wieder bei Ihnen.
A: Könnten Sie mich heute Vormittag zurückrufen? Mein Kunde wartet nämlich auf eine Antwort.
B: Selbstverständlich und entschuldigen Sie bitte die *Unannehmlichkeiten,* die Ihnen diese Verzögerung bereitet.

A: Ich rufe jetzt noch einmal an bezüglich unseres Auftrags Nr. 452. Letzte Woche haben Sie uns die Lieferung bis spätestens Freitag *versprochen.* Dieser Auftrag ist nun seit zwei Wochen überfällig. Wenn wir die Ware nicht bis übermorgen bekommen haben, sehen wir uns gezwungen, den Auftrag zu *stornieren* und einen anderen *Lieferanten* zu suchen.

B: *Es tut mir wirklich Leid,* aber die Verzögerung beruht auf *höherer Gewalt.* Zurzeit streiken die Hafenarbeiter und unsere Lieferungen sind immer noch nicht entladen worden.
A: Bitte überprüfen Sie noch einmal, ob Sie irgendetwas erreichen können, da dieser Auftrag mittlerweile *erste Priorität* hat.

A: Ich rufe wegen unserer Rechnung Nr. 5562 vom 5. Juni an. Diese Rechnung ist nun seit sieben Tagen *überfällig.*
B: Rechnung Nr. 5562, lassen Sie mich nachsehen. O ja, wir haben sie anscheinend *übersehen,* es tut mir Leid. Wir schicken Ihnen bereits heute Nachmittag einen Scheck per Post, er sollte morgen früh bei Ihnen sein.

Auftragsabwicklung

A: May I *remind* you that our invoice dated April 4th is still overdue?

B: We actually paid the invoice last week, I will contact our bank and see why the payment has been delayed.

A: I'm sorry, but I must ask *once again* for payment of our *outstanding* invoices. We have four orders for dispatch next week and I cannot let them be shipped unless we receive at least a part payment of your outstanding balance.

B: Unfortunately, at the moment we have many *outstanding obligations,* could we agree on the *part payment* for the moment?

Delays and problems

We regret to have to inform you that this order will not be ready for dispatch tomorrow.
We are sorry to have to tell you that the material cannot be completed *on time.* At the moment we are having problems with the acquisition of materials.
Our production schedule is *very tight.*
One of our machines has to be repaired.

Unfortunately one of our suppliers has *let us down.*
We are *still waiting* for these parts to complete your order.

A: Darf ich Sie daran *erinnern,* dass unsere Rechnung vom 4. April immer noch überfällig ist?

B: Wir haben die Rechnung eigentlich schon letzte Woche bezahlt, ich werde unsere Bank kontaktieren, um festzustellen, warum sich die Zahlung verzögert.

A: Entschuldigen Sie, aber ich muss *noch einmal* um die Bezahlung Ihrer *fälligen* Rechnungen bitten. Wir haben vier Aufträge zur Lieferung nächste Woche, und ich kann sie nicht verschicken, ohne zumindest eine Teilzahlung Ihrer Außenstände zu erhalten.

B: Zurzeit haben wir leider ausstehende *Verbindlichkeiten*, könnten wir uns für den Augenblick auf eine *Teilzahlung* einigen?

Verzögerungen und Probleme

Wir bedauern, Ihnen mitteilen zu müssen, dass dieser Auftrag morgen nicht zum Versand fertig sein wird.
Leider müssen wir Ihnen mitteilen, dass das Material nicht *rechtzeitig* fertig sein wird. Zurzeit haben wir Probleme mit der Beschaffung von Materialien.
Unser Produktionszeitplan ist *sehr eng.*
Eine unserer Maschinen muss repariert werden.

Leider hat uns einer unserer Lieferanten *im Stich gelassen.*
Wir *warten immer noch* auf diese Teile, um Ihren Auftrag fertig zu stellen.

This material did not meet the high standards set by our *quality control department.*	Dieses Material hat die hohen Standards, die unsere *Qualitätskontrolle* festlegt, nicht erfüllt.
The colour does not correspond to the previous deliveries.	Die Farbe entspricht nicht den früheren Lieferungen.
We are therefore not *prepared to release* this *for dispatch.*	Wir sind daher *nicht bereit,* die Ware *zum Versand freizugeben.*
We could accept this if you were prepared to grant us a discount.	Wir könnten es akzeptieren, wenn Sie bereit wären, uns einen Rabatt zu gewähren.
We *miscalculated* the amount required and did not acquire sufficient supplies.	Wir haben die Menge *falsch kalkuliert* und nicht genügend Vorräte besorgt.
We will do our best to dispatch earlier.	Wir werden unser Bestes tun, um früher zu liefern.
We have only received three of the four boxes ordered.	Wir haben nur drei der vier bestellten Kartons erhalten.
Should we go ahead with shipment?	Sollen wir die Ware verschicken?
Should we send the three boxes or wait and send all four together?	Sollen wir die drei Kartons schicken oder warten und alle vier zusammen schicken?
We would of course pay the freight for the *extra shipment.*	Wir würden natürlich die Frachtkosten für die *zusätzliche Lieferung* übernehmen.
Unfortunately our computer system was not working properly and the material confirmed for dispatch is actually *not in stock.*	Leider funktionierte unser Computersystem nicht, und das Material, das wir zum Versand bestätigt haben, ist gar *nicht auf Lager.*
The next possible dispatch would be in about two weeks.	Der nächstmögliche Versand wäre in ungefähr zwei Wochen.
We could offer you two 25-kg bags as an alternative.	Als Alternative könnten wir Ihnen zwei 25-kg-Beutel anbieten.
We could send the delivery by express.	Wir könnten die Lieferung per Express schicken.
Unfortunately we quoted the wrong price.	Leider haben wir den falschen Preis angegeben.
We *mixed up* the lists for ex works and FOB.	Wir haben die Listen für die Preise ab Werk und FOB *vertauscht.*
We entered your order for the wrong item.	Wir haben Ihren Auftrag für den falschen Artikel eingetragen.
We will send you the order	Wir schicken Ihnen die Auftrags-

Auftragsabwicklung

confirmation with the correct price.
The product you ordered is *no longer in our range.*
May we offer you product 437 as an alternative?
We sincerely *apologise* (US: *apologize*) for this *mistake.*
We are truly *sorry about* this delay.
Please accept our *apologies.*
We will make sure that this does not happen again.
Thank you for your *understanding.*
Thank you for your *cooperation.*

A: We are sorry to have to tell you that the material cannot be completed on time.
B: What exactly is the problem?
A: Unfortunately one of our suppliers has *let us down.* A delivery has been *delayed.* We need these parts to complete your order.

B: How long a delay will this be?

A: About four days.
B: OK, but please dispatch on Friday, and thank you for letting me know.

A: Unfortunately the material for your order did not meet the high standards set by our *quality control department.*

B: What is wrong with the material?
A: The colour does not correspond to the previous deliveries, therefore we cannot dispatch this order without your consent.
B: How long will I have to wait for a new production?

bestätigung mit dem korrekten Preis.
Das von Ihnen bestellte Produkt ist *nicht mehr in unserer Produktpalette.*
Dürfen wir Ihnen Produkt 437 als Alternative anbieten?
Wir *entschuldigen* uns für diesen *Fehler.*
Wir *bedauern* diese Verzögerung sehr.
Wir bitten Sie um *Entschuldigung.*
Wir werden darauf achten, dass dies nie wieder passiert.
Vielen Dank für Ihr *Verständnis.*
Vielen Dank für Ihre *Hilfe*.

A: Leider müssen wir Ihnen mitteilen, dass das Material nicht rechtzeitig fertig sein wird.
B: Was genau ist das Problem?
A: Leider hat uns einer unserer Lieferanten *im Stich gelassen.* Eine Lieferung ist *verzögert* worden. Wir brauchen diese Teile, um Ihren Auftrag fertig zu stellen.
B: Wie lange wird die Verzögerung dauern?
A: Ungefähr vier Tage.
B: In Ordnung, aber bitte verschicken Sie es am Freitag, und vielen Dank für die Information.

A: Leider hat das Material für Ihren Auftrag die hohen Standards, die von unserer *Qualitätskontrolle* festgelegt werden, nicht erfüllt.
B: Was stimmt nicht mit dem Material?
A: Die Farbe entspricht nicht den früheren Lieferungen, wir können diesen Auftrag daher nicht ohne Ihre Zustimmung verschicken.
B: Wie lange muss ich dann auf eine neue Produktion warten?

Auftragsabwicklung

A: About four weeks.
B: No, that's too long. The colour is not that important, it isn't a series.
A: We could send you a sample today by **courier service.** If the colour is acceptable, we will send the whole order on Thursday.

A: We **regret** to have to inform you that this order will not be ready for dispatch tomorrow. We only have three of the four boxes ordered.

B: When will the order be complete?

A: The remaining box would be ready by next Wednesday. Should we send the three boxes or wait and send all four together?

B: That would mean **additional transport** costs for us.
A: We would of course be prepared to pay the freight for the **extra shipment.**

B: OK. Please ship the three boxes, we'll expect the fourth box by the end of next week.
A: Thank you, and **please accept our apologies** for this delay.

A: We are sorry to have to tell you that our computer system was not working properly and the material confirmed for dispatch is actually **not in stock.**

B: When could we have it then?
A: The **next possible** dispatch would be in two weeks' time.
B: That will be difficult.

A: Ungefähr vier Wochen.
B: Nein, das ist zu lang. Die Farbe ist nicht so wichtig, es ist keine Serie.
A: Wir könnten Ihnen heute per **Kurierdienst** ein Muster zuschicken. Wenn die Farbe akzeptabel wäre, würden wir den ganzen Auftrag am Donnerstag versenden.

A: Wir **bedauern,** Ihnen mitteilen zu müssen, dass dieser Auftrag morgen nicht zum Versand fertig sein wird. Wir haben nur drei der vier bestellten Kartons.

B: Wann wird der Auftrag komplett sein?

A: Der noch ausstehende Karton wäre bis nächsten Mittwoch fertig. Sollen wir die drei Kartons schicken oder warten und alle vier zusammen schikken?

B: Dies würde für uns **zusätzliche Transportkosten** bedeuten.
A: Wir würden natürlich die Frachtkosten für die **zusätzliche Lieferung** übernehmen.

B: Gut. Bitte schicken Sie die drei Kartons, wir erwarten dann den vierten Karton bis Ende nächster Woche.
A: Danke, und bitte **entschuldigen** Sie die Verzögerung.

A: Wir müssen Ihnen leider mitteilen, dass unser Computersystem nicht richtig funktioniert hat, und dass das zum Versand bestätigte Material gar **nicht auf Lager** ist.

B: Wann können wir es dann haben?
A: Der **nächstmögliche** Versandtermin wäre in ungefähr zwei Wochen.
B: Das wird schwierig.

A: We could offer you two 25-kg bags as an alternative.
B: OK, we need the material *urgently,* so we'll have to take them.

A: Thank you for your help. We are really sorry about this *mistake.*

A: Unfortunately we quoted the wrong price for this item. We *mixed up* the lists for ex works and FOB.

B: How could that happen? I *specifically said* that I needed the FOB price.
A: The person usually in charge of your orders was on holiday (US: on vacation) at that time. We will send you the *order confirmation* with the correct price.
B: OK, but please *make sure it doesn't happen again*. This makes things quite difficult.
A: Of course. Thank you for your understanding and please accept our apologies.

A: Als Alternative könnten wir Ihnen zwei 25-kg-Beutel anbieten.
B: In Ordnung, wir brauchen das Material *sehr dringend.* Dann müssen wir also die Beutel nehmen.

A: Vielen Dank für Ihre Hilfe. Wir bedauern diesen *Fehler* sehr.

A: Leider haben wir den falschen Preis für diesen Artikel angegeben. Wir haben die Listen für die Preise ab Werk und FOB *vertauscht.*

B: Wie konnte das passieren? Ich habe *ausdrücklich gesagt*, dass ich den FOB-Preis brauche.
A: Der Mitarbeiter, der normalerweise für Ihre Aufträge zuständig ist, war zu der Zeit im Urlaub. Wir schicken Ihnen die *Auftragsbestätigung* mit dem korrekten Preis.
B: Gut, aber bitte *achten Sie darauf, dass es nicht wieder passiert.* Es macht alles ziemlich schwierig.
A: Selbstverständlich. Danke für Ihr Verständnis und entschuldigen Sie nochmals.

Complaints

The material ordered was green and the material we have just received is brown.
Please check what has happened.
Both the *order confirmation* and the *delivery note* show three boxes, but we have only received two, what has happened?
We ordered 5mm screws and you have sent us 6mm. We are prepared to keep

Beschwerden

Wir haben grünes Material bestellt und das Material, das wir bekommen haben, ist braun.
Bitte überprüfen Sie, was passiert ist.
Die *Auftragsbestätigung* und der *Lieferschein* zeigen beide drei Kartons, aber wir haben nur zwei bekommen, was ist passiert?
Wir haben 5-mm-Schrauben bestellt, und Sie haben uns 6-mm-Schrauben

these, but would need a delivery of 5mm screws by the end of this week.	geschickt. Wir wären bereit, diese zu behalten, bräuchten aber bis Ende dieser Woche eine Lieferung von 5-mm-Schrauben.
Two of the chairs are badly damaged, the cushion material is ripped.	Zwei der Stühle sind schwer beschädigt, das Kissenmaterial ist aufgerissen.
Could you give them back to our driver when he comes on Friday? We will arrange for two replacement chairs to be dispatched tomorrow.	Könnten Sie sie am Freitag dem Fahrer wieder mitgeben? Wir werden dann morgen zwei Ersatzstühle wegschicken.
The quality of this material is *not up to your usual standard.*	Die Qualität dieses Materials *entspricht nicht Ihrem üblichen Standard.*
The paper we received is too thin. Could you send us a few leaves so that we can have our quality control people check this?	Das Papier, das wir bekommen haben, ist zu dünn. Könnten Sie uns ein paar Blätter zuschicken, damit unsere Leute in der Qualitätskontrolle diese überprüfen können?
The material is *within our standard tolerance level.*	Das Material liegt *innerhalb unserer Standardtoleranzgrenze.*
I cannot accept your *claim.*	Ich kann Ihre *Reklamation* nicht annehmen.
I will *let you know.*	Ich werde mich *wieder melden.*/Ich werde Ihnen *Bescheid geben.*
I have passed this on to the person in charge and will get back to you when we have the results.	Ich habe es an die zuständige Person weitergeleitet und werde mich melden, wenn die Ergebnisse vorliegen.
You *promised* to get back to me. When will I hear from you?	Sie haben *versprochen,* sich noch einmal bei mir zu melden. Wann höre ich von Ihnen?
I have sent you an e-mail placing an order last week and I still haven't received any confirmation.	Ich habe Ihnen letzte Woche eine E-Mail über eine Bestellung geschickt und habe immer noch keine Bestätigung erhalten.
We had computer problems.	Wir hatten Probleme mit dem Computer.
We didn't get your e-mail.	Wir haben Ihre E-Mail nicht bekommen.

Auftragsabwicklung

> Im Englischen werden wesentlich häufiger als im Deutschen Entschuldigungs-Formeln verwendet, selbst wenn man eigentlich eine Beschwerde vorbingt ("I'm very sorry, but ..." "I am really sorry about that" oder "Please excuse this once again").

A: We have just received our order no. 156. Upon opening the box, we found that only eleven bottles were sent. We actually ordered twelve.

B: I'm sorry about that, there seems to have been a *mistake* in the packing department on that day.

A: Could you *make sure* that the invoice is *altered*?

A: We ordered 5mm screws and you have sent us 6mm.

B: Oh yes, the delivery note was *incorrectly typed.*

A: We are prepared to keep this delivery, but would need one of 5mm screws by the end of this week.

B: Yes, we'll dispatch them tomorrow.

A: As we do not need the 6mm screws until the beginning of next month, could you *extend* the due date of the invoice by two weeks?

B: Of course, no problem.

A: After unpacking and examining the material, we noticed that two of the items are damaged.

B: Are they *badly damaged*?

A: Wir haben soeben unseren Auftrag Nr. 156 erhalten. Als wir den Karton geöffnet haben, fanden wir nur elf Flaschen vor. Wir haben eigentlich zwölf bestellt.

B: Das tut mir Leid, aber es scheint an dem Tag einen *Fehler* in der Verpackungsabteilung gegeben zu haben.

A: Könnten Sie *dafür sorgen,* dass die Rechnung *abgeändert* wird?

A: Wir haben 5-mm-Schrauben bestellt, und sie haben uns 6-mm-Schrauben geschickt.

B: Oh ja, der Lieferschein wurde *falsch getippt.*

A: Wir wären bereit, diese Lieferung zu behalten, bräuchten aber bis Ende dieser Woche eine von 5-mm-Schrauben.

B: Ja, wir werden sie morgen verschicken.

A: Da wir die 6-mm-Schrauben erst Anfang nächsten Monats brauchen, könnten Sie das Fälligkeitsdatum der Rechnung um zwei Wochen *verlängern*?

B: Natürlich, kein Problem.

A: Nachdem wir das Material ausgepackt und überprüft hatten, stellten wir fest, dass zwei Artikel beschädigt sind.

B: Sind sie *schwer beschädigt*?

Auftragsabwicklung

A: They have slight *scratch marks* on the case.
B: Would you be able to keep them if we granted you a discount?
A: Yes, we should be able to sell them.
B: OK, we'll *credit* 20% of the invoice.

A: The quality is not up to your usual standard, the paper we received is too thin.
B: Our samples show that the material is *within our tolerance level.* I am sorry, but I *cannot accept your claim.*

A: When we ordered, we *specifically stated* that the colour was to be the same as previously supplied.
B: I'm very sorry about that.
A: This material is for a special series and must be the same colour.
B: Could you let us have a sample, we will have this checked and get back to you.
A: We sent you a sample last week.
B: Yes, we have had it examined and must agree that this material is not acceptable. How can we solve this problem, would you be able to sell this as a *closeout item* at 20% discount?
A: No, I don't think so. I will have to *return* this material.

A: Sie haben leichte *Kratzer* am Gehäuse.
B: Könnten Sie sie behalten, wenn wir Ihnen einen Rabatt gewährten?
A: Ja, wir müssten sie eigentlich verkaufen können.
B: In Ordnung, dann *schreiben* wir 20% des Rechnungsbetrages *gut.*

A: Die Qualität entspricht nicht Ihrem üblichen Standard, das Papier, das wir bekommen haben, ist zu dünn.
B: Unsere Muster zeigen, dass das Material *innerhalb unserer Toleranzgrenze* liegt. Es tut mir Leid, aber ich *kann Ihre Reklamation nicht annehmen.*

A: Als wir bestellten, haben wir *ausdrücklich darauf hingewiesen,* dass die Farbe genauso wie bei früheren Lieferungen sein muss.
B: Das tut mir sehr Leid.
A: Dieses Material ist für eine Sonderreihe und muss die gleiche Farbe haben.
B: Könnten Sie uns ein Muster zuschicken, wir werden es überprüfen und uns wieder melden.
A: Wir haben Ihnen bereits letzte Woche ein Muster zugesandt.
B: Ja, wir haben es überprüfen lassen und müssen zugeben, dass dieses Material nicht akzeptabel ist. Wie können wir dieses Problem lösen? Würden Sie die Ware als *Sonderposten* zu einem Rabatt von 20% verkaufen können?
A: Nein, ich glaube nicht. Ich werde dieses Material *zurückschicken* müssen.

5. Rechnungswesen und Finanzen

Accounting

He is our **chief accountant.**
Book-keeping plays a vital role in every business.
Accounting methods vary from business to business.

Our **balance sheets** of the past ten years show a steady rate of growth.

Our **budget** for 1999 is complete.

John, could you fetch our **account books and balance sheets?**
Ms. Clarke is in charge of our **financial accounting.**
According to our **calculations,** the profits for this year are less than those for 1997.

Our **sales analysis** for 1998 showed a 10% increase in sales within the EU.

We insist that members of staff provide a **receipt** for purchases from the **petty cash.**

Our **gross profits** are up on this time last year.

Neil's work is a fine example of **adequate and orderly accounting.**

The **end of our first quarter** is in July.
When does your **accounting reference day** fall?

Rechnungswesen

Er ist unser **Buchhalter.**
Buchhaltung spielt in jedem Unternehmen eine zentrale Rolle.
Die **Buchführungsmethoden** sind von Unternehmen zu Unternehmen verschieden.

Unsere **Handelsbilanz** der letzten zehn Jahre zeigt ein stetiges Wachstum.

Unser **Haushalt** für 1999 ist vollständig.

John, könnten Sie bitte unsere **Geschäftsbücher** holen?
Frau Clarke ist für unsere **Finanzbuchhaltung** verantwortlich.
Nach unseren **Berechnungen** sind die diesjährigen Gewinne geringer ausgefallen als die von 1997.

Unsere **Absatzanalyse** für 1998 zeigte einen Zuwachs von 10% bei den Verkäufen innerhalb der EU.

Wir bestehen darauf, dass unsere Mitarbeiter eine **Quittung** für Einkäufe aus der **Portokasse** abliefern.

Unsere **Bruttogewinne** sind höher als zum selben Zeitpunkt des letzten Jahres.

Neils Arbeit ist ein ausgezeichnetes Beispiel **ordnungsgemäßer Buchführung.**

Unser **erstes Quartalsende** ist im Juli.
Wann ist Ihr **Bilanzstichtag**?

Our *accounting year* will end in May 1999.

Unser *Buchführungsjahr* endet im Mai 1999.

> Größere Unternehmen müssen in Großbritannien ihren Jahresabschluss veröffentlichen und im "Companies House" archivieren. Nicht zur Veröffentlichung verpflichtet sind Unternehmen, die unter die juristisch definierte Kategorie Klein- und Mittelbetriebe fallen.

We have published and filed our *annual accounts* in Companies House.
Our *internal accounting period* is three months long.
Our accounting manager will present the *annual economic report*.

Wir haben unseren *Jahresabschluss* veröffentlicht und im Companies House archiviert.
Unser *Abrechnungszeitraum* beträgt drei Monate.
Der Leiter der Buchhaltung wird den *Jahreswirtschaftsbericht* vorlegen.

> In Großbritannien sind Unternehmen, die unter die Kategorie "Listed Companies" fallen, verpflichtet, ein sechsmonatiges Zwischenkonto zu veröffentlichen oder an die Aktienbesitzer zu schicken.

Our *interim accounts* were published in the Financial Times in September.
The TEHV group have also released *interim balance sheets*.
We have completed our *profit and loss accounts*.
Our *opening balance sheets* for this month are being prepared.
Our annual *audit* will take place in April.
Auditing will be carried out later this month.
The *audit fees* have been paid for 1997.
The *fiscal audit of operating results* for 1997 is complete.

Unsere *Zwischenkonten* wurden im September in der Financial Times veröffentlicht.
Die TEHV Gruppe hat auch ihre *Zwischenbilanz* veröffentlicht.
Wir haben unsere *Ertragsrechnung* fertig gestellt.
Unsere *Eröffnungsbilanz* für diesen Monat wird vorbereitet.
Unsere jährliche *Buchprüfung* findet im April statt.
Die *Wirtschaftsprüfung* wird gegen Ende dieses Monats stattfinden.
Die *Kosten der Abschlussprüfung* für 1997 sind bezahlt worden.
Die *Betriebsprüfung* für 1997 ist abgeschlossen.

Rechnungswesen und Finanzen

Can you get in touch with our *auditor* regarding the matter?

The *fiscal audit of operating results* was completed in May.

We predict, applying *discounting,* that our cash flow will remain consistent.

Our *accounting profit* shows a marked improvement in comparison to 1998.

The *closing balance* of our June accounts has already been carried forward to July.

Our *actual outlay* decreased considerably following *restructuring* in 1995.

The *total costs* of our recent reorganisation were minimal.

The *variable costs* of commission to be paid to our sales staff cannot be approximated in view of the current unstable economic situation.

Our *turnover forecasts* for the 1990s proved to be incorrect.

Our company's *turnover* increased tenfold in comparison to the previous decade.

The *turnover increase* for 1998 fulfilled our expectations.

The *appreciation* of our assets is mainly due to the current *rate of inflation.*

Accounts payable and *accruals* are to be entered as current liabilities on the balance sheet.

Könnten Sie wegen dieses Problems mit unserem *Betriebsprüfer* Kontakt aufnehmen?

Die *Betriebsprüfung* wurde im Mai abgeschlossen.

Nach durchgeführter *Abzinsung* nehmen wir an, dass der Geldfluss konstant bleiben wird.

Unser *Buchgewinn* zeigt einen deutlichen Zuwachs gegenüber 1998.

Die *Schlussbilanz* unserer Bücher vom Juni ist schon auf den Juli übertragen worden.

Unsere *Istausgaben* haben seit der 1995 durchgeführten *Umstrukturierung* erheblich abgenommen.

Die *Gesamtkosten* unserer unlängst durchgeführten Reorganisation waren minimal.

Die *variablen Kosten,* die durch unserem Verkaufspersonal gezahlte Kommissionen entstehen, können in Anbetracht der instabilen wirtschaftlichen Situation nicht abgeschätzt werden.

Die *Umsatzprognose* für die Neunziger Jahre hat sich als falsch herausgestellt.

Der *Umsatz* unseres Unternehmens hat sich, im Vergleich zu vor zehn Jahren, verzehnfacht.

Der *Umsatzanstieg* 1998 hat unsere Erwartungen erfüllt.

Der *Wertzuwachs* unserer Aktiva liegt hauptsächlich an der momentanen *Inflationsrate.*

Verbindlichkeiten und *Rückstellungen* müssen als laufende Passiva in die Bilanz eingetragen werden.

Rechnungswesen und Finanzen

I instructed her to fax details of our *accounts receivable.*
You should enter that under *special expenses.*
Deterioration of our premises has been taken into account as *amortization.*
The purchase of our new factory will be entered in the books as a *capital transaction.*
The costs incurred during the *renovation* of our office buildings will be treated as *capital investment.*

Our *calculation of the budget costs* for 1999 has changed little from that of 1998.
Our *prime costs* are low in relation to our profits.
We need to look at ways of lessening our *indirect labour costs* (US: *labor*).
The *rationalisation profits* following the modernisation of our factory last year were considerable.
Our *return on capital* was higher in 1991 than in the following years.

A: Good morning, Ms. Parkin.
B: Good morning. Would you like to see our *ledger?*
A: Yes, please. I think that will be very informative. What *accounting system* do you use here?
B: We use *double entry bookkeeping* for our accounts.
A: And what does this column on the left show?
B: They are the *debits.*
A: And on this page – this figure – what does that represent?

Ich habe sie angewiesen, mir Details über die *Außenstände* zu faxen.
Sie sollten das unter *Sonderausgaben* eintragen.
Die Wertminderung unserer Gebäude wurde als *Amortisation* in die Bücher aufgenommen.
Der Kauf unserer neuen Fabrik wird als *Kapitalverkehr* in die Bücher eingetragen.
Die Kosten, die uns durch die *Renovierung* unserer Geschäftsgebäude entstanden sind, werden als *Kapitaleinlage* behandelt.

Unsere *Plankostenrechnung* für 1999 hat sich gegenüber 1998 kaum verändert.
Unsere *Selbstkosten* sind im Vergleich zum Gewinn gering.
Wir müssen Wege finden, die *Lohnnebenkosten* zu senken.

Der *Rationalisierungsgewinn* nach der Modernisierung unserer Fabrik letztes Jahr war beachtlich.
Unser *Kapitalertrag* war 1991 höher als in den darauf folgenden Jahren.

A: Guten Morgen, Frau Parkin.
B: Guten Morgen. Möchten Sie das *Hauptbuch* sehen?
A: Ja bitte. Ich denke, das wäre sehr aufschlussreich. Was für ein *Buchführungssystem* benutzen Sie hier?
B: Wir benutzen *doppelte Buchführung* für unsere Bücher.
A: Und was bedeutet diese linke Spalte?
B: Das sind unsere *Belastungen.*
A: Und auf dieser Seite – diese Zahl – was bedeutet die?

Rechnungswesen und Finanzen

B: They're the *development costs* we needed for the refurbishing of our old premises.
A: Do you keep your *real accounts* in a separate *ledger*?
B: No, we don't. It is all in this ledger here.
A: Have you valued your assets using *historical costing*?
B: Yes, we have.
A: And here are details of all *assets and liabilities*?
B: Yes. You can see the *net book value* of our assets here.

A: Thank you. Do you have details of *net profits* made in the previous ten years?
B: Certainly. Will that be all?
A: For the moment, thank you.

I think this *entry* is incorrect.

Our accounts don't *balance.* It must be due to a *book-keeping error.*

A: Our *debtors* have been slow settling their accounts this month.
B: *Settlement day* should have been this Tuesday for the Berry consignment.

Our *overhead costs* don't seem to be entered in the books.

The *tax assessment* we received for 1997 appears to be incorrect.

Someone has completed our *tax return* incorrectly.

B: Das sind die *Entwicklungskosten,* die bei der Renovierung unserer alten Gebäude anfallen.
A: Führen Sie Ihre *Bestandskonten* in einem separaten *Hauptbuch*?
B: Nein, es ist alles in diesem Hauptbuch.
A: Haben Sie Ihre Aktiva mit einer *Nachkalkulation* bewertet?
B: Ja, haben wir.
A: Und hier sind die Details über *Aktiva und Passiva*?
B: Ja. Hier können Sie den *Nettobuchwert* unseres Vermögens sehen.

A: Danke schön. Haben Sie Details über die *Nettogewinne*, die Sie in den letzten zehn Jahren gemacht haben?
B: Sicherlich. War das dann alles?
A: Im Moment ja, danke.

Ich glaube, diese *Buchung* ist nicht korrekt.

Unsere Bücher *saldieren* nicht. Es muss an einem *Buchungsfehler* liegen.

A: Unsere *Schuldner* haben diesen Monat Ihre Rechnungen spät bezahlt.
B: *Abrechnungstag* für die Berry Sendung hätte dieser Dienstag sein sollen.

Unsere *Gemeinkosten* sind scheinbar nicht in die Bücher eingetragen worden.

Die *Steuerveranlagung,* die wir für 1997 bekommen haben, scheint nicht korrekt zu sein.

Jemand hat unsere *Steuererklärung* falsch ausgefüllt.

Rechnungswesen und Finanzen

> Mehrwertsteuer heißt in Großbritannien "value added tax". Meistens wird dafür aber die Abkürzung VAT verwendet. Im formelleren Englisch werden die Buchstaben dabei getrennt ausgesprochen, während sie in der Umgangssprache zu einem Wort verbunden werden.

We can reclaim ***value added tax*** at the end of the year.	Wir können die ***Mehrwertsteuer*** am Ende des Jahres zurückfordern.
Unfortunately, it seems we are liable for an ***additional payment of taxes.***	Leider scheint es so, als ob wir zu einer ***Steuernachzahlung*** verpflichtet wären.
Taking into account the ***linear depreciation*** of the value of our assets, there seems to be no alternative than to ***declare ourselves bankrupt.***	Unter Berücksichtigung der ***linearen Abschreibung*** des Wertes unserer Aktiva scheint es keine Alternative zu einer ***Bankrotterklärung*** zu geben.
The ***annual profits*** are fifteen percent down on last year's figures.	Der ***Jahresgewinn*** liegt fünfzehn Prozent unter dem des Vorjahres.
Despite stringent measures to bring our ***budget*** under ***control,*** we seem to be unable to reach ***break-even point*** this summer.	Trotz drastischer Maßnahmen um unseren ***Haushalt*** unter ***Kontrolle*** zu bringen, werden wir in diesem Sommer wohl nicht in der Lage sein, die ***Gewinnschwelle*** zu erreichen.
We will have to introduce ***budget cuts*** in all departments.	Wir werden ***Etatkürzungen*** in allen Abteilungen durchführen müssen.
Their ***budgetary deficit*** is huge.	Ihr ***Haushaltsdefizit*** ist riesig.
Although we may have saved money in respect of the initial ***outlay*** required, the ***operating expenses*** of our factory in Nigeria have exceeded all expectations.	Obwohl wir vielleicht Geld bei der anfänglichen ***Auslage*** gespart haben, haben die ***Betriebskosten*** unserer Fabrik in Nigeria unsere Befürchtungen übertroffen.
Our ***basic income*** has proved to be less than consistent.	Es hat sich gezeigt, dass unsere ***Basiseinkünfte*** nicht konstant genug sind.
We will have to ***plough-back*** the majority of our 1997 profits.	Wir werden den Großteil unserer Gewinne von 1997 ***reinvestieren*** müssen.
We have no alternative than to ***write off*** our obsolete machinery in our overseas factories.	Wir haben keine andere Wahl als die veraltete Maschinenanlage unserer Fabriken in Übersee ***abzuschreiben.***

Rechnungswesen und Finanzen

Financial Policy

Our **_financial standing_** has improved considerably.
Sales financing in 1999 will take up a considerable percentage of our budget.
If our **_financial status_** does not improve, we will have to go into **_liquidation._**
Maurice Motors have sold some of their **_assets_** to pay off their debts.
They have only their **_fixed assets_** remaining.
We will have to sell some of our **_non-core assets_** to resist takeover.

Finanzpolitik

Unsere **_Kreditfähigkeit_** hat erheblich zugenommen.
Die **_Absatzfinanzierung_** wird 1999 einen beträchtlichen Teil unseres Budgets ausmachen.
Wenn unsere **_Vermögenslage_** sich nicht verbessert, werden wir in die **_Liquidation_** gehen müssen.
Maurice Motors haben einige ihrer **_Vermögenswerte_** verkauft, um ihre Schulden zu bezahlen.
Sie haben nur noch ihr **_Vermögen_** übrig.
Wir werden alles außer dem **_Kernvermögen_** verkaufen müssen, um eine Übernahme zu vermeiden.

Anders als in Deutschland fängt in Großbritannien das Geschäftsjahr im April an.

The **_fiscal year_** begins in April in the UK.
Our **_finances_** are in dire straits.

WSC went into **_receivership._**
Fiona will present our **_financial report_** for 1999.
Since 1995 we have faced increasing **_financial difficulties._**

Our **_financial assets_** are steadily increasing.
I think we should consider taking the advice of a **_financier._**
Our **_fiscal policy_** in Indonesia must adapt with the change of government.

Das **_Geschäftsjahr_** beginnt in Großbritannien im April.
Unsere **_Finanzen_** befinden sich in einer Notlage.

WSC ist in **_Konkurs gegangen._**
Fiona wird uns den **_Finanzbericht_** für 1999 vorstellen.
Seit 1995 stehen wir wachsenden **_finanziellen Schwierigkeiten_** gegenüber.

Unser **_Geldvermögen_** wächst stetig.
Ich denke, wir sollten uns überlegen einen **_Finanzier_** hinzuzuziehen.
Unsere **_Steuerpolitik_** in Indonesien muss nach dem Regierungswechsel angepasst werden.

Did you hear about the *fiscal fraud* of AW Enterprises?

Haben Sie von dem *Steuerbetrug* von AW Enterprises gehört?

Banks and activities

Banken und Bankgeschäfte

Many *building societies* in Britain converted to banks in the 1990s.
I would like to invest in the ANA *mortgage bank.*
The MSG bank is one of the best-known *investment banks* in Asia.
We use the NRR *merchant bank* for our main company accounts.
The *regional banks* of this area are not to be recommended.
Our *savings bank* in Switzerland has neglected to send us our account balance.
We have our *business account* with TNT bank.
We have arranged *acceptance credit* with the MK bank in Japan.

Our *account balance* looks very positive at the present time.
Are you an *account holder* within this branch?
I would like to open an *interest account,* please.
May I speak to someone from your *loan department,* please?
Can you tell me your *account number,* please?
I have *special drawing rights* on that account.
There seems to be some mistake in our company's *bank statement.*

Viele *Bausparkassen* in Großbritannien wurden in den 90ern zu Banken umgewandelt.
Ich würde gerne in die ANA *Hypothekenbank* investieren.
Die MSG Bank ist eine der bekanntesten *Investmentbanken* Asiens.
Wir haben unsere Hauptgeschäftskonten bei der NRR *Handelsbank.*
Die *Regionalbanken* dieser Gegend kann man nicht empfehlen.
Unsere *Sparkasse* in der Schweiz hat vergessen, uns unseren Kontoauszug zu senden.
Wir haben unser *Geschäftskonto* bei der TNT Bank.
Wir haben einen *Akzeptkredit* mit der MK Bank in Japan ausgehandelt.

Unser *Kontostand* sieht im Moment sehr gut aus.
Sind Sie *Kontoinhaber* bei dieser Filiale?
Ich würde gerne ein *Zinskonto* eröffnen, bitte.
Könnte ich mit jemanden aus Ihrer *Kreditabteilung* sprechen, bitte?
Können Sie mir bitte Ihre *Kontonummer* geben?
Ich habe *Sonderziehungsrechte* von diesem Konto.
Der *Kontoauszug* unseres Unternehmens ist scheinbar fehlerhaft.

Rechnungswesen und Finanzen

Your **bank charges** are too high. I demand to see the **manager**!

We will repay the **bank loan** over a period of five years.

We could apply for a **bridging loan** to tide us over the first six months.

Overdrafts will be subject to interest six percent above our **base rate.**

We will pay for the goods, upon delivery, by **bank transfer.**

OL Incorporated have set up a **banker's order** to pay for their regular shipments of goods.

A **banking consortium** has loaned ten billion dollars to Mozambique.

I have brought a **bank letter of credit** with me from the SK bank, Germany.

Ihre **Bankgebühren** sind zu hoch. Ich verlange den **Filialleiter** zu sprechen!

Wir werden das **Bankdarlehen** über einen Zeitraum von fünf Jahren zurückzahlen.

Wir könnten versuchen, einen **Überbrückungskredit** für die ersten sechs Monate zu bekommen.

Kontoüberziehungen werden mit sechs Prozent über dem **Leitzins** verzinst.

Bei Lieferung werden wir für die Waren per **Banküberweisung** bezahlen.

OL Incorporated haben einen **Dauerauftrag** erteilt, um für die regelmäßige Verschiffung ihrer Waren zu bezahlen.

Ein **Bankenkonsortium** hat Mosambik einen Kredit in Höhe von 10 Milliarden Dollar gewährt.

Ich habe ein **Bankakkreditiv** der SK Bank aus Deutschland dabei.

International Financial Markets

Internationale Finanzmärkte

Die Sprache der großen Börsen ist seit langem Englisch. Der wichtigste Handelsplatz für Aktien in der Welt ist die Wall Street in New York, und in Europa war lange der International Stock Exchange in London führend.

Shares (US: **stocks**) are **at a premium** at the moment.

Our **shares** fell 2.9% yesterday.

I would like to check out share prices on the **stock exchange** this afternoon.

I would like a **quotation** of

Die **Aktien** sind im Moment **über dem Nennwert.**

Unser **Aktienkurs** fiel gestern um 2,9%.

Ich würde mich heute Nachmittag gerne über die Aktienpreise an der **Börse** erkundigen.

Ich hätte gerne die **Notierung** des

Rechnungswesen und Finanzen

share (US: *stock*) *prices* for Megamarkets P.L.C.	*Aktienkurses* von Megamarkets P.L.C.
Could I have a *quotation* for the *market price* for shares in MK Enterprises?	Könnte ich die *Notierung* des *Börsenkurses* der Aktien von MK Enterprises haben?
The *bottom price* for shares in our company has dropped to a new low.	Der *Niedrigskurs* der Aktien unseres Unternehmens ist auf einen neuen Tiefststand gefallen.
We are planning to launch a euro-dominated *bond.*	Wir überlegen uns, Euro-dominierte *Rentenpapiere* einzuführen.
If we reinvest the money we made from selling our assets under the enterprise investment scheme, we can avoid paying *capital gains tax.*	Wenn wir das Geld, das wir durch den Verkauf unserer Aktiva nach dem Investitionsentwurf verdient haben, reinvestieren, können wir die *Kapitalertragssteuer* vermeiden.
JMC Limited have recently made a loss on their *foreign bonds* in Switzerland.	JMC Limited haben in der letzten Zeit mit ihren *Auslandsanleihen* in der Schweiz Verluste gemacht.
The *stock exchange index* is showing signs of improvement.	Der *Börsenindex* zeigt Indizien einer Verbesserung.
Did you take note of the Dow Jones *share index*?	Haben Sie den Dow-Jones-*Aktienindex* zur Kenntnis genommen?

Der berühmteste Aktienindex der Welt ist der Dow-Jones in New York. In London ist der sogenannte "Footsie" FT-SE-100-Index bis heute mit Abstand zum meistbenutzten Index am Londoner Markt geworden. Der neuere FTSE Eurotop 300 Index basiert auf dreihundert führenden europäischen Aktien und spielt eine weitere wichtige Rolle. Nicht zu vergessen ist natürlich auch der aufstrebende Finanzplatz Frankfurt und damit Xetra Dax und AMEX (American Stock Exchange). Diese Situation könnte sich ändern, wenn in Kooperation der Deutschen Börse AG, der Pariser und Schweizer Börsen und des amerikanischen Dow-Jones-Unternehmen ein neuer Index erscheint. Diesbezüglich werden seit längerer Zeit Gespräche geführt.

Stock Markets

Stock markets all over the world were particularly unstable in September.
Dealing before official hours is taking place in Tokyo.
Stock market trading will begin at eight a.m.
Closing of the exchange is due to take place at seventeen hundred hours in London.
Allen and Walsh are a firm of ***stockbrokers.***
Global markets are currently experiencing a ***boom.***
The ***stock market crash*** of 1929 was the worst this century.
Taking the strong global ***bull market*** into account, I think we can view the situation positively.
He's a ***bull.***
The stock market this year has been a ***buyers market.***
The market's reaction was not too ***bearish.***
That stockbroker is participating in ***bear sales.***
At the moment, I fear we're looking at a ***bear market***

He's a ***bear.***
It's a ***seller's market*** at the moment.
The bottom has fallen out of the market.

Aktienmärkte

Die ***Aktienmärkte*** auf der ganzen Welt waren im September besonders instabil.
Die ***Vorbörse*** findet in Tokio statt.

Der ***Börsenhandel*** wird um acht Uhr morgens beginnen.
Der ***Börsenschluss*** wird um siebzehn Uhr in London stattfinden.

Allen und Walsh haben eine ***Börsenmakler***-Firma.
Die globalen Märkte erleben im Moment einen ***Boom.***
Der ***Börsenkrach*** von 1929 war der Schlimmste in diesem Jahrhundert.

Wenn man den globalen ***Hausse-markt*** miteinbezieht, dann denke ich, dass wir die Situation positiv beurteilen können.
Er ist ein ***Haussier.***
Der Aktienmarkt war dieses Jahr ein ***Käufermarkt.***
Die Reaktion des Marktes war nicht übermäßig ***pessimistisch.***
Dieser Börsenmakler beteiligt sich an ***Leerverkäufen.***
Ich befürchte, dass es zu einem ***ständigen Fallen der Kurse am Markt (Baissemarkt)*** kommen wird.
Er ist ein ***Baissier.***
Im Moment gibt es einen ***Verkäufermarkt.***
Die Nachfrage und die Preise sind auf einem Tiefstand.

Rechnungswesen und Finanzen

> Die zwei wichtigsten Wirtschaftszeitungen im englischsprachigen Raum sind die "Financial Times", deren erster Buchstabe dem "Footsie" seinen Anfangsbuchstaben beschert hat und das "Wall Street Journal", das der Dow Jones Company gehört (Begründer des Hauptindex des New York Stock Exchange).

A good place to find **stock exchange news** throughout Europe is the "Financial Times".

Our **share capital** played a part in our survival during the recession.

They have invested heavily in **securities**.

The Bank of Taiwan announced that it is trying to strengthen **securities business**.

Futures markets reached an all-time low in May.

A round of buying boosted Healthman Tea **futures** on the London International Financial Futures and Options Exchange.

JMC have been conducting **futures business** on the MATIF (Marché à Terme des Instruments Financiers).

Sugar has been selling extremely well on the **commodity futures exchange** last month.

Börsenberichte aus ganz Europa findet man vor allem in der „Financial Times".

Unser *Aktienkapital* hat einen Teil zu unserem Überleben während der Rezession beigetragen.

Sie haben in großem Umfang in *Wertpapiere* investiert.

Die Bank von Taiwan hat angekündigt, dass sie versuchen wird, ihre *Effektengeschäfte* zu verstärken.

Die *Terminbörse* hat im Mai einen Rekordtiefstand erreicht.

Eine Phase hoher Kaufbereitschaft hat *Termingeschäfte* der Healthman Tea auf der Londoner Börse für Finanz- und Terminkontrakte in die Höhe getrieben.

JMC haben *Termingeschäfte* an der MATIF abgewickelt.

Zucker hat sich an der *Warenterminbörse* im letzten Monat ausgezeichnet verkauft.

> Die Online-Revolution der 90er Jahre hat viele Änderungen, nicht nur im Banking und der Kommunikation, sondern auch im Börsengeschäft mit sich gebracht. In den USA findet heute ein Viertel des "retail share trading" über das Internet statt.

Rechnungswesen und Finanzen

We have recently purchased shares in your company via *internet*.	Wir haben neulich Aktien Ihres Unternehmens über das *Internet* gekauft.
Internet share trading is on the up and up.	*Aktienhandel über das Internet* nimmt immer weiter zu.
The internet provides *potential investors* with an easy method of buying shares.	Das Internet gibt *potenziellen Investoren* die Möglichkeit, auf einem einfachen Weg Aktien zu kaufen.
Firms trading in stocks on the internet have gained a huge *competitive advantage*.	Unternehmen, die Aktien über das Internet verkaufen, haben dadurch einen riesigen *Wettbewerbsvorteil* erlangt.
We offer on-line trading as part of a *package*.	Wir bieten Online-Handel als Teil eines *Pakets* an.

Unternehmen in den angelsächsischen Volkswirtschaften haben keine ähnlich enge Bindung an die Banken, wie das in Deutschland oftmals der Fall ist. Anstatt Kapitalbeschaffung über Kreditinstitute zu ermöglichen, gehen Unternehmen in Großbritannien und den USA auf die Finanzmärkte.

The *flotation* of our company raised 120 million euro.	Die *Emission von Aktien* brachte unserem Unternehmen 120 Millionen Euro ein.
They are *shareholders* in our business.	Sie sind *Aktionäre* unseres Unternehmens.
We are interested in buying *a parcel of shares* (US: *stocks*) in your business.	Wir sind daran interessiert, ein *Aktienpaket* Ihres Unternehmens zu kaufen.
We are planning to invest more heavily in *blue chip* companies.	Wir planen, mehr in Unternehmen mit *erstklassigen Aktien* zu investieren.
Geiger's PLC holds the *controlling interest* in our company.	Geigers PLC hält in unserem Unternehmen die *Aktienmehrheit*.
JMC is a *public limited company* (US: *joint stock company*).	JMC ist eine *Aktiengesellschaft*.
The *issuing of shares* (US: *stock*) took place yesterday.	Die *Aktienausgabe* fand gestern statt.
The *face value* of our shares is lower than their market value.	Der *Nennwert* unserer Aktien ist niedriger als ihr Marktwert.

Did you make a satisfactory *earning per share* (US: *yield on stocks*)?

The *risk premium* for shares in the TEHV group was greater than expected last year.

The *price-earnings ratio* for shares in JMC reflects the fast growth rate of the company.

In 1998, our shareholders received a *dividend* of ninety pence per share.

The TEHV group have paid out a *distribution* from their profits.

Their shares have become *ex-dividend.*

The executive has decided to make a *one-off pay-out* of sixty pence per share to all our shareholders.

We will pay a *percentage of profits* to all our investors.

We are planning to issue bonus shares with our profits from *share premiums* (*or agio*).

The next *shareholders' meeting* will take place on the 25th of January.

The *annual general meeting* (*AGM*) is scheduled to take place in March.

The company hopes that the introduction of a *profit sharing scheme* will inspire greater loyalty from our workers.

He has a *subscription right* (or *share option*) to shares (US: stocks) in Wharmby Foods.

Haben Sie eine zufrieden stellende *Aktienrendite* erreicht?

Die *Risikoprämie* für Aktien der TEHV Gruppe war letztes Jahr größer als erwartet.

Das *Kurs-Gewinn-Verhältnis* für JMC-Aktien spiegelt das schnelle Wachstum des Unternehmens wider.

1998 erhielten unsere Aktionäre eine *Dividende* von neunzig Pence pro Aktie.

Die TEHV Gruppe hat eine *Gewinnausschüttung* durchgeführt.

Ihre Aktien sind jetzt *ohne Dividende.*

Der leitende Angestellte hat entschieden, eine *einmalige Ausschüttung* von sechzig Pence pro Aktie an alle Aktionäre durchzuführen.

Wir werden all unseren Investoren *Tantiemen* zahlen.

Wir planen mit unseren Gewinnen aus dem *Agio* Bonusaktien auszugeben.

Die nächste *Hauptversammlung* findet am 25. Januar statt.

Die *Jahreshauptversammlung* ist für März angesetzt.

Das Unternehmen hofft, dass die Einführung einer *Gewinnbeteiligung* die Arbeiter zu größerer Loyalität bewegen wird.

Er hat ein *Aktienbezugsrecht* für Aktien von Wharmby Foods.

Rechnungswesen und Finanzen

> Feindliche Übernahmen sind im englischsprachigen Raum nicht ungewöhnlich. Kenntnisse in diesem Bereich sind daher für ein Verständnis der Unternehmenskultur in diesen Ländern unerlässlich. Angelsächsische Unternehmen haben keinen starken Kern von Aktienbesitzern, wie man ihn gewöhnlich in Frankreich und Spanien vorfindet.

Mergers and *acquisitions* are the favoured means of growth and expansion for many companies.

The *hostile takeover* of Runge Ltd. by the TEHV group was the largest this year in the manufacturing sector.

The *hostile bid* to take over JLC failed last week.

Walker Developments took advantage of recent economic crises to take over STV of Italy.

Maurice Motors have sold some of their *assets* to pay off their debts. It seems that they have only their *fixed assets* and some securities remaining.

A black knight company has made a bid for JMC.

A *white knight* rescued Maurice Motors from a hostile takeover last week.

A: It seems that wrangles over the eventual fate of JLC are becoming more complicated.
B: I know that two firms have already expressed their interest.

Fusionen und *Akquisitionen* sind für viele Unternehmen die bevorzugten Instrumente für Wachstum und Expansion.

Die *feindliche Übernahme* von Runge Ltd. durch die TEHV Gruppe war im herstellenden Bereich die größte in diesem Jahr.

Das *feindliche Übernahmeangebot* für JLC scheiterte letzte Woche.

Walker Developments nutzte die vor kurzem aufgetretenen wirtschaftlichen Krisen aus, um die italienische STV zu übernehmen.

Maurice Motors haben einige ihrer *Vermögenswerte* verkauft, um ihre Schulden zu bezahlen. Es scheint so, als ob sie nur noch ihre *festen Anlagen* und einige Sicherheiten übrig hätten.

Ein *„schwarzer Ritter" (Investor, der eine Firma mit einer Übernahme bedroht)* hat ein Übernahmeangebot für JMC gemacht.

Ein *„weißer Ritter" (Investor, der eine Firma vor einer Übernahme rettet)* hat Maurice Motors vor einer feindlichen Übernahme bewahrt.

A: Es scheint, als ob der Streit über das endgültige Schicksal von JLC immer komplizierter werden würde.
B: Ich weiß, dass schon zwei Firmen ihr Interesse angemeldet haben.

A: But now there is a third on
the scene – a *grey knight.*
B: What are his intentions?
A: Well, that's the problem,
nobody knows what his
plans are.

OL Incorporated and TRIX
Products have *amalgamated.*
One of our more recent *business
acquisitions* was ABC Limited.

We will have to sell some of
our *non-core assets* to resist
takeover.
TRIX Products also have debts
in the form of *debenture loans.*
CDSA have *gone into liquidation.*
Holders of *preference shares* will
receive some of their share capital,
others may not be so lucky.

Our *floating assets* have
remained stable.
The figures suggest that we will
be able to retain *financial
sovereignty.*

Currencies and Foreign Exchange

The *monetary zone* covered by
the euro will expand in the future.

Currency risk should be lessened
by the introduction of the euro.
The value of the US dollar is
subject to the fluctuations of the
international monetary system.
We would like the *currency unit
of payment* to be the yen.

A: Aber es gibt noch einen dritten -
einen *„grauen Ritter" (Investor mit
unklaren Absichten).*
B: Was sind seine Absichten?
A: Das ist das Problem. Niemand
weiß, was er will.

OL Incorporated und TRIX Products
haben *fusioniert.*
Eines unserer neueren Geschäfte
war die *Geschäftsübernahme* von
ABC Limited.

Wir werden einige unserer *Aktiva*
verkaufen müssen, um die
Übernahme zu vermeiden.
TRIX Products haben zudem Schulden
in Form von *Obligationsanleihen.*
CDSA sind *in Liquidation getreten.*
Die Besitzer von *Vorzugsaktien* wer-
den einen Teil Ihres Aktienkapitals
wiederbekommen. Andere werden viel-
leicht nicht so viel Glück haben.
Unser *Umlaufvermögen* ist stabil
geblieben.
Die Zahlen sprechen dafür, dass wir in
der Lage sein sollten, unsere *Finanz-
hoheit* zu behaupten.

Währungen und Devisen

Die *Währungszone,* die vom
Euro abgedeckt wird, wird in der
Zukunft expandieren.
Das *Währungsrisiko* sollte sich durch
die Einführung des Euro vermindern.
Der Wert des US-Dollars ist den
Schwankungen der *internationalen
Währungsordnung* unterworfen.
Als *Zahlungsmittel* hätten wir
gerne den Yen.

Rechnungswesen und Finanzen

Although Scotland have its own parliament, the British Isles will still have a *unified currency*.

Obwohl Schottland ein eigenes Parlament hat, werden die Britischen Inseln auch weiterhin eine *Einheitswährung* haben.

We will accept payment only in *hard currency*.

Wir werden die Bezahlung ausschließlich in *harter Währung* akzeptieren.

Bei Geschäftsbeziehungen mit englischsprachigen Partnern wird man früher oder später wahrscheinlich auch mit den umgangsprachlichen Ausdrücken für die Währung konfrontiert, die Briten und Amerikaner wesentlich häufiger zu benutzen scheinen als die Ausdrücke der Hochsprache. Briten nennen ein Pfund Sterling 'a quid' wobei die Singularform auch im Plural erhalten bleibt – zum Beispiel 'ten quid' (nicht 'ten quids'). Die Amerikaner, Kanadier und Australier nennen ihre unterschiedlichen Arten des Dollar 'a buck', und in der Mehrzahl 'bucks'.

The Malawian Kwacha is a *soft currency*.

Der Kwacha Malavis ist eine *weiche Währung*.

It is predicted that *devaluation* of the Indian rupee will take place in the near future.

Es wird davon ausgegangen, dass es in der nahen Zukunft eine *Abwertung* der indischen Rupie geben wird.

We need to invest in a country with prospects of long-term *monetary stability*.

Wir müssen in einem Land mit Aussicht auf dauerhafte *Währungsstabilität* investieren.

Has the *monetary policy* of New Zealand changed since the elections?

Hat sich die *Währungspolitik* Neuseelands seit den Wahlen verändert?

The rate of inflation in Brazil is problematic for our investments.

Die *Inflationsrate* in Brasilien ist für unsere Investitionen problematisch.

There have been considerable *currency reforms* in the area.

In der Region gab es beachtliche *Währungsreformen.*

The *monetary agreement* between Canada and the USA has collapsed.

Das *Währungsabkommen* zwischen den USA und Kanada ist zusammengebrochen.

Does your company have sufficient *foreign exchange* to pay immediately?

Hat ihr Unternehmen genügend *Devisen* um sofort zu bezahlen?

Where is the nearest *exchange bureau?*

Wo ist die nächste *Wechselstube?*

Rechnungswesen und Finanzen

What is the *foreign currency rate* for yen in the USA at present?
We have participated in *foreign exchange dealings* in the past.

Wie ist der momentane *Sortenkurs* für Yen in den USA?
In der Vergangenheit haben wir uns am *Devisenhandel* beteiligt.

Our *foreign exchange operations* play an important role in our overseas business ventures.
I think we failed to take the *two-tier exchange rate* into consideration.
One way to minimize risk of loss when dealing in foreign currency are *forward exchange dealings.*
Foreign exchange markets show that the dollar is weakening in relation to the euro.
What is the current *exchange rate* of sterling against the dollar?
The euro fell to a new low against the dollar yesterday.
The *fluctuation margins* of the South African Rand have been extreme in the last few months.
Fixed exchange rates may help the Brazilian economy.
Sterling has a *flexible exchange rate.*

Unsere *Devisenverkehrabkommen* spielen eine wichtige Rolle bei unseren Geschäftsvorhaben in Übersee.
Ich glaube, dass wir den *gespaltenen Wechselkurs* nicht in unsere Überlegungen einbezogen haben.
Ein Weg das Verlustrisiko bei Geschäften mit fremden Währungen zu minimieren, sind *Devisentermingeschäfte.*
Die *Devisenmärkte* zeigen, dass der Dollar im Vergleich zum Euro schwächer wird.
Wie ist der *Devisenkurs* des Pfund Sterling gegenüber dem Dollar?
Der Euro fiel gestern auf ein neues Tief gegenüber dem Dollar.
Die *Schwankungsbandbreite* des südafrikanischen Rand war in den letzten paar Monaten enorm hoch.
Feste Wechselkurse könnten der brasilianischen Wirtschaft helfen.
Das Pfund Sterling hat einen *flexiblen Wechselkurs.*

Europe

Europa

Die Europäische Währungsunion brachte entscheidende Veränderungen für den gesamten europäischen Wirtschafts- und Finanzsektor mit sich. Deswegen sind gerade Vokabeln aus diesem Bereich von besonderem Interesse.

The *European Community* has brought with it many benefits for our company.

Die *Europäische Gemeinschaft* hat unserem Unternehmen viele Vorteile gebracht.

Rechnungswesen und Finanzen

The ***European Monetary System*** (EMS) controlled the exchange rates of European currencies in relation to each other.	Das ***Europäische Währungssystem*** (EWS) kontrollierte die Wechselkurse der europäischen Währungen untereinander.
The European ***Exchange Rate Mechanism*** (ERM) was designed to keep currencies within laid down fluctuation margins.	Der ***Europäische Wechselkursmechanismus*** wurde entwickelt, um die Währungen nur innerhalb einer festgelegten Bandbreite fluktuieren zu lassen.
The ***European Monetary Union*** has improved our profit margins on exported goods.	Die ***Europäische Währungsunion*** hat die Gewinnspanne unserer Exporte verbessert.
We will pay for the goods by bank transfer in ***euro*** when we receive them.	Wir werden für die Waren per Überweisung in ***Euro*** zahlen, sobald wir sie erhalten haben.
The ***European Currency Unit*** (ECU) will be gradually phased out once the euro is introduced.	Die ***Europäische Währungseinheit*** (ECU) wird, sobald der Euro eingeführt ist, langsam auslaufen.
The ***European Annuities Market*** will become the second largest in the world after the USA following ***monetary union.***	Der ***Europäische Rentenmarkt*** wird nach der ***Währungsunion*** zum zweitgrößten der Welt hinter den USA.
Our company's ***Eurobonds*** are selling well, particularly in Japan.	Die ***Eurobonds*** unseres Unternehmens verkaufen sich sehr gut, vor allem in Japan.
The ***Euromarket*** is worth billions of dollars.	Der ***Euromarkt*** ist Milliarden von Dollar wert.
Their Polish company received a loan from the ***European Bank for Reconstruction and Development.***	Ihr polnisches Unternehmen erhielt einen Kredit von der ***Europäischen Bank für Wiederaufbau und Entwicklung.***
The ***European Investment Bank*** loaned us the necessary capital to upgrade our plant in Cork.	Die ***Europäische Investitionsbank*** hat uns das notwendige Kapital zum Ausbau unserer Fabrik in Cork geliehen.
If we do not win in the British courts, we will take our case to the ***European Parliament.***	Sollten wir unseren Fall nicht vor britischen Gerichten gewinnen können, dann wenden wir uns an das ***Europäische Parlament.***
The ***European Central Bank*** is based in Frankfurt.	Die ***Europäische Zentralbank*** hat ihren Sitz in Frankfurt.

Rechnungswesen und Finanzen

A: Good morning. How may I help you?
B: I wanted some information regarding the impending **European Monetary Union.**
A: Certainly.
B: Will it effect the value of my company's **investments** in European companies?
A: Hopefully not, sir. Shares and bonds currently **valued** in **deutschmarks** will be valued in euro from January 1999.
B: What about any **bonds currently in ECU**?
A: Well from the beginning of the **currency union,** the value of your ECU-bonds will be exchanged for euro on a one to one basis. The interest and repayments will then be paid in euro.
B: And how will the introduction of a **single currency** effect **European financial markets**?

A: Well, the **risks** generally associated with **currency exchange** will be lessened and the new **European share market** which will be created will ter den USA be the third largest in the world after the USA and Japan.
B: Thank you for all your help.

A: Guten Morgen. Kann ich Ihnen helfen?
B: Ich hätte gerne Informationen zur Einführung der **Europäischen Währungsunion.**
A: Gerne.
B: Wird sie den Wert der **Einlagen** meines Unternehmens in europäische Firmen berühren?
A: Hoffentlich nicht! Aktien und Anleihen mit einem **DM-Nennwert** werden ab Januar 1999 einen Euro-Nennwert haben.
B: Was ist mit meinen **ECU-Anleihen**?

A: Nun, vom Beginn der **Währungsunion** an wird der Wert von ECU-Anleihen eins zu eins in Euro umgetauscht. Zinsen und Rückzahlungen werden dann in Euro abgewickelt.

B: Und was wird die Einführung einer **gemeinsamen Währung** auf den **europäischen Finanzmärkten** bewirken?
A: Nun, die **Wechselkursrisiken,** die man meistens mit dem **Austausch von Zahlungsmitteln** verbindet, werden durch den neuen **Europäischen Aktienmarkt,** der der drittgrößte der Welt hin- und Japan sein wird, vermindert.

B: Danke sehr für Ihre Hilfe.

6. Telefonieren

Calling and Answering Calls

Anrufen und Anrufe entgegennehmen

Is that Smith & Co.? (US: Is this ...)
David Jones here from Smith & Co., may I *speak to* .... please?
Could you *put me through to* ... please?
Is ... *available*?

Bin ich richtig bei Smith & Co.?
Hier David Jones von Smith & Co., kann ich bitte *mit ... sprechen*?
Könnten Sie mich bitte *mit ... verbinden*?
Ist ... *zu sprechen*?

Engländer und Amerikaner melden sich nicht immer mit ihrem Namen am Telefon, sondern fragen oft nur nach der Person, mit der sie sprechen wollen: "Hello, can I speak to ...?". Man muss deshalb zurückfragen "Who's calling?". Wenn man die Leute privat anruft, meldet man sich meistens nur mit "hello" oder, besonders in England, nur mit der Telefonnummer.

I'm sorry, I've *dialled* (US: dialed) *the wrong number.*
I can't hear you very clearly, *it's a bad line.*
Who's speaking please?/May I ask who's calling?
I'm sorry, he's *on the other line* at the moment.
Sorry, he's *not in* right now.

Es tut mir Leid, ich habe *mich verwählt.*
Ich kann Sie nur undeutlich verstehen, *die Verbindung ist sehr schlecht.*
Mit wem spreche ich bitte?
Es tut mir Leid, er spricht gerade auf *der anderen Leitung.*
Tut mir Leid, er ist im Augenblick *nicht im Büro.*

Please *hold the line.*
Would you like to hold, or should he *call* you *back*?
I'm sorry, but he has recently left the company, Mr. Jones is now in charge of that department.
May I *give him a message*?
Can he *call* you *back*?
Would you hold the line for a moment, I'll just *put you through*.
Speaking./This is he./This is she.

Bleiben Sie *am Apparat.*
Möchten Sie warten oder soll er Sie *zurückrufen*?
Es tut mir Leid, aber er hat vor kurzem die Firma verlassen, Herr Jones ist jetzt Leiter dieser Abteilung.
Kann ich *ihm etwas ausrichten*?
Kann er Sie *zurückrufen*?
Warten Sie einen Moment, ich *verbinde* Sie.
Am Apparat.

How can I help you?	Wie kann ich Ihnen behilflich sein?
I'm afraid she's away on business this week.	Leider ist sie diese Woche geschäftlich unterwegs.
I'm sorry, but he's at the Munich fair all week.	Es tut mir Leid, aber er ist die ganze Woche auf der Münchener Messe.
He's on holiday (US: on vacation) until the end of next week.	Er befindet sich bis Ende nächster Woche in Urlaub.
May I *put* you *through* to her assistant/her secretary?	Kann ich Sie mit ihrer Assistentin/ihrer Sekretärin *verbinden*?
I have already called twice today.	Ich habe heute schon zweimal angerufen.

„Einmal" wird nicht mit "one time" übersetzt, sondern "once", „zweimal" mit "twice". Erst ab „dreimal" heißt es "three times, four times, …". "One time" bedeutet „ehemalig" oder „einmalig", "two-time" „betrügen"!

May I *take your name and number* and get someone to call you back?	Kann ich *Ihren Namen und Ihre Telefonnummer notieren*? Es wird Sie dann jemand zurückrufen.
All of our sales team are presently *unavailable.*	Alle unsere Verkäufer sind zurzeit *nicht zu erreichen.*
He's just taking his lunch break.	Er hat gerade Mittagspause.
He's in a meeting this morning, could you *call back* again this afternoon?	Heute Vormittag hat er eine Besprechung, könnten Sie heute Nachmittag *wieder anrufen*?
She has asked for *no calls to be put through.*	Sie hat mich gebeten, *keine Anrufe durchzustellen.*
OK, I'll *call back* later.	Gut, ich *rufe später zurück.*
All right, I'll *try again* this afternoon.	In Ordnung, ich *probiere es noch einmal* heute Nachmittag.
Could he give me a call back?	Könnte er mich zurückrufen?
I would just like to *reconfirm* our meeting tomorrow at 11 a.m.	Ich möchte nur unsere Besprechung morgen um 11.00 Uhr *bestätigen.*

Vorsicht bei Präpositionen der Zeit: "Can we meet at 10 a.m. on Tuesday?". "At" verwendet man in Zusammenhang mit einer bestimmten Uhrzeit, "on" mit einem bestimmten Tag.

When would be the best time to *reach you*?
I'll be out of the office for the rest of the day.

Wann wäre die beste Zeit, Sie zu *erreichen*?
Ich bin den Rest des Tages nicht mehr im Büro.

Talking

Gespräche führen

A: David Jones here from Smith & Co., may I speak to Mr. Müller please?
B: I'm sorry, *he's on the other line at the moment. May I take a message*?
A: Yes. Could you please tell him to *call me back* this afternoon?
B: Yes, of course.

A: Hier David Jones von Smith & Co., kann ich bitte mit Herrn Müller sprechen?
B: Es tut mir Leid, aber *er spricht gerade auf der anderen Leitung. Kann ich ihm etwas ausrichten?*
A: Ja. Könnten Sie ihm bitte sagen, dass er mich heute Nachmittag *zurückrufen soll*?
B: Ja, natürlich.

A: Could you *put* me *through* to John Smith please?
B: May I ask who's calling?
A: Jane Dawson, Reeve Electronics.
B: *Please hold the line for a moment,* I'll just put you through.
A: May I speak to someone in the sales department?
B: I'm sorry, they are all at lunch until 1.30 p.m. *May I take your name and number* and get someone to *call you back*?

A: Könnten Sie mich bitte mit John Smith *verbinden*?
B: Mit wem spreche ich bitte?
A: Jane Dawson, Reeve Electronics.
B: *Einen Moment bitte*, ich verbinde.
A: Könnten Sie mich bitte mit der Verkaufsabteilung verbinden?
B: Es tut mir Leid, dort sind alle bis 13.30 Uhr in der Mittagspause. *Kann ich Ihren Namen und Ihre Telefonnummer notieren*? Es wird Sie dann jemand *zurückrufen.*

A: All right, I'll *try again* this afternoon.
A: Harald Wagner, please.

B: He's just taking his lunch break. May I help you at all?
A: Yes, you could *give him a message.*

A: In Ordnung, ich *probiere es noch einmal* heute Nachmittag.
A: Ich hätte gerne Harald Wagner gesprochen.
B: Er hat gerade Mittagspause. Kann ich Ihnen vielleicht behilflich sein?
A: Ja, Sie könnten *ihm etwas ausrichten.*

I would just like to *reconfirm* our meeting tomorrow at 11.30 a.m.
If there is a problem maybe he can call me back.
B: When would be the *best time to reach you?*
A: I'm also just going to lunch, but will be back in the office after 2 p.m.

Ich möchte nur unsere Besprechung morgen um 11.30 Uhr *bestätigen.*
Vielleicht kann er mich zurückrufen, wenn es Probleme gibt.
B: Wann wäre *die beste Zeit, Sie zu erreichen*?
A: Ich gehe jetzt auch gerade zum Mittagessen, werde aber nach 14 Uhr wieder im Büro sein.

Ein Telefongespräch unter Geschäftspartnern, die sich kennen, fängt oft mit der üblichen Frage "Hello, how are you?" an. Die übliche Antwort lautet "Fine, thanks, and you?". Erst nachdem man ein paar solcher Höflichkeiten ausgetauscht hat, geht man zum Geschäftlichen über. Engländer reden auch ganz gerne über das Wetter und könnten durchaus fragen, wie das Wetter zurzeit in Deutschland ist.

A: Hello, Peter. How are you?
B: I'm fine, thank you. How are you?
A: I'm having a really busy day. And with this wonderful weather outside ... I wish I could go home early.

B: Then why don't you?
A: Because we're having troubles with one of our machines. This is actually the reason for my call. I need to see you and talk over our production schedules as soon as possible. Do you have time for a short meeting tomorrow morning at 10?

B: Yes, I think I'll be able to make it.
A: Wonderful. See you tomorrow, then.

A: Hallo Peter, wie geht's Ihnen?
B: Gut, danke. Und Ihnen?
A: Ich bin furchtbar beschäftigt heute. Und das bei diesem wunderbaren Wetter draußen ... Ich wünschte, ich könnte heute früher nach Hause.

B: Warum tun Sie es nicht?
A: Weil wir Schwierigkeiten mit einer unserer Maschinen haben. Übrigens ist das der Grund, weshalb ich anrufe. Wir müssen uns so bald wie möglich treffen und den Produktionszeitplan besprechen. Haben Sie morgen Vormittagum 10 Uhr Zeit für ein kurzes Meeting?

B: Ja, ich denke ich kann es einrichten.
A: Wunderbar. Dann also bis morgen.

"As soon as possible" wird als ASAP abgekürzt und wird auch im gesprochenen Englisch verwendet; "I'll send it A-S-A-P".

7. Geschäftskorrespondenz

Proper Letters and Fax Messages | **Korrekte Briefe und Faxe**

Dear Sir,	Sehr geehrter Herr ...,
Dear Madam,	Sehr geehrte Frau ...,
Dear Sirs,	Sehr geehrte Damen und Herren,
Dear Mr. Walsh,	Sehr geehrter Herr Walsh,
Dear Mrs. Walsh,	Sehr geehrte Frau Walsh, (verheiratete Frau)
Dear Miss Walsh,	Sehr geehrte Frau Walsh, (ledige Frau)
Dear Ms. Walsh,	Sehr geehrte Frau Walsh,
Dear Andrew,	Lieber Andrew,
Gentlemen,	Meine Herren,

Die Anrede "Mrs". wird ausschließlich für verheiratete Frauen benutzt, die Anrede "Miss" für Frauen, die ledig sind. "Ms." ist eine neutrale Form, die sowohl verheiratete als auch ledige Frauen benutzen können (es wird der Frau überlassen, wie sie sich nennt). "Miss" hat nicht die gleichen Assoziation wie in Deutschland „Fräulein". Wenn man in England ein Formular ausfüllt, hat man die Möglichkeit, die Anrede Mrs./Miss/Ms. anzukreuzen. Ein Geschäftsbrief beginnt mit "Dear Mr. ...". Briefe an Frauen, die man nicht kennt, fängt man vorsichtshalber mit der neutralen Form "Dear Ms. ..." an. Briefe an Firmen ohne Ansprechpartner, beginnen mit "Dear Sir ..." oder "Dear Sirs ...", auch die Formen "Dear Madam ..." oder "Dear Madam/Sir ..." sind geläufig. Briefe an Geschäftspartner, die man gut kennt, fängt man mit dem Vornamen an, "Dear David .../Dear Karen ...".

Enc./Encl.	Anlage
cc.	Verteiler
Att:/Attn:	zu Händen von
F.A.O. (For attention of)	zu Händen von
Your ref.	Ihr Betreff
Our ref.	Unser Betreff
dd. (dated)	datiert

Nach der Anrede folgt ein Komma und das erste Wort danach wird immer groß geschrieben.

Geschäftskorrespondenz

Yours sincerely,/ Sincerely yours,	Mit freundlichen Grüßen
Yours truly,	Mit freundlichen Grüßen
Yours faithfully,	Mit freundlichen Grüßen
Best regards,	Mit freundlichen Grüßen
Kind regards,	Mit herzlichem Gruß
With kindest regards,	Herzliche Grüße
	Mit herzlichen Grüßen

"Yours sincerely" oder "Sincerely" sind die üblichen Grußwendungen für Geschäftspartner, die man gar nicht oder nicht sehr gut kennt. "Kind regards", "Best regards" oder nur "Regards" sind die üblichen Grußwendungen bei Geschäftspartnern, die man besser kennt. "Regards" ist nicht so persönlich wie "Kind regards" oder "Best regards". Man passt sich aber meistens an. Es wäre ungewöhnlich, einen Brief unterschrieben mit "Kind regards" mit "Yours sincerely" zu beantworten. Im britischen Englisch gibt es zudem noch eine sehr formale Grußwendung, die man üblicherweise verwendet, wenn man sein Gegenüber noch gar nicht kennt – "Yours faithfully".

P.P.	i.A, i.V. oder ppa.
Dictated by/signed in absence.	nach Diktat verreist

In England/den USA gibt es keine bestimmten Unterschriftsregeln wie in Deutschland. Alle dürfen unterschreiben, ohne bestimmte Bezeichnungen vor dem Namen anzugeben. Es wirkt deswegen für Ausländer verwirrend, wenn Deutsche z.B. mit „i.A. Müller" unterschreiben. Es passiert des Öfteren, dass die Antworten dann an "Mr. i.A. Müller" adressiert werden. Anders als in Deutschland ist es im englischsprachigen Raum nicht üblich, Briefe zweifach zu unterschreiben.

---

memo	Hausmitteilung/interne Mitteilung
registered letter	Einschreiben
by registered letter	per Einschreiben
recorded delivery (UK)	per Einschreiben
certificate of posting	Einlieferungsschein
express	Eilzustellung
air mail	Luftpost
parcel	Paket

Geschäftskorrespondenz

small packet	Päckchen
courier service	per Eilbote
overnight service	per Eilbote
desk	Schreibtisch
typewriter	Schreibmaschine
photocopier/xerox copier/copy machine	Fotokopierer
printer	Drucker
word processing	Textverarbeitung
to dictate	diktieren
shorthand	Kurzschrift/Stenografie
envelope	Umschlag/Kuvert
label	Etikett
letterhead	Briefkopf
business card	Visitenkarte
index card/filing card	Karteikarte
to file	ablegen, ordnen

Bei der englischen Adresse wird die Hausnummer vor dem Straßennamen geschrieben: "7 High Street". Es kommt auch häufiger vor, dass englische Häuser individuelle Namen haben und keine Nummer, also diese Namen immer mit angeben! Eine Familie könnte z.B. ihr Haus "Ocean View" nennen, und ihre Adresse könnte lauten "Ocean View, Main Street, Banbury".

Obwohl die Engländer sehr viel Wert auf Höflichkeitsfloskeln legen, wird ein Fax als sehr informell gesehen. Solche knappen Texte sind auch im Englischen mittlerweile weit verbreitet und akzeptiert.
Dennoch kann ein Fax, besonders wenn es sich um einen hochoffiziellen Anlass handelt, alle Formalia, die auch bei einem Brief gelten, beinhalten.

Please refax.	Bitte noch einmal faxen.
Please repeat *transmission*. The first transmission was difficult to read.	Bitte *Übertragung* wiederholen. Die erste Übertragung war schwer leserlich.
Someone using this *fax number* tried to fax us this morning. Our *fax machine* ran out of paper. Please resend.	Jemand mit dieser *Faxnummer* hat heute Morgen versucht uns zu zu faxen. Unser *Faxgerät* hatte kein Papier mehr. Bitte schicken Sie es noch einmal.

Geschäftskorrespondenz

> Immer mehr Schriftverkehr wird per Fax erledigt. Die Schriftstücke sind meistens informeller und viel kürzer. Viele Sätze und Wörter werden abgekürzt. In Großbritannien und den USA ist es durchaus üblich, ein Fax mit einem handgeschriebenen "OK" zu versehen oder einen Satz dazu zu schreiben und es dann einfach zurückzuschicken.

Dear Bill,
Please advise best delivery for two boxes of item 467.
Thanks and regards,

Lieber Bill,
bitte geben Sie mir den besten Liefertermin für Artikel 467.
Danke. Mit freundlichen Grüßen

Dear Mike,
Please enter new order for 400 kg cement. Please fax OK by return.
Thank you.

Lieber Mike,
bitte merken Sie folgenden Neuauftrag über 400 kg Zement vor. Bitte bestätigen Sie per Fax.
Vielen Dank.

We can attend the conference between the above dates. Please send details of accomodation and itinerary.
Thanks.

Wir können an der Konferenz zu den angegebenen Terminen teilnehmen. Bitte schicken Sie uns Angaben zu Unterbringung und Zeitplan der Konferenz. Danke.

Sample Letters   **Musterbriefe**

> 368 East 13th Avenue
> Chicago Heights
> Illinois 36597
> U.S.A
>
> 5th May 1999
>
> Dear Sir/Madam,
>
> I am writing to apply for the position of public relations manager, which I saw advertised in the Chicago Herald on 2nd May of this year. I have had several years of experience in the field of public relations and feel that I am fully capable of fulfilling your requirements.
>
> I completed my first class business degree at the University of Chicago in 1992 and was subsequently selected for the graduate training programme with LVL, an affiliate of the TEHV Group. Following my year's training with LVL, I worked for four years in various subsidiaries of the TEHV Group, including six months in Brazil and two years in Europe. Thus I am fully aware of the business culture in South America and in the European Union. My time overseas has taught me to be versatile and flexible in my approach to public relations and to adjust my strategies in accordance with the expectations of very different cultures.
>
> I am multilingual and can speak and write Spanish, French and Portuguese to the high standard necessitated by your company.
>
> I have enclosed my current résumé as requested, including details of two referees and hope to be able to discuss the position with you in more depth at interview.
>
> Yours sincerely,
>
>   Mary Hughes (Ms.)

Geschäftskorrespondenz

368 East 13th Avenue
Chicago Heights
Illinois 36597
U.S.A

5. Mai 1999

Sehr geehrte Damen und Herren,

ich schreibe, um mich für die Stelle eines Public Relations Managers zu bewerben, die ich im Chicago Herald vom 2. Mai diesen Jahres inseriert gesehen habe. Ich habe einige Jahre Erfahrung auf dem Public Relations Sektor und glaube, dass ich absolut in der Lage sein werde, Ihre Anforderungen zu erfüllen.

Ich habe mein Studium der Betriebswirtschaftslehre an der Universität von Chicago 1992 mit „Eins" abgeschlossen. Danach wurde ich für das Graduierten-Trainings-Programm der LVL, einer Tochtergesellschaft der TEHV Gruppe, ausgewählt. Nach meinem Trainingsjahr bei LVL arbeitete ich vier Jahre lang bei verschiedenen Tochtergesellschaften der TEHV Gruppe, unter anderem sechs Monate lang in Brasilien und zwei Jahre in Europa. Daher bin ich sowohl mit der südamerikanischen wie auch mit der europäischen Geschäftskultur gut vertraut. Die Zeit in Übersee hat mich gelehrt, vielseitig und flexibel in meinen Methoden in der Öffentlichkeitsarbeit zu sein, und meine Strategien den Erwartungen von verschiedenen Kulturen anzupassen.

Ich bin mehrsprachig und beherrsche Spanisch, Französisch und Portugiesisch in Wort und Schrift auf dem hohen Standard, der von Ihrem Unternehmen benötigt wird.

Wie gewünscht habe ich meinen aktuellen Lebenslauf inklusive zweier Referenzen beigefügt und hoffe, die Stelle mit Ihnen in größerer Ausführlichkeit beim Bewerbungsgespräch besprechen zu können.

Mit freundlichen Grüßen

    Mary Hughes (Ms.)

                                        Highland Hideouts
                                        Aviemore
                                        Inverness-shire
                                        PH21 7AW
                                        Scotland

Kincardine Cottage
Pityoulish
Aviemore
Inverness-shire
PH22 6JL

7th February 1999

Dear Mrs. Norman,

We are delighted to offer you the position of accountant
within our firm. We feel that you are fully capable of becoming
a valuable and efficient member of our team. We hope that you
will accept the position and would be extremely grateful if you
could contact us as soon as possible to inform us of your decision.

If at all possible, we would like you to start work with us
on Monday 13th February, although we realise that you may
have to work a month's notice with your present company and
will because of this perhaps not be available for work on
this date.

I look forward to hearing from you.

Kind regards,

                    Geraldine Craig

Geschäftskorrespondenz

Highland Hideouts
Aviemore
Inverness-shire
PH21 7AW
Scotland

Kincardine Cottage
Pityoulish
Aviemore
Inverness-shire
PH22 6JL

7. Februar 1999

Sehr geehrte Frau Norman,

wir schätzen uns glücklich, Ihnen die Stelle als Buchhalterin in unserer Firma anbieten zu können. Wir glauben, dass Sie dazu in der Lage sind, ein wertvolles und effizientes Mitglied unseres Teams zu werden. Wir hoffen, dass Sie unser Angebot wahrnehmen und wären Ihnen sehr dankbar, wenn Sie uns so früh wie möglich über Ihre Entscheidung informieren würden.

Wenn irgend möglich, würden wir unsere Zusammenarbeit gerne am Montag dem 13. Februar beginnen, obwohl uns klar ist, dass Sie wahrscheinlich bei Ihrem jetzigen Unternehmen eine einmonatige Kündigungsfrist einhalten müssen und uns deshalb zu diesem Zeitpunkt vielleicht noch nicht zur Verfügung stehen werden.

Ich freue mich darauf von Ihnen zu hören.

Mit freundlichen Grüßen

Geraldine Craig

Stanley Products Limited
Endon
Staffordshire
ST17 6TG
England

Oak Cottage
Bagnall Lane
Endon
ST16 8UG

5th September 1998

Dear Miss Mills,

We are sorry to inform you that despite your extremely convincing interview on August 23rd and your subsequent good performance during our assessment weekend in the Lake District, we cannot offer you the position of trainee marketing manager within our company. We were astonished by the unusually high standard of applicants and our decision was an extremely difficult one.

Your C.V. and application forms are enclosed.

We wish you all the best in your future career.

Yours sincerely,

Sue Hancock, *Personnel Manager*

Stanley Products Limited
Endon
Staffordshire
ST17 6TG
England

Oak Cottage
Bagnall Lane
Endon
ST16 8UG

5. September 1998

Liebe Frau Mills,

es tut uns sehr Leid Ihnen mitteilen zu müssen, dass wir Ihnen trotz Ihres sehr überzeugenden Bewerbungsgesprächs vom 23. August und Ihrer nachfolgenden guten Leistung während unseres Assessment-Wochenendes im Lake District, die Stelle als Marketingmanagertrainee in unserem Unternehmen nicht anbieten können. Wir waren selber von dem ungewöhnlich hohen Standard der Bewerber überrascht und die Entscheidung ist uns sehr schwer gefallen.

Ihren Lebenslauf und die Bewerbungsunterlagen haben wir beigefügt.

Für Ihre berufliche Zukunft wünschen wir Ihnen alles Gute.

Mit freundlichen Grüßen,

Sue Hancock, *Leiterin der Personalabteilung*

Maurice Motors, Pentonville Industrial Estate, Newcastle-upon-Tyne.

MEMO 07/99

TO: All members of staff

FROM: The Board of Directors

SUBJECT: Planned flotation of Maurice Motors

All our staff are already aware of our future plans to float Maurice Motors on the stock market. The Board has now fixed a definite date; sales of our shares are as from today scheduled to begin on 1st September of this year.

As loyal members of staff within our company, we consider you deserving of receiving a share option to shares in our company. This means that you will be able to buy shares in Maurice Motors, at the reduced price of ninety percent per share. We have agreed, after much discussion, to offer one hundred shares per employee at this special price.

We realise that many of our staff may never have purchased shares before and therefore are unaware of the advantages of doing so. We have decided therefore to give a presentation on shareholding and what you can expect to gain from being a shareholder. This is scheduled to take place on August 3rd.

If employees have any questions before this date or cannot attend the presentation, our financial manager Miss Joyce is prepared to give advice on the matter. Please contact her either via e-mail, address SJB.fin@mm.newc.uk, or by telephone on extension 257. Please do not visit her in her office without prior appointment.

Please note that employees wishing to buy shares must notify us of their interest on or before 14th August, in order to allow enough time for their issue before flotation on 1st September.

Geschäftskorrespondenz

Maurice Motors, Pentonville Industrial Estate, Newcastle-upon-Tyne.

MEMO 07/99

An: Alle Mitarbeiter

Von: Direktion

Betreff: Geplanter Börsengang von Maurice Motors

Allen unseren Mitarbeitern ist bekannt, dass wir planen, mit Maurice Motors an die Börse zu gehen. Die Direktion hat jetzt einen endgültigen Termin festgelegt. Der Verkauf unserer Aktien beginnt nach dem heute fixierten Zeitplan am 1. September diesen Jahres.

Wir sind der Meinung, dass Sie als loyale Mitarbeiter unserer Firma ein Aktienbezugsrecht für Aktien unseres Unternehmens verdienen. Das bedeutet, dass Sie die Gelegenheit haben werden, Aktien von Maurice Motors mit einem Preisnachlass von neunzig Prozent pro Aktie zu erwerben. Wir sind nach langer Diskussion übereingekommen, jedem Mitarbeiter 100 Aktien zu diesem Vorzugspreis anzubieten.

Es ist uns klar, dass viele unserer Mitarbeiter niemals zuvor Aktien erworben haben und daher die Vorteile eines solchen Kaufes nicht kennen. Wir haben uns daher entschieden eine Informationsveranstaltung zum Aktienbesitz und den damit verbundenen Vorteilen abzuhalten. Diese Veranstaltung wird am 3. August stattfinden.

Wenn Mitarbeiter vor diesem Zeitpunkt irgendwelche Fragen haben sollten oder der Veranstaltung nicht beiwohnen können, so ist unsere Finanzleiterin Frau Joyce bereit, in dieser Sache zu beraten. Bitte kontaktieren Sie sie entweder über E-Mail unter SJB.fin@mm.newc.uk oder telephonisch unter der Durchwahl 257. Bitte besuchen Sie sie nicht in ihrem Büro ohne vorherige Anmeldung.

Bitte berücksichtigen Sie, dass Mitarbeiter, die Aktien zu kaufen wünschen, uns dies bis zum 14. August mitteilen müssen, sodass genügend Zeit für ihre Anfrage vor dem Börsengang am 1. September verbleibt.

Geschäftskorrespondenz

Smith & Co., 19 Station Road, Liverpool

Jones Bros. Ltd.
5 Newton Street
Newport, Gwent

7th September 1999
Ref.: Our order no. 452 dated June 5th

Dear Mr. Jones,

We refer to our order no. 452 dated June 5th for five boxes of article 372 in green and your order confirmation no. 1357 dated June 11th.

This order, which is the third part of our annual order, was due to leave your factory on September 5th to arrive in Liverpool by today, the 7th of September. Up to now, we have received neither your advice of dispatch, nor information as to the status of this order.
This material is now required by our depot in Manchester, as it is needed to make up a large order which we need to ship by the end of next week. If we delay our shipment, there is a danger of us losing the order altogether. Therefore we really must insist that the goods are dispatched tomorrow, otherwise this will cause us contractual difficulties.

Please let us know by return fax when we can expect delivery of these goods.
Looking forward to your positive reply, we remain

yours sincerely,

D. Smith (Mrs.)

Smith & Co., 19 Station Road, Liverpool

Jones Bros. Ltd.
5 Newton Street
Newport, Gwent

07. 09. 1999
Unser Auftrag Nr. 452 vom 5. Juni

Sehr geehrter Herr Jones,

wir beziehen uns auf unseren Auftrag Nr. 452 vom 5. Juni über fünf Kisten des Artikels 372 in Grün und Ihre Auftragsbestätigung Nr. 1357 vom 11. Juni.

Dieser Auftrag, der dritte Teil unserer jährlichen Bestellung, sollte am 5. September Ihr Werk verlassen, um spätestens heute, am 7. September, in Liverpool anzukommen. Bis jetzt haben wir weder eine Versandanzeige noch Informationen über den Stand dieses Auftrags erhalten.
Das Material wird nun in unserem Lager in Manchester dringend benötigt, um unsererseits einen Auftrag fertigzustellen, den wir bis Ende nächster Woche verschiffen müssen. Wenn wir unsere Lieferung verzögern, besteht die Gefahr, dass wir den Auftrag ganz verlieren. Wir müssen daher darauf bestehen, dass die Ware morgen zum Versand kommt, ansonsten könnte es für uns zu vertragsrechtlichen Problemen kommen.

Bitte lassen Sie uns unverzüglich per Telefax wissen, wann wir mit der Lieferung der Ware rechnen können.
In Erwartung Ihrer positiven Antwort verbleiben wir

mit freundlichen Grüßen

D. Smith

                              Miller Machines Inc.
                            1552 South Cherry Avenue
                               Chicago, IL 60607

Fa. Georg Schmid GmbH
Neckarstraße 15
70469 Stuttgart
Germany

04/31/1999 ff/gn

Ref.: Enquiry

Dear Sirs,

The German Chamber of Commerce was kind enough to pass on the name and address of your company as a manufacturer of small motors for industrial uses. We would like to import your products to the American market and would also be interested to learn whether you are represented in this part of America. We are a medium-sized company with thirty employees. We have seven salesmen in the Chicago area and twelve more across the states of Illinois, Ohio and Indiana.
Please let us have your detailed offer as follows: For full 20' containers CIF port of Chicago via Montreal Gateway, including price per unit and present lead time.
As payment we would suggest 60 days after date of invoice, net.
Would you offer a discount for large quantities or for regular orders?
Please send us a company brochure and some catalogues showing the different kinds of motors and the different applications that you can offer.

We look forward to hearing from you.

Sincerely,

Frank Fitzpatrick
Purchasing Manager

Miller Machines Inc.
1552 South Cherry Avenue
Chicago, IL 60607

Fa. Georg Schmid GmbH
Neckarstraße 15
D-70469 Stuttgart

Angebotsanfrage   31. 4.1999

Sehr geehrte Damen und Herren,

die Deutsche Handelskammer hat uns freundlicherweise den Namen und die Adresse Ihrer Firma als Hersteller von Kleinmotoren für industrielle Zwecke gegeben. Wir würden gerne Ihre Produkte in den amerikanischen Markt importieren und wären auch interessiert zu erfahren, ob Sie in diesem Teil der Vereinigten Staaten vertreten sind.
Wir sind ein mittelständisches Unternehmen mit 30 Angestellten. Im Raum Chicago beschäftigen wir sieben Verkäufer sowie zwölf weitere in den Staaten Illinois, Ohio und Indiana.
Bitte schicken Sie uns Ihr detailliertes Angebot wie folgt:
Auf Basis von vollen 20' Containern CIF Chicago über Montreal Gateway, einschließlich Preis pro Einheit und aktueller Lieferzeit.
Als Zahlungsbedingung würden wir 60 Tage nach Rechnungsdatum, netto vorschlagen.
Gewähren Sie Mengenrabatte oder Rabatte für regelmäßige Bestellungen?
Könnten Sie uns bitte auch eine Firmenbroschüre sowie Kataloge über die verschiedenen Motoren und deren Verwendungsmöglichkeiten zukommen lassen?

In Erwartung Ihrer baldigen Antwort verbleiben wir
mit freundlichen Grüßen

Frank Fitzpatrick
Einkaufsleiter

Georg Schmid GmbH, Neckarstraße 15, D-70469 Stuttgart

Miller Machines Inc.
Attn: Mr. Fitzpatrick
Purchasing Manager
1552 South Cherry Avenue
Chicago, IL 60607
USA

June 6, 1999 gs/st

Ref.: Your enquiry dated April 4, 1999

Dear Mr. Fitzpatrick,

Thank you for your letter of April 4, 1999 and the interest you showed in our products. We would first of all like to tell you something about our company: Our company was founded in 1935, has at present 120 employees and we are hoping to expand next year to a further unit in the Stuttgart area. We mainly sell our products here in Germany but are hoping to expand our export activities.

At the moment we are not represented in the eastern United States, and we would be very interested in arranging a meeting to discuss your proposal.

We have enclosed our current price list. Please note the following:

All our prices are to be understood FOB German port including packing. For CIF deliveries we would have to charge an extra 10% on list price. These prices are based on a minimum quantity of 50 units per order in 20' containers. For regular orders we would offer a discount of 5%. Present lead time is ex works four weeks after receipt of order.

For the first order we would prefer payment "Cash against Documents", for which we would offer a discount of 3%. For further orders we would consider an open payment term.

We have enclosed the requested company brochure and various catalogues. We hope that we have made you a favorable offer and look forward to hearing from you soon.

With best regards,

G. Schmid

Geschäftskorrespondenz

Georg Schmid GmbH, Neckarstraße 15, D-70469 Stuttgart

Miller Machines Inc.
z. Hd. Herrn Fitzpatrick
Einkaufsleiter
1552 South Cherry Avenue
Chicago, IL 60607
USA

05.06.1999 gs/st

Ihre Anfrage vom 31.04.1999

Sehr geehrter Herr Fitzpatrick,

vielen Dank für Ihren Brief vom 31.04.99 und Ihr Interesse an unseren Produkten. Wir möchten Ihnen zunächst etwas über unsere Firma erzählen: Unsere Firma wurde 1935 gegründet und hat zurzeit 120 Mitarbeiter und wir hoffen, nächstes Jahr eine weitere Fabrik in der Stuttgarter Gegend zu erwerben. Wir verkaufen unsere Produkte hauptsächlich in Deutschland, hoffen aber, dass wir unsere Exportaktivitäten weiter ausbauen können.
Zurzeit sind wir nicht im Osten der USA vertreten und wir wären sehr daran interessiert, ein Treffen zu vereinbaren, um Ihren Vorschlag zu diskutieren.
Anbei unsere aktuelle Preisliste, bitte beachten Sie Folgendes:
Unsere Preise verstehen sich FOB deutscher Hafen einschließlich Verpackung. Für CIF Lieferungen müssen wir einen Aufschlag von 10% auf den Listenpreis berechnen. Diese Preise basieren auf einer Mindestabnahmemenge von 50 Stück pro Auftrag in 20' Containern. Für regelmäßige Bestellungen können wir einen Rabatt von 5% anbieten. Aktuelle Lieferzeit ab Werk ist vier Wochen nach Auftragserhalt. Für den ersten Auftrag würden wir eine Zahlungskondition „Kasse gegen Dokumente" vorziehen, wofür wir aber einen Rabatt von 3% anbieten würden. Für weitere Aufträge könnten wir ein offenes Zahlungsziel berücksichtigen. Wir haben die gewünschte Firmenbroschüre und verschiedene Kataloge beigelegt.
Wir hoffen, Ihnen ein günstiges Angebot gemacht zu haben und würden uns freuen, bald von Ihnen zu hören.

Mit freundlichen Grüßen
G. Schmid

Candy Computer Components
Wall Grange Industrial Estate
Buxton
Derbyshire
DB26 8TG
Great Britain

Dandy Distributions Poland
21 Zapikamke Street
Gdansk
Poland

16th October 1999

Re: <u>Agency Agreement</u>

Dear Mr. George,

Following our meeting last week and in reply to yesterday's fax message, I would like to suggest terms, as enclosed, for our proposed agency agreement. This will, as agreed, award you sole agency for the distribution and sale of our products in Poland.

I have enclosed two copies of our proposed contract. I hope you find the terms acceptable for your company. If you would like to make any amendments or have any questions regarding the terms of contract, please do not hesitate to contact me and we can discuss the matter further.

Please read the provisions in the agreement carefully. If you find them to be acceptable to you, please sign both copies and return them to me as soon as possible.

I look forward to our doing business together and hope that this marks the beginning of a mutually profitable business relationship.

Best regards,

    Andy Bartler

Candy Computer Components
Wall Grange Industrial Estate
Buxton
Derbyshire
DB26 8TG
Great Britain

Dandy Distributions Poland
21 Zapikamke Street
Gdansk
Poland

16. Oktober 1999

<u>Vertretungsvertrag</u>

Sehr geehrter Herr George,

nach unserem Treffen letzte Woche und als Antwort auf Ihr gestriges Fax möchte ich Ihnen hiermit die Bedingungen für unseren vorgeschlagenen Vertretungsvertrag übersenden. Diese geben Ihnen wie vereinbart das alleinige Vertretungsrecht für Vertrieb und Verkauf unserer Produkte in Polen.

Ich habe zwei Kopien des vorgeschlagenen Vertrages beigefügt. Ich hoffe, dass die Konditionen für Ihr Unternehmen annehmbar sind. Sollten Sie irgendwelche Nachbesserungen vornehmen wollen oder irgendwelche Fragen hinsichtlich der Vertragsbedingungen haben, so zögern Sie bitte nicht, mich zu kontaktieren, sodass wir die Angelegenheit weiter besprechen können.

Bitte lesen Sie die Bestimmungen des Vertrages sorgfältig. Sollten Sie sie annehmbar finden, so unterzeichnen Sie bitte beide Kopien und schicken Sie sie sobald als möglich an mich zurück.

Ich freue mich darauf, mit Ihnen Geschäfte zu machen und hoffe, dass dies den Beginn einer für beide Seiten profitablen Geschäftsbeziehung darstellt.

Mit freundlichen Grüßen
    Andy Bartler

Hans Müller GmbH & Co., Rosenstraße 76, D-60313 Frankfurt

Lloyd Automation Ltd.
Attn: Mr. Patrick Hughes
15 River Bank Industrial Estate
Birmingham B4
Great Britain

27 May 1999 hm/fe

Ref.: Addition to our product range

Dear Mr. Hughes,

We are pleased to announce that item no. 12967 is now available in three different versions: the existing two products and now a third alternative in black leather. This is something we have been working on for almost six months and after extensive tests the new version has been released for sale. This is an important addition to our product range and we are sure that this will serve to complement the present products. We now have the unique opportunity to cover three different sectors of the market at once and to update our present technology.
We have enclosed a brochure and a revised price list which now includes this item. For initial orders we would be prepared to offer an introductory discount of 5%.
We hope that this new addition to our product range will enable you to consolidate and even to increase your sales, and we look forward to receiving your trial orders.

With best regards,

H. Müller

Encl.: Brochure
       Revised price list

Hans Müller GmbH & Co., Rosenstraße 76, D-60313 Frankfurt

Lloyd Automation Ltd.
z. Hd. Herrn Patrick Hughes
15 River Bank Industrial Estate
Birmingham B4
Großbritannien

27. Mai 1999 hm/fe

Ergänzung unserer Produktpalette

Sehr geehrter Herr Hughes,

wir freuen uns, Ihnen mitteilen zu können, dass unser Artikel Nr. 12967 jetzt in drei verschiedenen Ausführungen lieferbar ist: die zwei bereits existierenden Versionen und nun eine dritte Alternative in schwarzem Leder. Wir habe fast sechs Monate daran gearbeitet, und nach ausführlichen Tests ist die neue Version nun für den Verkauf freigegeben worden.
Es handelt sich um eine wichtige Erweiterung unserer Produktpalette und wir sind sicher, dass dies unsere bestehenden Produkte ergänzen wird. Wir haben jetzt die einmalige Möglichkeit, drei verschiedene Marktsektoren gleichzeitig abzudecken und unsere jetzige Technologie auf den neuesten Stand zu bringen.
Anbei eine Broschüre und eine revidierte Preisliste, die jetzt diesen Artikel enthält. Für Erstaufträge wären wir bereit, einen Sondereinführungsrabatt von 5% zu gewähren.
Wir hoffen, dass diese neue Ergänzung unserer Produktpalette es Ihnen ermöglichen wird, Ihre Umsätze zu konsolidieren oder sogar zu steigern. Wir freuen uns auf den Erhalt Ihrer Musterbestellungen.

Mit freundlichen Grüßen

H. Müller

Anlage: Broschüre
         Revidierte Preisliste

F. Huber Chemie GmbH, Isarstraße 102, D-80469 München

C. Bryan Chemicals Ltd.
Attn: Mr. John Perkins
5 Green Lane
Brighton, East Sussex
Great Britain

10 December 1998 fh/me

Ref.: Price increase as from January 1st, 1999

Dear Mr. Perkins,

Unfortunately we have to inform you that as of January 1st we will be increasing our prices by 5%. This is the first adjustment in two years and has been made necessary by several factors.
The price of raw materials has increased by up to 20% within a matter of months; the prices for natural rubber in particular have been affected.
The introduction of motorway tolls for lorries at the beginning of this year has lead to a 5-10% increase in freight costs, which, as our orders are delivered CIP Brighton, has also to be covered by us.
The increasingly stringent environmental legislation in Great Britain makes it more and more difficult for us to ensure cost-effective production. Also the new laws make it more expensive for us to dispose of our waste and packing materials.
All of these factors leave us no other choice than to adjust our prices accordingly. We are, however, prepared to guarantee these new prices until the end of April 2000. The new price list will be forwarded in the near future.
We sincerely regret having to take this step, but hope that we can nevertheless maintain our position in the European market.

With kindest regards,

F. Huber

F. Huber Chemie GmbH, Isarstraße 102, D-80469 München

C. Bryan Chemicals Ltd.
z. Hd. Herrn John Perkins
5 Green Lane
Brighton, East Sussex
Großbritannien

10. Dezember 1998 fh/me

Preiserhöhung ab 1. Januar 1999

Sehr geehrter Herr Perkins,

leider müssen wir Ihnen mitteilen, dass wir ab 1. Januar 1999 eine Preiserhöhung von 5% vornehmen werden. Es ist die erste Angleichung seit zwei Jahren und sie ist wegen verschiedener Faktoren notwendig geworden.
Die Preise für Rohstoffe sind innerhalb der letzten Monate um bis zu 20% gestiegen; besonders die Preise für Naturkautschuk sind davon betroffen.
Die Einführung von Autobahngebühren für LKWs Anfang dieses Jahres haben zu einer Anhebung der Frachtkosten um 5-10% geführt, die, da unsere Aufträge CIP Brighton geliefert werden, auch von uns gedeckt werden müssen.
Die zunehmend strengen Umweltgesetze Großbritanniens erschweren es uns, eine kosteneffektive Produktion zu sichern. Zudem machen die neuen Verordnungen es für uns immer teurer, unseren Abfall und unser Verpackungsmaterial zu entsorgen.
All diese Faktoren lassen uns keine andere Wahl als unsere Preise entsprechend anzupassen. Wir sind jedoch bereit, diese neuen Preise bis Ende April 2000 zu garantieren. Die neue Preisliste erhalten Sie in Kürze.
Wir bedauern sehr, diesen Schritt unternehmen zu müssen, hoffen aber, dass wir dennoch unsere Position auf dem europäischen Markt beibehalten können.

Mit freundlichen Grüßen

F. Huber

Accounting Services, 159 Gastown Street, Vancouver, V1 7KH, British Columbia.

Marie Bardel
Software Showmen
145 Tenth Avenue West
Vancouver
V23 9HG

5th June 1998

Dear Marie,

I am sorry to persist in contacting you regarding this matter, but I remain doubtful of the quality of the service you have provided regarding the training of our staff in the new, "user-friendly" software packages you installed in our offices.

I realise that my employees may share the blame for this problem, but I must admit that it seems to me that they have quite simply been misinformed regarding some aspects of the potential uses of the software you provided. I wonder if it would perhaps be possible for us to arrange a second training day, perhaps at a reduced price with a more senior member of your team, in order to ensure that we can use the new computerised accounting systems to our full advantage.

I do realise that you made a considerable effort to help us in every way possible thus far and would be most grateful if you would assist us further in this matter.

I look forward to hearing from you.

Best Regards,

      Paul Bernard.

Geschäftskorrespondenz

Accounting Services, 159 Gastown Street, Vancouver, V1 7KH, British Columbia.

Marie Bardel
Software Showmen
145 Tenth Avenue West
Vancouver
V23 9HG

5. Juni 1998

Liebe Marie,

es tut mir Leid, dich ein weiteres Mal in dieser Angelegenheit
zu kontaktieren, aber ich habe immer noch Zweifel an der
Qualität des von euch zur Verfügung gestellten Services. Dabei beziehe ich
mich auf das Training unserer Mitarbeiter an dem von euch in unseren
Büros installierten „benutzerfreundlichen" Softwarepaket.

Es ist mir klar, dass ein Teil des Problems bei unseren Mitarbeitern
liegt, aber ich muss zugeben, dass es mir so scheint, als ob sie einfach
falsch über einige Aspekte des von euch gelieferten Softwarepakets
informiert worden sind. Ich frage mich, ob es nicht möglich wäre,
einen zweiten Trainingstag für uns zu arrangieren, und zwar
möglicherweise zu einem reduzierten Preis und mit einem erfahreneren
Mitglied eures Teams, so dass sichergestellt ist, dass wir das neue
computerisierte Buchhaltungsprogramm zu unserem größtmöglichen
Vorteil ausnützen können.

Es ist mir klar, dass ihr euch bisher große Mühe gegeben habt,
uns soweit wie möglich zu unterstützen und ich wäre sehr dankbar,
wenn ihr uns auch weiterhin in dieser Angelegenheit helfen würdet.

Ich freue mich darauf, von dir zu hören.

Mit freundlichen Grüßen

    Paul Bernard

Taylor and Ball Constructions, 189 Paisley Road, Hamilton, Scotland.

Gulliver's Distributions
23 Lilliput Lane
Stoke-on-Trent
England

5th October 1999

Ref: Delivery of copper piping

Dear Mr. Swift,

Following several telephone conversations with both your secretary and yourself, I feel I have no choice but to inform you that if we do not receive our delivery of copper piping by 10th October 1999 at the very latest, we will be forced to take legal action and sue for damages. I realise that problems can and do occur and I am always reasonable in respect of short delays. As yet, however, your firm has failed to provide a valid reason for the inexcusable delay and we have waited for more than two weeks for our consignment.

Obviously, I would like to avoid the time and trouble involved in a legal case, but feel that there is scarcely another option remaining open to me. We enjoy an extremely good reputation in the Hamilton area and have many loyal customers throughout Scotland who rely on our prompt service. The absence of the copper piping has brought our construction project in the Tomintoul Estate for our loyal customer, Lord Yahoo, to a standstill, as our engineers cannot work without their raw materials.

I expect a response from you or a member of your staff by return post or alternatively, by fax or e-mail.

Yours sincerely,

    Christine Peters

Taylor and Ball Constructions, 189 Paisley Road, Hamilton, Scotland.

Gulliver's Distributions
23 Lilliput Lane
Stoke-on-Trent
England

5. Oktober 1999

Lieferung von Kupferrohren

Sehr geehrter Herr Swift,

nach mehreren Telefongesprächen, die ich sowohl mit Ihrem Sekretär als auch mit Ihnen geführt habe, sehe ich keine andere Möglichkeit als Sie darauf aufmerksam zu machen, dass wir uns gezwungen sehen, rechtliche Schritte einzuleiten und auf unseren Schaden zu klagen, wenn wir unsere Lieferung Kupferrohre nicht bis spätestens zum 10. Oktober 1999 erhalten haben. Es ist mir bewusst, dass Probleme auftreten können und ich bin sehr verständnisvoll bei kurzen Verzögerungen. Doch Ihre Firma hat bis heute keinen vernünftigen Grund für die unentschuldbare Verzögerung angegeben
und wir haben bereits mehr als zwei Wochen auf Ihre Lieferung gewartet.

Natürlich möchte ich gerne die Zeit und den Ärger, die ein Gerichtsverfahren mit sich bringt, vermeiden, aber ich habe kaum noch eine andere Möglichkeit. Wir haben einen sehr guten Ruf in der Region um Hamilton und viele loyale Kunden in ganz Schottland, die sich auf unseren prompten Service verlassen. Das Fehlen der Kupferrohre hat unser Bauprojekt auf dem Tomitoul Besitz für unseren treuen Kunden, Lord Yahoo, zum Stillstand gebracht, und unsere Ingenieure können nicht ohne ihre Rohmaterialien arbeiten.

Ich erwarte eine Antwort von Ihnen oder einem Ihrer Mitarbeiter entweder auf dem Postweg oder alternativ via Fax oder E-Mail.

Hochachtungsvoll,

    Christine Peters

Gulliver's Distributions, 23 Lilliput Lane, Stoke-on-Trent, England.

Taylor and Ball Constructions
189 Paisley Road
Hamilton
Scotland

7th October 1999

Ref: Delivery of copper piping

Dear Miss Peters,

I cannot apologise enough for the inconvenience caused by the delay in delivering the copper piping and am pleased to inform you that the piping left the yard this morning and should be with you by the time you receive this letter.

As I explained in our telephone conversation yesterday, our driver was injured during the loading of the piping and as a result, we have been very short-staffed over the past two weeks. I'm afraid to say that in the aftermath of the accident, my secretary failed to realise that the consignment had not been delivered. He also failed to pass on your telephone messages and thus I heard of the problem only when the consignment was already one week overdue. I have since taken appropriate action and given my secretary a written caution.

In view of the unfortunate situation which has arisen, I would like to offer you a discount of fifty percent on the normal delivery charge. I hope this settles the matter to your satisfaction and I hope that we can continue to do business together in the future.

Once again, please accept my sincere apologies.

Yours sincerely,

    Jon Swift

Gulliver's Distributions, 23 Lilliput Lane, Stoke-on-Trent, England.

Taylor and Ball Constructions
189 Paisley Road
Hamilton
Scotland

7. Oktober 1999

Lieferung von Kupferrohren

Sehr geehrte Frau Peters,

ich kann mich nicht genug für die Unannehmlichkeiten entschuldigen, die Ihnen durch die Verzögerung bei der Lieferung der Kupferrohre entstanden sind und bin glücklich, Ihnen mitteilen zu können, dass die Rohre heute Morgen unseren Hof verlassen haben und zu dem Zeitpunkt, zu dem Sie diesen Brief erhalten, bei Ihnen eingetroffen sein sollten.

Wie ich Ihnen in unserem gestrigen Telefonat erklärt hatte, hat sich unser Fahrer beim Verladen der Rohre verletzt und infolgedessen waren wir während der letzten zwei Wochen ziemlich unterbesetzt. Ich befürchte, dass mein Sekretär auf Grund der Nachwirkungen des Unfalls übersehen hatte, dass die Lieferung noch nicht überbracht war. Er versäumte es außerdem, Ihre telefonischen Nachrichten an mich weiterzuleiten, sodass ich erst von dem Problem zu hören bekam, als die Lieferung bereits eine Woche überfällig war. Ich habe seither die angemessenen Schritte eingeleitet und meinen Sekretär schriftlich verwarnt.

Angesichts der unglücklichen Situation, die entstanden ist, möchte ich Ihnen einen fünfzigprozentigen Nachlass unseres üblichen Lieferpreises anbieten. Ich hoffe, dass die Angelegenheit auf diese Weise für Sie zufrieden stellend geklärt ist und ich hoffe, dass wir auch in Zukunft noch miteinander Geschäfte machen werden.

Ich möchte noch einmal mein tiefes Bedauern ausdrücken.

Mit freundlichen Grüßen
    Jon Swift

TRIX Products
78 South Richmond Avenue
Palm Springs
50227
California

The Nicey Bank
67 Generous Avenue
Palm Springs
50702
California

April 1st 1999

Re: Credit Application

Dear Sirs/Madams,

Having obtained credit from your bank at a competitive rate of interest in the past, we would like to ask whether you would consider offering our company a loan for $100,000.

As you are aware, we have always been very reliable patrons of your bank and can provide good credit references if necessary. We are a large firm with considerable assets, which we could offer as ample security for a loan of this size. If you were nevertheless to require additional securities, these could also be obtained.

We have enclosed details of our accounts and our balance sheets for the past five years. If you require any further information please do not hesitate either to contact myself or a member of our book-keeping division.

I look forward to receiving your reply.

Yours faithfully,

    Alan Zimmerman, General Director, TRIX Products.

TRIX Products
78 South Richmond Avenue
Palm Spring
50227
California

The Nicey Bank
67 Generous Avenue
Palm Springs
50702
California

1. April 1999

Kreditantrag

Sehr geehrte Damen und Herren,

da wir bereits in der Vergangenheit von Ihrer Bank einen Kredit zu einem günstigen Zinssatz erhalten haben, wollten wir Sie darum bitten, es in Erwägung zu ziehen, uns einen weiteren Kredit über $100.000 einzuräumen.

Wie Ihnen bekannt ist, waren wir immer äußerst zuverlässige Kunden Ihrer Bank und sind in der Lage, gute Kreditreferenzen beizubringen, wenn es nötig sein sollte. Wir sind ein großes Unternehmen mit einem beträchtlichem Vermögen, das wir als ausreichende Sicherheit für einen Kredit dieser Größenordnung anbieten können. Sollten Sie trotzdem zusätzliche Sicherheiten benötigen, so können diese beigebracht werden.

Wir haben eine detaillierte Aufstellung unserer Konten und Bilanzen der letzten fünf Jahre beigefügt. Sollten Sie noch zusätzliche Informationen benötigen, so zögern Sie nicht, mich oder einen Mitarbeiter unserer Buchhaltung zu kontaktieren.

Ich freue mich auf Ihre Antwort.

Hochachtungsvoll

    Alan Zimmerman, Generaldirekor TRIX Products

Barmy Books
139 West Richmond Street
San Fransisco
58739
USA

Tardy Tattlers
35 Late Lane
San Fransisco
12345
USA

22nd July 1999

Ref: SH 371772/hb

<u>First Reminder</u>

Dear Mr. Tardy,

When balancing our accounts for this month, it came to my attention that there appears to be a payment for $599 outstanding, for a consignment of goods delivered on 10th July, invoice number SH 371772/hb.

As you have always settled your accounts with us punctually in the past, I assume that this was an oversight in your accounts department.

I would be extremely grateful if you could send the outstanding amount to us within the next few days or contact us if you have any queries regarding the payment.

If you have already settled the account, please disregard this notice and accept our thanks for your payment.

Yours sincerely,

    Ian Mickleson

                                          Barmy Books
                                139 West Richmond Street
                                          San Fransisco
                                                 58739
                                                   USA

Tardy Tattlers
35 Late Lane
San Fransisco
12345
USA

22. Juli 1999

SH 371772/hb

<u>Erste Erinnerung</u>

Sehr geehrter Herr Tardy,

beim diesmonatigen Abschluss unserer Konten ist mir aufgefallen, dass noch eine Zahlung über $599 für eine Lieferung von Gütern mit der Rechnungsnummer SH 371772/hb vom 10. Juli aussteht.

Da Sie Ihre Rechnungen in der Vergangenheit stets pünktlich beglichen haben, nehme ich an, dass es diesmal nur der Aufmerksamkeit Ihrer Buchhaltung entgangen ist.

Ich wäre Ihnen äußerst dankbar, wenn Sie uns den ausstehenden Betrag innerhalb der nächsten Tage zukommen lassen würden oder uns kontaktieren, falls Sie irgendwelche Fragen hinsichtlich der Bezahlung haben sollten.

Sollten Sie die Rechnung bereits beglichen haben, so betrachten Sie dieses Schreiben als hinfällig und wir bedanken uns für Ihre Bezahlung.

Mit freundlichen Grüßen

    Ian Mickleson

Brite-on Chemicals Limited
Smithfield Industrial Estate
Brighton
England

February 16th 1999 ed/sh

Dear shareholder,

We would like to thank you for your support during the past years and to invite you to our annual general meeting, which has been scheduled for March 27th 1999. We hope you will be able to attend.

This has perhaps been the most successful year for Brite-on since our inauguration in 1963. Our researchers have successfully developed several exciting new products and despite increasingly intense competition we have succeeded in keeping our position at the forefront of chemical dye production. Two of these new products have already been launched and are on the market, one is to be introduced in 1999.

We are pleased to inform you that over the past economic year our net profits have increased by over ten percent. Consequently, we are hoping to expand into eastern European markets in the coming year and have signed a contract with a well-known distribution company to maximize the possibilities for sales in the region. If all goes according to plan, we hope to open a regional office there in the year 2002.

Consequently, we anticipate that our dividend payments for 1998 will be higher than those paid in 1997. We will have precise figures available at the AGM next month.

We hope to enjoy your company on March 27th and would like to thank you once again for your support.

Yours faithfully,

    Ewan Davidson, Managing Director

Brite-on Chemicals Limited
Smithfield Industrial Estate
Brighton
England

16. Februar 1999 ed/sh

Sehr geehrter Aktionär,

wir möchten Ihnen für Ihre Unterstützung während der letzten Jahre unseren Dank aussprechen und Sie zu unserer jährlichen Hauptversammlung am 27. März 1999 einladen. Wir hoffen, dass Sie in der Lage sein werden teilzunehmen.

Dieses Jahr war vielleicht das erfolgreichste seit unserer Gründung im Jahr 1963. Unsere Forscher haben einige neue aufregende Produkte erfolgreich entwickelt und trotz des zunehmenden Wettbewerbs ist es uns gelungen, unsere Position an der Spitze der chemischen Farbstoffproduktion zu behaupten. Zwei unserer neuen Produkte sind bereits lanciert und auf dem Markt, ein weiteres wird 1999 eingeführt.

Wir freuen uns, Ihnen mitteilen zu können, dass unsere Nettogewinne im Laufe des letzten Wirtschaftsjahres um zehn Prozent zugenommen haben. Folglich hoffen wir, im nächsten Jahr in die osteuropäischen Märkte zu expandieren und haben mit einer bekannten Vertriebsgesellschaft einen Vertrag geschlossen, um Verkaufsmöglichkeiten in der Region zu maximieren. Wenn alles gut geht, hoffen wir, im Jahr 2002 dort ein Regionalbüro einzurichten.

Deshalb gehen wir davon aus, dass unsere Dividende für 1998 höher sein wird als die von 1997. Wir werden die exakten Zahlen bei der Hauptversammlung nächsten Monat zur Verfügung haben.

Wir hoffen, am 27. März das Vergnügen Ihrer Anwesenheit zu haben und möchten uns nochmals für Ihre Unterstützung bedanken.

Mit freundlichen Grüßen

Ewan Davidson, Generaldirektor

Geschäftskorrespondenz

Sample Faxes   **Musterfaxe**

FAX MESSAGE

Hans Müller GmbH
Seestraße 7
D-28717 Bremen

TO: Mr. B. Williams
Clark Industries

FROM: Mr. R. Wagner

Date: 15 January 1999

Ref.: My visit next week

Dear Mr. Williams,

As discussed, here my itinerary for next week's visit to England:
January 20th
9.30 a.m.	Arrival London Heathrow on flight BA 723.
2.00 p.m.	Meeting at Clark Industries with Messrs. Smith, Jones and Williams. Subject: Market Strategy in Great Britain.
7.00 p.m.	Dinner with Mr. West from Smith & Partners.

January 21st
10.00 a.m.   Visit to Brighton Seals & Coatings in Maidenhead.

January 22nd
9.00 a.m.	Visit to Smiths Coatings. Subject: Market development.
3.00 p.m.	Depart London Heathrow on flight BA 724.

Could you please arrange for me to be picked up from the airport and book me a room for two nights in a hotel near you?

Looking forward to seeing you again next week.
Best regards,
R. Wagner

FAXMITTEILUNG

Hans Müller GmbH
Seestraße 7
D-28717 Bremen

AN: Herrn B. Williams
Clark Industries

VON: Herrn R. Wagner
Datum: 15. Januar 1999

Mein Besuch in der nächsten Woche

Sehr geehrter Herr Williams,

wie besprochen mein Programm für den Besuch nächste Woche in England:

20. Januar
9.30 Uhr   Ankunft London Heathrow mit Flug BA 723
14.00 Uhr   Besprechung bei Clark Industries mit den Herren Smith, und Williams. Thema: Marktstrategie in Großbritannien
19.00 Uhr   Abendessen mit Herrn West von Smith & Partners

21. Januar
10.00 Uhr   Besuch bei Brighton Seals & Coatings in Maidenhead

22. Januar
9.00 Uhr   Besuch bei Smiths Coatings. Thema: Marktentwicklung
15.00 Uhr   Abflug London Heathrow mit Flug BA 724

Könnten Sie bitte meine Abholung vom Flughafen arrangieren und ein Zimmer für zwei Nächte in einem Hotel in Ihrer Nähe buchen?

Ich freue mich, Sie nächste Woche wieder zu sehen.
Mit freundlichen Grüßen

R. Wagner

Geschäftskorrespondenz

FAX MESSAGE

W. Phillips & Co.
17 New Street
Liverpool.

TO: Mr. B. Clarke
Wayview Ltd.

FROM: Mr. M. Taylor

Date: 7 June 1998
Ref.: Our order no. 159/98, your invoice no. 3479 dated May 21st, 1998

Dear Mr. Clarke,

We refer to our order no. 159/98 and your invoice no. 3479 dated May 21st, 1998. The material which was delivered the week before last is not acceptable. The cloth is torn in the middle and the edges are not neatly sewn. We have examined all the material and unfortunately must confirm that the contents of all boxes are faulty.

We have contacted our customer, who is also of our opinion. We must therefore ask you to cancel the invoice no. 3479 and to deliver replacement material without delay.

When could we expect this replacement delivery? The material is needed for some important samples that we need to dispatch to our customer by the end of next week.

Awaiting your comments.

Best regards,

Mr. Taylor

cc. Mr. Phillips
    Mrs. Green

FAXMITTEILUNG

W. Phillips & Co.
17 New Street
Liverpool

AN: Herrn B. Clarke
Wayview

ABSENDER: Herr M. Taylor

Datum: 7. Juni 1998
Unser Auftrag Nr. 159/98, Ihre Rechnung Nr. 3479 vom 21. Mai 1998

Sehr geehrter Herr Clarke,

wir beziehen uns auf unseren Auftrag Nr. 159/98 und Ihre Rechnung Nr. 3479 vom 21. Mai 1998. Das Material, das Sie vorletzte Woche geliefert haben, ist nicht akzeptabel. Der Stoff ist in der Mitte zerrissen und die Ränder sind nicht sauber genäht. Wir haben das ganze Material überprüft und müssen leider feststellen, dass der Inhalt aller Kartons fehlerhaft ist.

Wir haben mit unserem Kunden Kontakt aufgenommen und er ist völlig unserer Meinung. Wir müssen Sie daher bitten, die Rechnung Nr. 3479 zu stornieren und sofort eine Ersatzlieferung vorzunehmen.

Wann können wir diese Ersatzlieferung erwarten? Wir brauchen das Material für einige wichtige Muster, die wir bis Ende nächster Woche an unseren Kunden abschicken müssen.

In Erwartung Ihrer Rückantwort verbleibe ich
mit freundlichen Grüßen

M. Taylor

Verteiler: Herr W. Phillips
              Frau C. Green

FAX MESSAGE

Walsh Electronics Co.
5 New Lane
Edinburgh

TO: Ms. C. Schmidt
Wagner Maschinenbau GmbH

FROM: Robert Jeffries

Date: 21 September 1998
Ref.: Your order 729/98 dd. September 2nd

Dear Claudia,

We regret to have to inform you that order 729/98 dd. September 2nd will not be ready for dispatch on this coming Friday as originally confirmed. One of our machines has broken down, which in turn affects the whole production line, and until this can be mended our production is at a complete standstill. As a result all our orders are affected, not just yours for this particular item. We are hoping that the maintenance people will be able to start work this morning, and all being well our machines will be running again by tomorrow afternoon.

Unfortunately, I cannot let you have a more concrete answer as concerns dispatch until we know how long the repair work will take. I will, of course, let you know as soon as we have some firm answers. Half of the order is already complete and so we could at least send a part of the order if necessary. Please advise how we should proceed.

We apologize again for this delay and for any inconvenience that this may cause, but hope that we can settle this matter promptly.

Thank you and kind regards,

Robert Jeffries

FAXMITTEILUNG

Walsh Electronics Co.
5 New Lane
Edinburgh

AN: Fr. C. Schmidt
Wagner Maschinenbau GmbH

VON: Robert Jeffries

Datum: 21. September 1998
Ihre Bestellung 729/98 vom 2. September

Liebe Claudia,

wir bedauern, Ihnen mitteilen zu müssen, dass der Auftrag 729/98 vom 2. September nicht wie ursprünglich bestätigt am kommenden Freitag zum Versand kommen kann. Eine unserer Maschinen ist defekt, wovon wiederum die ganze Fertigungsstraße betroffen ist, und bis diese repariert ist, steht unsere gesamte Produktion still. Dies hat Auswirkungen auf alle unsere Aufträge, nicht nur Ihren, die diesen bestimmten Artikel betreffen. Wir hoffen, dass unser Wartungspersonal noch heute Vormittag mit der Reparatur anfangen kann, und wenn alles gut geht, können die Maschinen schon morgen Nachmittag wieder anlaufen.

Ich kann Ihnen leider, was den Versand betrifft, keine konkretere Antwort geben, bis wir wissen, wie lange die Reparaturarbeiten dauern werden. Ich werde Sie selbstverständlich informieren, sobald wir genauere Antworten haben. Die Hälfte des Auftrags ist bereits fertig, und wir könnten – wenn notwendig – zumindest einen Teil des Auftrags verschicken. Bitte geben Sie mir Bescheid.

Wir bitten nochmals um Entschuldigung für diese Verzögerung und für eventuelle Unannehmlichkeiten. Wir hoffen aber, dass wir diese Angelegenheit schnellstens abschließen können.

Mit freundlichen Grüßen
Robert Jeffries

FAX MESSAGE   **PAGES: 2**

TO: Katherine   **FROM: Colin**
ADEN Products Limited   Taff Management Consultancy
Porthcawl, PC13 2EJ   Swansea, SW6 7JS
Phone/Fax: **01298 863 963**   Phone/Fax: **0121 631 2776**

Ref: Results!

27th September 1999.

Dear Katherine,

I am pleased to inform you that following your initial consultation
with us on 13th August, our team of management consultants
have now completed their plans for what we consider to be the
most appropriate restructuring programme for ADEN Products Limited.

The next step forward in our advisory process usually takes the
form of a meeting with your executive, to present our recommen-
dations and answer any queries they might have regarding
implementation of our strategies. This is subsequently followed
by a meeting with all company staff, where we explain the
actual effect our measures will have upon the workers themselves.
Only after both management and all other members of staff are
fully informed of the changes our programme will introduce,
do we advise implementing reforms of the company's structure.

Because we suggest that our clients should begin reorganisation
as soon as possible to gain maximum benefit from our advice,
I have included a copy of our up-to-date appointments calendar
(see fax p.2). I have clearly marked when I am personally available.
Please reply promptly to ensure that your preferred date remains
available, or to make alternative arrangements.

I look forward to hearing from you in the near future,

Colin

FAXMITTEILUNG	SEITEN: 2
AN: Katherine ADEN Products Limited Porthcawl, PC13 2EJ Phone/Fax: **01298 863 963**	VON: Colin Taff Management Consultancy Swansea, SW6 7JS Phone/Fax: **0121 631 2776**

Ergebnisse!

27. September 1999

Liebe Katherine,

ich freue mich, dir mitteilen zu können, dass auf der Grundlage unserer ersten Beratung vom 13. August unser Unternehmensberatungsteam jetzt unsere Pläne für eine nach unseren Vorstellungen angemessene Umstrukturierung von Aden Products Limited fertiggestellt haben.

Der nächste Schritt in unserem üblichen Beratungsprozess ist jetzt ein Meeting mit Eurer Verwaltung, um unsere Empfehlungen vorzustellen und um mögliche Fragen zur Anwendung unserer Strategien zu beantworten. Danach folgt ein Meeting mit dem gesamten Personal, bei dem wir die tatsächlichen Konsequenzen unserer Maßnahmen für die Arbeiter selbst erklären. Erst nachdem sowohl die Geschäftsleitung als auch alle anderen Mitarbeiter voll über die Änderungen, die unser Programm mit sich bringen wird, informiert worden sind, empfehlen wir die Anwendung der Reformen der Unternehmensstruktur.

Da wir glauben, dass unsere Kunden so früh wie möglich mit der Reorganisation beginnen sollten, um maximalen Vorteil durch unseren Rat zu erlangen, habe ich eine Kopie unseres aktuellen Terminkalenders beigefügt (siehe Fax S.2). Ich habe deutlich markiert, wann ich persönlich zur Verfügung stehe. Bitte antworte unverzüglich, um sicherzustellen, dass dein bevorzugter Termin noch zur Verfügung steht, oder um alternative Vereinbarungen zu treffen.

Ich freue mich auf deine baldige Antwort.

Colin

Geschäftskorrespondenz

FAX MESSAGE

OL Incorporated
Los Angeles
59037
USA
Tel/Fax (001 54) 475869

TO: Linda Lombada
Toronto Trinx
Tel/Fax: (098) 1234567

FROM: Oliver Pebble
Fax: (001 54) 475869

Date: 31 April 1999

Dear Linda,

Here are the details you requested regarding our delegation for the forthcoming conference in Toronto.

We will be a party of six, requiring four single rooms and one double room with cot for a child, and we expect to arrive in Toronto on 06.03.99. Our flight is scheduled to arrive at 6 p.m., flight number TWA 9874 and we would be grateful if you could send your driver to collect us from the airport.

Our return flight is provisionally booked for 06.10.99, leaving at 9 p.m. in the evening, flight number TWA 9875. Can I ask you to confirm that these dates are suitable by fax?

If you require any further information please do not hesitate to contact me. I am planning to be in the office all day today, so I should be comparitively easy to get hold of.

I'm looking forward to seeing you on 3rd June.

Kind regards,

Oliver Pebble

FAXMITTEILUNG

OL Incorporated
Los Angeles
59037
USA
Tel/Fax (001 54) 475869

AN: Linda Lombada
Toronto Trinx
Tel/Fax: (098) 1234567

VON: Oliver Pebble
Fax: (001 54) 475869

Datum: 31. April 1999

Liebe Linda,

hier sind die von dir gewünschten Einzelheiten über unsere
Delegation für die bevorstehende Konferenz in Toronto.

Wir werden eine Gruppe von sechs Personen sein und benötigen vier
Einzelzimmer und ein Doppelzimmer mit einer Wiege für ein Kind.
Wir werden voraussichtlich am 3.6.99 um 18.00 Uhr in Toronto landen.
Die Flugnummer ist TWA 98749. Wir wären dankbar, wenn
du uns einen Fahrer schicken könntest, der uns vom Flughafen abholt.

Unser Rückflug ist vorläufig für den 10.6.99 gebucht und startet um
21.00 Uhr. Die Flugnummer ist TWA 9875. Ich bitte dich, mir
per Fax zu bestätigen, dass diese Daten in Ordnung gehen.

Solltest du noch zusätzliche Informationen benötigen, zögere bitte
nicht mich zu kontaktieren. Ich bin heute wahrscheinlich den ganzen
Tag im Büro, sodass es relativ einfach sein sollte, mich zu erreichen.

Ich freue mich darauf, dich am 3. Juni zu treffen.

Mit freundlichen Grüßen

    Oliver Pebble

Possum Products, The Gap, Brisbane, QL 986, Australia.

From: Michael Weber, Pommie Products
Tel/Fax: 475 6689

To: The Wallaby Walk-In Hotel
Fax: 908 9988

10.13.99

Dear Sir/Madam,

Our company is planning to organise a conference in Brisbane this May and business associates of ours recommended your hotel facilities to us. We would like information regarding your facilities and your availability between the 12th and the 14th of December.

We require fifteen en-suite single rooms for all three nights, a large conference room with overhead projector, a flip chart, suitable seating facilities for at least forty people (preferably in a circular formation) and both lunch and dinner on all three days. If possible, we would like to keep numbers approximate at this stage and confirm them nearer the time.

We were also interested in other facilities available at your hotel: do you have a swimming pool or squash courts? Are you centrally located in the city of Brisbane? How many bars are there within the hotel itself?

I would be grateful if you could reply to my fax as soon as possible, including a detailed description of your hotel's facilities and a quotation of your best price for the conference.

Best regards,

    Michael Weber

Geschäftskorrespondenz

Possum Products, The Gap, Brisbane, QL 986, Australia.

Von: Michael Weber, Pommie Products
Tel/Fax: 475 6689

An: The Wallaby Walk-In Hotel
Fax: 908 9988

13.10.99

Sehr geehrte Damen und Herren,

unser Unternehmen plant, diesen Mai eine Konferenz in Brisbane zu organisieren. Geschäftsfreunde von uns haben uns Ihr Hotel empfohlen. Wir hätten daher gerne Informationen über Ihre Ausstattung und über Ihre Raumauslastung für den Zeitraum vom 12. bis zum 14. Dezember.

Wir benötigen fünfzehn Einzelzimmer mit Bad für alle drei Nächte, einen großen Konferenzraum mit Overhead Projektor, Flipchart, geeignete Sitzgelegenheiten (vorzugsweise kreisförmig angeordnet) und sowohl Mittag- als auch Abendessen für alle drei Tage. Wenn möglich, würden wir die Zahlen im Moment gerne offen lassen und sie zu einem späteren Zeitpunkt bestätigen.

Wir sind zudem auch an den anderen Einrichtungen in Ihrem Hotel interessiert: Haben Sie ein Schwimmbad oder Squash-Courts? Liegen Sie im Zentrum von Brisbane? Wie viele Bars gibt es innerhalb des Hotels?

Ich wäre Ihnen dankbar, wenn Sie mir auf mein Fax sobald als möglich antworten und mir eine detaillierte Aufstellung der Ausstattung Ihres Hotels und ein Angebot über den günstigsten Preis für die Konferenz beifügen könnten.

Mit freundlichen Grüßen

    Michael Weber

Minutes   **Protokolle**

Minutes of the meeting held on July 15th 1999 at Walter Hughes Ltd.

Participants:
Mr. W. Hughes
Mr. S. Davies
Mr. R. Humphries
Mr. L. Collins

1. Annual sales to date.

Mr. S. Davis of the sales department reported that the sales as per 30 June 1999 showed an increase of 12% compared to the previous year. This was seen as a positive development and could partly be attributed to the generally positive market trends in all lines of business.

2. Sales strategy.

It was agreed that the present sales strategies are successful and should be continued. New sales should be sought in the Far East, particularly in China. Mr. S. Davies will report on the development at our next quarterly meeting in October.

3. Production.

Mr. R. Humphries of the production department presented the figures for the half year to June 30th. These showed a trend to more cost-effective production which should be continued. There are still too many stoppages for repair and maintenance work. It was agreed to further analyse this area and present more detailed results in October.

4. Miscellaneous.

Several complaints from the staff regarding the new computer system. Mr. W. Hughes will discuss this personally with Mr. Matthews from the EDP department. Christmas shutdown agreed from December 23rd to January 3rd.
Customers to be informed by the sales department.

The date for the next meeting was set for October 20th.

Protokoll der Besprechung vom 15. Juli 1999 bei Walter Hughes Ltd.

Teilnehmer:
Herr W. Hughes
Herr S. Davies
Herr R. Humphries
Herr L. Collins

1. Jahresumsatz bis dato

Herr S. Davies, Vertrieb, berichtete, dass die Umsätze bis 30. Juni 1999 einen Zuwachs von 12% gegenüber dem Vorjahr aufwiesen. Dies wurde als eine positive Entwicklung bewertet und könnte teilweise auf die allgemein positiven Markttrends in allen Branchen zurückzuführen sein.

2. Verkaufsstrategie

Man war sich einig, dass die gegenwärtigen Verkaufsstrategien erfolgreich sind und daher weitergeführt werden sollen. Neue Märkte sollen im Fernen Osten, vor allem in China, gesucht werden. Herr S. Davies wird bei der nächsten Quartalsbesprechung im Oktober über die Entwicklung berichten.

3. Produktion

Herr R. Humphries, Produktion, präsentierte die Zahlen für das Halbjahr bis zum 30. Juni. Es zeigte sich ein Trend zu einer kosteneffektiveren Produktion, die fortgeführt werden sollte. Immer noch gibt es zu viele Unterbrechungen für Reparatur- und Wartungsarbeiten. Es wurde vereinbart, diesen Bereich weiter zu analysieren und detailliertere Ergebnisse im Oktober vorzustellen.

4. Sonstiges

Mehrere Beschwerden vom Personal wegen des neuen Computersystems. Herr W. Hughes wird dies mit Herrn Matthews von der EDV-Abteilung persönlich besprechen. Weihnachtsferien wurden festgelegt vom 23. Dezember bis zum 3. Januar. Die Kunden werden von der Verkaufsabteilung informiert.

Der Termin für die nächste Besprechung wurde für den 20. Oktober vorgemerkt.
18.07.99 wh/fl

Geschäftskorrespondenz

E-mails and the Internet

Due to a **malfunction** our entire computer network has **crashed** and we are unable to see your **homepage** at the present time.

We have finally **debugged** the **disc** you sent us last week.

We have sent you a **double density disc** containing the information you requested under the **filename** 'Bod'.

If you need to use my PC, to **log in** type FOG.

So many people are trying to access the **Internet** this afternoon – I'm stuck in a **jam**.
I have downloaded the **data** onto a **hard disk**.
Please don't forget to **save** your work on disk.
If you require photos on your web site, we have a **scanner** here in the office.
I will send my P.A. over to you this afternoon with a **diskette** – our **printhead** is not working.

I think the new **terminal operator** has **overloaded** our system.
Our **programmer** lost the **best part** of a day's work yesterday because of a **disk crash**.

Have you tried out the new s**oftware**?
There seems to be a problem with the **disk drive**.
Are you **online**?

E-Mails und das Internet

Wegen einer **Fehlfunktion** ist unser gesamtes Computer-Netzwerk **abgestürzt** und wir sind daher nicht in der Lage, Ihre **Homepage** zum jetzigen Zeitpunkt anzuschauen.

Wir haben es endlich geschafft, die **Diskette,** die Sie uns letzte Woche geschickt haben, von **Fehlern zu befreien.**

Wir haben Ihnen eine **Double-Density-Diskette** geschickt, die die Information, die Sie gewünscht hatten, unter dem **Dateinamen** 'Bod' enthält.

Wenn Sie meinen PC (Personal Computer) benützen müssen, geben Sie FOG ein, um **einzuloggen.**

Heute Nachmittag versuchen so viele Leute Zugang zum **Internet** zu bekommen, dass ich in einem **Stau** stecke.
Ich habe die **Daten** auf die **Festplatte** heruntergeladen.
Bitte vergessen Sie nicht, Ihre Arbeit auf Diskette zu **speichern.**
Wenn Sie Fotos auf Ihrer Webseite benötigen, wir haben einen **Scanner** hier im Büro. Ich werde Ihnen meinen persönlichen Assistenten heute Nachmittag mit einer **Diskette** vorbeischicken.
Unser **Druckkopf** funktioniert nicht.

Ich glaube, dass die neue **Datentypistin** unser System **überbeansprucht** hat.
Unser **Programmierer** hat gestern einen großen Teil seiner Tagesarbeit wegen der **Störung eines Laufwerkes** verloren.

Haben Sie die neue **Software** schon ausprobiert?
Es scheint ein Problem mit dem **Diskettenlaufwerk** zu geben.
Sind Sie **online**?

Geschäftskorrespondenz

> In Großbritannien und in den USA werden E-Mails in einem sehr viel informelleren Stil geschrieben als in Deutschland üblich. Beispielsweise ist es üblich, den Adressaten mit Vornamen anzusprechen und sich informell zu verabschieden.

The address of our **web-page** is as follows ...
I was very interested in the **web site design concepts** described in your **e-mail** yesterday.
The **attachment** is in Word 3.1 format.
I had problems reading your message sent 12.12.99.
I had problems **converting** your attachment, sent yesterday. Could you **re-send** it in simple text format?

I could not open your attachment this morning; my **virus check program** detected a virus.

I apologise for not **forwarding** this message sooner, but due to a typing error your mail was returned marked "user unknown" on several occasions.

For further information please consult our web site at www.ert.blag.

Our **modem** does not have the capacity needed to **download** the information.
To access our site, please use the Java **web browser.**

Die Adresse unserer **Webseite** ist folgende ...
Ich war sehr an den **Entwurfskonzepten der Webseite** in Ihrer **E-Mail** von gestern interessiert.
Das **Attachment** ist im Word 3.1 Format.
Ich hatte Schwierigkeiten, Ihre Mail vom 12.12.99 zu lesen.
Ich hatte Schwierigkeiten, Ihr gestriges Attachment zu **konvertieren.** Könnten Sie es **noch einmal** im Simple Text Format **schicken**?

Ich konnte heute Morgen Ihr Attachment nicht öffnen; mein **Anti-Virus-Programm** hat einen Virus entdeckt.

Ich bedaure, Ihre Nachricht nicht früher **weitergeleitet** zu haben, aber wegen eines Tippfehlers bekam ich Ihre Mail mehrere Male zurück mit dem Vermerk "user unknown".

Für weitere Informationen besuchen Sie bitte unsere Webseite unter www.ert.blag.

Unser **Modem** hat nicht die erforderliche Kapazität, um die Information **herunterzuladen.**
Zugang zu unserer Webseite ist nur mit einem Java **Webbrowser** möglich.

Geschäftskorrespondenz

Sample E-mails **Muster E-Mails**

Date: 14 February 1999
From: viertill@gfd.bav.de
To: wyattjl@dds.bham.uk
CC:

Hi Jeremy,
Many thanks for your mail which I received yesterday.

I have taken into account the changes you suggested and have attached, in simple text format, what I would suggest should be the final draft of the marketing concept for your new range of products.

If you have any problems reading the attachment, please let us know and we can fax the relevant documents to you.

I look forward to hearing from you soon,

Till

Datum: 14. Februar 1999
Von: viertill@gfd.bav.de
An: wyattjl@dds.bham.uk
Verteiler:

Hallo Jeremy,

vielen Dank für deine Mail, die ich gestern bekommen habe.

Ich habe deine Änderungen berücksichtigt und übersende dir jetzt ein Attachment im Simple Text Format, in welchem mein endgültiger Vorschlag für das Marketingkonzept für eure neue Produktpalette enthalten ist.

Solltest du irgendwelche Probleme haben, das Attachment zu lesen, bitte sage uns Bescheid, dann faxen wir dir die relevanten Dokumente.

Ich hoffe bald von dir zu hören.

Till

Date: 10 December 1999
From: phildaniel@erba.arl
To: ugreen@xxtu.cam
CC:

Subject: Your order no. 123 of 12 units of article 2 in colour grey

Dear Ms. Green,
I would like to confirm your order dated December 4th 1999. Since we have this article in stock, we will be able to dispatch it this week. The invoice will be enclosed as usual.
Please note that we will shut down our plant for Christmas from December 22nd 1999 to January 7th 2000.

With best regards,
       P. Daniel

Datum: 10. Dezember 1999
Von: phildaniel@erba.arl
An: ugreen@xxtu.cam
Verteiler:

Thema: Ihr Auftrag Nr. 123 über 12 Einheiten des Artikels 2 in Grau

Sehr geehrte Frau Green,

hiermit möchte ich Ihren Auftrag vom 4.12.1999 bestätigen. Da wir diesen Artikel auf Lager haben, können wir ihn noch diese Woche verschicken. Die Rechnung wird, wie immer, beigelegt.
Bitte beachten Sie, dass unser Werk über Weihnachten vom 22.12.99 bis zum 7.1.2000 geschlossen bleibt.

Mit freundlichen Grüßen
       P. Daniel

Geschäftskorrespondenz 466

Date: 05/06/99
From: spugw@kin.inv.sc
To: götz@int-ad.buck.com
CC:

Hello Götz!
Thanks very much for all your hard work formulating our
advertising space on your site. However, I must admit to having
one query – despite using several different search engines, I was
unable to find our entry. I fear that if I fail to find our page when
deliberately looking for it, any potential customer will be hard
pushed to come across our advertisement accidentally!

I would be grateful if you could explain why this was the case,
as I was under the impression that several links to our site
would be set up, in order to maximize our potential customer base.
Kind regards,
Vanessa

Datum: 05.06.99
Von: spugw@kin.inv.sc
An: götz@int-ad.buck.com
Verteiler:

Hallo Götz!
Vielen Dank für die ganze Mühe, die du dir mit unserer Werbefläche auf deiner
Webseite gemacht hast. Trotzdem habe ich eine Frage – obwohl ich einige verschiedene Suchmaschinen ausprobiert habe, ist es mir nicht gelungen, unsere
Seite zu finden. Ich befürchte, dass, wenn ich es nicht schaffe die Seite zu finden, wenn ich bewusst danach suche, es ziemlich unwahrscheinlich ist, dass
ein potenzieller Kunde rein zufällig auf unsere Anzeige stößt.

Ich wäre dir dankbar, wenn du mir erklären könntest, warum das der Fall ist.
Ich hatte gedacht, dass einige Links zu unserer Seite eingerichtet würden,
um unseren potenziellen Kundenstamm zu maximieren.
Mit herzlichen Grüßen
Vanessa

Geschäftskorrespondenz

Date: 12 July 1999
From: auction@data.can
To: CJK.mark@lds.usa
CC:

Dear all,
In response to your enquiry regarding our online auction site, we would like to propose a visit to your company, where we could explain the different packages we provide, and assess which would be most appropriate for your company's requirements.

We are in no doubt that, in today's marketing climate, the way forward for companies requiring new outlets for their products is the Internet. Our attachment describes how the online auction system works and details various options available to your firm.

We look forward to meeting you,
F. Watkins (Miss) – marketing manager

Datum: 12. Juli 1999
Von: auction@data.can
An: CJK.mark.lds.usa
Verleiter:

An Alle,
als Antwort auf eure Frage nach unserer Online-Auktionsseite möchten wir euch einen Besuch in unserem Unternehmen vorschlagen, bei dem wir euch die verschiedenen Pakete, die wir anbieten, erklären können, um dann abzuschätzen, welches für die Bedürfnisse eures Unternehmens am besten geeignet ist.

Wir haben keine Zweifel, dass es unter den heutigen Marketingbedingungen für Unternehmen, die neue Absatzmöglichkeiten benötigen, keinen besseren Weg gibt als das Internet. Unser Attachment beschreibt wie ein Online-Auktions-System funktioniert und stellt genau die verschiedenen Optionen, die für eure Firma verfügbar sind, dar.

Wir freuen uns, euch bald begrüßen zu dürfen.
F. Watkins – Marketingmanager

Geschäftskorrespondenz

Date: 11 January 1999
From: CJK.mark@lds.usa
To: auction@data.can
CC:

Dear Miss Watkins,
We have a couple of questions before we set a date for you to
visit our company and make your presentation. Firstly, are your
packages user-friendly? We are not a large firm and are concerned
that we will have difficulties designing our entries for the
online auction site – or would you do that for us in any event?
Secondly, we would like to see some figures regarding
the performance of your service. Have you any
statistics from other companies already using your site? If so,
please forward them ASAP.
Pending receipt of your info, I would like to suggest a visit to
us next week – how about Tuesday 19th January?
Best regards,
The team at CJK

Datum: 11. Januar 1999
From: CJK.mark@lds.usa
To: auction@data.can
CC:

Sehr geehrte Frau Watkins,

wir haben ein paar Fragen, bevor wir einen Termin für Ihren Besuch in unserem Unternehmen und Ihre Präsentation vereinbaren. Erstens, sind Ihre Pakete benutzerfreundlich? Wir sind keine besonders große Firma und befürchten, dass wir Schwierigkeiten haben könnten, unsere Einträge für die Online-Seite zu entwerfen – oder würden Sie das sowieso für uns erledigen? Zweitens würde ich gerne einige Zahlen über die Leistungsfähigkeit Ihrer Dienstleistung haben. Haben Sie Statistiken von anderen Unternehmen, die Ihre Seite schon benutzen? Wenn ja, senden Sie sie bitte so schnell wie möglich an uns weiter.
Nach Erhalt dieser Informationen würde ich einen Besuch bei uns für nächste Woche vorschlagen – wie wäre es mit Dienstag, den 19. Januar?
Herzliche Grüße,
Ihr CJK Team

8. Geschäftsreisen

Making Appointments

Terminvereinbarungen

May I come and *visit* you?
Can we arrange a *meeting*?
I think we should meet.
I would like an *appointment* to see Mr. Green, please.
This is best discussed *face to face*.

Kann ich Sie *besuchen* kommen?
Können wir ein *Treffen* vereinbaren?
Ich glaube, wir sollten uns treffen.
Ich möchte bitte einen *Termin* bei Herrn Green.
Wir sollten es besser *persönlich* besprechen.

When could we meet?
When would it *suit* you?
Is next Tuesday OK with you?
Let me check my *appointment book.*

Wann könnten wir uns treffen?
Wann würde es Ihnen *passen*?
Passt Ihnen nächsten Dienstag?
Lassen Sie mich in meinem *Terminkalender* nachsehen.

I'll *check with* my secretary.
I'll just see if I have any appointments on that day.
Four o'clock next Thursday?
I'll see *if he's free.*
He won't be in until about 10 a.m.
He has a meeting in the city in the morning.
Could we make it *a bit earlier/later*?
He has a meeting all day, how about Tuesday morning?
He won't be back off holiday (US: back from vacation) until next Thursday.

Ich *frage* bei meiner Sekretärin nach.
Ich sehe nur nach, ob ich an dem Tag irgendwelche Termine habe.
16 Uhr nächsten Donnerstag?
Ich sehe nach, *ob er frei ist.*
Er wird nicht vor 10 Uhr hier sein.
Er hat vormittags eine Verabredung in der Stadt.
Ginge es *ein bisschen früher/später*?
Er hat den ganzen Tag eine Besprechung, wie wäre es mit Dienstagvormittag?
Er ist bis nächsten Donnerstag im Urlaub.

Im Englischen wird die 24-Stunden-Zeitskala kaum benutzt, sondern die 12-Stunden-Skala in Verbindung mit a.m. oder p.m. 5.30 Uhr heißt also "5.30 a.m." und 17.30 Uhr ist "5.30 p.m." Statt dessen kann man auch "five thirty in the morning" oder "five thirty in the afternoon" sagen. Besonders zu beachten ist die Zeitangabe "half ...". Sollte ein Engländer z.B. "half five" sagen, meint er damit "half past five", also halb sechs! Um Missverständnisse zu vermeiden, sagt man zu „halb sechs" am besten einfach "five thirty".

Geschäftsreisen

Should we say Monday at 10 a.m.?
Let me check with John whether he can make it as well.
Can you *join* us next Monday at 4 p.m.?

Where should we meet, in your office?

In the *reception hall* (US: *lobby*).
Thursday is *a holiday*.

A: We have a problem with the new system.
B: I think this is best discussed *face to face.* Can we arrange a *meeting*?

A: Yes, fine. How would next Tuesday at 11 o'clock *suit* you?
B: Let me check my *appointment book.* No, that's no good. How about Monday, would 10.30 a.m. suit you?

A: Yes, that'll be fine.
B: OK, see you next Monday then.

A: May I come and *visit* you?
B: Yes, *is* next Wednesday *OK with you*?

A: Yes, fine, I'll *make a note* in my appointment book.

A: I would like an *appointment* to see Mr. Green, please.
B: Yes, when would you like to come?
A: Friday the 20th would suit me best.

B: I'm sorry, but he has a meeting in the city on that day. How about Monday the 23rd?
A: No, that's a holiday.
B: Oh yes, I overlooked that. On Tuesday the 24th then?

Sollen wir Montag um 10 Uhr *sagen*?
Lassen Sie mich bei John nachfragen, ob er auch kommen kann.
Können Sie am nächsten Montag um 16 Uhr *teilnehmen*?

Wo sollen wir uns treffen, in Ihrem Büro?

In der *Eingangshalle.*
Donnerstag ist *ein Feiertag.*

A: Wir haben ein Problem mit dem neuen System.
B: Ich glaube, dass wir es besser *persönlich* besprechen sollten. Können wir ein *Treffen* vereinbaren?

A: Ja, in Ordnung. Würde Ihnen nächsten Dienstag um 11 Uhr *passen*?
B: Lassen Sie mich in meinem *Terminkalender* nachsehen. Nein, das geht nicht. Wie wäre es mit Montag, passt es Ihnen gegen 10.30 Uhr?

A: Ja, das passt mir gut.
B: Gut, dann bis nächsten Montag.

A: Kann ich Sie *besuchen*?
B: Ja, *passt es Ihnen* nächsten Mittwoch?

A: Ja, in Ordnung, ich werde es in meinem Terminkalender *notieren*.

A: Ich möchte bitte einen *Termin* bei Herrn Green.
B: Ja, wann möchten Sie kommen?
A: Am Freitag, den 20., würde es mir am besten passen.

B: Es tut mir Leid, aber er hat an diesem Tag eine Besprechung in der Stadt. Wie wäre es am Montag, den 23.?
A: Nein, da ist ein Feiertag.
B: Ach ja, das habe ich übersehen. Dann am Dienstag, den 24.?

Geschäftsreisen

A: That's OK. At what time?
B: *About* 3 o'clock?
A: Fine. Thank you. See you then.

A: Could we meet for breakfast tomorrow?
B: Let me check with my secretary if I've any appointments.

A: OK, I'll wait.
B: Yes, seems to be OK.
A: Should we say 8.30?
B: Fine, see you tomorrow.

A: When is the meeting due *to take place*?
B: On Wednesday afternoon at 2 p.m.

A: Do you have the *agenda*?
B: Yes, we are supposed to make a presentation of the sales figures.
A: Maybe we should meet for lunch to discuss this.

B: OK, tomorrow at 1 p.m. at "Dusty's"?

A: Fine. Who else will be at the meeting?
B: Stephen and John.
A: OK. I'll tell them to be there at 1.

A: Sorry to trouble you again, but *I can't make it* tomorrow at 4. Can we make it a bit earlier, say 2.30?

B: Fine, I'll change it.
A: Thank you. See you then.

A: Ja, in Ordnung. Um wie viel Uhr?
B: *Gegen* 15 Uhr?
A: Gut. Danke. Bis dann.

A: Können wir uns morgen zum Frühstück treffen?
B: Lassen Sie mich bei meiner Sekretärin nachfragen, ob ich schon Termine habe.

A: Gut, dann warte ich solange.
B: Ja, scheint in Ordnung zu sein.
A: Sagen wir 8.30 Uhr?
B: In Ordnung, bis morgen.

A: Wann soll die Besprechung *stattfinden*?
B: Am Mittwochnachmittag um 14 Uhr.

A: Haben Sie die *Tagesordnung*?
B: Ja, wir sollen die Verkaufszahlen präsentieren.
A: Vielleicht sollten wir uns zum Mittagessen treffen, um dies zu besprechen.

B: OK, morgen um 13 Uhr bei „Dusty"?

A: In Ordnung. Wer nimmt sonst noch an der Besprechung teil?
B: Stephen und John.
A: In Ordnung. Ich sage ihnen, dass sie um 13 Uhr da sein sollen.

A: Es tut mir Leid, dass ich noch mal störe, aber morgen um 16 Uhr *passt mir nicht*. Geht es ein bisschen früher, sagen wir um 14.30 Uhr?

B: In Ordnung, ich ändere es.
A: Danke. Bis dann.

Geschäftsreisen

Reservations/Hotel | Reservierungen/Hotel

Do you have *vacancies*?	Haben Sie *freie Zimmer*?
I would like to *book a room.*	Ich würde gerne *ein Zimmer buchen.*
We have *singles and doubles.*	Wir haben *Einzel- und Doppelzimmer.*
I would need the room for two nights.	Ich bräuchte das Zimmer für zwei Nächte.
Will there be a restaurant and a bar?	Gibt es dort ein Restaurant und eine Bar?
How will I get there from the *bus station*?	Wie werde ich von der *Bushaltestelle* dorthin kommen?
We would like to *place a reservation for a conference room.*	Wir würden gerne *einen Konferenzraum reservieren.*
Could you *fax* this for me?	Können Sie mir das *durchfaxen*?
Please *charge everything to my account.*	Bitte schreiben Sie *alles auf meine Rechnung.*
Please *charge this to my credit card.*	Bitte *buchen Sie das von meiner Kreditkarte ab*.
I would need an overhead projector.	Ich bräuchte einen Overheadprojektor.
I'm sorry, we're *fully booked* due to the exhibition starting next week.	Es tut mir Leid, wir sind *völlig ausgebucht* wegen der Messe nächste Woche.
Maybe you could *try* the Regency.	Vielleicht *versuchen* Sie es beim Hotel Regency.
Do you have *special rates for business travellers*?	Haben Sie *Sondertarife für Geschäftsreisende*?
Could you *confirm* the reservation by fax?	Können Sie die Reservierung bitte per Fax *bestätigen*?
Could you let me have the full address and telephone and fax numbers, please?	Können Sie mir bitte die vollständige Adresse sowie Telefon- und Faxnummer geben?
Is it possible to get more information through the Internet?	Ist es möglich, über das Internet mehr Informationen zu bekommen?
There's a photo of our hotel on our Internet homepage.	Es gibt ein Foto unseres Hotels auf unserer Internet-Homepage.
Thank you for your *assistance.*	Vielen Dank für Ihre *Hilfe.*
What is the best way to get to the hotel from the airport?	Wie kommt man am besten vom Flughafen zum Hotel?
There is a *shuttle bus* to the main station every twenty minutes, the hotel is just around the corner.	Ein *Pendelbus* fährt alle zwanzig Minuten zum Hauptbahnhof, das Hotel ist gleich um die Ecke.

Geschäftsreisen

There is a *map* on our homepage where you can see how to get to us.	Auf unserer Homepage ist eine *Karte,* der Sie entnehmen können, wie Sie zu uns finden.
A: I would like to *book a single room* for two nights from the 21st to 23rd April in the name of Jones. The company is Jones & Son, London.	A: Ich möchte vom 21. bis zum 23. April ein *Einzelzimmer* auf den Namen Jones *reservieren.* Die Firma ist Jones & Son, London.
B: Yes, we have *rooms left.*	B: Ja, wir haben noch *Zimmer frei.*
A: Do you have small *conference rooms* available? We would need a room for eight people, *refreshments and lunch included.*	A: Stehen kleine *Konferenzzimmer* zur Verfügung? Wir bräuchten einen Raum für acht Personen, *inklusive Erfrischungen und Mittagessen.*
B: That would be no problem.	B: Das wäre kein Problem.
A: Could you send us a *brochure* and a price list?	A: Können Sie uns eine *Broschüre* und eine Preisliste zuschicken?
B: We'll send it off today.	B: Schicken wir heute weg.
A: Is it possible to *rent a car* there?	A: Ist es möglich, dort ein *Auto zu mieten*?
B: I would recommend renting a car at the airport. We have sufficient parking here.	B: Ich würde empfehlen, ein Auto am Flughafen zu mieten. Wir haben hier genügend Parkplätze.
A: Is it also possible to place a reservation by e-mail?	A: Ist es auch möglich, per E-Mail zu reservieren?
B: Yes, you can do that.	B: Ja, das können Sie tun.
A: Fine, thank you for your help.	A: In Ordnung, vielen Dank für Ihre Hilfe.
B: You are welcome.	B: Gern geschehen.

Wenn sich jemand auf Englisch bedankt, antwortet man für „Bitte" mit "You're welcome", "Not at all", "Don't mention it", usw. und nicht mit "Please" (dieses wird nur in Fragen oder Bitten verwendet).

A: Are there any *messages* for me?	A: Gibt es irgendwelche *Nachrichten* für mich?
B: Yes, here, a fax.	B: Ja, hier, ein Fax.
A: Is *everything prepared* for our meeting tomorrow?	A: Ist *alles* für unsere morgige Besprechung *vorbereitet*?
B: Yes, in the Berkeley room.	B: Ja, im Berkeley Zimmer.

A: Do you have a television and video recorder (VCR) available?
B: Yes, I'll have them brought over.

A: We would like to have a coffee break at 10 a.m.
B: No problem.
A: When Mr. Smith arrives, can you please tell him that I am waiting in the bar?

Transportation

When does the next *flight* to London leave?
Is it possible to *change my ticket* to stop over in Chicago for two days?

Is there somewhere here where I can *rent a car*?
Could you please tell me where I can find the closest *car rental*?

How much are the costs for a *rental car*?
Does the price include tax, insurance and free mileage?
What about *oneway* rentals?
Where is the nearest *taxi stand*?

A: When does the next *flight* to London leave?
B: 7.30 p.m. *via* New York.
A: Is it possible to *change my ticket* to stop over in New York for two days?

B: Of course, no problem, but we would have to *charge* you $50.

A: Stehen ein Fernseher und ein Videorekorder zur Verfügung?
B: Ja, ich sorge dafür, dass sie herübergebracht werden.
A: Wir möchten um 10 Uhr eine Kaffeepause machen.
B: Kein Problem.
A: Wenn Herr Smith ankommt, könnten Sie ihm bitte sagen, dass ich in der Bar auf ihn warte?

Verkehrsmittel

Wann geht der nächste *Flug* nach London?
Kann ich eventuell *mein Ticket umtauschen,* damit ich zwei Tage in Chicago bleiben kann?

Kann ich hier irgendwo *ein Auto mieten*?
Könnten Sie mir bitte sagen, wo ich die nächste *Autovermietung* finden kann?

Was kostet ein *Mietwagen*?
Beinhaltet der Preis Steuer, Versicherung und unbeschränkte Meilen?
Wie ist es mit „*Oneway*"-Mieten?
Wo ist der nächste *Taxistand*?

A: Wann geht der nächste *Flug* nach London?
B: 19.30 Uhr *über* New York.
A: Kann ich eventuell *mein Ticket umtauschen,* damit ich zwei Tage in New York bleiben kann?

B: Natürlich, kein Problem, aber wir müssen eine *Gebühr* von $50 *berechnen.*

Geschäftsreisen

A: My name is Smith, you have a car reserved for me.
B: Yes, the white car over there.
A: There has been a change of plan, can I *hand it back* in Boston?

B: No problem, but that would cost a little more.
A: Please *charge it to my credit card.*

A: Mein Name ist Smith, für mich ist ein Auto reserviert.
B: Ja, das weiße Auto da drüben.
A: Meine Pläne haben sich geändert, kann ich das Auto in Boston *wieder abgeben*?

B: Kein Problem, aber das kostet ein bisschen mehr.
A: Bitte *buchen Sie es von meiner Kreditkarte ab.*

A: From which *platform* is the train to London leaving?
B: From platform 5. It *is delayed by* 15 minutes.

A: Von welchem *Gleis* fährt der Zug nach London ab?
B: Von Gleis 5. Der Zug *hat* 15 Minuten *Verspätung.*

Arrival and Reception

Ankunft und Empfang

> Die englischen Grußformen "Nice to meet you" oder seltener "How do you do?", benutzt man, wenn einem jemand vorgestellt wird. Sie heißt in diesem Fall „Guten Tag/Angenehm!". „Wie geht's?" wird mit "How are you?" ausgedrückt. Diese Wendung hört man vor allem in den USA. Die Antwort auf eine solche Frage lautet meist "Fine, thank you", und ihr folgt die Gegenfrage "(And) how are you?".

Good morning, how are you?
I am fine, thank you.
Nice to meet you.
How do you do?
Hello, it's nice to see you again.
I'm here to see Mr. Lewis.
I have an *appointment* with Mr. Green.

Is he *expecting* you?
Would you like to *wait* for him in this room?
Please *take a seat.*
Please make *yourself comfortable.*

Guten Morgen, wie geht es Ihnen?
Mir geht es gut, danke.
Schön, Sie kennen zu lernen.
Wie geht es Ihnen?
Guten Tag, schön, Sie wieder zu sehen.
Ich bin mit Herrn Lewis verabredet.
Ich habe eine *Verabredung* mit Herrn Green.

Erwartet er Sie?
Möchten Sie hier in diesem Zimmer auf ihn *warten*?
Bitte *nehmen Sie Platz.*
Bitte *machen Sie es sich bequem.*

Geschäftsreisen

He'll be along shortly.	*Er kommt sofort.*
May I *offer* you a cup of coffee?	Darf ich Ihnen eine Tasse Kaffee *anbieten*?
With milk and sugar?	Mit Milch und Zucker?
Would you like some tea?	Möchten Sie eine Tasse Tee?
Would you like something to drink?	Möchten Sie etwas trinken?
Can I get you some more tea?	Kann ich Ihnen noch etwas Tee anbieten?
I'm afraid we have run out of biscuits (US: cookies).	Es tut mir Leid, aber wir haben keine Kekse mehr.
Is there somewhere I can hang my coat?	Kann ich irgendwo meinen Mantel aufhängen?
May I *use the phone*?	Darf ich *telefonieren*?
Is there a phone here I can use?	Kann ich hier irgendwo telefonieren?
Could you *dial this number* for me?	Könnten Sie für mich *diese Nummer anwählen*?
Could you fax this through to my company in London?	Könnten Sie dies bitte an meine Firma in London faxen?

Einem Geschäftspartner bei der Begrüßung die Hand zu geben, ist im englischsprachigen Raum genauso üblich wie in Deutschland. Man sollte sich allerdings merken, dass dies dort im Privatleben sehr ungewöhnlich ist und eine gewisse Distanz zur Person zeigt. Bei geschäftlichen Treffen in den USA ist nach der Begrüßung eine entspannte Haltung, bei der auch mal die Hände in den Hosentaschen verschwinden können, durchaus nichts Anstößiges.

Did you have a good flight?	Hatten Sie einen guten Flug?
How was your *trip*?	Wie war die *Reise*?/Wie war Ihr *Flug*?
I'll have our driver *pick you up* at about 1.30 p.m.	Ich werde unserem Fahrer sagen, dass er *Sie* gegen 13.30 *abholen* soll.
When are you *leaving* Germany?	Wann *verlassen* Sie Deutschland?
When are you going back to the States?	Wann fliegen Sie zurück in die Vereinigten Staaten?
What time are you leaving?	Um wie viel Uhr fliegen/fahren Sie ab?

Geschäftsreisen

In der englischsprachigen Welt werden Geschäfte auf einer persönlicheren Basis getätigt, d.h. wenn man das erste Mal mit einer Firma/einer Person Kontakt aufnimmt, benutzt man die formelle Form Mr. für Männer oder Mrs./Miss/Ms. für Frauen als Anrede. Dabei bezeichnet Mrs. eine verheiratete Frau, Miss eine ledige Frau, während Ms. im modernen geschriebenen Englisch bei Unsicherheit eingesetzt wird oder um das altmodische Miss zu vermeiden. Nach dem ersten oder zweiten Kontakt benutzt man des Öfteren einfach den Vornamen bzw. es wird einem angeboten: "Please call me David." Die Form Mr./Mrs. ist normalerweise höher rangigen Personen vorbehalten, z.B. Geschäftsführern oder älteren Personen. Auch wenn man telefoniert, stellt man sich mit Vor- und Nachnamen vor: "My name is David Smith from Smith & Co." und nicht wie im Deutschen üblich nur mit Nachnamen. In England/USA werden sogar in den meisten Firmen die direkten Vorgesetzten mit Vornamen angesprochen.

A: Hello, it's nice to see you again.

B: Yes, it's been a long time. I'm here to see Mr. Williams.
A: I'll just call him. Would you like *to take a seat*?

A: *He'll be along shortly*, may I *offer* you a cup of coffee?
B: Yes, please.
A: If you would like to wait in here, I'll bring the coffee.

A: Mr. Gregory, how nice to see you. Mr. Frank has been called away, but should be back in ten minutes. Would you like some coffee while you're waiting?
B: I would prefer tea. Is there a phone here I can use?
A: Yes, please *follow me*.

A: Can I get you some tea?
B: No, thank you. Do you have any cold drinks?

A: Guten Tag, schön, Sie wieder zu sehen.

B: Ja, ist schon lange her. Ich bin mit Herrn Williams verabredet.
A: Ich rufe ihn schnell an. Möchten Sie *Platz nehmen*?

A: *Er kommt sofort,* kann ich Ihnen eine Tasse Kaffee anbieten?
B: Ja, bitte.
A: Wenn Sie hier warten möchten, dann bringe ich den Kaffee.

A: Mr. Gregory, schön Sie wieder zu sehen. Mr. Frank musste kurz weg, aber er sollte in zehn Minuten wieder hier sein. Möchten Sie eine Tasse Kaffee, während Sie warten?
B: Ich trinke lieber Tee. Kann ich hier irgendwo telefonieren?
A: Ja, bitte *folgen Sie mir.*

A: Kann ich Ihnen etwas Tee anbieten?
B: Nein, danke. Haben Sie auch kalte Getränke?

Geschäftsreisen

A: Yes, we also have orange juice, cola (US: coke) or mineral water.
B: I'll have some orange juice, then.
A: Here you are.
B: Thank you.
A: Not at all.

A: Ja, wir haben auch Orangensaft, Cola oder Mineralwasser.
B: Dann nehme ich einen Orangensaft.
A: Bitte sehr.
B: Danke.
A: Bitte schön.

Small Talk

Smalltalk

Smalltalk ist bei Geschäftstreffen jeder Art von großer Bedeutung. Sowohl für Besucher als auch für Gastgeber ist es wichtig, dass eine ungezwungene Atmosphäre geschaffen wird. Schon die Nachfrage nach dem Wohlergehen der Familie, oder die Frage, ob im Hotel alles zufrieden stellend war, kann das Klima erheblich verbessern. Gelegenheiten dafür gibt es viele: bei Kaffeepausen, Geschäftsessen oder abends an der Bar. Es ist tatsächlich wahr, dass Engländer z.B. gerne und viel über das Wetter reden, aber natürlich gibt es auch noch andere Themen.

Is it much colder in Germany than here in winter?
I hope that the weather was better in Hannover than it is here this morning.
Isn't it an awful day today?

Ist es in Deutschland viel kälter im Winter als hier?
Ich hoffe, dass das Wetter in Hannover heute Morgen besser war als hier.
Ist es nicht ein scheußlicher Tag heute?

The sun shone every day last week but that's very unusual for this time of year.
This rain is terrible, it's a shame that you can't see Liverpool on a sunny day.

Letzte Woche schien die Sonne jeden Tag, aber das ist sehr ungewöhnlich zu dieser Jahreszeit.
Dieser Regen ist schrecklich, es ist schade, dass Sie Liverpool nicht an einem sonnigen Tag sehen können.

Ein nahe liegendes Thema beim Smalltalk zwischen Geschäftsleuten sind allgemeinere Themen aus der Wirtschaft und die unterschiedlichen Geschäftsformen und Kulturen in den jeweiligen Ländern.

Geschäftsreisen

Is *doing business* here very different from doing business in Britain?
How long have you been working for H.G.C. Limited?
Are you a member of an *employer's association*?
His latest business venture is proving to be a *cash cow*.
Do you travel abroad much on business?
Is there a strong *work ethic* in the US?

A: How was your *business year* in comparison to last year?
B: Our *business report* shows a considerable improvement.

A: What is the *unemployment rate* in Switzerland?
B: Nowhere in Europe has *full employment.*
A: We have introduced many *job creation schemes* in Capetown to combat the problem.

The *Chancellor of the Exchequer* (US: *Finance Minister*) resigned at the weekend.
The *balance of payments deficit* in the UK contrasts starkly with the *balance of payments surplus* in Germany.

The *economic recovery* in New Zealand won't last.

A: Do you think the US economy is *on the upturn* at the moment?

Unterscheidet sich das *Geschäftsleben* hier sehr stark von dem in Großbritannien?
Wie lange sind Sie schon bei H.G.C. Limited?
Sind Sie ein Mitglied des *Arbeitgeberverbandes*?
Sein letztes Geschäft hat sich als wahrer *Goldesel* herausgestellt.
Machen Sie viele Geschäftsreisen ins Ausland?
Gibt es eine starke *Arbeitsmoral* in den USA?

A: Wie war Ihr *Wirtschaftsjahr* im Vergleich zum letzten Jahr?
B: Unser *Geschäftsbericht* zeigt eine beachtliche Verbesserung.

A: Gibt es eine hohe *Arbeitslosenquote* in der Schweiz?
B: In Europa gibt es nirgendwo *Vollbeschäftigung.*
A: In Kapstadt haben wir viele *Arbeitbeschaffungsmaßnahmen* eingeführt, um das Problem zu bekämpfen.

Der *Finanzminister* ist am Wochenende zurückgetreten.
Das *Zahlungsbilanzdefizit* in Großbritannien steht in völligem Gegensatz zum *Zahlungsbilanzüberschuss* in Deutschland.

Der *Konjunkturaufschwung* in Neuseeland wird nicht von Dauer sein.

A: Glauben Sie, dass sich die US-Wirtschaft im Moment *im Aufschwung* befindet?

Geschäftsreisen

B: The *balance of trade* does seem to indicate that it is improving.

B: Die *Handelsbilanz* scheint anzuzeigen, dass sie stärker wird.

Das Besuchen von Sehenswürdigkeiten ist fester Bestandteil von vielen Geschäftsreisen. Besonders im britischen Englisch ist es dabei höflich, Empfehlungen von Attraktionen, Geschäften oder Restaurants in der Frageform auszusprechen.

I don't know if you enjoy the theatre...?

Mögen Sie Theater?

I don't know whether this exhibition would interest you....

Würde Sie diese Ausstellung interessieren?

If you are interested in art, one possibility for this afternoon would be visiting the Alte Pinakothek here in Munich.

Wenn Sie an Kunst interessiert sind, gäbe es hier in München die Alte Pinakothek, die wir besuchen könnten.

Would an evening in the opera be of interest to you?

Wären Sie an einem Abend in der Oper interessiert?

I don't know whether you were considering any sight-seeing...?

Hatten Sie geplant, einige Sehenswürdigkeiten zu besuchen?

Are you interested in history?

Sind Sie an Geschichte interessiert?

Do you like classical music?

Mögen Sie klassische Musik?

Do you enjoy shopping?

Gehen Sie gerne einkaufen?

A: Have you visited Berlin before?
B: Only briefly, in 1993.
A: Were you hoping to do some sightseeing?
B: Certainly. What can you recommend?
A: Perhaps a walking tour of the city centre – to take advantage of the good weather. Afterwards, I can heartily recommend the Shiva restaurant for lunch.

A: Waren Sie schon mal in Berlin?
B: Nur kurz, 1993.
A: Hatten Sie eine Sightseeingtour geplant?
B: Natürlich. Was würden Sie empfehlen?
A: Vielleicht einen Spaziergang durch das Stadtzentrum – bei diesem schönen Wetter. Danach empfehle ich dringend das Restaurant Shiva zum Mittagessen.

Geschäftsreisen

Wenn man auf Geschäftsreise in Großbritannien ist, dann ist es gut möglich, dass einem das "half-day closing" begegnet. Dies ist ein Tag unter der Woche, an dem die Geschäfte, insbesondere in kleineren Städten, um 12 Uhr schließen oder gar nicht öffnen.

It's **half-day closing** today – if you need anything from the shops you should go this morning.	Die Geschäfte *schließen* heute schon *mittags*. Wenn Sie noch etwas einkaufen wollen, sollten Sie das heute Morgen erledigen.
There are some very good shops in the town centre.	Es gibt einige sehr gute Geschäfte in der Stadtmitte.
Market day is Wednesday in Leek.	In Leek ist am Mittwoch *Markttag*.
In London, one of the most famous **shopping streets** is Oxford Street.	Eine der bekanntesten *Einkaufsstraßen* in London ist die Oxford Street.

Das Englische Wort "like" hat zwei sehr verschiedene Bedeutungen. Zum einen übersetzt man damit das deutsche Verb „mögen", zum Beispiel bedeutet "I like tea" „Ich mag Tee". Doch in einem anderen Sinn übersetzt man die englische Präposition "like" mit „wie" als qualitative Bestimmung. Zum Beispiel bedeutet die Frage "What's it like?" „Wie ist es?".

What is it like in Frankfurt?	Wie ist es in Frankfurt?
Where do you live in Germany?	Wo leben Sie in Deutschland?
Do you like living in London?	Leben Sie gerne in London?
Do you prefer living in Leipzig or in Berlin?	Leben Sie lieber in Leipzig oder in Berlin?

Der wichtigste Unterschied zwischen amerikanischem und britischem Englisch ist die Aussprache des Buchstaben 'r'. In den USA spricht man ihn immer deutlich aus, in Großbritannien hört man ihn dagegen nur, wenn danach ein Vokal steht.

Geschäftsreisen

Are you married?
No, I'm divorced/separated/ single.
Do you have a family?
Does your husband work?
What does he do?

Sind Sie verheiratet?
Nein, ich bin geschieden/ lebe getrennt/bin ledig.
Haben Sie Familie?
Arbeitet Ihr Mann?
Was macht er?

A: Does your wife work?
B: Yes, she works part-time as a midwife. After we had the children she gave up full time work.

A: Arbeitet Ihre Frau?
B: Ja, sie arbeitet Teilzeit als Hebamme. Seit wir die Kinder haben, hat sie aufgehört, Vollzeit zu arbeiten.

In Amerika bedeutet "graduate", dass ein Kind die Schule abgeschlossen hat, was üblicherweise mit neunzehn der Fall ist, in Großbritannien dagegen ist man erst ein "graduate", wenn man sein Studium an einer Universität oder etwas gleichwertigem abgeschlossen hat.

How old are your children?
Do you have a large family?

Wie alt sind Ihre Kinder?
Haben Sie eine große Familie?

A: Is your *daughter* in school?
B: No, she has already *graduated* (UK: *finished school*).

A: Ist Ihre *Tochter* in der Schule?
B: Nein. Sie ist bereits *fertig*.

A: What subject is your daughter reading at university?
B: She is *reading* law at the University of Queensland.
A: My son graduated from Oxford last year.
B: Where does your *son* work?

A: Was studiert Ihre Tochter?

B: Sie *studiert* Jura an der Universität von Queensland.
A: Mein Sohn hat letztes Jahr seinen Abschluss in Oxford gemacht.
B: Wo arbeitet Ihr *Sohn*?

Do you ski?
Have you ever been horse-riding?
Do you like playing squash?
Have you ever tried sailing?
Do you enjoy jogging?
Do you play tennis?

Fahren Sie Ski?
Sind Sie schon mal geritten?
Spielen Sie gerne Squash?
Haben Sie schon mal Segeln versucht?
Mögen Sie Jogging?
Spielen Sie Tennis?

Do you like doing crosswords?	Lösen Sie gerne Kreuzworträtsel?
Do you play chess?	Spielen Sie Schach?

A: What sports do you enjoy?
B: I like golf and enjoy fishing in summer, if I have the time.
A: You should go to Scotland – there are a lot of golf courses and good fishing rivers there.
B: I'd like to visit Scotland some day, especially the highlands.
A: Edinburgh is well worth a visit, too.
B: Perhaps next year, I should visit Scotland.

A: Welche Sportarten mögen Sie?
B: Ich spiele gerne Golf und im Sommer gehe ich Fischen, wenn ich Zeit habe.
A: Sie sollten Schottland besuchen – es gibt dort viele Golfplätze und gute fischreiche Flüsse.
B: Ich würde gerne mal nach Schottland fahren, besonders in die Highlands.
A: Auch Edinburgh ist eine Reise wert.
B: Vielleicht sollte ich nächstes Jahr in Schottland Urlaub machen.

Have you ever been to Italy?	Waren Sie schon mal in Italien?
Can you *speak* French?	*Sprechen* Sie Französisch?
Where did you go on *holiday* (US: *vacation*) last summer?	Wo haben Sie letzten Sommer Ihren **Urlaub** verbracht?
Was the weather nice?	Hatten Sie gutes Wetter?
What did you do?	Was haben Sie gemacht?
Did you *have a nice time*?	*Hat* es Ihnen *gefallen*?
What was it like there?	Wie war es da?
Was it very different to the US?	War es sehr anders als in den USA?

Die klassische Situation für Smalltalk ist das Geschäftsessen. Deutlich wird das an der großen Variation an Begriffen, die Briten und Amerikaner für diese Gelegenheit entwickelt haben. Ausdrücke wie "power lunch", "working lunch" und "business lunch" zeigen die Bedeutung dieser Treffen. Nach einer anstrengenden Sitzung ist die entspannende Atmosphäre eines solchen Essens optimal geeignet, um verfahrene Situationen bei einem netten Plausch zu lösen. Ähnliches kann natürlich auch beim Kaffee oder abends an der Bar geschehen.

Geschäftsreisen

Where would you like *to go for lunch*?	Wo möchten Sie *zu Mittag essen*?
Do you like Japanese food?	Mögen Sie japanisches Essen?
Would you like to try traditional *German food*?	Mögen Sie die traditionelle *deutsche Küche*?
Are you *vegetarian*?	Sind Sie *Vegetarier*?
I am *allergic* to nuts.	Ich bin gegen Nüsse *allergisch*.
I don't like spicy food.	Ich esse nicht gerne scharf.
Are you ready *to order*?	Möchten Sie jetzt *bestellen*?
I think I need a few more minutes to read the menu.	Ich denke ich brauche noch ein paar Minuten, um die Speisekarte zu lesen.
I would like the *dish of the day* with a side salad, please.	Ich hätte gerne das *Tagesgericht* und als Beilage einen Salat, bitte.
Would you like a *starter*?	Möchten Sie eine *Vorspeise*?
Yes, please. I would like the smoked salmon paté.	Gerne. Ich möchte die Pastete vom geräucherten Lachs.
What would you like to drink?	Was möchten Sie trinken?
I would like a glass of mineral water, please.	Ich hätte gerne ein Glas Mineralwasser, bitte.

Im englischsprachigen Raum ist es normal, dass man in Restaurants kostenlos Leitungswasser bekommt. Daher mag es Gäste aus Großbritannien/USA überraschen, wenn sie in Deutschland für ihr Wasser bezahlen müssen.

Could I have a glass of water, please?	Kann ich ein Glas Leitungswasser haben, bitte?
Would you prefer red or white wine?	*Möchten Sie lieber* Rotwein oder Weißwein?
Would you like some coffee?	Möchten Sie einen Kaffee?
Yes please, *white*, no sugar.	Ja, bitte, *mit Milch* und ohne Zucker.
Can I get you anything else?	Möchten Sie etwas anderes?
No, I'm fine, thank you.	Nein danke.
Could we have the bill, please?	Können wir zahlen, bitte?

Geschäftsreisen

> In Restaurants wird im englischsprachigen Raum Trinkgeld genauso wie in Deutschland gegeben, wobei in den USA die Untergrenze bei 10% liegt, weil das Personal hauptsächlich von den Trinkgeldern lebt. Anders als in Deutschland und Großbritannien ist in den USA in vielen Restaurants und Bars das Rauchen nicht gestattet.

A: Nicola, I'd like to introduce you to one of our overseas partners, Mr. Franz Deffner. Mr. Deffner, Mrs. Adam, our chief accountant.
B: Pleased to meet you, Mrs. Adam.
C: Please, *call me* Nicola.
A: Have a seat, Mr. Deffner.
B: Thank you. Please *call me* Franz.

A: Nicola, ich würde dich gerne einem unserer ausländischen Partner vorstellen, Herrn Franz Deffner. Herr Deffner, Frau Adam, unsere Chefbuchhalterin.
B: Es freut mich Sie kennen zu lernen, Frau Adam.
C: Bitte, *nennen Sie mich* Nicola.
A: Setzen Sie sich, Herr Deffner.
B: Danke, *nennen Sie mich* Franz.

> Obwohl es im Englischen von wesentlicher Bedeutung ist, höflich zu sein und sich das meist mit einer indirekten grammatikalischen Form ausdrücken lässt, darf man nicht in jeder Situation indirekt sein. Wenn man zum Beispiel sagen will, dass man zahlen möchte, muss man darauf achten, nicht zu unsicher zu klingen. Angemessen wäre hier beispielsweise: "Let me pay for this" (als Vorschlag), unangemessen dagegen wäre "Would you like me to pay for this?" (als Frage). Denn die indirekte Form bedeutet in diesem Kontext in etwa „Ich zahle ungern, aber wenn es sein muss...".

A: *Did* you *enjoy your meal*?
B: It was *delicious*, thank you.

A: Can I get you anything else?
B: I would like a cup of coffee, please. Black, no sugar.
A: Can we have the bill, please?
B: *Let me get this.*
A: No, please, allow me.
B: Thank you.
A: You're welcome.

A: Hat es Ihnen *geschmeckt*?
B: Es war *hervorragend*, danke der Nachfrage.

A: Möchten Sie noch etwas Anderes?
B: Ich hätte gerne eine Tasse Kaffee, bitte. Schwarz, ohne Zucker.
A: Können wir zahlen, bitte?
B: *Darf ich das übernehmen*?
A: Bitte überlassen Sie es mir.
B: Danke schön.
A: Keine Ursache.

Geschäftsreisen

> Der Pub ist ein zentrales Element des britischen Lebensstiles. Aber auch in den USA ist das Gespräch an der Bar nicht ungewöhnlich. Allerdings bestehen zwischen den beiden Ländern untereinander und im Vergleich zu Deutschland erhebliche Unterschiede sowohl beim Bestellen als auch beim Bezahlen und beim Trinkgeld. In beiden Ländern werden Getränke direkt an der Bar bestellt und auch jedesmal sofort bezahlt. Meistens tut man dies in Runden. Allerdings gibt man in Großbritannien dabei normalerweise kein Trinkgeld und wenn man es bei sehr gutem Service doch tun will, so offeriert man es, indem man dem Barmann das Geld für ein Getränk für sich selbst gibt. In den USA dagegen gilt auch hier wie im Restaurant die Untergrenze von 10%.

What would you like to drink?	Was möchten Sie trinken?
I would like a pint of lager and half of bitter, please.	Ich hätte gern ein großes Bier und ein kleines Bitter (britisches Bier).
I'll get these.	***Ich werde diese Runde zahlen.***
Is it my round?	Ist es meine Runde?
I'd like two brandys, please – and have one yourself.	Ich hätte gerne zwei Weinbrand, bitte – und nehmen Sie auch einen (als Trinkgeld in Großbritannien).
Same again, please.	***Dasselbe nochmal,*** bitte.
Are we allowed to smoke here?	Darf man hier rauchen?
Could we have an ashtray, please?	Können wir einen Aschenbecher haben, bitte.
Last orders at the bar, please!	Letzte Bestellungen vor der Sperrstunde, bitte!

> Sowohl in den englischsprachigen Ländern als auch in Deutschland ist ein höfliches Abschiedsgespräch von großer Bedeutung. Ein freundliches Kompliment, eine interessierte Nachfrage zum Aufenthalt untermauert und festigt die Geschäftsbeziehung und erlaubt es, sich gegenseitig der Absicht zu weiteren Treffen zu versichern.

What time does your train leave?	Um wie viel Uhr geht Ihr Zug?
I hope you ***enjoyed your stay*** in Germany.	Ich hoffe, Sie ***hatten einen angenehmen Aufenthalt*** in Deutschland.

If you have any *queries,* please do not hesitate to contact us.

It was *a pleasure* doing business with you.
Likewise.
I hope that we can continue to work together in the future.

I'll e-mail you to *keep you posted* of new developments.

We'll see each other at the conference next month.
I hope we have the opportunity to discuss these developments *face to face* in the near future.
Goodbye. It was a pleasure to meet you.

I'm glad to have made your *acquaintance.*

A: Was the hotel *to your satisfaction*?
B: Yes, everything was just fine, thank you.
A: When are you flying back to the States?
B: This evening (US: tonight) at 6.30 p.m.
A: I'll have our driver pick you up at 4.30 p.m.

B: That's great, thanks for all your help.
A: Not at all. Have a good trip back. I hope to see you again soon. *Please give my regards to* Jane.

Sollten Sie noch *irgendwelche* Fragen haben, zögern Sie bitte nicht, mit uns in Kontakt zu treten.

Es war *ein Vergnügen* mit Ihnen Geschäfte zu machen.
Danke, gleichfalls.
Ich hoffe, dass wir auch in Zukunft zusammenarbeiten werden.

Ich werde Ihnen mailen, um Sie über neue Entwicklungen *auf dem Laufenden zu halten.*

Wir sehen uns nächsten Monat auf der Tagung.
Ich hoffe, wir werden in naher Zukunft die Gelegenheit haben diese Entwicklungen *persönlich* zu besprechen.
Auf Wiedersehen. Es war ein Vergnügen, Sie kennen gelernt zu haben.
Ich bin sehr erfreut, Ihre *Bekanntschaft* gemacht zu haben.

A: War das Hotel *zufrieden stellend*?
B: Ja, es war alles völlig in Ordnung, danke.
A: Wann fliegen Sie in die USA zurück?
B: Heute Abend um 18.30 Uhr.

A: Ich werde unserem Fahrer sagen, dass er Sie so gegen 16.30 Uhr abholen soll.

B: Prima, und danke für Ihre Hilfe.
A: Bitte schön. Eine gute Heimreise, und ich hoffe, Sie bald wieder zu sehen. *Bitte bestellen Sie Grüße an* Jane.

> Wenn man jemandem einen Gruß ausrichtet, sagt man "please give my regards to ...", oder wenn man jemanden besser kennt, "say hello to ... for me". Niemals das Wort "Greetings" benutzen, denn dieses findet man vor allem auf Weihnachts- und sonstigen Karten ("Season's Greetings", "Greetings from London" etc.)!

Idioms — Typische Redewendungen

> Für ein gutes Verständnis der englischen Sprache ist es unbedingt notwendig, Redewendungen zu erkennen und zu verstehen. Leider sind die in Deutschland bekanntesten englischen Redewendungen in England selbst schon längst aus der Mode und klingen daher für den Muttersprachler ungewohnt. Ein sehr gutes Beispiel dafür ist das in Deutschland sehr bekannte "It's raining cats and dogs".

I have heard that their finances are in a *sorry state of affairs.*	Ich habe gehört, dass Ihre Finanzen in *einem traurigen Zustand sind.*
I think the dispute was definitely a case of *six of one and half a dozen of the other.*	Ich glaube, der Streit war sicherlich *von beiden Seiten gleichermaßen verursacht.*
I am determined to *get to the bottom* of this issue.	*Ich bin gewillt, dieser Sache auf den Grund zu gehen.*
Our new products will be launched and *on the market* next week.	Unser neues Produkt wird nächste Woche *auf dem Markt* lanciert.
I must say, we don't seem to have much *room for manoeuvre.*	Ich muss sagen, wir haben *nur begrenzten Handlungsspielraum.*
At least we had the *last word.*	Zumindest hatten wir *das letzte Wort.*
There is undoubtedly *room for improvement* in your management strategies.	Es gibt zweifellos *noch Raum für Verbesserungen* in Ihren Managementstrategien.
He knows *all the tricks of the trade.*	Er kennt *alle Tricks in seinen Geschäft.*
His arguments *cut no ice* with me.	Seine Argumente machen *keinen Eindruck* auf mich.
Our latest series of advertisements are designed *with the man in the street in mind.*	Unsere letzte Anzeigenserie wurde *für den Mann auf der Straße* entworfen.

A: I was quite annoyed by his behaviour on Wednesday.
B: You have to *take him with a pinch of salt*.
A: Yes – but I don't *suffer fools gladly*.

A: This delay is extremely annoying – I wish they'd come to a decision.
B: I fear they might *chicken out* eventually.

A: I think you've *hit the nail on the head*. Perhaps we should go ahead without them.

A: I would be grateful if you could inform me promptly of any further developments.
B: We'll keep our *ears to the ground*.

A: Would you be interested in participating in a joint marketing scheme?
B: I could certainly *bear it in mind* at the next board meeting.

A: Ich war ziemlich verärgert über sein Verhalten am Mittwoch.
B: Du darfst ihn *nicht zu ernst nehmen*.
A: Ja – aber ich *toleriere Ignoranten ungern*.

A: Diese Verzögerung ist sehr ärgerlich – ich wünschte, sie würden zu einer Entscheidung kommen.
B: Ich fürchte, dass sie im letzten Moment *kalte Füsse bekommen* werden.

A: Ich glaube, Sie haben den *Nagel auf den Kopf getroffen*. Vielleicht sollten wir ohne sie weitermachen.

A: Ich wäre dankbar, wenn Sie mich über weitere Entwicklungen auf dem Laufenden halten könnten.
B: Wir werden *unsere Augen offen halten*.

A: Wären Sie daran interessiert, an einem gemeinsamen Marketing-Projekt teilzunehmen?
B: Ich werde sicherlich bei der nächsten Direktionssitzung *daran denken*.

Die bisher aufgeführten Redewendungen können nicht verändert werden. Im Gegensatz dazu lassen sich die folgenden Redewendungen je nach Situation oder Person verändern.

I would be grateful if you could *show Clare the ropes*. She doesn't seem able to *make up her mind*.

Ich wäre sehr dankbar, wenn Sie *Clare herumführen könnten*. Sie scheint nicht zu *wissen, was sie will*.

I had the feeling they were *looking down their noses* at me.	Ich hatte das Gefühl, dass sie äußerst *hochnäsig mir gegenüber waren*.
When I *caught her secretary's eye* I had the feeling that she knew something.	Als ich ihrer *Sekretärin einen Blick zuwarf*, hatte ich das Gefühl, dass sie etwas wusste.
My suggestion was met with a general *raising of eyebrows*.	Mein Vorschlag rief ein allgemeines *Stirnrunzeln* hervor.
Your experience here with us will *stand you in good stead* when furthering your career.	Ihre Erfahrung hier bei uns wird sehr *nützlich* für Ihre spätere Karriere sein.
A: Our sales have declined by ten percent since we stopped doing business with JMC.	A: Unsere Verkäufe sind um zehn Prozent zurückgegangen seit wir aufgehört haben, mit JMC Geschäfte zu machen.
B: Perhaps we will have to *swallow our pride* and *settle our differences* with them.	B: Vielleicht sollten wir unseren *Stolz herunterschlucken* und unsere *Streitigkeiten* mit ihnen *beilegen*.
A: Do you anticipate any problems updating our database?	A: Erwarten Sie irgendwelche Probleme mit dem Update unserer Datenbank?
B: To be honest, I could do it *standing on my head*.	B: Um ehrlich zu sein, das könnte ich *im Schlaf erledigen*.

Manche Redewendungen werden heute nicht mehr vollständig eingesetzt, sondern nur noch Bruchstücke davon verwendet. Im Folgenden werden zum besseren Verständnis zunächst die vollständigen Redewendungen mit einer wörtlichen Übersetzung angegeben, danach ein Anwendungsbeispiel.

A stitch in time saves nine.	Ein rechtzeitiger (Näh-)Stich spart neun.
It would have been better to have fully repaired our machinery in 1993 – as they say, *a stitch in time...*	Es wäre besser gewesen, wenn wir unsere Maschinenanlage 1993 vollständig repariert hätten – *das hätte uns viel Ärger erspart.*

When the cat's away, the mice will play.
I'm not at all surprised that deadlines were not met in your absence – *when the cat's away*...

Wenn die Katze aus dem Haus ist, tanzen die Mäuse.
Ich bin überhaupt nicht überrascht, dass die Deadlines in deiner Abwesenheit nicht eingehalten wurden – *wenn die Katze aus dem Haus ist...*

Birds of a feather flock together.

A: I find them difficult to deal with when they're together in the office.
B: Well, *birds of a feather...*

Vögel mit eine Feder gruppieren sich zusammen.

A: Ich finde es schwierig mit ihnen auszukommen, wenn sie zusammen im Büro sind.
B: Na ja, *sie sind sehr ähnlich.*

In for a penny, in for a pound.

A: I was considering pulling out if I still could.

B: I honestly don't think that's possible. You might as well carry on now you've got this far – *in for a penny,* you know?

Dabei für einen Penny, dabei für ein Pfund.

A: Ich habe mir überlegt, mich zurückzuziehen, wenn ich es noch könnte.

B: Ich glaube wirklich nicht das das noch möglich ist. Du kannst jetzt auch weiter machen, nachdem du so weit gegangen bist – *wer A sagt muss auch B sagen.*

Two's company, three's a crowd.

A: How have you found working with our new deputy manager?

B: Well, I preferred working just with Sarah – *two's company,* after all.

Zwei sind eine Gesellschaft, drei sind ein Gedränge.

A: Wie hast du es gefunden, mit unserem neuen stellvertretenden Leiter zusammenzuarbeiten?

B: Ich habe es bevorzugt, nur mit Sarah zu arbeiten – *die Arbeit zu zweit ist schöner.*

What you make on the swings you lose on the roundabouts.
A: Has your expansion in the USA paid off?
B: Well, at the moment it's all *swings and roundabouts.*

Was man auf der Schaukel verdient verliert man auf dem Karussell.
A: Hat sich die Expansion in die USA rentiert?
B: Im Moment *gleicht sich das alles aus.*

Geschäftsreisen

> Die oben genannten Redewendungen kann man zu jeder Gelegenheit verwenden. Folgende Idiome sind eher umgangssprachlich.

He has really *put his foot in it.*	Da ist er wirklich *ins Fettnäpfchen getreten.*
I think she is quite *down in the dumps* about the whole thing.	Ich glaube, sie ist ziemlich *am Boden zerstört* wegen dieser Geschichte.
She can't *stand the sight* of him.	Sie kann ihn *nicht ausstehen.*
The Clodock Herald has *dragged our name through the mud.*	Der Clodock Herald hat *unseren Namen durch den Schmutz gezogen.*
He seems to have *taken quite a shine to her.*	Ich glaube, *er ist sehr von ihr eingenommen.*

A: Are you sure you want me to take over this project?
B: Definitely – Alan *has had a fair crack of the whip.*

A: Sind Sie sicher, Sie wollen, dass ich das Projekt übernehme?
B: Auf jeden Fall. Alan *hat seine Chance gehabt.*

A: May I explain my plans to you in more depth?
B: I'm *all ears.*

A: Kann ich Ihnen meine Pläne etwas ausführlicher erklären?
B: Ich bin *ganz Ohr.*

9. Besprechungen

Für die Engländer sind Geschäftsbesprechungen ausgesprochen wichtig und ein fester Bestandteil im Arbeitsablauf. Sogar relativ unwichtige Entscheidungen werden diskutiert und abgestimmt. Wichtige Besprechungen werden weit im Voraus geplant, und man lässt den Teilnehmern vorab eine detaillierte Tagesordnung zukommen, damit sie sich vorbereiten können. Die meisten Sitzungen sind eher informell und beginnen und enden mit Smalltalk. Allerdings herrscht trotzdem eine gewisse Disziplin: vorzeitiges Verlassen oder Telefonate während der Präsentation oder der Diskussion sind ausgesprochen unangemessen. Obwohl es bei Diskussionen sehr lebhaft zugehen kann, ist die Loyalität gegenüber dem Vorgesetzten und der Firma größer als tiefgehende Meinungsverschiedenheiten. Eine Besprechung ohne greifbare Ergebnisse wird zwar als Misserfolg gesehen, trotzdem gehört es nicht zum guten Ton, die anderen Teilnehmer vorab mit Hilfe einer Lobby zu beeinflussen.

Anders dagegen in den USA. Hier sind Geschäftsbesprechungen in erster Linie Kommunikationsmittel, um Informationen auszutauschen und zu sammeln. Der Referent hat die Möglichkeit, seine Vorschläge zu präsentieren, die Anregungen seiner Kollegen zu hören und diese anzunehmen oder zu verwerfen. Ziel ist nicht die Entscheidungsfindung oder Problemlösung an sich, sondern zu prüfen, wie kompetent der Referent und wie groß sein Wissen ist. Auf allen Ebenen der Kommunikation ist es ausgesprochen wichtig, Kompetenz und Professionalität zu zeigen. Ein Problem ohne Lösungsvorschlag oder die notwendigen Fakten anzubringen, in der Erwartung, dass während der Sitzung gemeinsam mit den anderen Teilnehmern eine Lösung erarbeitet werden kann, gilt als Zeichen der Schwäche und Inkompetenz. Da die Amerikaner im Lobbying nichts Verwerfliches sehen und dieses als willkommenes Mittel der Entscheidungsforcierung unterstützen, stehen die Ergebnisse der Abstimmung oft schon von vornherein fest. Läuft dennoch etwas falsch, dann sind nicht alle Teilnehmer gleichermaßen verantwortlich. Es ist allein der Vorgesetzte, der die Verantwortung für das Scheitern zu tragen hat. Amerikaner verfolgen ihr persönliches Ziel und das der Firma mit großer Direktheit und erscheinen Europäern in Diskussionen deshalb manchmal aggressiv.

Besprechungen

Presentations

We will schedule our next *quarterly meeting* for ...
We should *notify the participants* of the next annual production meeting as soon as possible.
Handouts containing the *agenda* should be sent out beforehand to everybody.

Will all the *staff* be able to come?

Shall we *postpone* the meeting?

Should we settle on a *later date*?

Would it be better to *cancel* the meeting altogether?
Ladies and gentlemen, *welcome* to today's meeting.
Ladies and gentlemen, I am happy to welcome you to our annual *business meeting.*

Welcome and thank you for coming today.
Ladies and gentlemen, we are gathered here today to listen to Mrs. Smith's *presentation* on ...
We have an extremely important session today.
This month's meeting will have the following subject: ...
The *subject* of tomorrow's session has been decided on by Mr. ...
Mr. Daniel's talk on ... will introduce us to today's *topic.*
It is my pleasure to introduce our *guest,* Mrs. Green, to you.
We are pleased to have Mr. Alfons as our guest.

Präsentationen

Wir werden unsere nächste *Quartalsbesprechung* für ... ansetzen.
Wir sollten die *Teilnehmer* der nächsten Jahresproduktionsbesprechung so schnell wie möglich *benachrichtigen.*
Handouts mit der *Tagesordnung* sollten vorab an alle verschickt werden.

Wird die gesamte *Belegschaft* kommen können?
Sollen wir die Besprechung *auf später verschieben*?
Sollten wir uns auf einen *späteren Termin* einigen?
Wäre es besser, die Besprechung ganz *abzusagen*?
Meine Damen und Herren, *ich begrüße Sie* zu der heutigen Sitzung.
Meine Damen und Herren, ich freue mich, Sie zu unserer jährlichen *Geschäftsbesprechung* willkommen zu heißen.
Herzlich willkommen und vielen Dank, dass Sie heute erschienen sind.
Meine Damen und Herren, wir haben uns heute hier versammelt, um Frau Smiths *Präsentation* über ... zu hören.
Wir haben heute eine ausgesprochen wichtige Sitzung.
Die Besprechung dieses Monats hat folgendes Thema: ...
Das *Thema* der morgigen Sitzung hat Herr ... bestimmt.
Herrn Daniels Vortrag ... wird uns in das heutige *Thema* einführen.
Es ist mir eine Freude, Ihnen unseren *Gast,* Frau Green, vorzustellen.
Wir freuen uns, Herrn Alfons als unseren Gast zu haben.

I am sorry to announce that Mr. Wilbert will be late.	Es tut mir Leid, Ihnen mitteilen zu müssen, dass Herr Wilbert sich verspäten wird.
We will begin the meeting in five minutes.	Wir werden in fünf Minuten mit der Besprechung beginnen.
I hope that we will have an interesting discussion.	Ich hoffe, dass wir eine interessante Diskussion haben werden.
We will start even if not everybody has arrived.	Wir werden beginnen, auch wenn noch nicht alle da sind.
Handouts are provided for every member.	Jedes Mitglied bekommt ein *Handout* (Informationsblatt).
The *agenda* has been handed out *in advance.*	Die *Tagesordnung* ist schon *vorab* ausgeteilt worden.
Everybody should be in possession of a detailed description of today's topic.	Jeder sollte im Besitz einer detaillierten Beschreibung des heutigen Themas sein.
On the handout you can see this meeting's agenda.	Der Tischvorlage können Sie die Tagesordnung dieser Besprechung entnehmen.
The meeting will follow the *items* on the agenda.	Die Sitzung wird den *Punkten* der Tagesordnung folgen.
Items can be *added* to today's agenda.	Der Tagesordnung können Punkte *hinzugefügt* werden.
Items can be *deleted* from the agenda.	Es können Punkte von der Tagesordnung *gestrichen* werden.
We need somebody to *keep the minutes.*	Wir brauchen jemanden, der *Protokoll führt.*
Somebody has to be appointed to keep the *minutes.*	Irgendjemand muss dazu ernannt werden, *Protokoll* zu führen.
Mr. Wilson, would you be so kind to keep the minutes today?	Herr Wilson, wären Sie so freundlich, heute Protokoll zu führen?
If nobody *volunteers* I will have to appoint someone.	Falls *sich* niemand *freiwillig meldet,* muss ich jemanden bestimmen.
Before going into detail I will give you the necessary *background information.*	Bevor ich ins Detail gehe, werde ich Ihnen die notwendigen *Hintergrundinformationen* geben.
I am going to confront you with some *controversial issues.*	Ich werde Sie mit einigen *sehr umstrittenen Punkten* konfrontieren.
Some *problematic aspects* will be *raised* during Mr. Daniel's talk.	Während Herrn Daniels Vortrag werden einige *problematische Aspekte aufgeworfen* werden.

Besprechungen

Due to the controversial topic of the presentation we will probably have a very *lively* discussion.	Aufgrund des umstrittenen Themas der Präsentation werden wir wahrscheinlich eine sehr *lebhafte* Diskussion haben.
Could you please *hold back* all questions and comments until after I am done?	Könnten Sie bitte alle Fragen und Anmerkungen *zurückhalten* bis ich fertig bin?
I would prefer answering any questions after having finished my talk.	Ich würde es vorziehen, Fragen erst zu beantworten, nachdem ich meinen Vortrag beendet habe.
If any questions arise please do not hesitate to *interrupt* me.	Falls irgendwelche Fragen aufkommen, scheuen Sie sich bitte nicht, mich zu *unterbrechen.*
Ms. Maier will be happy to react to your comments *any time*.	Frau Maier wird gerne *jederzeit* auf Ihre Kommentare eingehen.
Please feel free to interrupt me any time.	Bitte zögern Sie nicht, mich jederzeit zu unterbrechen.
There will be enough time for questions and comments after the presentation.	Im Anschluss an die Präsentation wird genug Zeit für Fragen sein.
After the first half of the presentation there will be a *break* of ten minutes.	Nach der ersten Hälfte der Präsentation wird es eine *Pause* von zehn Minuten geben.
I will begin my presentation with giving you an *overview* of ...	Ich werden meine Präsentation damit beginnen, Ihnen einen *Überblick* über ... zu geben.
We will use *foils* to present the facts.	Wir werden *Folien* verwenden, um die Sachverhalte darzustellen.
Pie charts are best suited for the presentation of percentages.	*Kreisdiagramme* sind am geeignetsten für prozentuale Darstellungen.
He will be using *flip charts* to illustrate ...	Er wird *Flipcharts* zur Verdeutlichungen von ... benutzen.
To show you ... I have brought some *slides.*	Um Ihnen ... zu zeigen, habe ich einige *Dias* mitgebracht.
This short film will introduce you to ...	Dieser kurze Film wird Sie mit ... vertraut machen.
I have brought a video to demonstrate ...	Ich habe ein Video mitgebracht, um zu zeigen, ...
From this *table* you can see ...	Aus dieser *Tabelle* können Sie ... entnehmen.
For this, two factors are *responsible.*	Hierfür sind zwei Faktoren *verantwortlich.*

First, ... Second, ...	Erstens, ... Zweitens, ...
I believe that there are several reasons. Firstly, ... Secondly, ...	Ich glaube, dass es verschiedene Gründe gibt. Erstens, ... Zweitens, ...
The *main reason* for this is, ...	Der *Hauptgrund* hierfür ist, ...
Furthermore, ...	*Darüber hinaus/des Weiteren* ...
Consequently, ...	*Folglich* ...
Therefore/because of this ...	*Deshalb/deswegen* ...
In addition, ...	*Zusätzlich,* ...
There are still the following aspects of the problem to talk about ...	Über folgende Aspekte des Problems müssen wir noch sprechen ...
I almost forgot to tell you ...	Beinahe vergaß ich, Ihnen zu sagen, dass...
I think that we have finally found a *compromise.*	Ich glaube, dass wir endlich einen *Kompromiss* gefunden haben.
The following *suggestions* have been made.	Folgende *Vorschläge* sind gemacht worden.
To present a possible way out of this conflict was the *intention* of my presentation.	*Ziel* meiner Präsentation war, einen möglichen Weg aus diesem Konflikt aufzuzeigen.
I hope that no *misunderstandings* will result from this paper, which I have presented here.	Ich hoffe, dass aus dem Aufsatz, den ich hier vorgestellt habe, keine *Missverständnisse* erwachsen.
To *sum up* ...	Um es *zusammenzufassen* ...
Finally I should say that ...	*Abschließend* sollte ich sagen, dass ...
With the following quotation I will bring my presentation to an end.	Mit dem folgenden Zitat möchte ich meine Präsentation beenden.
With this last *statement* we should open the discussion.	Mit dieser letzten *Feststellung* sollten wir die Diskussion eröffnen.
You may now ask all questions that arose during my presentation.	Sie dürfen jetzt sämtliche Fragen stellen, die während meiner Präsentation aufgekommen sind.
I am now willing to answer any questions.	Ich bin jetzt bereit, Fragen zu beantworten.
We can now discuss whatever you would like to be discussed.	Wir können jetzt alles diskutieren, was Sie zur Diskussion stellen möchten.
Now is the time to comment on Mr. Wilbur's *point of view,* which he has elaborated on this past hour.	Jetzt ist der Zeitpunkt gekommen, Herrn Wilburs *Ansicht* zu kommentieren, die er in der letzten Stunde ausführlich dargelegt hat.

Besprechungen

Thank you, ladies and gentlemen, for being here today.
That's all for now, thank you for listening.
I think we should **call it a day** and leave this problem for the time being.

Meine Damen und Herren, vielen Dank, dass Sie heute gekommen sind.
Das ist fürs Erste alles; danke, dass Sie zugehört haben.
Ich denke, wir sollten **Feierabend machen** und dieses Problem vorläufig beiseite lassen.

A: I think we should **schedule** our next quarterly meeting for Monday next week.
B: That's a good idea, but then we should **notify** everybody as soon as possible. We should also send out **handouts containing the agenda.**

A: Ich denke, wir sollten unsere nächste Quartalsbesprechung für Montag kommender Woche **ansetzen.**
B: Das ist eine gute Idee, aber wir sollten dann jeden so schnell wie möglich **benachrichtigen.** Außerdem sollten wir **Handzettel mit der Tagesordnung** verschicken.

A: O.K., I will do this tomorrow. Do you think that all the **staff** will be able to come?
B: I don't know. If not, we can always **postpone** the meeting to a later date.

A: In Ordnung. Das werde ich morgen machen. Glauben Sie, dass die gesamte **Belegschaft** kommen kann?
B: Ich weiß nicht. Falls nicht, können wir die Besprechung immer noch auf einen späteren Termin **verschieben.**

A: I hope that we will not have to **cancel** the meeting altogether.

A: Ich hoffe, dass wir die Besprechung nicht ganz **absagen** müssen.

A: Ladies and gentlemen, welcome to today's meeting. We are here to listen to Mrs. Smith's presentation on the recent marketing strategies of our European branches. Mrs. Smith, thank you for being here. Will you be so kind and tell us how you will proceed?

A: Meine Damen und Herren, herzlich willkommen zur heutigen Besprechung. Wir sind hier, um Frau Smiths Präsentation der aktuellen Marketingstrategien unserer europäischen Filialen zu hören. Frau Smith, vielen Dank, dass Sie heute hier sind. Würden Sie uns bitte sagen, wie Sie verfahren werden?

B: Thank you. I am pleased to be here today. Before I begin, I will show you a short film about the changes in the European market situation over the last years. My presentation will then cover several very **controversial aspects** and I hope that we will have a very lively

B: Danke. Ich freue mich, heute hier zu sein. Bevor ich anfange, werde ich Ihnen einen kurzen Film über die Veränderungen der europäischen Marktsituation in den letzten Jahren zeigen. Meine Präsentation wird dann einige sehr **umstrittene Aspekte** abhandeln

Besprechungen

discussion afterwards. If you have any questions, feel free to interrupt me any time.

A: We are pleased to have Mr. Alfons, sales coordinator of our Russian branch, as our guest today. His presentation is not on the agenda but will nevertheless be an important ***addition*** to our topic.

A: Good morning, ladies and gentlemen. I am pleased to welcome Mr. Daniel of Talcum Industries as our guest. Mr. Daniel's talk on the possibilities of entry into the Chinese market will ***introduce us to today's topic.*** Mr. Daniel will you please begin?

B: Thank you. I am glad to be here. I will begin my presentation with giving you an overview of last year's development of the sales figures of different European companies. In order to present the facts, I will use ***overhead foils.*** To illustrate the percentage of European companies in the Chinese market, I have decided that ***pie charts are most convenient.***

A: Mr. Daniel, sorry to interrupt you, but before you go into detail could you please give us the necessary ***background information***?

B: Of course. That is what I had in mind. But could you then please ***hold***

und ich hoffe, dass wir danach eine sehr lebhafte Diskussion haben werden. Sollten Sie irgendwelche Fragen haben, können Sie mich jederzeit gerne unterbrechen.

A: Wir freuen uns, Herrn Alfons, den haben. Verkaufskoordinator unserer russischen Filiale, heute als unseren Gast zu Seine Präsentation steht zwar nicht auf der Tagesordnung, aber sie wird dennoch eine wichtige ***Ergänzung*** unseres Themas sein.

A: Guten Morgen, meine Damen und Herren. Ich freue mich, Herrn Daniel von Talcum Industries als unseren Gast willkommen zu heißen. Herrn Daniels Vortrag über die Möglichkeiten des Markteinstiegs in China wird uns ***in das heutige Thema einführen.*** Herr Daniel, würden Sie bitte beginnen?

B: Danke. Ich freue mich, hier zu sein. Ich werde meine Präsentation damit beginnen, Ihnen einen Überblick über die Entwicklung der Verkaufszahlen des letzten Jahres verschiedener europäischer Firmen zu geben. Um die Fakten darzustellen, werde ich ***Overhead-Folien*** verwenden. Ich habe beschlossen, dass für die Darstellung der Prozentanteile europäischer Firmen auf dem chinesischen Markt ***Kreisdiagramme am geeignetsten sind.***

A: Herr Daniel, entschuldigen Sie, dass ich Sie unterbreche, aber könnten Sie uns bitte die nötigen ***Hintergrundinformationen*** geben, bevor Sie ins Detail gehen?

B: Sicher. Das hatte ich vor. Aber könnten Sie dann bitte alle Fragen

Besprechungen

back any questions and comments until after the first part of my presentation?

A: To show you the present situation, I have brought some *slides.*

Later on we can watch a video which shows how our Brazilian partners have set up the production.

From this table you can see how much the foundation of the NAFTA has affected import rates from Mexico.

The following *suggestions* have been made to end this intolerable situation.

A: I come now to the last point of my presentation. ... *To sum up*, we can say that there seem to be several ways to solve this problem.
The *intention* of my talk was to confront you with different alternative solutions.
Thank you for your attention.

A: Finally, all I have to say is that I think we should *leave this aspect of the problem for the time being* and call it a day. Good bye, ladies and gentlemen, and thank you for being here. We will meet here again next week.

und Anmerkungen bis nach dem ersten Teil meiner Präsentation *zurückhalten*?

A: Um Ihnen die aktuelle Situation zu zeigen, habe ich einige *Dias* mitgebracht.
Später können wir uns ein Video anschauen, das zeigt, wie unsere brasilianischen Partner die Produktion eingerichtet haben.

Aus dieser Tabelle können Sie entnehmen, wie stark sich die Gründung der NAFTA auf die Importraten aus Mexiko ausgewirkt hat.

Folgende *Vorschläge* sind zur Beendigung dieser unerträglichen Situation gemacht worden.

A: Ich komme nun zum letzten Punkt meiner Darstellung. ... *Zusammenfassend* können wir sagen, dass es mehrere Wege zu geben scheint, dieses Problem zu lösen.
Ziel meines Vortrags war es, Sie mit verschiedenen alternativen Lösungen zu konfrontieren. Vielen Dank für Ihre Aufmerksamkeit.

A: Abschließend bleibt mir nur zu sagen, dass ich denke, wir sollten *diesen Aspekt des Problems für heute beiseite lassen* und Feierabend machen. Auf Wiedersehen, meine Damen und Herren, vielen Dank, dass Sie hier waren. Nächste Woche treffen wir uns wieder hier.

Argumentation

I think that ...	Ich denke, dass ...
I believe that ...	Ich glaube, dass ...
I am *sure/certain* that ...	Ich bin *sicher,* dass ...
I am absolutely sure that ...	Ich bin absolut sicher, dass ...
In my opinion ...	*Meiner Ansicht nach ...*
From my point of view ...	Nach meiner Auffassung ...
In my eyes ...	In meinen Augen ....
I presume/assume that ...	Ich nehme an/vermute, dass ...
As I see it ...	So wie ich das sehe ...
I am persuaded that ...	Ich bin überzeugt, dass ...
I am *positive* that ...	Ich bin (mir) *ganz sicher,* dass ...
The first *reason* for this I would like to mention is ...	Der erste *Grund* hierfür, den ich erwähnen möchte ist ...
Second/secondly there is ... to talk about.	Zweitens sollten wir über ... sprechen.
In addition, we shouldn't forget that ...	*Zusätzlich* sollten wir nicht vergessen, dass ...
Furthermore ...	*Ferner/des Weiteren ...*
Moreover ...	*Darüber hinaus ...*
I would like to add ...	*Ich würde gerne ... hinzufügen.*
Not only ... but also ...	*Nicht nur ... sondern auch.*
On the one hand ... on the other hand ...	*Einerseits ... andererseits ...*
In general ...	*Im Allgemeinen ...*
Generally speaking ...	*Allgemein gesprochen ...*
On the whole ...	*Im Großen und Ganzen ...*
All in all ...	*Alles in allem ...*
Nevertheless I should not forget to mention ...	*Nichtsdestotrotz* sollte ich nicht vergessen zu erwähnen ...
In spite of ...	*Trotz ...*
Despite the fact that ...	*Trotz der Tatsache, dass ...*
However ...	*Aber/trotzdem/jedoch ...*
Although ...	*Obwohl ...*
Instead of ...	*Statt/anstatt ...*
Instead, ...	*Stattdessen ...*
Therefore ...	*Deshalb/deswegen ...*
For that reason ...	*Darum/aus diesem Grund ...*
I am not at all *convinced.*	Ich bin überhaupt nicht davon *überzeugt.*

Besprechungen

I am not quite sure if I can agree.	Ich bin nicht ganz sicher, ob ich dem zustimmen kann.
What if you are wrong?	Was ist, wenn Sie sich irren?
Could it be that you got something wrong here?	Könnte es sein, dass Sie hier etwas falsch verstanden haben?
I am afraid I cannot follow your argument.	Ich fürchte, ich kann Ihrem Argument nicht folgen.
Could you please go more into detail?	Könnten Sie bitte mehr ins Detail gehen?
Wouldn't it be better if we sticked to the subject?	Wäre es nicht besser, wenn wir beim Thema blieben?
It might be better if ...	Es wäre vielleicht besser, wenn ...
What about Mr. Fielding's *proposal*?	Was ist mit Herrn Fieldings **Vorschlag**?
Shouldn't we *take into account* other opinions on this subject?	Sollten wir nicht andere Meinungen zu diesem Thema **berücksichtigen**?
Maybe you should consider what Ms. Green said earlier.	Vielleicht sollten Sie bedenken, was Frau Green vorhin gesagt hat.
Why don't you tell us more about ...?	Warum erzählen Sie uns nicht mehr zu ... ?
I agree with most of what you presented here, yet don't you think that ...	Dem meisten von dem, was Sie hier vorgestellt haben, stimme ich zu, aber denken Sie nicht, dass ...
Have you thought about looking at this problem *from a different angle*?	Haben Sie daran gedacht, dieses Problem **aus einem anderen Blickwinkel** zu betrachten?
Everything you said is fine, but one could also *take other aspects into account.*	Was Sie gesagt haben ist schön und gut, aber man könnte auch **andere Aspekte in Betracht ziehen.**
I *wonder* if you have taken into account that ...	Ich **frage mich**, ob Sie berücksichtigt haben, dass ...
Aren't there more sides to this *issue*?	Hat diese **Angelegenheit** nicht mehrere Seiten?
You are right with what you are saying.	Sie haben Recht, mit dem was Sie sagen.
Yes, you could also look at it from this point of view.	Ja, Sie könnten es auch aus dieser Sicht sehen.
Let me see!	Lassen Sie mich überlegen!
Yes, you could actually be right.	Ja, Sie könnten tatsächlich Recht haben.
No, I think you are *mistaken.*	Nein, ich denke, dass Sie hier **falsch liegen.**

Really, I am convinced that one couldn't say it this way at all.	Wirklich, ich bin davon überzeugt, dass man das so überhaupt nicht sagen kann.
Are you really convinced that this is a realistic project?	Sind Sie wirklich überzeugt davon, dass es sich um ein realistisches Projekt handelt?
Excuse me, Madam/Sir, may I interrupt you? Sorry to **break in,** but ...	Entschuldigen Sie, meine Dame/mein Herr, darf ich Sie unterbrechen? Tut mir Leid, dass ich Sie **unterbreche,** aber ...
Excuse me, may I ask you a question?	Entschuldigen Sie, darf ich Ihnen eine Frage stellen?
I would like to say a few words. There is something I would like to say. It would be good if we could have other opinions on that. If I might just add something?	Ich würde gerne einige Worte sagen. Ich würde gerne etwas sagen. Es wäre gut, wenn wir auch andere Meinungen dazu hören könnten. Wenn ich dazu etwas hinzufügen dürfte?
Let me **conclude** with the following statement: ... To **wrap up** this discussion, ...	Lassen Sie mich mit der folgenden Feststellung **abschließen**: ... Um diese Diskussion **zusammenzufassen** ...
Before coming to a **hasty decision** we should leave it here.	Bevor wir zu einer **übereilten Entscheidung** kommen, sollten wir es hierbei belassen.
I believe that most of us are **opposed** to this suggestion. I am afraid we cannot **back up** your proposal. I am sorry, but we cannot **support** your idea. It is impossible to **accept** this offer.	Ich glaube, dass die meisten von uns diesen Vorschlag **ablehnen.** Ich befürchte, dass wir diesen Vorschlag nicht **unterstützen** können. Es tut mir Leid, aber wir können Ihre Idee nicht **unterstützen.** Es ist (uns) unmöglich, dieses Angebot **anzunehmen.**
I am absolutely sure that this point will not be accepted. We will **definitely not** pursue this option.	Ich bin absolut sicher, dass dieser Punkt nicht akzeptiert werden wird. Wir werden diese Option **auf keinen Fall** weiterverfolgen.
A: Mr. Daniel, I am sure that most of us **agree** with you when you are saying that we should change our marketing	A: Herr Daniel, ich bin sicher, dass die meisten von uns **zustimmen**, wenn Sie sagen, dass wir unsere Marketing-

Besprechungen

strategies. ***However,*** I am not at all convinced that the suggestions you made are feasible.

B: Despite the fact that you seem to ***disagree,*** I believe that those strategies are realistic. Not only do we have to look at the future of our company in Germany, but we also have to take into account developments in other European countries. Therefore, in my eyes, new ideas are absolutely necessary.

A: What you are saying is fine, yet don't you think that we have to keep in mind our budget as well?

C: Sorry for interrupting. May I just ask a question? I am afraid I cannot follow your arguments. Could you go more into detail, please?

A: The ***main reason*** for this decline in sales figures is that we have lost one of our best clients. ***Secondly,*** the increase in prices that we introduced last year has also affected the sales of this product.

B: Excuse me, Sir, may I interrupt you? I would like to add something.

A: Go ahead, please.
B: Thank you. I ***assume*** that you are working with the sales figures from last month. In addition, we should not forget that our company is also ***affected*** by the closing of one of our American subsidiaries.

strategien ändern sollten. ***Trotzdem*** bin ich überhaupt nicht davon überzeugt, dass die Vorschläge, die Sie gemacht haben, umsetzbar sind.

B: Trotz der Tatsache, dass Sie mir ***nicht zuzustimmen*** scheinen, glaube ich, dass diese Strategien realistisch sind. Wir müssen nicht nur die Zukunft unserer Firma in Deutschland sehen, sondern auch Entwicklungen in anderen europäischen Ländern in Betracht ziehen. Deshalb sind in meinen Augen neue Ideen absolut notwendig.

A: Was Sie sagen ist schön und gut, aber denken Sie nicht, dass wir auch unser Budget im Auge behalten müssen?

C: Tut mir Leid, wenn ich Sie unterbreche. Darf ich Sie etwas fragen? Ich fürchte, ich kann Ihren Argumenten nicht folgen. Könnten Sie bitte etwas mehr ins Detail gehen?

A: Der ***Hauptgrund*** für den Rückgang der Verkaufszahlen ist der, dass wir einen unserer besten Kunden verloren haben. ***Zweitens*** hat sich auch die Preiserhöhung, die wir letztes Jahr eingeführt haben, auf den Absatz ausgewirkt.

B: Entschuldigen Sie, darf ich Sie unterbrechen? Ich würde gerne etwas hinzufügen.

A: Bitte sehr, fahren Sie fort/Nur zu!
B: Danke. Ich ***vermute,*** dass Sie mit den Verkaufszahlen des letzten Monats arbeiten. Zusätzlich sollten wir nicht vergessen, dass unsere Firma auch von der Schließung einer unserer amerikanischen Tochterfirmen ***betroffen*** ist.

Besprechungen

A: Agreeing with all that you talked about I still think that we should go more into detail in certain points. First, in my opinion, there is more than one solution to the problem. ***Moreover,*** I am sure that we will find a much cheaper alternative if we tried to adapt our production lines to the new technology. Finally, there is the question of timing that we should talk about. I am absolutely positive that we can save a lot more time than you have ***estimated.***

B: ***I wonder*** if you realize that we are talking about different things here. I was not trying to point out just one solution. Instead, I intended to ***set off*** a discussion that would help to find the best of several options.

A: There seems to have been some slight ***misunderstanding.*** Could you please go back to your first point and ***clarify*** it?
B: Certainly. Let me put this ***foil*** on the overhead projector again to illustrate what I had in mind.

A: Ladies and gentlemen, thank you again for coming to this important meeting today. To wrap up our session, the only thing there to say for me is that I think that we have had a very ***fruitful discussion. On the one hand*** it is true that we have not come to an agreement concerning the marketing strategies of our different

A: Obwohl ich allem zustimme, worüber Sie gesprochen haben, denke ich trotzdem, dass wir in gewissen Punkten mehr ins Detail gehen sollten. Erstens gibt es meiner Ansicht nach mehr als eine Lösung für das Problem. ***Darüber hinaus*** bin ich sicher, dass wir eine viel billigere Alternative finden können, wenn wir versuchen, die Produktion an die neue Technologie anzupassen. Schließlich ist da noch die Frage des Timings, über die wir reden sollten. Ich bin ganz sicher, dass wir viel mehr Zeit einsparen können, als Sie ***veranschlagt*** haben.

B: ***Ich frage mich,*** ob Sie sich bewusst sind, dass wir über verschiedene Dinge sprechen. Ich habe nicht versucht, nur eine Lösung ***aufzuzeigen.*** Stattdessen war mein Ziel, eine Diskussion ***in Gang zu bringen,*** die uns helfen würde, die beste von mehreren Optionen herauszufinden.

A: Hier scheint ein kleines ***Missverständnis*** vorzuliegen. Könnten Sie bitte Ihren ersten Punkt noch einmal aufgreifen und ***klären***?
B: Sicherlich. Lassen Sie mich diese ***Folie*** noch einmal auf den Overheadprojektor legen, um zu veranschaulichen, was ich im Sinn hatte.

A: Meine Damen und Herren, nochmals vielen Dank, dass Sie zu dieser wichtigen Besprechung heute gekommen sind. Um unsere Sitzung zusammenfassend abzuschließen, bleibt mir nur zu sagen, dass ich denke, dass wir eine sehr ***ergiebige Diskussion*** hatten. ***Einerseits*** konnten wir uns zwar nicht über die Marketingstrategi-

foreign branches in the future. ***On the other hand*** we have decided on many other points that are equally important. ***All in all***, I am very ***satisfied*** with the result of this meeting. For this reason let me thank you for your ***participation***. I am positive that everybody has learned very much today.

en unserer Auslandsfilialen einigen. ***Andererseits*** haben wir über viele andere wichtige Punkte entschieden. ***Im Großen und Ganzen*** bin ich mit dem Ergebnis dieser Sitzung sehr ***zufrieden***. Lassen Sie mich Ihnen aus diesem Grund für ihre ***Teilnahme*** danken. Ich bin ganz sicher, dass jeder heute sehr viel gelernt hat.

Agreement/Disagreement

Zustimmung/Ablehnung

I ***agree***.
I agree with you.
I can agree with what you said.

Ich ***stimme zu/bin einverstanden***.
Ich bin Ihrer Meinung.
Ich kann dem, was Sie sagen, zustimmen.

I can see his point.
I ***absolutely/completely*** agree with you.
We have come to an agreement.

Ich verstehe, was er meint.
Ich bin ***absolut/völlig*** Ihrer Meinung.
Wir sind zu einer Übereinstimmung gelangt./Wir sind uns einig.

Yes, you are right.
Maybe you are right.
This is a very good concept.
This is a great idea.
I hope that we can continue on such good terms.
I am definitely positive that this is correct.
I ***sympathize*** with your ideas very much.
I can ***support*** your concept.
This is exactly how I see it.
This is exactly my ***opinion***.
Me too, I think that this is the only ***feasible*** way.
In my opinion this is the best solution.

Ja, Sie haben Recht.
Vielleicht haben Sie Recht.
Dies ist ein sehr gutes Konzept.
Das ist eine großartige Idee.
Ich hoffe, dass wir unser gutes Verhältnis weiterhin aufrechterhalten können.
Ich bin absolut sicher, dass das richtig ist.
Ich bin von Ihren Ideen ***sehr angetan***.
Ich kann Ihr Konzept ***unterstützen***.
Genauso sehe ich es.
Das ist genau meine ***Meinung***.
Auch ich denke, dass das der einzig ***gangbare*** Weg ist.
Meiner Meinung nach ist dies die beste Lösung.

We couldn't have found a better solution.
That's what I think.
These are exactly my words.

Wir hätten keine bessere Lösung finden können.
Das ist genau, was ich denke.
Das sind genau meine Worte.

There is **no need to worry**.	Es gibt **keinen Grund zur Sorge**.
I disagree.	**Ich stimme nicht zu./Ich bin anderer Meinung.**

I disagree with you.	Ich bin anderer Meinung als Sie.
We do not agree.	Wir stimmen nicht zu.
I cannot **share** your point of view.	Ich kann Ihre Ansicht nicht **teilen**.
I don't think I can agree with your idea.	Ich denke nicht, dass ich Ihrer Idee zustimmen kann.
I am absolutely **opposed** to his point of view.	Ich bin absolut **gegen** seine Ansicht.
In my opinion, his figures are wrong.	Meiner Meinung nach sind seine Zahlen falsch.
As a matter of fact, I am convinced that you are **on the wrong track.**	**Ehrlich gesagt** bin ich davon überzeugt, dass Sie **auf dem falschen Weg** sind.
Actually, I do think that you are mistaken.	Eigentlich denke ich wirklich, dass Sie sich irren.

Im Englischen kann das Hilfsverb "do" vor das eigentliche Verb gesetzt werden, um es stärker zu betonen. So heißt "I do think", „ich denke wirklich". "I do feel bad about this" drückt also nicht nur eine Entschuldigung aus, sondern beinhaltet auch die Beteuerung „es tut mir wirklich Leid".

No, I believe that you are wrong.	Nein, ich glaube, dass Sie falsch liegen.
I absolutely/completely disagree with you.	Ich kann Ihnen absolut/überhaupt nicht zustimmen.
To be honest, don't you think that his suggestion is more realistic?	**Um ehrlich zu sein,** denken Sie nicht, dass sein Vorschlag realistischer ist?
I'm afraid that we cannot come to an agreement.	**Ich fürchte,** wir können zu keiner Übereinstimmung kommen.
We still have our **doubts** about the increase in sales.	Wir haben immer noch **Zweifel** an einer Verkaufssteigerung.
I doubt that you have considered everything.	Ich bezweifle, dass Sie alles in Betracht gezogen haben.
I can't quite agree with your statement.	Ich kann Ihrer Feststellung nicht ganz zustimmen.
I am afraid that I cannot share your point of view.	Ich fürchte, dass ich Ihre Ansicht nicht teilen kann.

Besprechungen

I am sorry to say that you are gravely ***mistaken.***	Leider muß ich Ihnen sagen, dass Sie sich sehr ***irren.***
I am sorry, but I disagree entirely.	Es tut mir Leid, aber ich bin ganz anderer Meinung.
We can not agree at all.	Wir können überhaupt nicht zustimmen.
I would like to ***contradict*** you in this point.	In diesem Punkt würde ich Ihnen gerne ***widersprechen.***
I really have to contradict you here.	Hier muss ich Ihnen wirklich widersprechen.
I am afraid we cannot support your proposal.	Ich fürchte, wir können Ihren Vorschlag nicht unterstützen.
Unfortunately we have to ***reject*** your offer.	Leider müssen wir Ihr Angebot ***ablehnen.***
We cannot ***back up*** your suggestion.	Wir können Ihren Vorschlag nicht ***unterstützen.***
In principle, I disagree with your concept, but there are certain points with which I can agree.	Im Prinzip stimme ich mit Ihrem Konzept nicht überein, aber einigen Punkten kann ich zustimmen.
I can see what you mean, ***yet*** I still think ...	Ich verstehe, was Sie meinen, ***aber*** trotzdem denke ich ...
I think that your ***proposition*** is very good, however, ...	Ich denke, dass Ihr ***Antrag*** sehr gut ist, dennoch ...
I can agree with you on this point, but ...	Ich stimme Ihnen in diesem Punkt zu, aber ...
Although I respect your ***attitude*** towards this development, I still think ...	Obwohl ich Ihre ***Einstellung*** gegenüber dieser Entwicklung respektiere, denke ich ...
Even though I can understand what you mean, I am ***opposed*** to your strategy.	Obwohl ich verstehe, was Sie meinen, ***lehne*** ich Ihre Strategie ***ab.***
Although I am not convinced that this is feasible, I believe that we should ***give it a try.***	Obwohl ich nicht überzeugt bin, dass das machbar ist, glaube ich, dass wir ***einen Versuch wagen sollten.***
Wouldn't it be better if we tried to ***settle on a compromise***?	Wäre es nicht besser, wenn wir versuchten, uns ***auf einen Kompromiss zu einigen***?
What about ***leaving the differences aside*** and finding a solution?	Wie wäre es, wenn wir die ***Meinungsverschiedenheiten beiseite ließen*** und eine Lösung fänden?

Besprechungen

Why can't we decide on the most important issues today and ***postpone*** everything else to the next meeting?

Would you be willing to support such a proposition?
Do you think that this would be satisfactory?
Would you have any ***objections*** to this idea?
This should be negotiable, don't you think?
Would you be prepared to accept this offer?
If you don't try to understand our point of view, we will not be willing to ***strike a compromise.***

Provided that ..., I will accept your ***conditions.***
His solution is as good as mine.
I assume that, ***in fact,*** my example is less realistic than yours.
This sounds good to me and I think I can accept it.
Good then, I will accept your suggestion.
I am glad that we found a common solution.
No, we will not support this compromise.
I still have to ***reject*** your offer.

That's all I have to say.
This is my last offer.
There is no way that you can convince me.
There is no chance that we will give in.
He won't ever agree.
We will ***never*** say yes.

Warum können wir nicht über die wichtigsten Punkte heute entscheiden und alles andere auf die nächste Besprechung ***verschieben***?

Würden Sie einen solchen Antrag unterstützen?
Denken Sie, dass dies zufrieden stellend wäre?
Hätten Sie ***Einwände*** gegen diese Idee?
Darüber sollten wir verhandeln können, denken Sie nicht?
Wären Sie bereit, dieses Angebot anzunehmen?
Wenn Sie nicht versuchen, unseren Standpunkt zu verstehen, werden wir nicht bereit sein, ***einen Kompromiss zu finden.***

Vorausgesetzt, dass ..., werde ich Ihre ***Bedingungen*** akzeptieren.
Seine Lösung ist so gut wie meine.
Ich nehme an, dass mein Beispiel ***in der Tat*** weniger realistisch ist als Ihres.
Das klingt gut und ich denke, ich kann es akzeptieren.
Also gut, ich werde Ihren Vorschlag annehmen.
Ich bin froh, dass wir eine gemeinsame Lösung gefunden haben.
Nein, wir werden diesen Kompromiss nicht unterstützen.
Ich muss Ihr Angebot immer noch ***zurückweisen.***

Das ist alles, was ich zu sagen habe.
Das ist mein letztes Angebot.
Sie werden es nie schaffen, mich zu überzeugen.
Wir werden nie nachgeben.
Er wird niemals zustimmen.
Wir werden ***niemals*** ja sagen.

Besprechungen

A: Mr. Wilson, I'm afraid I cannot *agree* with you on the concept of new marketing strategies. Even though I can accept certain points, I still have my *doubts* about the realisation of your idea.
B: *I cannot see your point* here and I am absolutely convinced that I am right.
A: I am sorry, but in my opinion the figures that you presented in your table are wrong.

A: I hope that we *can settle on a compromise* between our two companies. We have heard Ms. Green's presentation on the new prototype. Mr. Daniel, would you be willing to support such a *proposition* and start with the production?

B: I am not sure if I can agree with everything Ms. Green said. Although I am not convinced that this plan is feasible, I believe that we should *give it a try.* Yet, I doubt that you have considered the problem of our tight schedule for the next year.

A: I can see your point, but I think that there is *no need to worry.* In my opinion this plan is very good. Of course we could change the timing a little bit. Would this be *satisfactory* for you?
B: Yes, I think that this is the only feasible way. This *sounds good* to me and I think we can accept it.
A: I see that *we have come to an agreement.*

A: Mr. Wilson, ich fürchte, ich kann Ihnen bei Ihrem Konzept neuer Marketingstrategien nicht *zustimmen.* Obwohl ich einige Punkte akzeptieren kann, habe ich *Zweifel* an der Realisierung Ihrer Idee.
B: *Ich verstehe nicht, was Sie meinen,* und ich bin absolut überzeugt davon, dass ich Recht habe.
A: Es tut mir Leid, aber meiner Meinung nach sind die Zahlen, die Sie in Ihrer Tabelle gezeigt haben, falsch.

A: Ich hoffe, dass wir uns *auf einen Kompromiss* zwischen unseren beiden Firmen *einigen können.* Wir haben Frau Greens Präsentation über den neuen Prototyp gehört. Herr Daniel, würden Sie einen solchen *Antrag* unterstützen und mit der Produktion beginnen?

B: Ich bin nicht sicher, ob ich allem, was Frau Green gesagt hat, zustimmen kann. Obwohl ich nicht davon überzeugt bin, dass der Plan machbar ist, glaube ich, dass wir *einen Versuch wagen* sollten. Trotzdem bezweifle ich, dass Sie das Problem unseres engen Zeitplans für das kommende Jahr in Betracht gezogen haben.

A: Ich verstehe, was Sie meinen, aber ich denke, dass es *keinen Grund zur Sorge* gibt. Meiner Meinung nach ist der Plan sehr gut. Natürlich könnten wir das Timing ein wenig ändern. Wäre das für Sie *zufrieden stellend*?
B: Ja, ich denke, dass das der einzig machbare Weg ist. Das *klingt gut* und ich denke, wir können es akzeptieren.
A: Ich sehe, *wir sind uns einig.*

Besprechungen

A: I can support your concept, Mr. Alfons. Would you be willing to support Mr. Black's proposition?

B: No, I'm afraid *I cannot share your point of view.* I am sorry, but I think that you are *gravely mistaken* concerning the future market developments in Europe. You are wrong when you are saying that imports will become easier in the future. To be honest, don't you think that Mr. Miller's suggestion is more realistic?

A: I assume that, in fact, my example is less realistic than his. Even though I can understand what you mean, I am opposed to Mr. Miller's strategy. That's all I have to say.

B: Well then, if you don't try to understand our point of view, we will not be willing to *strike a compromise.*

A: I am sorry, but I have to contradict you. We have to find a solution. *Provided that* Mr. Miller and I can *work out* a new strategy together, I will accept your conditions. Would you be prepared to accept this offer?

B: *There's no need trying to convince us* how good your ideas are. As a matter of fact, I am convinced that you are on the wrong track. I'm afraid that we cannot come to an agreement. There's no chance that we will *give in*.

A: This was a very fruitful discussion. I hope that we can *continue on such*

A: Ich kann Ihr Konzept unterstützen, Herr Alfons. Wären Sie bereit, Herrn Blacks Antrag zu unterstützen?

B: Nein, ich fürchte, *ich kann Ihre Ansicht nicht teilen.* Es tut mir Leid, aber ich denke, dass Sie sich in Bezug auf die zukünftigen Marktentwicklungen in Europa *sehr irren.* Sie liegen falsch, wenn Sie sagen, dass Importgeschäfte in Zukunft einfacher sein werden. Um ehrlich zu sein, denken Sie nicht, dass Herrn Millers Vorschlag realistischer ist?

A: Ich nehme an, dass mein Beispiel tatsächlich weniger realistisch ist. Obwohl ich verstehe, was Sie meinen, bin ich gegen Herrn Millers Strategie. Das ist alles, was ich dazu zu sagen habe.

B: Gut, wenn Sie nicht versuchen, unseren Standpunkt zu verstehen, werden wir nicht bereit sein, *einen Kompromiss einzugehen.*

A: Es tut mir Leid, aber ich muss Ihnen widersprechen. Wir müssen eine Lösung finden. *Vorausgesetzt, dass* Herr Miller und ich gemeinsam eine neue Strategie *erarbeiten* können, werde ich Ihre Bedingungen akzeptieren. Wären Sie bereit, dieses Angebot anzunehmen?

B: *Sie brauchen gar nicht versuchen, uns davon zu überzeugen,* wie gut Ihre Ideen sind. Ehrlich gesagt, bin ich überzeugt, dass Sie auf dem falschen Weg sind. Ich fürchte, wir werden uns nicht einigen können. Wir werden auf keinen Fall *nachgeben*.

A: Das war eine sehr ergiebige Diskussion. Ich hoffe, dass wir *weiterhin ein*

good terms. Therefore I think that we should leave the differences aside and try to find a solution together.	*so gutes Verhältnis aufrechterhalten* können. Deshalb denke ich, dass wir die Meinungsverschiedenheiten beiseite lassen und versuchen sollten, gemeinsam eine Lösung zu finden.
B: This is exactly how I see it. *I sympathize* with your ideas very much and I can support your concept. If Talcum Industries agrees it should be negotiable, don't you think?	B: Genauso sehe ich es auch. *Ich bin* von Ihren Ideen sehr *angetan* und kann Ihr Konzept unterstützen. Wenn Talcum Industries zustimmt, sollten wir darüber verhandeln können, meinen Sie nicht auch?
C: I disagree with you. I doubt that you have considered everything.	C: Ich bin nicht Ihrer Meinung. Ich bezweifle, dass Sie alles bedacht haben.
B: I really have to contradict you here. We have taken every aspect related to the problem into account.	B: Hier muss ich Ihnen wirklich widersprechen. Wir haben jeden Aspekt, der mit dem Problem in Verbindung steht, in Betracht gezogen.
C: Not only do I have my doubts about the figures you presented, but I also believe that your *estimation* of future sales is wrong.	C: Ich habe nicht nur meine Zweifel was die Zahlen angeht, die Sie vorgestellt haben, sondern ich glaube auch, dass Ihre *Schätzung* zukünftiger Verkäufe falsch ist.
B: Excuse me, Sir, you are the one who is wrong: the charts and diagrams showed exactly the percentages of different goods sold on the American market.	B: Entschuldigen Sie, Sie liegen falsch: die Schaubilder und Diagramme zeigten genau die Prozentanteile verschiedener Güter, die auf dem amerikanischen Markt verkauft werden.
A: Sirs, I think we should end the discussion. I *propose* that we decide on the most important issues today and *postpone* everything else to the next meeting.	A: Meine Herren, ich denke, dass wir die Diskussion beenden sollten. Ich *schlage vor,* dass wir über die wichtigsten Punkte heute entscheiden und alles andere auf die nächste Besprechung *verschieben.*

Im Umgang mit Engländern und Amerikanern muss man Sinn für Humor beweisen. Besonders während sehr langwierigen Verhandlungen oder bei Schwierigkeiten wird die Situation mit Humor und Witzen aufgelockert. Besonders die Engländer haben einen sehr starken Sinn für Humor, sogar in den schlimmsten Situationen. Sie beherrschen auch die Kunst, am meisten über sich selbst zu lachen.